das **Fer|mẹnt** (eine organische Verbindung); die Fer|men|te; **fer|men|tie̲|ren** (durch Fermente veredeln); er hat den Tabak fermentiert

Informationskasten zu rechtschreiblich besonders schwierigen Stichwörtern

fern

Kleinschreibung:
- ferne Länder
- fern allem Trubel
- von nah und fern
- von fern

Großschreibung der Substantivierung und in Eigennamen:
- das Ferne suchen
- der Ferne Osten (Ostasien)

Man schreibt »fern« vom folgenden Wort getrennt, wenn es sinnvoll – wenigstens durch »sehr« oder »ganz« – erweitert oder gesteigert werden kann:
- jemanden von etwas möglichst weit fern halten
- es hat mir sehr fern gelegen, ihre Worte anzuzweifeln

Vergleiche aber: fernbleiben, fernsehen

die **Fern|be|die|nung; fern|blei|ben;** er ist dem Unterricht ferngeblieben; fernzubleiben; die **Fer|ne;** die Fernen; **fer|ner;** der **Fern|fah|rer;** die **Fern|fah|re|rin;** das **Fern|ge|spräch;** das **Fern|glas;** die Fern|glä|ser

das **Li̲d** (Augenlid); des Lid[e]s; die Li|der

Hinweisartikel zum Umgang mit sprachlichen Zweifelsfällen

Nicht verwechseln: Obwohl beide Wörter gleich ausgesprochen werden, schreibt man das *Lid* über dem Auge mit einfachem *i*, das *Lied*, das man singen kann, hingegen mit *ie*.

der **Li̲d|schat|ten;** der **Li̲d|schlag**

Schülerduden

Rechtschreibung und Wortkunde
Ein Wörterbuch zur alten und neuen Rechtschreibung

Grammatik Eine Sprachlehre mit Übungen und Lösungen

Wortgeschichte Herkunft und Entwicklung des deutschen Wortschatzes

Bedeutungswörterbuch Ein Lernwörterbuch mit Bedeutungsangaben, Anwendungsbeispielen und Abbildungen, mit sinn- und sachverwandten Wörtern und den Bausteinen zur Wortbildung

Fremdwörterbuch Herkunft und Bedeutung der Fremdwörter

Lateinisch-Deutsch
Ein zuverlässiges Wörterbuch auf der Grundlage des »Taschen-Heinichen«

Kunst Von der Felsmalerei bis zur Fotografie, von Dürer bis Dix

Musik Bach und Beatles, gregorianischer Gesang und Hip-Hop

Literatur Von der Tragödie bis zum Computertext, von Sophokles bis Süskind: die Literatur in ihrer ganzen Vielseitigkeit

Chemie Von der ersten Chemiestunde bis zum Abiturwissen

Ökologie Klassische Ökologie und moderne Umweltpolitik

Biologie Die gesamte Schulbiologie aktuell und zuverlässig

Physik Quarks & Co.: Begriffe und Methoden der Physik

Geographie Erdbeben, Klimazonen, Strukturwandel: allgemeine Geographie für den modernen Erdkundeunterricht

Geschichte Von der Hügelgräberkultur bis zum Hitlerputsch, von der Res publica bis zum Zwei-plus-vier-Vertrag

Wirtschaft Das Einmaleins der Marktwirtschaft für Schule und Berufsausbildung

Politik und Gesellschaft Grundlegende und aktuelle Information: Grundgesetz, Gewaltenteilung, Globalisierung

Religionen Vom Ahnenkult bis zum Glauben an den einen Gott: die Religionen der Welt auf einen Blick

Philosophie »Logik des Herzens« und kategorischer Imperativ: die wichtigsten Modelle und Schulen

Psychologie Das Grundwissen der Psychologie und ihrer Nachbarwissenschaften

Pädagogik Alles zum Thema Schule, Ausbildung und Erziehung

Informatik Algorithmen und Zufallsgenerator: das Informationszentrum für Anfänger und Fortgeschrittene

Mathematik I 5.–10. Schuljahr: das Grundwissen

Mathematik II 11.–13. Schuljahr: das Abiturwissen

Sexualität Umfassende Informationen zur Sexualität des Menschen

Schülerduden

Rechtschreibung und Wortkunde

6., völlig neu bearbeitete und erweiterte Auflage

Herausgegeben und bearbeitet von der Dudenredaktion

Dudenverlag
Mannheim · Leipzig · Wien · Zürich

Redaktionelle Leitung
Ursula Kraif, Ralf Osterwinter
Unter Mitwirkung von
Birgit Eickhoff M. A., Anja Konopka und
Dr. Werner Scholze-Stubenrecht

Typographie Iris Farnschläder, Hamburg
Herstellung Monika Schoch
Umschlaggestaltung Sven Rauska

Die Deutsche Bibliothek – CIP-Einheitsaufnahme
Ein Titeldatensatz für diese Publikation
ist bei der Deutschen Bibliothek erhältlich.

Satz Bibliographisches Institut & F. A. Brockhaus Setzerei GmbH
(PageOne, alfa media Partner GmbH)
Druck und Bindearbeit Graphische Betriebe Langenscheidt, Berchtesgaden
Printed in Germany
ISBN 3-411-04216-8 (geb.)
ISBN 3-411-05176-0 (kart.)

Vorwort

Der bereits in 6. Auflage vorliegende »Schülerduden – Rechtschreibung und Wortkunde« präsentiert sich nicht nur umfangreicher als je zuvor, sondern auch in einem modernen, benutzerfreundlichen Layout.

Der Hauptteil dieses Werkes, das alphabetisch geordnete Stichwörterverzeichnis, wurde erheblich erweitert und umfasst jetzt mehr als 25.000 Wörter, die entweder ohnehin zum Wortschatz von Schülerinnen und Schülern ab dem 5. Schuljahr gehören oder die sie im Unterricht der verschiedenen Schulformen der Sekundarstufe I kennen lernen. Ein Griffregister am Rand des Buchblocks erleichtert künftig das schnelle Auffinden des gesuchten Stichwortes. Über die Notierung der richtigen Wortschreibung und -trennung hinaus finden sich zahlreiche Hinweise und Beispiele zum praktischen Wortgebrauch; weiterhin sind – bei weniger bekannten Wörtern und Redewendungen sowie bei fremdsprachlichen Ausdrücken – knappe Bedeutungsangaben zu finden. Die bei schwer auszusprechenden (Fremd)wörtern enthaltenen Ausspracheangaben folgen nun konsequent der standardisierten Lautschrift nach dem international verbreiteten Zeichensystem (IPA). Selbstverständlich wurde der Stichwortteil auf den neuesten Stand gebracht; zu den zahlreichen ergänzten Neuwörtern, die in den letzten Jahren Eingang in den allgemeinen Sprachgebrauch gefunden haben, zählen etwa *ausloggen, Euro, multimedial, Kickboard* und *SMS*.

Um rechtschreiblich besonders komplexe und schwierige Stichwörter sowohl übersichtlicher als auch ausführlicher darstellen zu können, wurden in die Neuauflage mehr als 60 farbig unterlegte Informationskästchen integriert, die zusätzliche Erläuterungen und Verwendungsbeispiele enthalten. Daneben springen – durch ein treffendes Symbol gekennzeichnet – über 50 kurze Hinweisartikel ins Auge, die den Nachschlagenden dabei helfen, »sprachliche Stolpersteine« (heißt es *hängte* oder *hing*/ *Wörter* oder *Worte*?) sicher zu umgehen.

An den meisten Schulen wird schon seit Beginn des Schuljahres 1996/ 1997 nach der am 1. August 1998 planmäßig in Kraft getretenen Neuregelung der deutschen Rechtschreibung unterrichtet. Das bedeutet, dass der Umgang mit den neuen Regeln und Wortschreibungen für die Schülerinnen und Schüler inzwischen zum Alltag geworden ist. Während die

Lernenden der unteren Klassenstufen bereits mit der Rechtschreibreform aufgewachsen sind, haben die Älteren den Umstellungsprozess längst abgeschlossen. Entsprechend versteht sich die Neuauflage dieses Schülerdudens auch nicht mehr als ein Übergangswerk zur allmählichen Umgewöhnung. Überholte Schreibweisen sind daher, obwohl sie noch bis zum 31. Juli 2005 nicht als Fehler gewertet werden dürfen, nicht mehr verzeichnet; zum leichteren Erkennen bleiben aber gleichwohl sämtliche neuen Schreibungen und Trennstellen durch Rotdruck hervorgehoben.

Der auf der Rechtschreibreform basierende Regelteil hat sich im Schulgebrauch gut bewährt und ist daher weitgehend unverändert beibehalten worden; das Gleiche gilt für die separaten Abschnitte zur Wortkunde und Wortgeschichte. Neu hinzugekommen ist eine übersichtlich angeordnete Zusammenstellung aller im Regelteil gebrauchten sprachbezogenen Fachbegriffe; diese werden kurz und leicht verständlich erklärt sowie an Beispielen verdeutlicht.

Die Fähigkeit, richtig schreiben zu können, genießt in unserer Gesellschaft nach wie vor einen hohen Stellenwert. Und die Aufgabe, rechtschreiblich und grammatisch korrektes sowie stilistisch angemessenes Schreiben zu vermitteln, fällt weiterhin in erster Linie dem schulischen Deutschunterricht zu. Wie schon ihre praxiserprobten Vorgänger versteht sich die aktuelle Auflage dieses Schülerdudens als ein auf die Bedürfnisse von Schülerinnen und Schülern abgestimmtes Nachschlagewerk, das die unterrichtlichen Bemühungen, Sicherheit im Umgang mit den geltenden Rechtschreibnormen zu vermitteln, unterstützen und darüber hinaus die Lernenden zum selbstständigen Benutzen motivieren möchte.

Mannheim, im Frühjahr 2001
Die Dudenredaktion

Inhalt

Hinweise zur Benutzung

A Die Anordnung der Stichwörter

In diesem Wörterbuch stehen alle Stichwörter, deren Schreibung sich geändert hat, in roter Farbe.
Auch bei den Beugungsformen ist die neue Schreibung rot hervorgehoben:

Halt ma|chen; er macht Halt; er hat Halt gemacht

Für manche Wörter gibt es jetzt mehrere richtige Schreibweisen. Sind die beiden Stichwörter durch ein *oder* verbunden, so kannst du beide Schreibweisen gleichermaßen verwenden, denn sie stehen gleichberechtigt nebeneinander:

das **Alb|drü|cken** *oder* **Alp|drü|cken**

Steht jedoch ein *auch:* zwischen den beiden, so ist das erste Stichwort die Vorzugsschreibung, das zweite nur noch Nebenform:

der **Hard|rock** [ˈhaːɐ̯trɔk], *auch:* **Hard Rock** (Stilrichtung der Rockmusik); des Hardrock[s], *auch:* Hard Rock[s]

In diesem Beispiel bleibt die alte Schreibung richtig. Nach der neuen Rechtschreibung solltest du das Wort aber besser zusammenschreiben.

Treffen in einem zusammengesetzten Substantiv drei gleiche Buchstaben zusammen, so kannst du auch einen Bindestrich setzen. Da es sich ebenfalls um eine Nebenform handelt, steht *auch:* zwischen den beiden Schreibweisen:

das **Bett|tuch**, *auch:* **Bett-Tuch**

Innerhalb der Beugungsformen wird die Nebenform mit *auch:* angekündigt:

das **Hap|py|end** [ˈhɛpiˈɛnt], *auch:* **Hap|py End** (glücklicher Ausgang); des Happyends, *auch:* Happy Ends; die Happyends, *auch:* Happy Ends

Wenn zwischen zwei Schreibweisen *auch:* steht, dann darfst du also beide verwenden. Die auch in Zukunft richtige alte Schreibung wird nicht durch eine besondere Farbe markiert. Die zusätzlich mögliche neue Schreibung erkennst du, wie immer, an der roten Farbe.

Durch die neue Schreibweise verändern manche Wörter ihren Platz im Alphabet. In diesen nicht sehr zahlreichen Fällen findest du das gesuchte Wort in alter und neuer Schreibweise. Die neue Schreibung ist rot markiert, ohne weiteren Hinweis. Bei der alten Schreibung steht ein Hinweis darauf, dass es sich um die frühere Schreibung eines bestimmten Wortes handelt. Zusätzlich gibt es einen Verweis auf die neue Schreibweise:

be|lạ̈m|mert (*umgangssprachlich für:* niedergedrückt, scheußlich)
be|lẹm|mert, *alte Schreibung für:* **be|läm|mert**; *vergleiche dort*

Außerdem werden in dieser Auflage des Schülerdudens rechtschreiblich schwierige Wörter und Schreibweisen in farblich unterlegten Infokästchen übersichtlich dargestellt.

Sprachliche Stolpersteine, wie z. B. leicht verwechselbare Wörter, findest du in kurzen, mit einer kleinen Bombe markierten Artikeln erklärt.

B Die Darstellung der Worttrennung

Wie du weißt, können Wörter am Zeilenende getrennt werden. Nach der neuen Rechtschreibung gibt es jetzt viel mehr Möglichkeiten als vorher. Damit wird dir die Worttrennung erleichtert. Auf den Seiten 428–430 dieses Buches findest du die Regeln der Worttrennung erklärt.

An welcher Stelle du ein Wort trennen kannst, wird im Stichwort durch einen senkrechten Strich (|) angezeigt. Ist dieser Strich rot, dann bedeutet dies, dass es sich um eine neue Trennmöglichkeit handelt. Ein Beispiel:

das **Ka|b|ri|o|lett** (Pkw mit zurückklappbarem Verdeck); ...

An den Trennstrichen kannst du ablesen, dass man das Wort **Kabriolett** folgendermaßen trennen kann:

Ka-briolett *oder* Kab-riolett *oder* Kabri-olett *oder* Kabrio-lett

Für das Wort Apostroph sind nach den neuen Regeln folgende Trennungen erlaubt:

A-postroph *oder* Apo-stroph *oder* Apos-troph *oder* Apost-roph

Alle diese Möglichkeiten sind korrekt und werden im Schülerduden gezeigt.

In manchen Wörtern kannst du andere Wörter ziemlich klar erkennen. Dann wird die Worttrennung nur zwischen den Bestandteilen, aus denen sich das ganze Wort zusammensetzt, angezeigt. Ein Beispiel hierfür ist:

Ge|o|gra|phie, *auch:* Ge|o|gra|fie

Hier wird darauf verzichtet, die nach den neuen Regeln ebenfalls denkbare Trennung *Geog-raphie/Geog-rafie* anzuzeigen, weil der Bestandteil *-graphie/-grafie* auch in vielen anderen Wörtern (Biografie, Orthographie ...) vorkommt und als eigenständiger „Baustein" dieser Wörter gut erkannt werden kann.

Nach den neuen Regeln könnte man ein zusammengesetztes Wort wie **Feierabend** folgendermaßen trennen:

Fei-erabend *oder* Feier-abend *oder* Feiera-bend

Trennungen wie *Feiera-bend* werden im Schülerduden zwar angezeigt, aber wir empfehlen dir, sie zu vermeiden, da solche Trennungen das Lesen erschweren.

Die Buchstabengruppe *ck* wird nach den neuen Regeln nicht mehr als *k-k* getrennt. Deshalb steht in Stichwörtern wie **Be|cken** nur ein roter Trennstrich vor *ck*.

Das gilt auch für *st*. Im Stichwort **Küs|te** zeigt ein roter Trennstrich die neue Trennung an.

C Erklärung einiger weiterer Zeichen

Eckige Klammern [ ]

bedeuten, dass die zwischen ihnen stehenden Buchstaben [e] oder Zeichen [,] weggelassen werden können. Satzzeichen, die in roter Klammer stehen, müssen nach den neuen Regeln nicht mehr gesetzt werden. Sie können aber gesetzt werden.

Runde Klammern ( )

umschließen Worterklärungen und Angaben zu dem Fachbereich, in dem ein Wort vorkommt. In diesen Angaben wird nur die neue Rechtschreibung verwendet: die **Ko|a|li|ti|on** (Bündnis; Zusammenschluss) ...

Der Pfeil ↑

sagt aus: Schlage das Wort hinter dem Pfeil nach. Dort findest du weitere Angaben, z. B. der **Montag**; ↑ Dienstag.

Der Punkt unter einem Vokal

(Selbstlaut) gibt betonte Kürze an, z. B. das **Dạmwild.**

Der Strich unter einem Vokal

(Selbstlaut) gibt betonte Länge an, z. B. die **Anekdo̲te.**

Drei Punkte …
deuten an, dass der Satz weitergeht, z. B. gesetzt den Fall, dass …

Die Lautschrift
steht bei schwer auszusprechenden Wörtern hinter dem Stichwort in eckigen Klammern. Dabei folgt die verwendete Lautschrift dem Zeichensystem der International Phonetic Association (IPA). Ein Doppelpunkt nach dem Vokal bedeutet dessen Länge, z. B. Plateau […ˈto:]. Der Hauptakzent steht vor der betonten Silbe, z. B. Baseball [ˈbe:sbɔ:l]. Die Ausspracheangaben bei Fremdwörtern beziehen sich auf die in der deutschen Standardsprache übliche Lautung, die oft nicht exakt mit derjenigen der fremden Sprache übereinstimmt.

Zeichen der Lautschrift, Beispiele und Umschreibung

[a]	Rushhour [ˈraʃ…]	[õ]	Montblanc [mõˈblã:]
[a:]	Radar [ˈra:d…]	[õ:]	Ballon [baˈlõ:]
[ɐ]	Bulldozer […do:zɐ]	[ø]	pasteurisieren […tøri…]
[ɐ̯]	Friseur [friˈzø:ɐ̯]	[ø:]	Friseuse […ˈzø:zə]
[ã]	Ensemble [ãˈsã:bl̩]	[œ]	Feuilleton [fœjəˈtõ:]
[ã:]	Franc [frã:]	[œ̃:]	Parfum [parˈfœ̃:]
[ai̯]	live [lai̯f]	[o̯a]	loyal [lo̯aˈja:l]
[au̯]	Rushhour […au̯ɐ]	[ɔy̑]	Cowboy [ˈkau̯bɔy̑]
[ç]	Chirurg [çiˈr…]	[s]	City [ˈsɪti]
[d͜ʒ]	Gin [d͜ʒin]	[ʃ]	Chiffre [ˈʃɪfrə]
[e]	Regie [reˈʒi:]	[t͜s]	Zeremonie [t͜sere…]
[e:]	Shake [ʃe:k]	[t͜ʃ]	Match [mɛt͜ʃ]
[ɛ]	Handikap [ˈhɛndikɛp]	[u]	Routine [ru…]
[ɛ:]	fair [fɛ:r]	[u:]	Route [ˈru:…]
[ɛ̃]	Mannequin [ˈmanəkɛ̃]	[u̯]	Silhouette [zi:ˈlu̯ɛtə]
[ɛ̃:]	Teint [tɛ̃:]	[ʊ]	Bouillon [bʊlˈjõ:]
[ə]	Browser [ˈbrau̯zə]	[v]	Revers [reˈve:ɐ̯]
[i]	Chirurg [çir…]	[w]	Whisky [ˈwiski]
[i:]	Chemie [çeˈmi:]	[x]	Rochade [rɔˈxa:də]
[ɪ]	City [ˈsɪti]	[y]	Budget [byˈd͜ʒe:]
[ŋ]	Meeting [ˈmi:tɪŋ]	[y:]	Fondue [fõˈdy:]
[o]	logieren [loˈʒi:rən]	[y̆]	Etui [eˈty̆i:]
[o:]	Plateau […ˈto:]	[z]	Bulldozer […do:zɐ]
[ɔ]	online [ˈɔnlai̯n]	[ʒ]	Genie [ʒe…]
[ɔ:]	Baseball [ˈbe:sbɔ:l]	[θ]	Thriller [ˈθrilə]

Wenn du ein zusammengesetztes Wort nicht im Wörterverzeichnis findest, dann zerlege es in seine Bestandteile und schlage das Grundwort nach, wenn nötig auch die anderen Teilwörter:

Hanfseil ↑ **Hanf** und **Seil**
Fuchspelzmütze ↑ **Fuchs** und **Pelz** und **Mütze**
hinüberschwimmen ↑ **hinüber** und **schwimmen**

A A

das **A** (Buchstabe); des A; die A; ABER: das a in Land; eine Melodie in A-Dur, a-Moll; von A bis Z (*umgangssprachlich für:* alles, von Anfang bis Ende)

@ [ɛt] (Gliederungszeichen in der E-Mail-Adresse)

der **Aal;** *Verkleinerungsform:* Äl|chen; sich **aa|len;** du aalst dich; sie aalt sich; sie aalte sich; sie hat sich geaalt; **aal|glatt**

a. a. O. = am angeführten, angegebenen Ort (Hinweis auf eine Buchseite o. Ä.)

das **Aas;** (als Schimpfwort auch *Plural*:) die Ä|ser; **aa|sen** (*umgangssprachlich für:* verschwenderisch umgehen); du aast; er aaste; er hat mit dem Geld geaast

ab; ab und zu; Jugendliche ab zwölf Jahren, *auch:* Jahre; ab morgen; ab sein; der Knopf ist ab; der Knopf war ab; der Knopf ist ab gewesen; ... weil der Knopf ab ist, ab war

Abb. = Abbildung

der **Ab|bau; ab|bau|en;** er baut das Gerüst ab; er hat es abgebaut; Vorurteile abbauen

ab|bei|ßen; sie biss ein Stück Brot ab; sie hat es abgebissen

ab|be|kom|men; er bekam sein[en] Teil ab

ab|be|stel|len; er hat die Zeitung wieder abbestellt

ab|bie|gen; sie bog ab; sie hat das Blech abgebogen; das Auto ist abgebogen

das **Ab|bild; ab|bil|den;** wie oben abgebildet; die **Ab|bil|dung**

ab|bin|den; er band das verletzte Bein ab; der Gips hat abgebunden (ist fest geworden)

die **Ab|bit|te;** Abbitte leisten (um Verzeihung bitten)

ab|blen|den; du blendest ab; sie blendete ab; sie hat abgeblendet; das **Ab|blend-licht**

ab|blit|zen; du blitzt ab; er blitzte bei ihm ab; er ist bei ihm abgeblitzt

ab|bre|chen; du brichst ab; sie brach ab; sie hat den Ast abgebrochen; brich nichts ab!

ab|bren|nen; sie brennt ein Feuerwerk ab; sie hat ein Feuerwerk abgebrannt

ab|brin|gen; ich habe ihn von seinem Vorhaben abgebracht

der **Ab|bruch; ab|bruch|reif;** abbruchreife Häuser

ab|bu|chen; du buchst ab; sie buchte ab; sie hat den Betrag abgebucht; buche den Betrag ab!

das **Abc** *oder* das **A|be|ce**

ab|che|cken [...ˈtʃɛkn̩]; er hat alles abgecheckt

der **Abc-Schüt|ze** *oder* der **A|be|ce|schüt|ze**

ab|dan|ken; sie dankt ab; sie hat abgedankt; die **Ab|dan|kung**

ab|de|cken; sie hat den Tisch abgedeckt; decke ihn ab!

ab|dre|hen; er dreht ab; das Flugzeug hat abgedreht

ab|drif|ten; du driftest ab; das Boot driftete ab; das Boot ist abgedriftet

der **Ab|druck;** die Ab|drü|cke (in Gips, Lehm u. a.); ABER: die Ab|dru|cke (von Bildern, Zeitschriften u. a.); **ab|dru|cken;** die Zeitung druckt das Interview ab; sie hat es abgedruckt; **ab|drü|cken;** sie zielte und drückte ab; das Profil der Reifen hat sich im Boden abgedrückt

---

der **A|bend, a|bends**

Das Substantiv »Abend« schreibt man groß:
- eines Abends
- gegen Abend
- am Abend
- zu Abend essen
- guten Abend, *auch:* Guten Abend sagen
- gestern, heute, morgen Abend
- der Dienstagabend; an einem Dienstagabend

Das Adverb »abends« schreibt man klein:
- von morgens bis abends
- spätabends; ABER: abends spät
- um 8 Uhr abends
- dienstags abends, *auch:* dienstagabends

---

das **A|bend|brot;** das **A|bend|es|sen; a|bend-fül|lend;** das **A|bend|land; a|bend|lich;** das **A|bend|mahl;** die A|bend|mah|le; das

A B C D E F G H I J K L M N O P Q R S T U V W X Y Z

A|bend|rot *oder* die **A|bend|rö|te; a|bends** *vergleiche:* **Abend**

das **A|ben|teu|er;** die **A|ben|teu|e|rin** *oder* die **A|ben|teu|re|rin;** die Abenteuerinnen *oder* die Abenteurerinnen; **a|ben|teu|er|lich; a|ben|teu|er|lus|tig;** der **A|ben|teu|rer;** die **A|ben|teu|re|rin** *oder* die **A|ben|teu|e|rin;** die Abenteurerinnen *oder* die Abenteuerinnen

a|ber; wir waren nicht reich, aber glücklich; das **A|ber;** es ist ein Aber dabei; er brachte viele Wenn und Aber vor

der **A|ber|glau|be; a|ber|gläu|bisch**

a|ber|hun|dert; hundert und aberhundert, *auch:* Hundert und Aberhundert Stechmücken; hunderte und aberhunderte, *auch:* Hunderte und Aberhunderte kleiner Vögel; ↑hundert

ab|er|ken|nen; ich erkenne ab, *selten:* ich aberkenne; du erkennst ab, *selten:* du aberkennst; das Gericht erkannte ihm die bürgerlichen Ehrenrechte ab

a|ber|mals

a|ber|tau|send ↑aberhundert

ab|fah|ren; der Zug fährt ab; der Zug ist abgefahren; die **Ab|fahrt;** der **Ab|fahrts|lauf** (Skilauf)

der **Ab|fall; ab|fal|len;** die Blätter fallen ab; sie sind abgefallen; **ab|fäl|lig**

ab|fäl|schen; der Ball wurde abgefälscht

ab|fan|gen; die Nachricht wurde abgefangen

ab|fär|ben; der Lack hat abgefärbt

ab|fer|ti|gen; du fertigst ihn ab; sie hat den Zug abgefertigt; die **Ab|fer|ti|gung;** der **Ab|fer|ti|gungs|schal|ter**

ab|fin|den; sie haben ihn abgefunden; sich mit etwas abfinden müssen; die **Abfin|dung**

ab|flau|en; der Wind flaut ab; der Wind flaute ab; der Wind ist abgeflaut

ab|flie|gen; sie fliegt ab; sie ist abgeflogen; der **Ab|flug**

ab|flie|ßen; das Wasser fließt ab; das Wasser floss ab; das Wasser ist abgeflossen; der **Ab|fluss;** das **Ab|fluss|rohr**

ab|fra|gen; sie fragt ab; sie hat mich *oder* mir die Vokabeln abgefragt

die **Ab|fuhr;** die Ab|fuh|ren; man hat ihm eine Abfuhr erteilt; **ab|füh|ren;** die Gefangenen wurden abgeführt; das **Abführ|mit|tel**

ab|fül|len; die Milch wird in Flaschen abgefüllt

die **Ab|ga|be;** der **Ab|ga|be|ter|min**

der **Ab|gang;** das **Ab|gangs|zeug|nis;** des Abgangszeugnisses; die Abgangszeugnisse

das **Ab|gas;** die Ab|ga|se; **ab|gas|arm;** die **Abgas|un|ter|su|chung**

ab|ge|ar|bei|tet

ab|ge|ben; du gibst ab; sie hat den Aufsatz abgegeben

ab|ge|brannt (*umgangssprachlich auch für:* ohne Geldmittel)

ab|ge|brüht (unempfindlich)

ab|ge|dro|schen (zu oft gebraucht); eine abgedroschene Redensart

ab|ge|fah|ren (*umgangssprachlich auch für:* begeisternd, toll)

ab|ge|hackt; abgehackt sprechen

ab|ge|hen; der Schüler ging ab; ein Knopf ist abgegangen

ab|ge|hetzt

ab|ge|kämpft

ab|ge|kar|tet; ein abgekartetes Spiel

ab|ge|klärt

ab|ge|le|gen

ab|ge|macht!

ab|ge|neigt

ab|ge|nutzt

der **Ab|ge|ord|ne|te;** ein Abgeordneter; die Abgeordneten; zwei Abgeordnete; die **Ab|ge|ord|ne|te;** eine Abgeordnete; das **Ab|ge|ord|ne|ten|haus**

ab|ge|plat|tet

der **Ab|ge|sand|te;** ein Abgesandter; die Abgesandten; zwei Abgesandte; die **Ab|gesand|te;** eine Abgesandte

ab|ge|schie|den

ab|ge|schlafft (*umgangssprachlich für:* müde, erschöpft)

ab|ge|schla|gen

ab|ge|schmackt (geschmacklos, platt)

ab|ge|schnit|ten

ab|ge|se|hen; abgesehen davon, dass ...

ab|ge|spannt

ab|ge|stan|den; abgestandene Limonade

ab|ge|stumpft

ab|ge|tö|tet; abgetötete Viren

ab|ge|tra|gen; ein abgetragenes Kleid

ab|ge|win|nen; wir konnten dem Vorschlag nichts abgewinnen

ab|ge|wöh|nen; sie gewöhnt es sich ab; sie hat ihm das Rauchen abgewöhnt

ab|gie|ßen; sie goss das Wasser ab
der **Ab|gott;** die Ab|göt|ter; **ab|göt|tisch**
der **Ab|grund;** die Ab|grün|de; **ab|grün|dig; ab|grund|tief**
ab|gu|cken *oder* **ab|ku|cken;** er guckt *oder* kuckt ab; er hat abgeguckt *oder* abgekuckt
der **Ab|guss;** die Ab|güs|se
ab|ha|cken; sie hat den toten Zweig abgehackt
ab|ha|ken; sie hat den Posten in der Liste abgehakt
ab|hal|ten; du hältst ab; die Regierung hat Wahlen abgehalten
ab|han|den; abhanden kommen
die **Ab|hand|lung** (wissenschaftliche Untersuchung)
der **Ab|hang;** die Ab|hän|ge; **ab|hän|gen;** es hing vom Wetter ab; es hat von ihr abgehangen; **ab|hän|gig;** die **Ab|hän|gig|keit**
sich **ab|här|ten;** er härtet sich ab; er hat sich abgehärtet
ab|hau|en (*umgangssprachlich auch für:* davonlaufen); er hieb den Ast ab; er hat den Ast abgehauen; wir hauten ab; wir sind abgehauen
ab|he|ben; sie hob den Hörer ab; sie hat Geld [vom Konto] abgehoben
ab|hef|ten; sie heftet das Blatt ab; sie hat es abgeheftet
die **Ab|hil|fe**
ab|ho|len; sie hat ihn am Bahnhof abgeholt
ab|hol|zen; die Wälder wurden abgeholzt
ab|hor|chen; die Ärztin horchte seine Brust ab
ab|hö|ren; das Telefongespräch wurde abgehört; sie hat mir *oder* mich die Vokabeln abgehört
das **A|b|i|tur** (Reifeprüfung); der **A|b|i|tu|ri|ent;** des/dem/den A|b|i|tu|ri|en|ten; die A|b|i|tu|ri|en|ten; die **A|b|i|tu|ri|en|tin;** die Abiturientinnen
Abk. = Abkürzung
ab|kan|zeln (scharf tadeln); er hat den Schüler abgekanzelt
sich **ab|kap|seln** (verschließen); sie hat sich von der Umwelt abgekapselt; kaps[e]le dich nicht ab!
der **Ab|klatsch** (wertlose Nachahmung); die Ab|klat|sche

ab|ko|chen; er kochte das Wasser ab
ab|kom|men; sie ist vom Weg abgekommen; das **Ab|kom|men** (Vertrag); ein Abkommen treffen, schließen; der **Ab|kömm|ling** (Nachkomme)
ab|ku|cken *vergleiche:* abgucken
ab|küh|len; der Tee ist noch nicht abgekühlt
die **Ab|kür|zung**
ab|la|den; sie luden das Gerüst vor dem Haus ab
die **Ab|la|ge;** die **Ab|la|ge|rung**
der **Ab|lass** (Nachlass von Sündenstrafen); des Ab|las|ses; die Ab|läs|se; **ab|las|sen;** sie ließ ab; sie hat Dampf abgelassen
der **A|b|la|tiv** (Woherfall, 5. Fall); des Ablativs; die A|b|la|ti|ve
der **Ab|lauf; ab|lau|fen;** es ist alles nach Plan abgelaufen
ab|le|gen; er legt den Mantel ab; das Schiff hat abgelegt; der **Ab|le|ger** (Pflanzentrieb)
ab|leh|nen; sie lehnt den Vorschlag ab; sie hat es abgelehnt; die **Ab|leh|nung**
ab|lei|ten; sie leitete das Wasser ab; ein abgeleitetes Wort; die **Ab|lei|tung**
ab|len|ken; er lenkt ihn ab; er hat ihn abgelenkt; die **Ab|len|kung;** das **Ab|len|kungs|ma|nö|ver**
ab|le|sen; alle zwei Monate wird der Stromzähler abgelesen
ab|lie|fern; wo wurde das Paket abgeliefert?
ablösen; die **Ab|lö|se|sum|me** (Geldsumme, für die ein Verein einen Sportler freigibt)
ab|luch|sen; du luchst mir das Messer ab; sie hat mir das Messer abgeluchst
ABM = Arbeitsbeschaffungsmaßnahme
ab|ma|chen; sie macht ab; wir haben nichts abgemacht (vereinbart); die **Ab|ma|chung**
ab|ma|gern; du magerst ab; er ist abgemagert
ab|ma|len; er hat das Bild abgemalt
ab|mel|den; das Kind wurde von der Schule abgemeldet
die **ABM-Stel|le** ↑ABM
ab|murk|sen; man hat ihn abgemurkst (*umgangssprachlich für:* umgebracht)
die **Ab|nah|me; ab|neh|men;** sie nimmt ab; sie hat mir den Weg abgenommen

die **Ab|nei|gung**
ab|norm (vom Normalen abweichend)
ab|nut|zen *oder* **ab|nüt|zen;** der Stoff hat sich schnell abgenutzt *oder* abgenützt
das **A|bo** (*Kurzwort für:* Abonnement); das **A|bon|ne|ment** [abɔnəˈmã:] (Dauerbezug von Zeitungen u. Ä.; Dauermiete für Theater u. Ä.); die Abonnements; der **A|bon|nent;** des/dem/den A|bon|nenten; die A|bon|nen|ten; die **A|bon|nentin;** die Abonnentinnen; **a|bon|nie|ren;** sie hat die Zeitung abonniert
die **Ab|ord|nung**
der **A|b|ort;** die A|b|or|te
ab|pfei|fen; die Schiedsrichterin pfiff das Spiel ab; der **Ab|pfiff**
ab|pral|len; das prallt von ihm ab; das ist von ihm abgeprallt
sich **ab|ra|ckern** (sich abarbeiten); sie rackert sich ab; sie hat sich abgerackert; rackere dich doch nicht so ab!
A|b|ra|ham (Stammvater Israels)
ab|räu|men; er räumt ab; er hat abgeräumt
ab|re|a|gie|ren; er hat sich, seinen Ärger an den Kindern abreagiert
ab|rech|nen; ich rechne später mit dir ab; die **Ab|rech|nung**
ab|rei|ben; sie hat das Silber mit einem Tuch abgerieben; die **Ab|rei|bung**
die **Ab|rei|se; ab|rei|sen;** du reist ab; sie reist ab; sie ist abgereist
ab|rei|ßen; du reißt das Blatt ab; sie reißt das Blatt ab; sie riss das Blatt ab; sie hat das Blatt abgerissen; reiße das Blatt ab!; der **Ab|reiß|ka|len|der**
ab|rich|ten; er richtet seinen Hund ab
der **Ab|riss;** des Ab|ris|ses; die Ab|ris|se
der **Ab|ruf;** auf Abruf bereitstehen
ab|run|den; sie hat die Summe abgerundet; runde die Summe ab!
a|b|rupt (plötzlich)
ab|rüs|ten; die **Ab|rüs|tung**
ab|rut|schen; du rutschst ab; sie rutscht ab; sie ist abgerutscht
ABS = Antiblockiersystem
Abs. = Absatz; Absender
ab|sa|cken; das Flugzeug sackt ab; er ist in seinen Leistungen abgesackt
die **Ab|sa|ge;** eine Absage erhalten; **ab|sagen;** sie sagte das Treffen ab; das Treffen ist abgesagt

der **Ab|satz;** die Ab|sät|ze
ab|schaf|fen; man schaffte die Todesstrafe ab; sie hat das Auto abgeschafft
ab|schal|ten; sie schaltet den Strom ab; sie hat abgeschaltet (hört nicht mehr zu)
ab|schät|zen; du schätzt ab; sie hat den Wert abgeschätzt
der **Ab|schaum;** des Abschaums *oder* Abschau|mes
der **Ab|scheu;** Abscheu erregen; ein Abscheu erregender *oder* abscheuerregender Anblick; ABER NUR: ein großen Abscheu erregender Anblick; ein äußerst abscheuerregender, noch abscheuerregenderer Anblick; **ab|scheu|lich**
die **Ab|schie|be|haft; ab|schie|ben;** die Behörden schoben den Asylanten ab; er hat die Schuld auf ihn abgeschoben
der **Ab|schied;** des Abschieds *oder* Ab|schiedes; Abschied nehmen; die **Ab|schieds|fei|er**
ab|schie|ßen; sie hat den Vogel abgeschossen (alle übertroffen)
der **Ab|schlag** (Teilzahlung); **ab|schla|gen;** sie schlug den Ast ab; sie hat mir die Bitte abgeschlagen; **ab|schlä|gig;** der Antrag wurde abschlägig beschieden (abgelehnt)
der **Ab|schlepp|dienst; ab|schlep|pen;** sie schleppt ab; sie hat den Wagen abgeschleppt; der **Ab|schlepp|wa|gen**
ab|schlie|ßen; du schließt ab; sie schließt ab; sie schloss ab; sie hat abgeschlossen; der **Ab|schluss;** des Ab|schlus|ses; die Ab|schlüs|se
ab|schme|cken; er schmeckte die Suppe mit Salz und Pfeffer ab
ab|schnei|den; sie schneidet den Faden ab; sie hat gut abgeschnitten; der **Abschnitt; ab|schnitts|wei|se**
ab|schre|cken; du schreckst ab; der Preis hat die Käufer abgeschreckt; **ab|schreckend;** das ab|schre|ckends|te Beispiel; die **Ab|schre|ckung**
ab|schrei|ben; er schreibt ab; er hat abgeschrieben; die **Ab|schrift**
ab|schrub|ben; er schrubbt ab; er hat den Tisch abgeschrubbt
der **Ab|schuss; ab|schüs|sig;** die **Ab|schuss|liste**
ab|schüt|teln; ich schütt[e]le die Verfolger ab; wir haben sie abgeschüttelt

ab|schwä|chen; er schwächt seine Behauptung ab; er hat seine Behauptung abgeschwächt
ab|schwei|fen; wir schweiften ab; wir sind vom Thema abgeschweift
ab|seh|bar; in absehbarer Zeit (bald)
ab|se|hen; wir haben von einer Anzeige abgesehen (darauf verzichtet)
ab sein *vergleiche:* **ab**
ab|seits; abseits stehen; abseits des Geschehens; das **Ab|seits;** der Schiedsrichter pfiff Abseits
ab|sen|den; sie sendet ab; sie sandte ab, *seltener:* sendete ab; sie hat einen Brief abgesandt, *seltener:* abgesendet; der **Ab|sen|der;** die **Ab|sen|de|rin;** die Absenderinnen
ab|set|zen; du setzt die Tasse ab; sie setzte den Koffer ab; man hat den Direktor abgesetzt; die **Ab|set|zung**
die **Ab|sicht;** die Ab|sich|ten; **ab|sicht|lich**
ab|so|lut; ein absoluter (unbeschränkter) Herrscher; das ist absolut (völlig) unmöglich
die **Ab|so|lu|ti|on** (Lossprechung, insbesondere von den Sünden); die Ab|so|lu|ti|o|nen
der **Ab|so|lu|tis|mus** (unbeschränkte Herrschaft eines Monarchen); **ab|so|lu|tis|tisch**
der **Ab|sol|vent** (Schulabgänger mit Abschlussprüfung); des/dem/den Ab|sol|ven|ten; die Ab|sol|ven|ten; die **Ab|sol|ven|tin;** die Absolventinnen; **ab|sol|vie|ren;** wir absolvierten einen Lehrgang
ab|son|dern; der Baum sondert Harz ab; sie sonderten sich von der Gruppe ab; die **Ab|son|de|rung**
ab|sor|bie|ren (aufsaugen); der Filter absorbiert Schadstoffe; die **Ab|sorp|ti|on**
ab|spe|cken; er hat drei Kilo abgespeckt
ab|spei|chern; speichern Sie die Daten bitte jetzt ab!
ab|spei|sen; sie hat uns mit leeren Versprechungen abgespeist
ab|spens|tig; jemandem einen Freund abspenstig machen
ab|sper|ren; sperr die Tür ab!; die **Ab|sper|rung**
ab|spie|len; sag uns genau, was sich abgespielt hat!; sie spielte die Bänder der Reihe nach ab; spiel endlich den Ball ab!
die **Ab|spra|che; ab|spre|chen;** sie haben den Plan miteinander abgesprochen
ab|sprin|gen; sie springt ab; sie ist abgesprungen; der **Ab|sprung**
ab|stam|men; er stammt von einer alten Familie ab; die **Ab|stam|mung**
der **Ab|stand;** die Ab|stän|de
ab|stat|ten; sie stattete uns einen Besuch ab
ab|stau|ben; er staubt ab; er hat abgestaubt
der **Ab|ste|cher**
ab|ste|hend; abstehende Ohren
ab|stei|gen; sie stieg vom Rad ab; der Verein ist abgestiegen
ab|stel|len; stell bitte das Radio ab!; das **Ab|stell|gleis**
ab|ster|ben; mir stirbt der Arm ab; der Arm starb ab; abgestorbene Äste
der **Ab|stieg;** des Abstiegs *oder* Ab|stie|ges; die Ab|stie|ge
ab|stim|men; sie stimmt ab; sie hat sich mit ihm abgestimmt; die **Ab|stim|mung**
ab|s|ti|nent (enthaltsam); die **Ab|s|ti|nenz**
der **Ab|stoß;** des Ab|sto|ßes; die Ab|stö|ße;
ab|sto|ßen; du stößt ab; sie stößt ab; sie hat das Boot vom Ufer abgestoßen; **ab|sto|ßend**
der **Ab|s|tract** [ˈɛpstrɛkt] (kurze Inhaltsangabe eines Artikels oder Buches); des Abstracts; die Abstracts; **ab|s|tra|hie|ren** (verallgemeinern); wir haben aus den Daten ein Grundmuster abstrahiert; **ab|s|trakt** (unwirklich, begrifflich, nur gedacht); am ab|s|trak|tes|ten; die **Ab|s|trak|ti|on;** die Ab|s|trak|ti|o|nen
ab|strei|ten; er streitet ab; er hat alles abgestritten
der **Ab|strich;** Abstriche machen
ab|s|t|rus (verworren, schwer verständlich)
ab|stump|fen; du stumpfst ab; er ist abgestumpft
der **Ab|sturz;** die Ab|stür|ze; **ab|stür|zen;** du stürzt ab; mein PC ist abgestürzt
ab|surd (unvernünftig, sinnwidrig, sinnlos); am ab|sur|des|ten
der **Ab|s|zess** (eitrige Geschwulst); des Ab|s|zes|ses; die Ab|s|zes|se
die **Ab|s|zis|se** (x-Achse)
der **Abt;** die Äb|te
Abt. = Abteilung

ab|tas|ten; der Arzt tastete das Gelenk vorsichtig ab
die **Ab|tei;** die Abteien
das **Ab|teil;** die Ab|tei|le
die **Äb|tis|sin;** die Äbtissinnen
ab|tö|ten; alle Keime werden abgetötet
ab|tra|gen; er trug ab; er hat die Schulden abgetragen; **ab|träg|lich;** das ist der Gesundheit abträglich (schädlich)
ab|trei|ben; das Boot treibt ab; es ist abgetrieben; sie hat abgetrieben (eine Schwangerschaft abgebrochen); die **Ab|trei|bung**
ab|tren|nen; sie trennte die Kapuze vom Mantel ab
ab|tre|ten; sie trat vom Podium ab (verließ es); er hat mir seinen Platz abgetreten (überlassen)
ab|trock|nen; er trocknete [das Geschirr] ab; trockne dir die Hände ab!; ich habe mich abgetrocknet
ab|trün|nig
ab|tun; sie hat den Vorschlag als unsinnig abgetan
A|bu Dha|bi (Scheichtum der Vereinigten Arabischen Emirate; dessen Hauptstadt)
A|bu|ja [a'bu:dʒa] (Hauptstadt Nigerias)
ab|wä|gen; sie wägt ab; sie hat alles gegeneinander abgewogen
ab|wäh|len; die Regierung wurde abgewählt
die **Ab|wär|me**
ab|wärts; sie ist diesen Weg abwärts gegangen; mit ihm ist es ständig abwärts gegangen (schlechter geworden)
ab|wasch|bar; ab|wa|schen; er wusch das Geschirr ab; er hat abgewaschen
das **Ab|was|ser;** die Abwässer
ab|wech|seln; sie wechseln [sich] ab; sie haben [sich] abgewechselt; **ab|wech|selnd;** die **Ab|wechs|lung; ab|wechs|lungs|reich**
ab|we|gig
die **Ab|wehr; ab|weh|ren;** sie wehrte den Matchball ab; sie hat ihn abgewehrt
ab|wei|chen; er ist vom Plan abgewichen; sie hat das Etikett abgeweicht; die **Ab|wei|chung**
ab|wei|sen; er weist ihn ab; er hat ihn abgewiesen
ab|wen|den; sich abwenden; sie wendet sich ab; sie wandte *oder* wendete sich ab; sie hat sich abgewandt *oder* abgewendet
ab|wer|ben; die Firma hat ihn abgeworben
ab|wer|fen; sie wirft Ballast ab; die Hochspringerin warf die Latte ab; der Torwart hat abgeworfen; wirf (leg die Karte) ab!
ab|wer|ten; die Regierung hat das Geld abgewertet; die **Ab|wer|tung**
ab|we|send; der **Ab|we|sen|de;** ein Abwesender; die Abwesenden; zwei Abwesende; die **Ab|we|sen|de;** eine Abwesende; die **Ab|we|sen|heit**
ab|wi|ckeln; sie wickelt das Garn ab; das Verfahren wurde abgewickelt
ab|wie|geln; ich wieg[e]le ab
ab|wie|gen; sie wog ein halbes Pfund Zucker ab
ab|wim|meln ([mit Ausreden] abweisen); sie hat uns abgewimmelt; wimm[e]le ihn ab!
ab|wi|schen; ich wischte mir den Schweiß ab; er hat den Tisch abgewischt
ab|wra|cken; das alte Schiff wurde abgewrackt
der **Ab|wurf;** die Ab|wür|fe
ab|zah|len sie zahlt ab; sie hat ihre Schulden abgezahlt; die **Ab|zah|lung**
ab|zäh|len; sie zählt ab; sie hat abgezählt; der **Ab|zähl|reim;** die **Ab|zäh|lung**
das **Ab|zei|chen**
das **Ab|zieh|bild; ab|zie|hen;** sie zieht ab; sie zog ab; sie hat den Ring abgezogen; ABER: der Feind ist abgezogen; zieh[e] ab!; der **Ab|zug; ab|züg|lich**
ab|zwei|gen; der Weg zweigt ab; der Weg ist abgezweigt; sie hat ein paar Groschen für Süßigkeiten abgezweigt; die **Ab|zwei|gung**
das **Ac|ces|soire** [aksɛ'so̯a:ɐ̯] (modisches Zubehör, z. B. Gürtel, Schmuck)
Ac|c|ra (Hauptstadt Ghanas)
das **A|ce|tat** *vergleiche:* **A|ze|tat**
ach!; ach so!; das **Ach;** die Ach; mit Ach und Krach
der **A|chat** (ein Halbedelstein); des Achats *oder* A|cha|tes; die A|cha|te
die **A|chil|les|fer|se** (verwundbare Stelle); die **A|chil|les|seh|ne** (Sehne zwischen Ferse und Wadenmuskel)
die **Ach|se**

die **Ach|sel;** die Achseln; er zuckte die Achseln; das **Ach|sel|zu|cken; ach|sel|zuckend;** sie wandte sich achselzuckend ab

acht, die **Acht**

Das Zahlwort »acht« schreibt man klein:
- wir sind acht *oder* wir sind zu acht
- die ersten acht, die letzten acht
- acht und eins ist neun
- die Zahlen von acht bis zwölf
- acht Millionen Mal
- sie haben acht zu vier (8:4) gespielt
- ein Kind von acht Jahren
- er ist über acht
- es ist acht Uhr
- es schlägt eben acht
- es ist ein Viertel vor acht, halb acht, gegen acht
- wir essen immer Punkt acht
- im Jahre acht
- die Linie acht

Groß schreibt man die Ziffer oder Zahl, wenn sie substantivisch gebraucht wird:
- die Zahl Acht, die Ziffer Acht
- die Achten
- eine Acht schreiben
- eine arabische Acht, eine römische Acht
- eine Acht beim Eislauf fahren
- wir sind mit der Acht (mit der Linie 8) nach Hause gefahren

die **Acht** (Aufmerksamkeit); Acht geben; gib gut Acht!; auf etwas Acht haben; etwas außer Acht lassen; außer aller Acht lassen; sich in Acht nehmen; das Außer-Acht-Lassen

die **Acht** (Ächtung); in Acht und Bann tun

acht|bar

ach|te; der achte Mai; ABER: am Achten (des Monats); er war der Achte (der Reihe nach, z. B. beim Wettlauf); er ist der Achte (der Leistung nach, z. B. in der Klasse); jeder Achte; Heinrich der Achte

das **Acht|eck; acht|e|ckig**

ach|tel; ein achtel Zentner; ein achtel Liter, ABER (wenn das Maß gemeint ist): ein Achtelliter; das **Ach|tel;** die Achtel; ein Achtel vom Zentner; ein Achtel des Weges; ein Achtel Rotwein; drei Achtel des Ganzen, ABER: im Dreiachteltakt (*mit Ziffern:* im $^3/_8$-Takt); das **Ach|tel|fina|le;** die **Ach|tel|no|te**

ach|ten; du achtest; sie achtet; sie achtete; sie hat geachtet; achte darauf!

äch|ten; du ächtest; sie ächtet; sie ächtete; sie hat ihn geächtet

ach|tens; der **Ach|ter;** die Achter; die **Achter|bahn**

ach|tern (*Seemannssprache:* hinten)

acht|fach (*mit Ziffer:* 8fach); das **Acht|fache** (*mit Ziffer:* 8fache)

Acht ge|ben, Acht haben *vergleiche:* **Acht** (Aufmerksamkeit)

acht|hun|dert

acht|jäh|rig (*mit Ziffer:* 8-jährig); der **Acht|jäh|ri|ge** (*mit Ziffer:* 8-Jährige); ein Achtjähriger; die Achtjährigen; zwei Achtjährige; die **Acht|jäh|ri|ge** (*mit Ziffer:* 8-Jährige); eine Achtjährige

acht|los

acht|mal (*mit Ziffer:* 8mal, *neu:* 8-mal); achtmal so groß wie ...; acht- bis neunmal; ABER: acht mal zwei (*in Ziffern:* 8 mal 2) ist sechzehn; **acht|tau|send; achtund|zwan|zig**

die **Ach|tung;** Achtung!

die **Äch|tung**

acht|zehn; acht|zig; sie ist achtzig Jahre alt; mit achtzig kannst du das nicht mehr; sie fährt Tempo achtzig; der Mensch über achtzig; Mitte achtzig; in die achtzig kommen; die **Acht|zig** (Zahl); **acht|zi|ger** (*mit Ziffern:* 80er); achtziger Jahrgang (aus dem Jahre achtzig); in den Achtzigerjahren, *auch:* achtziger Jahren (des Jahrhunderts); in den Achtzigerjahren, *auch:* achtziger Jahren (über achtzig Jahre alt); Mitte der Achtziger; in den Achtzigern (über achtzig Jahre alt) sein; der **Acht|zi|ger** (Mann, der über 80 Jahre alt ist; Wein aus dem Jahre achtzig eines Jahrhunderts); die **Acht|zi|ge|rin** (Frau, die über 80 Jahre alt ist); die Achtzigerinnen

der **Acht|zy|lin|der|mo|tor**

äch|zen; du ächzt; sie ächzt; sie ächzte; sie hat geächzt; ächze nicht so laut!

der **A|cker;** der **A|cker|bau;** des Ackerbaus *oder* A|cker|bau|es; **a|ckern;** sie ackert; sie ackerte; sie hat geackert

das **A|c|ryl** (eine Chemiefaser)

die **Ac|tion** [ˈɛkʃn̩] (turbulente, oft von

Kämpfen, Verfolgungsjagden, Katastrophen und Ähnlichem geprägte Handlung in Filmen, Romanen, Comics); der **Ac|tion|film**

a. D. = außer Dienst

A. D. = Anno Domini (im Jahre des Herrn)

ADAC = Allgemeiner Deutscher Automobil-Club

a|da|gio [a'da:dʒo] (sanft, langsam); das **A|da|gio** (Musikstück in langsamem Tempo); des Adagios; die Adagios

A|dam (männlicher Vorname; in der Bibel: der erste Mensch)

der **A|d|ap|ter** (Verbindungsstück zum Anschluss von [Zusatz]geräten); des Adapters; die Adapter

ad|die|ren (zusammenzählen); sie hat addiert; addiere die Zahlenreihe!

Ad|dis A|be|ba [*auch:* ... a'be:ba] (Hauptstadt Äthiopiens)

die **Ad|di|ti|on** (das Zusammenzählen); die Ad|di|ti|o|nen

a|de!; ade, *auch:* Ade sagen; das **A|de**

der **A|del**; **a|deln**; du adelst; sie adelt; sie adelte; sie hat ihn geadelt

die **A|der**; *Verkleinerungsform:* das Äderchen

ADFC = Allgemeiner Deutscher Fahrrad-Club

die **Ad|hä|si|on** (das Aneinanderhaften zweier Stoffe oder Körper)

das **Ad|jek|tiv** (Eigenschaftswort); die Ad|jek|ti|ve

der **Ad|ju|tant** (beigeordneter Offizier); des/dem/den Ad|ju|tan|ten; die Ad|ju|tan|ten

der **Ad|ler**; die **Ad|ler|fe|der**

ad|lig; der **Ad|li|ge**; ein Adliger; die Adligen; zwei Adlige; die **Ad|li|ge**; eine Adlige

der **Ad|mi|ral**; die Ad|mi|ra|le, *auch:* die Ad|mi|rä|le

a|d|op|tie|ren (als Kind annehmen); sie hat den Jungen adoptiert; die **A|d|op|ti|on**; die A|d|op|ti|o|nen; das **A|d|op|tiv|kind**

Adr. = Adresse

das **A|d|re|na|lin** (ein Hormon)

A|d|res|sat (Empfänger); des/dem/den A|d|res|sa|ten; die A|d|res|sa|ten; die **A|d|res|sa|tin**; die Adressatinnen; das **A|d|ress|buch**; die **A|d|res|se**; **a|d|res|sie|ren**; sie hat adressiert; adressiere den Brief!

die **A|d|ria** (das Adriatische Meer)

der **Ad|vent**; der **Ad|vents|kranz**

das **Ad|verb** (Umstandswort); die Adverbien; **ad|ver|bi|al**; eine adverbiale Bestimmung (Umstandsbestimmung)

der **Ad|vo|kat** (Rechtsanwalt); des/dem/ den Ad|vo|ka|ten; die Ad|vo|ka|ten

[das] **Ae|ro|bic** [ɛ'ro:bɪk] (tänzerische Gymnastik); des Aerobics

die **A|e|ro|dy|na|mik** (Wissenschaft von den strömenden Gasen, besonders von der strömenden Luft)

die **Af|fä|re** (Angelegenheit, Vorfall, Streitsache)

der **Af|fe**; des/dem/den Affen; die Affen; *Verkleinerungsform:* das Äff|chen

der **Af|fekt** (Gemütsbewegung); die Af|fekte; **af|fek|tiert** (geziert, gekünstelt)

af|fen|ar|tig; die **Af|fen|hit|ze** (*umgangssprachlich für:* sehr große Hitze); **af|fig** (eitel)

der **Af|front** [a'frõ:] (Beleidigung); des Affronts; die Affronts

der **Af|gha|ne** (Einwohner von Afghanistan); des/dem/den Afghanen; die **Af|gha|nin**; die Afghaninnen; **af|gha|nisch**; **Af|gha|nis|tan** (Staat in Vorderasien)

A|f|ri|ka; der **A|f|ri|ka|ner**; die **A|f|ri|ka|ne|rin**; die Afrikanerinnen; **a|f|ri|ka|nisch**; der **A|f|ro|a|me|ri|ka|ner** (Amerikaner schwarzafrikanischer Abstammung); die **A|f|ro|a|me|ri|ka|ne|rin**; der **A|f|ro|deut|sche** (Deutscher schwarzafrikanischer Abstammung); ein Afrodeutscher; die **A|f|ro|deut|sche**; eine Afrodeutsche

der **Af|ter**

das **Af|ter|shave** ['a:ftɐʃe:f] (*kurz für:* Aftershavelotion); die **Af|ter|shave|lo|tion** [...'lo:ʃn̩], *auch:* **Af|ter-Shave-Lo|tion** (Rasierwasser)

AG = Aktiengesellschaft; Arbeitsgemeinschaft

die **Ä|gä|is** (das Ägäische Meer)

der *oder* das **A|gar-A|gar** (Gallerte aus ostasiatischen Algen); des Agar-Agars

die **A|ga|ve** ([sub]tropische Pflanze); die Agaven

der **A|gent** (Vermittler; Spion); des/dem/den A|gen|ten; die A|gen|ten; die **A|gentin**; die Agentinnen; die **A|gen|tur** (Vertretung; Vermittlungsbüro)

das **Ag|gre|gat** (Vereinigung zusammenwirkender Maschinen, Teile); die Ag|gre|gate; der **Ag|gre|gat|zu|stand** (eine Erscheinungsform eines Stoffes)

die **Ag|gres|si|on** (Angriff, feindseliges Verhalten); die Ag|gres|si|o|nen; **ag|gres|siv**

a|gie|ren (handeln; als Schauspieler auftreten); sie agierte selbstständig; 50 Figuren haben in dieser Szene agiert

die **A|gi|ta|ti|on** (politische Hetze; intensive politische Aufklärungstätigkeit); der **A|gi|ta|tor;** die A|gi|ta|to|ren; **a|gi|tieren;** sie hat agitiert

der **A|g|ra|ri|er** (Großgrundbesitzer); die **A|g|rar|po|li|tik** (Politik, die die Landwirtschaft betrifft)

Ä|gyp|ten (Staat in Nordostafrika); der **Ä|gyp|ter;** die **Ä|gyp|te|rin;** die Ägypterinnen; **ä|gyp|tisch**

ah! ah so!; **a|ha!** [*auch:* aˈha]

die **Ah|le** (Werkzeug)

der **Ahn;** des Ahns *oder* des Ah|nes *oder* des Ah|nen; die Ah|nen

ahn|den (bestrafen); das Verbrechen wurde geahndet

äh|neln; du ähnelst ihr; er ähnelt ihr; er ähnelte ihr; er hat ihr geähnelt

ah|nen; du ahnst es schon; ich ahnte nichts Böses; sie hat etwas geahnt

der **Ah|nen|kult**

ähn|lich; ähnliche Gedanken; das sieht ihm ähnlich; das Ähnliche; Ähnliches und Verschiedenes; etwas, nichts Ähnliches; oder Ähnliche[s] (*Abkürzung:* o. Ä.); und Ähnliche[s] (*Abkürzung:* u. Ä.)

die **Ah|nung; ah|nungs|los**

a|hoi!

der **A|horn;** die A|hor|ne

die **Äh|re**

das **Ai** (Faultier); des A|is, die A|is

A|i|da (eine Oper)

Aids [eːts] = acquired immune deficiency syndrome (erworbenes Immunschwächesyndrom, eine gefährliche Infektionskrankheit); **aids|krank;** der **Aidskran|ke;** ein Aidskranker; die **Aids|kranke;** eine Aidskranke

der **Air|bag** [ˈɛːɐ̯bɛk] (Luftkissen im Auto, das sich zum Schutz der Insassen bei einem Aufprall automatisch aufbläst); die **Air|con|di|tion** [ˈɛːɐ̯kɔndɪʃn̩], *auch:* **Air-Con|di|tion** (Klimaanlage); der **Airport** [ˈɛːɐ̯poːɐ̯t] (Flughafen)

der **A|ja|tol|lah** (Ehrentitel im iranischen Islam); die Ajatollahs

die **A|ka|de|mie** (gelehrte Gesellschaft; Hochschule); die A|ka|de|mi|en; der **A|ka|de|mi|ker** (jemand, der die Universität besucht hat); die **A|ka|de|mi|ke|rin;** die Akademikerinnen; **a|ka|de|misch**

die **A|ka|zie;** die A|ka|zi|en

die **A|ke|lei** (eine Zier- und Wiesenpflanze); die Akeleien

sich **ak|kli|ma|ti|sie|ren** (sich an ein verändertes Klima, an veränderte Verhältnisse anpassen); sie hat sich akklimatisiert

der **Ak|kord** (Zusammenklang; Stücklohn); die Ak|kor|de; die **Ak|kord|ar|beit**

das **Ak|kor|de|on** (Handharmonika); die Akkordeons

der **Ak|ku** (*Kurzwort für:* Akkumulator); des Akkus; die Akkus; der **Ak|ku|mu|la|tor** (ein Stromspeicher); die Ak|ku|mu|lato|ren

ak|ku|rat (sorgfältig, ordentlich; genau); am ak|ku|ra|tes|ten

der **Ak|ku|sa|tiv** (Wenfall, 4. Fall); des Akkusativs; die Ak|ku|sa|ti|ve

die **Ak|ne** (Hautausschlag)

der **A|k|ro|bat** (ein Turnkünstler); des/dem/den A|k|ro|ba|ten; die A|k|ro|ba|ten; die **A|k|ro|ba|tin;** die Akrobatinnen

der **Akt;** des Akts *oder* Ak|tes; die Ak|te

die **Ak|te** (Schriftstück; Urkunde); die Akten; die **Ak|ten|ta|sche**

die **Ak|tie** (Anteilschein); die Ak|ti|en; die **Ak|ti|en|ge|sell|schaft**

die **Ak|ti|on** (Unternehmung; Handlung); die Ak|ti|o|nen

der **Ak|ti|o|när** (Besitzer von Aktien); die Aktionäre; die **Ak|ti|o|nä|rin;** die Aktionärinnen

ak|tiv (tätig, wirksam); das **Ak|tiv** (in der Grammatik: die Tatform, Tätigkeitsform); die **Ak|ti|vi|tät** (Tätigkeit)

die **Ak|tu|a|li|tät** (Wichtigkeit für die Gegenwart); **ak|tu|ell** (zeitgemäß)

die **A|ku|punk|tur** (Heilbehandlung durch Nadelstiche)

die **A|kus|tik** (Lehre vom Schall, von den Tönen; Klangwirkung); **a|kus|tisch**

a|kut (dringlich, brennend); am a|ku|testen

AKW = Atomkraftwerk; der **AKW-Gegner;** die **AKW-Geg|ne|rin**

der **Ak|zent** (Betonung; Tonfall); die Ak|zente
ak|zep|tie|ren (annehmen, billigen); sie hat den Vorschlag akzeptiert
der **A|la|bas|ter** (eine Gipsart); des Alabasters
der **A|larm;** die A|lar|me; **a|lar|mie|ren;** sie hat die Polizei alarmiert; alarmiere die Feuerwehr!; das **A|larm|si|g|nal**
A|las|ka (Teil Nordamerikas; Staat der USA)
die **Alb** (Gebirge); die Schwäbische Alb
der **Al|ba|ner;** die **Al|ba|ne|rin;** die Albanerinnen; **Al|ba|ni|en** (Balkanstaat); **al|banisch**
der **Al|ba|t|ros** (ein Sturmvogel); des Albatros; die Al|ba|t|ros|se
das **Alb|drü|cken** *oder* **Alp|drü|cken**
al|bern (dumm, kindisch); albernes Geschwätz; **al|bern;** du alberst; er albert; er alberte; er hat gealbert; albere nicht!; die **Al|bern|heit**
der **Al|bi|no** (Mensch, Tier, dessen Haut, Haare, Augen keinen Farbstoff bilden; Pflanze ohne Farbstoffbildung); des Albinos; die Albinos
der **Alb|traum** *oder* **Alp|traum**
das **Al|bum;** die Alben
das **Äl|chen** (kleiner Aal)
der **A|le|man|ne;** des/dem/den Alemannen; die Alemannen; **a|le|man|nisch**
A|le|x|an|der (männlicher Vorname; altgriechischer König)
die **Al|ge** (eine Wasserpflanze); die Algen
die **Al|ge|b|ra** (Lehre von den mathematischen Gleichungen); **al|ge|b|ra|isch**
Al|ge|ri|en (Staat in Nordafrika); der **Alge|ri|er;** die **Al|ge|ri|e|rin;** die Algerierinnen; **al|ge|risch; Al|gier** ['alʒiɐ̯] (Hauptstadt Algeriens)
der **Al|go|rith|mus** (Schema, nach dem ein Rechenvorgang abläuft); des Algorithmus; die Algorithmen
das **A|li|bi** (Nachweis der Abwesenheit vom Tatort); des Alibis; die Alibis
das **Al|ka|li** (laugenhafte chemische Verbindung); des Alkalis; die Al|ka|li|en; **al|kalisch** (laugenhaft)
der **Al|ko|hol;** die Al|ko|ho|le; **al|ko|hol|frei;** der **Al|ko|ho|li|ker;** die **Al|ko|ho|li|ke|rin;** die Alkoholikerinnen; **al|ko|ho|lisch;** der **Al|ko|hol|miss|brauch**

all, al|le, al|les; all das Schöne; vor allem; allen Ernstes; alle beide; alle ehrlichen Menschen; alle vier Jahre; alle neun[e] (beim Kegeln); alles und jedes; wer alles; alles Gute, Schöne; alles Mögliche (alle Möglichkeiten); alles Mögliche (viel, allerlei); alles Übrige; alles Beliebige; mein Alles
das **All** (das Weltall)
all|a|bend|lich (jeden Abend)
Al|lah (der Name Gottes im Islam)
die **Al|lee** (mit Bäumen eingefasste Straße); die Al|le|en
die **Al|le|go|rie** (Sinnbild, Gleichnis); die Alle|go|ri|en
al|le|g|ro (lebhaft, schnell); das **Al|le|g|ro** (Musikstück in lebhaftem Tempo); des Allegros; die Allegros *und* die Allegri
al|lein; allein sein, stehen, bleiben; jemanden allein lassen; eine allein erziehende Mutter; die allein Erziehende, *auch:* Alleinerziehende; ein allein stehender Mann; die allein Stehenden, *auch:* Alleinstehenden; das **Al|lein|sein**
al|le|mal (*umgangssprachlich für:* natürlich, in jedem Fall); das kann sie allemal besser; ABER: ein für alle Mal; ein für alle Male
al|len|falls; al|lent|hal|ben
al|ler|bes|te; es ist am allerbesten; es ist das Allerbeste, wenn er schweigt; es ist das Allerbeste, was er tun kann
al|ler|dings
die **Al|ler|gie** (krankhafte Überempfindlichkeit); die Al|ler|gi|en; **al|ler|gisch**
al|ler|hand; allerhand Neues; das ist ja allerhand
Al|ler|hei|li|gen (katholisches Fest zu Ehren aller Heiligen); das **Al|ler|hei|ligs|te;** des Allerheiligsten
al|ler|lei; allerlei Wichtiges; das **Al|lerlei;** die Allerlei; Leipziger Allerlei
al|ler|letzt; sie kam zu allerletzt; ABER: das ist ja das Allerletzte!
al|ler|meis|te; die allermeisten waren einverstanden
Al|ler|see|len (katholischer Gedächtnistag zu Ehren aller Verstorbenen)
al|ler|seits, all|seits
al|ler|we|nigs|te; das allerwenigste, was ich tun kann; dies werde ich am allerwenigsten tun

al|les ↑ all; der **Al|les|fres|ser**
al|le|zeit *oder* **all|zeit** (immer); ich werde allezeit *oder* allzeit an dich denken; ABER: du hast alle Zeit der Welt
das **Al|gäu** (süddeutsche Landschaft); der **All|gäu|er**; die **All|gäu|e|rin**; die Allgäuerinnen
all|ge|mein; allgemein gültig; eine allgemein verständliche Gebrauchsanweisung; im Allgemeinen (gewöhnlich); er bewegt sich stets nur im Allgemeinen (beachtet nicht das Besondere); Allgemeine Ortskrankenkasse; Allgemeiner Deutscher Automobil-Club; das **All|ge|mein|be|fin|den;** die **All|ge|mein|bil|dung;** die **All|ge|mein|heit;** das **All|ge|mein|wohl**
das **All|heil|mit|tel**
die **Al|li|anz** (Bündnis); die Al|li|an|zen; die Heilige Allianz (ein Bündnis zwischen Preußen, Russland und Österreich 1815)
der **Al|li|ga|tor;** des Alligators; die Al|li|ga|to|ren
die **Al|li|ier|ten** (die gegen Deutschland verbündeten Länder im 1. und 2. Weltkrieg) *Plural*
all|jähr|lich
die **All|macht; all|mäch|tig;** der **All|mäch|ti|ge** (Gott)
all|mäh|lich
das **Al|lo|t|ria** (Unfug); des Allotria *oder* des Al|lo|t|ri|as
der **All|rad|an|trieb**
all|seits *oder* **al|ler|seits**
der **All|tag; all|täg|lich; all|tags;** alltags wie sonntags
all|um|fas|send
die **Al|lü|ren** (auffallendes Benehmen) *Plural*
all|wis|send; die **All|wis|sen|heit**
all|zeit ↑ allezeit
all|zu; allzu früh; allzu gern; allzu lang *oder* allzu lange; allzu oft; allzu sehr; allzu selten; allzu viel; allzu weit
die **Alm;** die Al|men
der **Al|ma|nach** (Kalender, Jahrbuch); die Al|ma|na|che
das **Al|mo|sen**
die **A|loe** (Pflanze mit Wasser speichernden dicken Blättern); die A|lo|en
das **Al|pa|ka** (langhaariges, schwarzbraunes Lama in den Anden); des Alpakas; die Alpakas

das **Alp|drü|cken** *oder* **Alb|drü|cken**
die **Al|pen** (ein Gebirge) *Plural;* die **Al|pen|ro|se;** das **Al|pen|veil|chen;** das **Al|pen|vor|land**
das **Al|pha|bet;** die Al|pha|be|te; **al|pha|be|tisch**
das **Alp|horn;** die Alp|hör|ner
al|pin (in den Alpen, im Hochgebirge vorkommend); der alpine Skilauf; der **Al|pi|nist** (sportlicher Bergsteiger im Hochgebirge); des/dem/den Al|pi|nis|ten; die Al|pi|nis|ten; die **Al|pi|nis|tin;** die Alpinistinnen
der **Alp|traum** *oder* **Alb|traum**
als; als ob; sie ist größer als ihre Schwester; sie ist größer, als ihre Schwester im gleichen Alter war; **als|bald; als|dann;** als dass; es ist besser, er fährt langsam, als dass er einen Unfall verursacht
al|so

alt

Klein schreibt man das Adjektiv »alt« und seine Steigerungsformen:
- äl|ter, am äl|tes|ten
- die alten Bundesländer

Groß schreibt man die Substantivierung:
- der Alte, die Alte
- er ist immer der Alte (derselbe)
- das ist etwas Altes
- Alt und Jung (jedermann)
- aus Alt mach Neu
- Altes und Neues
- meine Älteste (meine älteste Tochter)

Groß schreibt man auch in Namen und in bestimmten namenähnlichen Verbindungen:
- das Alte Testament (in der Bibel)
- der Alte Fritz (Friedrich der Große)

der **Alt** (tiefe Frauen- oder Knabenstimme; Sängerin mit dieser Stimme)
der **Al|tar;** die Al|tä|re
der **Alt|bau;** des Altbaus; die Alt|bau|ten
das **Al|ter; al|tern;** er ist gealtert
al|ter|na|tiv (wahlweise; eine andere, menschlichere und umweltfreundlichere Lebensweise vertretend); die **Al|ter|na|ti|ve** (andere Möglichkeit)
al|ters; seit alters; vor alters; von alters her; das **Al|ters|heim;** die **Al|ters|schwä-**

A B C D E F G H I J K L M N O P Q R S T U V W X Y Z

che; das **Al|ter|tum;** das klassische Altertum; **al|ter|tüm|lich**

das **Alt|glas;** der **Alt|glas|be|häl|ter**

alt|her|ge|bracht; alt|klug

die **Alt|last** (aus der Vergangenheit stammende, noch nicht beseitigte Belastung, Schädigung [bes. der Umwelt])

alt|mo|disch; das **Alt|pa|pier;** die **Alt|stadt|sa|nie|rung;** der **Alt|wei|ber|som|mer**

das **A|lu** (*umgangssprachlich für:* Aluminium); des Alus; die **A|lu|fo|lie;** das **A|lu|mi|ni|um**

die **Alz|hei|mer|krank|heit** (Krankheit, bei der die Erkrankten das Gedächtnis verlieren)

am (an dem); am nächsten Sonntag, dem *oder* den 27. März; am besten

die **A|ma|ryl|lis** (Pflanze mit großen Blüten auf hohem Stiel); der Amaryllis; die Amaryllen

der **A|ma|teur** [ama'tøːɐ̯] (jemand, der eine Tätigkeit aus Liebhaberei, aber nicht berufsmäßig ausübt); die A|ma|teu|re; die **A|ma|teu|rin;** die Amateurinnen

der **A|ma|zo|nas** (Fluss in Südamerika)

das **Am|bi|en|te** (Umgebung, Milieu, Atmosphäre); des Ambiente

die **Am|bi|ti|on** (der Ehrgeiz); die Am|bi|ti|o|nen; **am|bi|ti|o|niert** (ehrgeizig)

am|bi|va|lent (doppelwertig; zwiespältig); die **Am|bi|va|lenz** (Doppelwertigkeit; Zwiespältigkeit); die Am|bi|va|len|zen

der **Am|boss;** des Am|bos|ses; die Am|bos|se

am|bu|lant (wandernd; ohne festen Sitz); ambulante Behandlung (Behandlung, bei der der Kranke den Arzt aufsucht); die **Am|bu|lanz** (Krankentransportwagen; Klinikabteilung für ambulante Behandlung); die Am|bu|lan|zen

die **A|mei|se;** der **A|mei|sen|bär** (Säugetier, das sich von Termiten und Ameisen ernährt); der **A|mei|sen|hau|fen**

a|men; er sagte zu allem Ja und Amen *oder* ja und amen; das **A|men**

A|me|ri|ka; der **A|me|ri|ka|ner;** die **A|me|ri|ka|ne|rin;** die Amerikanerinnen; **a|me|ri|ka|nisch**

der **A|me|thyst** (violetter Halbedelstein); des Amethysts *oder* A|me|thys|tes; die A|me|thys|te

die **A|mi|no|säu|re;** Aminosäuren (bestimmte organische Säuren; Eiweißbausteine)

Am|man (Hauptstadt Jordaniens)

die **Am|me**

die, *auch:* der **Am|mer** (ein Singvogel); die Ammern

das **Am|mo|ni|ak** (gasförmige Verbindung aus Stickstoff und Wasserstoff); des Ammoniaks

der **Am|mo|nit** (ausgestorbener Kopffüßer oder dessen Versteinerung); des Am|mo|ni|ten; die Am|mo|ni|ten

die **A|m|ne|sie** (Gedächtnisverlust)

die **A|m|nes|tie** (Begnadigung, Straferlass); die A|m|nes|ti|en; **a|m|nes|tie|ren;** man amnestierte sie; man hat sie amnestiert

die **A|mö|be** (ein Einzeller); die Amöben

A|mok [*auch:* a'mɔk]; Amok laufen (blindwütig [umherlaufen und] töten); er läuft Amok; er ist Amok gelaufen; der **A|mok|läu|fer**

A|mor (römischer Liebesgott)

die **A|mor|ti|sa|ti|on** (allmähliche Tilgung einer Schuld; Deckung der Anschaffungskosten); **a|mor|ti|sie|ren;** er hat seine Schulden amortisiert; die Investition hat sich amortisiert

die **Am|pel;** die Ampeln

das **Am|pere** [am'peːɐ̯] (Einheit der elektrischen Stromstärke); des Ampere *oder* des Amperes; die Ampere

die **Am|phi|bie** (Tier, das im Wasser und auf dem Land lebt); die Am|phi|bi|en; das **Am|phi|bi|en|fahr|zeug** (Land-Wasser-Fahrzeug)

das **Am|phi|the|a|ter** (meist dachloses Theatergebäude der Antike in Form einer Ellipse mit stufenweise aufsteigenden Sitzreihen)

die **Am|p|li|tu|de** (größter Ausschlag einer Schwingung)

die **Am|pul|le** (Glasröhrchen, besonders für Flüssigkeiten, mit denen Injektionsspritzen gefüllt werden)

die **Am|pu|ta|ti|on** (Gliedabtrennung); **am|pu|tie|ren;** sein Bein wurde amputiert

Am|rum (eine Nordseeinsel)

die **Am|sel;** die Amseln

Ams|ter|dam [*auch:* 'amstɐdam] (Hauptstadt der Niederlande)

das **Amt;** die Äm|ter; die **Amt|frau; amt|lich;** der **Amt|mann;** die Amt|män|ner *oder*

Amt|leu|te; die **Amt|män|nin;** das **Amts|ge|richt;** der **Amts|rich|ter;** der **Amts|schim|mel** (*umgangssprachlich für:* bürokratisches Verhalten einer Behörde)

das **A|mu|lett** (Glücksbringer, Zaubermittel); die A|mu|let|te

der **A|mur** (Fluss in Asien)

a|mü|sant; am a|mü|san|tes|ten; **a|mü|sie|ren;** es hat ihn amüsiert; sich amüsieren; du hast dich köstlich amüsiert

an; er stand an dem Zaun; er stellte sich an den Zaun; an [und für] sich; an sein; das Licht soll an sein; das Licht ist an; das Licht war an; das Licht ist an gewesen; wenn das Licht an ist; wäre doch das Licht an!

das **A|na|bo|li|kum** (muskelbildendes Dopingpräparat); des Anabolikums; die Anabolika

a|na|log (ähnlich, entsprechend); ein analoger Fall; die **A|na|lo|gie** (Entsprechung); die A|na|lo|gi|en

der **An|al|pha|bet** [*auch:* 'an...] (jmd., der nicht lesen und schreiben kann); des/dem/den An|al|pha|be|ten; die An|al|pha|be|ten

die **A|na|ly|se** (Zergliederung); **a|na|ly|sie|ren;** sie hat analysiert; analysiere diese Lösung!; **a|na|ly|tisch** (zergliedernd, zerlegend); analytische Geometrie

die **A|na|nas;** *Plural:* die Ananas *und* die Ananasse

die **A|n|ar|chie** (herrschaftsloser oder gesetzloser Zustand); die A|n|ar|chi|en; der **A|n|ar|chist;** des/dem/den A|n|ar|chis|ten; die A|n|ar|chis|ten; **a|n|ar|chis|tisch**

die **A|na|to|mie** ([Lehre von] Form und Körperbau der Lebewesen); die A|na|to|mi|en; **a|na|to|misch**

an|bag|gern (ein Mädchen ansprechen); er hat sie angebaggert

an|bän|deln (eine Liebesbeziehung anknüpfen; *auch für:* einen Streit anfangen); du bändelst mit ihr an; er bändelt mit ihr an; er bändelte mit ihr an; er hat mit ihr angebändelt; bänd[e]le nicht mit ihr an!

an|bei

an|bei|ßen; du beißt an; er beißt an; beiß an!; er biss das Stück Kuchen an; der Fisch hat angebissen; ABER: zum Anbeißen (*umgangssprachlich für:* reizend) aussehen

an|be|ten; du betest an; er betet an; er betete an; er hat sie angebetet; bete ihn nicht so an!

sich **an|bie|dern;** du biederst dich an; er biedert sich an; er biederte sich an; er hat sich angebiedert; bied[e]re dich nicht so an!

an|bin|den; du bindest den Hund an; sie bindet ihn an; sie band ihn an; sie hat ihn angebunden; bind[e] ihn an!

der **An|blick; an|bli|cken;** du blickst ihn an; er hat den Jungen angeblickt

an|bre|chen; du brichst an; sie bricht an; brich an!; sie hat eine neue Packung angebrochen; der Tag ist angebrochen

an|bren|nen; die Suppe brennt an; brannte an; ist angebrannt

der **An|bruch;** bei Anbruch des Tages

die **An|dacht;** die Andachten; **an|däch|tig; an|dachts|voll**

an|dan|te (mäßig langsam); das **An|dan|te** (Musikstück in gemessenem Tempo); des Andante[s]; die Andantes

an|dau|ernd

die **An|den** (Gebirge in Südamerika) *Plural*

das **An|den|ken**

an|de|re, *auch:* **and|re**

Im Allgemeinen wird »andere, andre« – auch in Verbindung mit einem Artikel – kleingeschrieben:

- der/die/das and[e]re
- alles and[e]re
- kein and[e]rer, keine and[e]re
- das ist etwas and[e]res, nichts and[e]res
- wir sprachen von etwas and[e]rem
- ich bin and[e]rer Meinung
- und and[e]res mehr
- unter and[e]rem
- sich eines and[e]ren, eines andern besinnen
- and[e]re ähnliche Fälle

Wenn »and[e]re« nicht Zahladjektiv ist, sondern im Sinne von »etwas Andersartiges« verwendet wird, dann kann auch großgeschrieben werden:

- sie strebte etwas ganz and[e]res, *auch:* And[e]res (etwas Andersartiges) an

an|der|mal; ein andermal, ABER: ein and[e]res Mal

än|dern; du änderst; sie ändert; sie änderte; sie hat ihren Plan geändert; ändere deinen Plan!; sich ändern; sie hat sich sehr geändert

an|dern|falls, *auch:* **an|de|ren|falls**

an|ders; jemand, niemand anders; er ist anders als ich; wo̲ a̜nders? (wo sonst?); ABER: woa̜nders (irgendwo sonst); a̜nderswo; der anders Denkende, *auch:* Andersdenkende; ein anders Denkender; die anders Denkenden; mehrere anders Denkende; die anders Denkende, *auch:* Andersdenkende; eine anders Denkende; anders geartet; anders lautend; **anders|ar|tig**

an|ders|gläu|big; der **An|ders|gläu|bi|ge;** ein Andersgläubiger; die Andersgläubigen; zwei Andersgläubige; die **An|dersgläu|bi|ge;** eine Andersgläubige

an|der|seits, an|de|rer|seits, and|rer|seits

an|dert|halb; in anderthalb Stunden; anderthalb Pfund

die **Än|de|rung**

an|deu|ten; du deutest an; sie deutet an; sie deutete an; sie hat ihre Absicht angedeutet; die **An|deu|tung**

an|do|cken (ein Raumfahrzeug an ein anderes ankoppeln); das Raumschiff hat an der Raumstation angedockt

An|do̜r|ra (Staat in den Pyrenäen); der **An|dor|ra̲|ner; an|dor|ra̲|nisch**

der **An|drang**

das **An|d|re̲|as|kreuz** (Verkehrszeichen an Bahnübergängen)

an|dre|hen; du drehst an; sie dreht an; sie drehte an; sie hat das Licht angedreht

an|e|cken (Missfallen erregen); mit diesem Benehmen eckt sie bei allen an

sich **an|eig|nen;** sie eignet sich an; sie hat sich dieses Buch angeeignet

an|ei|n|a̜n|der; wir werden immer aneinander denken; sie fügen die Teile aneinander; sie haben die Teile aneinander gefügt; aneinander geraten (sich streiten); sie gerieten aneinander; sie sind aneinander geraten

die **A|n|ek|do̲|te** (eine kurze Geschichte)

die **A|ne|mo̲|ne** (Windröschen)

a̜n|er|ken|nen; sie erkennt an, *seltener:* anerkennt; sie erkannte an, *seltener:* anerkannte; sie hat anerkannt; erkenne ihn an!, *seltener:* anerkenne ihn!; die **Aner|ken|nung**

an|fah|ren; du fährst an; sie fährt an; sie fuhr mit ihrem Auto an; sie ist mit ihrem Auto angefahren; ABER: er hat eine alte Frau angefahren; er hat ihn kräftig angefahren (zurechtgewiesen); fahre vorsichtig an!

der **An|fall;** die An|fäl|le; **an|fäl|lig**

der **An|fang;** die An|fän|ge; **an|fan|gen;** sie fängt an; sie hat endlich angefangen; der **An|fän|ger;** die **An|fän|ge|rin;** die Anfängerinnen; **an|fäng|lich; an|fangs;** der **Anfangs|buch|sta|be**

an|fas|sen; du fasst an; sie hat das Problem geschickt angefasst; fass *oder* fasse mich nicht an!

an|fer|ti|gen; du fertigst an; sie fertigt an; sie fertigte an; sie hat angefertigt; fertige an!

an|feu|ern; ich feuere an; sie hat ihre Mannschaft angefeuert

die **An|for|de|rung;** die Anforderungen

die **An|fra|ge; an|fra|gen;** sie fragt an; sie hat angefragt

sich **an|freun|den;** ich freunde mich an; er freundete sich mit einem Mitschüler an; ihr habt euch mit dem Gedanken angefreundet

an|füh|ren; sie führt an; sie hat diese Bande angeführt; der **An|füh|rer;** das **Anfüh|rungs|zei|chen**

die **An|ga|be**

an|gän|gig; das ist nicht angängig

an|ge|ben; er gibt mir die Adresse an; er hat gewaltig angegeben (geprahlt); der **An|ge|ber**

an|geb|lich

an|ge|bo|ren

das **An|ge|bot**

an|ge|bracht

an|ge|hen; das geht mich nichts an; er ging ihn um Geld an; er ist, *auch:* hat ihn um Geld angegangen

der **An|ge|hö|ri|ge;** ein Angehöriger; die Angehörigen; mehrere Angehörige; die **Ange|hö|ri|ge;** eine Angehörige

der **An|ge|klag|te;** ein Angeklagter; die Angeklagten; viele Angeklagte; die **An|geklag|te;** eine Angeklagte

die **An|gel;** die Angeln

die **An|ge|le|gen|heit**
der **An|gel|ha|ken; an|geln;** du angelst; er angelt; er angelte; er hat geangelt
der **An|gel|punkt** (Hauptsache)
der **An|gel|sach|se** (Angehöriger westgermanischer Stämme in England; Person englischer Abstammung und Muttersprache); **an|gel|säch|sisch**
an|ge|mes|sen; etwas für angemessen halten; etwas in angemessener Weise tun; die **An|ge|mes|sen|heit**
an|ge|nehm
an|ge|nom|men
an|ge|passt; er ist sehr angepasst
an|ge|se|hen (geachtet)
das **An|ge|sicht;** die An|ge|sich|ter *oder* An|ge|sich|te; **an|ge|sichts;** angesichts des Todes
an|ge|spannt
der **An|ge|stell|te;** ein Angestellter; die Angestellten; zwei Angestellte; die **An|ge|stell|te;** eine Angestellte
an|ge|trun|ken
an|ge|wandt; angewandte Kunst
an|ge|wie|sen; wir sind darauf angewiesen
sich **an|ge|wöh|nen;** er gewöhnt sich dies an; er hat sich dies angewöhnt; die **An|ge|wohn|heit**
an|ge|wur|zelt; er stand da wie angewurzelt
die **An|gi|na** (Mandelentzündung); die Anginen
der **Ang|ler;** die **Ang|le|rin;** die Anglerinnen
An|go|la (Staat in Afrika); der **An|go|la|ner;** die **An|go|la|ne|rin;** die Angolanerinnen; **an|go|la|nisch**
die **An|go|ra|wol|le** (feine, seidige Wolle)
an|grei|fen; er greift an; er hat angegriffen; der **An|grei|fer;** der **An|griff; an|griffs|lus|tig**
die **Angst;** die Ängs|te; in Angst sein; Angst haben; einem Menschen Angst machen; ABER: mir ist, mir wird angst und bange; **angst|er|füllt;** der **Angst|ha|se;** des/dem/den Angsthasen; die Angsthasen; **ängs|ti|gen;** er ängstigt sie; er hat sie geängstigt; sich ängstigen; er hat sich geängstigt; **ängst|lich**
an|hal|ten; du hältst die Luft an; das schöne Wetter hält an; er hielt den Wagen an; er hat angehalten; halt an!; **an|hal|tend** (andauernd, ununterbrochen); der **An|hal|ter;** per Anhalter fahren
an|hand; anhand des Buches; anhand von Unterlagen
der **An|hang;** die An|hän|ge; der **An|hän|ger; an|häng|lich**
an|hau|en (*umgangssprachlich für:* um etwas bitten); einen Freund um einen Zehner anhauen
an|heim; *nur in:* anheim fallen (zufallen); das Gut fiel der Kirche anheim; das Gut ist der Kirche anheim gefallen; anheim stellen (überlassen); er stellte es ihr anheim; er hat es ihr anheim gestellt
an|heu|ern (auf einem Schiff in Dienst stellen oder in Dienst treten); er heuert auf einem Frachter an
An|hieb; auf Anhieb (sofort)
an|him|meln; ich himm[e]le ihn an!; er hat sie angehimmelt
an|hö|ren; du hörst ihn an; ich habe mir alles angehört; hör[e] mich an!
a|ni|ma|lisch (tierisch)
der **A|ni|ma|teur** [animaˈtøːɐ̯] (jemand, der bei Freizeitveranstaltungen und Reisen die Gäste mit Spielen u. Ä. unterhält); die **A|ni|ma|teu|rin;** die Animateurinnen;
a|ni|mie|ren (anregen, ermuntern); du animierst; er animierte mich; er hat mich zum Malen animiert
das **A|n|i|on** (negativ geladenes elektrisches Teilchen); des Anions; die A|n|i|o|nen
der **A|nis** (eine Gewürzpflanze)
An|ka|ra (Hauptstadt der Türkei)
der **An|ker;** die Anker; vor Anker gehen; vor Anker liegen
die **An|kla|ge; an|kla|gen;** er klagt an; sie hat ihn angeklagt; der **An|klä|ger**
an|kli|cken; du klickst an; sie klickte an; sie hat das Programm zweimal angeklickt; klick[e] an!
an|klop|fen; du klopfst an; er hat angeklopft; klopf[e] an!
an|knip|sen; sie knipst das Licht an
an|kom|men; sie kam in Frankfurt an; sie ist gut angekommen; darauf kommt es mir nicht an (das ist nicht wichtig)
der **An|kreis** (Kreis, der ein Dreieck von außen und zwei verlängerte Seiten von innen berührt); des An|krei|ses; die An|krei|se
an|kreu|zen; du kreuzt an; er kreuzt an; er hat den Fehler angekreuzt

an|kün|di|gen; er kündigt an; er hat angekündigt; die **An|kün|di|gung**

die **An|kunft**

die **An|la|ge**

der **An|lass;** des An|las|ses; die An|läs|se; der **An|las|ser; an|läss|lich;** anlässlich des Festes, *dafür besser:* zum, beim Fest *oder* aus Anlass des Festes

der **An|lauf;** die An|läu|fe

der **An|laut** (erster Laut eines Wortes oder einer Silbe)

an|le|gen; das Schiff legt an; sich **an|le|gen;** er hat sich mit uns angelegt (er hat mit uns Streit gesucht)

das **An|lie|gen** (Wunsch); der **An|lie|ger** (Anwohner einer Straße u. Ä.); die **An|lie|ge|rin;** die Anliegerinnen

Anm. = Anmerkung

an|ma|chen; du machst das Licht an; er hat ihn angemacht (*umgangssprachlich für:* er hat ihn angesprochen oder provoziert); mach mich nicht an!

an|ma|len; du hast dich angemalt

sich **an|ma|ßen;** du maßt dir an; er maßte sich an; er hat sich ein Urteil angemaßt; maß[e] dir kein Urteil an!; **an|ma|ßend**

die **An|mel|dung**

an|mer|ken; ich lasse mir nichts anmerken; die **An|mer|kung**

an|mot|zen (beschimpfen, tadeln); du motzt ihn an; sie hat ihn angemotzt; motz[e] mich nicht an!

die **An|mut; an|mu|tig**

an|nä|hen; du nähst den Knopf an; er hat den Knopf angenäht

die **An|nah|me; an|neh|men;** er nimmt an; er hat dies angenommen

die **An|nehm|lich|keit**

an|nek|tie|ren (sich gewaltsam aneignen); er hat fremdes Land annektiert; die **An|ne|xi|on**

an|no (*veraltet für:* im Jahre); anno elf; anno dazumal; **An|no Do|mi|ni** (im Jahre des Herrn)

die **An|non|ce** [aˈnõːsə] (Zeitungsanzeige); **an|non|cie|ren;** er hat in der Zeitung annonciert; annoncier[e]!

an|nul|lie|ren (für ungültig erklären); er hat den Vertrag annulliert

die **A|no|de** (positive Elektrode; Pluspol)

an|ö|den; sein dummes Gerede ödet mich an; es hat mich angeödet

a|n|o|mal (unregelmäßig, regelwidrig)

a|n|o|nym (ungenannt); die **A|n|o|ny|mi|tät** (die Unbekanntheit des Namens)

der **A|no|rak;** des Anoraks; die Anoraks

an|ord|nen; sie hat die Untersuchung des Falls angeordnet; die **An|ord|nung**

an|or|ga|nisch (zur unbelebten Natur gehörend); die anorganische Chemie

an|pas|sen; du passt an; er hat sein Verhalten den Anforderungen angepasst; pass *oder* passe dich an!; die **An|pas|sung**

der **An|pfiff** (Pfiff des Schiedsrichters als Zeichen für den Beginn oder die Fortsetzung eines Spiels)

an|pflau|men (unhöflich anreden); sie hat ihn angepflaumt

die **An|re|de; an|re|den;** du redest sie an; er hat ihn mit »Sie« angeredet

an|re|gen; du regst an; er regt an; er regte an; er hat angeregt; reg[e] das doch einmal in der Schule an!; die **An|re|gung;** das **An|re|gungs|mit|tel**

der **An|reiz**

an|rem|peln; ich remp[e]le ihn an; sie hat ihren Bruder angerempelt

an|rich|ten; er richtet Verwirrung an; er hat das Essen angerichtet

an|rü|chig

der **An|ruf;** der **An|ruf|be|ant|wor|ter; an|ru|fen;** er rief mich an (er telefonierte mit mir); der Posten hat ihn angerufen; ruf[e] mich morgen an!

die **An|sa|ge;** der **An|sa|ger;** die **An|sa|ge|rin;** die Ansagerinnen

an|säs|sig; sie ist in München ansässig

an|schau|en; er schaute uns an; ich habe mir alles angeschaut; **an|schau|lich;** die **An|schau|ung;** aus eigener Anschauung

der **An|schein;** allem Anschein nach; **an|schei|nend;** er hört anscheinend aufmerksam zu; ↑ABER: scheinbar

an|schie|ben; sie schiebt an; er schob an; sie haben das Auto angeschoben; schieb[e] es an!

der **An|schlag;** die An|schlä|ge; **an|schla|gen;** er schlägt an; sie schlug an; er hat ein Plakat angeschlagen; sich anschlagen; sie hat sich das Knie angeschlagen

an|schlie|ßen; du schließt den Herd an; er schließt ihn an; sie hat sich uns angeschlossen; **an|schlie|ßend** (folgend); der **An|schluss;** die An|schlüs|se; der **An-**

schluss|tref|fer (Treffer, der den Abstand zur gegnerischen Mannschaft auf 1 verkürzt)

an|schmie|ren (*umgangssprachlich auch für:* betrügen); er hat dich angeschmiert

an|schnal|len; er schnallt sein Kind an; ich habe mich angeschnallt

die **An|schrift**

an|schwel|len; der Fluss schwillt an; er ist angeschwollen

an|se|hen; du siehst dir das an; er sah sie an; er hat sie angesehen; sieh an!; das **An|se|hen;** ohne Ansehen der Person; **an|sehn|lich;** eine ansehnliche (große) Menge

an sein *vergleiche:* **an**

die **An|sicht;** meiner Ansicht nach; die **An|sichts|kar|te**

an|span|nen; er spannt an; er hat die Pferde angespannt

das **An|spiel; an|spie|len;** einen Stürmer anspielen; auf etwas anspielen (versteckt hinweisen); die **An|spie|lung**

der **An|sporn**

die **An|spra|che**

an|sprin|gen; der Hund hat sie angesprungen; der Motor ist nicht angesprungen

der **An|spruch;** die Ansprüche; **an|spruchs|los; an|spruchs|voll**

an|sta|cheln; ich stach[e]le an; er hat sie zur Tat angestachelt

die **An|stalt**

der **An|stand; an|stän|dig;** die **An|stän|dig|keit; an|stands|hal|ber; an|stands|los**

an|statt; anstatt dass; anstatt dessen

an|ste|cken; er steckt die Blume an; er hat die Blume angesteckt; sich anstecken; er hat sich bei mir angesteckt; **an|ste|ckend;** die **An|ste|ckung;** die **An|ste|ckungs|ge|fahr**

an|stel|le, *auch:* **an Stel|le;** anstelle, *auch:* an Stelle des Vaters

an|stel|len; er stellt an; er hat ihn angestellt; sich anstellen; stell dich nicht so an!; **an|stel|lig** (geschickt)

an|stif|ten; wer hat euch dazu angestiftet?; der **An|stif|ter**

der **An|stoß;** die An|stö|ße; **an|sto|ßen;** er stößt überall an; wir haben miteinander angestoßen (uns zugetrunken); **an|stö|ßig**

der **An|strei|cher**

sich **an|stren|gen;** sie strengt sich an; sie hat sich angestrengt; streng[e] dich an!; **an|stren|gend;** die **An|stren|gung**

An|ta|na|na|ri|vo (Hauptstadt Madagaskars)

die **Ant|ark|tis** (Südpolgebiet); **ant|ark|tisch**

der **An|teil;** an etwas Anteil nehmen; die **An|teil|nah|me**

die **An|ten|ne**

der **An|th|ra|zit** (glänzende Steinkohle); **an|th|ra|zit|far|ben**

die **An|th|ro|po|lo|gie** (Wissenschaft vom Menschen)

die **An|th|ro|po|so|phie** (Lehre, nach der der Mensch höhere seelische Fähigkeiten entwickeln und dadurch übersinnliche Erkenntnisse erlangen kann)

an|ti... (gegen...)

der **An|ti|al|ko|ho|li|ker** (Alkoholgegner)

die **An|ti|ba|by|pil|le** [...'be:bi...] (ein Empfängnisverhütungsmittel)

das **An|ti|bi|o|ti|kum** (Wirkstoff gegen Krankheitserreger); des Antibiotikums; die Antibiotika

das **An|ti|blo|ckier|sys|tem** (*Abkürzung:* ABS)

der **An|ti|christ** (Gegner des Christentums); des/dem/den An|ti|chris|ten; die An|ti|chris|ten

der **An|ti|fa|schis|mus**

an|tik (altertümlich); die **An|ti|ke** (das klassische Altertum und seine Kultur)

die **An|ti|lo|pe**

die **An|ti|pa|thie** (Abneigung, der Widerwille); die An|ti|pa|thi|en

der **An|ti|po|de** (jmd., der auf der gegenüberliegenden Seite der Erdkugel wohnt); des/dem/den Antipoden; die Antipoden

der **An|ti|quar** (Händler mit Altertümern oder mit alten Büchern); die An|ti|qua|re; das **An|ti|qua|ri|at;** die An|ti|qua|ri|a|te; **an|ti|qua|risch**

die **An|ti|qui|tät** (altes Möbelstück, alter Kunstgegenstand); die An|ti|qui|tä|ten; der **An|ti|qui|tä|ten|händ|ler**

der **An|ti|se|mi|tis|mus** (Abneigung oder Feindschaft gegenüber Juden)

das **Ant|litz;** die Ant|lit|ze

an|tör|nen (in Erregung oder Rausch versetzen); die Musik törnt mich an; die Musik hat mich angetörnt

der **An|trag;** einen Antrag stellen

an|trei|ben; du treibst an; er trieb ihn zur

Eile an; sie hat mich angetrieben; treib[e] mich nicht an!; der **An|trieb**

der **An|tritt**

die **Ant|wort; ant|wor|ten;** du antwortest; er antwortet; er antwortete; er hat geantwortet; antworte!

der **An|walt;** die An|wäl|te; die **An|wäl|tin;** die Anwältinnen

der **An|wär|ter;** die **An|wär|te|rin;** die Anwärterinnen; die **An|wart|schaft**

an|wei|sen; du weist an; sie wies ihn an; er hat ihn angewiesen[,] uns zu helfen

die **An|wei|sung**

an|wen|den; er wendet an; sie wendete *oder* wandte an; er hat alle Mittel angewendet *oder* angewandt; die **An|wen|dung**

das **An|we|sen** (Grundstück); **an|we|send;** der **An|we|sen|de;** ein Anwesender; die Anwesenden; mehrere Anwesende; die **An|we|sen|de;** eine Anwesende; die **An|we|sen|heit**

an|wi|dern; es widert mich an; es hat mich angewidert

an|win|keln; du winkelst die Arme an; er hat die Arme angewinkelt

die **An|zahl;** die **An|zah|lung**

das **An|zei|chen**

die **An|zei|ge; an|zei|gen;** sie zeigt ihn an; sie hat ihn angezeigt

an|zie|hen; du ziehst dich an; sie zog das Kleid an; sie hat sich angezogen; **an|zie|hend** (reizvoll); die **An|zie|hungs|kraft;** der **An|zug;** die An|zü|ge; **an|züg|lich**

an|zün|den; er zündet an; er hat das Streichholz angezündet

die **AOK** = Allgemeine Ortskrankenkasse

die **A|or|ta** (Hauptschlagader); die Aorten

der **A|pa|che** [aˈpatʃə, *auch:* aˈpaxə] (Angehöriger eines Indianerstammes)

a|part (in ungewöhnlicher Weise reizvoll, schön); am a|par|tes|ten; sie trug ein apartes Kleid

die **A|part|heid** (völlige Trennung zwischen Weißen und Farbigen in einem Staat)

Das Wort *Apartheid* stammt aus dem Afrikaans, also aus der Sprache, die in Südafrika gesprochen wird. Deshalb endet es mit einem *d.*

das **A|part|ment** (kleinere Wohnung); die Apartments; ↑Appartement

a|pa|thisch (teilnahmslos); am a|pathischs|ten

der **A|pe|ri|tif** (appetitanregendes alkoholisches Getränk)

der **Ap|fel;** die Äpfel; der **Ap|fel|baum;** die **Ap|fel|si|ne**

die **A|po|ka|lyp|se** (schreckliches Weltende)

A|pol|lo (ein griechisch-römischer Gott; Name eines amerikanischen Raumfahrtprogramms)

der **A|pos|tel;** die Apostel; die **A|pos|tel|ge|schich|te; a|pos|to|lisch** (nach Art der Apostel); ABER: das Apostolische Glaubensbekenntnis; der Apostolische Nuntius, Stuhl

der **A|pos|t|roph** (Auslassungszeichen, zum Beispiel ›so ’n Blödsinn!‹ für ›so ein Blödsinn!‹); des Apostrophs; die A|pos|t|ro|phe

die **A|po|the|ke;** der **A|po|the|ker;** die **A|po|the|ke|rin;** die Apothekerinnen

der **Ap|pa|rat;** des Apparat[e]s; die Ap|pa|ra|te

das **Ap|par|te|ment** [apartəˈmãː] (einige zusammenhängende Räume in einem Hotel); die Appartements; ↑Apartment

der **Ap|pell** (Aufruf, Mahnruf; *beim Militär:* Befehlsempfang); die Ap|pel|le; **ap|pel|lie|ren** (sich wenden an); er hat appelliert; appelliere an sein Gewissen!

der **Ap|pe|tit;** die Ap|pe|ti|te; **ap|pe|tit|an|re|gend;** appetitanregende Mittel; ABER: den Appetit anregende Mittel; **ap|pe|tit|lich;** die **Ap|pe|tit|lo|sig|keit**

ap|plau|die|ren; sie hat applaudiert; applaudier[e] doch!; der **Ap|plaus**

das **Ap|plet** [ɛpˈlət] (*EDV:* kleineres Anwendungsprogramm)

die **Ap|po|si|ti|on** (hauptwörtliche Beifügung; meist im gleichen Fall wie das Bezugswort)

die **Ap|pre|tur** (Glanz, Festigkeit eines Gewebes); der Appretur; die Ap|pre|tu|ren

die **A|p|ri|ko|se;** die **A|p|ri|ko|sen|mar|me|la|de**

der **A|p|ril;** des April *und* des Aprils; der **A|p|ril|scherz**

die **Ap|sis** (halbrunde Nische als Abschluss eines Kirchenraums); die Ap|si|den

der, *auch:* das **A|quä|dukt** (über eine Brücke geführte antike Wasserleitung); des Aquädukt[e]s; die A|quä|duk|te das **A|qua|rẹll** (ein mit Wasserfarben gemaltes Bild); die A|qua|rel|le

das **A|qu̲a|ri|um** (Behälter zur Haltung kleiner Wassertiere und -pflanzen); die A|qua|ri|en

der **Ä|qu̲a|tor** (größter Breitenkreis)

das, *auch:* der **Ar** (ein Flächenmaß); die A|re

die **Ä̲|ra** (Zeitalter); die Ära Kohl

der **A̲|ra|ber** [*auch:* 'ara:bɐ] (Bewohner Arabiens; Pferd einer edlen Rasse); die **A̲|ra|be|rin;** die Araberinnen; **a|ra̲|bisch;** arabisches Vollblut

der **A̲|ral|see** (See in Mittelasien)

die **Ar|beit;** Arbeit suchend; ↑ABER: arbeitssuchend

ar|bei|ten; du arbeitest; er arbeitet; er arbeitete; er hat gearbeitet; arbeite!; der **Ar|bei|ter;** die **Ar|bei|te|rin;** die Arbeiterinnen; der **Ar|beit|ge|ber;** die **Ar|beit|ge|be|rin;** die Arbeitgeberinnen; der **Ar|beit|neh|mer;** die **Ar|beit|neh|me|rin;** die Arbeitnehmerinnen; das **Ar|beits|amt;** die **Ar|beits|be|schaf|fungs|maß|nah|me** (*Abkürzung:* ABM); **ar|beits|fä|hig;** der **Ar|beits|lohn; ar|beits|los;** das **Ar|beits|lo|sen|geld;** die **Ar|beits|lo|sen|ver|si|che|rung;** die **Ar|beits|lo|sig|keit;** der **Ar|beits|markt**

ar|beits|su|chend; ABER: Arbeit suchend; ein Arbeit suchender Maurer

Das erste *s* in *arbeitssuchend* kennzeichnet die Verbindungsstelle der Zusammensetzung. Deshalb dürfen Wörter mit einem solchen Fugen-s nie getrennt geschrieben werden.

die **Ar|beits|zeit**

der **Ar|chä|o|lo̲|ge** (Altertumsforscher); des/dem/den Archäologen; die Archäologen; die **Ar|chä|o|lo|gi̲e** (Altertumskunde)

der **Ar|chä|ọp|te|ryx** (Urvogel); des Archäopteryx; die Ar|chä|ọp|te|ry|xe *oder* Ar|chä|o|p|te̲|ry|ges

die **Ar|che;** die Arche Noah

Ar|chi|me̲|des (altgriechischer Mathematiker); **ar|chi|me̲|disch;** archimedisches Prinzip; archimedischer Punkt

der **Ar|chi|tẹkt;** des/dem/den Ar|chi|tek|ten; die Ar|chi|tek|ten; die **Ar|chi|tek|tu̲r** (Baukunst; Baustil)

das **Ar|chi̲v** (Urkundensammlung); die Ar|chi|ve; der **Ar|chi|va̲r** (Archivbeamter); die Ar|chi|va|re

die **ARD** = Arbeitsgemeinschaft der öffentlich-rechtlichen Rundfunkanstalten der Bundesrepublik Deutschland

die **A|re̲|na** (Kampfplatz, Manege im Zirkus); die Arenen

arg; är|ger; am ärgs|ten; im Argen liegen; zum Ärgsten kommen; vor dem Ärgsten bewahren; das Ärgste verhüten; nichts Arges denken

Ar|gen|ti̲|ni|en (Staat in Südamerika); der **Ar|gen|ti̲|ni|er; ar|gen|ti̲|nisch**

der **Är|ger; är|ger|lich; är|gern;** er hat ihn geärgert; ärgere ihn nicht!; sich ärgern; er hat sich geärgert; das **Är|ger|nis;** des Är|ger|nis|ses; die Är|ger|nis|se

Substantive auf *-nis* werden im Nominativ Singular nur mit einem *s* geschrieben, obwohl der Genitiv Singular und die Pluralformen mit Doppel-s gebildet werden.

arg|los; am arg|lo|ses|ten

das **Ar|gu|mẹnt** (Beweis, Begründung); die Ar|gu|men|te; **ar|gu|men|ti̲e|ren;** er hat gut argumentiert

der **Arg|wohn; arg|wöh|nen;** du argwöhnst; er argwöhnt; er argwöhnte; er hat geargwöhnt; **arg|wöh|nisch**

die **A̲|rie** (ein Sologesangsstück mit Instrumentalbegleitung); die A|ri|en

der **A|ris|to|kra̲t** (Angehöriger des Adels; vornehmer Mensch); des/dem/den A|ris|to|kra|ten; die A|ris|to|kra|ten; die **A|ris|to|kra|ti̲e; a|ris|to|kra̲|tisch**

die **A|rith|me̲|tik** (Zahlenlehre); **a|rith|me̲|tisch**

die **Ạrk|tis** (Gebiet um den Nordpol); **ạrk|tisch**

ạrm; är|mer; am ärms|ten; arme Ritter (eine Süßspeise); Arm und Reich (*veraltet für:* jedermann); Arme und Reiche; bei Armen und Reichen; der Arme und der Reiche; wir Armen

der **Arm;** die Ar|me; ein Arm voll Reisig; er hat einen Arm voll *oder* voller Reisig; das **Arm|band;** die **Arm|band|uhr**

die **Ar|ma|tu̲r** (Bedienungs- und Messgerät an technischen Anlagen); das **Ar|ma|tu̲|ren|brett**

die **Arm|brust** (eine alte Schusswaffe); die Arm|brüs|te, *auch:* Arm|brus|te

die **Ar|mee;** die Ar|me|en
der **Är|mel;** die Ärmel
Ar|me|ni|en (Staat in Vorderasien); der **Ar|me|ni|er;** die **Ar|me|ni|e|rin;** die Armenierinnen; **ar|me|nisch**
arm|lang; ein armlanger Stiel; ABER: der Stiel ist einen Arm lang
ärm|lich; arm|se|lig; die **Ar|mut;** das **Ar|muts|zeug|nis;** damit hat er sich selbst ein Armutszeugnis ausgestellt (seine eigene Unfähigkeit bewiesen)
der **Arm voll** *vergleiche:* **Arm**
die **Ar|ni|ka** (eine Heilpflanze); die Arnikas
das **A|ro|ma** (Duft, Geruch); die Aromen *oder* die Aromas *und* die Aromata; **a|ro|ma|tisch**
das **Ar|ran|ge|ment** [arãʒəˈmã:] (Übereinkunft); des Arrangements; die Arrangements; sie hatten ein Arrangement getroffen
ar|ran|gie|ren [arãˈʒi:rən] (einrichten, zustande bringen); er hat das geschickt arrangiert
der **Ar|rest;** die Ar|res|te
ar|ro|gant (anmaßend); am ar|ro|gan|tes|ten; die **Ar|ro|ganz**
der **Arsch** (*derb für:* Gesäß; derbes Schimpfwort); des Ar|sches; die Är|sche
das **Ar|sen** (ein Gift); des Arsens
das **Ar|se|nal** (Geräte-, Waffenlager); des Arsenals; die Ar|se|na|le
die **Art;** die Ar|ten
die **Ar|te|rie** (Schlagader); die Ar|te|ri|en; die **Ar|te|ri|o|skle|ro|se** (Arterienverkalkung)
die **Ar|th|ro|se** (chronische Gelenkerkrankung)
ar|tig
der **Ar|ti|kel** [*auch:* arˈtɪkl̩]; die Artikel
die **Ar|til|le|rie** (eine Waffengattung); die Ar|til|le|ri|en
die **Ar|ti|scho|cke** (eine Zier- und Gemüsepflanze)
der **Ar|tist** (Zirkuskünstler); des/dem/den Ar|tis|ten; die Ar|tis|ten; die **Ar|tis|tin;** die Artistinnen; **ar|tis|tisch**
die **Arz|nei;** die Arzneien; der **Arzt;** des Arztes; die Ärz|te; die **Ärz|tin;** die Ärztinnen; **ärzt|lich**
das **As,** *alte Schreibung für:* **Ass;** *vergleiche dort*
die **A-Sai|te** (z. B. auf der Geige)
der **As|best** (ein hitzefestes Mineral); des Asbest[e]s
die **A|sche**
die **Ä|sche** (ein Fisch)
die **A|schen|bahn;** der **A|schen|be|cher;** das **A|schen|brö|del,** das **A|schen|put|tel** (eine Märchengestalt); der **A|scher|mitt|woch;** die A|scher|mitt|wo|che; **asch|grau;** ABER: bis ins Aschgraue (bis zum Überdruss)
ä|sen; das Reh äst; das Reh hat geäst
A|ser|bai|d|schan (Staat am Kaspischen Meer); der **A|ser|bai|d|scha|ner;** die **A|ser|bai|d|scha|ne|rin;** die Aserbaidschanerinnen; **a|ser|bai|d|scha|nisch**
der **A|si|at;** des/dem/den A|si|a|ten; die A|si|a|ten; die **A|si|a|tin;** die Asiatinnen; **a|si|a|tisch; A|si|en**
die **As|ke|se** (eine enthaltsame Lebensweise); der **As|ket** (enthaltsam lebender Mensch); des/dem/den As|ke|ten; die As|ke|ten; **as|ke|tisch**
a|so|zi|al (unfähig zum Leben in der Gemeinschaft; am Rand der Gesellschaft lebend)
der **A|s|pekt** (Gesichtspunkt); des Aspekt[e]s; die A|s|pek|te
der **As|phalt; as|phal|tie|ren;** er hat die Straße asphaltiert
das **Ass** (eine Spielkarte; Spitzenkönner[in]; *Tennis:* unerreichbarer Aufschlagball); des As|ses; die As|se
die **As|sel** (ein Krebstier)
der **As|ses|sor** (Anwärter der höheren Beamtenlaufbahn); des Assessors; die As|ses|so|ren; die **As|ses|so|rin;** die Assessorinnen
die **As|si|mi|la|ti|on** (Angleichung)
der **As|sis|tent** (Gehilfe, Mitarbeiter); des/dem/den As|sis|ten|ten; die As|sis|ten|ten; die **As|sis|ten|tin;** die Assistentinnen; der **As|sis|tenz|arzt; as|sis|tie|ren** (zur Hand gehen); sie hat ihm assistiert
die **As|so|zi|a|ti|on** (Vereinigung; Vorstellungsverknüpfung); **as|so|zi|a|tiv**
der **Ast;** die Äs|te
die **As|ter** (eine Zierpflanze); die Astern
die **Äs|the|tik** (Wissenschaft vom Schönen); **äs|the|tisch** (die Ästhetik betreffend; ausgewogen, schön)
das **Asth|ma** (Kurzatmigkeit durch eine Erkrankung der Bronchien oder des Herzens); der **Asth|ma|ti|ker; asth|ma|tisch**

ast|rein (*umgangssprachlich für:* sehr gut); eine astreine Party

der **As|t|ro|lo|ge** (Sterndeuter); des/dem/den Astrologen; die Astrologen; die **As|t|ro|lo|gie;** die **As|t|ro|lo|gin;** die Astrologinnen; der **As|t|ro|naut** (Weltraumfahrer); des/dem/den As|t|ro|nau|ten; die As|t|ro|nau|ten; die **As|t|ro|nau|tin;** die Astronautinnen; der **As|t|ro|nom** (Stern-, Himmelsforscher); des/dem/den As|t|ro|no|men; die As|t|ro|no|men; die **As|t|ro|no|mie** (Stern-, Himmelskunde); die **As|t|ro|no|min;** die Astronominnen; **as|t|ro|no|misch** (die Astronomie betreffend; *auch für:* riesenhaft, sehr hoch)

A|sun|ci|ón [asun'si̯ɔn] (Hauptstadt Paraguays)

das **A|syl** (Zufluchtsort, Heim); die Asy|le; jemandem Asyl gewähren; der **A|sy|lant** (*abwertend für:* jemand, der sich um politisches Asyl bewirbt); des/dem/den A|sy|lan|ten; die A|sy|lan|ten; die **A|sy|lan|tin;** die Asylantinnen

die **A|sym|p|to|te**

A. T. = Altes Testament

das **A|te|li|er** [ate'li̯e:] (Arbeitsraum eines Künstlers oder Fotografen; Raum für Filmaufnahmen; Modegeschäft); die Ateliers

der **A|tem;** Atem holen; außer Atem sein; **a|tem|be|rau|bend;** der Schmuck ist atemberaubend schön; das **A|tem|ho|len; a|tem|los;** die **A|tem|not**

der **A|the|ist** (jemand, der die Existenz eines Gottes leugnet); des/dem/den A|the|is|ten; die A|the|is|ten; **a|the|is|tisch**

A|then (Hauptstadt Griechenlands)

der **Ä|ther** (ein Betäubungsmittel)

Ä|thi|o|pi|en (Staat in Ostafrika); der **Ä|thi|o|pi|er;** die **Ä|thi|o|pi|e|rin;** die Äthiopierinnen; **ä|thi|o|pisch**

der **Ath|let** (ein Kraftmensch, ein Wettkämpfer); des/dem/den Ath|le|ten; die Ath|le|ten; die **Ath|le|tin;** die Athletinnen; **ath|le|tisch**

der **At|lan|tik** (der Atlantische Ozean); **at|lan|tisch;** ein atlantisches Kabel; ABER: der Atlantische Ozean; der **At|las** (ein Kartenwerk); des Atlas *oder* At|las|ses; die At|las|se *oder* At|lan|ten

at|men; du atmest; er atmet; er atmete; er hat geatmet

die **At|mo|s|phä|re** (Lufthülle; Druckmaß; Stimmung); **at|mo|s|phä|risch**

die **At|mung**

der **Ät|na** [*auch:* 'ɛtna] (Vulkan auf Sizilien)

das **A|toll** (ringförmige Korallen); des Atolls; die A|tol|le

das **A|tom** (kleinste Einheit eines chemischen Elements); **a|to|mar** (das Atom, die Atomenergie betreffend; mit Atomwaffen versehen); die **A|tom|bom|be;** die **A|tom|e|ner|gie;** der **A|tom|kern;** das **A|tom|kraft|werk** (*Abkürzung:* AKW); der **A|tom|müll**

das **A|t|ri|um** (Innenhof); des Atriums; die Atrien

die **At|ta|cke** (Angriff; *Medizin:* Anfall); **at|ta|ckie|ren;** er hat den Feind attackiert

das **At|ten|tat** (Anschlag auf einen politischen Gegner); der **At|ten|tä|ter**

das **At|test** (ärztliche Bescheinigung); die At|tes|te

die **At|trak|ti|on** (Anziehungskraft; Glanznummer); **at|trak|tiv** (anziehend, reizvoll)

die **At|trap|pe** (täuschend ähnliche Nachbildung)

das **At|tri|but** (Beifügung); **at|tri|bu|tiv**

ät|zen; die Säure ätzt; die Säure hat geätzt; **ät|zend;** ätzender Spott; Hausaufgaben sind ätzend (*umgangssprachlich für:* schrecklich)

die **Au** *oder* **Aue** (eine feuchte Niederung); die Au|en

au!; auweh!; au Backe!

die **AU** = Abgasuntersuchung

die **Au|ber|gi|ne** [obɛr'ʒi:nə] (Pflanze mit gurkenähnlichen violetten Früchten)

auch; wenn auch; auch wenn

die **Au|di|enz** (Empfang, Unterhaltung); die Au|di|en|zen

au|di|o|vi|su|ell (Hören und Sehen ansprechend); audiovisuelle Medien

der **Au|er|hahn;** der **Au|er|och|se**

auf *s. Kasten S. 34*

auf|bau|en; sie baut auf; sie hat das Zelt aufgebaut

auf|be|kom|men; er bekommt auf; er bekam auf; er hat viele Hausaufgaben aufbekommen

auf|be|wah|ren; er bewahrt auf; er hat meinen Koffer aufbewahrt

auf|bin|den; sie band ihre Schnürsenkel

A B C D E F G H I J K L M N O P Q R S T U V W X Y Z

auf

Rechtschreibung: *Kleinschreibung:* – auf einmal – auf und ab – auf und nieder – auf und davon gehen – aufs, auf das Beste *oder* beste (sehr gut) informiert sein; ABER: aufs, auf das Beste gespannt sein – es aufs neue *oder* Neue versuchen; ABER: auf das Neue (die Neuigkeit) hoffen	**Grammatik:** *Die Präposition »auf« kann mit Dativ oder Akkusativ stehen:* – das Buch liegt (wo?) auf dem Tisch – ich lege das Buch (wohin?) auf den Tisch
Großschreibung der Substantivierung: – das Auf und Ab – das Auf und Nieder	*Getrenntschreibung in Verbindung mit »sein«:* – auf sein – der Kranke ist auf; er war auf; er ist auf gewesen – ... weil er auf ist; ... weil er auf war
	Zusammen- oder Getrenntschreibung ist möglich bei: – aufgrund, *auch:* auf Grund – aufseiten, *auch:* auf Seiten

auf; man hat dir einen Bären aufgebunden *(umgangssprachlich)*

auf|blei|ben; er bleibt noch auf; sie blieb gestern lange auf; er ist bis spät in die Nacht aufgeblieben

auf|bre|chen; er brach die Tür auf; wir sind früh aufgebrochen (fortgegangen); der **Auf|bruch**

auf|brum|men; er brummt dem Schüler viele Hausaufgaben auf; sie hat ihm eine Strafe aufgebrummt

auf|drän|gen; du drängst dich ihm auf; er hat mir das Geld aufgedrängt; dräng[e] dich nicht auf!

auf|dre|hen; sie dreht den Hahn auf; sie hat aufgedreht

auf|dring|lich

auf|ei|n|a̱n|der; aufeinander achten, warten; aufeinander auffahren; aufeinander fahren; aufeinander folgen; aufeinander legen; aufeinander treffen

der **Auf|ent|halt;** die Auf|ent|hal|te

die **Auf|er|ste|hung**

auf|es|sen; du isst auf; er isst auf; er aß auf; er hat alles aufgegessen; iss auf!

der **Auf|fahr|un|fall**

auf|fal|len; er fällt auf; er ist aufgefallen; **auf|fal|lend; auf|fäl|lig;** die **Auf|fäl|lig|keit**

die **Auf|fas|sung;** die **Auf|fas|sungs|ga|be**

auf|for|dern; er fordert ihn auf; er hat ihn aufgefordert; die **Auf|for|de|rung**

auf|fres|sen; du frisst alles auf; er frisst alles auf; er fraß alles auf; der Esel hat das Futter aufgefressen; friss auf!

die **Auf|füh|rung**

die **Auf|ga|be;** die Aufgaben; **auf|ge|ben;** sie gibt das Spiel auf; sie hat ein Telegramm aufgegeben

auf|ge|hen; die Sonne geht auf; sie ist aufgegangen

auf|ge|kratzt (in guter Stimmung)

auf|ge|passt!

auf|ge|räumt; in aufgeräumter Stimmung sein

auf|ge|raut; der Stoff wurde aufgeraut

auf|ge|regt; am auf|ge|reg|tes|ten

auf|ge|ta|kelt (übertrieben zurechtgemacht)

auf|ge|weckt; am auf|ge|weck|tes|ten

auf|gru̱nd, *auch:* **auf Gru̱nd;** aufgrund, *auch:* auf Grund einer Anzeige; aufgrund, *auch:* auf Grund von Zeugenaussagen

auf|ha|ben; er hat einen Hut auf; er hat einen Hut aufgehabt; wir haben für die Schule viel aufgehabt

auf|hän|gen; er hängt den Mantel auf; er hat ihn aufgehängt; der **Auf|hän|ger**

auf|he|ben; sie hebt den Stein auf; sie hob den Stein auf; man hat die Strafe aufgehoben

auf|het|zen; er hetzt ihn auf; er hat ihn aufgehetzt

auf|hö|ren; sie hörte auf; sie hat damit aufgehört; hör[e] auf zu schimpfen!
auf|klä|ren; sie klärt ihn auf; sie hat ihn aufgeklärt; die **Auf|klä|rung**
der **Auf|kle|ber**
auf|la|den; du lädst auf; er lädt auf; er lud die Säcke auf; lad[e] die Säcke auf!
auf|le|gen; sie legt auf; er hat eine CD aufgelegt
sich **auf|leh|nen;** die Bauern haben sich gegen den Adel aufgelehnt
auf|lö|sen; sie löst auf; sie löste auf; sie hat die Brause in Wasser aufgelöst; lös[e] die Tablette auf!
auf|ma|chen; sie macht auf; sie hat die Tür aufgemacht
der **Auf|marsch;** die Auf|mär|sche; der Aufmarsch der Polizei
auf|merk|sam; sie war die aufmerksamste seiner Schülerinnen; er machte ihn auf den Unfall aufmerksam; die **Aufmerk|sam|keit**
auf|mö|beln (*umgangssprachlich für:* aufmuntern; erneuern); ich möb[e]le den alten Kahn wieder auf; sie hat ihn wieder aufgemöbelt
auf|mun|tern; sie muntert ihn auf; sie munterte ihn auf; sie hat ihn aufgemuntert; muntere ihn ein wenig auf!
die **Auf|nah|me;** die **Auf|nah|me|prü|fung;** **auf|neh|men;** er nahm uns auf; sie hat es auf Tonband aufgenommen
auf|pas|sen; sie passt auf; sie hat aufgepasst; pass *oder* passe besser auf!
auf|rau|en; du raust den Stoff auf; er raute auf; sie hat die Oberfläche aufgeraut
auf|räu|men; er räumt auf; er hat aufgeräumt
auf|recht; aufrecht sitzen, stehen, stellen; er kann sich nicht aufrecht halten; ABER: **auf|recht|er|hal|ten** (weiterhin bestehen lassen); er erhält aufrecht; er erhielt aufrecht; er hat seine Behauptung aufrechterhalten
sich **auf|re|gen;** er regt sich auf; er hat sich aufgeregt; reg[e] dich bloß nicht auf!; **auf|re|gend;** die **Auf|re|gung**
auf|rei|ßen; du reißt auf; sie reißt auf; sie riss die Verpackung auf
auf|rei|zen; er hat uns zum Widerstand aufgereizt; **auf|rei|zend;** die **Auf|rei|zung**
auf|rich|ten; du richtest den Mast auf; sie hat uns aufgerichtet (getröstet); **auf-rich|tig** (ehrlich, offen)
Auf|riss (Vorder- oder Seitenansicht); des Auf|ris|ses; die Auf|ris|se
auf|rü|cken; sie rückt auf; sie rückte auf; sie ist zur Klassenbesten aufgerückt; rück[e] auf!
der **Auf|ruf;** die Auf|ru|fe; **auf|ru|fen;** die Lehrerin ruft den Schüler auf; er hat sie aufgerufen
der **Auf|ruhr;** die Auf|ruh|re; **auf|rüh|re|risch**
auf|sa|gen; er sagt auf; er hat das Gedicht aufgesagt
auf|säs|sig
der **Auf|satz;** die Auf|sät|ze
auf|schie|ben; er schiebt die Entscheidung auf; er hat die Entscheidung aufgeschoben
der **Auf|schlag** (*Sport:* Schlag, der das Spiel eröffnet oder fortsetzt); die Auf|schläge; **auf|schla|gen;** er schlägt auf; er schlug das Buch auf; wir haben das Zelt aufgeschlagen; du schlägst auf (*Sport:* du führst den Aufschlag aus)
der **Auf|schluss;** des Auf|schlus|ses; die Aufschlüs|se; Aufschluss erhalten, geben; **auf|schluss|reich**
auf|schnei|den; er schneidet die Wurst auf; schneid[e] nicht so auf! (prahle nicht so!); der **Auf|schnei|der;** der **Aufschnitt;** kalter Aufschnitt
auf|schrei|ben; er schreibt auf; er schrieb auf; ich habe mir die Nummer aufgeschrieben
der **Auf|schub;** die Auf|schü|be
der **Auf|schwung**
das **Auf|se|hen;** großes Aufsehen erregen; Aufsehen erregend, *auch:* aufsehenerregend; ein Aufsehen erregender, *auch:* aufsehenerregender Fall; ABER NUR: ein großes Aufsehen erregender Fall; ein äußerst aufsehenerregender, noch aufsehenerregenderer Fall
auf sein *vergleiche:* **auf**
auf|sei|ten, *auch:* **auf Seiten;** aufseiten, *auch:* auf Seiten der Regierung
auf|set|zen; du setzt dir eine Mütze auf; er hat einen Brief aufgesetzt; der **Auf|setzer** (Ball, der einmal aufprallt, bevor er das Tor oder den Mitspieler erreicht)
die **Auf|sicht;** der Aufsicht führende Lehrer; der Aufsicht Führende, *auch:* Aufsicht-

führende; die Aufsicht Führende, *auch:* Aufsichtführende; die **Auf|sichts|pflicht;** der **Auf|sichts|rat** (Kontrollorgan einer Aktiengesellschaft); die Auf|sichts|rä|te
auf|spie|len; er spielt sich auf (macht sich wichtig); sie hat ein Ständchen aufgespielt
der **Auf|stand;** die Auf|stän|de; **auf|ständisch**
auf|ste|hen; sie steht auf; sie ist aufgestanden
auf|stei|gen; er steigt auf; er stieg auf; der Verein ist in die Bundesliga aufgestiegen; der **Auf|stei|ger;** die **Auf|stei|gerin;** die Aufsteigerinnen
auf|stel|len; du stellst dich auf; sie hat einen Rekord aufgestellt
der **Auf|stieg**
auf|stö|bern; der Hund stöbert auf; er hat den Hasen aufgestöbert
der **Auf|takt** (Beginn; unvollständiger Anfangstakt)
auf|tan|ken; er tankt das Auto auf; das Flugzeug hat aufgetankt; tank[e] auf!
der **Auf|trag;** die Auf|trä|ge; im Auftrag (*Abkürzung:* i. A.)
der **Auf|trieb**
der **Auf|tritt;** das **Auf|tritts|ver|bot**
auf|trump|fen; du trumpfst auf; er trumpft auf; er hat aufgetrumpft; trumpf[e] doch damit nicht so auf!
auf und da|von; die Diebe waren längst auf und davon
auf|wa|chen; du wachst auf; er wacht auf; er ist aufgewacht; wach[e] auf!
der **Auf|wand;** **auf|wän|dig** *oder* **auf|wen|dig**
auf|wär|men; er wärmt das Essen auf; der Sportler hat sich, seine Muskeln aufgewärmt
auf|wärts; auf- und abwärts; sie ist den Weg aufwärts gegangen; mit ihrer Gesundheit ist es aufwärts gegangen
auf|wen|den; sie wendet viel Zeit auf; er wandte *oder* wendete viel Zeit auf; sie hat viel Zeit aufgewandt *oder* aufgewendet
auf|wen|dig *oder* **auf|wän|dig**
auf|wer|ten; die Währung wird aufgewertet; die **Auf|wer|tung**
auf|wie|geln; ich wieg[e]le niemanden gegen dich auf; er hat die Bevölkerung aufgewiegelt; wiegel[e] sie nicht auf!

der **Auf|wind** (aufsteigender Wind)
die **Auf|zäh|lung**
auf|zeich|nen; er zeichnet den Grundriss auf; sie hat die Rede aufgezeichnet (mitgeschnitten)
der **Auf|zug;** die Auf|zü|ge
der **Aug|ap|fel;** die Augäpfel; das **Au|ge;** die Augen; der **Au|gen|arzt;** die **Au|gen|ärztin;** der **Au|gen|blick;** **au|gen|blick|lich;** die **Au|gen|braue;** das **Au|gen|lid;** der **Augen|schein;** er wollte das Schloss in Augenschein nehmen (genau betrachten); **au|gen|schein|lich** (offenbar); der **Au|genzeu|ge;** die Augenzeugen; **au|gen|zwinkernd**
der **Au|gust;** des August *und* des August[e]s; die Auguste
die **Auk|ti|on** (Versteigerung)
die **Au|la** (der Fest-, Versammlungssaal); die Aulen *und* die Aulas
Au|pair|mäd|chen [o'pɛːɐ̯...], *auch:* **Aupair-Mäd|chen** (junge Frau, die gegen Unterkunft und Verpflegung im Ausland arbeitet, um die Sprache des betreffenden Landes zu lernen); als Aupairmädchen arbeiten
aus; aus dem Haus; aus und ein gehen (verkehren); ABER: aus- und eingehende Waren; weder aus noch ein wissen; das Spiel ist aus (*umgangssprachlich für:* ist zu Ende); das Radio ist aus (*umgangssprachlich für:* ist ausgeschaltet); das **Aus** (der Raum außerhalb des Spielfeldes); der Ball ist im Aus
aus|ar|bei|ten; sie arbeitet aus; sie hat ein Konzept ausgearbeitet
aus|bal|do|wern (*umgangssprachlich für:* herausbekommen); er hat es ausbaldowert
aus|bes|sern; du besserst aus; sie bessert aus; sie besserte aus; sie hat den Schaden ausgebessert; bessere es aus!
der **Aus|beu|ter;** die **Aus|beu|tung**
aus|bil|den; er hat ihn zum Facharbeiter ausgebildet; der **Aus|bil|der;** die **Aus|bildung;** der **Aus|bil|dungs|platz;** der **Ausbil|dungs|ver|trag**
der **Aus|blick**
aus|bre|chen; er bricht aus; ein Krieg brach aus; der Gefangene ist ausgebrochen
aus|brei|ten; er breitet aus; er hat das

Tuch ausgebreitet; breite das Tuch aus!; sich ausbreiten; die Krankheit hat sich rasch ausgebreitet

der **Aus|bruch;** die Aus|brü|che

die **Aus|dau|er; aus|dau|ernd;** sie war am ausdauerndsten von allen

der **Aus|druck;** die Aus|drü|cke *und* (vom Computer:) die Aus|dru|cke; **aus|drücklich**

aus|ei|n|ạn|der; sie gingen auseinander; sie sind auseinander gegangen; sich mit einem Problem auseinander setzen; wir haben uns damit auseinander gesetzt; die **Aus|ei|n|ạn|der|set|zung**

die **Aus|fahrt;** die Aus|fahr|ten

aus|flip|pen (*umgangssprachlich für:* sich aus der Realität zurückziehen, z. B. durch Drogenkonsum; außer sich geraten); du flippst aus; er ist total ausgeflippt; flipp[e] doch nicht gleich aus!

die **Aus|flucht;** die Aus|flüch|te

der **Aus|flug;** die Aus|flü|ge

die **Aus|fuhr;** die Aus|fuh|ren

aus|führ|lich; die **Aus|führ|lich|keit**

aus|fül|len; sie füllt das Formular aus; die Arbeit hat ihn immer ausgefüllt (zufrieden gemacht)

die **Aus|ga|be;** seine Ausgaben aufschreiben

der **Aus|gang;** die Aus|gän|ge

aus|ge|fal|len; ausgefallene Ideen

aus|ge|hen; sie geht aus; sie ist ausgegangen

aus|ge|las|sen; ein ausgelassener Junge; die **Aus|ge|las|sen|heit**

aus|ge|nom|men

aus|ge|rech|net; ausgerechnet mir muss das passieren!

aus|ge|schlos|sen; das ist ganz ausgeschlossen

aus|ge|spro|chen (sehr, besonders)

aus|ge|zeich|net

aus|gie|big (reichlich); wir haben ausgiebig gefrühstückt

der **Aus|gleich;** der **Aus|gleichs|sport**

aus|gra|ben; du gräbst den Strauch aus; sie gräbt den Strauch aus; sie grub den Strauch aus; sie hat den Strauch ausgegraben; die **Aus|gra|bung**

aus|gren|zen; sie fühlt sich ausgegrenzt

der **Aus|guss;** des Aus|gus|ses; die Aus|güsse

aus|hal|ten; du hältst die Schmerzen aus; er hält die Schmerzen aus; er hielt die Schmerzen aus; er hat die Schmerzen ausgehalten; halte die Schmerzen aus!

aus|hel|fen; du hilfst aus; er half aus; er hat im Geschäft ausgeholfen; die **Aus|hilfe**

aus|kom|men; er kam mit dem Geld nicht aus; das **Aus|kom|men;** sein Auskommen haben

die **Aus|kunft;** die Aus|künf|te

aus|la|chen; er lacht ihn aus; er hat ihn ausgelacht

das **Aus|land;** der **Aus|län|der;** die **Aus|län|derin;** die Ausländerinnen; **aus|län|disch**

aus|las|sen; er lässt das Wasser aus; er hat einen Buchstaben ausgelassen

der **Aus|lauf;** die Aus|läu|fe

die **Aus|lei|he; aus|lei|hen;** ich habe mein Fahrrad ausgeliehen; wir leihen uns Bücher aus

aus|log|gen (die Verbindung zu einer EDV-Anlage beenden); ich logge mich jetzt aus; sie hat sich ausgeloggt

aus|lo|sen; er lost aus; er hat den Gewinn ausgelost

aus|lö|sen (in Gang setzen); sie löst aus; sie hat den Mechanismus ausgelöst; der **Aus|lö|ser** (auslösender Mechanismus; Geschehen, das etwas auslöst)

die **Aus|lo|sung**

aus|ma|chen; sie machte das Licht aus; sie hat das Licht ausgemacht

aus|ma|len; er malte die Vorlage aus; er hat sich die Ferien so schön ausgemalt (er hat sich die Ferien so schön vorgestellt)

aus|mer|zen; du merzt aus; er merzt aus; er merzte aus; er hat den Fehler ausgemerzt; merz[e] den Fehler aus!

die **Aus|nah|me;** der **Aus|nah|me|zu|stand** (kritische Situation, in der der Staat besondere Vollmachten erhält); **ausnahms|los; aus|nahms|wei|se**

aus|nut|zen *oder* **aus|nüt|zen;** du nutzt *oder* nützt ihn aus; du hast seine Schwächen ausgenutzt *oder* ausgenützt

aus|pa|cken; er hat ausgepackt

aus|pfei|fen; das Publikum hat ihn ausgepfiffen

aus|plün|dern; er hat die Urlauber ausgeplündert

aus|po|sau|nen; du posaunst aus; er hat alles gleich ausposaunt

der **Aus|puff;** des Auspuff[e]s; die Aus|puf|fe

aus|rech|nen; sie hat die Entfernung ausgerechnet

die **Aus|re|de**

aus|re|den; sie hat endlich ausgeredet; sie hat ihn ausreden lassen; sie hat ihm den Plan ausgeredet (sie hat ihn von seinem Plan abgebracht)

aus|rei|chend; er hat die Note »ausreichend« erhalten; er hat den Test mit »ausreichend« bestanden; ABER: er hat nur ein [knappes] Ausreichend bekommen

aus|rei|ßen; du reißt das Unkraut aus; er reißt das Unkraut aus; er riss das Unkraut aus; er hat das Unkraut ausgerissen; ABER: er ist zu Hause ausgerissen; reiß[e] nie wieder aus!; der **Aus|rei|ßer**

aus|ren|ken; er renkte den Arm aus; er hat den Arm ausgerenkt; sich den Arm ausrenken; er hat sich den Arm ausgerenkt

aus|rot|ten; du rottest aus; er rottet aus; er rottete aus; er hat das Übel mit Stumpf und Stiel ausgerottet

aus|rü|cken (*umgangssprachlich auch für:* fliehen, sich heimlich davonmachen); er ist schon dreimal ausgerückt

der **Aus|ruf;** des Ausruf[e]s; die Aus|ru|fe; das **Aus|ru|fe|zei|chen**

sich **aus|ru|hen;** sie ruht sich aus; sie hat sich ausgeruht

aus|rut|schen; du rutschst aus; mir ist das Messer ausgerutscht

die **Aus|saat; aus|sä|en;** sie säte Getreide aus

die **Aus|sa|ge; aus|sa|gen** (ausdrücken; eine Aussage machen); dieses Verhalten sagt etwas über ihre Einstellung aus; sie hat vor der Polizei ausgesagt

der **Aus|satz; aus|sät|zig**

aus|schal|ten; er hat das Licht ausgeschaltet

aus|schau|en; er schaute nach dem Schiff aus; *(süddeutsch, österreichisch:)* die Sache schaut gut aus; er hat schlecht ausgeschaut

aus|schei|den; das Insekt scheidet einen Duftstoff aus; der Verein schied aus dem Wettbewerb aus; die **Aus|schei|dung;** der **Aus|schei|dungs|kampf**

aus|schimp|fen; du schimpfst ihn aus; er hat mich ausgeschimpft

aus|schlag|ge|bend; seine Stimme war bei der Wahl ausschlaggebend

aus|schlie|ßen; man schloss ihn aus dem Verein aus; ein Versehen ist ausgeschlossen; **aus|schließ|lich;** ausschließlich des Trinkgeldes; der **Aus|schluss;** des Aus|schlus|ses; die Aus|schlüs|se

der **Aus|schuss;** des Aus|schus|ses; die Ausschüs|se

aus|schwei|fend; ein ausschweifendes Leben führen

aus|se|hen; es sieht nach Regen aus; er sah krank aus; mit ihm hat es schlimm ausgesehen

au|ßen; von innen und außen; außen spielen *(Sport);* die außen liegenden Kabinen; der außen Stehende, *auch:* Außenstehende; eine außen Stehende, *auch:* Außenstehende; die außen Stehenden, *auch:* Außenstehenden; mehrere außen Stehende, *auch:* Außenstehende

der **Au|ßen|mi|nis|ter;** die **Au|ßen|mi|nis|te|rin;** die **Au|ßen|po|li|tik;** der **Au|ßen|sei|ter;** die **Au|ßen|sei|te|rin;** die Außenseiterinnen

au|ßer

Konjunktion:
- wir fahren mit dem Fahrrad, außer [wenn] es regnet
- niemand kann seine Schrift lesen außer er selbst

Präposition:
- niemand kann seine Schrift lesen außer ihm selbst
- ich bin außer mir
- ich gerate außer mir vor Freude
- etwas außer Acht lassen
- außer Haus
- außer allem Zweifel
- er ist außer Rand und Band
- außer Landes gehen

Zusammen- oder Getrenntschreibung ist möglich bei:
- außerstande, *auch:* außer Stande sein
- sich außerstande, *auch:* außer Stande sehen
- außerstand, *auch:* außer Stand setzen

au|ßer|dem
äu|ße|re; äu|ßers|te; die äußere Tür; das **Äu|ße|re;** sein Äußeres
au|ßer|ge|wöhn|lich
au|ßer|halb; außerhalb Münchens; außerhalb des Campingplatzes
au|ßer|ir|disch
äu|ßer|lich; die **Äu|ßer|lich|keit**
äu|ßern; du äußerst; er hat diesen Verdacht geäußert; äußer[e] doch etwas!; er hat sich schlecht darüber geäußert
au|ßer|or|dent|lich
au|ßer|par|la|men|ta|risch; die außerparlamentarische Opposition
äu|ßerst; das Äußerste befürchten; aufs Äußerste gefasst sein; auf das, aufs Äußerste, *auch:* äußerste (sehr) erschrocken sein; es zum Äußersten kommen lassen; bis zum Äußersten gehen
au|ßer|stan|de, *auch:* **au|ßer Stan|de** *vergleiche:* **au|ßer**
die **Äu|ße|rung**
aus|set|zen; sie setzt eine Belohnung aus; sie setzte ein Spiel aus; sie hat ihren Hund ausgesetzt; sie findet an ihm nichts auszusetzen (nichts zu kritisieren)
die **Aus|sicht; aus|sichts|los;** am aus|sichts|lo|ses|ten; ein aussichtsloser Fall; die **Aus|sichts|lo|sig|keit**
der **Aus|sied|ler;** die **Aus|sied|le|rin;** die Aussiedlerinnen
sich **aus|söh|nen;** sie hat sich mit ihrem Freund ausgesöhnt; söhn[e] dich mit ihm aus!; die **Aus|söh|nung**
aus|son|dern; du sonderst aus; er sonderte aus; er hat ausgesondert; sondere die schlechten Exemplare aus!; die **Aus|son|de|rung**
aus|span|nen; du spannst die Pferde aus; sie hat ihr den Freund ausgespannt (abspenstig gemacht); sie versucht, am Sonntag auszuspannen (sie versucht, sich am Sonntag zu erholen)
aus|sper|ren; er hat sie (durch Verschließen der Tür) ausgesperrt; man versucht die Arbeiter auszusperren (von der Arbeit auszuschließen); die **Aus|sper|rung** (Maßnahme, durch die die Arbeitnehmer von der Arbeit ausgeschlossen werden)
die **Aus|spra|che; aus|spre|chen;** du sprichst den Laut undeutlich aus; sie sprach [ihm] ihr Mitgefühl aus; sie haben sich [darüber] ausgesprochen; sprich dich aus! (äußere dich unbefangen!); der **Aus|spruch;** des Ausspruch[e]s; die Ausprü|che
aus|staf|fie|ren (herausputzen); er staffierte mich als Indianer aus (er verkleidete mich als Indianer); sich ausstaffieren (einkleiden)
der **Aus|stand** (Streik); des Ausstand[e]s; die Aus|stän|de
aus|stat|ten; viele Autos sind mit Airbags ausgestattet; die **Aus|stat|tung**
aus|stei|gen; sie steigt aus; sie ist am Theater ausgestiegen
aus|stel|len; er stellte mir einen Pass aus; er hat seine Bilder ausgestellt; die **Aus|stel|lung**
aus|ster|ben; diese Pflanzenart stirbt aus; die Dinosaurier starben aus; die Dinosaurier sind ausgestorben
die **Aus|steu|er** (Brautausstattung)
der **Aus|stieg;** des Ausstieg[e]s; die Aus|stie|ge
aus|su|chen; sie suchte drei Bilder aus; ich habe mir etwas ausgesucht
der **Aus|tausch;** des Austausch[e]s; **aus|tau|schen;** er tauschte die Pumpe aus; sie haben Erinnerungen ausgetauscht (sie haben über ihre Erinnerungen gesprochen); der **Aus|tausch|schü|ler;** die **Aus|tausch|schü|le|rin**
die **Aus|ter** (essbare Meeresmuschel); die Austern
Aus|t|ra|li|en; der **Aus|t|ra|li|er;** die **Aus|t|ra|li|e|rin;** die Australierinnen; **aus|t|ra|lisch**
aus|trin|ken; er trank das Bier aus; er hat sein Glas ausgetrunken
der **Aus|ver|kauf;** die Aus|ver|käu|fe; **aus|ver|kau|fen;** die Eintrittskarten sind ausverkauft; wir haben alle Sonnenschirme ausverkauft
der **Aus|wan|de|rer; aus|wan|dern;** er wandert aus; er ist ausgewandert
aus|wär|tig; auswärtiger Dienst; ABER: das Auswärtige Amt; der Minister des Auswärtigen
aus|wärts; auswärts essen; nach auswärts gehen; auswärts gehen (mit auswärts gerichteten Füßen gehen); er ging

A B C D E F G H I J K L M N O P Q R S T U V W X Y Z

auswärts; er ist auswärts gegangen; das **Aus|wärts|spiel** *(Sport)*
aus|wa|schen; sie wusch die Flecken aus; sie hat die Flecken ausgewaschen
aus|wech|seln; ich wechs[e]le das Teil aus; der Trainer hat den Torwart ausgewechselt; die **Aus|wech|se|lung** *oder* **Aus|wechs|lung**
aus|wei|chen; sie wich aus; sie ist meiner Frage ausgewichen
der **Aus|weis;** die Aus|wei|se; **aus|wei|sen;** er weist ihn aus; er wies ihn aus; er hat ihn ausgewiesen; weis[e] ihn aus!; sich ausweisen; er hat sich ausgewiesen
aus|wen|dig; etwas auswendig lernen
aus|wer|ten; sie wertet aus; sie hat die Zahlen ausgewertet; die **Aus|wer|tung**
aus|wi|schen; du wischst aus; sie hat mir eins ausgewischt
aus|zeich|nen; er zeichnete sich durch Schnelligkeit aus; man hat ihn mit einem Preis ausgezeichnet; die **Aus|zeich|nung**
die **Aus|zeit** (*Sport:* Spielunterbrechung); die Aus|zei|ten
aus|zie|hen; du ziehst die Schuhe aus; ich zog mich aus; er hat den Mantel ausgezogen; sie ist aus der Wohnung ausgezogen
der **Aus|zu|bil|den|de;** ein Auszubildender; die Auszubildenden; zwei Auszubildende; die **Aus|zu|bil|den|de;** eine Auszubildende
au|t|ark (wirtschaftlich unabhängig); die **Au|t|ar|kie**
das **Au|to;** des Autos; die Autos; Auto fahren; ich bin Auto gefahren; Auto und Rad fahren; Rad und Auto fahren; die **Au|to|bahn;** die Au|to|bah|nen
die **Au|to|bi|o|gra|fie**, *auch:* **Au|to|bi|o|gra|phie** (Beschreibung des eigenen Lebens); die Au|to|bi|o|gra|fi|en, *auch:* Au|to|bi|o|gra|phi|en
der **Au|to|bus;** des Au|to|bus|ses; die Au|to|bus|se

Autobus wird im Nominativ Singular nur mit einem *s* geschrieben, obwohl Genitiv Singular und Pluralformen mit Doppel-s gebildet werden.

der **Au|to|di|dakt** (jemand, der etwas im Selbstunterricht lernt); des/dem/den Au|to|di|dak|ten; die Au|to|di|dak|ten; **au|to|di|dak|tisch**
das **Au|to|fah|ren;** ABER: er kann Auto fahren; der **Au|to|fah|rer;** die **Au|to|fah|re|rin**
das **Au|to|gramm** (eigenhändig geschriebener Name); die Au|to|gram|me
der **Au|to|mat;** des/dem/den Au|to|ma|ten; die Au|to|ma|ten; die **Au|to|ma|tik** (Vorrichtung, die einen technischen Vorgang steuert); **au|to|ma|tisch**
das **Au|to|mo|bil;** des Automobils; die Au|to|mo|bi|le
au|to|nom (selbstständig); die **Au|to|no|mie;** die Au|to|no|mi|en
der **Au|tor** (Verfasser); des Autors; dem/den Autor; die Au|to|ren; die **Au|to|rin;** die Autorinnen
das **Au|to|ra|dio**
au|to|ri|tär (unbedingten Gehorsam fordernd); autoritäre Erziehung; die **Au|to|ri|tät** (Ansehen; bedeutender Kenner eines bestimmten Fachgebietes); die Au|to|ri|tä|ten
der **Au|to|schlos|ser;** die **Au|to|schlos|se|rin**
autsch!
au|weh!
das **A|ve-Ma|ria** (Gebet an die Muttergottes); des Ave-Maria[s]; die Ave-Maria[s]
die **A|vo|ca|do** (südamerikanische Baumfrucht); die Avocados
das **A|xi|om** (nicht ableitbarer Grundsatz); des Axioms; die A|xi|o|me
die **Axt;** die Äx|te
die **A|za|lee** [atsa'le:ə] (eine Zierpflanze); die A|za|le|en
das **A|ze|tat,** *fachsprachlich auch:* **A|ce|tat** (Salz der Essigsäure; eine Chemiefaser); des Azetats, *auch:* Acetats; die A|ze|ta|te, *auch:* A|ce|ta|te
die **A|zo|ren** (Inselgruppe im Atlantischen Ozean) *Plural*
der **Az|te|ke** (Angehöriger eines Indianerstamms in Mexiko); des/dem/den Azteken; die Azteken
der **A|zu|bi** (*kurz für:* Auszubildende[r]); des Azubis; die Azubis; die **A|zu|bi;** der Azubi; die Azubis

B B

das **B** (Buchstabe); des B; die B; ABER: das b in Abend; das B-Dur, b-Moll

Ba|bel (die Stadt Babylon)

das **Ba|by** ['be:bi]; des Babys; die Babys

Ba|by|lon (Ruinenstadt am Euphrat); **ba|by|lo|nisch**

die **Ba|by|pup|pe;** der **Ba|by|sit|ter;** die **Ba|by|sit|te|rin;** die Babysitterinnen

der **Bach;** die Bä|che

die **Bach|stel|ze**

das **Back|bord** (die linke Schiffsseite [von hinten gesehen]); die Back|bor|de

die **Ba|cke;** *Verkleinerungsform:* das Bäckchen

ba|cken; du bäckst *oder* backst; der Bäcker bäckt *oder* backt; der Bäcker backte, *älter:* buk; der Bäcker hat das Brot gebacken; back[e] den Kuchen!

ba|cken (kleben); der Schnee backt; der Schnee hat an den Sohlen gebackt

der **Ba|cken|zahn**

der **Bä|cker;** die **Bä|cke|rei;** die **Bä|cke|rin;** die Bäckerinnen

der **Back|fisch;** die **Back|he|fe;** das **Back|obst;** der **Back|o|fen**

der **Back|pa|cker** ['bɛkpɛkɐ] (Rucksacktourist); des Backpackers; die Backpacker

die **Back|pfei|fe**

das **Back|pul|ver**

der **Back|stein**

das **Bad;** die Bä|der; die **Ba|de|an|stalt;** der **Ba|de|an|zug;** die **Ba|de|ho|se;** der **Ba|de|meis|ter;** **ba|den;** du badest; sie hat gebadet; bade jetzt!; baden gehen

Ba|den-Würt|tem|berg; **ba|den-würt|tem|ber|gisch**

die **Ba|de|wan|ne;** das **Ba|de|zim|mer**

ba|disch (aus Baden stammend)

das **Bad|min|ton** ['bɛtmɪntn̩] (ein Federballspiel); des Badminton

baff (verblüfft); sie ist baff

das **BAföG,** *auch:* **Ba|fög** = Bundesausbildungsförderungsgesetz

die **Ba|ga|ge** [ba'ga:ʒə] (*umgangssprachlich für:* Gruppe von Menschen, über die sich jemand ärgert)

die **Ba|ga|tel|le** (eine unbedeutende Kleinigkeit); die Bagatellen

Bag|dad (Hauptstadt Iraks)

der **Bag|ger;** **bag|gern;** ich baggere; er hat gebaggert; der **Bag|ger|see**

die, *auch:* das **Ba|guette** [ba'gɛt] (französisches Stangenweißbrot); der Baguette, *auch:* des Baguettes; die Ba|guet|ten, *auch:* die Baguettes

die **Ba|ha|mas** (Inselgruppe und Staat im Karibischen Meer) *Plural;* der **Ba|ha|ma|er** *oder* **Ba|ha|mer;** die **Ba|ha|ma|e|rin** *oder* **Ba|ha|me|rin;** **ba|ha|ma|isch** *oder* **ba|ha|misch**

die **Bahn;** die Bah|nen; **bahn|bre|chend;** die bahnbrechende Erfindung; ABER: sich eine Bahn brechend[,] ging sie durch die Menge; **bah|nen;** ich bahne mir einen Weg; sie hat sich einen Weg gebahnt; der **Bahn|hof;** der **Bahn|steig;** der **Bahn|ü|ber|gang**

die **Bah|re**

die **Bai** (die Bucht); die Bai|en

das **Bai|ser** [bɛ'ze:] (Schaumgebäck); des Baisers; die Baisers

die **Ba|ke** (festes Orientierungszeichen im Verkehr)

die **Bak|te|rie** (einzelliges Kleinstlebewesen); die Bak|te|ri|en; die **Bak|te|ri|en|kul|tur**

die **Ba|la|lai|ka** (russisches Saiteninstrument); die Balalaikas *oder* Balalaiken

die **Ba|lan|ce** [ba'lã:s(ə)] (Gleichgewicht); Balance halten; **ba|lan|cie|ren** [balã'si:rən] (das Gleichgewicht halten); du balancierst; sie balanciert; sie balancierte; sie ist auf dem Seil balanciert; sie hat einen Korb auf dem Kopf balanciert

bald; e|her; am e|hes|ten; möglichst bald; so bald als *oder* wie möglich

der **Bal|da|chin** (Traghimmel; Betthimmel); des Baldachins; die Bal|da|chi|ne

bal|digst

der **Bal|d|ri|an** (eine Heilpflanze); die Bal|d|ri|a|ne; der **Bal|d|ri|an|tee**

der **Balg** (die Tierhaut); die Bäl|ge

der *oder* das **Balg** (ein unartiges Kind); die Bäl|ger; sich **bal|gen** (raufen); du balgst dich; er hat sich mit ihm gebalgt; balge dich nicht!; die **Bal|ge|rei**

A B C D E F G H I J K L M N O P Q R S T U V W X Y Z

der **Bal|kan** (Gebirge in Südosteuropa); die **Bal|kan|halb|in|sel**

der **Bal|ken;** des Balkens; die Balken

der **Bal|kon** [bal'kõ:, *auch:* bal'ko:n]; des Balkons; die Balkons *oder* die Bal|ko|ne

der **Ball;** die Bäl|le; Ball spielen; ABER: das Ballspielen

die **Bal|la|de** (episch-dramatisches Gedicht)

der **Bal|last** [*auch:* ba'last] (tote Last; Bürde); die **Bal|last|stof|fe** (Nahrungsbestandteile, die der Körper nicht verwertet) *Plural*

bal|len; sie ballte die Faust; die Wolken haben sich geballt; der **Bal|len** (Muskelpolster an Hand und Fuß; Packen); zwei Ballen Baumwolle

das **Bal|lett** (der Bühnentanz; die Tanzgruppe); die Bal|let|te; der **Bal|lett|tän|zer,** *auch:* **Bal|lett-Tän|zer**; die **Bal|lett|tän|ze|rin**, *auch:* **Bal|lett-Tän|ze|rin**; die **Bal|lett|trup|pe,** *auch:* **Bal|lett-Trup|pe**

die **Bal|lis|tik** (Lehre von der Bewegung geschleuderter oder geschossener Körper); **bal|lis|tisch**

der **Bal|lon** [ba'lõ:, *auch:* ba'lɔŋ]; des Ballons; die Ballons *oder* Bal|lo|ne

das **Bal|lungs|ge|biet** (Gebiet mit dichter Besiedlung und Industrie); der **Bal|lungs|raum**

das **Bal|sa|holz** (eine sehr leichte Holzart)

der **Bal|sam;** die Bal|sa|me (Linderung, Labsal)

die **Ba|lus|t|ra|de** (Brüstung, Geländer)

die **Balz** (Paarungszeit bestimmter Vögel); die Bal|zen; **bal|zen;** der Auerhahn balzt; er hat gebalzt

der **Bam|bus** (ein Riesengras); des Bambusses; die Bambusse

der **Bam|mel;** Bammel haben (*umgangssprachlich für:* Angst haben)

ba|nal (geistlos; alltäglich); die **Ba|na|li|tät;** Banalitäten sagen

die **Ba|na|ne**

der **Ba|nau|se** (Mensch ohne Kunstverständnis); die Banausen

das **Band** ([Gewebe]streifen; Magnetband, Tonband); des Band[e]s; die Bän|der

das **Band** (Fessel); des Band[e]s; die Ban|de *meist Plural;* sie ist außer Rand und Band

der **Band;** des Band[e]s; die Bän|de; eine Goetheausgabe in zehn Bänden

die **Band** [bɛnt] (eine Gruppe von Musikern, besonders eine Jazzband); der Band; die Bands

die **Ban|da|ge** [ban'da:ʒə]; die Bandagen; **ban|da|gie|ren** [banda'ʒi:rən]; sie bandagierte den Knöchel

die **Ban|de;** der **Ban|den|chef**

der *oder* das **Bän|del** ([schmales] Band, Schnur); des Bändels; die Bändel

die **Ban|de|ro|le;** die Banderolen

der **Bän|der|riss** *(Medizin)*

bän|di|gen; du bändigst; sie hat das Pferd gebändigt; bändige das Pferd!

der **Ban|dit** (Räuber); des/dem/den Ban|diten; die Ban|di|ten

der **Band|lea|der** ['bɛntli:dɐ] (Leiter einer Jazz- oder Rockgruppe); des Bandleaders; die Bandleader

das **Band|maß**

die **Band|schei|be** (knorpelige Scheibe zwischen je zwei Wirbeln der Wirbelsäule)

der **Band|wurm**

bang *oder* **ban|ge;** ban|ger *oder* bän|ger; am bangs|ten *oder* am bängs|ten; mir ist angst und bang[e]; mir wird ganz bang; Bange machen; sie hat mir ganz schön Bange gemacht; das Bangemachen

der **Ban|ga|le** (Einwohner von Bangladesch); des/dem/den Bangalen; **ban|ga|lisch** *oder* **ben|ga|lisch**

Bang|kok (Hauptstadt Thailands)

Ban|g|la|desch (Staat in Südasien)

das **Ban|jo** [*auch:* 'bɛndʒo] (Musikinstrument); des Banjos; die Banjos

die **Bank** (Sitzgelegenheit); die Bän|ke

die **Bank** (Geldinstitut); die Ban|ken

der **Bän|kel|sän|ger**

das **Ban|kett** (Festmahl); des Bankett[e]s; die Ban|ket|te

das **Bank|ge|heim|nis;** der **Ban|ki|er** [baŋ'ki̯e:] (Inhaber eines Bankhauses); die Bankiers; das **Bank|kon|to;** die **Bank|leit|zahl;** die **Bank|no|te;** der **Bank|raub**

ban|k|rott; bankrott sein, werden; der **Ban|k|rott** (Zahlungsunfähigkeit); die Ban|k|rot|te; Bankrott gehen; Bankrott machen

der **Bann;** die Ban|ne; die **Bann|bul|le** (Bannurkunde des Papstes); **ban|nen;** du bannst; sie hat die Gefahr gebannt; die Gefahr ist jetzt gebannt

das **Ban|ner** (Fahne); des Banners; die Banner

die **Bann|mei|le** (Bezirk, in dem Versammlungsverbot herrscht)

der **Bap|tịst** (Anhänger einer evangelischen Lehre, die nur die Erwachsenentaufe zulässt); des/dem/den Bap|tis|ten; die Bap|tis|ten

bar (bloß); er ist aller Ehre[n] bar; sie hat viel bares Geld; ABER: sie hat viel Bargeld; bar bezahlen; in bar geben; gegen bar verkaufen; das ist barer Unsinn; barfuß; barhäuptig

die **Bar** (kleines [Nacht]lokal; Schanktisch); die Bars

der **Bär;** des/dem/den Bä|ren; die Bä|ren; der Große, der Kleine Bär (Sternbilder); sie hat ihm einen Bären aufgebunden (sie hat ihm glaubhaft etwas Unwahres erzählt)

die **Ba|rạ|cke**

der **Bar|ba̲|di|er** (Bewohner von Barbados); die Barbadier; die **Bar|ba̲|di|e|rin;** die Barbadierinnen; **bar|ba̲|disch; Bar|ba̲|dos** (Inselstaat in der Karibik)

der **Bar|ba̲r** (roher Mensch); des/dem/den Bar|ba̲|ren; die Bar|ba̲|ren; die **Bar|ba|re̲i; bar|ba̲|risch**

die **Bar|be** (ein Fisch)

das **Bar|be|cue** ['ba:ɐ̯bɪkju:] (Grillfest im Garten); des Barbecue[s]; die Barbecues

bär|bei|ßig (brummig-unfreundlich)

das **Ba|rẹtt** (eine Mütze); des Barett[e]s; die Ba|ret|te

bar|fuß; barfuß gehen; **bar|fü|ßig**

das **Bar|geld;** des Bargeld[e]s; **bar|geld|los;** bargeldloser Zahlungsverkehr

bar|häup|tig

der **Ba̲|ri|ton** (mittlere Männerstimme; *auch:* Sänger mit dieser Stimme); des Baritons; die Ba|ri|to|ne

das **Ba̲|ri|um** (chemisches Element, Leichtmetall; *Zeichen:* Ba); des Bariums

die **Bar|kạs|se** (ein Motorboot); die **Bar|ke** (kleines Boot)

der **Bar|kee|per** ['ba:ɐ̯ki:pɐ] (jemand, der in einer Bar [alkoholische] Getränke mixt und ausschenkt); des Barkeepers; die Barkeeper

barm|hẹr|zig; barmherzige Leute; ABER: Barmherzige Brüder, Barmherzige Schwestern (religiöse Genossenschaften für Krankenpflege); die **Barm|hẹr|zig|keit**

das *oder* der **Ba|rọck** (ein Kunststil); des Barocks

das **Ba|ro|me̲|ter** (Luftdruckmesser)

der **Ba|ro̲n** (Freiherr); die Ba|ro|ne; die **Ba|ro̲|nin;** die Baroninnen

der **Bar|ren** (ein Turngerät); des Barrens; die Barren; der **Bar|ren** (Handelsform der Metalle in Stangen); des Barrens; die Barren; zwei Barren Gold

die **Bar|ri|e̲|re** (Schranke; Sperre); die **Bar|ri|ka̲|de** (Hindernis)

barsch; am bar|sches|ten

der **Barsch** (ein Raubfisch); des Barsch[e]s; die Barsche

die **Bar|schaft;** der **Bar|scheck**

der **Bart;** des Bart[e]s; die Bär|te; **bär|tig; bart|los**

die **Ba̲r|zah|lung**

der **Ba|salt** (ein Gestein); die Ba|sal|te

der **Ba|sa̲r** *oder* **Ba|za̲r** (orientalisches Händlerviertel; Wohltätigkeitsverkauf); die Ba|sa̲|re *oder* Ba|za̲|re

die **Ba|se** (chemische Verbindung; die Kusine); die Basen

der **Base|ball** ['be:sbo:l] (amerikanisches Schlagballspiel); des Baseballs

ba|sie|ren; die Meldung basiert (beruht) auf Tatsachen

die **Ba|si̲|li|ka** (altrömische Halle; Kirche mit überhöhtem Mittelschiff); die Basiliken

das **Ba|si|li|kum** (eine Gewürzpflanze); des Basilikums; die Basilikums *oder* Basiliken

die **Ba|sis** (Grundlage, Unterbau); die Basen; die **Ba|sis|grup|pe**

der **Bạs|ket|ball** (Korbball[spiel])

der **Bass;** des Bas|ses; die Bäs|se

das **Bas|sin** [ba'sɛ̃:]; des Bassins; die Bassins

der **Bass|sän|ger,** *auch:* **Bass-Sän|ger;** die **Bass|sän|ge|rin,** *auch:* **Bass-Sän|ge|rin;** der **Bass|schlüs|sel,** *auch:* **Bass-Schlüs|sel** (ein Notenschlüssel)

der **Bast;** des Bast[e]s; die Bas|te

bas|ta! (*umgangssprachlich für:* genug!); [und] damit basta!

der **Bạs|tard** (ein Mischling); die Bas|tar|de

bas|teln; ich bast[e]le; du bastelst; er bastelt; er bastelte; er hat gebastelt

die **Bas|til|le** [bas'ti:jə] (festes Schloss, besonders das 1789 erstürmte Staatsgefängnis in Paris)

die **Bas|ti|o̲n** (Bollwerk)

der **Bast|ler**

der, *auch:* die **Ba̲|tik** (Textilfärbeverfahren un-

A B C D E F G H I J K L M N O P Q R S T U V W X Y Z

ter Verwendung von Wachs); des Batiks, *auch:* der Batik; die Ba|ti|ken; **ba|ti|ken;** du batikst; sie batikte; sie hat gebatikt; batike!

der **Ba|tist** (ein feines Gewebe); die Ba|tis|te

die **Bat|te|rie** (eine Stromquelle; eine Artillerieeinheit); die Bat|te|ri|en; **bat|te|rie|be|trie|ben;** eine batteriebetriebene Uhr; die Uhr ist batteriebetrieben

der **Bat|zen** (eine frühere Münze; der Klumpen); des Batzens; die Batzen; das kostet einen Batzen (eine Menge) Geld

der **Bau;** des Bau[e]s; *Plural* (für Gebäude:) die Bau|ten, (für Tierwohnungen:) die Baue; Fuchsbaue; der **Bau|ar|bei|ter;** die **Bau|ar|bei|te|rin;** die Bauarbeiterinnen

der **Bauch;** die Bäu|che; **bau|chig;** der **Bauch|la|den;** die **Bauch|lan|dung;** das **Bäuch|lein;** der **Bauch|na|bel; bauch|re|den;** er kann bauchreden; er hat bauchgeredet; der **Bauch|red|ner;** die **Bauch|red|ne|rin;** die Bauchrednerinnen; der **Bauch|schmerz** *meist Plural;* die **Bauch|spei|chel|drü|se;** der **Bauch|tanz;** die **Bauch|tän|ze|rin**

bau|en; ich baue; du baust; sie baut; sie baute; sie hat gebaut

der **Bau|er;** des Bauern, *selten:* des Bauers; die Bauern

das **Bau|er** (der Käfig); des Bauers; die Bauer

die **Bäu|e|rin;** die Bäuerinnen; der **Bau|ern|hof;** der **Bau|ern|krieg**

bau|fäl|lig; der **Bau|kas|ten;** das **Bau|kas|ten|sys|tem;** die **Bau|kunst**

der **Baum;** die Bäu|me

der **Bau|meis|ter;** die **Bau|meis|te|rin;** die Baumeisterinnen

bau|meln; sie baumelt; sie baumelte; sie hat mit den Beinen gebaumelt

der **Baum|fre|vel;** die **Baum|gren|ze;** die **Baum|schu|le;** der **Baum|stamm;** die **Baum|wol|le; baum|wol|len;** baumwollene Unterwäsche

der **Bau|plan;** der **Bau|platz**

der **Bausch;** die Bau|sche *oder* die Bäu|sche; in Bausch und Bogen (alles in allem); **bau|schig**

bau|spa|ren

> Das Wort sollte nur im Infinitiv gebraucht werden: »Sie will bausparen, denn das Bausparen ist nach wie vor sehr beliebt.«

der **Bau|spa|rer;** die **Bau|spar|kas|se;** der **Bau|spar|ver|trag**

die **Bau|stel|le;** die **Bau|stof|fe** *Plural;* das **Bau|werk**

der **Bau|xit** (ein Mineral); des Bauxits; die Bau|xi|te

der **Bay|er;** des/dem/den Bayern; die Bayern; **bay|e|risch** *oder* **bay|risch;** die bay[e]rischen Seen; ABER: der Bayerische Wald; **Bay|ern** (deutsches Bundesland)

der **Ba|zar** *vergleiche:* **Ba|sar**

der **Ba|zil|len|trä|ger;** der **Ba|zil|lus** (ein Krankheitserreger); des Bazillus; die Bazillen

Bd. = Band (bei Büchern); **Bde.** = Bände

be|ach|ten; du beachtest; sie beachtete; sie hat ihn nicht beachtet; **be|ach|tens|wert; be|acht|lich;** die **Be|ach|tung**

der, *auch:* das **Beach|vol|ley|ball** ['bi:tʃvɔlɪbal], *auch:* **Beach-Vol|ley|ball** (auf Sand gespielte Variante des Volleyballspiels)

der **Be|am|te;** ein Beamter; die Beamten; zwei Beamte; die **Be|am|tin;** die Beamtinnen

be|ängs|ti|gend; eine beängstigende Stille

be|an|spru|chen; sie beansprucht; sie hat meine Zeit sehr beansprucht; die **Be|an|spru|chung**

be|an|stan|den (tadeln); er hat ihre schlechte Schrift beanstandet; die **Be|an|stan|dung**

be|an|tra|gen; sie hat beantragt; beantrage doch eine Ermäßigung!

be|ar|bei|ten; du bearbeitest; du hast das Holz bearbeitet; die **Be|ar|bei|tung**

der **Beat** [bi:t] (*im Jazz:* Schlagrhythmus; *kurz für:* Beatmusik); des Beat[s]; **bea|ten** ['bi:tn̩] (nach Beatmusik tanzen)

be|at|men; er hat den Patienten beatmet; die **Be|at|mung**

die **Beat|mu|sik** *vergleiche:* **Beat**

die **Beau|fort|ska|la** ['bo:fɐt...] (Skala für Windstärken)

be|auf|sich|ti|gen; du beaufsichtigst; sie hat ihn beaufsichtigt; beaufsichtige ihn!; die **Be|auf|sich|ti|gung**

be|auf|tra|gen; du beauftragst; sie hat ihn beauftragt; beauftrage ihn!

be|bau|en; er hat sein Grundstück bebaut; die **Be|bau|ung**

be|ben; du bebst; er bebt; er bebte vor Angst; die Erde hat gebebt; das **Be|ben** (Erdbeben); des Bebens; die Beben der **Be|cher;** des Bechers; die Becher

das **Be|cken**

das **Bec|que|rel** [bɛkəˈrɛl] (Einheit der Radioaktivität); des Becquerel[s]; 1 000 Becquerel

be|dacht; auf eine Sache bedacht sein; der **Be|dacht;** mit Bedacht; auf etwas Bedacht nehmen; **be|däch|tig**

sich **be|dan|ken;** du bedankst dich; sie hat sich bedankt; bedanke dich bei ihr!

der **Be|darf;** des Bedarf[e]s; nach Bedarf; sie hat Bedarf daran

be|dau|er|lich; be|dau|ern; ich bedau[e]re; du bedauerst; er hat sie bedauert; das **Be|dau|ern**

be|de|cken; du bedeckst ihn; sie bedeckt ihn; sie bedeckte ihn; sie hat ihn bedeckt; bedecke ihn mit deinem Mantel!; sich bedecken; sie hat sich mit einem Mantel bedeckt; **be|deckt;** bedeckter Himmel

be|den|ken; du bedenkst; sie bedenkt; sie bedachte; sie hat bedacht; bedenke ihn mit einem kleinen Geschenk!; bedenke die Folgen!; sich bedenken; sie hat sich kurz bedacht; **be|denk|lich;** die **Be|denk|zeit**

be|deu|ten; das bedeutet nichts; das hat ihr viel bedeutet; **be|deu|tend;** am bedeu|tends|ten; um ein Bedeutendes zunehmen; das Bedeutendste; etwas, nichts Bedeutendes; **be|deut|sam;** die **Be|deu|tung; be|deu|tungs|los**

be|die|nen; du bedienst ihn; er hat ihn bedient; bediene die Gäste!; sich einer Sache bedienen; die **Be|die|nung;** die **Be|die|nungs|an|lei|tung**

be|din|gen; das eine bedingt das andere; das eine hat das andere bedingt; **bedingt;** dies gilt nur bedingt (eingeschränkt); die **Be|din|gung; be|dingungs|los;** bedingungslose Kapitulation; der **Be|din|gungs|satz**

be|drän|gen; du bedrängst ihn; er hat ihn bedrängt; die **Be|dräng|nis;** die Bedrängnisse; sie hat ihn in Bedrängnis (in eine schwierige Lage) gebracht

be|dro|hen; du bedrohst sie; er hat sie bedroht; bedrohe sie nicht!; **be|droh|lich;** die **Be|dro|hung**

der **Be|du|i|ne** (arabischer Nomade); des/dem/den Beduinen; die Beduinen

be|dür|fen; du bedarfst ihrer; er bedarf ihrer; er bedurfte ihrer; er hat ihrer Hilfe bedurft; das **Be|dürf|nis;** des Bedürfnisses; die Bedürfnisse; **be|dürf|tig;** einer Sache bedürftig sein; die **Be|dürf|tig|keit** (Armut)

das **Beef|steak** [ˈbiːfsteːk] (gebratenes Rindsstück); des Beefsteaks; die Beefsteaks

sich **be|ei|len;** du beeilst dich; sie beeilt sich; sie beeilte sich; sie hat sich beeilt; beeile dich!

be|ein|dru|cken; du beeindruckst mich; er beeindruckte mich; er hat mich beeindruckt; ich bin beeindruckt

be|ein|fluss|bar; be|ein|flus|sen; du beeinflusst ihn; sie beeinflusst ihn; sie hat ihn beeinflusst; beeinflusse ihn nicht!; die **Be|ein|flus|sung**

be|ein|träch|ti|gen; du beeinträchtigst mich; er beeinträchtigte mich; der Regen hat das Konzert beeinträchtigt; die **Be|ein|träch|ti|gung**

der **Beel|ze|bub** (oberster Teufel im Neuen Testament); des Beelzebub

be|er|di|gen; man beerdigt sie; man hat sie beerdigt; die **Be|er|di|gung**

die **Bee|re;** das **Bee|ren|obst**

das **Beet;** des Beet[e]s; die Bee|te

be|fan|gen (schüchtern); sie ist befangen; die **Be|fan|gen|heit**

der **Be|fehl;** des Befehl[e]s; die Be|feh|le; **be|feh|len;** du befiehlst; er befiehlt; er befahl; er hat befohlen; befiehl es ihm!; **be|feh|li|gen** (das Kommando haben); du befehligst; er befehligte; er hat eine Division befehligt; der **Be|fehls|ha|ber**

be|fes|ti|gen; du befestigst; sie befestigte; sie hat befestigt; befestige die Skier auf dem Wagendach!; die **Be|fes|ti|gung**

sich **be|fin|den;** du befindest dich; sie befindet sich; sie befand sich; sie hat sich in Mannheim befunden; das **Be|fin|den** (Gesundheitszustand); ihr Befinden hat sich gebessert; **be|find|lich** (vorhanden)

Das Adjektiv *befindlich* darf nicht mit *sich* verbunden werden. Es heißt also nicht »der sich im Kasten befindliche Schmuck«, sondern entweder »der im Kasten befindliche Schmuck« oder »der sich im Kasten befindende Schmuck«.

A B C D E F G H I J K L M N O P Q R S T U V W X Y Z

die **Be|find|lich|keit** (Zustand, in dem sich jemand befindet)

be|flis|sen (eifrig bemüht); die **Be|flis|sen|heit**

be|fol|gen; du befolgst; sie hat meinen Rat befolgt; befolge meinen Rat!

be|för|dern; ich befördere; du beförderst; sie befördert; sie hat ihn befördert; die **Be|för|de|rung**

be|fra|gen; du befragst; sie befragt; sie befragte ihn; sie hat die Zeugen befragt; die **Be|fra|gung**

be|frei|en; du befreist ihn; sie befreit ihn; sie befreite ihn; sie hat ihn befreit; befreie ihn!; sich befreien; sie hat sich aus dieser Lage befreit; die **Be|frei|ung;** die **Be|frei|ungs|be|we|gung** (Zusammenschluss zur Befreiung von Zwangsherrschaft); der **Be|frei|ungs|schlag** (beim Eishockey und Fußball)

be|frem|den; ihr Brief befremdet mich (verwundert mich, ist mir unverständlich); das **Be|frem|den;** des Befremdens; er reagierte mit Befremden (mit Erstaunen); **be|fremd|lich**

sich **be|freun|den;** du befreundest dich mit ihr; sie hat sich mit ihr befreundet; befreunde dich doch mit ihr!

be|frie|di|gen; ich befriedige; er befriedigt; er befriedigte; er hat befriedigt; **be|frie|di|gend;** sie hat die Note »befriedigend« erhalten; sie hat mit [der Note] »befriedigend« bestanden; die **Be|frie|di|gung**

be|fruch|ten; sie befruchten; sie befruchteten; die Bienen haben die Blüten befruchtet; die **Be|fruch|tung**

die **Be|fug|nis;** die Befugnisse; **be|fugt;** befugt sein; sie ist zum Betreten des Raumes befugt

der **Be|fund** (*Medizin:* Untersuchungsergebnis); des Befund[e]s; die Be|fun|de; der Befund ist negativ, positiv; ohne Befund (ohne erkennbare Krankheit)

be|für|wor|ten (empfehlen, unterstützen); du befürwortest; sie befürwortete; sie hat den Antrag befürwortet; der **Be|für|wor|ter;** die Befürworter

be|gabt; am be|gab|tes|ten; ein begabtes Mädchen; die **Be|ga|bung**

die **Be|gat|tung**

sich **be|ge|ben;** du begibst dich; sie begibt sich; sie begab sich nach Hause; es begab sich (es geschah), dass ...; es hat sich begeben; die **Be|ge|ben|heit** (Ereignis)

be|geg|nen; du begegnest ihm; sie begegnet ihm; sie begegnete ihm; sie ist ihm begegnet; sie sind sich gestern begegnet; die **Be|geg|nung**

be|geh|ren; du begehrst; sie hat Einlass begehrt

be|geis|tern; du begeisterst; sie begeistert; sie begeisterte; sie hat die Zuschauer begeistert; ich war begeistert; begeisterte Zustimmung; die **Be|geis|te|rung;** **be|geis|te|rungs|fä|hig**

die **Be|gier;** die **Be|gier|de;** die Begierden; **be|gie|rig**

be|gie|ßen; sie hat die Pflanzen begossen

der **Be|ginn;** des Beginn[e]s; von Beginn an; zu Beginn; **be|gin|nen;** du beginnst; sie beginnt; sie begann; sie hat begonnen; beginne mit der Arbeit!

be|glau|bi|gen; ich beglaubige; du beglaubigst; sie hat die Abschrift beglaubigt; die **Be|glau|bi|gung**

be|glei|chen (bezahlen); du begleichst; er beglich; er hat seine Schulden beglichen; er hat noch eine Rechnung zu begleichen

be|glei|ten; du begleitest; sie begleitet; sie begleitete; sie hat ihn begleitet; begleite ihn!; der **Be|glei|ter;** die **Be|glei|te|rin;** die Begleiterinnen; die **Be|gleit|er|schei|nung;** die **Be|glei|tung**

be|glü|cken; du beglückst mich; sie beglückte uns; *ironisch:* er hat uns mit seinem Besuch beglückt; **be|glü|ckend;** **be|glück|wün|schen;** ich beglückwünsche ihn; du beglückwünschst ihn; sie hat ihn beglückwünscht; beglückwünsche ihn!

be|gna|det; eine begnadete (hochbegabte) Künstlerin; **be|gna|di|gen;** ich begnadige; du begnadigst; sie begnadigt; sie begnadigte; das Gericht hat ihn begnadigt; die **Be|gna|di|gung**

sich **be|gnü|gen;** du begnügst dich; sie begnügte sich; sie hat sich damit begnügt

die **Be|go|nie** (eine Zierpflanze); die Be|go|ni|en

be|gra|ben; du begräbst; sie begräbt; sie begrub; sie hat ihre Hoffnungen begraben (aufgegeben); begrabe den toten

Hund!; das **Be|gräb|nis;** des Begräbnisses; die Begräbnisse

be|grei|fen; du begreifst; sie begreift; sie begriff; sie hat begriffen; begreife das doch endlich!; **be|greif|lich; be|greif|li|cher|wei|se**

be|gren|zen; du begrenzt; ein Zaun hat die Wiese begrenzt; die **Be|gren|zung**

der **Be|griff;** des Begriff[e]s; die Be|grif|fe; im Begriff[e] sein[,] mit dem Auto wegzufahren; **be|griff|lich; be|griffs|stut|zig** (schwer begreifend)

be|grün|den; du begründest; sie begründete ihren Vorschlag; sie hat die Firma begründet (gegründet); die **Be|grün|dung**

be|grü|ßen; du begrüßt; sie begrüßt; sie begrüßte; sie hat die Gäste begrüßt; begrüße die Gäste!; die **Be|grü|ßung**

be|güns|ti|gen; du begünstigst; sie begünstigt; sie begünstigte; der Schiedsrichter hat die Gastmannschaft begünstigt; die **Be|güns|ti|gung**

be|hä|big; die **Be|hä|big|keit**

be|ha|gen; es behagt ihr; es behagte ihr; es hat ihr behagt; das **Be|ha|gen; be|hag|lich**

be|hal|ten; du behältst; sie behält; sie behielt; sie hat etwas behalten; behalte das Buch!; der **Be|häl|ter;** das **Be|hält|nis;** des Behältnisses; die Behältnisse

be|hän|de (flink, gewandt); mit behänden Schritten; die **Be|hän|dig|keit**

be|han|deln; du behandelst; sie behandelt; sie behandelte; sie hat ihn schlecht behandelt; behandele ihn gut!; die **Be|hand|lung**

be|har|ren; du beharrst; sie beharrt; sie beharrte; sie hat auf ihrer Meinung beharrt; beharre nicht auf deiner Meinung!; **be|harr|lich;** die **Be|harr|lich|keit**

be|haup|ten; du behauptest; sie behauptet; sie behauptete; sie hat dies behauptet; behaupte nichts Falsches!; sich behaupten (sich durchsetzen); die **Be|haup|tung**

die **Be|hau|sung**

be|he|ben; sie hat den Schaden behoben

der **Be|helf** (Notlösung); des Behelf[e]s; die Be|hel|fe; sich **be|hel|fen;** sie hat sich mit einer Decke beholfen; **be|helfs|mä|ßig**

be|hel|li|gen (belästigen); er behelligt ihn; er behelligte ihn; er hat ihn behelligt; behellige ihn nicht länger damit!

be|hen|de, *alte Schreibung für:* **be|hän|de;** *vergleiche dort;* die **Be|hen|dig|keit,** *alte Schreibung für:* **Be|hän|dig|keit**

be|her|ber|gen; du beherbergst; sie beherbergt; sie hat die Fremde beherbergt

be|herr|schen; du beherrschst; sie beherrschte drei Sprachen; sie hat sich beherrscht (sich zusammengenommen); die **Be|herr|schung**

be|her|zi|gen; du beherzigst; sie beherzigt; sie beherzigte; sie hat deine Worte beherzigt; beherzige diese Warnung!

be|hilf|lich

be|hin|dern; du behinderst; er behindert; er hat ihn behindert; behindere mich nicht immer!; das Kind ist geistig behindert; der **Be|hin|der|te;** ein Behinderter; die Behinderten; zwei Behinderte; die **Be|hin|der|te;** eine Behinderte

die **Be|hör|de**

be|hü|ten; du behütest; er behütet; er behütete; er hat ihn behütet; behüte ihn gut!; behüt' dich Gott!; **be|hut|sam;** die **Be|hut|sam|keit**

bei; bei weitem; bei all[e]dem; bei dem allem/allen; bei diesem allem/allen; bei der Hand sein

bei|brin|gen; sie bringt ihm etwas bei; sie hat ihm das Kochen beigebracht

die **Beich|te; beich|ten;** du beichtest; er beichtet; er beichtete; er hat gebeichtet; beichte deine Sünden!; das **Beicht|ge|heim|nis;** der **Beicht|stuhl**

bei|de, bei|des; alles beides; beide jungen Leute; alle beide; wir beide, *selten:* wir beiden; ihr beide *und* ihr beiden; wir beiden jungen Leute; sie beide; diese beiden; dieses beides; einer von beiden; die beiden; für uns beide; beide Mal; beide Male

bei|ei|n|an|der; beieinander (einer bei dem anderen) sein; beieinander sein (bei Verstand sein; gesund sein); er ist gut beieinander; beieinander haben; wir werden in einigen Jahren viel Geld beieinander haben; beieinander sitzen; wir saßen beieinander; wir haben beieinander gesessen; beieinander stehen; wir standen beieinander; wir haben beieinander gestanden

der **Bei|fah|rer;** die **Bei|fah|re|rin;** die Beifahrerinnen; der **Bei|fah|rer|sitz**

der **Bei|fall;** des Beifall[e]s; **bei|fäl|lig;** beifällig klatschen

bei|fü|gen; du fügst etwas bei; er fügte etwas bei; er hat etwas beigefügt; die **Bei|fü|gung** (Attribut)

beige [be:ʃ] (sandfarben); ein beige (*umgangssprachlich auch:* beiges) Kleid; ↑blau; das **Beige** (ein Farbton); **beige|farben** *oder* **beige|far|big**

das **Beil;** des Beil[e]s; die Bei|le

die **Bei|la|ge**

bei|läu|fig (nebensächlich; nebenher)

bei|le|gen; du legst ein Foto bei; sie legte ein Foto bei; sie haben ihren Streit beigelegt (geschlichtet); ihr Streit ist beigelegt

bei|lei|be; beileibe nicht

das **Bei|leid**

das **Bein;** des Bein[e]s; die Bei|ne

bei|nah *oder* **bei|na|he**

bein|am|pu|tiert; die **Bein|ar|beit** *(Sport);* der **Bein|bruch**

der **Bei|pack|zet|tel**

der **Bei|rat;** des Beirat[e]s; die Bei|rä|te

Bei|rut [bai̯ˈru:t, *auch:* ˈbai̯ru:t] (Hauptstadt Libanons)

bei|sam|men; beisammen sein (zusammen sein; *auch für:* in guter körperlicher und geistiger Verfassung sein); wir sind lange beisammen gewesen; für sein Alter ist er noch gut beisammen; **bei|sam|men|blei|ben;** wir sind noch lange beisammengeblieben; **bei|sam|men|ha|ben;** etwas beisammenhaben (z. B. Geld); noch alle beisammenhaben (noch bei Verstand sein); das **Bei|sam|men|sein;** des Beisammenseins; **bei|sam|men|sitzen;** wir saßen beisammen; wir haben beisammengesessen; **bei|sam|men|stehen;** wir standen beisammen; wir haben beisammengestanden

der **Bei|schlaf** (*gehoben für:* Geschlechtsverkehr)

bei|sei|te; etwas beiseite legen; etwas beiseite schaffen

bei|set|zen; sie ist gestern beigesetzt (begraben) worden; die Angehörigen haben den Verstorbenen beigesetzt; die **Bei|set|zung**

das **Bei|spiel;** des Beispiels; die Bei|spie|le; zum Beispiel; **bei|spiel|haft; bei|spiellos;** eine beispiellose Frechheit; **beispiels|wei|se**

bei|ßen; du beißt; er biss; er hat gebissen; beiße ihn nicht!; der Hund beißt ihn (*auch:* ihm) ins Bein; die **Beiß|zan|ge**

der **Bei|stand;** jemandem Beistand leisten; **bei|ste|hen;** du stehst ihr bei; sie steht ihr bei; sie stand ihr bei; sie hat ihr beigestanden; stehe ihr bei!

bei|steu|ern; sie hat gute Ideen zur Diskussion beigesteuert (beigetragen)

der **Bei|strich** (Komma)

der **Bei|trag;** des Beitrag[e]s; die Bei|trä|ge; **bei|tra|gen;** du trägst zur Unterhaltung bei; sie hat ihr Teil dazu beigetragen

bei|tre|ten; du trittst der Partei bei; er trat der Partei bei; er ist der Partei beigetreten; der **Bei|tritt;** des Beitritt[e]s; die Bei|trit|te; die **Bei|tritts|er|klä|rung**

bei|zei|ten

bei|zen; du beizt; sie beizt; sie beizte; sie hat gebeizt; beize die Tür!

be|ja|hen; ich bejahe; du bejahst; sie hat dies bejaht

be|jam|mern; du bejammerst; er hat den Verlust bejammert

be|ju|beln; du bejubelst; sie hat den Sieg bejubelt

be|kämp|fen; du bekämpfst; er hat den Gegner bekämpft

be|kannt

be|kann|ter; am be|kann|tes|ten

»bekannt« wird vom folgenden Verb oder Partizip getrennt geschrieben:

- bekannt sein
- bekannt geben (verkünden); sie gibt bekannt; sie hat die Entscheidung bekannt gegeben
- bekannt machen (veröffentlichen); das Gesetz wurde bekannt gemacht; ich habe meine Schwester mit ihr bekannt gemacht (sie ihr vorgestellt)
- bekannt werden (veröffentlicht werden, in die Öffentlichkeit dringen); der Brief ist bekannt geworden; wenn der Brief bekannt wird; ich bin mit ihr bekannt geworden (ich habe sie kennen gelernt)

der **Be|kann|te;** ein Bekannter; die Bekannten; zwei Bekannte; die **Be|kann|te;** eine Bekannte; **be|kannt|lich;** die **Be|kanntma|chung;** die **Be|kannt|schaft**
be|keh|ren; du bekehrst ihn; er bekehrt ihn; er bekehrte ihn; er hat ihn bekehrt; bekehre ihn!; die **Be|keh|rung**
be|ken|nen; du bekennst; sie bekennt; sie bekannte; sie hat es bekannt; bekenne dich zu ihr!; ABER: die Bekennende Kirche; das **Be|kennt|nis;** des Bekenntnisses; die Bekenntnisse
be|kla|gen; du beklagst; er hat den Tod seines Freundes beklagt; sich beklagen; er hat sich darüber beklagt; beklage dich nicht!; der **Be|klag|te** (Angeklagte); ein Beklagter; die Beklagten; zwei Beklagte; die **Be|klag|te;** eine Beklagte
be|klei|den; du bekleidest; wir waren nur leicht bekleidet; sie hat ein wichtiges Amt bekleidet; die **Be|klei|dung**
be|klem|mend (bedrückend); ein beklemmendes Gefühl; die **Be|klem|mung**
be|klom|men (ängstlich, bedrückt); die **Be|klom|men|heit**
be|kom|men; du bekommst; er bekommt; er bekam; er hat einen neuen Anzug bekommen; das Essen ist mir gut bekommen; **be|kömm|lich;** der Wein ist leicht bekömmlich; ein leicht bekömmlicher Wein
be|krän|zen; du bekränzt; sie bekränzt; sie bekränzte; sie hat ihm die Stirn mit Lorbeer bekränzt
sich **be|kreu|zi|gen;** du bekreuzigst dich; sie bekreuzigte sich; sie hat sich bekreuzigt
be|küm|mert (traurig)
be|la|den; du belädst; sie belädt; sie belud; sie hat den Wagen beladen; belade den Wagen!
der **Be|lag;** des Belag[e]s; die Be|lä|ge
die **Be|la|ge|rer** *meist Plural;* **be|la|gern;** du belagerst; er belagert; er belagerte; der Feind hat die Stadt belagert; die **Be|lage|rung**
be|läm|mert (*umgangssprachlich für:* niedergedrückt; scheußlich)
der **Be|lang** (Bedeutung); des Belang[e]s; [nicht] von Belang sein; **be|lan|gen** (verantwortlich machen); du belangst ihn; man hat ihn wegen Diebstahls belangt; **be|lang|los**
be|las|ten; du belastest; sie hat ihn belastet; belaste die Umwelt nicht!
be|läs|ti|gen; du belästigst; er hat ihn belästigt; belästige ihn nicht!; die **Be|läs|tigung**
die **Be|las|tung**
be|lau|schen; du belauschst ihn; er belauschte uns; er hat uns belauscht
der **Be|leg;** des Beleg[e]s; die Belege; **be|legen;** du belegst; sie hat den Platz belegt; belege einen Platz!; die **Be|leg|schaft** (die Gesamtheit der Beschäftigten in einem Betrieb)
be|leh|ren; du belehrst ihn; er belehrt ihn; er belehrte ihn; er hat ihn belehrt; belehre ihn nicht!; er belehrte ihn eines and[e]ren *oder* andern; ABER *groß:* er belehrte ihn eines Besser[e]n *oder* Bessren; die **Be|leh|rung**
be|lei|di|gen; du beleidigst ihn; er hat ihn beleidigt; beleidige ihn nicht!; **be|leidigt;** er ist beleidigt; die **Be|lei|di|gung**
be|lem|mert, *alte Schreibung für:* **be|lämmert**; *vergleiche dort*
be|leuch|ten; du beleuchtest; sie beleuchtet; sie beleuchtete; sie hat den Saal beleuchtet; die **Be|leuch|tung**
Bel|gi|en; der **Bel|gi|er;** die **Bel|gi|e|rin;** die Belgierinnen; **bel|gisch**
Bel|grad (Hauptstadt Jugoslawiens und Serbiens)
be|lie|ben; es beliebt ihr; es beliebte ihr; es hat ihr beliebt; das **Be|lie|ben;** nach Belieben; es steht in ihrem Belieben; **belie|big;** x-beliebig; ein beliebiges Beispiel; alles Beliebige; etwas Beliebiges; jeder Beliebige; **be|liebt;** am be|lieb|testen; die **Be|liebt|heit**
bel|len; der Hund bellt; der Hund bellte; der Hund hat gebellt
die **Bel|le|t|ris|tik** (Unterhaltungsliteratur); **bel|le|t|ris|tisch**
be|lo|bi|gen (loben, auszeichnen); du belobigst ihn; er belobigte sie; er hat sie belobigt; belobige sie!; die **Be|lo|bi|gung**
be|loh|nen; du belohnst ihn; sie belohnte ihn; sie hat ihn belohnt; belohne ihn!; die **Be|loh|nung**
be|lü|gen; du belügst sie; er belügt sie; er belog sie; er hat sie belogen; belüge sie nicht!
sich **be|mäch|ti|gen;** du bemächtigst dich des

A B C D E F G H I J K L M N O P Q R S T U V W X Y Z

2 SDRS E D C B A

Geldes; er bemächtigte sich des Geldes; er hat sich des Geldes bemächtigt

be|ma|len; du bemalst; er hat die Wand bemalt; die **Be|ma|lung**

be|män|geln (tadeln); ich bemängele; du bemängelst; sie bemängelte; sie hat die Ausführung bemängelt

be|män|teln (beschönigen); du bemäntelst; er bemäntelt; er bemäntelte; er hat seine Fehler bemäntelt

be|merk|bar; sich bemerkbar machen; **be|mer|ken;** du bemerkst; sie bemerkt; sie bemerkte; sie hat den Diebstahl bemerkt; die **Be|mer|kung**

sich **be|mü|hen;** du bemühst dich; sie bemüht sich; sie bemühte sich; sie hat sich bemüht; bemühe dich!; die **Be|mü|hung**

be|nach|rich|ti|gen; du benachrichtigst ihn; sie benachrichtigte ihn; sie hat ihn benachrichtigt; benachrichtige ihn!; die **Be|nach|rich|ti|gung**

be|nach|tei|li|gen; du benachteiligst sie; er benachteiligte sie; er hat sie benachteiligt; die **Be|nach|tei|li|gung**

der *oder* das **Ben|del,** *alte Schreibung für:* **Bän|del;** *vergleiche dort*

der **Be|ne|dik|ti|ner** (Angehöriger eines katholischen Ordens)

sich **be|neh|men;** du benimmst dich; sie benimmt sich; sie benahm sich; sie hat sich gut benommen; benimm dich!; das **Be|neh|men**

be|nei|den; du beneidest sie; er beneidet sie; er hat sie beneidet; beneide sie nicht!; **be|nei|dens|wert**

die **Be̱|ne|lux|staa|ten** [*auch:* beneˈlʊks...], *auch:* **Be̱|ne|lux-Staa|ten** (die in einer Wirtschaftsunion vereinigten Länder Belgien, Niederlande und Luxemburg)

be|net|zen; du benetzt die Lippen; sie benetzte die Lippen; sie hat die Lippen benetzt

der **Ben|ga̱|le** (Einwohner von Bengalen); des/dem/den Bengalen; **Ben|ga|len** (Provinz in Indien); die **Ben|ga̱|lin;** die Bengalinnen; **ben|ga̱|lisch**

der **Ben|gel;** die Bengel

Be|ni̱n (Staat in Afrika); der **Be|ni̱|ner;** die **Be|ni̱|ne|rin;** die Beninerinnen; **be|ni̱|nisch**

be|no|ten; er hat die Klassenarbeit benotet; die **Be|no|tung**

be|nutz|bar; be|nut|zen, *landschaftlich auch:* **be|nüt|zen;** du benutzt *oder* benützt; sie benutzt *oder* benützt; sie benutzte *oder* benützte; sie hat die günstige Gelegenheit dazu benutzt *oder* benützt; benutze *oder* benütze diese Gelegenheit!; der **Be|nut|zer;** die **Be|nut|ze|rin;** die Benutzerinnen; die **Be|nut|zer|o|ber|flä|che** (*EDV:* auf einem Computerbildschirm sichtbare Darstellung eines Programms)

das **Ben|zin;** die Ben|zi|ne; das **Ben|zol;** die Ben|zo|le

be|o|b|ach|ten; du beobachtest; sie beobachtet; sie beobachtete; sie hat gut beobachtet; beobachte ihn genau!; der **Be|o|b|ach|ter;** die **Be|o|b|ach|te|rin;** die Beobachterinnen; die **Be|o|b|ach|tung;** die **Be|o|b|ach|tungs|ga|be**

sich **be|ö|len** (*Jugendsprache:* sich sehr amüsieren)

be|quem; sich **be|que|men;** du bequemst dich; sie bequemt sich; sie bequemte sich; sie hat sich bequemt; bequeme dich doch dazu!; die **Be|quem|lich|keit**

be|ra|ten; du berätst; sie berät; sie beriet; sie hat ihn beraten; berate ihn!; sich beraten; sie hat sich mit ihr beraten; eine beratende Ärztin; der **Be|ra|ter;** die **Be|ra|te|rin;** die Beraterinnen; die **Be|ra|tung;** der **Be|ra|tungs|aus|schuss**

be|rau|ben; du beraubst sie; er beraubt sie; er beraubte sie; er hat sie beraubt; beraube sie nicht!

die **Ber|be|rit|ze** (Sauerdorn, ein Zierstrauch)

be|rech|nen; du berechnest; sie hat die Kosten berechnet; die **Be|rech|nung**

be|rech|ti|gen; der Ausweis berechtigt dich zu verbilligtem Eintritt; die **Be|rech|ti|gung**

be|red|sam; die **Be|red|sam|keit; be|redt;** auf das, aufs Be|red|tes|te *oder* auf das, aufs be|red|tes|te

be|reg|nen; sie beregnet den Rasen; sie hat den Rasen beregnet; die **Be|reg|nung**

der, *selten:* das **Be|reich**

be|rei|chern; du bereicherst; er hat seine Sammlung bereichert; bereichere dich nicht!; die **Be|rei|che|rung**

be|rei|fen; du bereifst das Auto; sie hat ihr Auto neu bereift

be|reift; die Bäume sind bereift (voll Raureif)

die **Be|rei|fung**

be|reit; zu etwas bereit sein; sich zu etwas bereit erklären; sich bereit finden; ABER: bereithalten usw.; **be|rei|ten;** du bereitest ein Bad; sie hat mir große Freude bereitet; **be|reit|hal|ten;** sie hielt das Geld bereit; sie hat es bereitgehalten; wir haben uns bereitgehalten; **be|reit|le|gen;** sie legte die Bücher bereit; sie hat die Bücher bereitgelegt; **be|reit|lie|gen;** die Bücher liegen bereit; die Bücher lagen bereit; die Bücher haben bereitgelegen; **be|reit|ma|chen;** ich habe alles bereitgemacht; ich habe mich bereitgemacht; die **Be|reit|schaft;** der **Be|reit|schafts|dienst; be|reit|ste|hen;** das Essen hat bereitgestanden; **be|reit|stel|len;** ich habe die Kisten bereitgestellt; **be|reits; be|reit|wil|lig**

be|reu|en; du bereust; er bereut; er bereute; er hat es bereut; bereue deine Tat!

der **Berg; berg|ab; berg|an; berg|auf;** der **Berg|bau;** des Bergbau[e]s

ber|gen; du birgst; sie birgt; sie barg; sie hat den Verschütteten geborgen; birg die Verschütteten!

die **Berg|fahrt** (Fahrt den Strom, den Berg hinauf); der **Berg|fried** (Hauptturm von Burgen, Wehrturm); des Bergfried[e]s; die Berg|frie|de; der **Berg|füh|rer; ber|gig;** der **Berg|kris|tall** (ein Mineral); des Bergkristalls; die Bergkristalle; der **Berg|mann;** die Bergleute; die **Berg|pre|digt** (auf einem Berg gehaltene bedeutungsvolle Predigt Christi); der **Berg|stei|ger**

die **Ber|gung;** die **Ber|gungs|mann|schaft**

die **Berg|wacht**

das **Berg|werk;** die Bergwerke

der **Be|richt;** Bericht erstatten; **be|rich|ten;** du berichtest; sie berichtet; sie berichtete; sie hat berichtet; berichte!; die **Be|richt|er|stat|tung**

be|rich|ti|gen; du berichtigst; sie berichtigt; sie berichtigte; sie hat ihn berichtigt; berichtige ihn!; sich berichtigen; er hat sich berichtigt; die **Be|rich|ti|gung**

be|rie|chen; der Hund beriecht ihn; der Hund beroch ihn; der Hund hat ihn berochen

be|rie|seln; ich beries[e]le das Feld; sie berieselte das Feld; sie hat es berieselt; die **Be|rie|se|lung,** *auch:* **Be|ries|lung**

das **Be|ring|meer,** *auch:* **Be|ring-Meer** (nördlichstes Randmeer des Pazifischen Ozeans); die **Be|ring|stra|ße,** *auch:* **Be|ring-Stra|ße**

Ber|lin (Hauptstadt und Land der Bundesrepublik Deutschland); der **Ber|li|ner;** die **Ber|li|ne|rin;** die Berlinerinnen; **ber|li|ne|risch** *oder* **ber|li|nisch**

die **Ber|mu|da|shorts** [...ʃo:ɐ̯ts] (fast knielange Shorts) *Plural*

der **Bern|stein**

der **Ber|ser|ker** (wilder Krieger; *auch für:* blindwütig tobender Mensch)

bers|ten; das Eis birst; das Eis barst; das Eis ist geborsten

be|rüch|tigt

be|rück|sich|ti|gen; du berücksichtigst; sie hat ihn berücksichtigt; berücksichtige ihn!

der **Be|ruf;** des Beruf[e]s; die Be|ru|fe; **be|ruf|lich;** der **Be|rufs|an|fän|ger;** die **Be|rufs|an|fän|ge|rin;** die **Be|rufs|aus|bil|dung;** die **Be|rufs|be|ra|tung; be|rufs|bil|dend;** berufsbildende Schulen; die **Be|rufs|er|fah|rung;** die **Be|rufs|ge|nos|sen|schaft;** die **Be|rufs|krank|heit;** das **Be|rufs|prak|ti|kum;** die **Be|rufs|schu|le;** der **Be|rufs|sport; be|rufs|tä|tig;** der **Be|rufs|tä|ti|ge;** ein Berufstätiger; die Berufstätigen; zwei Berufstätige; die **Be|rufs|tä|ti|ge;** eine Berufstätige; die **Be|rufs|wahl;** die **Be|ru|fung**

be|ru|hi|gen; du beruhigst ihn; sie beruhigt ihn; sie hat ihn beruhigt; beruhige ihn!; sich beruhigen; er hat sich beruhigt

be|rühmt; am be|rühm|tes|ten; die **Be|rühmt|heit**

be|rüh|ren; du berührst; er hat ihn berührt; berühre ihn nicht!; die **Be|rüh|rung**

bes. = besonders

der **Be|satz;** die Be|sät|ze; die **Be|sat|zung**

be|schä|di|gen; du beschädigst; er hat das Auto beschädigt; beschädige es nicht!; die **Be|schä|di|gung**

be|schäf|ti|gen; du beschäftigst; sie hat ihn beschäftigt; beschäftige ihn!; die **Be|schäf|ti|gung**

be|schä|men; du beschämst ihn; er beschämt ihn; er beschämte ihn; er hat ihn

A B C D E F G H I J K L M N O P Q R S T U V W X Y Z

beschämt; beschäme ihn nicht!; er ist von seiner Güte beschämt

der **Be|scheid;** die Bescheide; Bescheid geben, sagen, wissen

be|schei|den; er ist bescheiden; die **Be|schei|den|heit**

die **Be|schei|ni|gung**

be|schei|ßen (*derb für:* betrügen); du bescheißt; er bescheißt; er beschiss; er hat mich um zehn Euro beschissen

be|sche|ren; du bescherst; sie beschert; sie hat beschert; beschere den Kindern Spielzeug!; die **Be|sche|rung**

be|scheu|ert (*derb für:* dumm, schwer von Begriff)

be|schimp|fen; du beschimpfst ihn; er beschimpfte ihn; er hat ihn beschimpft; beschimpfe ihn nicht!

der **Be|schlag;** die Be|schlä|ge; etwas in Beschlag nehmen; **be|schla|gen;** du beschlägst; sie beschlägt; sie beschlug; sie hat das Pferd beschlagen; beschlage es!; **be|schla|gen** (kenntnisreich); sie ist in Geschichte gut beschlagen; die **Be|schlag|nah|me**

be|schleu|ni|gen; du beschleunigst; sie beschleunigte; sie hat den Wagen beschleunigt; die **Be|schleu|ni|gung**

be|schlie|ßen; du beschließt; sie beschließt; sie beschloss; sie hat beschlossen; der **Be|schluss;** die Be|schlüs|se; einen Beschluss fassen

be|schmie|ren; du beschmierst; er hat die Wand beschmiert; beschmiere sie nicht!; sich beschmieren; er hat sich die Hände beschmiert

be|schmut|zen; du beschmutzt; er beschmutzt; er beschmutzte; er hat seine Jacke beschmutzt; beschmutze deine Finger nicht!; sich beschmutzen; er hat sich die Finger beschmutzt

die **Be|schnei|dung**

be|schränkt (dumm, engstirnig)

be|schrei|ben; du beschreibst; sie beschreibt; sie beschrieb; sie hat es gut beschrieben; beschreibe diesen Vorgang!; die **Be|schrei|bung**

be|schul|di|gen; du beschuldigst; er beschuldigte; er hat mich beschuldigt; die **Be|schul|di|gung**

be|schum|meln (*umgangssprachlich für:* ein wenig betrügen)

be|schüt|zen; du beschützt ihn; sie beschützt ihn; sie beschützte ihn; sie hat ihn beschützt; beschütze ihn!

die **Be|schwer|de;** sich **be|schwe|ren;** du beschwerst dich; er beschwert sich; er beschwerte sich; er hat sich beschwert; beschwere dich doch!; **be|schwer|lich**

be|schwich|ti|gen; du beschwichtigst; er beschwichtigt; er hat beschwichtigt; beschwichtige ihn!

be|schwingt (heiter, schwungvoll)

be|schwipst (*umgangssprachlich für:* leicht betrunken)

be|schwö|ren; du beschwörst ihn; er beschwor ihn; er hat Geister beschworen; die **Be|schwö|rung**

be|seelt (innerlich erfüllt)

be|sei|ti|gen; du beseitigst; er hat das Unkraut beseitigt; beseitige es!

der **Be|sen;** die Besen; der **Be|sen|stiel**

be|ses|sen; er ist von seiner Idee besessen

be|set|zen; du besetzt; sie besetzt; sie hat besetzt; besetze den Platz!; das **Be|setzt|zei|chen;** die **Be|set|zung**

be|sich|ti|gen; du besichtigst; sie besichtigte; sie hat den Dom besichtigt; besichtige den Dom!; die **Be|sich|ti|gung**

be|sie|deln; sie besiedelten das Land; die **Be|sie|de|lung,** *auch:* **Be|sied|lung**

be|sie|gen; du besiegst die Krankheit; sie hat die Krankheit besiegt; besiege sie!

sich **be|sin|nen;** du besinnst dich; sie besinnt sich; sie besann sich; sie hat sich besonnen; **be|sinn|lich;** die **Be|sin|nung; be|sin|nungs|los**

der **Be|sitz;** die Be|sit|ze; **be|sit|zen;** du besitzt; sie besitzt; sie besaß; sie hat ein Auto besessen

be|sof|fen (*derb für:* betrunken)

be|son|de|re; zur besonderen Verwendung; insbesond[e]re; das Besond[e]re (das Außergewöhnliche); etwas, nichts Besond[e]res; im Besond[e]ren; **be|son|ders**

be|sor|gen; du besorgst; er besorgt; er besorgte; er hat ein Geschenk besorgt; besorge eine Kleinigkeit!

be|spre|chen; sie bespricht es; sie besprach es; sie hat es mit mir besprochen; besprich es mit ihr!; die **Be|spre|chung;** das **Be|spre|chungs|zim|mer**

bes|ser

Kleinschreibung:
- er hat die besseren Argumente
- es ist besser, wenn du gleich kommst

Groß schreibt man die Substantivierung:
- jemanden eines Besser[e]n, *auch:* Bessren belehren
- sich eines Besser[e]n, *auch:* Bessren besinnen
- eine Wendung zum Besser[e]n, *auch:* Bessren nehmen
- du hast wohl nichts Besseres, *auch:* Bessres zu tun?

Man schreibt »besser« vom folgenden Verb oder Partizip getrennt, wenn es sinnvoll – wenigstens durch »sehr« oder »ganz« – erweitert oder gesteigert werden kann:
- mit diesen Schuhen kann ich besser gehen als mit den alten; dem Kranken wird es bald besser gehen
- warum musst du immer alles besser wissen?

die **Bes|se|rung,** *auch:* **Bess|rung**
der **Bes|ser|wis|ser;** die **Bes|ser|wis|se|rin**
der **Be|stand;** die Be|stän|de; **be|stan|den;** mit Wald bestanden (bewachsen); **be|stän|dig;** der **Be|stand|teil**
be|stä|ti|gen; du bestätigst; sie bestätigt; sie bestätigte; sie hat diese Nachricht bestätigt; bestätige diese Aussage!; die **Be|stä|ti|gung**
be|stat|ten (beerdigen); du bestattest sie; er bestattete sie; man hat sie gestern bestattet; die **Be|stat|tung**
be|stäu|ben; Bienen bestäuben die Blüten; die **Be|stäu|bung**
bes|te; bestens; bestenfalls; wir fangen am besten gleich an; ABER: ich halte es für das Beste, wenn ...; er ist der Beste in der Klasse; er hat sein Bestes getan; aufs, auf das Beste, *auch:* beste; es steht nicht zum Besten; er hat/hält ihn zum Besten; es ist nur zu deinem Besten; ich will nicht das erste Beste
be|ste|chen; du bestichst ihn; er besticht ihn; er bestach ihn; er hat ihn bestochen; **be|stech|lich;** die **Be|stech|lich|keit;** die **Be|ste|chung**
das **Be|steck;** die Be|ste|cke
be|ste|hen; du bestehst; sie besteht; sie bestand; sie hat ihr Examen bestanden; besteh[e] auf deiner Forderung!; die Tür besteht aus Metall
be|stel|len; du bestellst; sie hat ein Buch bestellt; bestell[e] es!; die **Be|stell|lis|te,** *auch:* **Be|stell-Lis|te;** die **Be|stell|num|mer;** die **Be|stel|lung**
bes|ten|falls
bes|ti|a|lisch (unmenschlich, grausam); die **Bes|tie** (ein wildes Tier; Unmensch); die Bes|ti|en
be|stim|men; du bestimmst; sie bestimmt; sie bestimmte; sie hat dies bestimmt; bestimm[e]!; **be|stimmt;** der bestimmte Artikel; die **Be|stimmt|heit;** die **Be|stim|mung**
die **Best|leis|tung**
be|stra|fen; du bestrafst; er bestraft; er bestrafte; er hat ihn bestraft; bestraf[e] ihn nicht!; die **Be|stra|fung**
der **Best|sel|ler** (Buch o. Ä., das sehr gut verkauft wird); des Bestsellers; die Bestseller; die **Best|sel|ler|lis|te**
be|stürzt (fassungslos, ratlos); die **Be|stürzt|heit**
der **Be|such;** die Be|su|che; **be|su|chen;** du besuchst sie; sie besuchte ihn; sie hat ihn besucht; besuch[e] ihn!; der **Be|su|cher;** die **Be|su|che|rin;** die Besucherinnen
be|täu|ben; du betäubst; sie betäubt; sie betäubte; sie hat ihn betäubt; die **Be|täu|bung;** das **Be|täu|bungs|mit|tel**
be|tei|li|gen; du beteiligst ihn; sie beteiligte ihn; sie hat ihn beteiligt; beteilige ihn!; sich beteiligen; sie hat sich an diesem Wettbewerb beteiligt; die **Be|tei|li|gung**
die **Be|tel|nuss**
be|ten; du betest; er betet; er betete; er hat gebetet; bete!; der **Be|ter**
be|teu|ern; du beteuerst; er beteuerte; er hat seine Unschuld beteuert; die **Be|teu|e|rung**
Beth|le|hem, *auch:* **Bet|le|hem** (Geburtsort Jesu südlich von Jerusalem)
der **Be|ton** [be'tõ:, *auch:* be'tɔŋ]; des Betons; die Betons, *auch:* die Be|to|ne
be|to|nen; du betonst; sie betont; sie betonte; sie hat dies besonders betont; beton[e] das Wort richtig!
be|to|nie|ren; du betonierst; er beto-

niert; er betonierte; er hat den Hof betoniert; betonier[e] die Einfahrt!; die **Be|ton|misch|ma|schi|ne**

die **Be|to|nung**

betr. = betreffend; **Betr.** = Betreff

der **Be|tracht;** in Betracht kommen, ziehen; außer Betracht bleiben; **be|trach|ten;** du betrachtest; sie betrachtet; sie betrachtete; sie hat das Bild betrachtet; betracht[e] es!; **be|trächt|lich;** eine beträchtliche Summe; um ein Beträchtliches höher; die **Be|trach|tung**

der **Be|trag;** die Be|trä|ge; sich **be|tra|gen;** du beträgst dich; er beträgt sich; er betrug sich; er hat sich schlecht betragen; das **Be|tra|gen**

der **Be|treff;** die Betreffs; in Betreff; **be|treffen;** dies betrifft mich; dies betraf mich; dies hat mich betroffen

be|tre|ten; du betrittst; sie betritt; sie betrat; sie hat das Zimmer betreten; betritt bitte nicht diesen Raum!

be|treu|en; er betreut dich; er hat die Kinder betreut; der **Be|treu|er;** die **Be|treu|e|rin;** die Betreuerinnen; die **Be|treu|ung**

der **Be|trieb;** die Be|trie|be; eine Maschinenanlage in Betrieb setzen; die Anlage ist in *oder* im Betrieb; der Fahrstuhl ist außer Betrieb; **be|trieb|sam;** die **Be|triebs|an|lei|tung;** der **Be|triebs|aus|flug; be|triebs|be|reit;** die **Be|triebs|fe|ri|en** *Plural;* **be|triebs|fer|tig;** der **Be|triebs|rat;** das **Be|triebs|sys|tem** *(EDV);* der **Be|triebs|un|fall;** die **Be|triebs|wirt|schaft**

be|trof|fen; die **Be|trof|fen|heit**

be|trübt; sie ist darüber sehr betrübt

der **Be|trug; be|trü|gen;** du betrügst; er betrügt; er betrog; er hat sie betrogen; betrüge sie nicht!; sich betrügen; er hat sich damit selbst betrogen; der **Be|trüger;** die **Be|trü|ge|rin;** die Betrügerinnen; **be|trü|ge|risch**

be|trun|ken

das **Bett;** zu Bett[e] gehen; die **Bett|de|cke**

bet|teln; du bettelst; er bettelt; er bettelte; er hat gebettelt; bett[e]le nicht!; der **Bet|tel|or|den**

bett|lä|ge|rig; bettlägerig sein

der **Bett|ler;** die **Bett|le|rin;** die Bettlerinnen

das **Bett|tuch**, *auch:* **Bett-Tuch**; der **Bett|vor|le|ger;** die **Bett|wä|sche**

beu|gen; du beugst; sie hat den rechten Arm gebeugt; beug[e] den Arm!; die **Beu|gung**

die **Beu|le**

be|un|ru|hi|gend

be|ur|lau|ben; sie beurlaubt ihn; sie hat ihn beurlaubt; beurlaube ihn!

be|ur|tei|len; sie beurteilt es; sie hat ihn beurteilt; beurteile sie!

die **Beu|te**

der **Beu|tel;** die Beutel; das **Beu|tel|tier**

be|völ|kern; die **Be|völ|ke|rung;** die **Be|völ|ke|rungs|dich|te;** die **Be|völ|ke|rungs|py|ra|mi|de** (grafisch dargestellte Zusammensetzung der Bevölkerung nach Alter und Geschlecht)

be|voll|mäch|ti|gen; ich bevollmächtige; du bevollmächtigst; sie bevollmächtigte ihn

be|vor; be|vor|zu|gen; du bevorzugst; sie bevorzugt; sie bevorzugte; sie hat ihn bevorzugt; bevorzuge niemanden!

be|wa|chen; sie bewacht; sie hat den Schatz bewacht; bewach[e] ihn!

be|wah|ren; du bewahrst; sie bewahrt; sie bewahrte; sie hat ihn vor Schaden bewahrt; bewahr[e] uns davor!; Gott bewahre dich!

sich **be|wäh|ren;** du bewährst dich; sie bewährt sich; sie bewährte sich; sie hat sich bewährt; bewähr[e] dich!; die **Be|wäh|rung;** die **Be|wäh|rungs|frist;** der **Be|wäh|rungs|hel|fer** (Betreuer während der Bewährungsfrist); die **Be|wäh|rungs|hel|fe|rin;** die Bewährungshelferinnen; die **Be|wäh|rungs|pro|be**

be|wäl|ti|gen; sie bewältigt; sie hat alle Schwierigkeiten bewältigt

die **Be|wandt|nis;** die Bewandtnisse

be|wäs|sern; die **Be|wäs|se|rung**

be|we|gen (die Lage ändern); du bewegst den Stuhl; sie bewegt den Stuhl; sie bewegte den Stuhl; sie hat den Stuhl bewegt; beweg[e] den Stuhl!; **be|we|gen** (veranlassen); du bewegst ihn; sie bewegt ihn; sie bewog ihn; sie hat ihn bewogen[,] dies zu tun; **be|weg|lich; be|wegt** (ergriffen); bewegt sein; die **Be|we|gung;** der **Be|we|gungs|ap|pa|rat** (Knochen, Gelenke, Bänder und Skelettmuskeln); **be|we|gungs|los; be|we|gungs|un|fä|hig**

der **Be|weis; be|weis|bar; be|wei|sen;** du beweist; sie beweist; sie bewies ihr Können; sie hat es bewiesen; beweis[e] es!; die **Be|weis|füh|rung; be|weis|kräf|tig**

sich **be|wer|ben;** du bewirbst dich; sie bewirbt sich; sie bewarb sich; sie hat sich um eine Stelle beworben; bewirb dich um diese Stelle!; der **Be|wer|ber;** die **Be|wer|be|rin;** die Bewerberinnen; die **Be|wer|bung;** das **Be|wer|bungs|ge|spräch;** das **Be|wer|bungs|schrei|ben;** die **Be|wer|bungs|un|ter|la|gen** *Plural*

be|werk|stel|li|gen; du bewerkstelligst; sie hat es bewerkstelligt, dass...

be|wer|ten; du bewertest; er hat seine Leistung bewertet; die **Be|wer|tung**

be|wil|li|gen; du bewilligst; sie hat mir keinen Urlaub bewilligt; die **Be|wil|li|gung**

be|woh|nen; du bewohnst; sie bewohnt ein großes Haus; der **Be|woh|ner;** die **Be|woh|ne|rin;** die Bewohnerinnen

be|wölkt; der Himmel ist bewölkt; die **Be|wöl|kung**

be|wun|dern; be|wun|derns|wert; die **Be|wun|de|rung**

be|wusst; ich bin mir keines Vergehens bewusst; er hat den Fehler bewusst (mit Absicht) gemacht; sie hat mir den Zusammenhang bewusst gemacht (klar gemacht); **be|wusst|los;** die **Be|wusst|lo|sig|keit;** das **Be|wusst|sein**

Bez. = Bezeichnung; Bezirk

be|zah|len; du bezahlst; sie bezahlte; sie hat die Rechnung bezahlt; bezahl[e] die Rechnung!; die **Be|zah|lung**

be|zau|bern; du bezauberst; er bezaubert; er bezauberte; er hat sie bezaubert; **be|zau|bernd;** ein bezauberndes Lächeln

be|zeich|nen; du bezeichnest; sie bezeichnet; sie bezeichnete; sie hat es als gut bezeichnet; **be|zeich|nend;** es ist bezeichnend für ihn; die **Be|zeich|nung**

be|zeu|gen; sie bezeugt; sie hat es bezeugt; bezeuge die Wahrheit!

be|zich|ti|gen; du bezichtigst ihn; sie bezichtigt ihn; sie bezichtigte ihn; sie hat ihn der Tat bezichtigt; bezichtige ihn nicht!

be|zie|hen; du beziehst; sie bezieht; sie bezog; sie hat die neue Wohnung bezogen; er hat das Bett frisch bezogen; sich auf eine Sache beziehen; die **Be|zie|hung;** in Beziehung setzen; **be|zie|hungs|wei|se** (*Abkürzung:* bzw.)

der **Be|zirk**

der **Be|zug;** in Bezug auf; mit Bezug auf; auf etwas Bezug nehmen (*dafür besser:* sich auf etwas beziehen); Bezug nehmend auf (*dafür besser:* mit Bezug auf); **be|züg|lich;** die **Be|zugs|per|son** (Person, zu der jemand eine persönliche Beziehung hat, die ihm Halt und Orientierung gibt)

be|zwei|feln; ich bezweif[e]le das

Bf., Bhf. = Bahnhof

BGB = Bürgerliches Gesetzbuch

das **Bi|ath|lon** (Kombination aus Skilanglauf und Scheibenschießen); des Biathlons; die Biathlons

bib|bern (*umgangssprachlich für:* vor Kälte zittern); ich bibbere; er hat gebibbert

die **Bi|bel;** die Bibeln

der **Bi|ber;** die Biber

bibl. = biblisch

die **Bi|b|li|o|thek** (die Bücherei); die Bi|b|li|o|the|ken; die Deutsche Bibliothek (in Frankfurt); der **Bi|b|li|o|the|kar** (Angestellter einer Bücherei); des Bibliothekars; die Bi|b|li|o|the|ka|re; die **Bi|b|li|o|the|ka|rin;** die Bibliothekarinnen

bi|b|lisch; eine biblische Geschichte (eine Erzählung aus der Bibel); ABER: die Biblische Geschichte (das Lehrfach)

die **Bick|bee|re** (*norddeutsch für:* Heidelbeere)

bie|der; der **Bie|der|mann;** die Biedermänner; das **Bie|der|mei|er** (Kunststil vor 1848); **bie|der|mei|er|lich**

bie|gen; du biegst; sie biegt; sie bog; sie hat den Stab gebogen; biege den Stab!; sich biegen; der Stab hat sich gebogen; ABER: es geht auf Biegen oder Brechen; **bieg|sam;** die **Bie|gung**

die **Bie|ne;** die **Bie|nen|kö|ni|gin;** der **Bie|nen|korb;** das **Bie|nen|wachs**

das **Bier;** der **Bier|de|ckel**

das **Biest** (Schimpfwort); die Bies|ter

bie|ten; du bietest; sie bietet; sie bot; sie hat geboten; biete mehr!

die **Big|band** ['bɪkbɛnt], *auch:* **Big Band** (großes Jazz- oder Tanzorchester); die Bigbands, *auch:* Big Bands

der **Bi|ki|ni** (zweiteiliger Damenbadeanzug); des Bikinis; die Bikinis die **Bi|lanz** (die Gegenüberstellung von Vermögen und Kapital für ein Geschäftsjahr; Ergebnis); die Bi|lan|zen

bi|la|te|ral (zweiseitig, von zwei Seiten ausgehend); bilaterale Verträge

das **Bild;** im Bilde sein; **bil|den;** du bildest; sie bildet; sie bildete; sie hat einen Satz gebildet; bilde ein Wort aus 3 Buchstaben!; die bildenden Künste; der **Bil|der|bo|gen;** das **Bil|der|buch;** die **Bil|der|ge|schich|te;** das **Bil|der|rät|sel;** der **Bild|hau|er; bild|lich;** das **Bild|nis;** des Bildnisses; die Bildnisse; der **Bild|schirm;** die **Bil|dung;** der **Bil|dungs|mi|nis|ter**

das **Bil|lard** ['bɪljart] (ein Kugelspiel; dazugehöriger Tisch); die Bil|lar|de

die **Bil|li|ar|de** (tausend Billionen); die Billiarden

bil|lig; das ist nur recht und billig; **bil|li|gen;** du billigst; sie billigte meinen Entschluss; sie hat meinen Entschluss gebilligt; die **Bil|li|gung**

die **Bil|li|on** (eine Million Millionen); die Bil|li|o|nen

bim|meln; du bimmelst; sie bimmelt; sie bimmelte; sie hat gebimmelt; bimmle nicht unentwegt mit dieser Glocke!

der **Bims|stein**

bi|när (aus zwei Einheiten bestehend)

die **Bin|de;** das **Bin|de|ge|we|be** (umhüllendes und verbindendes Gewebe); die **Bin|de|haut** (die durchsichtige Schleimhaut des Auges)

bin|den; du bindest; er bindet; er band; er hat Blumen gebunden; bind[e] eine Schleife!; der **Bin|de|strich;** der **Bind|fa|den;** die **Bin|dung**

bin|nen; *mit Dativ:* binnen kurzem; binnen einem Jahr (*gehoben auch mit Genitiv:* binnen eines Jahres); binnen Jahr und Tag; der **Bin|nen|ha|fen;** das **Bin|nen|land;** der **Bin|nen|schif|fer**

Bi|nom; die Bi|no|me; **bi|no|misch** (zweigliedrig); binomischer Ausdruck

die **Bin|se;** in die Binsen gehen (verloren gehen); die **Bin|sen|wahr|heit** (allbekannte Wahrheit); die **Bin|sen|weis|heit**

die **Bi|o|che|mie;** der **Bi|o|che|mi|ker;** die **Bi|o|che|mi|ke|rin; bi|o|che|misch**

das **Bi|o|gas** (Faulgas als Energiequelle)

der **Bi|o|graf**, *auch:* **Bi|o|graph;** des/dem/den Bi|o|gra|fen, *auch:* Bi|o|gra|phen; die **Bi|o|gra|fie**, *auch:* **Bi|o|gra|phie** (Lebensbeschreibung); die Bi|o|gra|fi|en, *auch:* Bi|o|gra|phi|en; **bi|o|gra|fisch**, *auch:* **bi|o|gra|phisch**

die **Bi|o|kost;** der **Bi|o|la|den**

der **Bi|o|lo|ge;** die **Bi|o|lo|gie** (Lehre von der belebten Natur); die **Bi|o|lo|gin;** die Biologinnen; **bi|o|lo|gisch;** der **Bi|o|müll**

der *oder* das **Bi|o|top** (durch bestimmte Pflanzen- und Tiergesellschaften gekennzeichneter Lebensraum); des Biotops; die Bi|o|to|pe

die **Bir|ke;** der **Birk|hahn;** das **Birk|huhn**

Bir|ma (Staat in Hinterindien; *früherer Name für:* Myanmar); der **Bir|ma|ner;** die **Bir|ma|nin;** die Birmaninnen; **bir|ma|nisch**

der **Birn|baum;** die **Bir|ne**

bis; bis hierher

die **Bi|sam|rat|te**

der **Bi|schof;** die Bi|schö|fe; die **Bi|schö|fin;** die Bischöfinnen; **bi|schöf|lich**

bis|her (bis jetzt); **bis|he|rig;** der bisherige Außenminister; im Bisherigen (weiter oben); das Bisherige

das, *auch:* der **Bis|kuit** [bɪs'kvi:t, *auch:* bɪs'kvɪt]; die Biskuits *oder* Bis|kui|te; der **Bis|kuit|teig**

Bis|marck (Gründer und erster Kanzler des Deutschen Reiches)

der **Bi|son** (nordamerikanischer Büffel); des Bisons; die Bisons

der **Biss;** des Bis|ses; die Bis|se; **biss|chen;** das bisschen; ein bisschen (ein wenig); ein klein bisschen; mit ein bisschen Geduld; der **Bis|sen; bis|sig**

das **Bis|tum;** die Bis|tü|mer

bis|wei|len

das **Bit** (Informationseinheit); des Bit[s]; die Bit[s]

die **Bit|te; bit|te!;** du musst Bitte, *auch:* bitte sagen; **bit|ten;** du bittest; er bittet; er bat; er hat ihn um einen Rat gebeten; bitte ihn um Nachsicht!

bit|ter; bitt[e]rer; am bit|ters|ten; **bit|ter|bö|se; bit|ter|ernst; bit|ter|kalt;** es ist bitterkalt; ein bitterkalter Wintertag; die **Bit|ter|keit; bit|ter|lich**

das **Bi|wak** (Feldlager); des Biwaks; die Biwaks *oder* Bi|wa|ke

bi|zarr (seltsam); bizarre Formen

blau

blau|er, am blau[e]s|ten

1. Groß- und Kleinschreibung:
Kleinschreibung:
- das blaue Kleid
- blauer Fleck (Bluterguss)
- sein blaues Wunder erleben (*umgangssprachlich für:* staunen)
- einen blauen Brief (ein Mahnschreiben) erhalten
- Augen: blau *(in Pässen o. Ä.)*
- blau sein (*umgangssprachlich auch für:* betrunken sein)

Groß schreibt man das Farbadjektiv »blau«, wenn es substantiviert ist. Die Substantivierung erkennt man meist daran, dass dem Adjektiv »blau« ein Artikel oder eine Präposition vorangeht, ohne dass ein Substantiv folgt:
- das Blau des Himmels
- etwas ins Blaue reden
- eine Fahrt ins Blaue
- die Farbe Blau

Auch in Namen und Titeln wird »blau« großgeschrieben:
- die Blaue Grotte (von Capri)
- der Blaue Engel (Siegel für umweltschonende Produkte)
- der Blaue Planet
- der Blaue Reiter (Name einer Künstlergemeinschaft)

2. Getrennt- oder Zusammenschreibung:
Man schreibt »blau« vom folgenden Verb oder Partizip getrennt, wenn es sinnvoll – wenigstens durch »ganz« oder »sehr« – gesteigert oder erweitert werden kann:
- etwas blau färben, blau streichen
- das Papier blau machen; ↑ABER: blaumachen
- ein blau gestreifter Stoff

In zusammengesetzten Farbbezeichnungen kann ein Bindestrich gesetzt werden:
- ein blaugrünes, *auch:* blau-grünes Kleid
- das blaurote, *auch:* blau-rote Muster
- die blauweißrote, *auch:* blau-weiß-rote Fahne

der **Bi|zeps** (Oberarmmuskel); des Bizeps *oder* Bi|zep|ses; die Bi|zep|se

die **Black|box** ['blɛkbɔks], *auch:* **Black Box** (Teil eines kybernetischen Systems; Flugschreiber); der Blackbox, *auch:* Black Box; die Black|bo|xes, *auch:* Black Bo|xes

das *oder* der **Black-out** [blɛk'aut], *auch:* **Black|out** (Geistesabwesenheit, Erinnerungslücke); des Black-out[s], *auch:* Blackout[s]; die Black-outs, *auch:* Blackouts

blä|hen; der Wind bläht die Segel; der Wind blähte die Segel; der Wind hat die Segel gebläht; sich blähen; der Vorhang hat sich im Wind gebläht; die **Blä|hung**

bla|ma|bel; bla|ma|b|ler; am bla|ma|bels|ten; eine blamable Niederlage; die **Bla|ma|ge** [bla'ma:ʒə] (Schande, Bloßstellung); die Blamagen; sich **bla|mie|ren;** du blamierst dich; er blamierte sich; er hat sich blamiert; blamiere dich nicht!

blank; etwas blank machen, reiben, polieren; die blank polierte Dose; die Dose ist blank poliert; ABER: der Blanke Hans (die stürmische Nordsee)

das *oder* der **Blank** [blɛŋk] (*EDV:* [Wort]zwischenraum); des Blanks; die Blanks

die **Bla|se;** der **Bla|se|balg;** die Bla|se|bäl|ge; **bla|sen;** du bläst; er bläst; er blies; er hat die Trompete geblasen

bla|siert (hochnäsig)

das **Blas|in|s|t|ru|ment;** die **Blas|ka|pel|le**

die **Blas|phe|mie** (Gotteslästerung, verletzende Äußerung über Heiliges)

blass; blas|ser, *auch:* bläs|ser; am blas|ses|ten, *auch:* bläs|ses|ten; blass sein; blass werden; die **Bläs|se**

das **Bläss|huhn** *oder* **Bless|huhn**

das **Blatt;** die Blät|ter; 5 Blatt Papier; **blät|te|rig** *oder* **blätt|rig; blät|tern;** du blätterst; er blätterte; er hat im Buch geblättert; blättere nicht dauernd in diesem Buch!; das **Blatt|gold;** das **Blatt|grün;** die **Blatt|laus**

die **Blat|tern** (*älter für:* Pocken) *Plural;* **blat|ter|nar|big** (*älter für:* pockennarbig)

blau *s. Kasten*

das **Blau** (die blaue Farbe); des Blaus; die Blau; das Blau des Himmels; er ist in Blau gekleidet; das ist mit Blau bemalt

die **Blau|bee|re** (Heidelbeere)

bläu|en (blau machen, färben); sie bläute das Kleid
bläu|en (*umgangssprachlich für:* schlagen); sein Vater hat ihn gebläut
bläu|lich; bläulich grün; bläulich rot
das **Blau|licht;** die Blau|lich|ter
blau|ma|chen (*umgangssprachlich für:* nicht zur Arbeit, Schule o. Ä. gehen)
die **Blau|mei|se;** die **Blau|pau|se** (Lichtpause auf bläulichem Papier); die **Blau|säu|re;** die **Blau|tan|ne;** der **Blau|wal**
der **Bla|zer** ['ble:zɐ] (sportlich-elegante Jacke); des Blazers; die Blazer
das **Blech;** die Ble|che; **ble|chen** (*umgangssprachlich für:* notgedrungen und mehr, als einem lieb ist, bezahlen); du blechst; er blechte; er hat geblecht; **ble|chern** (aus Blech); der **Blech|scha|den**
das **Blei** (ein Metall)
die **Blei|be; blei|ben;** du bleibst; er bleibt; er blieb; er ist noch dort geblieben; bleib[e] hier!; er hat es bleiben lassen (unterlassen), *seltener:* bleiben gelassen
bleich; blei|chen; die Wäsche bleicht; die Wäsche bleichte; die Wäsche hat gebleicht; bleich[e] die Wäsche!; das **Bleich|ge|sicht**
der **Blei|stift**
die **Blen|de** (*Optik:* Vorrichtung, die einfallende Lichtstrahlen abschirmt); die Blenden; **blen|den;** du blendest; er blendet; er blendete; das Licht hat ihn geblendet; blende ihn nicht!; **blen|dend** (ausgezeichnet); sie amüsiert sich blendend; ein blendend weißes Kleid
die **Bles|se** (weißer Stirnfleck; *auch für:* Tier mit weißem Fleck); ↑ABER: die Blässe; das **Bless|huhn** *oder* **Bläss|huhn**
der **Blick; bli|cken;** du blickst; er blickt; er hat geblickt; blick[e] nicht so böse!
blind; blind sein, werden; der **Blind|darm;** der **Blin|de;** ein Blinder; die Blinden; mehrere Blinde; die **Blin|de;** eine Blinde; **Blin|de|kuh;** Blindekuh spielen; die **Blin|den|schrift;** der **Blind|flug;** die **Blind|heit; blind|lings;** die **Blind|schlei|che**
blin|ken; er blinkt; er hat mit der Taschenlampe geblinkt; der **Blin|ker;** das **Blink|feu|er** (ein Seezeichen); das **Blink|licht;** die Blink|lich|ter
blin|zeln; du blinzelst; er hat geblinzelt; blinz[e]le nicht!
der **Blitz;** der **Blitz|ab|lei|ter; blitz|blank; blitzen;** es blitzt; es blitzte; es hat geblitzt; **blitz|ge|scheit;** das **Blitz|licht;** die Blitz|lich|ter; **blitz|schnell**
der **Bliz|zard** ['blɪzɐt] (schwerer Schneesturm in Nordamerika); des Blizzards; die Blizzards
der **Block;** die Blö|cke *und* (für Abreißblocks, Häuserblocks u. a.:) die Blocks; die **Blo|cka|de** (Sperre, Seesperre); die **Block|flö|te;** das **Block|haus;** die Blockhäuser; **blo|ckie|ren;** er blockiert die Straße; er hat die Straße blockiert; blockier[e] nicht den Verkehr!; die **Block|schrift**
blöd *oder* **blö|de;** am blö|des|ten; **blö|deln** (Unsinn reden); du blödelst; er blödelte; er hat geblödelt; blödele nicht so!; der **Blöd|sinn; blöd|sin|nig**
blö|ken; das Schaf blökt; das Schaf blökte; das Schaf hat geblökt
blond; sie hat blond gefärbtes, blond gelocktes Haar; das Haar ist blond gefärbt, blond gelockt; die **Blon|di|ne**
bloß; er fing die Schlange mit der bloßen Hand; was ist bloß (nur) los mit ihr?; es dauert bloß noch ein paar Tage; die **Blö|ße; bloß|stel|len;** du stellst ihn bloß; er hat ihn bloßgestellt
die **Blue|jeans** ['blu:dʒi:ns], *auch:* **Blue Jeans** (blaue Hose aus festem Baumwollgewebe) *Plural*
der **Blues** [blu:s] (Musik der Afroamerikaner; ein Tanz); des Blues; die Blues
der **Bluff;** des Bluffs; die Bluffs; **bluf|fen;** du bluffst; er blufft; er bluffte; er hat geblufft; bluffe nicht!
blü|hen; die Blume blüht; die Blume hat geblüht; die **Blu|me;** der **Blu|men|kohl;** der **Blu|men|strauß;** der **Blu|men|topf;** die **Blu|men|va|se**
die **Blu|se**
das **Blut; blut|arm;** die **Blut|bank;** die Blut|ban|ken; der **Blut|druck**
die **Blü|te;** der **Blü|ten|stand** (Vereinigung mehrerer Blüten); der **Blü|ten|staub**
blu|ten; du blutest; er blutet; er blutete; er hat geblutet; der **Blu|ter** (jemand, der zu schwer stillbaren Blutungen neigt); der **Blut|er|guss;** die Blut|er|güs|se; das **Blut|ge|fäß;** die **Blut|ge|rin|nung;** die

Blut|grup|pe; blu|tig; blut|jung; die **Blut|kon|ser|ve;** das **Blut|kör|per|chen;** die roten Blutkörperchen; der **Blut|kreis|lauf;** das **Blut|plas|ma;** das **Blut|plätt|chen;** die **Blut|ra|che; blut|rot;** der **Blut|spen|der; blut|stil|lend,** *auch:* **Blut stil|lend; bluts|ver|wandt;** die **Blut|trans|fu|si|on;** die **Blu|tung;** die **Blut|ver|gif|tung;** die **Blut|zu|fuhr**

BLZ = Bankleitzahl

das **BMX-Rad** (geländegängiges Fahrrad)

die **Bö,** *auch:* **Böe** (ein heftiger Windstoß); die Bö|en

die **Boa** (Riesenschlange); die Bo|as

der **Bob;** die Bobs; die **Bob|bahn**

das *oder* die **Boc|cia** ['bɔtʃa] (ein Kugelspiel); des Boccia *oder* der Boccia; die Boccias

der **Bock;** des Bock[e]s; die Bö|cke; Bock springen, ABER: das Bockspringen; keinen Bock auf etwas haben (*umgangssprachlich für:* keine Lust zu etwas haben); **bock|bei|nig;** das **Bock|bier; bo|ckig;** die **Bock|wurst**

der **Bo|den;** die Böden; die **Bo|den|schät|ze** *Plural*

der **Bo|den|see**

das **Bo|den|tur|nen**

der **Bo|dy** ['bɔdi] (eng anliegende, einteilige Unterkleidung); das **Bo|dy|buil|ding** ['bɔdibɪldɪŋ] (Training zur besonderen Ausbildung der Körpermuskulatur); des Bodybuilding[s]; der **Bo|dy|guard** ['bɔdiga:ɐ̯t] (Leibwächter); die Bodyguards

die **Böe** ↑Bö

der **Bo|gen;** die Bogen, *landschaftlich auch:* die Bögen; in Bausch und Bogen (ganz und gar); das **Bo|gen|schie|ßen**

Bo|go|tá (Hauptstadt Kolumbiens)

die **Boh|le** (dickes Brett); ↑ABER: die Bowle

Böh|men (Landschaft in der Tschechischen Republik); der **Böh|mer|wald**

die **Boh|ne;** der **Boh|nen|kaf|fee;** das **Boh|nen|kraut;** die **Boh|nen|stan|ge**

boh|nern; du bohnerst; er bohnert; er bohnerte; er hat den Boden gebohnert; bohnere den Flur!; das **Boh|ner|wachs**

boh|ren; du bohrst ein Loch; er hat ein Loch gebohrt; bohr[e] nicht in der Nase!; der **Boh|rer;** die **Bohr|in|sel** (ins Meer gebaute Plattform für Öl- und Erdgasförderung)

bö|ig; böiger Wind

der **Boi|ler** (Warmwasserbereiter)

die **Bo|je** (schwimmendes Seezeichen)

der **Bo|le|ro** (spanischer Tanz; kurze Jacke); die Boleros

der **Bo|li|vi|a|ner;** die **Bo|li|vi|a|ne|rin;** die Bolivianerinnen; **bo|li|vi|a|nisch; Bo|li|vi|en** (Staat in Südamerika)

das **Boll|werk**

bol|zen (derb Fußball spielen); du bolzt; er bolzte; er hat gebolzt; bolz[e] nicht so!; der **Bol|zen**

bom|bar|die|ren; du bombardierst; er hat ihn ständig mit Fragen bombardiert; die **Bom|be;** der **Bom|ben|an|schlag;** der **Bom|ben|er|folg** (*umgangssprachlich für:* großer Erfolg); das **Bom|ben|ge|schäft** (*umgangssprachlich für:* sehr gutes Geschäft); **bom|ben|si|cher;** ein bombensicherer Keller; ABER *mit Doppelbetonung:* **bom|ben|si|cher** (*umgangssprachlich für:* sehr sicher); der **Bom|ber**

die **Bom|mel** (*norddeutsch:* Quaste); die **Bom|mel|müt|ze**

der **Bon** [bõ:] (Gutschein); des Bons; die Bons

der *oder* das **Bon|bon** [bõ'bõ:]; des Bonbons; die Bonbons

Bonn (Stadt am Rhein)

der **Bon|sai** (japanischer Zwergbaum); des Bonsai[s]; die Bonsais

der **Bon|ze** (sturer [Partei]funktionär)

der **Boom** [bu:m] (Hochkonjunktur); des Booms; die Booms

das **Boot**

der **Boot** [bu:t] (hoher [Wildleder]schuh); des Boots; *meist Plural:* die Boots

der **Bord** (Schiffsrand, Schiffsdeck); an Bord gehen; Mann über Bord

das **Bord** (Bücherbord); die Bor|de

die **Bör|de** (fruchtbare Ebene); die Magdeburger Börde

das **Bor|dell** (Haus, in dem Prostituierte ihr Gewerbe ausüben); des Bordells; die Bor|del|le

der **Bord|stein** (am Bürgersteig)

bor|gen; du borgst ihm Geld; er borgte ihm Geld; er hat ihm Geld geborgt; borg[e] kein Geld!

die **Bor|ke** (Rinde); die Borken; der **Bor|ken|kä|fer**

der **Born** (*veraltet für:* Brunnen); des Born[e]s; die Bor|ne

Bor|neo (Insel in Südostasien)
bor|niert (geistig beschränkt)
die **Bör|se**
die **Bors|te; bors|tig**
die **Bor|te;** die Borten
bös ↑böse; **bös|ar|tig**
die **Bö|schung**
bö|se; am bö|ses|ten; ein böser Blick; jenseits von gut und böse; das Gute und das Böse; im Guten wie im Bösen; der **Bö|se|wicht;** die Bö|se|wich|te; **bos|haft;** die **Bos|heit**
Bos|ni|en (Gebiet im Norden von Bosnien und Herzegowina); **Bos|ni|en und Her|ze|go|wi|na** (Staat in Südosteuropa); der **Bos|ni|er;** die **Bos|ni|e|rin;** die Bosnierinnen; **bos|nisch**
bös|wil|lig
der **Boss** (Chef); des Bos|ses; die Bos|se
die **Bo|ta|nik** (Pflanzenkunde); **bo|ta|nisch;** ABER: der Botanische Garten in München
der **Bo|te;** des/dem/den Boten; die Boten; die **Bot|schaft;** der **Bot|schaf|ter;** die **Bot|schaf|te|rin;** die Botschafterinnen
der **Bött|cher;** der **Bot|tich;** die Bot|ti|che
die **Bouil|lon** [bʊlˈjõː]; die Bouillons
die **Bou|tique** [buˈtiːk] *oder* **Bu|ti|ke;** die Boutiques *und* Bou|ti|quen *oder* Butiken
die **Bow|le** [ˈboːlə]; die Bowlen
das **Bow|ling** [ˈboːlɪŋ] (amerikanische Art des Kegelspiels); des Bowlings; die Bowlings
die **Box** (abgeteilter Raum; einfache Kamera); die Bo|xen
bo|xen; du boxt; er boxt; er boxte; er hat geboxt; box[e] mit ihm!; der **Bo|xer;** der **Box|hand|schuh;** der **Box|kampf**
der **Boy** (Junge; [Hotel]diener); die Boys; die **Boy|group** [ˈbɔygruːp] (Popgruppe aus jungen attraktiven Männern); die Boygroups
der **Boy|kott** (politische, wirtschaftliche oder soziale Ächtung); des Boykotts; die Boy|kot|te; **boy|kot|tie|ren;** du boykottierst; sie boykottiert; er hat diese Diskothek boykottiert; boykottier[e] den neuen Mitschüler nicht!
brach (unbestellt, unbebaut); die **Bra|che** (Brachfeld); die Brachen; das **Brach|feld; brach|lie|gen;** der Acker lag brach; er hat brachgelegen

bra|ckig (schwach salzig und daher ungenießbar); das **Brack|was|ser** (Gemisch aus Süß- und Salzwasser in den Flussmündungen); die Brackwasser
die **Bran|che** [ˈbrãːʃə] (Wirtschaftszweig); die Branchen; das **Bran|chen|ver|zeich|nis;** die Branchenverzeichnisse
der **Brand;** die **Brand|bla|se; brand|ei|lig** (*umgangssprachlich für:* sehr eilig)
Bran|den|burg (Stadt und deutsches Bundesland); der **Bran|den|bur|ger;** die **Bran|den|bur|ge|rin;** die Brandenburgerinnen; das **Bran|den|bur|ger Tor; bran|den|bur|gisch**
brand|mar|ken (öffentlich bloßstellen); man brandmarkt ihn; man hat ihn gebrandmarkt
brand|neu (*umgangssprachlich für:* ganz neu)
die **Brand|stät|te;** der **Brand|stif|ter;** die **Bran|dung;** die **Brand|wun|de**
der **Brannt|wein**
Bra|si|lia (Hauptstadt Brasiliens); der **Bra|si|li|a|ner;** die **Bra|si|li|a|ne|rin;** die Brasilianerinnen; **bra|si|li|a|nisch; Bra|si|li|en** (Staat in Südamerika)
bra|ten; du brätst; sie brät; sie briet; sie hat den Fisch gebraten; brat[e] das Fleisch!; der **Bra|ten;** der **Brat|ling**
die **Brat|sche** (ein Streichinstrument); der **Brat|scher** *oder* **Brat|schist;** des/dem/den Brat|schis|ten
die **Brat|wurst**
der **Brauch;** die Bräu|che; **brauch|bar; brau|chen;** du brauchst einen neuen Mantel; er hat einen neuen Hut gebraucht; ABER: er hat es nicht zu tun brauchen (nicht tun müssen); das **Brauch|tum;** die Brauch|tü|mer; das **Brauch|was|ser** (für Gewerbe und Industrie)
brau|en; ich braue; du braust; er hat Bier gebraut; brau[e] einen starken Kaffee!; die **Brau|e|rei**
braun ↑blau; eine braun gebrannte Frau; die Sonne hat uns braun gebrannt; der **Braun|bär; bräu|nen;** die Sonne bräunte ihn; die Sonne hat ihn gebräunt; sich bräunen lassen; die **Braun|koh|le; bräun|lich**
die **Brau|se; brau|sen;** das Wasser braust; das Wasser hat gebraust; sich brausen; er hat sich gebraust

die **Braut;** die Bräu|te; der **Bräu|ti|gam;** die Bräu|ti|ga|me; das **Braut|kleid; bräut|lich**

brav; bra|ver; am bravs|ten; ein braver Junge

bra|vo!

Braz|za|ville [braza'vil] (Hauptstadt der Republik Kongo)

BRD = Bundesrepublik Deutschland

der *oder* das **Break** [bre:k] (*Tennis:* Durchbrechen des gegnerischen Aufschlags); des Breaks; die Breaks; der **Break|dance** ['bre:kda:ns] (akrobatischer Tanz zu Popmusik); der **Break|dan|cer;** des Breakdancers; die Breakdancer

bre|chen; der Ast bricht; der Ast brach; der Ast ist gebrochen; brich nicht den Stab über ihn!; der **Bre|cher** (Sturzwelle); die **Brech|stan|ge**

der **Brei; brei|ig**

breit; am brei|tes|ten; weit und breit ist niemand zu sehen; er hat die Geschichte des Langen und Breiten (umständlich) erzählt; ins Breite gehen, fließen; die Straße breit, breiter machen; ABER: sich breit machen (*umgangssprachlich für:* viel [Platz] in Anspruch nehmen, sich immer weiter ausbreiten); ein sehr breit gefächertes Angebot; die Angebote sind sehr breit gefächert; breit getretene Schuhe; ↑ABER: breittreten; die **Brei|te;** die Breiten; nördliche, südliche Breite; der **Brei|ten|grad;** der **Brei|ten|kreis; breit|tre|ten** (etwas unnötigerweise weiterverbreiten); er hat diese Geschichte überall breitgetreten

Bre|men (Hafenstadt an der Weser); der **Bre|mer;** die **Bre|me|rin;** die Bremerinnen; **bre|misch**

die **Brem|se; brem|sen;** du bremst; er bremst; er hat zu spät gebremst; brems[e] in Zukunft früher!; die **Bremsspur**

bren|nen; die Kerze brennt; die Kerze brannte; die Kerze hat gebrannt; er hat eine CD gebrannt; der **Bren|ner;** das **Brenn|glas;** die **Brenn|nes|sel,** *auch:* **Brenn-Nes|sel;** die Brennnesseln, *auch:* Brenn-Nesseln; der **Brenn|punkt** *(Optik, Geometrie);* der **Brenn|stab** (von einer stabförmigen Hülse umgebener Kernbrennstoff, der in den Kernreaktor eingebracht wird); der **Brenn|stoff;** die Brenn|stof|fe *meist Plural;* die **Brenn|weite; brenz|lig**

die **Bre|sche;** eine Bresche schlagen

das **Brett**

das **Bre|vier** (ein Gebetbuch)

die **Bre|zel;** die Brezeln

das **Bridge** [brɪtʃ]; des Bridge; Bridge spielen

der **Brief;** der **Brief|freund;** die **Brief|freundin;** das **Brief|ge|heim|nis;** der **Brief|kasten; brief|lich;** die **Brief|mar|ke;** die **Brieftau|be;** der **Brief|trä|ger;** der **Brief|umschlag**

die **Bri|ga|de** (Truppenabteilung; Arbeitsgruppe in der DDR)

das **Bri|kett;** die Briketts *oder* Bri|ket|te

bril|lant [brɪl'jant] (glänzend, fein); am bril|lan|tes|ten; der **Bril|lant** (geschliffener Diamant); des Bril|lan|ten; die Brillan|ten

die **Bril|le;** die **Bril|len|schlan|ge**

brin|gen; du bringst; er bringt; er brachte; er hat den Korb gebracht; bring[e] ihm das Essen!

die **Bri|se** (ein gleichmäßiger Segelwind)

der **Bri|te** (Einwohner von Großbritannien); die **Bri|tin;** die Britinnen; **bri|tisch**

brö|cke|lig *oder* **bröck|lig; brö|ckeln;** der Putz bröckelt von den Wänden; er hat das Brot in die Suppe gebröckelt; der **Bro|cken**

der **Bro|cken** (Berg im Harz)

bro|deln; das Wasser brodelt; das Wasser brodelte; das Wasser hat gebrodelt

die **Brom|bee|re**

die **Bron|chie** (Luftröhrenast); die Bron|chien; die **Bron|chi|tis** (Entzündung der Bronchien)

der **Bron|to|sau|ri|er** *oder* der **Bron|to|sau|rus** (ausgestorbene Riesenechse); des Brontosauriers *oder* des Brontosaurus; die Brontosaurier

die **Bron|ze** ['brõ:sə] (eine Metallmischung); die Bronzen; die **Bron|ze|me|dail|le;** die **Bron|ze|zeit** (vorgeschichtliche Kulturperiode)

die **Bro|sche**

die **Bro|schü|re** (leicht geheftete Druckschrift); die Broschüren

das **Brot;** die Bro|te; das **Bröt|chen;** die **Brotkrus|te;** die **Brot|zeit** (*süddeutsch für:* Zwischenmahlzeit)

der **Brow|ser** ['brau̯zɐ] (*EDV:* Software zum

A B C D E F G H I J K L M N O P Q R S T U V W X Y Z

Verwalten, Finden und Ansehen von Dateien); des Browsers; die Browser

der *oder* das **Bruch** (Sumpfland); die Brü|che, *auch:* Brü|cher

der **Bruch;** die Brü|che; in die Brüche gehen; **brü|chig;** die **Bruch|lan|dung; bruch|rech|nen;** ich kann gut bruchrechnen; ABER: das **Bruch|rech|nen;** der **Bruch|teil;** die **Bruch|zahl**

die **Brü|cke**

der **Bru|der;** die Brüder; die Brüder Grimm; **brü|der|lich;** die **Brü|der|lich|keit;** die **Bru|der|schaft** (religiöse Vereinigung); die **Brü|der|schaft;** Brüderschaft trinken

die **Brü|he; brü|hen;** du brühst die Tomaten; er hat die Tomaten gebrüht; **brüh|warm**

brül|len; du brüllst; er brüllt; er brüllte; er hat gebrüllt; brüll[e] nicht!

brum|men; du brummst; er brummt; er brummte; er hat gebrummt; brumm[e] nicht!; **brum|mig**

der **Brunch** [brantʃ](reichhaltiges, das Mittagessen ersetzendes Frühstück); die Brunch[e]s *und* die Brun|che

brü|nett (braunhaarig, braunhäutig)

der **Brun|nen**

die **Brunst** (Paarungszeit bei einigen Tieren); die Brüns|te; **brüns|tig**

Brüs|sel (Hauptstadt Belgiens)

die **Brust;** die Brüs|te; das **Brust|bein;** sich **brüs|ten;** du brüstest dich; er brüstet sich; er brüstete sich; er hat sich mit seinen Heldentaten gebrüstet; brüste dich nicht so!; der **Brust|korb; brust|schwim|men;** er kann gut brustschwimmen; ABER: das **Brust|schwim|men;** die **Brüs|tung** (Geländer)

die **Brut;** die Bru|ten

bru|tal (roh; gewalttätig); die **Bru|ta|li|tät**

brü|ten; das Huhn hat gebrütet; der **Brü|ter** (Kernreaktor, der mehr spaltbares Material erzeugt, als er verbraucht); schneller Brüter; die **Brut|pfle|ge** *(Zoologie)*

brut|to (mit Verpackung; ohne Abzüge); das **Brut|to|ge|halt;** das **Brut|to|ge|wicht;** das **Brut|to|so|zi|al|pro|dukt** (jährlicher Gesamtwert aller Dienstleistungen und produzierten Güter)

brut|zeln; das Schnitzel brutzelt; das Schnitzel hat gebrutzelt; sich etwas brutzeln

die **BSE** = bovine spongiforme Enzephalopathie (Rinderwahnsinn)

der **Bub** (*oberdeutsch für:* Junge); des Bu|ben; die Bu|ben; der **Bu|be** (eine Spielkarte); des Bu|ben; die Bu|ben

das **Buch;** Buch führen; die Buch führende Geschäftsstelle; der **Buch|dru|cker;** die **Bü|che|rei;** die Büchereien; die **Buch|füh|rung;** die **Buch|hal|tung;** der **Buch|han|del;** der **Buch|händ|ler;** die **Buch|händ|le|rin;** die **Buch|hand|lung**

die **Bu|che;** die **Buch|e|cker;** die Bucheckern; der **Buch|fink;** des/dem/den Buch|fin|ken; die Buch|fin|ken

die **Buch|se;** die Buchsen; die **Büch|se**

der **Buch|sta|be;** des Buchstabens; die Buchstaben; **buch|sta|bie|ren;** du buchstabierst; sie hat buchstabiert; buchstabier[e]!; **buch|stäb|lich**

die **Bucht;** die Buch|ten

der **Bu|ckel;** die Buckel; **bu|cke|lig** *oder* **buck|lig**

sich **bü|cken;** du bückst dich; er bückt sich; er bückte sich; er hat sich gebückt; bück[e] dich!; der **Bück|ling** (die Verbeugung)

der **Bück|ling** (der geräucherte Hering)

Bu|da|pest (Hauptstadt Ungarns)

bud|deln (graben); du buddelst im Sand; er hat im Sand gebuddelt; budd[e]le im Sand!

Bud|dha (indischer Religionsstifter); der **Bud|dha** (Bild, Verkörperung von Buddha); die Buddhas; der **Bud|dhis|mus;** der **Bud|dhist;** des/dem/den Bud|dhis|ten; die Bud|dhis|ten

die **Bu|de**

das **Bud|get** [bʏˈd͡ʒeː] (Haushaltsplan); des Budgets; die Budgets

das **Bu|do** (Sammelbezeichnung für Judo, Karate u. Ä.); des Budos

Bu|e|nos Ai|res (Hauptstadt Argentiniens)

der **Büf|fel;** das **Büf|fel|le|der; büf|feln** (*umgangssprachlich für:* angestrengt lernen); du büffelst; sie büffelt; sie büffelte; er hat Mathematik gebüffelt; büffele nicht so viel!

das **Buf|fet** [bʏˈfeː]; die Buffets *und* das Büfett; die Bü|fet|te *oder* Büfetts

der **Bug** (Schulterstück, z. B. des Pferdes oder Rindes; Schiffsvorderteil); die Buge *oder* Bü|ge der **Bü|gel;** die Bügel; das **Bü|gel|ei|sen; bü|geln;** du bügelst; er bügelte; er hat gebügelt; bügele die Hose!

bug|sie|ren (ins Schlepptau nehmen; mühsam an einen Ort befördern); du bugsierst; er bugsierte den Dampfer; er hat mich ins Vorzimmer bugsiert; bugsiere ihn ins Zimmer!

der **Buh|mann** (böser Mann; Prügelknabe); die Buhmänner

die **Buh|ne** (Damm zum Uferschutz)

die **Büh|ne**

Bu|ka|rest (Hauptstadt Rumäniens)

das **Bu|kett** (Blumenstrauß; Duft des Weines); die Bu|ket|te

die **Bu|let|te** (gebratenes Fleischklößchen); die Buletten

der **Bul|ga|re;** des/dem/den Bulgaren; **Bul|ga|ri|en;** die **Bul|ga|rin;** die Bulgarinnen; **bul|ga|risch**

das **Bull|au|ge** (rundes Schiffsfenster)

die **Bull|dog|ge** (eine Hunderasse)

der **Bull|do|zer** ['bʊldo:zɐ] (Planierraupe)

der **Bul|le;** des/dem/den Bullen; die Bullen; **bul|lig**

die **Bul|le** (päpstlicher Erlass)

der **Bu|me|rang** (ein gekrümmtes Wurfholz); des Bumerangs; die Bumerangs *oder* Bu|me|ran|ge

der **Bum|mel;** des Bummels; die Bummel; **bum|meln;** du bummelst; er hat gebummelt (nichts getan); ABER: er ist durch die Straßen gebummelt (geschlendert); bummele nicht so!; der **Bumm|ler**

bums!; bum|sen (*umgangssprachlich für:* dumpf dröhnen, dumpf dröhnend [auf]schlagen; Geschlechtsverkehr haben); du bumst; er ist mit dem Wagen gegen den Baum gebumst; es hat gebumst

der **Bund** (Vereinigung; Gurtband eines Rockes, einer Hose); die Bün|de

das **Bund** (Gebinde); die Bun|de; 5 Bund Stroh

das **Bün|del;** die Bündel; **bün|deln;** du bündelst; er bündelt; er bündelte; er hat das Reisig gebündelt; bünd[e]le es endlich!

das **Bun|des|aus|bil|dungs|för|de|rungs|ge|setz** (*Abkürzung:* BAföG); die **Bun|des|bank;** der **Bun|des|bür|ger;** die **Bun|des|bür|ge|rin;** das **Bun|des|ge|biet;** die **Bun|des|haupt|stadt;** die **Bun|des|ju|gend|spie|le** *Plural;* der **Bun|des|kanz|ler;** die **Bun|des|kanz|le|rin;** die **Bun|des|la|de** (im Alten Testament); das **Bun|des|land;** die neuen Bundesländer; die **Bun|des|li|ga;** der **Bun|des|mi|nis|ter;** die **Bun|des|mi|nis|te|rin;** der **Bun|des|prä|si|dent;** die **Bun|des|prä|si|den|tin;** der **Bun|des|rat;** die **Bun|des|re|gie|rung;** die **Bun|des|re|pu|b|lik Deutsch|land;** die **Bun|des|stra|ße;** der **Bun|des|tag;** der **Bun|des|trai|ner;** die **Bun|des|wehr; bun|des|weit**

bün|dig; kurz und bündig; das **Bünd|nis;** des Bündnisses; die Bündnisse

der **Bun|ga|low** ['bʊŋgalo:] (eingeschossiges Haus); des Bungalows; die Bungalows

das **Bun|gee|jum|ping** ['bandʒidʒampɪŋ], *auch:* **Bun|gee-Jum|ping** (Springen aus großen Höhen, wobei der Springer durch ein starkes Gummiseil gesichert ist)

der **Bun|ker**

der **Bun|sen|bren|ner** (Gasbrenner)

bunt; am bun|tes|ten; etwas bunt bemalen; der bunte Abend; ein bunt gestreiftes Tuch; das Tuch ist bunt gestreift; bunt schillernde Fische; das **Bunt|pa|pier;** der **Bunt|sand|stein** (überwiegend roter Sandstein); **bunt|sche|ckig;** am bunt|sche|ckigs|ten; der **Bunt|stift**

die **Bür|de**

der **Bu|re** (Nachkomme der niederländischen und deutschen Ansiedler in Südafrika); des Buren; die Buren

die **Burg**

der **Bür|ge;** des/dem/den Bürgen; die Bürgen; **bür|gen;** du bürgst; er hat für dich gebürgt; bürge für ihn!

der **Bür|ger;** die **Bür|ge|rin;** die Bürgerinnen; die **Bür|ger|i|n|i|ti|a|ti|ve;** die Bürgerinitiativen; der **Bür|ger|krieg; bür|ger|lich;** das Bürgerliche Gesetzbuch (*Abkürzung:* BGB); der **Bür|ger|meis|ter;** die **Bür|ger|meis|te|rin;** das **Bür|ger|recht;** die Bür|ger|rech|te; die **Bür|ger|rechts|be|we|gung;** der **Bür|ger|steig**

die **Bürg|schaft**

die **Bur|les|ke** (Posse); die Burlesken

das **Bü|ro;** die Büros; die **Bü|ro|kra|tie; bü|ro|kra|tisch**

der **Bursch** *oder* **Bur|sche;** des/dem/den Burschen; die Bur|schen; das **Bürsch|chen**

die **Bürs|te; bürs|ten;** du bürstest; er bürstet; er bürstete; er hat die Schuhe gebürstet; bürste die Schuhe!

der **Bus;** des Busses; die Busse

Bus wird im Nominativ Singular nur mit einem *s* geschrieben, obwohl Genitiv Singular und Pluralformen mit Doppel-s gebildet werden.

der **Busch;** das **Bü|schel;** die Büschel; **bu|schig**
der **Bu|sen**
der **Bus|fah|rer;** die **Bus|fah|re|rin;** die **Bus-hal|te|stel|le**
das **Busi|ness** ['bɪznɪs] (Geschäft[sleben]); des Business
der **Bus|sard;** die Bus|sar|de
die **Bu|ße; bü|ßen;** du büßt; sie büßte; sie hat die Tat gebüßt; büße!; das **Buß|geld;** der **Buß|tag;** der **Buß- und Bet|tag**
die **Büs|te;** der **Büs|ten|hal|ter**
die **Bu|ti|ke** *vergleiche:* **Bou|tique**
der **Butt** (Scholle); des Butt[e]s; die But|te
die **Büt|te** (ein Gefäß); die **Büt|ten|re|de**
die **But|ter;** die **But|ter|blu|me;** das **But|ter-brot;** die But|ter|bro|te; die **But|ter-milch; but|tern;** du butterst; er hat gebuttert; buttere!; **but|ter|weich**
der **But|ton** ['batn̩] (Ansteckplakette); die Buttons
b. w. = bitte wenden!
das **Byte** [bait] (*EDV:* Zusammenfassung von acht Bits); des Byte[s]; die Byte[s]
bzw. = beziehungsweise

C

das **C** (Buchstabe); des C; die C; ABER: das c in Licht; das C-Dur, c-Moll
C = Celsius
ca. = zirka
Ca|b|rio *vergleiche:* **Kabrio; Ca|b|ri|o|let** *vergleiche:* Kabriolett
das **Cad|mi|um** *vergleiche:* Kadmium
das **Ca|fé** (Kaffeehaus, Kaffeestube); des Cafés; die Cafés; ↑ABER: Kaffee; die **Ca|fe-te|ria** (Café oder Restaurant mit Selbstbedienung); die Ca|fe|te|ri|as *und* die Ca|fe|te|ri|en
das **Cal|ci|um** *vergleiche:* Kalzium

Cal|vin (Genfer Reformator)
der **Ca|mem|bert** ['kaməmbe:ɐ̯, *auch:* kamã-'bɛ:ɐ̯] (ein Weichkäse); des Camemberts; die Camemberts
die **Cam|pa|g|ne** *vergleiche:* **Kam|pa|g|ne**
cam|pen ['kɛmpn̩] (im Zelt oder Wohnwagen leben); der **Cam|per** ['kɛmpɐ]; das **Cam|ping** ['kɛmpɪŋ]; des Campings; die **Cam|ping|aus|rüs|tung;** der **Cam|ping-platz**
Can|ber|ra ['kɛnbərə] (Hauptstadt Australiens)
der **Ca|ñon** ['kanjɔn *oder* kan'jo:n] (steilwandiges Tal); des Cañons; die Cañons
der **Ca|nos|sa|gang** *vergleiche:* **Ka|nos|sa-gang**
das **Cape** [ke:p] (ärmelloser Umhang); des Capes; die Capes
der **Cap|puc|ci|no** [kapʊ'tʃi:no] (ein Kaffeegetränk); des Cappuccino[s]; die Cappuccino[s]
Ca|ra|cas (Hauptstadt Venezuelas)
der **Ca|ra|van** [*auch:* 'karavan, kara'va:n] (Wohnwagen); des Caravans; die Caravans
das **Car|bit** *vergleiche:* **Kar|bid**
das **Car|bo|nat** *vergleiche:* **Kar|bo|nat**
die **Ca|ri|tas** (der Deutsche Caritasverband); ↑Karitas
der *oder* das **Car|toon** [kar'tu:n] (Karikatur, Witzzeichnung; kurzer Comicstrip); des Cartoon[s]; die Cartoons
der **Ca|sa|no|va** (*umgangssprachlich für:* Frauenheld, -verführer); des Casanova[s]; die Casanovas
cash [kɛʃ] (bar); das **Cash** (Kasse, Bargeld; Barzahlung); des Cash
cat|chen ['kɛtʃn̩]; du catchst; er catchte; er hat gecatcht; der **Cat|cher** ['kɛtʃɐ] (Berufsringer); des Catchers; die Catcher
CB = Citizen-Band (für den privaten Funkverkehr freigegebener Wellenbereich); der **CB-Funk**
die **CD** = Compactdisc; die CDs; das **CD-Lauf|werk;** der **CD-Play|er** (CD-Spieler); des CD-Players; die CD-Player; die **CD-ROM** (Nur-Lese-Speicher auf CD); die CD-ROM[s]; der **CD-Spie|ler** (Wiedergabegerät für CDs)
die **CDU** = Christlich-Demokratische Union
der **Cel|list** [tʃɛ'lɪst]; des/dem/den Cel|listen; die Cel|lis|ten; das **Cel|lo** ['tʃɛlo] (ein

Streichinstrument); des Cellos; die Cellos *oder* die Celli

das **Cel|lo|phan** *vergleiche:* **Zel|lo|phan**

das **Cel|lu|loid** *vergleiche:* **Zel|lu|loid**

die **Cel|lu|lo|se** *vergleiche:* **Zel|lu|lose**

Cel|si|us (Temperaturgrad auf der Celsiusskala; Zeichen: C); 5° C, *fachsprachlich auch:* 5 °C; die Wassertemperatur beträgt 5° C; die **Cel|si|us|ska|la**

das **Cem|ba|lo** [ˈtʃɛmbalo] (ein altes, dem Klavier ähnliches Tasteninstrument); des Cembalos; die Cembalos *oder* die Cembali

das **Cen|ter** [sɛntɐ] (Geschäftszentrum; Großeinkaufsanlage); des Centers; die Center

der **Cen|t|re|court** [ˈsɛntɐko:ɐ̯t], *auch:* **Cen|tre-Court** (Hauptplatz großer Tennisanlagen); des Centrecourts, *auch:* des Centre-Courts; die Centrecourts, *auch:* die Centre-Courts

die **Ce|vap|ci|ci** *oder* **Če|vap|či|ći** [tʃeˈvaptʃitʃi] (gegrillte Hackfleischröllchen) *Plural*

Cey|lon [ˈtsailɔn] (*früherer Name von* ↑Sri Lanka)

der **Cha-Cha-Cha** [ˈtʃaˈtʃaˈtʃa] (ein Tanz); des Cha-Cha-Chas; die Cha-Cha-Chas

das **Cha|mä|le|on** [kaˈmɛ:leɔn] (Echse, die ihre Farbe ändert); die Chamäleons

der **Cham|pa|g|ner** [ʃamˈpanjɐ] (ein Schaumwein)

der **Cham|pi|g|non** [ˈʃampɪnjõ] (ein Edelpilz); des Champignons; die Champignons

der **Cham|pi|on** [ˈtʃɛmpi̯ən] (Meister in einer Sportart); des Champions; die Champions; die **Cham|pi|ons League** [ˈtʃɛmpi̯əns ˈli:k] (*Fußball:* jährlicher Wettbewerb um den Europapokal der Landesmeister); der Champions League

die **Chan|ce** [ˈʃã:sə, ʃã:s, *auch:* ˈʃaŋsə] (günstige Möglichkeit, Gelegenheit); die Chancen; die **Chan|cen|gleich|heit**

das **Cha|os** [ˈka:ɔs] (Durcheinander); des Chaos; der **Cha|ot** (jemand, der mit Gewalt und Zerstörung demonstriert; *umgangssprachlich für:* sprunghafter Mensch, Wirrkopf); des/dem/den Chaoten; die Cha|o|ten; **cha|o|tisch**

der **Cha|rak|ter** [ka:ˈraktɐ]; die Cha|rak|te|re; die **Cha|rak|ter|ei|gen|schaft;** der **Cha|rak|ter|feh|ler; cha|rak|ter|fest;** die **Cha|rak|te|ris|tik** (treffende Schilderung); die Cha|rak|te|ris|ti|ken; **cha|rak|te|ris|tisch; cha|rak|ter|lich; cha|rak|ter|los**

char|mant, *auch:* **schar|mant** (liebenswürdig, bezaubernd); am char|man|tes|ten, *auch:* schar|man|tes|ten; der **Charme,** *auch:* **Scharm** (liebenswürdige Art); des Charmes, *auch:* Scharms

die **Char|ta** [ˈkarta] ([Verfassungs]urkunde); der Charta; die Chartas

der **Char|ter|flug** [ˈtʃartɐ...]; die **Char|ter|ge|sell|schaft;** die **Char|ter|ma|schi|ne; char|tern** [ˈtʃartɐn] (ein Schiff oder Flugzeug mieten); du charterst; sie chartert ein Schiff; er hat ein Flugzeug gechartert; chart[e]re ein Flugzeug!

die **Charts** [tʃarts] (Liste[n] der beliebtesten Hits, Schlager) *Plural*

der **Chat** [ˈtʃɛt] ([zwanglose] Kommunikation im Internet); des Chats; die Chats; die **Chat|group** [ˈtʃɛtgru:p], *auch:* **Chat-Group** (Gruppe von Personen, die im Internet miteinander kommunizieren); der Chatgroup, *auch:* der Chat-Group; die Chatgroups, *auch:* die Chat-Groups; der **Chat|room** [ˈtʃɛtru:m], *auch:* **Chat-Room** (Internetdienst, der das Chatten ermöglicht); des Chatrooms, *auch:* Chat-Rooms; die Chatrooms, *auch:* Chat-Rooms; **chat|ten** [ˈtʃɛtn] (über Tastatur und Bildschirm elektronisch kommunizieren); du chattest; er hat gechattet; chatte doch nicht immer stundenlang!

der **Chauf|feur** [ʃoˈfø:ɐ̯]; die Chauf|feu|re; die **Chauf|feu|rin;** die Chauffeurinnen; **chauf|fie|ren**

die **Chaus|see** [ʃɔˈse:]; die Chaus|se|en

der **Chau|vi** [ˈʃo:vi] (*umgangssprachlich für:* Mann, der sich Frauen gegenüber grundsätzlich überlegen fühlt); des Chauvis; die Chauvis; der **Chau|vi|nis|mus** (übersteigerter Nationalismus; übertriebenes männliches Selbstwertgefühl); des Chauvinismus; die Chauvinismen

der **Check** *vergleiche:* **Scheck**

che|cken [ˈtʃɛkn̩] (nachprüfen); du checkst; er checkte; er hat das Gerät gecheckt; check[e] das Gerät!; die **Check|lis|te** (Kontrollliste)

der **Cheese|bur|ger** [ˈtʃi:sbø:ɐ̯gɐ] (mit Käse

überbackener Hamburger); des Cheeseburgers; die Cheeseburger

der **Chef** [ʃɛf]; die Chefs; der **Chef|arzt;** die **Chef|ärz|tin;** die **Che|fin;** die Chefinnen

die **Che|mie** [çeˈmiː]; die **Che|mi|ka|lie** (industriell hergestellter chemischer Stoff); die Che|mi|ka|li|en; der **Che|mi|ker; chemisch;** die chemische Reinigung; chemisches Element; chemische Waffen

chic *vergleiche:* **schick;** der **Chic** *vergleiche:* **Schick**

Chi|ca|go, *deutsch auch:* **Chi|ka|go** [ʃiˈkaːgo] (Stadt in den USA)

der *oder* die **Chi|co|rée,** *auch:* **Schi|ko|ree** (ein Gemüse); des Chicorées *oder* der Chicorée, *auch:* des Schikorees *oder* der Schikoree

der **Chiem|see** [ˈkiːmzeː]

die **Chif|f|re** [ˈʃɪfrə, *auch:* ˈʃɪfɐ] (Ziffer, Geheimzeichen; Kennwort); die Chiffren; **chif|f|rie|ren** (verschlüsseln, in Geheimschrift umsetzen); du chiffrierst; sie hat den Text chiffriert

Chi|ka|go ↑Chicago

Chi|le [ˈtʃiːle, *auch:* ˈçiːle] (Staat in Südamerika); der **Chi|le|ne;** des/dem/den Chilenen; die **Chi|le|nin;** die Chileninnen; **chi|le|nisch**

die **Chi|mä|re** *vergleiche:* **Schi|mä|re**

der **Chim|bo|ras|so** [tʃɪmboˈraso] (Berg in Ecuador)

Chi|na [ˈçiːna]; der **Chi|ne|se;** die **Chi|ne|sin;** die Chinesinnen; **chi|ne|sisch**

das **Chi|nin** (ein Fiebermittel); des Chinins

der **Chip** [tʃɪp] (Spielmarke; Plättchen mit elektronischen Schaltungen, Bauelementen; *meist Plural:* gebackenes Kartoffelscheibchen); des Chips; die Chips; die **Chip|kar|te** (Karte mit einem elektronischen Chip, die als Ausweis, Zahlungsmittel o. Ä. verwendet wird)

der **Chi|r|urg** [çiˈrʊrk] (Facharzt, der operiert); des/dem/den Chi|r|ur|gen; die Chi|r|ur|gen; die **Chi|r|ur|gie** (Heilung durch Operation); die **Chi|r|ur|gin;** die Chirurginnen; **chi|r|ur|gisch**

der **Chi|tin|pan|zer** [çiˈtiːn...] (Körperhülle von Insekten, Krebsen u. a.)

das **Chlor** [kloːɐ̯] (ein chemisches Element); des Chlors; das **Chlo|ro|form** (ein Betäubungsmittel); des Chloroforms; **chlo|ro|for|mie|ren** (betäuben); er chloroformierte ihn; er hat ihn chloroformiert; das **Chlo|ro|phyll** (Blattgrün); des Chlorophylls

die **Cho|le|ra** [ˈkoːlera] (eine Infektionskrankheit)

der **Cho|le|ri|ker** [koˈleːrikɐ] (leicht aufbrausender Mensch); **cho|le|risch;** am cho|le|rischs|ten

das **Cho|les|te|rin** [kolɛsteˈriːn, *auch:* çolɛsteˈriːn] (wichtiger Bestandteil der Körperzellen und Körperflüssigkeiten); des Cholesterins

der **Chor** [koːɐ̯] (Singgruppe; Kirchenraum mit Altar); die Chö|re

der **Cho|ral** [koˈraːl]; des Chorals; die Cho|rä|le

die **Cho|re|o|gra|fie** [koreograˈfiː], *auch:* **Cho|re|o|gra|phie** (künstlerische Gestaltung, Einstudierung eines Balletts); die Cho|re|o|gra|fi|en, *auch:* die Cho|re|o|gra|phi|en

die **Cho|se** [ˈʃoːzə], *auch:* **Scho|se** (*umgangssprachlich für:* Sache, Angelegenheit); die Chosen, *auch:* Schosen

der **Christ** [krɪst]; des/dem/den Chris|ten; die Chris|ten; der **Christ|baum;** die **Chris|ten|heit;** das **Chris|ten|tum;** die **Chris|ten|ver|fol|gung;** die **Chris|tin;** die Christinnen; das **Christ|kind;** des Christkind[e]s; **christ|lich;** die christliche Seefahrt; ABER: die Christlich-Demokratische Union; die Christlich-Soziale Union; **Chris|tus;** vor [nach] Christo *oder* Christus; vor [nach] Christi Geburt

das **Chrom** [kroːm] (ein Metall); des Chroms

das **Chro|mo|som** [kromoˈsoːm] (Kernschleife im Zellkern); des Chromosoms; die Chro|mo|so|men *meist Plural;* die **Chro|mo|so|men|zahl**

die **Chro|nik** [ˈkroːnɪk] (Aufzeichnung geschichtlicher Ereignisse nach ihrer Zeitfolge); die Chro|ni|ken; **chro|nisch** (langsam verlaufend, langwierig); eine chronische Krankheit; die Krankheit ist chronisch; der **Chro|nist** (Verfasser einer Chronik); des/dem/den Chro|nis|ten; die Chro|nis|ten; die **Chro|nis|tin;** die Chronistinnen; die **Chro|no|lo|gie** (Zeitrechnung; zeitliche Folge); die Chro|no|lo|gi|en; **chro|no|lo|gisch** (zeitlich geordnet)

die **Chry|s|an|the|me** [kryzanˈteːmə] (eine Zierpflanze)

die *oder* der **CIA** [si:aɪ'eɪ] = Central Intelligence Agency (US-amerikanischer Geheimdienst); des CIA

ciao! *oder* **tschau!** ([Abschieds]gruß)

der **Ci|d|re** ['si:drə, *auch:* 'si:dɐ] (französischer Apfelwein); des Cidres

cir|ca *vergleiche:* **zir|ka**

der **Cir|cus** *vergleiche:* **Zir|kus**

die **Ci|ty** ['sɪti] (Innenstadt, Geschäftsviertel); die Citys

clean [kli:n] (*umgangssprachlich für:* nicht mehr [drogen]abhängig)

die **Cle|men|ti|ne** *vergleiche:* **Kle|men|ti|ne**

cle|ver ['klɛvɐ] (klug, gewitzt); ein cleverer Mann; die **Cle|ver|ness**

der **Clinch** [klɪntʃ, *auch:* klɪnʃ] (Umklammerung beim Boxen); er liegt mit seinen Eltern im Clinch (*umgangssprachlich für:* er hat Streit mit seinen Eltern)

der **Clip** (*kurz für:* Videoclip); des Clips; die Clips; ↑Klipp

die **Cli|que** ['klɪkə, *auch:* 'kli:kə] (Freundeskreis; Klüngel); die Cliquen

der **Clog** (Holzpantoffel); des Clogs; die Clogs *meist Plural*

der **Clou** [klu:] (Höhepunkt, Kernpunkt); des Clous; die Clous

der **Clown** [klaun, *auch:* klo:n]; des Clowns; die Clowns

der **Club** *vergleiche:* **Klub**

cm = Zentimeter

Co. = Compagnie, Kompanie (in Firmennamen)

der **Coach** [ko:tʃ] (Sportlehrer, Trainer; Betreuer); des Coach[s]; die Coachs; **coachen** ['ko:tʃn̩] (trainieren, betreuen)

das **Co|balt** *vergleiche:* **Ko|balt**

das *oder* die **Co|ca** (*kurz für:* Coca-Cola); des Coca[s] *oder* der Coca; die Cocas; das *oder* die **Co|ca-Co|la** (*Markenbezeichnung:* Erfrischungsgetränk); des Coca-Cola[s] *oder* der Coca-Cola; 5 [Flaschen] Coca-Cola

das **Cock|pit** (Pilotenkabine; Fahrersitz im Rennsport); des Cockpits; die Cockpits

der **Cock|tail** ['kɔkte:l] (alkoholisches Mischgetränk); des Cocktails; die Cocktails

Code *vergleiche:* **Kode; co|die|ren** *vergleiche:* **ko|die|ren;** die **Co|die|rung** *vergleiche:* **Ko|die|rung**

Cof|fe|in *vergleiche:* **Kof|fe|in**

der **Co|g|nac** ['kɔnjak] (ein französischer Weinbrand); des Cognacs; die Cognacs; ↑ABER: Kognak

Co|i|tus *vergleiche:* **Ko|i|tus**

das *oder* die **Co|la** (*kurz für:* Coca-Cola); des Cola[s] *oder* der Cola; die Colas

die **Col|la|ge** [kɔ'la:ʒə] (durch Zusammenfügen verschiedener Materialien hergestelltes Kunstwerk); die Collagen

der **Colt** (*Markenbezeichnung:* ein Revolver); des Colts; die Colts

die **Com|bo** (kleines Jazz- oder Tanzmusikensemble); die Combos

das **Come-back** [kam'bɛk], *auch:* **Come|back** (erfolgreiches Wiederauftreten nach längerer Pause); des Come-back[s], *auch:* des Comeback[s]; die Come-backs, *auch:* die Comebacks

der **Co|mic** ['kɔmɪk] (*kurz für:* Comicstrip); des Comics; die Comics; der **Co|mic|strip** ['kɔmɪkstrɪp], *auch:* **Co|mic Strip** (Bildgeschichte [mit Sprechblasentext]); des Comicstrips, *auch:* Comic Strips; die Comicstrips, *auch:* Comic Strips

die **Com|pact|disc** [kɔmpakt'dɪsk], *auch:* **Com|pact Disc** (kleine durch Laserstrahl abtastbare Schallplatte; *Abkürzung:* CD); die Compactdiscs, *auch:* Compact Discs

der **Com|pu|ter** [kɔm'pju:tɐ] (elektronische Rechenanlage); des Computers; die Computer; die **Com|pu|ter|a|ni|ma|ti|on** (durch Computer erzeugte bewegte Bilder); **com|pu|ter|ge|stützt;** das **Com|pu|ter|spiel**

der **Con|tai|ner** [kɔn'te:nɐ] (Großbehälter); des Containers; die Container

con|t|ra *vergleiche:* **kon|t|ra**

cool [ku:l] (überlegen, gelassen; hervorragend); cool bleiben; ein cooler Typ

das **Co|py|right** ['kɔpirait] (Urheberrecht; Zeichen: ©); des Copyrights; die Copyrights

der **Cord,** *auch:* **Kord** (geripptes Gewebe); des Cord[e]s, *auch:* des Kord[e]s; die Cor|de *und* die Cords, *auch:* die Kor|de *und* die Kords

die **Corn|flakes** ['kɔ:nfle:ks] *Plural*

cos = Kosinus

Cos|ta Ri|ca (Staat in Mittelamerika); der **Cos|ta-Ri|ca|ner,** *auch:* **Cos|ta Ri|ca|ner;** die **Cos|ta-Ri|ca|ne|rin,** *auch:* **Cos|ta Ri|ca|ne|rin; cos|ta-ri|ca|nisch**

die **Cô|te d'A|zur** ['ko:t da'zy:ɐ̯] (französische Riviera)

A B C D E F G H I J K L M N O P Q R S T U V W X Y Z

der *oder* das **Cot|ton** (*englische Bezeichnung für:* Baumwolle); des Cottons

die **Couch** [kau̯tʃ] (Liegesofa); die Cou|ches, *auch:* die Cou|chen

der *oder* das **Count-down** ['kau̯nt'dau̯n], *auch:* **Count|down** (Rückwärtszählen bis zum Raketenstart bei 0; letzte Kontrollen und Vorbereitungen); des Count-down[s], *auch:* Countdown[s]; die Count-downs, *auch:* Countdowns

die **Coun|t|ry|mu|sic** ['kantrimju:zɪk] (Volksmusik im Süden und Mittelwesten der USA)

der **Coup** [ku:] (kühn angelegtes, erfolgreiches Unternehmen); des Coups; die Coups

das **Cou|pé** [ku'pe:], *auch:* **Ku|pee** (Auto mit sportlicher Karosserie); die Coupés, *auch:* die Kupees

der **Cou|pon** *vergleiche:* **Ku|pon**

die **Cou|ra|ge** [ku'ra:ʒə] (Mut); Courage zeigen; **cou|ra|gi̱ert** (beherzt); am cou|ra-gier|tes|ten

der **Cou|sin** [ku'zɛ̃:] (Vetter); des Cousins; die Cousins; die **Cou|si|ne** *vergleiche:* **Ku|si̱|ne**

das **Co|ver** ['kavɐ] (Titelbild; Schallplattenhülle); des Covers; die Cover[s]

der **Cow|boy** ['kau̯bɔy̯] (berittener amerikanischer Rinderhirt); des Cowboys; die Cowboys

der **Crack** [krɛk] (*Sport:* aussichtsreicher Spitzensportler); des Cracks; die Cracks

das **Crack** (Kokain enthaltendes synthetisches Rauschgift); des Cracks

der **Cra|cker** [krɛkɐ] (Kleingebäck); des Crackers; die Cracker[s]

der **Crash** [krɛʃ] (Zusammenstoß; Zusammenbruch); des Crashs; die Crashs; der **Crash|kurs** (Lehrgang, in dem der Unterrichtsstoff besonders konzentriert vermittelt wird); der **Crash|test** (Test, mit dem das Unfallverhalten von Kraftfahrzeugen ermittelt wird)

das **Crawl** *vergleiche:* **Kraul; craw|len** *vergleiche:* **krau|len**

das **Cre̱|do** *vergleiche:* **Kre̱|do**

die **Creme** [kre:m, *auch:* krɛ:m], *auch:* **Kre̱m** *oder* **Kre̱|me;** die Cremes, *auch:* Krems *oder* Kremes; **creme|far|ben** *oder* **creme|far|big; cre|men;** du cremst; er cremt; er cremte; er hat die Hände gecremt; **cre|mig,** *auch:* **kre|mig;** eine cremige, *auch:* kremige Substanz

der **Crêpe** *vergleiche:* **Krepp**

die **Crêpe** *vergleiche:* **Krepp**

cre|scen|do [krɛ'ʃɛndo] (*Musik:* anschwellend)

die **Crew** [kru:] (Mannschaft [eines Schiffes, eines Flugzeugs]); die Crews

das **Crois|sant** [kro̯a'sã:] (Blätterteighörnchen); des Croissant[s]; die Croissants

der **Crou|pi|er** [kru'pi̯e:] (Angestellter einer Spielbank, der sich um die Abwicklung des Spiels kümmert); des Croupiers; die Croupiers; die **Crou|pi|è|re** [kru'pi̯e:re]; die Croupièren

die **CSU** = Christlich-Soziale Union

der **Cup** [kap] (Pokal); die Cups

der, *auch:* das **Cur|ry** ['kœri] (ein indisches Gewürz); des Currys; die **Cur|ry|wurst**

der **Cur|sor** ['kø:ɐ̯zɐ] (*EDV:* Zeichen auf dem Bildschirm, das die Stelle anzeigt, wo die nächste Eingabe erscheint); des Cursors, die Cursors

der **Cut|ter** ['katɐ] (Schnittmeister bei Film und Funk); die **Cut|te|rin;** die Cutterinnen

der **Cy|ber|space** ['sai̯bɐspe:s] (*EDV:* virtueller Raum); des Cyberspace; die Cy|ber-spa|ces

D

das **D** (Buchstabe); des D; die D; ABER: das d in Wild; der Buchstabe D; eine Melodie in D-Dur, d-Moll

da; hier und da; da und dort; da- und dorthin; da (weil) sie krank war, konnte sie nicht kommen; da sein; wir sind alle rechtzeitig da gewesen; etwas noch nie da Gewesenes, *auch:* Dagewesenes; ABER: das Dasein; dableiben, dalassen usw.

da|bei̱; er ist schön und dabei (trotzdem) gar nicht eitel; dabei sein; er wollte dabei sein; er ist dabei gewesen; alle dabei Gewesenen *oder* Dabeigewesenen; **da|bei̱-**

blei|ben (bei einer Gesellschaft); er ist an diesem Abend dabeigeblieben; ABER: **da|bei blei|ben** (bei seiner Meinung usw. verharren); trotz aller Einwände will er dabei bleiben; **da|bei|sit|zen;** er hat während der Unterhaltung dabeigesessen; ABER: **da|bei sit|zen** (nicht stehen); er muss dabei (bei dieser Arbeit) sitzen; **dabei|ste|hen** (stehend zugegen sein); er hat bei dem Unfall dabeigestanden; ABER: **da|bei ste|hen;** er musste dabei (bei dieser Arbeit) stehen

da|bei sein *vergleiche:* **dabei**

da|blei|ben (nicht fortgehen); er ist dageblieben; ABER: **da blei|ben;** du sollst da (dort) bleiben

da ca|po (*Musik:* noch einmal von Anfang an); das **Da|ca|po;** des Dacapos; die Dacapos

das **Dach;** die Dächer; der **Dach|bo|den;** der **Dach|de|cker;** die **Dach|de|cke|rin;** die Dachdeckerinnen; das **Dach|ge|schoss**

der **Dachs;** die Dach|se; ↑ABER: Dax

der **Dach|zie|gel**

der **Da|ckel;** die Dackel

der **Dad|dy** ['dɛdi] (*englisch für:* Papa); des Daddys; die Daddys

da|durch

da|für; das Auto ist gebraucht, dafür aber billig; er hat nichts dafürgekonnt *oder* dafür gekonnt; weil vieles dafürspricht *oder* dafür spricht

da|ge|gen; dagegen sein; wenn Sie nichts dagegen haben

da|heim; daheim bleiben, sein, sitzen; von daheim; das **Da|heim;** unser Daheim

da|her; daher (von da) ist er; daher, dass; daher, weil; **da|her|kom|men;** sieh nur, wie er daherkommt!; ABER: **da|her kom|men;** es wird daher kommen, dass er krank war; **da|her|re|den;** er hat dumm dahergeredet

da|hin; wie weit ist es bis dahin?; dahin (an ein bestimmtes Ziel) fahren, gehen, kommen; **da|hi|n|ab; da|hi|n|auf; da|hi|n|aus; da|hi|n|ein; da|hin|ge|hen;** wie schnell sind die Tage dahingegangen; ABER: **da|hin ge|hen;** du sollst dahin (und nicht dorthin) gehen; ein dahin gehender Antrag; **da|hin|ge|stellt;** dahingestellt bleiben; **da|hin|sie|chen**

da|hin|ten; dahinten steht mein Bruder

dahinter

Vom folgenden Verb wird »dahinter« immer getrennt geschrieben:

- dahinter kommen Wiesen; er wird schnell dahinter kommen (*umgangssprachlich für:* es erfahren)
- sie sollte das Geld dahinter stecken; was mag dahinter stecken? (*umgangssprachlich für:* was mag es zu bedeuten haben?)
- der Stuhl soll dahinter stehen; sie sollte völlig dahinter stehen (*umgangssprachlich für:* es unterstützen)

die **Dah|lie** (eine Zierpflanze); die Dah|li|en

Da|kar (Hauptstadt Senegals)

da|las|sen; sie lässt mir etwas Geld da; sie hat ihren Mantel dagelassen; ABER: **da las|sen;** du kannst deinen Mantel da (an der bestimmten Stelle) lassen, wo er jetzt hängt

der **Dal|ma|ti|ner** (Hund, dessen weißes Fell kleine dunkle Flecken hat)

da|ma|lig; der damalige Rektor; **da|mals**

Da|mas|kus (Hauptstadt Syriens)

der **Da|mast** (ein Gewebe); die Da|mas|te

die **Da|me; da|men|haft**

der **Dam|hirsch**

da|mit; was soll ich damit tun?

däm|lich (*umgangssprachlich für:* dumm, albern)

der **Damm;** die Däm|me

däm|mern; es dämmert; es dämmerte, es hat gedämmert; die **Däm|me|rung**

der **Dä|mon** (Teufel, böser Geist); des Dämons; die Dä|mo|nen; **dä|mo|nisch** (teuflisch, unheimlich, besessen)

der **Dampf;** die Dämp|fe; **damp|fen;** die Suppe dampft; sie hat gedampft; **dämp|fen;** du dämpfst; sie hat das Gemüse gedämpft; der **Damp|fer;** der **Dämp|fer;** sie hat ihm einen Dämpfer aufgesetzt (seinen Überschwang gezügelt); der **Dampf|kes|sel;** die **Dampf|ma|schi|ne;** die **Dampf|nu|del;** die **Dampf|wal|ze**

das **Dam|wild**

der **Dan** (Rangstufe im Budo)

da|nach; sich danach richten

der **Dä|ne** (Bewohner von Dänemark); des Dänen; die Dänen; **Dä|ne|mark;** die **Dä|nin;** die Däninnen; **dä|nisch**

A B C D E F G H I J K L M N O P Q R S T U V W X Y Z

da|ne|ben; da|ne|ben|fal|len; die Äpfel sind danebengefallen (neben den Korb gefallen); **da|ne|ben|ge|hen** (misslingen); es ist danebengegangen; ABER: er ist daneben (neben dem Pferd) gegangen; **da|ne|ben|hau|en** (etwas verfehlen); er hat danebengehauen

dank; *mit Dativ:* dank deinem guten Willen; *auch mit Genitiv:* dank deines guten Willens; der **Dank;** Gott sei Dank!; vielen Dank!; tausend Dank!; habt Dank!; er schuldet, sagt ihm Dank; **dank|bar;** die **Dank|bar|keit; dan|ken;** du dankst; sie hat ihm gedankt; danke ihm!; danke schön!; ich möchte ihr danke schön *oder* Danke schön sagen; sie sagte: »Danke schön!«; ABER: das **Dan|ke|schön;** sie sagte ein herzliches Dankeschön; **dank|sa|gen** *oder* **Dank sa|gen;** er danksagte *oder* er sagte Dank; er hat dankgesagt *oder* er hat Dank gesagt; ABER NUR: ich sage vielen Dank

dann; dann und wann; von dannen

da|r|an, *umgangssprachlich:* dran; daran sein; es wird schon etwas daran sein; gut daran tun; **da|r|an|ge|hen** (mit etwas beginnen); er ist endlich darangegangen[,] sein Zimmer aufzuräumen; **da|r|an|set|zen** (aufbieten, einsetzen); sie hat alles darangesetzt[,] Erfolg zu haben; ABER: **da|r|an set|zen;** du kannst dich auch daran (an diesen Tisch) setzen

da|r|auf, *umgangssprachlich:* drauf; darauf losgehen, eingehen, kommen, ABER: draufgehen, drauflosgehen; darauf folgen; am darauf folgenden Tag; **da|r|auf|hin** (demzufolge, danach, darauf); ABER: darauf hindeuten; alles deutet darauf hin

da|r|aus, *umgangssprachlich:* draus

dar|ben (Not leiden); du darbst; er darbt; er darbte; er hat gedarbt

die **Dar|bie|tung** (Auf-, Vorführung)

da|r|in, *umgangssprachlich:* drin; **da|r|in|nen,** *umgangssprachlich:* drin|nen

das **Dar|le|hen;** die Darlehen

der **Darm;** die Där|me; der **Darm|ka|tarrh,** *auch* **Darm|ka|tarr**

der **Darß** (eine Halbinsel an der Ostseeküste); des Dar|ßes

dar|stel|len; sie hat es sehr anschaulich dargestellt; die **Dar|stel|lung**

das **Darts** (Wurfspiel); des Darts

da|r|ü|ber, *umgangssprachlich:* drü|ber; er ist darüber hinaus

da|r|um, *umgangssprachlich:* drum; darum, dass ...; darum, weil ...; **da|r|um|kom|men** (nicht bekommen); er ist darumgekommen; ABER: **da|r|um kom|men;** darum (aus diesem Grunde) kommen sie alle

da|r|un|ter, *umgangssprachlich:* drun|ter; die Zeitung hat darunter gelegen; ABER: *zusammengeschrieben:* drunterliegen; die Zeitung hat druntergelegen

Dar|win (englischer Naturforscher)

das; das Schiff, das (welches) heute kommt; ich glaube, das (dieses) Schiff kommt heute; ABER: ich glaube, dass das Schiff heute kommt; alles das, was ich gesagt habe

Mit einfachem *s* schreibt man den Artikel und das Pronomen, mit Doppel-s die Konjunktion. Vergleiche dazu die Beispiele unter *das* und *dass.*

das **Da|sein** (Existenz); des Daseins; **da sein** *vergleiche:* **da; da sein** (dort sein); sag[e] ihm, er soll um 5 Uhr da (an jener Ecke) sein; ich bin schon oft da (dort) gewesen; der **Da|seins|kampf**

dass; auf dass; so dass *oder* sodass; ohne dass; ich glaube, dass ...; ↑das

das|sel|be; *Genitiv:* desselben; *Plural:* dieselben; es ist ein und dasselbe

die **Da|tei** (gespeicherte Datensammlung); die Da|tei|en; **Da|ten** (*Plural von* Datum; Zahlenwerte; Angaben); Daten verarbeitende Maschinen; die **Da|ten|au|to|bahn** (*EDV:* Einrichtung zur schnellen Übertragung großer Datenmengen); die **Da|ten|bank** (technische Anlage, in der Daten zentral gespeichert sind); die Daten|ban|ken; der **Da|ten|schutz** (gesetzlicher Schutz vor unbefugter Erhebung, Speicherung und Weitergabe persönlicher Daten); die **Da|ten|ver|ar|bei|tung;** die **Da|ten|ver|ar|bei|tungs|an|la|ge**

da|tie|ren (mit einem Datum versehen); er hat den Brief falsch datiert

der **Da|tiv** (Wemfall, 3. Fall); die Da|ti|ve; das **Da|tiv|ob|jekt**

die **Dat|scha** (Wochenendhaus); die Datschas *oder* die Datschen

die **Dat|sche** (Grundstück mit Wochenendhaus); die Datschen
die **Dat|tel;** die Datteln
das **Da|tum;** die Da|ten; die **Da|tums|an|ga|be**
die **Dau|er;** der **Dau|er|frost|bo|den; dau|er|haft;** der **Dau|er|lauf; dau|ern;** die Versammlung hat zwei Stunden gedauert; **dau|ernd;** die **Dau|er|wel|le**
der **Dau|men;** *Verkleinerungsform:* das Däum|chen; Däumchen drehen (unbeschäftigt sein); der **Däum|ling;** die Däum|lin|ge
die **Dau|ne;** die **Dau|nen|de|cke**
der **Da|vis|cup** ['de:vɪskap], *auch:* **Da|vis-Cup** *oder* der **Da|vis|po|kal**, *auch:* **Da|vis-Pokal** (internationaler Tenniswanderpreis); des Daviscups, *auch:* Davis-Cups *oder* des Davispokals, *auch:* Davis-Pokals
da|von; davon, dass ...; **da|von|ge|hen** (weggehen); er ist davongegangen; ABER: auf und davon gehen; **da|von|kom|men** (Glück haben); er ist noch einmal davongekommen; ABER: **da|von kom|men;** davon kommen alle Laster; **da|von|lau|fen** (weglaufen); er ist davongelaufen; ABER: auf und davon laufen
da|vor; sie hat schweigend davor gestanden; davor stehen viele Blumen
da|wi|der (dagegen)
der **Dax** (Deutscher Aktienindex); des Dax; ABER: der Dachs (Tier)
da|zu; da|zu|ge|hö|ren; sie hat immer dazugehört; ABER: **da|zu ge|hö|ren;** dazu gehört nicht viel; **da|zu|ge|hö|rig; da|zu|kom|men;** sie ist gerade dazugekommen; ABER: **da|zu kom|men;** sie ist nicht dazu gekommen, ihren Wagen zu waschen; **da|zu|tun** (hinzufügen); sie hat viele Äpfel dazugetan; ABER: **da|zu tun;** was kann ich dazu (in dieser Sache) tun?
da|zwi|schen; da|zwi|schen|kom|men; etwas ist dazwischengekommen; ABER: **da|zwi|schen kom|men;** dazwischen kommen wieder Wiesen; **da|zwi|schen|ru|fen;** er hat ständig dazwischengerufen; ABER: **da|zwi|schen ru|fen;** dazwischen rufen immer wieder Kinder; **da|zwi|schen|tre|ten;** sie ist dazwischengetreten
dB = Dezibel
DB = Deutsche Bundesbahn (bis 1993); Deutsche Bahn (seit 1994)

die **DDR** = Deutsche Demokratische Republik (1949–1990); der **DDR-Bür|ger;** die DDR-Bürger
dea|len ['di:lən] (illegal mit Drogen handeln); er hat gedealt; der **Dea|ler** ['di:lɐ] (Drogenhändler); des Dealers; die Dealer
das **De|ba|kel** (Zusammenbruch; Niederlage); des Debakels; die Debakel
die **De|bat|te;** die Debatten; **de|bat|tie|ren;** du debattierst; sie debattiert; sie debattierte; sie hat mit ihm debattiert
das **De|büt** [de'by:] (erstes öffentliches Auftreten); des Debüts; die Debüts
de|chif|f|rie|ren (entschlüsseln); er hat die Geheimschrift dechiffriert
das **Deck;** die Decks; das **Deck|blatt;** die **De|cke;** der **De|ckel;** die Deckel; **de|cken;** du deckst; er hat das Dach gedeckt; deck[e] den Tisch!; die **De|ckung**
der **De|co|der** (*Elektronik:* Datenentschlüssler)
de|c|re|scen|do [dekrɛ'ʃɛndo] (*Musik:* schwächer, leiser werdend)
de|fekt (schadhaft); der **De|fekt** (der Schaden); die De|fek|te
de|fen|siv (verteidigend); defensives (rücksichtsvolles) Fahren; die **De|fen|si|ve** (die Verteidigung); die Defensiven
de|fi|lie|ren (parademäßig oder feierlich vorbeiziehen); die Soldaten sind *oder* haben vor dem Präsidenten defiliert
de|fi|nie|ren (einen Begriff bestimmen); sie hat das Wort genau definiert; die **De|fi|ni|ti|on;** die De|fi|ni|ti|o|nen; **de|fi|ni|tiv** (endgültig, abschließend; ein für alle Mal)
das **De|fi|zit;** die De|fi|zi|te
die **De|fla|ti|on** (Geldverknappung, Gegensatz von Inflation)
de|for|mie|ren (verformen, entstellen); durch den Aufprall wurde die Karosserie völlig deformiert
def|tig (kräftig); ein deftiges Essen
der **De|gen;** des Degens; die Degen
de|g|ra|die|ren (im Rang herabsetzen); man hat ihn zum Gefreiten degradiert
dehn|bar; deh|nen; er hat das Gummi gedehnt; dehne es!; sich dehnen; der Stoff hat sich gedehnt; die **Deh|nung;** das **Dehnungs-h**
der **Deich;** des Deichs *oder* Dei|ches; die Deiche

die **Deich|sel;** die Deichseln; **deich|seln** (*umgangssprachlich für:* geschickt bewerkstelligen); das hast du prima gedeichselt

dein, dei|ni|ge

- dein Tisch, deine Brille, dein Haus
- Wessen Buch ist das? Ist es dein[e]s?

Auch in Briefen wird »dein« kleingeschrieben:

- Liebe Petra, vielen Dank für deinen Brief

Wird »dein« als Substantiv gebraucht, schreibt man es groß:

- Mein und Dein verwechseln; ein Streit über Mein und Dein

Groß- oder Kleinschreibung ist möglich in Fällen wie:

- Denkst du oft an die Deinen, *auch:* die deinen (deine Angehörigen)?
- die Deinigen, *auch:* die deinigen
- du musst das Deinige, *auch:* das deinige *oder* das Deine, *auch:* das deine tun

dei|nes|glei|chen; dei|net|we|gen

de|ka|dent (im Verfall begriffen); die **De|ka|denz**

der **De|kan** (der Vorsteher der Fakultät einer Universität; eine Amtsbezeichnung für Geistliche); die De|ka|ne; das **De|ka|nat** (Amt des Dekans); die **De|ka|nin;** die Dekaninnen

die **De|kla|ma|ti|on** (der kunstgerechte Vortrag); **de|kla|mie|ren;** du deklamierst; sie hat deklamiert

de|klas|sie|ren (auf eine niedrigere Stufe herabsetzen; *Sport:* in überlegener Weise besiegen); die Mannschaft hat den Gegner deklassiert

die **De|kli|na|ti|on** (die Beugung der Substantive, Adjektive, Pronomen und Zahlwörter; Abweichung der Magnetnadel von der Nordrichtung); **de|kli|nie|ren;** du deklinierst; er hat das Adjektiv dekliniert; dekliniere das Pronomen!

das **De|kolle|tee** [dekɔl'te:], *auch:* **De|kolle|té** (tiefer [Kleid]ausschnitt); des Dekolletees, *auch:* Dekolletés; die Dekolletees, *auch:* Dekolletés

der *oder* das **De|kor** (Verzierung, Muster; Ausschmückung, Dekoration); des Dekors; die Dekors *und* De|ko|re; der **De|ko|ra|teur** [dekora'tø:ɐ̯]; die De|ko|ra|teu|re; die **De|ko|ra|teu|rin;** die Dekorateurinnen; **de|ko|rie|ren** (ausschmücken); sie dekoriert; sie dekorierte; sie hat das Schaufenster dekoriert; dekorier[e] es!

das **De|kret** (Beschluss; Verordnung; behördliche oder richterliche Verfügung); des Dekrets *oder* des De|kre|tes; die De|kre|te

die **De|le|ga|ti|on** (Abordnung von Bevollmächtigten); der **De|le|gier|te;** ein Delegierter; die Delegierten; mehrere Delegierte; die **De|le|gier|te;** eine Delegierte

der **Del|fin** *vergleiche:* **Del|phin**

De|lhi (Hauptstadt der Republik Indien)

de|li|kat (lecker; *auch für:* heikel); am de|li|ka|tes|ten; das Gebäck war delikat; das ist eine delikate (heikle) Angelegenheit; die **De|li|ka|tes|se** (Leckerbissen); die Delikatessen

das **De|likt** (Vergehen, Verbrechen); die De|lik|te

die **Del|le** (eine Vertiefung, Beule)

Del|phi (altgriechische Orakelstätte)

der **Del|phin,** *auch:* **Del|fin** (ein Zahnwal); des Delphins, *auch:* Delfins; die Del|phi|ne, *auch:* Del|fi|ne; das **Del|phin|schwim|men,** *auch:* **Del|fin|schwim|men**

das **Del|ta** (Schwemmland an mehrarmigen Flussmündungen); des Deltas; die Deltas *oder* die Delten

dem

der **De|m|a|go|ge** (Politiker, der das Volk durch bewusste Irreführung aufhetzt); des/dem/den Demagogen; die Demagogen; die **De|m|a|go|gin;** die Demagoginnen; **de|m|a|go|gisch**

de|mas|kie|ren (entlarven); sie hat den Heuchler demaskiert

de|men|tie|ren (etwas offiziell als unrichtig bezeichnen, zurückweisen); die Regierung hat die Meldung dementiert

dem|ent|spre|chend; sie war müde und dementsprechend ungehalten; ABER: ein dem (vorher Erwähnten) entsprechender Befund; **dem|ge|gen|über; dem|ge|mäß; dem|nach; dem|nächst**

die **De|mo** (*kurz für:* Demonstration); die Demos

der **De|mo|krat;** des/dem/den De|mo|kra|ten; die De|mo|kra|ten; die **De|mo|kra|tie;** die De|mo|kra|ti|en; die **De|mo|kra-**

tin; die Demokratinnen; **de|mo|kra|tisch;** die **De|mo|kra|ti|sie|rung**

de|mo|lie|ren (zerstören); er hat die Möbel demoliert

der **De|mons|t|rant;** des/dem/den De|mons|t|ran|ten; die De|mons|t|ran|ten; die **De|mons|t|ran|tin;** die Demonstrantinnen; die **De|mons|t|ra|ti|on** (die [Protest]kundgebung; Veranschaulichung); die De|mons|t|ra|ti|o|nen; **de|mons|t|ra|tiv** (betont auffällig); das **De|mons|t|ra|tiv|pro|no|men** (hinweisendes Fürwort); **de|mons|t|rie|ren;** die Jugend demonstriert; sie hat allen demonstriert, was zu tun ist

de|mo|ra|li|sie|ren (jemandes Moral, Kampfgeist, Mut schwächen); der Misserfolg hat ihn demoralisiert

die **De|mut; de|mü|tig; de|mü|ti|gen;** du demütigst; er demütigte ihn; er hat ihn gedemütigt; demütige ihn nicht!; die **De|mü|ti|gung**

dem|zu|fol|ge (demnach); demzufolge ist die Angelegenheit geklärt; ABER: das Vertragswerk, dem zufolge die Staaten sich zur Abrüstung verpflichtet haben

denk|bar

den|ken; du denkst; sie denkt; sie dachte; sie hat gedacht; denk[e]!; das **Denken;** das **Denk|mal;** die Denk|mä|ler *oder* die Denk|ma|le; der **Denk|mal[s]|schutz;** der **Denk|zet|tel**

denn; es sei denn, dass ...; wir liebten ihn, denn er war freundlich und freigebig

den|noch

der **De|nun|zi|ant** (jemand, der andere aus persönlichen, niedrigen Beweggründen anzeigt oder verrät); des/dem/den De|nun|zi|an|ten; die De|nun|zi|an|ten; die **De|nun|zi|an|tin;** die Denunziantinnen; **de|nun|zie|ren;** er hat ihn denunziert

das **Deo** (*Kurzwort für:* Deodorant); des Deos; die De|os; das **De|o|do|rant** (Mittel gegen Körpergeruch); des Deodorants; die Deodorants *oder* die De|o|do|ran|te; **de|o|do|rie|ren** ([Körper]geruch hemmen); das Spray hat gut deodoriert

das **De|par|te|ment** [departəmã:] (Verwaltungsbezirk in Frankreich); des Departements; die Departements

de|plat|ziert (fehl am Platz, unangebracht); diese Bemerkung war völlig deplatziert

die **De|po|nie** (zentraler Müll-, Schuttabladeplatz); die De|po|ni|en; eine geordnete Deponie; **de|po|nie|ren** (hinterlegen; legen, ablegen); sie hat den Schlüssel auf der Fensterbank deponiert

die **De|por|ta|ti|on** (Zwangsverschickung, Verschleppung, Verbannung); **de|portie|ren;** man hat ihn deportiert

das **De|pot** [de'po:] (Aufbewahrungsort; Sammelstelle); die Depots

der **Depp** (*umgangssprachlich für:* ungeschickter, einfältiger Mensch); des Deppen, *auch:* des Depps; die Dep|pen, *auch:* die Dep|pe

die **De|pres|si|on** (Niedergeschlagenheit; wirtschaftlicher Rückgang); die De|pres|si|o|nen; **de|pri|miert** (niedergeschlagen, bedrückt)

die **De|pu|ta|ti|on** (Abordnung); der **De|pu|tier|te** (Mitglied einer Abordnung; Abgeordneter); ein Deputierter; zwei Deputierte; die Deputierten; die **De|pu|tier|te;** eine Deputierte

der; der|art; der|ar|tig; etwas derartig Schönes; wir haben Derartiges, etwas Derartiges noch nie erlebt

derb

das **Der|by** ['dɛrbi] (Pferderennen; Fußballspiel zwischen Mannschaften aus derselben Region); des Derbys; die Derbys

der|einst

de|ren; die Menschen, deren ich mich erinnere; die Regeln, aufgrund deren entschieden wurde; ↑derer; **de|rent|wil|len;** **de|rer;** die Zahl derer, die verletzt wurden; ↑deren; **der|ge|stalt** (so); **der|glei|chen;** *Abkürzung:* dgl.

der|je|ni|ge; *Genitiv:* desjenigen; *Plural:* diejenigen

der|ma|ßen (so)

der|sel|be; *Genitiv:* desselben; *Plural:* dieselben; ein und derselbe; mit ein[em] und demselben; ein[en] und denselben

der **Der|wisch** (Mitglied eines islamischen religiösen Ordens); des Derwischs *oder* Der|wi|sches; die Der|wi|sche

des

das **De|sas|ter** (schweres Missgeschick; Zusammenbruch); des Desasters; die Desaster

deutsch, Deutsch

1. Kleinschreibung:
Da das Adjektiv »deutsch« nur in echten Namen und Substantivierungen großgeschrieben wird, gilt in den folgenden Fällen Kleinschreibung:
- das deutsche Volk
- die deutsche Sprache
- die deutsche Volksvertretung

Klein schreibt man das Wort »deutsch« auch, wenn es in Verbindung mit Verben mit »wie?« erfragt werden kann:
- der Redner hat deutsch (nicht englisch) gesprochen
- am Nebentisch saß ein (gerade jetzt, bei dieser Gelegenheit) deutsch sprechendes Ehepaar
- sich deutsch unterhalten; ABER: *mit Präposition:* sie haben sich auf Deutsch unterhalten; *vergleiche* 2
- deutsch mit jemandem reden (*umgangssprachlich auch für:* jemandem unverblümt die Wahrheit sagen)

2. Großschreibung:
Großgeschrieben wird das Wort »deutsch«, wenn ihm eine Präposition vorangeht oder wenn es im Sinne von »deutsche Sprache« verwendet wird:
- auf Deutsch
- das heißt auf gut Deutsch …
- zu Deutsch

Vergleiche auch: Deutsch

Auch in Namen und Titeln wird »deutsch« großgeschrieben:
- die Deutsche Bahn AG
- die Deutsche Bundesbank
- Deutsche Demokratische Republik (1949–1990)
- die Deutsche Mark
- der Deutsche Schäferhund
- Anita Müller, Deutsche Meisterin (als Titel); ABER: sie ist deutsche Meisterin [im Eiskunstlauf]

Steht das Adjektiv »deutsch« nicht am Anfang des Namens, schreibt man es oft auch klein:
- Gesellschaft für deutsche Sprache

das **Deutsch**
(die deutsche Sprache, besonders als Sprache eines Einzelnen oder einer Gruppe)
- des Deutschs *oder* Deutsch
- dem Deutsch
- mein, dein, sein Deutsch ist gut
- sie kann, lernt, schreibt, spricht, versteht (kein, nicht, gut, schlecht) Deutsch;
- das ist gutes Deutsch
- eine Deutsch sprechende Ausländerin
- sie kann kein Wort Deutsch
- sie hat eine Eins in Deutsch

der **De|ser|teur** [dezɛrtøːɐ̯] (Fahnenflüchtiger, Überläufer); des Deserteurs; die Deser|teu|re; **de|ser|tie|ren;** er ist desertiert

des|glei|chen

des|halb

das **De|sign** [diˈzain] (Formgebung, Entwurf, Muster); des Designs; die Designs; der **De|si|g|ner** (Formgestalter für Gebrauchs- und Verbrauchsgüter); des Designers; die Designer; die **De|si|g|ne|rin;** die Designerinnen

de|si|g|niert (für ein Amt vorgesehen); die designierte Ministerin

die **Des|in|fek|ti|on** (Entkeimung, Entseuchung); **des|in|fi|zie|ren;** er hat den Raum desinfiziert

das **Des|in|te|r|es|se** (Gleichgültigkeit, Uninteressiertheit); des Desinteresses; **des|in|te|r|es|siert**

de|so|lat (trostlos, traurig)

der **Des|pot** (Gewaltherrscher; herrische Person); des/dem/den Des|po|ten; die Des|po|ten; **des|po|tisch**

des|sen; der Schüler, dessen Fahrrad gestohlen wurde …; das Gutachten, aufgrund dessen sie krankgeschrieben wurde …; wir haben uns dessen ungeachtet für etwas anderes entschieden; **des|sent|we|gen; des|sent|wil|len;** um dessentwillen

das **Des|sert** [dɛˈseːɐ̯] (Nachtisch); des Desserts; die Desserts

de|s|til|lie|ren; du destillierst; sie hat destilliert; destilliertes (chemisch reines) Wasser

des|to; desto besser; desto größer; desto mehr; desto weniger; ABER *(in einem Wort):* nichtsdestoweniger

de|s|t|ruk|tiv (zersetzend, zerstörend)

des|we|gen; dessentwegen

das **De|tail** [de'taj] (Einzelheit, Einzelteil); des Details; die Details; **de|tail|ge|treu; de|tail|liert** [deta'ji:ɐ̯t] (in allen Einzelheiten)

die **De|tek|tei** (Detektivbüro); die De|tek|tei|en; der **De|tek|tiv;** die De|tek|ti|ve; die **De|tek|ti|vin;** die Detektivinnen

die **De|to|na|ti|on** (Knall, Explosion); **de|to|nie|ren;** die Bombe ist detoniert

deu|ten; du deutest; sie deutet; sie hat auf ihn gedeutet; deut[e] nicht auf ihn!; **deut|lich;** am deut|lichs|ten; auf das, aufs Deutlichs|te *oder* deutlichs|te; etwas deutlich machen

Deutsch *siehe Kasten Seite 74*

das **Deut|sche** (die deutsche Sprache allgemein); sie hat aus dem Deutschen ins Englische übersetzt; der **Deut|sche;** ein Deutscher; des Deutschen; die Deutschen; mehrere Deutsche; wir Deutschen, *auch:* wir Deutsche; alle [berufstätigen] Deutschen; die **Deut|sche;** eine Deutsche; **Deutsch|land; deutsch|spra|chig;** die deutschsprachigen Länder; der **Deutsch|un|ter|richt**

die **De|vi|se** (Wahlspruch); der Devise; die Devisen

die **De|vi|sen** (Zahlungsmittel in ausländischer Währung) *Plural*

de|vot (unterwürfig)

der **De|zem|ber**

de|zent (taktvoll; unaufdringlich)

das **De|zer|nat** (Geschäftsbereich; Sachgebiet in Behörden); des Dezernats *oder* De|zer|na|tes; die De|zer|na|te

das **De|zi|bel** ['de:tsibɛl] (Maß der relativen Lautstärke); des Dezibels; die Dezibel

de|zi|mal (auf die Grundzahl 10 bezogen); der **De|zi|mal|bruch** (ein Bruch, dessen Nenner mit 10, 100, 1 000 usw. gebildet wird); die **De|zi|ma|le** (eine der Stellen hinter dem Komma einer Dezimalzahl); die Dezimalen; das **De|zi|mal|sys|tem** (Zahlensystem mit der Grundzahl 10); die **De|zi|mal|zahl; de|zi|mie|ren** (stark verringern); der Brand hat die Bestände dezimiert

DFB = Deutscher Fußball-Bund

DGB = Deutscher Gewerkschaftsbund

dgl. = dergleichen

d. Gr. = der Große (z. B. Karl d. Gr.)

d. h. = das heißt

Dha|ka (Hauptstadt Bangladeschs)

d. i. = das ist

das **Dia** (Diapositiv); des Di|as; die Di|as

der **Di|a|be|tes** (Zuckerkrankheit); des Diabetes; der **Di|a|be|ti|ker;** die **Di|a|be|ti|ke|rin;** die Diabetikerinnen

di|a|bo|lisch (teuflisch)

das **Di|a|dem** (kostbarer [Stirn]reif, Kopfschmuck); des Diadems; die Di|a|de|me

die **Di|a|g|no|se** (Krankheitserkennung); die Diagnosen; **di|a|g|nos|ti|zie|ren** (einen Befund ermitteln); der Arzt diagnostizierte eine Lungenentzündung

di|a|go|nal (schräg laufend; eine Diagonale bildend); die **Di|a|go|na|le** (eine Gerade, die zwei nicht benachbarte Ecken eines Vielecks miteinander verbindet); die Diagonalen

das **Di|a|gramm** (zeichnerische Darstellung von Zahlenwerten); des Diagramms; die Di|a|gram|me

der **Di|a|kon** (in der katholischen Kirche: Geistlicher, der um einen Weihegrad unter dem Priester steht; in der evangelischen Kirche: ein Pfarrhelfer); des Diakons *oder* des Di|a|ko|nen; die Di|a|kone *oder* die Di|a|ko|nen; die **Di|a|ko|nie** (in der evangelischen Kirche: Pflegedienst, Gemeindedienst); die **Di|a|ko|nin;** die Diakoninnen; die **Di|a|ko|nis|se** (eine evangelische Krankenschwester); der Diakonisse; die Diakonissen; die **Di|a|ko|nis|sin;** die Diakonissinnen

der **Di|a|lekt** (die Mundart); die Di|a|lek|te

der **Di|a|log** (Zwiegespräch); die Di|a|lo|ge

die **Di|a|ly|se** (*Medizin:* Blutwäsche)

der **Di|a|mant** (ein Edelstein); des/dem/den Di|a|man|ten; die Di|a|man|ten

das **Di|a|po|si|tiv** (durchscheinendes fotografisches Bild); die Di|a|po|si|ti|ve; *Kurzform:* Dia

die **Di|a|s|po|ra** (religiöse oder nationale Minderheit)

die **Di|ät** (Schonkost; spezielle Ernährungsweise); Diät halten

die **Di|ä|ten** (Bezüge der Abgeordneten eines Parlaments) *Plural*

dich *(auch in Briefen kleingeschrieben)*

dicht; am dich|tes|ten; dicht behaarte Körperteile; Indien ist ein dicht bevölkerter Staat; die Menschen standen

A B C D E F G H I J K L M N O P Q R S T U V W X Y Z

dicht gedrängt; der Verschluss hat dicht gehalten; er musste das Fass dicht machen; ↑ABER: dichthalten, dichtmachen; die **Dich|te** (dichte Folge, dichte Verteilung, Verhältnis von Masse zu Volumen); **dich|ten** (dicht machen); du dichtest; sie dichtete; sie hat die Leitung gedichtet

dich|ten (Verse machen); du dichtest; sie dichtete; sie hat ein Sonett gedichtet; der **Dich|ter;** die **Dich|te|rin;** die Dichterinnen

dicht|hal|ten (*umgangssprachlich für:* nichts verraten); sie hat dichtgehalten; ↑dicht; **dicht|ma|chen** (*umgangssprachlich für:* schließen); sie haben die Fabrik dichtgemacht; ↑dicht: die **Dich|tung**

dick; durch dick und dünn; ABER: er ist der Dickste in der Klasse; das **Di|ckicht;** der **Dick|kopf; dick|köp|fig; dick|tun** *oder* **di|cke|tun** (sich wichtig machen); er tut sich dick[e]; er hat sich dick[e]getan

der **Dieb;** die **Die|bin;** die Diebinnen; **diebisch;** die diebische Elster; er hat sich diebisch gefreut; der **Dieb|stahl;** die Dieb|stäh|le

die|je|ni|ge; *Genitiv:* derjenigen; *Plural:* diejenigen

die **Die|le**

die|nen; du dienst; er hat gedient; der **Die|ner;** die **Die|ne|rin;** die Dienerinnen; der **Dienst;** außer Dienst (*Abkürzung:* a. D.); der Dienst habende Beamte

der **Diens|tag, diens|tags**

Das Substantiv »Dienstag« schreibt man groß:
- des Dienstags; es geschah eines Dienstags
- wir treffen uns am [nächsten] Dienstag

Das Adverb »dienstags« schreibt man dagegen klein:
- sie kommt [immer] dienstags
- dienstags habe ich keine Zeit

Verbindungen aus Wochentag und Tageszeitangabe:
- [am] Dienstag um neun Uhr treffen wir uns; ABER: am [nächsten] Dienstagabend spielen wir Schach
- dienstagabends *oder* dienstags abends spielen wir Skat

der **Diens|tag|a|bend;** meine Dienstagabende sind alle belegt; am Dienstagabend hat sie frei; **diens|tags** ↑Dienstag

der **Dienst|grad;** die **Dienst|leis|tung; dienst|lich;** die **Dienst|rei|se**

dies; die|ses

der **Die|sel** (*kurz für:* Dieselmotor oder Auto mit Dieselmotor)

die|sel|be; ein und dieselbe

der **Die|sel|mo|tor**

die|ser; in diesem selben Augenblick; im August dieses Jahres

die|sig (neblig)

dies|jäh|rig; dies|mal; ABER: dieses Mal; dieses *oder* dies eine, letzte Mal

dies|seits; diesseits des Flusses; das **Dies|seits** (*Gegensatz:* Jenseits); im Diesseits

der **Diet|rich** (Nachschlüssel); die Dietriche

dif|fa|mie|ren (verleumden); er hat ihn als Betrüger diffamiert

das **Dif|fe|ren|ti|al** *vergleiche:* **Dif|fe|ren|zi|al;** die **Dif|fe|renz** (der Unterschied); die Dif|fe|ren|zen; das **Dif|fe|ren|zi|al,** *auch:* **Dif|fe|ren|ti|al** (*Mathematik:* unendlich kleine Differenz); des Differenzials, *auch:* Differentials; die Dif|fe|ren|zi|a|le, *auch:* Dif|fe|ren|ti|a|le; **dif|fe|ren|zie|ren** (genauer unterscheiden); die **Dif|fe|renz|men|ge** (Menge, die sich ergibt, wenn man aus einer Menge die Elemente wegnimmt, die zu einer zweiten Menge gehören)

di|gi|tal (in Ziffern darstellend oder dargestellt; auf der Verarbeitung ziffernmäßig verschlüsselter Daten beruhend); die **Di|gi|tal|uhr** (Uhr, die die Zeit nur mit Ziffern angibt)

das **Dik|tat;** die Dik|ta|te; der **Dik|ta|tor;** des Diktators; die Dik|ta|to|ren; die **Dik|ta|to|rin;** die Diktatorinnen; die **Dik|ta|tur** (Allein-, Gewaltherrschaft); die Dik|ta|tu|ren; **dik|tie|ren;** du diktierst; sie hat diktiert

das **Di|lem|ma** (Zwangslage); des Dilemmas; die Dilemmas *oder* die Di|lem|ma|ta

der **Di|let|tant** (Nichtfachmann; Stümper); des/dem/den Di|let|tan|ten; die Di|let|tan|ten; die **Di|let|tan|tin;** die Dilettantinnen; **di|let|tan|tisch**

der **Dill** (eine Gewürzpflanze); des Dills

die **Di|men|si|on** (Ausdehnung; Bereich); die Dimensionen

DIN = Deutsche Industrie-Norm[en]

das **Ding;** die Din|ge, *umgangssprachlich:* die Dinger; guter Dinge sein

das **Din|gi** (kleines Beiboot; kleines Segelboot); des Dingis; die Dingis

der **Din|go** (australischer Wildhund); des Dingos; die Dingos

der **Di|no** (*umgangssprachlich kurz für:* Dinosaurier); des Dinos; die Dinos; der **Di|no|sau|ri|er** (ausgestorbene Riesenechse); des Dinosauriers; die Dinosaurier *oder* der **Di|no|sau|rus;** des Dinosaurus; die Dinosaurier

die **Di|op|t|rie** (Maßeinheit für die Brechkraft von Linsen); die Di|op|t|ri|en

das **Di|o|xin** (hochgiftige Verbindung von Chlor und Kohlenwasserstoff); des Dioxins; die Di|o|xi|ne

die **Di|ö|ze|se** (Amtsgebiet des Bischofs); die Diözesen

die **Diph|the|rie** (eine Infektionskrankheit); die Diph|the|ri|en

der **Di|ph|thong** (Doppellaut, z. B. ei); die Diph|thon|ge

das **Di|p|lom** (Urkunde); die Di|p|lo|me

der **Di|p|lo|mat** (der beglaubigte Vertreter eines Landes bei einem anderen Land); des/dem/den Di|p|lo|ma|ten; die Di|p|lo|ma|ten; die **Di|p|lo|ma|tie** (politische Kunst des Verhandelns mit fremden Mächten; verbindliches, taktisch kluges Verhalten); die **Di|p|lo|ma|tin;** die Diplomatinnen; **di|p|lo|ma|tisch** (staatsmännisch; verbindlich und taktisch klug)

der **Di|p|lom|in|ge|ni|eur,** *auch:* **Di|p|lom-In|ge|ni|eur;** die **Di|p|lom|in|ge|ni|eu|rin,** *auch:* **Di|p|lom-In|ge|ni|eu|rin**

dir *(auch in Briefen kleingeschrieben)*

di|rekt; direkte Rede (wörtliche Rede); die **Di|rek|ti|on;** das **Di|rekt|man|dat** (Mandat, das der Kandidat einer Partei bei einer Wahl persönlich erringt); der **Di|rek|tor;** des Direktors; die Di|rek|to|ren; die **Di|rek|to|rin;** die Direktorinnen; der **Di|rex** (*Schülersprache für:* Direktor); des Direx; die Di|re|xe

der **Di|ri|gent;** des/dem/den Di|ri|gen|ten; die Di|ri|gen|ten; die **Di|ri|gen|tin;** die Dirigentinnen; **di|ri|gie|ren;** du dirigierst; sie hat den Chor dirigiert

das **Dirndl;** des Dirndls; die Dirndl

der **Disc|jo|ckey** *vergleiche:* Diskjockei; die **Dis|co** *vergleiche:* **Dis|ko**

das **Dis|count|ge|schäft** [dɪsˈkaunt...] (Geschäft, das Waren zu sehr niedrigen Preisen verkauft)

die **Dis|ket|te** (als Datenspeicher dienende flexible Magnetplatte, Floppydisk); die Disketten

der **Disk|jo|ckei,** *auch:* **Disc|jo|ckey** [ˈdɪskdʒɔke] (jemand, der Schallplatten präsentiert); des Diskjockeis, *auch:* Discjockeys; die Diskjockeis, *auch:* Discjockeys; die **Dis|ko,** *auch:* **Dis|co** (Tanzlokal oder -veranstaltung mit Schallplattenmusik); die Diskos, *auch:* Discos

der **Dis|kont** (Zinsvergütung bei Zahlung eines Betrags vor Fälligkeit); des Diskonts; die Dis|kon|te

die **Dis|ko|thek** (Tanzlokal mit Schallplattenmusik; Schallplattensammlung); die Dis|ko|the|ken

die **Dis|kre|panz** (Missverhältnis); die Diskre|pan|zen

dis|kret (taktvoll; vertraulich; *Physik, Mathematik:* abgegrenzt, getrennt); eine diskrete Andeutung; die **Dis|kre|ti|on**

dis|kri|mi|nie|ren (herabsetzen und benachteiligen; verächtlich machen); er wurde wegen seiner Hautfarbe diskriminiert; die **Dis|kri|mi|nie|rung**

der **Dis|kus;** des Diskus; die Dis|ken *oder* die Dis|kus|se

die **Dis|kus|si|on** (Erörterung; Meinungsaustausch); die Dis|kus|si|o|nen; der **Dis|kus|si|ons|bei|trag; dis|ku|ta|bel** (erwägenswert, strittig); ein diskuta|b|ler Vorschlag; **dis|ku|tie|ren;** du diskutierst; sie diskutierte; sie hat gern diskutiert; diskutiere mit ihm!

die **Di|s|per|si|on** (feinste Verteilung schwebender Teilchen); die **Di|s|per|si|ons|far|be**

das **Dis|play** [ˈdɪspleː] (Gerät, Vorrichtung zur Anzeige von Daten, Signalen usw.); des Displays; die Displays

dis|po|nie|ren (verfügen, planen); sie hat gut disponiert; die **Dis|po|si|ti|on** (Gliederung, Plan; Veranlagung, Empfänglichkeit; freie Verwendung)

der **Dis|put** (Streitgespräch); des Disputs *oder* Dis|pu|tes; die Dis|pu|te

die **Dis|qua|li|fi|ka|ti|on; dis|qua|li|fi|zie|ren**

A B C D E F G H I J K L M N O P Q R S T U V W X Y Z

(aus einem Wettbewerb ausschließen); die Jury hat ihn disqualifiziert

dis|sen (*besonders in der Sprache der Rapper:* schmähen, verächtlich machen); du disst; sie hat gedisst

der **Dis|si|dent** (Mensch, der sich zu einer abweichenden Religion oder politischen Meinung bekennt); des/dem/den Dis|si|den|ten; die Dis|si|den|ten; die **Dis|si|den|tin;** die Dissidentinnen

die **Dis|so|nanz** (Missklang); die Dis|so|nan|zen

die **Di|s|tanz** (Abstand, Entfernung; *Sport:* Strecke); die Di|s|tan|zen

die **Dis|tel;** die Disteln; der **Dis|tel|fink;** des/dem/den Dis|tel|fin|ken; die Dis|tel|fin|ken

der **Di|s|t|rikt** (Bereich, Bezirk); die Di|s|t|rik|te

die **Dis|zi|p|lin** (Fach einer Wissenschaft; Teilbereich des Sports; *nur im Singular:* Zucht, Ordnung); die Dis|zi|p|li|nen; Disziplin halten

die **Di|va** (gefeierte Sängerin oder Schauspielerin); die Divas *oder* die Di|ven

di|vers (verschieden); diverse Sorten

der **Di|vi|dend** (Zähler eines Bruchs); des/dem/den Di|vi|den|den; die Di|vi|den|den; die **Di|vi|den|de** (der auf eine Aktie entfallende Gewinn); die Dividenden; **di|vi|die|ren** (teilen); du dividierst; sie hat durch 3 dividiert; dividiere!; zehn dividiert durch fünf ist, macht, gibt zwei; die **Di|vi|si|on** (die Teilung; die Heeresabteilung); die Di|vi|si|o|nen; der **Di|vi|sor** (Nenner eines Bruchs); die Di|vi|so|ren

der **DJ** [di'dʒe:] = Diskjockei; des DJ[s]; die DJs

Dja|kar|ta [dʒa'karta] (*ältere Schreibung für:* Jakarta)

die **DJane** [di'dʒe:n] (weiblicher DJ); die DJanes

DJH = Deutsche Jugendherberge

DLRG = Deutsche Lebens-Rettungs-Gesellschaft

DM = Deutsche Mark

DNA = deoxyribonucleic acid (*englisch für:* DNS)

der **Dnjepr** (osteuropäischer Fluss)

DNS = Desoxyribonukleinsäure

der **Do|ber|mann** (eine Hunderasse)

doch; ja doch; nicht doch!

der **Docht;** die Doch|te

das **Dock** (Anlage zum Ausbessern von Schiffen); die Docks

die **Dog|ge** (eine Hunderasse)

das **Dog|ma** (Glaubenssatz); des Dogmas; die Dog|men; **dog|ma|tisch** (die [Glaubens]lehre betreffend; lehrhaft; streng [an Lehrsätze] gebunden); der **Dog|ma|tis|mus** (starres, unkritisches Festhalten an einer Anschauung, Lehrmeinung)

die **Doh|le**

der **Dok|tor;** die Dok|to|ren; *Abkürzung:* Dr.; *z. B.* Dr. phil. = Doktor der Philosophie; Dr. med. = Doktor der Medizin; Dr.-Ing. = Doktoringenieur; Dr. E. h., Dr. h. c. = Doktor ehrenhalber (honoris causa); die **Dok|to|rin;** die Doktorinnen

die **Dok|t|rin** (Lehrmeinung; politischer Grundsatz); die Dok|t|ri|nen

das **Do|ku|ment** (Urkunde, Schriftstück; Beweis); die Do|ku|men|te; der **Do|ku|men|tar|film; do|ku|men|ta|risch;** die **Do|ku|men|ta|ti|on** (Zusammenstellung von Dokumenten und Materialien jeder Art); die Do|ku|men|ta|ti|o|nen; **do|ku|men|tie|ren** (beurkunden; belegen; bekunden); diese Entscheidung hat seinen Friedenswillen dokumentiert

das **Dol|by-Sys|tem** (Verfahren zur Rauschunterdrückung bei Tonbandaufnahmen)

der **Dolch;** die Dol|che

die **Dol|de**

der **Dol|lar;** die Dollars; 30 Dollar

dol|met|schen (Gesprochenes übersetzen); du dolmetschst; sie dolmetschte; sie hat bei dem Gespräch gedolmetscht; der **Dol|met|scher;** die **Dol|met|sche|rin;** die Dolmetscherinnen

die **Do|lo|mi|ten** (Teil der Südalpen) *Plural*

der **Dom;** die Do|me

die **Do|mä|ne** (Staatsgut; besonderes Arbeitsgebiet); die Domänen

die **Do|mi|nan|te** (*Musik:* die Quinte vom Grundton aus); der Dominante; die Dominanten

do|mi|nie|ren (vorherrschen; beherrschen); helle Farben dominierten; sie hat die politische Szene dominiert

der **Do|mi|ni|ka|ner** (Angehöriger eines Mönchsordens); die **Do|mi|ni|ka|ni|sche Re|pu|b|lik** (Staat in Mittelamerika)

das **Do|mi|no** (Spiel, bei dem rechteckige

Spielsteine aneinander gelegt werden); des Dominos; die Dominos; der **Do|mi|no|stein**

das **Do|mi|zil** (Wohnsitz, Wohnung); des Domizils; die Do|mi|zi|le

der **Dom|pfaff** (ein Vogel); des Dom|pfaf|fen *oder* des Dompfaffs; die Dom|pfaf|fen

der **Domp|teur** [dɔmp'tøːɐ] (Tierbändiger); die **Domp|teu|rin** *oder* die **Domp|teu|se** [dɔmp'tøːzə]; die Dompteurinnen *oder* die Dompteusen

der **Don** (russischer Fluss)

die **Do|nau** (europäischer Strom)

der **Dö|ner** (*kurz für:* Dönerkebab); des Döners; die Döner; der **Dö|ner|ke|bab** (eine türkische Fleischspezialität)

der **Don|ner;** die Donner; **don|nern;** es hat gedonnert

der **Don|ners|tag** ↑Dienstag; **don|ners|tags** ↑Dienstag

doof (dumm; einfältig)

do|pen [*auch:* 'dɔpn̩] (durch [verbotene] Anregungsmittel zu sportlicher Höchstleistung bringen); du dopst; er dopte; er hat das Pferd gedopt; er ist gedopt; das **Do|ping** [*auch:* 'dɔpɪŋ]; des Dopings; die Dopings; die **Do|ping|kon|t|rol|le**

das **Dop|pel;** das **Dop|pel|bett; dop|pel|deu|tig;** der **Dop|pel|gän|ger;** die **Dop|pel|gän|ge|rin;** die Doppelgängerinnen; der **Dop|pel|pass** *(Fußball);* der **Dop|pel|punkt; dop|pelt;** die doppelte Buchführung; doppelt so groß; doppelt so viel; sie ist doppelt so reich wie ich; sie ist doppelt so reich, wie ich es bin; das **Dop|pel|te;** des Doppelten; um das Doppelte, ums Doppelte größer sein; der **Dop|pel|zent|ner**

das **Do|ra|do** *vergleiche:* **El|do|ra|do**

das **Dorf;** die Dör|fer; **dörf|lich**

der **Dorn;** die Dor|nen, *(in der Technik:)* die Dor|ne; die **Dor|nen|kro|ne; dor|nig;** das **Dorn|rös|chen**

dör|ren; er dörrt; er dörrte; er hat das Obst gedörrt; das **Dörr|obst**

der **Dorsch** (ein Fisch); die Dor|sche

dort; dort drüben; von dort aus; **dort|her; dort|hin;** da- und dorthin

Dort|mund (Stadt im Ruhrgebiet)

die **Do|se;** *Verkleinerungsform:* das Döschen; der **Do|sen|öff|ner**

dö|sen (wachend träumen); du döst; sie döst; sie hat gedöst; döse nicht!

do|sie|ren; sie hat das Medikament richtig dosiert; die **Do|sis** (zugemessene Menge); die Do|sen

das **Dos|si|er** [dɔs'i̯eː] (Zusammenstellung von Akten, Dokumenten zu einem Thema oder Fall); die Dossiers

der *oder* das **Dot|ter**

das **Dou|b|le** ['duːbl̩] (*Film:* Ersatzspieler [ähnlichen Aussehens]); des Doubles; die Doubles

der **Down|load** ['daʊnloʊd] (*EDV:* das Herunterladen von Daten, Programmen); des Downloads; die Downloads; **down|loa|den** ['daʊnloʊdn̩] (*EDV:* Daten, Programme von einem Computer, aus dem Internet herunterladen); ich habe mir das Spiel downgeloadet

Die gebeugten Formen von *downloaden* klingen für viele Menschen merkwürdig oder unschön, weil hier ein englisches Wort nach deutschem Muster gebeugt wird. Es ist deshalb meist besser, das deutsche Verb *herunterladen* zu verwenden.

der **Do|zent** (Lehrer [an einer Hochschule]); des/dem/den Do|zen|ten; die Do|zenten; die **Do|zen|tin;** die Dozentinnen

dpa = Deutsche Presse-Agentur

Dr. = Doktor; ↑Doktor

der **Dra|che** (ein Fabeltier); des Drachen; die Drachen; der **Dra|chen** (ein Fluggerät); des Drachens; die Drachen; das **Dra|chen|flie|gen**

Dra|cu|la (Titelfigur eines Vampirromans)

das **Dra|gee** [dra'ʒeː], *auch:* **Dra|gée** (mit Zucker überzogene Süßigkeit oder Tablette); des Dragees, *auch:* Dragées; die Dragees, *auch:* Dragées

der **Dra|go|ner** (*früher:* Reiter einer Reitertruppe)

der **Draht; drah|tig** (sehnig, schlank); **draht|los;** drahtlose Telegrafie

dra|ko|nisch (streng); drakonische Strafe

drall (derb, stramm)

das **Dra|ma;** die Dramen; der **Dra|ma|ti|ker** (Dramendichter); **dra|ma|tisch** (erregend, spannend)

dran (*umgangssprachlich für:* daran); das Drum und Dran; des Drum und Dran; **dran|blei|ben** (*umgangssprachlich für:* an jmdm., etwas bleiben); sie bleibt dran; er ist am Gegner drangeblieben; bleib[e] dran!

der **Drang**

dran|ge|hen; er geht viel zu nah dran; sie ging dran (*umgangssprachlich für:* ging daran, fing an), die Koffer zu packen; es ist keiner drangegangen (es nahm keiner den Hörer ab)

drän|geln; du drängelst; er drängelt; er hat gedrängelt; dräng[e]le nicht!; **drängen;** du drängst; sie drängt; sie hat auf eine Änderung gedrängt; dränge nicht!; sich drängen; sie haben sich um das Feuer gedrängt

drang|sa|lie|ren (quälen); er hat ihn mit seinen Fragen drangsaliert

dran|kom|men (*umgangssprachlich für:* an die Reihe kommen, aufgerufen werden); er ist drangekommen

dras|tisch (sehr deutlich; wirksam); am dras|tischs|ten

drauf (*umgangssprachlich für:* darauf); drauf und dran (nahe daran) sein; drauf sein (*umgangssprachlich auch für:* [gut/ schlecht] gelaunt sein); **drauf|ge|hen** (*umgangssprachlich für:* verbraucht werden, sterben); sein ganzes Geld geht dabei drauf; sie ist dabei draufgegangen; **drauf|los|re|den** (*umgangssprachlich für:* ohne Überlegung reden); er redet einfach drauflos; sie hat drauflosgeredet

draus (*umgangssprachlich für:* daraus); **drau|ßen**

das **Dream|team** ['dri:mti:m], *auch:* **Dream-Team** (*besonders Sport:* ideal besetzte Mannschaft); des Dreamteams, *auch:* Dream-Teams; die Dreamteams, *auch:* Dream-Teams

drech|seln; du drechselst; sie drechselt; sie drechselte; sie hat die Figur gedrechselt; drechs[e]le sie!; der **Drechs|ler**

der **Dreck; dre|ckig**

die **Dreh|bank; dre|hen;** sie hat gedreht; drehe!; sich drehen; der Schlüssel hat sich gedreht; der **Dre|her;** das **Dreh|mo|ment** *(Physik);* die **Dreh|or|gel;** die **Dre|hung;** die **Dreh|zahl** (Anzahl der Umdrehungen pro Zeiteinheit)

drei; wir sind zu dreien *oder* zu dritt; herzliche Glückwünsche von uns dreien; er kann nicht bis drei zählen (er ist sehr dumm); ↑*auch:* dritte; die **Drei** (Ziffer, Zahl); die Dreien; eine Drei würfeln; er schrieb in Deutsch eine Drei; der Saal war erst drei viertel voll; es ist jetzt drei viertel acht; ↑*auch:* acht, die Acht; das **Drei|eck; drei|e|ckig;** die **Drei|ei|nig|keit; drei|fach;** die **Drei|fal|tig|keit; drei|jäh|rig** ↑achtjährig; der **Drei|klang** *(Musik);* **drei|köp|fig;** ein dreiköpfiger Vorstand; **drei|mal** ↑*auch:* achtmal; die **Drei|mei|len|zo|ne;** das **Drei|me|ter|brett**

drein (*umgangssprachlich für:* darein)

der **Drei|punkt|gurt;** der **Drei|satz** *(Mathematik);* der **Drei|sprung** *(Sport);* **drei|ßig** ↑*auch:* achtzig; **drei|ßig|jäh|rig;** eine dreißigjährige Frau; ABER: der Dreißigjährige Krieg; **drei|stel|lig**

dreist; dreis|ter; am dreis|tes|ten; die **Dreis|tig|keit**

drei|tei|len; ein dreigeteiltes Bild; ABER: die Zahl durch drei teilen

drei vier|tel *vergleiche:* **drei;** der **Drei|vier|tel|takt** ($^3/_4$-Takt); der **Drei|we|ge|ka|ta|ly|sa|tor; drei|zehn;** die verhängnisvolle Dreizehn; ↑*auch:* acht

die **Dre|sche** (*umgangssprachlich für:* Prügel); Dresche bekommen; **dre|schen;** du drischst; sie drischt; sie drosch; sie hat das Korn gedroschen; der **Dresch|fle|gel;** die **Dresch|ma|schi|ne**

Dres|den (Hauptstadt von Sachsen); **Dres|de|ner** *oder* **Dresd|ner;** die Dresdner Frauenkirche; **Dres|de|ne|rin** *oder* **Dresd|ne|rin**

der **Dress** ([Sport]kleidung); des Dress *oder* des Dres|ses; die Dres|se

dres|sie|ren; du dressierst; sie hat den Affen dressiert; dressiere ihn!; die **Dres|sur;** die Dres|su|ren; das **Dres|sur|rei|ten**

drib|beln (*Sport:* den Ball durch kurze Stöße vorwärts treiben); sie dribbelte in den Strafraum; sie hat gedribbelt

die **Drift** (durch Wind erzeugte Strömung an der Meeresoberfläche); die Drif|ten

der **Drill;** des Drills; **dril|len** (hart schulen); du drillst ihn; er drillte ihn; er hat ihn gedrillt; drille ihn!

der **Dril|lich** (ein Gewebe); die Dril|li|che

drin (*umgangssprachlich für:* darin); drin sein (*umgangssprachlich auch für:* möglich sein)

Dr.-Ing. = Doktoringenieur; ↑Doktor
drin|gen; du dringst auf eine Lösung; sie drang darauf; sie hat darauf gedrungen; dringe darauf!; **drin|gend;** auf das, aufs drin|gends|te *oder* auf das, aufs Dringends|te

der **Drink** (alkoholisches Getränk; Mischgetränk); des Drinks; die Drinks
drin|nen; drin sein *vergleiche:* **drin**
dritt ↑*auch:* drei

drit|te

Kleinschreibung:
- das dritte Kapitel
- der dritte Stand (Bürgerstand)

Großgeschrieben wird »dritte« in der Substantivierung:
- er ist der Dritte im Bunde
- sie ist die Dritte in der Reihe
- jeder Dritte
- von dreien der Dritte
- zum Dritten

Groß schreibt man »dritte« auch, wenn es Bestandteil eines Namens oder Titels ist:
- das Dritte Reich
- die Dritte Welt (die Entwicklungsländer)
- Friedrich der Dritte

das **Drit|tel;** die Drittel; **drit|tens;** der **Dritte-Welt-La|den; dritt|letz|te;** die drittletzte Seite; der/die/das Drittletzte
DRK = Deutsches Rotes Kreuz
dro|ben (da oben)

die **Dro|ge** (Rohstoff für Heilmittel; *auch für:* Rauschgift); die Drogen; **dro|gen|ab|hängig;** der **Dro|gen|miss|brauch; dro|gensüch|tig;** die **Dro|ge|rie;** die Dro|ge|ri|en; der **Dro|gist;** des/dem/den Drogisten; die Dro|gis|ten
dro|hen; er hat ihm gedroht; drohe nicht!; die **Dro|hung**

die **Droh|ne** (männliche Biene; Nichtstuer)
dröh|nen; es dröhnt; es hat gedröhnt
drol|lig

das **Dro|me|dar** [*auch:* 'dro:meda:ɐ̯] (das einhöckerige Kamel); des Dromedars; die Dro|me|da|re

der, *auch:* das **Drops** (Fruchtbonbon) *meist Plural*

die **Dros|sel** (ein Singvogel); die Drosseln
dros|seln; du drosselst; sie drosselte; sie hat den Motor gedrosselt; drossele *und* drossle den Motor!
drü|ben (auf der anderen Seite); **drü|ber** (*umgangssprachlich für:* darüber)

der **Druck;** *(in der Technik:)* die Drü|cke *und* (für Bücher, Bilder u. Ä.:) die Dru|cke; die Drücke im Sterninnern sind sehr hoch; in der Bibliothek liegen viele alte Drucke; der **Drü|cke|ber|ger; dru|cken;** du druckst; sie druckt; sie hat das Buch gedruckt; drucke es!; **drü|cken;** du drückst; sie drückt; sie hat gegen die Tür gedrückt; drücke!; der **Dru|cker;** die **Dru|cke|rei; druck|sen** (*umgangssprachlich für:* nicht recht mit der Sprache herauskommen); du druckst; er hat gedruckst
drum (*umgangssprachlich für:* darum); das Drum und Dran; des Drum und Dran

der **Drum|mer** ['dramɐ] (Schlagzeuger in einer Band)
drun|ten (da unten); **drun|ter** (*umgangssprachlich für:* darunter); es geht drunter und drüber; das Drunter und Drüber; des Drunter und Drüber; **drun|ter|stel|len;** sie stellt eine Stütze drunter; er hat etwas druntergestellt

die **Drü|se**

der **Dschun|gel;** des Dschungels; die Dschungel

die **Dschun|ke** (chinesisches Segelschiff)
Dtzd. = Dutzend

du

- du hast ganz Recht
- Leute wie du und ich

Auch in Briefen wird »du« kleingeschrieben:
- Liebe Petra, wie du bestimmt bemerkt hast ...

Groß schreibt man die Substantivierung:
- jemandem das Du anbieten
- jemanden mit Du anreden
- mit jemandem auf Du und Du stehen
- du, *auch:* Du zueinander sagen
- mit jemandem per du, *auch:* per Du sein

das **Du|al|sys|tem** (Zahlensystem mit nur zwei Zahlzeichen und der Zahl 2 als Basis)

A B C D E F G H I J K L M N O P Q R S T U V W X Y Z

der **Dü|bel** (Pflock, Zapfen, worin Schrauben, Haken usw. verankert werden); des Dübels; die Dübel; **dü|beln;** ich düb[e]le; sie dübelte; sie hat das Regal an die Wand gedübelt

Dub|lin ['dablın] (Hauptstadt der Republik Irland)

sich **du|cken;** du duckst dich; sie hat sich geduckt; ducke dich!; der **Duck|mäu|ser**

der **Du|del|sack** (ein Blasinstrument); die Du|del|sä|cke

das **Du|ell** (Zweikampf); die Duel|le

das **Du|ett** (Zwiegesang); die Du|et|te

der **Duf|f|le|coat** ['dafḷko:t] (dreiviertellanger Sportmantel); des Dufflecoats; die Dufflecoats

der **Duft;** die Düf|te; **duf|te** (*umgangssprachlich für:* ausgezeichnet); **duf|ten;** die Blume duftet; die Blume duftete; die Blume hat geduftet; **duf|tig**

Duis|burg ['dy:sbʊrk] (Stadt im Ruhrgebiet)

dul|den; du duldest; er duldet; er duldete; er hat still geduldet; dulde das nicht!; der **Dul|der; duld|sam;** die **Dul|dung**

dumm; düm|mer; am dümms|ten; ABER: er ist sicher der Dümmste in der Klasse; **dumm|dreist;** die **Dumm|heit;** der **Dumm|kopf**

dumpf

der **Dum|ping|preis** ['dampıŋprai̯s] (Preis einer Ware, der deutlich unter ihrem Wert liegt)

die **Dü|ne**

der **Dung; dün|gen;** du düngst; sie düngt; sie düngte; sie hat den Boden gedüngt; dünge den Boden!; der **Dün|ger**

dun|kel; dunk|ler; am dun|kels|ten; etwas dunkel färben; jemanden im Dunkeln (im Ungewissen) lassen; im Dunkeln ist gut munkeln; im Dunkeln tappen; ein Sprung ins Dunkle; das **Dun|kel;** des Dunkels; im Dunkel des Waldes; **dun|kel|blau**

der **Dün|kel; dün|kel|haft;** am dün|kel|haftes|ten

dun|kel|haa|rig; die **Dun|kel|heit; dun|kel|rot;** die **Dun|kel|zif|fer**

dün|ken; mich *oder* mir dünkte; mich *oder* mir hat gedünkt

dünn; durch dick und dünn; diese dünn besiedelte, dünner besiedelte; am dünnsten besiedelte Gegend; das dünn bevölkerte Land; das Land ist dünn bevölkert; ihr sollt euch dünn machen (*umgangssprachlich für:* weniger Platz einnehmen); sie soll den Boden ganz dünn machen; ABER: sich ganz dünnmachen; *vergleiche dort*

der **Dünn|darm**

dünn|flüs|sig

sich **dünn|ma|chen** (*umgangssprachlich für:* weglaufen); er machte sich dünn; sie hat sich dünngemacht

der **Dunst;** die Düns|te; **düns|ten;** du dünstest; sie dünstet; sie dünstete; sie hat das Fleisch gedünstet; dünste das Fleisch!; die **Dunst|glo|cke** (Ansammlung verunreinigter Luft über Industriegebieten und Städten); **duns|tig**

die **Dü|nung;** die Dü|nun|gen

das **Duo** (Musikstück für zwei Instrumente; *auch für:* die zwei Ausführenden); des Du|os; die Du|os

das **Du|pli|kat** (Abschrift); die Du|pli|ka|te

das **Dur** (Tongeschlecht mit großer Terz); des Dur; in A-Dur; die A-Dur-Tonleiter; ↑Moll

durch; durch ihn; durch und durch; nach diesem Streit wird er bei allen Freunden unten durch sein (sich unbeliebt gemacht haben); das Fleisch muss durch sein; durch Planen zum Ziel kommen

durch|ar|bei|ten (pausenlos arbeiten; sorgsam bearbeiten); sie hat die ganze Nacht durchgearbeitet; der Teig ist tüchtig durchgearbeitet; ABER: **durch|ar|bei|ten;** eine durcharbeitete Nacht

durch|aus

durch|blät|tern, durch|blät|tern; er hat das Buch durchgeblättert *oder* durchblättert

der **Durch|blick; durch|bli|cken;** sie hat durchgeblickt

die **Durch|blu|tung**

durch|bre|chen; er bricht die Tafel Schokolade durch; sie hat den Stock durchgebrochen; ABER: **durch|bre|chen;** der Demonstrant durchbricht die Absperrung; das Flugzeug hat die Schallmauer durchbrochen; der **Durch|bruch;** die Durch|brü|che

durch|ei|n|an|der; durcheinander (verwirrt) sein; alles durcheinander essen und trinken; er hat alles durcheinander gebracht (in Unordnung gebracht); weil sie ständig alle durcheinander reden (zugleich reden); sie hat alles durcheinander geworfen; das **Durch|ei|n|an|der**

die **Durch|fahrt**

der **Durch|fall;** die Durch|fäl|le

die **Durch|füh|rung**

der **Durch|gang;** die **Durch|gangs|stra|ße;** der **Durch|gangs|ver|kehr**

durch|ge|hend; das Geschäft ist durchgehend geöffnet

durch|grei|fen; er greift durch; sie griff durch das Gitter durch; der Lehrer hat streng durchgegriffen

durch|hal|ten; du hältst durch; er hält durch; sie hielt durch; er hat durchgehalten; halte durch!

durch|las|sen; du lässt ihn durch; er lässt mich durch; wir ließen ihn durch; sie hat ihn nicht durchgelassen; lasse *oder* lass mich durch!

durch|läs|sig

der **Durch|lauf|er|hit|zer** (ein Gas- oder Elektrogerät)

durch|leuch|ten; der Arzt hat die Lunge durchleuchtet

der **Durch|mes|ser**

durch|num|me|rie|ren; die Seiten waren durchnummeriert

die **Durch|sa|ge**

das **Durch|schlag|pa|pier;** die **Durch|schlags|kraft;** der **Durch|schnitt;** im Durchschnitt; die **Durch|schrift**

durch|set|zen (erreichen); sie setzt es durch; sie hat sich durchgesetzt (Erfolg gehabt); ABER: **durch|set|zen** (in etwas verteilen); der Lehm ist mit Steinen durchsetzt

durch|sich|tig; durch|su|chen; er durchsuchte die Wohnung; er hat sie durchsucht; die **Durch|su|chung;** der **Durch|su|chungs|be|fehl**

die **Durch|wahl; durch|wäh|len** ([im Selbstwählfernverkehr] direkt wählen); er hat nach Australien durchgewählt

durch|weg

der **Durch|zug**

dür|fen; du darfst; sie darf; sie durfte; sie hat gedurft; sie hat [es] nicht gedurft; ABER: das hätte sie nicht tun dürfen

dürf|tig

dürr; die **Dür|re**

der **Durst; durs|ten;** du dürstest; sie dürstet; sie dürstete; sie hat gedürstet; mich dürstet nach Rache; **durs|tig**

die **Du|sche; du|schen;** du duschst; sie duscht; sie duschte; sie hat geduscht; sich duschen; sie hat sich geduscht

die **Dü|se;** das **Dü|sen|flug|zeug**

der **Du|sel** (unverdientes Glück); Dusel haben; **du|seln** (träumen); du duselst; sie duselt; sie duselte; sie hat geduselt

Düs|sel|dorf (Hauptstadt von Nordrhein-Westfalen)

düs|ter; düst[e]rer; am düs|ters|ten

der **Dutt** (*landschaftlich für:* Haarknoten); des Dutt[e]s; die Dut|te *oder* Dutts

der **Du|ty|free|shop** ['dju:tifri:ʃɔp], *auch:* **Duty-free-Shop** (Laden, in dem zollfreie Waren verkauft werden)

das **Dut|zend;** die Dut|zen|de; zwei Dutzend Eier; *bei Angabe unbestimmter Mengen auch kleingeschrieben:* es gab Dutzende *oder* dutzende von Fehlern; [viele] Dutzend[e] *oder* dutzend[e] Mal[e]; ein halbes Dutzend Mal, zwei Dutzend Male;

dut|zend|fach; dut|zend|wei|se

du|zen; du duzt ihn; sie duzt ihn; sie duzte ihn; sie hat ihn geduzt; duze ihn!

die **Dy|na|mik** (Kräftelehre; Schwung); **dy|namisch;** das **Dy|na|mit** (ein Sprengstoff); der **Dy|na|mo** [*auch:* 'dy:namo] (*Kurzwort für:* Dynamomaschine; ein Stromerzeuger); des Dynamos; die Dynamos

die **Dy|nas|tie** (Herrschergeschlecht)

dz = Doppelzentner

der **D-Zug** (Durchgangszug, Schnellzug)

E E

das **E** (Buchstabe); des E; die E; ABER: das e in Berg; das E-Dur, e-Moll

ea|sy [i:zi] (*umgangssprachlich für:* leicht); das ist doch easy!

die **Eb|be**

ebd. = ebenda

e|ben; ebenes (flaches) Land; eine ebene

Fläche; eben sein; eben (soeben) ist sie gekommen; das ist nun eben (einmal) so; das **E|ben|bild; e|ben|bür|tig; e|ben-da; e|ben|der;** die **E|be|ne; e|ben|falls**

das **E|ben|holz**

das **E|ben|maß; e|ben|mä|ßig**

e|ben|so

ebenso wie

Man schreibt »ebenso« immer getrennt vom folgenden Adjektiv oder Adverb:

- sie hätte ebenso gut zu Hause bleiben können; sie spielte ebenso gut Klavier wie ich; ebenso gute Leute
- das dauert ebenso lang[e] wie gestern; er hat ebenso lange Beine wie ich
- ich habe den Film ebenso oft gesehen wie du
- ebenso viel sonnige Tage; er hat zwei Autos, sie hat ebenso viele
- wir laufen ebenso weit; eine ebenso weite Entfernung
- ebenso wenig reife Birnen; ebenso wenige reife Birnen

der **E|ber** (männliches Schwein)

die **E|ber|e|sche** (ein Laubbaum)

eb|nen; sie ebnet den Weg; sie ebnete ihn; sie hat ihn geebnet; ebne ihn!

der **E|b|ro** (Fluss in Spanien)

das **E|cho;** des Echos; die Echos; das **E|cho|lot** (Gerät zur Tiefen- oder Höhenmessung mithilfe von Schallwellen)

die **Ech|se** (ein Kriechtier)

echt; echt|gol|den, *auch:* **echt gol|den;** ein echtgoldener, *auch:* echt goldener Becher; der Becher ist echtgolden, *auch:* echt golden; die **Echt|heit; echt|sil|bern,** *auch:* **echt sil|bern;** ein echtsilberner, *auch:* echt silberner Ring; der Ring ist echtsilbern, *auch:* echt silbern

der **Eck|ball;** die **E|cke; e|ckig;** der **Eck|zahn**

der **E-Com|merce** ['iː'kɔmɛːs] (Verkauf von Waren oder Dienstleistungen über das Internet); des E-Commerce

das **Ec|s|ta|sy** ['ɛkstəzi] (eine Droge); des Ecstasy[s]; die Ecstasy

der *oder* die **E|cu, E|CU** [e'kyː] (europäische Währungseinheit); des Ecus *oder* der Ecu; die Ecus *oder* Ecu; 10 Ecu

E|cu|a|dor (Staat in Südamerika); der **E|cu|a|do|ri|a|ner;** die **E|cu|a|do|ri|a|ne-rin;** die Ecuadorianerinnen; **e|cu|a|do|ri-a|nisch**

E|da|mer (aus Edam); Edamer Käse

e|del; ed|ler; am e|dels|ten; das **E|del-gas;** das **E|del|me|tall;** der **E|del|mut;** der **E|del|stein;** das **E|del|weiß** (eine Gebirgs-pflanze); die Edelweiße

E|den (Paradies); der Garten Eden

das **E|dikt;** des Edikts; die E|dik|te

e|di|tie|ren (*EDV:* Daten in ein Terminal eingeben, löschen, verändern)

EDV = elektronische Datenverarbei-tung; das **EDV-Pro|gramm**

der **E|feu**

Eff|eff; etwas aus dem Effeff (*umgangs-sprachlich für:* hervorragend) können

der **Ef|fekt** (Wirkung); die Ef|fek|te; die **Ef-fek|ten** (Wertpapiere) *Plural;* **ef|fek|tiv** (tatsächlich, wirksam); die **Ef|fek|ti|vi-tät** (Wirksamkeit)

EG = Europäische Gemeinschaft[en]; ↑EU

e|gal (gleichgültig); das ist mir egal

die **Eg|ge; eg|gen;** du eggst; sie eggte; sie hat den Acker geeggt; egge das Feld!

der **E|go|is|mus** (Selbstsucht); des Egoismus; die Egoismen; der **E|go|ist** (selbstsüchti-ger Mensch); des/dem/den E|go|is|ten; die E|go|is|ten; **e|go|is|tisch**

eh., e. h., = ehrenhalber; ↑Doktor

e|he; ehedem; ehe denn; seit eh und je

die **E|he; e|he|bre|chen** (*nur im Infinitiv ge-bräuchlich:*) du sollst nicht ehebrechen; *sonst:* er bricht die Ehe; sie brach die Ehe; er hat die Ehe gebrochen; der **E|he|bruch;** die **E|he|frau;** die **E|he|leu|te** *Plural;* **e|he-lich;** eheliches Güterrecht

e|he|ma|lig; e|he|mals

der **E|he|mann;** das **E|he|paar**

e|her; je eher, je lieber; je eher, desto bes-ser; er wird es umso eher (lieber) tun, als …

e|hern (aus Erz)

e|hes|tens

ehr|bar; die **Eh|re; eh|ren;** du ehrst ihn; er hat ihn geehrt; ehre ihn!; das **Eh|ren|amt; eh|ren|amt|lich;** das **Eh|ren|mal;** die Eh-ren|ma|le *oder* Eh|ren|mä|ler; **eh|ren-voll;** das **Eh|ren|wort;** die Ehrenworte; **ehr|er|bie|tig;** die **Ehr|furcht;** Ehrfurcht gebieten; Ehrfurcht gebietend, *auch:*

ehrfurchtgebietend; ein Ehrfurcht gebietendes, *auch:* ehrfurchtgebietendes Schauspiel; ABER NUR: ein große Ehrfurcht gebietendes Schauspiel, ein äußerst ehrfurchtgebietendes Schauspiel; **ehr|fürch|tig;** der **Ehr|geiz; ehr|gei|zig; ehr|lich;** die **Eh|rung; ehr|wür|dig**

das **Ei**

die **Ei|be** (ein Nadelbaum); die Eiben

die **Ei|che;** die **Ei|chel;** die Eicheln; der **Ei|chel|hä|her** (ein Vogel)

ei|chen (das gesetzliche Maß geben; prüfen); du eichst die Waage; sie hat die Waage geeicht

das **Eich|hörn|chen**

der **Eid;** an Eides Statt, *neu:* statt [erklären]

die **Ei|dech|se**

ei|des|statt|lich (an Eides statt); eine eidesstattliche Versicherung

die **Eid|ge|nos|sen|schaft;** Schweizerische Eidgenossenschaft (amtlicher Name der Schweiz); **eid|ge|nös|sisch**

der *und* das **Ei|dot|ter;** die Eidotter

der **Ei|er|stock** (Geschlechtsorgan, das die weiblichen Keimzellen bildet); die Ei|er-stö|cke *meist Plural*

der **Ei|fer; ei|fer|süch|tig**

der **Eif|fel|turm** (in Paris)

eif|rig

das **Ei|gelb;** die Ei|gel|be; 3 Eigelb

ei|gen; mein eig[e]ner Sohn; das ist ihr eigen (für sie charakteristisch); das ist mein eigen, *neu:* Eigen (*gehoben für:* Besitz); etwas Eigenes besitzen; die **Ei|gen|art;** die Ei|gen|ar|ten; **ei|gen|ar|tig;** der **Ei|gen|bröt|ler;** der **Ei|gen|na|me;** der **Ei|gen|nutz; ei|gen|nüt|zig; ei|gens;** die **Ei|gen|schaft; ei|gent|lich;** das **Ei|gen|tor** *(Sport);* das **Ei|gen|tum;** der **Ei|gen|tü|mer; ei|gen|tüm|lich;** die **Ei|gen|tums|woh|nung; ei|gen|wil|lig**

der **Ei|ger** (Berg in den Berner Alpen)

sich **eig|nen;** es eignet sich; sie hat sich dazu geeignet; die **Eig|nung**

das **Ei|land** (*gehoben für:* Insel); des Ei|lan|d[e]s; die Ei|lan|de

die **Ei|le; ei|len;** du eilst; sie eilt; sie eilte; sie ist geeilt; eile mit Weile!; **ei|lends; ei|lig;** etwas Eiliges (Wichtiges) besorgen; nichts Eiligeres zu tun haben, als ...; der **Eil|zug;** die Eil|zü|ge

der **Ei|mer; ei|mer|wei|se**

ein

1. *»ein« ist unbestimmter Artikel (nicht betont; als Beifügung zu einem Substantiv oder Pronomen):*
- es ist ein Kind
- es war ein Mann, nicht eine Frau

2. *»ein« ist unbestimmtes Pronomen:*
- wenn einer (irgendeiner) das nicht versteht, dann soll er darüber nicht reden
- da kann einer (*umgangssprachlich statt:* man) doch verrückt werden
- ein[e]s (etwas) fehlt ihm: Geduld
- das tut einem (mir) wirklich Leid
- sie sollen einen in Ruhe lassen
- eins kommt nach dem and[e]ren
- sie ist eine von uns
- da hat eine ihre Handtasche liegen lassen
- von einem zum and[e]ren
- die einen klatschten, die and[e]ren pfiffen

3. *»ein« ist Zahladjektiv (betont; allein stehend oder als Beifügung):*
- wenn auch nur einer (ein einziger) davon erfährt
- einer für alle, alle für einen
- einer von uns
- ein[e]s der beiden Pferde
- einer nach dem anderen
- zum einen ..., zum anderen
- zwei Pfund Wurst in einem [Stück]
- ein und dieselbe Sache
- ein für alle Mal[e]
- ein bis zwei Tage
- sie ist sein Ein und Alles
- ABER: der Eine (Gott)
- in einem fort
- in ein[em] und einem halben Jahr
- es läuft alles auf eins (ein und dasselbe) hinaus
- einer von uns

ein; nicht ein noch aus wissen (ratlos sein); wer bei dir ein und aus geht (verkehrt); ABER: ein- und aussteigen (einsteigen und aussteigen)

ei|n|an|der ↑aneinander

ein|ä|schern; er äschert ein; er äscherte ein; er hat das Dorf eingeäschert

die **Ein|bahn|stra|ße**

der **Ein|band** (der Bucheinband); die Ein|bän|de

ein|bän|dig

der **Ein|baum** (Boot aus einem ausgehöhlten Baumstamm)

die **Ein|be|ru|fung;** der **Ein|be|ru|fungs|be|fehl**

ein|be|zie|hen; diesen Umstand hat sie in ihre Überlegungen [mit] einbezogen

ein|bie|gen; sie ist in eine Seitenstraße eingebogen

sich **ein|bil|den;** er bildet sich viel ein; er hat sich viel eingebildet; die **Ein|bil|dung**

ein|bläu|en (*umgangssprachlich für:* mit Nachdruck einschärfen); sie hat ihm die neuen Vokabeln eingebläut

ein|blen|den (in eine Sendung, in einen Film einschalten); sie blendete ein Interview in die Reportage ein; sie hat ein Interview eingeblendet

ein|bleu|en, *alte Schreibung für:* **ein|bläu|en**; *vergleiche dort*

ein|bre|chen; der Dieb brach in das/in dem Haus ein; sie ist auf dem Eis eingebrochen; der **Ein|bre|cher;** die **Ein|bre|che|rin;** die Einbrecherinnen; der **Ein|bruch;** die Ein|brü|che; **ein|bruch[s]|si|cher**

ein|bü|ßen; du büßt ein; er büßt ein; er hat seinen guten Ruf eingebüßt

ein|deu|tig

ein|drin|gen; du dringst ein; sie drang ein; sie ist eingedrungen; **ein|dring|lich;** auf das, aufs ein|dring|lichs|te, *auch:* auf das, aufs Ein|dring|lichs|te

der **Ein|druck;** die Ein|drü|cke; **ein|drucks|voll**

ein|ein|halb, ein|und|ein|halb; eineinhalb Tage, ABER: ein und ein halber Tag; ein[und]einhalbmal so viel

ei|ner ↑ein; der **Ei|ner** (letzte Stelle einer mehrstelligen Zahl; einsitziges Sportruder- oder -paddelboot); des Einers; die Einer

ei|ner|lei; ei|ner|seits; ei|nes|teils; ABER: der Verlust eines Teils seiner Macht

ein|fach; am ein|fachs|ten; ABER: das Ein|fachs|te ist, wenn du früher kommst; ein einfacher Bruch; sich etwas Einfaches wünschen; die **Ein|fach|heit;** der Einfachheit halber; ABER: **ein|fach|heits|hal|ber;** einfachheitshalber duzen wir uns alle

ein|fä|deln; sie fädelt alles ein; sie hat sich [in den fließenden Verkehr] eingefädelt

die **Ein|fahrt;** die Ein|fahr|ten

der **Ein|fall;** die Ein|fäl|le; **ein|fal|len;** was fällt dir ein?; das Haus ist eingefallen; der Feind ist in unser Land eingefallen; **ein|falls|reich;** der **Ein|fall[s]|win|kel**

die **Ein|falt; ein|fäl|tig;** der **Ein|falts|pin|sel** (Dummkopf)

das **Ein|fa|mi|li|en|haus**

ein|fan|gen; er fängt das Tier ein; er fing es ein; er hat es eingefangen

ein|flö|ßen; du flößt ein; sie flößt ein; sie hat mir Vertrauen eingeflößt

die **Ein|flug|schnei|se** (Flugwesen)

der **Ein|fluss;** des Ein|flus|ses; die Ein|flüs|se; **ein|fluss|reich**

ein|frie|ren; du frierst ein; er fror ein; die Wasserleitung ist eingefroren; er hat das Gemüse eingefroren

die **Ein|fuhr; ein|füh|ren;** wir führen Erdöl (aus dem Ausland) ein; sie hat neue Lehrbücher eingeführt; die **Ein|füh|rung**

die **Ein|ga|be** (Gesuch; das Eingeben von Daten usw. in einen Computer)

der **Ein|gang;** die Ein|gän|ge; Ein- und Ausgang; **ein|gangs;** die eingangs gestellte Frage; eingangs der Kurve

ein|ge|ben; sie gab dem Kranken die Tropfen ein; sie hat die Daten [in den Computer] eingegeben

ein|ge|bil|det

ein|ge|bo|ren; der eingeborene (einzige) Sohn Gottes

ein|ge|bo|ren; die eingeborene Bevölkerung; das Streben nach Glück ist dem Menschen eingeboren

der **Ein|ge|bo|re|ne;** ein Eingeborener; die Eingeborenen; zwei Eingeborene; die **Ein|ge|bo|re|ne;** eine Eingeborene

die **Ein|ge|bung** (plötzlicher Einfall)

ein|ge|hend; auf das, aufs eingehendste, *auch:* auf das, aufs Eingehendste

das **Ein|ge|mach|te;** des/dem Eingemachten; Eingemachtes; mit Eingemachtem

ein|ge|mein|den; man gemeindete den Vorort in die Stadt ein; der Ort ist 1996 eingemeindet worden

das **Ein|ge|ständ|nis;** des Eingeständnisses; die Eingeständnisse; **ein|ge|ste|hen;** sie gesteht ihre Schuld ein; du gestand[e]st deine Schuld ein; er gestand seine

Schuld ein; sie hat ihre Schuld eingestanden

das **Ein|ge|wei|de;** die Eingeweide *meist Plural*

ein|grei|fen; sie griff in den Streit ein; die Polizei hat eingegriffen; der **Ein|griff** (das Eingreifen; Operation)

ein|hal|ten; du hältst ein; sie hat die Vorschriften eingehalten; die **Ein|hal|tung**

ein|häu|sig (*Botanik:* mit männlichen und weiblichen Blüten zugleich)

ein|hei|misch; der **Ein|hei|mi|sche;** ein Einheimischer; die Einheimischen; mehrere Einheimische; die **Ein|hei|mi|sche;** eine Einheimische

die **Ein|heit;** die Ein|hei|ten; Tag der Deutschen Einheit (3. Oktober); **ein|heit|lich;** einheitliche Bestrebungen

ein|hel|lig (einstimmig)

das **Ein|horn** (ein Fabeltier); die Einhörner

ei|nig; einig sein, einig werden, einig gehen

ein|i|geln; ich ig[e]le mich ein; er hat sich eingeigelt

ei|ni|ge; einige Stunden später; dieser Schüler wusste einiges; einige Abgeordnete; mit einigen Abgeordneten; bei einigem guten Willen; die Taten einiger guter (*seltener:* guten) Menschen; **ei|ni|ge Mal; ei|ni|ge Ma|le;** sich **ei|ni|gen;** sie einigen sich; sie haben sich geeinigt; einigt euch!; **ei|ni|ger|ma|ßen; ei|ni|ges** ↑einige; die **Ei|nig|keit**

ein|jäh|rig

der **Ein|kauf;** die Ein|käu|fe; die **Ein|kaufs|tasche**

ein|keh|ren; sie kehrte ein; sie ist eingekehrt

das **Ein|kom|men;** die **Ein|kom|men[s]|steu|er**

die **Ein|künf|te** *Plural*

ein|la|den; sie lädt mich ein; sie hat mich eingeladen; die **Ein|la|dung**

die **Ein|la|ge**

der **Ein|lass;** Einlass [ist] um 15 Uhr; **ein|lassen;** sie lässt die Kinder ein; sie ließ die Kinder ein; sie hat sich auf nichts eingelassen; lass dich nicht mit ihm ein!

der **Ein|lauf;** die Ein|läu|fe

die **Ein|lei|tung**

ein|len|ken; er lenkt ein; er hat bei den Verhandlungen eingelenkt; sie ist in die Hauptstraße eingelenkt

ein|leuch|ten; das leuchtet mir ein; das hat mir eingeleuchtet

sich **ein|log|gen** (*EDV:* eine Verbindung zu einer Datenverarbeitungsanlage herstellen); du loggst dich ein; er loggte sich mit seinem Kennwort ein; er hat sich in das Netz eingeloggt

ein|ma|chen; er macht Obst ein; er hat es eingemacht

ein|mal, *auch (bei besonderer Betonung):* **ein Mal;** auf einmal; noch einmal; ein- bis zweimal (*mit Ziffern:* 1- bis 2-mal); ↑mal; das **Ein|mal|eins; ein|ma|lig**

ein|mü|tig

die **Ein|nah|me;** die **Ein|nah|me|quel|le; ein|neh|men;** er nimmt Tabletten ein; sie hat viel Geld eingenommen

die **Ein|ö|de;** die Einöden; der **Ein|öd|hof**

ein|prä|gen; sie prägt mir ein; sie hat mir eingeprägt, dass ...; **ein|präg|sam**

ein|rah|men; sie rahmt ein; sie hat das Bild eingerahmt

die **Ein|rei|se;** die **Ein|rei|se|er|laub|nis; ein|rei|sen;** er reist nach Spanien ein; er ist in die USA eingereist

ein|rei|ßen; du reißt die Mauer ein; sie riss die Mauer ein; sie hat die Mauer eingerissen

ein|rich|ten; sie hat das Zimmer neu eingerichtet; die **Ein|rich|tung**

eins, die **Eins**

Das Zahlwort »eins« schreibt man klein:

- es ist, schlägt eins (ein Uhr)
- [ein] Viertel vor eins; halb eins; gegen eins
- eins und zwei macht, ist drei
- eins (einig) sein; es ist mir alles eins (gleichgültig)

Groß schreibt man die Ziffer oder Zahl, wenn sie substantivisch gebraucht wird:

- die Einsen
- sie hat die Prüfung mit [der Note] »Eins« bestanden
- sie hat in Deutsch eine Eins geschrieben
- er würfelt drei Einsen

Vergleiche auch: acht, Acht

ein|sal|zen; du salzt ein; wir haben die Heringe eingesalzen

ein|sam; die **Ein|sam|keit**

der **Ein|satz;** die Ein|sät|ze; der **Ein|satz|be-fehl; ein|satz|be|reit; ein|schal|ten;** du schaltest den Fernseher ein; er hat das Mikrofon eingeschaltet; die **Ein|schalt|quo-te** (bei Rundfunk-, Fernsehsendungen)

ein|schen|ken; sie schenkt ein; sie hat mir eingeschenkt

ein|schla|fen; sie schläft ein; sie schlief ein; sie ist eingeschlafen

ein|schla|gen; er schlägt die Scheibe ein; er schlug die Scheibe ein; der Blitz hat eingeschlagen

ein|schließ|lich; einschließlich des Kaufpreises

sich **ein|schrän|ken;** du schränkst dich ein; er hat sich eingeschränkt; schränke dich ein!; die **Ein|schrän|kung**

der **Ein|schreib|brief** *oder* **Ein|schrei|be|brief;** das **Ein|schrei|ben**

ein|schüch|tern; sie hat ihn eingeschüchtert; die **Ein|schüch|te|rung**

ein|schwei|ßen; [in Folie] eingeschweißte Bücher

ein|seg|nen (konfirmieren; weihen); der Pfarrer segnete sie ein; er hat sie eingesegnet; **Ein|seg|nung**

ein|se|hen; er sieht seinen Fehler ein

ein|sen|den; sie sendet ein; sie sandte, *auch:* sendete ein; sie hat die Unterlagen eingesandt, *auch:* eingesendet; sende sie ein; der **Ein|sen|de|schluss**

ein|set|zen; er setzt den Flicken ein; sie hat sich für die Kinder eingesetzt

die **Ein|sicht;** die Ein|sich|ten; in etwas Einsicht nehmen; **ein|sich|tig**

der **Ein|sied|ler**

ein|sper|ren; er sperrt ihn ein; er hat ihn eingesperrt

der **Ein|spruch;** die Ein|sprü|che; Einspruch erheben

ein|spu|rig; eine einspurige Straße

einst

der **Ein|stand** (Dienstantritt; *Tennis:* Gleichstand); die Ein|stän|de

ein|stei|gen; sie stieg in den Bus ein; *(umgangssprachlich auch:)* sie ist in die Politik eingestiegen

ein|stel|len; die Firma stellt Arbeiter ein; sie haben die Suche eingestellt (sie haben mit der Suche aufgehört)

ein|stel|lig; einstellige Zahlen

die **Ein|stiegs|dro|ge** (Droge, deren ständiger Genuss meist zur Einnahme stärkerer Drogen führt)

ein|stim|mig

einst|mals

der **Ein|sturz;** die Ein|stür|ze; **ein|stür|zen;** das Haus stürzt ein; das Haus ist eingestürzt; die **Ein|sturz|ge|fahr**

einst|wei|len

ein|tau|send; eintausend Jahre

ein|tö|nig; die **Ein|tö|nig|keit**

der **Ein|topf;** die Eintöpfe; das **Ein|topf|ge-richt**

die **Ein|tracht; ein|träch|tig** der **Ein|trag;** die Ein|trä|ge; **eintragen;** du trägst dich in die Liste ein; er trug den Namen ein; sie hat ihren Namen eingetragen; **ein|träg-lich** (lohnend); ein einträgliches Geschäft

ein|tre|ten; sie tritt ein; sie ist in das Zimmer eingetreten; sie hat die Tür eingetreten; der **Ein|tritt;** das **Ein|tritts|geld**

ein|ver|stan|den; das **Ein|ver|ständ|nis;** die Einverständnisse

die **Ein|waa|ge** (Gewicht des Inhalts einer Konservendose, Packung usw.)

der **Ein|wand;** die Ein|wän|de

der **Ein|wan|de|rer; ein|wan|dern;** du wanderst ein; sie ist eingewandert

ein|wand|frei

ein|wärts

die **Ein|weg|fla|sche** (Flasche, die nicht zurückgegeben wird)

ein|wen|den; du wendest ein; sie wendet ein; sie wandte, *auch:* wendete ein; sie hat eingewandt, *auch:* eingewendet

der **Ein|woh|ner;** die **Ein|woh|ne|rin;** die Einwohnerinnen; das **Ein|woh|ner|mel|de-amt;** die **Ein|woh|ner|zahl**

der **Ein|wurf** (das Einwerfen; eingeworfene Bemerkung; *Sport:* das Einwerfen des Balls, Pucks); die Ein|wür|fe

die **Ein|zahl** *Singular*

ein|zah|len; sie zahlt den Betrag ein; die **Ein|zah|lung**

ein|zei|lig (*mit Ziffer:* 1-zeilig)

das **Ein|zel** (*Sport:* Einzelspiel); der **Ein|zel-han|del;** die **Ein|zel|heit**

der **Ein|zel|ler** (einzelliges Lebewesen); **ein-zel|lig**

ein|zeln; bitte einzeln eintreten; jede einzelne Mitarbeiterin; der/die/das Einzelne; jeder Einzelne ist verantwortlich; die Dinge müssen im Einzelnen noch geklärt werden; vom Einzelnen zum Allgemeinen; das **Ein|zel|zim|mer**

ein|zie|hen; sie hat die Leine eingezogen; sie ist in das neue Haus eingezogen

ein|zig; wir waren die einzigen Gäste; das ist einzig und allein deine Schuld; der/die/das Einzige; kein Einziger; er als Einziger; sie als Einzige; **ein|zig|ar|tig;** das Einzigartige ist, dass ...

das **Eis;** des Ei|ses; Eis essen; ich habe drei Eis gegessen; Eis laufen; sie läuft Eis; sie ist Eis gelaufen; es ist zu dunkel[,] um Eis zu laufen; die **Eis|bahn;** die Eis|bahnen; der **Eis|bär;** des/dem/den Eis|bären; die Eis|bä|ren; das **Eis|bein** (eine Speise); der **Eis|berg**

das **Ei|sen;** die **Ei|sen|bahn;** die Ei|sen|bahnen; die **Ei|sen|zeit** (letzte Epoche der Vor- und Frühgeschichte)

ei|sern; eiserner Wille; die eiserne Lunge (Gerät zur künstlichen Beatmung); der eiserne Vorhang (der feuersichere Abschluss der Theaterbühne gegen den Zuschauerraum; ABER: der Eiserne Vorhang (die frühere undurchlässige Grenze zwischen Ost und West); das Eiserne Kreuz (ein Orden)

die **Eis|hei|li|gen** (bestimmte Tage im Mai mit erhöhter Frostgefahr) *Plural;* das **Eis|ho|ckey;** des Eishockeys; **ei|sig;** ein eisiger Blick; eisig kalte Tage; die Tage waren eisig kalt; **eis|kalt;** der **Eis|kunst|lauf;** **Eis lau|fen** *vergleiche:* **Eis**

der **Ei|sprung** (Ausstoßung des reifen Eis aus dem Eierstock)

der **Eis|schnell|lauf,** *auch:* **Eis|schnell-Lauf;** die **Eis|schol|le;** der **Eis|stock** (Gerät zum Eis[stock]schießen); das **Eis|stock|schie|ßen** (Eisschießen; ein Sport); der **Eis|tanz;** der **Eis|vo|gel;** der **Eis|zap|fen;** die **Eis|zeit**

ei|tel; eit|ler; am ei|tels|ten; ein eitler Mensch; die **Ei|tel|keit**

der **Ei|ter;** **ei|tern;** der Finger eitert; der Finger eiterte; der Finger hat geeitert; **eit|rig** *oder* **ei|te|rig**

das **Ei|weiß;** die Ei|wei|ße; 2 Eiweiß dazugeben; **ei|weiß|arm;** eiweißarme Nahrung; die **Ei|zel|le**

die **E|ja|ku|la|ti|on** (Samenerguss)

EKD = Evangelische Kirche in Deutschland

der **E|kel;** Ekel erregen; Ekel erregend, *auch:* ekelerregend; eine Ekel erregende, *auch:* ekelerregende Brühe; ABER NUR: eine großen Ekel erregende Brühe; eine äußerst ekelerregende, noch ekelerregendere Brühe; das **E|kel** (unverträglicher, unsympathischer Mensch); **e|kel|haft;** am e|kel|haf|tes|ten; sich **e|keln;** du ekelst dich; er ekelt sich; er hat sich geekelt; es ekelt mich *oder* mir sehr

EKG, Ekg = Elektrokardiogramm

ek|lig *oder* **e|ke|lig**

die **Ek|s|ta|se** (rauschhafte Begeisterung); **ek|s|ta|tisch**

E|ku|a|dor usw. ↑Ecuador usw.

das **Ek|zem** (eine Entzündung der Haut); die Ekzeme

der **E|lan** (Schwung); des Elans

e|las|tisch (dehnbar); die **E|las|ti|zi|tät** (Spannkraft)

die **El|be** (europäischer Strom)

der **Elch** (eine Hirschart); die El|che

das **El|do|ra|do** *oder* **Do|ra|do** (Traumland); des Eldorados *oder* Dorados; die Eldorados *oder* Dorados; ein Eldorado *oder* Dorado für Taucher

der **E|le|fant;** des/dem/den E|le|fan|ten; die E|le|fan|ten

e|le|gant (geschmackvoll; vornehm); am e|le|gan|tes|ten; die **E|le|ganz**

e|lek|t|ri|fi|zie|ren (auf elektrischen Betrieb umstellen); die Deutsche Bahn elektrifiziert; die Deutsche Bahn hat die Strecke elektrifiziert; der **E|lek|t|ri|ker;** **e|lek|t|risch;** eine elektrische Eisenbahn; ein elektrischer Zaun; sich **e|lek|t|ri|sie|ren;** sie elektrisierte sich; sie hat sich elektrisiert; die **E|lek|t|ri|zi|tät;** das **E|lek|t|ri|zi|täts|werk**

die **E|lek|t|ro|de**

die **E|lek|t|ro|gi|tar|re;** der **E|lek|t|ro|herd;** das **E|lek|t|ro|kar|di|o|gramm** (*Medizin:* grafische Darstellung elektrischer Erscheinungen, die die Herztätigkeit begleiten; *Abkürzung:* EKG); der **E|lek|t|ro|ma|g|net;** der **E|lek|t|ro|mo|tor;** das **E|lek|t|ron** [*auch:* e'lɛktrɔn *oder* elɛk'tro:n] (negativ geladenes Elementarteilchen); des Elektrons; die E|lek|t|ro|nen; das **E|lek|t|ro|nen|mi|k|ro|s|kop** (sehr starkes

Mikroskop, das mit Elektronenstrahlen arbeitet); die **E|lek|t|ro|nen|röh|re;** die **E|lek|t|ro|nik** (Zweig der Elektrotechnik; elektronische Ausstattung); **e|lek|t|ro|nisch;** elektronische Datenverarbeitung (*Abkürzung:* EDV); der **E|lek|t|ro|schock** (in der Psychiatrie oder als Folter: durch Stromstöße erzeugter Schock); die **E|lek|t|ro|tech|nik**

das **E|le|ment** (Urstoff, Grundbestandteil; chemischer Grundstoff; Naturgewalt; ein elektrisches Gerät); er fühlt sich in seinem Element; **e|le|men|tar** (naturhaft; einfach); eine elementare Gewalt; elementare Kenntnisse; das **E|le|men|tar|teil|chen** (Atombaustein)

e|lend; am e|lend[e]s|ten; das **E|lend;** **e|len|dig;** das **E|lends|vier|tel**

elf; wir sind zu elfen *oder* zu elft; ↑*auch:* acht; die **Elf** (Zahl; [Fußball]mannschaft)

die **El|fe** (ein Naturgeist); die Elfen

das **El|fen|bein;** [die] **El|fen|bein|küs|te** (Staat in Westafrika)

elf|jäh|rig; elf|mal ↑achtmal

der **Elf|me|ter** (Strafstoß vom Elfmeterpunkt beim Fußball); der **Elf|me|ter|punkt;** das **Elf|me|ter|schie|ßen**

das **Elf|tel;** die Elftel; **elf|tens**

e|li|mi|nie|ren (beseitigen); sie hat alle Fehler eliminiert

e|li|tär (einer Elite angehörend); eine elitäre Minderheit; die **E|li|te** (Auslese der Besten); die Eliten

der **Ell|bo|gen** *oder* **El|len|bo|gen; el|len|lang**

die **El|lip|se** (ein Kegelschnitt); die Ellipsen; **el|lip|tisch** (in Form einer Ellipse; unvollständig)

El Sal|va|dor (Staat in Mittelamerika)

das **El|sass;** des Elsass *oder* El|sas|ses

die **Els|ter;** die Elstern

el|ter|lich; die elterliche Fürsorge; die **El|tern** *Plural;* der **El|tern|ver|tre|ter**

die, *auch:* das **E-Mail** ['i:me:l] (elektronischer Daten- und Nachrichtenaustausch über Computernetze); die E-Mails; die **E-Mail-A|d|res|se**

das **E|mail** [e'mai̯] (Schmelzüberzug); des Emails; die Emails *und* die **E|mail|le** [e'maljə, *auch:* e'mai̯]; der Emaille; die Emaillen; **e|mail|lie|ren** [ema'ji:rən *oder* emal'ji:rən]; emailliertes Geschirr

die **E|man|zi|pa|ti|on; e|man|zi|piert** (mündig; gleichberechtigt)

das **Em|bar|go** (staatliches Verbot, mit einem bestimmten Staat Handel zu treiben); des Embargos; die Embargos

das **Em|b|lem** (Symbol; Hoheitszeichen); die Em|b|le|me

die **Em|bo|lie** (Verstopfung eines Blutgefäßes); die Em|bo|li|en

der **Em|b|ryo** (noch nicht geborenes Lebewesen); des Em|b|ry|os; die Em|b|ry|os *oder* die Em|b|ry|o|nen

der **E|mi|g|rant** (Auswanderer); des/dem/den E|mi|g|ran|ten; die E|mi|g|ran|ten; **e|mi|g|rie|ren;** sie emigriert; sie emigrierte; sie ist emigriert; emigriere!

der **E|mir** [*auch:* e'mi:ɐ̯] (arabischer Fürst); die E|mi|re; das **E|mi|rat** (arabisches Fürstentum); Vereinigte Arabische Emirate

die **E|mis|si|on** (das Ausströmen luftverunreinigender Stoffe); die Emissionen; der **E|mis|si|ons|grenz|wert**

Em|men|ta|ler; Emmentaler Käse; der **Em|men|ta|ler** (ein Käse)

die **E|mo|ti|on** (Gemütsbewegung); die E|mo|ti|o|nen; **e|mo|ti|o|nal** (gefühlsmäßig)

der **Emp|fang;** die Emp|fän|ge; **emp|fan|gen;** du empfängst; er empfängt; er empfing; er hat ihn empfangen; der **Emp|fän|ger;** **emp|fäng|lich;** die **Emp|fäng|nis;** **emp|fäng|nis|ver|hü|tend;** die **Emp|fäng|nis|ver|hü|tung**

emp|feh|len; du empfiehlst; sie empfiehlt; sie empfahl; sie hat empfohlen; empfiehl ihm dies doch!; **emp|feh|lens|wert;** die **Emp|feh|lung**

emp|fin|den; du empfindest; sie empfand; sie hat Reue empfunden; **emp|find|lich;** die **Emp|fin|dung**

em|por; die **Em|po|re** (der erhöhte Sitzraum in der Kirche); die Emporen

em|pö|ren; es empört ihn; es hat ihn empört; **em|por|stei|gen;** der Ballon steigt empor; er stieg empor; er ist emporgestiegen; die **Em|pö|rung**

die **Ems** (Fluss in Nordwestdeutschland)

em|sig

der **E|mu** (australischer Laufvogel); die Emus

die **E|mul|si|on** (Flüssigkeitsgemisch); die E|mul|si|o|nen

die **E̱-Mu|sik** (*kurz für:* ernste Musik)
das **En|de;** die Enden; am Ende sein; zu Ende sein, gehen, kommen; Ende Januar; letzten Endes; **en|den;** du endest; sie endet; sie endete; sie hat im Gefängnis geendet; ein nicht enden wollender Beifall
en dé|tail [ã: de'ta̯i] (im Kleinen; einzeln; im Einzelverkauf)
end|gül|tig
die **En|di|vie** [ɛn'di:vi̯ə] (eine Salatpflanze); der **En|di̱|vi|en|sa|lat**
der **End|kampf** *(Sport);* die **End|la|ge|rung** (endgültige Lagerung, besonders von radioaktivem Abfall); der **End|lauf** *(Sport);* **end|lich; end|los;** ein endloses Band; bis ins Endlose; die **Ẹnd|mo|rä|ne;** die **End|run|de;** der **End|spurt;** die Endspurts *oder* End|spur|te; die **End|sta|ti|on;** die **En|dung**
die **E|ner|gie̱** (die Tatkraft; die Fähigkeit, Arbeit zu leisten); die E|ner|gi|en; der **E|ner|gie̱|be|darf;** die **E|ner|gie̱|po|li|tik;** die **E|ner|gie̱|quel|le; e|nẹr|gisch**
eng; wir sind auf das, aufs engste, *auch:* auf das, aufs Engste befreundet; zwei eng befreundete Familien
das **En|ga|ge|ment** [ãgaʒə'mã:] (persönlicher Einsatz; [An]stellung); des Engagements; die Engagements; **en|ga|gie̱|ren** [ãga'ʒi:rən] (verpflichten, binden); der Schauspieler wurde nach München engagiert; du hast dich politisch engagiert (eingesetzt)
die **En|ge;** die Engen
der **En|gel;** die Engel
der **En|ger|ling** (die Maikäferlarve); die Engerlinge
Eng|land; der **Eng|län|der;** die **Eng|län|de|rin;** die Engländerinnen; **eng|lisch** ↑deutsch
der **Eng|pass;** des Eng|pas|ses; die Eng|päs|se
en gros [ã: 'gro:] (im Großen)
eng|stir|nig
der **En|kel;** die Enkel; die **En|ke|lin;** die Enkelinnen; das **En|kel|kind**
e|nọrm (außerordentlich; ungeheuer)
das **En|sem|b|le** [ã'sã:bl̩] (feste Gruppe von Musikern, Schauspielern usw., die bei Aufführungen gemeinsam auftreten); des Ensembles; die Ensembles

ent|beh|ren; du entbehrst; sie entbehrt; sie entbehrte; sie hat das Buch entbehrt; **ent|behr|lich;** die **Ent|beh|rung**
ent|bin|den; sie ist von einem Mädchen entbunden worden (sie hat ein Mädchen geboren); die **Ent|bin|dung**
ent|blö|ßen; du entblößt; er entblößt; er entblößte den Arm; er hat den Arm entblößt; entblöße deinen Arm!
ent|de|cken; du entdeckst; sie entdeckt; sie hat es entdeckt; der **Ent|de|cker;** die **Ent|de|ckung**
die **En|te**
ent|eig|nen; du enteignest; sie wurde enteignet; die **Ent|eig|nung**
ent|ei|sen (von Eis befreien); du enteist; die Tragflächen wurden enteist
ent|ei|se|nen (von Eisen befreien); enteisentes Mineralwasser
ent|er|ben; ich enterbe dich; seine Eltern haben ihn enterbt
der **En|te|rich;** die En|te|ri|che
en|tern; die Piraten enterten das Schiff (nahmen es gewaltsam in Besitz); sie haben das Schiff geentert
ent|fal|len; der letzte Abschnitt entfällt; mir ist das Datum entfallen (ich habe es vergessen)
ent|fer|nen; du entfernst; er entfernte; er hat das Etikett von der Flasche entfernt; sich entfernen; sie hat sich heimlich entfernt; die **Ent|fer|nung**
ent|füh|ren; er hat das Kind entführt; der **Ent|füh|rer;** die **Ent|füh|re|rin;** die Ent|füh|re|rin|nen; die **Ent|füh|rung**
ent|ge|gen; entgegen meinem Vorschlag; **ent|ge|gen|ge|setzt**
ent|ge|gen|kom|men; sie kommt mir entgegen; sie ist mir entgegengekommen; ABER: wir danken Ihnen für Ihr Entgegenkommen
ent|geg|nen; du entgegnest; sie entgegnet; sie entgegnete; sie hat ihm entgegnet, dass ...; die **Ent|geg|nung**
ent|ge|hen; er entging seinen Verfolgern; dieser Fehler ist mir entgangen (ich habe ihn nicht bemerkt); sie hat sich nichts entgehen lassen
das **Ent|gelt;** die Ent|gel|te; gegen, ohne Entgelt; **ent|gel|ten;** du entgiltst; sie entgilt; sie entgalt; sie hat mir meine Mühe entgolten (sie hat sie belohnt)

A B C D E F G H I J K L M N O P Q R S T U V W X Y Z

ent|glei|sen; der Zug entgleist; der Zug ist entgleist; die **Ent|glei|sung**

ent|hal|ten; das Wasser enthält Mineralien; das Wasser enthielt Bakterien; das Wasser hat Sauerstoff enthalten; sich enthalten; sie enthält sich der Stimme; sie hat sich jedes Kommentars enthalten; **ent|halt|sam;** die **Ent|halt|sam|keit;** die **Ent|hal|tung**

ent|hül|len; sie enthüllte das Denkmal; sie hat mir ihre Pläne enthüllt; die **Ent|hül|lung**

der **En|thu|si|as|mus** (Begeisterung); **en|thu|si|as|tisch**

ent|kal|ken; entkalkt

ent|kof|fe|i|nie|ren (von Koffein befreien); entkoffeinierter Kaffee

ent|kom|men; du entkommst; sie entkam; sie ist ihm entkommen

ent|kor|ken; du entkorkst die Flasche; du hast sie entkorkt

ent|lang; entlang dem Fluss (*selten:* des Flusses); am Ufer entlang; am Ufer *oder* das Ufer entlang laufen (nicht fahren); ABER: **ent|lang|lau|fen;** am, das Ufer entlanglaufen

ent|lar|ven; du entlarvst den Betrüger; sie entlarvte ihn; wir haben ihn entlarvt

ent|las|sen; du entlässt die Arbeiter; er entlässt sie; er entließ sie; er hat sie entlassen; die **Ent|las|sung**

ent|lau|fen; der Hund ist entlaufen

ent|le|di|gen; sie hat sich ihres Gegners entledigt (ist ihn losgeworden)

ent|le|gen (weit weg, abseits gelegen); die entlegenen Gebirgsdörfer

ent|lei|hen; du entleihst; sie entleiht; sie entlieh; sie hat das Buch entliehen

ent|mach|ten; der Diktator wurde entmachtet

ent|mu|ti|gen; der Rückschlag hat uns nicht entmutigt

ent|neh|men; du entnimmst eine Probe; die Ärztin hat eine Probe entnommen; ich entnehme deinen Worten, dass ...

sich **ent|pup|pen;** sie entpuppte sich als eine Betrügerin

ent|rah|men; entrahmte Milch

ent|rich|ten; sie hat eine Gebühr entrichtet

ent|rüm|peln; ich entrümple; sie hat den Keller entrümpelt

sich **ent|rüs|ten;** du entrüstest dich; er hat sich entrüstet; die **Ent|rüs|tung**

ent|schä|di|gen; du entschädigst ihn; sie hat ihn entschädigt; entschädige ihn für seinen Verlust!; die **Ent|schä|di|gung**

ent|schär|fen; man hat die Mine entschärft

ent|schei|den; du entscheidest; sie entscheidet; sie entschied; sie hat den Streit entschieden; entscheide gerecht!; sich entscheiden; er hat sich für ihn entschieden; die **Ent|schei|dung; ent|schie|den;** auf das, aufs entschiedenste *oder* auf das, aufs Entschiedenste; die **Ent|schie|den|heit**

sich **ent|schlie|ßen;** du entschließt dich; sie entschließt sich; sie entschloss sich; sie hat sich schnell entschlossen; die **Ent|schlie|ßung; ent|schlos|sen;** sie ist zu dieser Tat entschlossen; die **Ent|schlos|sen|heit;** der **Ent|schluss;** des Ent|schlus|ses; die Ent|schlüs|se

ent|schlüs|seln; ich entschlüssele; sie hat die Nachricht entschlüsselt

ent|schul|di|gen; du entschuldigst; sie entschuldigte unsere Verspätung; sie hat ihren Sohn entschuldigt; sich entschuldigen; er hat sich wegen seines Fehlens entschuldigt; die **Ent|schul|di|gung**

ent|set|zen; dieser Anblick hat ihn entsetzt; du entsetzt dich; sie entsetzt sich; sie hat sich entsetzt; das **Ent|set|zen; ent|setz|lich; ent|setzt**

ent|si|chern; ich entsichere das Gewehr; ich habe es entsichert

sich **ent|sin|nen;** du entsinnst dich; sie entsinnt sich; sie entsann sich; sie hat sich entsonnen; entsinne dich doch!

ent|sor|gen (von Müll, von Abfallstoffen befreien; beseitigen); Atomkraftwerke müssen entsorgt werden; die Firma entsorgt chemische Abfälle; die **Ent|sor|gung**

ent|span|nen; du entspannst; sie hat den Körper entspannt; sich entspannen; sie hat sich ein wenig entspannt; die **Ent|span|nung;** die **Ent|span|nungs|po|li|tik**

ent|spre|chend; entsprechend seinem Vorschlag *oder* seinem Vorschlag entsprechend; ABER: Entsprechendes, das Entsprechende gilt für ihn

ent|ste|hen; etwas entsteht; etwas entstand; etwas ist entstanden

ent|stel|len; Narben entstellten sein Gesicht

ent|stö|ren; er hat den Staubsauger entstört; die **Ent|stö|rung**

ent|täu|schen; du enttäuschst ihn; er hat ihn enttäuscht; enttäusche ihn nicht!; **ent|täuscht;** die **Ent|täu|schung**

ent|thro|nen; sie hat die Meisterin des Vorjahres entthront

die **Ent|war|nung**

ent|wäs|sern; sie entwässerten das Sumpfgebiet; die **Ent|wäs|se|rung;** der **Ent|wäs|se|rungs|gra|ben**

ent|we|der ... o|der; du musst dich entweder für uns oder gegen uns entscheiden; entweder du kommst mit, oder du bleibst zu Hause; das **Ent|we|der-o|der;** des Entweder-oder; die Entweder-oder

ent|wei|chen; es entwich Gas; der Dieb ist entwichen

ent|wen|den; sie entwendete ihm die Brieftasche; sie hat Geld entwendet

ent|wer|fen; du entwirfst; sie entwirft; sie entwarf; sie hat Pläne entworfen

ent|wer|ten; die Postangestellte entwertete die Briefmarke

ent|wi|ckeln; du entwickelst; sie hat den Film entwickelt; entwickle den Film!; die **Ent|wick|lung** *oder* **Ent|wi|cke|lung;** der **Ent|wick|lungs|hel|fer;** die **Ent|wick|lungs|hel|fe|rin;** die Entwicklungshelferinnen; die **Ent|wick|lungs|hil|fe;** das **Ent|wick|lungs|land** (Land mit noch unterentwickelter Wirtschaft); die Ent|wick|lungs|län|der

ent|win|den; sie entwand dem Angreifer das Messer

ent|wi|schen; du entwischst; sie ist entwischt

der **Ent|wurf;** die Ent|wür|fe

ent|zie|hen; er entzog ihm sein Vertrauen; die **Ent|zie|hung;** die **Ent|zie|hungs|kur**

ent|zif|fern; du entzifferst; sie hat das Schreiben entziffert

ent|zü|ckend

der **Ent|zug**

ent|zün|den; du entzündest; er hat das Feuer entzündet; entzünde das Feuer!; die **Ent|zün|dung;** **ent|zün|dungs|hem|mend**

ent|zwei; entzwei sein; **ent|zwei|bre|chen;** der Spiegel bricht entzwei; der Spiegel brach entzwei; der Spiegel ist entzweigebrochen; **ent|zwei|en;** du entzweist sie; er hat sie entzweit

der **En|zi|an** (eine Alpenpflanze; ein Schnaps); des Enzians; die En|zi|a|ne; **en|zi|an|blau**

die **En|zy|k|li|ka** (päpstliches Rundschreiben); die En|zy|k|li|ken

die **En|zy|k|lo|pä|die** (umfassendes Nachschlagewerk); die En|zy|k|lo|pä|di|en

das **En|zym** (vom Körper gebildetes Eiweiß, das den Stoffwechsel steuert); die En|zy|me

die **E|pen** ↑Epos

die **E|pi|de|mie** (Seuche, Massenerkrankung); die E|pi|de|mi|en; **e|pi|de|misch**

die **E|pik** (erzählende Dichtkunst)

die **E|pi|lep|sie** (Fallsucht); der **E|pi|lep|ti|ker;** die **E|pi|lep|ti|ke|rin;** die Epileptikerinnen; **e|pi|lep|tisch**

e|pisch; das epische Theater

die **E|pi|so|de** (Geschehnis ohne bleibende Bedeutung); die Episoden

die **E|pis|tel** (Apostelbrief im Neuen Testament; Strafpredigt); die Episteln

das **E|pi|zen|t|rum** (Punkt der Erdoberfläche, der senkrecht über dem Erdbebenherd liegt); die Epizentren

die **E|po|che** (Zeitabschnitt); eine Epoche machende Erfindung

das **E|pos** (erzählende Versdichtung; Heldengedicht); des Epos; die Epen

der **E|qua|li|zer** ['i:kvəlaizɐ] (Zusatzgerät an Verstärkern von Hi-Fi-Anlagen zur Klangverbesserung); des Equalizers; die Equalizer

die **E|quipe** [e'ki:p, *auch:* e'kɪp] ([Reiter]mannschaft); die E|qui|pen

er; er kommt; ABER: es war ein Er und keine Sie

er|ach|ten; du erachtest die Lösung als falsch; ABER: meinem Erachten nach *oder* meines Erachtens ist die Lösung falsch

die **Erb|an|la|ge**

sich **er|bar|men;** du erbarmst dich; er hat sich erbarmt; erbarme dich meiner!; das **Er|bar|men;** zum Erbarmen; habt Erbarmen!; **er|bärm|lich;** **er|bar|mungs|los**

er|bau|en; sie hat den Turm erbaut; sie war wenig erbaut (erfreut) davon

das **Er|be;** das kulturelle Erbe; der **Er|be;** des Erben; die Erben; der gesetzliche Erbe; **er|ben;** du erbst; sie erbt; sie erbte; sie hat ein Vermögen geerbt

er|beu|ten; du erbeutest einen Schatz; er hat einen Schatz erbeutet

die **Erb|fol|ge;** die **Er|bin;** die Erbinnen

er|bit|ten; du erbittest; er erbittet; er erbat; er hat eine Auskunft erbeten

er|bit|tert; ein erbitterter Streit; die **Erbit|te|rung**

er|blas|sen; du erblasst; er erblasst; er erblasste; er ist erblasst

er|blei|chen; du erbleichst; er erbleichte; er ist erbleicht

erb|lich

er|bli|cken; sie erblickte ihn; sie hat ihn erblickt

er|blin|den; sie ist im Alter erblindet

er|bre|chen; er erbricht; er erbrach; das Kind hat seinen Brei wieder erbrochen; ich musste mich erbrechen; das **Er|brechen**

die **Erb|schaft**

die **Erb|se**

die **Erb|sen|sup|pe**

das **Erb|stück;** die Erb|stü|cke

die **Erb|sün|de** (*christliche Religion:* angeborene Sündhaftigkeit)

das *oder* der **Erb|teil**

die **Erd|an|zie|hung;** das **Erd|be|ben;** die **Erdbee|re;** der **Erd|bo|den;** die Erdböden; die **Erd|dre|hung**

die **Er|de**

das **Erd|gas;** die **Erd|ge|schich|te;** das **Erd|geschoss;** des Erd|ge|schos|ses; die Erd|geschos|se; **er|dig;** die **Erd|kun|de;** die **Erdnuss;** die Erd|nüs|se; die **Erd|ober|fläche;** das **Erd|öl;** die Erdöl fördernden Länder

er|dros|seln; er erdrosselt ihn; er erdrosselte ihn; er hat ihn erdrosselt

er|drü|cken; der Bär hat ihn erdrückt; **erdrü|ckend;** eine erdrückende (sehr große) Übermacht

der **Erd|rutsch;** der **Erd|teil**

er|dul|den; du erduldest großes Leid; er erduldete es; er hat es erduldet

das **Erd|zeit|al|ter**

sich **er|eig|nen;** etwas ereignet sich; etwas hat sich ereignet; das **Er|eig|nis;** des Ereig|nis|ses; die Er|eig|nis|se

die **E|rek|ti|on** (Anschwellung und Aufrichtung, besonders des Penis); die E|rek|tio|nen

der **E|re|mit** (Einsiedler); des/dem/den E|remi|ten; die E|re|mi|ten

er|fah|ren; du erfährst; sie erfährt; sie erfuhr etwas Wichtiges; sie hat etwas Wichtiges erfahren; eine erfahrene Frau; die **Er|fah|rung; er|fah|rungs|ge|mäß**

er|fas|sen; er erfasst die Daten; er erfasste sie; er hat sie erfasst

er|fin|den; du erfindest; sie erfindet; sie erfand; sie hat eine neue Maschine erfunden; der **Er|fin|der;** die **Er|fin|de|rin;** die Erfinderinnen; **erfinderisch;** die **Erfin|dung**

der **Er|folg;** des Erfolg[e]s; die Er|fol|ge; Erfolg haben; Maßnahmen, die Erfolg versprechen; Erfolg versprechende, *auch:* erfolgversprechende Maßnahmen; ABER NUR: großen Erfolg versprechende Maßnahmen; höchst erfolgversprechende, noch erfolgversprechendere Maßnahmen; **er|fol|gen;** es ist keine Reaktion erfolgt; **er|folg|los;** das war der erfolgloseste Versuch; **er|folg|reich;** die **Erfolgs|aus|sich|ten** *Plural;* **er|folg|ver|sprechend** *vergleiche:* **Erfolg**

er|for|der|lich; er|for|dern; das hat damals viel Mut erfordert

er|for|schen; du erforschst; sie hat das Leben der Bienen erforscht

er|freu|en; du erfreust sie; er hat sie damit erfreut; sich an etwas erfreuen; sie hat sich bester Gesundheit erfreut; **erfreu|lich;** erfreuliche Ergebnisse; ABER: manches Erfreuliche; **er|freu|li|cher|weise**

er|frie|ren; du erfrierst; sie erfror; sie ist erfroren; sie hat sich die Füße erfroren

er|fri|schen; du erfrischst; ich habe mich erfrischt; **er|fri|schend;** am er|frischends|ten; die **Er|fri|schung**

er|fül|len; du erfüllst dein Versprechen; sie erfüllte es; sie hat es erfüllt; erfülle dein Versprechen!; die **Er|fül|lung**

Er|furt (Hauptstadt von Thüringen)

er|gän|zen; du ergänzt; sie ergänzt; sie ergänzte; sie hat den Satz ergänzt; ergänze den Satz!; die **Er|gän|zung**

er|gat|tern (*umgangssprachlich für:* sich durch Geschick verschaffen); sie hat noch eine Eintrittskarte ergattert

er|ge|ben; die Zählung ergibt eine große Mehrheit; sie ergab eine große Mehrheit; sie hat eine große Mehrheit ergeben; sich ergeben; er hat sich ins Unvermeidliche ergeben; das **Er|geb|nis;** des Er|geb|nis|ses; die Er|geb|nis|se; **er|geb|nis|los**

er|ge|hen; es erging ihm schlecht; wie ist es dir ergangen?

er|gie|big; die **Er|gie|big|keit**

er|göt|zen; du ergötzt mich; sie hat alle ergötzt

er|grei|fen; du ergreifst; sie ergreift; sie ergriff; sie hat den Stock ergriffen; **er|grei|fend;** sie hielt eine ergreifende Rede; **er|grif|fen;** sie war tief ergriffen (bewegt); die **Er|grif|fen|heit**

der **Er|guss;** des Er|gus|ses; die Er|güs|se; das **Er|guss|ge|stein** (vulkanisches Gestein)

er|ha|ben (erhöht); erhabene Stellen einer Druckplatte; erhabene (große) Gedanken; sie ist über jeden Verdacht erhaben (steht darüber)

er|hal|ten; du erhältst; sie erhält; sie erhielt; sie hat einen Brief erhalten; erhalten bleiben; etwas frisch erhalten; sich gesund erhalten; **er|hält|lich;** solche Bleistifte sind überall erhältlich; die **Er|hal|tung**

sich **er|hän|gen;** er hat sich erhängt

er|heb|lich; die **Er|he|bung**

er|hei|tern; das hat ihn erheitert; die **Er|hei|te|rung**

er|hit|zen; du erhitzt das Wasser; er hat es erhitzt; erhitze das Wasser!

er|hö|hen; die Firma erhöht die Preise; die Preise wurden erhöht

sich **er|ho|len;** du erholst dich; sie erholte sich; sie hat sich erholt; erhol[e] dich gut!; die **Er|ho|lung**

er|hö|ren; du erhörst ihn; er hat ihn erhört; erhöre ihn!

die **E̲|ri|ka** (Heidekraut); die Eriken

er|in|nern; du erinnerst ihn; sie erinnert ihn; sie erinnerte ihn; sie hat ihn an sein Versprechen erinnert; erinnere ihn daran!; sich erinnern; er hat sich an sie erinnert; die **Er|in|ne|rung**

E|ri|t|re̲a (Staat in Afrika)

sich **er|käl|ten;** du erkältest dich; sie erkältete sich; sie hat sich erkältet; erkälte dich nicht!; die **Er|käl|tung**

er|kenn|bar; er|ken|nen; du erkennst ihn; sie erkennt ihn; sie erkannte ihn; sie hat ihn erkannt; sich zu erkennen geben; **erkennt|lich;** sich erkenntlich zeigen; die **Er|kennt|nis;** der Erkenntnis; die Erkenntnisse

der **Er|ker;** die Erker

er|klä|ren; du erklärst; sie hat es erklärt; erkläre es ihm!; ein erklärter Gegner der Reform; die **Er|klä|rung**

er|kleck|lich (beträchtlich)

er|klin|gen; ein Lied erklang; die Glocken sind erklungen

er|kran|ken; sie ist erkrankt; die **Er|kran|kung**

er|kun|den; du erkundest; sie hat den Weg erkundet; erkunde alle Möglichkeiten!; sich **er|kun|di|gen;** du erkundigst dich; sie erkundigte sich; sie hat sich nach dem Weg erkundigt; erkundige dich doch!; die **Er|kun|di|gung**

er|lah|men; du erlahmst; er ist in seinen Bemühungen erlahmt; erlahme nicht!

der **Er|lass;** des Er|las|ses; die Er|las|se; **erlassen;** du erlässt; sie erlässt; sie erließ; sie hat ihm die Strafe erlassen; erlass ihm die Strafe!

er|lau|ben; du erlaubst es; sie hat es erlaubt; erlaube es ihr!; die **Er|laub|nis;** der Erlaubnis

er|läu|tern; du erläuterst; sie hat diesen Vorgang erläutert; erläutere den Hergang!; die **Er|läu|te|rung**

die **Er|le;** die Erlen

er|le|ben; du erlebst; sie erlebt; sie erlebte; sie hat etwas erlebt; das **Er|leb|nis;** des Erlebnisses; die Erlebnisse

Substantive auf *-nis* werden im Nominativ Singular nur mit einem *s* geschrieben, obwohl der Genitiv Singular und die Pluralformen mit Doppel-s gebildet werden.

er|le|di|gen; du erledigst; sie hat etwas erledigt; erledige diese Arbeit!

er|leich|tern; du erleichterst; er hat sein Gewissen erleichtert; erleichtere dich!; die **Er|leich|te|rung**

er|lei|den; du erleidest es; er erlitt eine Niederlage; sie haben den Tod erlitten

er|ler|nen; sie hat ein Handwerk erlernt

er|le|sen; erlesene Kostbarkeiten

die **Er|leuch|tung**

er|lie|gen; sie erlag der Krankheit; sie ist ihr erlegen

der **Er|lös;** die Er|lö|se

er|lö|schen; die Flamme erlischt; die Flamme erlosch; sie ist erloschen; ABER: das Erlöschen der Flamme

er|lö|sen; du erlöst; sie erlöst; sie erlöste; sie hat ihn erlöst; erlöse sie!; der **Er|lö|ser;** die **Er|lö|sung**

er|mäch|ti|gen (mit einer Vollmacht ausstatten); das Parlament hat ihn ermächtigt[,] Gesetze zu erlassen

er|mah|nen; du ermahnst; er hat ihn ermahnt; ermahne ihn[,] künftig pünktlich zu sein!; die **Er|mah|nung**

er|mä|ßi|gen; die Beiträge wurden ermäßigt; Eintritt zu ermäßigtem Preis; die **Er|mä|ßi|gung**

das **Er|mes|sen;** nach meinem Ermessen

er|mit|teln; du ermittelst; sie ermittelte; sie hat den Täter ermittelt; die **Er|mitt|lung;** das **Er|mitt|lungs|ver|fah|ren**

er|mög|li|chen; du ermöglichst; sie ermöglichte ihm das Studium; sie hat es ihm ermöglicht; ermögliche es ihm!

er|mor|den; er hat ihn ermordet

er|mü|den; du ermüdest; sie ermüdet; sie ist ermüdet (müde geworden); die Arbeit hat sie ermüdet (müde gemacht); die **Er|mü|dung;** die **Er|mü|dungs|er|schei|nung**

er|mun|tern; sie hat ihn dazu ermuntert

er|mu|ti|gen; du ermutigst ihn; sie ermutigte ihn; sie hat ihn dazu ermutigt[,] sich zu wehren; ermutige ihn!; die **Er|mu|ti|gung**

er|näh|ren; du ernährst ihn; sie ernährte ihn; sie hat ihn ernährt; die **Er|näh|rung**

er|nen|nen; der Bundespräsident ernannte die Ministerinnen und Minister; er hat sie ernannt; die **Er|nen|nung**

er|neu|ern; du erneuerst deinen Schwur; sie hat die Tapete erneuert; **er|neut** (wiederholt, abermals)

er|nied|ri|gen; er hat sich selbst erniedrigt; die **Er|nied|ri|gung**

ernst; erns|ter; am erns|tes|ten; ernst sein, werden, nehmen; ein ernst gemeinter Vorschlag; der **Ernst;** des Erns|tes; jetzt machen wir Ernst; im Ernst; allen Ernstes; der **Ernst|fall; ernst|haft; ernst|lich**

die **Ern|te;** das **Ern|te|dank|fest; ern|ten;** du erntest; sie erntete; sie hat geerntet

die **Er|nüch|te|rung**

er|o|bern; du eroberst; er hat die Stadt erobert; die **Er|o|be|rung**

er|öff|nen; sie hat ein Geschäft eröffnet; glänzende Aussichten eröffnen sich ihr; die **Er|öff|nung**

er|ör|tern; sie erörterte das Thema; sie hat es erörtert

die **E|ro|si|on** (Erdabtragung durch Wasser oder Wind)

die **E|ro|tik** (sinnliche Liebe, Sexualität); **e|ro|tisch**

der **Er|pel**

er|picht; auf etwas erpicht (begierig, versessen) sein

er|pres|sen; du erpresst ihn; er erpresst ihn; er erpresste ihn; er hat ihn erpresst; der **Er|pres|ser;** der **Er|pres|ser|brief;** die **Er|pres|se|rin;** die Erpresserinnen; die **Er|pres|sung**

er|pro|ben; man hat es erprobt; die **Er|pro|bung**

er|qui|cken; du erquickst den Durstigen; er hat ihn erquickt; die **Er|qui|ckung**

er|ra|ten; du errätst es; sie errät es; sie erriet es; sie hat es erraten; errate es!

er|re|gen; du erregst Aufsehen; sie hat Aufsehen erregt; sich erregen; er erregt sich wegen jeder Kleinigkeit; der **Er|re|ger** (Krankheitserreger); die **Er|re|gung**

er|rei|chen; du erreichst etwas; sie hat erreicht, was sie wollte

er|ret|ten; du errettest ihn; sie errettete ihn; sie hat ihn errettet; jemanden von *oder* vor etwas erretten

er|rich|ten; du errichtest; sie hat ein Gebäude errichtet; errichtet eine Barrikade!

er|rin|gen; sie errang eine Medaille; sie hat sie errungen

er|rö|ten; du errötest; er ist errötet; erröte nicht!

die **Er|run|gen|schaft**

der **Er|satz;** die **Er|satz|bank** *(Sport);* die Er|satz|bän|ke; der **Er|satz|dienst** (Zivildienst); der **Er|satz|mann;** die Er|satz|män|ner *oder* die Ersatzleute; der **Er|satz|spie|ler** *(Sport);* die **Er|satz|spie|le-**

rin; die Ersatzspielerinnen; das, *seltener:* der **Er|satz|teil**

er|sau|fen (*umgangssprachlich für:* ertrinken); er ersäuft; er ersoff; er ist ersoffen

er|schaf|fen; Gott erschuf den Menschen; Gott hat die Welt erschaffen

er|schei|nen; du erscheinst; sie erschien; sie ist erschienen; die **Er|schei|nung**

er|schie|ßen; du erschießt ihn; er erschießt ihn; er erschoss ihn; er hat ihn erschossen

er|schla|gen; du erschlägst ihn; er erschlägt ihn; er erschlug ihn; er hat ihn erschlagen

er|schlie|ßen; du erschließt; man erschloss die reichen Bodenschätze; die Gemeinde hat Bauland erschlossen (für die Bebauung vorbereitet)

er|schöpft; alle Mittel sind erschöpft (verbraucht); er war ganz erschöpft (kraftlos); die **Er|schöp|fung**

er|schre|cken (einen Schreck bekommen); du erschrickst; er erschrickt; er erschrak; er ist erschrocken; erschrick nicht!; **er|schre|cken** (in Schrecken versetzen); du erschreckst sie; er erschreckt sie; er erschreckte sie; er hat sie erschreckt; erschrecke sie nicht!

er|schüt|tern; das Erdbeben erschütterte die Häuser; das Erdbeben hat die Häuser erschüttert; **er|schüt|ternd;** das Fernsehen zeigte die erschütterndsten Bilder aus dem Krisengebiet; die **Er|schüt|terung**

er|schwe|ren; das hat [mir] die Arbeit sehr erschwert; das kommt erschwerend hinzu; die **Er|schwer|nis;** der Erschwernis; die Er|schwer|nis|se

er|set|zen; du ersetzt mir das; er hat es uns ersetzt

er|sicht|lich; ohne ersichtlichen Grund

er|spä|hen; du erspähst ihn; sie erspäht ihn; sie erspähte ihn; sie hat ihn erspäht

er|spa|ren; er hat sich ein Häuschen erspart; es ist ihm nichts erspart geblieben; die **Er|spar|nis;** der Ersparnis; die Er|spar|nis|se

er|sprieß|lich

erst; erst recht

er|star|ren; er erstarrte vor Entsetzen; die Lava ist erstarrt

er|stat|ten; die Firma erstattete [ihm] das Fahrgeld; er hat Meldung erstattet; die **Er|stat|tung**

er|stau|nen; du erstaunst; sie ist erstaunt (in Staunen geraten); sie hat mich durch ihren Mut erstaunt (in Staunen versetzt); **er|staun|lich**

erst|bes|te; die erstbeste Gelegenheit; ABER: wir nehmen nicht gleich den Erstbesten, den ersten Besten

ers|te

1. Kleinschreibung:
- der erste Schnee; die erste Rose; das erste Kind
- die erste Hilfe (bei Unglücksfällen)
- das erste Mal; beim, zum ersten Mal

2. Großschreibung:
Groß schreibt man die Substantivierung:
- sie kam als Erste ins Ziel
- er war der Erste, der das erwähnte; das Erste, was ich hörte
- vom nächsten Ersten an
- der Erste des Monats
- die Ersten werden die Letzten sein

Großgeschrieben wird »erste« auch als Bestandteil von Namen und Titeln:
- Otto der Erste
- der Erste Weltkrieg
- die Erste Bundesliga
- der Erste Bürgermeister
- der Erste Mai (Feiertag); ABER: der erste Januar

der **Ers|te-Hil|fe-Kurs;** des Ers|te-Hil|fe-Kurses

er|stei|gen; sie erstieg den Berg; sie hat den Berg erstiegen

er|stei|gern (bei einer Versteigerung erwerben); sie ersteigerte das Gemälde; sie hat es ersteigert

das **Ers|te[r]-Klas|se-Ab|teil;** des Erste[r]-Klasse-Abteil[e]s

ers|te Mal *vergleiche:* erste; **ers|tens;** der **Erst|ge|bo|re|ne,** *auch:* **Erst|ge|bor|ne;** ein Erstgebor[e]ner; die Erstgebor[e]nen; mehrere Erstgebor[e]ne; die **Erst|ge|bo|re|ne,** *auch:* **Erst|ge|bor|ne;** eine Erstgebor[e]ne

der **Erst|hel|fer** (jemand, der am Unfallort als Erster Hilfe leistet); die **Erst|hel|fe|rin;** die Ersthelferinnen

A B C D E F G H I J K L M N O P Q R S T U V W X Y Z

er|sti|cken; du erstickst; er erstickte; er ist erstickt (an Luftmangel gestorben); er hat ihn erstickt (durch Entzug der Atemluft getötet); die **Er|sti|ckungs|gefahr**

erst|klas|sig

der **Erst|kläss|ler** (*besonders süddeutsch für:* Schüler der ersten Klasse); des Erstklässlers; die Erstklässler; die **Erst|kläss|le|rin**; die Erstklässlerinnen

der **Erst|kom|mu|ni|kant** (*katholische Religion:* jemand, der erstmals die Kommunion empfängt); des/dem/den Erst|kom|mu|ni|kan|ten; die Erst|kom|mu|ni|kan|ten; die **Erst|kom|mu|ni|kan|tin;** die Erstkommunikantinnen; die **Erst|kom|mu|ni|on**

erst|ma|lig; erst|mals

er|strah|len; der Raum erstrahlte im Licht vieler Kerzen

er|stre|ben; du erstrebst; er erstrebte; er hat etwas erstrebt; **er|stre|bens|wert**

der **Erst|tags|stem|pel** (besonderer Poststempel)

er|su|chen; ich ersuche Sie[,] zu gehen

er|tap|pen; du ertappst ihn; sie ertappte ihn; sie hat ihn ertappt

er|tei|len; sie erteilte Unterricht; er hat mir einen Befehl erteilt

der **Er|trag;** des Ertrags *oder* Er|tra|ges; die Er|trä|ge; **er|tra|gen;** du erträgst; sie erträgt; sie ertrug die Schmerzen; wir haben ihn jahrelang ertragen; **er|träg|lich**

er|trän|ken; er hat die Kätzchen ertränkt

er|trin|ken; du ertrinkst; er ertrank; er ist ertrunken

die **E|rup|ti|on** (vulkanischer Ausbruch)

er|wa|chen; du erwachst; sie erwachte; sie ist erwacht; erwache!; ABER: es gab ein böses Erwachen

er|wach|sen; sie ist erwachsen; ein erwachsener Mensch; der **Er|wach|se|ne;** ein Erwachsener; die Erwachsenen; mehrere Erwachsene; die **Er|wach|se|ne;** eine Erwachsene

er|wä|gen; du erwägst; sie erwägt; sie erwog; sie hat den Plan erwogen; **er|wä|gens|wert;** die **Er|wä|gung**

er|wäh|nen; du erwähnst es; sie hat es erwähnt; erwähne den Vorfall nicht!; **er|wäh|nens|wert;** die **Er|wäh|nung**

er|wär|men; erwärme das Wasser auf 40 Grad; die **Er|wär|mung**

er|war|ten; du erwartest ihn; er hat ihn erwartet; erwarte ihn nicht mehr!; die **Er|war|tung; er|war|tungs|voll**

er|wei|sen; du erweist ihm eine Gefälligkeit; er erwies sie ihm; er hat sie ihm erwiesen

er|wei|tern; er hat seine Kenntnisse erweitert; einen Bruch erweitern (*Mathematik:* Zähler und Nenner mit derselben Zahl multiplizieren); die **Er|wei|te|rung**

er|wer|ben; du erwirbst etwas; er erwirbt etwas; er erwarb etwas; er hat etwas erworben; erwirb dir Wissen!; **er|werbs|los; er|werbs|tä|tig;** der **Er|werbs|tä|ti|ge;** ein Erwerbstätiger; die Erwerbstätigen; mehrere Erwerbstätige; die **Er|werbs|tä|ti|ge;** eine Erwerbstätige; **er|werbs|un|fä|hig** (invalide); die **Er|wer|bung**

er|wi|dern; du erwiderst; er erwidert; er erwiderte; er hat erwidert; erwidere nichts!; die **Er|wi|de|rung**

er|wi|schen; du erwischst ihn; er hat ihn erwischt

er|wünscht; die erwünschte Wirkung blieb aus

er|wür|gen; er hat sein Opfer erwürgt

das **Erz;** die Erze

er|zäh|len; du erzählst; sie erzählt gern; sie erzählte, was sie erlebt hatte; sie hat eine Geschichte erzählt; erzähle mir etwas!; die **Er|zäh|lung**

der **Erz|bi|schof;** die Erz|bi|schö|fe

er|zeu|gen; du erzeugst; er erzeugte; er hat etwas erzeugt; der **Er|zeu|ger;** die **Er|zeu|ge|rin;** die Erzeugerinnen; das **Er|zeug|nis;** des Erzeugnisses; die Erzeugnisse

erz|faul

das **Erz|ge|bir|ge** (Gebirge zwischen Deutschland und der Tschechischen Republik)

er|zie|hen; du erziehst ihn; sie erzog ihn; sie hat ihn erzogen; erziehe ihn zu einem selbstbewussten Menschen!; der **Er|zie|her;** die **Er|zie|he|rin;** die Er|zie|he|rin|nen; **er|zie|he|risch;** die **Er|zie|hung;** der **Er|zie|hungs|be|rech|tig|te;** ein Erziehungsberechtigter; die Erziehungsberechtigten; mehrere Erziehungsberechtigte; die **Er|zie|hungs|be|rech|tig|te;** eine Erziehungsberechtigte

er|zie|len; du erzielst ein Tor; er hat ein Tor erzielt

er|zür|nen; er ist erzürnt (zornig geworden); er hat ihn erzürnt (zornig gemacht); erzürne ihn nicht!

er|zwin|gen; du erzwingst; sie erzwang ein Geständnis; sie hat es erzwungen; erzwinge nichts!

es; es sei denn, dass...; er ist's, *auch:* ists, er sprach's, *auch:* sprachs; das unbekannte Es

die **E|sche;** die Eschen

der **E|sel;** die Esel; die **E|se|lei;** die **E|sels|brü|cke;** das **E|sels|ohr**

die **Es|ka|la|ti|on** (stufenweise Verschärfung der Situation)

der **Es|ki|mo;** des Eskimo *oder* des Eskimos; die Eskimo *oder* die Eskimos; *vergleiche:* Inuit

die **Es|kor|te** (begleitende Schutzwache; Geleit); die Eskorten

die **E|so|te|rik** (geheime, nicht rational begründete Lehren und Weltanschauungen)

die **Es|pe;** die Espen; das **Es|pen|laub**

das **Es|pe|ran|to** (eine künstliche Weltsprache)

der **Es|pres|so** (ein Kaffeegetränk); des Espresso[s]; die Espressos *oder* Espressi

ess|bar; das **Ess|be|steck**

die **Es|se** (der Schornstein); die Essen

es|sen; du isst; er isst; er aß; er hat gegessen; iss!; zu Mittag essen; das **Es|sen**

Es|sen (Stadt im Ruhrgebiet)

es|sen|ti|ell *vergleiche:* essenziell

die **Es|senz** (Auszug aus pflanzlichen oder tierischen Stoffen); der Essenz; die Essen|zen; **es|sen|zi|ell,** *auch:* **es|sen|ti|ell** (wesentlich)

der **Es|ser;** die **Es|se|rin;** die Esserinnen

der **Es|sig;** die Es|si|ge; die **Es|sig|es|senz**

der **Ess|löf|fel;** der **Ess|tisch;** das **Ess|zim|mer**

der **Es|te** [*auch:* ˈɛstə] (Einwohner von Estland); des Esten; die Esten; die **Es|tin;** die Estinnen; **Est|land** (nordosteuropäische Republik); der **Est|län|der;** die **Est|län|de|rin;** die Estländerinnen; **est|län|disch; est|nisch**

der **Es|t|rich** (fugenloser Fußboden); die Es|t|ri|che

das **Es|zett** (der Buchstabe ß); des Eszett; die Eszett

3*

sich **e|ta|b|lie|ren** (sich fest niederlassen; einen sicheren Platz gewinnen); du hast dich etabliert; etabliert sein

die **E|ta|ge** [eˈtaːʒə] (Stockwerk, Obergeschoss); die Etagen; das **E|ta|gen|bett;** die **E|ta|gen|woh|nung**

die **E|tap|pe** (Teilstrecke; Versorgungsgebiet hinter der Front); die Etappen; der **E|tap|pen|sieg**

der **E|tat** [eˈtaː] (Haushaltsplan; Geldmittel); des Etats; die Etats

etc. = et cetera

et ce|te|ra [ɛt ˈtseːtera] (und so weiter)

e|te|pe|te|te (geziert; zimperlich)

die **E|thik** (Sittenlehre); **e|thisch**

das **E|ti|kett** (Zettel mit Preisaufschrift, Schildchen); die E|ti|ket|te *oder* die E|ti|ket|ten, *auch:* die Etiketts; die **E|ti|ket|te** (Gesamtheit der gesellschaftlichen Umgangsformen); die Etiketten

et|li|che; etliche Tage; ich weiß etliches (manches); die Taten etlicher guter (*selten:* guten) Menschen; etliche Mal

die **E|tü|de** (*Musik:* Übungsstück)

das **E|tui** [etˈvi̯iː] (die Schutzhülle); die Etuis

et|wa; in etwa (annähernd); **et|was;** etwas Auffälliges, Derartiges, Passendes, ABER: etwas anderes, weniges; ↑andere; das **Et|was;** sie hat ein gewisses Etwas

EU = Europäische Union

euch *(auch in Briefen kleingeschrieben)*

die **Eu|cha|ris|tie** (Abendmahl in der katholischen Kirche); die Eu|cha|ris|ti|en

eu|er

- eu[e]re
- ich gedenke euer

Auch in Briefen wird »euer/eure« kleingeschrieben:

- viele Grüße sendet euch eure Petra

Wird »euer/eure« substantivisch gebraucht, kann man es klein- oder großschreiben:

- die Euern, Euren, Eurigen (eure Angehörigen), *auch:* die euern, euren, eurigen
- das Eu[e]re, Eurige (eure Habe), *auch:* eu[e]re, eurige
- ihr müsst das Eu[e]re *oder* Eurige, *auch:* eu[e]re *oder* eurige tun

In Titeln wird »euer/eure« großgeschrieben:

- Euer, Eure Hochwürden

A B C D E F G H I J K L M N O P Q R S T U V W X Y Z

eu|er|seits, eu|rer|seits; eu|ert|we|gen, eu|ret|we|gen

der **Eu|ka|lyp|tus** (in Australien heimischer Baum); des Eukalyptus; die Eukalyptus *oder* Eukalypten

die **Eu|le;** der **Eu|len|spie|gel** (Titelgestalt eines deutschen Volksbuches)

die **Eu|pho|rie** (Zustand gesteigerten Hochgefühls); **eu|pho|risch**

der **Eu|ph|rat** (Fluss in Vorderasien)

Eu|ra|si|en (Europa und Asien umfassende Landmasse)

der **Eu|ro** (europäische Währungseinheit); der Wechselkurs des Euros *oder* des Euro; das kostet zehn Euro; der **Eu|ro-cheque** ['ɔyroʃɛk] (bei den Banken fast aller europäischen Länder einzulösender Scheck); des Eurocheques; die Eurocheques

Eu|ro|pa; der **Eu|ro|pä|er;** die **Eu|ro|pä|e-rin;** die Europäerinnen **eu|ro|pä|isch;** das europäische Gleichgewicht; ABER: die Europäische Union; die **Eu|ro|pa|meis-ter|schaft;** das **Eu|ro|pa|par|la|ment;** der **Eu|ro|pa|po|kal;** die **Eu|ro|vi|si|on** (europäische Organisation zur gemeinsamen Veranstaltung von Fernsehsendungen); die **Eu|ro|vi|si|ons|sen|dung**

das **Eu|ter;** die Euter

ev. = evangelisch

e.V. = eingetragener Verein; *in Vereinsnamen auch groß:* **E. V.** = Eingetragener Verein

e|va|ku|ie|ren (ein Gebiet von Einwohnern räumen); sie haben die Bevölkerung evakuiert; die **E|va|ku|ie|rung**

e|van|ge|lisch; die evangelische Kirche; ABER: die Evangelische Kirche in Deutschland; **e|van|ge|lisch-lu|the|risch** (*Abkürzung:* ev.-luth.); der **E|van|ge|list;** des/dem/den E|van|ge|lis|ten; die vier E|van|ge|lis|ten; das **E|van|ge|li|um;** die E|van|ge|li|en

der *oder* das **E|vent** [i'vɛnt] (Veranstaltung); des Events; die Events

e|ven|tu|ell (möglicherweise eintretend; gegebenenfalls, unter Umständen); *Abkürzung:* evtl.

e|vi|dent (offensichtlich)

die **E|vo|lu|ti|on** (fortschreitende Entwicklung)

evtl. = eventuell

e|wig; ein ewiges Einerlei; das ewige Leben; der ewige Schnee; ABER: die Ewige Stadt (Rom); die **E|wig|keit**

e|x|akt (genau; sorgfältig; pünktlich); am e|x|ak|tes|ten; die exakten Wissenschaften (Naturwissenschaften und Mathematik)

das **E|x|a|men** (Prüfung); die Examen *oder* die E|x|a|mi|na

die **E|x|e|ku|ti|on** (Vollstreckung eines Urteils; Hinrichtung); die **E|x|e|ku|ti|ve** (vollziehende Gewalt im Staat)

das **E|x|em|pel** (Beispiel); die Exempel

das **E|x|em|p|lar** (einzelnes Stück); *Abkürzung:* Expl.; **e|x|em|p|la|risch** (musterhaft; warnend)

e|x|er|zie|ren; du exerzierst; er hat exerziert; der **E|x|er|zier|platz**

das **E|xil** (Verbannung); die E|xi|le

e|x|is|tent (wirklich, vorhanden); die **E|x-is|tenz** (Dasein; Auskommen); die E|x|is-ten|zen; **e|x|is|tie|ren** (vorhanden sein, leben); du existierst; sie hat für mich nicht mehr existiert

ex|klu|siv (ausschließlich einem bestimmten Personenkreis vorbehalten)

die **Ex|kom|mu|ni|ka|ti|on** (*katholische Religion:* Ausschluss aus der kirchlichen Gemeinschaft); **ex|kom|mu|ni|zie|ren;** er wurde exkommuniziert

die **Ex|kre|men|te** (Ausscheidung, Kot) *Plural*

der **E|x|odus** (Auszug); des Exodus; die Exodusse

der **E|x|or|zist** (Geisterbeschwörer); des/dem/den E|x|or|zis|ten; die E|x|or|zis-ten

e|xo|tisch (fremdländisch, fremdartig)

der **Ex|pan|der** (Trainingsgerät zur Stärkung der Arm- und Oberkörpermuskulatur); des Expanders; die Expander; **ex|pan-die|ren** (sich ausdehnen); das Gas ist expandiert; die Wirtschaft hat expandiert; die **Ex|pan|si|on** (Ausdehnung)

die **Ex|pe|di|ti|on** (Forschungsreise; Versandabteilung, Abfertigungsabteilung)

das **Ex|pe|ri|ment** (Versuch); die Ex|pe|ri-men|te; **ex|pe|ri|men|tie|ren;** du experimentierst; sie hat experimentiert

der **Ex|per|te** (Fachmann); des/dem/den Experten; die Experten; die **Ex|per|tin;** die Expertinnen

Expl. = Exemplar
ex|p|lo|die|ren; es explodiert; es explodierte; es ist explodiert; die **Ex|p|lo|si|on;** **ex|p|lo|siv** (leicht explodierend)
der **Ex|po|nent** (Hochzahl); des/dem/den Ex|po|nen|ten; die Ex|po|nen|ten; **ex|po|niert** (Angriffen oder bestimmten Wirkungen ausgesetzt)
der **Ex|port** (Ausfuhr); die Ex|por|te; Ex- und Import; **ex|por|tie|ren;** du exportierst; die Firma hat Maschinen exportiert
das **Ex|press|gut**
ex|qui|sit (ausgesucht, vorzüglich)
ex|tern (äußere)
ex|t|ra (nebenbei, außerdem, besonders, eigens); das **Ex|t|ra** (Sonderleistung, zusätzliches Zubehör); des Extras; die Extras
der **Ex|trakt** (Auszug aus Büchern; Auszug aus tierischen oder pflanzlichen Stoffen); die Ex|trak|te
ex|t|ra|ter|res|t|risch (außerirdisch)
die **Ex|t|ra|wurst;** jemandem eine Extrawurst braten (*umgangssprachlich für:* jemanden bevorzugt behandeln)
ex|t|rem (übertrieben); der **Ex|t|re|mis|mus;** der **Ex|t|re|mist** (Radikaler); des/dem/den Ex|t|re|mis|ten; die Ex|t|re|mis|ten; die **Ex|t|re|mis|tin;** die Extremistinnen; die **Ex|t|re|mi|tä|ten** (Gliedmaßen) *Plural*
ex|zel|lent (hervorragend)
ex|zen|t|risch (außerhalb des Mittelpunktes liegend; überspannt)
der **Ex|zess** (Ausschreitung); des Ex|zes|ses; die Ex|zes|se
der **Eye|li|ner** ['ailainɐ] (Flüssigkeit, mit der der Lidstrich aufgetragen wird)

F

das **F** (Buchstabe); des F; die F; ABER: das f in Schaf; eine Melodie in F-Dur, f-Moll
f = forte
die **Fa|bel** (Tiererzählung); die Fabeln; **fa|bel|haft;** das **Fa|bel|tier**
die **Fa|b|rik;** der **Fa|b|ri|kant** (Hersteller); des/dem/den Fa|b|ri|kan|ten; die Fa|b|ri|kan|ten; die **Fa|b|ri|kan|tin;** die Fabrikantinnen; das **Fa|b|ri|kat;** **fa|b|rik|neu;** **fa|b|ri|zie|ren** (herstellen); du fabrizierst
fa|bu|lie|ren (Geschichten erfinden); sie hat gern fabuliert
die **Fa|cet|te** [fa'sɛtə], *auch:* **Fas|set|te** (eckig geschliffene Fläche; Teilaspekt); das **Fa|cet|ten|au|ge,** *auch:* **Fas|set|ten|au|ge** (Netzauge bei Insekten)
das **Fach;** des Fach[e]s; die Fä|cher; der **Fach|ar|bei|ter;** die **Fach|ar|bei|te|rin;** der **Fach|arzt;** die **Fach|ärz|tin;** der **Fach|aus|druck;** das **Fach|buch**
fä|cheln; ich fäch[e]le; du fächelst; er fächelte; er hat sich Kühlung gefächelt; der **Fä|cher**
die **Fach|frau;** das **Fach|ge|biet;** **fach|ge|recht;** das **Fach|ge|schäft;** die **Fach|kun|de** (in der Berufsschule); der **Fach|leh|rer;** die **Fach|leh|re|rin;** **fach|lich;** der **Fach|mann;** die Fach|män|ner *oder* die Fach|leu|te; **fach|män|nisch;** die **Fach|schu|le;** **fach|sim|peln** (sich über fachliche Dinge unterhalten); du fachsimpelst; sie fachsimpelte; sie haben gefachsimpelt; die **Fach|spra|che;** das **Fach|werk|haus;** die **Fach|zeit|schrift**
die **Fa|ckel;** die Fackeln; **fa|ckeln;** du fackelst; er fackelt; er fackelte; er hat nicht lange gefackelt; fack[e]le nicht lange!; der **Fa|ckel|zug**
fad *oder* **fa|de** (geschmacklos; langweilig); am fa|des|ten
der **Fa|den;** die Fäden, *aber für das Längenmaß:* die Faden; 4 Faden tief; *Verkleinerungsform:* das Fäd|chen; das **Fa|den|kreuz;** **fa|den|schei|nig**
das **Fa|gott** (ein Holzblasinstrument); des Fagotts *oder* Fa|got|tes; die Fa|got|te
fä|hig; er ist keines Betruges fähig; er ist zu allem fähig; die **Fä|hig|keit**
fahl
fahn|den; du fahndest; sie fahndet; man hat nach dem Mörder gefahndet; fahnde nach ihm!; die **Fahn|dung**
die **Fah|ne;** *Verkleinerungsform:* das Fähnchen; die **Fah|nen|flucht** (Fernbleiben von der Truppe mit der Absicht, sich dem Wehrdienst zu entziehen); die **Fah|nen|stan|ge;** der **Fähn|rich**

der **Fahr|aus|weis** (Fahrkarte, Fahrschein); die **Fahr|bahn;** die Fahr|bah|nen

die **Fäh|re**

fah|ren; du fährst; sie fährt; sie fuhr; sie hat diesen Wagen gefahren; sie ist über den Bürgersteig gefahren; fahre vorsichtig!; Auto fahren; ich fahre Auto; Rad fahren; ich fahre Rad; ABER: das Autofahren; beim Radfahren; er hat seine Pläne fahren lassen (aufgegeben); sie hat ihn mit ihrem Auto fahren lassen

Fah|ren|heit; Grad Fahrenheit (Temperaturgrad auf der 180-teiligen Skala; *Zeichen:* °F); 32 Grad Fahrenheit (32 °F)

der **Fah|rer;** die **Fah|rer|flucht;** die **Fah|re|rin;** die Fahrerinnen; der **Fahr|gast;** die Fahrgäs|te; das **Fahr|geld**

fah|rig; eine fahrige Bewegung

die **Fahr|kar|te;** der **Fahr|kar|ten|au|to|mat;** die **Fahr|kos|ten** *oder* die **Fahrt|kos|ten** *Plural*

fahr|läs|sig; fahrlässige Tötung

der **Fahr|leh|rer;** die **Fahr|leh|re|rin**

der **Fähr|mann;** die Fähr|män|ner *oder* die Fähr|leu|te

der **Fahr|plan; fahr|plan|mä|ßig;** der **Fahrpreis;** die **Fahr|prü|fung;** das **Fahr|rad;** die Fahr|rä|der; der **Fahr|rad|weg;** der **Fahrschein;** die **Fahr|schu|le;** der **Fahr|stuhl;** die **Fahrt;** die Fahr|ten; eine Fahrt ins Blaue

die **Fähr|te** (Spur)

das **Fahr|ten|mes|ser;** die **Fahrt|kos|ten** *oder* die **Fahr|kos|ten** *Plural*; die **Fahrt|richtung;** die **Fahr|tüch|tig|keit;** das **Fahr|wasser;** das **Fahr|werk** (eines Flugzeugs); das **Fahr|zeug**

fair [fɛːɐ̯] (einwandfrei; anständig); ein faires Spiel; die **Fair|ness** [ˈfɛːɐ̯nɛs]; das **Fair|play** [ˈfɛːɐ̯pleɪ], *auch:* **Fair Play** (anständiges Spiel); des Fairplay, *auch:* Fair Play

die **Fä|ka|li|en** (Kot) *Plural*

der **Fa|kir** (Asket; Zauberer); die Fa|ki|re

der, *auch:* das **Fakt** (Tatsache); des Fakts *oder* Fak|tes; die Fak|ten, *auch:* Fakts; **fak|tisch** (tatsächlich)

der **Fak|tor** (Vervielfältigungszahl; Grund, Umstand); die Fak|to|ren

das **Fak|tum** (Tatsache); die Fak|ten

die **Fa|kul|tät** (Abteilung einer Hochschule); die Fa|kul|tä|ten

der **Fal|ke;** des Falken; die Falken

die **Falk|land|in|seln** *Plural* (Inseln östlich der Südspitze Südamerikas)

der **Falk|ner** (jemand, der Greifvögel abrichtet); die **Falk|ne|rin;** die Falknerinnen

der **Fall;** die Fäl|le; für den Fall, dass ...; gesetzt den Fall, dass ...; im Fall[e], dass ... *oder* im Fall[e] dass ...; von Fall zu Fall. *Klein und zusammen:* bestenfalls; schlimmstenfalls; allenfalls; andernfalls *oder* anderenfalls; äußerstenfalls; gegebenenfalls; jedenfalls; keinesfalls; das **Fall|beil;** die **Fall|brü|cke**

die **Fal|le**

fal|len; du fällst; sie fällt; sie fiel; sie ist gefallen; fall[e] nicht!; sie hat eine Bemerkung fallen lassen (*seltener:* fallen gelassen)

fäl|len; du fällst; er fällt; er fällte; er hat den Baum gefällt; fäll[e] die Tanne!

die **Fall|gru|be**

fäl|lig

das **Fall|obst;** das **Fall|reep** (Leiter, die an der Bordwand herabgelassen wird); die Fallree|pe; der **Fall|rück|zie|her** *(Fußball)*

falls; kommen Sie bitte, falls möglich, etwas früher

der **Fall|schirm;** der **Fall|schirm|jä|ger;** der **Fall|schirm|sprin|ger;** die **Fall|schirmsprin|ge|rin;**

falsch; fal|scher; am fal|sches|ten; Falsch und Richtig nicht unterscheiden können; falscher Hase (Hackbraten); falsch spielen (beim Spiel betrügen); du spielst falsch; er hat falsch gespielt; **fäl|schen;** du fälschst; er fälscht; er fälschte; er hat den Scheck gefälscht; fälsche nie!; der **Fäl|scher;** die **Fäl|sche|rin;** die Fälscherinnen; das **Falsch|geld; fälsch|lich;** die **Falsch|mel|dung;** der **Falsch|mün|zer;** die **Fäl|schung; fäl|schungs|si|cher**

das **Fal|sett** (*Musik:* Kopfstimme); die Falset|te

das **Falt|boot** (zerlegbares Paddelboot); die **Fal|te;** *Verkleinerungsform:* das Fältchen; **fal|ten;** du faltest; sie faltet; sie faltete; sie hat das Blatt gefaltet; falte das Blatt zweimal!; der **Fal|ter; fal|tig**

der **Falz;** die Fal|ze; **fal|zen;** du falzt; sie falzte; sie hat den Bogen gefalzt; falze das Blatt!

fa|mi|li|är (vertraut, eng verbunden); die **Fa|mi|lie;** die Fa|mi|li|en; der **Fa|mi|li|enna|me;** der **Fa|mi|li|en|va|ter**

fa|mos (ausgezeichnet, prächtig)

der **Fan** [fɛn] (begeisterter Anhänger); des Fans; die Fans

der **Fa|na|ti|ker** (Eiferer); die **Fa|na|ti|ke|rin;** die Fanatikerinnen; **fa|na|tisch** (sich unbedingt, rücksichtslos einsetzend); der **Fa|na|tis|mus;** des Fanatismus

die **Fan|fa|re** (Trompetengeschmetter; ein Blasinstrument)

der **Fang;** die Fän|ge; der **Fang|arm; fan|gen;** du fängst; sie fängt; sie fing; sie hat den Ball gefangen; fang[e] den Ball!; wir wollen Fangen spielen; die **Fang|fra|ge**

der **Fan|klub,** *auch:* **Fan|club**

die **Fan|ta|sie,** *auch:* **Phan|ta|sie** (Wunschbild, Vorstellungskraft); die Fan|ta|si|en, *auch:* Phan|ta|si|en; **fan|ta|sie|ren,** *auch:* **phan|ta|sie|ren;** du fantasierst, *auch:* phantasierst; er fantasiert, *auch:* phantasiert; fantasier[e], *auch:* phantasiere nicht!; **fan|ta|sie|voll,** *auch:* **phan|ta|sie-voll; fan|tas|tisch,** *auch:* **phan|tas|tisch**

die **Fan|ta|sy** [ˈfɛntəzi] (Roman- und Filmgattung, die märchenhafte, mythische Fantasiewelten darstellt)

fa|ra|day|scher Kä|fig [ˈfaradeːʃɐ ...], *auch:* **Fa|ra|day'scher Kä|fig** *(Physik)*

die **Far|be;** eine blaue Farbe; die Farbe Blau; **farb|echt; fär|ben;** du färbst; er hat den Stoff gefärbt; färbe den Stoff!; **far|ben-blind; far|ben|froh;** die **Fär|be|rei;** das **Farb|fern|se|hen;** der **Farb|fern|se|her;** der **Farb|film; far|big;** der **Far|bi|ge;** ein Farbiger; die Farbigen; zwei Farbige; die **Far|bi|ge;** eine Farbige; der **Farb|kas|ten** *oder* **Far|ben|kas|ten; farb|lich; farb|los;** am farb|lo|ses|ten; der **Farb|stift;** der **Farb|stoff;** der **Farb|ton;** die **Fär|bung**

die **Farm;** die Far|men; der **Far|mer;** die **Far-me|rin;** die Farmerinnen

der **Farn;** die Far|ne; das **Farn|kraut**

die **Fär|se** (Kuh, die noch nicht gekalbt hat); die Färsen; ↑ABER: Ferse

der **Fa|san;** des Fasans; die Fa|sa|ne *oder* die Fa|sa|nen

der **Fa|sching;** die Fa|schin|ge *oder* die Faschings; das **Fa|schings|kos|tüm**

der **Fa|schis|mus** (eine antidemokratische Staatsauffassung); der **Fa|schist;** des/dem/den Fa|schis|ten; die Fa|schis|ten; die **Fa|schis|tin;** die Faschistinnen; **fa-schis|tisch**

fa|seln; du faselst; er faselte; er hat dummes Zeug gefaselt; fas[e]le nicht!

die **Fa|ser; fa|se|rig**

das **Fass;** des Fas|ses; die Fäs|ser; zwei Fass Bier

die **Fas|sa|de** (Vorderseite, Schauseite)

fas|sen; du fasst; er fasst; er fasste; er hat den Dieb gefasst; fasse *oder* fass ihn!; sich fassen; er hat sich inzwischen wieder gefasst

die **Fas|set|te** *vergleiche:* **Fa|cet|te;** das **Fas-set|ten|au|ge** *vergleiche:* **Fa|cet|ten|au|ge**

fass|lich (verständlich)

die **Fas|son** [faˈsõː] (Form, Muster, Art); die Fassons; aus der Fasson geraten

die **Fas|sung; fas|sungs|los**

fast (beinahe)

fas|ten; du fastest; sie fastet; sie fastete; sie hat gefastet; faste!; die **Fas|ten|zeit**

das **Fast|food** [ˈfaːstfuːt], *auch:* **Fast Food** (schnell zubereitete und schnell verzehrte billigere Gerichte); des Fastfood[s], *auch:* Fast Food[s]

die **Fast|nacht;** der **Fast|nachts|diens|tag**

der **Fast|tag**

die **Fas|zi|na|ti|on** (bezaubernde Wirkung, Anziehungskraft); **fas|zi|nie|ren** (fesselnd, bezaubernd wirken); du faszinierst ihn; er hat mich fasziniert; ein faszinierendes Lächeln

fa|tal (verhängnisvoll; peinlich)

die **Fa|ta Mor|ga|na** (Luftspiegelung, Trugbild); die Fata Morganen *oder* die Fata Morganas

der **Fatz|ke** (*umgangssprachlich für:* eitler Mann); des Fatzken *oder* des Fatzkes; die Fatzken *oder* die Fatzkes

fau|chen; die Katze faucht; sie fauchte; sie hat gefaucht

faul; faule Ausreden; ein fauler Zauber; auf der faulen Haut liegen; **fau|len;** etwas fault; etwas faulte; etwas ist gefault *oder* etwas hat gefault; **fau|len|zen;** du faulenzt; sie faulenzt; sie hat gefaulenzt; faulenz[e] nicht!; der **Fau|len|zer;** die **Fau|len|ze|rin;** die Faulenzerinnen; die **Faul|heit;** die **Fäul|nis;** der **Faul|pelz;** der **Faul|schlamm;** das **Faul|tier**

der **Faun** (Waldgeist; lüsterner Mensch); die Fau|ne; die **Fau|na** (Tierwelt)

die **Faust;** die Fäus|te; der **Faust|ball; faust-dick;** sie hat es faustdick hinter den Oh-

A B C D E F G H I J K L M N O P Q R S T U V W X Y Z

ren; **faus|ten;** du faustest; sie faustete; sie hat den Ball über die Latte gefaustet; der **Fäust|ling** (Fausthandschuh); das **Faust|pfand** (Machtmittel, um Forderungen durchzusetzen); das **Faust|recht** (Selbsthilfe durch Gewalt); die **Faust|regel;** der **Faust|schlag**

fa|vo|ri|sie|ren (bevorzugen; als Sieger erwarten); er favorisiert eine schnelle Lösung; sie gehört zu den favorisierten Teilnehmerinnen; der **Fa|vo|rit** (Günstling; erwarteter Sieger im Wettkampf); des/dem/den Fa|vo|ri|ten; die Fa|vo|ri|ten; die **Fa|vo|ri|tin;** die Favoritinnen

das **Fax** (*kurz für:* Telefax); des Fax; die Fax *oder* die Fa|xe; der **Fax|an|schluss; fa|xen;** du faxt; sie faxt; sie hat gefaxt

die **Fa|xen** (Grimassen; Albernheiten) *Plural*

das **Fa|zit** (Ergebnis; Schlussfolgerung); die Fa|zi|te *oder* die Fazits

das *oder* der **FBI** [ɛfbiːˈaɪ] = Federal Bureau of Investigation (Kriminalpolizei der USA)

das **FCKW** = Fluorchlorkohlenwasserstoff

FDP, *(parteiamtlich:)* **F.D.P.** = Freie Demokratische Partei

der **Fe|b|ru|ar;** des Februar *und* des Februars

fech|ten; du fichtst; sie ficht; sie focht; sie hat gefochten; ficht!; der **Fech|ter;** die **Fech|te|rin;** die Fechterinnen; die **Fecht|mas|ke**

die **Fe|der;** der **Fe|der|ball;** das **Fe|der|bett;** das **Fe|der|ge|wicht;** der **Fe|der|hal|ter;** **fe|dern;** etwas federt; etwas federte; etwas hat gefedert; die **Fe|de|rung;** der **Fe|der|wei|ße** (junger, noch gärender Wein); des Federweißen; die Federweißen; die **Fe|der|zeich|nung**

die **Fee** (eine weibliche Märchengestalt); die Fe|en; **fe|en|haft**

das **Fe|ge|feu|er**

fe|gen; du fegst; er fegt; er fegte; er hat die Straße gefegt; der Sturm ist übers Land gefegt; feg[e] den Hof!

die **Feh|de;** der **Feh|de|hand|schuh**

fehl; fehl am Platz; die **Fehl|an|zei|ge;** der **Fehl|be|trag;** die **Fehl|bil|dung; feh|len;** du fehlst; er hat in der Schule gefehlt; fehl[e] nicht so oft!; der **Feh|ler; feh|ler|frei; feh|ler|haft; feh|ler|los;** die **Feh|ler|quel|le;** die **Fehl|ge|burt; fehl|grei|fen;** er greift fehl; er hat fehlgegriffen; der **Fehl|griff;** der **Fehl|pass** *(Sport);* der **Fehl|schlag;** die Fehl|schlä|ge; **fehl|schla|gen;** der Versuch schlug fehl; er ist fehlgeschlagen; der **Fehl|start** *(Sport);* die **Fehl|zün|dung**

die **Fei|er;** der **Fei|er|a|bend; fei|er|lich; fei|ern;** du feierst; sie hat ihren Geburtstag gefeiert; der **Fei|er|tag;** des Feiertags, ABER: **fei|er|tags;** sonn- und feiertags

feig *oder* **fei|ge**

die **Fei|ge** (Frucht des Feigenbaumes); der **Fei|gen|kak|tus**

die **Feig|heit;** der **Feig|ling**

feil|bie|ten; er bietet feil; er hat seine Ware feilgeboten

die **Fei|le; fei|len;** du feilst; sie hat gefeilt; feil[e] noch etwas an deinem Aufsatz!

feil|schen; du feilschst; sie feilscht; sie feilschte; sie hat gefeilscht; feilsche nicht!

fein; fein gemahlenes Mehl; das Mehl ist fein gemahlen; sie hat sich heute besonders fein gemacht

der **Feind;** jemandes Feind sein, bleiben, werden; jemandem Feind bleiben, sein, werden *(veraltet);* die **Fein|din;** die Feindinnen; **feind|lich;** die **Feind|schaft; feind|se|lig**

fein|füh|lig; das **Fein|ge|fühl;** die **Fein|heit;** die Fein|hei|ten; der **Fein|me|cha|ni|ker;** die **Fein|me|cha|ni|ke|rin;** der **Fein|schme|cker;** die **Fein|schme|cke|rin;** die Feinschmeckerinnen

feist (wohl genährt, fett); feis|ter; am feis|tes|ten

fei|xen (grinsend lachen); du feixt; er feixt; er feixte; er hat gefeixt; feixe nicht!

der **Fel|chen** (ein Fisch); des Felchen; die Felchen

das **Feld;** die Fel|der; ein elektrisches Feld; ins Feld (in den Krieg) ziehen; Feld- und Gartenfrüchte; die **Feld|ar|beit**

der **Feld|berg** (Berg im Schwarzwald)

die **Feld|fla|sche;** die **Feld|frucht;** die Feldfrüch|te *meist Plural;* der **Feld|herr;** der **Feld|jä|ger** (Waffengattung mit polizeilichen Aufgaben); die Feldjäger; die **Feldmaus;** der **Feld|spat** (ein Mineral); des Feldspats *oder* Feld|spa|tes; die Feldspa|te; der **Feld|spie|ler** (im Unterschied zum Torwart); die **Feld|spie|le|rin;** der **Feld|ste|cher** (Fernglas); der **Feld|verweis** *(Sport);* der **Feld|we|bel** (militärischer Dienstgrad); des Feldwebels; die Feldwebel; der **Feld|weg**

der **Felg|auf|schwung** (Turnübung); die **Felge** (Teil des Rades; Turnübung); die Felgen; die **Fel|gen|brem|se**

das **Fell;** die Fel|le; ein dickes Fell haben

der **Fels;** des Fel|sen[s]; die Fel|sen; der **Felsblock;** die Fels|blö|cke; der **Fel|sen;** des Felsens; die Felsen; **fel|sen|fest; fel|sig;** die **Fels|wand**

die **Fe|me** (heimliches Gericht); die Femen; der **Fe|me|mord;** das **Fem|ge|richt**

fe|mi|nin (weiblich); das **Fe|mi|ni|num** (weibliches Substantiv); die **Fe|mi|nis|tin** (Vertreterin einer vollen Gleichstellung von Mann und Frau); die Feministinnen

der **Fen|chel** (eine Heilpflanze)

das **Fens|ter;** die Fenster; die **Fens|ter|bank;** die Fens|ter|bän|ke; der **Fens|ter|la|den;** die Fensterläden, *selten:* die Fensterladen; der **Fens|ter|platz;** der **Fens|ter|rahmen;** die **Fens|ter|schei|be**

die **Fe|ri|en** *Plural;* die großen Ferien; das **Feri|en|la|ger**

das **Fer|kel;** die Ferkel

die **Fer|ma|te** (*Musik:* Haltezeichen)

das **Fer|ment** (eine organische Verbindung); die Fer|men|te; **fer|men|tie|ren** (durch Fermente veredeln); er hat den Tabak fermentiert

fern

Kleinschreibung:
- ferne Länder
- fern allem Trubel
- von nah und fern
- von fern

Großschreibung der Substantivierung und in Eigennamen:
- das Ferne suchen
- der Ferne Osten (Ostasien)

Man schreibt »fern« vom folgenden Wort getrennt, wenn es sinnvoll – wenigstens durch »sehr« oder »ganz« – erweitert oder gesteigert werden kann:
- jemanden von etwas möglichst weit fern halten
- es hat mir sehr fern gelegen, ihre Worte anzuzweifeln

Vergleiche aber: fernbleiben, fernsehen

die **Fern|be|die|nung; fern|blei|ben;** er ist dem Unterricht ferngeblieben; fernzubleiben; die **Fer|ne;** die Fernen; **fer|ner;** der **Fern|fah|rer;** die **Fern|fah|re|rin;** das **Fern|ge|spräch;** das **Fern|glas;** die Fernglä|ser

fern hal|ten *vergleiche:* **fern**

die **Fern|hei|zung;** der **Fern|last|zug**

fern lie|gen *vergleiche:* **fern**

fern|münd|lich (telefonisch); das **Fernrohr;** das **Fern|schrei|ben;** der **Fern|schreiber; fern|schrift|lich**

der **Fern|seh|ap|pa|rat; fern|se|hen;** sie sieht fern; sie hat ferngesehen; das **Fern|sehen;** der **Fern|se|her;** das **Fern|seh|ge|rät;** die **Fern|seh|ka|me|ra;** der **Fern|seh|sender;** die **Fern|seh|sen|dung;** der **Fern|sehzu|schau|er;** die **Fern|seh|zu|schau|e|rin**

der **Fern|spre|cher** (Telefon); die **Fern|stra|ße;** die **Fern|wär|me** (aus der Fernheizung)

die **Fer|se** (hinterer Teil des Fußes); *vergleiche aber:* Färse; das **Fer|sen|geld;** Fersengeld geben (*umgangssprachlich für:* fliehen)

fer|tig

Wie alle Adjektive, die auf »-ig« enden, wird »fertig« vom folgenden Verb oder Partizip immer getrennt geschrieben:
- fertig sein, werden
- fertig bringen (zustande bringen); sie hat es fertig gebracht, den Streit zu schlichten
- hast du das Päckchen schon fertig gemacht?; die Hitze hat mich völlig fertig gemacht (mich erschöpft)
- sie setzten alles daran, den Bau rechtzeitig fertig zu stellen

fer|tig brin|gen *vergleiche:* **fertig**

das **Fer|tig|ge|richt;** das **Fer|tig|haus;** die **Fertig|keit**

fer|tig ma|chen, fer|tig stel|len *vergleiche:* **fertig**

fesch (schick, flott); der fe|sches|te Hut

die **Fes|sel;** die Fesseln; **fes|seln;** du fesselst ihn; er fesselt ihn; er fesselte ihn; er hat ihn gefesselt; fessele *oder* fessle ihn!

fest; am fes|tes|ten; fester Wohnsitz

das **Fest;** der **Fest|akt**

fest|bin|den; er bindet die Kuh fest; er

hat die Kuh festgebunden; ABER: **fest bin|den;** du sollst die Schleife ganz fest binden; **fest|blei|ben** (nicht nachgeben); sie ist in ihrem Entschluss festgeblieben; festzubleiben; **fest|hal|ten;** sie hält ihn fest; sie hat ihn festgehalten; **fes|ti|gen;** sie hat ihre Stellung gefestigt

das **Fes|ti|val** ['fɛstivl̩, 'fɛstival] (künstlerische Großveranstaltung); des Festivals; die Festivals

das **Fest|land;** der **Fest|land[s]|so|ckel** *(Geographie)*

fest|le|gen; sie hat die Hausordnung festgelegt; sich festlegen; mit dieser Äußerung hast du dich festgelegt

fest|lich

fest|ma|chen (befestigen; vereinbaren); ich habe nichts mit ihm festgemacht; festzumachen; die **Fest|nah|me;** die Festnahmen; **fest|neh|men;** die Polizei hat ihn vorläufig festgenommen; die **Fest|plat|te; fest|set|zen** (bestimmen, anordnen; gefangen setzen); man hat ihn festgesetzt

das **Fest|spiel;** die Salzburger Festspiele

fest|ste|hen (festgelegt sein; sicher, gewiss sein); fest steht, dass ...; es hat festgestanden, dass ...; **fest|stel|len;** sie stellte fest, dass ...; sie hat festgestellt, dass ...; die **Fest|stel|lung**

der **Fest|tag;** des Festtags, ABER: **fest|tags;** sonn- und festtags

die **Fes|tung**

die **Fe|te** (*umgangssprachlich für:* Fest); die Feten

der **Fe|tisch** (magischer Gegenstand, Götzenbild); die Fe|ti|sche

fett; am fet|tes|ten; ein fett gedruckter Buchstabe; das erste Wort ist fett gedruckt; das **Fett;** die Fet|te; **fet|tig;** das **Fett|näpf|chen;** ins Fettnäpfchen treten (*umgangssprachlich für:* durch eine unbedachte Äußerung Unwillen erregen); die **Fett|säu|re** *(Chemie);* die **Fett|sucht; fett|trie|fend**

der **Fet|zen; fet|zig** (*umgangssprachlich für:* toll, mitreißend); fetzige Musik

feucht; am feuch|tes|ten; das **Feucht|bi|o|top** (an das Vorhandensein von Wasser gebundenes Biotop); die **Feuch|tig|keit; feucht|warm**

feu|dal (vornehm; reaktionär); der **Feu|da|lis|mus** (Gesellschaftsform des Mittelalters)

das **Feu|er;** offenes Feuer; ein Feuer speiender Vulkan; die **Feu|er|be|stat|tung** (Einäscherung); **feu|er|ge|fähr|lich**

Feu|er|land (Insel an der Südspitze Südamerikas)

der **Feu|er|lö|scher** (Gerät); der **Feu|er|mel|der** (Anlage für Feueralarm); **feu|ern** (*umgangssprachlich auch für:* heftig werfen; entlassen); ich feuere; sie haben ihn gefeuert; die **Feu|er|qual|le;** der **Feu|er|stein;** die **Feu|er|wa|che** (Gebäude der Feuerwehr); die **Feu|er|wehr;** die Feuerwehren; das **Feu|er|wehr|au|to;** die **Feu|er|wehr|frau;** der **Feu|er|wehr|mann;** die Feu|er|wehr|män|ner *oder* die Feu|er|wehr|leu|te; das **Feu|er|werk;** der **Feu|er|werks|kör|per;** das **Feu|er|zeug**

das **Feuil|le|ton** [fœjə'tõ:, *auch:* 'fœjətõ] (Kulturteil der Zeitung)

feu|rig

der **Fez** (*umgangssprachlich für:* Spaß, Unsinn); des Fe|zes; Fez machen

ff = sehr fein; fortissimo

ff. = folgende (Seiten)

das **Fi|as|ko** (Misserfolg); des Fiaskos; die Fiaskos

die **Fi|bel** (Abc-Buch); die Fibeln

die **Fi|ber** (Faser, Kunstfaser); die Fibern

die **Fich|te**

das **Fich|tel|ge|bir|ge** (Gebirge in Bayern)

fi|del (lustig, heiter)

Fi|d|schi (Inselstaat im Südpazifik); der **Fi|d|schi|a|ner;** die **Fi|d|schi|a|ne|rin;** die Fidschianerinnen; **fi|d|schi|a|nisch;** die **Fi|d|schi|in|seln** *Plural*

das **Fie|ber; fie|ber|haft; fie|bern;** du fieberst; er hat gefiebert; das **Fie|ber|ther|mo|me|ter; fieb|rig** *oder* **fie|be|rig**

die **Fie|del** (Geige); die Fiedeln; **fie|deln;** du fiedelst; sie hat den ganzen Tag gefiedelt

fies (*umgangssprachlich für:* widerwärtig); ein fieser Kerl

fif|ty-fif|ty ['fɪfti'fɪfti] (*umgangssprachlich für:* zu gleichen Teilen)

die **Fi|gur; fi|gür|lich**

das **Fi|let** [fi'le:] (Netzstoff; Lenden-, Rückenstück; entgrätetes Stück vom Fisch; entbeinte Hähnchenbrust); des Filets; die Filets; **fi|le|tie|ren;** der Kellner filetierte die Forelle

die **Fi|li|a|le** (Zweigstelle); die Filialen
der **Film; fil|men;** du filmst; sie filmt; sie filmte; sie hat das Ereignis gefilmt; filme diesen Vorgang!; die **Film|ka|me|ra;** der **Film|star;** die Filmstars
der, *auch:* das **Fil|ter; fil|tern;** du filterst; er hat den Kaffee gefiltert; filt[e]re den Kaffee!; das **Fil|ter|pa|pier**
der **Filz;** die Fil|ze; **fil|zen** (*umgangssprachlich für:* nach Verbotenem durchsuchen); du filzt ihn; sie filzt ihn; sie filzte ihn; man hat ihn an der Grenze gefilzt; **fil|zig;** der **Filz|stift**
der **Fim|mel** (*umgangssprachlich für:* übertriebene Vorliebe; Tick)
das **Fi|na|le** (glanzvoller Abschluss; *Musik:* Schlusssatz; *Sport:* Endkampf; Endspurt); des Finales; die Finale, *in der Sportsprache auch:* die Finals
das **Fi|nanz|amt;** die **Fi|nan|zen** (die Geldmittel) *Plural;* **fi|nan|zi|ell; fi|nan|zie|ren;** du finanzierst; sie finanzierte; sie hat dieses Unternehmen finanziert; die **Fi|nanz|po|li|tik**
das **Fin|del|kind; fin|den;** du findest; sie findet; sie fand; sie hat etwas gefunden; der **Fin|der|lohn; fin|dig;** ein findiger Kopf; der **Find|ling**
die **Fi|nes|se** (Feinheit; Kniff)
der **Fin|ger;** der kleine Finger; jemanden um den kleinen Finger wickeln; etwas mit spitzen Fingern (vorsichtig) anfassen; lange Finger machen (stehlen); der **Fin|ger|ab|druck; fin|ger|breit;** ein fingerbreiter Spalt, ABER: der Spalt ist keinen Finger breit, drei Finger breit; der **Fin|ger|hut;** die **Fin|ger|kup|pe;** der **Fin|ger|na|gel;** die **Fin|ger|spit|ze**
fin|gie|ren (vortäuschen, erdichten); du fingierst den Überfall; sie fingierte den Überfall; sie hat den Überfall fingiert
das **Fi|nish** ['fɪnɪʃ] (Endkampf, Endspurt); des Finishs; die Finishs
der **Fink;** des/dem/den Fin|ken; die Finken
die **Fin|ne** (Bandwurmlarve; Mitesser); die Finnen
der **Fin|ne** (Einwohner von Finnland); die **Fin|nin;** die Finninnen; **fin|nisch; Finn|land**
fins|ter; finst|rer *oder* fins|te|rer; am fins|ters|ten; eine finstere Nacht; im Finstern tappen (nicht Bescheid wissen); die **Fins|ter|nis;** die Fins|ter|nis|se
die **Fin|te** (Täuschungsmanöver)
der **Fir|le|fanz** (Flitterkram; Unsinn); die Fir|le|fan|ze
die **Fir|ma;** die Fir|men
das **Fir|ma|ment** (Himmelsgewölbe); des Firmaments *oder* Fir|ma|men|tes
fir|men (die Firmung erteilen); du firmst sie; er firmt sie; er firmte sie; er hat sie gefirmt; der **Firm|ling;** die **Fir|mung** (ein katholisches Sakrament)
der **Firn** (Altschnee; Gletscher); die Fir|ne
der **Fir|nis** (ein Schutzanstrich); des Fir|nis|ses; die Fir|nis|se; **fir|nis|sen;** du firnisst; sie firnisst; sie firnisste; sie hat die Tür gefirnisst; firnisse die Tür!
der **First;** die Firs|te
der **Fisch;** faule Fische (Ausreden); kleine Fische (Kleinigkeiten); frische Fische; die Fisch verarbeitende Industrie; **fi|schen;** du fischst; sie fischt; sie fischte; sie hat gefischt; der **Fi|scher;** die **Fi|sche|rin;** die Fischerinnen; der **Fisch|ot|ter;** die Fischotter
die **Fi|si|ma|ten|ten** (Ausflüchte) *Plural*
der **Fis|kus** (Finanzamt); des Fiskus
die **Fis|tel|stim|me** (Kopfstimme)
fit (leistungsfähig); fit|ter; am fit|tes|ten; sich fit halten, machen; ein fitter Bursche; die fitteste Mannschaft wird gewinnen; die **Fit|ness** (gute körperliche Verfassung); das **Fit|ness|cen|ter**
der **Fit|tich** (Flügel); die Fit|ti|che
fix (fest, sicher; schnell; gewandt); fi|xer; am fi|xes|ten; eine fixe Idee (eine Zwangsvorstellung, eine törichte Einbildung); fixer (fester) Preis; fixes Gehalt; fixe Kosten; er ist fix und fertig; das **Fi|xa|tiv** (Fixiermittel); die Fi|xa|ti|ve
fi|xen (sich Drogen spritzen); du fixt; sie fixt; sie fixte; sie hat gefixt; der **Fi|xer;** die **Fi|xe|rin;** die Fixerinnen
fi|xie|ren (festlegen, haltbar machen; scharf ansehen); du fixierst ihn; sie fixierte ihn; sie hat ihn fixiert; der **Fix|stern** (scheinbar unbeweglicher Stern)
der **Fjord** (schmale Meeresbucht mit Steilküsten); die Fjor|de
flach; ein flaches Dach; flaches Wasser; ein flach gedrückter Hut
die **Flä|che;** der **Flä|chen|in|halt**

flach|fal|len (*umgangssprachlich für:* entfallen, ausfallen); die Feier fällt flach; der Ausflug ist wegen des schlechten Wetters flachgefallen; das **Flach|land** (ebenes Land)

der **Flachs; flach|sen** (*umgangssprachlich für:* spotten); du flachst; sie flachst; sie flachste; sie hat geflachst; flachs[e] nicht!

die **Flach|zan|ge**

fla|ckern; das Licht flackert; das Licht flackerte; das Licht hat geflackert

der **Fla|den** (flacher Kuchen; Kot); die Fladen

die **Flag|ge; flag|gen;** du flaggst; sie flaggt; sie flaggte; sie hat geflaggt

die **Flak** (*Kurzwort für:* Flugzeugabwehrkanone, Flugabwehrartillerie); die Flak[s]

flam|bie|ren (Speisen mit Alkohol übergießen, den man anzündet); er hat das Steak flambiert

der **Fla|men|co** (ein Tanz[lied]); des Flamenco[s]

der **Fla|min|go** (ein Wasservogel); die Flamingos

die **Flam|me;** *Verkleinerungsform:* das Flämm|chen

der **Fla|nell** (ein Gewebe); die Fla|nel|le

die **Flan|ke; flan|ken** *(Sport);* sie hat [den Ball vor das Tor] geflankt; **flan|kie|ren** (zu beiden Seiten stehen); Bäume flankieren die Straße; sie haben die Straße flankiert; flankierende (unterstützende) Maßnahmen

der **Flansch** (Verbindungsstück an Rohren); des Flanschs *oder* Flan|sches; die Flansche

flap|sig (flegelhaft, keine guten Manieren zeigend)

die **Fla|sche;** *Verkleinerungsform:* das Fläschchen; der **Fla|schen|öff|ner;** der **Fla|schen|zug** (Vorrichtung zum Heben von Lasten); die Fla|schen|zü|ge

flat|tern; der Vogel flattert; der Vogel ist durch die Luft geflattert; der Vogel hat noch lange geflattert

flau (schlecht, übel); flau|er; am flau[e]s-ten

der **Flaum;** die **Flaum|fe|der**

der **Flausch** (ein weiches Wollgewebe); die Flau|sche; **flau|schig**

die **Flau|se** (törichter Einfall); die Flausen *meist Plural;* Flausen im Kopf haben

die **Flau|te** (Windstille; Zeit schlechter Geschäfte); die Flauten

die **Flech|te** (eine Pflanze; ein Hautausschlag; ein Zopf); **flech|ten;** du flichtst; er flicht; er flocht; er hat einen Kranz geflochten; flicht mir die Zöpfe!

der **Fleck;** die Fle|cke *oder* Fle|cken; einen Fleck haben; sie hat blaue Flecke[n] bekommen; der **Fle|cken** (der Fleck; das Dorf); **fle|ckig**

die **Fle|der|maus**

das **Fleece** [fli's] (Flausch); des Fleece

der **Fle|gel;** die Flegel; **fle|gel|haft;** am flegel|haf|tes|ten; die **Fle|gel|jah|re** *Plural*

fle|hen; du flehst; er fleht; er flehte; er hat um Gnade gefleht; fleh[e] nicht um Gnade!; **fle|hent|lich**

das **Fleisch;** Fleisch fressende Pflanzen, Tiere; der **Flei|scher;** die **Flei|sche|rin;** die Fleischerinnen; **flei|schig**

der **Fleiß;** die **Fleiß|ar|beit; flei|ßig;** sie ist fleißig; ABER: das Fleißige Lieschen (eine Blume)

flek|tie|ren (ein Wort beugen); er hat alle Wörter flektiert

flen|nen (weinen); du flennst; er flennte; er hat geflennt; flenn[e] nicht!

flet|schen; du fletschst die Zähne; er fletschte die Zähne; er hat die Zähne gefletscht; fletsch[e] nicht die Zähne!

fle|xi|bel (biegsam); ein fle|xi|b|ler Einband; die **Fle|xi|bi|li|tät;** die **Fle|xi|on** (Deklination und Konjugation)

fli|cken; du flickst; sie flickt; sie flickte; sie hat den Reifen geflickt; flick[e] den Reifen!; der **Fli|cken**

der **Flick|flack** (in schneller Folge geturnter Handstandüberschlag rückwärts); des Flickflacks; die Flickflacks

der **Flie|der;** der **Flie|der|strauch**

die **Flie|ge; flie|gen;** du fliegst; sie fliegt; sie flog; sie ist geflogen; flieg[e]!; die fliegende Untertasse; ABER: Fliegende Fische; der Fliegende Holländer (eine Sagengestalt; eine Oper); das **Flie|gen|gewicht** (leichteste Körpergewichtsklasse in der Schwerathletik); der **Flie|ger**

flie|hen; du fliehst; sie flieht; sie floh; sie ist geflohen; flieh[e]!; die **Flieh|kraft**

die **Flie|se** (eine Wand- oder Bodenplatte); der **Flie|sen|le|ger;** die **Flie|sen|le|ge|rin;** die Fliesenlegerinnen das **Fließ|band; flie|ßen;** das Wasser fließt; der Sekt floss in Strömen; Tränen sind geflossen; das **Fließ|heck** (schräg abfallendes Heck eines Pkw); die Fließhecks

flim|mern; etwas flimmert; etwas flimmerte; etwas hat geflimmert

flink

die **Flin|te**

der **Flip|per** (Spielautomat); **flip|pern;** du flipperst; sie flippert; sie flipperte; sie hat geflippert; flippere nicht so viel!

der **Flirt** [fløɐ̯t, *auch:* flɪrt] (Liebelei); die Flirts; **flir|ten** [ˈfløːɐ̯tn̩, *auch:* ˈflɪrtn̩]; du flirtest; sie flirtet; sie flirtete; sie hat mit ihm geflirtet

der **Flit|ter;** das **Flit|ter|gold;** die **Flit|ter|wochen** *Plural*

flit|zen; du flitzt; sie ist geflitzt

die **Flo|cke; flo|ckig**

der **Floh;** die Flö|he

der **Flop** (Hochsprung in Rückenlage; [geschäftlicher] Misserfolg); des Flops; die Flops

die **Flop|py|disk,** *auch:* **Flop|py Disk** (Diskette); die Floppydisks, *auch:* Floppy Disks

der **Flor** (Blumenfülle; dünnes Gewebe); die Flo|re; die **Flo|ra** (die Pflanzenwelt); die Flo|ren

Flo|renz (Stadt in Italien)

das **Flo|rett** (leichte Stoßwaffe); die Flo|rette; das **Flo|rett|fech|ten**

Flo|ri|da (Halbinsel und Staat in den USA)

flo|rie|ren (blühen, gedeihen); der Handel floriert; der Handel hat floriert

die **Flos|kel** (leere Redensart); die Floskeln; **flos|kel|haft**

das **Floß;** die Flö|ße

die **Flos|se;** die Flossen

flö|ßen; du flößt; er flößt; er flößte; er hat die Baumstämme geflößt

die **Flö|te;** Flöte spielen, ABER: er ist beim Flötespielen; **flö|ten;** du flötest; er flötete; er flötete; er hat geflötet; flöte!

flö|ten ge|hen (*umgangssprachlich für:* verloren gehen); mein ganzes Geld geht flöten; mein ganzes Geld ist flöten gegangen

der **Flö|tist** (Flötenspieler); des/dem/den Flö|tis|ten; die Flö|tis|ten; die **Flö|tis|tin;** die Flötistinnen

flott; am flot|tes|ten; das Buch ist flott geschrieben; die **Flot|te; flott|ma|chen;** sie hat das Schiff flottgemacht, ABER: **flott** (flink) **ma|chen;** das hat er flott gemacht

das, *auch:* der **Flöz** (abbaubare Nutzschicht im Gestein, vor allem Kohle); des Flözes; die Flö|ze

der **Fluch;** die Flü|che; **flu|chen;** du fluchst; sie hat geflucht; fluch[e] nicht!

die **Flucht;** die Fluch|ten; **flüch|ten;** du flüchtest; sie flüchtete; sie ist geflüchtet; flüchte!; **flüch|tig;** der **Flüch|tig|keits|feh|ler;** der **Flücht|ling**

der **Flug;** die Flü|ge; das **Flug|blatt;** der **Flü|gel;** die Flügel; **flüg|ge;** der **Flug|ha|fen;** der **Flug|lot|se;** die **Flug|lot|sin;** die Flug|lot|sin|nen; der **Flug|platz; flugs** (schnell); der **Flug|sand;** der **Flug|schrei|ber** (Gerät); das **Flug|zeug;** der **Flug|zeug|trä|ger**

die **Flu|ke** (Schwanzflosse des Wals)

die **Flun|der** (ein Fisch); die Flundern

flun|kern; du flunkerst; er flunkerte; er hat geflunkert; flunkere nicht!

das **Flu|or** (ein Gas, ein chemisches Element); des Fluors; die **Flu|o|res|zenz** (Aufleuchten unter Strahleneinwirkung); **flu|o|res|zie|ren;** das Mineral hat fluoresziert

die **Flur** (nutzbare Landfläche; Feldflur); die Flu|ren

der **Flur** (Hausflur); die Flu|re

der **Fluss;** des Flus|ses; die Flüs|se; das **Fluss|bett; flüs|sig;** flüssige Kristalle; kannst du so viel Geld flüssig machen? (verfügbar machen, bereitstellen); die **Flüs|sig|keit;** die **Flüs|sig|kris|tall|an|zei|ge** (Ziffern-, Datenanzeige mithilfe flüssiger Kristalle); das **Fluss|pferd;** die **Fluss|re|gu|lie|rung**

flüs|tern; du flüsterst; sie flüstert; sie flüsterte; sie hat geflüstert; flüstere nicht!; die **Flüs|ter|pro|pa|gan|da**

die **Flut; flu|ten;** das Wasser flutet in die Keller; das Wasser flutete in die Keller; das Wasser ist in die Keller geflutet; das U-Boot hat die Tanks geflutet; das **Flut|licht**

flut|schen; die Seife flutscht aus der Hand; die Seife ist aus der Hand geflutscht; die Arbeit hat nur so geflutscht (ist schnell vorangegangen)

der **Fö|de|ra|lis|mus** (Selbstständigkeit der Länder innerhalb eines Staatsganzen); des Föderalismus; **fö|de|ra|lis|tisch;** die **Fö|de|ra|ti|on** (Bund; Staatenbund; Bundesstaat)

das **Foh|len** (ein junges Pferd)

der **Föhn** (warmer, trockener Fallwind); die Föh|ne

der **Föhn** (elektrischer Haartrockner); **föh|nen** (mit dem Föhn trocknen)

die **Föh|re** (Kiefer)

der **Fo|kus** (*Optik:* Brennpunkt); des Fokus; die Fokusse; **fo|kus|sie|ren** (scharf stellen; bündeln)

die **Fol|ge;** Folge leisten; etwas zur Folge haben; in der Folge; demzufolge; infolge; zufolge; infolgedessen; **fol|gen;** du folgst mir; er folgt mir; er folgte mir; er ist mir gefolgt (nachgekommen); er hat mir gefolgt (Gehorsam geleistet); folg[e] ihm!

fol|gend

- folgende Seite
- folgende lange (*seltener:* langen) Ausführungen

Groß scheibt man die Substantivierung:

- der Folgende (der einem anderen Nachfolgende)
- alle Folgenden (anderen)
- das Folgende (das später Erwähnte, Geschehende)
- im Folgenden (weiter unten)
- durch das Folgende
- aus, in, mit, nach, von dem Folgenden (den folgenden Ausführungen)

fol|gen|der|ma|ßen; fol|gen|schwer; fol|ge|rich|tig

fol|gern; ich folgere; du folgerst; er folgerte; er hat daraus gefolgert, dass ...; die **Fol|ge|rung**

folg|lich; folg|sam

der **Fo|li|ant** (ein großes Buch); des/dem/den Fo|li|an|ten; die Fo|li|an|ten

die **Fo|lie** (dünnes [Metall]blatt); die Fo|li|en

Fo|lio (hohes Buchformat); in Folio

der **Folk** [fo:k] (an englischsprachige Volksmusik anknüpfende populäre Musik); des Folks; die **Fol|k|lo|re** (Volksüberlieferungen; Volksmusik); **fol|k|lo|ris|tisch**

die **Fol|ter; fol|tern;** du folterst; er folterte; er hat ihn gefoltert; die **Fol|te|rung**

das **Fon** *vergleiche:* **Phon**

der **Fön,** *alte Schreibung für:* **Föhn** (Haartrockner); *vergleiche dort*

der **Fond** [fõ:] (Rücksitz; konzentrierter Fleisch- oder Gemüsesaft für Soßen); die Fonds

der **Fonds** [fõ:] (Geldvorrat); die Fonds

das **Fon|due** [fõ'dy:] (schweizerisches Käsegericht; bei Tisch in einem Topf mit heißem Fett gegartes Fleischgericht); des Fondues; die Fondues

fö|nen, *alte Schreibung für:* föhnen; *vergleiche dort*

die **Fon|tä|ne** (Springbrunnen)

fop|pen; du foppst ihn; sie foppt ihn; sie foppte ihn; sie hat ihn gefoppt; foppe ihn nicht!; die **Fop|pe|rei**

for|cie|ren [fɔr'si:rən] (verstärken, erzwingen); du forcierst; er forcierte; er hat das Tempo forciert

die **För|de** (Meeresbucht); die Förden

der **För|der|kurs** (Schulwesen); des För|der|kur|ses; die För|der|kur|se; **för|der|lich; för|dern;** du förderst; er fördert; er förderte; er hat ihn gefördert; fördere ihn!; Kohle fördern; die **För|der|stu|fe** (Schulwesen); die **För|de|rung**

for|dern; du forderst; er fordert; er forderte; er hat Gehorsam gefordert; fordere nicht zu viel!; die **For|de|rung**

das **Fore|che|cking** ['fo:ɐ̯tʃɛkiŋ] (*Sport:* frühes Angreifen und Stören der Gegenspieler)

die **Fo|rel|le**

die **For|ke** (*norddeutsch für:* Mistgabel)

die **Form;** er ist in Form; **for|mal** (auf die Form bezüglich; nur der Form nach)

der **Form|al|de|hyd** (ein Gas mit desinfizierender Wirkung)

die **For|ma|lie** (Formalität); die For|ma|li|en; die **For|ma|li|tät** (Formsache; formale Vorschrift)

das **For|mat** (Papiergröße; ausgeprägte Persönlichkeit); die For|ma|te; das Format des Buches; er hat Format; die **For|ma|ti|on** (Anordnung, Aufstellung; Gruppe, Verband; Folge von Gesteinsschichten; geologischer Zeitabschnitt)

das **Form|blatt;** die Form|blät|ter

die **For|mel**

for|mell (offiziell; förmlich; der Form nach, äußerlich)
for|men; du formst die Schale; er formt sie; er formte sie; er hat sie geformt; forme die Schale!
förm|lich; die **Förm|lich|keit**
das **For|mu|lar** (Formblatt, Vordruck); **for|mu|lie|ren** (in Worte fassen); du formulierst; er hat den Text formuliert; formuliere das neu!; die **For|mu|lie|rung**
forsch (schneidig, kühn; kräftig); am forsches|ten; forsch sein
for|schen; du forschst; sie forscht; sie forschte; sie hat geforscht; forsche genau!; der **For|scher;** die **For|sche|rin;** die Forscherinnen; die **For|schung**
der **Forst;** die Fors|te *oder* die Fors|ten; der **Förs|ter;** die **Förs|te|rei;** die **Förs|te|rin;** die Försterinnen; die **Forst|wirt|schaft**
die **For|sy|thie** [fɔrˈzyːtsi̯ə, *auch:* fɔrzyːti̯ə] (ein Zierstrauch); der Forsythie; die Forsy|thi|en
fort; fort sein; fort mit dir!; und so fort; in einem fort; weiter fort; immerfort
das **Fort** [foːɐ̯] (Festungswerk); die Forts
fort|an
fort|be|we|gen; er bewegt den Stein fort; er hat sich fortbewegt; die **Fort|be|we|gung**
die **Fort|bil|dung**
for|te (stark, laut); **for|tis|si|mo** (sehr laut)
fort|fah|ren; er fährt morgen fort; er hat *oder* ist in seiner Rede fortgefahren
fort|flie|gen; der Vogel ist fortgeflogen
fort|ge|hen; er ist fortgegangen
fort|ge|schrit|ten; Englisch für Fortgeschrittene
fort|ja|gen; er jagt den Hund fort; er hat den Hund fortgejagt
fort|lau|fen; er ist fortgelaufen
sich **fort|pflan|zen;** der Schall pflanzt sich fort; die Kaninchen haben sich fortgepflanzt (Junge bekommen); die **Fort|pflan|zung**
Forts. = Fortsetzung; Forts. folgt
der **Fort|schritt; fort|schritt|lich**
fort|set|zen; er setzt die Arbeit fort; er hat die Arbeit fortgesetzt; die **Fort|set|zung;** *Abkürzung:* Forts.
fort|wäh|rend

das **Fo|rum** (öffentlicher Kreis von Sachverständigen); die Foren
der **Fos|bu|ry|flop,** *auch:* **Fos|bu|ry-Flop** [ˈfɔsbəriflɔp] (Hochsprung, bei dem man die Latte in Rückenlage überquert); des Fosburyflops, *auch:* Fosbury-Flops; die Fosburyflops, *auch:* die Fosbury-Flops
fos|sil (urzeitlich versteinert); fossile Brennstoffe (Kohle, Erdöl, Erdgas); das **Fos|sil** (versteinerter Pflanzen- oder Tierrest); die Fos|si|li|en
das **Fo|to** (kurz für: Fotografie); der **Fo|to|graf;** des/dem/den Fo|to|gra|fen; die Fo|to|gra|fen; die **Fo|to|gra|fie,** *auch:* **Pho|to|gra|phie;** die Fo|to|gra|fi|en, *auch:* Pho|to|gra|phi|en; **fo|to|gra|fie|ren;** du fotografierst; er fotografierte; er hat fotografiert; fotografiere!; die **Fo|to|gra|fin;** die Fotografinnen; die **Fo|to|ko|pie;** die Fo|to|ko|pi|en; **fo|to|ko|pie|ren;** er hat die Urkunde fotokopiert
foul [fau̯l] (regelwidrig [im Sport]); das **Foul** (Regelverstoß); die Fouls; **foul|len** [fau̯ln̩] (regelwidrig spielen); du foulst; er foult; er hat den Gegner gefoult
der **Fox|ter|ri|er** (eine Hunderasse); des Foxterriers; die Foxterrier
der **Fox|trott** (ein Gesellschaftstanz); des Foxtrotts *oder* des Fox|trot|tes; die Fox|trot|te *oder* die Foxtrotts
das **Fo|yer** [fo̯aˈjeː] (Wandelgang im Theater); des Foyers; die Foyers
die **Fracht;** der **Fracht|brief;** der **Frach|ter** (Frachtdampfer)
der **Frack;** die Frä|cke *oder* die Fracks
die **Fra|ge;** etwas infrage, *auch:* in Frage stellen; das kommt nicht infrage, *auch:* in Frage; der **Fra|ge|bo|gen; fra|gen;** du fragst; er fragt; er fragte; er hat ihn gefragt; frag[e] ihn!; der **Fra|ge|satz;** das **Fra|ge|zei|chen; frag|lich; frag|wür|dig**
das **Frag|ment** (Bruchstück); die Frag|mente; **frag|men|ta|risch** (bruchstückhaft)
die **Frak|ti|on** (Vereinigung von Parteivertretern im Parlament)
die **Frak|tur** (Knochenbruch; deutsche Druckschrift); die Frak|tu|ren
der **Franc** [frãː] (Währungseinheit in Frankreich, Belgien, Luxemburg); des Franc, die Francs
frank (frei, offen); frank und frei

A B C D E F G H I J K L M N O P Q R S T U V W X Y Z

der **Fran|ke** (Angehöriger eines germanischen Volksstammes; Einwohner von Franken); des/dem/den Franken; die Franken; **Fran|ken** (Land); der **Fran|ken** (schweizerische Währungseinheit); des Frankens; die Franken
Frank|furt am Main (Stadt in Hessen)
Frank|furt (Oder) (Stadt in Brandenburg)
fran|kie|ren (eine Postsendung freimachen); du frankierst den Brief; er hat den Brief frankiert; frankier[e] den Brief!
die **Frän|kin;** die Fränkinnen; **frän|kisch**
fran|ko (portofrei)
Frank|reich
die **Fran|se; fran|sig**
der **Fran|zis|ka|ner** (Angehöriger eines Mönchsordens)
der **Fran|zo|se;** des/dem/den Franzosen; die Franzosen; die **Fran|zö|sin;** die Französinnen; **fran|zö|sisch;** die französische Schweiz; ABER: die Französische Republik; die Französische Revolution (1789); ↑deutsch
frap|pie|ren (überraschen, verblüffen); ihre Schlagfertigkeit frappiert mich immer wieder; ein frappierendes Beispiel
frä|sen; du fräst; er fräst; er fräste; er hat das Gewinde gefräst; fräs[e]!
der **Fraß;** die Fra|ße
die **Frat|ze;** jemandem eine Fratze schneiden
die **Frau;** die **Frau|en|be|auf|trag|te;** die **Frau|en|recht|le|rin** (Kämpferin für die Gleichberechtigung der Frau); das **Fräu|lein;** die Fräulein

Heute ist es üblich, auch junge, unverheiratete Frauen nicht mehr mit *Fräulein,* sondern grundsätzlich mit *Frau* anzureden.

der **Freak** [fri:k] (jemand, der sich [in übertriebener Weise] für etwas begeistert); des Freaks; die Freaks
frech; er ist frech; der **Frech|dachs;** die Frech|dach|se; die **Frech|heit**
das **Free|clim|bing** ['fr:iklaimiŋ], *auch:* **Free Clim|bing** (Bergsteigen ohne Hilfsmittel); des Freeclimbings, *auch:* Free Climbings
die **Free|sie** (eine Zierpflanze); die Free|si|en
die **Fre|gat|te** (Kriegsschiff für den Geleitschutz); die Fregatten

frei

frei|er; am frei[e]s|ten

1. Klein- und Großschreibung
Kleinschreibung:
- freier Mitarbeiter
- freie Marktwirtschaft
- jemandem freie Hand geben
- auf freien Fuß setzen
- etwas frei Haus liefern

Großschreibung der Substantivierung und in Eigennamen:
- das Freie, im Freien, ins Freie
- Sender Freies Berlin; Freie Demokratische Partei (*Abkürzung:* FDP *und parteiamtlich:* F.D.P.); Freie und Hansestadt Hamburg; Freie Hansestadt Bremen, ABER: Frankfurt war lange eine freie Reichsstadt

2. Getrennt- und Zusammenschreibung
Man schreibt »frei« vom folgenden Verb getrennt, wenn es sinnvoll – wenigstens durch »sehr« oder »ganz« – erweitert oder gesteigert werden kann:
- frei sein; frei werden; frei bleiben
- eine Rede [völlig] frei halten
- sich von Vorurteilen [gänzlich] frei machen
- frei [ohne Manuskript] sprechen

Vergleiche aber: freihalten, freilassen, freimachen, freisprechen, freischwimmen
Vom folgenden Partizip schreibt man »frei« getrennt, wenn die zugrunde liegende Verbindung ebenfalls getrennt geschrieben wird:
- frei laufende Hühner (*zugrunde liegende Verbindung:* [Hühner, die] frei laufen)
- frei lebende Tiere (*zugrunde liegende Verbindung:* [Tiere, die] frei leben)

der **Frei|bal|lon;** der **Frei|beu|ter** (Seeräuber)
der **Frei|er**
frei|ge|big; die **Frei|ge|big|keit**
frei|hal|ten; ich werde dich freihalten (für dich bezahlen); sie hat den Stuhl freigehalten (belegt); die Ausfahrt bitte freihalten (nicht verstellen), ABER: **frei hal|ten;** er kann das Gewicht frei (ohne Stütze) halten
frei|hän|dig
die **Frei|heit;** die **Frei|heits|stra|fe**
der **Frei|herr;** des Freiherrn; die Frei|her|ren

frei|las|sen; er hat den Gefangenen freigelassen

der **Frei|lauf;** die Frei|läu|fe

frei|lich

die **Frei|licht|büh|ne**

frei|ma|chen; sie hat den Brief freigemacht (frankiert); er hat einen Tag freigemacht (Urlaub genommen); sich freimachen (sich Zeit nehmen); ABER: sich den Oberkörper (beim Arzt) frei machen

der **Frei|mau|rer**

sich **frei|schwim|men;** er hat sich freigeschwommen (die Freischwimmerprüfung bestanden); der **Frei|schwim|mer**

frei|spre|chen; sie wurde von aller Schuld freigesprochen, ABER: sie hat während des ganzen Vortrages frei gesprochen; der **Frei|spruch**

der **Frei|stoß**

der **Frei|tag** ↑Dienstag; **frei|tags** ↑dienstags

der **Frei|tod** (Selbstmord)

die **Frei|übung;** Freiübungen machen

frei|wil|lig; freiwillig teilen; die freiwillige Feuerwehr, ABER: die Freiwillige Feuerwehr Nassau

das **Frei|zei|chen** (Ton, der anzeigt, dass die gewählte Telefonnummer frei ist)

die **Frei|zeit;** das **Frei|zeit|an|ge|bot;** das **Frei|zeit|hemd;** der **Frei|zeit|park**

frei|zü|gig; die **Frei|zü|gig|keit**

fremd; der **Frem|de;** die **Frem|de** (*auch für* das Ausland); in der Fremde leben; die **Frem|den|le|gi|on;** der **Frem|den|ver|kehr;** **fremd|ge|hen** (*umgangssprachlich für:* untreu sein); sie geht fremd; er ist fremdgegangen; der **Fremd|kör|per;** die **Fremd|spra|che;** das **Fremd|wort;** die Fremdwör|ter

fre|ne|tisch (rasend, begeistert); frenetischer Beifall

die **Fre|quenz** (Schwingungszahl)

die **Fres|ke** *oder* das **Fres|ko** (Wandmalerei); die Fresken

die **Fres|sa|li|en** (Esswaren) *Plural;* **fres|sen;** die Kuh frisst; sie fraß; sie hat gefressen; friss endlich!; das **Fres|sen;** der **Fres|ser;** die **Fres|se|rei**

das **Frett|chen** (halbzahmer Iltis); des Frettchens; die Frettchen

die **Freu|de;** in Freud und Leid zusammenhalten; **freu|de|strah|lend;** ABER: vor Freude strahlend; **freu|dig;** ein freudiges Ereignis; **freud|los;** sich **freu|en;** du freust dich; er freut sich; er freute sich; er hat sich gefreut; freu[e] dich!

der **Freund;** jemandes Freund bleiben, sein, werden; mit jemandem gut Freund sein; das Freund-Feind-Schema; der **Freundes|kreis;** die **Freun|din;** die Freundinnen; **freund|lich;** die **Freund|schaft;** **freund|schaft|lich**

der **Fre|vel;** die Frevel; **fre|vel|haft;** am frevel|haf|tes|ten; der **Frev|ler**

der **Frie|de;** des Friedens; die Frieden; in Fried und Freud zusammen sein; der **Frie|den;** des Friedens; die Frieden; die **Frie|dens|be|we|gung** (Bewegung, die aktiv für den Weltfrieden eintritt); die **Friedens|pfei|fe;** der **Frie|dens|ver|trag;** **friedfer|tig;** **fried|lich**

der **Fried|hof**

frie|ren; du frierst; sie fror; sie hat gefroren (Kälte empfunden); das Wasser ist gefroren (vor Kälte erstarrt); ich friere an den Füßen; mich friert an den Füßen

der **Fries** (der Gesimsstreifen); die Frie|se

der **Frie|se** (Angehöriger eines germanischen Stammes an der Nordseeküste); die Friesen; die **Frie|sin;** die Friesinnen; **frie|sisch**

die **Fri|ka|del|le;** die Frikadellen; das **Fri|kas|see;** des Frikassees

das **Fris|bee** [ˈfrɪsbi] (Wurfscheibe aus Plastik); des Frisbee; die Frisbees

frisch; fri|scher; am fri|sches|ten; etwas frisch halten; sich frisch machen; die frisch getünchte Wand; der frisch gebackene Kuchen; ABER: die Frische Nehrung; das Frische Haff; **frisch|auf;** der **Frisch|ling** (das Junge vom Wildschwein); **frisch|weg**

der **Fri|seur** [friˈzøːɐ̯], *auch:* **Fri|sör;** des Friseurs, *auch:* Frisörs; die Fri|seu|re, *auch:* Fri|sö|re; die **Fri|seu|rin,** *auch:* **Fri|sö|rin;** der Friseurin, *auch:* Frisörin; die Friseurinnen, *auch:* Frisörinnen; die **Fri|seu|se** [friˈzøːzə] (*älter für* Friseurin); der Friseuse; die Friseusen; **fri|sie|ren;** du frisierst; er hat sie frisiert; frisier[e] sie!; sich frisieren; er hat sich frisiert; die **Frisur;** die Fri|su|ren

die **Frist;** die Fris|ten; **frist|ge|recht;** fristgerecht kündigen; **frist|los;** fristlose Kündigung

frit|tie|ren (in schwimmendem Fett braten); er hat den Fisch frittiert
fri|vol (leichtfertig; schlüpfrig); die **Fri|vo|li|tät;** die Fri|vo|li|tä|ten
Frl. = Fräulein
froh; ein frohes Ereignis, ABER: die Frohe Botschaft (das Evangelium); **fröh|lich; froh|lo|cken;** du frohlockst; er frohlockt; er frohlockte; er hat frohlockt; der **Froh|sinn**
fromm; from|mer *oder* fröm|mer; am fromms|ten *oder* frömms|ten; die **Fröm|mig|keit**
die **Fron** (*früher:* die dem Grundherrn zu leistende Arbeit; der Herrendienst); die Fro|nen; der **Fron|dienst** (der Dienst für den Grundherrn); **frö|nen** (sich einer Leidenschaft hingeben); du frönst einer Leidenschaft; er hat einer Leidenschaft gefrönt; der **Fron|leich|nam** (ein katholisches Fest)
die **Front;** die Fron|ten; Front machen gegen etwas (sich einer Sache widersetzen); **fron|tal** ([von] vorn); der **Front|an|trieb** (Vorderradantrieb)
der **Frosch;** die Frö|sche
der **Frosch|laich**
der **Frosch|mann** (Taucher); die Frosch|män|ner
der **Frost;** die Frös|te; **frös|teln;** du fröstelst; er fröstelt; er fröstelte; er hat gefröstelt; mich fröstelt; **frost|frei;** die Nacht war frostfrei; **fros|tig**
das *oder* der **Frot|tee,** *auch:* **Frot|té** (ein Gewebe mit gekräuselter Oberfläche); des Frottee *oder* Frottees, *auch:* Frottés; die Frottees, *auch:* Frottés; das **Frot|tee|hand|tuch,** *auch:* **Frot|té|hand|tuch; frot|tie|ren** (abreiben); du frottierst; er hat seine schmerzenden Glieder frottiert; frottiere deine Glieder!; das **Frot|tier|tuch**
die **Frot|ze|lei** (spöttische Bemerkung); **frot|zeln;** du frotzelst; sie hat mich immer gefrotzelt; frotzele nicht!
die **Frucht;** die Früch|te; Frucht bringend, *auch:* fruchtbringend (nützlich); eine Frucht bringende, *auch:* fruchtbringende Beschäftigung; **frucht|bar;** die **Frucht|bar|keit;** die **Frucht|bla|se** (Hülle des Embryos); das **Frucht|fleisch;** der **Frucht|kno|ten; frucht|los;** der **Frucht|saft;** das **Frucht|was|ser** (Flüssigkeit in der Fruchtblase); der **Frucht|zu|cker**
früh; früh[e]s|tens; am früh[e]s|ten; von [morgens] früh bis [abends] spät; morgen früh, *auch:* morgen Früh; allzu früh; von früh auf; der **Früh|auf|ste|her;** die **Frü|he;** in der Frühe; in aller Frühe; bis in die Frühe; die **Früh|ge|burt;** das **Früh|jahr;** die Früh|jah|re; der **Früh|ling;** die Früh|lin|ge; **früh|mor|gens;** ABER: morgens früh; der **Früh|sport;** das **Früh|stück;** die Früh|stü|cke; **früh|stü|cken;** ich frühstücke; du frühstückst; er frühstückt; er frühstückte; er hat gefrühstückt; **früh|zei|tig**
der **Frust** (*umgangssprachlich für:* das Frustriertsein); des Frust[e]s; **frus|t|rie|ren** (nachhaltig enttäuschen); er ist frustriert; das Erlebnis hat sie frustriert
der **Fuchs;** die Füch|se; **fuch|sen** (*umgangssprachlich für:* jemandes Ärger erregen); es fuchst dich; die Sache fuchste ihn; es hat ihn gefuchst; sich fuchsen (sich ärgern); du fuchst dich; er fuchste sich
die **Fuch|sie** [ˈfʊksi̯ə] (eine Zierpflanze); die Fuch|si|en
fuch|sig (fuchsrot; *umgangssprachlich für:* wütend); der **Fuchs|schwanz** (*auch:* eine Säge); **fuchs|teu|fels|wild**
fuch|teln (etwas in der Luft hin und her bewegen); du fuchtelst; er fuchtelt; er fuchtelte; er hat mit den Armen gefuchtelt; fucht[e]le nicht mit den Armen!
das **Fu|der** (ein Hohlmaß für Wein); die Fuder; **fu|der|wei|se**
der **Fud|schi|ja|ma** (japanischer Berg)
der **Fug;** *nur noch in:* mit Fug und Recht (mit vollem Recht)
die **Fu|ge** (Zwischenraum); die Fugen
die **Fu|ge** (mehrstimmiges Tonstück, bei dem das Thema nacheinander in allen Stimmen erscheint); die Fugen
fü|gen; du fügst; er hat Stein auf Stein gefügt; füge Stein auf Stein; sich fügen; **füg|sam;** die **Fü|gung**
füh|len; du fühlst; er fühlt; er fühlte; er hat den Schmerz gefühlt; er hat das Fieber kommen fühlen *oder* gefühlt; fühle!; der **Füh|ler;** die **Füh|lung|nah|me**
die **Fuh|re; füh|ren;** du führst ihn; er führt ihn; er führte ihn; er hat ihn geführt; führ[e] ihn!; Buch führen; der **Füh|rer|schein;** der **Fuhr|mann;** die Fuhr|män|ner

oder die Fuhr|leu|te; der **Fuhr|park;** die **Füh|rung;** das **Füh|rungs|zeug|nis;** das **Fuhr|werk;** die Fuhr|wer|ke
die **Ful|da** (Quellfluss der Weser)
die **Fül|le**
das **Fül|len** (das Fohlen)
fül|len; du füllst den Eimer; sie füllt den Eimer; sie füllte den Eimer; sie hat den Eimer gefüllt; füll[e] den Eimer!; der **Füller** (Füllfederhalter); der **Füll|fe|der|halter; fül|lig;** das **Füll|sel;** die Füllsel; die **Fül|lung**
der **Full|time|job** ['fʊltaimdʒɔp], *auch:* **Full-Time-Job** (Ganztagsbeschäftigung)
die **Fum|me|lei; fum|meln** (*umgangssprachlich für:* sich an etwas zu schaffen machen); du fummelst; er hat daran gefummelt; fummle nicht!
der **Fund;** die Fun|de
das **Fun|da|ment** (Grundlage; Unterbau); des Fundament[e]s; die Fun|da|men|te; **fun|da|men|tal;** der **Fun|da|men|ta|list** (jemand, der kompromisslos an seinen [politischen, religiösen] Grundsätzen festhält); des/dem/den Fun|da|men|ta|lis|ten; die Fun|da|men|ta|lis|ten
das **Fund|bü|ro;** die **Fund|gru|be**
fun|diert (gefestigt, gesichert)
fün|dig; fündig werden
der **Fund|ort;** die **Fund|stel|le**
der **Fun|dus** (Grundstock, Grundlage; Bestand an Kostümen, Kulissen usw. bei Theater, Film usw.); des Fundus; die Fundus
fünf; die fünf Sinne beisammen haben; wir sind heute zu fünfen *oder* zu fünft; fünf gerade sein lassen (etwas nicht so genau nehmen); ↑*auch:* acht; die **Fünf** (Zahl); die Fün|fen; eine Fünf würfeln, eine Fünf schreiben; die Note Fünf bekommen; ↑*auch:* Acht; **fünf|fach;** der **Fünf|kampf; fünf|mal** ↑achtmal; der **fünfte** ↑achte; das **Fünf|tel;** die Fünftel; **fünftens; fünf|zehn** ↑acht; **fünf|zig** ↑achtzig; der **Fünf|zig|eu|ro|schein** (*mit Ziffern:* 50-Euro-Schein)
fun|gie|ren (eine bestimmte Funktion ausüben); sie fungierte als Trauzeugin; er hat als Pförtner fungiert
der **Funk** (Rundfunk, drahtlose Telegrafie); der **Funk|a|ma|teur;** der **Fun|ke,** *auch:* **Fun|ken;** des Funkens; die Funken; Funken sprühend; ein Funken sprühendes Streichholz
fun|keln; etwas funkelt; etwas funkelte; etwas hat gefunkelt; **fun|kel|na|gel|neu**
fun|ken; du funkst SOS; er funkt SOS; er funkte SOS; er hat SOS gefunkt; funke!; der **Fun|ker;** das **Funk|sprech|ge|rät;** der **Funk|spruch;** die **Funk|strei|fe;** der **Funkstrei|fen|wa|gen;** das **Funk|ta|xi**
die **Funk|ti|on** (Tätigkeit, Aufgabe; *Mathematik:* eindeutige Zuordnung); in, außer Funktion (in, außer Betrieb) sein; der **Funk|ti|o|när** (Beauftragter einer Partei u. Ä.); die Funk|ti|o|nä|re; **funk|ti|o|nieren;** etwas funktioniert; etwas hat funktioniert; **funk|ti|ons|fä|hig;** die **Funk|tions|glei|chung** *(Mathematik);* die **Funk|tions|stö|rung**
der **Funk|turm**
die **Fun|zel** (trübe Lampe)
für; ein für alle Mal; fürs erste; für und wider, ABER: das Für und [das] Wider
die **Für|bit|te**
die **Fur|che**
die **Furcht;** Furcht verbreiten; Furcht erregen; Furcht erregend, *auch:* furchterregend; ein Furcht erregender, *auch:* furchterregender Anblick; ABER NUR: ein große Furcht erregender Anblick; ein äußerst furchterregender, noch furchterregenderer Anblick; **furcht|bar; fürchten;** du fürchtest ihn; er fürchtet ihn; er fürchtete ihn; er hat ihn gefürchtet; fürchte niemanden!; sich fürchten; er hat sich gefürchtet; **fürch|ter|lich; furchtlos;** am furcht|lo|ses|ten; **furcht|sam**
für|ei|n|an|der; füreinander einstehen, leben
die **Fu|rie** (Rachegöttin; wütende Frau)
das **Fur|nier** (dünne Auflage aus Holz); die Fur|nie|re
die **Für|sor|ge**
die **Für|spra|che;** der **Für|spre|cher**
der **Fürst;** des/dem/den Fürs|ten; die Fürsten; das **Fürs|ten|tum;** die Fürs|ten|tümer; die **Fürs|tin;** die Fürstinnen; **fürstlich;** eine fürstliche (sehr großzügige) Belohnung
die **Furt** (ein seichter Flussübergang); die Fur|ten
der, *auch:* das **Fu|run|kel** (Geschwür); die Furunkel

das **Für|wort** (Pronomen); die Fürwörter
der **Fu|sel** (*umgangssprachlich für:* schlechter Branntwein); die Fusel
die **Fu|si|on** (Zusammenschluss; Verschmelzung); **fu|si|o|nie|ren** (verschmelzen); die beiden Unternehmen haben fusioniert
der **Fuß;** des Fußes; die Füße *oder* (als Längenmaß:) die Fuß; drei Fuß lang; zu Fuß gehen; jemandem zu Füßen fallen; Fuß fassen; einen Fuß breit, ABER: keinen Fußbreit weichen; der Weg ist kaum fußbreit; der Schnee ist fußhoch, fußtief
der **Fuß|ball;** Fußball spielen; der **Fuß|ballplatz;** das **Fuß|ball|spiel;** die **Fuß|ballwelt|meis|ter|schaft**
der **Fuß|bo|den;** die Fußböden; der **Fuß|gänger;** der **Fuß|gän|ger|ü|ber|weg;** die **Fußgän|ger|zo|ne; fuß|hoch;** das Wasser steht fußhoch; der **Fuß|pilz;** die **Fuß|stapfe** *oder* der **Fuß|stap|fen;** die Fußstapfen; der **Fuß|weg**
das **Fut|ter** (Nahrung); **fut|tern** (essen); du futterst; er futtert; er futterte; er hat Obst gefuttert; futtere tüchtig!; **füt|tern;** du fütterst das Baby; er füttert die Hühner; er fütterte die Hühner; er hat die Hühner gefüttert; füttere sie!
das **Fut|ter** (innere Stoffschicht); die Futter; das **Fut|te|ral** (Schutzhülle, Überzug; Behälter); die Fut|te|ra|le
das **Fu|tur** (Zeitform: Zukunft)

G G

g = Gramm
das **G** (Buchstabe); des G; die G; ABER: das g in Lage; das G-Dur, g-Moll
die **Ga|be**
die **Ga|bel;** die Gabeln; sich **ga|beln;** der Weg gabelt sich; der Weg hat sich gegabelt; der **Ga|bel|stap|ler;** die Gabelstapler
Ga|b|ri|el (ein Erzengel)
Ga|bun (Staat in Afrika); der **Ga|bu|ner;** die **Ga|bu|ne|rin;** die Gabunerinnen; **gabu|nisch**
ga|ckern; das Huhn gackert; es gackerte; es hat gegackert
gaf|fen (neugierig starren); du gaffst; er gaffte; er hat gegafft; gaffe nicht so!
der **Gag** [gɛk] (Witz; witziger Einfall); des Gags; die Gags
die **Ga|ge** [ˈgaːʒə] (Bezahlung, Gehalt von Künstlern); der Gage; die Gagen
gäh|nen; du gähnst; er gähnt; er gähnte; er hat gegähnt; gähne nicht!
gal|lant (höflich); am gal|lan|tes|ten
die **Ga|la|pa|gos|in|seln** (ecuadorianische Inselgruppe im Pazifik) *Plural*
die **Ga|la|vor|stel|lung** (Festvorstellung)
die **Ga|la|xis** (Milchstraße; Sternsystem); der Galaxis; die Ga|la|xi|en
die **Ga|lee|re** (ein mittelalterliches Ruderkriegsschiff); die Galeeren
die **Ga|le|rie** (Rundgang am oder im Haus; höchster Rang im Theater); die Ga|le|ri|en
der **Gal|gen;** des Galgens; die Galgen
Ga|li|läa (Gebirgsland westlich des Jordans)
die **Gal|le;** die **Gal|len|bla|se**
der **Ga|lopp;** die Galopps *oder* die Ga|lop|pe; **ga|lop|pie|ren;** das Pferd galoppiert; das Pferd ist *oder* hat galoppiert
gal|va|nisch; ein galvanisches Element; **gal|va|ni|sie|ren** (durch ein chemisches Verfahren mit einer Metallschicht überziehen); du galvanisierst; er hat das Eisen galvanisiert; galvanisiere es!
die **Ga|ma|sche** (über Strumpf und Schuh getragene Beinbekleidung)
Gam|bia (Staat in Afrika); der **Gam|bi|er;** die **Gam|bi|e|rin;** die Gambierinnen; **gam|bisch**
der **Game|boy** [ˈgeːmbɔy] (*Markenbezeichnung:* ein elektronisches Spielgerät); des Gameboy[s]; die Gameboys
gam|me|lig *oder* **gamm|lig** (*umgangssprachlich für:* verkommen; verdorben); **gam|meln** (*umgangssprachlich für:* länger liegen und verderben, ungenießbar werden; Zeit mit Nichtstun verbringen); ich gamm[e]le; sie haben gegammelt
die **Gäm|se**
Gan|dhi, Ma|hat|ma (indischer Staatsmann)
der **Gang;** die Gän|ge; im Gang[e] sein; etwas in Gang bringen, halten, setzen; ABER: das In-Gang-Halten, In-Gang-Setzen

die **Gang** [gɛŋ] (Bande, Verbrecherbande); die Gangs

die **Gang|art; gang|bar**

das **Gän|gel|band; gän|geln;** du gängelst; er hat ihn gegängelt; gängele ihn nicht!

der **Gan|ges** (Fluss in Vorderindien)

gän|gig; eine gängige (übliche, gebräuchliche) Methode; die **Gang|schal|tung**

der **Gangs|ter** [ˈgɛŋstɐ] (Schwerverbrecher); des Gangsters; die Gangster; der **Gangs|ter|boss**

gang und gä|be (üblich)

die **Gang|way** [ˈgɛŋveː] (Laufsteg oder Treppe zum Schiff oder Flugzeug); die Gangways

der **Ga|no|ve** (*umgangssprachlich für:* Gauner; Verbrecher); des Ganoven; die Ganoven

die **Gans;** die Gän|se; das **Gän|se|blüm|chen;** die **Gän|se|füß|chen** (*umgangssprachlich für:* Anführungsstriche) *Plural;* die **Gän|se|haut;** der **Gän|se|marsch;** der **Gän|se|rich;** die Gän|se|ri|che

ganz

Kleinschreibung:
- in ganz Europa; ganze Zahlen
- ganz und gar
- etwas wieder ganz machen

Großschreibung der Substantivierung:
- im Ganzen
- im Großen und Ganzen
- das Ganze
- aufs Ganze gehen; ums Ganze
- das große Ganze; ein großes Ganzes
- als Ganzes

ganz|jäh|rig; ganz|le|dern; ganz|lei|nen; gänz|lich; ganz|wol|len

gar; das Fleisch ist erst halb gar; etwas gar kochen; er hat das Fleisch gar gekocht; das gar gekochte Fleisch

gar (ganz, sehr, sogar); ganz und gar; gar kein; gar nicht; gar nichts; gar sehr; gar wohl

die **Ga|ra|ge** [gaˈraːʒə]; die Garagen

die **Ga|ran|tie** (Bürgschaft, Gewähr); die Garan|ti|en; **ga|ran|tie|ren** (bürgen); du garantierst; sie hat für Qualität garantiert; garantiere dafür!

der **Ga|r|aus;** *nur in:* jemandem den Garaus machen (jemanden umbringen)

die **Gar|be**

die **Gar|de** (Elitetruppe; Regiment für den persönlichen Schutz eines Monarchen); die Garden

die **Gar|de|ro|be** (Kleidung; Ablage für Mäntel und Hüte; Umkleideraum für Künstler)

die **Gar|di|ne**

ga|ren (gar kochen; gar werden); er hat das Fleisch gegart; er hat das Fleisch garen lassen

gä|ren; etwas gärt; etwas gor, *in übertragener Bedeutung:* gärte; etwas hat gegoren, *in übertragener Bedeutung:* gegärt

das **Garn;** die Gar|ne

die **Gar|ne|le** (Krebstier); die Garnelen

gar|nie|ren; du garnierst; er hat die Torte garniert; garniere sie!; die **Gar|ni|son** (Standort für Truppen); die Gar|ni|sonen; die **Gar|ni|tur;** die Gar|ni|tu|ren

der *oder* das **Garn|knäu|el**

gars|tig

der **Gar|ten;** die Gärten; das **Gar|ten|beet;** das **Gar|ten|fest;** der **Gärt|ner;** die **Gärt|ne|rei;** die **Gärt|ne|rin;** die Gärtnerinnen

die **Gä|rung**

das **Gas;** die Ga|se; Gas geben; die **Gas|mas|ke;** der **Ga|so|me|ter** (Gasbehälter); die Gasometer; das **Gas|pe|dal**

die **Gas|se;** *Verkleinerungsform:* das Gäss|chen

der **Gast;** die Gäs|te; jemanden zu Gast bitten; der **Gast|ar|bei|ter;** das **Gäs|te|zim|mer; gast|freund|lich;** die **Gast|freund|schaft;** das **Gast|haus; gast|lich;** das **Gast|mahl;** die Gast|mäh|ler *oder* die Gast|mah|le

die **Gas|t|ro|no|mie** (Gaststättengewerbe)

das **Gast|spiel;** die **Gast|stät|te;** der **Gast|wirt**

der **Gat|te;** des Gatten; die Gatten

das **Gat|ter** (Lattenzaun; Gittertor)

die **Gat|tin;** die Gattinnen; die **Gat|tung;** die Gat|tun|gen

der **GAU** (= größter anzunehmender Unfall [in Kernkraftwerken]); des GAUs; die GAUs

der **Gau|cho** [ˈgaʊ̯tʃo] (südamerikanischer Viehhirt); des Gauchos; die Gauchos

die *oder* das **Gau|di** (*umgangssprachlich für:* Freude, Spaß)

gau|keln; der Schmetterling gaukelt; der

A B C D E F G H I J K L M N O P Q R S T U V W X Y Z

Schmetterling ist durch die Luft gegaukelt; der **Gauk|ler**

der **Gaul;** die Gäu|le

der **Gau|men**

der **Gau|ner;** die **Gau|ne|rei**

die **Ga|ze** [ˈgaːzə] (durchsichtiges Gewebe); die Gazen

die **Ga|ze̱l|le** (eine Antilopenart)

geb. = geboren

das **Ge|bäck;** die Ge|bä|cke

das **Ge|bälk**

die **Ge|bär|de;** sich **ge|bär|den** (auffällig verhalten); du gebärdest dich; er gebärdet sich; er gebärdete sich; er hat sich wie ein Verrückter gebärdet; gebärde dich nicht so töricht!

ge|bä|ren; sie gebiert; sie gebar; sie hat ein Kind geboren

das **Ge|ba|ren**

die **Ge|bär|mut|ter** (Hohlorgan des weiblichen Körpers, in dem sich das befruchtete Ei fortentwickelt)

das **Ge|bäu|de**

das **Ge|bein;** des Gebein[e]s; die Ge|bei|ne

ge|ben; du gibst; sie gibt; sie gab; sie hat ihm einen Brief gegeben; gib es ihm!; Geben *oder* geben ist seliger denn Nehmen *oder* nehmen

das **Ge|bet;** des Gebet[e]s; die Ge|be|te; der **Ge|bets|tep|pich**

das **Ge|biet;** des Gebiet[e]s; die Ge|bie|te; **gebie|ten;** du gebietest; sie gebietet; sie gebot; sie hat Ruhe geboten; gebiete Ruhe!; der **Ge|bie|ter; ge|bie|te|risch;** gebieterisch Ruhe fordern

das **Ge|bir|ge; ge|bir|gig**

das **Ge|biss;** des Ge|bis|ses; die Ge|bis|se

das **Ge|blä|se**

ge|blümt

ge|bo|ren (*Abkürzung:* geb.); sie ist eine geborene Maier; Frau Müller[,] geborene Schulz

ge|bor|gen; die **Ge|bor|gen|heit**

das **Ge|bot;** zu Gebot[e] stehen; die Zehn Gebote; das **Ge|bots|schild**

Gebr. = Gebrüder

der **Ge|brauch;** die Ge|bräu|che; **ge|brauchen;** du gebrauchst; sie gebrauchte; sie hat das Werkzeug gebraucht; **ge|bräuchlich;** die **Ge|brauchs|an|wei|sung;** der **Gebraucht|wa|gen**

das **Ge|bre|chen; ge|brech|lich**

die **Ge|brü|der** *Plural*

das **Ge|brüll**

die **Ge|bühr;** nach, über Gebühr

ge|büh|ren (zukommen, zustehen); ihr gebührt Dank; ihr gebührte der Lohn; es hat ihr Dank gebührt; sich gebühren (sich schicken); es gebührt sich nicht, so etwas zu tun; **ge|büh|rend** (angemessen); er hält gebührenden Abstand

ge|büh|ren|pflich|tig; gebührenpflichtiges Parken

die **Ge|burt;** die **Ge|bur|ten|kon|t|rol|le;** die **Ge|bur|ten|re|ge|lung;** der **Ge|burts|tag;** das **Ge|burts|tags|kind;** die **Ge|burts-tags|par|ty**

das **Ge|büsch;** die Ge|bü|sche

der **Geck** (ein eitler Mensch); des Ge|cken; die Ge|cken; **ge|cken|haft**

der **Ge|cko** (eine tropische Eidechse); des Geckos; die Geckos *oder* die Ge|cko̱|nen

das **Ge|dächt|nis;** des Gedächtnisses; die Gedächtnisse

der **Ge|dan|ke;** des Gedankens; die Gedanken; **ge|dan|ken|los;** die **Ge|dan|ken|lo-sig|keit;** der **Ge|dan|ken|strich; ge|dan-ken|voll; ge|dank|lich**

ge|dei|hen; etwas gedeiht; etwas gedieh; etwas ist gut gediehen

ge|den|ken (an jemanden oder etwas zurückdenken; beabsichtigen); du gedenkst der Opfer; sie gedenkt[,] etwas zu tun; sie gedachte der Opfer; sie hat unser gedacht; gedenke unser!; der **Ge|denk-tag**

das **Ge|dicht**

ge|die|gen; gediegenes (reines) Gold; ein gediegener (zuverlässiger) Charakter; gediegene (solide) Kenntnisse haben

das **Ge|drän|ge**

ge|drun|gen; er hat eine gedrungene Gestalt

die **Ge|duld;** sich **ge|dul|den;** du geduldest dich; er geduldet sich; er geduldete sich; er hat sich geduldet; gedulde dich ein wenig!; **ge|dul|dig;** das **Ge|dulds|spiel**

ge|eig|net

die **Geest** (hoch gelegenes, sandiges Land im Küstengebiet); die Gees|ten

die **Ge|fahr;** Gefahr laufen; jemanden in Gefahr bringen; Gefahr bringend, *auch:* gefahrbringend; ein Gefahr bringendes, *auch:* gefahrbringendes Verhalten; ABER

NUR: ein große Gefahr bringendes, äußerst gefahrbringendes Verhalten; **ge|fähr|den;** du gefährdest ihn; er gefährdet ihn; er gefährdete ihn; er hat ihn gefährdet; gefährde ihn nicht!; **ge|fähr|lich**

das **Ge|fährt** (der Wagen); die Ge|fähr|te

der **Ge|fähr|te** (der Begleiter); des Gefährten; die Gefährten; die **Ge|fähr|tin;** die Gefährtinnen

ge|fahr|voll; eine gefahrvolle Situation

das **Ge|fäl|le**

ge|fal|len; etwas gefällt; etwas gefiel; etwas hat gefallen; es hat ihr gut gefallen; sich etwas gefallen lassen

ge|fal|len; die gefallenen Soldaten

der **Ge|fal|len;** er hat ihm einen Gefallen getan

ge|fäl|lig; die **Ge|fäl|lig|keit**

die **Ge|fäll|stre|cke**

der **Ge|fan|ge|ne;** ein Gefangener; die Gefangenen; mehrere Gefangene; die **Ge|fan|ge|ne;** eine Gefangene; **ge|fan|gen neh|men;** er nimmt ihn gefangen; er hat ihn gefangen genommen; das **Ge|fäng|nis;** des Gefängnisses; die Gefängnisse

das **Ge|fäß;** des Ge|fä|ßes; die Ge|fä|ße

das **Ge|fecht**

ge|feit (sicher, geschützt)

das **Ge|fie|der**

das **Ge|fil|de** (Landschaft); die Gefilde

das **Ge|flecht**

ge|flis|sent|lich

das **Ge|flü|gel;** **ge|flü|gelt;** ein geflügeltes Wort

das **Ge|fol|ge;** die **Ge|folg|schaft;** die **Ge|folgs|leu|te** *Plural*

ge|frä|ßig; die **Ge|frä|ßig|keit**

der **Ge|frei|te;** ein Gefreiter; die Gefreiten; zwei Gefreite

ge|frie|ren; das Wasser gefriert; es gefror; es ist gefroren; das **Ge|frier|fleisch;** die **Ge|frier|tru|he**

das **Ge|fü|ge;** des Gefüges; die Gefüge; **ge|fü|gig** (sich gehorsam fügend)

das **Ge|fühl;** **ge|fühl|los;** am ge|fühl|lo|ses|ten; die **Ge|fühls|sa|che;** das ist Gefühlssache

ge|ge|ben; aus gegebenem Anlass; sich in das Gegebene fügen

ge|gen; er rannte gegen das Tor; gegen zwanzig Leute standen auf der Straße

die **Ge|gend;** die Ge|gen|den

ge|gen|ei|n|an|der; gegeneinander prallen; die Kugeln sind gegeneinander geprallt; gegeneinander stehen; die Gegner haben gegeneinander gestanden; gegeneinander stellen; er hat die Bretter gegeneinander gestellt

die **Ge|gen|fahr|bahn;** **ge|gen|len|ken** (beim Autofahren); er hat in der Kurve gegengelenkt; der **Ge|gen|satz;** die Ge|gen|sät|ze; **ge|gen|sei|tig**

der **Ge|gen|stand;** die Ge|gen|stän|de

das **Ge|gen|teil;** im Gegenteil; ins Gegenteil umschlagen; **ge|gen|tei|lig;** er war gegenteiliger Auffassung; das **Ge|gen|tor** *(Sport)*

ge|gen|ü|ber; die Schule steht gegenüber der Kirche, *auch:* der Kirche gegenüber; **ge|gen|ü|ber|lie|gen;** die feindlichen Truppen haben sich gegenübergelegen; ABER: die beiden Äpfel, die gegenüber (dort) liegen; **ge|gen|ü|ber|ste|hen;** sie haben sich feindlich gegenübergestanden, ABER: die beiden Häuser, die gegenüber (dort) stehen; **ge|gen|ü|ber|stel|len;** sie wurden einander gegenübergestellt; **ge|gen|ü|ber|tre|ten;** er wusste nicht, wie er ihm nach diesem Vorfall gegenübertreten sollte

der **Ge|gen|ver|kehr;** die **Ge|gen|wart;** **ge|gen|wär|tig**

der **Geg|ner;** **geg|ne|risch**

gegr. = gegründet

das **Ge|hack|te;** des/dem Gehackten; ein halbes Pfund Gehacktes

das **Ge|halt** (Lohn); die Gehälter

der **Ge|halt** (Inhalt, Wert); die Gehalte; **ge|halt|voll;** am gehaltvollsten

ge|han|di|kapt, *auch:* **ge|han|di|capt** [gəˈhɛndikɛpt] (behindert, benachteiligt)

ge|häs|sig; die **Ge|häs|sig|keit**

das **Ge|häu|se**

geh|be|hin|dert

das **Ge|he|ge**

ge|heim; die Sache muss geheim bleiben!; etwas geheim erledigen; er will es geheim halten; sie hat die Neuigkeit geheim gehalten; insgeheim; im Geheimen; Geheimer Rat; Geheimer Regierungsrat; Geheimes Staatsarchiv; der **Ge|heim|dienst;** das **Ge|heim|nis;** des Geheimnisses; die Geheimnisse; **ge|heim|nis|voll;** der **Ge|heim|tipp**

das **Ge|heiß** (mündliche Anordnung); des

Geheißes; auf Geheiß des Lehrers; auf sein Geheiß etwas tun

ge|hemmt (unsicher; schüchtern)

ge|hen; du gehst; sie geht; sie ging; sie ist nach Hause gegangen; geh[e] jetzt!; etwas ist vor sich gegangen; baden gehen; schlafen gehen; ge|hen las|sen; jemanden [nach Hause] gehen lassen; gehen lassen (in Ruhe lassen); sich gehen lassen (sich keine Selbstdisziplin auferlegen); er hat sich gestern auf dem Fest gehen lassen (*seltener:* gehen gelassen)

ge|heu|er; die Ruine kommt mir nicht [ganz] geheuer vor; bei dieser Sache ist mir nicht geheuer

der **Ge|hil|fe;** des Gehilfen; die Gehilfen; die **Ge|hil|fin;** die Gehilfinnen

das **Ge|hirn;** die **Ge|hirn|er|schüt|te|rung;** die **Ge|hirn|wä|sche** (Versuch der Umorientierung eines Menschen durch starken physischen und psychischen Druck)

das **Ge|höft;** des Ge|höf|tes; die Ge|höf|te

das **Ge|hölz;** des Ge|höl|zes; die Ge|höl|ze

das **Ge|hör;** Gehör finden; sie schenkte ihm Gehör

ge|hor|chen; du gehorchst; er gehorchte ihm; er hat ihm gehorcht; gehorche ihm!; der Not gehorchend

ge|hö|ren; etwas gehört ihr; etwas hat ihr gehört; die mir gehörenden Häuser; du gehörst zu dieser Familie

der **Ge|hör|gang**

ge|hö|rig; er hat gehörigen (angemessenen) Respekt vor mir

ge|hör|los

ge|hor|sam; der **Ge|hor|sam**

der **Geh|weg**

der **Gei|er;** die Geier

der **Gei|fer** (ausfließender Speichel); **gei|fern** (gehässige Worte ausstoßen); er hat gegeifert; geifere nicht!

die **Gei|ge;** die erste Geige spielen; der **Gei|ger;** die **Gei|ge|rin;** die Geigerinnen

der **Gei|ger|zäh|ler** (Gerät zum Nachweis radioaktiver Strahlen)

geil (sexuell erregt, gierig; *jugendsprachlich für:* großartig, toll)

die **Gei|sel** (Gefangener als Druckmittel); der Geisel; die Geiseln; jemanden als, zur Geisel nehmen; die **Gei|sel|nah|me**

der **Gei|ser** *vergleiche:* **Gey|sir**

die **Geiß** (Ziege); die Gei|ßen

die **Gei|ßel** (Peitsche); die Geißeln; **gei|ßeln;** du geißelst ihn; er hat ihn gegeißelt; geiß[e]le ihn nicht!

der **Geist;** die Geis|ter; der **Geis|ter|fah|rer** (Person, die auf der falschen Seite der Autobahn fährt); **geis|tes|ge|gen|wär|tig; geis|tes|ge|stört** *(oft abwertend);* **geis|tes|krank;** die **Geis|tes|krank|heit; geis|tig;** geistiges Eigentum; geistige (alkoholische) Getränke; **geist|lich;** geistlicher Beistand; der **Geist|li|che;** ein Geistlicher; die Geistlichen; mehrere Geistliche; die **Geist|li|che;** eine Geistliche

der **Geiz;** des Gei|zes; **gei|zen;** du geizt; er geizte; er hat mit jedem Pfennig gegeizt; geize nicht mit dem Geld!; der **Geiz|hals;** die Geiz|häl|se; **gei|zig**

das **Gel** (eingedickte, halbsteife Substanz); des Gels; die Ge|le

das **Ge|läch|ter**

das **Ge|la|ge** (gemeinsames [über]reichliches Essen und Trinken); ein wüstes Gelage

das **Ge|län|de;** das **Ge|län|de|spiel**

das **Ge|län|der;** die Geländer

ge|lan|gen; er ist ans Ziel gelangt

das **Ge|lass** (kleiner, dunkler Raum); des Ge|las|ses; die Ge|las|se

ge|las|sen (ruhig; beherrscht); er steht der Gefahr gelassen gegenüber; die **Ge|las|sen|heit**

die **Ge|la|ti|ne** [ʒela'ti:nə]

ge|läu|fig (bekannt, vertraut; fließend); die **Ge|läu|fig|keit**

das **Ge|läut** *oder* **Ge|läu|te;** die Geläute

gelb; das gelbe Fieber; die gelbe Karte (*Fußball:* Verwarnung); der gelbe Sack; das gelbe Trikot *(Radsport);* ABER: die Gelben Engel (des ADAC); Gelbe Rüben (*süddeutsch für:* Mohrrüben); ↑*auch:* blau; das **Gelb** (die gelbe Farbe); des Gelbs; bei Gelb ist die Kreuzung zu räumen; die Ampel zeigt, steht auf Gelb; ↑*auch:* Blau; **gelb|braun** ↑blau; **gelb|lich;** gelblich grün; die **Gelb|sucht**

das **Geld;** des Gel|des; die Gel|der; die **Geld|bör|se;** der **Geld|schein;** das **Geld|stück**

das, *auch:* der **Ge|lee** [ʒe'le:]; des Gelees; die Gelees

ge|le|gen; das kommt mir gelegen (passt mir); die **Ge|le|gen|heit; ge|le|gent|lich;** wir sehen uns gelegentlich

ge|leh|rig; ein gelehriger Schüler; **ge|lehrt;** am ge|lehr|tes|ten; ein gelehrter Mann; das Buch ist mir zu gelehrt; der **Ge|lehr|te;** ein Gelehrter; die Gelehrten; viele Gelehrte; in Anwesenheit bedeutender Gelehrter (*auch noch:* Gelehrten); ihm als bedeutendem Gelehrten ist dies möglich; die **Ge|lehr|te;** eine Gelehrte

das **Ge|lei|se** *vergleiche:* **Gleis**

das **Ge|leit** (Begleitung zum Schutz); des Geleit[e]s; die Ge|lei|te; **ge|lei|ten;** du geleitest; sie geleitete; sie hat ihn nach Hause geleitet

das **Ge|lenk; ge|len|kig;** er ist sehr gelenkig; die **Ge|len|kig|keit**

der **Ge|lieb|te;** ihr Geliebter; die Geliebten; zwei Geliebte; die **Ge|lieb|te;** eine Geliebte

ge|lind *oder* **ge|lin|de;** gelinde (vorsichtig) gesagt

ge|lin|gen; etwas gelingt; etwas gelang; etwas ist gelungen

gel|len; etwas gellt; etwas gellte; etwas hat laut gegellt

ge|lo|ben; du gelobst; sie gelobte; sie hat mir Treue gelobt; sich geloben; sie hat sich gelobt (ernsthaft vorgenommen)[,] etwas zu tun; ABER: das Gelobte Land (biblisch); das **Ge|löb|nis;** des Gelöbnisses; die Gelöbnisse

gelt? (*süddeutsch für:* nicht wahr?)

gel|ten; du giltst; sie gilt; sie galt; sie hat als klug gegolten; die Fahrkarte gilt noch; er hat deine Antwort gelten lassen; er hat Ansprüche geltend gemacht; die **Gel|tung;** sich Geltung verschaffen; das **Gel|tungs|be|dürf|nis**

das **Ge|lüb|de;** die Gelübde

ge|lun|gen; eine gut gelungene Aufführung; die Aufführung ist gut gelungen

das **Ge|mach;** die Ge|mä|cher *oder* die Ge|ma|che

ge|mäch|lich (langsam); die **Ge|mäch|lich|keit**

der **Ge|mahl** (Ehemann); die Ge|mah|le; die **Ge|mah|lin** (Ehefrau); die Gemahlinnen

das **Ge|mäl|de**

ge|mäß; dem Befehl gemäß (*seltener:* gemäß dem Befehl); **ge|mä|ßigt;** die gemäßigte Zone

ge|mein; ein gemeiner Mensch; ABER: der Gemeine Wacholder

die **Ge|mein|de;** der **Ge|mein|de|rat;** die Gemeinderäte; die **Ge|mein|de|rä|tin;** die Gemeinderätinnen

die **Ge|mein|heit**

ge|mein|nüt|zig; ein gemeinnütziger Verein; der **Ge|mein|platz** (abgegriffene, nichts sagende Redensart); **ge|mein|sam;** die **Ge|mein|sam|keit;** die **Ge|mein|schaft; ge|mein|schaft|lich;** die **Ge|mein|schafts|kun|de;** das **Ge|mein|wohl**

das **Ge|men|ge** (Gemisch); des Gemenges; die Gemenge

das **Ge|met|zel**

das **Ge|misch;** des Gemisch[e]s; die Ge|mi|sche

die **Gem|se,** *alte Schreibung für:* **Gäm|se;** *vergleiche dort*

das **Ge|mü|se;** die Gemüse; Mohrrüben sind ein nahrhaftes Gemüse; Mohrrüben und Bohnen sind nahrhafte Gemüse; junges Gemüse (*umgangssprachlich für:* junge Leute); das **Ge|mü|se|beet**

das **Ge|müt;** des Gemüt[e]s; die Ge|mü|ter; sich etwas zu Gemüte führen; **ge|müt|lich;** die **Ge|müt|lich|keit**

das **Gen** (Träger einer Erbanlage); des Gens; die Ge|ne

gen. = genannt

ge|nau; genauer; am genau[e]sten; etwas genau nehmen; genau genommen; das ist[,] genau genommen[,] ein ganz anderer Fall; die Karten werden genau so verteilt, dass jeder Spieler ...; ↑ABER: genauso; auf das, aufs genau[e]ste, *auch* Genau[e]ste; genau[e]stens

ge|nau|so (ebenso); genauso viel Freunde; genauso gut; du kannst genauso gut die Bahn nehmen; genauso lang[e]; das dauert genauso lang[e]; ↑ABER: genau

der **Gen|darm** [ʒan'darm, *auch:* ʒã'darm] (Polizist); des/dem/den Gen|dar|men; die Gen|dar|men; die **Gen|dar|me|rie**

ge|neh|mi|gen; du genehmigst; sie genehmigte; sie hat es genehmigt; genehmige endlich den Antrag!; die **Ge|neh|mi|gung;** die **Ge|neh|mi|gungs|pflicht; ge|neh|mi|gungs|pflich|tig;** ein genehmigungspflichtiges Medikament

der **Ge|ne|ral;** die Ge|ne|ra|le *oder* die Ge|ne|rä|le; der **Ge|ne|ral|di|rek|tor;** die **Ge|ne|ral|pro|be** (letzte Probe vor der ersten Aufführung)

A B C D E F G H I J K L M N O P Q R S T U V W X Y Z

die **Ge|ne|ra|ti|on** (das Glied in der Geschlechterfolge; alle Altersgenossen)

der **Ge|ne|ra|tor** (Stromerzeuger); die Ge|ne|ra|to|ren

ge|ne|rell (allgemein [gültig])

die **Ge|ne|se** (Entstehung; Entwicklung)

ge|ne|sen; du genest; sie genest; sie genas; sie ist genesen

die **Ge|ne|sis** (Entstehung; Schöpfungsgeschichte)

die **Ge|ne|sung**

die **Ge|ne|tik** (Vererbungslehre); **ge|ne|tisch** (erblich bedingt)

Genf (Kanton und Stadt in der Schweiz); der **Gen|fer See**

die **Gen|for|schung**

ge|ni|al (schöpferisch, sehr begabt); die **Ge|ni|a|li|tät;** das **Ge|nie** [ʒeˈniː] (äußerst begabter Mensch); des Genies; die Genies

das **Ge|nick;** die Ge|ni|cke; der **Ge|nick|schuss**

sich **ge|nie|ren** [ʒeˈniːrən] (sich schämen); du genierst dich; er genierte sich; er hat sich geniert; geniere dich nicht!

ge|nieß|bar; ge|nie|ßen; du genießt; sie genießt; sie genoss; sie hat dies genossen; genieße den Tag!; der **Ge|nie|ßer; ge|nie|ße|risch**

die **Ge|ni|ta|li|en** (Geschlechtsorgane) *Plural*

der **Ge|ni|tiv** (Wesfall; 2. Fall); die Ge|ni|ti|ve; das **Ge|ni|tiv|ob|jekt**

der **Ge|nos|se;** des/dem/den Genossen; die Genossen; die **Ge|nos|sen|schaft; ge|nos|sen|schaft|lich;** die **Ge|nos|sin;** die Genossinnen

der, *auch:* das **Ge|no|zid** (Völkermord); des Genozid[e]s; die Ge|no|zi|de *oder* die Ge|no|zi|di|en

die **Gen|tech|nik** (Technik der Erforschung und Beeinflussung der Gene); **gen|tech|nisch;** die **Gen|tech|no|lo|gie** (Teilgebiet der Biologie)

der **Gen|t|le|man** [dʒɛntl̩mɛn] (Mann von Lebensart und Charakter [mit tadellosen Umgangsformen]); des Gentlemans; die Gentlemen

> Der Plural von *Gentleman* wird wie im Englischen mit *e* gebildet. Es heißt also »ein Gentleman«, aber »viele Gentlemen«.

ge|nug; genug und übergenug; nicht genug bekommen; genug Gutes; Gutes genug; genug des Guten; **ge|nü|gen;** du genügst; sie genügt; sie genügte; sie hat den Anforderungen genügt; dies genügt für unsere Zwecke; **ge|nü|gend** ↑ausreichend; **ge|nüg|sam;** die **Ge|nüg|sam|keit;** die **Ge|nug|tu|ung**

das **Ge|nus** (grammatisches Geschlecht); des Genus; die Ge|ne|ra

der **Ge|nuss;** des Ge|nus|ses; die Ge|nüs|se; das **Ge|nuss|mit|tel;** die **Ge|nuss|sucht,** *auch:* **Ge|nuss-Sucht; ge|nuss|süch|tig**

das **Ge|o|drei|eck** (transparentes Dreieck zum Ausmessen und Zeichnen von Winkeln o. Ä.); die **Ge|o|gra|phie,** *auch:* **Ge|o|gra|fie** (Erdkunde); **ge|o|gra|phisch,** *auch:* **ge|o|gra|fisch;** der **Ge|o|lo|ge;** des/dem/den Geologen; die Geologen; die **Ge|o|lo|gie** (Lehre von der Entstehung und vom Bau der Erde); die **Ge|o|lo|gin;** die Geologinnen; **ge|o|lo|gisch;** die **Ge|o|me|t|rie** (Flächen- und Raumlehre); die Ge|o|me|t|ri|en; **ge|o|me|t|risch;** ein geometrischer Ort

Ge|or|gi|en (Staat in Transkaukasien); der **Ge|or|gi|er;** die **Ge|or|gi|e|rin;** die Georgierinnen; **ge|or|gisch**

das **Ge|päck;** der **Ge|päck|trä|ger**

der **Ge|pard** (katzenartiges Raubtier); des Gepards; die Ge|par|de

die **Ge|pflo|gen|heit** (die Gewohnheit)

ge|ra|de

eine gerade Zahl
- fünf gerade sein lassen
- gerade darum

Man schreibt »gerade« vom folgenden Verb getrennt, wenn es sinnvoll – wenigstens durch »sehr« oder »ganz« – erweitert oder gesteigert werden kann:
- gerade biegen; sie hat den Stab wieder [ganz] gerade gebogen; ABER: wir werden die Geschichte schon wieder geradebiegen (*umgangssprachlich für:* in Ordnung bringen)
- gerade sitzen; wenn du keine Rückenschmerzen bekommen möchtest, solltest du immer [ganz] gerade sitzen; da wollte ich doch gerade (eben) sitzen!
- gerade stehen (aufrecht stehen); ABER: für etwas geradestehen (die Folgen auf sich nehmen)

die **Ge|ra|de** (gerade Linie); vier Gerade[n]; **ge|ra|de|aus;** geradeaus gehen; er geht geradeaus (in unveränderter Richtung); ABER: er geht gerade (soeben) aus (in ein Lokal, eine Bar usw.); **ge|ra|de|bie|gen** (*umgangssprachlich für:* in Ordnung bringen); **ge|ra|de|he|r|aus;** etwas geradeheraus sagen; ABER: er kam gerade (soeben) heraus (aus dem Haus); **ge|ra|de|sit|zen** *vergleiche:* **ge|ra|de; ge|ra|de|so** ↑ebenso; **ge|ra|de|ste|hen** *vergleiche:* **ge|ra|de; ge|ra|de|zu;** geradezu gehen, sein; das ist geradezu absurd!; **ge|rad|li|nig,** *umgangssprachlich auch:* **grad|li|nig;** die **Ge|rad|li|nig|keit,** *umgangssprachlich auch:* **Grad|li|nig|keit**

das **Ge|ran|gel**

die **Ge|ra|nie;** die Ge|ra|ni|en

das **Ge|rät;** des Gerät[e]s; die Ge|rä|te; **ge|ra|ten;** du gerätst; sie gerät; sie geriet; sie ist in Not geraten; der Kuchen gerät (gelingt) mir; ich gerate außer mich (*auch:* mir) vor Freude; das **Ge|rä|te|tur|nen** *oder* **Ge|rät|tur|nen;** aufs **Ge|ra|te|wohl** (auf gut Glück)

ge|räu|mig; die **Ge|räu|mig|keit**

das **Ge|räusch; ge|räusch|arm;** die **Ge|räusch|ku|lis|se; ge|räusch|voll**

ger|ben; du gerbst; sie hat die Haut gegerbt; gerbe ihm das Fell! (verprügle ihn!); der **Ger|ber;** die **Ger|be|rei;** die **Ger|be|rin;** die Gerberinnen; der **Gerb|stoff**

ge|recht; am ge|rech|tes|ten; er wurde ihm gerecht; die **Ge|rech|tig|keit;** der **Ge|rech|tig|keits|sinn**

das **Ge|re|de;** des Geredes

das **Ge|richt;** des Gericht[e]s; die Ge|rich|te; **ge|richt|lich;** das **Ge|richts|ver|fah|ren;** der **Ge|richts|voll|zie|her;** die **Ge|richts|voll|zie|he|rin;** die Gerichtsvollzieherinnen

ge|ring; das wird am ge|rings|ten (wenigsten) auffallen; ein Geringes (wenig) tun; um ein Geringes (wenig) erhöhen; es ist nichts Geringeres als ...; es geht ihn nicht das Geringste (gar nichts) an; das Geringste, was er tun kann, ist ...; es stört mich nicht im Geringsten; auch der Geringste hat Anspruch darauf; kein Geringerer als ...; gering schätzen (verachten); er schätzte sie gering; er hat sie gering geschätzt; gering schätzen (niedrig veranschlagen); die Reparatur kostet[,] gering geschätzt[,] dreißig Euro; **ge|ring|fü|gig;** die **Ge|ring|fü|gig|keit; ge|ring|schät|zig** (verächtlich); geringschätzig lächeln; die **Ge|ring|schät|zung; ge|ring|wer|tig;** [noch] geringwertigerer, *auch:* geringerwertiger Schmuck

ge|rin|nen; die Milch gerinnt; die Milch gerann; die Milch ist geronnen; geronnenes Blut; das **Ge|rinn|sel;** des Gerinnsels; die Gerinnsel; die **Ge|rin|nung**

das **Ge|rip|pe;** des Gerippes; die Gerippe

ge|ris|sen (durchtrieben, schlau); er ist ein gerissener Bursche; die **Ge|ris|sen|heit**

der **Ger|ma|ne;** des/dem/den Germanen; die Germanen; **ger|ma|nisch;** germanische Kunst; ABER: das Germanische Nationalmuseum in Nürnberg; die **Ger|ma|nis|tik** (deutsche Sprach- und Literaturwissenschaft)

gern *oder* **ger|ne;** lie|ber; am liebs|ten; jemanden gern haben, mögen; gar zu gern; allzu gern; gern gesehen (immer willkommen); ein gern gesehener Gast; der Gast ist gern gesehen; der **Ger|ne|groß;** des Gernegroß; die Ger|ne|gro|ße

das **Ge|röll;** des Geröll[e]s; die Ge|röl|le; die **Ge|röll|hal|de**

die **Gers|te;** das **Gers|ten|korn**

die **Ger|te; ger|ten|schlank**

der **Ge|ruch;** des Geruch[e]s; die Ge|rü|che; **ge|ruch|los;** der **Ge|ruchs|sinn;** des Geruchssinn[e]s

das **Ge|rücht**

ge|ruh|sam; die **Ge|ruh|sam|keit**

das **Ge|rüm|pel**

das **Ge|rüst**

ge|samt; im Gesamten (*veraltend für:* insgesamt); die **Ge|samt|heit;** die **Ge|samt|schu|le**

der **Ge|sand|te;** ein Gesandter; die Gesandten; zwei Gesandte; die **Ge|sand|te;** eine Gesandte

der **Ge|sang;** des Gesang[e]s; die Ge|sän|ge; das **Ge|sang|buch;** der **Ge|sang|ver|ein**

das **Ge|säß;** des Ge|sä|ßes; die Ge|sä|ße

das **Ge|schäft;** geschäftehalber; ABER: dringender Geschäfte halber; **ge|schäf|tig;**

A B C D E F G H I J K L M N O P Q R S T U V W X Y Z

geschäftig (betriebsam, fleißig) hin und her laufen

Nicht verwechseln: *geschäftlich* hat eine andere Bedeutung als *geschäftig!*

ge|schäft|lich; sie hat hier geschäftlich (dienstlich) zu tun; die **Ge|schäfts|frau;** die Geschäftsfrauen; der **Ge|schäfts|mann;** die Geschäftsleute *oder* die Geschäftsmänner; **ge|schäfts|tüch|tig**

ge|sche|hen; etwas geschieht; etwas geschah; etwas ist geschehen; das **Ge|sche|hen;** das **Ge|scheh|nis;** des Geschehnisses; die Geschehnisse

ge|scheit; am ge|schei|tes|ten

das **Ge|schenk;** des Geschenk[e]s; die Ge|schen|ke

die **Ge|schich|te;** das **Ge|schich|ten|buch** (Buch mit Erzählungen); **ge|schicht|lich;** das **Ge|schichts|buch** (Buch für den Geschichtsunterricht); der **Ge|schichts|un|ter|richt**

das **Ge|schick;** des Geschick[e]s; die Ge|schi|cke (Schicksale); die **Ge|schick|lich|keit;** **ge|schickt;** am ge|schick|tes|ten

ge|schie|den

das **Ge|schirr;** der **Ge|schirr|rei|ni|ger,** *auch:* **Ge|schirr-Rei|ni|ger**

das **Ge|schlecht;** des Geschlecht[e]s; die Ge|schlech|ter; **ge|schlecht|lich;** **ge|schlechts|krank;** die **Ge|schlechts|krank|heit;** das **Ge|schlechts|or|gan;** **ge|schlechts|reif;** die **Ge|schlechts|rei|fe;** das, *auch:* der **Ge|schlechts|teil** *meist Plural;* der **Ge|schlechts|trieb;** der **Ge|schlechts|ver|kehr;** das **Ge|schlechts|wort** (Artikel, z. B. »der, die, das«); die Ge|schlechts|wör|ter

der **Ge|schmack;** des Geschmack[e]s; die Ge|schmä|cke; **ge|schmack|los;** am ge|schmack|lo|ses|ten; die **Ge|schmack|lo|sig|keit;** die **Ge|schmack[s]|sa|che;** das ist Geschmack[s]sache; **ge|schmack|voll**

das **Ge|schmei|de** (Schmuck); **ge|schmei|dig** (biegsam; gelenkig); geschmeidiges Leder

ge|schnie|gelt; geschniegelt und gebügelt (fein hergerichtet)

das **Ge|schöpf;** des Geschöpf[e]s; die Ge|schöp|fe

das **Ge|schoss;** des Ge|schos|ses; die Ge|schos|se

das **Ge|schrei;** des Geschreis

das **Ge|schütz;** des Ge|schüt|zes; die Ge|schüt|ze

das **Ge|schwa|der** (Verband von Kriegsschiffen oder Flugzeugen)

das **Ge|schwätz;** **ge|schwät|zig;** die **Ge|schwät|zig|keit**

ge|schwind (*landschaftlich für:* schnell); die **Ge|schwin|dig|keit;** die **Ge|schwin|dig|keits|be|schrän|kung**

die **Ge|schwis|ter** *Plural;* **ge|schwis|ter|lich;** das **Ge|schwis|ter|paar**

der **Ge|schwo|re|ne;** ein Geschworener; die Geschworenen; zwei Geschworene; die **Ge|schwo|re|ne;** eine Geschworene

die **Ge|schwulst;** die Ge|schwüls|te

das **Ge|schwür;** des Geschwür[e]s; die Ge|schwü|re;

der **Ge|sel|le;** des/dem/den Gesellen; die Gesellen; **ge|sel|lig;** in geselliger Runde; die **Ge|sell|schaft;** Gesellschaft mit beschränkter Haftung (*Abkürzung:* GmbH); **ge|sell|schaft|lich**

das **Ge|setz;** des Ge|set|zes; die Ge|set|ze; **ge|setz|ge|bend;** die gesetzgebende Versammlung; der **Ge|setz|ge|ber;** des Gesetzgebers; **ge|setz|lich;** gesetzliche Erbfolge; **ge|setz|mä|ßig;** **ge|setz|wid|rig;** gesetzwidriges Handeln

ge|setzt; gesetzt[,] dass ... (angenommen[,] dass ...); gesetzt den Fall[,] [dass] ...

ges. gesch. = gesetzlich geschützt

das **Ge|sicht;** des Gesicht[e]s; die Ge|sich|ter *und* (für Erscheinungen:) die Ge|sich|te; sein Gesicht (Ansehen) wahren, verlieren; der **Ge|sichts|aus|druck;** der **Ge|sichts|punkt;** der **Ge|sichts|zug;** die Gesichts|zü|ge *meist Plural*

das **Ge|sims;** des Ge|sim|ses; die Ge|sim|se

das **Ge|sin|de;** des Gesindes; das **Ge|sin|del;** des Gesindels

ge|sinnt; ein gut gesinnter, gleich gesinnter, übel gesinnter, anders gesinnter Mensch; die **Ge|sin|nung;** **ge|sin|nungs|los**

ge|son|dert

das **Ge|spann;** des Gespann[e]s; die Ge|spanne; **ge|spannt;** gespannte Erwartung; die **Ge|spannt|heit**

das **Ge|spenst;** des Gespenst[e]s; die Gespens|ter; **ge|spens|tig** *oder* **ge|spens|tisch** das **Ge|spinst** (zartes Gewebe); des Gespinst[e]s; die Ge|spins|te

Ge|spräch; des Gespräch[e]s; die Gesprä|che; ein Gespräch am runden Tisch; **ge|sprä|chig;** der **Ge|sprächs|stoff**

ge|spren|kelt; das Fell des Tieres ist gesprenkelt

das **Ge|spür;** des Gespürs; ein Gespür für etwas haben

gest. = gestorben

das **Ge|sta|de** (*gehoben für:* Küste, Ufer)

die **Ge|stalt; ge|stal|ten;** du gestaltest; sie gestaltete; sie hat diesen Raum gestaltet; **ge|stal|te|risch;** die **Ge|stal|tung**

ge|stän|dig; die Angeklagte war geständig; das **Ge|ständ|nis;** des Geständnisses; die Geständnisse

der **Ge|stank;** des Gestank[e]s

ge|stat|ten; du gestattest; sie gestattet; sie gestattete; sie hat es ihm gestattet; gestatte ihm den Besuch!; gestatten Sie!

die **Ges|te** (die Gebärde); die Gesten; eine verlegene Geste

ge|ste|hen; du gestehst; er gestand; er hat es gestanden; gestehe deine Tat!

das **Ge|stein;** des Gestein[e]s; die Ge|stei|ne; die **Ge|steins|schicht**

das **Ge|stell;** des Gestell[e]s; die Ge|stel|le

ges|tern; gestern Abend; gestern Morgen; gestern Nachmittag; gestern Nacht; gestern früh, *auch:* Früh; die Mode von gestern; vorgestern; zwischen gestern und morgen; ABER: zwischen [dem] Gestern und [dem] Morgen liegt das Heute

das **Ge|stirn;** des Gestirn[e]s; die Ge|stir|ne

ge|streift; ihr Pullover ist blau-weiß gestreift

ges|trig; der gestrige Tag

das **Ge|strüpp;** des Gestrüpp[e]s; die Gestrüp|pe

das **Ge|stüt;** des Gestüt[e]s; die Ge|stü|te

das **Ge|such;** des Gesuch[e]s; die Ge|su|che

ge|sund; ge|sün|der, *auch:* ge|sun|der; am ge|sün|des|ten, *auch:* ge|sun|des|ten; gesund sein, werden, bleiben; einen Kranken wieder [ganz] gesund machen; der Arzt hat ihn gesundgeschrieben; die **Ge|sund|heit;** das **Ge|sund|heits|amt; ge|sund|heits|schä|di|gend;** der **Ge|sund|heits|zu|stand**

das **Ge|tränk;** des Getränk[e]s; die Ge|trän|ke

sich **ge|trau|en;** du getraust dich; sie hat sich getraut; getraue dich doch!; ich getraue mich (*seltener:* mir) nicht[,] das zu tun; ABER NUR: ich getraue mir den Schritt nicht; ich getraue mich hinein

das **Ge|trei|de**

ge|trennt; getrennt leben; getrennt sein, werden; dieses Wort wird getrennt geschrieben

das **Ge|trie|be;** der **Ge|trie|be|scha|den**

das **Get|to,** *auch:* **Ghet|to** (abgesondertes [jüdisches] Wohnviertel); des Gettos, *auch:* Ghettos; die Gettos, *auch:* Ghettos

das **Ge|tue;** des Ge|tu|es

das **Ge|tüm|mel**

der **Ge|vat|ter** (*veraltet für:* Taufpate); des Gevatters, *älter:* des Gevattern; die Gevattern

das **Ge|viert** (Viereck, Quadrat); des Geviert[e]s; die Ge|vier|te; im, ins Geviert

das **Ge|wächs; ge|wach|sen;** einer Aufgabe gewachsen sein; das **Ge|wächs|haus**

die **Ge|währ** (Bürgschaft, Sicherheit); **ge|wäh|ren** (bewilligen); du gewährst; sie hat es ihm gewährt; gewähre ihm die Bitte!; **ge|währ|leis|ten,** *auch:* **Ge|währ leis|ten;** du gewährleistest, *auch:* du leistest Gewähr; sie hat gewährleistet, *auch:* sie hat Gewähr geleistet

Wenn »gewährleisten« mit einem Akkusativobjekt gebraucht wird, ist nur Zusammenschreibung möglich:
- *der Veranstalter gewährleistet die Sicherheit der Besucher*

Beim Anschluss mit »für« wird dagegen ausschließlich getrennt geschrieben:
- *der Veranstalter tut alles, um für die Sicherheit der Besucher Gewähr zu leisten*

die **Ge|währ|leis|tung;** der **Ge|währs|mann;** die Gewährsmänner *und* die Gewährsleute

der **Ge|wahr|sam** (Haft, Obhut); etwas in Gewahrsam nehmen

die **Ge|walt; ge|wal|tig; ge|walt|los;** die **Ge|walt|lo|sig|keit; ge|walt|sam;** die **Ge|walt|tat; ge|walt|tä|tig**

das **Ge|wand;** die Ge|wän|der

ge|wandt (sicher, geschickt); am ge-

A B C D E F G H I J K L M N O P Q R S T U V W X Y Z

wand|tes|ten; eine gewandte Frau; die **Ge|wandt|heit**

das **Ge|wäs|ser**

das **Ge|we|be**

das **Ge|wehr**

das **Ge|weih;** des Geweih[e]s; die Ge|wei|he

das **Ge|wer|be;** der **Ge|wer|be|leh|rer; ge|werb|lich; ge|werbs|mä|ßig**

die **Ge|werk|schaft;** der **Ge|werk|schaf|ter** *oder* **Ge|werk|schaft|ler; ge|werk|schaft|lich;** der **Ge|werk|schafts|bund**

das **Ge|wicht;** die Ge|wich|te; der **Ge|wicht|he|ber; ge|wich|tig;** die **Ge|wichts|klas|se**

ge|wieft (*umgangssprachlich für:* schlau, gerissen)

das **Ge|wim|mel** (Gewühl)

das **Ge|win|de;** des Gewindes; die Gewinde

der **Ge|winn;** des Gewinn[e]s; die Ge|win|ne; Gewinn bringen; Gewinn bringend, *auch:* gewinnbringend; eine Gewinn bringende, *auch:* gewinnbringende Geldanlage; ABER NUR: eine großen Gewinn bringende Geldanlage; eine äußerst gewinnbringende, noch gewinnbringendere Geldanlage; die **Ge|winn|chan|ce; ge|win|nen;** du gewinnst; sie gewann; sie hat gewonnen; gewinne endlich einmal!; **ge|win|nend** (liebenswürdig); am ge|win|nends|ten; ein gewinnendes Lächeln; der **Ge|win|ner;** die **Ge|win|ne|rin;** die Gewinnerinnen

das **Ge|wirr**

ge|wiss; ge|wis|ser; am ge|wis|ses|ten; etwas, nichts Gewisses; ein gewisses Etwas; ein gewisser Jemand; ABER: ein gewisser anderer; das **Ge|wis|sen; ge|wis|sen|haft;** am ge|wis|sen|haf|tes|ten; **ge|wis|sen|los;** am ge|wis|sen|lo|ses|ten; der **Ge|wis|sens|biss; ge|wis|ser|ma|ßen;** die **Ge|wiss|heit**

das **Ge|wit|ter; ge|wit|tern;** es gewittert; es gewitterte; es hat gewittert; **ge|witt|rig,** *seltener auch:* **ge|wit|te|rig**

ge|witzt (schlau)

ge|wo|gen (freundlich gesinnt); sie ist mir gewogen

sich **ge|wöh|nen;** du gewöhnst dich daran; sie hat sich daran gewöhnt; gewöhne dich erst gar nicht daran!; die **Ge|wohn|heit; ge|wöhn|lich; ge|wohnt;** die **Ge|wöh|nung**

das **Ge|wöl|be**

das **Ge|wölk;** des Gewölk[e]s

das **Ge|wühl;** des Gewühl[e]s

das **Ge|würz;** des Ge|wür|zes; die Ge|wür|ze; die **Ge|würz|gur|ke; ge|würzt;** gut gewürzte Speisen

der **Gey|sir** [ˈgai̯zɪr] *oder* **Gei|ser** (in bestimmten Zeitabständen springende heiße Quelle); des Geysirs *oder* Geisers; die Gey|si|re *oder* Geiser

gez. = gezeichnet (unterschrieben)

das **Ge|zänk;** des Gezänk[e]s

die **Ge|zei|ten** (Wechsel von Ebbe und Flut) *Plural*

sich **ge|zie|men;** es geziemt (gehört) sich; es geziemte sich; es hat sich geziemt

das **Ge|zwit|scher**

GG = Grundgesetz

Gha̲|na (Staat in Afrika); der **Gha̲|na|er;** die **Gha|na̲|e|rin;** die Ghanaerinnen; **gha̲|na|isch**

das **Ghet|to** *vergleiche:* **Get|to**

der **Ghost|wri|ter** [ˈgoːstrai̯tɐ] (Autor, der für eine andere Person schreibt und nicht genannt wird)

Gi|b|ral|tar (Halbinsel an der Südspitze Spaniens)

die **Gicht; gicht|krank**

der **Gie|bel;** die Giebel; die **Gie|bel|sei|te**

die **Gier; gie|rig**

gie|ßen; du gießt; er gießt; er goss; er hat die Blumen gegossen; gieße die Blumen!; die **Gie|ße|rei;** die **Gieß|kan|ne**

das **Gift;** des Gift[e]s; die Gif|te; das **Gift|gas; gif|tig;** der **Gift|müll;** der **Gift|pilz;** die **Gift|schlan|ge**

das **Gi|ga|byte** [ˈgiːgabai̯t]; des Gigabyte[s]; die Gigabyte[s] *(EDV)*

der **Gi|ga̲nt** (der Riese); des/dem/den Gi|gan|ten; die Gi|gan|ten; **gi|ga̲n|tisch**

die **Gil|de** (Vereinigung von Handwerkern oder Kaufleuten)

der **Gin** [dʒɪn] (englischer Wacholderbranntwein)

der **Gins|ter** (ein Strauch); des Ginsters; die Ginster

der **Gip|fel;** die Gipfel; das **Gip|fel|tref|fen**

der **Gips;** des Gip|ses; **gip|sen;** du gipst; sie gipst die Wand; die Ärztin hat das Bein gegipst; der **Gip|ser;** der **Gips|ver|band**

die **Gi|ra̲f|fe**

das **Girl** [gøːɐ̯l] (*scherzhaft für:* Mädchen; Tänzerin einer Tanzgruppe); des Girls; die Girls

die **Gir|lan|de**
das **Gir|lie** [ˈgøːɐ̯li] (selbstbewusst-freche, auffällig gekleidete junge Frau); des Girlies; die Girlies
das **Gi|ro** [ˈʒiːro] (bargeldlose Überweisung); des Giros; die Giros; das **Gi|ro|kon|to**
der *oder* die **Gischt** (Schaum; aufschäumende See); die Gisch|te[n]
die **Gi|tar|re;** der **Gi|tar|rist;** des/dem/den Gi|tar|ris|ten; die Gi|tar|ris|ten; die **Gi|tar|ris|tin;** die Gitarristinnen
das **Git|ter**
der **Gla|di|a|tor** (altrömischer Schaukämpfer); die Gla|di|a|to|ren; die **Gla|di|o|le** (Schwertliliengewächs); die Gladiolen
der **Glanz; glän|zen;** etwas glänzt; etwas glänzte; etwas hat geglänzt; **glän|zend;** glänzend schwarze Haare; ihre Haare sind glänzend schwarz; die **Glanz|leis|tung;** das **Glanz|stück; glanz|voll**
das **Glas;** des Gla|ses; die Glä|ser; zwei Glas Bier; ein Glas voll; Glas blasen; der **Gla|ser;** die **Gla|se|rin;** die Glaserinnen; **glä|sern** (aus Glas); der **Glas|fi|ber|stab** (beim Stabhochsprung); **gla|sie|ren;** du glasierst; sie glasierte; sie hat den Krug glasiert; **gla|sig** (starr); ein glasiger Blick; **glas|klar;** der **Glas|kör|per** (Teil des Auges); die **Glas|schei|be;** die **Gla|sur** (glasiger Überzug)
glatt; glat|ter *oder* glät|ter; am glat|tes|ten *oder* glät|tes|ten; es wird schon alles glatt gehen (gut gehen); sie hat ihre Haare glatt gekämmt; die **Glät|te;** das **Glatt|eis; glät|ten;** du glättest; sie glättete; sie hat das Papier geglättet; glätte das Papier!
die **Glat|ze;** der **Glatz|kopf; glatz|köp|fig**
der **Glau|be,** *seltener auch:* **Glau|ben;** des Glaubens; **glau|ben;** du glaubst; sie glaubte; sie hat es geglaubt; glaub[e] daran!; sie wollte mich glauben machen, dass ...; das **Glau|bens|be|kennt|nis; glaub|haft;** am glaub|haf|tes|ten; **gläu|big;** der **Gläu|bi|ge;** ein Gläubiger; die Gläubigen; zwei Gläubige; die **Gläu|bi|ge;** eine Gläubige
der **Gläu|bi|ger** (jemand, der berechtigt ist, von einem Schuldner Geld zu fordern)
die **Gläu|big|keit**
glaub|wür|dig; die **Glaub|wür|dig|keit**

gleich

die gleiche Jacke
Groß schreibt man die Substantivierung:
- das Gleiche (dasselbe) tun
- das Gleiche gilt
- es kommt aufs Gleiche hinaus
- Gleich und Gleich gesellt sich gern
- Gleiches mit Gleichem vergelten
- es kann uns Gleiches begegnen

Vom folgenden Verb oder Partizip schreibt man »gleich« getrennt, wenn es gesteigert oder erweitert werden kann oder wenn »gleich« die Bedeutung »sofort« hat:
- sie sind einander [völlig] gleich geblieben; sie ist gleich bleibend freundlich
- die Wörter werden gleich geschrieben
- sie muss gleich (sofort) kommen; ↑ABER: gleichkommen
- ich werde das gleich (sofort) machen; ↑ABER: gleichmachen
- du kannst dich auf diesen Stuhl gleich (sofort) setzen!; ↑ABER: gleichsetzen

Vergleiche auch: gleichschalten; gleichsehen; gleichstehen; gleichstellen; gleichtun; gleichziehen

gleich|al|te|rig *oder* **gleich|alt|rig; gleich|ar|tig;** die **Gleich|ar|tig|keit;** die **Gleich|be|hand|lung; gleich|be|rech|tigt;** die **Gleich|be|rech|ti|gung; glei|chen;** du gleichst; sie gleicht; sie glich; sie hat ihr geglichen; **gleich|falls; gleich|farbig; gleich|för|mig; gleich|ge|schlecht|lich;** das **Gleich|ge|wicht;** der **Gleich|ge|wichts|sinn; gleich|gül|tig;** die **Gleich|gül|tig|keit;** die **Gleich|heit**
gleich|kom|men (entsprechen); das war einer Kampfansage gleichgekommen; ABER: gleich (sofort) kommen; **gleich|ma|chen** (angleichen); die Stadt wurde dem Erdboden gleichgemacht; ABER: etwas gleich (sofort) machen
gleich|mä|ßig; der **Gleich|mut;** des Gleichmut[e]s; **gleich|mü|tig; gleich|na|mig** (mit gleichem Namen; mit gleichem Nenner); das **Gleich|nis;** des Gleichnisses; die Gleichnisse
gleich|schal|ten (einheitlich durchführen); alle Maßnahmen wurden gleichgeschaltet; ABER: gleich (sofort) schalten;

gleich|schen|ke|lig *oder* **gleich|schenk|lig;** gleichschenk[e]liges Dreieck; der **Gleich|schritt;** im Gleichschritt; **gleich|se|hen** (ähneln); wie sie sich gleichsehen!; ABER: gleich (sofort) sehen; **gleich|sei|tig;** gleichseitiges Dreieck; **gleich|set|zen;** etwas mit einer Sache gleichsetzen; ABER: sich gleich (sofort) setzen; **gleich|ste|hen** (gleich sein); ABER: gleich (sofort) stehen; **gleich|stel|len** (auf die gleiche Rangstufe stellen); ABER: gleich (sofort) stellen; der **Gleich|strom; gleich|tun** (das Gleiche leisten); es jemandem gleichtun; ABER: etwas gleich (sofort) tun; die **Glei|chung;** quadratische Gleichung; **gleich|viel** (einerlei); **gleich|wer|tig;** die **Gleich|wer|tig|keit; gleich|win|ke|lig** *oder* **gleich|wink|lig;** gleichwink[e]liges Dreieck; **gleich|wohl;** ABER: wir befinden uns alle gleich (in gleicher Weise) wohl; **gleich|zei|tig;** die **Gleich|zei|tig|keit; gleich|zie|hen** (das Gleiche erreichen); mit jemandem gleichziehen; ABER: gleich (sofort) ziehen

das **Gleis,** *auch:* **Ge|lei|se;** des Glei|ses, *auch:* Geleises; die Glei|se, *auch:* Geleise

glei|ßen (glänzen, glitzern); der Schnee gleißt; der Schnee gleißte; der Schnee hat im Sonnenlicht gegleißt; gleißendes Licht

glei|ten; er gleitet; er glitt; du glittst; er ist geglitten; der **Gleit|flug**

der **Glet|scher;** die **Glet|scher|spal|te**

das **Glied;** des Glied[e]s; die Glie|der; **glie|dern;** du gliederst; sie gliederte; sie hat das Kapitel gut gegliedert; gliedere das Kapitel in Abschnitte!; die **Glie|de|rung;** die **Glied|ma|ße;** der Gliedmaße; die Gliedmaßen *meist Plural*; der **Glied|satz** (Nebensatz)

glim|men; etwas glimmt; etwas glomm *oder* etwas glimmte; etwas hat geglommen *oder* geglimmt; der **Glim|mer** (ein Mineral); der **Glimm|stän|gel** (*scherzhaft für:* Zigarette)

glimpf|lich (ohne Schaden); glimpflich davonkommen

glit|schen (*umgangssprachlich für* rutschen, [aus]gleiten); du glitschst; er glitschte; er ist geglitscht; **glit|schig**

glit|zern; etwas glitzert; etwas glitzerte; etwas hat geglitzert

glo|bal (weltumspannend; umfassend); die **Glo|ba|li|sie|rung;** der **Glo|be|trot|ter** (Weltenbummler); der **Glo|bus;** des Globus *oder* Globusses; die Globen *oder* Globusse

die **Glo|cke;** die **Glo|cken|blu|me;** das **Glo|cken|spiel; glo|ckig;** der **Glöck|ner**

die **Glo|rie** ['glo:riə] (Ruhm, Glanz); **glor|reich**

das **Glos|sar** (Wörterverzeichnis [mit Erläuterungen]); die Glos|sa|re

die **Glos|se** ([spöttische] Randbemerkung, knapper Kommentar); die Glossen; **glos|sie|ren;** du glossierst; sie glossierte; sie hat das Ereignis glossiert

die **Glot|ze** (*umgangssprachlich für:* Fernsehgerät); die Glotzen; **glot|zen** (anstarren); du glotzt; er glotzte; er hat geglotzt; glotze nicht so!

das **Glück;** er wünschte mir Glück; Glück auf! (Bergmannsgruß)

die **Glu|cke; glu|cken;** das Huhn gluckt; das Huhn hat gegluckt

glü|cken; etwas glückt; etwas glückte; etwas ist geglückt; **glück|lich; glück|se|lig**

gluck|sen; das Wasser gluckst; das Wasser hat gegluckst

der **Glücks|fall;** der **Glücks|pilz;** die **Glücks|sache;** das **Glücks|spiel;** der **Glück|wunsch**

die **Glüh|bir|ne; glü|hen;** etwas glüht; etwas glühte; etwas hat geglüht; die glühend heiße Lampe; die Lampe ist glühend heiß; die **Glüh|lam|pe**

die **Glut;** die Glu|ten

das **Gly|ze|rin,** *fachsprachlich auch:* **Gly|ce|rin** (eine ölige, alkoholische Flüssigkeit)

GmbH = Gesellschaft mit beschränkter Haftung

die **Gna|de;** von Gottes Gnaden; Euer Gnaden; das **Gna|den|ge|such; gna|den|los; gnä|dig**

der **Gneis** (ein Gestein); des Gnei|ses; die Gnei|se

der **Gnom** (Zwerg); des/dem/den Gno|men; die Gno|men

das **Gnu** (afrikanische Antilopenart); des Gnus; die Gnus

der **Go|ckel** (*besonders süddeutsch für:* Hahn); die Gockel

Goe|the (deutscher Dichter); der **Goe|the|band,** *auch:* **Goe|the-Band**

der **Go|kart** (kleiner Sportrennwagen); des Gokart[e]s; die Gokarts

das **Gold; gol|den;** die goldene Hochzeit; goldene Worte; den goldenen Mittelweg einschlagen; der goldene Schnitt (Mathematik); ABER: das Goldene Buch (einer Stadt); das Goldene Kalb (biblisch); die Goldene Schallplatte (Auszeichnung); die Goldene Stadt (Prag); der **Gold|fisch;** der **Gold|grä|ber;** der **Goldhams|ter; gol|dig;** die **Gold|me|dail|le;** der **Gold|re|gen** (ein Strauch; ein Feuerwerkskörper); der **Gold|schmied;** die **Gold|schmie|din;** die Goldschmiedinnen; das **Gold|stück** (Goldmünze)

der **Golf** (größere Meeresbucht); des Golf[e]s; die Gol|fe; der Golf von Biskaya

das **Golf** (ein Spiel); des Golfs; Golf spielen; der **Golf|platz;** der **Golf|schlä|ger**

der **Golf|strom** (eine Strömung im Atlantik)

Go|li|ath (Riese im Alten Testament); der **Go|li|ath** (Mensch von riesenhafter Gestalt); des Goliaths

die **Gon|del;** die Gondeln; **gon|deln** (*umgangssprachlich für:* gemächlich fahren); ich gond[e]le; du gondelst; sie gondelt; sie ist durch halb Europa gegondelt

der, *selten:* das **Gong** (eine metallene Schlagscheibe); des Gongs; die Gongs; der **Gong|schlag**

gön|nen; du gönnst; sie gönnte; sie hat es ihm gegönnt; gönne es ihm doch!; der **Gön|ner; gön|ner|haft;** am gön|ner|haftes|ten

das **Gör** *oder* die **Gö|re** (*norddeutsch für:* kleines Kind, ungezogenes Mädchen); des Görs *oder* der Göre; die Gören

der **Go|ril|la** (ein Menschenaffe); des Gorillas; die Gorillas

der *oder* das **Gos|pel** (religiöses Lied der Afroamerikaner); des Gospels; die Gospels; der **Gos|pel|song**

die **Gos|se** (die Abflussrinne)

der **Go|te** (Angehöriger eines germanischen Volkes); des Goten; die Goten; die **Go|tik** (ein Kunststil); **go|tisch**

der **Gott;** des Got|tes; die Göt|ter; um Gottes willen; in Gottes Namen; Gott sei Dank!; Gott befohlen!; weiß Gott!; grüß [dich] Gott!; das **Göt|ter|bild;** die **Göt|ter|speise;** die **Got|tes|an|be|te|rin** (eine Heuschreckenart); der **Got|tes|dienst; gottes|fürch|tig;** die **Got|tes|läs|te|rung;** das **Got|tes|ur|teil** (im Mittelalter: beim Fehlen sicherer Beweise angewandtes Verfahren zur Ermittlung des Schuldigen, z. B. Zweikampf, Feuerprobe); **gott|gewollt;** die gottgewollte Ordnung; die **Gott|heit;** die Gott|hei|ten (Götter); die **Göt|tin;** die Göttinnen; **gött|lich; gottlos;** am gott|lo|ses|ten; **Gott|va|ter**

der **Göt|ze;** des Götzen; die Götzen; das **Götzen|bild;** der **Göt|zen|dienst**

der **Gou|da** [ˈga̯uda] (ein Schnittkäse); des Goudas; die Goudas

der **Gou|rmet** [gʊrˈmeː] (Feinschmecker); des Gourmets; die Gourmets

der **Gou|ver|neur** [guvɛrˈnøːɐ̯] (Statthalter); die Gou|ver|neu|re

das **Grab;** des Grab[e]s; die Grä|ber; **gra|ben;** du gräbst; sie gräbt; sie grub; sie hat gegraben; grabe hier!; der **Gra|ben;** des Grabens; die Gräben; das **Grab|mal;** die Grab|mä|ler *oder* Grab|ma|le; der **Grabstein**

die **Gracht** (Graben, Kanal[straße] in den Niederlanden); die Grach|ten

der **Grad;** des Grad[e]s; die Gra|de; 3 Grad Celsius *oder* 3 °C; der 30. Breitengrad; ein Winkel von 30 Grad; es sind heute 30 Grad im Schatten; es ist heute um einige Grad wärmer als gestern

grad|li|nig (*umgangssprachlich für:* geradlinig); die **Grad|li|nig|keit** (*umgangssprachlich für:* Geradlinigkeit)

der **Graf** *vergleiche:* **Graph**

der **Graf** (Adelstitel); des Gra|fen; die Grafen

der *oder* das **Graf|fi|to** (Wandkritzelei; auf Mauern, Fassaden o. Ä. gesprühte oder gemalte Parole); die Graf|fi|ti *meist Plural*

die **Gra|fik,** *auch:* **Gra|phik** (Schreib- und Zeichenkunst; einzelnes Blatt dieser Kunst); die Gra|fi|ken, *auch:* Gra|phiken; der **Gra|fi|ker,** *auch:* **Gra|phi|ker;** die **Gra|fi|ke|rin,** *auch:* **Gra|phi|ke|rin;** die Grafikerinnen, *auch:* Graphikerinnen; die **Gra|fik|kar|te,** *auch:* **Gra|phik|kar|te** *(EDV);* **gra|fisch,** *auch:* **gra|phisch**

die **Grä|fin;** die Gräfinnen

der **Gra|fit** *vergleiche:* **Gra|phit**

die **Gra|fo|lo|gie** *vergleiche:* **Gra|pho|lo|gie**

gram; er ist ihm gram; der **Gram;** des

Gram[e]s; sich **grä|men;** du grämst dich; er grämte sich; er hat sich gegrämt; gräme dich nicht!; **gräm|lich**

das **Gramm** (*Abkürzung:* g); des Gramms; die Gram|me; 2 Gramm

die **Gram|ma|tik** (die Sprachlehre); die Gram|ma|ti|ken; **gram|ma|tisch**

das **Gram|mo|phon,** *auch:* **Gram|mo|fon;** die Gram|mo|pho|ne, *auch:* Gram|mo|fo|ne

der **Gra|nat** (ein Halbedelstein; ein kleines Krebstier); des Granat[e]s; die Gra|na|te; die **Gra|na|te** (ein Geschoss); die Granaten

der **Grand Prix** ['grã: 'pri:], *auch:* **Grand|prix** (französische Bezeichnung für »großer Preis«); des Grand Prix, *auch:* Grandprix

der **Gra|nit** (ein Gestein); des Granits; die Gra|ni|te

die **Gran|ne** (die Ährenborste); die Grannen

gran|tig (mürrisch); ein grantiger Kerl

das **Gra|nu|lat** (Substanz in Körnchenform); des Granulat[e]s; die Gra|nu|la|te

die **Grape|fruit** ['gre:pfru:t] (Pampelmuse); die Grapefruits

der **Graph,** *auch:* **Graf** (*Mathematik:* grafische Darstellung); des Gra|phen, *auch:* Grafen; die Gra|phen, *auch:* Gra|fen

Gra|phik, Gra|phi|ker, Gra|phi|ke|rin, Graphik|kar|te, gra|phisch *vergleiche:* **Gra|fik, Gra|fi|ker, Gra|fi|ke|rin, Gra|fik|kar|te, gra|fisch**

der **Gra|phit,** *auch:* **Gra|fit** (ein Mineral); des Graphits, *auch:* Grafits; die Gra|phi|te, *auch:* Gra|fi|te

die **Gra|pho|lo|gie,** *auch:* **Gra|fo|lo|gie** (Lehre von der Deutung des Charakters aus der Handschrift)

das **Gras;** des Gra|ses; die Grä|ser; **gra|sen;** das Vieh grast; das Vieh graste; das Vieh hat gegrast

die **Gras|mü|cke** (ein Singvogel)

gras|sie|ren (um sich greifen); die Seuche grassiert; sie hat grassiert

gräss|lich

der **Grat** (Kante; Bergkamm); des Grat[e]s; die Gra|te; die **Grä|te;** die Grä|ten

gra|tis (unentgeltlich); der Eintritt war gratis

die **Grät|sche;** die Grätschen; **grät|schen** (die Beine seitwärts spreizen); du grätschst; sie grätscht; sie grätschte; sie hat die Beine gegrätscht; grätsche die Beine!

der **Gra|tu|lant;** des/dem/den Gra|tu|lan|ten; die Gra|tu|lan|ten; die **Gra|tu|la|ti|on** (Glückwunsch); **gra|tu|lie|ren;** du gratulierst; sie gratulierte ihm; sie hat ihm gratuliert; gratuliere ihm!

grau; grau|er, am grau[e]s|ten; grau werden; grau in grau malen; der graue Alltag; die grauen Zellen; in grauer Vorzeit; grauer Star (eine Augenkrankheit); ABER: die Grauen Panther (Seniorenschutzbund); die Grauen Brüder (Mönchsorden); die Grauen Schwestern (katholischer Schwesternorden); ↑*auch:* blau; das **Grau** (die graue Farbe); des Graus; sie ist in Grau gekleidet; die Wand ist mit Grau gestrichen

der **Gräu|el** (*gehoben für:* grauenhafte Tat); des Gräuels; die Gräuel *meist Plural;* die **Gräu|el|tat**

grau|en (Furcht haben); es graut mir davor; es hat mir davor gegraut; mir, *auch:* mich graut es vor dir

grau|en (allmählich hell, dunkel werden); es graut; der Morgen, der Abend hat gegraut

das **Grau|en;** des Grauens; die Grauen; die Grauen des Krieges; Grauen erregen; Grauen erregend, *auch:* grauenerregend; eine Grauen erregende, *auch:* grauenerregende Tat; ABER NUR: eine großes Grauen erregende Tat; eine äußerst grauenerregende, noch grauenerregendere Tat; **grau|en|haft;** am grau|en|haf|tes|ten; **grau|en|voll; gräu|lich** (Grauen erregend)

gräu|lich (leicht grau getönt)

die **Grau|pe;** die Graupen; die **Grau|pel;** die Graupeln *meist Plural;* **grau|peln;** es graupelt; es hat gegraupelt

grau|sam; die **Grau|sam|keit; grau|sen;** mir, *auch:* mich graust vor diesen Schwierigkeiten; es grauste ihnen, *auch:* sie, als sie davon hörten; das **Grau|sen;** des Grausens; **grau|sig** (Grauen erregend); eine grausige Entdeckung

gra|vie|ren ([ein]schneiden, ritzen); du gravierst; sie gravierte; sie hat den Namen in den Ring graviert; graviere meinen Namen in diesen Ring!; **gra|vie|rend** (schwer wiegend); gravierende Mängel

die **Gra|vi|ta|ti|on** (Schwerkraft; Anziehungskraft); **gra|vi|tä|tisch** (feierlich, würdevoll) die **Gra|vur** (eingravierte Verzierung oder Schrift); die Gra|vu|ren

die **Gra|zie** (Anmut); die Gra|zi|en (römische Göttinnen); gra|zil (schlank, zierlich); **gra|zi|ös** (anmutig); am gra|zi|ö|ses|ten

die **Green|card** ['gri:nka:d], *auch:* **Green Card** (Arbeits- oder Aufenthaltserlaubnis); die Greencards, *auch:* Green Cards

Green|peace ['gri:npi:s] (internationale Umweltschutzorganisation)

der **Greif** (geflügeltes Fabeltier mit Adlerkopf und Löwenkörper); des Greif[e]s *oder* Grei|fen; die Grei|fe *oder* Grei|fen

grei|fen; du greifst; sie greift; sie griff; sie hat danach gegriffen; greife danach!; die Krankheit hat sehr um sich gegriffen; der Sieg war zum Greifen nahe; der **Greif|vo|gel**

der **Greis;** des Grei|ses; die Grei|se; **grei|sen|haft;** die **Grei|sin;** die Greisinnen

grell; die grell beleuchtete Bühne; grellrot

das **Gre|mi|um** (Ausschuss); des Gremiums; die Gre|mi|en

Gre|na|da (Staat im Bereich der Westindischen Inseln)

der **Gre|na|dier** (ein [Fuß]soldat); des Grenadiers; die Gre|na|die|re

die **Gren|ze; gren|zen;** das grenzt an Erpressung; **gren|zen|los;** grenzenloses Vertrauen; bis ins Grenzenlose (bis in die Unendlichkeit); der **Grenz|ü|ber|gang; grenz|ü|ber|schrei|tend;** grenzüberschreitender Verkehr; der **Grenz|wert**

der **Greu|el,** *alte Schreibung für:* **Gräu|el;** *vergleiche dort;* die **Greu|el|tat,** *alte Schreibung für:* **Gräu|el|tat; greu|lich,** *alte Schreibung für:* **gräu|lich;** *vergleiche dort*

der **Grie|che** (Einwohner Griechenlands); **Grie|chen|land;** die **Grie|chin;** die Griechinnen; **grie|chisch**

der **Gries|gram;** des Griesgram[e]s; die Gries|gra|me; **gries|grä|mig**

der **Grieß;** des Grie|ßes; die Grie|ße; der **Grieß|brei**

der **Griff;** des Griff[e]s; die Grif|fe; **griff|bereit;**

der **Grif|fel;** die Griffel

griff|fest; ein grifffestes Messer

grif|fig

der **Grill** (Bratrost); die Grills

die **Gril|le** (ein Insekt; *auch für:* Laune)

gril|len; du grillst; er hat das Hähnchen gegrillt

die **Gri|mas|se** (Fratze); Grimassen schneiden

der **Grimm** (*veraltend für:* Zorn, Wut); des Grimm[e]s; **grim|mig**

der **Grind** (Schorf); des Grind[e]s; die Grinde; **grin|dig**

grin|sen; du grinst; er grinst; er grinste; er hat gegrinst; grinse nicht!

die **Grip|pe; grip|pe|krank;** das, *auch:* der **Grip|pe|vi|rus**

der **Grips** (*umgangssprachlich für:* Verstand); des Grip|ses; wenig Grips haben

der **Gris|li|bär,** *auch:* **Grizz|ly|bär** (großer nordamerikanischer Braunbär)

grob; grö|ber; am gröbs|ten; grob fahrlässig; grob gemahlener Kaffee; ABER: er hat ihn aufs Gröbste, *auch:* gröbste beleidigt; aus dem Gröbsten heraus sein; die **Grob|heit;** der **Gro|bi|an;** die Gro|bi|a|ne

der **Grog** (ein heißes Getränk aus Rum, Zucker und Wasser); des Grogs; die Grogs

grö|len (schreien, lärmen); du grölst; er grölte; er hat gegrölt; gröle nicht!

der **Groll** (unterdrückte Wut); des Groll[e]s; **grol|len;** du grollst; sie grollte; sie hat gegrollt; grolle nicht!

Grön|land; der **Grön|län|der;** die **Grön|län|de|rin;** die Grönländerinnen

das **Gros** [gro:] (der überwiegende Teil); des Gros [gro: *oder* gro:s]; die Gros [gro:s]; das **Gros** (12 Dutzend); des Grosses; die Grosse; 2 Gros Nadeln

der **Gro|schen;** des Groschens

groß *siehe Kasten Seite 132*

groß|ar|tig

Groß|bri|tan|ni|en (England, Schottland, Wales und Nordirland umfassende staatliche Einheit)

der **Groß|buch|sta|be;** die **Grö|ße;** die **Groß|el|tern** *Plural;* der **Grö|ßen|wahn; grö|ßen|wahn|sin|nig**

der **Groß|glock|ner** (Berg in Österreich)

der **Groß|han|del;** der **Groß|händ|ler;** die **Groß|händ|le|rin;** die Großhändlerinnen

der **Gros|sist** (Großhändler); des/dem/den Gros|sis|ten; die Gros|sis|ten

sich **groß|ma|chen** (*umgangssprachlich für:* sich rühmen, prahlen); du machst dich groß; er hat sich großgemacht; mache

groß	
grö|ßer; am größ|ten	
1. Groß- und Kleinschreibung: *Kleinschreibung:* – die großen Ferien; die große Pause – die große (vornehme) Welt – das große Los – die große Kreisstadt – auf großem Fuß (*umgangssprachlich für:* verschwenderisch) leben – etwas an die große Glocke hängen (überall erzählen) *Großschreibung der Substantivierung und in Namen:* – Groß und Klein (jedermann); Große und Kleine; die Großen und die Kleinen – im großen Ganzen; im Großen wie im Kleinen – er ist der Größte in der Klasse – Otto der Große (*Genitiv:* Ottos des Großen) – der Große Wagen (ein Sternbild); der Große Bär (ein Sternbild) – der Große Belt; der Große (Pazifische) Ozean	**2. Getrennt- und Zusammenschreibung:** *Man schreibt »groß« vom folgenden Verb oder Partizip getrennt, wenn es sinnvoll – wenigstens durch »sehr« oder »ganz« – erweitert oder gesteigert werden kann:* – Ehrlichkeit wird bei uns (ganz) groß geschrieben – ein groß angelegter Plan *Kann man »groß« weder erweitern noch steigern, schreibt man es mit dem folgenden Verb oder Partizip zusammen:* – Substantive werden im Deutschen großgeschrieben (mit großem Anfangsbuchstaben geschrieben) – er soll nicht so großtun (prahlen) – die Kinder großziehen

dich nicht so groß!; die **Groß|macht;** die Groß|mäch|te; die **Groß|mut|ter**

groß|po|rig

groß|schrei|ben (mit großem Anfangsbuchstaben schreiben); Substantive werden großgeschrieben; ↑ABER: groß; die **Groß|schrei|bung;** Groß- und Kleinschreibung

groß|spu|rig; die **Groß|spu|rig|keit**

die **Groß|stadt; groß|städ|tisch;** der **Groß|stadt|ver|kehr**

größ|ten|teils; ABER: der Verlust des größten Teils seines Vermögens; **groß|tun** (prahlen); du tust groß; er tut groß; er tat groß; er hat großgetan; tue nicht so groß!; sich großtun; er hat sich großgetan; der **Groß|va|ter; groß|zie|hen;** du ziehst groß; er zieht groß; er zog groß; er hat ihn großgezogen; ziehe das Tier mit der Flasche groß!; **groß|zü|gig;** die **Groß|zü|gig|keit**

gro|tesk (wunderlich; überspannt, verzerrt); die **Gro|tes|ke** (fantastische Erzählung)

die **Grot|te** (Höhle)

die **Gru|be**

die **Grü|be|lei; grü|beln;** du grübelst; sie grübelte; sie hat gegrübelt; grüble nicht länger!; der **Grüb|ler**

die **Gruft** (Grabstätte); die Grüf|te

grün
Kleinschreibung: – er ist mir nicht grün (*umgangssprachlich für:* er kann mich nicht leiden) – am grünen Tisch – der grüne Punkt – der grüne Star (eine Augenkrankheit) – das grüne Trikot *(Radsport)* – die grüne Welle (durchlaufendes Grün bei Signalanlagen) – ach du grüne Neune (*umgangssprachlich:* Ausruf des Erstaunens) *Groß schreibt man »grün« in Namen und wenn es substantiviert ist:* – die Grüne Insel (Irland) – die Grünen (eine Partei) – die Grüne Woche (Berliner Ausstellung) – im Grünen wohnen; ins Grüne fahren *Vergleiche auch:* blau

das **Grün** (die grüne Farbe); das erste Grün; bei Grün darf man die Straße überqueren; die Ampel zeigt, steht auf Grün; das ist dasselbe in Grün (*umgangssprachlich für:* das ist [fast] ganz dasselbe); ↑*auch:* Blau

der **Grund;** des Grund[e]s; die Grün|de; im Grunde; von Grund auf; von Grund aus; aufgrund, *auch:* auf Grund [dessen, von]; das Schiff läuft auf Grund; in [den] Grund bohren; im Grunde genommen; ABER: zugrunde, *auch:* zu Grunde gehen, legen, liegen, richten; der Grund und Boden; **grün|den;** du gründest; sie gründete; sie hat einen Verein gegründet; gründe eine Bürgerinitiative!; sich auf eine Ansicht gründen (stützen); der **Grün|der;** die **Grundform** (Infinitiv); das **Grund|ge|setz; gründ|lich;** die **Gründ|lich|keit; grundlos;** grundlose Vorwürfe

der **Grün|don|ners|tag**

das **Grund|recht;** der **Grund|riss; grund|sätzlich;** die **Grund|schu|le;** das **Grund|stück;** die **Grund|stu|fe;** die **Grün|dung;** das **Grund|was|ser;** das **Grund|wort** (durch das Bestimmungswort näher bestimmter zweiter Bestandteil einer Zusammensetzung); die Grund|wör|ter; die **Grund|zahl**

grü|nen; es grünt; es hat gegrünt; **grünlich;** grünlich gelb; der **Grün|span** (eine Kupferverbindung)

grun|zen; das Schwein grunzt; es grunzte; es hat gegrunzt

die **Grup|pe;** die **Grup|pen|ar|beit; grup|penwei|se;** sie verließen gruppenweise das Gelände; **grup|pie|ren** (in Gruppen [an]ordnen); du gruppierst; sie gruppierte; sie hat die Schüler in einem Halbkreis gruppiert

der **Grus** (der Kohlenstaub); des Gruses; die Gruse; ↑ABER: der Gruß

gru|se|lig *oder* **grus|lig;** sich **gru|seln;** du gruselst dich; er gruselt sich; er gruselte sich; er hat sich gegruselt; grus[e]le dich nicht!; mir *oder* mich gruselt es vor der Dunkelheit

der **Gruß;** des Gru|ßes; die Grü|ße; **grüßen;** du grüßt; sie grüßt; sie grüßte; sie hat ihn gegrüßt; grüße ihn!; grüß Gott!

die **Grüt|ze;** die rote Grütze

Gu|a|te|ma|la (Staat und Stadt in Mittelamerika); der **Gu|a|te|mal|te|ke;** die **Gu|ate|mal|te|kin;** die Guatemaltekinnen; **gu|a|te|mal|te|kisch**

gu|cken *oder* **ku|cken;** du guckst *oder* kuckst; sie hat geguckt *oder* gekuckt; guck *oder* kuck nicht so dumm!; in die Röhre gucken *oder* kucken (*umgangssprachlich für:* leer ausgehen)

die **Gue|ril|la** [ge'rılja] (den Guerillakrieg führende Gruppe; *kurz für:* Guerillakrieg); der Guerilla; die Guerillas; der **Gue|ril|la** (*kurz für:* Guerillakämpfer); des Guerilla[s]; die Guerillas; der **Gueril|la|kämp|fer** (Mitglied einer bewaffneten Organisation, die [meist im eigenen Land] einen Krieg gegen die Regierung oder eine Besatzungsmacht führt); der **Gue|ril|la|krieg** (von Guerillakämpfern aus dem Hinterhalt geführter Krieg)

die **Guil|lo|ti|ne** [gıljo'ti:nə] (Fallbeil); die Guillotinen

Gui|nea [gi'ne:a] (Staat in Westafrika); der **Gui|ne|er;** die **Gui|ne|e|rin; gui|ne|isch**

das *oder* der **Gu|lasch;** des Gulasch[e]s; die Gu|la|sche *oder* die Gulaschs

der **Gul|den** (Währungseinheit in den Niederlanden; alte Gold- oder Silbermünze); des Guldens; die Gulden

die **Gül|le** (Jauche); das **Gül|len|fass**

der, *auch:* das **Gul|ly** ['gʊli] (Einlaufschacht für Straßenabwässer); des Gullys; die Gullys

gül|tig; die **Gül|tig|keit**

der *oder* das **Gum|mi;** des Gummis; die Gummi *oder* die Gummis; (für Radiergummi nur:) der Gummi; die Gummis; das **Gummi|band;** die Gum|mi|bän|der

die **Gunst;** nach Gunst; in Gunst stehen; zu seines Freundes Gunsten aussagen; ABER: zugunsten, *auch:* zu Gunsten; **güns|tig;** der **Günst|ling**

die **Gur|gel;** die Gurgeln; **gur|geln;** du gurgelst; sie gurgelte; sie hat gegurgelt; gurg[e]le damit!

die **Gur|ke**

gur|ren; die Taube gurrte; sie hat gegurrt

der **Gurt;** des Gurt[e]s; die Gur|te; der **Gürtel;** des Gürtels; die Gürtel; sich **gür|ten;**

gut	
bes|ser; am bes|ten	
Kleinschreibung: – einen guten Abend, Morgen wünschen; ABER: *in Verbindung mit dem Wort »sagen«:* guten, *auch:* Guten Morgen sagen – gut und gern – er soll es gut sein lassen – jenseits von gut und böse sein *Großschreibung:* – mein Guter – er hat es im Guten gesagt – im Guten wie im Bösen – Gutes und Böses – etwas hat sein Gutes – er tut des Guten zu viel – vom Guten das Beste – etwas zum Guten lenken, wenden	– sie soll es bei uns [sehr] gut haben; ABER: einen Betrag bei jmdm. ↑guthaben – er wird mit ihm gut auskommen – sie wollen gut leben – wir wollten alles gut machen; ABER: ich werde den Schaden ↑gutmachen (in Ordnung bringen) – sie kann sehr gut schreiben; ABER: dem Verein den Beitrag ↑gutschreiben (anrechnen) – das wird ihnen gut tun – er soll bei ihr immer so gut gelaunt sein – ich hatte es doch nur gut gemeint – sie ist immer stets gut gesinnt
Man schreibt »gut« vom folgenden Verb, Partizip oder Adjektiv getrennt, wenn es sinnvoll – wenigstens durch »sehr« oder »ganz« – erweitert oder gesteigert werden kann: – es wird schon gut gehen; ich höre, dass es dir [sehr] gut geht – er will gut sein	

du gürtest dich; er gürtet sich; er hat sich gegürtet; gürte dich!

der **Gu|ru** (religiöser Lehrer des Hinduismus); des Gurus; die Gurus

GUS = Gemeinschaft Unabhängiger Staaten

der **Guss**; des Gus|ses; die Güs|se; das **Guss|ei|sen**; der **Guss|stahl**, *auch:* **Guss-Stahl**

gut *siehe Kasten*

das **Gut**; des Gut[e]s; die Güter; all sein Hab und Gut (sein ganzer Besitz); ABER: zugute halten, kommen; das **Gut|ach|ten** (Urteil eines Sachverständigen); des Gutachtens; die Gutachten; der **Gut|ach|ter**; des Gutachters; die Gutachter; die **Gut|ach|te|rin**; die Gutachterinnen; **gut|ar|tig**; ein gutartiges (ungefährliches) Tier; das **Gut|dün|ken** (persönliche Einschätzung); des Gutdünkens; er entschied nach [seinem] Gutdünken; die **Gü|te**; in Güte; die **Gu|te|nacht|ge|schich|te**; **gut|ha|ben** (eine Geldsumme fordern können); sie hat bei ihm noch 10 Euro gut; sie hat den Betrag noch gutgehabt; ↑ABER: gut; das **Gut|ha|ben**; **gü|tig**; **gut|ma|chen** (etwas in Ordnung bringen; einen Vorteil erringen); er hat bei ihr einiges gutzumachen; ↑ABER: gut; der **Gut|schein**; **gut|schrei|ben** (anrechnen); wir haben seinem Konto 10 Euro gutgeschrieben; ↑ABER: gut

der **Guts|hof**

Gu|ya|na [gu'ja:na] (Staat in Südamerika); der **Gu|ya|ner**; die **Gu|ya|ne|rin**; die Guyanerinnen; **gu|ya|nisch**

der **Gym|na|si|ast**; des/dem/den Gym|na|si|as|ten; die Gym|na|si|as|ten; die **Gym|na|si|as|tin**; die Gymnasiastinnen; das **Gym|na|si|um**; die Gym|na|si|en

die **Gym|nas|tik** (Körperschulung); **gym|nas|tisch**; gymnastische Übungen

der **Gy|nä|ko|lo|ge** (Frauenarzt); des/dem/den Gynäkologen; die Gynäkologen; die **Gy|nä|ko|lo|gin**; die Gynäkologinnen

das **Gy|ros** (an einem Drehspieß gebratenes Fleisch); des Gyros

H

das **H** (Buchstabe); des H; die H; ABER: das h in Bahn; das H-Dur, h-Moll

ha = Hektar

das **Haar;** *Verkleinerungsformen:* das Härchen *oder* Härlein; **haa|ren;** du haarst; die Katze haarte; sie hat gehaart; die **Haa|res|brei|te;** um Haaresbreite; **haa|rig; haar|scharf;** die **Haar|spal|te|rei** (Spitzfindigkeit); **haar|sträu|bend** (unglaublich; grauenhaft); haarsträubende Erlebnisse; der **Haar|wuchs**

die **Ha|be** (Besitz); das Hab und Gut; **ha|ben;** du hast; sie hat; sie hatte; sie hat gehabt; hab[e] Geduld; Gott hab ihn selig!; hab dich nicht so! (*umgangssprachlich für:* stell dich nicht so an!); der **Ha|be|nichts;** des Habenichts[es]; die Ha|be|nicht|se; die **Hab|gier; hab|gie|rig;** die **Hab|se|lig|kei|ten** *Plural;* die **Hab|sucht; hab|süch|tig**

der **Ha|bicht** (ein Greifvogel); des Habichts; die Ha|bich|te

die **Hach|se** *oder* **Ha|xe** (unterer Teil des Beines von Kalb oder Schwein); die Hachsen *oder* Haxen

der **Hack|bra|ten**

die **Ha|cke,** *auch:* der **Ha|cken** (Ferse); die Hacken; der **Ha|cken|trick** (*Fußball:* Spielen des Balls mit der Hacke)

die **Ha|cke** (ein Werkzeug); die Hacken; **ha|cken;** du hackst; sie hackte; sie hat gehackt; hack[e] das Holz!

der **Ha|cker** [*auch:* ˌhɛkɐ] (jemand, der mit seinem Computer in fremde Computersysteme eindringt); des Hackers; die Hacker

das **Hack|fleisch**

das *oder* der **Häck|sel** (Schnittstroh); des Häcksels

der **Ha|der** (Zank, Streit); **ha|dern;** du haderst; er hat mit ihm gehadert; hadere nicht mit deinem Schicksal!

der **Ha|fen;** die Häfen; die **Ha|fen|stadt**

der **Ha|fer;** die **Ha|fer|flo|cken** *Plural*

das **Haff** (durch Landzungen vom Meer abgetrennte Küstenbucht); die Haffs *oder* Haf|fe; das Frische Haff; das Kurische Haff

die **Haft;** der **Haft|be|fehl; haf|ten;** du haftest; das Etikett haftete (klebte) schlecht; er hat für den Schaden gehaftet (Ersatz geleistet); der **Häft|ling;** die **Haft|pflicht;** die **Haf|tung**

die **Ha|ge|but|te;** der **Ha|ge|but|ten|tee**

der **Ha|gel;** des Hagels; das **Ha|gel|korn; ha|geln;** es hagelte; es hat gehagelt

ha|ger (mager); ein hagerer Mann

ha|ha!, ha|ha|ha!

der **Hä|her** (ein Rabenvogel); des Hähers; die Häher

der **Hahn;** des Hahn[e]s; die Häh|ne; *Verkleinerungsform:* das Hähnchen

der **Hai;** des Hai[e]s; die Haie; der **Hai|fisch**

der **Hain** (*dichterisch für:* Wäldchen); die Haine

Ha|i|ti (Staat in Mittelamerika); der **Ha|i|ti|a|ner;** die **Ha|i|ti|a|ne|rin;** die Haitianerinnen; **ha|i|ti|a|nisch**

hä|keln; du häkelst; sie häkelte; sie hat eine Decke gehäkelt; häkle eine Spitze!; der **Ha|ken;** des Hakens; die Haken; **ha|ken|för|mig**

halb *siehe Kasten Seite 136*

halb|amt|lich (nicht sicher verbürgt); eine halbamtliche Mitteilung; ABER: die Mitteilung war halb (teils) amtlich, halb persönlich; **halb|dun|kel;** der halbdunkle Flur; ABER: der Flur war halb (teils) dunkel, halb hell; das **Halb|dun|kel;** des Halbdunkels; der Flur lag im Halbdunkel; **halb|her|zig;** ein halbherziger Versuch; **halb|hoch;** ein halbhoher (nicht sehr hoher) Zaun; **hal|bie|ren;** du halbierst; sie hat die Schokolade halbiert; halbier[e] den Apfel!; die **Halb|in|sel; halb|jäh|rig** (ein halbes Jahr alt; ein halbes Jahr dauernd); **halb|jähr|lich;** (alle halben Jahre); der **Halb|kreis;** die **Halb|ku|gel;** der **Halb|lei|ter** (*Elektrotechnik:* Stoff, der bei Zimmertemperatur den Strom leitet); des Halbleiters; **halb|mast** (als Zeichen der Trauer) halbmast flaggen; die Fahnen auf halbmast setzen; der **Halb|mes|ser** (Radius); des Halbmessers; die Halbmesser; der **Halb|mond; halb|rund** (in der Form eines Halbkreises); ein halbrunder Tisch;

halb

1. Groß- und Kleinschreibung:
Kleinschreibung:
- der Zeiger steht auf halb
- es ist, es schlägt halb eins
- alle (*besser:* jede) halbe Stunde; eine viertel und eine halbe Stunde; eine halbe und eine Dreiviertelstunde
- ein halb[es] Dutzend
- ein halbes Dutzend Mal; ein halbes Hundert Mal

Großschreibung der Substantivierung:
- ein Halbes (Glas)
- das ist nichts Halbes und nichts Ganzes

2. Getrennt- und Zusammenschreibung:
Getrenntschreibung, wenn »halb« als Gegensatz zu »ganz« aufgefasst wird:
- eine halb offene Tür
- eine halb volle Tüte; die Flasche ist noch fast halb voll

Getrenntschreibung gilt auch, wenn »halb« die Bedeutung »teils« hat:
- die Formen waren halb rund, halb eckig; ↑halbrund
- sie machte ein halb freundliches, halb ernstes Gesicht

Zusammenschreibung, wenn »halb« als bedeutungsabschwächender Zusatz aufgefasst wird:
- ein halbhoher (nicht sehr hoher) Zaun
- halbbittere (nicht sehr bittere) Schokolade

In Zweifelsfällen ist Getrennt- und Zusammenschreibung möglich:
- halb gares Fleisch, *auch:* halbgares Fleisch
- an der Kreuzung fahren Sie halb rechts, *auch:* halbrechts

ABER: die Formen waren halb (teils) rund, halb eckig; **halb|sei|tig;** halbseitige Kopfschmerzen; **halb|stün|dig** (eine halbe Stunde dauernd); die halbstündige Fahrt; **halb|stünd|lich** (jede halbe Stunde); der Zug fährt halbstündlich; **halb|tags;** der **Halb|ton** (kleinstes Intervall); **halb|wegs;** die **Halb|zeit** *(Sport)*

die **Hal|de** (Bergabhang; Aufschüttung)

die **Hälf|te;** die Hälften; meine bessere Hälfte (*scherzhaft für:* meine Ehefrau, mein Ehemann)

der *oder* das **Half|ter** (Zaum ohne Gebiss); des Halfters; die Halfter

die **Hal|le**

hal|le|lu|ja; das **Hal|le|lu|ja;** das Halleluja singen

hal|len (schallen); seine Stimme hallte; sie hat gehallt

das **Hal|len|bad;** der **Hal|len|fuß|ball**

die **Hal|lig** (kleine nordfriesische Insel im Wattenmeer); die Hal|li|gen

hal|lo! [*auch:* ˈhalo]; das **Hal|lo;** des Hallos; die Hallos; mit großem Hallo; Hallo, *auch:* hallo rufen

die **Hal|lu|zi|na|ti|on** (Sinnestäuschung)

der **Halm;** des Halm[e]s; die Hal|me

das **Hal|ma** (ein Brettspiel); des Halmas

das **Ha|lo|gen** (ein chemisches Element); des Halogens; die Ha|lo|ge|ne; der **Ha|lo|gen|schein|wer|fer** (sehr heller Scheinwerfer für Kraftfahrzeuge)

der **Hals;** des Hal|ses; die Häl|se; Hals über Kopf; Hals- und Beinbruch; der **Hals-Nasen-Oh|ren-Arzt** (*Abkürzung:* HNO-Arzt); **hals|star|rig** (stur, unnachgiebig)

halt!; Halt! Wer da?; der **Halt;** des Halt[e]s; die Hal|te *oder* die Halts; [laut] Halt, *auch:* halt rufen; keinen Halt haben; Halt gebieten; Halt finden; Halt machen; er macht Halt; er hat Halt gemacht; er beschloss[,] bald Halt zu machen; **halt|bar;** die **Halt|bar|keit; hal|ten;** du hältst; er hält; er hielt; er hat die Tasche gehalten; halte die Tasche!; er hat mühsam an sich gehalten (er hat sich mühsam beherrscht); die **Hal|te|rung** (Haltevorrichtung); die **Hal|te|stel|le;** das **Hal|te|ver|bot; halt|los** (unbegründet); haltlose Vorwürfe; die **Hal|tung**

der **Ha|lun|ke** (Schuft); des Halunken; die Halunken

Ham|burg; der **Ham|bur|ger;** die **Ham|bur|ge|rin;** die Hamburgerinnen; **ham|bur|gisch**

der **Ham|bur|ger** [*auch:* ˈhɛmbøːɡɐ] (Brötchen mit gebratenem Rinderhackfleisch); des Hamburgers; die Hamburger, *bei englischer Aussprache auch:* Hamburgers

hä|misch (schadenfroh; boshaft); ein hämisches Grinsen

der **Ham|mel;** die Hammel *oder* Hämmel

der **Ham|mer;** die Hämmer; **häm|mern;** du hämmerst; sie hämmerte; sie hat gehämmert; hämmere nicht so laut!

der **Ham|pel|mann;** die Hampelmänner; **ham|peln;** du hampelst; sie hampelte; sie hat gehampelt; hamp[e]le nicht so!

der **Hams|ter** (ein Nagetier); **hams|tern** (einen übergroßen Vorrat anlegen); ich hamstere; du hamsterst; er hamstert; er hamsterte; er hat gehamstert

die **Hand;** die Hän|de; Hand anlegen; linker Hand (links) sehen Sie den Neckar, rechter Hand (rechts) das Schloss; freie Hand haben; etwas von langer Hand (lange) vorbereiten; etwas an, bei der Hand haben; Hand in Hand arbeiten; zur Hand (zur Stelle) sein; zur Hand gehen (helfen); etwas unter der Hand (im Stillen) regeln; anhand des Buches, anhand von Unterlagen; überhand nehmen; abhanden kommen; allerhand; kurzerhand; vorderhand; sie hatte die eine Hand voll Kirschen; sie aß eine Hand voll Kirschen; ABER: ↑handbreit; Handbreit; die **Hand|ar|beit;** der **Hand|ball; hand|breit;** ein handbreiter Saum; der Saum ist handbreit; ABER: der Saum ist eine Hand breit; die **Hand|breit;** eine, zwei, drei Handbreit Stoff; die **Hand|brem|se**

der **Han|del;** Handel treiben; ein Handel treibendes Volk; die **Hän|del** (*veraltend für:* Streit) *Plural;* Händel suchen; Händel haben; sich in Händel einlassen; **han|deln;** du handelst; sie handelte; sie hat gehandelt; hand[e]le richtig!

han|deln [ˌhɛndl̩n] (*umgangssprachlich für:* handhaben, gebrauchen); ich hand[e]le; du handelst; er handelte; er hat die Sache geschickt gehandelt

hän|de|rin|gend (verzweifelt); er bat sie händeringend; **hand|fest;** die **Hand|flä|che; hand|ge|schrie|ben;** ein handgeschriebener Lebenslauf; **hand|greif|lich;** ein handgreiflicher Streit; der **Hand|griff; hand|ha|ben;** du handhabst; sie handhabte; sie hat die Bestimmungen unparteiisch gehandhabt; das ist schwer zu handhaben

das **Han|di|kap,** *auch:* **Han|di|cap** [ˈhɛndikɛp] (Benachteiligung; Ausgleichsvorgabe); **han|di|ka|pen,** *auch:* **han|di|ca|pen** [ˈhɛndikɛpn̩]; er war durch seine Verletzung gehandikapt, *auch:* gehandicapt

der **Händ|ler;** die **Händ|le|rin;** die Händlerinnen

hand|lich

die **Hand|lung; hand|lungs|fähig;** eine handlungsfähige Regierung; die **Hand|lungs|fä|hig|keit;** die **Hand|lungs|wei|se**

die **Hand|schrift;** der **Hand|schuh;** der **Hand|stand;** das **Hand|tuch;** das **Hand|um|dre|hen;** die Arbeit war im Handumdrehen (schnell und mühelos) erledigt; das **Hand|werk;** der **Hand|wer|ker;** die **Hand|wer|ke|rin;** die Handwerkerinnen; die **Hand|werks|kam|mer**

das **Han|dy** [ˈhɛndi] (handliches schnurloses Funktelefon); des Handys; die Handys

ha|ne|bü|chen (*veraltend für:* unverschämt, unerhört); das ist hanebüchener Unsinn

der **Hanf** (eine Faserpflanze); des Hanf[e]s

der **Hänf|ling** (eine Finkenart; Mensch mit schwächlichem Körperbau)

der **Hang;** des Hang[e]s; die Hän|ge; die **Hän|ge|mat|te**

hän|gen; du hängst; sie hängt; sie hängte die Wäsche an die Leine; sie hat das Bild an die Wand gehängt; häng[e] es an die Wand!

> *hängen* wird regelmäßig gebeugt, wenn ein Akkusativobjekt angeschlossen ist: »Sie hängte (was?) das Bild an die Wand / hat das Bild an die Wand gehängt.« Fehlt das Akkusativobjekt, wird *hängen* unregelmäßig gebeugt: »Das Bild hing an der Wand / hat an der Wand gehangen.«

hän|gen; das Bild hängt; das Bild hing an der Wand; das Bild hat hier gehangen; mit Hängen und Würgen (*umgangssprachlich für:* mit Müh und Not); an einem Nagel hängen bleiben; er ist daran hängen geblieben; das Bild soll hängen bleiben; ich lasse meinen Freund nicht hängen (*umgangssprachlich für:* ich lasse ihn nicht im Stich); ich habe ihn nicht hängen lassen; der Kunde hat seinen Hut hängen lassen

A B C D E F G H I J K L M N O P Q R S T U V W X Y Z

Han|no|ver (Hauptstadt von Niedersachsen)

Ha|noi (Hauptstadt Vietnams)

die **Han|se** (mittelalterlicher Städtebund in Norddeutschland); der **Han|se|at;** des/dem/den Han|se|a|ten; die Han|se|a|ten; die **Han|se|a|tin;** die Hanseatinnen; **han|se|a|tisch;** die **Han|se|stadt**

hän|seln (ärgern); du hänselst ihn; er hat ihn gehänselt; häns[e]le ihn nicht!

die **Han|tel** (ein Sportgerät); die Hanteln

han|tie|ren; du hantierst; er hat mit dem Hammer hantiert; hantier[e] nicht damit!

ha|pern (fehlen; um etwas schlecht bestellt sein); es hapert am Geld; es hat mit seinem Wissen gehapert

das **Häpp|chen;** der **Hap|pen**

das **Hap|pe|ning** ['hɛpənɪŋ] (Veranstaltung, bei der durch Aktionen ein künstlerisches Erlebnis vermittelt werden soll); des Happenings; die Happenings

hap|pig (*umgangssprachlich für:* überhöht, übertrieben); happige Preise

hap|py ['hɛpi] (*umgangssprachlich für:* glücklich; zufrieden); das **Hap|py|end** ['hɛpi'ɛnt], *auch:* **Hap|py End** (glücklicher Ausgang); des Happyends, *auch:* Happy Ends; die Happyends, *auch:* Happy Ends

das **Här|chen** ↑Haar

das **Hard|co|ver** [ˌha:ɐ̯tkavɐ], *auch:* **Hard Cover** (Buch mit festem Einband); des Hardcovers, *auch:* Hard Covers

der **Hard|li|ner** [ˌha:ɐ̯tlai̯nɐ] (Vertreter eines harten Kurses); des Hardliners; die Hardliner

der **Hard|rock** ['ha:ɐ̯trɔk], *auch:* **Hard Rock** (Stilrichtung der Rockmusik); des Hardrock[s], *auch:* Hard Rock[s]

die **Hard|ware** [ha:ɐ̯tvɛɐ̯] (*EDV:* fest installierte Technik bei Datenverarbeitungsanlagen); die Hardwares; ↑Software

der **Ha|rem** (von Frauen bewohnter Teil des islamischen Hauses; die dort wohnenden Frauen); des Harems; die Harems

die **Har|fe;** das **Har|fen|spiel**

die **Har|ke** (*norddeutsch für:* Rechen); die Harken; **har|ken;** du harkst; sie harkt; sie harkte; sie hat den Rasen geharkt; harke den Kiesweg!

harm|los; die **Harm|lo|sig|keit**

die **Har|mo|nie** (Einklang; Eintracht); die Har|mo|ni|en; die **Har|mo|ni|ka** (ein Musikinstrument); die Harmonikas *und* die Harmoniken; **har|mo|nisch; har|mo|ni|sie|ren** (in Einklang bringen); die **Har|mo|ni|sie|rung**

das **Har|mo|ni|um** (ein Musikinstrument); die Har|mo|ni|en

der **Harn;** des Harn[e]s; die Har|ne; die **Harn|bla|se**

der **Har|nisch** (Brustpanzer); die Har|ni|sche; er hat ihn in Harnisch (Wut) gebracht

harn|trei|bend; der Tee wirkt harntreibend

die **Har|pu|ne** (Wurfspeer oder pfeilartiges Geschoss zum [Wal]fischfang)

har|ren (warten); du harrst; er harrte; er hat auf das Ende geharrt; harre der Dinge, die da kommen sollen!

hart; här|ter; am här|tes|ten; hart auf hart; eine harte Währung; ein hart gekochtes Ei; das Brot ist hart geworden; der hart gefrorene Boden; die **Här|te; här|ten;** du härtest; sie härtet; sie härtete; sie hat den Stahl gehärtet; härte ihn!; das **Hart|geld** (Münzen); des Hartgeld[e]s; **hart|her|zig;** die **Hart|her|zig|keit;** das **Hart|holz; hart|nä|ckig;** die **Hart|nä|ckig|keit**

der **Harz** (ein Gebirge)

das **Harz;** die Harze; **har|zig**

das **Hasch** (Haschisch); des Haschs

ha|schen (fangen); du haschst; er haschte; er hat gehascht; hasch[e] mich!; der **Hä|scher**

das, *auch:* der **Ha|schisch** (eine Droge); des Haschisch[s]

der **Ha|se;** des/dem/den Hasen; die Hasen; falscher Hase (ein Hackbraten); er ist ein alter Hase (er hat sehr viel Erfahrung); *Verkleinerungsform:* das Häs|chen; die **Hä|sin;** die Häsinnen

die **Ha|sel** (ein Strauch); die Haseln; die **Ha|sel|maus** (ein Nagetier); die **Ha|sel|nuss;** die Ha|sel|nüs|se; der **Ha|sel|nuss|strauch**, *auch:* **Ha|sel|nuss-Strauch**

die **Has|pel** (Garn-, Seilwinde); die Haspeln; **has|peln;** du haspelst; er haspelte; er hat das Garn gehaspelt

der **Hass;** des Has|ses; **has|sen;** du hasst; er hasst; er hasste; er hat ihn gehasst; hasse nicht!; **hass|er|füllt;** ein hasserfüllter Blick; **häss|lich** die **Hast** (Eile); **has|ten;** du hastest; sie hastet; sie hastete; sie ist zum Bahnhof gehastet; haste nicht so!; **has|tig**

hät|scheln (liebevoll pflegen; verzärteln); du hätschelst ihn; er hätschelte ihn; er hat ihn gehätschelt

die **Hau|be**

der **Hauch; hauch|dünn; hau|chen;** du hauchst; sie hauchte; sie hat an die gefrorenen Fensterscheiben gehaucht; hauche gegen die Scheibe!

die **Haue** (*umgangssprachlich für:* Schläge); Haue kriegen; **hau|en;** du haust ihn; er haute ihn; er hat ihn gehauen; er hat Holz gehauen; er hat ihm ins Gesicht gehauen; er hat ihn übers Ohr gehauen (betrogen); der **Hau|er** (Bergmann; Eckzahn des Keilers)

der **Hau|fen;** des Haufens; die Haufen; **häu|fen;** die Beweise haben sich gehäuft; **hau|fen|wei|se;** die **Hau|fen|wol|ke; häu|fig;** die **Häu|fig|keit;** die **Häu|fung**

das **Haupt;** des Haupt[e]s; die Häup|ter; zu Häupten; der **Haupt|bahn|hof;** der **Häupt|ling;** der **Haupt|mann;** die Hauptleute; die **Haupt|sa|che; haupt|säch|lich;** der **Haupt|schul|ab|schluss;** die **Haupt|stadt;** der **Haupt|teil;** das **Haupt|wort** (Substantiv); die Hauptwörter

hau|ruck!

das **Haus;** des Hau|ses; die Häu|ser; *Verkleinerungsform:* das Häus|chen; er ist außer Haus; zu Haus[e], nach Haus[e], im Haus[e]; von Haus aus; von Haus zu Haus; Haus halten, *auch:* haushalten (sparsam wirtschaften); er hält Haus, *auch:* er haushaltet; er hat Haus gehalten, *auch:* hausgehalten; er schafft es nicht, mit den Vorräten Haus zu halten, *auch:* hauszuhalten; der **Haus|be|set|zer;** der **Haus|be|sit|zer; hau|sen;** du haust; sie haust; sie hat in einer kleinen Dachwohnung gehaust; die **Haus|frau;** der **Haushalt;** des Haushalt[e]s; die Haushalte; **haus|hal|ten** *vergleiche:* **Haus;** die **Haushalt[s]|wa|ren** *Plural;* **haus|hoch;** haushohe Wellen; haushoch gewinnen, verlieren; **hau|sie|ren;** du hausierst; er hausierte; er hat hausiert; der **Hau|sie|rer;** die **Hau|sie|re|rin;** die Hausiererinnen; **häus|lich;** die **Haus|ord|nung;** der **Haus|schuh;** das **Haus|tier**

die **Haut;** die Häu|te; das ist ja zum Aus-der-Haut-Fahren; **häu|ten;** du häutest; er häutet; er häutete; er hat das Tier gehäutet; häute es!; sich häuten; die Schlange hat sich gehäutet; **haut|eng** (sehr eng); sie trägt hautenge Jeans; die **Haut|far|be;** die **Häu|tung**

Ha|van|na (Hauptstadt Kubas)

die **Ha|va|rie** (Seeschaden, den Schiff oder Ladung erleidet; *auch:* Bruch, Unfall); die Ha|va|ri|en

Ha|waii (Hauptinsel der Hawaiiinseln im Pazifischen Ozean; Staat der USA); die **Ha|waii|gi|tar|re; Ha|waii|in|seln,** *auch:* **Ha|waii-In|seln** (Inselgruppe im Pazifischen Ozean, die den Staat Hawaii bildet) *Plural*

die **Ha|xe** *vergleiche:* **Hach|se**

Hbf. = Hauptbahnhof

he!

das **Hea|ring** [ˈhiːrɪŋ] ([öffentliche] Anhörung); des Hearing[s]; die Hearings

das **Hea|vy|me|tal** [ˈhɛvimɛtl̩], *auch:* **Hea|vy Me|tal** (Stilrichtung der Rockmusik); des Heavymetal[s], *auch:* Heavy Metal[s]

die **Heb|am|me**

der **He|bel;** die Hebel; **he|ben;** du hebst; sie hebt; sie hob; sie hat den Stein gehoben; hebe diesen Stein!; der **He|ber**

he|cheln; ich hech[e]le; der Hund hat gehechelt

der **Hecht;** die **Hecht|rol|le** (Turnübung); der **Hecht|sprung**

das **Heck** (hinterer Teil des Schiffes oder des Autos); die Hecke *oder* die Hecks; der **Heck|an|trieb**

die **He|cke;** die **He|cken|ro|se**

das **Heer;** die **Heer|stra|ße**

die **He|fe**

das **Heft; hef|ten;** du heftest; sie heftet; sie heftete; sie hat die Akten geheftet; hefte sie!; das **Heft|pflas|ter**

hef|tig (ungestüm; scharf; stark)

die **He|ge** (Pflege, Schutz des Wildes); Hege und Pflege; **he|gen;** du hegst; sie hegt; sie hegte; sie hat lange diesen Wunsch gehegt; hege keine großen Hoffnungen!

das *oder* der **Hehl;** kein, *auch:* keinen Hehl daraus machen; der **Heh|ler;** die **Heh|le|rei**

hehr (erhaben; heilig)

hei!

der **Hei|de; heid|nisch**

die **Hei|de;** das **Hei|de|kraut;** die **Hei|del|bee|re;** die **Heid|schnu|cke** (eine Schafrasse)

hei|kel (bedenklich, schwierig); heik|ler; am hei|kels|ten; eine heikle Sache

heil; mit heiler Haut davonkommen; das **Heil;** der **Hei|land; heil|bar;** der **Heil|butt** (ein Fisch); **hei|len;** du heilst ihn; sie hat ihn von seiner Krankheit geheilt; heile ihn!; **hei|lig;** das heilige Abendmahl; die heilige Taufe; das heilige Pfingstfest; die erste heilige Kommunion; ABER: der Heilige Abend; die Heilige Familie; der Heilige Geist; die Heilige Jungfrau; die Heiligen Drei Könige; das Heilige Land; die Heilige Nacht; die Heilige Schrift; die Heilige Stadt (Jerusalem); der Heilige Stuhl; der Heilige Vater (der Papst); *Getrenntschreibung:* ein Geschenk heilig halten (in Ehren halten); sie hält dieses Geschenk heilig; sie hat es heilig gehalten; der Papst sprach sie heilig; der Papst hat sie heilig gesprochen; der **Hei|lig|abend;** der **Hei|li|gen|schein;** das **Hei|lig|tum;** die Heiligtümer

das **Heil|mit|tel;** der **Heil|prak|ti|ker; heil|sam;** die **Heils|ar|mee** (eine christliche Organisation); die **Hei|lung**

das **Heim;** die **Heim|ar|beit;** die **Hei|mat; hei|mat|lich; hei|mat|los;** der *und* die **Hei|mat|ver|trie|be|ne;** sich **heim|be|ge|ben;** sie begibt sich heim; sie hat sich heimbegeben; **heim|be|glei|ten;** er begleitet sie heim; er hat sie heimbegleitet; **heim|brin|gen;** er bringt sie heim; er hat sie heimgebracht; der **Heim|com|pu|ter; heim|fah|ren;** sie fährt heim; sie ist heimgefahren; sie hat mich heimgefahren; **heim|füh|ren;** er führt das Kind heim; er hat es heimgeführt; **heim|ge|hen;** sie geht heim; sie ist heimgegangen; **heim|ho|len;** er holte ihn heim; er hat ihn heimgeholt; **hei|misch; heim|keh|ren;** sie kehrte heim; sie ist heimgekehrt; der **Heim|lei|ter;** die **Heim|lei|te|rin;** die Heimleiterinnen; **heim|leuch|ten** (*umgangssprachlich für:* abfertigen); dem haben sie tüchtig heimgeleuchtet

heim|lich; heim|lich tun (geheimnisvoll tun); sie hat sehr heimlich getan; er hat es heimlich (im Geheimen) getan; die **Heim|lich|kei|ten** *Plural*

der **Heim|platz; heim|rei|sen;** sie reist heim; sie ist heimgereist; **heim|su|chen;** Not und Krankheit haben ihn heimgesucht; die **Heim|tü|cke; heim|tü|ckisch;** das **Heim|weh; heim|weh|krank;** der **Heim|wer|ker** (jemand, der handwerkliche Arbeiten zu Hause selbst macht; Bastler); **heim|zah|len;** das zahle ich ihm heim; das habe ich ihm tüchtig heimgezahlt

das **Hein|zel|männ|chen** (hilfreicher Hausgeist)

die **Hei|rat; hei|ra|ten;** du heiratest; sie heiratet; sie hat geheiratet; heirate nicht!

hei|ser; die **Hei|ser|keit**

heiß; am hei|ßes|ten; jemandem die Hölle heiß machen; was ich nicht weiß, macht mich nicht heiß; ein heißes Eisen anfassen; seine heiß ersehnte Ankunft; seine Ankunft wurde heiß ersehnt; ein heiß geliebter Mann; er hat die Frau heiß geliebt; das ist eine heiß umstrittene Frage; diese Frage war lange Zeit heiß umstritten; **heiß|blü|tig**

hei|ßen; du heißt; sie heißt; du hießest; sie hieß; sie hat Müller geheißen; heiß ihn, wie du willst!; er hat es mich geheißen; ABER: er hat mich kommen heißen

heiß er|sehnt, heiß ge|liebt, heiß um|strit|ten *vergleiche:* **heiß**

hei|ter; hei|te|rer; am hei|ters|ten; die **Hei|ter|keit**

hei|zen; du heizt; er heizt; er hat geheizt; heize!; der **Hei|zer;** die **Hei|zung**

das *oder* der **Hek|t|ar** [*auch:* hɛkˈtaːɐ̯]; die Hek|t|a|re; 3 Hektar gutes Land *oder* guten Landes

die **Hek|tik** (fieberhafte Aufregung, nervöses Getriebe); **hek|tisch**

der *oder* das **Hek|to|li|ter**

der **Held;** des/dem/den Hel|den; die Hel|den; **hel|den|haft;** die **Hel|den|tat**

hel|fen; du hilfst; sie hilft; sie half; sie hat geholfen; hilf mir!; sie hat ihr beim Nähen geholfen; sie hat ihr nähen helfen *oder* geholfen; sie weiß sich zu helfen; das hilft mir nicht; der **Hel|fer;** die **Hel|fe|rin;** die Helferinnen

Hel|go|land (Insel in der Nordsee)

der **He|li|ko|p|ter** (Hubschrauber); des Helikopters; die Helikopter

das **He|li|um** (ein Edelgas); des Heliums

hell; die Sonne scheint hell; ein hell leuchtender Stern; dieser auffallend hell leuchtende Stern; **hell|auf;** hellauf lachen (laut und fröhlich lachen); ABER: hell auflachen (plötzlich zu lachen anfangen); **hellblau;** hellblau färben; **hellblond**

der **Hel|ler** (eine Münze); auf Heller und Pfennig; ich gebe keinen Heller dafür

hell leuch|tend *vergleiche:* **hell; hell|hörig; hell|licht;** es ist helllichter Tag; die **Hel|lig|keit**

der **Helm**

Hel|sin|ki (Hauptstadt Finnlands)

das **Hemd;** der **Hemds|är|mel** *meist Plural*

die **He|mi|s|phä|re** (Erdhalbkugel; Himmelshalbkugel); die Hemisphären

hem|men; du hemmst; er hat den Ablauf gehemmt; hemm[e] nicht den Fortschritt!; das **Hemm|nis;** des Hemmnisses; die Hemmnisse; der **Hemm|schuh;** die **Hem|mung;** seine Hemmungen überwinden; **hem|mungs|los**

der **Hengst,** die Hengs|te

der **Hen|kel;** die Henkel

hen|ken; du henkst ihn; er hat ihn gehenkt; henke keinen!; der **Hen|ker**

die **Hen|ne**

her; her zu mir!; her damit!; hin und her; **he|r|ab; he|r|ab|las|sen;** er lässt den Rollladen herab; er hat ihn herabgelassen; **he|r|an; he|r|an|kom|men;** er ist bis auf 5 Meter an ihn herangekommen; **he|r|auf; he|r|auf|be|schwö|ren;** er beschwört das Unglück herauf; er hat es heraufbeschworen; **he|r|aus;** die **He|r|aus|ga|be; he|r|aus|ge|ben;** sie gibt den Schlüssel heraus; sie hat ihn herausgegeben; der **He|r|aus|ge|ber** (eines Buches); **he|r|aus|kom|men;** sie kommt heraus; sie ist herausgekommen; es wird nichts dabei herauskommen; **he|r|aus|stel|len**

herb

her|bei; her|bei|schaf|fen; sie schafft herbei; sie hat alles herbeigeschafft

die **Her|ber|ge;** der **Her|bergs|va|ter**

der **Herbst;** die Herbs|te; **herbst|lich**

der **Herd**

die **Her|de**

he|r|ein; he|r|ein|fal|len; er fiel herein; er ist tüchtig hereingefallen; **he|r|ein|legen;** er legte ihn herein; er hat ihn hereingelegt; der **Her|gang** (Verlauf)

der **He|ring** (ein Fisch; Zeltpflock)

Her|ku|les (Halbgott und Held der griechischen Sage); der **Her|ku|les** (Mensch von großer Körperkraft); des Herkules; die Herkulesse

die **Her|kunft**

her|lau|fen; der Hund ist hinter ihm hergelaufen

das **Her|me|lin** (großes Wiesel); die Her|meli|ne

der **Her|me|lin** (ein Pelz); die Her|me|li|ne

her|me|tisch (dicht verschlossen)

das **He|ro|in** (eine Droge); des Heroins

he|ro|isch (heldenhaft)

der **He|rold** (Verkündiger, Ausrufer, fürstlicher Bote); die He|rol|de

der **Herr;** des Herrn; die Her|ren; mein Herr!; meine Herren!; seines Unmutes Herr werden; die **Her|rin;** die Herrinnen; **herrisch; herr|lich;** die **Herr|schaft; herrschen;** du herrschst; er herrschte; er hat geherrscht; herrsche gerecht!; der **Herrscher;** die **Herr|sche|rin;** die Herrscherinnen

her|stel|len; das Unternehmen hat Textilien hergestellt

das **Hertz** (Maßeinheit der Frequenz: Anzahl, z. B. Schwingungszahl, pro Sekunde); des Hertz; 440 Hertz

he|r|ü|ber; he|r|ü|ber|kom|men; sie kommt herüber; sie ist herübergekommen

he|r|um; he|r|um|lun|gern; sie lungerte herum; sie ist in der Stadt herumgelungert; sich **he|r|um|trei|ben;** sie trieb sich herum; sie hat sich herumgetrieben

he|r|un|ter; he|r|un|ter|hän|gen; der Vorhang hängt herunter; der Vorhang hat heruntergehangen; **he|r|un|ter|la|den** (*EDV:* Daten von einem Computer, aus dem Internet auf den eigenen Computer übertragen); **he|r|un|ter|rei|ßen;** sie riss die Maske herunter; sie hat den Vorhang heruntergerissen

her|vor; her|vor|ra|gend; her|vor|ru|fen; ihre Worte haben Staunen hervorgerufen; **her|vor|tre|ten;** sie tritt hervor; sie ist hervorgetreten; sich **her|vor|tun;** er tut sich hervor; er hat sich hervorgetan

das **Herz;** des Her|zens; dem Her|zen; die Her|zen; von Herzen kommen; zu Herzen gehen, nehmen; mit Herz und Hand; das **Herz|ass,** *auch:* **Herz-Ass;** nach **Her-**

zens|lust; der **Herz|feh|ler; herz|haft;** am herz|haf|tes|ten; der **Herz|in|farkt;** die Herzinfarkte; das **Herz|klop|fen; herz|lich;** aufs, auf das Herzlichste, *auch:* herzlichste

der **Her|zog;** die Her|zö|ge

der **Hes|se;** die Hessen; **Hes|sen; hes|sisch;** das hessische Land; ABER: das Hessische Bergland

die **Het|ze; het|zen;** du hetzt; er hetzt; er hetzte; er hat den Fuchs gehetzt; hetze kein Tier!; der **Het|zer**

das **Heu**

die **Heu|che|lei; heu|cheln;** du heuchelst; er hat geheuchelt; heuch[e]le nicht!; der **Heuch|ler; heuch|le|risch**

heu|er (*süddeutsch und österreichisch für:* in diesem Jahr)

die **Heu|er** (Löhnung der Seeleute); die Heuern

heu|len; du heulst; er heulte; er hat geheult; heule nicht!; das heulende Elend bekommen; der **Heu|ler** (*auch für:* verlassener junger Seehund)

die **Heu|schre|cke**

heu|te; bis heute; für heute; seit heute; die Jugend von heute; ABER: heute Abend; heute Mittag; heute Morgen; heute Nachmittag; heute Nacht; heute früh, *auch:* heute Früh; **heu|tig; heut|zu|ta|ge**

die **He|xe; he|xen;** du hext; sie hext; sie hat gehext; der **He|xen|schuss** (plötzlich auftretende Kreuzschmerzen); die **He|xe|rei**

der **Hi|bis|kus** (eine Heilpflanze); des Hibiskus; die Hibisken

der **Hieb**

hier; hier und da; von hier aus; hier oben; **hie|r|an**

die **Hi|e|r|ar|chie** [hirar'çi:, *auch:* hi̯erar'çi:] (Rangfolge, Rangordnung); die Hi|e|r|ar|chi|en; **hi|e|r|ar|chisch**

hie|r|auf; hie|r|aus; hier|durch; hier|für; hier|her; hier|her kom|men; er kommt hierher; er ist hierher gekommen; **hier|mit**

die **Hi|e|ro|gly|phe** [hiro'glyfə, *auch:* hi̯ero'glyfə] (Zeichen der ägyptischen Bilderschrift); die Hieroglyphen *meist Plural*

hier|von; hier|zu; hier|zu|lan|de, *auch:* **hier zu Lan|de**

hie|sig; hiesigen Ort[e]s

hie|ven ['hi:fn̩] (hochwinden); sie haben den Container an Deck gehievt

Hi-Fi ['hai̯fi, *auch:* 'hai̯fai̯] = Highfidelity; die **Hi-Fi-An|la|ge**

high [hai̯] (*umgangssprachlich für:* in Hochstimmung [nach der Einnahme von Drogen]); high sein; die **High|fi|de|li|ty,** *auch:* **High Fi|de|li|ty** ['hai̯fi'dɛliti] (hohe Wiedergabequalität bei Schallplatten u. Ä.; *Abkürzung:* Hi-Fi)

das **High|light** ['hai̯lai̯t] (Höhepunkt, Glanzpunkt); des Highlight[s]; das, *auch:* die **High|tech** ['hai̯'tɛk], *auch:* **High Tech** (Spitzentechnologie); des Hightech[s], *auch:* des High Tech[s]; der Hightech, *auch:* der High Tech; die **High|tech|in|dus|t|rie,** *auch:* **High-Tech-In|dus|t|rie**

die **Hil|fe;** die erste Hilfe (bei Verletzungen); Hilfe leisten, suchen; einem Verunglückten zu Hilfe eilen, kommen; der Mechaniker, mithilfe dessen, *auch:* mit Hilfe dessen (*oder* mit dessen Hilfe) sie ihr Auto reparierte; sich Hilfe suchend umschauen; die **Hil|fe|leis|tung;** der **Hil|fe|ruf; hilf|los;** am hilf|lo|ses|ten; **hilf|reich; hilfs|be|reit;** das **Hilfs|mit|tel**

der **Hi|ma|la|ja** [*auch:* hima'la:ja] (Gebirge in Asien)

die **Him|bee|re;** der **Him|beer|saft**

der **Him|mel;** um Himmels willen; **him|mel|blau;** die **Him|mel|fahrt;** Christi Himmelfahrt; **him|mel|schrei|end;** die **Him|mels|rich|tung;** das **Him|mels|zelt; himm|lisch**

hin; alles ist hin; hin und her schaukeln; hin und her laufen (ohne bestimmtes Ziel); ABER: hin- und herlaufen (hin- und wieder zurücklaufen); hin und wieder (zuweilen); vor sich hin brummen

hi|n|ab; etwas weiter hinab; **hi|n|ab|ge|hen;** sie geht hinab; sie ist den Berg hinabgegangen; **hi|n|auf; hi|n|auf|ge|hen;** sie geht hinauf; sie ist die Treppe hinaufgegangen; **hi|n|aus; hi|n|aus|ge|hen;** sie geht hinaus; sie ist hinausgegangen

hin|der|lich; hin|dern; du hinderst; er hat ihn am Sprechen gehindert; hindere sie nicht daran!; das **Hin|der|nis;** des Hindernisses; die Hindernisse

der **Hin|du** (Anhänger einer indischen Religion); des Hindu[s]; die Hindu[s]

hi|n|ein; hi|n|ein|ge|hen; er geht hinein; er ist hineingegangen; **hi|n|ein|plat|zen;**

er platzte plötzlich hinein; sie ist in die Versammlung hineingeplatzt

der **Hin|kel|stein** (größerer, unbehauener [kultischer] Stein)

hin|ken; ich hinke; du hinkst; sie hat gehinkt; sie ist zur Tür gehinkt

hin|rei|chend

hin|rich|ten; man richtet ihn hin; man hat ihn hingerichtet

hin|set|zen; ich setzte den Koffer hin; sie hat sich hingesetzt

hin|ten; hin|ten|an; hin|ten|he|rum; hin|ten|ü|ber

hin|ter; hinter dem Zaun stehen; sich hinter den Zaun stellen

der **Hin|ter|blie|be|ne;** ein Hinterbliebener; die Hinterbliebenen; zwei Hinterbliebene

hin|ter|brin|gen; er hat mir die Nachricht hinterbracht

hin|ter|drein *(veraltend);* **hin|ter|drein|lau|fen;** er ist hinterdreingelaufen

hin|ter|ei|n|an|der; wir müssen hintereinander gehen; er hat die Motoren hintereinander geschaltet; er will die Briefe hintereinander (sofort) schreiben; sie hat die Namen in der Liste hintereinander geschrieben

hin|ter|ge|hen (betrügen); er hat mich hintergangen

der **Hin|ter|grund;** die Hin|ter|grün|de

der **Hin|ter|halt;** die Hin|ter|hal|te; aus dem Hinterhalt schießen; **hin|ter|häl|tig**

hin|ter|her; hinterher putzen (danach putzen); ABER: **hin|ter|her|lau|fen** (nachlaufen); er ist hinterhergelaufen

hin|ter|las|sen (zurücklassen); du hinterlässt eine ziemliche Unordnung; er hinterließ vier Kinder; sie hat eine Nachricht hinterlassen

der **Hin|ter|leib** (bei Insekten)

die **Hin|ter|list; hin|ter|lis|tig**

hin|ter|rücks

hi|n|ü|ber; die Bananen werden wohl hinüber sein (verdorben sein); **hi|n|ü|ber|ge|hen;** sie geht hinüber; sie ist hinübergegangen

das **Hin und Her;** sie einigten sich nach längerem Hin und Her; das **Hin-und-her-Fahren;** ABER: das Hin- und [das] Herfahren; ↑hin; die **Hin- und Her|fahrt;** die **Hin- und Her|rei|se;** der **Hin- und Her|weg**

hi|n|un|ter; hi|n|un|ter|schlu|cken; sie schluckt die Tablette hinunter; sie hat sie hinuntergeschluckt

hin|weg; hin|weg|fe|gen; hin|weg|ge|hen; sie geht hinweg; sie ist hinweggegangen; **hin|weg|set|zen;** sich darüber hinwegsetzen

der **Hin|weis;** des Hin|wei|ses; die Hin|wei|se

hin|zu; hin|zu|kom|men; sie kam hinzu; sie ist hinzugekommen; ABER: hinzu kommt, dass er gelogen hat

die **Hi|obs|bot|schaft** (Unglücksbotschaft)

der **Hip|pie** (Anhänger einer antibürgerlichen, pazifistischen, naturnahen Lebensform; Blumenkind); des Hippies; die Hippies

das **Hirn;** die Hir|ne; das **Hirn|ge|spinst;** die Hirn|ge|spins|te; **hirn|ver|brannt** (*umgangssprachlich für:* verrückt)

der **Hirsch;** der **Hirsch|fän|ger** (ein Jagdmesser)

die **Hir|se** (eine Getreideart)

der **Hirt;** des Hir|ten; die Hir|ten; der **Hir|ten|brief** (bischöfliches Rundschreiben)

his|sen; du hisst; er hisst; sie hat die Flagge gehisst; hisse *oder* hiss die Flagge!

his|to|risch (geschichtlich)

der **Hit** (erfolgreicher Schlager); des Hit[s]; die Hits; die **Hit|pa|ra|de**

die **Hit|ze; hit|ze|be|stän|dig; hit|ze|frei;** das **Hit|ze|frei**

Das Adjektiv *hitzefrei* wird kleingeschrieben: »Wir hatten gestern hitzefrei. Heute bekommen wir aber nicht hitzefrei.« Groß schreibt man dagegen das Substantiv *Hitzefrei:* »Wir erwarten ganztägiges Hitzefrei. Die Schulleitung gibt aber kein Hitzefrei.« Wenn sich die Wortart nicht eindeutig bestimmen lässt, ist Klein- oder Großschreibung möglich: »Habt ihr [nicht] hitzefrei/[kein] Hitzefrei? Heute bekommen wir bestimmt [nicht] hitzefrei/[kein] Hitzefrei!«

hit|zig; der **Hitz|kopf**

das **HIV** [ha:|i:ˈfau] = human immunodeficiency virus (ein Aidserreger); des HIV[s]; die HIV[s]; die **HIV-In|fek|ti|on; HIV-ne|ga|tiv; HIV-po|si|tiv**

hl = Hektoliter

die **H-Milch** (*kurz für:* haltbare Milch)

der **HNO-Arzt** = Hals-Nasen-Ohren-Arzt

A B C D E F G H I J K L M N O P Q R S T U V W X Y Z

hoch

hö|her, am höchs|ten
- hoch oben
- bei Hoch und Niedrig *vergleiche:* niedrig

Vergleiche auch: hohe

Getrennt- und Zusammenschreibung

Man schreibt »hoch« vom folgenden Verb, Partizip oder Adjektiv getrennt, wenn es sinnvoll – wenigstens durch »sehr« oder »ganz« – erweitert oder gesteigert werden kann:
- hoch sein; es wird [sehr] hoch hergehen
- sie kann [besonders] hoch springen; sie kann höher springen als ihr Bruder; hoch (weit oben) fliegen
- eine [sehr] hoch begabte Frau
- eine hoch stehende/hoch gestellte Persönlichkeit; ABER: eine hochgestellte Zahl
- [ganz] hoch gesteckte (ehrgeizige) Ziele; ABER: hochgesteckte Haare
- eine hoch qualifizierte Mitarbeiterin

Zusammenschreibung, wenn »hoch« nicht erweiterbar oder steigerbar ist (z. B., weil »hoch« eine Richtung angibt oder nur verstärkend gebraucht wird):
- den Korb hochheben (nach oben heben)
- die Ärmel hochkrempeln (nach oben krempeln)
- das Fenster hochkurbeln (nach oben kurbeln)
- die Zahlen ↑hochrechnen
- sie hat hochfliegende (ehrgeizige) Pläne
- hochgesteckte (nach oben gesteckte) Haare; ABER: sie hat hoch gesteckte Ziele
- die Kiste ↑hochkant stellen
- sie arbeitet hochkonzentriert *»hoch« wird hier nur verstärkend gebraucht*

das **Hob|by;** des Hobbys; die Hobbys

der **Ho|bel;** die Hobel; die **Ho|bel|bank; ho|beln;** du hobelst; sie hobelte; sie hat das Brett gehobelt; hob[e]le es!

hoch *s. Kasten*

das **Hoch** (Hochruf; Gebiet hohen Luftdrucks); des Hochs; die Hochs

die **Hoch|ach|tung; hoch|ach|tungs|voll**

hoch|be|gabt, *auch:* **hoch be|gabt;** höherbegabt, *auch:* höher begabt; höchstbegabt, *auch:* höchst begabt; die hochbegabte, *auch:* hoch begabte Schülerin; die Schülerin ist hoch begabt

hoch|deutsch; ABER: auf Hochdeutsch; ↑deutsch; das **Hoch|deutsch** *und* das **Hoch|deut|sche** (die hochdeutsche Sprache); ↑Deutsch

hoch|flie|gend; hochfliegende (ehrgeizige) Pläne

das **Hoch|ge|bir|ge**

das **Hoch|ge|fühl**

hoch|ge|steckt; hochgesteckte Haare; ↑ABER: hoch

hoch|ge|stellt; eine hochgestellte Zahl; ↑ABER: hoch

das **Hoch|haus**

hoch|he|ben; sie hebt den Korb hoch; sie hat ihn hochgehoben

hoch|kant; etwas hochkant stellen

hoch|kon|zen|t|riert; hochkonzentrierte Schüler[innen]; ABER: hoch konzentrierte Säure

hoch|krem|peln; er krempelt die Ärmel hoch; er hat die Ärmel hochgekrempelt

hoch|kur|beln; sie kurbelt die Scheibe hoch; sie hat die Scheibe hochgekurbelt

die **Hoch|leis|tung;** der **Hoch|leis|tungs|sport**

der **Hoch|mut;** des Hochmut[e]s; **hoch|mü|tig**

hoch qua|li|fi|ziert *vergleiche:* **hoch**

hoch|rech|nen (aus Teilergebnissen das wahrscheinliche Gesamtergebnis berechnen); du rechnest hoch; sie hat hochgerechnet; die **Hoch|rech|nung**

die **Hoch|schu|le;** die **Hoch|schul|rei|fe**

der **Hoch|sprung**

höchst; am höchs|ten; sie war auf das, aufs Höchste, *auch:* höchste erfreut; das höchste der Gefühle; sein Sinn ist auf das, aufs Höchste gerichtet; sie strebt nach dem Höchsten; **höchs|tens**

der **Hoch|stap|ler**

die **Höchst|ge|schwin|dig|keit**

das **Höchst|maß;** ein Höchstmaß an Sorgfalt

höchst|wahr|schein|lich; er hat es höchstwahrscheinlich getan; ABER: es ist

höchst (im höchsten Grade) wahrscheinlich, dass er es getan hat
hoch|ver|ehrt; höchstverehrt; ein hochverehrter Lehrer; ABER: er wird von allen Schülern hoch verehrt
das **Hoch|was|ser;** die Hochwasser
die **Hoch|zeit;** silberne, goldene Hochzeit
die **Ho|cke** (eine Turnübung); **ho|cken;** du hockst; sie hat immer auf dem gleichen Platz gehockt; der **Ho|cker;** des Hockers; die Hocker
der **Hö|cker** (der Buckel)
das **Ho|ckey** ['hɔke, *auch:* 'hɔki] (eine Sportart); des Hockeys; der **Ho|ckey|schlä|ger**
der **Ho|den** (Samendrüse); des Hodens; die Hoden
der **Hof**
die **Hof|fart** (*veraltend für:* Hochmut); **hof|fär|tig;** am hof|fär|tigs|ten
hof|fen; du hoffst; sie hofft; sie hoffte; sie hat gehofft; hoffe!; **hof|fent|lich;** die **Hoff|nung;** **hoff|nungs|los;** am hoff|nungs|lo|ses|ten; **hoff|nungs|voll**
höf|lich; die **Höf|lich|keit**
ho|he; der hohe Berg; das hohe C; auf hoher See; die hohe Schule (beim Reiten); das hohe Haus (das Parlament); die **Hö|he**
die **Ho|heit;** das **Ho|heits|ge|biet;** **ho|heits|voll**
die **Hö|hen|son|ne** (Ultraviolettlampe); der **Hö|he|punkt**
hö|her; höhere Gewalt; er ist auf der höheren Schule (auf einer Oberschule, einem Gymnasium); ABER: er ist auf der Höheren Handelsschule in Stuttgart; höher springen, höher singen, höher achten
hohl; die **Höh|le;** das **Hohl|maß;** der **Hohl|weg**
der **Hohn;** **höh|nisch**
der **Ho|kus|po|kus** (Gaukelei; Zauberformel)
hold; am hol|des|ten
ho|len; du holst; sie hat das Buch geholt; hol[e] das Buch!
hol|la!
Hol|land; der **Hol|län|der;** **hol|län|disch**
die **Höl|le;** der **Höl|len|lärm;** die **Höl|len|qual;** er leidet Höllenqualen (sehr große Qualen); **höl|lisch**
der **Holm** (Griffstange des Barrens; Längsstange der Leiter); die Hol|me
der **Ho|lo|caust** (Tötung einer großen Zahl von Menschen, besonders der Juden während des Nationalsozialismus); des Holocaust[s]; die Holocausts
hol|pe|rig *oder* **holp|rig;** **hol|pern;** der Wagen holpert; der Wagen hat laut geholpert; ABER: der Wagen ist über das Kopfsteinpflaster geholpert
der **Ho|lun|der**
das **Holz;** die Höl|zer; **höl|zern;** **hol|zig**
die **Home|page** ['hoʊmpeɪdʒ] (im Internet abrufbare Darstellung von Informationen, Angeboten z. B. einer Firma, einer Institution); der Homepage; die Homepages
die **Ho|mö|o|pa|thie** (ein Heilverfahren); **ho|mö|o|pa|thisch**
die **Ho|mo|se|xu|a|li|tät** (gleichgeschlechtliche Liebe); **ho|mo|se|xu|ell**
der **Hon|du|ra|ner** (Bewohner von Honduras); die **Hon|du|ra|ne|rin;** die Honduranerinnen; **hon|du|ra|nisch;** **Hon|du|ras** (Staat in Mittelamerika)
Hong|kong (chinesische Hafenstadt)
der **Ho|nig;** **ho|nig|süß;** die **Ho|nig|wa|be**
das **Ho|no|rar** (Vergütung); die Ho|no|ra|re
der **Hoo|li|gan** ['hu:lign̩] (Randalierer, besonders bei Massenveranstaltungen); des Hooligans; die Hooligans
der **Hop|fen;** die **Hop|fen|stan|ge**
hopp!; hopp, hopp!; **hopp|la!;** **hops!;** **hop|sen;** du hopst; sie hopst; sie ist gehopst; hopse!; der **Hop|ser;** **hops|ge|hen** (*umgangssprachlich für:* verloren gehen; umkommen); das Geld ging hops; er ist hopsgegangen
hor|chen; du horchst; sie horcht; sie hat gehorcht; horch[e]!
die **Hor|de** (Bande, Schar)
hö|ren; du hörst; sie hat es gehört; hör[e] doch!; sie hat von dem Unglück gehört; sie hat die Glocken läuten hören *oder* gehört; sie hat wieder von sich hören lassen; das **Hö|ren|sa|gen;** er weiß es vom Hörensagen; der **Hö|rer;** die **Hö|re|rin;** die Hörerinnen
hö|rig (unfrei)
der **Ho|ri|zont** (scheinbare Begrenzungslinie zwischen Himmel und Erde; Gesichtskreis); **ho|ri|zon|tal** (waagerecht); die **Ho|ri|zon|ta|le** (die Waagerechte); der Horizontalen; die Horizontalen; zwei Horizontale[n]

das **Hor|mon** (körpereigener Wirkstoff); des Hormons; die Hor|mo|ne; **hor|mo|nal, hor|mo|nell**

das **Horn;** die Hör|ner; die **Horn|haut**

die **Hor|nis|se** [*auch:* ˈhɔrnɪsə]

das **Ho|ro|s|kop** (astrologische Schicksalsdeutung); des Horoskops; die Horoskope

der **Hor|ror** (Abscheu, Schauder)

das **Hör|spiel;** der **Hör|spiel|au|tor**

der **Horst;** die Hors|te

der **Hort;** die Hor|te; **hor|ten;** er hat Geld, Vorräte gehortet

die **Hor|ten|sie** (ein Zierstrauch); die Horten|si|en

das **Hös|chen;** die **Ho|se;** er trägt eine graue Hose; sie hat [ein Paar] lange Hosen an; das **Ho|sen|bein**

das **Hos|pi|tal** (Krankenhaus); die Hos|pi|tale *oder* Hos|pi|tä|ler; das **Hos|piz** (Einrichtung zur Pflege und Betreuung Sterbender); des Hos|pi|zes; die Hos|pi|ze

die **Hos|tess** (Begleiterin, Betreuerin); die Hostessen

die **Hos|tie** (Abendmahlsbrot); die Hos|ti|en

das, *auch:* der **Hot|dog**, *auch:* **Hot Dog** (heißes Würstchen in einem Brötchen); des Hotdogs, *auch:* Hot Dogs; die Hotdogs, *auch:* Hot Dogs

das **Ho|tel;** die Hotels

die **Hot|line** [hɔt lain] (Telefonanschluss für rasche Serviceleistungen); der Hotline; die Hotlines

der **Hub|raum**

hübsch; am hüb|sches|ten

der **Hub|schrau|ber**

hu|cke|pack; sie trug ihn huckepack

der **Huf;** die Hu|fe; das **Huf|ei|sen; huf|ei|sen|för|mig**

der **Huf|lat|tich** (eine Heilpflanze)

die **Hüf|te;** das **Hüft|ge|lenk**

der **Hü|gel;** die Hügel; **hü|ge|lig** *oder* **hüg|lig**

das **Huhn;** die Hüh|ner

hui!

die **Hul|di|gung**

die **Hül|le**

die **Hül|se;** die **Hül|sen|frucht**

hu|man (menschlich; menschenfreundlich; nachsichtig); der **Hu|ma|nis|mus** (Bildungsideal der griechisch-römischen Antike; geistige Strömung im 14. bis 16. Jahrhundert; Humanität); **hu|ma|nis|tisch;** ein humanistisches Gymnasium (Gymnasium, an dem die klassischen Sprachen Griechisch und Latein unterrichtet werden); **hu|ma|ni|tär** (die Linderung menschlicher Not bezweckend); die **Hu|ma|ni|tät** (Menschlichkeit; humane Gesinnung)

der **Hum|bug** (*umgangssprachlich für:* Schwindel, Unsinn)

die **Hum|mel;** die Hummeln

der **Hum|mer** (ein Krebs)

der **Hu|mor; hu|mo|ris|tisch; hu|mor|voll**

hum|peln; du humpelst; sie hat *und* ist gehumpelt; hump[e]le nicht so!

der **Hum|pen** (ein großes Trinkgefäß)

der **Hu|mus** (fruchtbarer Bodenbestandteil); des Humus; der **Hu|mus|bo|den**

der **Hund;** die Hun|de; der Große und der Kleine Hund (Sternbilder); die **Hun|de|hüt|te; hun|de|mü|de,** *auch:* **hunds|mü|de** (*umgangssprachlich für:* sehr müde)

hun|dert; hundert Menschen; an die hundert Menschen; der fünfte Teil von hundert; ABER: ein halbes Hundert; das zweite Hundert; ein paar hundert *oder* Hundert [Menschen]; einige, viele Hunderte *oder* hunderte; [viele] Hunderte *oder* hunderte von Menschen; sie strömten zu Hunderten *oder* hunderten herein

---

Wenn es um unbestimmte Mengen geht – also um solche, die nicht in Ziffern angegeben werden können –, dann kann *hundert[e]* klein- oder großgeschrieben werden.

---

das **Hun|dert;** vier vom Hundert; **hun|dert|eins; hun|dert|und|eins;** der **Hun|der|ter; hun|der|ter|lei; hun|dert|fach;** das **Hun|dert|fa|che; hun|dert|jäh|rig; hun|dert|mal;** vielhundertmal; viele hundert Mal[e] *oder* viele Hundert Mal[e]; viel hundert Male *oder* viel Hundert Male; ein halbes Hundert Mal; der **Hun|dert|me|ter|lauf,** *auch:* **Hun|dert-Me|ter-Lauf** (*mit Ziffern:* 100-Meter-Lauf *oder* 100-m-Lauf); **hun|dert|pro|zen|tig** (*mit Ziffern:* 100-prozentig *oder* 100%ig); **hun|derts|te;** der hundertste Besucher; er kommt vom Hundertsten ins Tausendste; das **Hun|derts|tel;** ↑Achtel

die **Hün|din;** die Hündinnen; **hün|disch**

der **Hü|ne;** des/dem/den Hünen; die Hünen; das **Hü|nen|grab; hü|nen|haft**

der **Hun|ger;** er starb vor Hunger; ABER: hungers sterben; **hun|gern;** sie hat gehungert; mich hungert; die **Hun|gers|not; hung|rig**

der **Hun|ne** (*im Altertum:* Angehöriger eines mongolischen Nomadenvolks); die Hunnen

die **Hu|pe; hu|pen;** du hupst; sie hupt; sie hupte; sie hat gehupt; hup[e] nicht!

hüp|fen; du hüpfst; sie hüpft; sie hüpfte; sie hat den ganzen Morgen gehüpft; sie ist über den Stein gehüpft

die **Hür|de;** der **Hür|den|lauf;** der **Hür|den|läu|fer**

die **Hu|re** (Prostituierte)

hur|ra! [*auch:* ˈhʊra]; das **Hur|ra;** des Hurras; die Hurras; viele Hurras; Hurra, *auch:* hurra schreien

der **Hur|ri|kan** [*auch:* ˈharikn̩] (Wirbelsturm); die Hur|ri|ka|ne, *auch:* die Hurrikans [ˈharikn̩s]

hur|tig (flink)

der **Hu|sar** (*früher:* Angehöriger einer Reitertruppe in ungarischer Nationaltracht); des/dem/den Hu|sa|ren; die Husa|ren

husch!; husch, husch!; **hu|schen;** du huschst; sie ist durchs Zimmer gehuscht

hüs|teln; du hüstelst; sie hüstelt; sie hüstelte; sie hat gehüstelt; hüst[e]le nicht!;

hus|ten; du hustest; sie hustet; sie hustete; sie hat gehustet; huste nicht!; der **Hus|ten;** das **Hus|ten|bon|bon;** der **Husten|saft**

der **Hut** (die Kopfbedeckung); die Hüte

die **Hut** (der Schutz, die Aufsicht); auf der Hut sein

hü|ten; du hütest; sie hütet; sie hat Schafe gehütet; hüte die Schafe!; sich hüten; er hat sich gehütet [,] mir zu widersprechen

die **Hüt|te;** der **Hüt|ten|schuh;** die Hüttenschuhe; der **Hüt|ten|wirt**

die **Hy|ä|ne** (ein Raubtier)

die **Hy|a|zin|the** (eine Zwiebelpflanze)

der **Hy|d|rant** (Zapfstelle); des/dem/den Hyd|ran|ten; die Hy|d|ran|ten; die **Hy|d|rau|lik** (Strömungslehre; hydraulisches System); **hy|d|rau|lisch** (mit Flüssigkeitsdruck arbeitend); hydraulische Bremse

die **Hy|gi|e|ne** (Gesundheitslehre; Gesundheitspflege); **hy|gi|e|nisch**

die **Hym|ne** (Festgesang, Lobgesang)

hy|per|kor|rekt (überkorrekt)

der **Hy|per|link** [ˈhai̯pəlink] (Stelle auf dem Bildschirm, die durch Anklicken zu weiteren Informationen führt); des Hyperlink[s]; die Hyperlinks

hy|per|mo|dern (übertrieben modern)

die **Hyp|no|se** (schlafähnlicher Bewusstseinszustand); die Hypnosen; **hyp|no|ti|sie|ren;** du hypnotisierst ihn; sie hat ihn hypnotisiert; hypnotisiere ihn!

die **Hy|po|te|nu|se** (Seite gegenüber dem rechten Winkel im Dreieck)

die **Hy|po|thek** (Pfandrecht an einem Grundstück); die Hy|po|the|ken

die **Hy|po|the|se** (theoretische Annahme); **hy|po|the|tisch**

die **Hys|te|rie** (eine psychisch bedingte körperliche Störung); die Hys|te|ri|en; **hys|te|risch**

I

das **I** (Buchstabe); des I; die I; ABER: das i in Bild

i. A. = im Auftrag[e]

i. Allg. = im Allgemeinen

IC = Intercity (*Markenbezeichnung für* einen besonders schnellen Personenzug)

ICE = Intercityexpress (*Markenbezeichnung für* einen besonders schnellen Personenzug)

ich; das **Ich;** des Ich *und* des Ichs; die Ich *und* die Ichs; das liebe Ich; mein anderes Ich; der **Ich|er|zäh|ler,** *auch:* **Ich-Er|zäh|ler;** des Icherzählers, *auch:* Ich-Erzählers; die Icherzähler, *auch:* Ich-Erzähler; der **Ich|ro|man,** *auch:* **Ich-Ro|man;** des Ichromans, *auch:* Ich-Romans; die Ichro|ma|ne, *auch:* Ich-Ro|ma|ne

i|de|al (nur in der Vorstellung existierend; vollkommen); das **I|de|al** (höchstes Ziel, Wunschbild); die I|de|a|le; das **I|de-**

a|bild; der **I|de|a|lis|mus** (Streben nach Verwirklichung von Idealen); der **I|de|a|list;** des/dem/den I|de|a|lis|ten; die I|de|a|lis|ten; die **I|de|a|lis|tin;** die Idealistinnen; **i|de|a|lis|tisch;** die **I|dee** (Grundgedanke, Einfall, Plan); die I|de|en; eine Idee (Kleinigkeit) Salz zugeben

die **I|den|ti|fi|ka|ti|on; i|den|ti|fi|zie|ren** (miteinander gleichsetzen, eine Person oder Sache genau wieder erkennen); du identifizierst; man hat die Tote identifiziert; **i|den|tisch** (übereinstimmend; völlig gleich); die **I|den|ti|tät**

die **I|de|o|lo|gie** (Weltanschauung, die von einer gesellschaftlichen Gruppe als maßgebend vorausgesetzt wird); die I|de|o|lo|gi|en; **i|de|o|lo|gisch**

der **I|di|ot** (Schimpfwort); des/dem/den I|di|o|ten; die I|di|o|ten; **i|di|o|tisch;** am i|di|o|tischs|ten

das **I|dol** (Götterbild; Abgott; Schwarm); des Idols; die I|do|le

das **I|dyll;** des Idylls; die I|dyl|le; **i|dyl|lisch**

der **I|gel;** die Igel

der *oder* das **I|g|lu** (runde Schneehütte der Eskimos); des Iglus; die Iglus

der **I|g|no|rant** (Nichtswisser, Dummkopf); des/dem/den I|g|no|ran|ten; die I|g|no|ran|ten; **i|g|no|rie|ren** (nicht beachten, nicht wissen wollen); du ignorierst ihn; sie hat ihn ignoriert; ignoriere ihn!

ihm; ihn; ih|nen

ihr; ihr Auto; ihre Tasche; ihres, ihrem, ihren, ihrer; die Ihren *oder* die Ihrigen (ihre Angehörigen); das Ihre *oder* das Ihrige (ihre Habe); sie muss das Ihre *oder* das Ihrige dazu tun; bitte teilt mir mit, wann ihr kommt; ABER: bitte teilen Sie uns Ihre Ankunft mit

In Briefen muss man unterscheiden: Wenn der Empfänger geduzt wird, dann ist die Anrede *ihr* kleinzuschreiben, z. B.: »Bitte schreibt mir, wann ihr kommt.« Wird der Empfänger jedoch gesiezt, wird das Possessivpronomen *Ihr* (als Entsprechung zu *Sie*) großgeschrieben, z. B.: »Bitte teilen Sie uns Ihre Ankunft mit.«

ih|rer|seits; ih|res|glei|chen; ih|ret|we|gen

il|le|gal (ungesetzlich; unrechtmäßig)

die **Il|lu|mi|na|ti|on** (festliche Beleuchtung); **il|lu|mi|nie|ren** (festlich erleuchten); du illuminierst; sie hat den Garten mit bunten Lampen illuminiert; illuminiere den Garten!

die **Il|lu|si|on** (Wunschvorstellung, Sinnestäuschung); die Il|lu|si|o|nen; **il|lu|si|ons|los; il|lu|so|risch** (nur in der Illusion bestehend)

die **Il|lus|t|ra|ti|on** (Erläuterung; Bebilderung); **il|lu|s|t|rie|ren;** du illustrierst; sie hat das Buch illustriert; illustriere das Buch!; die **Il|lu|s|t|rier|te;** der Illustrierten; die Illustrierten; zwei Illustrierte *und* zwei Illustrierten

der **Il|tis;** des Iltisses; die Iltisse

im (in dem); im Auftrag[e]; im Grunde [genommen]; im Haus[e]; im Allgemeinen; im Großen und Ganzen; im Besonderen; im Übrigen; im Voraus; im Einzelnen; [nicht] im Geringsten; im Argen liegen; mit sich im Reinen sein; im Begriff[e] sein

das **I|mage** [ˈɪmɪtʃ] (Vorstellungsbild von einer Person oder Personengruppe in der öffentlichen Meinung); des Images; die Images [ˈɪmɪtʃs]; **i|ma|gi|när** (nur vorgestellt; *Mathematik:* nicht reell); imaginäre Zahlen

der **Im|biss;** des Im|bis|ses; die Im|bis|se; der **Imbiss|stand,** *auch:* **Im|biss-Stand;** des Imbissstands, *auch:* Imbiss-Stands; die Im|biss|stän|de, *auch:* Im|biss-Stän|de

die **I|mi|ta|ti|on** (Nachahmung); **i|mi|tie|ren;** du imitierst; er hat ihn imitiert; imitiere ihn nicht!

der **Im|ker;** die **Im|me** (*landschaftlich für:* Biene)

im|mer; für immer; **im|mer|fort; im|mer|hin; im|mer|zu** (fortwährend)

die **Im|mis|si|on** (Einwirkung von Verunreinigungen, Lärm, Strahlen auf Lebewesen)

die **Im|mo|bi|lie** (Grundstück; Grundbesitz); die Im|mo|bi|li|en *meist Plural*

im|mun (gegen Ansteckung geschützt; unempfindlich; gegen gerichtliche Verfolgung geschützt); **im|mu|ni|sie|ren** (immun machen); die Impfung hat den Körper immunisiert; die **Im|mu|ni|tät** (Unempfindlichkeit gegenüber Krankheitserregern; Schutz vor Strafverfolgung); die **Im|mun|schwä|che** (krankhaft verminderte Abwehrkraft des Immunsystems); das **Im|mun|sys|tem** (körpereigenes Abwehrsystem gegen Krankheitserreger und deren Gifte)

der **Im|pe|ra|tiv** (Befehlsform); die Im|pe|ra|ti|ve

das **Im|per|fekt** (*Zeitform:* die erste Vergangenheit); die Im|per|fek|te

der **Im|pe|ri|a|lis|mus** (Streben von Großmächten nach wirtschaftlicher, politischer und militärischer Vorherrschaft); **im|pe|ri|a|lis|tisch**

im|per|ti|nent (ungehörig, frech); am im|per|ti|nen|tes|ten

imp|fen; du impfst; sie hat das Kind gegen Tetanus geimpft; der **Impf|pass;** des Impf|pas|ses; die Impf|päs|se; der **Impf|stoff;** des Impf|stof|fes; die Impf|stof|fe die **Imp|fung**

im|po|nie|ren (Achtung einflößen, Eindruck machen); du imponierst ihm; sie hat ihm imponiert

der **Im|port** (Einfuhr); die Im|por|te; Im- und Export; der **Im|port|han|del; im|por|tie|ren;** du importierst; sie hat es importiert; importiere es!

im|po|sant (eindrucksvoll; großartig)

im|präg|nie|ren ([mit einem Schutzmittel gegen Feuchtigkeit] durchtränken); du imprägnierst; sie hat den Stoff imprägniert; die **Im|präg|nie|rung**

im|p|ro|vi|sie|ren (etwas ohne Vorbereitung, aus dem Stegreif tun); sie hat improvisiert

der **Im|puls** (Anstoß; Anregung; Antrieb; innere Regung); des Im|pul|ses; die Im|pul|se; **im|pul|siv** (inneren Impulsen sogleich folgend)

im|stan|de, *auch:* **im Stan|de;** imstande, *auch:* im Stande sein

in; ich gehe in dem (im) Garten auf und ab; ich gehe in den Garten

in (*umgangssprachlich für:* dazugehören; zeitgemäß, modern); diese Disko ist [nicht mehr] in

der **In|be|griff** (die Gesamtheit; das Höchste)

die **In|brunst; in|brüns|tig**

in|dem; sie diktierte den Brief, indem (während) sie im Zimmer umherging; ABER: sie diktierte einen Brief, in dem (in welchem) sie uns mitteilte, dass ...

der **In|der** (Bewohner Indiens); die **In|de|rin;** die Inderinnen

in|des; in|des|sen

der **In|dex** (alphabetisches Verzeichnis; statistischer Messwert; Liste verbotener Bücher); des Index[es]; die In|de|xe *oder* In|di|zes [ˈɪnditse:s], *auch:* In|di|ces

der **In|di|a|ner** (Ureinwohner Amerikas); die **In|di|a|ne|rin;** die Indianerinnen

In|di|en

der **In|di|ka|tiv** (Wirklichkeitsform); die In|di|ka|ti|ve

in|di|rekt (mittelbar; nicht geradezu); indirekte Wahl; indirekte (abhängige) Rede; indirekter (abhängiger) Fragesatz

in|disch; ABER: der **In|di|sche O|ze|an**

in|dis|kret (nicht verschwiegen; zudringlich); am in|dis|kre|tes|ten

in|di|vi|du|ell (vereinzelt; besonders geartet); das **In|di|vi|du|um** (Einzelwesen, einzelne Person); die In|di|vi|du|en

das **In|diz** (Anzeichen; Umstand, der auf etwas schließen lässt); des In|di|zes; die In|di|zi|en

In|do|ne|si|en (Inselstaat in Südostasien); der **In|do|ne|si|er; in|do|ne|sisch**

in|dus|t|ri|a|li|sie|ren (Industrie ansiedeln, einführen); man hat das Land industrialisiert; die **In|dus|t|ri|a|li|sie|rung;** die **In|dus|t|rie;** die In|dus|t|ri|en; die **In|dus|t|rie|kauf|frau;** die Industriekauffrauen; der **In|dus|t|rie|kauf|mann;** die Industriekaufleute; **in|dus|t|ri|ell**

in|ei|n|an|der; die Fäden sind ineinander verschlungen; er fügt die Rohre ineinander; er hat die Rohre ineinander gefügt; die Räder greifen ineinander; sie haben ineinander gegriffen

in|fam (niederträchtig)

die **In|fan|te|rie** (*beim Militär:* Fußtruppe)

der **In|farkt** (*Medizin:* Absterben von Gewebe nach Unterbrechung der Blutzufuhr); des Infarkt[e]s; die In|fark|te

die **In|fek|ti|on** (Ansteckung); die **In|fek|ti|ons|krank|heit; in|fi|zie|ren** (anstecken); du infizierst ihn; er hat ihn infiziert; infiziere ihn nicht!; sich infizieren; er hat sich bei ihm infiziert

der **In|fi|ni|tiv** (Nennform, Grundform); die In|fi|ni|ti|ve

die **In|fla|ti|on** (Geldentwertung)

die **In|fo** (*umgangssprachlich kurz für:* Information); der Info; die Infos
in|fo̦l|ge; infolge des schlechten Wetters; infolge von Sturm und Hagel; **in|fol|ge|de̦s|sen**
die **In|for|ma̲|tik** (Wissenschaft von der Informationsverarbeitung)
die **In|for|ma|ti|o̲n** (Auskunft, Nachricht); die **In|for|ma|ti|o̲ns|tech|no|lo|gie** (*Abkürzung:* IT); **in|for|mie̲|ren** (Auskunft geben, benachrichtigen); du informierst ihn; sie hat ihn informiert; informiere ihn!; sich informieren; sie hat sich informiert
in|fra|ge, *auch:* **in Fra|ge;** infrage, *auch:* in Frage stehen; das kommt nicht infrage, *auch:* in Frage
i̦n|f|ra|rot; infrarote Strahlen (unsichtbare Wärmestrahlen); die **I̦n|f|ra|struk|tur** (organisierte Gesamtheit von Einrichtungen und Anlagen)
Ing. = Ingenieur, Ingenieurin; der **In|ge|ni|eur** [ɪnʒeˈni̯øːɐ̯] (Techniker mit Hoch- oder Fachschulausbildung); die In|ge|ni|eu|re; die **In|ge|ni|eu|rin;** die Ingenieurinnen
der **In|ha|ber;** die **In|ha|be|rin;** die Inhaberinnen
in|ha|lie̲|ren (einatmen); du inhalierst; sie hat inhaliert; inhaliere!
der **In|halt; in|halt|lich;** die **In|halts|an|ga|be; in|halts|reich**
i̦n|hu|man (unmenschlich)
die **I|n|i|ti|a|ti̲|ve** (Entschlusskraft; Anstoß zum Handeln); die Initiativen; die Initiative ergreifen
die **In|jek|ti|o̲n** (Einspritzung); **in|ji|zie̲|ren** (einspritzen); der Arzt hat ihr das Mittel in den Arm injiziert
in|ko̦|g|ni|to (mit fremdem Namen)
i̦n|kom|pa|ti|bel (unverträglich; unvereinbar)
in|kon|se|quent (nicht folgerichtig; widersprüchlich)
der **In|kreis** (Kreis, der alle Seiten eines Vielecks von innen berührt)
die **In|ku|ba|ti|o̲ns|zeit** (Zeit von der Infektion bis zum Ausbruch einer Krankheit)
das **In|land;** das **In|lands|por|to**
der **In|li|ner** [ˈɪnla̯inɐ] (*kurz für:* Inlineskate); des Inliners; die Inliner; der **In|line|skate** [ˈɪnla̯inskeɪt] (Rollschuh mit schmalen, in einer Linie hintereinander angeordneten Rädchen; Inliner); des Inlineskates; die Inlineskates; **in|line|ska|ten** (Rollschuh laufen mit Inlineskates); der **In|line|ska|ter;** die **In|line|ska|te|rin;** die Inlineskaterinnen; das **In|line|ska|ting;** des Inlineskatings
in|mit|ten; inmitten des Sees
der **Inn** (rechter Nebenfluss der Donau)
in|ne|ha|ben; seit sie das Amt innehat; sie hat dieses Amt innegehabt; **in|nen;** von innen, nach innen; innen und außen; der **In|nen|mi|nis|ter;** die **In|nen|mi|nis|te|rin;** die Innenministerinnen; die **In|nen|stadt; in|ner|deutsch;** innerdeutsche Probleme; **in|ne|re;** in|ners|te; zuinnerst; die innere Medizin; die inneren Angelegenheiten des Staates; ABER: die Innere Mission (christliche Sozialarbeit); das **In|ne|re;** im Inner[e]n; **in|ner|halb;** innerhalb eines Jahres, zweier Jahre; innerhalb vier Jahren, vier Tagen; **in|ner|lich; in|nig;** die **In|nig|keit**
die **In|nung**
i̦n|of|fi|zi|ell (nicht amtlich)
der, *auch:* das **I̦n|put** (*EDV:* Eingabe in eine Datenverarbeitungsanlage; eingegebene Daten); des Inputs; die Inputs
die **In|qui|si|ti|o̲n** (mittelalterliches katholisches Ketzergericht)
I. N. R. I. = Jesus Nazarenus Rex Judaeorum
ins (in das)
der **In|sas|se;** des/dem/den Insassen; die Insassen
ins|be|son|de|re, ins|be|sond|re; insbesondere, wenn ...
die **In|schrift**
das **In|se̦kt** (Kerbtier); des Insekts; die Insek|ten
die **In|sel;** die Inseln
das **In|se|ra̲t** (Zeitungsanzeige); die Inserate; **in|se|rie̲|ren** (eine Zeitungsanzeige aufgeben); du inserierst; sie inserierte; sie hat inseriert; inseriere!
ins|ge|heim; ins|ge|samt
der **In|si|der** [ˈinsa̯idɐ] (jemand, der interne Kenntnisse von etwas hat; Eingeweihter); des Insiders; die Insider; die **In|si|de|rin;** die Insiderinnen
in|so|fern; in|so|weit
die **In|s|pek|ti|on** [ɪnspɛkˈtsi̯oːn] (Kontrolle,

Aufsicht, Besichtigung); der **In|s|pek|tor;** die In|s|pek|to|ren; **in|s|pi|zie|ren** (kontrollierend besichtigen); sie hat das Werk inspiziert; die **In|s|pi|zie|rung**

der **In|s|tal|la|teur** [ɪnstala'tøːɐ̯]; die In|s|tal|la|teu|re; die **In|s|tal|la|teu|rin;** die Installateurinnen; die **In|s|tal|la|ti|on** (der Einbau, der Anschluss von technischen Anlagen); **in|s|tal|lie|ren;** du installierst; er hat die Heizung installiert; installiere das Programm!

in|stand, *auch:* **in Stand;** instand, *auch:* in Stand halten; instand, *auch:* in Stand setzen; ABER: das Instandhalten; das Instandsetzen; die **In|stand|hal|tung;** die **In|stand|set|zung**

in|stän|dig (eindringlich); jemanden inständig um etwas bitten

die **In|s|tanz** (zuständige offizielle Stelle); die In|s|tan|zen

der **In|s|tinkt** [ɪn'stɪŋkt] (Naturtrieb); die In|s|tink|te; **in|s|tink|tiv** (trieb-, gefühlsmäßig, unwillkürlich); **in|s|tinkt|los;** die **In|s|tinkt|lo|sig|keit**

das **In|s|ti|tut** [ɪnsti'tuːt] (Forschungs-, Lehranstalt); die In|s|ti|tu|te; die **In|s|ti|tu|ti|on** (öffentliche Einrichtung); die In|s|ti|tu|ti|o|nen

in|s|t|ru|ie|ren [ɪnstru'iːrən] (unterweisen, anleiten); er hat die Truppe instruiert; die **In|s|t|ruk|ti|on** (Anleitung); die In|s|t|ruk|ti|o|nen; **in|s|t|ruk|tiv** (lehrreich); ein instruktiver Vortrag

das **In|s|t|ru|ment** [ɪnstru'mɛnt]; des Instrument[e]s; die In|s|t|ru|men|te; **in|s|t|ru|men|tal** (mit Musikinstrumenten); er hat die Sängerin instrumental begleitet; die **In|s|t|ru|men|tal|mu|sik; in|s|t|ru|men|tie|ren;** sie hat das Klavierstück für Orchester instrumentiert (eingerichtet); die **In|s|t|ru|men|tie|rung**

in|sze|nie|ren (für die Bühnenaufführung gestalten); die Regisseurin hat das Stück neu inszeniert; die **In|sze|nie|rung**

in|takt (unversehrt, heil); der Motor ist noch intakt

in|te|ger (makellos; unbestechlich); ein in|te|g|rer Politiker

die **In|te|g|ra|ti|on** (Eingliederung; Vereinigung zu einem Ganzen); **in|te|g|rie|ren** (in ein Ganzes einfügen); er lässt sich nicht in die Gruppe integrieren; die integrierte Gesamtschule

die **In|te|g|ri|tät**

der **In|tel|lekt** (Denkvermögen, Verstand); des Intellekt[e]s; **in|tel|lek|tu|ell** (betont verstandesmäßig); **in|tel|li|gent** (klug, begabt); am in|tel|li|gen|tes|ten; die **In|tel|li|genz;** die In|tel|li|gen|zen

der **In|ten|dant** (Theaterleiter, Leiter eines Rundfunk- oder Fernsehsenders); des/dem/den In|ten|dan|ten; die In|ten|dan|ten; die **In|ten|dan|tin;** die Intendantinnen

die **In|ten|si|tät** (Stärke); **in|ten|siv** (eindringlich; gründlich); intensive Bewirtschaftung (*Landwirtschaft:* Bewirtschaftung mit starkem Aufwand); die **In|ten|siv|sta|ti|on**

die **In|ten|ti|on** (Absicht); **in|ten|ti|o|nal** (zielgerichtet); ein intentionales Vorgehen

die **In|ter|ak|ti|on** (*Psychologie, Soziologie:* wechselseitiges Handeln); **in|ter|ak|tiv;** die **In|ter|ak|ti|vi|tät** (*in der EDV:* Dialog zwischen Computer und Benutzer)

der **In|ter|ci|ty** [ɪntɐ'sɪti] (schneller, zwischen Großstädten verkehrender Personenzug); des Intercitys; die Intercitys; der **In|ter|ci|ty|ex|press** (moderner Hochgeschwindigkeitszug; *Abkürzung:* ICE)

in|te|r|es|sant; am in|te|r|es|san|tes|ten; das **In|te|r|es|se** (Teilnahme; Neigung; Vorteil); des Interesses; die Interessen; sie hat Interesse an, für etwas; das liegt in meinem Interesse; **in|te|r|es|se|hal|ber;** das **In|te|r|es|sen|ge|biet; in|te|r|es|sie|ren** (Interesse wecken); etwas interessiert; etwas hat ihn interessiert; sie hat ihn an, für etwas interessiert; sich interessieren; sie hat sich dafür interessiert

die **In|ter|jek|ti|on** (Empfindungs- oder Ausrufewort)

das **In|ter|mez|zo** (Zwischenspiel; Zwischenfall); des Intermezzos; die Intermezzos *oder* Intermezzi

in|tern (innerlich; vertraulich); eine interne Angelegenheit; das **In|ter|nat** (eine [höhere] Schule mit Wohnheim); des Internat[e]s; die In|ter|na|te;

in|ter|na|ti|o|nal; internationale Vereinbarungen; ABER: das Internationale Rote Kreuz

die **In|ter|nats|schu|le**
das **In|ter|net** (internationales Computernetzwerk); des Internets; die **In|ter|net-a|d|res|se**
der **In|ter|nist** (Facharzt für innere Krankheiten); des/dem/den In|ter|nis|ten; die In|ter|nis|ten; die **In|ter|nis|tin;** die Internistinnen
die **In|ter|pre|ta|ti|on** (Auslegung, Deutung); die **In|ter|pre|ta|ti|ons|me|tho|de; in|ter-pre|tie|ren;** er hat ihre Äußerung falsch interpretiert
die **In|ter|punk|ti|on** (Zeichensetzung)
das **In|ter|ro|ga|tiv|pro|no|men** (Fragefürwort)
das **In|ter|vall** (Zeitspanne, Abstand); die In|ter|val|le
in|ter|ve|nie|ren (eingreifen, vermitteln); die **In|ter|ven|ti|on**
das **In|ter|view** [ˈɪntɐvju, *auch:* ɪntɐˈvju] (Befragung, Unterredung); des Interviews; die Interviews; **in|ter|vie|w|en** [ɪntɐˈvju-:ən]; du interviewst; sie interviewt; sie interviewte; sie hat den Politiker interviewt; der **In|ter|vie|w|er;** die **In|ter|vie-w|e|rin;** die Interviewerinnen
in|tim (vertraut; das Geschlechtsleben betreffend); die **In|ti|mi|tät;** die Intimitäten; die **In|tim|s|phä|re** (vertraut-persönlicher Bereich)
in|to|le|rant (unduldsam); die **In|to|le-ranz**
die **In|to|na|ti|on** (*Musik:* das An-, Abstimmen); **in|to|nie|ren** (anstimmen)
in|tran|si|tiv (ohne persönliches Passiv, ohne Akkusativobjekt, nicht zielend); ein intransitives Verb
in|t|ri|gant (hinterhältig); die **In|t|ri|ge** (hinterhältige Machenschaften); die Intrigen; **in|t|ri|gie|ren;** du intrigierst; er intrigierte; er hat gegen ihn intrigiert
die **In|tu|i|ti|on** (unmittelbares Erfassen; Eingebung); **in|tu|i|tiv**
in|tus; etwas intus haben (etwas gegessen oder getrunken haben; etwas begriffen haben)
die **I|nu|it** *Plural* (Selbstbezeichnung der Eskimos)
in|va|lid *oder* **in|va|li|de** (arbeitsunfähig); der **In|va|li|de;** des/dem/den Invaliden; die Invaliden; ein Invalide; zwei Invaliden; die **In|va|li|de;** eine Invalide; die **In-va|li|di|tät**
die **In|va|si|on** (feindlicher Einfall)
das **In|ven|tar** (Einrichtungsgegenstände, Bestand); die In|ven|ta|re; die **In|ven|tur** (Bestandsaufnahme); die In|ven|tu|ren; das Geschäft bleibt wegen Inventur geschlossen
in|ves|tie|ren (Kapital anlegen); du investierst; sie investierte; sie hat in das Geschäft *oder* in dem Geschäft viel Geld investiert; die **In|ves|ti|ti|on** (Kapitalanlage); die In|ves|ti|ti|o|nen
in|wen|dig (im Innern); der Apfel war inwendig faul; sie kennt die Ballade in- und auswendig (gründlich)
in|wie|fern
in|zwi|schen
das **I|on** (elektrisch geladenes Teilchen); des Ions; die I|o|nen; die **I|o|nen|strah|len** *Plural*
der **i-Punkt**
i. R. = im Ruhestand
[der] **I|rak** [*auch:* ˈi:rak] (vorderasiatischer Staat); des Irak[s]; der **I|ra|ker;** die **I|ra-ke|rin;** die Irakerinnen; **i|ra|kisch**
[der] **I|ran** (asiatischer Staat); des Iran[s]; der **I|ra|ner;** die **I|ra|ne|rin;** die Iranerinnen; **i|ra|nisch** ↑ *auch:* Perser usw.
ir|den (aus gebranntem Ton); irdene Töpfe
ir|disch (auf der Erde); das irdische Leben
der **I|re** (Bewohner Irlands); die **I|rin;** die Irinnen
ir|gend; wenn du irgend kannst, solltest du kommen; irgend so ein Gerät; irgend so etwas; **ir|gend|ein;** irgendeine; irgendeiner; **ir|gend|et|was; ir|gend|je|mand; ir-gend|wann; ir|gend|was** (*umgangssprachlich für:* irgendetwas); **ir|gend|welch;** irgendwelche Fragen; **ir|gend|wer; ir-gend|wo; ir|gend|wo|hin**
die **I|ris** (Regenbogenhaut im Auge; Schwertlilie); *Plural:* die Iris
i|risch; das irische Bad; ABER: die Irische See; **Ir|land** (nordwesteuropäische Insel; Staat auf einem Teil dieser Insel)
die **I|ro|nie** (versteckter Spott); die I|ro|ni-en; tragische Ironie; **i|ro|nisch** (spöttisch)
ir|ra|ti|o|nal (mit dem Verstand nicht

fassbar; vernunftwidrig); die **Ir|ra|ti|o|na|li|tät**
ir|re|al (unwirklich)
ir|re *oder* **irr;** irr[e] sein; ein irrer (verstörter) Blick; er war irr[e] (wie von Sinnen) vor Schmerz; der **Ir|re** *(umgangssprachlich veraltend);* des/dem/den Irren; ein Irrer; die Irren; zwei Irre; die **Ir|re** *(umgangssprachlich veraltend);* eine Irre; die **Ir|re|a|li|tät ir|re|füh|ren;** etwas führt irre; seine Darstellungsweise hat mich irregeführt; eine irreführende Auskunft; er hat vor[,] mich irrezuführen; **ir|re|ge|hen;** er geht irre; er ist irregegangen; **ir|re|lei|ten;** er leitet ihn irre; er hat ihn irregeleitet; er versucht[,] ihn irrezuleiten; sich **ir|ren;** du irrst dich; er irrt sich; er irrte sich; er hat sich geirrt; **ir|re|wer|den** *oder* **irr|wer|den;** er wird irr[e]; er ist irr[e]geworden; wenn man irr[e]wird; er beginnt[,] irr[e]zuwerden; **ir|rig;** eine irrige (auf einem Irrtum beruhende) Annahme
ir|re|le|vant (unwichtig); ein irrelevanter Unterschied; die **Ir|re|le|vanz**
ir|re|pa|ra|bel (unersetzlich); ein ir|re|pa|ra|b|ler Schaden
ir|re|ver|si|bel (nicht umkehrbar); ir|re|ver|si|b|le Vorgänge
ir|ri|tie|ren (verwirren, stören); die Bemerkung hat ihn irritiert
das **Irr|licht;** die Irrlichter; der **Irr|sinn;** des Irrsinn[e]s; **irr|sin|nig;** der **Irr|tum;** die Irrtümer; **irr|tüm|lich;** der **Irr|weg**
die **I|sar** (rechter Nebenfluss der Donau)
ISDN = integrated services digital network (digitales Kommunikationsnetz zur schnellen Datenübermittlung); des ISDN; der **ISDN-Anschluss**
der **I|se|grim** (der Wolf in der Tierfabel)
der **Is|lam** (die im Koran verkündete Religion); des Islam[s]
Is|land; der **Is|län|der;** die **Is|län|de|rin;** die Isländerinnen; **is|län|disch**
die **I|so|la|ti|on** (Absonderung; Abkapselung; Abdichtung); das **I|so|lier|band;** die Isolierbänder; **i|so|lie|ren** (absondern, abdichten); du isolierst; sie isolierte; sie hat das Kabel isoliert; isoliere das Kabel!; die **I|so|lie|rung** ↑ Isolation
Is|ra|el [*auch:* ˈɪsraɛl] (Volk der Juden im Alten Testament; Staat in Vorderasien); der **Is|ra|e|li** (Angehöriger des Staates Israel); des Israeli[s]; die Israelis; die **Is|ra|e|li;** eine Israeli; **is|ra|e|lisch** (zum Staat Israel gehörend); der **Is|ra|e|lit** (Jude im Alten Testament); des/dem/den Is|ra|e|li|ten; die Is|ra|e|li|ten; **is|ra|e|li|tisch**
I|s|tan|bul [ˈɪstambu:l] (Stadt in der Türkei)
IT = Informationstechnologie
I|ta|li|en; der **I|ta|li|e|ner;** die **I|ta|li|e|ne|rin;** die Italienerinnen; **i|ta|li|e|nisch;** die italienische Schweiz; italienischer Salat; ABER: die Italienische Republik
das **i-Tüp|fel|chen**

J

das **J** (Buchstabe); des J; die J; ABER: das j in Boje
ja; jaja!, *auch:* ja, ja!; jawohl; ja freilich; ja doch; aber ja; na ja; nun ja; ach ja; Ja, *auch:* ja sagen; zu allem Ja und Amen, *auch:* ja und amen sagen (mit allem einverstanden sein); das Ja und [das] Nein; mit einem Ja antworten; mit Ja oder [mit] Nein stimmen; die Folgen seines Ja[s]
die **Jacht** *oder* **Yacht** (ein Schiff, ein Segelboot); die Jach|ten *oder* Yach|ten
die **Ja|cke;** das **Ja|ckett** [ʒaˈkɛt] (zum Herrenanzug gehörende Stoffjacke); die Jacketts *und* die Ja|cket|te
der **Jack|pot** [ˈdʒɛkpɔt] (angesammelter Spielgewinn); des Jackpots; die Jackpots
die **Jagd;** die Jag|den; er geht auf die Jagd; der **Jagd|hund; ja|gen;** ich jage; du jagst; er hat gejagt; der **Jä|ger;** die **Jä|ge|rei;** die **Jä|ge|rin;** die Jägerinnen
der **Ja|gu|ar** (ein Raubtier); des Jaguars; die Ja|gu|a|re
jäh; jäh|lings; der **Jäh|zorn; jäh|zor|nig**
das **Jahr;** des Jahr[e]s; die Jah|re; im Jahr[e] 2000; laufenden Jahres; künftigen Jahres; nächsten Jahres; vorigen Jahres; über Jahr und Tag; Jahr für Jahr; von Jahr zu Jahr; zwei, viele Jahre lang; er ist über

(mehr als) 14 Jahre alt; Schüler ab 14 Jahre[n], bis zu 18 Jahren; Eintritt nicht unter 16 Jahren; ein gutes neues Jahr! (Neujahrsglückwunsch)

Vorsicht in Verbindung mit *dieser, diese, dieses* im Genitiv! Grammatisch richtig ist hier nur *dieses Jahres* (nicht *diesen Jahres*), so zum Beispiel *im Herbst dieses Jahres.*

jahr|aus; jahr|ein; jah|re|lang; ABER: zwei, viele Jahre lang; der **Jah|res|ring** *meist Plural;* die **Jah|res|zeit;** der **Jahrgang;** das **Jahr|hun|dert; ...jäh|rig** (z. B. dreijährig, *mit Ziffer:* 3-jährig: drei Jahre alt, drei Jahre dauernd); eine zweijährige Ausbildung; **jähr|lich** (jedes Jahr wiederkehrend); die Ausstellung findet jährlich statt; der **Jahr|markt;** das **Jahrtau|send;** das **Jahr|zehnt;** die Jahr|zehnte

Ja|kar|ta [dʒa'karta] (Hauptstadt Indonesiens)

die **Ja|lou|sie** [ʒalu'si:] (Sonnenblende am Fenster, Rollladen); die Ja|lou|si|en

Ja|mai|ka (Insel der Großen Antillen; Staat); der **Ja|mai|ka|ner;** die **Ja|mai|ka|ne|rin;** die Jamaikanerinnen; **ja|mai|kanisch**

der **Jam|mer; jäm|mer|lich; jam|mern;** du jammerst; er hat gejammert; jammere nicht!; er jammert mich (*gehoben für:* er tut mir Leid); **jam|mer|scha|de; jam|mervoll;** jammervolles Weinen

der **Jangt|se** *oder* **Jangt|se|ki|ang** (chinesischer Fluss)

der **Ja|nu|ar;** des Januar[s]; die Ja|nu|a|re

Ja|pan; der **Ja|pa|ner;** die **Ja|pa|ne|rin;** die Japanerinnen; **ja|pa|nisch**

jap|sen (nach Luft schnappen); du japst; sie japst; sie japste; sie hat gejapst

der **Jar|gon** [ʒar'gõ:] (Sondersprache einer Berufsgruppe oder Gesellschaftsschicht); des Jargons; die Jargons

der **Jas|min** (ein Strauch); die Jas|mi|ne

jä|ten (aus der Erde ziehen); du jätest; er jätete; er hat Unkraut gejätet; jäte das Unkraut!

die **Jau|che;** die **Jau|che[n]|gru|be**

jauch|zen (laut jubeln); du jauchzt; sie jauchzt; sie jauchzte; sie hat gejauchzt; der **Jauch|zer** (Freudenschrei)

jau|len; du jaulst; der Hund jault; der Hund jaulte; der Hund hat gejault

Ja|va (Insel in Südostasien)

ja|wohl

der **Jazz** [dʒɛs, *auch:* jats]; des Jazz; die **Jazz|band** ['dʒɛsbɛnt]; die Jazzbands

je; seit je; je Person; je drei; je zwei und zwei; je länger, je lieber; je mehr, desto lieber; je kürzer, umso schneller; je nachdem; je nach Bedarf; je erwachsenen, *auch:* erwachsener Teilnehmer berechnen wir 3 Euro

die **Jeans** [dʒi:ns] (Hose im Stil der Bluejeans) *Plural, auch Singular*

je|den|falls

je|der, jede, jedes; zu jeder Stunde; auf jeden Fall; er benutzt jede Gelegenheit dazu; zu Anfang jedes, *auch:* jeden Jahres; das weiß ein jeder; jeder Beliebige kann teilnehmen; jeder Einzelne wurde gefragt; jedes Mal versprach sie es; alles und jedes (alles ohne Ausnahme); **je|dermann; je|der|zeit** (immer); ABER: es kann zu jeder Zeit passieren

je|doch

der **Jeep** [dʒi:p] (ein Geländewagen); des Jeeps; die Jeeps

jeg|li|cher; ein jeglicher

je|mals

je|mand; jemand[e]s; jemand[em]; jemand[en]; sonst jemand; ABER: irgendjemand; jemand anders; jemand Fremdes; ein gewisser Jemand

[der] **Je|men** (Staat auf der Arabischen Halbinsel); der **Je|me|nit;** die **Je|me|ni|tin;** die Jemenitinnen; **je|me|ni|tisch**

je|ner, jene, jenes; in jener Zeit; da kam jene; ich erinnere mich jenes Tages

jen|seits; jenseits des Flusses; jenseits von gut und böse; das **Jen|seits**

der **Jer|sey** ['dʒø:ɐ̯zi] (eine Stoffart); des Jersey[s]; die Jerseys

Je|ru|sa|lem (die Heilige Stadt der Juden, Christen und Moslems)

der **Je|su|it;** des/dem/den Je|su|i|ten; die Jesu|i|ten

Je|sus; Jesus Christus; *Genitiv:* Jesu Christi

der **Jet** [dʒɛt] (Düsenflugzeug); des Jet[s]; die Jets

der **Je|ton** [ʒə'tõ:] (Spielmarke); des Jetons; die Jetons

jet|ten [ˈdʒɛtn̩] (mit dem Jet fliegen); du jettest; sie ist gejettet

jet|zig; die jetzige Mode; **jetzt**; bis jetzt; von jetzt an

je|wei|lig; die jeweiligen Umstände; **jeweils**

Jg. = Jahrgang; **Jgg.** = Jahrgänge

Jh. = Jahrhundert

das **Jiu-Jit|su** [ˈdʒiːuˈdʒɪtsu] (*älter für:* ↑Jujutsu); des Jiu-Jitsu *oder* Jiu-Jitsus

der **Job** [dʒɔp] ([Gelegenheits]arbeit, Beschäftigung); des Jobs; die Jobs; **job|ben** [ˈdʒɔbn̩]; du jobbst; sie jobbt; sie hat in den Ferien gejobbt; das **Job|sha|ring** [ˈdʒɔpʃɛːrɪŋ], *auch:* **Job-Sha|ring** (Aufteilung eines Arbeitsplatzes unter mehrere Personen); des Jobsharing[s], *auch:* Job-Sharing[s]

das **Joch** (Teil des Geschirrs bei Zugtieren; ein altes Feldmaß; Gespann); die Jo|che; 9 Joch Acker; 3 Joch Ochsen

der **Jo|ckei** [ˈdʒɔke, ˈdʒɔki], *auch:* **Jo|ckey** (berufsmäßiger Rennreiter); des Jockeis, *auch:* Jockeys; die Jockeis, *auch:* Jockeys

das **Jod**; **jod|hal|tig**; jodhaltiges Salz; die **Jod|tink|tur**

jo|deln; ich jod[e]le; du jodelst; sie jodelt; sie hat gejodelt; der **Jod|ler**

der *oder* das **Jo|ga** *oder* **Yo|ga** (indisches philosophisches System [mit körperlichen und geistigen Übungen]); des Yoga[s] *oder* Joga[s]

jog|gen [ˈdʒɔgn̩] (Jogging betreiben); du joggst; sie joggt; sie joggte; sie hat gejoggt; jogge öfter!; das **Jog|ging** [ˈdʒɔgɪŋ] (Laufen in mäßigem Tempo als Fitnesstraining); des Joggings; der **Jog|ging|anzug**

der *oder* das **Jo|ghurt**, *auch:* **Jo|gurt** (säuerliche Dickmilch); des Joghurt[s], *auch:* Jogurt[s]; die Joghurt[s], *auch:* Jogurt[s]

Jo|han|nes|burg (Stadt in Südafrika)

die **Jo|han|nis|bee|re**

joh|len (lärmen); du johlst; er johlte; er hat gejohlt; johle nicht so laut!

der **Joint** [dʒɔynt] (Haschisch-, Marihuanazigarette); des Joints; die Joints

das **Joint|ven|ture** [ˌdʒɔyntˌvɛntʃɐ], *auch:* **Joint Ven|ture** (*Wirtschaft:* Gemeinschaftsunternehmen); des Jointventure[s], *auch:* Joint Venture[s]; die Jointventures, *auch:* Joint Ventures

der **Jo|ker** [*auch:* ˈdʒoːkɐ] (eine Spielkarte); des Jokers; die Joker

die **Jol|le** (flaches Ruder- oder Segelboot); die Jollen

der **Jon|g|leur** [ʒɔŋˈløːɐ̯] (Geschicklichkeitskünstler); des Jongleurs; die Jon|g|leu|re; die **Jon|g|leu|rin**; die Jongleurinnen; **jon|g|lie|ren**; er hat mit den Bällen jongliert

die **Jop|pe** (Jacke)

der **Jor|dan** (größter Fluss Israels und Jordaniens); **Jor|da|ni|en** (Staat in Vorderasien); der **Jor|da|ni|er**; die **Jor|da|ni|e|rin**; die Jordanierinnen; **jor|da|nisch**

das **Jot** (der Buchstabe J); des Jot; die Jot

das **Joule** [dʒuːl] (Maßeinheit für die Energie); des Joule[s]; die Joule

das **Jour|nal** [ʒʊrˌnaːl] (Zeitschrift); des Journals; die Jour|na|le; der **Jour|na|lis|mus** (Berichterstattung in den Massenmedien; Pressewesen); des Journalismus; der **Jour|na|list**; des/dem/den Jour|na|lis|ten; die Jour|na|lis|ten; die **Jour|na|lis|tin**; die Journalistinnen; **jour|na|lis|tisch**; journalistischer Stil

jo|vi|al (gönnerhaft); die **Jo|vi|a|li|tät**

der **Joy|stick** [ˈdʒɔystɪk] (Steuerhebel für Computerspiele); des Joysticks; die Joysticks

jr. = junior

der **Ju|bel**; **ju|beln**; du jubelst; sie jubelte; sie hat gejubelt; jub[e]le nicht zu früh!; der **Ju|bi|lar**; des Jubilars; die Ju|bi|la|re; das **Ju|bi|lä|um** (Jahrestag, Gedenkfeier); des Jubiläums; die Ju|bi|lä|en; **ju|bi|lie|ren** (*gehoben für:* sich freuen); du jubilierst; sie jubilierte; sie hat jubiliert

ju|cken; es juckt mich am Arm; die Hand juckt mir, *seltener:* mich; mir, *seltener:* mich juckt die Hand; es hat mir, *seltener:* mich in den Fingern gejuckt[,] dir eine Ohrfeige zu geben; ihm, *seltener:* ihn juckt das Fell (er ist zu übermütig); der **Juck|reiz**

der **Ju|de**; des/dem/den Juden; die Juden; das **Ju|den|tum**; die **Jü|din**; die Jüdinnen; **jü|disch**; die jüdische Zeitrechnung

die **Ju|di|ka|ti|ve** (richterliche Gewalt im Staat)

das **Ju|do** (sportliche Form des ↑Jujutsu); des Judos; der *oder* die **Ju|do|ka** (Judosportler[in]); des Judoka[s] *oder* der Judoka; die Judoka[s] die **Ju|gend;** das **Ju|gend|amt;** die **Ju|gend|grup|pe;** die **Ju|gend|her|ber|ge; ju|gend|lich;** die **Ju|gend|li|che;** eine Jugendliche; der **Ju|gend|li|che;** ein Jugendlicher; die Jugendlichen; zwei Jugendliche; das **Ju|gend|zen|t|rum**

der **Ju|go|s|la|we; Ju|go|s|la|wi|en** (Staat in Südosteuropa); die **Ju|go|s|la|win;** die Jugoslawinnen; **ju|go|s|la|wisch**

das **Ju|jut|su** (Technik der Selbstverteidigung ohne Waffen); des Jujutsu[s]

die **Juke|box** [ˌdʒuːkbɔks] (Musikbox); die Juke|bo|xes

der **Ju|li;** des Juli[s]; die Julis

der **Jum|bo** (*kurz für:* Jumbojet); der **Jum|bo|jet** [ˈjʊmbodʒɛt, *auch:* ˈdʒʊmbodʒɛt], *auch:* **Jum|bo-Jet** (Großraumflugzeug)

jun. = junior

jung; jün|ger; am jüngs|ten; von jung auf; er ist der jüngere, der jüngste meiner Söhne; mein Jüngster; er ist nicht mehr der Jüngste; der Jüngere; Junge und Alte; Jung und Alt (jedermann); der **Jun|ge;** des Jungen; die Jungen; **jun|gen|haft;** sein jungenhaftes Lachen; die **Jun|gen|schu|le;** der **Jün|ger** (Anhänger einer Person oder Lehre); des Jüngers; die Jünger; die **Jün|ge|rin;** die Jüngerinnen; die **Jung|frau;** der **Jung|ge|sel|le;** der **Jüng|ling;** des Jünglings; die Jüng|lin|ge; **jüngs|te;** das jüngste Küken; ABER: das Jüngste Gericht; der Jüngste Tag

der **Ju|ni;** des Juni[s]; die Junis

ju|ni|or (der Jüngere); Karl Mayer junior; der **Ju|ni|or** (Sohn [im Verhältnis zum Vater]; *Mode:* Jugendlicher; *Sport:* Sportler zwischen 18 und 23 Jahren); des Juniors; die Ju|ni|o|ren

der **Junkie** [ˌdʒaŋki] (*umgangssprachlich für:* Drogenabhängiger); des Junkies; die Junkies

Ju|pi|ter (höchster römischer Gott)

der **Ju|pi|ter** (ein Planet); des Jupiters

Ju|ra (Rechtswissenschaften) *Plural;* Jura studieren; der **Ju|rist** (Rechtskundiger); des/dem/den Ju|ris|ten; die Ju|ris|ten; die **Ju|ris|tin;** die Juristinnen; die **Ju|ry** [ʒyˈriː, *auch:* ˈʒyːri] (Preisgericht); die Jurys

jus|tie|ren (genau einstellen, einpassen, ausrichten); er hat die Waage justiert; die **Jus|tiz** (Rechtspflege); das **Jus|tiz|mi|nis|te|ri|um**

die **Ju|te** (eine Faserpflanze; deren Faser)

das **Ju|wel** (Edelstein; *meist Plural:* Schmuckstück); die Ju|we|len; der **Ju|we|lier** (Schmuckhändler; Goldschmied); die **Ju|we|lie|rin;** die Juwelierinnen

der **Jux** (Scherz, Spaß); des Ju|xes; die Ju|xe; [sich] einen Jux machen; aus Jux und Tollerei

K K

das **K** (Buchstabe); des K; die K; ABER: das k in Haken

K = Kelvin

die **Ka|a|ba** (das islamische Heiligtum in Mekka)

das **Ka|ba|rett** (Kleinkunst[bühne]); die Ka|ba|ret|te *oder* Kabaretts; der **Ka|ba|ret|tist;** des/dem/den Ka|ba|ret|tis|ten; die Ka|ba|ret|tis|ten; die **Ka|ba|ret|tis|tin;** die Kabarettistinnen; **ka|ba|ret|tis|tisch**

die **Kab|be|lei;** sich **kab|beln** (*landschaftlich für:* sich streiten); du kabbelst dich; er kabbelt sich mit ihr; wir haben uns gekabbelt

das **Ka|bel;** des Kabels; die Kabel; der **Ka|bel|an|schluss;** das **Ka|bel|fern|se|hen** (Übertragung von Fernsehprogrammen mithilfe von Kabeln)

der **Ka|bel|jau** (ein Fisch); die Kabeljaue *oder* Kabeljaus

die **Ka|bi|ne;** das **Ka|bi|nett** (kleinerer Raum; Gesamtheit der Minister); des Kabinetts; die Ka|bi|net|te

das **Ka|b|rio** *oder* **Ca|b|rio** (*Kurzform von:* Kabriolett *oder* Cabriolet); des Kabrio[s] *oder* Cabrio[s]; die Kabrios *oder* Cabrios; das **Ka|b|ri|o|lett** *oder* **Ca|b|ri|o|let** [ka:brioˈleː] (Pkw mit zurückklappbarem Verdeck); des Kabrioletts *oder* Cabriolets; die Kabrioletts *oder* Cabriolets

die **Ka|chel;** die Kacheln; **ka|cheln;** ich kach[e]le; du kachelst; er hat die Wand gekachelt; die Wand ist gekachelt; der **Ka|chel|o|fen**

die **Ka|cke** (*derb für:* Kot)

der **Ka|da|ver** (toter Tierkörper); des Kadavers; die Kadaver

die **Ka|denz** (*Musik:* zu einem Abschluss führende Akkordfolge; virtuose solistische Einlage); die Ka|den|zen

der **Ka|der** (*Militär:* Kerntruppe; *Sport:* Kerngruppe von Wettkämpfern; *in der DDR:* Gruppe leitender Personen in Partei, Staat, Wirtschaft; Mitglied dieser Gruppe); des Kaders; die Kader

das **Kad|mi|um,** *fachsprachlich:* **Cad|mi|um** (chemisches Element, Metall; *Zeichen:* Cd); des Kadmiums, *fachsprachlich:* Cadmiums

der **Kä|fer**

das **Kaff** (*umgangssprachlich für:* kleines Dorf); des Kaffs; die Kaffs *oder* Kaf|fe

der **Kaf|fee** (Getränk; *auch für:* der Kaffeestrauch, die Kaffeebohnen); ↑ABER: Café; die **Kaf|fee|ern|te,** *auch:* **Kaffee-Ern|te;** das **Kaf|fee|ser|vice**

der **Kä|fig;** des Käfigs; die Kä|fi|ge; die **Kä|fig|hal|tung**

kahl; kahl sein, werden; kahl fressen; die Raupen fraßen den Baum kahl; sie haben den Baum kahl gefressen; sie ließen sich die Köpfe kahl rasieren; die Arbeiter begannen[,] den Wald kahl zu schlagen; **kahl|köp|fig;** der **Kahl|schlag;** die Kahlschlä|ge

der **Kahn;** des Kahn[e]s; die Käh|ne; Kahn fahren; ABER: das Kahnfahren

der **Kai** (das gemauerte Ufer; die Uferstraße); die Kaie *oder* Kais

Kai|ro (Hauptstadt Ägyptens)

der **Kai|ser;** die **Kai|se|rin;** die Kaiserinnen; **kai|ser|lich;** der kaiserliche Hof; ABER: [Eure] Kaiserliche Hoheit *(Anrede)*

der, *auch:* das **Ka|jak** (ein Boot); des Kajaks; die Kajaks

die **Ka|jü|te**

der **Ka|ka|du** (ein Papagei); des Kakadus; die Kakadus

der **Ka|kao** [ka'kau, *auch:* ka'ka:o]; das **Kakao|pul|ver**

der **Ka|ki,** *auch:* **Kha|ki** (ein gelbbrauner Stoff); des Kaki[s], *auch:* Khaki[s]; **ka|kifar|ben,** *auch:* **kha|ki|far|ben;** das **Ka|kihemd,** *auch:* **Kha|ki|hemd**

der **Kak|tus;** des Kaktus; die Kak|te|en

der **Ka|lau|er** (schlechter [Wort]witz)

das **Kalb;** des Kalb[e]s; die Käl|ber; das Goldene Kalb (biblisch); **kal|ben;** die Kuh kalbt; die Kuh kalbte; die Kuh hat gekalbt; der **Kalbs|bra|ten**

das **Ka|lei|do|s|kop** (optisches Spielzeug; lebendig-bunte [Bilder]folge); des Kaleidoskops; die Ka|lei|do|s|ko|pe

ka|len|da|risch (nach dem Kalender); kalendarischer Sommeranfang; der **Ka|lender;** der gregorianische Kalender; der julianische Kalender; der hundertjährige Kalender

das **Ka|li** (ein Ätz- und Düngemittel); des Kalis

das **Ka|li|ber** (Durchmesser von Rohren); des Kalibers; die Kaliber

der **Ka|lif** (morgenländischer Herrscher); des/dem/den Ka|li|fen; die Ka|li|fen

Ka|li|for|ni|en (Staat in den USA)

das **Ka|li|um** (chemisches Element, Metall; *Zeichen:* K); des Kaliums

der **Kalk;** Kalk brennen; **kalk|hal|tig;** kalkhaltiger Boden; der **Kalk|stein; kalk|weiß;** ein kalkweißes (sehr bleiches) Gesicht

das, *auch:* der **Kal|kül** (Berechnung, Schätzung); des Kalküls; die Kal|kü|le; die **Kalku|la|ti|on** (Ermittlung der Kosten, Kostenvoranschlag); **kal|ku|lie|ren;** du kalkulierst; sie hat diesen Auftrag kalkuliert; kalkuliere genau!

die **Ka|lo|rie** (frühere Maßeinheit für die Wärmemenge, auch für den Energieumsatz im Körper); die Ka|lo|ri|en; ↑Joule; **ka|lo|ri|en|be|wusst;** kalorienbewusste Ernährung

kalt

käl|ter; am käl|tes|ten

- eine kalte Ente (ein Getränk); kalte Küche
- ABER: der Kalte Krieg

Man schreibt »kalt« vom folgenden Verb oder Partizip getrennt, wenn es sinnvoll – wenigstens durch »sehr« oder »ganz« – erweitert oder gesteigert werden kann:

- kalt lassen; diese Nachricht wird ihn [völlig] kalt lassen
- kalt stellen; er hat den Pudding über Nacht kalt gestellt; ABER: jemanden ↑kaltstellen

Vergleiche auch: kaltmachen

A B C D E F G H I J K L M N O P Q R S T U V W X Y Z

kalt|blü|tig; die **Käl|te; käl|te|emp|find|lich; kalt|her|zig; kalt|ma|chen** (*umgangssprachlich für:* ermorden); er hat ihn kaltgemacht; **kalt|schnäu|zig** (*umgangssprachlich für:* gleichgültig); die **Kalt|schnäu|zig|keit; kalt|stel|len** (*umgangssprachlich für:* durch bestimmte Maßnahmen einflusslos machen); er hat den Konkurrenten kaltgestellt; das **Kalt|was|ser**

das **Kal|zi|um,** *fachsprachlich:* **Cal|ci|um** (chemisches Element, Metall; *Zeichen:* Ca); des Kalziums, *fachsprachlich:* Calciums

Kam|bo|d|scha (Staat in Hinterindien); der **Kam|bo|d|scha|ner;** die **Kam|bo|d|scha|ne|rin;** die Kambodschanerinnen; **kam|bo|d|scha|nisch**

das **Ka|mel;** des Kamel[e]s; die Ka|me|le; das **Ka|mel|haar;** der **Ka|mel|haar|man|tel**

die **Ka|me|ra;** die Kameras

der **Ka|me|rad;** des/dem/den Ka|me|ra|den; die Ka|me|ra|den; die **Ka|me|rad|schaft; ka|me|rad|schaft|lich**

der **Ka|me|ra|mann;** die Ka|me|ra|män|ner *oder* Ka|me|ra|leu|te

Ka|me|run (Staat in Westafrika); der **Ka|me|ru|ner;** die **Ka|me|ru|ne|rin;** die Kamerunerinnen; **ka|me|ru|nisch**

die **Ka|mil|le** (eine Heilpflanze); der **Ka|mil|len|tee**

der **Ka|min** (Schornstein; Felsenspalt)

der **Kamm;** des Kamm[e]s; die Käm|me; **käm|men;** du kämmst; er hat sein Haar gekämmt; sich kämmen; sie hat sich gekämmt; kämm[e] dich endlich!

die **Kam|mer;** die **Kam|mer|mu|sik**

die **Kam|pa|g|ne,** *auch:* **Cam|pa|g|ne** [kam'panjə] (umfangreiche Aktion für/gegen jemanden oder etwas); die Kampagnen, *auch:* Campagnen

der **Kampf;** des Kampf[e]s; die Kämp|fe; **kampf|be|reit; kämp|fen;** du kämpfst; sie kämpfte; sie hat gekämpft; kämpf[e] gegen ihn!; der **Kämp|fer;** die **Kämp|fe|rin;** die Kämpferinnen; **kämp|fe|risch; kampf|los;** sich kampflos ergeben; **kampf|un|fä|hig**

der **Kamp|fer** (ein Heilmittel)

kam|pie|ren ([im Freien] lagern; übernachten, hausen); du kampierst; er hat im Freien kampiert

Ka|na|da (Staat in Nordamerika); der **Ka|na|di|er;** die **Ka|na|di|e|rin;** die Kanadierinnen; **ka|na|disch**

der **Ka|nal;** des Kanals; die Ka|nä|le; die **Ka|na|li|sa|ti|on** (Anlage zur Ableitung der Abwässer); **ka|na|li|sie|ren;** man hat den Fluss kanalisiert (schiffbar gemacht)

der **Ka|na|ri|en|vo|gel**

die **Kan|da|re** (Gebissstange des Pferdes); jemanden an die Kandare nehmen (jemanden streng behandeln)

der **Kan|di|dat** (Prüfling, Bewerber); des/dem/den Kan|di|da|ten; die Kan|di|da|ten; die **Kan|di|da|tur; kan|di|die|ren** (sich bewerben); du kandidierst; sie kandidierte; sie hat kandidiert; kandidiere für dieses Amt!

kan|die|ren (mit Zuckerlösung überziehen); du kandierst; er kandierte; er hat die Früchte kandiert; kandier[e] die Früchte!; der **Kan|dis** *oder* der **Kan|dis|zu|cker**

das **Kän|gu|ru;** die Kängurus

das **Ka|nin|chen**

der **Ka|nis|ter** (ein Flüssigkeitsbehälter); des Kanisters; die Kanister

die **Kan|ne**

der **Kan|ni|ba|le** (Menschenfresser); des/dem/den Kannibalen; die Kannibalen; **kan|ni|ba|lisch;** der **Kan|ni|ba|lis|mus**

der **Ka|non** (Richtschnur; Regel; Kettengesang); des Kanons; die Kanons

die **Ka|no|ne;** der **Ka|no|nen|schlag** (ein Feuerwerkskörper)

der **Ka|nos|sa|gang** *oder* **Ca|nos|sa|gang** (*gehoben für:* demütigender Bußgang)

die **Kan|ta|te** (instrumental begleitetes mehrteiliges Gesangsstück für Solostimme[n] [und Chor])

die **Kan|te; kan|ten** (auf die Kante stellen); du kantest; er kantet; er kantete; er hat die Kiste gekantet; kante die Kiste!; **kan|tig**

die **Kan|ti|ne** (Speisesaal in Betrieben); das **Kan|ti|nen|es|sen**

der **Kan|ton** (Bezirk; schweizerisches Bundesland); die Kan|to|ne; **kan|to|nal**

der **Kan|tor** (Leiter des Kirchenchores); die Kan|to|ren; die **Kan|to|rei** (evangelischer Kirchenchor)

das **Ka|nu** [*auch:* ka'nu:] (ein Paddelboot); des Kanus; die Kanus

die **Ka|nü|le** (Röhrchen; Hohlnadel)

die **Kan|zel;** die Kanzeln; die **Kanz|lei** (Anwaltsbüro); der **Kanz|ler;** der **Kanz|ler|kan|di|dat**

das **Kap** (Vorgebirge); des Kaps; die Kaps; Kap der Guten Hoffnung (an der Südspitze Afrikas); Kap Hoorn (Südspitze Südamerikas)

Kap. = Kapitel

die **Ka|pa|zi|tät** (Leistungsvermögen; Fassungsvermögen; *auch für:* hervorragender Fachmann); die Ka|pa|zi|tä|ten; er ist eine Kapazität in der Chemie

die **Ka|pel|le;** der **Ka|pell|meis|ter**

die **Ka|per** ([eingelegte] Blütenknospe des Kapernstrauchs); die Kapern

ka|pern (erbeuten); du kaperst; er hat ein Schiff gekapert; kapere das Schiff!

ka|pie|ren (*umgangssprachlich für:* begreifen, verstehen); du kapierst; sie hat es kapiert; kapier[e] doch!

ka|pil|lar (haarfein); die **Ka|pil|la|re** (Haargefäß, kleinstes Blutgefäß; Haarröhrchen); die Kapillaren; das **Ka|pil|lar|ge|fäß**

ka|pi|tal (sehr groß); ein kapitaler Fehler; das **Ka|pi|tal;** die Ka|pi|ta|le *oder* die Ka|pi|ta|li|en; der **Ka|pi|ta|lis|mus;** des Kapitalismus; der **Ka|pi|ta|list;** des/dem/den Ka|pi|ta|lis|ten; die Ka|pi|ta|lis|ten; die **Ka|pi|ta|lis|tin;** die Kapitalistinnen; **ka|pi|ta|lis|tisch;** das **Ka|pi|tal|ver|bre|chen** (schwere Straftat)

der **Ka|pi|tän**

das **Ka|pi|tel** (der Abschnitt); des Kapitels; die Kapitel; die **Ka|pi|tel|ü|ber|schrift**

die **Ka|pi|tu|la|ti|on** (Übergabe einer Truppe oder Festung); **ka|pi|tu|lie|ren** (sich ergeben); du kapitulierst; er hat kapituliert; kapitulier[e] nicht!

der **Ka|p|lan** (katholischer Hilfsgeistlicher); des Kaplans; die Ka|p|lä|ne

die **Kap|pe**

kap|pen (abschneiden; abhauen); du kappst; sie kappt; sie kappte; sie hat das Tau gekappt; kappe es!

die **Ka|p|ri|o|le** (närrischer Luftsprung, toller Einfall)

die **Kap|sel;** die Kapseln

ka|putt; kaputt sein; ABER: **ka|putt|ge|hen;** der Krug ist kaputtgegangen; **ka|putt|ma|chen;** er hat die Vase kaputtgemacht; **ka|putt|schla|gen;** die Einbrecher haben alles kaputtgeschlagen

die **Ka|pu|ze;** der **Ka|pu|zi|ner** (Angehöriger eines katholischen Ordens); des Kapuziners; die Kapuziner

der **Ka|ra|bi|ner** (ein kurzes Gewehr); des Karabiners; die Karabiner; der **Ka|ra|bi|ner|ha|ken**

das **Ka|ra|cho** (*umgangssprachlich für:* große Schnelligkeit, Schwung); mit Karacho

die **Ka|raf|fe** (bauchige Glasflasche)

die **Ka|ram|bo|la|ge** [karambo'la:ʒə] (*umgangssprachlich für:* Zusammenstoß)

der **Ka|ra|mell** (gebrannter Zucker); des Karamells; der *oder* das **Ka|ra|mell|bon|bon**

das **Ka|ra|o|ke** (Veranstaltung, bei der Laien zur Instrumentalmusik eines Schlagers den Text singen)

das **Ka|rat** (das Maß der Feinheit einer Goldlegierung); die Ka|ra|te; 24 Karat

das **Ka|ra|te** (System waffenloser Selbstverteidigung); des Karate[s]; der **Ka|ra|te|kämp|fer**

...ka|rä|tig; zehnkarätig (*mit Ziffern:* 10-karätig)

die **Ka|ra|wa|ne** (Reisegesellschaft im Orient); die **Ka|ra|wa|nen|stra|ße;** die **Ka|ra|wan|se|rei** (Unterkunft für Karawanen)

das **Kar|bid,** *fachsprachlich:* **Car|bid** (eine chemische Verbindung); des Karbid[e]s, *fachsprachlich:* Carbid[e]s; die Kar|bi|de, *fachsprachlich:* Car|bi|de

das **Kar|bo|nat,** *fachsprachlich:* **Car|bo|nat** (Salz der Kohlensäure); des Karbonat[e]s, *fachsprachlich:* Carbonat[e]s; die Kar|bo|na|te, *fachsprachlich:* Car|bo|na|te

die **Kar|dät|sche** (die Pferdebürste)

der **Kar|di|nal;** die Kar|di|nä|le; die **Kar|di|nal|tu|gend** *meist Plural;* die **Kar|di|nal|zahl** (Grundzahl, z. B. null, eins, zwei)

der **Kar|frei|tag**

karg (spärlich, ärmlich); kar|ger, *auch:* kär|ger; am kargs|ten, *auch:* am kärgsten; **kärg|lich**

die **Ka|ri|bik** (Karibisches Meer mit den Antillen); das **Ka|ri|bi|sche Meer**

ka|riert (mit Karos gemustert); ein kariertes Hemd

die **Ka|ri|es** (Zahnfäule)

die **Ka|ri|ka|tur** (Zerrbild; Spottbild); die Ka|ri|ka|tu|ren; der **Ka|ri|ka|tu|rist** (jemand, der satirische Zeichnungen anfertigt); des/dem/den Ka|ri|ka|tu|ris|ten; die Kari|ka|tu|ris|ten; die **Ka|ri|ka|tu|ris|tin;** die Karikaturistinnen; **ka|ri|kie|ren** (als Karikatur darstellen); du karikierst ihn; sie hat ihn karikiert; karikier[e] ihn!

die **Ka|ri|tas** (Nächstenliebe, Wohltätigkeit); ↑Caritas; **ka|ri|ta|tiv** (mildtätig)

kar|min|rot

der **Kar|ne|val;** die Kar|ne|val|le *oder* Karnevals; der **Kar|ne|vals|zug**

das **Kar|ni|ckel** (*landschaftlich für:* Kaninchen); die Karnickel

das **Ka|ro** (auf der Spitze stehendes Viereck); des Karos; die Karos

die **Ka|ros|se** (der Prunkwagen); die Karossen; die **Ka|ros|se|rie** (der Kraftwagenoberbau); die Ka|ros|se|ri|en

die **Ka|rot|te** (eine Mohrrübe)

der **Karp|fen** (ein Fisch); der **Karp|fen|teich**

die **Kar|re; kar|ren;** du karrst; sie karrt; sie karrte; sie hat Sand gekarrt; karre das Unkraut auf den Misthaufen!; der **Karren;** des Karrens; die Karren

die **Kar|ri|e|re** (Laufbahn); die Karrieren; Karriere machen

der **Karst** (eine Landschaftsform); des Karst[e]s; die Kars|te

kart. = kartoniert (von Büchern)

die **Kar|te;** Karten spielen; die gelbe Karte, die rote Karte *(Sport);* die **Kar|tei** (Zettelkasten)

das **Kar|tell** (wirtschaftlicher Zusammenschluss); des Kartells; die Kar|tel|le

das **Kar|ten|spiel**

die **Kar|tof|fel;** die Kartoffeln; der **Kar|tof|fel|sa|lat**

der **Kar|ton** [kar'tõ:, *auch:* kar'tɔŋ]; des Kartons; die Kartons, *seltener:* Kar|to|ne; **kar|to|niert;** kartonierte (mit einem Pappeinband versehene) Bücher

das **Ka|rus|sell;** des Karussels; die Karussells *oder* Ka|rus|sel|le; Karussell fahren

die **Kar|wo|che** (Woche vor Ostern)

ka|schie|ren (verdecken, verbergen); du kaschierst; sie hat den Mangel kaschiert

der **Kä|se;** des Käses; die Käse; das **Kä|se|blatt** (*umgangssprachlich abwertend für:* kleine, unbedeutende Zeitung)

die **Ka|ser|ne** (Soldatenunterkunft); der **Ka|ser|nen|hof; ka|ser|nie|ren** (in Kasernen unterbringen); er hat seine Truppen kaserniert

kä|sig (*umgangssprachlich für:* auffallend blass); ein käsiges Gesicht

das **Ka|si|no** (*kurz für:* Spielkasino; Speiseraum [für Offiziere])

kas|ko|ver|si|chert; das Auto ist kaskoversichert; die **Kas|ko|ver|si|che|rung** (Fahrzeugversicherung)

der **Kas|per;** das, *auch:* der **Kas|per|le;** die Kasperle; das **Kas|per|le|the|a|ter**

das **Kas|pi|sche Meer**

die **Kas|se;** der **Kas|sen|arzt;** der **Kas|sen|bon;** der **Kas|sen|sturz;** Kassensturz machen (sein Geld zählen)

die **Kas|se|rol|le** (Schmortopf)

die **Kas|set|te** (Kästchen, Behälter; Kunststoffgehäuse mit abspulbarem Magnetband); der **Kas|set|ten|re|kor|der,** *auch:* **Kas|set|ten|re|cor|der**

der **Kas|si|ber** (heimliches Schreiben von Gefangenen oder an Gefangene); des Kassibers; die Kassiber

kas|sie|ren (Geld einnehmen); du kassierst; sie kassiert; sie kassierte; sie hat den Beitrag kassiert; kassier[e] die Miete!; der **Kas|sie|rer;** des Kassierers; die Kassierer; die **Kas|sie|re|rin;** die Kassiererinnen

die **Kas|ta|nie; kas|ta|ni|en|braun**

sich **kas|tei|en** (sich Bußübungen, Entbehrungen auferlegen); du kasteist dich; er hat sich kasteit; kastei[e] dich nicht!

das **Kas|tell** (Burg, Festung); des Kastells; die Kas|tel|le

der **Kas|ten;** des Kastens; die Kästen

kas|t|rie|ren (verschneiden, entmannen); sie hat den Hengst kastriert; die **Kas|t|rie|rung**

der **Ka|sus** (grammatischer Fall); des Kasus; die Kasus; im Deutschen gibt es vier Kasus

der **Kat** (*kurz für:* Katalysator); des Kats; die Kats

die **Ka|ta|kom|be** (frühchristliche unterirdische Begräbnisstätte); die Katakomben

der **Ka|ta|log** ([Waren]verzeichnis); des Katalog[e]s; die Ka|ta|lo|ge

der **Ka|ta|ly|sa|tor** (Vorrichtung zur Abgasreinigung); des Katalysators; die Ka|ta|ly|sa|to|ren

der **Ka|ta|ma|ran** (offenes Segelboot mit doppeltem Rumpf); des Katamarans; die Ka|ta|ma|ra|ne das, *auch:* der **Ka|ta|pult** (eine Schleudermaschine); des Katapult[e]s; die Ka|ta|pulte

der **Ka|ta|rakt** (große Stromschnelle); des Katarakt[e]s; die Ka|ta|rak|te

der **Ka|tarrh,** *auch:* **Ka|tarr** (*Medizin:* eine Schleimhautentzündung); des Katarrhs, *auch:* Katarrs; die Ka|tar|rhe, *auch:* Ka|tar|re

ka|ta|s|t|ro|phal (entsetzlich); die **Ka|ta|s|t|ro|phe** (großes Unglück); der **Ka|ta|s|t|ro|phen|a|larm**

die **Ka|te** (Kleinbauernhaus)

der **Ka|te|chis|mus** (Lehrbuch für den Religionsunterricht); des Katechismus; die Katechismen

die **Ka|te|go|rie** (Klasse; Gattung); die Ka|te|go|ri|en; **ka|te|go|risch** (nachdrücklich; unbedingt gültig); eine kategorische Ablehnung

der **Ka|ter;** des Katers; die Kater

kath. = katholisch

das *oder* der **Ka|the|der** ([Lehrer]pult)

die **Ka|the|d|ra|le** (bischöfliche Hauptkirche)

die **Ka|the|te** (Seite am rechten Winkel im Dreieck)

die **Ka|tho|de,** *fachsprachlich auch:* **Ka|to|de** (negative Elektrode; Minuspol)

der **Ka|tho|lik;** des/dem/den Ka|tho|li|ken; die Ka|tho|li|ken; die **Ka|tho|li|kin;** die Katholikinnen; **ka|tho|lisch;** die katholische Kirche; ABER: Katholisches Bibelwerk *(Verlagsname);* der **Ka|tho|li|zis|mus;** des Katholizismus

die **Ka|to|de** *vergleiche:* **Ka|tho|de**

der **Kat|tun** (ein Baumwollgewebe); des Kattuns; die Kat|tu|ne

katz|bu|ckeln (*abwertend für:* sich unterwürfig verhalten); du katzbuckelst; er katzbuckelt; er katzbuckelte; er hat gekatzbuckelt; katzbuckle nie!; die **Kat|ze;** *Verkleinerungsform:* das Kätz|chen; alles ist für die Katz (*umgangssprachlich für:* alles ist vergeblich); das **Kat|zen|fell;** das **Katz-und-Maus-Spiel**

das **Kau|der|welsch** (unverständliche [Misch]sprache); des Kauderwelsch[s]; ein Kauderwelsch sprechen

kau|en; du kaust; sie kaute; sie hat gekaut; kaue gut!

kau|ern (hocken); ich kauere; du kauerst; sie kauerte; sie hat am Boden gekauert; sich kauern; er hat sich in die Ecke gekauert

der **Kauf;** des Kauf[e]s; die Käu|fe; etwas in Kauf nehmen (sich mit Nachteilen abfinden); **kau|fen;** du kaufst; sie hat das Auto gekauft; kauf[e] doch dieses Auto!; der **Käu|fer;** die **Käu|fe|rin;** die Käuferinnen; die **Kauf|frau;** die Kauffrauen; das **Kauf|haus; käuf|lich;** der **Kauf|mann;** die Kauf|leu|te; **kauf|män|nisch;** der **Kauf|ver|trag**

der, *auch:* das **Kau|gum|mi;** die Kaugummi[s]

die **Kaul|quap|pe** (Froschlarve)

kaum; das ist kaum glaublich

kau|sal (ursächlich zusammenhängend, begründend); die **Kau|sa|li|tät;** der **Kau|sal|satz** (Begründungssatz)

die **Kau|ti|on** (Bürgschaft, Sicherheit)

der **Kau|t|schuk** (zur Gummiherstellung genutzter Saft des Kautschukbaumes); des Kautschuks; die Kau|t|schu|ke; die **Kau|t|schuk|milch**

der **Kauz** (Eulenvogel); des Kau|zes; die Käu|ze; *Verkleinerungsform:* das Käuz|chen

der **Ka|va|lier** (ein höflicher Mann); des Kavaliers; die Ka|va|lie|re

die **Ka|val|le|rie** (Reiterei; eine Waffengattung); die Ka|val|le|ri|en

der **Ka|vi|ar** (Eier des Störs)

keck (vorwitzig); ein kecker Bursche; die **Keck|heit**

der **Kee|per** [ˈkiːpɐ] (*Sport:* Torwart); des Keepers; die Keeper

Ke|fir (säuerliches Milchgetränk); des Kefirs

der **Ke|gel;** die Kegel; mit Kind und Kegel (mit der ganzen Familie); Kegel schieben; wir wollen Kegel schieben; du schiebst Kegel; er hat Kegel geschoben; wir treffen uns[,] um Kegel zu schieben; ABER: das Kegelschieben; **ke|geln;** du kegelst; sie kegelte; sie hat gekegelt; keg[e]le mit uns!

die **Keh|le;** der **Kehl|kopf**

der **Kehr|be|sen; keh|ren** (fegen); du kehrst; er kehrte; er hat die Straße gekehrt; kehre die Einfahrt!; der, *auch:* das **Keh|richt** (Schmutz, Unrat); des Kehrichts

die **Keh|re** (Kurve; turnerische Übung); **kehren** (wenden); du kehrst; sie hat ihm den Rücken gekehrt; er ist in sich gekehrt

A B C D E F G H I J K L M N O P Q R S T U V W X Y Z

(mit sich selbst beschäftigt); der **Kehr|reim; kehrt|ma|chen** (umkehren); sie machte kehrt; sie hat kehrtgemacht; er riet ihr[,] schnell kehrtzumachen; der **Kehr|wert** (Mathematik)

kei|fen (laut schimpfen); du keifst; sie keifte; sie hat gekeift

der **Keil;** die Kei|le; die **Kei|le** (*umgangssprachlich für:* Prügel); Keile kriegen; **kei|len** (*umgangssprachlich für:* stoßen); sich keilen (*umgangssprachlich für:* sich prügeln); er keilt sich mit ihm; wir haben uns gekeilt; der **Kei|ler** (männliches Wildschwein); die **Kei|le|rei** (*umgangssprachlich für:* Prügelei)

der **Keim; kei|men;** der Samen keimt; der Samen hat gekeimt; **keim|frei;** ein keimfreier Verband; der **Keim|ling;** die **Keim|zel|le**

kein; kein and[e]rer; in keinem Falle, auf keinen Fall; keine unreifen Früchte essen; das ist keiner Erörterung wert; keiner von beiden; **kei|ner|lei; kei|nes|falls; kei|nes|wegs; kein|mal;** ABER: kein einziges Mal

der *oder* das **Keks;** des Keks *oder* Kek|ses; die Keks *oder* Kek|se

der **Kelch;** des Kelch[e]s; die Kel|che

die **Kel|le**

der **Kel|ler;** des Kellers; die Keller; das **Kel|ler|fens|ter**

der **Kell|ner;** die **Kell|ne|rin;** die Kellnerinnen

der **Kel|te** (Angehöriger eines indogermanischen Volkes); des/dem/den Kelten; die Kelten; **kel|tisch**

die **Kel|ter** (Weinpresse); die Keltern; **kel|tern;** du kelterst; sie keltert; sie kelterte; sie hat die Trauben gekeltert; keltere die Trauben!

das **Kel|vin** (Gradeinheit auf der absoluten Temperaturskala [Kelvinskala]; *Zeichen:* K); 0 K = −273,15 °C

Ke|nia (Staat in Ostafrika); der **Ke|ni|a|ner;** die **Ke|ni|a|ne|rin;** die Kenianerinnen; **ke|ni|a|nisch**

ken|nen; du kennst ihn; sie kennt ihn; sie kannte ihn; sie hat ihn gekannt; jemanden kennen lernen; er lernte ihn kennen; er hat ihn kennen gelernt; ich freue mich[,] dich kennen zu lernen; ABER: das Kennenlernen; der **Ken|ner;** die **Kenn|num|mer,** *auch:* **Kenn-Num|mer; kennt|lich** (erkennbar); kenntlich machen; die **Kennt|nis;** die Kenntnisse; jemanden in Kenntnis setzen; etwas zur Kenntnis nehmen

> Substantive auf *-nis* werden im Nominativ Singular nur mit einem *s* geschrieben, obwohl die Pluralformen mit Doppel-s gebildet werden.

die **Kennt|nis|nah|me;** das **Kenn|wort;** die Kenn|wör|ter; das **Kenn|zei|chen; kenn|zeich|nen;** du kennzeichnest; sie kennzeichnete; sie hat ihr Buch gekennzeichnet; die **Kenn|zeich|nung**

ken|tern (umkippen); das Schiff kenterte; es ist gekentert

die **Ke|ra|mik** (Kunsttöpferei); *für die Erzeugnisse der Kunsttöpferei auch Plural:* die Ke|ra|mi|ken

die **Ker|be;** das **Kerb|holz;** *fast nur in:* etwas auf dem Kerbholz haben (etwas angestellt, verbrochen haben)

der **Ker|ker**

der **Kerl;** des Kerl[e]s; die Ker|le *oder* Kerls

der **Kern;** des Kern[e]s; die Ker|ne; die **Kern|e|ner|gie** (Atomenergie); **kern|ge|sund; ker|nig** (kraftvoll); eine kernige Stimme; **kern|los;** kernlose Trauben; das **Kern|obst;** der **Kern|re|ak|tor** (Atomreaktor); die **Kern|sei|fe;** die **Kern|spal|tung** (Atomspaltung)

das **Ke|ro|sin** (ein Treibstoff); des Kerosins

die **Ker|ze; ker|zen|ge|ra|de,** *auch:* **ker|zen|gra|de**

kess (dreist; flott); kes|ser; am kes|ses|ten

der **Kes|sel;** des Kessels; die Kessel

der *oder* das **Ket|sch|up** [ˈkɛtʃap, *auch:* ˈkɛtʃʊp], *auch:* **Ket|ch|up** (pikante [Tomaten]soße); des Ketschup[s], *auch:* Ketchup[s]; die Ketschups, *auch:* Ketchups

die **Ket|te;** die **Ket|ten|re|ak|ti|on**

der **Ket|zer** (jemand, der von der offiziellen Kirchenlehre abweicht); des Ketzers; die Ketzer; die **Ket|ze|rei; ket|ze|risch**

keu|chen; du keuchst; sie keuchte; sie hat gekeucht; keuch[e] nicht so laut!; der **Keuch|hus|ten**

die **Keu|le**

keusch (sexuell enthaltsam); am keu|sches|ten; die **Keusch|heit**

das **Key|board** [ˈki:bo:ɐ̯t] (Tastatur; elektronisch verstärktes Tasteninstrument); des Keyboards; die Keyboards

Kfz = Kraftfahrzeug; die **Kfz-Werk|statt**

kg = Kilogramm

KG = Kommanditgesellschaft

kgl. = königlich (*in Titeln:* Kgl.)

Kha|ki, kha|ki|far|ben, Kha|ki|hemd *vergleiche:* **Ka|ki, ka|ki|far|ben, Ka|ki|hemd**

Khar|toum ['kartʊm, *auch:* kar'tu:m] (Hauptstadt Sudans)

der **Kib|buz** (Gemeinschaftssiedlung in Israel); des Kibbuz; die Kib|bu|zim *oder* Kibbu|ze; der **Kib|buz|nik** (Angehöriger eines Kibbuz); des Kibbuzniks; die Kibbuzniks

ki|chern; du kicherst; er kicherte; er hat gekichert; kichere nicht!

das **Kick|board** ['kikbo:ɐ̯t] (zusammenklappbarer schmaler Tretroller); des Kickboards; die Kickboards

ki|cken (*umgangssprachlich für:* Fußball spielen); du kickst; sie kickt; sie kickte; sie hat gekickt; kick[e] doch mit uns!; der **Ki|cker;** des Kickers; die Kicker

kid|nap|pen ['kɪtnɛpn̩] (entführen); du kidnappst; er kidnappt; er hat ihn gekidnappt; der **Kid|nap|per**

der **Kie|bitz** (ein Vogel); des Kie|bit|zes; die Kie|bit|ze

die **Kie|fer** (ein Nadelbaum); die Kiefern; das **Kie|fern|holz**

der **Kie|fer** (ein Schädelknochen); des Kiefers; die Kiefer; die **Kie|fer|höh|le**

Kiel (Hauptstadt von Schleswig-Holstein)

der **Kiel** (tiefster Teil des Schiffsrumpfes); **kiel|o|ben;** kieloben im Wasser liegen

die **Kie|me** (Atmungsorgan der Wassertiere); die Kiemen

der **Kien|span** (Span aus Kiefernholz); die Kien|spä|ne

der **Kies;** des Kie|ses; der **Kie|sel;** des Kiesels; die Kiesel; die **Kie|sel|gur** (eine Erdart); der **Kie|sel|stein;** die **Kies|gru|be**

Ki|ew ['ki:ɛf] (Hauptstadt der Ukraine)

kif|fen (*umgangssprachlich für:* Haschisch oder Marihuana rauchen); sie hat gekifft; der **Kif|fer;** des Kiffers; die Kiffer

ki|ke|ri|ki!

der **Ki|li|ma|nd|scha|ro** (Bergmassiv in Afrika)

kil|len (*umgangssprachlich für:* töten); du killst; er killte; er hat ihn gekillt; der **Killer;** des Killers; die Killer

das **Ki|lo** (*kurz für:* Kilogramm); des Kilos; die Kilo[s]

das **Ki|lo|byte** [kilo'bai̯t, *auch:* 'ki:lobai̯t] (*EDV:* Einheit von 1 024 Byte; *Zeichen:* kByte, KByte, KB); des Kilobyte[s]; die Kilobyte[s]

das **Ki|lo|gramm** (*Abkürzung:* kg); des Kilogramms; 3 Kilogramm

der **Ki|lo|me|ter** (*Abkürzung:* km); 80 Kilometer je Stunde; **ki|lo|me|ter|lang;** kilometerlange Strände; ABER: die Strecke ist 3 Kilometer lang; **ki|lo|me|ter|weit;** kilometerweit laufen; ABER: viele Kilometer weit laufen

das **Ki|lo|watt** (*Abkürzung:* kW); die Kilowatt; 40 Kilowatt; die **Ki|lo|watt|stun|de** (*Abkürzung:* kWh)

die **Kim|me** (Einschnitt; Kerbe am Visier von Schusswaffen); Kimme und Korn

der **Ki|mo|no** [*auch:* ki'mo:no, 'kɪmono] (weitärmeliges Gewand); des Kimonos; die Kimonos

das **Kind;** des Kind[e]s; die Kin|der; von Kind auf; sich bei jemandem lieb Kind machen (einschmeicheln); der **Kin|der|arzt;** die **Kin|der|ärz|tin;** der **Kin|der|gar|ten;** die **Kin|der|gärt|ne|rin;** der **Kin|der|hort;** die **Kin|der|läh|mung; kin|der|lieb; kin|der|los;** ein kinderloses Paar; **kin|der|reich;** kinderreiche Familien; die **Kin|der|ta|ges|stät|te;** der **Kin|der|wa|gen;** das **Kin|des|al|ter;** der **Kin|des|miss|brauch;** die **Kind|heit; kin|disch; kind|lich;** der **Kinds|kopf** (alberner Mensch); die **Kind|tau|fe**

die **Ki|ne|tik** (*Physik:* Bewegungslehre); **ki|ne|tisch** (bewegend); kinetische Energie (Bewegungsenergie)

der **King** (*umgangssprachlich für:* Anführer); des King[s]; die Kings

die **Kin|ker|litz|chen** (*umgangssprachlich für:* Albernheiten) *Plural*

das **Kinn;** des Kinn[e]s; die Kin|ne; der **Kinn|ha|ken;** die **Kinn|la|de** (Unterkiefer); die Kinnladen

das **Ki|no;** des Kinos; die Kinos

der **Ki|osk** [*auch:* ki̯ɔsk] (ein Verkaufshäuschen); des Kiosk[e]s; die Ki|os|ke

die **Kip|pe; kip|pen;** du kippst; sie kippt; sie

kippte; sie hat die Kiste gekippt; der Stuhl ist plötzlich gekippt; der **Kip|per** (Lastwagen mit kippbarer Ladefläche); des Kippers; die Kipper; das **Kipp|fenster**; der **Kipp|wa|gen**; die Kippwagen

die **Kir|che**; der **Kir|chen|chor**; die **Kir|chenge|schich|te**; das **Kir|chen|jahr**; die **Kirchen|steu|er**; der **Kirch|gän|ger**; **kirchlich**; kirchliche Hochzeit; der **Kirch|turm**; die **Kirch|weih**; die Kirch|wei|hen

die **Kịr|mes** (*landschaftlich für:* Kirchweih); die Kịr|mes|sen

der **Kirsch|baum**; die **Kir|sche**

das **Kis|sen**; des Kissens; die Kissen

die **Kis|te**

der **Kitsch**; des Kitsch[e]s; **kit|schig**

der **Kitt**; des Kitt[e]s; die Kit|te; **kit|ten**; du kittest; sie kittet; sie hat das Fenster gekittet; kitte die Vase!

der **Kit|tel**; die Kittel

das **Kitz** (das Junge von Reh, Ziege, Gämse); des Kit|zes; die Kit|ze; *Verkleinerungsformen:* das Kitz|chen *oder* Kitz|lein

kit|zeln; du kitzelst ihn; er hat ihn gekitzelt; kitzle ihn nicht!; der **Kitz|ler** (Klitoris); **kitz|lig** *oder* **kit|ze|lig**

die **Ki̱|wi** (eine exotische Frucht); die Kiwis

KKW = Kernkraftwerk

Kl. = Klasse

der **Kla|bau̱|ter|mann** (Schiffskobold)

der **Klacks** (*umgangssprachlich für:* kleine Menge; klatschendes Geräusch); des Klack|ses; die Klack|se; das ist nur ein Klacks (das macht keine Mühe)

die **Klad|de** (*landschaftlich für:* Schmierheft; Geschäftsbuch)

klaf|fen; die Wunde klafft; sie klaffte; die Wunde hat geklafft; eine klaffende Wunde

kläf|fen; der Hund kläfft; der Hund hat gekläfft; der **Kläf|fer**

der *oder* das **Klaf|ter** (ein Längen- und Raummaß); des Klafters; die Klafter; 5 Klafter Holz; *auch:* die **Klaf|ter**; die Klaftern

die **Kla|ge**; die **Kla|ge|mau|er** (in Jerusalem); **kla|gen**; du klagst; er klagt; er klagte; er hat geklagt; klag[e] nicht immer!; der **Klä|ger**; die **Klä|ge|rin**; die Klägerinnen; **kläg|lich**; kläglich (erbärmlich) versagen

der **Kla|mau̱k** (*umgangssprachlich für:* Lärm, Ulk); des Klamauks

klamm (feucht); klamme Finger

die **Klamm** (Felsenschlucht); die Klam|men

die **Klam|mer**; **klam|mern**; du klammerst; sie hat die Wunde geklammert; klammere die Wunde!; sich klammern; er hat sich an mich geklammert

die **Kla|mọt|te** (*umgangssprachlich für:* minderwertiges [Theater]stück; *meist Plural:* [alte] Kleidungsstücke)

die **Klamp|fe** (Gitarre)

der **Klang**; des Klang[e]s; die Klän|ge; die **Klang|far|be**; **klang|voll**

die **Klap|pe**; **klap|pen**; etwas klappt; etwas klappte; etwas hat geklappt; die **Klapper**; **klap|pe|rig** *oder* **klapp|rig**; **klap|pern**; du klapperst; sie klapperte; sie hat geklappert; klappere nicht mit den Tassen!; die **Klap|per|schlan|ge**; das **Klappmes|ser**

der **Klaps**; des Klap|ses; die Klap|se

klar; der Himmel ist klar geworden; wann wird ihm die Lösung endlich klar werden? (wann wird er sie einsehen); nun ist es ihm klar geworden; ich bin mir darüber im Klaren; ins Klare kommen; ↑ABER: klarkommen, klarlegen, klarmachen, klarstellen

die **Klär|an|la|ge**; das **Klär|be|cken**; **klä|ren**; du klärst; sie klärte; sie hat die Frage geklärt; klär[e] die Frage!; sich klären; die Frage hat sich geklärt; die **Klar|heit**

die **Kla|ri|nẹt|te** (ein Holzblasinstrument)

kla̱r|kom|men (*umgangssprachlich für:* zurechtkommen); er kommt mit dem Problem klar; er ist mit dem Problem nicht kla̱rgekommen; **kla̱r|le|gen** (erklären); sie legt ihm den Vorgang klar; sie hat ihm den Vorgang kla̱rgelegt; **kla̱r|machen** (deutlich machen); sie machte ihr die Sache klar; sie hat sie ihr kla̱rgemacht; **kla̱r|stel|len** (Irrtümer beseitigen); sie stellt die Missverständnisse klar; sie hat sie kla̱rgestellt; die **Klä|rung**; **klar wer|den** *vergleiche:* **klar**

die **Klas|se**; die **Klas|sen|ar|beit**; der **Klas|senleh|rer**; die **Klas|sen|leh|re|rin**; der **Klassen|spre|cher**; die **Klas|sen|spre|che|rin**

die **Klas|si|fi|ka|ti|on** (Einordnung in Klassen); **klas|si|fi|zie̱|ren**; du klassifizierst; sie klassifizierte; sie hat die Schmetterlinge klassifiziert

die **Klạs|sik** (Epoche kultureller Höchstleistungen); der **Klas|si|ker**; **klas|sisch** (vor-

klein

klei|ner, am kleins|ten

1. Groß- und Kleinschreibung:
Kleinschreibung:
- ein kleines Mädchen
- das Auto für den kleinen Mann
- von klein auf
- ein klein wenig

Großschreibung der Substantivierung und in Namen:
- Kleine und Große
- er ist der Kleinste in der Klasse
- die Kleinen (die Kinder); die Kleine (das kleine Mädchen)
- der Angelegenheit bis ins Kleinste (sehr eingehend) nachgehen
- im Kleinen genau sein
- etwas, nichts, viel, wenig Kleines
- Pippin der Kleine; Klein Erna; Klein Roland; der Kleine Bär (ein Sternbild); der Kleine Belt

2. Getrennt- und Zusammenschreibung:
Man schreibt »klein« vom folgenden Verb, Partizip oder Adjektiv getrennt, wenn es sinnvoll – wenigstens durch »sehr« oder »ganz« – erweitert oder gesteigert werden kann:
- klein sein, klein werden
- klein beigeben (nachgeben)
- sie trägt eine [sehr] klein karierte Hose; ↑ABER: kleinkariert
- Holz klein machen
- das Papier klein schneiden; er hatte die Zwiebeln klein geschnitten
- klein schreiben (*umgangssprachlich für:* nicht wichtig nehmen); Rücksichtnahme wird hier klein geschrieben; ↑ABER: kleinschreiben
- etwas kurz und klein schlagen

Vergleiche auch: kleinkriegen

bildlich; die Klassik betreffend; typisch; traditionell); klassisches Theater; die klassischen Sprachen (Griechisch und Latein)

der **Klatsch;** die **Klatsch|ba|se; klat|schen;** du klatschst; sie klatschte; sie hat Beifall geklatscht; klatsche in die Hände!; **klatsch|nass**

klau|ben ([aus]sortieren; heraussuchen); du klaubst; er klaubt; er klaubte; er hat Erbsen geklaubt

die **Klaue;** die **Klau|en|seu|che;** die Maul- und Klauenseuche

klau|en (*umgangssprachlich für:* stehlen); du klaust; er klaute; er hat seinem Freund ein Buch geklaut

die **Klau|se** (Klosterzelle)

die **Klau|sel** (Nebenbestimmung; Vorbehalt); die Klauseln

die **Klau|sur** (Abgeschlossenheit, Zurückgezogenheit; Prüfungsarbeit unter Aufsicht); die Klau|su|ren; eine Klausur schreiben

die **Kla|vi|a|tur** (Gesamtheit der Tasten); die Kla|vi|a|tu|ren; das **Kla|vier;** des Klaviers; die Kla|vie|re; Klavier spielen; das **Kla|vier|kon|zert**

kle|ben; du klebst; sie klebte; sie hat den Riss geklebt; klebe den Riss!; kleben bleiben (*umgangssprachlich auch für:* nicht versetzt werden); er blieb in der neunten Klasse kleben; er ist an der Farbe kleben geblieben; der **Kle|ber** (Klebstoff); **kleb|rig;** eine klebrige Masse; der **Kleb|stoff**

kle|ckern; du hast gekleckert; der **Klecks; kleck|sen;** du kleckst; sie kleckst; sie kleckste; sie hat gekleckst; klecks[e] nicht ins Heft!

der **Klee;** das **Klee|blatt;** die **Klee|ern|te,** *auch:* **Klee-Ern|te**

das **Kleid; klei|den;** etwas kleidete ihn; der Pullover hat ihn gut gekleidet; sich kleiden; er hat sich nach der neuesten Mode gekleidet; der **Klei|der|schrank; kleidsam;** die **Klei|dung;** das **Klei|dungs|stück**

die **Kleie** (Abfallprodukt beim Mahlen von Getreide)

klein *siehe Kasten*

das **Klein|geld;** des Kleingeld[e]s; die **Klei|nig|keit; klein|ka|riert** (engherzig; engstirnig); er ist der kleinkarierteste Mensch, den ich kenne; ABER: klein kariertes Papier; ↑*auch:* klein; das **Kleinkind;** der **Klein|kram;** des Kleinkram[e]s; **klein|krie|gen;** er kriegt den Holzklotz nicht klein; ich lasse mich nicht kleinkriegen (zum Nachgeben zwingen);

klein|lich; klein|mü|tig; das **Klei|n|od;** die Klei|n|o|de *oder* Klei|n|o|di|en; **klein|schrei|ben** (mit kleinem Anfangsbuchstaben schreiben); Eigenschaftswörter werden kleingeschrieben; ↑ABER: klein; die **Klein|schrei|bung;** die **Klein|stadt;** der **Klein|städ|ter**

der **Kleis|ter;** des Kleisters; die Kleister; **kleis|tern;** ich kleistere; du kleisterst; sie hat den Riss gekleistert

die **Kle|men|ti|ne,** *fachsprachlich auch:* **Cle|men|ti|ne** (kernlose Mandarine); die Klementinen

die **Klem|me** (*umgangssprachlich auch für:* Notlage); in der Klemme sein; **klem|men;** die Tür klemmte; die Tür hat geklemmt; sich klemmen; sie hat sich den Finger geklemmt

der **Klemp|ner** (Blechschmied); **klemp|nern** (Klempnerarbeiten ausführen); ich klempnere; du klempnerst; er hat geklempnert

der **Klep|per** (*umgangssprachlich für:* altes, entkräftetes Pferd)

kle|ri|kal (den Klerus unterstützend); der **Kle|ri|ker** (katholischer Geistlicher); des Klerikers; die Kleriker; der **Kle|rus** (die katholische Geistlichkeit); des Klerus

die **Klet|te**

klet|tern; du kletterst; sie klettert; sie kletterte; sie ist auf den Baum geklettert; klettere nicht auf diesen Baum!; die **Klet|ter|pflan|ze**

der **Klett|ver|schluss** (Haftverschluss)

kli|cken; die Kamera klickte; die Handschellen haben geklickt

der **Kli|ent** (Auftraggeber eines Rechtsanwalts); des/dem/den Kli|en|ten; die Kli|en|ten; die **Kli|en|tel** (Auftraggeber; Kundenkreis); die Kli|en|tel|len

das **Kliff** (Steilküste); des Kliff[e]s; die Kliffs

das **Kli|ma;** die Klimas *oder* Kli|ma|te; die **Kli|ma|an|la|ge; kli|ma|tisch; kli|ma|ti|sie|ren** (mit einer Klimaanlage belüften und heizen oder kühlen)

klim|men (klettern); du klimmst; sie klimmt; sie klomm *oder* klimmte; sie ist auf den Berg geklommen *oder* geklimmt; der **Klimm|zug**

klim|pern; du klimperst; sie hat mit den Münzen geklimpert; klimpere nicht!

die **Klin|ge**

die **Klin|gel;** die Klingeln; **klin|geln;** ich klingele; du klingelst; sie klingelt; sie klingelte; sie hat geklingelt; kling[e]le an der Tür!

klin|gen; es klingt; es klang; es hat geklungen; kling, klang!

die **Kli|nik** (Krankenhaus); die Kli|ni|ken; **kli|nisch** (in der Klinik stattfindend); ein klinischer Eingriff

die **Klin|ke; klin|ken;** du klinkst; sie klinkt; sie klinkte; sie hat die Tür ins Schloss geklinkt; klinke die Tür leise ins Schloss!

der **Klin|ker** (hart gebrannter Ziegel)

der **Klipp,** *auch:* **Clip** (Klemme, Schmuckstück [am Ohr]); des Klipps; die Klipps

die **Klip|pe** (Felsblock im Meer)

klir|ren; es klirrt; die Scheiben haben geklirrt; klirrende (eisige) Kälte

das **Kli|schee** (eingefahrene, überkommene Vorstellung; abgegriffene Redewendung); des Klischees; die Klischees; **kli|schee|haft;** die **Kli|schee|vor|stel|lung**

das **Klis|tier** (Einlauf); die Klis|tie|re

die **Kli|to|ris** (Teil der weiblichen Geschlechtsorgane)

der **Klitsch** (breiige Masse); des Klitsch[e]s; **klit|schig; klitsch|nass**

klit|ze|klein (*umgangssprachlich für:* sehr klein)

das **Klo** (*kurz für:* Klosett)

die **Klo|a|ke** (Abwasserkanal)

der **Klo|ben** (Holzstück); des Klobens; die Kloben; **klo|big** (schwer, massiv)

klö|nen (*norddeutsch für:* gemütlich plaudern); du klönst; er hat geklönt

klop|fen; du klopfst; sie klopft; sie klopfte; sie hat geklopft; klopf[e] an die Tür!; der **Klop|fer**

der **Klöp|pel** (Stab im Innern der Glocke); des Klöppels; die Klöppel

der **Klops;** des Klop|ses; die Klop|se

das **Klo|sett;** die Klo|set|te *oder* Klosetts

der **Kloß;** des Klo|ßes; die Klö|ße

das **Klos|ter;** des Klos|ters; die Klös|ter

der **Klotz; klot|zen** (*umgangssprachlich für:* ordentlich zupacken); du klotzt; sie hat geklotzt; **klot|zig** (unförmig wie ein Klotz); ein klotziges Gebäude

der **Klub,** *auch:* **Club;** des Klubs, *auch:* Clubs; die Klubs, *auch:* Clubs; das **Klub|haus,** *auch:* **Club|haus** die **Kluft** (Spalte); die Klüf|te

die **Kluft** (*umgangssprachlich für:* [alte] Kleidung; Uniform); die Kluf|ten

klug; klü|ger; am klügs|ten. *Großschreibung:* er ist der Klügste in der Klasse; der Klügere gibt nach; es ist das Klügste[,] zu schweigen; ABER: es ist am klügsten[,] zu schweigen; klug sein; klug werden; klug reden (Kluges sagen); er hat wirklich klug geredet; ↑ABER: klugreden; **klu|ger|wei|se;** ABER: in kluger Weise; die **Klug|heit; klug|re|den** (alles besser wissen wollen); weil er dauernd klugredet; ↑ABER: klug; der **Klug|schwät|zer** (Besserwisser)

der **Klum|pen;** des Klumpens; die Klumpen; *Verkleinerungsform:* Klümp|chen; **klum|pig**

der **Klün|gel** (*abwertend für:* Clique)

die *oder* der **Klun|ker** (*umgangssprachlich für:* Schmuckstein, Juwel); der Klunker *oder* des Klunkers; die Klunker[n]

km = Kilometer; **km/h** = Kilometer je Stunde

knab|bern; du knabberst; sie hat am Brot geknabbert; knabbere nicht am Brot!

der **Kna|be;** der **Kna|ben|chor; kna|ben|haft**

das **Knä|cke|brot; kna|cken;** es knackt; es knackte; er hat Nüsse geknackt; **kna|ckig;** knackige Möhren; der **Knacks;** des Knack|ses; die Knack|se; die **Knack|wurst**

der **Knall;** des Knall[e]s; die Knal|le; Knall auf Fall *oder* Knall und Fall (unerwartet, sofort); **knal|len;** es knallt; es knallte; es hat geknallt; **knall|hart; knall|rot**

knapp; knapp sein; knapp werden; etwas knapp schneiden; ein knapp sitzender Anzug; eine [sehr] knapp gehaltene Beschreibung; du darfst ihn nicht so knapp halten (*umgangssprachlich für:* du darfst ihm nicht so wenig [Geld] geben)

der **Knap|pe** (Bergmann); des Knappen; die Knappen; die **Knapp|schaft** (Gesamtheit der Arbeiter eines Bergwerks oder Reviers); die **Knapp|schafts|ren|te**

die **Knar|re** (Kinderspielzeug; *umgangssprachlich für:* Gewehr); die Knarren; **knar|ren;** die Tür knarrt; die Tür knarrte; die Tür hat geknarrt

der **Knast** (*umgangssprachlich für:* Gefängnis); des Knas|tes; die Knas|te

knat|tern; etwas knattert; etwas knatterte; etwas hat geknattert

der *oder* das **Knäu|el;** des Knäuels; die Knäuel

der **Knauf** ([verziertes] Ende eines Gegenstands); des Knauf[e]s; die Knäu|fe

knau|se|rig *oder* **knaus|rig** (*umgangssprachlich für:* geizig); **knau|sern;** du knauserst; er hat mit seinem Geld geknausert; knausere nicht so!

knaut|schen (knittern); du knautschst das Kleid; der Stoff hat geknautscht; die **Knautsch|zo|ne** (im Auto)

der **Kne|bel;** des Knebels; die Knebel; **knebeln;** du knebelst ihn; er knebelte ihn; er hat ihn geknebelt; kneb[e]le ihn nicht!

der **Knecht;** des Knecht[e]s; die Knech|te; **knech|ten;** du knechtest ihn; er hat ihn geknechtet; knechte ihn nicht!; die **Knecht|schaft**

knei|fen; du kneifst; sie kneift; sie kniff; sie hat ihn, *auch:* ihm in den Arm gekniffen; kneif[e] ihn nicht!; die **Kneif|zan|ge**

die **Knei|pe** (einfaches Lokal)

kneip|pen (eine Wasserkur machen); du kneippst; sie kneippt; sie kneippte; sie hat gekneippt; die **Kneipp|kur**

kne|ten; du knetest; sie knetet; sie hat geknetet; knet[e] den Lehm!; die **Knet|mas|se**

der **Knick;** des Knick[e]s; die Kni|cke; **kni|cken;** du knickst; sie knickte; sie hat das Blatt geknickt; knick[e] das Blatt!; **kni|cke|rig** *oder* **knick|rig**

der **Knicks;** des Knick|ses; die Knick|se; **knick|sen;** du knickst; sie knickst; sie hat geknickst; knickse vor der Gräfin!

das **Knie;** die Knie [kniːə, *auch:* kniː]; auf den Kni|en liegen; auf die Knie!; die **Knie|beu|ge; knie|frei;** ein kniefreier Rock; die **Knie|keh|le; kni|en** [kniːn *auch:* kniːən]; ich knie [kniːə, *auch:* kniː]; du kniest; sie kniet; du knietest; sie kniete; sie hat gekniet; knie!; auf dem Boden kniend; sich knien; sie hat sich auf den Boden gekniet

der **Kniff;** des Kniff[e]s; die Knif|fe; **knif|fe|lig** *oder* **kniff|lig**

der **Knilch** *oder* **Knülch** (*umgangssprachlich für:* unangenehmer Mensch); des Knilchs *oder* Knülchs; die Knil|che *oder* Knül|che

knip|sen (*umgangssprachlich für:* fotografieren; Fahrkarten o. Ä. lochen); du

A B C D E F G H I J K L M N O P Q R S T U V W X Y Z

knipst; sie knipste; sie hat geknipst; knipse das Denkmal!

der **Knirps;** des Knirp|ses; die Knirp|se

knir|schen; du knirschst; sie knirscht; sie knirschte; sie hat mit den Zähnen geknirscht; knirsch[e] nicht so mit den Zähnen!

knis|tern; es knistert; es knisterte; das Feuer hat geknistert

der **Knit|ter;** des Knitters; die Knitter; **knit|ter|frei;** knitterfreier Stoff; **knit|tern;** es knittert; es knitterte; die Bluse hat geknittert

kno|beln (losen; würfeln); du knobelst; sie knobelte; sie hat geknobelt; knob[e]le mit mir!

der **Knob|lauch;** des Knoblauch[e]s

der **Knö|chel;** des Knöchels; die Knöchel; der **Kno|chen;** das **Kno|chen|ge|rüst; knö|chern** (aus Knochen); **kno|chig;** ein knochiges Gesicht

knock-out [nɔk'a̯ut, *auch:* 'nɔka̯ut], *auch:* **knock|out** (kampfunfähig; *Abkürzung:* k.o.); jemanden k.o. schlagen; der **Knock-out,** *auch:* **Knock|out** (Niederschlag; *Abkürzung:* K.o.); des Knock-out[s], *auch:* Knockout[s]; die Knock-outs, *auch:* Knockouts

der **Knö|del** (*süddeutsch für:* Kloß); des Knödels; die Knödel

die **Knol|le;** der **Knol|len|blät|ter|pilz; knol|lig;** eine knollige Nase

der **Knopf;** des Knopf[e]s; die Knöp|fe; *Verkleinerungsform:* das Knöpf|chen; **knöp|fen;** du knöpfst; sie knöpft; sie hat ihr Kleid vorn geknöpft; das **Knopf|loch**

der **Knor|pel;** des Knorpels; die Knorpel; **knor|pe|lig** *oder* **knorp|lig**

der **Knor|ren** (*landschaftlich für:* Knoten, harter Auswuchs); **knor|rig;** knorrige Bäume

die **Knos|pe; knos|pen;** die Rose knospt; die Rose hat geknospt

kno|ten; du knotest; sie knotete; sie hat ihre Schnürsenkel geknotet; knote sie!; der **Kno|ten;** des Knotens; die Knoten

das **Know-how** [no:'ha̯u, *auch:* 'no:ha̯u] (Wissen, wie man etwas praktisch verwirklicht oder anwendet); des Know-how[s]

der **Knuff** (*umgangssprachlich für:* Stoß); des Knuff[e]s; die Knüf|fe; **knuf|fen;** du knuffst; sie knuffte; sie hat mich geknufft; knuffe mich nicht!

der **Knülch** ↑Knilch

knül|len (zerknittern); du knüllst; er knüllte; er hat das Taschentuch geknüllt

der **Knül|ler** (*umgangssprachlich für:* Sensation); des Knüllers; die Knüller

knüp|fen; du knüpfst; sie knüpfte; sie hat viele Verbindungen geknüpft; knüpfe keine Bedingungen daran!

der **Knüp|pel;** des Knüppels; die Knüppel; **knüp|pel|dick** (*umgangssprachlich für:* sehr schlimm)

knur|ren; er knurrt; er knurrte; der Hund hat geknurrt; knurre nicht!; **knur|rig;** ein knurriger Mensch

das **Knus|per|häus|chen; knus|pe|rig** *oder* **knusp|rig; knus|pern;** du knusperst; sie knusperte; sie hat geknuspert

der **Knust** (*norddeutsch für:* Endstück des Brotes); die Knus|te *oder* die Knüs|te

die **Knu|te** (Lederpeitsche)

knut|schen (*umgangssprachlich für:* heftig küssen); du knutschst; sie knutschte; sie haben [sich] geknutscht; die **Knut|sche|rei**

k.o. [ka'lo:] = knock-out; **K.o.** = Knock-out; der **K.-o.-Schlag**

der **Ko|a|la** (kleiner australischer Beutelbär); des Koalas; die Koalas

ko|a|lie|ren (verbinden; sich verbünden); du koalierst; er koalierte; die Parteien haben koaliert; die **Ko|a|li|ti|on** (Bündnis; Zusammenschluss); die kleine, die große Koalition; die **Ko|a|li|ti|ons|re|gie|rung**

das **Ko|balt,** *fachsprachlich:* **Co|balt** (chemisches Element, Metall; *Zeichen:* Co); des Kobalts, *fachsprachlich:* Cobalts; **ko|balt|blau**

der **Ko|bold** (zwergenhafter Geist); des Kobold[e]s; die Ko|bol|de

die **Ko|b|ra** (Brillenschlange); die Kobras

der **Koch;** des Koch[e]s; die Kö|che; das **Koch|buch; ko|chen;** du kochst; er kochte; er hat das Essen gekocht; koche etwas Gutes!; kochend heißes Wasser; das Wasser ist kochend heiß

der **Kö|cher** (ein Behälter für Pfeile); des Köchers; die Köcher

die **Kö|chin;** die Köchinnen; die **Koch|ni|sche;** das **Koch|salz;** des Koch|sal|zes der **Kode** [ko:t], *fachsprachlich:* **Code** (System verabredeter Zeichen); des Kodes, *fachsprachlich:* Codes; die Kodes, *fachsprachlich:* Codes; **ko|die|ren** *fachsprachlich:* **co|die|ren** (verschlüsseln); du kodierst, *fachsprachlich:* codierst; er kodierte, *fachsprachlich:* codierte; er hat die Mitteilung kodiert, *fachsprachlich:* codiert; die **Ko|die|rung,** *fachsprachlich:* **Co|die|rung**

der **Kö|der** (Lockmittel); des Köders; die Köder; **kö|dern;** du köderst; sie köderte; sie hat den Fisch geködert; ködere den Fisch!

die **Ko|e|du|ka|ti|on** (gemeinsame Erziehung von Jungen und Mädchen)

der **Ko|ef|fi|zi|ent** (konstanter Faktor vor einer veränderlichen Größe); des/dem/den Ko|ef|fi|zi|en|ten; die Ko|ef|fi|zi|en|ten

die **Ko|e|x|is|tenz** (friedliches Nebeneinander von Staaten mit unterschiedlichen gesellschaftlichen Systemen)

das **Kof|fe|in** *oder* **Cof|fe|in** (Wirkstoff des Kaffees); des Koffeins *oder* Coffeins; **kof|fe|in|frei;** koffeinfreier Kaffee

der **Kof|fer;** des Koffers; die Koffer; der **Kof|fer|raum**

Kog *vergleiche:* **Koog**

der **Ko|g|nak** ['kɔnjak] (*umgangssprachlich für:* Weinbrand); des Kognaks; die Kognaks

der **Kohl;** des Kohl[e]s

die **Koh|le; koh|len** (schwelen); es kohlt; es kohlte; das Holz hat gekohlt

koh|len (*umgangssprachlich für:* aufschneiden; schwindeln); du kohlst; sie kohlte; sie hat gekohlt

das **Koh|len|di|o|xid,** *auch:* **Koh|len|di|o|xyd** (ein Gas); das **Koh|le[n]|hy|d|rat** (eine organische Verbindung); des Kohle[n]hydrat[e]s; die Koh|le[n]|hy|d|ra|te; die **Koh|len|säu|re;** der **Koh|len|stoff** (ein chemisches Element); das **Koh|le|pa|pier**

die **Kohl|mei|se**

kohl|ra|ben|schwarz

der **Kohl|ra|bi;** des Kohlrabi[s]; die Kohlrabi[s]

kohl|schwarz

der **Kohl|weiß|ling** (ein Schmetterling)

ko|i|tie|ren (den Geschlechtsakt vollziehen); du koitierst; er koitiert; sie haben koitiert; der **Ko|i|tus,** *auch:* **Co|i|tus** (Geschlechtsakt); des Koitus, *auch:* Coitus; die Koitus, *auch:* Coitus *oder* die Ko|i|tus|se, *auch:* Co|i|tus|se

die **Ko|je** (Schlafstelle auf Schiffen); die Kojen

das **Ko|ka|in** (ein Betäubungsmittel, eine Droge); des Kokains

ko|keln (*landschaftlich für:* mit Feuer spielen); du kokelst; sie kokelte; sie hat gekokelt; kok[e]le nicht!

die **Ko|ke|rei** (Koksgewinnung, Kokswerk)

ko|kett (eitel); am ko|ket|tes|ten

der **Ko|ko|lo|res** (*umgangssprachlich für:* Unsinn); des Kokolores

der **Ko|kon** [ko'kõ:, *auch:* ko'kɔŋ, ko'ko:n] (Hülle der Insektenpuppen); des Kokons; die Kokons

die **Ko|kos|nuss;** die Ko|kos|nüs|se; die **Ko|kos|pal|me**

der **Koks** (ein Brennstoff aus Kohle); des Kok|ses; die Kok|se; der **Koks|o|fen**

der **Kol|ben;** des Kolbens; die Kolben

die **Kol|cho|se** (landwirtschaftliche Produktionsgenossenschaft in der ehemaligen Sowjetunion); die Kolchosen

die **Ko|lik** [*auch:* ko'li:k] (krampfartiger Leibschmerz); die Ko|li|ken

der **Kol|laps** [*auch:* kɔ'laps] (Schwächeanfall); des Kol|lap|ses; die Kol|lap|se

der **Kol|le|ge** (Berufsgenosse; Mitarbeiter); des Kollegen; die Kollegen; **kol|le|gi|al;** die **Kol|le|gi|a|li|tät;** die **Kol|le|gin;** die Kolleginnen; das **Kol|le|gi|um;** die Kol|le|gi|en

die **Kol|lek|te** (kirchliche Sammlung); die **Kol|lek|ti|on** (Mustersammlung); **kol|lek|tiv** (gemeinschaftlich); das **Kol|lek|tiv** (Arbeits-, Produktionsgemeinschaft; Team)

der **Kol|ler** (eine Pferdekrankheit; *umgangssprachlich für:* Wutausbruch); des Kollers; die Koller

kol|li|die|ren (zusammenstoßen); das Schiff kollidierte mit einem Eisberg; mehrere Autos sind [miteinander] kollidiert; unsere Interessen haben kollidiert (sich widersprochen); die **Kol|li|si|on** (Zusammenstoß)

Köln (Stadt am Rhein); der **Köl|ner;** die **Köl|ne|rin;** die Kölnerinnen; **köl|nisch;** das **Köl|nisch|was|ser**

A B C D E F G H I J K L M N O P Q R S T U V W X Y Z

ko|lo|ni|al (die Kolonie[n] betreffend); koloniale Ausbeutung; der **Ko|lo|ni|a|lis|mus** (auf Erwerb und Besitz von Kolonien gerichtete Politik); die **Ko|lo|nie** (Siedlung; überseeische Besitzung eines Staates); die Ko|lo|ni|en; die **Ko|lo|ni|sa|ti|on** (Besiedlung; wirtschaftliche Erschließung und Ausbeutung einer Kolonie); **ko|lo|ni|sie|ren;** du kolonisierst; er kolonisierte; er hat das Land kolonisiert; kolonisiere das Land!; der **Ko|lo|nist;** des/dem/den Ko|lo|nis|ten; die Ko|lo|nis|ten

die **Ko|lon|na|de** (Säulenhalle); die Kolonnaden

die **Ko|lon|ne** (Gruppe, Reihe)

der **Ko|loss;** des Ko|los|ses; die Ko|los|se; **ko|los|sal** (riesig, übergroß); kolossale Bauwerke

die **Kol|por|ta|ge** [kɔlpɔrˈta:ʒə] (Verbreitung von Gerüchten); **kol|por|ta|ge|haft; kol|por|tie|ren** (ungesicherte Informationen verbreiten); du kolportierst; sie kolportierte; sie hat das Gerücht kolportiert

der **Ko|lum|bi|a|ner** (Einwohner Kolumbiens); die **Ko|lum|bi|a|ne|rin;** die Kolumbianerinnen; **ko|lum|bi|a|nisch; Ko|lum|bi|en** (Staat in Südamerika)

die **Ko|lum|ne** (Druckspalte); die Kolumnen

das **Ko|ma** (tiefe Bewusstlosigkeit); des Komas; die Komas *oder* Ko|ma|ta

der **Kom|bi** (kombinierter Liefer- und Personenwagen); des Kombi[s]; die Kombis; das **Kom|bi|nat** (in sozialistischen Staaten: Zusammenschluss produktionsmäßig eng zusammengehörender Betriebe); des Kombinat[e]s; die Kom|bi|na|te; die **Kom|bi|na|ti|on** (Zusammenstellung; Vermutung; gutes Zusammenspiel); **kom|bi|nie|ren** (zusammenstellen; vermuten; gut zusammenspielen); du kombinierst; sie kombinierte; sie hat kombiniert; kombiniere richtig!

die **Kom|bü|se** (Schiffsküche); die Kombüsen

der **Ko|met** (Schweifstern, Haarstern); des/dem/den Ko|me|ten; die Ko|me|ten

der **Kom|fort** [kɔmˈfo:ɐ̯] (Bequemlichkeiten; [luxuriöse] Ausstattung); des Komforts; **kom|for|ta|bel;** eine kom|for|ta|b|le Wohnung

die **Ko|mik** (erheiternde, Lachen erregende Wirkung); der **Ko|mi|ker; ko|misch**

das **Ko|mi|tee** ([leitender] Ausschuss); des Komitees; die Komitees

das **Kom|ma;** des Kommas; die Kommas *oder* Kom|ma|ta

der **Kom|man|dant** (Befehlshaber); des/dem/den Kom|man|dan|ten; die Kom|man|dan|ten; der **Kom|man|deur** [komanˈdø:ɐ̯]; des Kommandeurs; die Kom|man|deu|re; **kom|man|die|ren** (befehlen); du kommandierst; er kommandierte; er hat die Kompanie kommandiert; kommandiere ihn nicht so!; er ist der Kommandierende General; die **Kom|man|dit|ge|sell|schaft** (eine Handelsgesellschaft); das **Kom|man|do** (Befehl; Befehlsgewalt; Truppenteil); des Kommandos; die Kommandos; die **Kom|man|do|brü|cke**

kom|men; du kommst; sie kommt; sie kam; sie ist gekommen; komm[e] jetzt!

der **Kom|men|tar** (Erläuterung; [kritische] Stellungnahme); des Kommentars; die Kom|men|ta|re; **kom|men|tar|los** (ohne Stellungnahme); der **Kom|men|ta|tor** (Verfasser eines Kommentars); des Kommentators; dem/den Kommentator; die Kom|men|ta|to|ren; **kom|men|tie|ren** (erläutern; [kritisch] Stellung nehmen); du kommentierst; sie kommentierte; sie hat die Entscheidung kommentiert

der **Kom|merz** (Handel und Geschäftsverkehr); des Kom|mer|zes; **kom|mer|zi|a|li|sie|ren** (wirtschaftlichen Interessen unterordnen); du kommerzialisierst; er kommerzialisierte; er hat die Kunst kommerzialisiert; **kom|mer|zi|ell** (geschäftlich; auf Gewinn bedacht); kommerzielle Interessen

der **Kom|miss** (*umgangssprachlich für:* Militär, Militärdienst); des Kom|mis|ses; der **Kom|mis|sar** (ein Beauftragter; Dienstrangbezeichnung); des Kommissars; die Kom|mis|sa|re; **kom|mis|sa|risch** (beauftragt; auftragsweise); die **Kom|mis|si|on** (Ausschuss)

die **Kom|mo|de** (ein Möbelstück)

kom|mu|nal (die Gemeinde betreffend); die **Kom|mu|ne** (Gemeinde; Wohn- und Wirtschaftsgemeinschaft) die **Kom|mu|ni|ka|ti|on** (Verständigung, Verbindung [unter Menschen])

das **Kom|mu|ni|kee** *vergleiche:* **Kom|mu|ni|qué**

die **Kom|mu|ni|on** (Empfang des heiligen Abendmahls); **kom|mu|ni|zie|ren** (in Verbindung stehen; sich verständigen; das Abendmahl empfangen); du kommunizierst; sie kommunizierte; sie hat kommuniziert

das **Kom|mu|ni|qué** [kɔmyniˈke: *oder* kɔmuniˈke:], *auch:* **Kom|mu|ni|kee** (Denkschrift; [regierungs]amtliche Mitteilung); des Kommuniqués, *auch:* Kommunikees; die Kommuniqués, *auch:* Kommunikees

der **Kom|mu|nis|mus;** des Kommunismus; der **Kom|mu|nist;** des/dem/den Kom|mu|nis|ten; die Kom|mu|nis|ten; die **Kom|mu|nis|tin;** die Kommunistinnen; **kom|mu|nis|tisch;** die kommunistischen Staaten; ABER: das Kommunistische Manifest (von Marx und Engels)

kom|mu|ta|tiv (*Mathematik:* vertauschbar)

der **Ko|mö|di|ant** (Schauspieler); des/dem/den Ko|mö|di|an|ten; die Ko|mö|di|an|ten; die **Ko|mö|di|an|tin;** die Komödiantinnen; die **Ko|mö|die** (das Lustspiel); die Ko|mö|di|en

der **Kom|pa|g|non** [ˈkɔmpanjõ:, *auch:* kɔmpanˈjõ:] (Teilhaber); des Kompagnons; die Kompagnons

kom|pakt (gedrungen; fest; dicht); die **Kom|pakt|heit**

die **Kom|pa|nie** (eine Truppenabteilung); die Kom|pa|ni|en

der **Kom|pa|ra|tiv** (erste Steigerungsstufe, z. B. schöner); des Komparativs; die Kom|pa|ra|ti|ve

der **Kom|par|se** (Statist beim Theater und Film); des Komparsen; die Komparsen; die **Kom|par|sin;** die Komparsinnen

der **Kom|pass;** des Kom|pas|ses; die Kom|pas|se; die **Kom|pass|na|del**

kom|pa|ti|bel (vereinbar, zusammenpassend, kombinierbar); die **Kom|pa|ti|bi|li|tät**

die **Kom|pen|sa|ti|on** (Ausgleich, Entschädigung); **kom|pen|sie|ren** (gegeneinander ausgleichen); du kompensierst; er kompensierte; er hat seine Schwäche durch Mut kompensiert

kom|pe|tent (zuständig; befugt; sachverständig); die **Kom|pe|tenz**

kom|ple|men|tär (ergänzend); die **Kom|ple|men|tär|far|be** *(Optik)*

kom|plett (vollständig); **kom|plet|tie|ren** (vervollständigen); du komplettierst; sie komplettierte; sie hat ihre Sammlung komplettiert

kom|plex (vielfach zusammengesetzt; vielschichtig); der **Kom|plex** (Gesamtheit, zusammenhängende Gruppe; bedrückende, negative Vorstellung von sich selbst); ein Komplex von Fragen; ein Häuserkomplex; verdrängte Komplexe; die **Kom|ple|xi|tät** (Vielschichtigkeit)

das **Kom|pli|ment** (lobende, schmeichelhafte Äußerung); die Kom|pli|men|te

der **Kom|pli|ze** (Mittäter); des/dem/den Komplizen; die Komplizen

kom|pli|ziert (schwierig, umständlich); am kom|pli|zier|tes|ten

die **Kom|pli|zin;** die Komplizinnen

das **Kom|plott** (heimlicher Anschlag, Verschwörung); des Komplott[e]s; die Komplot|te

die **Kom|po|nen|te** (Bestandteil; Teilkraft); die Komponenten; **kom|po|nie|ren** (ein Musikwerk schaffen; kunstvoll abstimmen, gestalten); du komponierst; sie komponierte; sie hat ein Lied komponiert; komponiere doch einen Schlager!; der **Kom|po|nist** (Tondichter); des/dem/den Kom|po|nis|ten; die Kom|po|nis|ten; die **Kom|po|nis|tin;** die Komponistinnen; die **Kom|po|si|ti|on** (Aufbau und Gestaltung eines Kunstwerks; Musikwerk)

das **Kom|po|si|tum** (zusammengesetztes Wort, z. B. Haustür); des Kompositums; die Komposita

der **Kom|post** (natürlicher Mischdünger); des Kompost[e]s; die Kom|pos|te; der **Kom|post|hau|fen;** **kom|pos|tier|bar;** kompostierbarer Abfall; **kom|pos|tie|ren** (zu Kompost verarbeiten); du kompostierst; er kompostierte; er hat die Eierschalen kompostiert

das **Kom|pott;** des Kompott[e]s; die Kompot|te

die **Kom|pres|se** (ein feuchter Umschlag); die Kompressen; die **Kom|pres|si|on** (*Technik:* Zusammenpressung; Verdichtung);

der **Kom|pres|sor** (Verdichter); des Kompressors; die Kom|pres|so|ren; **kom|pri|mie|ren** (zusammenpressen; verdichten); komprimierte Luft

der, *selten:* das **Kom|pro|miss** (Übereinkunft; Ausgleich); des Kom|pro|mis|ses; die Kom|pro|mis|se; **kom|pro|miss|be|reit; kom|pro|miss|los;** der **Kom|pro|miss|vor|schlag**

kom|pro|mit|tie|ren (bloßstellen); du kompromittierst ihn; er kompromittierte ihn; er hat ihn kompromittiert

das **Kon|den|sat** (Niederschlag[swasser]); des Kondensat[e]s; die Kon|den|sa|te; **kon|den|sie|ren** (verdichten; verflüssigen); der Wasserdampf kondensiert; er kondensierte; er hat kondensiert; kondensierte Milch; die **Kon|dens|milch**

die **Kon|di|ti|on** (Bedingung; Verfassung, körperliche Leistungsfähigkeit); der **Kon|di|ti|o|nal|satz** (Bedingungssatz); das **Kon|di|ti|ons|trai|ning**

der **Kon|di|tor;** des Konditors; die Kon|di|to|ren; die **Kon|di|to|rei;** die **Kon|di|to|rin;** die Konditorinnen

die **Kon|do|lenz** (Beileid[sbezeigung]); die Kon|do|len|zen; **kon|do|lie|ren** (Beileid aussprechen); du kondolierst; sie kondolierte; sie hat ihm kondoliert; kondoliere ihm!

das *oder* der **Kon|dom** (Gummihülle für den Penis zur Empfängnisverhütung); des Kondoms; die Kon|do|me

der **Kon|dor** (Riesengeier); des Kondors; die Kon|do|re

das **Kon|fekt;** des Konfekt[e]s; die Kon|fek|te

die **Kon|fek|ti|on** (Fertigkleidung)

die **Kon|fe|renz** (Beratung); die Kon|fe|ren|zen; der **Kon|fe|renz|be|schluss; kon|fe|rie|ren** (eine Konferenz abhalten); sie konferierten; sie haben gestern konferiert

die **Kon|fes|si|on** (Glaubensbekenntnis); **kon|fes|si|o|nell** (zu einer Glaubensgemeinschaft gehörend)

das **Kon|fet|ti** (bunte Papierschnitzel); die Konfetti[s] *Plural*

der **Kon|fir|mand;** des/dem/den Kon|fir|man|den; die Kon|fir|man|den; die **Kon|fir|man|din;** die Konfirmandinnen; die **Kon|fir|ma|ti|on** (Aufnahme evangelischer Christen in die Gemeinde); **kon|fir|mie|ren;** sie konfirmierte ihn; sie hat ihn konfirmiert

kon|fis|zie|ren (beschlagnahmen); du konfiszierst; er konfiszierte; er hat die Briefe konfisziert

die **Kon|fi|tü|re** (Marmelade mit noch erkennbaren Obststücken)

der **Kon|flikt** (Streit; Widerstreit); des Konflikt[e]s; die Kon|flik|te; die **Kon|flikt|si|tu|a|ti|on**

die **Kon|fö|de|ra|ti|on** (Staatenbund); die Kon|fö|de|ra|ti|o|nen

kon|form (einig, übereinstimmend); konform gehen (übereinstimmen); die **Kon|for|mi|tät**

die **Kon|fron|ta|ti|on** (Gegenüberstellung; Auseinandersetzung); **kon|fron|tie|ren;** du konfrontierst; sie hat ihn mit der Wahrheit konfrontiert

kon|fus (verwirrt); die **Kon|fu|si|on**

das **Kon|glo|me|rat** (Gemisch); des Konglomerat[e]s; die Kon|glo|me|ra|te

der **Kon|go** (Fluss in Mittelafrika); [der] **Kongo** (Staat in Mittelafrika); der **Kon|go|le|se;** die **Kon|go|le|sin;** die Kongolesinnen; **kon|go|le|sisch**

die **Kon|gre|ga|ti|on** ([katholische] Vereinigung)

der **Kon|gress** ([größere] Versammlung); des Kon|gres|ses; die Kon|gres|se; der **Kon|gress|saal,** *auch:* **Kon|gress-Saal**

kon|gru|ent (deckungsgleich); die **Kon|gru|enz** (Übereinstimmung)

die **Ko|ni|fe|re** (Zapfen tragendes Nadelholzgewächs); die Koniferen

der **Kö|nig;** des Königs; die Kö|ni|ge; die preußischen Könige; ABER: die Heiligen Drei Könige; die **Kö|ni|gin;** die Königinnen; **kö|nig|lich;** die königliche Familie; ABER: [Eure] Königliche Hoheit *(Anrede);* das **Kö|nig|reich;** das **Kö|nigs|haus**

ko|nisch (kegelförmig)

die **Kon|ju|ga|ti|on** (Beugung des Verbs); **kon|ju|gie|ren;** du konjugierst; sie konjugierte; sie hat konjugiert; konjugiere die Verben!; die **Kon|junk|ti|on** (Bindewort); der **Kon|junk|tiv** (Möglichkeitsform); des Konjunktivs; die Kon|junk|ti|ve

die **Kon|junk|tur** (wirtschaftliche Lage); die Kon|junk|tu|ren; **kon|junk|tu|rell;** die konjunkturelle Situation

kon|kav (nach innen gewölbt); eine konkave Linse

das **Kon|kla|ve** (Versammlung[sort] der Kardinäle zur Papstwahl); des Konklaves; die Konklaven

das **Kon|kor|dat** (Vertrag zwischen Staat und katholischer Kirche); des Konkordat[e]s; die Kon|kor|da|te

kon|kret (körperlich, sinnfällig, greifbar); am kon|kre|tes|ten; konkrete Malerei; konkrete Musik; **kon|kre|ti|sie|ren** (verdeutlichen, veranschaulichen); du konkretisierst; sie konkretisierte; sie hat ihren Vorschlag konkretisiert

der **Kon|kur|rent** (Mitbewerber, Rivale) des/dem/den Kon|kur|ren|ten; die Kon|kur|ren|ten; die **Kon|kur|ren|tin;** die Konkurrentinnen; die **Kon|kur|renz** (Wettbewerb); die Kon|kur|ren|zen; der **Kon|kur|renz|kampf; kon|kur|rie|ren** (wetteifern); du konkurrierst mit ihm; er konkurrierte mit ihm; er hat mit ihm konkurriert; konkurriere nicht mit ihm!

der **Kon|kurs** (Zahlungsunfähigkeit); des Kon|kur|ses; die Kon|kur|se; das **Kon|kurs|ver|fah|ren**

kön|nen; du kannst; sie kann; sie konnte; sie hat ihre Aufgaben nicht gekonnt; ich habe das nicht glauben können; das **Kön|nen;** des Könnens; handwerkliches Können; der **Kön|ner;** des Könners; die Könner

der **Kon|rek|tor** (Vertreter des Rektors); die **Kon|rek|to|rin;** die Konrektorinnen

kon|se|ku|tiv (die Folge bezeichnend); der **Kon|se|ku|tiv|satz** (Folgesatz)

der **Kon|sens** (Übereinstimmung der Meinungen)

kon|se|quent (folgerichtig; beharrlich); am kon|se|quen|tes|ten; die **Kon|se|quenz** (Folgerichtigkeit; Folgerung; Beharrlichkeit); die Konsequenzen tragen, ziehen

kon|ser|va|tiv (am Alten, Hergebrachten festhaltend); eine konservative Partei; ABER: die Konservative Partei (in England); der **Kon|ser|va|ti|vis|mus** (am Hergebrachten orientierte Einstellung)

das **Kon|ser|va|to|ri|um** (Musikhochschule); des Konservatoriums; die Kon|ser|va|to|ri|en

die **Kon|ser|ve** (haltbar gemachtes Lebensmittel); die **Kon|ser|ven|do|se; kon|ser|vie|ren** (einmachen; haltbar machen); du konservierst; er konservierte; er hat das Obst konserviert; konserviere die Früchte!

kon|sis|tent (fest; dickflüssig); die **Kon|sis|tenz**

der **Kon|so|nant** (Mitlaut); des/dem/den Kon|so|nan|ten; die Kon|so|nan|ten

das **Kon|sor|ti|um** (Genossenschaft); des Konsortiums; die Konsortien

kon|s|tant (unveränderlich, stetig); am kon|s|tan|tes|ten; eine konstante Temperatur; die **Kon|s|tan|te** (feste mathematische Größe); der Konstante[n]; die Konstanten; mehrere Konstante[n]

Kon|s|tan|ti|no|pel (*früherer Name für:* Istanbul)

die **Kon|s|tanz** (Beharrlichkeit; Stetigkeit)

kon|s|ti|tu|ie|ren (gründen); er hat eine neue Wissenschaft konstituiert; die Versammlung hat sich konstituiert (ist zusammengetreten); die **Kon|s|ti|tu|ti|on** ([körperliche] Verfassung; Grundgesetz); **kon|s|ti|tu|ti|o|nell** (verfassungsmäßig; anlagebedingt); eine konstitutionelle (an die Verfassung gebundene) Monarchie

kon|s|t|ru|ie|ren; du konstruierst; sie konstruierte; sie hat eine Maschine konstruiert; konstruiere (zeichne aus vorgegebenen Größen) ein Dreieck!; die **Kon|s|t|ruk|ti|on** (Bauart; Entwurf); **kon|s|t|ruk|tiv;** konstruktive (förderliche) Kritik

der **Kon|sul** (Vertreter eines Staates im Ausland); des Konsuls; die Konsuln; das **Kon|su|lat;** des Konsulat[e]s; die Kon|su|la|te

die **Kon|sul|ta|ti|on** (Befragung [eines Arztes]; Beratung); **kon|sul|tie|ren** (zu Rate ziehen); du konsultierst; sie konsultierte; sie hat einen Arzt konsultiert

der **Kon|sum** (Verbrauch); des Konsums; der **Kon|su|ment** (Verbraucher); des/dem/den Kon|su|men|ten; die Kon|su|men|ten; die **Kon|su|men|tin;** die Konsumentinnen; **kon|su|mie|ren;** du konsumierst; sie konsumierte; sie hat täglich drei Pfund Obst konsumiert

der **Kon|takt** (eine Verbindung); des Kontakt[e]s; die Kon|tak|te; **kon|takt|arm; kon|takt|freu|dig;** die **Kon|takt|lin|se**

(dünnes, auf der Hornhaut getragenes Augenglas)

die **Kon|ta|mi|na|ti|on** ([radioaktive] Verunreinigung, Verseuchung)

der **Kon|ter** (*Sport:* schneller Gegenangriff); des Konters; die Konter; **kon|tern** (abwehren); du konterst; sie konterte; sie hat den Angriff gekontert

der **Kon|text** (Zusammenhang); des Kontex|tes; die Kon|tex|te

der **Kon|ti|nent** [*auch:* 'kɔntinɛnt] (Festland; Erdteil); des Kontinent[e]s; die Kon|ti|nen|te; **kon|ti|nen|tal**

das **Kon|tin|gent** (geschuldeter Anteil, zugeteilte Menge); des Kontingent[e]s; die Kon|tin|gen|te; **kon|tin|gen|tie|ren** (einen Anteil festsetzen; zuteilen); du kontingentierst; er kontingentierte; er hat das Benzin kontingentiert

kon|ti|nu|ier|lich (fortlaufend); die **Kon|ti|nu|i|tät** (Stetigkeit, Fortdauer)

das **Kon|to;** des Kontos; die Konten, *auch:* Kontos *oder* Konti

das **Kon|tor** (Niederlassung eines Handelsunternehmens oder einer Reederei im Ausland); des Kontors; die Kon|to|re

kon|t|ra, *auch:* **con|t|ra** (gegen, entgegengesetzt); das **Kon|t|ra;** des Kontras; die Kontras; Kontra geben (heftig widersprechen); das Pro und Kontra (Für und Wider)

der **Kon|t|ra|bass** (Bassgeige); des Kon|t|ra|bas|ses; die Kon|t|ra|bäs|se

der **Kon|tra|hent** (Gegner im Streit; Vertragspartner); des/dem/den Kon|tra|hen|ten; die Kon|tra|hen|ten; die **Kon|tra|hen|tin;** die Kontrahentinnen

der **Kon|trakt** (Vertrag); des Kontrakt[e]s; die Kon|trak|te

der **Kon|t|rast** (Gegensatz); des Kontrast[e]s; die Kon|t|ras|te

die **Kon|t|rol|le** (Überwachung, Überprüfung); die Kontrollen; der **Kon|t|rol|leur** [kɔntrɔ'lø:ɐ̯]; des Kontrolleurs; die Kon|t|rol|leu|re; die **Kon|t|rol|leu|rin;** die Kontrolleurinnen; **kon|t|rol|lie|ren;** du kontrollierst; er kontrollierte; er hat ihn kontrolliert; kontrolliere die Rechnung!

kon|t|ro|vers (entgegengesetzt; umstritten); am kon|t|ro|ver|ses|ten; kontroverse Standpunkte; die **Kon|t|ro|ver|se** (Streitfrage, Streit); die Kontroversen

die **Kon|tur** (Umrisslinie); die Kon|tu|ren; **kon|tu|rie|ren** (in Umrissen zeichnen); er hat die Figur genau konturiert

der **Ko|nus** (Kegel); des Konus; die Konusse

der **Kon|vent** (Versammlung); des Konvent[e]s; die Kon|ven|te; die **Kon|ven|ti|on** (Vereinbarung; *meist Plural:* Brauch); **kon|ven|ti|o|nell** (herkömmlich, üblich)

kon|ver|gent (zusammenlaufend; übereinstimmend); die **Kon|ver|genz** (Annäherung; Übereinstimmung); die Kon|ver|gen|zen

die **Kon|ver|sa|ti|on** (Unterhaltung)

kon|vex (nach außen gewölbt); eine kon|ve|xe Linse

der **Kon|voi** (Verband von Schiffen, Fahrzeugen [mit schützender Begleitung]); des Konvois; die Konvois

das **Kon|zen|t|rat** (angereicherter Stoff, hochprozentige Lösung); des Konzentrat[e]s; die Kon|zen|t|ra|te

die **Kon|zen|t|ra|ti|on** (Zusammenziehung; [geistige] Sammlung); die **Kon|zen|t|ra|ti|ons|schwä|che; kon|zen|t|rie|ren;** du konzentrierst; sie konzentrierte; sie hat ihre Kräfte auf diese Aufgabe konzentriert; sich konzentrieren; sie hat sich auf ihre Arbeit konzentriert; **kon|zen|t|riert;** am kon|zen|t|rier|tes|ten

kon|zen|t|risch (mit gemeinsamem Mittelpunkt); konzentrische Kreise

das **Kon|zept** (erster Entwurf); des Konzept[e]s; die Kon|zep|te; die **Kon|zep|ti|on** (Entwurf eines Werkes); das **Kon|zept|pa|pier**

der **Kon|zern** (Zusammenschluss von Wirtschaftsunternehmen)

das **Kon|zert;** des Konzert[e]s; die Kon|zer|te; der **Kon|zert|a|bend**

die **Kon|zes|si|on** (das Zugeständnis; die Genehmigung); **kon|zes|siv** (einräumend); der **Kon|zes|siv|satz** (Einräumungssatz)

das **Kon|zil** (Kirchenversammlung); des Konzils; die Kon|zi|le *oder* Kon|zi|li|en

kon|zi|pie|ren (entwerfen); du konzipierst; er konzipierte; er hat die Rede konzipiert

der **Koog,** *auch:* **Kog** (dem Meere abgewonnenes eingedeichtes Land); des Koog[e]s, *auch:* Kog[e]s; die Kö|ge

die **Ko|o|pe|ra|ti|on** (Zusammenarbeit); **ko|o|pe|ra|tiv** (zur Zusammenarbeit bereit);

kooperatives Verhalten; **ko|o|pe|rie|ren** (zusammenarbeiten); du kooperierst; sie kooperierte; die Firmen haben kooperiert

die **Ko|or|di|na|te** (x- oder y-Achse); die Koordinaten; das **Ko|or|di|na|ten|sys|tem**

die **Ko|or|di|na|ti|on** (Abstimmung); **ko|or|di|nie|ren** (aufeinander abstimmen); du koordinierst; er koordinierte; er hat die Termine koordiniert; koordinierende (nebenordnende) Konjunktion

Ko|pen|ha|gen (Hauptstadt Dänemarks)

der **Kopf;** des Kopf[e]s; die Köp|fe; *Verkleinerungsform:* das Köpf|chen; Kopf hoch!; von Kopf bis Fuß; Kopf stehen; sie stand Kopf; sie hat Kopf gestanden; sie versuchte[,] Kopf zu stehen; ABER: beim Kopfstehen; das **Kopf-an-Kopf-Ren|nen;** der **Kopf|ball; köp|fen;** du köpfst; sie hat den Ball geköpft; köpfe doch den Ball! **kopf|los;** am kopf|lo|ses|ten; **kopf|rech|nen;** sie kann gut kopfrechnen; ABER: sie übte das Kopfrechnen; sie kann diese Aufgabe im Kopf rechnen

Das Verb *kopfrechnen* ist nur im Infinitiv gebräuchlich. Verwendet man eine gebeugte Form, tritt die Präposition *im* dazu: »Er behauptet, dass er das kleine Einmaleins im Kopf rechnet.«

der **Kopf|schmerz;** der **Kopf|sprung; kopf|ü|ber;** kopfüber ins Wasser springen

die **Ko|pie** (Abschrift; Nachbildung); die Kopi|en; **ko|pie|ren** (vervielfältigen); du kopierst; sie hat das Schreiben kopiert; kopiere das Zeugnis!; der **Ko|pie|rer** (*umgangssprachlich für:* Kopiergerät)

das **Kop|pel** (Gürtel); des Koppels; die Koppel

die **Kop|pel** (eingezäunte Weide); die Koppeln; **kop|peln** (verbinden); du koppelst; sie koppelte; sie hat die Pferde gekoppelt; kopp[e]le die Geräte!

die **Ko|ral|le;** die **Ko|ral|len|in|sel;** das **Ko|ral|len|riff**

der **Ko|ran** [*auch:* 'ko:ra:n] (das heilige Buch des Islams)

der **Korb;** des Korb[e]s; die Kör|be; der **Korb|blüt|ler**

Kord *vergleiche:* **Cord**

die **Kor|del** (Bindfaden); die Kordeln

Ko|rea (eine Halbinsel Ostasiens); der **Ko|re|a|ner;** die **Ko|re|a|ne|rin;** die Koreanerinnen; **ko|re|a|nisch**

die **Ko|rin|the** (eine kleine Rosinenart)

der **Kork** (Rinde der Korkeiche); des Kork[e]s; die Kor|ke; der **Kor|ken** (Stöpsel aus Kork); des Korkens; die Korken; der **Kor|ken|zie|her**

das **Korn;** des Korn[e]s; die Kör|ner; die **Korn|blu|me**

der **Kör|per;** des Körpers; die Körper; der **Kör|per|bau;** des Körperbau[e]s; **kör|per|be|hin|dert;** der *und* die **Kör|per|be|hin|der|te;** der **Kör|per|teil;** die **Kör|per|ver|let|zung**

kor|pu|lent (wohlgenährt); am kor|pu|len|tes|ten; die **Kor|pu|lenz**

kor|rekt (einwandfrei; ohne Fehler); am kor|rek|tes|ten; die **Kor|rek|tur** (Verbesserung); die Kor|rek|tu|ren

der **Kor|re|s|pon|dent** (Berichterstatter im Ausland); des/dem/den Kor|re|s|pon|den|ten; die Kor|re|s|pon|den|ten; die **Kor|re|s|pon|den|tin;** die Korrespondentinnen; die **Kor|re|s|pon|denz** (Briefwechsel); die Kor|re|s|pon|den|zen; **kor|re|s|pon|die|ren** (im Briefverkehr stehen); ich korrespondiere; du korrespondierst; sie hat mit ihm korrespondiert

der **Kor|ri|dor** (Flur, Gang); des Korridors; die Kor|ri|do|re

kor|ri|gie|ren (verbessern, berichtigen); du korrigierst; sie korrigierte; sie hat die Hefte korrigiert; korrigiere die Fehler!; sich korrigieren; mitten im Satz hat er sich korrigiert

die **Kor|ro|si|on** (chemische Zerstörung; Rostfraß)

kor|rum|pie|ren (*gehoben für:* bestechen); du korrumpierst ihn; er korrumpierte ihn; er hat ihn korrumpiert; **kor|rupt** (verdorben, bestechlich); am kor|rup|tes|ten; die **Kor|rup|ti|on**

der **Kor|sar** (*früher:* Seeräuber; Seeräuberschiff); des/dem/den Kor|sa|ren; die Kor|sa|ren

der **Kor|se** (Bewohner Korsikas); die **Kor|sin;** die Korsinnen

das **Kor|sett** (Mieder); die Korsetts, *auch:* Kor|set|te

Kor|si|ka (Insel im Mittelmeer); **kor|sisch**

der **Kor|so** (Schaufahrt; Umzug); des Korsos; die Korsos

die **Kor|vet|te** (leichtes Kriegsschiff); die Korvetten

die **Ko|ry|phäe** (bedeutende Persönlichkeit; hervorragender Gelehrter); die Ko|ry-phä|en

der **Ko|sak** (*früher:* leicht bewaffneter russischer Reiter); des/dem/den Ko|sa|ken; die Ko|sa|ken

ko|sen (zärtlich sein); ich kose; du kost; er kost; er koste; er hat mit ihr gekost; der **Ko|se|na|me**

der **Ko|si|nus** (*Mathematik:* eine Winkelfunktion; *Zeichen:* cos); des Kosinus; die Kosinus *oder* Ko|si|nus|se *Plural selten*

die **Kos|me|tik** (Schönheitspflege); die **Kos|me|ti|ke|rin;** die Kosmetikerinnen; der **Kos|me|tik|sa|lon; kos|me|tisch;** ein kosmetisches Mittel

kos|misch (das Weltall betreffend); kosmische Strahlung; der **Kos|mo|naut** (Weltraumfahrer); des/dem/den Kos|mo|nau|ten; die Kos|mo|nau|ten; der **Kos|mo|po|lit** (Weltbürger); des/dem/den Kos|mo|po|li|ten; die Kos|mo|po|li|ten; der **Kos|mos** (das Weltall, die Weltordnung); des Kosmos

die **Kost**

kost|bar; die **Kost|bar|keit**

kos|ten (schmecken); du kostest; sie kostet; sie kostete; sie hat das Essen gekostet; koste die Suppe!

kos|ten (wert sein); es kostet; es kostete; es hat [sie] viel Geld gekostet; das kostet ihn *oder* ihm die Stellung; die **Kos|ten** *Plural;* Kosten sparen; Kosten sparend, *auch:* kostensparend; eine Kosten sparende, *auch:* kostensparende Lösung; ABER NUR: eine erhebliche Kosten sparende Lösung; eine besonders kostensparende, noch kostensparendere Lösung; er hat sich auf Kosten seines Freundes amüsiert; **kos|ten|los**

köst|lich; die **Köst|lich|keit**

die **Kost|pro|be**

kost|spie|lig (teuer); eine kostspielige Angelegenheit

das **Kos|tüm;** des Kostüms; die Kos|tü|me; **kos|tü|mie|ren** (verkleiden); sie kostümierte ihr Kind; sie hat sich kostümiert; alle Gäste sind kostümiert

der **Kot** (Darmausscheidung); des Kot[e]s; die Ko|te *Plural selten*

das **Ko|te|lett;** des Koteletts; die Koteletts

der **Kö|ter** (*abwertend für:* Hund); des Köters; die Köter

der **Kot|flü|gel** (am Auto)

kot|zen (*derb für:* erbrechen); du kotzt; er kotzte; er hat gekotzt

kp = Kilopond

KPD = Kommunistische Partei Deutschlands

die **Krab|be** (ein Krebs); **krab|beln;** du krabbelst; es krabbelte; das Tier ist durch das Rohr gekrabbelt; es hat mich überall auf der Haut gekrabbelt (gejuckt)

krach!; der **Krach;** des Krach[e]s; mit Ach und Krach (mit Müh und Not); Krach schlagen; **kra|chen;** etwas kracht; etwas hat gekracht

kräch|zen; du krächzt; er krächzte; der Rabe hat gekrächzt

kraft; kraft seines Amtes; die **Kraft;** die Kräf|te; [viel] Kraft rauben; Kraft raubend, *auch:* kraftraubend; ein Kraft raubender, *auch:* kraftraubender Sport; ABER NUR: ein viel Kraft raubender Sport; ein äußerst kraftraubender, noch kraftraubenderer Sport; in Kraft treten; das in Kraft getretene Gesetz; das Inkrafttreten, *neu:* In-Kraft-Treten; etwas außer Kraft setzen; der **Kraft|fah|rer;** die **Kraft|fah|re|rin;** das **Kraft|fahr|zeug;** der **Kraft|fahr|zeug|brief;** das **Kraft|feld** *(Physik);* **kräf|tig; kräf|ti|gen;** du kräftigst dich; der Urlaub hat ihn gekräftigt; **kraft|los;** der **Kraft|sport;** der **Kraft|stoff; kraft|voll;** der **Kraft|wa|gen;** das **Kraftwerk**

der **Kra|gen;** die Kragen, *süddeutsch auch:* Krägen

die **Krä|he;** die Krähen; **krä|hen;** der Hahn kräht; der Hahn krähte; der Hahn hat gekräht

der **Kra|ke** (Riesentintenfisch); des/dem/den Kraken; die Kraken

der **Kra|keel** (*umgangssprachlich für:* Lärm und Streit); des Krakeels; die Kra|kee|le; **kra|kee|len** (lärmen); du krakeelst; er krakeelt; er krakeelte; er hat krakeelt; krakeele nicht!; der **Kra|kee|ler**

der **Kra|kel** (*umgangssprachlich für:* schwer leserliches Schriftzeichen); des Krakels; die Krakel; **kra|ke|lig** *oder* **krak|lig;** eine krak[e]lige Schrift; **kra|keln;** du krakelst;

sie krakelt; sie hat in ihr Heft gekrakelt; krak[e]le nicht!

der **Kral** (afrikanisches Runddorf); des Krals; die Kralle

die **Kral|le; kral|len;** du krallst; er krallt; er krallte; er hat die Nägel in ihren Arm gekrallt; sich an etwas krallen

der **Kram;** des Kram[e]s; **kra|men;** ich krame; du kramst; sie kramte; sie hat in der Schublade gekramt; der **Krä|mer**

die **Kram|pe,** *auch:* der **Kram|pen** (u-förmig gebogener Metallhaken)

der **Krampf;** des Krampf[e]s; die Krämp|fe; die **Krampf|a|der; krampf|haft**

der **Kran;** des Kran[e]s; die Krä|ne, *fachsprachlich:* Kra|ne; der **Kran|füh|rer**

der **Kra|nich;** des Kranichs; die Kra|ni|che

krank; krän|ker; am kränks|ten; krank sein, werden, liegen; sich [ganz] krank fühlen; sich [sehr] krank stellen; die krank machenden Belastungen; ↑ABER: krankfeiern, kranklachen, krankmachen, krankmelden, krankschreiben; der **Kran|ke;** ein Kranker; die Kranken; zwei Kranke; die **Kran|ke;** eine Kranke; **krän|keln;** du kränkelst; er kränkelt; er kränkelte; er hat lange gekränkelt; **kranken** (krank sein, beeinträchtigt sein); sie krankte an Bronchitis; die Firma hat an schlechter Organisation gekrankt; **kränken** (beleidigen); du kränkst ihn; er kränkt ihn; er kränkte ihn; er hat ihn sehr gekränkt; kränke ihn nicht!; das **Kran|ken|haus;** die **Kran|ken|kas|se;** die **Kran|ken|pfle|ge;** der **Kran|ken|pfle|ger;** die **Kran|ken|sal|bung** (katholisches Sakrament); der **Kran|ken|schein;** die **Kranken|schwes|ter;** die **Kran|ken|ver|si|cherung;** der **Kran|ken|wa|gen; krank|fei|ern** (*umgangssprachlich für:* der Arbeit fernbleiben, ohne ernstlich krank zu sein); er feiert krank; er hat gestern krankgefeiert; **krank|haft;** die **Krank|heit;** sich **krank|lachen** *(umgangssprachlich);* sie lachte sich krank; sie hat sich krankgelacht; **kränk|lich; krank|ma|chen** (krankfeiern); er macht krank; er hat krankgemacht; **krank|mel|den;** der Arzt meldete ihn krank; er hat sich im Betrieb krankgemeldet; **krank|schrei|ben;** die Ärztin schrieb sie krank; sie wurde [für] eine Woche krankgeschrieben; die **Krän|kung**

der **Kranz;** des Kran|zes; die Krän|ze

der **Krap|fen** (ein Gebäck); des Krapfens; die Krapfen

krass (extrem; grell); kras|ser; am kras-ses|ten

der **Kra|ter** (Vulkanöffnung; Abgrund); des Kraters; die Krater

die **Krät|ze** (eine Hautkrankheit); **krat|zen;** du kratzt; sie kratzt; sie kratzte; die Katze hat mich gekratzt; kratze nicht!; sich kratzen; er kratzt sich unentwegt; der **Krat|zer**

krau|en (sanft mit den Finger kratzen); du kraust; sie kraut; sie kraute; sie hat den Hund hinter den Ohren gekraut; **krau|len** (krauen); du kraulst; er kraulte; er hat die Katze gekrault

das **Kraul,** *auch:* **Crawl** [kraul, *auch:* kro:l] (Schwimmstil); des Kraul[s], *auch:* Crawl[s]; **krau|len,** *auch:* **craw|len** (im Kraulstil schwimmen); du kraulst, *auch:* crawlst; sie ist durch das ganze Becken gekrault, *auch:* gecrawlt; sie hat lange gekrault, *auch:* gecrawlt

kraus; am krau|ses|ten; **kräu|seln;** der Wind kräuselt; er kräuselte; er hat den Wasserspiegel gekräuselt; sich kräuseln; das Haar hat sich gekräuselt; **kraus|haarig**

das **Kraut;** des Kraut[e]s; die Kräu|ter

der **Kra|wall;** des Krawalls; die Kra|wal|le

die **Kra|wat|te** (Schlips)

kra|xeln (*umgangssprachlich für:* klettern); du kraxelst; sie kraxelt; sie kraxelte; sie ist auf den Berg gekraxelt; krax[e]le weiter!

kre|a|tiv (schöpferisch); die **Kre|a|ti|vität;** die **Kre|a|tur** (Geschöpf, Lebewesen); die Kre|a|tu|ren

der **Krebs** (Krebstier; bösartige Geschwulst); des Kreb|ses; die Kreb|se; Krebs erregen; Krebs erregend, *auch:* krebserregend; Krebs erregende, *auch:* krebserregende Chemikalien; ABER NUR: eine äußerst krebserregende Chemikalie; **krebs-krank; krebs|rot;** ein krebsrotes Gesicht

der **Kre|dit** (Zahlungsaufschub; befristet zur Verfügung gestellter Betrag; *übertragen für:* Glaubwürdigkeit); des Kredit[e]s; die Kre|di|te; auf Kredit (mit geliehenem Geld) kaufen; die **Kre|dit|kar|te; kre|ditwür|dig** das **Kre|do,** *auch:* **Cre|do** (Glaubensbekenntnis); des Kredos, *auch:* Credos; die Kredos, *auch:* Credos

die **Krei|de;** die Kreiden; **krei|de|bleich; krei|de|weiß**

kre|ie|ren ([er]schaffen); du kreierst; sie kreierte; sie hat einen neuen Duft kreiert

der **Kreis;** des Krei|ses; die Krei|se; der **Kreis|aus|schnitt** (Sektor); der **Kreis|durch|mes|ser; krei|sen;** das Flugzeug kreist; das Flugzeug kreiste; das Flugzeug ist *oder* hat über der Stadt gekreist

krei|schen; du kreischst; er kreischt; er kreischte; er hat gekreischt; kreisch[e] nicht so!

der **Krei|sel;** des Kreisels; die Kreisel; **kreis|för|mig;** der **Kreis|lauf;** des Kreislauf[e]s; die Kreis|läu|fe; **kreis|rund;** die **Kreis|sä|ge;** der **Kreis|tag** (Parlament eines Landkreises); des Kreistag[e]s; die Kreis|ta|ge

der **Kreiß|saal** (Entbindungsraum im Krankenhaus)

die **Krem** *vergleiche:* **Creme; kre|mig** *vergleiche:* **cre|mig**

das **Kre|ma|to|ri|um** (Einäscherungshalle); des Krematoriums; die Kre|ma|to|ri|en

der **Kreml** [*auch:* 'krɛml̩] (russischer Regierungssitz); des Kreml[s]

die **Krem|pe** (Hutrand); die Krempen

der **Krem|pel** (*umgangssprachlich für:* Trödel, Kram); des Krempels

kre|pie|ren (bersten; *derb für:* verenden); die Granate krepiert; das Tier ist krepiert

der **Krepp** [krɛp], *auch:* **Crêpe** (ein krauses Gewebe); des Krepps, *auch:* Crêpe; die Krepps *oder* Krep|pe, *auch:* Crêpes

die **Krepp** [krɛp], *auch:* **Crêpe** (dünner Eierkuchen); der Krepp, *auch:* Crêpe; die Krepps, *auch:* Crêpes

das **Krepp|pa|pier,** *auch:* **Krepp-Pa|pier**

die **Kres|se** (Name für verschiedene Salat- und Gewürzpflanzen)

Kre|ta (Insel im Mittelmeer); der **Kre|ter;** die **Kre|te|rin;** die Kreterinnen; **kre|tisch**

das **Kreuz;** des Kreu|zes; die Kreu|ze; das Rote Kreuz; das Eiserne Kreuz (Kriegsauszeichnung); über Kreuz; sie lief in die Kreuz und [in die] Quere; ABER: sie lief kreuz und quer; der **Kreuz|blüt|ler** (eine Pflanzenfamilie); des Kreuzblütlers; die Kreuzblütler; **kreu|zen;** du kreuzt; sie kreuzt; sie kreuzte; sie hat die Arme gekreuzt; sich kreuzen; die Züge haben sich gekreuzt; der **Kreu|zer** (ein Kriegsschiff); des Kreuzers; die Kreuzer; der **Kreu|zes|tod** (Christi); das **Kreu|zes|zei|chen** *oder* **Kreuz|zei|chen;** die **Kreuz|fahrt** (Schiffsreise); **kreu|zi|gen;** man kreuzigte ihn; man hat ihn gekreuzigt; die **Kreu|zi|gung;** die **Kreuz|ot|ter;** die **Kreuz|schlitz|schrau|be; kreuz und quer;** die **Kreu|zung;** das **Kreuz|ver|hör; kreuz|wei|se;** das **Kreuz|wort|rät|sel;** der **Kreuz|zug**

krib|be|lig *oder* **kribb|lig** (*umgangssprachlich für:* ungeduldig, gereizt)

krib|beln; das Selterswasser kribbelt; es kribbelte; es hat mir im Hals gekribbelt; es kribbelt mir in den Fingern (ich bin schon ganz ungeduldig)

krie|chen; du kriechst; sie kriecht; sie kroch; sie ist gekrochen; krieche durch die Zaunlücke!; der **Krie|cher;** die **Krie|che|rei; krie|che|risch** (unterwürfig); das **Kriech|tier**

der **Krieg;** des Krieg[e]s; die Krie|ge

krie|gen (*umgangssprachlich für:* bekommen, erhalten); du kriegst; sie kriegte; sie hat ein Fahrrad gekriegt

der **Krie|ger; krie|ge|risch;** der **Kriegs|dienst|ver|wei|ge|rer;** das **Kriegs|schiff**

der **Krill** (tierisches Plankton); des Krill[e]s

die **Krim** (Halbinsel in der Ukraine)

der **Kri|mi** [*auch:* 'kri:mi] (*umgangssprachlich für:* Kriminalroman, -film); des Krimis; die Krimis; der **Kri|mi|nal|be|am|te;** die **Kri|mi|nal|be|am|tin;** die Kriminalbeamtinnen; **kri|mi|nell** (verbrecherisch); kriminelles Handeln

der **Krin|gel** (kleiner Kreis; ein Gebäck); des Kringels; die Kringel; **krin|ge|lig;** sich kringelig lachen *(umgangssprachlich);* sich **krin|geln** (sich ringeln); das Haar kringelt sich; sie hat sich vor Lachen gekringelt (*umgangssprachlich für:* sie hat sehr gelacht)

die **Krip|pe;** das **Krip|pen|spiel**

die **Kri|se; kri|seln** (bedrohlich sein); es kriselte; in der Partei hat es gekriselt; das **Kri|sen|ge|biet; kri|sen|haft;** eine krisenhafte Situation

der **Kris|tall** (regelmäßiger, von ebenen Flächen begrenzter Körper); des Kristalls das **Kris|tạll** (geschliffenes Glas); **kris|tal|li|sie|ren** (Kristalle bilden); etwas kristallisiert; etwas kristallisierte; etwas hat kristallisiert; **kris|tạll|klar;** der **Kris|tạll|leuch|ter,** *auch:* **Kris|tạll-Leuch|ter**

die **Kri|tik** (kritische Beurteilung); die Kri|ti|ken; der **Kri|ti|ker;** die **Kri|ti|ke|rin;** die Kritikerinnen; **kri|tik|fä|hig;** die **Kri|tik|fä|hig|keit; kri|tik|los;** am kri|tik|lo|ses|ten; **kri|tisch;** kritisch denken; kritisch urteilen; eine kritische Geschwindigkeit; **kri|ti|sie|ren;** du kritisierst; er kritisiert; er kritisierte; er hat kritisiert; kritisiere mich nicht immer!

krit|teln (kleinlich urteilen; tadeln); du krittelst; er krittelt; er krittelte; er hat gekrittelt; kritt[e]le nicht so!

die **Krit|ze|lei** *(umgangssprachlich);* **krit|zeln;** du kritzelst; sie kritzelt; sie kritzelte; sie hat Männchen in ihr Heft gekritzelt; kritz[e]le nicht ins Heft!

der **Kro|a|te** (Einwohner von Kroatien); **Kro|a|ti|en** (Staat im Südosten Europas); die **Kro|a|tin;** die Kroatinnen; **kro|a|tisch**

der **Kro|kạnt** (Masse aus zerkleinerten Mandeln oder Nüssen); des Krokants

die **Kro|kẹt|te** (gebackenes längliches Klößchen); die Kroketten *meist Plural*

das **Kro|ko|dil;** die **Kro|ko|dils|trä|ne** (heuchlerische Träne) *meist Plural;* Krokodilstränen vergießen

der **Kro|kus** (eine Gartenpflanze); des Krokus; die Krokus *oder* die Krokusse

die **Kro|ne; krö|nen;** ich kröne ihn; du krönst ihn; sie krönt ihn; sie krönte ihn; sie hat ihn gekrönt; der **Kron|leuch|ter**

der **Kropf;** des Kropf[e]s; die Kröp|fe

krọss (*norddeutsch für:* knusprig); kros|ser; am kros|ses|ten; kross braten

der **Krö|sus** (sehr reicher Mann); des Krösus, *auch:* Krösusses; die Krösusse

die **Krö|te**

die **Krü|cke;** der **Krück|stock**

der **Krug;** des Krug[e]s; die Krü|ge

die **Kru|me** (Bröckchen vom Brot oder Kuchen); der **Krü|mel;** des Krümels; die Krümel; **krü|me|lig** *oder* **krüm|lig; krü|meln;** der Kuchen krümelt; der Kuchen hat gekrümelt

krumm; krum|mer; am krumms|ten; krumm biegen; sie hat den Löffel krumm gebogen; krumm nehmen (*umgangssprachlich für:* übel nehmen); er nahm ihm diese Bemerkung krumm; er hat ihm diese Bemerkung [sehr] krumm genommen; ↑ABER: krummlachen; **krüm|men;** du krümmst; sie hat ihm kein Haar gekrümmt; sich krümmen; sie hat sich am Boden gekrümmt; **krụmm|la|chen** (*umgangssprachlich für:* sehr heftig lachen); wir haben uns über den Film krụmmgelacht; die **Krüm|mung**

der **Krüp|pel;** des Krüppels; die Krüppel

die **Krus|te;** das **Krus|ten|tier**

das **Kru|zi|fix** [*auch:* krutsi'fɪks] (Nachbildung des gekreuzigten Christus); des Kru|zi|fi|xes; die Kru|zi|fi|xe

die **Kry̱p|ta** (Gruft, unterirdischer Kirchenraum); die Krypten

Kto.-Nr. = Kontonummer

Ku|ba (mittelamerikanischer Staat; westindische Insel); der **Ku|ba|ner;** die **Ku|ba|ne|rin;** die Kubanerinnen; **ku|ba|nisch**

der **Kü|bel;** des Kübels; die Kübel

der *oder* das **Ku|bik|me|ter**

ku|bisch (würfelförmig); kubische Gleichung (Gleichung dritten Grades); der **Ku|bus** (Würfel); des Kubus; die Kuben

die **Kü|che;** der **Kü|chen|dienst;** der **Kü|chen|schrank;** der **Kü|chen|zet|tel**

der **Ku|chen;** das **Ku|chen|blech;** der **Ku|chen|teig**

ku|cken *vergleiche:* **gu|cken**

der **Ku|ckuck;** des Kuckucks; die Ku|cku|cke; die **Ku|ckucks|uhr**

der *oder* das **Kụd|del|mud|del** (*umgangssprachlich für:* Wirrwarr); des Kuddelmuddels

die **Ku|fe** (Gleitschiene des Schlittens)

der **Kü|fer** (*südwestdeutsch für:* Böttcher); des Küfers; die Küfer

die **Ku|gel;** die Kugeln; **ku|ge|lig** *oder* **kug|lig** das **Ku|gel|la|ger; ku|geln;** ich kug[e]le; er kugelte; der Ball ist in die Ecke gekugelt; sie hat den Ball durch den Flur gekugelt; sich [vor Lachen] kugeln; **ku|gel|rund;** der **Ku|gel|schrei|ber;** das **Ku|gel|sto|ßen**

die **Kuh;** die Kü|he; der **Kuh|han|del** (*umgangssprachlich für:* fragwürdiges Tauschgeschäft)

kühl; im Kühlen; sich ins Kühle setzen

die **Kuh|le** (Grube, Loch)

die **Küh|le; küh|len;** du kühlst; sie hat ihr Ge-

sicht gekühlt; kühle deine Hand!; der **Küh|ler;** der **Kühl|schrank;** die **Küh|lung**
kühn; die **Kühn|heit**
das **Kü|ken** (das Junge des Huhnes); des Kükens; die Küken
der **Ku-Klux-Klan** (terroristischer Geheimbund in den USA); des Ku-Klux-Klan[s]
ku|lant (großzügig); die **Ku|lanz**
der **Ku|li** (*kurz für:* Kugelschreiber); des Kulis; die Kulis
ku|li|na|risch (auf die Kochkunst bezogen); kulinarische Genüsse
die **Ku|lis|se**
kul|lern; du kullerst; sie hat den Ball über den Tisch gekullert; die Fässer sind auf die Straße gekullert
der **Kult** (Gottesdienst; Verehrung); des Kult[e]s; die Kul|te; **kul|ti|vie|ren** (Land bearbeiten, urbar machen; sorgsam pflegen); ich kultiviere; du kultivierst; sie hat den Boden kultiviert; **kul|ti|viert** (gesittet; gebildet); am kul|ti|vier|tes-ten; ein kultivierter Mensch; die **Kul|tur;** die Kul|tu|ren; **kul|tu|rell;** das **Kul|tus|mi-nis|te|ri|um**
der **Küm|mel** (Gewürz; ein Branntwein); des Kümmels; die Kümmel
der **Kum|mer;** des Kummers; **küm|mer|lich;** sich **küm|mern;** du kümmerst dich; er hat sich um ihn gekümmert; kümmere dich um ihn!; das kümmert mich nicht (das ist mir egal)!
der **Kum|pan** (*umgangssprachlich für:* Kamerad; Mittäter); des Kumpans; die Kumpa|ne
der **Kum|pel** (Bergmann; *umgangssprachlich für:* Arbeitskamerad); des Kumpels; die Kumpel, *umgangssprachlich auch:* Kumpels
die **Ku|mu|la|ti|on** (*fachsprachlich für:* Anhäufung); **ku|mu|lie|ren;** du kumulierst; er hat kumuliert; die Schadstoffe haben sich im Körper kumuliert; der **Ku|mu|lus** (Haufenwolke); die Kumuli
kund; kund und zu wissen tun; ↑ABER: kundgeben, kundtun
die **Kun|de** (Botschaft)
der **Kun|de** (Käufer); des/dem/den Kunden; die Kunden; die **Kun|din;** die Kundinnen
kund|ge|ben (bekannt geben); sie gab kund; sie hat kundgegeben; ich gebe etwas kund; ABER: ich gebe Kunde von etwas; die **Kund|ge|bung; kun|dig;** ein kundiger Bergführer; sich kundig machen (sich informieren)
kün|di|gen; du kündigst; sie kündigt; sie kündigte; sie hat gekündigt; kündige!; sie hat ihm gekündigt; sie hat ihm die Wohnung gekündigt; es wurde ihr *oder* ihr wurde gekündigt; die **Kün|di|gung;** der **Kün|di|gungs|grund**
die **Kund|schaft;** der **Kund|schaf|ter** (jemand, der etwas erkundet); des Kundschafters; die Kundschafter
kund|tun (bekannt machen); ich tue kund; du tust kund; sie hat ihre Meinung kundgetan
künf|tig; künftigen Jahres
das **Kung-Fu** (Methode der Selbstverteidigung); des Kung-Fu[s]
die **Kunst;** die Küns|te; der **Kunst|dün|ger;** die **Kunst|fa|ser;** der **Kunst|griff;** der **Künst|ler;** die **Künst|le|rin;** die Künstlerinnen; **künst|le|risch; künst|lich;** künstliche Atmung; künstliche Niere; der **Kunst|stoff;** die **Kunst|stoff|fo|lie**, *auch:* **Kunst|stoff-Fo|lie**; das **Kunst|stück; kunstvoll;** das **Kunst|werk**
kun|ter|bunt (durcheinander, gemischt)
das **Kup|fer** (chemisches Element, Schwermetall; *Zeichen:* Cu); des Kupfers; **kupfern** (aus Kupfer); ein kupferner Kessel; der **Kup|fer|stich**
ku|pie|ren (kürzen, stutzen); er hat den Schwanz des Hundes kupiert
der **Ku|pon** [ku'põ:], *auch:* **Cou|pon** (abtrennbarer Zettel; Zinsschein); des Kupons, *auch:* Coupons; die Kupons, *auch:* Coupons
die **Kup|pe;** die Kuppe des Berges
die **Kup|pel;** die Kuppeln
kup|peln; du kuppelst; er kuppelte; er hat unvorsichtig gekuppelt; die **Kupplung;** das **Kupp|lungs|pe|dal**
die **Kur** (Heilverfahren; Heilbehandlung, Pflege); die Ku|ren
die **Kür** (Wahlübung beim Sport); die Kü|ren
das **Ku|ra|to|ri|um** (Aufsichtsbehörde); die Ku|ra|to|ri|en
die **Kur|bel;** die Kurbeln; **kur|beln;** ich kurb[e]le; du kurbelst; sie kurbelte; sie hat gekurbelt
der **Kür|bis;** des Kür|bis|ses; die Kür|bis|se
kü|ren (wählen); du kürst; sie kürt; sie

kürte, *auch:* kor; sie hat ihn gekürt, *auch:* gekoren; küre sie!; der **Kur|fürst;** des/dem/den Kur|fürs|ten; die Kur|fürs|ten

der **Kur|gast**

die **Ku|rie** ['ku:ri̯ə] (die päpstliche Zentralbehörde)

der **Ku|rier** (Eilbote); des Kuriers; die Ku|riere

ku|rie|ren (erfolgreich behandeln; heilen); ich kuriere ihn; du kurierst ihn; sie kurierte ihn; die Ärztin hat ihn kuriert

ku|ri|os (seltsam); am ku|ri|o|ses|ten; die **Ku|ri|o|si|tät** (Merkwürdigkeit); das **Ku|ri|o|sum** (etwas Sonderbares); des Kuriosums; die Kuriosa

der **Kur|ort**

der **Kurs;** des Kur|ses; die Kur|se; das **Kurs|buch** (Fahrplan)

der **Kürsch|ner** (Pelzverarbeiter); des Kürschners; die Kürschner

kur|siv (schräg gedruckt); kursive Schrift

der **Kur|sus** (Lehrgang); des Kursus; die Kurse

die **Kur|ve; kur|ven;** du kurvst; er kurvte um die Ecke; das Flugzeug ist *oder* hat über der Stadt gekurvt; **kur|ven|reich; kur|vig;** eine kurvige Strecke

kurz

kür|zer; am kür|zes|ten

Kleinschreibung:
- kurz und gut; kurz und schmerzlos
- zu kurz kommen
- kurz gesagt; ich habe[,] kurz gesagt[,] keine Lust dazu
- binnen, in, seit, vor kurzem
- über kurz oder lang

Großschreibung der Substantivierung und in Namen:
- den Kürzeren ziehen; etwas Kurzes spielen
- Pippin der Kurze (Frankenkönig)

Man schreibt »kurz« vom folgenden Verb oder Partizip getrennt, wenn es sinnvoll – wenigstens durch »sehr« oder »ganz« – erweitert oder gesteigert werden kann:
- kurz arbeiten; sie hat nur kurz gearbeitet; ↑ABER: kurzarbeiten
- in schlechten Zeiten müssen wir alle kürzer treten

die **Kurz|ar|beit** (angeordnete verkürzte Arbeitszeit); **kurz|ar|bei|ten** (Kurzarbeit leisten [müssen]); sie arbeitet kurz; sie hat kurzgearbeitet; ABER: sie hat hier nur kurz (für kurze Zeit) gearbeitet; **kurz|är|me|lig** *oder* **kurz|ärm|lig;** ein kurzärm[e]liges Hemd; **kurz|at|mig;** die **Kür|ze;** in Kürze; **kür|zen;** du kürzt; er kürzte; man hat ihr die Rente gekürzt; **kur|zer|hand; kurz|fris|tig;** die **Kurz|ge|schich|te; kurz|haa|rig;** ein kurzhaariges Mädchen; **kürz|lich;** der **Kurz|schluss;** die **Kurz|schrift; kurz|sich|tig;** die **Kurz|sich|tig|keit;** der **Kurz|stre|cken|lauf; kurz|um** (kurz gesagt); die **Kür|zung; kurz|wei|lig** (unterhaltsam); ein kurzweiliger Abend; das **Kurz|zeit|ge|dächt|nis**

kusch! (*Befehl an den Hund:* leg dich still nieder!)

ku|scheln; du kuschelst; sie kuschelte; sie haben in der Sofaecke gekuschelt; sie hat sich in eine Wolldecke gekuschelt

ku|schen (sich lautlos hinlegen [vom Hund]; *umgangssprachlich auch für:* stillschweigen); du kuschst; der Hund kuschte; er hat gekuscht

die **Ku|si|ne** [ku'zi:nə], *auch:* **Cou|si|ne** (Base); die Kusinen, *auch:* Cousinen

der **Kuss;** des Kus|ses; die Küs|se; *Verkleinerungsform:* das Küss|chen; **küs|sen;** du küsst; sie küsste; sie hat ihn geküsst; küss *oder* küsse sie!

die **Küs|te**

der **Küs|ter** (Kirchendiener)

die **Kut|sche;** der **Kut|scher;** des Kutschers; die Kutscher; **kut|schie|ren;** du kutschierst; sie hat den Wagen kutschiert; wir sind durch die Stadt kutschiert

die **Kut|te** (Mönchsgewand); die Kutten

der **Kut|ter** (kleines Fischereifahrzeug); des Kutters; die Kutter

das **Ku|vert** [ku've:ɐ̯, *auch:* ku'vɛrt] (Briefumschlag); des Kuverts; die Kuverts

Ku|wait [*auch:* 'ku:vai̯t] (Scheichtum am Persischen Golf); der **Ku|wai|ter;** die **Ku|wai|te|rin;** die Kuwaiterinnen; **ku|wai|tisch**

kW = Kilowatt; **kWh** = Kilowattstunde

L L

L = large [la:ɐ̯tʃ] (Kleidergröße: groß)

das **L** (Buchstabe); des L; die L; ABER: das l in Schale

l = Liter

das **Lab** (*Biologie:* ein Enzym); des Lab[e]s; die La|be

lab|be|rig *oder* **labb|rig** (*umgangssprachlich für:* schwach; fade; breiig); eine labb[e]rige Suppe

la|ben (*gehoben für:* mit Speisen oder Getränken erquicken); ich labe ihn; du labst ihn; er labte ihn; er hat ihn gelabt; sich laben (sich gütlich tun); er hat sich am Kuchen gelabt

la|bern (*umgangssprachlich für:* unaufhörlich über Unwichtiges reden); du laberst; er laberte; er hat viel gelabert; labere nicht!

la|bil (schwankend; unsicher); labiles Gleichgewicht; die **La|bi|li|tät**

der **Lab|ma|gen** (bei Wiederkäuern)

das **La|bor** (*kurz für:* Laboratorium); des Labors; die Labors, *auch:* La|bo|re; der **La|bo|rant;** des/dem/den La|bo|ran|ten; die La|bo|ran|ten; die **La|bo|ran|tin;** die Laborantinnen; das **La|bo|ra|to|ri|um** (naturwissenschaftliche Arbeits- und Forschungsstätte); die Laboratorien

das **Lab|sal** (Erfrischung); des Labsal[e]s; die Lab|sa|le

das **La|by|rinth** (Irrgang; Durcheinander; Innenohr); des Labyrinth[e]s; die La|by|rin|the

die **La|che** (Pfütze); die Lachen

die **La|che** (Gelächter); **lä|cheln;** du lächelst; sie lächelte; sie hat gelächelt; läch[e]le doch einmal!; **lachen;** du lachst; sie lachte; sie hat gelacht; lache nicht über ihn!; Tränen lachen; sie hat gut lachen (sie kann sich freuen); ABER: das **La|chen;** ein herzhaftes Lachen; das ist zum Lachen; ihm wird das Lachen bald vergehen; **lä|cher|lich;** ein lächerlicher Vorschlag; ABER: etwas ins Lächerliche ziehen

der **Lachs** (ein Fisch); des Lach|ses; die Lachse; **lachs|far|ben** *oder* **lachs|far|big**

der **Lack;** des Lack[e]s; die La|cke; **la|ckie|ren;** du lackierst; sie lackierte; sie hat das Auto lackiert; lackiere das Auto!; die **La|ckie|rung**

die **La|de** (Schublade); die Laden

la|den; du lädst; sie lädt; sie lud; das Schiff hat Erz geladen; der Richter hat sie als Zeugin geladen; lade die Waffe!

der **La|den;** des Ladens; die Läden; der **La|den|hü|ter** (schlecht verkäufliche Ware); der **La|den|schluss**

die **La|dung**

die **La|dy** ['leɪ:dɪ] (Titel der englischen adligen Frau; *selten für:* Dame); die Ladys; **la|dy|like** ['leɪ:dɪlaik] (damenhaft)

die **La|ge;** in der Lage (fähig) sein; sie ist in einer schwierigen Lage; 400 m Lagen (Lagenschwimmen)

das **La|ger;** die Lager, *in der Kaufmannssprache auch:* Läger; etwas auf Lager haben; das **La|ger|feu|er; la|gern;** du lagerst; sie lagerte; sie hat die Vorräte gelagert; lagere die Vorräte im Keller!; sich lagern (hinlegen); sie haben sich auf der Wiese gelagert; die **La|ger|stät|te** (Vorkommen von Bodenschätzen); die Lagerstätten; die **La|ge|rung**

La|gos (frühere Hauptstadt Nigerias)

die **La|gu|ne** (vom offenen Meer getrennter flacher Meeresteil)

lahm; ein lahmes Bein; lahm legen (zum Stillstand bringen); der Streik könnte die Wirtschaft lahm legen; die Stromversorgung war lahm gelegt; die Demonstranten versuchten[,] den Verkehr lahm zu legen; **lah|men** (lahm gehen); das Pferd lahmt; es hat gelahmt; **läh|men** (lahm machen); die Angst lähmte ihn; sie hat ihn gelähmt; die **Läh|mung**

der **Laib;** des Laib[e]s; die Lai|be; ein Laib Brot

der **Laich** (Eier von Amphibien, Fischen und Weichtieren); des Laich[e]s; die Lai|che

> Die Bezeichnung für die im Wasser abgelegten Eier von Tieren gehört zu den wenigen Wörtern im Deutschen, die mit *ai* geschrieben werden.

lai|chen (Laich absetzen); der Fisch laichte; der Fisch hat gelaicht; die **Laich|zeit**

der **Laie** (Nichtfachmann; Nichtpriester); des Lai|en; die Lai|en; **lai|en|haft;** eine laienhafte Reparatur; das **Lai|en|spiel**

der **La|kai** (Diener; unterwürfiger Mensch); des Lakaien; die Lakaien

die **La|ke** (Salzlösung zum Einlegen von Fisch, Fleisch u. Ä.); die Laken

das **La|ken** (Betttuch); des Lakens; die Laken

la|ko|nisch (kurz und treffend); ein lakonischer Kommentar

der, *auch:* das **La|k|ritz** (*landschaftlich für:* Lakritze); des La|k|rit|zes; die La|k|rit|ze; die **La|k|rit|ze** (eingedickter Süßholzsaft); die Lakritzen

lal|len; du lallst; er lallte; der Betrunkene hat nur gelallt; lall[e] nicht so!

das **La|ma** (höckerloses südamerikanisches Kamel); des Lamas; die Lamas

der **La|ma** (tibetischer Priester oder Mönch); des Lama[s]; die Lamas

die **La|mel|le** (Streifen; dünnes Blättchen)

la|men|tie|ren (*umgangssprachlich für:* laut klagen, jammern); du lamentierst; er lamentierte; er hat lamentiert; lamentiere nicht!; das **La|men|to;** des Lamentos; die Lamentos

das **La|met|ta** (Metallfäden [als Christbaumschmuck]); des Lamettas

das **Lamm;** des Lamm[e]s; die Läm|mer; *Verkleinerungsform:* das Lämmchen; **lammen** (ein Lamm werfen); das Schaf lammte; das Schaf hat gelammt; das **Lamm|fleisch; lamm|fromm** (sehr gehorsam, geduldig)

die **Lam|pe;** das **Lam|pen|fie|ber**

der **Lam|pi|on** [lamˈpi̯õ:, *auch:* ˈlampi̯õ] (Laterne); des Lampions; die Lampions

das **Land;** die Länder, *dichterisch auch:* die Lande; aus aller Herren Länder[n]; an Land gehen; auf dem Land leben; außer Landes sein; hierzulande, *auch:* hier zu Lande; bei uns zu Lande (daheim); zu Lande und zu Wasser; die Halligen melden »Land unter« (Überflutung); **landauf;** *nur in:* landauf, landab (überall); **land|aus;** *nur in:* landaus, landein (überall); **land|ein|wärts**

lan|den; das Flugzeug landete; das Flugzeug ist gelandet; der Boxer hat bei seinem Gegner einen Kinnhaken gelandet

das **Län|der|spiel** *(Sport);* der **Lan|des|bischof;** die **Lan|des|haupt|stadt;** die **Lan|des|re|gie|rung;** die **Lan|des|spra|che; lan|des|üb|lich;** landesübliche Kleidung; die **Land|kar|te;** der **Land|kreis; land|läufig** (allgemein verbreitet); nach landläufiger Meinung; **länd|lich;** der **Land|rat;** das **Land|rats|amt;** die **Land|schaft; landschaft|lich;** das **Land|schafts|schutz|gebiet;** das **Land|schul|heim;** der **Landsmann** (Landesgenosse); die Landsleute; die **Land|stra|ße;** der **Land|strei|cher;** der **Land|tag;** die **Lan|dung;** der **Land|wirt;** die **Land|wir|tin;** die **Land|wirt|schaft; land|wirt|schaft|lich**

---

lang

län|ger; am längs|ten

Kleinschreibung:
- über kurz oder lang
- seit langem, seit längerem

Großschreibung der Substantivierung:
- in Lang (*umgangssprachlich für:* im langen Abendkleid) gehen
- ein Langes und Breites (viel, umständlich) reden
- sich des Langen und Breiten über etwas äußern

Man schreibt »lang« vom folgenden Verb oder Partizip getrennt, wenn es sinnvoll – wenigstens durch »sehr« oder »ganz« – erweitert oder gesteigert werden kann:
- lang ziehen; ein Gummiband lang ziehen; er hat ihm die Ohren lang gezogen; eine lang gezogene Kurve

Vergleiche aber: langweilen

Bei »lang« als zweitem Bestandteil:
- meterlang; ABER: zehn Meter lang
- jahrelang; ABER: zwei Jahre lang

---

lang|at|mig; lang|bei|nig; lan|ge *oder* **lang** (Adverb); lang ersehnte Hilfe; lang anhaltender Beifall; es ist lange her; aus langer Weile; das Ende der langen Weile; ↑ABER: Lang[e]weile; die **Län|ge;** der Länge nach hinfallen; ABER: längelang hinfallen

lan|gen (*umgangssprachlich für:* ausreichen; greifen); das Geld langt; er langte in den Korb; das Geld hat gelangt; jetzt langt[']s mir aber! (jetzt ist meine Geduld zu Ende!)

der **Län|gen|grad;** der **Län|gen|kreis;** das **Län|gen|maß;** die **Lan|ge|wei|le,** *auch:* **Lang|wei|le;** der Langeweile, *auch:* Langweile; ABER: der langen Weile; aus Langeweile, *auch:* Langweile; ABER: aus langer Weile; **lang ge|zo|gen** *vergleiche:* **lang;** **lang|jäh|rig;** langjährige Erfahrungen; **lang|le|big;** langlebige Tiere; die **Lang|le|big|keit; läng|lich;** die **Lang|mut** (*gehoben für:* große Geduld); **lang|mü|tig; längs;** etwas längs (der Länge nach) trennen; längs (entlang) des Weges, *auch:* längs dem Weg; ein längs gestreifter Pullover; **lang|sam;** ein langsamer Walzer; die **Lang|sam|keit;** der **Lang|schlä|fer;** der **Längs|schnitt; längst** (seit langem); er ist längst daheim; **längs|tens** (*umgangssprachlich für:* höchstens; spätestens); das hält er längstens eine Stunde aus

die **Lan|gus|te** (eine Krebsart)

lang|wei|len; du langweilst ihn; sie langweilte ihn; sie hat ihn gelangweilt; langweile mich nicht mit deinem Vortrag!; sich langweilen; sie hat sich gelangweilt; **lang|wei|lig; lang|wie|rig** (lange dauernd und mühsam); langwierige Verhandlungen; **lang zie|hen** *vergleiche:* **lang**

die **Lan|ze**

La|os (Staat in Hinterindien); der **La|o|te;** des/dem/den Laoten; die **La|o|tin;** die Laotinnen; **la|o|tisch**

la|pi|dar (einfach, kurz und bündig); eine lapidare Feststellung

die **Lap|pa|lie** (Kleinigkeit, etwas Belangloses); die Lap|pa|li|en

der **Lap|pen;** des Lappens; die Lappen

läp|pisch (albern, dumm); eine läppische Bemerkung

der **Lap|sus** ([geringfügiger] Fehler; Versehen); des Lapsus; die Lapsus

der **Lap|top** ['lɛptɔp] (kleiner tragbarer Computer); des Laptops; die Laptops

die **Lär|che** (ein Nadelbaum)

lar|go (*Musik:* breit, langsam); das **Lar|go** (*Musik:* langsames Musikstück); des Largos; die Largos, *auch:* Larghi ['largi]

la|ri|fa|ri (*umgangssprachlich für:* oberflächlich; nachlässig); etwas larifari machen; ABER: das **La|ri|fa|ri** (*umgangssprachlich für:* Geschwätz, Unsinn); des Larifaris; was er sagte, war Larifari

der **Lärm;** des Lärms, *seltener:* Lärmes; **lär|men;** du lärmst; sie lärmte; sie hat gelärmt; lärme nicht so!

die **Lar|ve** (Maske; Jugendstadium von Insekten)

die **La|sa|g|ne** (ein italienisches Nudelgericht)

lasch (*umgangssprachlich für:* schlaff; träge); ein lascher Händedruck

die **La|sche** (ein Verbindungsstück)

der **La|ser** ['leɪzə] (Gerät zur Lichtverstärkung); des Lasers; die Laser; der **La|ser|dru|cker;** der **La|ser|strahl**

la|sie|ren (mit Lasur versehen); du lasierst; er lasierte; er hat den Schrank lasiert

las|sen; du lässt; sie lässt; sie ließ; sie hat gelassen; lasse *oder* lass das!; ich habe es gelassen (unterlassen); ich habe dich rufen lassen; er sollte es bleiben lassen (unterlassen); sie hat ihre Tasche fallen lassen, *seltener:* fallen gelassen; ABER: sie wird nicht lockerlassen (*umgangssprachlich für:* nachgeben)

läs|sig; die **Läs|sig|keit**

das, *auch:* der **Las|so** (eine Wurfschlinge); des Lassos; die Lassos

die **Last;** die Las|ten; zulasten, *auch:* zu Lasten des Angeklagten; die Rechnung geht zulasten, *auch:* zu Lasten von Herrn ...; die Kosten gehen zu meinen Lasten; der **Las|ter** (*umgangssprachlich für:* Lastkraftwagen); des Lasters; die Laster

das **Las|ter** (schlechte Gewohnheit); des Lasters; die Laster; **las|ter|haft; läs|tern;** du lästerst; er lästerte; er hat gelästert; lästere nicht über ihn!; die **Läs|te|rung**

läs|tig; eine lästige Fliege

der **Last|kraft|wa|gen** (*Abkürzung:* Lkw, *auch:* LKW)

die **Last-Mi|nute-Rei|se** ['la:st'mɪnɪt...] (verbilligt angebotene, kurzfristig anzutretende Reise)

der **Last|wa|gen**

die **La|sur** (durchsichtige Farbschicht); die La|su|ren

las|ziv (anstößig); laszive Fotos; die **Las|zi|vi|tät**

das **La|tein;** des Lateins; er ist mit seinem Latein am Ende (er weiß nicht mehr weiter); **La|tein|a|me|ri|ka** (die spanisch- und portugiesischsprachigen Staaten Amerikas); **la|tei|nisch;** lateinische Schrift

la|tent (vorhanden, aber nicht in Erscheinung tretend); eine latente Gefahr; die **La|tenz;** die **La|tenz|pe|ri|o|de** (eine Phase in der sexuellen Entwicklung des Menschen)

die **La|ter|ne;** der **La|ter|nen|pfahl**

der **La|tex** (Kautschukmilch); des Latex; die La|ti|zes

das **La|ti|num** (nachgewiesene Kenntnisse der lateinischen Sprache); des Latinums; das kleine, große Latinum

die **La|t|ri|ne** (Abort; Senkgrube)

die **Lat|sche** (Krummholzkiefer); die Latschen

die **Lat|sche** *oder* der **Lat|schen** (*umgangssprachlich für:* Hausschuh; ausgetretener Schuh); der Latsche *oder* des Latschens; die Latschen; **lat|schen** (nachlässig gehen); du latschst; sie latscht; sie latschte; sie ist über den Hof gelatscht; latsche nicht!

die **Lat|te;** der **Lat|ten|rost;** der **Lat|ten|zaun**

der **Lat|tich** (ein Korbblütler); des Lattichs; die Lat|ti|che

der **Latz;** des Lat|zes; die Lät|ze; *Verkleinerungsform:* das Lätzchen

lau; lau|er; am lau[e]s|ten; ein lauer Wind

das **Laub;** des Laub[e]s; Laub tragende Bäume; der **Laub|baum**

die **Lau|be** (Gartenhäuschen)

der **Laub|frosch;** die **Laub|sä|ge;** der **Laubwald**

der **Lauch** (eine Zwiebelpflanze); des Lauch[e]s; die Lau|che

die **Lau|er;** auf der Lauer sein, liegen; **lauern;** ich lauere; du lauerst; sie hat lange auf mich gelauert

der **Lauf;** des Lauf[e]s; die Läu|fe; im Lauf[e] der Zeit; 100-m-Lauf; die **Lauf|bahn; laufen;** du läufst; sie läuft; sie lief; sie ist gelaufen; lauf[e] schneller!; sie hat vor[,] den Hund [viel] laufen zu lassen; er hat sie laufen lassen (*umgangssprachlich für:* freigegeben); **lau|fend;** laufendes Jahr *oder* laufenden Jahres; laufender Monat *oder* laufenden Monats; die laufenden (ständigen) Kosten; am laufenden Band arbeiten; ABER: auf dem Laufenden (über das Neueste informiert) sein, bleiben; der **Läu|fer;** des Läufers; die Läufer; die **Läu|fe|rin;** die Läuferinnen; das **Lauffeu|er;** die Nachricht verbreitete sich wie ein Lauffeuer

läu|fig (brünstig); eine läufige Hündin

der **Lauf|schritt;** im Laufschritt

die **Lau|ge**

die **Lau|ne;** **lau|nig** (witzig); **lau|nisch** (launenhaft); ein launischer Freund

die **Laus;** die Läu|se; der **Laus|bub;** die **Lausbü|be|rei; laus|bü|bisch**

lau|schen; du lauschst; er lauschte; er hat an der Tür gelauscht; lausche nicht!; der **Lau|scher;** des Lauschers; die Lauscher; **lau|schig** (verborgen, gemütlich gelegen); ein lauschiges Plätzchen

lau|sen; der Affe laust sich; die Mutter hat ihr Junges gelaust; **lau|sig** (*umgangssprachlich für:* schlecht; schäbig; sehr [groß]); eine lausige Arbeit; es war lausig kalt

laut; lau|ter; am lau|tes|ten; laut reden; etwas laut (bekannt) werden lassen; der **Laut;** die Lau|te

laut (gemäß); laut [ärztlicher] Anweisung; laut Berichten; laut unseres Schreibens, *auch:* unserem Schreiben

die **Lau|te** (ein Saiteninstrument)

lau|ten; der Vertrag lautet auf den Namen ...; das Urteil lautet auf Freispruch

läu|ten; du läutest; sie läutete; sie hat geläutet; läute die Glocken!

lau|ter (rein; aufrichtig); lautere Gesinnung; die **Lau|ter|keit; läu|tern** (reinigen; von Fehlern befreien); das Leid läuterte ihn; es hat ihn geläutert

laut|los; am laut|lo|ses|ten; die **Lautschrift;** der **Laut|spre|cher; laut|stark**

lau|warm; lauwarmes Wasser

die **La|va** (feurig-flüssiger Schmelzfluss aus Vulkanen); die Laven

der **La|ven|del** (eine Gewürzpflanze)

la|vie|ren (mit Geschick Schwierigkeiten überwinden); du lavierst; sie lavierte; sie hat zwischen den Parteien laviert

die **La|wi|ne; la|wi|nen|ar|tig**

lax (schlaff; locker); am la|xes|ten; eine laxe Haltung

das **Lay-out** [le:ˈaut, *auch:* ˈle:laut], *auch:* **Lay|out** (Text- und Bildgestaltung in einer Zeitung o. Ä.); des Lay-outs, *auch:* Layouts; die Lay-outs, *auch:* Layouts

das **La|za|rett** (Militärkrankenhaus); des Lazarett[e]s; die La|za|ret|te

die **LCD-An|zei|ge** (Flüssigkristallanzeige)
das **Lear|ning by Do|ing** [ˈlə:nɪŋ baɪ ˈdu:ɪŋ] (Lernen durch unmittelbares Anwenden); des Learning by Doing; die **Learning-by-Do|ing-Me|tho|de**
lea|sen [ˈli:zn̩] (mieten); du least das Auto; sie hat das Gerät geleast; das **Leasing** (Vermietung); des Leasings; die Leasings; die **Lea|sing|fir|ma**
das **Le|be|hoch;** die Lebehochs; sie rief ein herzliches Lebehoch; ABER: sie rief: »Er lebe hoch!«
le|ben; du lebst; sie lebte; sie hat gelebt; lebe wohl!; ↑ABER: Lebewohl; das **Le|ben;** des Lebens; die Leben; mein Leben lang; am Leben bleiben; mit dem Leben davonkommen; **le|ben|dig;** der **Le|bens|baum;** die **Le|bens|be|din|gung** *meist Plural;* die **Le|bens|er|war|tung;** die **Le|bens|ge|fahr;** **le|bens|ge|fähr|lich;** der **Le|bens|ge|fährte;** die **Le|bens|ge|fähr|tin;** **le|bens|lang;** lebenslange Haft; **le|bens|läng|lich;** er bekam »lebenslänglich« (eine lebenslange Freiheitsstrafe); der **Le|bens|lauf;** das **Lebens|mit|tel;** die Lebensmittel *meist Plural;* **le|bens|not|wen|dig;** der **Le|bens|standard;** die **Le|bens|wei|se**
die **Le|ber;** der **Le|ber|tran** (vitaminreiches Öl aus der Leber von Fischen); die **Le|berwurst**
das **Le|be|we|sen;** das **Le|be|wohl;** die Lebewohle *oder* Lebewohls; sie rief ein herzliches Lebewohl; ABER: sie rief: »Lebe wohl!«
leb|haft; am leb|haf|tes|ten
der **Leb|ku|chen**
leb|los; ein lebloser Körper
Leb|zei|ten; bei Lebzeiten seines Vaters; zu seinen Lebzeiten
lech|zen (heftig verlangen); du lechzt; sie lechzte; sie hat nach Wasser gelechzt
leck (undicht); ein leckes Boot; das **Leck;** des Leck[e]s; die Lecks; **le|cken** (undicht sein); das Schiff leckte; das Schiff hat geleckt
le|cken (mit der Zunge berühren); du leckst; sie leckte; sie hat ein Eis geleckt; lecke nicht daran!; sich lecken; der Hund hat sich geleckt; **le|cker;** der **Le|cker|bissen;** die **Le|cke|rei**
das **Le|der;** des Leders; die Leder; die **Le|derho|se;** **le|dern** (aus Leder); lederne Stiefel
le|dig (nicht verheiratet)
le|dig|lich (nur)
die **Lee** (die dem Wind abgekehrte Seite; *Gegensatz:* Luv); in, nach Lee
leer; leer machen; leer essen, trinken; leer stehen; eine leer stehende Wohnung; er hat das Fass leer laufen (auslaufen) lassen; die **Lee|re;** **lee|ren;** du leerst; sie leerte; sie hat den Eimer geleert; leere den Eimer!; das **Leer|ge|wicht;** das **Leergut;** der **Leer|lauf** (unproduktives Tätigsein); die **Leer|tas|te** (bei der Schreibmaschine); die **Lee|rung**
die **Lef|ze** (die Lippe bei Tieren)
le|gal (gesetzlich, gesetzmäßig); **le|ga|li|sie|ren** (gesetzlich erlauben); du legalisierst; er hat die Zustände legalisiert; die **Le|ga|li|tät**
die **Le|g|as|the|nie** (Lese- und Rechtschreibschwäche); **le|g|as|the|nisch**
le|gen; du legst; sie legte; sie hat das Buch auf den Tisch gelegt; ABER: das Buch hat auf dem Tisch gelegen; ↑*auch:* gelegen; leg[e] das Buch auf den Tisch!
le|gen|där (legendenhaft; unwahrscheinlich); die **Le|gen|de** (Heiligenerzählung, Sage; Zeichenerklärung auf Landkarten usw.)
le|ger [leˈʒe:ɐ̯ *oder* leˈʒɛ:ɐ̯] (ungezwungen, locker); legere Kleidung
Leg|gings *oder* **Leg|gins** (Strumpfhose ohne Füßlinge) *Plural*
le|gie|ren (verschmelzen; binden; mit Eigelb anrühren); du legierst; er hat die Suppe legiert; legiere die Suppe!; die **Legie|rung** (Metallmischung)
die **Le|gi|on** (altrömische Heereseinheit; Freiwilligentruppe); die Le|gi|o|nen; der **Le|gi|o|när**
die **Le|gis|la|ti|ve** (gesetzgebende Gewalt im Staat); die **Le|gis|la|tur|pe|ri|o|de** (Amtsdauer eines Parlaments); **le|gi|tim** (gesetzlich; rechtmäßig); die **Le|gi|ti|ma|tion** (Beglaubigung; Berechtigungsausweis); **le|gi|ti|mie|ren** (beglaubigen); sie hat sich legitimiert (sich ausgewiesen)
der **Le|gu|an** (Baumeidechse); des Leguans; die Le|gu|a|ne
das **Le|hen** (*früher für:* einem Untertan geliehener [Grund]besitz); des Lehens; die Lehen
der **Lehm;** des Lehm[e]s; die Leh|me; **leh|mig**

leicht

leich|ter, am leich|tes|ten

1. Groß- und Kleinschreibung:	
Kleinschreibung: – leichtes Heizöl – leichte Musik *Großschreibung der Substantivierung:* – es ist mir ein Leichtes (fällt mir sehr leicht) [,] darauf zu verzichten – das ist nichts Leichtes	– leicht machen; sie hat es ihm [ganz] leicht gemacht – leicht verdaulich; eine leicht verdauliche Speise; die Speise war leicht verdaulich – leicht verständlich; eine leicht verständliche Sprache; die Sprache ist leicht verständlich
2. Getrennt- und Zusammenschreibung: *Man schreibt »leicht« vom folgenden Verb, Partizip oder Adjektiv getrennt, wenn es sinnvoll – wenigstens durch »sehr« oder »ganz« – erweitert oder gesteigert werden kann:* – leicht fallen; sie ist nur leicht gefallen (hingefallen); die Arbeit ist ihr [sehr] leicht gefallen (hat sie nicht angestrengt)	

die **Leh|ne; leh|nen;** du lehnst; sie lehnte; sie hat die Leiter an die Mauer gelehnt; sich lehnen; sie hat sich an meine Schulter gelehnt; der **Lehn|stuhl**

das **Lehns|we|sen** *oder* **Le|hens|we|sen** *(früher)*

das **Lehn|wort;** die Lehn|wör|ter

das **Lehr|buch;** die **Leh|re; leh|ren;** du lehrst; sie lehrte; sie hat gelehrt; lehre ihn schwimmen!; sie lehrt ihn Englisch; er lehrt mich lesen; sie lehrt ihn das Lesen; sie hat ihn reiten gelehrt

der **Leh|rer;** des Lehrers; die Lehrer; die **Leh|re|rin;** die Lehrerinnen; das **Lehr|fach;** der **Lehr|gang;** der **Lehr|herr;** der **Lehr|ling;** der **Lehr|plan;** die **Lehr|stel|le;** der **Lehr|stoff;** die **Lehr|werk|statt**

der **Leib;** des Leib[e]s; die Lei|ber; gut bei Leibe (wohlgenährt) sein; ABER: beileibe nicht; einem zu Leibe gehen; **leib|eigen** *(früher);* die **Leib|ei|gen|schaft;** das **Leib|ge|richt; leib|haf|tig;** der **Leib|haf|tige** (Teufel); des/dem/den Leibhaftigen; **leib|lich;** das leibliche Wohl

die **Lei|che; lei|chen|blass;** der **Leich|nam;** des Leichnam[e]s; die Leich|na|me

leicht *s. Kasten*

der **Leicht|ath|let;** die **Leicht|ath|le|tik;** die **Leicht|ath|le|tin; leicht fal|len** *vergleiche:* **leicht; leicht|fer|tig; leicht|gläu|big;** die **Leich|tig|keit; leicht ma|chen** *vergleiche:* **leicht;** das **Leicht|me|tall;** der **Leicht|sinn; leicht|sin|nig; leicht ver|dau|lich** *vergleiche:* **leicht; leicht ver|ständ|lich** *vergleiche:* **leicht**

leid; ich bin es leid; ABER: das wird dir noch Leid tun; das **Leid;** des Leid[e]s; jemandem Leid tun; jemandem etwas zuleide, *auch:* zu Leide tun; er hat sich ein Leid angetan; sie klagte ihm ihr Leid; schweres Leid [er]tragen; die Leid tragende, *auch:* leidtragende Bevölkerung; die Leid Tragenden, *auch:* Leidtragenden sind die Kinder

die **Lei|de|form** (Passiv); **lei|den;** ich leide; du leidest; sie leidet; sie litt; sie hat Not gelitten; das **Lei|den;** des Leidens; die Leiden; Freuden und Leiden; die **Lei|den|schaft; lei|den|schaft|lich; lei|den|schafts|los**

lei|der; leider Gottes

lei|dig (unangenehm); eine leidige Angelegenheit

> Das Adjektiv *leidig* ist von *Leid* abgeleitet und bedeutet »lästig«, »unangenehm«: »Das ist eine leidige Angelegenheit«. Dagegen ist *leidlich* eine Bildung zu *leiden* und bedeutet »einigermaßen den Erwartungen entsprechend«: »Sie hat leidliche Kenntnisse in Englisch.«

leid|lich (ausreichend, [noch] annehmbar); sie war eine leidliche Schülerin

leid|tra|gend *vergleiche:* **Leid;** der *oder* die **Leid|tra|gen|de** *vergleiche:* **Leid**

das **Leid|we|sen;** *nur in:* zu meinem, unserem usw. Leidwesen (Bedauern)

die **Lei|er** (Musikinstrument); **lei|ern;** du leierst; sie leierte; sie hat das Gedicht geleiert; leiere nicht so!

die **Leih|bü|che|rei; lei|hen;** du leihst; sie leiht; sie lieh; sie hat das Buch geliehen; leihe mir das Buch!; der **Leih|wa|gen; leih|wei|se**

der **Leim;** des Leim[e]s; **lei|men;** du leimst; sie leimte; sie hat den Stuhl geleimt; leime den Stuhl!

der **Lein** (Flachs); des Lein[e]s

die **Lei|ne**

lei|nen (aus Leinen); leinene Bettwäsche; das **Lei|nen** (Flachsfaser); des Leinens; die Leinen; der **Lein|sa|men** (Samen des Flachses); die **Lein|wand**

Leip|zig (Stadt in Sachsen)

lei|se; nicht die leiseste (überhaupt keine) Ahnung haben; ABER: nicht im Leisesten (durchaus nicht) zweifeln

die **Leis|te**

leis|ten; du leistest; sie leistete; sie hat gute Arbeit geleistet; leiste erste Hilfe!

der **Leis|ten** (Modell in Fußform; Schuhspanner); des Leistens; die Leisten

der **Leis|ten|bruch** (zu Leiste)

die **Leis|tung; leis|tungs|fä|hig;** ein leistungsfähiger Sportler; die **Leis|tungs|fä|hig|keit; leis|tungs|ge|recht;** leistungsgerechte Bezahlung; der **Leis|tungs|kurs** (in der Schule); der **Leis|tungs|sport; leis|tungs|stark;** ein leistungsstarker Motor

der **Leit|ar|ti|kel** (in der Zeitung); **lei|ten;** du leitest; sie leitete; sie hat die Diskussion geleitet; leite die Diskussion!; ein leitender Angestellter; der **Lei|ter** (führende Person); des Leiters; die Leiter

die **Lei|ter** (Steiggerät); die Leitern; der **Lei|ter|wa|gen**

der **Leit|fa|den;** die Leitfäden; der **Leit|ge|dan|ke;** der **Leit|ham|mel;** das **Leit|mo|tiv;** die **Leit|plan|ke;** der **Leit|ton** *(Musik)*

die **Lei|tung;** der **Lei|tungs|mast;** das **Lei|tungs|netz;** das **Lei|tungs|was|ser**

das **Leit|werk** (Steuerflächen am Flugzeug)

der **Leit|zins** *(Wirtschaft)*

die **Lek|ti|on** (Unterrichtsstunde; Aufgabe; Zurechtweisung); jemandem eine Lektion erteilen; der **Lek|tor** (ein Hochschullehrer; ein Verlagsmitarbeiter); des Lektors; die Lek|to|ren; die **Lek|to|rin;** die Lektorinnen; die **Lek|tü|re** (Lesestoff)

der **Lem|ming** (eine Wühlmaus); des Lemmings; die Lem|min|ge

die **Len|de; len|den|lahm;** der **Len|den|schurz**

Le|nin|grad (früherer Name der russischen Stadt Sankt Petersburg)

lenk|bar; ein lenkbarer Drachen; **len|ken;** du lenkst; sie lenkte; sie hat den Bus gelenkt; lenke den Verdacht nicht auf mich!; der **Len|ker;** des Lenkers; die Lenker; das **Lenk|rad;** das **Lenk|rad|schloss;** die **Lenk|stan|ge;** die **Len|kung**

der **Lenz** (*gehoben für:* Frühling); des Len|zes; die Len|ze; sie wird bald 50 Lenze (Jahre) alt

der **Le|o|pard;** des/dem/den Le|o|par|den; die Le|o|par|den

die **Le|p|ra** (Aussatz)

die **Ler|che** (ein Vogel)

ler|nen; du lernst; sie hat gelernt; Deutsch lernen; ABER: lesen, *auch:* [das] Lesen lernen; Schlittschuh laufen, *auch:* [das] Schlittschuhlaufen lernen; ein gelernter Tischler; kennen lernen ↑kennen

Das Verb *lernen* darf nicht mit *lehren* (= unterrichten, jemandem etwas beibringen) verwechselt werden. Es heißt also: »Er hat ihn tanzen gelehrt«, aber: »Er hat bei ihm tanzen gelernt«.

die **Les|be** (*umgangssprachlich und Selbstbezeichnung für:* Lesbierin); die Lesben; die **Les|bi|e|rin** (homosexuell veranlagte Frau); die Lesbierinnen; **les|bisch;** lesbische Liebe

die **Le|se** (Weinlese); die Lesen

das **Le|se|buch; le|sen;** du liest; sie liest; du lasest; sie las; sie hat den Roman gelesen; lies das Buch!; **le|sens|wert;** der **Leser;** des Lesers; die Leser; der **Le|ser|brief;** die **Le|se|rin;** die Leserinnen; **le|ser|lich;** eine leserliche Schrift; die **Lesung**

die **Le|thar|gie** (Trägheit); **le|thar|gisch**

der **Let|te** (Einwohner von Lettland); des/dem/den Letten; die Letten

die **Let|ter** (Druckbuchstabe); die Lettern

die **Let|tin** (Einwohnerin von Lettland); die Lettinnen; **let|tisch; Lett|land** (nordosteuropäische Republik)
die **Letzt;** *nur in:* zu guter Letzt

letz|te

Kleinschreibung:
- das letzte Stündlein
- die letzte Ruhestätte
- der letzte Wille (Testament)
- letzten Endes
- jemandem die letzte Ehre erweisen
- das letzte Mal; zum letzten Mal (↑Mal)

Großschreibung der Substantivierung und in namensähnlichen Fügungen:
- der Letzte, der gekommen ist; er ist der Letzte, den ich wählen würde; dies ist das Letzte, was ich tun würde
- den Letzten beißen die Hunde; die Letzten werden die Ersten sein
- das ist das Letzte (das Schlimmste)
- er hatte das bis ins Letzte (genau) ausgearbeitet
- fürs Letzte (zuletzt)
- bis zum Letzten (sehr) angespannt sein
- bis zum Letzten (bis zum Äußersten) gehen
- sein Letztes hergeben
- der Letzte seines Stammes; der Letzte des Monats
- die Letzte Ölung (Krankensalbung)

letz|tens; letzt|lich; letzt|ma|lig; letztmals
die **Leuch|te; leuch|ten;** die Lampe leuchtet; sie hat geleuchtet; **leuch|tend;** am leuchtends|ten; leuchtend blaue Augen; seine Augen waren leuchtend blau; der **Leuchter;** des Leuchters; die Leuchter; der **Leucht|turm**
leug|nen; du leugnest; er leugnete; er hat die Tat geleugnet; leugne nicht!
die **Leu|k|ä|mie** (*Medizin:* Blutkrebs)
das **Leu|ko|plast** (Heftpflaster); des Leukoplast[e]s; die Leu|ko|plas|te
der **Leu|mund** (Ruf); des Leumund[e]s; einen guten Leumund haben; das **Leu|mundszeug|nis**
die **Leu|te** *Plural*
der **Leut|nant** (unterster Offiziersrang); des Leutnants; die Leutnants, *seltener:* Leutnan|te
leut|se|lig (gesprächig); die **Leut|se|ligkeit**
le|xi|ka|lisch (das Lexikon betreffend); das **Le|xi|kon** (alphabetisch geordnetes allgemeines Nachschlagewerk); des Lexikons; die Lexika *oder* Lexiken
lfd. = laufend
die **Li|a|ne** (eine Schlingpflanze); die Lianen
der **Li|ba|ne|se** (Einwohner des Libanons); des/dem/den Libanesen; die **Li|ba|nesin;** die Libanesinnen; **li|ba|ne|sisch;** [der] **Li|ba|non** (Staat im Vorderen Orient); des Libanon[s]
die **Li|bel|le** (ein Insekt; Teil der Wasserwaage)
li|be|ral (vorurteilslos; freiheitlich; freisinnig); **li|be|ra|li|sie|ren** (von Einschränkungen und Verboten befreien); du liberalisierst; er liberalisierte; das Parlament hat den Strafvollzug liberalisiert; der **Li|be|ra|lis|mus** (Weltanschauung, die die freie Entfaltung des Menschen fordert); des Liberalismus; **li|be|ra|listisch;** die **Li|be|ra|li|tät**
Li|be|ria (Staat in Westafrika); der **Li|beri|a|ner;** des Liberianers; die Liberianer; die **Li|be|ri|a|ne|rin;** die Liberianerinnen; **li|be|ri|a|nisch**
der **Li|be|ro** (freier Verteidiger beim Fußball); des Liberos; die Liberos; [als] Libero spielen
Li|by|en (Staat in Nordafrika); der **Li|byer;** des Libyers; die Libyer; die **Li|by|e|rin;** die Libyerinnen; **li|bysch**
licht; am lich|tes|ten; es wird licht (hell); am lichten Tag (bei Tageslicht); ein lichter (dünn bewachsener) Wald; lichte Weite (der Abstand von Wand zu Wand, z.B. bei einer Röhre); das **Licht;** des Licht[e]s; die Lich|ter; Licht machen (die Beleuchtung einschalten); das **Lichtbild; licht|durch|läs|sig; licht|emp|findlich;** lichtempfindliche Augen
lich|ten (ausdünnen); sie lichtet; sie lichtete; sie hat den Wald gelichtet; sich lichten; seine Haare haben sich gelichtet
der **Lich|ter|glanz; lich|ter|loh;** lichterloh brennen; die **Licht|ge|schwin|dig|keit;** die **Licht|hu|pe;** das **Licht|jahr** (astronomi-

A B C D E F G H I J K L M N O P Q R S T U V W X Y Z

sche Längeneinheit); **Licht|mess** (ein katholisches Fest); Mariä Lichtmess; die **Licht|quel|le;** die **Licht|schran|ke;** der **Licht|schutz|fak|tor** (beim Sonnenöl); der **Licht|strahl;** die **Lich|tung**

das **Lid** (Augenlid); des Lid[e]s; die Li|der

Nicht verwechseln: Obwohl beide Wörter gleich ausgesprochen werden, schreibt man das *Lid* über dem Auge mit einfachem *i,* das *Lied,* das man singen kann, hingegen mit *ie.*

der **Lid|schat|ten;** der **Lid|schlag**

lieb

Kleinschreibung:
- sich bei jemandem lieb Kind machen
- der liebe Gott
- es ist mir am liebsten (sehr lieb); ABER:

Großschreibung der Substantivierung und in Namen:
- es ist mir das Liebste (sehr lieb)
- die Kirche zu Unserer Lieben Frau[en]

Man schreibt »lieb« vom folgenden Verb oder Partizip getrennt, wenn es sinnvoll – wenigstens durch »sehr« oder »ganz« – erweitert oder gesteigert werden kann:
- lieb sein
- lieb haben; wir haben uns [sehr] lieb gehabt
- *Vergleiche aber:* liebäugeln; liebkosen

lieb|äu|geln; sie hat mit diesem Plan geliebäugelt; die **Lie|be;** Lieb und Lust; mir zuliebe; jemandem etwas zuliebe tun; **lie|ben;** du liebst; sie liebte ihn; sie hat ihn geliebt; liebe deinen Nächsten!; **lie|bens|wert; lie|bens|wür|dig; lie|ber;** am liebs|ten; der **Lie|bes|brief;** der **Lie|bes|kum|mer; lie|be|voll;** der **Lieb|ha|ber;** die **Lieb|ha|be|rei; lieb|ko|sen;** du liebkost; sie liebkost; sie hat liebkost *oder* geliebkost; **lieb|lich;** lieblicher Wein; der **Lieb|ling;** die **Lieb|lings|far|be; lieb|los;** die **Lieb|lo|sig|keit**

das *oder* der **Lieb|stö|ckel** (eine Heil- und Gewürzpflanze); des Liebstöckels; die Liebstöckel

Liech|ten|stein [ˈlɪçtn̩ʃtai̯n]; der **Liech|ten|stei|ner;** des Liechtensteiners; die Liechtensteiner; die **Liech|ten|stei|ne|rin;** die Liechtensteinerinnen; **liech|ten|stei|nisch**

das **Lied** (Gesang; Gedicht); des Lied[e]s; die Lieder; ↑ABER: Lid; das **Lie|der|buch**

lie|der|lich (nachlässig; unordentlich); die **Lie|der|lich|keit**

der **Lie|fe|rant;** des/dem/den Lie|fe|ran|ten; die Lie|fe|ran|ten; **lie|fer|bar; lie|fern;** du lieferst; sie hat die Ware geliefert; liefere die Ware sofort!; der **Lie|fer|schein;** die **Lie|fe|rung**

die **Lie|ge; lie|gen;** du liegst; sie liegt; sie lag; sie hat (*süddeutsch und österreichisch:* ist) im Bett gelegen; lieg[e] nicht immer auf dem Sofa!; liegen bleiben; er blieb liegen; er ist im Bett liegen geblieben; liegen lassen; du sollst den Stein liegen lassen; sie ließ den Schlüssel liegen; sie hat den Schlüssel liegen lassen; sie hat ihn links liegen lassen, *seltener:* liegen gelassen (sie hat ihn nicht beachtet); der **Lie|ge|stuhl;** der **Lie|ge|stütz** (gymnastische Übung); des Lie|ge|stüt|zes; die Lie|ge|stüt|ze

der **Lift** (Fahrstuhl, Aufzug); des Lift[e]s; die Lif|te *oder* Lifts; **lif|ten** (heben, stemmen); du liftest; er liftete; er hat die Kisten mit dem Gabelstapler geliftet

die **Li|ga** (Bund, Bündnis; eine Wettkampfklasse); die Ligen

die **Light|show** [ˈlai̯tʃo:], *auch:* **Light-Show** (Show mit besonderen Lichteffekten)

li|ie|ren (eine Verbindung, ein Liebesverhältnis eingehen); die beiden Firmen haben sich liiert; er ist schon lange mit ihr liiert

der **Li|kör** (süßer Branntwein); des Likörs; die Li|kö|re

li|la; ein lila Kleid; ein lila gefärbter Pullover; ↑blau; das **Li|la** (ein fliederblauer Farbton); des Lilas; die Lila; die Farbe Lila; ein kräftiges Lila; Kleider in Lila; **li|la|far|ben** *oder* **li|la|far|big**

die **Li|lie** (eine Blume)

der **Li|li|pu|ta|ner** (*umgangssprachlich für:* kleinwüchsiger Mensch); des Liliputaners; die Liliputaner; die **Li|li|pu|ta|ne|rin;** die Liliputanerinnen

Li|ma (Hauptstadt Perus)

der **Li|mes** (römischer Grenzwall); des Limes; das **Li|mit** (als Grenze festgelegter Wert, Betrag usw.); des Limits; die Limits *oder* Li|mi|te; **li|mi|tie|ren** (begrenzen); du limitierst; sie hat die Auflage auf 300 Exemplare limitiert

die **Li|mo|na|de**

die **Li|mou|si|ne** [limu'zi:nə] (ein Personenwagen mit festem Verdeck)

lind (mild); am lin|des|ten; ein linder Regen

die **Lin|de** (ein Laubbaum); der **Lin|den|blü|ten|tee**

lin|dern; du linderst; sie linderte; sie hat den Schmerz gelindert; lindere ihre Schmerzen!

der **Lind|wurm** (Drache)

das **Li|ne|al;** des Lineals; die Li|ne|a|le; **li|ne|ar** (geradlinig); eine lineare Gleichung *(Mathematik)*

die **Lin|gu|is|tik** (Sprachwissenschaft); **lin|gu|is|tisch**

die **Li|nie;** Linie halten; die absteigende, aufsteigende Linie; das **Li|ni|en|blatt;** der **Li|ni|en|flug; li|ni|ie|ren** *und* **li|nie|ren** (mit Linien versehen; Linien ziehen); du liniierst *oder* linierst; sie liniierte *oder* linierte; sie hat liniiert *oder* liniert; liniiere *oder* liniere die Seiten!

link; die linke Hand; zur linken Hand, linker Hand (links)

link (*umgangssprachlich für:* fragwürdig; hinterhältig); linke Geschäfte machen

der **Link** (*EDV:* feste Kabelverbindung; *auch kurz für* ↑Hyperlink); des Link[s]; die Links

die **Lin|ke;** zur Linken; in meiner Linken; er traf ihn beim Boxen mit einer Linken; die Linke (dem Sozialismus nahe stehende Parteien) im Parlament; **lin|ken** (*umgangssprachlich für:* täuschen, betrügen); du linkst mich doch nicht?; er hat uns gelinkt; **lin|kisch** (unbeholfen); **links;** links von mir; links vom Eingang; links des Waldes; etwas kommt von links; von links nach rechts; etwas mit links (*umgangssprachlich für:* mühelos) machen; er weiß nicht, was rechts und was links ist; links außen spielen, stürmen; ↑ABER: Linksaußen; der [politisch] links stehende Abgeordnete; links um! (militärisches Kommando); ↑ABER: linksum; der **Links|au|ßen** *(Sport);* des Linksaußen; die Linksaußen; [als] Linksaußen spielen; ABER: der Stürmer spielt links außen; **links|bün|dig** (an eine gedachte senkrechte linke Linie anschließend); der **Links|hän|der;** des Linkshänders; die Linkshänder; die **Links|hän|de|rin;** die Linkshänderinnen; **links|hän|dig;** linkshändig schreiben; die **Links|hän|dig|keit; links|he|r|um;** [sich] linksherum drehen; ABER: [sich] nach links herumdrehen; die **Links|kur|ve; links|ra|di|kal;** linksradikale Organisationen; **links|sei|tig; links|um;** linksum machen; linksum kehrt! (militärisches Kommando); der **Links|ver|kehr**

das **Lin|nen** (*gehoben für:* Leinen); des Linnens; die Linnen

das **Li|no|le|um;** des Linoleums; der **Li|nol|schnitt** (eine grafische Technik; Abzug in der Technik des Linolschnitts)

die **Lin|se; lin|sen** (*umgangssprachlich für:* schauen; scharf blicken); du linst; sie linste; sie hat um die Ecke gelinst; die **Lin|sen|sup|pe**

das **Lip|gloss** (Kosmetikmittel, das den Lippen Glanz verleiht); des Lipgloss; die Lipgloss

der **Li|piz|za|ner** (edles Warmblutpferd); des Lipizzaners; die Lipizzaner

die **Lip|pe;** das **Lip|pen|be|kennt|nis;** der **Lip|pen|blüt|ler;** der **Lip|pen|stift**

li|quid *oder* **li|qui|de** (flüssig; verfügbar); liquide Geldmittel; die **Li|qui|da|ti|on** ([Kosten]abrechnung; Tötung); **li|qui|die|ren** (in Rechnung stellen; auflösen; beseitigen); du liquidierst; sie liquidierte; er hat den Betrag liquidiert; die **Li|qui|die|rung** (Beseitigung [einer Person])

lis|peln; du lispelst; sie lispelte; sie hat gelispelt; lisp[e]le nicht!

Lis|sa|bon [*auch:* lɪsa'bɔn] (Hauptstadt Portugals); der **Lis|sa|bon|ner;** des Lissabonners; die Lissabonner; die **Lis|sa|bon|ne|rin;** die Lissabonnerinnen

die **List;** die Lis|ten

die **Lis|te;** die Lis|ten; die schwarze Liste (Zusammenstellung verdächtiger Personen)

lis|ten|reich; lis|tig; ein listiger Fuchs

die **Li|ta|nei** (Wechselgebet; eintöniges Gerede); die Litaneien

Li|tau|en [*auch:* 'lɪtau̯ən] (nordosteuropäische Republik); der **Li|tau|er;** des Litauers; die Litauer; die **Li|tau|e|rin;** die Litauerinnen; **li|tau|isch**

der, *auch:* das **Li|ter;** ein halber, *auch:* halbes Liter; ein viertel Liter *oder* Viertelliter [Wasser]

li|te|ra|risch (schriftstellerisch; das Schrifttum betreffend); die **Li|te|ra|tur** (Schrifttum); die Li|te|ra|tu|ren; die **Li|te|ra|tur|ge|schich|te;** die **Li|te|ra|tur|wis|sen|schaft**

li|ter|wei|se

die **Lit|faß|säu|le** (Anschlagsäule)

Die Regel, dass nach kurzem Vokal *ss* zu schreiben ist, darf man auf *Litfaßsäule* nicht anwenden. *Litfaß* war nämlich der Name ihres Erfinders, des Buchdruckers Ernst Litfaß, und bleibt deshalb als Personenbezeichnung von den allgemeinen Regeln der Rechtschreibung unberührt.

die **Li|tho|gra|phie,** *auch:* Li|tho|gra|fie (Steindruck); die Li|tho|gra|phi|en, *auch:* Li|tho|gra|fi|en

die **Li|t|ur|gie** (Gottesdienstordnung); **li|t|ur|gisch;** liturgische Texte

die **Lit|ze**

live [laif] (direkt); etwas live senden, übertragen; die **Live|sen|dung,** *auch:* **Live-Sen|dung**

die **Li|v|ree** (uniformartige Dienerkleidung); die Li|v|re|en; **li|v|riert** (in Livree gekleidet); livriertes Personal

die **Li|zenz** (rechtswirksame Genehmigung zur Ausübung, Nutzung usw.); die Li|zen|zen; **li|zen|zie|ren** (Lizenz erteilen); du lizenzierst; er lizenzierte; er hat das Patent lizenziert; der **Li|zenz|spie|ler** *(Fußball)*

der **Lkw,** *auch:* **LKW** (= Lastkraftwagen); des Lkw[s]; die Lkws, *selten:* Lkw

das **Lob;** des Lob[e]s; Lob spenden; ein Lob erhalten

die **Lob|by** (Interessenvertretung; Hotelhalle); die Lobbys; der **Lob|by|is|mus** (Beeinflussung [von Abgeordneten] durch Interessengruppen); des Lobbyismus

lo|ben; du lobst; sie lobte; sie hat ihn gelobt; lobe ihn öfter!; jemanden lobend erwähnen; **lo|bens|wert;** der **Lob|ge|sang; lob|prei|sen;** du lobpreist; sie lobpreiste *oder* lobpries; sie hat Gott gelobpreist *oder* lobgepriesen; lobpreise den Herrn!; die **Lob|prei|sung**

das **Loch;** des Loch[e]s; der Lö|cher; **lo|chen;** du lochst; sie lochte; sie hat die Fahrkarte gelocht; loche die Blätter!; **lö|che|rig** *oder* **löch|rig;** ein löch[e]riger Zaun; **löchern** (hartnäckig fragen); du löcherst mich; er löcherte ihn; er hat ihn gelöchert; löchere ihn nicht länger!

die **Lo|cke; lo|cken** (lockig machen); du lockst; er hat sein Haar gelockt; locke dein Haar!

lo|cken ([durch bestimmte Laute] zur Annäherung bewegen); du lockst; sie lockte; sie hat den Hund gelockt; locke den Hund!; diese Aufgabe hat sie gelockt (gereizt)

lo|cker; locker sein, werden; die Zügel locker lassen; ↑ABER: lockerlassen; das Seil locker machen; ↑ABER: lockermachen; **lo|cker|las|sen** *(umgangssprachlich für:* nachgeben); sie hat nicht lockergelassen; **lo|cker|ma|chen** *(umgangssprachlich für:* hergeben); Geld lockermachen; er hat eine Million dafür lockergemacht; **lo|ckern;** du lockerst; sie lockerte; sie hat die Schrauben gelockert; die **Lo|ckerung;** die **Lo|cke|rungs|ü|bung**

lo|ckig; lockiges Haar

das **Lock|mit|tel**

der **Lo|den** (ein Wollgewebe); des Lodens; die Loden; der **Lo|den|man|tel**

lo|dern (heftig brennen; hochschlagen); die Flamme lodert; sie loderte; sie hat gelodert

der **Löf|fel;** des Löffels; die Löffel; **löf|feln;** du löffelst; sie löffelte; sie hat die Suppe gelöffelt; löff[e]le deine Suppe!; der **Löf|fel|stiel; löf|fel|wei|se**

die **Lo|g|a|rith|men|ta|fel** *(Mathematik);* **lo|g|a|rith|mie|ren** (mit Logarithmen rechnen); du logarithmierst; sie hat logarithmiert; **lo|g|a|rith|misch;** der **Lo|g|a|rith|mus** (eine mathematische Größe; *Zeichen:* log); des Logarithmus; die Logarithmen

das **Log|buch** (Schiffstagebuch)

die **Lo|ge** ['lo:ʒə] (ein Theaterraum)

die **Log|gia** ['lɔdʒa, *auch:* 'lɔdʒi̯a] (nach außen offener überdeckter Raum am Haus); die Log|gi|en ['lɔdʒi̯ən], *auch:* Log|gien ['lɔdʒn̩]

lo|gie|ren [loˈʒiːrən] (wohnen); du logierst; sie logierte; sie hat im Bahnhofshotel logiert; logiere bitte bei uns!

die **Lo|gik** (die Denklehre; das folgerichtige Denken); **lo|gisch; lo|gi|scher|wei|se**

das **Log-in** (*EDV:* das Einloggen); des Log-ins; die Log-ins

die **Lo|gis|tik** (mathemathische Logik; militärisches Nachschubwesen); **lo|gis|tisch;** ein logistisches Problem

die **Lo|go|pä|die** (Sprachheilkunde); **lo|go|pä|disch;** in logopädischer Behandlung

die **Lo|he** (*gehoben für:* Glut, Flamme); **lo|hen;** die Flamme loht; die Flamme lohte; die Flamme hat geloht

der **Lohn;** des Lohn[e]s; die Löh|ne; **loh|nen;** es lohnt; es lohnte; es hat den Einsatz gelohnt; es lohnt die Mühe nicht *oder* es lohnt der Mühe nicht; sich lohnen; die Fahrt hat sich gelohnt

löh|nen (Lohn auszahlen; *umgangssprachlich auch für:* bezahlen); du löhnst; sie löhnte; was hast du dafür gelöhnt?; löhne ihn!; die **Lohn|steu|er;** die **Löh|nung**

die **Loi|pe** (Skilanglaufspur); die Loipen

die **Lok** (*kurz für:* Lokomotive); die Loks

lo|kal (örtlich); eine lokale Betäubung; das **Lo|kal** (Gastwirtschaft); des Lokal[e]s; die Lo|ka|le; die **Lo|kal|zei|tung**

der **Lok|füh|rer** (*kurz für:* Lokomotivführer); die **Lo|ko|mo|ti|ve;** der **Lo|ko|mo|tiv|füh|rer**

Lon|don (Hauptstadt Großbritanniens); der **Lon|do|ner;** des Londoners; die Londoner; die **Lon|do|ne|rin;** die Londonerinnen

die **Lon|ge** [ˈlɔ̃ːʒə] (*Reiten:* Laufleine für Pferde; *Akrobatik:* Sicherheitsleine); die Longen

der **Long|sel|ler** (Buch o. Ä., das über einen langen Zeitraum gut verkauft wird); des Longsellers; die Longseller

der, *auch:* das **Loo|ping** [ˈluːpɪŋ] (senkrechte Schleife beim Kunstflug); des Loopings; die Loopings

der **Lor|beer** (ein Baum; ein Gewürz); des Lorbeers; die Lor|bee|ren; der **Lor|beer|baum;** das **Lor|beer|blatt**

der **Lord** (hoher englischer Adelstitel); des Lords; die Lords

die **Lo|re** (Feldbahnwagen)

die **Lo|re|ley** [*auch:* ˈloːrəlai] (Rheinnixe; Felsen am rechten Rheinufer)

los; los sein; die Schraube wird los sein; ↑lose; er will die Sorgen endlich los sein; ↑ABER: losbinden, losfahren usw.

das **Los;** des Lo|ses; die Lo|se; das große Los ziehen

lös|bar; lösbare Probleme; die **Lös|bar|keit**

los|bin|den; sie bindet los; sie hat den Hund losgebunden

das **Lösch|blatt; lö|schen;** du löschst; sie löschte; sie hat das Feuer gelöscht; lösch[e] den Brand!; das **Lösch|pa|pier**

lo|se; das lose (einzelne) Blatt; ABER: die Loseblattsammlung; lose (nicht verpackte) Waren; der Knopf ist lose (locker); er hat ein loses (freches) Mundwerk

das **Lö|se|geld**

lo|sen; du lost; wir haben gelost

lö|sen; du löst; sie löste; sie hat eine Fahrkarte gelöst; lös[e] das Rätsel!

der **Lo|ser** [ˈluːzɐ] (*umgangssprachlich für:* Verlierer, Versager); des Losers; die Loser

los|fah|ren; sie fuhr los; sie ist losgefahren

los|ge|hen; der Streit ging los; der Streit ist gerade losgegangen

los|las|sen; sie lässt los; sie ließ los; sie hat den Hund von der Kette losgelassen

lös|lich; löslicher Kaffee

los|ma|chen; sie machte das Brett los; sie hat das Brett losgemacht

los|rei|ßen; du reißt los; sie riss los; der Sturm hat einige Dachziegel losgerissen; sich losreißen; sie hat sich mit Gewalt losgerissen

der **Löss**, *auch:* **Löß** (*Geologie:* kalkhaltige Ablagerung); des Lös|ses, *auch:* Lö|ßes; die Lös|se, *auch:* Lö|ße; die **Löss|schicht**, *auch:* **Löss-Schicht**, *auch:* **Löß|schicht**

die **Lo|sung** (Wahlspruch; Erkennungswort)

die **Lö|sung;** die **Lö|sungs|men|ge** *(Mathematik)*

los|wer|den; sie wurde ihn nicht mehr los; sie ist den lästigen Gast endlich losgeworden

das **Lot** (Senkblei; eine alte Gewichtseinheit); des Lot[e]s; die Lo|te; 3 Lot Kaffee;

lo|ten (die senkrechte Lage bestimmen; die Wassertiefe bestimmen); du lotest; sie lotete; sie hat die Tiefe gelotet; lote die Tiefe!

lö|ten; du lötest; sie lötete; sie hat das Rohr gelötet; löte den Kessel!

die **Lo|ti|on** [*auch:* ˈlo:ʃn̩] (flüssiges Reinigungs-, Pflegemittel für die Haut); die Lo|ti|o|nen, *auch (bei englischer Aussprache):* Lotions

der **Löt|kol|ben;** die **Löt|lam|pe**

der **Lo|tos,** *auch:* **Lo|tus** (Wasserrose); des Lotos, *auch:* Lotus; die Lotos, *auch:* Lotus; die **Lo|tos|blu|me**

lot|recht (senkrecht)

der **Lot|se;** des/dem/den Lotsen; die Lotsen; **lot|sen;** du lotst; sie lotst; sie lotste; sie hat das Schiff durch die Klippen gelotst; lots[e] ihn aus der Stadt!

die **Lot|te|rie;** die Lot|te|ri|en; das **Lot|to** (Zahlenlotterie); des Lottos; die Lottos

die **Love|pa|rade** [ˈlafpəreɪd], *auch:* **Love-Parade** (jährlich in Berlin stattfindender Umzug der Raver); der **Lo|ver** [ˈlavɐ] (Freund; Liebespartner); des Lovers; die Lover; die **Love|sto|ry** [ˈlafstɔ:rɪ], *auch:* **Love-Sto|ry** (Liebesgeschichte)

der **Lö|we;** des/dem/den Löwen; die Löwen; der **Lö|wen|an|teil** (Hauptanteil); der **Lö|wen|zahn** (eine Wiesenblume); die **Lö|win;** die Löwinnen

lo|yal [lo̯aˈja:l] ([regierungs]treu, redlich); die **Lo|ya|li|tät**

LP = Langspielplatte

LPG = Landwirtschaftliche Produktionsgenossenschaft (in Namen in der DDR)

der **Luchs** (ein Raubtier); des Luch|ses; die Luch|se

die **Lü|cke;** der **Lü|cken|bü|ßer** (*umgangssprachlich für:* Ersatzmann); des Lückenbüßers; die Lückenbüßer; **lü|cken|haft;** am lü|cken|haf|tes|ten; ein lückenhaftes Gebiss; **lü|cken|los;** am lü|cken|lo|ses|ten

das **Lu|der** (Schimpfwort); des Luders; die Luder

die **Luft;** die Lüf|te; der **Luft|bal|lon;** die Luftballons *oder* Luft|bal|lo|ne; **luft|dicht;** eine luftdichte Verpackung; der **Luftdruck;** des Luftdruck[e]s; **luft|durch|läs|sig;** luftdurchlässiges Material

lüf|ten; du lüftest; sie lüftete; sie hat das Zimmer gelüftet; lüfte ein wenig!

die **Luft|fahrt;** die **Luft|feuch|tig|keit; luft|gekühlt;** luftgekühlte Motoren; die **Luft|hül|le** (der Erde)

luf|tig; in luftiger Höhe

luft|leer; ein luftleerer Raum; die **Luft|li|nie;** die **Luft|post;** die **Luft|pum|pe;** die **Luft|röh|re;** die **Luft|schiff|fahrt,** *auch:* **Luft|schiff-Fahrt;** die **Luft|schlan|ge;** die **Luft|ver|schmut|zung;** die **Luft|waf|fe**

der **Lug** (Lüge); des Lug[e]s; [mit] Lug und Trug; die **Lü|ge;** sie hat ihn Lügen gestraft (der Unwahrheit überführt); **lü|gen;** du lügst; sie lügt; sie log; sie hat gelogen; lüge nicht!; der **Lü|gen|de|tek|tor** (Gerät, mit dem Körperreaktionen eines Befragten messbar sind); des Lügendetektors; die Lü|gen|de|tek|to|ren; der **Lüg|ner;** des Lügners; die Lügner; die **Lüg|ne|rin;** die Lügnerinnen; **lüg|ne|risch**

lu|gen (spähen); du lugst; sie lugte; sie hat um die Ecke gelugt

die **Lu|ke** (kleines Fenster; Öffnung)

lu|k|ra|tiv (Gewinn bringend); lukrative Geschäfte

der **Lu|latsch** (*umgangssprachlich für:* langer, schlaksiger Mann); des Lulatsch[e]s; die Lu|lat|sche

der **Lüm|mel;** des Lümmels; die Lümmel; sich **lüm|meln** *(umgangssprachlich);* du lümmelst dich; sie hat sich auf der Bank gelümmelt; lümm[e]le dich nicht aufs Sofa!

der **Lump** (*abwertend für:* betrügerische, gewissenlose Person); des/dem/den Lumpen; die Lum|pen; der **Lum|pen** (Lappen); des Lumpens; die Lumpen; die **Lum|pe|rei; lum|pig** (*abwertend für:* niederträchtig); ein lumpiger Dieb

der **Lunch** [lantʃ] (kleinere, leichte Mittagsmahlzeit); des Lunch[e]s *oder* Lunch; die Lunch[e]s *oder* Lun|che; das **Lunch|paket**

die **Lun|ge;** die grüne Lunge (Grünfläche, Parkanlage in einer [Groß]stadt); die eiserne Lunge (Gerät zur künstlichen Beatmung); die **Lun|gen|ent|zün|dung; lungen|krank;** der **Lun|gen|krebs**

lun|gern ↑herumlungern

die **Lun|te** (Zündschnur)

die **Lu|pe; lu|pen|rein;** lupenreine Diamanten

lüp|fen, *süddeutsch und österreichisch auch:* **lup|fen** (ein wenig hochheben); du lüpfst, *auch:* lupfst; sie lüpfte, *auch:* lupfte; sie hat den Deckel gelüpft, *auch:* gelupft

die **Lu|pi|ne** (eine Futter- und Zierpflanze)

der **Lurch** (Amphibie); des Lurch[e]s; die Lur|che

die **Lust;** die Lüs|te; Lust [auf etwas] haben

der **Lüs|ter** (Kronleuchter); des Lüsters; die Lüster; die **Lüs|ter|klem|me** (Verbindungsstück für elektrische Leitungen)

lus|tig; lust|los; die **Lust|lo|sig|keit;** das **Lust|spiel** (Komödie)

lüs|tern (gierig); er hat lüsterne Augen; er ist lüstern

lu|the|risch; die lutherische Kirche; die lutherische Bibelübersetzung; **lu|thersch;** die luthersche, *auch:* Luther'sche Bibelübersetzung

lut|schen; du lutschst; sie lutscht; sie lutschte; sie hat gelutscht; lutsch[e] nicht am Daumen!; der **Lut|scher**

die **Luv** (die dem Wind zugewandte Seite; *Gegensatz:* Lee)

das **Lux** (Einheit der Beleuchtungsstärke); des Lux; die Lux

Lu|xem|burg (europäischer Staat; Hauptstadt dieses Staates); der **Lu|xem|bur|ger;** des Luxemburgers; die Luxemburger; die **Lu|xem|bur|ge|rin;** die Luxemburgerinnen; **lu|xem|bur|gisch**

lu|xu|ri|ös; am lu|xu|ri|ö|ses|ten; der **Lu|xus;** des Luxus; die **Lu|xus|gü|ter** *Plural*

die **Lu|zer|ne** (eine Futterpflanze)

Lu|zi|fer (Name des Satans)

die **Lym|phe** (weißliche Körperflüssigkeit, ein Impfstoff); der Lymphe; die Lymphen; der **Lymph|kno|ten**

lyn|chen (ungesetzliche Volksjustiz ausüben); du lynchst; sie lynchten; die aufgehetzte Menge hat ihn gelyncht; die **Lynch|jus|tiz**

die **Ly|rik** (Gefühls- und Gedankendichtung in Versen); der **Ly|ri|ker** (jemand, der Lyrik schreibt); des Lyrikers; die Lyriker; die **Ly|ri|ke|rin;** die Lyrikerinnen; **ly|risch**

das **Ly|ze|um** (*veraltet für:* höhere Mädchenschule); des Lyzeums; die Ly|ze|en

M M

das **M** (Buchstabe); des M; die M; ABER: das m in Wimpel

m = Meter; Milli...; männlich

M = medium (Kleidergröße: mittel)

MA. = Mittelalter

M. A. = Magister Artium; Magistra Artium (akademischer Grad)

der **Mä|an|der** (geschlängelter Flusslauf; bandförmiges Ornament); des Mäanders; die Mäander

das **Maar** (eine kraterförmige Vertiefung); die Maa|re

der **Maat** (Schiffsunteroffizier); die Maa|te *oder* die Maa|ten

die **Ma|che** (*umgangssprachlich für:* Schein, Vortäuschung); der Mache; das ist doch alles nur Mache!; **ma|chen;** du machst; sie hat eine Reise gemacht; mach schnell!; die **Ma|chen|schaf|ten** *Plural*

der **Ma|cho** [ma'tʃo] (sich betont männlich gebender Mann); des Machos; die Machos

die **Macht;** alles in unserer Macht Stehende; die **Macht|er|grei|fung; mäch|tig; macht|los;** die **Macht|pro|be; macht|voll**

das **Mach|werk**

die **Ma|cke** (*umgangssprachlich für:* Beschädigung; Tick); eine Macke haben

Ma|da|gas|kar (Insel östlich von Afrika); der **Ma|da|gas|se** (Bewohner von Madagaskar); die **Ma|da|gas|sin;** die Madagassinnen; **ma|da|gas|sisch**

das **Mäd|chen; mäd|chen|haft;** die **Mäd|chen|schu|le**

die **Ma|de**

ma|dig; sie hat ihn madig gemacht (*umgangssprachlich für:* sie hat ihn schlecht gemacht)

made in Ger|ma|ny ['me:t in 'dʒø:ɐ̯məni] (= hergestellt in Deutschland; ein Warenstempel)

das **Mä|del;** die Mädel

die **Ma|don|na;** die Madonnen

Ma|d|rid (Hauptstadt Spaniens)

die **Ma|fia** (eine erpresserische Geheimorganisation); der Mafia; die Mafias; die **Mafi|a|me|tho|den** *Plural*

das **Ma|ga|zin;** die Ma|ga|zi|ne

die **Magd;** die Mäg|de

Mag|de|burg (Hauptstadt von Sachsen-Anhalt)

der **Ma|gen;** die Mägen *und* die Magen; **ma|gen|lei|dend;** ABER: am Magen leidend; die **Ma|gen|schleim|haut**

ma|ger; die **Ma|ger|keit;** die **Ma|ger|sucht**

die **Ma|gie** (Zauberkunst); der **Ma|gi|er;** die **Ma|gi|e|rin; ma|gisch**

der **Ma|gis|t|rat** (die Stadtverwaltung); des Magistrats; die Ma|gis|t|ra|te

das **Mag|ma** (flüssiges Gestein); die Magmen

das **Ma|g|ne|si|um** (chemisches Element, Leichtmetall; *Zeichen:* Mg); des Magnesiums

der **Ma|g|net;** des Magnets *oder* des Ma|g|ne|tes *oder* des Ma|g|ne|ten; die Ma|g|ne|te *oder* die Ma|g|ne|ten; das **Ma|g|net|feld; ma|g|ne|tisch;** magnetischer Pol; die **Ma|g|net|kar|te**

das **Ma|ha|go|ni** (ein Edelholz)

die **Mahd** (das Mähen; Abgemähtes); die Mah|den; der **Mäh|dre|scher; mä|hen;** du mähst; sie hat gemäht; mäh[e] das Gras!

das **Mahl;** die Mah|le *oder* die Mäh|ler

mah|len; du mahlst; sie mahlt; sie hat den Kaffee gemahlen; mahl[e]!

die **Mahl|zeit;** gesegnete Mahlzeit!

die **Mäh|ma|schi|ne**

die **Mäh|ne**

mah|nen; du mahnst; sie mahnt; sie mahnte; sie hat ihn gemahnt; mahn[e] ihn an sein Versprechen!; das **Mahn|mal;** die **Mah|nung**

die **Mäh|re** ([altes, abgemagertes] Pferd)

der **Mai;** des Mai[e]s *und* des Mai; die Maie; der Erste Mai (Feiertag); das **Mai|glöck|chen;** der **Mai|kä|fer**

die **Maid** (*dichterisch für:* Mädchen); die Maiden

die **Mail** [ˈmeɪl] (*kurz für:* E-Mail); die **Mail|box** [ˈmeɪlbɔks] (*EDV:* elektronischer Briefkasten für den Austausch von Nachrichten in Computersystemen); der Mailbox; die Mail|bo|xen; **mai|len** [ˈmeɪlən] (als E-Mail senden); du mailst; sie hat mir die Liste gemailt; maile ihm doch die Liste!; das **Mai|ling** (das Versenden von Werbematerial durch die Post); des Mailing *oder* des Mailings; die Mailings

Mai|land (Stadt in Italien)

der **Main** (deutscher Fluss)

Mainz (Hauptstadt von Rheinland-Pfalz)

der **Mais**

die **Mai|sche** (Mischung bei der Bierherstellung)

die **Ma|jes|tät; ma|jes|tä|tisch**

die **Ma|jo|nä|se,** *auch:* **Ma|yon|nai|se** (kalte, dicke Soße aus Eigelb und Öl)

der **Ma|jor;** die Ma|jo|re

der **Ma|jo|ran** [*auch:* majoˈra:n] (eine Gewürzpflanze)

die **Ma|jo|ri|tät** (Mehrheit)

ma|ka|ber (grausig und düster; mit dem Schrecklichen spaßend); ma|ka|be|rer *oder* ma|ka|b|rer; am ma|ka|bers|ten

der **Ma|kel** (Fehler, Schande); die Makel; **ma|kel|los;** am ma|kel|lo|ses|ten

mä|keln (nörgeln); du mäkelst; er mäkelt; er hat gemäkelt; mäkle nicht!

das **Make-up** [me:kˈlap, *auch:* ˈme:klap] (kosmetische Verschönerung; kosmetisches Mittel); des Make-ups; die Make-ups

die **Mak|ka|ro|ni** (röhrenförmige Nudeln) *Plural*

der **Mak|ler;** die **Mak|ler|ge|bühr;** die **Mak|le|rin;** die Maklerinnen

die **Ma|k|re|le** (ein Seefisch)

das **Ma|k|ro|kli|ma** (Großklima)

die **Ma|k|ro|ne** (ein Gebäck)

mal; acht mal zwei (*in Ziffern:* 8 mal 2 *oder* 8 x 2 *oder* 8 · 2); acht mal zwei ist, macht, gibt sechzehn; wenn das mal gut geht!; das ist nun mal so; öfter mal was Neues; sag das noch mal!, *auch:* nochmal!; **Mal** *siehe Kasten Seite 197*

die **Ma|la|ria** (Sumpffieber)

Ma|la|wi (Staat in Afrika)

Ma|lay|sia (Staatenbund in Südostasien); der **Ma|lay|si|er;** die **Ma|lay|si|e|rin;** die Malaysierinnen; **ma|lay|sisch**

die **Ma|le|di|ven** (Inselstaat im Indischen Ozean) *Plural;* der **Ma|le|di|ver;** die **Ma|le|di|ve|rin;** die Malediverinnen; **ma|le|di|visch**

ma|len; du malst; sie malt; sie malte; sie hat ein Bild gemalt; mal[e] ein Bild!; der **Ma|ler;** die **Ma|le|rei;** die **Ma|le|rin;** die Malerinnen; **ma|le|risch**

das **Mal|heur** [maˈlø:ɐ̯] (*umgangssprachlich*

Mal	
Ist »Mal« Substantiv, schreibt man es groß und vom vorangehenden Wort getrennt: – das erste, zweite, dritte Mal – das einzige, letzte, nächste Mal; ein einziges, letztes, nächstes Mal – dieses, voriges, nächstes, manches Mal, jedes Mal – beim *oder* zum ersten, zweiten, nächsten, letzten, soundsovielten, x-ten Mal[e] – mit einem Mal[e] – die nächsten Male – alle, einige, etliche, mehrere, unzählige, viele tausend, wie viele Male – ein Dutzend Mal; Millionen Mal – ein paar, ein paar Dutzend, eine Million Mal[e] – ein für alle Male; ein Mal über das andere [Mal]; ein ums and[e]re Mal; von Mal zu Mal	*Zusammenschreibung als Adverb:* – allemal, diesmal, einmal, hundertmal, keinmal, manchmal – auf einmal; zweimal (*mit Ziffer:* 2-mal); drei- bis viermal (*mit Ziffern:* 3- bis 4-mal *oder* 3–4-mal); – ein andermal, ein für allemal – noch einmal, noch einmal so viel – x-mal *Getrennt- oder Zusammenschreibung:* – einmal (ABER: ein Mal; *hier sind beide Wörter betont*); fünfundsiebzigmal (ABER: fünfundsiebzig Mal; *beide Wörter betont*) – ein paarmal (*auch: bei besonderer Betonung* ein paar Mal); sovielmal (*auch:* so viel Mal); vieltausendmal (*auch:* vieltausend Mal); wievielmal (*auch:* wie viel Mal)

für: Missgeschick, Pech); die Mal|heu|re *und* die Malheurs

Ma̲|li (Staat in Afrika); der **Ma̲|li|er;** die **Ma̲|li|e|rin;** die Malierinnen; **ma̲|lisch**

Mal|lo̩r|ca [*auch:* ma'jɔrka] (Insel im Mittelmeer); der **Mal|lor|qui|ner** [malɔr'ki:nɐ, *auch:* majɔr'ki:nɐ]; die **Mal|lor|qui̲|ne|rin;** die Mallorquinerinnen; **mal|lor|qui̲|nisch**

mal|neh|men; du nimmst mal; sie nahm mal; sie hat malgenommen

Ma̩l|ta (Insel und Staat im Mittelmeer); der **Mal|te̲|ser** (Bewohner von Malta); die **Mal|te̲|se|rin;** die Malteserinnen; **mal|te̲|sisch**

die **Ma̩l|ve** (eine Zier-, Heilpflanze)

das **Malz;** das **Malz|bier**

das **Ma̲l|zei|chen** (Multiplikationszeichen)

die **Ma̩|ma;** die Mamas

die **Ma̩m|ba** (eine Giftschlange)

der **Ma̩m|mon** (Geld; Reichtum)

das **Ma̩m|mut** (ausgestorbene Elefantenart); die Mam|mu|te *und* die Mammuts; der **Ma̩m|mut|baum;** das **Ma̩m|mut|pro|gramm**

man; man kann nie wissen

das **Ma|na|ge|ment** ['mɛnɪtʃmənt] (Leitung eines Unternehmens); des Managements; die Managements; **ma|na|gen** ['mɛnɪdʒn̩] (*umgangssprachlich für:* leiten, unternehmen; zustande bringen); du managst; sie hat die Klassenfahrt gemanagt; manage das Schulfest!; der **Ma|na|ger** ['mɛnɪdʒɐ] (Leiter eines großen Unternehmens; Betreuer eines Berufssportlers); die Manager; die **Ma|na|ge|rin;** die Managerinnen

Ma|na̲|gua (Hauptstadt Nicaraguas)

manch; mancher, manche, manches; manche sagen; so mancher, so manches; manch einer; mancher Tag; mancher Art; manche Stunde; *Beugung:* manch guter *oder* mancher gute Vorsatz; mit manch gutem *oder* manchem guten Vorsatz; manch böses *oder* manches böse Wort; manchmal; manches Mal; manch liebes *oder* manches liebe Mal; manches Schöne; mit manch Schönem *und* manchem Schönen; manche nützliche[n] Einrichtungen; **man|cher; man|cher|lei; manch|mal**

die **Man|da|ri̲|ne** (kleine apfelsinenähnliche Frucht)

das **Man|da̲t** (Auftrag; Vollmacht; Parlamentssitz); die Man|da|te

die **Man|del** (Kern einer Steinfrucht); die Mandeln

die **Man|del** (eine Drüse); die Mandeln; die **Man|del|ent|zün|dung**

die **Man|do|li̲|ne** (ein Saiteninstrument)

die **Ma|ne|ge** [maˈneːʒə] (runde Fläche für Darbietungen im Zirkus)

die **Man|gel** (Wäscherolle); die Mangeln; **man|geln** (Wäsche rollen); du mangelst; er hat gemangelt; mangle die Wäsche!

der **Man|gel;** die Mängel; **man|gel|haft; man|geln** (fehlen, nicht ausreichen); es mangelt; es hat an allem gemangelt

man|gels; mangels des nötigen Geldes; mangels eindeutiger Beweise; mangels Beweisen

die **Man|gel|wa|re**

die **Man|go** (eine tropische Frucht); die Mangos

der **Man|gold** (ein Blatt- und Stängelgemüse); des Mangolds *oder* Man|gol|des; die Man|gol|de *Plural selten*

die **Ma|nie** (Besessenheit); die Ma|ni|en

die **Ma|nier** (Art und Weise, Eigenart); was ist denn das für eine Manier?

die **Ma|nie|ren** (Umgangsformen, [gutes] Benehmen) *meist Plural;* er hat schlechte *oder* keine Manieren; **ma|nier|lich**

das **Ma|ni|fest** (öffentliche Erklärung); die Ma|ni|fes|te

die **Ma|ni|kü|re** (Handpflege, besonders Nagelpflege; Hand-, Nagelpflegerin); **ma|ni|kü|ren** (die Nägel pflegen); du hast dir die Fingernägel manikürt

Ma|ni|la (Hauptstadt der Philippinen)

die **Ma|ni|pu|la|ti|on** (Kunstgriff); die Ma|ni|pu|la|ti|o|nen (Machenschaften); **ma|ni|pu|lier|bar; ma|ni|pu|lie|ren** (geschickt handhaben; beeinflussen); du manipulierst; er manipulierte; er hat die Zahlen manipuliert

das **Man|ko** (Fehlbetrag, Mangel); die Mankos

der **Mann;** die Män|ner; vier Mann hoch; alle Mann an Bord!; tausend Mann; er ist Manns genug; seinen Mann stehen, stellen; das **Männ|chen** (männliches Tier)

das **Man|ne|quin** [ˈmanəkɛ̃] (Frau, die Mode vorführt); die Mannequins

man|nig|fach; man|nig|fal|tig

männ|lich; männliches Hauptwort (Maskulinum); die **Mann|schaft;** der **Mann|schafts|ka|pi|tän;** das **Mann|schafts|spiel**

das **Ma|no|me|ter** (Druckmesser)

das **Ma|nö|ver; ma|nö|v|rie|ren;** du manövrierst; sie hat geschickt manövriert; manövrier[e] vorsichtig!

die **Man|sar|de** (Dachgeschoss, Dachzimmer); die **Man|sar|den|woh|nung**

die **Man|schet|te**

der **Man|tel**

ma|nu|ell (mit der Hand, von Hand); das **Ma|nu|s|k|ript** (schriftliche Ausarbeitung; Urschrift; Satzvorlage)

die **Map|pe;** *Verkleinerungsform:* das Mäppchen

die **Mär** (Kunde; Sage); die Mä|ren

die **Ma|ra|cu|ja** (essbare Frucht der Passionsblume); die Maracujas

der **Ma|ra|thon|lauf;** der **Ma|ra|thon|läu|fer;** die **Ma|ra|thon|läu|fe|rin;** die **Ma|ra|thon|ver|an|stal|tung** (eine übermäßig lange Veranstaltung)

das **Mär|chen;** das **Mär|chen|buch; mär|chen|haft**

der **Mar|der**

die **Mar|ga|ri|ne**

die **Mar|ge|ri|te** (eine Wiesenblume)

der **Ma|ri|en|kä|fer**

das **Ma|ri|hu|a|na** (ein Rauschgift); des Marihuanas

ma|rin (zum Meer gehörend); die **Ma|ri|ne; ma|ri|tim** (das Meer, das Seewesen betreffend)

die **Ma|ri|o|net|te** (die Gliederpuppe); **ma|ri|o|net|ten|haft;** das **Ma|ri|o|net|ten|the|a|ter**

das **Mark** (Rückenmark)

die **Mark** (Grenzland); die Marken; die Mark Brandenburg

die **Mark** (eine Währungseinheit); vier Mark; Deutsche Mark

mar|kant (stark ausgeprägt); am markan|tes|ten; ein markantes Gesicht

die **Mar|ke**

der **Mar|ker** (Stift zum Markieren)

das **Mar|ke|ting** (Maßnahmen zur Förderung des Warenabsatzes); des Marketing *oder* Marketings; die **Mar|ke|ting|ab|tei|lung**

mar|kie|ren (kennzeichnen); du markierst; sie hat den Weg markiert; markier[e] den Weg!

mar|kig

die **Mar|ki|se** (Sonnendach)

das **Mark|stück; mark|stück|groß**

der **Markt;** die **Markt|a|na|ly|se;** die **Markt|for|schung;** der **Markt|füh|rer;** die **Markt|füh|re|rin;** die Marktführerinnen; die **Markt|lü|cke;** der **Markt|platz;** die **Markt-**

wirt|schaft; freie Marktwirtschaft; soziale Marktwirtschaft

die **Mar|me|la|de**

der **Mar|mor**

der **Ma|rok|ka|ner** (Einwohner Marokkos); die **Ma|rok|ka|ne|rin;** die Marokkanerinnen; **ma|rok|ka|nisch; Ma|rok|ko** (Staat in Nordwestafrika)

die **Ma|ro|ne** (Edelkastanie; ein Speisepilz)

die **Ma|rot|te** (Schrulle)

Mars (römischer Kriegsgott); der **Mars** (ein Planet); des Mars

marsch!; der **Marsch**

die **Marsch** (vor Küsten angeschwemmter fruchtbarer Boden); die Mar|schen

der **Mar|schall;** die Mar|schäl|le

mar|schie|ren; du marschierst; sie sind bis nach Rom marschiert; marschiere!; die **Marsch|rich|tung;** das **Marsch|tem|po**

die **Mar|seil|lai|se** [marsɛˈjɛːzə] (französische Nationalhymne)

die **Mar|ter; mar|tern;** du marterst; er martert; er marterte; er hat ihn zu Tode gemartert; martere ihn nicht!

der **Mär|ty|rer;** das **Mar|ty|ri|um;** die Mar|ty|ri|en

der **Mar|xis|mus;** des Marxismus; der **Mar|xist;** des/dem/den Mar|xis|ten; die Mar|xis|ten; **mar|xis|tisch**

der **März;** des März[es]; die Mär|ze

das **Mar|zi|pan** [*auch:* ˈmartsipan]

die **Ma|sche**

die **Ma|schi|ne; ma|schi|nell; Ma|schi|ne schrei|ben;** ich schreibe Maschine; weil er Maschine schreibt; ich habe Maschine geschrieben; um Maschine zu schreiben; der **Ma|schi|nist;** des/dem/den Ma|schi|nis|ten; die Ma|schi|nis|ten

die **Ma|sern** (eine Kinderkrankheit) *Plural*

die **Ma|se|rung**

die **Mas|ke;** der **Mas|ken|ball; mas|ken|haft;** die **Mas|ke|ra|de; mas|kie|ren;** du maskierst ihn; sie hat ihn maskiert; maskier[e] ihn!; sich maskieren; sie hat sich maskiert

das **Mas|kott|chen** (Glücksbringer)

mas|ku|lin (männlich); das **Mas|ku|li|num** (männliches Hauptwort); des Maskulinums; die Maskulina

das **Maß;** des Ma|ßes; die Ma|ße; Maß hal|ten; du hältst Maß; er hielt Maß; er hat Maß gehalten; halte Maß!; das rechte Maß halten; Maß und Disziplin halten; Maß nehmen; ABER: das Maßnehmen

die **Mas|sa|ge** [maˈsaːʒə]

das **Mas|sa|ker** (Gemetzel); des Massakers; die Massaker; **mas|sa|k|rie|ren** (niedermetzeln); du massakrierst; sie haben alle Dorfbewohner massakriert; massakrier[e] sie nicht!

die **Maß|ar|beit;** die **Maß|be|zeich|nung;** die **Maß|ein|heit**

die **Mas|se;** der **Mas|sen|an|drang;** der **Mas|sen|ar|ti|kel;** die **Mas|sen|ge|sell|schaft; mas|sen|haft;** das **Mas|sen|me|di|um;** die Massenmedien (Presse, Rundfunk, Fernsehen usw.) *meist Plural;* ↑Medium; der **Mas|sen|mord;** der **Mas|sen|mör|der;** der **Mas|sen|tou|ris|mus**

der **Mas|seur** [maˈsøːɐ̯]; die Mas|seu|re; die **Mas|seu|rin;** die Messeurinnen; **mas|sie|ren;** du massierst; er hat ihn massiert; massiere ihn!

maß|ge|bend; maß|geb|lich; Maß hal|ten *vergleiche:* **Maß**

mä|ßig; sich **mä|ßi|gen;** du mäßigst dich; er hat sich gemäßigt; mäßige dich!; die **Mä|ßig|keit;** die **Mä|ßi|gung**

mas|siv (schwer, nicht hohl, fest; grob); das **Mas|siv** (Gebirge in seiner Gesamtheit), des Massivs; die Mas|si|ve

maß|los; am maß|lo|ses|ten

die **Maß|nah|me; maß|re|geln;** du maßregelst; sie hat ihn gemaßregelt; maßreg[e]le ihn nicht!; der **Maß|stab; maß|stab|ge|recht** *oder* **maß|stabs|ge|recht; maß|stab|ge|treu** *oder* **maß|stabs|ge|treu**

maß|voll

der **Mast;** die Mas|ten *oder* die Mas|te

die **Mast** (die Mästung); die Mas|ten; der **Mast|darm; mäs|ten;** du mästest; er mästet; er mästete; er hat die Gans gemästet; mäste die Gans!; der **Mast|och|se**

die **Mas|tur|ba|ti|on** (Selbstbefriedigung); **mas|tur|bie|ren**

das **Match** [mɛtʃ] (Wettkampf); des Match[e]s; die Match[e]s, *auch:* die Matche; der **Match|ball** (spielentscheidender Ball beim Tennis)

das **Ma|te|ri|al;** die Ma|te|ri|a|li|en; der **Ma|te|ri|al|feh|ler;** der **Ma|te|ri|a|lis|mus; ma|te|ri|a|lis|tisch;** die **Ma|te|ri|al|kos|ten** *Plural;* die **Ma|te|rie** (Stoff, Inhalt); die Ma|te|ri|en; **ma|te|ri|ell**

Math. = Mathematik; die **Ma|the|ma|tik;** höhere Mathematik; der **Ma|the|ma|ti|ker;** die **Ma|the|ma|ti|ke|rin;** die Mathematikerinnen; **ma|the|ma|tisch**

der **Mat|jes|he|ring**

die **Ma|t|rat|ze;** das **Ma|t|rat|zen|la|ger**

der **Ma|t|ro|se**

der **Matsch** (*umgangssprachlich für:* breiiger Schmutz, nasse Erde); **mat|schig**

matt; jemanden matt setzen; Schach und matt!; ABER: schachmatt; mattblau, mattgold usw.

die **Mat|te**

das **Mat|ter|horn** (Berg in den Alpen)

die **Mat|tig|keit**

die **Matt|schei|be;** [eine] Mattscheibe haben (*umgangssprachlich für:* begriffsstutzig, benommen sein)

die **Mätz|chen** *Plural;* Mätzchen machen (*umgangssprachlich für:* Ausflüchte machen, sich sträuben)

die **Mau|er; mau|ern;** du mauerst; sie mauert; sie mauerte; sie hat gemauert; mau[e]re!

das **Maul;** die Mäu|ler; die **Maul|af|fen** *Plural;* Maulaffen feilhalten (*umgangssprachlich für:* gaffend, untätig herumstehen)

der **Maul|beer|baum;** die **Maul|bee|re**

maul|len; du maulst; sie mault; sie maulte; sie hat gemault; maul[e] nicht!; **maulfaul**

der **Maul|e|sel** (Kreuzung aus Pferdehengst und Eselstute); das **Maul|tier** (Kreuzung aus Eselhengst und Pferdestute)

der **Maul|wurf;** der **Maul|wurfs|hü|gel**

der **Mau|rer;** der **Mau|rer|ge|sel|le;** der **Mau|rer|meis|ter**

Mau|re|ta|ni|en (Staat in Afrika); der **Mau|re|ta|ni|er;** die **Mau|re|ta|ni|e|rin;** die Mauretanierinnen; **mau|re|ta|nisch**

Mau|ri|ti|us (Insel im Indischen Ozean)

die **Maus; mäus|chen|still;** der **Mäu|se|bus|sard;** die **Mau|se|fal|le; mau|sen** (*umgangssprachlich für:* stehlen); du maust; sie maust; sie mauste; sie hat gemaust; mause nicht!

die **Mau|ser** (der jährliche Federwechsel bei Vögeln); sich **mau|sern;** du mauserst dich; sie mausert sich; sie mauserte sich; sie hat sich zu einer erfolgreichen Geschäftsfrau gemausert

mau|se|tot; mausetot schlagen

maus|grau

der **Maus|klick** (*EDV:* Betätigen der Maustaste)

das **Mau|so|le|um** (monumentales Grabmal); des Mausoleums; die Mausoleen

die **Maus|tas|te** (*EDV:* Taste der Computermaus)

die **Maut** (Straßen- oder Brückengebühr); die Mau|ten; die **Maut|stra|ße**

ma|xi|mal (höchst-, größtmöglich; höchstens); die **Ma|xi|me** (allgemeiner Grundsatz); das **Ma|xi|mum** (Höchstwert, Höchstmaß); die Maxima

die **Ma|yon|nai|se** *vergleiche:* **Ma|jo|nä|se**

MdB *und* **M. d. B.** = Mitglied des Bundestages; **MdL** *und* **M. d. L.** = Mitglied des Landtages

m. E. = meines Erachtens

die **Me|cha|nik;** die Me|cha|ni|ken; der **Me|cha|ni|ker;** die **Me|cha|ni|ke|rin;** die Mechanikerinnen; **me|cha|nisch;** der **Me|cha|nis|mus;** des Mechanismus; die Mechanismen

me|ckern; die Ziege meckert; die Ziege hat gemeckert; der **Me|cke|rer**

meck|len|burg-vor|pom|me|risch; Meck|len|burg-Vor|pom|mern ['me:klənbʊrk, *auch:* 'mɛklənbʊrk]

die **Me|dail|le** [me'daljə] (Gedenkmünze); das **Me|dail|lon** [medal'jõ:] (Anhänger, Bildkapsel); die Medaillons

das **Me|di|ka|ment** (Heilmittel, Arznei); die Me|di|ka|men|te

die **Me|di|ta|ti|on** (Nachdenken; religiöse Versenkung); **me|di|tie|ren** (nachdenken; Meditation üben)

das **Me|di|um** (die Kommunikation vermittelnde Person oder Sache); die Me|di|en (insbesondere: Film, Funk, Fernsehen, Presse); die neuen Medien (insbesondere: Computer, Internet, CD-ROM, DVD)

die **Me|di|zin** (Heilkunde; Arznei); die Me|di|zi|nen; der **Me|di|zin|ball** (großer, schwerer, nicht elastischer Lederball); der **Me|di|zi|ner;** die **Me|di|zi|ne|rin;** die Medizinerinnen; **me|di|zi|nisch;** das **Me|di|zin|stu|di|um**

das **Meer;** die **Meer|en|ge;** der **Mee|res|grund;** der **Mee|res|spie|gel;** die **Mee|res|strö|mung;** die **Meer|kat|ze** (ein Affe); das **Meer|was|ser**

der **Meer|ret|tich** (eine Gewürzpflanze)

das **Meer|schwein|chen**

das **Mee|ting** [ˈmi:tɪŋ] (Treffen, Veranstaltung)

das **Me|ga|byte** [me:gaˈbait, *auch:* megaˈbait] (*EDV:* Einheit von 1 048 576 Byte; *Zeichen:* Mbyte, MByte, MB); des Megabyte[s]; die Megabyte[s]

me|ga-in; mega-in sein (*umgangssprachlich für:* äußerst gefragt sein); **me|ga-out;** mega-out sein (*umgangssprachlich für:* ganz aus der Mode, vollkommen überholt sein)

das **Me|ga|phon,** *auch:* **Me|ga|fon** (Sprachrohr); des Megaphons, *auch:* Megafons; die Me|ga|pho|ne, *auch:* Me|ga|fo|ne

das **Mehl; meh|lig;** der **Mehl|tau** (eine Pflanzenkrankheit)

mehr; mehr oder weniger; umso mehr; mehr denn je; **meh|re|re;** mehrere Bücher, mehrere Mark; mehrere Anwesende; die Einwände mehrerer Abgeordneter; in Begleitung mehrerer bewaffneter Soldaten; **meh|rer|lei; mehr|fach;** die **Mehr|heit; mehr|mals; mehr|stel|lig; mehr|stim|mig;** die **Mehr|wert|steu|er;** die **Mehr|zahl; mehr|zei|lig;** das **Mehr|zweck|ge|rät**

mei|den; du meidest ihn; sie mied ihn; sie hat ihn gemieden; meide ihn!

die **Mei|le;** der **Mei|len|stein; mei|len|weit;** ABER: zwei Meilen weit

der **Mei|ler** (Holzstoß zur Gewinnung von Holzkohle)

mein

der **Mein|eid; mein|ei|dig**

mei|nen; du meinst; sie meint; sie meinte; sie hat es gut mit ihm gemeint

mei|ner|seits; mei|net|we|gen

die **Mei|nung;** die **Mei|nungs|for|schung;** das **Mei|nungs|for|schungs|in|s|ti|tut;** die **Mei|nungs|frei|heit;** die **Mei|nungs|um|fra|ge;** die **Mei|nungs|ver|schie|den|heit**

die **Mei|se**

der **Mei|ßel;** die Meißel; **mei|ßeln;** du meißelst; er hat die Inschrift in den Grabstein gemeißelt; meißle die Inschrift!

meist; am meis|ten; die meisten glauben, dass ...; das meiste ist bekannt; **meist|bie|tend;** etwas meistbietend verkaufen, versteigern; **meis|tens; meis|ten|teils**

der **Meis|ter;** der **Meis|ter|brief; meis|ter|haft;** die **Meis|te|rin;** die Meisterinnen; die **Meis|ter|leis|tung; meis|tern;** du meisterst; sie meistert; sie meisterte; sie hat alle Schwierigkeiten gemeistert; meistere dein Schicksal!; die **Meis|ter|prü|fung;** die **Meis|ter|schaft;** das **Meis|ter|stück;** der **Meis|ter|ti|tel;** das **Meis|ter|werk**

meist|ge|kauft; meist|ge|nannt

Mek|ka (Stadt in Saudi-Arabien)

der **Me|kong** [*auch:* meˈkɔŋ] (Fluss in Südostasien)

die **Me|lan|cho|lie** [melaŋkoˈli:] (Schwermut); die Me|lan|cho|li|en; **me|lan|cho|lisch**

mel|den; du meldest; sie meldet; sie meldete; sie hat einen Erfolg gemeldet; melde ihn!; sich melden; sie hat sich bei der Polizei gemeldet; die **Mel|de|pflicht;** die **Mel|dung**

mel|ken; du melkst; er hat die Kuh gemolken *und* gemelkt; melk[e] die Kuh!; frisch gemolkene Milch; die **Melk|ma|schi|ne**

die **Me|lo|die;** die Me|lo|di|en; **me|lo|disch**

die **Me|lo|ne** (ein Kürbisgewächs)

die **Mem|b|ran,** *auch* **Mem|b|ra|ne** (schwingendes Metallblättchen oder Häutchen); die Membranen

die **Mem|me** (*umgangssprachlich für:* Feigling)

die **Me|moi|ren** [meˈmo̯a:rən] (Lebenserinnerungen) *Plural;* das **Me|mo|ran|dum** (Denkschrift); die Memoranden *und* Memoranda

die **Me|na|ge|rie** [menaʒəˈri:] (Tierschau); die Me|na|ge|ri|en

die **Men|ge; men|gen;** du mengst; sie mengt; sie hat den Zement gemengt; menge den Zement!; die **Men|gen|leh|re**

der **Me|nis|kus** (Zwischenknorpel im Kniegelenk); die Menisken; der **Me|nis|kus|riss**

der **Mensch;** des/dem/den Men|schen; die Men|schen; das **Men|schen|le|ben; men|schen|mög|lich;** was menschenmöglich war, wurde getan; ABER: sie hat das Menschenmögliche (alles) getan; das **Men|schen|recht** *meist Plural;* **men|schen|ver|ach|tend;** die **Men|schen|wür|de; men|schen|wür|dig;** die **Mensch|heit;** die **Mensch|heits|ge|schich|te; mensch|lich;**

Menschliches, Allzumenschliches; die **Mensch|lich|keit**

die **Mens|t|ru|a|ti|on** (Monatsblutung); die Mens|t|ru|a|ti|o|nen

men|tal (geistig; gedanklich); die **Men|ta|li|tät** (Denkweise, Sinnesart); die Men|ta|li|tä|ten

das **Men|thol** (Bestandteil des Pfefferminzöls); des Menthols

das **Me|nü** (Speisenfolge); die Menüs

der **Me|ri|di|an** (Längenkreis); die Me|ri|di|a|ne

mer|ken; du merkst es; sie hat es gemerkt; merke es!; das **Merk|mal;** die Merk|ma|le; **merk|wür|dig**

der **Mes|ner,** *auch:* **Mess|ner** (*landschaftlich für:* Kirchendiener, Messdiener)

die **Mes|sage** [mɛsɪtʃ] (Nachricht; Information); der Message; die Messages

mess|bar; die **Mess|bar|keit**

der **Mess|die|ner;** die **Mes|se** (der katholische Hauptgottesdienst); die, eine Messe lesen; ABER: das Messelesen

die **Mes|se** (eine Ausstellung); die **Mes|se|hal|le**

mes|sen; du misst; sie misst; sie maß; sie hat die Länge des Stoffes gemessen; miss die Breite des Zimmers!; der **Mess|feh|ler;** das **Mess|ge|rät**

das **Mes|ser; mes|ser|scharf;** der **Mes|ser|stich**

der **Mes|si|as;** des Messias

das **Mes|sing**

der **Mes|ti|ze** (Nachkomme eines weißen und eines indianischen Elternteils)

MESZ = Mitteleuropäische Sommerzeit

das **Me|tall;** die Metall verarbeitende Industrie; **me|tal|len** (aus Metall); **me|tal|lic** (metallisch schimmernd lackiert); die **Me|tall|in|dus|t|rie; me|tal|lisch** (wie Metall); die **Me|tall|le|gie|rung,** *auch:* **Me|tall-Le|gie|rung**

die **Me|ta|mor|pho|se** (Umgestaltung, Verwandlung)

der **Me|te|or** (Sternschnuppe); die Me|te|o|re; der **Me|te|o|rit** (Meteorstein); des/dem/den Meteoriten *und* des Meteorits; die Me|te|o|ri|te; die **Me|te|o|ro|lo|gie** (Wetterkunde)

der, *auch:* das **Me|ter;** eine Länge von 10 Metern, *auch:* von 10 Meter; von 10 Meter, *auch:* von 10 Metern an; ein[en] Meter lang; laufender Meter; **me|ter|hoch;** der Schnee liegt meterhoch; ABER: der Schnee liegt drei Meter hoch; **me|ter|lang;** eine meterlange Schlange; ABER: eine drei Meter lange Schlange; das **Me|ter|maß**

die **Me|tho|de** (Verfahren; Absicht; planmäßiges Vorgehen); **me|tho|disch**

die **Me|t|rik** (Verslehre; *Musik:* Lehre vom Takt); die Me|t|ri|ken

das **Me|t|ro|nom** (Taktmesser); die Me|t|ro|no|me

die **Me|t|ro|po|le** (Hauptstadt, Hauptsitz)

die **Mett|wurst**

der **Metz|ger;** die **Metz|ge|rei**

der **Meu|chel|mord; meuch|lings**

die **Meu|te** (eine Anzahl Hunde; wilde Rotte)

die **Meu|te|rei;** der **Meu|te|rer; meu|tern;** du meuterst; er hat gemeutert; meutere nicht!

der **Me|xi|ka|ner** (Einwohner Mexikos); die **Me|xi|ka|ne|rin;** die Mexikanerinnen; **me|xi|ka|nisch; Me|xi|ko** (Staat in Mittelamerika; dessen Hauptstadt)

MEZ = mitteleuropäische Zeit

mg = Milligramm

mi|au|en; die Katze miaut; die Katze miaute; die Katze hat miaut

mich

mick|rig (schwach, kümmerlich)

die **Mi|cky|maus** (eine amerikanische Trickfilm- und Comicfigur); die Mickymäuse; das **Mi|cky|maus|heft**

die **Mid|life|cri|sis** [ˈmɪtlaif kraisɪs], *auch:* **Mid|life-Cri|sis** (Krise in der Mitte des Lebens); der Midlifecrisis, *auch:* Midlife-Crisis

das **Mie|der**

der **Mief** (*umgangssprachlich für:* schlechte Luft); des Miefs; **mie|fen;** es mieft (*umgangssprachlich für:* es verbreitet sich ein schlechter Geruch)

die **Mie|ne** (Gesichtsausdruck); ↑ABER: Mine

Nicht verwechseln: Obwohl beide Wörter gleich ausgesprochen werden, schreibt man die den Gesichtsausdruck bezeichnende Miene mit *ie*, die einen unterirdischen Gang, einen Sprengkörper oder eine Kugelschreibereinlage bezeichnende Mine nur mit einfachem *i*.

mies (*umgangssprachlich für:* schlecht); mie|ser; am mie|ses|ten; ein mieser Laden; er hat miese Laune; mir ist ganz mies; sie muss immer alle Leute mies machen

die **Mies|mu|schel** (Pfahlmuschel)

die **Mie|te** (frostsicher eingegrabene Feldfrüchte)

die **Mie|te** (Geldbetrag für die Nutzung von Wohnraum u. a.); **mie|ten;** du mietest; sie mietet; sie mietete; sie hat das Zimmer gemietet; miete das Zimmer!; der **Mie|ter;** die **Mie|te|rin;** die Mieterinnen; der **Miet|ver|trag;** die **Miet|woh|nung**

die **Mi|g|rä|ne** (heftiger Kopfschmerz)

die **Mi|k|ro|be** (kleinstes Lebewesen); die Mikroben; die **Mi|k|ro|bi|o|lo|gie** (Wissenschaft von den Mikroorganismen); der **Mi|k|ro|chip;** das *oder* der **Mi|k|ro|fiche** [mikrofi:ʃ] (Filmkarte mit stark verkleinerten Kopien); des Mikrofiches; die Mikrofiches; der **Mi|k|ro|film** (Film mit stark verkleinerten Kopien)

das **Mi|k|ro|fon,** *auch:* **Mi|k|ro|phon** (Gerät, durch das Akustisches auf Tonband oder über Lautsprecher übertragen werden kann)

die **Mi|k|ro|or|ga|nis|men** (kleinste Lebewesen) *Plural*

das **Mi|k|ro|s|kop** (ein optisches Vergrößerungsgerät); **mi|k|ro|s|ko|pisch;** die **Mi|k|ro|wel|le;** der **Mi|k|ro|wel|len|herd**

der **Mi|lan** (ein Greifvogel); des Milans; die Mi|la|ne

die **Mil|be** (ein Spinnentier)

die **Milch; mil|chig;** das **Milch|pro|dukt;** die **Milch|stra|ße;** der **Milch|zahn;** die Milchzähne

mild; am mil|des|ten; die **Mil|de; mildern;** du milderst; er hat den Schlag gemildert; mildere den Stoß!; mildernde Umstände; **mild|tä|tig**

das **Mi|lieu** [miˈli̯øː] (Lebensumstände; Umwelt); die Milieus

mi|li|tant (kämpferisch)

das **Mi|li|tär; mi|li|tä|risch;** der **Mi|li|ta|ris|mus** (Vorherrschen militärischen Denkens); des Militarismus; **mi|li|ta|ris|tisch**

die **Mi|liz** (Volksheer); die Mi|li|zen

Mill. = Million, Millionen; das **Mil|le** (das Tausend); 5 Mille, ABER: pro mille

das **Mil|l|en|ni|um** (Jahrtausend); des Millenniums; die Millennien; die **Mil|l|en|ni|um|fei|er** *oder* **Mil|l|en|ni|ums|fei|er**

die **Mil|li|ar|de** (1000 Millionen)

das **Mil|li|gramm** ($^1/_{1000}$ g); der *oder* das **Mil|li|li|ter** ($^1/_{1000}$ l); der *oder* das **Mil|li|me|ter** ($^1/_{1000}$ m)

die **Mil|li|on** (1 000 mal 1 000); eine Million; ein[und]dreiviertel Million[en]; zwei Millionen fünfhunderttausend; mit 0,8 Millionen; Millionen Mal; drei Millionen Mal[e]; der **Mil|li|o|när;** die **Mil|li|o|nä|rin;** die Millionärinnen; **mil|li|o|nen|fach;** die **Mil|li|o|nen|stadt**

die **Milz;** der **Milz|brand** (Krankheit)

mi|men (schauspielern; so tun, als ob); du mimst; er mimt; er hat gemimt; die **Mi|mik** (Gebärden- und Mienenspiel)

die **Mi|mi|k|ry** [ˈmɪmikri] (Anpassung, Schutzfärbung)

min = Minute

das **Mi|na|rett** (Turm einer Moschee); die Mi|na|ret|te

min|der; minder gut; minder wichtig; **min|der|be|gabt;** die minderbegabten Schüler, ABER: die Minderbegabten; **min|der|be|mit|telt;** die minderbemittelten Leute, ABER: die Minderbemittelten; die **Min|der|heit;** der **Min|der|hei|ten|schutz;** die **Min|der|heits|re|gie|rung; min|der|jäh|rig;** der **Min|der|jäh|ri|ge;** ein Minderjähriger; die **Min|der|jäh|ri|ge;** eine Minderjährige

min|dern; die Abnutzung hat den Wert gemindert; die **Min|de|rung; min|der|wer|tig;** minderwertiges Fleisch; das **Min|der|wer|tig|keits|ge|fühl**

das **Min|dest|al|ter;** die **Min|dest|an|for|de|rung; min|des|te;** ohne die mindeste Angst; nicht das Mindeste *oder* mindeste (gar nichts); zum Mindesten *oder* mindesten (wenigstens); nicht im Mindesten *oder* mindesten (gar nicht); **min|des|tens;** die **Min|dest|ge|schwin|dig|keit;** das **Min|dest|maß**

die **Mi|ne** (unterirdischer Gang; Sprengkörper; Kugelschreibereinlage); ↑ABER: Miene

das **Mi|ne|ral;** die Mi|ne|ra|le *und* die Mi|ne|ra|li|en; **mi|ne|ra|lisch;** das **Mi|ne|ral|öl;** das **Mi|ne|ral|was|ser**

die **Mi|ni|a|tur** (kleines Bild; kleine Illustration); die **Mi|ni|a|tur|aus|ga|be**

A B C D E F G H I J K L M N O P Q R S T U V W X Y Z

das **Mi|ni|golf;** der **Mi|ni|golf|platz**

mi|ni|mal (sehr gering, niedrigst); das **Mi|ni|mum** [*auch:* 'mɪnimʊm] (Kleinstmaß; Mindestpreis); die Minima

der **Mi|ni|rock;** die Mi|ni|rö|cke

der **Mi|nis|ter; mi|nis|te|ri|ell;** die **Mi|nis|te|rin;** die Ministerinnen; das **Mi|nis|te|ri|um;** die Mi|nis|te|ri|en; der **Mi|nis|ter|prä|si|dent;** des/dem/den Mi|nis|ter|prä|si|den|ten; die **Mi|nis|ter|prä|si|den|tin;** die Ministerpräsidentinnen

der **Mi|nis|t|rant** (Messdiener); des/dem/den Mi|nis|t|ran|ten; die **Mi|nis|t|ran|tin;** die Ministrantinnen

die **Mi|no|ri|tät** (Minderheit)

der **Mi|nu|end** (Zahl, von der etwas abgezogen wird); des/dem/den Mi|nu|en|den; die Mi|nu|en|den; **mi|nus** (weniger); fünf minus drei ist, macht, gibt zwei; minus 15 Grad *oder* 15 Grad minus; das **Mi|nus;** die Minus; er hat [ein] Minus gemacht; der **Mi|nus|pol;** der **Mi|nus|punkt;** das **Mi|nus|zei|chen**

die **Mi|nu|te; mi|nu|ten|lang;** minutenlanger Beifall, ABER: mehrere Minuten lang; fünfminütig *oder* fünfminutig (fünf Minuten dauernd), ABER: fünfminütlich *oder* fünfminutlich (alle fünf Minuten); der **Mi|nu|ten|zei|ger**

Mio. = Million, Millionen

mir; mir nichts, dir nichts; *Beugung:* wie kann mir jungem (*auch:* jungen) Menschen so etwas passieren!

die **Mi|ra|bel|le** (eine Pflaumenart)

mi|schen; du mischst; sie mischt; sie hat gemischt; mische sie!; die **Misch|form;** das **Misch|ge|tränk;** der **Misch|ling;** des Mischlings; die Misch|lin|ge; das **Misch|pult** (Rundfunk, Fernsehen); die **Mi|schung;** das **Mi|schungs|ver|hält|nis;** der **Misch|wald**

mi|se|ra|bel (erbärmlich; nichtswürdig); ein miserabler Kerl; die **Mi|se|re** (Not, Elend); die Miseren

die **Miss** (unverheiratete Frau; Schönheitskönigin); Miss Australien

miss|ach|ten; er missachtete ihn; sie hat die Vorschrift missachtet

die **Miss|bil|dung**

miss|bil|li|gen; er missbilligt dies; sie hat den Vorschlag missbilligt; die **Miss|bil|li|gung**

der **Miss|brauch;** die Miss|bräu|che; **miss|brau|chen;** er missbraucht sie; er hat seine Macht missbraucht; **miss|bräuch|lich**

der **Miss|er|folg**

die **Miss|ern|te**

die **Mis|se|tat;** der **Mis|se|tä|ter;** die **Mis|se|tä|te|rin;** die Missetäterinnen

miss|fal|len; es missfällt mir; es missfiel mir; es hat mir missfallen; das **Miss|fal|len;** sie hat ihr Missfallen geäußert

das **Miss|ge|schick**

miss|ge|stimmt

miss|glü|cken; der Plan missglückte; der Plan ist missglückt

der **Miss|griff**

die **Miss|gunst; miss|güns|tig**

miss|han|deln; er misshandelte ihn; er hat sie misshandelt; die **Miss|hand|lung**

die **Mis|si|on;** der **Mis|si|o|nar;** die **Mis|si|o|na|rin;** die Missionarinnen; die **Mis|si|ons|sta|ti|on**

der **Mis|sis|sip|pi** (nordamerikanischer Fluss)

der **Miss|klang;** die Miss|klän|ge

der **Miss|kre|dit** (schlechter Ruf); warum hast du ihn in Misskredit gebracht?

miss|lich (unangenehm)

miss|lie|big (unbeliebt)

miss|lin|gen; etwas misslingt; etwas misslang; etwas ist misslungen

der **Miss|mut; miss|mu|tig**

miss|ra|ten; etwas missrät; etwas missriet; der Kuchen ist missraten

der **Miss|stand,** *auch:* **Miss-Stand;** die Miss|stän|de, *auch:* Miss-Stän|de

die **Miss|stim|mung,** *auch:* **Miss-Stim|mung**

miss|trau|en; du misstraust ihm; sie hat ihm misstraut; misstraue ihr nicht!; das **Miss|trau|en; miss|trau|isch**

miss|ver|ständ|lich; das **Miss|ver|ständ|nis;** des Missverständnisses, die Missverständnisse

Substantive auf *-nis* werden im Nominativ Singular nur mit einem *s* geschrieben, obwohl der Genitiv Singular und die Pluralformen mit Doppel-s gebildet werden.

miss|ver|ste|hen; ich missverstand ihn; ich habe ihn missverstanden; das war nicht misszuverstehen

die **Miss|wei|sung** (Abweichung der Magnetnadel, Deklination)

die **Miss|wirt|schaft**
der **Mist;** der **Mist|kä|fer**
die **Mis|tel;** die Misteln
mit; mit dem Hute in der Hand; mit anderen Worten; du kannst mit arbeiten; das musst du mit beachten; das kann ich nicht mit ansehen; **mit|ar|bei|ten;** sie arbeitet mit; sie hat an diesem Werk mitgearbeitet, *aber:* **mit ar|bei|ten** (vereinzelt an der Arbeit teilnehmen); sie hat an diesem Werk vorübergehend mit gearbeitet; der **Mit|ar|bei|ter;** die **Mit|ar|bei|te|rin**
mit|be|stim|men; du bestimmst mit; er hat mitbestimmt; bestimm[e] mit!; die **Mit|be|stim|mung;** das **Mit|be|stim|mungs|recht**
der **Mit|be|wer|ber;** die **Mit|be|wer|be|rin**
der **Mit|be|woh|ner;** die **Mit|be|woh|ne|rin**
mit|brin|gen; sie hat mir etwas mitgebracht
der **Mit|bür|ger;** die **Mit|bür|ge|rin**
mit|ei|n|an|der; miteinander (einer mit dem anderen) auskommen, leben, spielen; ↑aneinander
mit|fah|ren; er ist mitgefahren; die **Mit|fahr|ge|le|gen|heit**
mit|füh|lend; am mit|füh|lends|ten; das **Mit|ge|fühl**
mit|ge|hen; er ging mit; er ist mitgegangen
die **Mit|gift** (Aussteuer); die Mit|gif|ten
das **Mit|glied;** die **Mit|glie|der|ver|samm|lung;** der **Mit|glieds|aus|weis;** der **Mit|glieds|bei|trag;** die **Mit|glied|schaft**
die **Mit|hil|fe;** vielen Dank für deine Mithilfe! **mit|hil|fe**, *auch:* **mit Hil|fe;** mithilfe, *auch:* mit Hilfe dieses Verfahrens
der **Mit|in|ha|ber;** die **Mit|in|ha|be|rin**
mit|kom|men; sie kam mit; sie ist mitgekommen
mit|lau|fen; er lief mit; er ist mitgelaufen; der **Mit|läu|fer;** die **Mit|läu|fe|rin**
der **Mit|laut** (Konsonant); des Mitlaut[e]s; die Mit|lau|te
das **Mit|leid;** Mitleid empfinden; Mitleid erregen; Mitleid erregend, *auch:* mitleiderregend; ein Mitleid erregender, *auch:* mitleiderregender Anblick; ABER: ein großes Mitleid erregender Anblick; ein äußerst mitleiderregender, noch mitleiderregenderer Fall; **mit|lei|dig; mit|leid|los** *oder* **mit|leids|los; mit|leid|voll** *oder* **mit|leids|voll**
mit|ma|chen; er hat mitgemacht
der **Mit|mensch;** des/dem/den Mit|menschen; die Mit|men|schen; **mit|mensch|lich**
mit|neh|men; sie nahm den Koffer mit; sie hat mich mitgenommen
die **Mi|t|ra** (Bischofsmütze); die Mitren
mit|rei|ßen; sie wurde von der Menge mitgerissen; der Redner riss alle Zuhörer mit; **mit|rei|ßend**
mit|schnei|den (eine Radio- oder Fernsehsendung auf Tonband, Kassette aufnehmen); du schneidest mit; er hat die Sendung mitgeschnitten; der **Mit|schnitt**
mit|schrei|ben; sie schrieb mit; sie hat mitgeschrieben; zum Mitschreiben
die **Mit|schuld; mit|schul|dig**
der **Mit|schü|ler;** die **Mit|schü|le|rin**
mit|spie|len; du spielst mit; sie hat mitgespielt; lass[e] die Kleinen doch mitspielen!; der **Mit|spie|ler;** die **Mit|spie|le|rin**
die **Mit|spra|che;** das **Mit|spra|che|recht; mit|spre|chen;** du sprichst mit; bei diesem Thema hat sie nicht mitsprechen können
der **Mit|tag;** über Mittag wegbleiben; [zu] Mittag essen; ↑Abend; das **Mit|tag|es|sen; mit|tags;** ABER: des Mittags; die **Mit|tags|pau|se;** die **Mit|tags|zeit**
der **Mit|tä|ter;** die **Mit|tä|te|rin;** die **Mit|tä|ter|schaft**
die **Mit|te;** in der Mitte; Mitte Januar; Mitte dreißig; Mitte der Dreißiger
mit|tei|len (sagen, wissen lassen); du teilst mit; er hat mitgeteilt; teil[e] es ihm mit!; er hat ihm das Geheimnis mitgeteilt, ABER: **mit tei|len;** er hat mit geteilt (an der Teilung teilgenommen); die **Mit|tei|lung;** das **Mit|tei|lungs|be|dürf|nis**
mit|tel; mitt|le|re; die mittlere Reife; das **Mit|tel;** die Mittel; sich ins Mittel legen; das **Mit|tel|al|ter; mit|tel|al|ter|lich;** der **Mit|tel|fin|ger; mit|tel|fris|tig;** das **Mit|tel|ge|bir|ge; mit|tel|groß;** das **Mit|tel|meer; mit|tel|mä|ßig;** die **Mit|tel|ohr|ent|zün|dung;** der **Mit|tel|punkt;** die **Mit|tel|stu|fe;** die **Mit|tel|wel|le;** der **Mit|tel|wert;** das **Mit|tel|wort** (Partizip); die Mit|tel|wör|ter

mit|ten; er befand sich mitten darin, mitten darunter, ABER: er befand sich mittendrin, mittendrunter; er ging mitten durch, ABER: der Stab brach mittendurch; das Glas ging, brach mitten entzwei

die **Mit|ter|nacht;** um Mitternacht; **mit|ter|nachts,** ABER: des Mitternachts; ↑Abend; die **Mit|ter|nachts|son|ne**

der **Mit|te|strich** (Bindestrich, Gedankenstrich der Schreibmaschine)

der **Mitt|ler; mitt|ler|wei|le**

der **Mitt|woch;** ↑Dienstag; **mitt|wochs;** ↑Dienstag

mit|un|ter (manchmal)

mit|ver|ant|wort|lich; die **Mit|ver|ant|wor|tung**

mi|xen (mischen); du mixt; er mixt; er hat das Getränk gemixt; mix[e] ein Getränk!; der **Mi|xer** (jemand, der Getränke mischt; Gerät zum Quirlen und Mischen; Tonmischer); des Mixers; die Mixer; das **Mix|ge|tränk**

ml = Milliliter

mm = Millimeter

der **Mob** (Pöbel); des Mobs; **mob|ben** (Kolleg[inn]en, Mitschüler[innen] schikanieren); du mobbst; sie haben gemobbt; mobb[e] den neuen Mitschüler nicht!; das **Mob|bing**

das **Mö|bel;** die Möbel; der **Mö|bel|pa|cker;** das **Mö|bel|stück; mo|bil** (beweglich); jmdn. wieder mobil machen (*umgangssprachlich für:* gesund, munter machen); ↑ABER: mobilmachen; das **Mo|bi|li|ar** (bewegliche Habe; Möbel); **mo|bi|li|sie|ren** (für den Einsatz bereit machen; aktivieren); du mobilisierst; er hat mobilisiert; mobilisiere!; die **Mo|bi|li|tät** ([geistige] Beweglichkeit); **mo|bil|ma|chen** (auf Kriegsstand bringen); das **Mo|bil|te|le|fon; mö|b|lie|ren;** du möblierst; er hat das Zimmer möbliert; möblier[e] es!

Mo|çam|bique [mosamˈbɪk]; ↑Mosambik

der **Mo|dal|satz** (Umstandssatz der Art und Weise); die Mo|dal|sät|ze; das **Mo|dal|verb** (wollen, sollen, müssen, können, dürfen, mögen, *z. B. in:* wir wollen spielen); die Mo|dal|ver|ben

die **Mo|de;** der **Mo|de|aus|druck; mo|de|be|wusst;** die **Mo|de|far|be**

das **Mo|del** (Fotomodell); des Models; die Models

das **Mo|dell;** Modell stehen; das **Mo|dell|flug|zeug; mo|del|lie|ren;** du modellierst; er hat ihren Kopf in Ton modelliert; modellier[e] ihn!

das **Mo|dem** (Gerät zur Datenübertragung über Telefonleitungen); des Modems; die Modems

der **Mo|der** (Faulendes; Fäulnisstoff); **mo|dern** (faulen); etwas modert; etwas moderte; etwas hat gemodert

der **Mo|de|ra|tor** (jemand, der durch eine Fernseh- oder Rundfunksendung führt); des Moderators; die Mo|de|ra|to|ren; die **Mo|de|ra|to|rin;** die Moderatorinnen; **mo|de|rie|ren;** du moderierst; sie hat die Sendung moderiert; moderier[e]!

mo|dern (modisch); moderner Fünfkampf; **mo|der|ni|sie|ren;** du modernisierst; sie modernisierte; sie hat die Fabrik modernisiert; modernisier[e] sie!; **mo|disch**

das **Mo|dul** (selbstständiges Geräteteil); des Moduls; die Module; die **Mo|du|la|ti|on** (Übergang in eine andere Tonart)

der **Mo|dus** [*auch:* ˈmɔdʊs] (Art und Weise; Aussageweise des Verbs); die Modi

das **Mo|fa** (*kurz für:* Motorfahrrad); des Mofas; die Mofas; **mo|feln** (*umgangssprachlich für:* mit dem Mofa fahren); du mofelst; er mofelt; er ist um den Platz gemofelt

Mo|ga|di|schu (Hauptstadt Somalias)

die **Mo|ge|lei; mo|geln;** du mogelst; er hat gemogelt; mog[e]le nicht!

mö|gen; du magst; er mag; er mochte; er hat sie gemocht; das hätte ich hören mögen

mög|lich

Kleinschreibung:
- mögliche Entwicklungen
- so viel als *oder* wie möglich

Großschreibung der Substantivierung:
- das Mögliche (alles) tun; alles Mögliche (viel, allerlei) tun
- sein Möglichstes tun
- im Rahmen des Möglichen
- Mögliches und Unmögliches verlangen
- alles Mögliche (alle Möglichkeiten) bedenken
- etwas, nichts Mögliches

mög|li|chen|falls; mög|li|cher|wei|se; die **Mög|lich|keit;** nach Möglichkeit; die **Mög|lich|keits|form** (Konjunktiv); **mög|lichst;** möglichst bald; möglichst schnell
Mo|ham|med (Stifter des Islams)
der **Mohn;** das **Mohn|bröt|chen**
der **Mohr** *(veraltet)*
die **Möh|re;** die **Mohr|rü|be**
der **Mo|kas|sin** (ein Schuh); die Mokassins *oder* die Mo|kas|si|ne
sich **mo|kie|ren** (sich lustig machen); du mokierst dich; er hat sich darüber mokiert
der **Mok|ka;** die Mokkas
der **Molch;** die Mol|che
die **Mo|le** (Hafendamm); die Molen
das **Mo|le|kül** (kleinste Einheit einer chemischen Verbindung); die Moleküle; **mo|le|ku|lar;** die **Mo|le|ku|lar|bi|o|lo|gie;** das **Mo|le|ku|lar|ge|wicht**
die **Mol|ke** (Käsewasser); die **Mol|ke|rei;** das **Mol|ke|rei|pro|dukt**
das **Moll** (Tongeschlecht mit kleiner Terz; ↑Dur); des Moll; a-Moll; die a-Moll-Arie
mol|lig *(umgangssprachlich für:* behaglich, warm; rundlich)
der **Mo|ment** (Augenblick); **mo|men|tan**
Mo|na|co [*auch:* 'mo:nako] (Staat in Südeuropa; Hauptstadt dieses Staates)
der **Mo|n|arch** (legitimer Alleinherrscher); des/dem/den Mo|n|ar|chen; die Mo|n|ar|chen; die **Mo|n|ar|chie;** die Mo|n|ar|chi|en; die **Mo|n|ar|chin,** die Monarchinnen
der **Mo|nat;** alle zwei Monate; dieses Monats; laufenden Monats; nächsten Monats; vorigen Monats; **mo|na|te|lang,** ABER: viele Monate lang; **mo|nat|lich** (jeden Monat); eine monatliche Rate, ABER: dreimonatig (drei Monate dauernd); der **Mo|nats|an|fang;** der **Mo|nats|ers|te;** die **Mo|nats|kar|te**
der **Mönch; mön|chisch;** der **Mönchs|or|den**
der **Mond;** der **Mond|auf|gang;** die **Mond|fins|ter|nis; mond|hell;** die **Mond|lan|dung;** die **Mond|pha|se;** der **Mond|schein**
der **Mo|ne|gas|se** (Einwohner Monacos); des/dem/den Monegassen; die Monegassen; die **Mo|ne|gas|sin;** die Monegassinnen; **mo|ne|gas|sisch**
der **Mon|go|le** (Angehöriger einer Völkergruppe in Asien; Einwohner der Mongolei); die **Mon|go|lei** (Staat und Hochland in Zentralasien); **mon|go|lisch**

mo|nie|ren (bemängeln); sie hat das schlechte Essen moniert
der **Mo|ni|tor** (Bildschirm für Beobachtung, Datenkontrolle oder Datenverarbeitung); des Monitors; die Mo|ni|to|ren *oder* Mo|ni|to|re
das **Mo|no|gramm** (Namenszug)
die **Mo|no|kul|tur** (einseitiger Anbau immer derselben Pflanzenart)
der **Mo|no|log** (Selbstgespräch)
das **Mo|no|pol** (alleiniger Anspruch; Recht auf Alleinverkauf); die **Mo|no|pol|stel|lung;** das **Mo|no|po|ly** (ein Gesellschaftsspiel); des Monopoly
mo|no|ton (eintönig, ermüdend); die **Mo|no|to|nie** (Eintönigkeit)
das **Mons|ter** (das Ungeheuer); des Monsters; die Monster; das **Mons|ter|kon|zert** *(umgangssprachlich für:* äußerst langes Konzert)
die **Mons|t|ranz** (Gefäß für die geweihte Hostie); die Mons|t|ran|zen
das **Mons|t|rum** (Ungeheuer); des Monstrums; die Monstren
der **Mon|sun** (ein Wind); die Mon|su|ne
der **Mon|tag** ↑Dienstag; **mon|tags** ↑Dienstag
die **Mon|ta|ge** [mɔn'ta:ʒə] (Aufbau; Zusammenbau einer Maschine); die **Mon|ta|ge|hal|le**
der **Mont|blanc** [mõ'blã:] (Berg in den Alpen)
der **Mon|teur** [mɔn'tø:ɐ̯]; **mon|tie|ren;** du montierst; er montierte; er hat die Maschine montiert; montier[e] sie!
Mon|te|vi|deo (Hauptstadt Uruguays)
das **Mo|nu|ment** (Denkmal); **mo|nu|men|tal**
das **Moor;** des Moor[e]s; die Moo|re; das **Moor|bad;** das **Moor|huhn; moo|rig**
das **Moos;** des Moo|ses; die Moo|se; **moos|be|deckt;** moosbedeckte Dächer; **moos|grün; moo|sig**
der **Mopp** (Stoffbesen); die Mopps; **mop|pen;** du moppst; sie moppt; sie hat gemoppt; mopp[e] den Flur!
das **Mo|ped** (leichtes Motorrad); des Mopeds; die Mopeds
der **Mops** (eine Hunderasse); des Mop|ses; die Möp|se; **mop|sen** *(umgangssprachlich für:* stehlen); du mopst; sie mopst; sie hat gemopst; sich mopsen *(umgangssprachlich für:* sich langweilen, ärgern)
die **Mo|ral** (Sittlichkeit; Sittenlehre); **mo|ra-**

lisch; moralisches Handeln; die **Mo|ralpre|digt**

die **Mo|rä|ne** (Schutt eines Gletschers); die Moränen

der **Mo|rast;** des Morast[e]s; die Mo|ras|te *oder* Mo|räs|te; **mo|ras|tig**

mor|bid (kränklich; im [sittlichen] Verfall begriffen); die **Mor|bi|di|tät**

die **Mor|chel** (ein Pilz); die Morcheln

der **Mord;** des Mord[e]s; die Mor|de; **morden;** du mordest; er mordete; er hat gemordet; der **Mör|der;** die **Mör|de|rin;** die Mörderinnen; **mör|de|risch;** mörderische Hitze

das **Mor|gen;** das Heute und das Morgen; der **Mor|gen** (ursprünglich das Land, das ein Gespann an einem Morgen pflügen kann; ein altes Feldmaß); fünf Morgen Land

der **Mor|gen, mor|gen**

Das Substantiv »Morgen« schreibt man groß:
- eines Morgens
- gegen Morgen; am Morgen
- guten Morgen, *auch:* Guten Morgen sagen
- gestern, heute Morgen

Die Adverbien »morgen« und »morgens« schreibt man klein:
- morgens; frühmorgens; ABER: morgens früh
- morgen Abend, morgen Nachmittag, morgen früh, *auch:* morgen Früh
- von morgens bis abends
- bis morgen; Hausaufgaben für morgen; die Technik von morgen (der nächsten Zukunft)

Vergleiche auch: Abend *und* Dienstag

mor|gend|lich; der morgendliche Berufsverkehr; das **Mor|gen|grau|en; mor|gens,** ABER: des Morgens; ↑Abend *und* Dienstag; **mor|gig;** am morgigen Tag

die **Mo|ri|tat** (von einem Bänkelsänger vorgetragenes Lied); die Mo|ri|ta|ten

das **Mor|phi|um** (ein Medikament; eine Droge); des Morphiums; die **Mor|phi|umsucht; mor|phi|um|süch|tig**

morsch; am mor|sches|ten; morsche Bäume

das **Mor|se|al|pha|bet,** *auch:* **Mor|se-Al|phabet** (Alphabet für die Telegrafie); **morsen** (den Morseapparat bedienen); du morst; sie morste; sie hat gemorst; das **Mor|se|zei|chen**

der **Mör|ser** (schweres Geschütz; Gefäß zum Zerkleinern); des Mörsers; die Mörser

die **Mor|ta|del|la** (eine Wurstsorte); die Mortadellas

der **Mör|tel** (ein Bindemittel); die Mörtel; **mör|teln;** ich mört[e]le; du mörtelst; er hat die Wand gemörtelt

das **Mo|sa|ik** (Bild aus bunten Steinchen); des Mosaiks; die Mo|sa|i|ken, *auch:* Mosa|i|ke; der **Mo|sa|ik|stein**

Mo|sam|bik (Staat in Ostafrika); der **Mosam|bi|ka|ner;** die **Mo|sam|bi|ka|ne|rin;** die Mosambikanerinnen; **mo|sam|bi|kanisch**

die **Mo|schee** (islamisches Bethaus); die Mosche|en

die **Mo|sel** (linker Nebenfluss des Rheins)

Mo|ses (Stifter der israelitischen Religion)

Mos|kau (Hauptstadt Russlands)

der **Mos|ki|to** (eine Stechmücke); des Moskitos; die Moskitos; das **Mos|ki|to|netz**

der **Mos|lem** *vergleiche:* **Mus|lim;** die **Mos|lemin** *vergleiche:* **Mus|li|min; mos|le|misch** *vergleiche:* **mus|li|misch**

der **Most** (unvergorener Fruchtsaft); des Most[e]s; die Mos|te

der **Mos|t|rich** (*nordostdeutsch für:* Senf); des Mostrich[e]s

das **Mo|tel** (Hotel für Autoreisende); des Motels; die Motels

das **Mo|tiv** ([Beweg]grund; Leitgedanke; kleinstes melodisches Gebilde); des Motivs; die Mo|ti|ve; die **Mo|ti|va|ti|on** (die Beweggründe für das menschliche Handeln); **mo|ti|vie|ren** (anspornen; begründen); du motivierst; er hat seine Entscheidung motiviert; motivier[e] deine Mannschaft!; die **Mo|ti|vie|rung**

das **Mo|to|cross,** *auch:* **Mo|to-Cross** (Geländerennen für Motorradsportler); des Motocross, *auch:* Moto-Cross; die Moto|cros|se, *auch:* Mo|to-Cros|se

der **Mo|tor;** des Motors; die Mo|to|ren, *auch:* der **Mo|tor;** des Motors; die Mo|to|re; das **Mo|tor|boot** [*auch:* mo'to:ɐ̯bo:t]; **mo|to|ri|sie|ren** (mit Maschinen oder Motorfahrzeugen ausstatten); du motorisierst; er hat seinen Bauernhof motorisiert; der motorisierte Verkehr; das **Mo|tor|rad** [*auch:* mo'to:ɐ̯ra:t]; der **Mo|tor|rad|fah|rer;** die **Mo|tor|rad|fah|re|rin;** der **Mo|tor|sport**

die **Mot|te;** das **Mot|ten|pul|ver**

das **Mot|to** (Leitspruch; Kennwort); des Mottos; die Mottos

mot|zen (*umgangssprachlich für:* nörgeln; *landschaftlich für:* schmollen); du motzt; er motzt; er motzte; er hat gemotzt; motz[e] nicht dauernd!

das **Moun|tain|bike** ['mau̯ntn̩bai̯k], *auch:* **Moun|tain-Bike** (Fahrrad für Gelände- oder Gebirgsfahrten); des Mountainbikes, *auch:* Mountain-Bikes; die Mountainbikes, *auch:* Mountain-Bikes

der **Mount E|ve|rest** [mau̯nt 'ɛvərɛst] (höchster Berg der Erde)

die **Mö|we** (ein Vogel)

der **Moz|za|rel|la** (eine Käsesorte); des Mozzarellas; die Mozzarellas

m/s *oder* **m/sec** = Meter je Sekunde

die **Mu|cke** (*umgangssprachlich für:* Laune, Grille); der Motor hat seine Mucken

die **Mü|cke;** der **Mü|cken|stich**

der **Mucks,** *auch:* **Muck|ser** (kurze, halb unterdrückte Äußerung); des Muck|ses, *auch:* Mucksers; die Muck|se, *auch:* Muckser; ich will jetzt keinen Mucks, *auch:* Muckser mehr hören!; **muck|sen;** du muckst; er muckst; er muckste; er hat gemuckst; mucks[e] nicht!; sich mucksen; er hat sich nicht gemuckst; **mucks|mäus|chen|still**

mü|de; sich müde arbeiten; einer Sache müde (überdrüssig) sein; ich bin es müde; die **Mü|dig|keit**

der **Muff** (modriger, dumpfer Geruch); des Muff[e]s

der **Muff** (Handwärmer); des Muff[e]s; die Muf|fe

die **Muf|fe** (Rohrstück; Ansatzstück); die Muffen

der **Muf|fel** (*umgangssprachlich für:* Mensch, der sich mürrisch, ablehnend verhält); des Muffels; die Muffel; **muf|fe|lig** *oder* **muff|lig;** ein muff[e]liger Kerl

muf|fig (nach Schimmel riechend)

muh!; die Kühe brüllten Muh, *auch:* muh

die **Mü|he;** mit Müh und Not; es kostet mir *oder* mich keine Mühe; er hat sich redlich Mühe gegeben; **mü|he|los;** am mü|he|lo|ses|ten; sich **mü|hen** (anstrengen); du mühst dich; sie mühte sich; sie hat sich vergeblich gemüht; müh[e] dich doch nicht so!; **mü|he|voll**

die **Müh|le;** das **Mühl|rad;** der **Mühl|stein**

die **Müh|sal;** die Müh|sa|le; **müh|sam; müh|se|lig**

der **Mu|lat|te** (Nachkomme eines schwarzen und eines weißen Elternteils); die **Mu|lat|tin;** die Mulattinnen

Diese Bezeichnungen gehen auf den abwertenden Vergleich des Mulatten mit einem Maulesel, einem *Muli,* zurück. Sie werden deshalb oft als abwertend empfunden.

die **Mul|de**

der **Mull** (ein Baumwollgewebe); des Mull[e]s; die Mul|le; die **Mull|bin|de;** das **Mull|läpp|chen,** *auch:* **Mull-Läpp|chen**

der **Müll** (Schutt; Abfälle); des Müll[e]s; die **Müll|ab|fuhr;** der **Müll|ei|mer;** die **Müll|kip|pe;** die **Müll|ton|ne;** die **Müll|ver|bren|nung;** die **Müll|ver|bren|nungs|an|la|ge**

der **Mül|ler;** des Müllers; die Müller; die **Mül|le|rin;** die Müllerinnen

mul|mig (*umgangssprachlich für:* bedenklich; übel); eine mulmige Situation

mul|ti|kul|tu|rell (viele Kulturen umfassend); ein multikulturelles Angebot

das **Mul|ti|me|dia** (*Informatik:* Zusammenwirken verschiedener Medientypen [Texte, Bilder, Grafiken usw.] in einem Informationssystem); des Multimedia[s]; **mul|ti|me|di|al** (viele Medien betreffend; für viele Medien bestimmt); multimediale Bildungsangebote

das **Mul|ti|p|le|choice|ver|fah|ren** ['maltɪpl̩'tʃɔɪ̯s...], *auch:* **Mul|ti|p|le-Choice-Ver|fah|ren** (Prüfungsverfahren, bei dem von mehreren vorgegebenen Antworten eine oder mehrere als richtig zu kennzeichnen sind)

der **Mul|ti|pli|kand** (*Mathematik:* Zahl, die mit einer anderen multipliziert werden soll); des/dem/den Mul|ti|pli|kan|den; die Mul|ti|pli|kan|den; die **Mul|ti|pli|ka|ti|on** (Vervielfachung); der **Mul|ti|pli|ka|tor** (*Mathematik:* Zahl, mit der man eine vorgegebene Zahl multipliziert); des Multiplikators; die Mul|ti|pli|ka|to|ren;

mul|ti|pli|zie|ren (vervielfachen); du multiplizierst; sie multiplizierte; sie hat multipliziert; multiplizier[e] diese beiden Zahlen!

die **Mu|mie** (einbalsamierter Leichnam); die Mu|mi|en; **mu|mi|en|haft; mu|mi|fi|zie|ren** (einbalsamieren); du mumifizierst; er mumifizierte; er hat den Toten mumifiziert; die **Mu|mi|fi|zie|rung**

der **Mumm** (*umgangssprachlich für:* Mut, Schneid); des Mumms; keinen Mumm haben

müm|meln (fressen); du mümmelst; der Hase mümmelte; er hat gemümmelt

der **Mum|pitz** (*umgangssprachlich für:* Unsinn; Schwindel); des Mum|pit|zes

der, *auch:* die **Mumps** (Ziegenpeter)

Mün|chen (Hauptstadt Bayerns)

der **Mund;** des Mun|des; die Mün|der; die **Mund|art**

das **Mün|del** (Minderjähriger, der unter Vormundschaft steht); des Mündels; die Mündel

mun|den (schmecken); es mundet; es mundete; das Essen hat [mir] gemundet

mün|den; der Fluss mündet; der Fluss ist in den See gemündet

mund|ge|recht; mundgerechte Stücke; der **Mund|ge|ruch**

die **Mund|har|mo|ni|ka;** die Mundharmonikas *oder* Mundharmoniken

mün|dig (volljährig); mündig sein, werden; die **Mün|dig|keit**

münd|lich; die mündliche Prüfung

M-und-S-Reifen = Matsch-und-Schnee-Reifen

mund|tot; jemanden mundtot machen (jemanden auf rücksichtslose Weise am Reden hindern)

die **Mün|dung**

die **Mund-zu-Mund-Be|at|mung**

die **Mu|ni|ti|on**

mun|keln (*umgangssprachlich für:* im Geheimen reden); du munkelst; er munkelt; er munkelte; er hat gemunkelt

das **Müns|ter** (Stiftskirche, Dom); des Münsters; die Münster

mun|ter; mun|te|rer *oder* munt|rer; am mun|ters|ten; die **Mun|ter|keit**

die **Mün|ze; mün|zen** (Metall zu Münzen prägen); du münzt; er münzte; er hat gemünzt; das ist auf mich gemünzt (das zielt auf mich ab); der **Münz|fern|spre|cher**

die **Mu|rä|ne** (ein Fisch); die Muränen

mür|be, *seltener:* **mürb;** mürbes (leicht zerfallendes) Gebäck; er hat sie mürbe gemacht (*umgangssprachlich für:* er hat ihren Widerstand gebrochen); der **Mür|be|teig**

die **Mu|re** (Schutt- oder Schlammstrom im Hochgebirge); die Muren

der **Murks** (*umgangssprachlich für:* schlechte Arbeit); des Murk|ses; **murk|sen** (schlecht arbeiten); du murkst; er murkste; er hat wieder gemurkst

die **Mur|mel** (*landschaftlich für:* Spielkügelchen); die Murmeln

mur|meln (leise und undeutlich sprechen); ich murm[e]le; du murmelst; sie murmelte; sie hat gemurmelt

das **Mur|mel|tier**

mur|ren; du murrst; er murrte; er hat gemurrt; murre nicht immer!; **mür|risch**

das **Mus** (Obstbrei; Marmelade); des Mu|ses; die Mu|se

die **Mu|schel;** die Muscheln; der **Mu|schel|kalk**

die **Mu|se** (eine der neun Göttinnen der Künste); die Musen

das **Mu|se|um;** des Museums; die Museen; **mu|se|ums|reif;** eine museumsreife Schreibmaschine

das **Mu|si|cal** [ˈmjuːzikl̩] (musikalisches Bühnenwerk in einem modernen, populären Stil); des Musicals; die Musicals

die **Mu|sik; mu|si|ka|lisch;** der **Mu|si|kant;** des/dem/den Mu|si|kan|ten; die Mu|si|kan|ten; die **Mu|sik|box** *oder* **Mu|sic|box** [ˈmjuːzikbɔks]; die Mu|sik|bo|xen *oder* Mu|sic|bo|xes; der **Mu|si|ker;** die **Mu|si|ke|rin;** die Musikerinnen; das **Mu|sik|ins|t|ru|ment;** die **Mu|sik|kas|set|te**

mu|sisch (künstlerisch); musische Begabung

mu|si|zie|ren; du musizierst; er musizierte; er hat musiziert; musiziere später!

der **Mus|kat** (ein Gewürz); des Muskat[e]s; die Mus|ka|te; die **Mus|kat|nuss;** die Mus|kat|nüs|se

der **Mus|kel;** die Muskeln; der **Mus|kel|ka|ter** (*umgangssprachlich für:* Muskelschmerzen); die **Mus|ku|la|tur; mus|ku|lös;** am mus|ku|lö|ses|ten; muskulöse Arme

das **Müs|li,** *schweizerisch:* **Mü|es|li** (ein Rohkostgericht); des Müslis, *schweizerisch:* Müeslis; die Müsli[s], *schweizerisch:* Müesli

der **Mus|lim** *oder* **Mos|lem** (Anhänger des Islams); des Muslim[s] *oder* Moslems; die Mus|li|me *oder* Muslims *oder* Moslems; die **Mus|li|min** *oder* **Mos|le|min;** die Musliminnen *oder* Mosleminnen; **mus|li|misch** *oder* **mos|le|misch**

die **Mu|ße** (freie Zeit); mit Muße

müs|sen; du musst; er muss; er musste; er hat nach Hause gemusst; was habe ich über dich hören müssen!

mü|ßig (untätig; überflüssig); müßig sein; müßig gehen (faulenzen); er ist zu lange müßig gegangen; der **Mü|ßig|gang;** der **Mü|ßig|gän|ger** (Faulenzer)

der **Mus|tang** (wild lebendes Präriepferd); des Mustangs; die Mustangs

das **Mus|ter;** des Musters; die Muster; nach [einem] Muster schneidern; das **Mus|ter|bei|spiel; mus|ter|gül|tig; mus|ter|haft; mus|tern** (prüfend ansehen); du musterst; er musterte; er hat ihn gemustert; mustere ihn nicht so!; die **Mus|te|rung**

der **Mut;** des Mut[e]s; jemandem Mut machen; er ist guten Mut[e]s; mir ist schlecht zumute, *auch:* zu Mute; **mu|tig; mut|los;** am mut|lo|ses|ten; die **Mut|lo|sig|keit; mut|ma|ßen** (vermuten); ich mutmaße; du mutmaßt; sie mutmaßt; sie mutmaßte; sie hat gemutmaßt; **mut|maß|lich;** der mutmaßliche Täter; die **Mut|ma|ßung;** die **Mut|pro|be; mut|wil|lig** (absichtlich); mutwillige Zerstörung; die **Mut|wil|lig|keit**

die **Mu|ta|ti|on** (erbliche Veränderung)

die **Mut|ter;** die Mütter; die **Mut|ter|er|de;** die **Mut|ter Got|tes,** *auch:* **Mut|ter|got|tes; müt|ter|lich;** das **Mut|ter|mal;** des Muttermal[e]s; die Mut|ter|ma|le; **mut|ter|see|len|al|lein;** die **Mut|ter|spra|che;** die **Mut|ti** (*Koseform für:* Mutter); die Muttis

die **Mut|ter** (Schraubenteil); die Muttern

die **Müt|ze**

My|an|mar [ˈmi̯anˈmaːɐ̯] (Staat in Hinterindien; ↑Birma)

die **Myr|rhe,** *auch:* **Myr|re** (ein wohlriechendes Harz); die Myrrhen, *auch:* Myrren

die **Myr|te** (ein immergrüner Strauch); die Myrten; der **Myr|ten|kranz**

mys|te|ri|ös (geheimnisvoll); am mys|te|ri|ö|ses|ten; das **Mys|te|ri|um** (Geheimnis); des Mysteriums; die Mys|te|ri|en; **mys|tisch** (geheimnisvoll); eine mystische Sekte

die **My|the** *oder* der **My|thos,** *auch:* der **My|thus** (die Götter- und Heldensage); der Mythe *oder* des Mythos, *auch:* des Mythus; die Mythen; **my|thisch** (sagenhaft, erdichtet); mythische Gestalten; die **My|tho|lo|gie** (Sagenkunde, Götterlehre)

N

das **N** (Buchstabe); des N; die N; ABER: das n in Wand

N = Newton; Nord[en]

na!; na, na!; na ja!

die **Na|be** (Mittelhülse des Rades); die Naben

der **Na|bel;** des Nabels; die Nabel; die **Na|bel|schnur;** die Na|bel|schnü|re

nach; nach und nach; nach wie vor; er ging nach ihm durch die Tür; du sollst nach Hause gehen; er starb nach langem, schwerem Leiden; nacheinander; nachher

nach|äf|fen (*umgangssprachlich für:* nachahmen); du äffst ihn nach; sie hat ihn nachgeäfft; äffe ihn nicht dauernd nach!

nach|ah|men; ich ahme ihn nach; er ahmte ihn nach; er hat ihn nachgeahmt; die **Nach|ah|mung**

der **Nach|bar;** des Nachbarn *oder* Nachbars; die Nachbarn; die **Nach|ba|rin;** die Nachbarinnen; **nach|bar|lich;** nachbarliche Hilfe; die **Nach|bar|schaft;** die **Nach|bar|schafts|hil|fe**

nach|be|stel|len; sie bestellt das Buch nach; sie hat es nachbestellt; die **Nach|be|stel|lung**

nach|bil|den; er bildet das Kunstwerk nach; er hat es nachgebildet; die **Nach|bil|dung**

nach|dem; je nachdem; je nachdem[,] ob/wie ...; nachdem er gegessen hatte, ruhte er sich aus; ABER: nach dem Essen

nach|den|ken; sie denkt nach; sie hat nachgedacht; denk[e] nicht mehr darüber nach!; **nach|denk|lich**

der **Nach|druck;** *für Druckerzeugnisse auch Plural:* die Nach|dru|cke; **nach|drück|lich;** eine nachdrückliche Ermahnung

nach|ei|n|an|der; die Wagen werden nacheinander starten; ↑aneinander

nach|emp|fin|den; sie empfindet seinen Schmerz nach; sie hat seine Trauer nachempfunden

der **Na|chen** (ein Boot); des Nachens; die Nachen

nach|er|zäh|len; er erzählt die Geschichte nach; er hat den Inhalt des Films nacherzählt; die **Nach|er|zäh|lung**

nach|fol|gen; er folgte ihr nach; er ist ihr nachgefolgt; der **Nach|fol|ger;** die **Nach|fol|ge|rin;** die Nachfolgerinnen

nach|for|schen; sie forscht nach; sie hat nachgeforscht; die **Nach|for|schung**

die **Nach|fra|ge; nach|fra|gen;** er fragte nach; er hat nachgefragt

nach|ge|ben; er gibt nach; er hat nachgegeben

die **Nach|ge|bühr**

die **Nach|ge|burt**

nach|ge|hen; die Uhr ging nach; sie ist der Sache nachgegangen

der **Nach|ge|schmack;** ein bitterer Nachgeschmack

nach|gie|big; nachgiebiges Material; die **Nach|gie|big|keit**

nach|hal|tig; einen nachhaltigen Eindruck hinterlassen; die **Nach|hal|tig|keit**

nach Haus *oder* **nach Hau|se;** nach Hause gehen, kommen; der **Nach|hau|se|weg**

nach|hel|fen; er hilft nach; er hat nachgeholfen

nach|her

die **Nach|hil|fe;** der **Nach|hil|fe|un|ter|richt**

Nach|hi|n|ein; *nur in:* im Nachhinein (hinterher; nachträglich)

der **Nach|hol|be|darf; nach|ho|len;** sie holt nach; sie hat das Versäumte nachgeholt

der **Nach|kom|me;** des/dem/den Nachkommen; die Nachkommen; die **Nach|kom|men|schaft;** der **Nach|kömm|ling**

der **Nach|lass;** des Nach|las|ses; die Nach|las|se *und* die Nach|läs|se; **nach|las|sen;** du lässt nach; sie ließ nach; der Regen hat nachgelassen

nach|läs|sig; die **Nach|läs|sig|keit**

nach|lau|fen; der Hund lief mir nach; er ist mir nachgelaufen

nach|lie|fern; sie lieferte das Buch nach; sie hat es nachgeliefert; die **Nach|lie|fe|rung**

nach|lö|sen (eine Fahrkarte nach Antritt der Fahrt lösen); er löste nach; er hat nachgelöst

der **Nach|mit|tag; nach|mit|tags;** ABER: des Nachmittags; ↑abends *und* Dienstag

die **Nach|nah|me;** ein Paket als, per Nachnahme schicken; die **Nach|nah|me|gebühr**

der **Nach|na|me** (Familienname); des Nachnamens; die Nachnamen

das **Nach|por|to**

nach|prü|fen; sie prüfte die Rechnung nach; sie hat den Schüler nachgeprüft; die **Nach|prü|fung**

nach|rech|nen; sie rechnete nach; sie hat nachgerechnet

die **Nach|richt;** die Nach|rich|ten; die **Nach|rich|ten|a|gen|tur**

der **Nach|ruf** (Gedenkworte für einen kürzlich Verstorbenen); die Nach|ru|fe

nach|rüs|ten; er rüstete sein Auto mit einer Klimaanlage nach; die NATO hat nachgerüstet (ihren Waffenbestand vergrößert); die **Nach|rüs|tung**

die **Nach|sai|son**

nach|schla|gen; sie schlägt nach; sie hat im Wörterbuch nachgeschlagen; das **Nach|schla|ge|werk**

der **Nach|schlüs|sel**

der **Nach|schub**

nach|se|hen; sie sieht den Schiffen nach; sie sah den Motor nach; sie hat mir den Irrtum nachgesehen; sieh nach!; das **Nach|se|hen;** das Nachsehen haben (nichts mehr [ab]bekommen)

nach|sen|den; er sandte, *seltener:* sendete den Brief nach; er hat ihn nachgesandt, *seltener:* nachgesendet; die **Nach|sen|dung**

die **Nach|sicht** (verzeihendes Verständnis); **nach|sich|tig;** nachsichtige Eltern

die **Nach|sil|be** (Suffix)

nach|sit|zen; sie sitzt nach; sie hat nachgesessen

die **Nach|spei|se**

das **Nach|spiel;** die Sache wird ein Nachspiel haben (ist noch nicht erledigt)

nächst; im nächsten Jahr; nächsten Jahres; nächsten Monats; sie steht mir am nächsten; nächstes Mal; das nächste Mal; die nächsthöhere Nummer; der, die Nächste, bitte!; das ist das Nächste, was zu tun ist; das wird als Nächstes getan; das Nächstbeste wäre ...; der nächste Beste; wir fragen den nächstbesten Polizisten; der, die, das **Nächst|bes|te** (die nächstbeste Person oder Sache); der **Nächs|te** (der Mitmensch); des/dem/den Nächsten; mein Nächster; die **Nächs|ten|lie|be; nächs|tens; nächst|lie|gend** ↑nahe; das **Nächst|lie|gen|de**

nach|stel|len; sie stellte den Wecker [eine Stunde] nach; sie hat ihm nachgestellt (sie hat ihn hartnäckig verfolgt); die **Nach|stel|lung**

die **Nacht;** die Näch|te; bei Nacht; über Nacht; die Nacht über; Tag und Nacht; des Nachts; eines Nachts; heute Nacht; Samstagnacht; ↑Abend *und* Dienstag *und* nachts; **nạcht|ak|tiv** (Zoologie)

der **Nach|teil; nach|tei|lig**

näch|te|lang; nächtelang feiern; ABER: drei Nächte lang; der **Nacht|frost;** das **Nacht|hemd**

die **Nach|ti|gall;** die Nach|ti|gal|len

der **Nach|tisch** (Nachspeise)

das **Nacht|le|ben; nächt|lich**

der **Nach|trag;** des Nachtrag[e]s; die Nachträ|ge; **nach|tra|gen;** sie trägt nach; sie hat ihm nichts nachgetragen; **nach|tragend** (unversöhnlich); ein nachtragender Mensch; **nach|träg|lich**

die **Nacht|ru|he; nachts;** ABER: des Nachts; eines Nachts; der **Nacht|schat|ten** (Pflanzengattung); das **Nacht|schat|ten|gewächs** *meist Plural;* die **Nacht|schicht;** die Nacht|schich|ten; **nachts|ü|ber;** ABER: die Nacht über; ↑Abend; der **Nacht|tisch;** die **Nacht|tisch|lam|pe;** der **Nacht|wächter; nacht|wan|deln;** du nachtwandelst; sie ist, *auch:* hat genachtwandelt

der **Nach|weis;** des Nach|wei|ses; die Nachwei|se; **nach|weis|bar; nach|wei|sen;** sie wies es nach; sie hat [ihm] den Diebstahl nachgewiesen

die **Nachwelt** (kommende Generationen)

nach|wir|ken; das Mittel wirkte [noch lange] nach; es hat nachgewirkt; die **Nach|wir|kung**

das **Nach|wort;** die Nach|wor|te

der **Nach|wuchs;** des Nach|wuch|ses

nach|zah|len; sie zahlte die Gebühr nach; sie hat nachgezahlt; die **Nach|zah|lung**

der **Nach|züg|ler**

der **Na|cke|dei** (*scherzhaft für:* nacktes Kind, Nackte[r]); des Nackedeis; die Nackedeis

der **Na|cken;** die **Na|cken|stüt|ze**

nackt; nackt baden; die **Nackt|heit**

die **Na|del;** die Nadeln; der **Na|del|baum; nadeln** (Nadeln verlieren); der Christbaum nadelte; er hat genadelt; das **Na|del|öhr;** der **Na|del|wald**

der **Na|gel;** des Nagels; die Nägel; alles, was nicht niet- und nagelfest ist; der **Na|gellack; na|geln;** du nagelst; er hat die Schuhe genagelt; nag[e]le das Schild an die Wand!; **na̲|gel|neu̲**

na|gen; du nagst; der Hund nagte am Knochen; er hat am Hungertuch genagt (Hunger gelitten); das **Na|ge|tier**

na|he *siehe Kasten Seite 214*

die **Nä|he;** sie ist in der Nähe; **na|he|bei;** nahebei wohnen; ABER: nahe bei der Schule wohnen; **na|hen;** er nahte; der Winter ist schnell genaht

nä|hen; du nähst; sie näht; sie nähte, sie hat genäht; nähe das Kleid!

nä|her; nähere Erläuterungen; ABER: Näheres folgt; das Nähere findet sich; etwas des Näher[e]n (genauer) auseinander setzen; alles Nähere sage ich dir später; näher bringen (leichter verständlich machen); er hat uns das Gedicht näher gebracht; näher bringen (in größere Nähe bringen); sie hat den Korb näher gebracht; näher kommen (vertrauter werden, verstehen lernen); wir sind uns auf dem Fest näher gekommen; näher kommen (in die Nähe kommen); das Auto ist immer näher gekommen; näher liegend (besonders einleuchtend, leichter verständlich); eine näher liegende Lösung; näher liegend (näher gelegen); eine näher liegende Tankstelle; näher stehen (vertrauter sein); sie haben sich damals näher gestanden; näher stehen (in der Nähe stehen)

die **Nä|he|rei**

das **Nah|er|ho|lungs|ge|biet** (Erholungsgebiet in der Nähe einer Großstadt)

die **Nä|he|rin;** die Näherinnen

A B C D E F G H I J K L M N O P Q R S T U V W X Y Z

<table>
<tr><td colspan="2">na|he, seltener: nah</td></tr>
<tr><td>nä|her; am nächs|ten</td><td></td></tr>
<tr><td>1. Groß- und Kleinschreibung:
Kleinschreibung:
– ich bin nah[e] daran
– von, aus nah und fern
– von nahem
– die nahe Stadt; in der näheren Umgebung; das nächste Kino; ABER:
Großschreibung in Namen:
– der Nahe Osten (Israel und die arabischen Staaten Vorderasiens)

2. Getrennt- und Zusammenschreibung:
Zusammenschreibung:
– nahebei parken
– nahezu die Hälfte
Man schreibt »nahe« vom folgenden Verb oder Partizip getrennt, wenn es sinnvoll – wenigstens durch »sehr« oder »ganz« – erweitert oder gesteigert werden kann:
– nahe gehen (seelisch ergreifen); der Tod seines Freundes ist ihm [besonders] nahe gegangen; nahe gehen (in die Nähe gehen)</td><td>– nahe kommen (vertraut werden); sie sind sich im Laufe der Zeit [sehr] nahe gekommen; nahe kommen (in die Nähe kommen); er ist dem Ufer sehr nahe gekommen
– nahe legen (empfehlen); man hat ihr den Rücktritt nahe gelegt; nahe legen (in die Nähe legen)
– nahe liegen (leicht zu finden sein); die Lösung des Rätsels hat nahe gelegen; nahe liegen (in der Nähe liegen)
– nahe liegend (einleuchtend; leicht verständlich); näher liegend; nächstliegend; ein nahe liegender Gedanke; nahe liegend (in der Nähe liegend); ein nahe liegendes Dorf
– nahe stehen (vertraut, befreundet sein); sie hat dem Verstorbenen sehr nahe gestanden; nahe stehen (in der Nähe stehen); sie hat dem Ufer sehr nahe gestanden</td></tr>
</table>

nä|her kom|men *vergleiche:* **nä|her; nä|her lie|gend** *vergleiche:* **na|he** *und* **nä|her;** sich **nä|hern;** er näherte sich; du hast dich dem Ziel genähert; **nä|her ste|hen** *vergleiche:* **nä|her;** der **Nä|he|rungs|wert** *(Mathematik);* **na|he ste|hen** *vergleiche:* **na|he**

das **Näh|garn;** die **Näh|ma|schi|ne**

Nah|ost (der Nahe Osten); in Nahost

der **Nähr|bo|den;** sich **näh|ren;** du nährst dich; sie hat sich von Früchten genährt; nähre dich nicht nur von Fleisch!; **nahrhaft;** am nahr|haf|tes|ten; nahrhaftes Essen; das **Nähr|salz;** der **Nähr|stoff;** die **Nah|rung;** die **Nah|rungs|ket|te** *(Biologie);* das **Nah|rungs|mit|tel;** die Nahrungsmittel; die **Nah|rungs|mit|tel|ver|gif|tung;** der **Nähr|wert**

die **Naht;** die Näh|te; **naht|los;** die **Naht|stel|le**

der **Nah|ver|kehr**

Nai|ro|bi (Hauptstadt Kenias)

na|iv (natürlich; unbefangen; einfältig); er ist naiv; die naive Malerei; die **Na|i|vi|tät**

na ja!

der **Na|me;** des Namens; die Namen; im Namen; mit Namen; **na|men|los; na|mens;** der **Na|mens|pa|t|ron;** der **Na|mens|tag; na|ment|lich;** namentlich[,] wenn; **namhaft;** jemanden namhaft machen (ausfindig machen und [be]nennen)

Na|mi|bia (Staat in Südwestafrika); der **Na|mi|bi|er;** die **Na|mi|bi|e|rin; na|mibisch**

näm|lich; nämlich[,] dass; nämlich[,] wenn

der **Nan|ga Par|bat** (Berg im Himalaja)

na|nu!

das **Na|palm** (*Markenbezeichnung:* Füllstoff für Brandbomben); des Napalms; die **Napalm|bom|be**

der **Napf;** des Napf[e]s; die Näp|fe; der **Napfku|chen**

das **Nap|pa** (*kurz für:* Nappaleder); des Nappa[s]; die Nappas; das **Nap|pa|le|der** (ein weiches, waschbares Leder)

die **Nar|be; nar|big;** ein narbiges Gesicht

die **Nar|ko|se; nar|ko|tisch; nar|ko|ti|sie|ren;** die Ärztin narkotisierte ihn; sie hat ihn narkotisiert

der **Narr;** des/dem/den Nar|ren; die Nar|ren;

die **Nar|ren|frei|heit; nar|ren|si|cher;** die **När|rin;** die Närrinnen; **när|risch**

der **Nar|ziss** (jemand, der sich selbst liebt); des Narziss *oder* Nar|zis|ses; die Nar|zis|se; der **Nar|ziss|mus** (übermäßige Selbstliebe); des Narzissmus; **nar|ziss|tisch**

die **Nar|zis|se** (eine Frühjahrsblume)

NASA = National Aeronautics and Space Administration (Luft- und Raumfahrtbehörde der USA)

na|sal (durch die Nase gesprochen); **na|sa|lie|ren;** ein nasaliertes o

na|schen; du naschst; er naschte; er hat genascht; nasche nicht so oft!; die **Na|sche|rei; nasch|haft;** am nasch|haf|tes|ten; die **Nasch|kat|ze**

die **Na|se; nä|seln** (*gehoben für:* durch die Nase sprechen); ich näs[e]le; du näselst; sie näselte; sie hat genäselt; das **Na|sen|bein;** der **Na|sen|stü|ber; na|se|weis** (*umgangssprachlich für:* neugierig); am na|se|wei|ses|ten; der **Na|se|weis;** des Na|se|wei|ses; die Na|se|wei|se; **nas|füh|ren;** sie nasführte ihn; sie hat ihn genasführt; nasführe mich nicht!; das **Nas|horn**

nass; näs|ser *oder* nas|ser; am näs|ses|ten *oder* am nas|ses|ten; sie hat sich nass gemacht; das **Nass;** des Nas|ses; die **Näs|se; näs|sen** (*gehoben für:* nass machen); etwas nässt; etwas nässte; der Dampf hat die Scheiben genässt; **nass|kalt;** der **Nass|schnee,** *auch:* **Nass-Schnee**

die **Na|ti|on;** die Na|ti|o|nen; **na|ti|o|nal;** die nationale Unabhängigkeit; ABER: die Nationale Front; das Nationale Olympische Komitee (*Abkürzung:* NOK); **na|ti|o|nal|be|wusst;** das **Na|ti|o|nal|be|wusst|sein;** die **Na|ti|o|nal|hym|ne;** der **Na|ti|o|na|lis|mus** (übermäßiges Nationalbewusstsein); die **Na|ti|o|na|li|tät;** die **Na|ti|o|nal|mann|schaft;** der **Na|ti|o|nal|park;** der **Na|ti|o|nal|so|zi|a|lis|mus; na|ti|o|nal|so|zi|a|lis|tisch;** der **Na|ti|o|nal|spie|ler**

die **NATO,** *auch:* **Nato** = North Atlantic Treaty Organization (Nordatlantikpakt; ein militärisches und politisches Bündnis westlicher Staaten)

das **Na|t|ri|um** (chemisches Element; *Zeichen:* Na); des Natriums; **Na|t|ri|um|chlo|rid** (Kochsalz); des Natriumchlorid[e]s; die Na|t|ri|um|chlo|ri|de; das **Na|t|ron** (*umgangssprachlich für:* doppeltkohlensaures Natrium); des Natrons; die **Na|t|ron|lau|ge**

die **Nat|ter** (eine Schlangenart); die Nattern

die **Na|tur;** die **Na|tu|ra|li|en** (Bodenerzeugnisse) *Plural;* der **Na|tu|ra|lis|mus** (Wirklichkeitsnähe; eine Kunstrichtung); des Naturalismus; **na|tu|ra|lis|tisch;** naturalistische Darstellungen; die **Na|tur|er|schei|nung;** der **Na|tur|freund; na|tur|ge|mäß;** eine naturgemäße Lebensweise; das **Na|tur|ge|setz; na|tür|lich;** natürliche Zahlen; **na|tür|li|cher|wei|se;** der **Na|tur|park; na|tur|rein;** der **Na|tur|schutz;** das **Na|tur|schutz|ge|biet; na|tur|trüb;** naturtrüber Apfelsaft; die **Na|tur|wis|sen|schaft;** der **Na|tur|wis|sen|schaft|ler;** die **Na|tur|wis|sen|schaft|le|rin; na|tur|wis|sen|schaft|lich;** die naturwissenschaftlichen Fächer

die **Nau|tik** (Schifffahrtskunde); **nau|tisch;** nautisches Dreieck

die **Na|vi|ga|ti|on** (Schiffs-, Flugzeugführung); das **Na|vi|ga|ti|ons|sys|tem; na|vi|gie|ren;** du navigierst; er navigierte; der Lotse hat das Schiff in den Hafen navigiert

der **Na|zi** (*abwertende Kurzform für:* Nationalsozialist); des Nazis; die Nazis

n. Chr. = nach Christus

der **Ne|an|der|ta|ler** (ein vorgeschichtlicher Mensch)

der **Ne|bel;** des Nebels; die Nebel; bei Nacht und Nebel; **ne|bel|haft;** am ne|bel|haf|tes|ten; das **Ne|bel|horn;** die Ne|bel|hör|ner; **ne|be|lig** *oder* **neb|lig; ne|beln** (neblig sein, werden; Nebel entstehen lassen); ich neb[e]le; die Wiese nebelte; es hat genebelt; die **Ne|bel|schluss|leuch|te;** der **Ne|bel|schwa|den** *meist Plural*

ne|ben; neben dem Hause stehen Bäume; ich stelle den Wagen neben das Haus; **ne|ben|an; ne|ben|bei;** der **Ne|ben|buh|ler** (Rivale um die Gunst einer Frau); des Nebenbuhlers; die Nebenbuhler; **ne|ben|ei|n|an|der;** wir werden nebeneinander gehen, arbeiten; nebeneinander legen; wir haben unsere Sachen nebeneinander gelegt; nebeneinander stellen; sie haben die Fahrräder nebeneinander gestellt; das **Ne|ben|fach;** der **Ne|ben|fluss; ne|ben|her;** der **Ne|ben|mann;** die Ne|ben|män|ner *oder* Ne|ben|leu|te; die **Ne|ben|sa|che; ne|ben|säch|lich;** der **Ne|ben|satz;**

A B C D E F G H I J K L M N O P Q R S T U V W X Y Z

die Ne|ben|sät|ze; **ne|ben|ste|hend;** die nebenstehende Abbildung; ABER: das Nebenstehende; im Nebenstehenden (hierneben); die **Ne|ben|stra|ße;** der **Ne|ben|ver|dienst;** die **Ne|ben|wir|kung;**
nebst (*veraltend für:* [zusammen] mit); er saß nebst seinem Hund auf der Bank
ne|bu|los *oder* **ne|bu|lös** (unklar, verschwommen); nebulose *oder* nebulöse Vorstellungen

das **Ne|ces|saire** [nesɛˈsɛːɐ̯], *auch:* **Nes|ses|sär** (Behälter für Toilettensachen oder Nähzeug); des Necessaires, *auch:* Nessessärs; die Necessaires, *auch:* Nessessärs
ne|cken; du neckst ihn; sie neckte ihn; sie hat ihn geneckt; necke ihn doch nicht immer!; die **Ne|cke|rei; ne|ckisch;** neckische Späße

der **Nef|fe;** des/dem/den Neffen; die Neffen

die **Ne|ga|ti|on** (Verneinung); **ne|ga|tiv** (verneinend, ergebnislos; kleiner als null); ein negatives Ergebnis; das **Ne|ga|tiv** (der Gegensatz zum Positiv beim fotografischen Bild); des Negativs; die Ne|ga|ti|ve

der **Ne|ger;** des Negers; die Neger; die **Ne|ge|rin;** die Negerinnen

Viele Menschen empfinden diese Bezeichnungen inzwischen als diskriminierend. Deshalb ist es besser, die Wörter *Schwarzer/Schwarze, Schwarzafrikaner/Schwarzafrikanerin* oder *Afrodeutscher/Afrodeutsche* zu verwenden.

der **Ne|ger|kuss** (*veraltend für:* Schokokuss)
ne|gie|ren (verneinen; bestreiten); ich negiere; er negierte; er hat seine Schuld negiert; die **Ne|gie|rung**

das **Ne|g|li|gee** [negliˈʒeː], *auch:* **Ne|g|li|gé** (Hauskleid; leichter Morgenmantel); des Negligees, *auch:* Negligés
neh|men; du nimmst; sie nimmt; sie nahm; sie hat das Geld genommen; nimm es!; Geben (*auch:* geben) ist seliger denn Nehmen (*auch:* nehmen)

die **Neh|rung** (Landzunge)

der **Neid;** des Neid[e]s; **nei|den** (nicht gönnen); ich neide; sie neidete; sie hat ihr das Mofa geneidet; der **Neid|ham|mel** (*umgangssprachlich für:* neidischer Mensch); **nei|disch; neid|los**

die **Nei|ge;** zur Neige gehen; **nei|gen;** du neigst; sie hat den Kopf geneigt; neige den Kopf!; sich neigen; sie hat sich nach vorn geneigt; die **Nei|gung;** der **Nei|gungs|win|kel**
nein; nein, nein; nein danke; oh nein, *auch:* o nein; er sagte Nein, *auch:* nein; das **Nein;** das Ja und das Nein; mit [einem] Nein antworten; das ist die Folge seines Neins; der **Nein|sa|ger;** die **Nein|stim|me**

der **Ne|k|ro|log** (Nachruf); des Nekrolog[e]s; die Ne|k|ro|lo|ge

der **Nek|tar** (Blütensaft; Göttertrank; ein Getränk aus Fruchtfleisch); des Nektars; die Nek|ta|re; die **Nek|ta|ri|ne** (glatthäutiger Pfirsich); die Nektarinen

die **Nel|ke** (eine Blume; ein Gewürz)
nen|nen; du nennst; sie nennt; sie nannte; sie hat ihn beim Namen genannt; nenne deinen Namen!; sie nannte ihn einen Dummkopf; sich nennen; sie hat sich Meyer genannt; **nen|nens|wert;** der **Nen|ner** (Zahl unter dem Bruchstrich); des Nenners; die Nenner; auf einen Nenner (in Übereinstimmung) bringen; die **Nenn|form** (Infinitiv); die **Nen|nung;** das **Nenn|wort** (Nomen)

das **Ne|on** (chemisches Element, Edelgas; *Zeichen:* Ne); das **Ne|on|licht**

der **Ne|o|na|zis|mus** (Radikalismus, der an den Nationalsozialismus anknüpft)
Ne|pal [*auch:* neˈpaːl] (Staat im Himalaja); der **Ne|pa|le|se;** des/dem/den Nepalesen; die Nepalesen; die **Ne|pa|le|sin;** die Nepalesinnen; **ne|pa|le|sisch**

der **Nepp** (das Neppen); **nep|pen** (von jemandem unangemessen viel Geld für etwas verlangen); du neppst; er neppte; er hat die Gäste geneppt; neppe deine Kundschaft nicht!; das **Nepp|lo|kal**
Nep|tun (römischer Gott des Meeres); der **Nep|tun** (ein Planet); des Neptuns

der **Nerv;** des Nervs; die Ner|ven; **ner|ven** (*umgangssprachlich für:* nervlich strapazieren, belästigen); du nervst; er nervt; er nervte; er hat [mich] genervt; nerv[e] mich nicht!; **ner|ven|auf|rei|bend;** der **Ner|ven|kit|zel; ner|ven|schwach;** das **Ner|ven|sys|tem; ner|vig** (*umgangssprachlich für:* störend, lästig); nervige Geräusche; **nerv|lich;** nervliche Belastungen; **ner|vös;** am ner|vö|ses|ten; die **Ner|vo|si|tät**

der **Nerz** (ein Pelztier); des Ner|zes; die Ner|ze
die **Nes|sel** (Brennnessel); die Nesseln; sich in die Nesseln setzen (*umgangssprachlich für:* sich in eine unangenehme Lage bringen); das **Nes|sel|fie|ber;** die **Nes|sel|sucht**
das **Nes|ses|sär** *vergleiche:* **Ne|ces|saire**
das **Nest;** des Nest[e]s; die Nes|ter; das **Nest|häk|chen** (jüngstes Kind in einer Familie); der **Nest|ho|cker** *(Biologie);* die **Nest|wär|me**
nett; am net|tes|ten
net|to (rein; nach Abzug der Verpackung oder aller Kosten); 49 Euro netto; das **Net|to|ge|wicht;** der **Net|to|lohn;** der **Net|to|preis**
das **Netz;** des Net|zes; die Net|ze; der **Netz|an|schluss; netz|ar|tig;** das **Netz|au|ge** (bei Insekten) *meist Plural*
die **Netz|haut** (im Auge)
net|zen (*gehoben für:* befeuchten); ich netze; du netzt; sie netzt; sie netzte; sie hat ihre Lippen genetzt

---

neu

neu|er; am neus|ten *oder* neu|es|ten

1. Groß- und Kleinschreibung:
Kleinschreibung:
- neustens *oder* neuestens
- seit neuestem
- von neuem
- das neue Jahr; viel Glück zum neuen Jahr!
- die neuen Bundesländer
- die neuen (elektronischen) Medien

Großschreibung der Substantivierung und in Namen:
- die Neue Welt (Amerika)
- das Neue Testament

2. Getrennt- und Zusammenschreibung:
Man schreibt »neu« vom folgenden Partizip getrennt, wenn der zugrunde liegende Infinitiv ebenfalls getrennt geschrieben wird:
- das neu eröffnete Geschäft; das Geschäft ist neu eröffnet
- das neu bearbeitete Buch (*wegen* neu bearbeiten)
- die neu geschaffenen Anlagen
- das Kind war neu hinzugekommen

Vergleiche aber: neugeboren

---

neu|ar|tig; der **Neu|bau;** des Neubau[e]s; die Neu|bau|ten; **neu be|ar|bei|tet** *vergleiche:* **neu**
Neu-De|lhi (südlicher Stadtteil von Delhi, Regierungssitz der Republik Indien) **neu|deutsch** *(meist abwertend);* neudeutsche Ausdrücke; ABER: das Neudeutsch
neu|er|dings; neu|er|lich (von neuem); **neu er|öff|net** *vergleiche:* **neu;** die **Neu|er|schei|nung;** die **Neu|e|rung; neu|ge|bo|ren;** die neugeborenen Kinder; ABER: die Kinder sind neu geboren; **neu ge|schaf|fen** *vergleiche:* **neu;** die **Neu|gier** *oder* **Neu|gier|de; neu|gie|rig;** die **Neu|heit;** die **Neu|ig|keit;** das **Neu|jahr;** das **Neu|jahrs|fest; neu|lich;** der **Neu|ling;** der **Neu|mond**
neun, *umgangssprachlich auch:* **neu|ne;** alle neun[e]!; wir sind zu neunen *oder* zu neunt; ↑acht; **neun|fach; neun|hun|dert; neun|jäh|rig; neun|mal** ↑achtmal; **neun|te** ↑achte; das **Neun|tel;** des Neuntels; die Neuntel; **neun|tens; neun|zehn** ↑acht; **neun|zig** ↑achtzig, achtziger
die **Neu|r|al|gie** (*Medizin:* Nervenschmerz); **neu|r|al|gisch** (empfindlich, anfällig); neuralgische Punkte
Neu|see|land (Inselgruppe und Staat im Pazifischen Ozean); der **Neu|see|län|der;** die **Neu|see|län|de|rin;** die Neuseeländerinnen; **neu|see|län|disch**
neu|t|ral (unparteiisch; keinem von zwei Gegensätzen zuzuordnen); die neutrale Ecke; **neu|t|ra|li|sie|ren** (neutral machen); man neutralisierte das Land; man hat es neutralisiert; die **Neu|t|ra|li|tät;** das **Neu|t|ron** (ein Elementarteilchen ohne elektrische Ladung); des Neutrons; die Neu|t|ro|nen; die **Neu|t|ro|nen|bom|be** (eine Strahlungswaffe); das **Neu|t|rum** (sächliches Substantiv; *nur Singular:* sächliches Geschlecht); des Neutrums; die Neutra, *auch:* Neutren
die **Neu|wahl;** die **Neu|zeit**
das **New|age** [ˈnjuːeːtʃ], *auch:* **New Age** (neues Zeitalter); des Newage, *auch:* New Age; der **New|co|mer** [ˈnjuːkamɐ] (Neuling); des Newcomers; die Newcomer
die **News** [ˈnjuːs] (Nachrichten) *Plural;* die **News|group** [ˈnjuːsgruːp] (*EDV:* öffentliche Diskussionsrunde im Internet); die Newsgroups

A B C D E F G H I J K L M N O P Q R S T U V W X Y Z

das **New|ton** ['nju:tn̩] (Einheit der Kraft); 5 Newton
New York ['nju:'jɔ:k] (Staat und Stadt in den USA); der **New-Yor|ker**, *auch:* **New Yor|ker;** die **New-Yor|ke|rin**, *auch:* **New Yor|ke|rin;** die New-Yorkerinnen, *auch:* New Yorkerinnen
die **Ni|be|lun|gen** (germanisches Sagengeschlecht; die Burgunden) *Plural;* die **Ni|be|lun|gen|sa|ge**
Ni|ca|ra|gua (Staat in Mittelamerika); der **Ni|ca|ra|gu|a|ner;** die **Ni|ca|ra|gu|a|ne|rin;** die Nicaraguanerinnen; **ni|ca|ra|gu|a|nisch**

nicht

- nicht wahr; gar nicht; nicht einmal; [noch] nicht mal
- mitnichten; etwas zunichte machen
- etwas nicht wissen; ABER: das Nichtwissen

Verbindungen von »nicht« mit einem Adjektiv können getrennt oder zusammengeschrieben werden:

- nicht berufstätige, *auch:* nichtberufstätige Frauen; ABER: Frauen, die nicht berufstätig sind
- die nicht flektierbaren, *auch:* nichtflektierbaren Wörter
- die Verhandlung war nicht öffentlich, *auch:* nichtöffentlich

Verbindungen von »nicht« und Partizip werden dagegen getrennt geschrieben:

- nicht rostender Stahl
- eine nicht zutreffende Behauptung

nicht|be|rufs|tä|tig *vergleiche:* **nicht**
die **Nich|te**
nicht|flek|tier|bar *vergleiche:* **nicht**
nich|tig (ungültig); etwas für null und nichtig erklären; die **Nich|tig|keit**
das **Nicht|me|tall** (in der Chemie); die Nichtme|tal|le *meist Plural;* **nicht|öf|fent|lich** *vergleiche:* **nicht;** der **Nicht|rau|cher;** die **Nicht|rau|che|rin; nicht ros|tend** *vergleiche:* **nicht**
nichts; für nichts; zu nichts; gar nichts; um nichts und wieder nichts; nichts ahnend; nichts sagend; sich in nichts unterscheiden; er will nichts tun; mir nichts, dir nichts (ohne weiteres); viel Lärm um nichts; nichts Genaues; nichts Neues; ABER: nichts and[e]res; nichts einfacher als das; das **Nichts;** des Nichts; die Nicht|se; aus dem Nichts; vor dem Nichts stehen; **nichts ah|nend** *vergleiche:* **nichts;** der **Nicht|schwim|mer;** die **Nicht|schwim|me|rin; nichts|des|to|trotz; nichts|des|to|we|ni|ger;** der **Nichts|nutz;** des Nichts|nut|zes; die Nichts|nut|ze; **nichts|nut|zig;** ein nichtsnutziger Kerl; **nichts sa|gend** *vergleiche:* **nichts**
das **Ni|ckel** (chemisches Element, Schwermetall; *Zeichen:* Ni); des Nickels
ni|cken; ich nicke; du nickst; sie nickte; sie hat genickt; das **Ni|cker|chen** (*umgangssprachlich für:* kurzer Schlaf); des Nickerchens; die Nickerchen
der **Ni|cki** (samtartiger Pullover); des Nickis; die Nickis
das **Ni|co|tin** *vergleiche:* **Ni|ko|tin**
nie; nie wieder; nie und nimmer
nie|der; auf und nieder
nie|der|deutsch; das **Nie|der|deutsch** *oder* **Nie|der|deut|sche** (die niederdeutsche Sprache); ↑deutsch
der **Nie|der|gang; nie|der|ge|hen;** ein Gewitter ging nieder; eine Lawine ist niedergegangen
nie|der|ge|schla|gen (traurig); er ist sehr niedergeschlagen; die **Nie|der|ge|schla|gen|heit**
nie|der|kni|en; sie kniete nieder; sie ist am Altar niedergekniet; sich niederknien; sie hat sich demütig niedergekniet
die **Nie|der|la|ge**
die **Nie|der|lan|de** *Plural;* der **Nie|der|län|der;** die **Nie|der|län|de|rin;** die Niederländerinnen; **nie|der|län|disch**
nie|der|las|sen; der Vorhang wurde niedergelassen; sich niederlassen; ich ließ mich auf dem Sofa nieder; er hat sich in Rom als Arzt niedergelassen; die **Nie|der|las|sung** (selbstständiger Teil eines Betriebes); eine Niederlassung gründen
nie|der|le|gen; sie legte ihr Amt nieder; sie hat es niedergelegt
der **Nie|der|sach|se;** des Niedersachsen; die Niedersachsen; **Nie|der|säch|sin;** die Niedersächsinnen; **nie|der|säch|sisch**

nie|der|schie|ßen; er schoss ihn nieder; er hat ihn niedergeschossen

der **Nie|der|schlag;** die Nie|der|schlä|ge; **nie|der|schla|gen;** er schlug seinen Gegner nieder; man hat den Aufstand niedergeschlagen ([gewaltsam] beendet)

nie|der|schrei|ben; sie schrieb ihre Erinnerungen nieder; sie hat ihre Eindrücke niedergeschrieben; die **Nie|der|schrift**

die **Nie|der|tracht; nie|der|träch|tig;** ein niederträchtiger Lump

die **Nie|de|rung** (tief liegendes Land [an Flussläufen oder Küsten])

nied|lich

nied|rig; niedrige Temperaturen; Hoch und Niedrig (jedermann); Hohe und Niedrige; das **Nied|rig|was|ser;** die Niedrigwasser

nie|mals

nie|mand; niemandes *oder* niemands Freund sein; niemandem, *auch:* niemand wehtun; niemanden, *auch:* niemand grüßen; niemand anders; das **Niemands|land** (Kampfgebiet zwischen feindlichen Linien; unerforschtes Land)

die **Nie|re; nie|ren|krank;** der **Nie|ren|stein**

nie|seln (leicht regnen); es nieselte; es hat genieselt

nie|sen; du niest; sie niest; sie nieste; sie hat geniest; niese nicht so laut!; das **Nies|pul|ver**

der **Nieß|brauch** (Nutzungsrecht für fremdes Eigentum)

der **Niet** (*fachsprachlich für:* Niete); des Niet[e]s; die Nie|te; die **Nie|te** (Metallbolzen); die Nieten

die **Nie|te** (Los ohne Gewinn; *umgangssprachlich für:* Versager)

nie|ten; du nietest; sie nietet; sie nietete; sie hat die Platten genietet; niete das Blech!; **niet- und na|gel|fest;** die Einbrecher haben alles mitgenommen, was nicht niet- und nagelfest war

der **Ni|ger** (afrikanischer Fluss)

Ni|ger (Staat in Westafrika)

Ni|ge|ria (Staat in Westafrika); der **Ni|ge|ri|a|ner;** die **Ni|ge|ri|a|ne|rin;** die Nigerianerinnen; **ni|ge|ri|a|nisch**

der **Nig|ger** (*diskriminierend für:* Schwarzer); des Niggers; die Nigger

der **Night|club** ['naitklap] (Nachtlokal); des Nightclubs; die Nightclubs

der **Ni|g|rer** (Einwohner von Niger); die **Ni|g|re|rin;** die Nigrerinnen; **ni|g|risch**

der **Ni|hi|lis|mus** (philosophische Lehre, die alles Bestehende für nichtig hält); **ni|hi|lis|tisch**

der **Ni|ko|laus;** die Ni|ko|lau|se, *umgangssprachlich scherzhaft auch:* die Ni|ko|läu|se

Ni|ko|sia [*auch:* ni'ko:zia] (Hauptstadt von Zypern)

das **Ni|ko|tin,** *fachsprachlich:* **Ni|co|tin** (Giftstoff im Tabak); des Nikotins, *fachsprachlich:* Nicotins; **ni|ko|tin|frei;** der **Ni|ko|tin|ge|halt; ni|ko|tin|hal|tig;** stark nikotinhaltiger Tabak

der **Nil** (Fluss in Afrika); das **Nil|del|ta** (in Ägypten); das **Nil|pferd**

der **Nim|bus** (besonderes Ansehen; Ruf); des Nimbus; die Nim|bus|se

nim|mer; nie und nimmer; **nim|mer|mehr; nim|mer|mü|de;** nimmermüde Helfer; **nim|mer|satt;** ein nimmersattes Kind; der **Nim|mer|satt;** des Nimmersatt *oder* Nimmersatt[e]s ; die Nim|mer|sat|te; das **Nim|mer|wie|der|se|hen;** auf Nimmerwiedersehen verschwinden

der **Nip|pel** (ein kurzes Rohrstück mit Gewinde); des Nippels; die Nippel

nip|pen; ich nippe; du nippst; sie nippt; sie nippte; sie hat vom Wein genippt

Nip|pes (kleine Ziergegenstände) *Plural*

nir|gends; er war nirgends zu finden; **nir|gend|wo**

das **Nir|wa|na** (völlige, selige Ruhe als Endzustand des gläubigen Buddhisten); des Nirwana[s]

die **Ni|sche**

nis|ten; der Vogel nistet; der Vogel hat im Baum genistet; der **Nist|kas|ten;** der **Nist|platz**

das **Ni|t|rat** (Salz der Salpetersäure); des Nitrat[e]s; die Ni|t|ra|te

das **Ni|t|rit** (Salz der salpetrigen Säure); des Nitrits; die Ni|t|ri|te

das **Ni|t|ro|gly|ze|rin,** *fachsprachlich:* **Ni|t|ro|gly|ce|rin** (ein Heilmittel; ein Sprengstoff); des Nitroglyzerins, *fachsprachlich:* Nitroglycerins

das **Ni|veau** [ni'vo:] (waagerechte Fläche; Höhe; Rang); des Niveaus; die Niveaus; auf hohem Niveau; **ni|veau|los; ni|veau|voll;** niveauvolle Unterhaltung; **ni|vel-**

lie|ren (gleichmachen; durch Ausgleichung mildern); sie nivellierte; sie hat die Unterschiede nivelliert

die **Ni|xe**

No|ah, *ökumenisch auch:* **No|ach** (Gestalt des Alten Testaments); die Arche Noah

no|bel (edel, vornehm); no|b|ler; am nobels|ten; ein nobler Mensch

der **No|bel|preis;** der **No|bel|preis|trä|ger**

noch; noch nicht; noch immer; noch mehr; noch und noch; noch einmal; noch mal, *auch:* **noch|mal; noch|mals**

der **No|cken** (*Technik:* Vorsprung an einer Welle oder Scheibe); des Nockens; die Nocken; die **No|cken|wel|le**

die **No|fu|ture|ge|ne|ra|ti|on** ['no:'fjutʃɐ...], *auch:* **No-Fu|ture-Ge|ne|ra|ti|on** (junge Generation ohne Zukunftsaussichten)

NOK = Nationales Olympisches Komitee

der **No|ma|de;** des/dem/den Nomaden; die Nomaden; das **No|ma|den|volk**

das **No|men** (Substantiv, Hauptwort); die No|mi|na *oder* Nomen; **no|mi|nal** (zum Namen gehörend); der **No|mi|na|tiv** (Werfall; 1. Fall); die No|mi|na|ti|ve; **no|mi|nell** ([nur] dem Namen nach); **no|mi|nie|ren** (benennen; ernennen); sie nominierte ihren Nachfolger; man hat ihn [als Kandidaten] für die Wahl nominiert

das **No|name|pro|dukt** ['no:'ne:m...], *auch:* **No-Name-Pro|dukt** (Ware ohne Marken- oder Firmenzeichen)

die **Non|ne**

das **Non|plus|ul|t|ra** (etwas Unübertreffliches); des Nonplusultra

der **Non|sens** (Unsinn); des Nonsens

non|stop (ohne Halt; ohne Pause); nonstop fliegen, spielen; der **Non|stop|flug,** *auch:* **Non|stop-Flug** *oder* **Non-Stop-Flug** (Flug ohne Zwischenlandung)

Nord (Himmelsrichtung); Menschen aus Nord und Süd; der Wind weht aus, von Nord; **nord|deutsch;** die norddeutsche Bevölkerung; ABER: die Norddeutsche Tiefebene; der Norddeutsche Rundfunk; der **Nor|den;** des Nordens; das Gewitter kommt aus Norden; gen (nach) Norden ziehen; **Nor|der|ney** (eine der Ostfriesischen Inseln); **Nord|ir|land** (nördlicher, zu Großbritannien gehörender Teil Irlands); **nor|disch;** nordische Kälte; **Nord|ko|rea** ↑Korea; **nörd|lich;** nördlich dieser Linie; nördlich des Mains; nördlich von Berlin, *selten:* nördlich Berlins; nördlicher Breite; der nördliche Sternenhimmel; ABER: das Nördliche Eismeer; das **Nord|licht;** die Nord|lich|ter; **Nord|ost** (Himmelsrichtung); aus Nordost; der **Nord|os|ten; nord|öst|lich;** der **Nord|pol;** das **Nord|po|lar|meer; Nord|rhein-West|fa|len; nord|rhein-west|fä|lisch;** die **Nord|see; nord|wärts; Nord|west** (Himmelsrichtung); nach Nordwest; der **Nord|wes|ten; nord|west|lich;** nordwestliche Winde; der **Nord|wind**

die **Nör|ge|lei; nör|geln;** du nörgelst; er nörgelt; er nörgelte; er hat genörgelt; nörg[e]le nicht!; der **Nörg|ler;** des Nörglers; die Nörgler

die **Norm** (Richtschnur, Regel); die Nor|men; **nor|mal** (vorschriftsmäßig; üblich); **nor|ma|ler|wei|se;** der **Nor|mal|fall; nor|ma|li|sie|ren;** sie haben ihre Beziehung normalisiert; sich normalisieren; die Lage hat sich wieder normalisiert; die **Nor|mal|ver|tei|lung** *(Mathematik)*

der **Nor|man|ne** (Angehöriger eines nordgermanischen Volkes); des/dem/den Normannen; die Normannen; **nor|man|nisch**

nor|mie|ren (einheitlich regeln); er normierte; er hat die Arbeitsabläufe normiert; die **Nor|mie|rung**

die **Nor|ne** (nordische Schicksalsgöttin); die drei Nornen

Nor|we|gen; der **Nor|we|ger;** die **Nor|we|ge|rin;** die Norwegerinnen; **nor|we|gisch**

die **Nos|t|al|gie** (Sehnsucht nach der Vergangenheit); **nos|t|al|gisch**

die **Not;** sie ist in Not *oder* in Nöten; ABER: etwas ist vonnöten; ohne Not; das geht zur Not; wenn Not am Mann ist; er hat seine liebe Not; sie muss Not leiden; etwas ist Not; etwas tut Not; Not leiden; die Not leidende Bevölkerung

der **No|tar** (Jurist, der Rechtsgeschäfte beurkundet); des Notars; die No|ta|re; das **No|ta|ri|at;** des Notariat[e]s; die No|ta|ri|a|te; **no|ta|ri|ell;** die notarielle Beurkundung

der **Not|arzt;** die Not|ärz|te; die **Not|ärz|tin;** die Notärztinnen; der **Not|arzt|wa|gen;** die **Not|brem|se;** der **Not|dienst;** ärztlicher Notdienst

die **Not|durft** (*veraltend für:* Drang, Darm

oder Blase zu entleeren); **not|dürf|tig;** eine notdürftige Reparatur

die **No|te;** sie bekam die Note »gut«; ohne Noten (Notentext) spielen

das **Note|book** ['no:tbʊk] (Computer im Buchformat); des Notebooks; die Notebooks

der **No|ten|schlüs|sel**

das **Note|pad** ['no:tpɛt] (Computer im Notizbuchformat); des Notepads; die Notepads

der **Not|fall; not|falls; not|ge|drun|gen**

no|tie|ren; du notierst; sie notierte; sie hat den Namen notiert; notiere den Namen!

nö|tig; etwas für nötig halten; etwas nötig haben; das ist am nötigsten (am dringendsten erforderlich); ABER: es fehlt ihm am Nötigsten (am Lebensnotwendigen); das, alles Nötige

nö|ti|gen (zwingen); du nötigst ihn; er nötigte ihn; er hat ihn [dazu] genötigt; nötige ihn nicht!; **nö|ti|gen|falls;** die **Nö|ti|gung**

die **No|tiz;** die No|ti|zen; von etwas Notiz nehmen (eine Sache beachten); der **No|tiz|block**

die **Not|la|ge; not|lan|den;** das Flugzeug notlandet; das Flugzeug ist notgelandet; er versuchte[,] das Flugzeug notzulanden; die **Not|lan|dung; Not lei|dend** *vergleiche:* **Not;** das **Not|si|g|nal;** der **Not|stand;** die **Not|wehr; not|wen|dig;** sich auf das, aufs Notwendigste beschränken; es fehlt am Notwendigsten; die **Not|wen|dig|keit**

der *oder* das **Nou|gat** ['nu:gat] *vergleiche:* **Nu|gat**

die **No|vel|le** (eine Prosaerzählung; ein Nachtragsgesetz)

der **No|vem|ber;** des November[s]; die November

die **No|vi|tät** (Neuheit)

der **No|vi|ze** (Mönch während der Probezeit; Neuling); des/dem/den Novizen; die Novizen; die **No|vi|zin;** die Novizinnen

No|wo|si|birsk (Stadt in Sibirien)

Nr. = Nummer; **Nrn.** = Nummern

N. T. = Neues Testament

der **Nu** (Augenblick); *nur in:* im Nu

die **Nu|an|ce** [ny'ã:sə] (feiner Unterschied; Kleinigkeit); die Nuancen; **nu|an|cen|reich; nu|an|cie|ren** (sehr fein abstufen); sie nuancierte; sie hat die Farben nuanciert

nüch|tern; die **Nüch|tern|heit**

die **Nu|del;** die Nudeln; das **Nu|del|holz;** die **Nu|del|sup|pe**

der *oder* das **Nu|gat,** *auch:* **Nou|gat** ['nu:gat] (süße Masse aus Zucker und Nüssen); des Nugats, *auch:* Nougats; die Nugats, *auch:* Nougats

nu|k|le|ar (den Atomkern, die Kernspaltung, die Kernenergie betreffend); nukleare Versuche; die **Nu|k|le|ar|waf|fe** *meist Plural*

null; null Grad; null Uhr; gegen null gehen; gleich null setzen; er hat null Fehler; sie verloren drei zu null (3:0); Nummer null; die Stunde null; der Zeiger steht auf null; er fängt [wieder] bei null an; die Temperatur sinkt unter null; in null Komma nichts (*umgangssprachlich für:* sehr schnell) ; null und nichtig (*verstärkend für:* [rechtlich] ungültig); null Ahnung (*umgangssprachlich für:* keine Ahnung) haben; null Bock (*umgangssprachlich für:* keine Lust) [auf etwas] haben; die **Null;** die Nul|len; die Zahl Null; eine Zahl mit fünf Nullen; die Ziffern Null bis Zehn; er ist eine Null (*umgangssprachlich für:* ein völlig unfähiger Mensch); die **Null|lö|sung,** *auch:* **Null-Lösung;** die **Null|men|ge** (Mengenlehre); der **Null|me|ri|di|an** (Meridian von Greenwich); der **Null|punkt;** der **Null|tarif;** zum Nulltarif (umsonst) fahren, telefonieren

das **Nu|me|ra|le** (Zahlwort); des Numerales; die Nu|me|ra|li|en *oder* die Nu|me|ra|lia; **nu|me|risch** (zahlenmäßig); numerische Überlegenheit; der **Nu|me|rus** (*in der Grammatik:* Zahl, insbesondere Singular oder Plural); des Numerus; die Numeri; der **Nu|me|rus clau|sus** (zahlenmäßig beschränkte Zulassung [besonders zum Studium]); des Numerus clausus; die **Num|mer;** Nummer fünf; Nummer null; auf Nummer Sicher, *auch:* sicher gehen (*umgangssprachlich für:* sich völlig absichern); laufende Nummer; **num|me|rie|ren** (beziffern, benummern); du nummerierst; sie nummerierte; sie hat die Plätze nummeriert; nummeriere die Plätze!; die **Num|me|rie|rung;** das

A B C D E F G H I J K L M N O P Q R S T U V W X Y Z

Num|mern|schild; die Num|mern|schil|der

nun; nun [ein]mal; von nun an; **nun|mehr** (*gehoben für:* jetzt; nun); der Krieg dauert nunmehr drei Jahre

der **Nun|ti|us** (Botschafter des Papstes); des Nuntius; die Nun|ti|en

nur; nur Gutes tun; warum nur?; nur zu!

nu|scheln (undeutlich reden); du nuschelst; er nuschelte; er hat genuschelt; nusch[e]le nicht so!

die **Nuss;** die Nüs|se; der **Nuss|baum;** der **Nuss|kna|cker;** die **Nuss|scha|le,** *auch:* **Nuss-Scha|le**

die **Nüs|ter** (Nasenloch bei Tieren); die Nüstern

die **Nut** *oder* **Nu|te** (Furche, Fuge)

die **Nut|te** (*umgangssprachlich abwertend für:* Prostituierte)

nutz; er ist zu nichts nutz (*süddeutsch für:* zu nichts nütze); **nüt|ze;** er ist zu nichts nütze; ABER: der Nichtsnutz; **nut|zen** *oder* **nüt|zen;** du nutzt *oder* du nützt; sie nutzt *oder* sie nützt; es nutzte *oder* es nützte mir nichts; sie hat die Gelegenheit genutzt *oder* genützt; nutze *oder* nütze die Stunde!; der **Nut|zen;** des Nutzens; es ist von [großem] Nutzen; **nütz|lich; nutz|los;** am nutz|lo|ses|ten; der **Nutz|nie|ßer** (jemand, der den Nutzen von etwas hat); des Nutznießers; die Nutznießer; das **Nutz|tier;** die **Nut|zung**

das **Ny|lon** ['nai̯lɔn] (*Markenbezeichnung:* synthetische Textilfaser); der **Ny|lon|strumpf**

die **Nym|phe** (eine Naturgottheit)

O o

das **O** (Buchstabe); des O; die O, ABER: das o in Tor

O = Ost[en]

die **O|a|se** (Wasserstelle in der Wüste)

ob; das Ob und Wann

der **Ob** (Fluss in Sibirien); des Ob[s]

OB = Oberbürgermeister[in]

die **O|b|acht** (Vorsicht, Achtung); Obacht geben (aufpassen)

das **Ob|dach** (*veraltend für:* Unterkunft; Wohnung); des Obdach[e]s; **ob|dach|los;** das **Ob|dach|lo|sen|a|syl**

die **Ob|duk|ti|on** (Leichenöffnung zur Feststellung der Todesursache); **ob|du|zie|ren;** sie obduzierte; sie hat den Toten obduziert

der **O|be|lisk** (vierkantige, nach oben spitz zulaufende Säule); des/dem/den O|be|lis|ken; die O|be|lis|ken

o|ben

- nach oben; von oben; bis oben
- nach oben hin; von oben her
- alles Gute kommt von oben
- man wusste kaum noch, was oben und was unten war

Getrenntschreibung in Verbindung mit Verben und Partizipien:

- oben liegen
- oben stehen; die oben stehenden Bemerkungen
- oben erwähnen; die oben erwähnte Tatsache

Aber in der Substantivierung:

- im oben Stehenden, *auch:* Obenstehenden
- das oben Erwähnte, *auch:* Obenerwähnte

o|ben|an; obenan stehen, sitzen; **o|ben|auf;** obenauf liegen; **o|ben|drauf;** obendrauf stellen; **o|ben|drein; o|ben|drü|ber;** obendrüber legen; **o|ben er|wähnt** *vergleiche:* **o|ben; o|ben ste|hend** *vergleiche:* **o|ben**

der **O|ber** (Kellner); des Obers; die Ober

der **O|ber|arm**

O|ber|bay|ern

der **O|ber|be|griff**

o|be|re; oberes Stockwerk; die oberen Klassen

die **O|ber|flä|che;** die **O|ber|flä|chen|span|nung; o|ber|fläch|lich;** die **O|ber|fläch|lich|keit;** das **O|ber|ge|schoss**

o|ber|halb; oberhalb des Dorfes

o|ber|ir|disch; oberirdische Leitungen

der **O|ber|kör|per;** die **O|ber|lei|tung;** die **O|ber|lip|pe;** der **O|ber|schen|kel** der **O|berst;** des O|bers|ten *oder* Obersts; die O|bers|ten

o|bers|te; oberstes Stockwerk; das oberste Buch im Stapel; die obersten Gerichtshöfe; ABER: der Oberste Gerichtshof; das Oberste zuunterst kehren (alles durcheinander bringen)

die **O|ber|stu|fe;** das **O|ber|teil**

ob|gleich

die **Ob|hut** (*gehoben für:* Schutz, Aufsicht); die Kinder sind in seiner Obhut

o|big; im obigen (oben stehenden) Abschnitt; ABER: im Obigen (weiter oben); das **O|bi|ge;** der **O|bi|ge**

das **Ob|jekt** (Ziel, Gegenstand; Fallergänzung); des Objekt[e]s; die Ob|jek|te; **ob|jek|tiv** (tatsächlich; sachlich, unvoreingenommen); das **Ob|jek|tiv** (eine optische Linse); des Objektivs; die Ob|jek|tive; **ob|jek|ti|vie|ren** (versachlichen); er objektivierte; er hat das Problem objektiviert; die **Ob|jek|ti|vi|tät** (strenge Sachlichkeit; Vorurteilslosigkeit)

die **O|b|la|te** (die Hostie; ein Gebäck); die Oblaten

o|b|li|ga|to|risch (verbindlich, verpflichtend); obligatorische Unterrichtsfächer

der **Ob|mann** ([Vereins]vorsitzender; Vertrauensmann); die Ob|män|ner *oder* Obleu|te

die **O|boe** (ein Holzblasinstrument); die O|bo|en; der **O|bo|ist** (der Oboebläser); des/dem/den O|bo|is|ten; die O|bo|is|ten; die **O|bo|is|tin;** die Oboistinnen

der **O|bo|lus** (kleine Geldspende); des Obolus; die Obolus *oder* Obolusse

die **Ob|rig|keit** (Träger der Macht, der Regierungsgewalt); **ob|rig|keit|lich;** obrigkeitliche Anordnungen; das **Ob|rig|keits|den|ken**

ob|schon

das **Ob|ser|va|to|ri|um** (die Sternwarte); die Ob|ser|va|to|ri|en; **ob|ser|vie|ren** (beobachten); sie observierte; die Polizei hat den Verdächtigen observiert; die **Ob|ser|vie|rung**

ob|s|kur (verdächtig; fragwürdig); die **Ob|s|ku|ri|tät**

das **Obst;** des Obst[e]s; die Obstsorten

ob|s|zön (unanständig, schamlos); die **Ob|s|zö|ni|tät;** die Ob|s|zö|ni|tä|ten

ob|wohl; ob|zwar

der **Och|se;** des/dem/den Ochsen; die Ochsen; **och|sen** (*umgangssprachlich für:* angestrengt arbeiten); du ochst; er ochst; er ochste; er hat für das Examen geochst; ochs[e] doch nicht so!

der *oder* das **O|cker** (gelbbraune Malerfarbe); des Ockers; die Ocker; in Ocker streichen; **o|cker|far|ben** *oder* **o|cker|far|big; o|cker|gelb**

öd *oder* **ö|de;** am ö|des|ten

od. = oder

der **O|dem** (*gehoben für:* Atem); des Odems

das **Ö|dem** (*Medizin:* Gewebewassersucht); des Ödems; die Ö|de|me

o|der; oder Ähnliches

die **O|der** (Fluss in Mitteleuropa); die **O|der-Nei|ße-Gren|ze**

das **Öd|land** (ödes, unfruchtbares, unbebautes Land)

O|dys|seus (griechischer Sagenheld); des Odysseus

der **O|fen;** die **O|fen|hei|zung**

off (*besonders Film, Fernsehen:* nicht sichtbar [von einer/einem Sprechenden]); das **Off** (das Unsichtbarbleiben der/des Sprechenden); im *oder* aus dem Off sprechen

of|fen; of|fe|ner, am of|fens|ten; eine offene Hand haben (freigebig sein); mit offenen Karten spielen (ohne Hintergedanken sein); auf offener Straße; der Tag der offenen Tür; offen gestanden; offen gesagt; das Fenster muss offen bleiben; er hat das Tor offen gehalten; er lässt die Tür offen; er hat die Frage offen gelassen; das Zimmer, dessen Tür offen stand; alle Möglichkeiten haben ihm offen gestanden; **of|fen|bar;** sich **of|fen|ba|ren;** Gott hat sich uns offenbart; die **Of|fen|ba|rung;** die **Of|fen|heit; of|fen|her|zig; of|fen|kun|dig; of|fen|sicht|lich**

of|fen|siv (angriffslustig; angreifend); die **Of|fen|si|ve** (Angriff); die Offensiven; das **Of|fen|siv|spiel** *(Sport)*

of|fen ste|hen *vergleiche:* offen

öf|fent|lich; die öffentliche Meinung; er steht im öffentlichen Dienst; die **Öf|fent|lich|keit**

of|fe|rie|ren (anbieten, darbieten); die **Of|fer|te** (das Angebot)

das **Of|fice** [ɔfɪs] (Büro); des Office; die Offices

A B C D E F G H I J K L M N O P Q R S T U V W X Y Z

of|fi|zi|ẹll (amtlich; verbürgt; förmlich)

der **Of|fi|zier;** des Offiziers; die Of|fi|zie|re; die **Of|fi|zie|rin;** die Offizierinnen; der **Of|fi|ziers|rang**

ọff|line ['ɔflai̯n] (*EDV:* von der Datenverarbeitungsanlage getrennt arbeitend); der **Ọff|line|be|trieb**

öff|nen; du öffnest; öffne bitte!; sich öffnen; die Tür hat sich geöffnet; die **Öff|nung**

der **Ọff|spre|cher,** *auch:* **Ọff-Spre|cher** (Sprecher im Off); die **Ọff|spre|che|rin,** *auch:* **Ọff-Spre|che|rin;** die **Ọff|stim|me,** *auch:* **Ọff-Stim|me** (Stimme im, aus dem Off)

o-för|mig, *auch:* **O-för|mig**

oft; so oft; wie oft; **öf|ter;** er war öfter im Theater als ich; er beschimpft mich öfter; ich sah ihn des Öfteren; **oft|mals**

oh!

der **O|heim** (*veraltet für:* Onkel); die O|hei|me

OHG = Offene Handelsgesellschaft

das **Ohm** (Maßeinheit für den elektrischen Widerstand); des Ohm *und* des Ohms; die Ohm; 4 Ohm; **ohmsch;** der ohmsche, *auch:* Ohm'sche Widerstand; das ohmsche, *auch:* Ohm'sche Gesetz

oh|ne; ohne dass; ohne weiteres; **oh|nedies; oh|ne|ei|n|ạn|der; oh|ne|glei|chen; oh|ne|hịn**

die **Ohn|macht; ohn|mäch|tig;** der **Ohnmachts|an|fall**

o|ho!

das **Ohr;** die Oh|ren; das **Öhr** (Nadelloch); die Öh|re; der **Oh|ren|arzt; oh|ren|be|täubend;** die **Oh|ren|ent|zün|dung;** die **Ohrfei|ge; ohr|fei|gen;** du ohrfeigst ihn; er hat ihn geohrfeigt; ohrfeige ihn!; der **Ohr|klipp,** *auch:* **Oh|ren|klipp** (Ohrschmuck); des Ohr[en]klipps; die Ohr[en]klipps; das **Ohr|läpp|chen;** die **Ohr|mu|schel;** der **Ohr|ring**

o ja!

o. k., *auch:* **O. K.** = okay

das **O|ka|pi** (eine Giraffenart mit kurzem Hals)

o|kay [o'ke:] (*umgangssprachlich für:* in Ordnung); das **O|kay;** des O|kay[s]; er hat sein Okay gegeben

die **Ok|ku|pa|ti|on** (Besetzung fremden Gebietes); **ok|ku|pie|ren**

der **Ö|ko|la|den** (Laden, in dem nur umweltfreundliche Waren verkauft werden); die **Ö|ko|lo|gie** (Lehre von den Beziehungen zwischen den Lebewesen und ihrer Umwelt); **ö|ko|lo|gisch**

der **Ö|ko|nom** (Wirtschaftswissenschaftler); des Ö|ko|no|men; die Ö|ko|no|men; die **Ö|ko|no|mie** (die Wirtschaftlichkeit); **Ö|ko|nọ|min;** die Ökonominnen; **ö|ko|nomisch;** am ö|ko|no|mischs|ten

die **Ö|ko|steu|er** (auf den Verbrauch und die Herstellung umweltschädlicher Güter erhobene Steuer); das **Ö|ko|sys|tem** (zwischen Lebewesen und ihrem Lebensraum bestehende Wechselbeziehung)

die **Ok|ta|ve** (der achte Ton vom Grundton aus)

der **Ok|to|ber;** des Oktober[s]; die Oktober; die **Ok|to|ber|re|vo|lu|ti|on**

o|ku|lie|ren (pfropfen, veredeln); er hat den Baum okuliert; okuliere ihn!

die **Ö|ku|me|ne** (Gesamtheit der Christen); **ö|ku|me|nisch;** die ökumenische Bewegung; ein ökumenischer (gemeinsam von Katholiken und Protestanten veranstalteter) Gottesdienst

der **Ọk|zi|dent** (das Abendland; der Westen)

das **Öl;** die Ö|le; der **Öl|baum; ö|len;** du ölst; er ölt; er ölte; er hat das Rad geölt; öl[e] das Rad!; der **Öl|film** (dünne Ölschicht); der **Öl|fleck; ö|lig**

der **Old|ti|mer** ['o:lttai̯mɐ] (altes Modell eines Autos, Fahrzeugs)

die **O|li|ve** (Frucht des Ölbaums); **o|li|venfar|ben** *oder* **o|li|ven|far|big;** das **O|li|ven-öl**

die **Öl|kri|se;** die **Öl|pest** (Verschmutzung durch Rohöl); die **Öl|quel|le**

der **O|lymp** (der Wohnsitz der Götter); die **O|lym|pi|a|de** (die Olympischen Spiele); **o|lym|pisch;** die olympischen Ringe (die 5 Ringe der olympischen Flagge); ABER: die Olympischen Spiele

die **O|ma** (Großmutter); die Omas

O|man (arabischer Staat); der **O|ma|ner;** die **O|ma|ne|rin;** die Omanerinnen; **o|manisch**

das **O|me|lett** [ɔm'lɛt]; die O|me|let|te *und* die Omeletts

der **Om|ni|bus;** des Om|ni|bus|ses; die Om|ni|bus|se; ↑*auch:* Bus

die **O|na|nie** (geschlechtliche Selbstbefriedigung); **o|na|nie|ren;** er hat onaniert

der **On|kel;** die Onkel

on|line [ˈɔnlai̯n] (*EDV:* in direkter Verbindung mit der Datenverarbeitungsanlage arbeitend); der **On|line|be|trieb;** die **On|line|zei|tung**

OP = Operationssaal

der **O|pa** (Großvater); des Opas; die Opas

das **O|pen|air|fes|ti|val** [ˈoːpn̩ˈ|ɛːɐ̯ˈfɛstivl̩, *auch:* ˈoːpn̩ˈ|ɛːɐ̯ˈfɛstival], *auch:* **O|pen-Air-Fes|ti|val** (Musikveranstaltung im Freien)

die **O|per**

die **O|pe|ra|ti|on;** der **O|pe|ra|ti|ons|saal;** die **O|pe|ra|ti|ons|schwes|ter; o|pe|ra|tiv** (*Medizin:* durch Operation)

die **O|pe|ret|te**

o|pe|rie|ren; du operierst; er hat ihn am Bein operiert; operiere ihn!

der **O|pern|sän|ger;** die **O|pern|sän|ge|rin;** die Opernsängerinnen

das **Op|fer; op|fer|be|reit;** die **Op|fer|be|reit|schaft;** die **Op|fer|ga|be;** das **Op|fer|lamm; op|fern;** du opferst; er hat sein Vermögen geopfert; opfere es!

das **O|pi|um** (eine Droge); der **O|pi|um|han|del**

op|po|nie|ren (widersprechen; sich widersetzen); sie hat opponiert; opponiere nicht!

op|por|tun (passend, nützlich, angebracht; zweckmäßig); der **Op|por|tu|nis|mus** (prinzipienloses Anpassen an die jeweilige Lage; Handeln nach Zweckmäßigkeit); der **Op|por|tu|nist;** des/dem/den Op|por|tu|nis|ten; die Op|por|tu|nis|ten; die **Op|por|tu|nis|tin;** die Opportunistinnen; **op|por|tu|nis|tisch**

die **Op|po|si|ti|on; op|po|si|ti|o|nell** (gegensätzlich; gegnerisch; zum Widerspruch neigend); die **Op|po|si|ti|ons|par|tei**

die **Op|tik** (die Lehre vom Licht); der **Op|ti|ker;** die **Op|ti|ke|rin;** die Optikerinnen

der **Op|ti|mis|mus** (Lebensauffassung, die alles von der besten Seite sieht); des Optimismus; der **Op|ti|mist;** des/dem/den Op|ti|mis|ten; die Op|ti|mis|ten; die **Op|ti|mis|tin;** die Optimistinnen; **op|ti|mis|tisch**

op|tisch

o|pu|lent (reichlich, üppig); die **O|pu|lenz**

das **O|pus** (Werk, besonders musikalisches Werk); des Opus; die O|pe|ra

das **O|ra|kel** (Weissagung); die Orakel; **o|ra|keln** (weissagen); du orakelst; er orakelt; er hat orakelt; der **O|ra|kel|spruch**

o|ral (den Mund betreffend, durch den Mund)

o|ran|ge [oˈrãːʒə, *auch:* oˈraŋʒə] (goldgelb); ein orange Band; ↑blau; das **O|ran|ge** (die orange Farbe); des Orange; die Orange[s]; die **O|ran|ge** (Apfelsine); die **O|ran|gea|de** [orãˈʒaːdə, *auch:* oraŋˈʒaːdə] (unter Verwendung von Orangensaft bereitetes Getränk); der Orangeade; die Orangeaden; das **O|ran|geat** [orãˈʒaːt, *auch:* oraŋˈʒaːt] (eingezuckerte Apfelsinenschalen); des Orangeats; der **O|ran|gen|baum; o|ran|ge[n]|far|ben** *oder* **o|ran|ge[n]|far|big;** der **O|ran|gen|saft**

der **O|rang-U|tan** (ein Menschenaffe); des Orang-Utans; die Orang-Utans

das **Or|ches|ter** [ɔrˈkɛstɐ, *auch:* ɔrçɛstɐ] (Musikkapelle)

die **Or|chi|dee** [ɔrçiˈdeə] (eine exotische Zierpflanze); die Or|chi|de|en

der **Or|den**

or|dent|lich; ein ordentliches (zuständiges) Gericht; ein ordentlicher Professor

die **Or|di|nal|zahl** (Ordnungszahl, z. B. erste, zweite, dritte)

or|di|när (gewöhnlich, gemein)

das **Or|di|na|ri|at** (zentrale Verwaltungsbehörde eines Bistums); des Ordinariat[e]s; die Or|di|na|ri|a|te; die **Or|di|na|te** (y-Achse); die Ordinaten

ord|nen; du ordnest; er hat seine Papiere geordnet; ordne sie!; der **Ord|ner;** die **Ord|nung;** Ordnung halten; **ord|nungs|ge|mäß; ord|nungs|hal|ber; ord|nungs|wid|rig;** die **Ord|nungs|zahl**

das **Or|gan;** die **Or|gan|bank;** die Organbanken; der **Or|gan|emp|fän|ger; or|ga|nisch** (belebt, lebendig; ein Organ betreffend); der **Or|ga|nis|mus;** des Organismus; die Organismen; der **Or|gan|spen|der;** die **Or|gan|spen|de|rin;** die Organspenderinnen

die **Or|ga|ni|sa|ti|on;** das **Or|ga|ni|sa|ti|ons|ta|lent;** der **Or|ga|ni|sa|tor;** des Or|ga|ni|sa|tors; die Or|ga|ni|sa|to|ren; die **Or|ga|ni|sa|to|rin;** die Organisatorinnen; **or|ga|ni|sa|to|risch; or|ga|ni|sie|ren;** du organisierst; sie hat organisiert; organisiere den Kongress!; sich organisieren; die Arbeiter haben sich organisiert

der **Or|ga|nist;** des/dem/den Or|ga|nis|ten;

die Or|ga|nis|ten; die **Or|ga|nis|tin;** die Organistinnen; die **Or|gel;** die Orgeln; die **Or|gel|mu|sik**

der **Or|gas|mus** (Höhepunkt der geschlechtlichen Erregung); die Orgasmen

die **Or|gie** (ausschweifendes Fest); die Or|gi|en

der **O|ri|ent** (die vorder- und mittelasiatischen Länder); der Vordere Orient; **o|ri|en|ta|lisch;** die orientalischen Sprachen

sich **o|ri|en|tie|ren;** er hat sich orientiert; orientiere dich!; die **O|ri|en|tie|rung;** die **O|ri|en|tie|rungs|hil|fe; o|ri|en|tie|rungs|los**

o|ri|gi|nal (ursprünglich, echt); der originale Text; original Lübecker Marzipan; das **O|ri|gi|nal** (Urschrift, Urtext; Sonderling); die O|ri|gi|na|le; die **O|ri|gi|nal|auf|nah|me;** die **O|ri|gi|nal|fas|sung; o|ri|gi|nell** (einzigartig; urwüchsig; komisch)

der **Or|kan** (Sturm); die Or|ka|ne

das **Or|na|ment** (Verzierung); die Or|na|men|te; **or|na|men|tal**

der, *auch:* das **Or|nat** (feierliche Amtstracht); die Or|na|te

der **Ort;** die Or|te; an Ort und Stelle; allerorts; **or|ten** (die Position ermitteln); das U-Boot wurde in 83 m Tiefe geortet

or|tho|dox (recht-, strenggläubig)

die **Or|tho|gra|phie,** *auch:* **Or|tho|gra|fie** (Rechtschreibung); die Or|tho|gra|phi|en, *auch:* Or|tho|gra|fi|en; **or|tho|gra|phisch,** *auch:* **or|tho|gra|fisch;** ein orthographischer, *auch:* orthografischer Fehler

der **Or|tho|pä|de** (Facharzt für Orthopädie); die **Or|tho|pä|die** (Wissenschaft von den Haltungs- und Bewegungskrankheiten und ihrer Behandlung); die **Or|tho|pä|din;** die Orthopädinnen; **or|tho|pä|disch**

ört|lich; die **Orts|an|ga|be; orts|an|säs|sig;** die **Ort|schaft;** die **Orts|durch|fahrt; orts|kun|dig;** der **Orts|teil; orts|üb|lich;** die **Orts|zeit**

die **Ö|se**

Os|lo (Hauptstadt Norwegens)

der **Os|si** (*umgangssprachlich für:* Einwohner der neuen Bundesländer; Ostdeutscher); des Ossis; die Ossis

Ost (Himmelsrichtung); aus Ost und West; der **Os|ten;** nach Osten; der Ferne Osten; der Nahe Osten; der Mittlere Osten

das **Os|ter|ei;** die Os|ter|ei|er; die **Os|ter|fe|ri|en** *Plural;* das **Os|ter|fest;** die **Os|ter|glo|cke;** der **Os|ter|ha|se; ös|ter|lich;** der **Os|ter|mon|tag;** das **Os|tern;** Ostern fällt früh; Ostern ist bald vorbei; *besonders süddeutsch auch Plural:* die *oder* diese Ostern fallen früh; fröhliche Ostern!

Ös|ter|reich; der **Ös|ter|rei|cher;** die **Ös|ter|rei|che|rin;** die Österreicherinnen; **ös|ter|rei|chisch**

Ost|eu|ro|pa; ost|eu|ro|pä|isch; osteuropäische Zeit, *Abkürzung:* OEZ

öst|lich; östlich des Waldes

die **Ost|see;** die **Ost|see|in|sel; ost|wärts**

Ot|ta|wa (Hauptstadt Kanadas)

die **Ot|ter** (eine Schlange); die Ottern

der **Ot|ter** (eine Marderart); die Otter

out [aut] (*umgangssprachlich für:* unzeitgemäß, unmodern); diese Musik ist schon lange out; **ou|ten** ['autn]; jemanden outen (jemandes Homosexualität o. Ä. ohne dessen Zustimmung öffentlich bekannt machen); sich outen; er hat sich geoutet; sie outete sich als Raucherin; das **Out|fit** (Kleidung; Ausrüstung); des Outfit[s]; die Outfits; der, *auch:* das **Out|put** (*EDV:* Arbeitsergebnisse einer Datenverarbeitungsanlage, Ausgabe); des Outputs; die Outputs; der **Out|si|der** ['autsaidɐ] (Außenseiter); des Outsiders; die Outsider; die **Out|si|de|rin;** die Outsiderinnen; **out|sour|cen** ['autsɔ:sn] (*Wirtschaft:* bestimmte, bisher in einem Unternehmen selbst erbrachte Arbeiten an eine externe Firma vergeben); die Firma sourct out; dieser Bereich wurde outgesourct; das **Out|sour|cing** ['autsɔ:sɪŋ]; des Outsourcings

> Die gebeugten Formen von *outsourcen* klingen für viele Menschen merkwürdig oder unschön, weil hier ein englisches Wort nach deutschem Muster gebeugt wird. Es ist deshalb oft besser, eine Umschreibung mit deutschen Wörtern zu verwenden: »Immer mehr Arbeiten wurden nach außen/außerhalb vergeben.«

die **Ou|ver|tü|re** [uver'ty:rə] (Eröffnung; Vorspiel); die Ouvertüren

o|val (eirund); das **O|val;** die O|va|le

die **O|va|ti|on** (begeisterter Beifall); der Ovation; die O|va|ti|o|nen der **O|ve|r|all** [ˈoːvəraːl] (Schutzanzug)

der **O|ver|head|pro|jek|tor** [ˈoːvərhɛtprojɛktoːɐ] (Projektor, der transparente Vorlagen auf eine Fläche projiziert; Tageslichtprojektor)

der **O|xer** (Hindernis beim Springreiten)

das **O|xid,** *auch:* **O|xyd** (eine Sauerstoffverbindung); die **O|xi|da|ti|on,** *auch:* **O|xy|da|ti|on; o|xi|die|ren,** *auch:* **o|xy|die|ren;** das Eisen oxidiert; das Eisen oxidierte; das Eisen ist *und* hat oxidiert

der **O|ze|an;** die O|ze|a|ne; der große (endlose) Ozean; ABER: der Große (Pazifische) Ozean; der **O|ze|an|damp|fer**

das **O|zon** (besondere Form des Sauerstoffs); das **O|zon|loch** (Loch in der Ozonschicht über der Antarktis); die **O|zon|schicht** (Schicht der Atmosphäre, die gefährliche Strahlung filtert)

P P

das **P** (Buchstabe); des P; die P; ABER: das p in hupen

paar, das **Paar**

Das kleingeschriebene »paar« ist ein nicht deklinierbares Pronomen und hat die Bedeutung »einige wenige«:
- ein paar Leute
- mit ein paar Worten
- ein paar Mark
- ein paar Dutzend, *auch:* dutzend Mal; ↑Mal

Das großgeschriebene »Paar« ist dagegen ein deklinierbares Substantiv und bezeichnet eine Zweiheit, zwei zusammengehörige Wesen oder Dinge:
- ein glückliches Paar; ↑ABER: das Pärchen
- ein Paar Schuhe
- ein Paar neue Schuhe, *selten:* neuer Schuhe
- mit einem Paar wollenen Strümpfen *oder* wollener Strümpfe

paa|ren; die meisten Tiere paaren sich im Frühjahr; sie haben sich gepaart; **paa|rig** (paarweise vorhanden); paarig angeordnete Blätter; der **Paar|lauf** (beim Eissport); die **Paa|rung; paar|wei|se;** paarweise antreten

die **Pacht; pach|ten;** du pachtest; er pachtete; er hat Land gepachtet; pacht[e] es!; der **Päch|ter;** des Pächters; die Pächter; die **Päch|te|rin;** die Pächterinnen; das **Pacht|land**

das **Pack** (*abwertend für* Gesindel); des Pack[e]s

der **Pack** (das Gepackte, das Bündel); die Pa|cke *oder* Pä|cke; ein Packen alter Briefe; das **Päck|chen;** das **Pack|eis** (übereinander geschobene Eisschollen); **pa|cken;** du packst; er packte; er hat den Koffer gepackt; pack[e] den Koffer!; der **Pa|cker;** des Packers; die Packer; die **Pa|cke|rin;** die Packerinnen; das **Pack|pa|pier;** die **Pa|ckung**

der **Pä|d|a|go|ge** (Erzieher); des/dem/den Pädagogen; die Pädagogen; die **Pä|d|a|go|gik** (Erziehungswissenschaft); die **Pä|d|a|go|gin;** die Pädagoginnen; **pä|d|a|go|gisch**

das **Pad|del;** des Paddels; die Paddel; das **Pad|del|boot; pad|deln;** du paddelst; sie paddelte; sie hat zwei Stunden lang gepaddelt; sie ist an das Ufer gepaddelt; padd[e]le langsamer!

paf|fen (*umgangssprachlich für:* stoßweise rauchen); du paffst; er paffte; er hat gepafft; paffe nicht!

der **Pa|ge** [ˈpaːʒə] (livrierter [Hotel]diener); des/dem/den Pagen; die Pagen

die **Pa|go|de** (buddhistischer Tempel)

das **Pa|ket;** des Paket[e]s; die Pa|ke|te; die **Pa|ket|kar|te**

Pa|ki|s|tan (Staat in Vorderasien); der **Pa|ki|s|ta|ner;** des Pakistaners; die Pakistaner; die **Pa|kis|ta|ne|rin;** die Pakistanerinnen; der **Pa|ki|s|ta|ni** (Pakistaner); des Pakistani[s]; die Pakistani[s]; **pa|ki|s|ta|nisch**

der **Pakt** (Vertrag); des Pakt[e]s; die Pak|te; **pak|tie|ren** (eine Vereinbarung treffen und einhalten); du paktierst; sie paktierte; sie hat mit der Gegenpartei paktiert; paktier[e] nicht mit dem Gegner!

das **Pa|lais** [paˈlɛː]; des Palais; die Palais [pa-

ˈlɛːs]; der **Pa|last;** des Palast[e]s; die Pa|läs|te

Pa|läs|ti|na (Gebiet zwischen Mittelmeer und Jordan); der **Pa|läs|ti|nen|ser;** des Palästinensers; die Palästinenser; die **Pa|läs|ti|nen|se|rin;** die Palästinenserinnen; **pa|läs|ti|nen|sisch**

das **Pa|la|ver** (*umgangssprachlich für:* endloses Reden und Verhandeln); des Palavers; die Palaver; **pa|la|vern;** sie haben stundenlang palavert

die **Pa|let|te** (Mischbrett für Farben; Vielfalt; flacher Untersatz für das Transportieren und Stapeln von Gütern mit dem Gabelstapler)

die **Pa|li|sa|de** (aus Pfählen bestehendes Hindernis)

der **Pa|li|san|der** (ein Edelholz); des Palisanders; die Palisander

die **Pal|me;** das **Palm|öl;** der **Palm|sonn|tag**

die **Pam|pa** (baumlose Grassteppe in Südamerika); die Pampas *meist Plural*

die **Pam|pel|mu|se** (eine Zitrusfrucht)

pam|pig (*umgangssprachlich für:* frech, patzig); werd bloß nicht pampig!

Pa|na|ma (Staat in Mittelamerika; dessen Hauptstadt); der **Pa|na|ma|er;** des Panamaers; die Panamaer; die **Pa|na|ma|e|rin;** die Panamaerinnen; **pa|na|ma|isch;** der **Pa|na|ma|ka|nal,** *auch:* **Pa|na|ma-Ka|nal**

der **Pan|da** (Bambusbär); des Pandas; die Pandas

die **Pan|flö|te** *oder* **Pans|flö|te** (Hirtenflöte)

pa|nie|ren (in Ei und Semmelbröseln wenden); du panierst; er panierte; er hat das Schnitzel paniert; paniere es!

die **Pa|nik** (plötzlicher Schrecken); die Pa|niken; die **Pa|nik|ma|che** *(abwertend);* die **Pa|nik|stim|mung; pa|nisch** (lähmend); panischer Schrecken

die **Pan|ne** (Unfall, Missgeschick); der **Pannen|dienst**

das **Pa|n|o|ra|ma** (Rundblick); des Panoramas; die Panoramen; das **Pa|n|o|ra|ma|fens|ter**

pan|schen *oder* **pant|schen** (mischen; verfälschen; planschen); du pan[t]schst; er pan[t]scht; er pan[t]schte; er hat den Wein gepan[t]scht; pan[t]sche nicht!

der **Pan|sen** (erster Magen der Wiederkäuer); des Pansens; die Pansen

die **Pans|flö|te** *vergleiche:* **Panflöte**

der **Pan|ther,** *auch:* **Pan|ter;** des Panthers, *auch:* Panters; die Panther, *auch:* Panter

die **Pan|ti|ne** (*norddeutsch für:* Holzschuh); die Pantinen

der **Pan|tof|fel;** des Pantoffels; die Pantoffeln

die **Pan|to|mi|me** (stummes Gebärdenspiel)

der **Pan|to|mi|me** (Darsteller einer Pantomime); des/dem/den Pantomimen; die Pantomimen; **pan|to|mi|misch**

pant|schen *vergleiche:* **panschen**

der **Pan|zer;** des Panzers; die Panzer; **panzern;** er panzerte; er hat das Boot gepanzert; der **Pan|zer|schrank**

der **Pa|pa;** des Papas; die Papas

der **Pa|pa|gei;** des Papageis *oder* Papageien; die Papageien; die **Pa|pa|gei|en|krankheit** (eine Infektionskrankheit)

das **Pa|per|back** [ˈpeːpɐbɛk] (kartoniertes Buch); des Paperbacks; die Paperbacks

das **Pa|pier;** des Papiers; die Pa|pie|re; die Papier verarbeitende Industrie; die **Pa|pier|fa|b|rik;** das **Pa|pier|geld;** der **Pa|pier|korb**

der **Papp|be|cher;** der **Papp|de|ckel** *oder* **Pappen|de|ckel;** die Pappdeckel *oder* Pappendeckel; die **Pap|pe;** der **Papp|kar|ton;** das **Papp|ma|schee,** *auch:* **Papp|ma|ché;** das **Papp|pla|kat,** *auch:* **Papp-Pla|kat**

die **Pap|pel** (ein Laubbaum); die Pappeln; die **Pap|pel|al|lee**

pap|pen (*umgangssprachlich für:* kleben); der Schnee pappte; sie hat den Aufkleber an die Scheibe gepappt

der **Pa|p|ri|ka** (ein Gewürz; ein Gemüse); des Paprikas; die Paprika[s]

der **Papst;** des Papst[e]s; die Päps|te; **päpstlich;** der **Papst|na|me;** das **Papst|tum;** die **Papst|wahl**

Pa|pua-Neu|gui|nea [...giˈneːa] (Staat auf Neuguinea)

der **Pa|py|rus** (Papierstaude; im Altertum verwendetes Schreibmaterial); des Papyrus; die Papyri

die **Pa|ra|bel** (Gleichnis; Kegelschnittkurve)

die **Pa|ra|bol|an|ten|ne**

die **Pa|ra|de** (Truppenschau; Abwehr)

das **Pa|ra|dies;** des Pa|ra|die|ses; die Pa|ra|die|se; der **Pa|ra|dies|ap|fel** (Tomate); **pa|ra|die|sisch;** der **Pa|ra|dies|vo|gel**

pa|ra|dox (widersinnig; sonderbar); am pa|ra|do|xes|ten; das **Pa|ra|dox;** des Pa|ra|do|xes; die Pa|ra|do|xe; **pa|ra|do|xer|wei|se**

das **Pa|r|af|fin** (wachsähnlicher Stoff); des Paraffins; die Pa|r|af|fi|ne

der **Pa|ra|graph,** *auch:* **Pa|ra|graf** (Absatz, Abschnitt); des/dem/den Pa|ra|gra|phen, *auch:* Pa|ra|gra|fen; die Pa|ra|gra|phen, *auch:* Pa|ra|gra|fen (*Zeichen:* §)

Pa|ra|gu|ay (Staat in Südamerika); der **Pa|ra|gu|a|yer;** des Paraguayers; die Paraguayer; die **Pa|ra|gu|a|ye|rin;** die Paraguayerinnen; **pa|ra|gu|a|yisch**

pa|r|al|lel (gleichlaufend); mit etwas parallel laufen; parallel laufende Geraden; zwei Systeme parallel schalten; zwei völlig parallel geschaltete Systeme; die **Pa|r|al|le|le;** die Parallelen; mehrere, vier Parallele[n]; die **Pa|r|al|lel|li|nie;** das **Pa|r|al|le|lo|gramm** *(Mathematik);* die **Pa|r|al|lel|schal|tung**

die **Pa|ra|nuss;** der **Pa|ra|nuss|baum**

der **Pa|ra|sit** (Schmarotzer); des/dem/den Pa|ra|si|ten; die Pa|ra|si|ten; **pa|ra|si|tär**

pa|rat (bereit); das Schreibzeug liegt parat

das **Pär|chen** (Verkleinerungsform von Paar)

das **Par|fum** [par'fœ̃:] *oder* **Par|füm;** des Parfums *oder* Parfüms; die Parfums *oder* Par|fü|me *oder* Parfüms; die **Par|fü|me|rie** (Geschäft; Betrieb zur Herstellung von Parfüm); die Par|fü|me|ri|en; die **Par|fum|fla|sche** *oder* **Par|füm|fla|sche;** sich **par|fü|mie|ren;** sie parfümierte sich; sie hat sich parfümiert; parfümiere dich nicht so stark!

pa|rie|ren (abwehren; gehorchen); du parierst; er parierte; er hat pariert; pariere endlich!

Pa|ris (Hauptstadt Frankreichs)

die **Pa|ri|tät** (Gleichstellung; Gleichberechtigung); die Pa|ri|tä|ten; **pa|ri|tä|tisch;** paritätisch getragene Kosten

der **Park;** des Parks; die Parks, *seltener:* die Par|ke

der *oder* die **Par|ka** (knielanger Anorak); die Parkas

par|ken; du parkst; er parkte; er hat den Wagen geparkt; parke den Wagen dort!

das **Par|kett** (getäfelter Fußboden; vorderer Teil des Zuschauerraumes); des Parkett[e]s; die Par|ket|te *oder* Parketts; der **Par|kett|bo|den**

das **Park|haus;** die **Park|lü|cke;** der **Park|platz;** die **Park|uhr;** das **Park|ver|bot**

das **Par|la|ment** (Volksvertretung); des Parlament[e]s; die Par|la|men|te; der **Par|la|men|ta|ri|er** (Abgeordneter, Mitglied eines Parlamentes); des Parlamentariers; die Parlamentarier; die **Par|la|men|ta|ri|e|rin;** die Parlamentarierinnen; **par|la|men|ta|risch;** die parlamentarische Anfrage; der parlamentarische Staatssekretär; ABER: der Parlamentarische Rat; der **Par|la|ments|be|schluss;** das **Par|la|ments|mit|glied**

die **Pa|r|o|die** (komische Umbildung ernster Dichtung; scherzhafte Nachahmung); die Pa|r|o|di|en; **pa|r|o|dis|tisch**

die **Pa|ro|le** (Losung; Kennwort)

das **Pa|ro|li;** *nur in:* jemandem Paroli bieten (jemandem Widerstand bieten)

die **Par|tei; par|tei|isch;** eine parteiische Entscheidung; der **Par|tei|kon|gress; par|tei|los;** parteilose Abgeordnete; der **Par|tei|vor|stand**

par|terre [par'tɛr] (zu ebener Erde); parterre wohnen; ABER: das **Par|ter|re** (Erdgeschoss); des Parterres; die Parterres; die Wohnung liegt im Parterre; die **Par|ter|re|woh|nung**

die **Par|tie** (Abschnitt, Teil; Spiel, Runde; Gesangsrolle); die Par|ti|en; eine gute Partie machen (einen reichen Partner heiraten)

par|ti|ell (teilweise); eine partielle Sonnenfinsternis

die **Par|ti|kel** (nicht flektierbares Wort, z. B. »dort, in, und«); die Partikeln

der **Par|ti|san** (bewaffneter Widerstandskämpfer); des Partisans *oder* Par|ti|sa|nen; die Par|ti|sa|nen; die **Par|ti|sa|nin;** die Partisaninnen

die **Par|ti|tur** (Zusammenstellung aller zu einem Musikstück gehörenden Stimmen); die Par|ti|tu|ren

das **Par|ti|zip** (Mittelwort); des Partizips; die Par|ti|zi|pi|en

der **Part|ner;** des Partners; die Partner; die **Part|ne|rin;** die Partnerinnen; die **Part|ner|schaft; part|ner|schaft|lich**

par|tout [par'tu:] (*umgangssprachlich für:* durchaus; um jeden Preis); er wollte partout in Berlin studieren

die **Par|ty** ['pa:ɐ̯ti] (zwangloses Fest); die Partys; der **Par|ty|ser|vice**

die **Par|zel|le** (vermessenes Grundstück)

A B C D E F G H I J K L M N O P Q R S T U V W X Y Z

das **Pas|cal** (Einheit des Drucks); des Pascals; die Pascal; 90 Pascal

der **Pa|scha** (*umgangssprachlich für:* Mann, der sich [von Frauen] bedienen lässt); des Paschas; die Paschas

der **Pass;** des Pas|ses; die Päs|se; das **Pass|bild;** das **Pass|fo|to**

die **Pas|sa|ge** [pa'sa:ʒə] (Durchfahrt, Durchgang; Überfahrt; Textstück; schnelle Tonfolge in einem Musikstück); die Passa|gen; der **Pas|sa|gier** [pasa'ʒi:ɐ̯] (Fahrgast); des Passagiers; die Pas|sa|gie|re; der blinde Passagier (jemand, der heimlich und ohne Fahrkarte an Bord eines Flugzeugs oder Schiffes mitreist)

der **Pas|sant** (Fußgänger); des/dem/den Passan|ten; die Pas|san|ten; die **Pas|san|tin;** die Passantinnen

der **Pas|sat** (Tropenwind); des Passat[e]s; die Pas|sa|te

pas|sen; du passt zu ihm; das Kleid passte; das Kleid hat gepasst; **pas|send;** ein passender Anzug; ABER: etwas Passendes

pas|sier|bar (überschreitbar)

pas|sie|ren (geschehen); etwas passierte; etwas ist passiert

pas|sie|ren (vorübergehen, -fahren); das Schiff passierte den Leuchtturm; er hat die Grenze passiert; der **Pas|sier|schein**

die **Pas|si|on** (Leiden; Leidenschaft)

pas|siv (leidend; untätig); er verhält sich passiv; eine passive Bestechung; das passive Wahlrecht (das Recht, gewählt zu werden); das **Pas|siv** (in der Grammatik: die Leideform); des Passivs; die Passi|ve *Plural selten;* die **Pas|si|vi|tät** (passives Verhalten)

die **Pass|kon|t|rol|le;** das **Pass|wort** (*EDV:* Kennwort)

die **Pas|te;** die **Pas|tell|far|be**

die **Pas|te|te**

pas|teu|ri|sie|ren [pastørizi:rən] (durch Erhitzen keimfrei und haltbar machen); pasteurisierte Milch

die **Pas|til|le** (Kügelchen, Pille); die Pastillen

der **Pas|tor** [*auch:* pas'to:ɐ̯] (Geistlicher); des Pastors; die Pas|to|ren; die **Pas|to|rin;** die Pastorinnen

der **Pa|te** (Taufzeuge); des/dem/den Paten; die Paten; das **Pa|ten|kind;** die **Pa|tenschaft**

pa|tent (geschickt, praktisch); am pa|ten|tes|ten; das **Pa|tent** (rechtlicher Schutz für eine Erfindung; rechtlich geschützte Erfindung); des Patent[e]s; die Pa|ten|te; das **Pa|tent|amt; pa|ten|tie|ren;** er hat sich die Erfindung patentieren lassen; ein patentiertes Verfahren

der **Pa|ter** (katholischer Ordensgeistlicher); des Paters; die Pa|t|res; der **Pa|ter|nos|ter** (ständig umlaufender Aufzug); des Paternosters; die Paternoster

pa|the|tisch (voller Pathos; übertrieben feierlich); ein pathetischer Auftritt

pa|tho|lo|gisch (krankhaft)

das **Pa|thos** ([übertriebener] Ausdruck feierlicher Ergriffenheit)

der **Pa|ti|ent** (Kranker in ärztlicher Behandlung); des/dem/den Pa|ti|en|ten; die Pa|ti|en|ten; die **Pa|ti|en|tin;** die Patientinnen

die **Pa|tin;** die Patinnen

der **Pa|t|ri|arch** (Erzvater; Bischofstitel); des/dem/den Pa|t|ri|ar|chen; die Pa|t|ri|ar|chen

der **Pa|t|ri|ot** (jemand, der vaterländisch gesinnt ist); des/dem/den Pa|t|ri|o|ten; die Pa|t|ri|o|ten; die **Pa|t|ri|o|tin;** die Patriotinnen; **pa|t|ri|o|tisch;** der **Pa|t|ri|o|tis|mus;** des Patriotismus

der **Pa|t|ri|zi|er** (vornehmer Bürger [besonders im Mittelalter]); des Patriziers; die Patrizier; die **Pa|t|ri|zi|e|rin;** die Patrizierinnen

der **Pa|t|ron** (Schutzherr); des Patrons; die Pa|t|ro|ne

die **Pa|t|ro|ne** (die Geschosshülse); die Patronen; die **Pa|t|ro|nen|hül|se**

die **Pa|t|ro|nin;** die Patroninnen

die **Pa|t|rouil|le** [pa'trʊljə] (Spähtrupp, Streife); die Patrouillen; **pa|t|rouil|lie|ren** (als Wache auf und ab gehen; auf Patrouille gehen oder fahren); sie patrouillierten; Soldaten sind durch die Straßen patrouilliert

pat|schen; du patschst; sie patschte; sie ist durch die Pfütze gepatscht; patsch[e] nicht durch die Pfütze!; **patsch|nass**

patt (*Schach:* unfähig, noch einen Zug zu machen; unentschieden); patt sein; das **Patt;** des Patts; die Patts; ein militärisches Patt

pat|zen (*umgangssprachlich für:* einen

Fehler machen); du patzt; er patzte; er hat bei der Prüfung gepatzt; der **Pat|zer;** des Patzers; die Patzer

pat|zig (*umgangssprachlich für:* frech); patzige Antworten

die **Pau|ke;** er haute auf die Pauke (er war ausgelassen); **pau|ken** (*umgangssprachlich für:* angestrengt lernen); sie paukte; sie hat Vokabeln gepaukt; der **Pau|ker** (*schülersprachlich für:* Lehrer); des Paukers; die Pauker

paus|ba|ckig *oder* **paus|bä|ckig**

pau|schal (alles zusammen, rund); die Kosten wurden pauschal abgerechnet; die **Pau|scha|le** (Gesamtbetrag; geschätzte Summe); der **Pau|schal|preis;** das **Pau|schal|ur|teil**

die **Pau|se** (Ruhezeit); die große Pause (in der Schule, im Theater); das **Pau|sen|brot; pau|sen|los**

die **Pau|se** (Durchzeichnung); **pau|sen;** du paust; er pauste; er hat den Plan gepaust; das **Paus|pa|pier**

der **Pa|vi|an** (ein Affe); des Pavians; die Pa|vi|a|ne

der **Pa|vil|lon** ['pavɪl'jõ] (kleiner, frei stehender, meist runder Bau; Ausstellungsgebäude); des Pavillons; die Pavillons

der **Pa|zi|fik** (der Große, Stille Ozean); des Pazifiks; **pa|zi|fisch;** pazifische Inseln; ABER: der Pazifische (Große, Stille) Ozean

der **Pa|zi|fis|mus** (Ablehnung des Krieges aus religiösen oder ethischen Gründen); des Pazifismus; der **Pa|zi|fist** (jemand, der für absoluten Verzicht auf Krieg, Rüstung und Militär eintritt); des/dem/den Pa|zi|fis|ten; die Pa|zi|fis|ten; die **Pa|zi|fis|tin;** die Pazifistinnen; **pa|zi|fis|tisch**

der **PC** = Personalcomputer

das **Pech; pech|schwarz;** die **Pech|sträh|ne;** der **Pech|vo|gel**

das **Pe|dal;** des Pedals; die Pe|da|le

der **Pe|dant** (übertrieben genauer, kleinlicher Mensch); des/dem/den Pe|dan|ten; die Pe|dan|ten; die **Pe|dan|te|rie;** die Pe|dan|te|ri|en; die **Pe|dan|tin;** die Pedantinnen; **pe|dan|tisch**

der **Pe|gel** (Wasserstandsmesser); des Pegels; die Pegel; der **Pe|gel|stand**

pei|len (die Richtung feststellen); du peilst; er peilte; er hat gepeilt; peile die Lage!; die **Pei|lung**

die **Pein; pei|ni|gen;** sie peinigte; sie hat ihn gepeinigt; peinige sie nicht!; der **Pei|ni|ger;** des Peinigers; die Peiniger; die **Pei|ni|ge|rin;** die Peinigerinnen; die **Pei|ni|gung**

pein|lich; die **Pein|lich|keit**

die **Peit|sche; peit|schen;** der Regen peitscht; der Regen peitschte; der Regen hat die Bäume gepeitscht; der **Peit|schen|hieb**

Pe|king (Hauptstadt Chinas)

der **Pe|li|kan** (ein Vogel mit sehr langem Schnabel); des Pelikans; die Pe|li|ka|ne

die **Pel|le;** jemandem auf die Pelle rücken (*umgangssprachlich für:* jemandem energisch zusetzen); jemandem auf der Pelle sitzen (*umgangssprachlich für:* jemandem lästig sein); **pel|len** (schälen); du pellst; er pellte; er hat die Kartoffeln gepellt; pelle sie!; die **Pell|kar|tof|fel**

der **Pelz;** des Pel|zes; die Pel|ze; jemandem auf den Pelz rücken (*umgangssprachlich für:* jemanden drängen); **pel|zig**

das **Pen|del;** des Pendels; die Pendel; **pen|deln;** du pendelst; sie pendelte; sie hat an einem Seil gependelt; sie ist zwischen Mannheim und Worms gependelt (hin- und hergefahren); der **Pen|del|ver|kehr;** der **Pend|ler;** des Pendlers; die Pendler; die **Pend|le|rin;** die Pendlerinnen

pe|ne|t|rant (durchdringend; aufdringlich); die **Pe|ne|t|ranz**

das **Pe|ni|cil|lin** *vergleiche:* Pe|ni|zil|lin

der **Pe|nis** (männliches Glied); des Penis; die Penisse *oder* Penes

das **Pe|ni|zil|lin,** *fachsprachlich:* **Pe|ni|cil|lin** (ein Antibiotikum); die Pe|ni|zil|li|ne, *fachsprachlich:* Pe|ni|cil|li|ne; die **Pe|ni|zil|lin|sprit|ze**

die **Pen|ne** (*umgangssprachlich für:* Schule)

pen|nen (*umgangssprachlich für:* schlafen); er pennte; er hat gepennt; der **Penner** (Stadt-, Landstreicher); des Penners; die Penner

die **Pen|si|on** [pã'zi̯o:n, *auch:* pɛn'zi̯on] (Ruhestand; Ruhegehalt; kleineres Hotel; Fremdenheim); der **Pen|si|o|när;** des Pensionärs; die Pensionäre; die **Pen|si|o|nä|rin;** die Pensionärinnen; **pen|si|o|nie|ren;** sie pensionierte ihn; sie hat ihn pensioniert; er ist schon lange pensioniert

das **Pen|sum** (zugeteilte Arbeit; Lehrstoff); des Pensums; die Pensen *oder* Pensa das **Pen|ta|gon** (Fünfeck); des Pentagons; die Pen|ta|go|ne

das **Pen|ta|gon** (das auf einem fünfeckigen Grundriss errichtete amerikanische Verteidigungsministerium); des Pentagons

die **Pe|pe|ro|ni** (scharfe, kleine Paprikaschote); die Peperoni *meist Plural*

per (durch, mit, gegen, für); per Gesetz; per Bahn reisen; etwas per Post schicken; mit jemandem per du, *auch:* per Du sein (jemanden duzen); per ersten Januar, *besser:* für *oder* zum ersten Januar

per|fekt (vollkommen; abgemacht); eine perfekte Planung; der Vertrag ist perfekt; das **Per|fekt** (Zeitform: vollendete Gegenwart); des Perfekt[e]s; die Perfekte *Plural selten*

die **Per|fek|ti|on** (Vollendung, Vollkommenheit); der **Per|fek|ti|o|nis|mus** ([übertriebenes] Streben nach Vollkommenheit); des Perfektionismus; **per|fek|ti|o|nis|tisch**

die **Per|fo|ra|ti|on** (Durchbohrung; Loch; Reißlinie); **per|fo|rie|ren** (durchbohren, durchlöchern)

die **Per|for|mance** [pˈəfɔ:məns] (Veranstaltung, bei der durch Aktionen, ähnlich wie beim Happening, ein künstlerisches Erlebnis vermittelt werden soll); der Performance; die Per|for|man|ces

das **Per|ga|ment** (bearbeitete Tierhaut; alte Handschrift); des Pergament[e]s; die Per|ga|men|te

die **Pe|ri|o|de** (Zeitraum; sich fortlaufend wiederholende Ziffer oder Zifferngruppe einer Dezimalzahl); das **Pe|ri|o|den|sys|tem** *(Chemie);* **pe|ri|o|disch**

die **Pe|ri|phe|rie** (Begrenzungslinie; Randgebiet); die Pe|ri|phe|ri|en

die **Per|le;** die **Per|len|ket|te;** die *oder* das **Perl|mut|ter,** *auch:* das **Perl|mutt**

das **Per|lon** (*Markenbezeichnung:* eine synthetische Textilfaser); des Perlons

per|ma|nent (dauernd, ständig); die **Per|ma|nenz;** er kommt in Permanenz zu spät

per|plex (*umgangssprachlich für:* verwirrt; verblüfft; bestürzt)

der **Per|ser;** des Persers; die Perser; die **Per|se|rin;** die Perserinnen; der **Per|ser|tep|pich; Per|si|en** (ältere Bezeichnung für Iran); **per|sisch**

die **Per|son;** die Per|so|nen; das **Per|so|nal;** der **Per|so|nal|aus|weis;** der **Per|so|nal|com|pu|ter** (*Abkürzung:* PC); die **Per|so|na|li|en** *Plural;* das **Per|so|nal|pro|no|men** (persönliches Fürwort); der **Per|so|nen|kraft|wa|gen** (*Abkürzung:* Pkw, *auch:* PKW); der **Per|so|nen|wa|gen;** der **Per|so|nen|zug; per|sön|lich;** persönliches Fürwort; die **Per|sön|lich|keit**

die **Per|s|pek|ti|ve** (Form der ebenen Darstellung, die den Eindruck des Räumlichen hervorruft; Sicht, Blickwinkel; Aussicht für die Zukunft)

Pe|ru (Staat in Südamerika); der **Pe|ru|a|ner;** des Peruaners; die Peruaner; die **Pe|ru|a|ne|rin;** die Peruanerinnen; **pe|ru|a|nisch**

die **Pe|rü|cke**

per|vers (abartig, widernatürlich; verderbt); die **Per|ver|si|tät**

pe|sen (*umgangssprachlich für:* eilen, rennen); du pest; sie peste; sie ist um die Ecke gepest; pese nicht!

der **Pes|si|mis|mus** (Schwarzseherei); des Pessimismus; der **Pes|si|mist** (jemand, der alles von der schlechten Seite betrachtet); des/dem/den Pes|si|mis|ten; die Pes|si|mis|ten; die **Pes|si|mis|tin;** die Pessimistinnen; **pes|si|mis|tisch**

die **Pest;** die **Pest|beu|le**

das **Pes|ti|zid** (Schädlingsbekämpfungsmittel); des Pestizids; die Pes|ti|zi|de

die **Pe|ter|si|lie**

das **Pe|t|ro|le|um**

pet|zen (*umgangssprachlich für:* verraten; zwicken); du petzt; er petzte; er hat gepetzt; petze nicht!

Pf = Pfennig

der **Pfad;** des Pfad[e]s; die Pfa|de; *Verkleinerungsform:* das Pfädchen; der **Pfad|fin|der;** des Pfadfinders; die Pfadfinder; die **Pfad|fin|de|rin;** die Pfadfinderinnen

der **Pfahl;** des Pfahl[e]s; die Pfäh|le; der **Pfahl|bau;** die Pfahlbauten

die **Pfalz;** der **Pfäl|zer;** des Pfälzers; die Pfälzer; die **Pfäl|ze|rin;** die Pfälzerinnen; **pfäl|zisch**

das **Pfand;** des Pfand[e]s; die Pfän|der; **pfän|den;** du pfändest; er pfändete; er hat den Schrank gepfändet; das **Pfän|der|spiel;** die **Pfand|fla|sche;** das **Pfand|geld**

die **Pfan|ne;** der **Pfann|ku|chen**

die **Pfar|rei;** der **Pfar|rer;** des Pfarrers; die Pfarrer; die **Pfar|re|rin;** die Pfarrerinnen; das **Pfarr|haus**

der **Pfau;** des Pfau[e]s; die Pfauen; die **Pfau|en|fe|der**

Pfd. = Pfund

der **Pfef|fer;** des Pfeffers; die Pfeffer; Pfeffer und Salz; schwarzer, weißer Pfeffer; der **Pfef|fer|ku|chen;** das **Pfef|fer|minz** (ein Plätzchen); des Pfef|fer|min|zes; die Pfef|fer|min|ze; die **Pfef|fer|min|ze** (eine Heil- und Gewürzpflanze); der **Pfef|fer|minz|tee;** die **Pfef|fer|müh|le; pfef|fern;** du pfefferst; er pfefferte; er hat das Fleisch gepfeffert; pfeffere das Essen nicht so stark!

die **Pfei|fe; pfei|fen;** du pfeifst; sie pfeift; sie pfiff; sie hat gepfiffen; pfeife nicht!

der **Pfeil;** des Pfeil[e]s; die Pfei|le; **pfeil|schnell;** ein pfeilschnelles Auto

der **Pfei|ler;** des Pfeilers; die Pfeiler

pfeil|ge|ra|de

der **Pfen|nig;** des Pfennigs; die Pfen|ni|ge; ABER: die Kopie kostet 20 Pfennig; das **Pfen|nig|stück; pfen|nig|stück|groß**

der **Pferch** (eingezäuntes Feldstück für Tiere); des Pferch[e]s; die Pfer|che

das **Pferd;** des Pferd[e]s; die Pfer|de; zu Pferde; das **Pfer|de|ge|biss;** der **Pfer|de|schwanz;** die **Pfer|de|stär|ke** (veraltete Maßeinheit; *Abkürzung:* PS); der **Pferd|sprung** (beim Turnen)

der **Pfiff;** des Pfiff[e]s; die Pfif|fe

der **Pfif|fer|ling** (ein Pilz); das ist keinen Pfifferling (*umgangssprachlich für:* nichts) wert

pfif|fig; der **Pfif|fi|kus** (*umgangssprachlich für:* schlauer Mensch)

das **Pfings|ten** (christliches Fest); des Pfingsten; zu, an Pfingsten; Pfingsten fällt früh; *landschaftlich auch Plural:* die *oder* diese Pfingsten fallen früh; fröhliche Pfingsten!; die **Pfingst|fe|ri|en** *Plural;* das **Pfingst|fest;** die **Pfingst|ro|se**

der **Pfir|sich;** des Pfirsichs; die Pfir|si|che

die **Pflan|ze; pflan|zen;** du pflanzt; er pflanzte; er hat einen Baum gepflanzt; pflanz[e] ihn!; der **Pflan|zen|fres|ser;** der **Pflan|zer;** des Pflanzers; die Pflanzer; die **Pflan|ze|rin;** die Pflanzerinnen; **pflanz|lich;** pflanzliche Kost; die **Pflan|zung**

das **Pflas|ter;** des Pflasters; die Pflaster; **pflas|tern;** du pflasterst; er pflasterte; er hat die Straße gepflastert; pflastere sie!; der **Pflas|ter|stein**

die **Pflau|me;** das **Pflau|men|mus**

die **Pfle|ge; pfle|ge|leicht;** pflegeleichte Kleidung; **pfle|gen;** du pflegst; er pflegte; er hat den Kranken gepflegt; pflege deine kranke Mutter!; der **Pfle|ger;** des Pflegers; die Pfleger; die **Pfle|ge|rin;** die Pflegerinnen; **pfleg|lich;** sie geht mit ihren Büchern pfleglich um

die **Pflicht; pflicht|be|wusst;** das **Pflicht|fach;** die Pflicht|fä|cher; **pflicht|ge|mäß;** die **Pflicht|lek|tü|re**

der **Pflock;** des Pflock[e]s; die Pflö|cke

pflü|cken; du pflückst; er pflückte; er hat Blumen gepflückt; pflück[e] die Äpfel!; der **Pflü|cker;** des Pflückers; die Pflücker; die **Pflü|cke|rin;** die Pflückerinnen

der **Pflug;** des Pflug[e]s; die Pflü|ge; **pflügen;** du pflügst; er pflügte; er hat den Acker gepflügt; pflüge den Acker!; die **Pflug|schar**

die **Pfor|te;** der **Pfört|ner;** des Pförtners; die Pförtner; die **Pfört|ne|rin;** die Pförtnerinnen

der **Pfos|ten;** des Pfostens; die Pfosten; der **Pfos|ten|schuss**

die **Pfo|te**

der **Pfrop|fen;** des Pfropfens; die Pfropfen

der **Pfuhl** (große Pfütze; Sumpf); des Pfuhl[e]s; die Pfuh|le

pfui!

das **Pfund;** des Pfund[e]s; die Pfun|de; ABER: vier Pfund Kartoffeln; **pfun|dig** (*umgangssprachlich für:* großartig, toll); der **Pfunds|spaß** (*umgangssprachlich für:* Riesenspaß); **pfund|wei|se**

der **Pfusch;** des Pfu|sches; die **Pfusch|ar|beit; pfu|schen;** du pfuschst; er pfuschte; er hat gepfuscht; pfusche nicht!; der **Pfuscher;** des Pfuschers; die Pfuscher; die **Pfu|sche|rei;** die **Pfu|sche|rin;** die Pfuscherinnen

die **Pfüt|ze**

PH = pädagogische Hochschule

das **Phä|no|men** (Erscheinung; seltenes Ereignis); des Phänomens; die Phä|no|me|ne; **phä|no|me|nal** (außergewöhnlich, erstaunlich); ein phänomenales Gedächtnis

die **Phan|ta|sie** *vergleiche:* **Fan|ta|sie; phan|ta|sie|ren** *vergleiche:* **fan|ta|sie|ren; phan-**

ta|sie|voll *vergleiche:* **fan|ta|sie|voll; phan|tas|tisch** *vergleiche:* **fan|tas|tisch**

das **Phan|tom** (Trugbild); des Phantoms; die Phan|to|me; das **Phan|tom|bild** (nach Zeugenaussagen gezeichnetes Porträt)

der **Pha|rao** (ägyptischer König im Altertum); des Pha|ra|os; die Pha|ra|o|nen; das **Pha|ra|o|nen|grab**

der **Pha|ri|sä|er** (Angehöriger einer streng gesetzesfrommen altjüdischen Partei; selbstgerechter Heuchler); des Pharisäers; die Pharisäer; **pha|ri|sä|er|haft;** das **Pha|ri|sä|er|tum;** des Pharisäertums

die **Phar|ma|in|dus|t|rie** (Arzneimittelindustrie); die **Phar|ma|ko|lo|gie** (Arzneimittelkunde); **phar|ma|zeu|tisch;** pharmazeutisch-technische Assistentin (*Abkürzung:* MTA); die **Phar|ma|zie** (Lehre von der Arzneimittelzubereitung)

die **Pha|se** (Abschnitt einer Entwicklung)

phatt [fɛt] (*jugendsprachlich für:* hervorragend); phatte Beats

die **Phi|lip|pi|nen** (Inselgruppe und Staat in Südostasien) *Plural;* der **Phi|lip|pi|ner;** des Philippiners; die Philippiner; die **Phi|lip|pi|ne|rin;** die Philippinerinnen; **phi|lip|pi|nisch**

der **Phi|lo|soph;** des Phi|lo|so|phen; die Phi|lo|so|phen; die **Phi|lo|so|phie; phi|lo|so|phie|ren;** du philosophierst; sie philosophierte; sie hat philosophiert; philosophiere nicht so viel!; die **Phi|lo|so|phin;** die Philosophinnen; **phi|lo|so|phisch**

das **Phleg|ma** (Ruhe, Geistesträgheit, Schwerfälligkeit); des Phlegmas; der **Phleg|ma|ti|ker;** des Phlegmatikers; die Phlegmatiker; die **Phleg|ma|ti|ke|rin;** die Phlegmatikerinnen; **phleg|ma|tisch**

Phnom Penh [pnɔm ˈpɛn] (Hauptstadt Kambodschas)

die **Pho|bie;** die Pho|bi|en

das **Phon,** *auch:* **Fon** (Maßeinheit für die Lautstärke)

> In den aus dem Griechischen stammenden Wörtern mit *phon* kann nach neuer Rechtschreibung das *ph* grundsätzlich durch *f* ersetzt werden. Neben *Phonotechnik* ist jetzt also auch *Fonotechnik*, neben *Phonzahl* auch *Fonzahl* usw. möglich.

die **Pho|ne|tik,** *auch:* **Fo|ne|tik** (Lehre von der Lautbildung); **pho|ne|tisch,** *auch:* **fo|ne|tisch;** die **Pho|no|thek,** *auch:* **Fo|no|thek** (Archiv mit Tonbändern, Schallplatten)

das **Phos|phat** (Salz der Phosphorsäure); des Phosphat[e]s; die Phos|pha|te; **phos|phat|hal|tig;** der **Phos|phor** (ein chemisches Element; *Zeichen:* P); des Phosphors; **phos|pho|res|zie|rend** (nach Bestrahlung im Dunkeln von selbst leuchtend); phosphoreszierende Ziffern

die **Pho|to|gra|phie** usw. *vergleiche:* **Fo|to|gra|fie** usw.

die **Phra|se** (Redewendung; nichts sagende Redensart); **phra|sen|haft**

die **Phy|sik** (eine Naturwissenschaft); **phy|si|ka|lisch;** physikalische Gesetze; der **Phy|si|ker;** des Physikers; die Physiker; die **Phy|si|ke|rin;** die Physikerinnen

der **Phy|si|o|the|ra|peut;** die **Phy|si|o|the|ra|peu|tin;** die **Phy|si|o|the|ra|pie** (Heilbehandlung mit Licht, Luft, Wasser, Bestrahlungen, Massage)

phy|sisch (körperlich); physische Belastung

der **Pi|a|nist** (ausgebildeter Klavierspieler); des/dem/den Pi|a|nis|ten; die Pi|a|nis|ten; die **Pi|a|nis|tin;** die Pianistinnen; **pi|a|no** (*Musik:* leise)

der **Pi|ckel;** des Pickels; die Pickel; **pi|cke|lig** *oder* **pick|lig;** ein pick[e]liges Gesicht

pi|cken; das Huhn pickte; es hat die Körner gepickt

das **Pick|nick** (Essen im Freien); des Picknicks; die Pick|ni|cke *oder* Picknicks; **pick|ni|cken;** du picknickst; sie picknickte; sie hat gepicknickt; picknicke!; der **Pick|nick|korb**

pi|co|bel|lo (*umgangssprachlich für:* tadellos); der Boden ist picobello sauber

piek|fein (*umgangssprachlich für:* besonders fein); **piek|sau|ber** (*umgangssprachlich für:* besonders sauber)

pie|pe *oder* **pie|pe|e|gal** (*umgangssprachlich für:* gleichgültig); das ist mir piepe *oder* piepegal

pie|pen; du piepst; es piepte; es hat gepiept; bei dir piepts wohl? (*umgangssprachlich für:* du bist wohl nicht recht bei Verstand?); ABER: das ist zum Piepen (*umgangssprachlich für:* es ist zum Lachen); **piep|sen;** du piepst; er piepste; er hat gepiepst; piepse nicht so!

pier|cen (die Haut durchbohren oder

durchstechen, um Schmuck, z. B. Ringe, anzubringen); du piercst; sie piercte; sie hat gepiercst; sie will sich piercen lassen; das **Pier|cing**

pie|sa|cken (*umgangssprachlich für:* quälen); du piesackst ihn; er hat ihn gepiesackt; piesacke ihn nicht!

die **Pi|e|tät** (ehrfürchtiger Respekt)

das **Pig|ment** (Farbstoff); des Pigment[e]s; die Pig|men|te

das **Pik** (Spielkartenfarbe); des Pik[s]

der **Pik** (*umgangssprachlich für:* heimlicher Groll); des Piks; die Pi|ke; sie hat einen Pik auf mich

pi|kant (scharf gewürzt; reizvoll)

pi|ken *oder* **pik|sen;** du pikst; er pikt *oder* pikst; er pikte *oder* pikste mich; es hat gepikt *oder* gepikst

der **Pil|ger;** des Pilgers; die Pilger; die **Pil|ger|fahrt;** die **Pil|ge|rin;** die Pilgerinnen; **pil|gern;** du pilgerst; er pilgerte; er ist gepilgert; pilgere nach Rom!

die **Pil|le**

der **Pi|lot;** des/dem/den Pi|lo|ten; die Pi|lo|ten; die **Pi|lo|tin;** die Pilotinnen

der **Pi|lot|film** (Testfilm für eine geplante Fernsehserie)

der **Pilz;** des Pil|zes; die Pil|ze; die **Pilz|ver|gif|tung**

pin|ge|lig (*umgangssprachlich für:* kleinlich; empfindlich); die **Pin|ge|lig|keit**

der **Pin|gu|in** (ein Vogel der Antarktis); des Pinguins; die Pin|gu|i|ne

pink (rosa); ein pink Kleid; das **Pink** (kräftiges Rosa); des Pinks; die Pinks; ein Kleid in Pink

die **Pin|ke** (*umgangssprachlich für:* Geld)

pin|keln (*umgangssprachlich für:* urinieren); ich pink[e]le; er pinkelte; er hat gepinkelt; die **Pin|kel|pau|se**

pin|nen (*landschaftlich für:* befestigen); du pinnst; sie pinnte; sie hat das Poster an die Wand gepinnt; pinne das Bild an den Schrank!; die **Pinn|wand** (Tafel zum Anheften von Merkzetteln)

der **Pin|scher** (eine Hunderasse); des Pinschers; die Pinscher

der **Pin|sel;** des Pinsels; die Pinsel; **pin|seln;** du pinselst; er pinselte; er hat den Spruch an die Wand gepinselt; pinsele nichts an die Wand!

die **Pin|zet|te;** die Pinzetten

der **Pi|o|nier** (Vorkämpfer); des Pioniers; die Pi|o|nie|re; der **Pi|o|nier|geist**

die **Pipe|line** ['paiplain] (Rohrleitung für Gas, Erdöl); die Pipelines

der **Pi|rat** (Seeräuber); des/dem/den Pi|raten; die Pi|ra|ten

die **Pirsch** (Schleichjagd)

die **Pis|se** (*derb für:* Urin); **pis|sen** (*derb für:* urinieren); du pisst; er pisste; er hat gegen die Hauswand gepisst

die **Pis|te** (Rennstrecke; Rollbahn)

die **Pis|to|le**

die **Piz|za** (ein Hefebackwerk mit pikantem Belag); die Pizzas *oder* Pizzen; die **Piz|ze|ria;** die Piz|ze|ri|as *oder* Piz|ze|ri|en

der **Pkw,** *auch:* **PKW** (= Personenkraftwagen); des Pkw[s]; die Pkws, *selten:* Pkw

sich **pla|cken** (*umgangssprachlich für:* sich sehr abmühen); du plackst dich; sie plackte sich; sich hat sich geplackt; die **Pla|cke|rei**

die **Pla|ge; pla|gen;** du plagst; er plagte; er hat mich mit seiner ewigen Fragerei sehr geplagt; plage ihn nicht!; sich plagen (sich mühen); sie hat sich bei dieser Arbeit sehr geplagt

das **Pla|kat;** des Plakat[e]s; die Pla|ka|te; die **Pla|kat|säu|le;** die **Pla|kat|wer|bung**

die **Pla|ket|te**

plan (flach; eben); eine plane Fläche

der **Plan;** des Plan[e]s; die Plä|ne; **pla|nen;** du planst; er plante; er hat die Reise geplant; plane nicht zu früh!

die **Pla|ne;** die Planen

der **Pla|net** (Wandelstern); des/dem/den Pla|ne|ten; die Pla|ne|ten; **pla|ne|ta|risch;** planetarischer Nebel; das **Pla|ne|ta|ri|um;** die Planetarien; die **Pla|ne|ten|bahn**

die **Plan|ke** (Bohle); die Planken

das **Plank|ton** (Gesamtheit der im Wasser schwebenden niederen Lebewesen); des Planktons

plan|los; plan|mä|ßig; die **Pla|nung;** das **Pla|nungs|bü|ro**

das **Plansch|be|cken** *oder* **Plantsch|be|cken; plan|schen** *oder* **plant|schen;** du plan[t]schst; er plan[t]schte; er hat in der Badewanne geplan[t]scht; plan[t]sche nicht so!

die **Plan|ta|ge** [plan'ta:ʒə] (Pflanzung; landwirtschaftlicher Großbetrieb in den Tropen); der **Plan|ta|gen|be|sit|zer**

das **Plantsch|be|cken, plant|schen** *vergleiche:* **Plansch|be|cken, plan|schen**
plap|pern; du plapperst; er plapperte; er hat geplappert; plappere nicht!
plär|ren (*umgangssprachlich für:* in unangenehmer Weise laut reden, weinen); du plärrst; das Kind plärrte; es hat geplärrt
das **Plas|ma** (flüssiger Bestandteil des Blutes); des Plasmas; die Plasmen
das **Plas|tik** (ein Kunststoff); des Plastiks
die **Plas|tik** (Bildhauerwerk); die Plas|ti|ken; **plas|tisch** (knetbar; körperlich; einprägsam); plastischer Sprengstoff
die **Pla|ta|ne** (ein Laubbaum); die Platanen
das **Pla|teau** [pla'to:] (Hochebene, Hochfläche; Tafelland); des Plateaus; die Plateaus
das **Pla|tin** (ein chemisches Element, Edelmetall; *Zeichen:* Pt); des Platins; **pla|tinblond** (weißblond)
die **Pla|ti|ne** (Montageplatte für elektrische Bauteile); die Platinen
die **Pla|ti|tu|de** *vergleiche:* **Plat|ti|tü|de**
plät|schern; der Bach plätschert; der Bach plätscherte; er hat geplätschert
platt; am plat|tes|ten; die Nase platt drücken; da bist du platt! (*umgangssprachlich für:* da bist du sprachlos, sehr erstaunt); etwas platt machen (zerstören)
platt|deutsch ↑deutsch; das **Platt|deutsche** ↑das Deutsche
die **Plat|te**
plät|ten (*norddeutsch für:* bügeln); du plättest; sie plättete; sie hat geplättet; plätte die Hemden!
der **Plat|ten|spie|ler**
die **Platt|form**
die **Plat|ti|tü|de,** *auch:* **Pla|ti|tu|de** (*gehoben für:* Plattheit, Seichtheit); die Plattitüden, *auch:* Platituden
der **Platz;** des Plat|zes; die Plät|ze; etwas findet Platz; Platz machen, nehmen; etwas ist am Platze
das **Plätz|chen** (ein Gebäck)
plat|zen; du platzt; er platzte; er ist geplatzt
plat|zie|ren (aufstellen, an einen bestimmten Platz stellen, bringen); ich platziere; du platzierst; er platzierte; er hat seine Gäste im Salon platziert; ein platzierter Schuss (im Sport); die **Plat|zie|rung**
die **Platz|kar|te;** das **Platz|kon|zert;** der **Platz|re|gen**
die **Plau|de|rei; plau|dern;** du plauderst; sie plauderte; sie hat geplaudert; plaudere etwas!; der **Plausch** (gemütliche Plauderei); des Plausch[e]s; die Plau|sche *Plural selten*
plau|si|bel (einleuchtend); plau|si|b|le Argumente
das **Play-back** ['ple:bɛk], *auch:* **Play|back** (Bandaufzeichnung); das **Play-back-Verfah|ren,** *auch:* **Play|back|ver|fah|ren**
der **Play|boy** ['ple:bɔy] (Mann, der vor allem für sein Vergnügen lebt); des Playboys; die Playboys; das **Play|girl;** des Playgirls, die Playgirls
das **Play-off** (*Sport:* System von Ausscheidungsspielen); des Play-offs; die Play-offs; die **Play-off-Run|de**
pla|zie|ren, Pla|zie|rung, *alte Schreibungen für:* **plat|zie|ren, Plat|zie|rung;** *vergleiche dort*
plei|te (*umgangssprachlich für:* zahlungsunfähig); pleite sein, werden; er ist pleite; ABER: er geht Pleite; die **Plei|te;** Pleite machen; er macht Pleite; die Firma steht vor der Pleite; das ist, wird ja eine Pleite! (ein Reinfall)
die **Ple|nar|ver|samm|lung** (Vollversammlung); das **Ple|num** (Vollversammlung); des Plenums; die Ple|nen
das **Ple|xi|glas** (ein glasartiger Kunststoff)
die **PLO** = Palestine Liberation Organization (palästinensische Befreiungsbewegung)
die **Plom|be** (Bleisiegel; [Zahn]füllung); die Plomben; **plom|bie|ren;** du plombierst; sie plombierte; die Ärztin hat ihm einen Zahn plombiert; plombiere diesen Zahn!
der *oder* das **Plot** (*Literaturwissenschaft:* Handlung[sablauf] eines Romans, Films o. Ä.; *EDV:* grafische Darstellung); des Plots; die Plots
der **Plot|ter** (*EDV:* Zeichengerät, das Ergebnisse aus der Datenverarbeitung grafisch darstellt); des Plotters; die Plotter
plötz|lich
plump; eine plumpe Gestalt; der **Plumps;** des Plump|ses; die Plump|se; **plumps!; plump|sen** (*umgangssprachlich für:* (dumpf fallen); du plumpst; es plumpste; es hat geplumpst; er ist auf den Boden geplumpst

der **Plun|der** (*umgangssprachlich für:* altes Zeug); des Plunders

der **Plün|de|rer** *oder* **Plünd|rer;** des Plünd[e]rers; die Plünd[e]rer; die **Plün|de|rin** *oder* **Plünd|re|rin;** die Plünd[e]rerinnen; **plün|dern;** du plünderst; sie plünderte; er hat sein Konto geplündert; plündere nicht!; die **Plün|de|rung**

Plur. = Plural

der **Plu|ral** (Mehrzahl); des Plurals; die Plu|ra|le; die **Plu|ral|en|dung;** der **Plu|ra|lis|mus** (Vielgestaltigkeit gesellschaftlicher, politischer und anderer Phänomene); des Pluralismus; **plu|ra|lis|tisch;** eine pluralistische Demokratie

plus; drei plus drei ist, macht, gibt sechs; plus 15 Grad *oder* 15 Grad plus; ABER: das **Plus;** des Plus; die Plus; das ist sein großes Plus; er hat [ein] Plus gemacht; der **Plus|punkt;** das **Plus|zei|chen**

der **Plüsch** (Florgewebe); des Plüsch[e]s; die Plü|sche; das **Plüsch|tier**

das **Plus|quam|per|fekt** (*Zeitform:* vollendete Vergangenheit)

das **Plu|to|ni|um** (chemisches Element; Transuran; *Zeichen:* Pu); des Plutoniums

PLZ = Postleitzahl

der **Po** (*kurz für:* Popo); des Pos; die Pos

der **Po** (Fluss in Italien); des Pos

der **Pö|bel;** des Pöbels; die **Pö|be|lei; pö|bel|haft; pö|beln** (*umgangssprachlich für:* durch beleidigende Äußerungen provozieren); du pöbelst; sie pöbelte; er hat gepöbelt; pöble nicht!

die **Po|cken** *Plural;* die **Po|cken|imp|fung; po|cken|nar|big**

die **Po|cket|ka|me|ra** (Taschenkamera)

das **Po|di|um** (trittartige Erhöhung für Redner); des Podiums; die Podien; die **Po|di|ums|dis|kus|sion**

die **Po|e|sie** (Dichtung; Dichtkunst); die Po|e|si|en; das **Po|e|sie|al|bum;** die Poesiealben; **po|e|sie|los;** der **Po|et** (Dichter); des/dem/den Po|e|ten; die Po|e|ten; die **Po|e|tin;** die Poetinnen; **po|e|tisch**

der *oder* das **Po|g|rom** (Ausschreitungen gegen nationale, religiöse oder ethnische Gruppen); des Pogroms; die Po|g|ro|me; das **Po|g|rom|op|fer**

die **Poin|te** [ˈpo̯ɛ̃tə] (springender Punkt; überraschender Schlusseffekt, besonders bei einem Witz); die Pointen

der **Po|kal** (Trinkgefäß mit Fuß; Sportpreis); des Pokals; die Po|ka|le

das **Pö|kel|fleisch; pö|keln;** du pökelst; er pökelte; er hat das Fleisch gepökelt; pök[e]le das Fleisch!; gepökelte Rinderzunge

das **Po|ker** (ein Kartenglücksspiel); des Pokers; **po|kern;** du pokerst; sie pokerte; sie hat hoch gepokert (viel riskiert); pokere nicht!

der **Pol;** des Pols; die Po|le; der **Po|lar|kreis;** der **Po|lar|stern**

die **Po|la|ro|id|ka|me|ra** [*auch:* polaˈrɔy̯t...] (Markenbezeichnung: Kamera, die in kurzer Zeit das fertige Bild liefert)

der **Pol|der** (eingedeichtes Land); des Polders; die Polder

der **Po|le;** des/dem/den Polen; die Polen; **Po|len** (europäischer Staat)

die **Po|len|ta** (ein Maisgericht); der Polenta; die Polentas *oder* Polenten

die **Po|len|te** (*umgangssprachlich für:* Polizei)

die **Pole|po|si|tion** [ˈpo:lpəzɪʃn̩], *auch:* **Pole-Po|si|tion** (beste Startposition beim Autorennen)

der **Po|lier** (Vorarbeiter; Bauführer); des Poliers; die Po|lie|re

po|lie|ren; du polierst; er polierte; er hat es poliert; poliere die Platte!; der **Po|lie|rer;** die **Po|lie|re|rin;** die Poliererinnen

die **Po|lin;** die Polinnen

die **Po|lio** (*Kurzform von:* Poliomyelitis); die **Po|li|o|my|e|li|tis** (Kinderlähmung); die Po|li|o|my|e|li|ti|den

das **Po|lit|bü|ro** (Zentralausschuss einer kommunistischen Partei)

die **Po|li|tik;** der **Po|li|ti|ker;** des Politikers; die Politiker; die **Po|li|ti|ke|rin;** die Politikerinnen; **po|li|tisch;** politische Wissenschaft; **po|li|ti|sie|ren** (von Politik reden; politisch handeln); du politisierst; er politisierte; er hat politisiert; politisier[e] nicht!

die **Po|li|tur** (Glätte, Glanz; Poliermittel); die Po|li|tu|ren

die **Po|li|zei; po|li|zei|lich;** er wird polizeilich gesucht; der **Po|li|zist;** des/dem/den Po|li|zis|ten; die Po|li|zis|ten; die **Po|li|zis|tin;** die Polizistinnen der **Pol|len** (Blütenstaub); des Pollens; die Pollen; die **Pol|len|al|ler|gie**

pol|nisch

das **Po|lo** (Ballspiel vom Pferd aus); des Polos; das **Po|lo|hemd** (Trikothemd mit kurzen Ärmeln)

die **Po|lo|nä|se,** *auch:* **Po|lo|nai|se** (ein Reihentanz); die Polonäsen, *auch:* Polonaisen

das **Pols|ter;** des Polsters; die Polster; **polstern;** du polsterst; er polsterte; er hat den Sitz gepolstert; polstere diesen Sitz!; der **Pols|ter|ses|sel**

der **Pol|ter|a|bend; pol|tern;** du polterst; er polterte; er hat gepoltert; poltere nicht!

der **Po|ly|es|ter** (ein Kunststoff); des Polyesters; die Polyester

po|ly|fon *vergleiche:* polyphon

po|ly|gam (mehrehig, vielehig); die **Po|ly|ga|mie** (Mehrehe, Vielehe)

po|ly|glott (viele Sprachen sprechend)

Po|ly|ne|si|en (Inselwelt im mittleren Pazifik); der **Po|ly|ne|si|er;** des Polynesiers; die Polynesier; die **Po|ly|ne|si|e|rin;** die Polynesierinnen; **po|ly|ne|sisch**

der **Po|lyp** (ein Nesseltier mit Fangarmen; Nasenwucherung); des/dem/den Po|lypen; die Po|ly|pen

po|ly|phon, *auch:* **po|ly|fon** (*Musik:* mehrstimmig; vielstimmig)

die **Po|ma|de** (Haarfett); **po|ma|dig**

die **Pom|mes** (*umgangssprachlich für:* Pommes frites) *Plural;* die **Pommes frites** [pɔmˈfrɪt] (in Fett gebackene Kartoffelstäbchen) *Plural*

der **Pomp** (Prunk); des Pomp[e]s; **pom|pös;** am pom|pö|ses|ten

der **Pon|cho** (capeartiger [Indio]mantel); des Ponchos; die Ponchos

das *oder* der **Pon|ti|fi|kat** (Amtsdauer und Würde des Papstes oder eines Bischofs); des Pontifikat[e]s; die Pon|ti|fi|ka|te

der **Pon|ton** [põˈtõ:] (Brückenschiff); des Pontons; die Pontons; die **Pon|ton|brücke**

das **Po|ny;** des Ponys; die Ponys

der **Po|ny** (fransenartig in die Stirn gekämmtes Haar); die **Po|ny|fri|sur**

der **Pop** (*Kurzform von:* Pop-Art, Popmusik); die **Pop-Art** (eine moderne Kunstrichtung); die **Pop|mu|sik**

das **Pop|corn** (Puffmais); des Popcorns

der **Po|po;** des Popos; die Popos

der **Pop|per** (betont modisch auftretender Jugendlicher); des Poppers; die Popper; **pop|pig** (in einem modernen, auffallenden Stil); poppige Farben

der **Pop|sän|ger;** die **Pop|sän|ge|rin;** die **Pop|sze|ne** (das Milieu der Popmusik); **po|pu|lär** (beliebt; volkstümlich); die **Po|pu|la|ri|tät**

die **Po|re; po|rig** (löchrig); **po|rös** (durchlässig; löchrig); poröser Gummi

der **Por|no** (*umgangssprachliche Kurzform für:* pronografischer Film o. Ä.); die **Por|no|gra|fie,** *auch:* **Por|no|gra|phie** (einseitig das Sexuelle darstellende Bilder oder Schriften); **por|no|gra|fisch,** *auch:* **por|no|gra|phisch**

der **Por|ree** (Lauch); des Porrees; die Porrees

das **Por|tal;** des Portals; die Por|ta|le

Port-au-Prince [pɔrtoˈprɛ̃:s] (Hauptstadt von Haiti)

das **Por|te|mon|naie** *vergleiche:* **Port|mo|nee**

der **Por|ti|er** [pɔrˈti̯e:]; des Portiers; die Portiers; die **Por|ti|e|re** (Türvorhang); die Portieren

die **Por|ti|on;** die Por|ti|o|nen; er ist nur eine halbe Portion (*umgangssprachlich für:* er ist sehr klein, er zählt nicht); **por|ti|ons|wei|se**

Port|mo|nee [pɔrtmoˈne:, *auch:* ˈpɔrtmone], *auch:* **Porte|mon|naie** (Geldtäschchen, Börse); des Portmonees, *auch:* Portemonnaies; die Portmonees, *auch:* Portemonnaies

das **Por|to** (Beförderungsgebühr für Postsendungen); des Portos; die Portos *oder* Porti; **por|to|frei**

das **Por|t|rät** [pɔrˈtrɛ:] (Bildnis); des Porträts; die Porträts; die **Por|t|rät|auf|nah|me; por|t|rä|tie|ren;** du porträtierst; sie porträtierte; sie hat ihn porträtiert

Por|tu|gal; der **Por|tu|gie|se** (Einwohner Portugals); des/dem/den Portugiesen; die Portugiesen; die **Por|tu|gie|sin;** die Portugiesinnen; **por|tu|gie|sisch**

das **Por|zel|lan;** des Porzellans; die Por|zel|la|ne

die **Po|sau|ne**

die **Po|se** (Körperhaltung); die Posen

die **Po|si|ti|on** (Stellung; Lage; Einzelposten)

po|si|tiv (bejahend, zutreffend; bestimmt, gewiss); ein positives Ergebnis;

das **Po|si|tiv** (Gegensatz zum Negativ beim fotografischen Bild); des Positivs; die Po|si|ti|ve

der **Po|si|tiv** (Grundstufe, nicht gesteigerte Form des Adjektivs; zum Beispiel »schön«); des Positivs; die Po|si|ti|ve

die **Pos|se** (derbkomisches Bühnenstück); die Possen

pos|sier|lich (spaßhaft, drollig)

das **Pos|ses|siv|pro|no|men** (besitzanzeigendes Fürwort, zum Beispiel »mein«)

die **Post;** das **Post|amt;** der **Post|bo|te;** die **Post|bo|tin**

der **Pos|ten;** des Postens; die Posten

das *oder* der **Pos|ter** (plakatartiges, gedrucktes Bild); des Posters; die Poster *oder* Posters

das **Post|fach;** die **Post|kar|te;** die **Post|kutsche; post|la|gernd;** postlagernde Briefsendungen; die **Post|leit|zahl** (*Abkürzung:* PLZ); der **Post|stem|pel**

po|ten|ti|ell *vergleiche:* **po|ten|zi|ell**

die **Po|tenz** (Leistungsvermögen; Produkt aus gleichen Faktoren); die Po|ten|zen; **po|ten|zi|ell,** *auch:* **po|ten|ti|ell** (möglich); ein potenzieller, *auch:* potentieller Käufer; **po|ten|zie|ren** (sehr steigern; zur Potenz erheben)

das **Pot|pour|ri** ['pɔtpʊri] (Allerlei; eine Zusammenstellung mehrerer Musikstücke); des Potpourris; die Potpourris

Pots|dam (Hauptstadt von Brandenburg)

der **Pott** (*umgangssprachlich für:* Topf; [altes] Schiff); des Pott[e]s; die Pöt|te; zu Potte kommen (*umgangssprachlich für:* zurechtkommen; etwas abschließen); **potthäss|lich** (*umgangssprachlich für:* sehr hässlich)

die **Po|w|er** ['paʊɐ] (*umgangssprachlich für:* Kraft, Leistung); **po|w|ern** (große Leistung entfalten); du powerst; sie powerte; sie hat ganz schön gepowert

PR = Publicrelations

die **Pracht; präch|tig; pracht|voll**

das **Prä|di|kat** (Kern der Satzaussage; [gute] Zensur); des Prädikat[e]s; die Prä|di|ka|te

das **Prä|fix** (Vorsilbe); des Prä|fi|xes; die Prä|fi|xe

Prag (Hauptstadt der Tschechischen Republik)

prä|gen; du prägst; er prägte eine Münze; er hat diesen Satz geprägt; die **Prägung**

prah|len; du prahlst; sie prahlte; sie hat damit geprahlt; prahl[e] nicht so!; die **Prah|le|rei; prah|le|risch;** der **Prahl|hans** *(umgangssprachlich);* des Prahl|han|ses; die Prahl|hän|se

die **Prak|tik** (Ausübung, Verfahrensweise, Methode); die Prak|ti|ken; **prak|ti|ka|bel** (durchführbar und zweckmäßig); prak|ti|ka|b|ler; am prak|ti|ka|bels|ten; der **Prak|ti|kant;** des/dem/den Prak|ti|kan|ten; die Prak|ti|kan|ten; die **Prak|ti|kan|tin;** die Praktikantinnen; der **Prak|ti|ker;** des Praktikers; die Praktiker; das **Prak|ti|kum** (praktische Übung; praktische Tätigkeit); des Praktikums; die Praktika; **prak|tisch; prak|ti|zie|ren** (in der Praxis anwenden; seinen Beruf in einer Praxis ausüben); du praktizierst; er praktizierte; der Arzt hat drei Jahre in Frankfurt praktiziert; praktizier[e] diese Methode nicht mehr!

der **Prä|lat** (ein geistlicher Würdenträger); des/dem/den Prä|la|ten; die Prä|la|ten

die **Pra|li|ne**

prall; pral|len; du prallst; sie prallte; sie ist mit dem Kopf gegen die Tür geprallt

die **Prä|mie** (Belohnung; Versicherungsgebühr); die Prä|mi|en; **prä|mie|ren** *oder* **prä|mi|ie|ren** (mit einem Preis auszeichnen); du prämierst *oder* prämiierst; er prämierte *oder* prämiierte; er hat den Film prämiert *oder* prämiiert; prämier[e] *oder* prämiier[e] den Sieger!

pran|gen; sein Name prangt; er prangte; sein Name hat auf einem goldenen Schild geprangt

der **Pran|ger** (mittelalterlicher Schandpfahl); des Prangers; die Pranger; jemanden an den Pranger stellen (öffentlich bloßstellen)

die **Pran|ke** (Klaue, Tatze); die Pranken

das **Prä|pa|rat** (Arzneimittel, chemisches Mittel); des Präparat[e]s; die Prä|pa|ra|te; **prä|pa|rie|ren;** du präparierst; er präparierte; er hat das Fell präpariert (haltbar gemacht); sich präparieren (sich vorbereiten); er hat sich für diese Stunde gut präpariert

die **Prä|po|si|ti|on** (Verhältniswort); das **Prä-**

po|si|ti|o|nal|ob|jekt (Objekt, dessen Fall von einer Präposition bestimmt wird)

die **Prä|rie** (Grassteppe); die Prä|ri|en; der **Prä|rie|wolf**

das **Prä|sens** (*Zeitform:* Gegenwart); die Prä|sen|tia *oder* die Prä|sen|zi|en

Die Bezeichnung für die Zeitform der Gegenwart, das *Präsens* (mit sächlichem Artikel und Betonung auf dem *ä*), schreibt man am Ende mit einem *s*, das Fremdwort für »Anwesenheit«, die *Präsenz* (mit weiblichem Artikel und Betonung auf dem *e*), wird hingegen mit einem *z* geschrieben.

prä|sent (anwesend; zur Hand); die Polizei war rechtzeitig präsent; ich habe die Mappe im Moment nicht präsent; das **Prä|sent** (Geschenk; kleine Aufmerksamkeit); des Präsent[e]s; die Prä|sen|te; die **Prä|sen|ta|ti|on** ([öffentliche] Vorstellung, Vorführung); **prä|sen|tie|ren** (sehen lassen, zeigen; überreichen); ich präsentier[e]; du präsentierst; sie präsentierte; sie hat ihr neues Buch präsentiert; präsentiert das Gewehr! (Militärkommando); die **Prä|senz** (Anwesenheit); Präsenz der Ordnungskräfte; ↑ABER: Präsens; die **Prä|senz|bi|b|li|o|thek** (Bücherei, deren Bücher nicht nach Hause mitgenommen werden dürfen)

prä|ser|va|tiv (vorbeugend, verhütend); das **Prä|ser|va|tiv** (Kondom); des Präservativs; die Prä|ser|va|ti|ve

der **Prä|si|dent** (Vorsitzender); des/dem/den Prä|si|den|ten; die Prä|si|den|ten; die **Prä|si|den|tin;** die Präsidentinnen; **prä|si|die|ren;** sie präsidierte; sie hat der Sitzung präsidiert; das **Prä|si|di|um;** des Präsidiums; die Prä|si|di|en

pras|seln; es prasselte; das Feuer hat geprasselt; der Regen ist gegen das Fenster geprasselt

pras|sen (schlemmen); du prasst; er prasste; er hat geprasst; der **Pras|ser;** des Prassers; die Prasser; die **Pras|se|rei**

das **Prä|te|r|i|tum** (*Zeitform:* Vergangenheit, Imperfekt); des Präteritums; die Präterita

die **Prä|ven|ti|on** (Vorbeugung, Verhütung); **prä|ven|tiv;** die **Prä|ven|tiv|maß|nah|me**

die **Pra|xis** (Tätigkeit; Arbeitsräume eines Arztes oder Anwalts); die Praxen; **pra|xis|be|zo|gen;** der **Pra|xis|be|zug; pra|xis|fern; pra|xis|nah;** eine praxisnahe Ausbildung

prä|zis *oder* **prä|zi|se** (gewissenhaft; genau; unzweideutig); am prä|zi|ses|ten; **prä|zi|sie|ren** (genau[er] angeben); er präzisierte; er hat seine Aussagen präzisiert; die **Prä|zi|sie|rung;** die **Prä|zi|si|on** (Genauigkeit); die **Prä|zi|si|ons|ar|beit**

pre|di|gen; du predigst; sie predigte; sie hat gepredigt; predige nicht so lange!; der **Pre|di|ger;** des Predigers; die Prediger; die **Pre|digt;** die Pre|dig|ten

der **Preis;** des Prei|ses; die Prei|se; das **Preis|aus|schrei|ben**

die **Prei|sel|bee|re**

prei|sen; du preist; er preist; er pries; er hat gepriesen; preis[e] den Herrn!

preis|ge|ben; du gibst preis; er gab preis; er hat das Geheimnis preisgegeben; gib das Kennwort nicht preis!

preis|ge|krönt; der preisgekrönte Film; das **Preis-Leis|tungs-Ver|hält|nis;** die **Preis|lis|te; preis|wert;** preiswerte Angebote

der **Prell|ball** (Mannschaftsspiel); der **Prell|bock;** die Prell|bö|cke; **prel|len** (betrügen); du prellst; er prellte; er hat ihn geprellt; prelle ihn nicht um sein Geld!; sich prellen (sich stoßen); er hat sich [an der Schulter] geprellt; die **Prel|lung**

die **Pre|mi|e|re** (Uraufführung, Erstaufführung); die Premieren; der **Pre|mi|er|mi|nis|ter** [pre'mi̯e:...] (Ministerpräsident)

pre|schen (*umgangssprachlich für:* rennen); du preschst; er preschte; er ist nach Hause geprescht

die **Pres|se;** die **Pres|se|a|gen|tur;** die **Pres|se|frei|heit; pres|sen;** du presst; er presste; er hat die Trauben gepresst; press *oder* presse die Trauben!

pres|sie|ren (drängen, eilig sein); es pressierte; die Angelegenheit hat pressiert

das **Pres|sing** (eine Spieltaktik beim Fußball); des Pressings

der **Press|luft|ham|mer;** der **Press|schlag,** *auch:* **Press-Schlag** *(Fußball)*

das **Pres|ti|ge** [prɛs'ti:ʒə] (Ansehen, Geltung); des Prestiges

Pre|to|ria (Hauptstadt Südafrikas)

der **Preu|ße;** des/dem/den Preußen; die

Preußen; **Preu|ßen; preu|ßisch;** das preußische Beamtentum; ABER: der Preußische Höhenrücken

pri|ckeln; es prickelt; es prickelte; es hat [mir] in den Fingern geprickelt

der **Priel** (schmaler Wasserlauf im Wattenmeer); die Prie|le

der **Pries|ter;** des Priesters; die Priester; die **Pries|te|rin;** die Priesterinnen; die **Pries|ter|wei|he**

pri|ma (*umgangssprachlich für:* großartig); ein prima Essen; der **Pri|ma|ner** (Schüler der beiden höchsten Gymnasialklassen); des Primaners; die Primaner; die **Pri|ma|ne|rin;** die Primanerinnen; **pri|mär** (ursprünglich; vorrangig); der *oder* das **Pri|mat** (Vorrang, Vormacht); des Primat[e]s; die Pri|ma|te; das Primat der Politik vor der Wirtschaft

die **Pri|me** (*Musik:* Intervall aus zwei Tönen der gleichen Stufe); die Primen

die **Pri|mel** (eine Pflanze); die Primeln

pri|mi|tiv (wenig entwickelt; einfach; dürftig); primitive Verhältnisse

der **Pri|mus** (Klassenbester); des Primus; die Primi *oder* Primusse

die **Prim|zahl** (nur durch 1 und sich selbst teilbare Zahl)

die **Prin|te** (ein Gebäck)

der **Prin|ter** (Drucker); des Printers; die Printer; das **Print|me|di|um** (Druckerzeugnis) *meist Plural*

der **Prinz;** des/dem/den Prin|zen; die Prinzen; die **Prin|zes|sin;** die Prinzessinnen

das **Prin|zip** (der Grundsatz); des Prinzips; die Prin|zi|pi|en; **prin|zi|pi|ell** (grundsätzlich); **prin|zi|pi|en|treu**

der **Prior** ([Kloster]vorsteher); des Priors; die Pri|o|ren; die **Pri|o|ri|tät** (Vorrecht; vorrangiger Anspruch); die Pri|o|ri|tä|ten; Prioritäten setzen (festlegen, was vorrangig ist)

die **Pri|se** (kleine Menge, die man zwischen zwei oder drei Fingern fasst); die Prisen; eine Prise Salz, Pfeffer, Tabak

das **Pris|ma** (ein geometrischer Körper; Licht brechende Kantensäule); die Prismen

die **Prit|sche** (Holzliege; Ladefläche eines Lkw)

pri|vat (persönlich; außeramtlich, nicht öffentlich; vertraut); private Ausgaben; private Wirtschaft; ein privater Eingang; die **Pri|vat|a|d|res|se; pri|va|ti|sie|ren** (in Privateigentum überführen); sie privatisierte; die Regierung hat den Staatsbetrieb privatisiert

das **Pri|vi|leg** (Vorrecht); des Privilegs; die Pri|vi|le|gi|en, *auch:* Pri|vi|le|ge

pro (je); pro Stück; pro verbrauchten Kubikmeter; das **Pro** (Für); des Pros; das Pro und Kontra (Für und Wider)

pro|bat (erprobt; bewährt); ein probates Mittel

die **Pro|be;** Probe fahren; ich fahre Probe; wenn er Probe fährt; er ist Probe gefahren; er hat den Wagen Probe gefahren; er lehnt es ab, diesen Wagen Probe zu fahren; ABER: er kommt zum Probefahren; **pro|ben;** du probst; er probte; er hat seinen Auftritt geprobt; **pro|be|wei|se;** die **Pro|be|zeit; pro|bie|ren;** du probierst; sie probierte; sie hat es probiert; probier[e] es wenigstens!

das **Pro|b|lem** (die zu lösende Aufgabe; die Fragestellung; die Schwierigkeit); des Problems; die Pro|b|le|me; die **Pro|b|le|ma|tik; pro|b|le|ma|tisch;** das **Pro|b|lem|be|wusst|sein; pro|b|lem|los**

das **Pro|dukt** (Ertrag; Ergebnis); des Produkt[e]s; die Pro|duk|te; die **Pro|duk|ti|on** (Herstellung, Erzeugung); die **Pro|duk|ti|ons|kos|ten** *Plural;* **pro|duk|tiv** (ergiebig; fruchtbar; schöpferisch); produktive Zusammenarbeit; der **Pro|du|zent;** des/dem/den Pro|du|zen|ten; die Pro|du|zen|ten; die **Pro|du|zen|tin;** die Produzentinnen; **pro|du|zie|ren** (erzeugen, schaffen); du produzierst; sie produzierte; sie hat Kugelschreiber produziert; produzier[e] etwas Neues!

pro|fan (weltlich; alltäglich); profane Kunst

pro|fes|si|o|nell (berufsmäßig; fachmännisch)

der **Pro|fes|sor;** des Professors; die Pro|fes|so|ren; die **Pro|fes|so|rin;** die Professorinnen; die **Pro|fes|sur** (Lehrstuhl); die Pro|fes|su|ren

der **Pro|fi** (Berufssportler); des Profis; die Profis

das **Pro|fil** (Seitenansicht; Längs- oder Querschnitt; Riffelung bei Gummireifen); des Profils; die Pro|fi|le; sich **pro|fi|lie|ren** (besondere Fähigkeiten entwickeln); sie

A B C D E F G H I J K L M N O P Q R S T U V W X Y Z

profilierte sich; sie hat sich als Politikerin profiliert

der **Pro|fit** (Nutzen; Gewinn); des Profit[e]s; die Pro|fi|te; Profit bringen; ein Profit bringendes, *auch:* profitbringendes Geschäft; ABER NUR: ein großen Profit bringendes Geschäft; ein äußerst profitbringendes, noch profitbringenderes Geschäft; **pro|fi|tie|ren** (Nutzen ziehen); er profitierte; er hat von dem Verkauf nicht profitiert

pro for|ma (der Form wegen; zum Schein); sie hat den Antrag nur pro forma gestellt

pro|fund (tief, gründlich); profunde Kenntnisse in Mathematik

die **Pro|g|no|se** (Voraussage); **pro|g|nos|ti|zie|ren;** sie prognostizierte; sie hat steigende Umsätze prognostiziert

das **Pro|gramm** (Plan; Darlegung von Grundsätzen; *EDV:* Folge von Anweisungen für einen Computer); des Programms; die Pro|gram|me; **pro|gram|ma|tisch** (einem Programm entsprechend); programmatische Entscheidungen; **pro|gram|mie|ren** ([im Ablauf] festlegen; *EDV:* ein Computerprogramm aufstellen); du programmierst; sie programmierte den Rechner; sie hat den Raketenstart programmiert; der **Pro|gram|mie|rer;** des Programmierers; die Programmierer; die **Pro|gram|mie|re|rin;** die Programmiererinnen; die **Pro|gram|mier|spra|che**

die **Pro|gres|si|on** (Weiterentwicklung; Steigerung); **pro|gres|siv** (fortschrittlich); progressive Musik

das **Pro|jekt** (der Plan, der Entwurf, das Vorhaben); des Projekt[e]s; die Pro|jek|te; **pro|jek|tie|ren** (ein Projekt entwerfen); sie projektierte; sie hat den Neubau projektiert

das **Pro|jek|til** (Geschoss); des Projektils; die Pro|jek|ti|le

die **Pro|jek|ti|on** (auf eine ebene Fläche projizierte Abbildung); der **Pro|jek|tor** (Lichtbildwerfer); des Projektors; die Pro|jek|to|ren; **pro|ji|zie|ren** (mit dem Projektor wiedergeben; auf einer ebenen Fläche darstellen); du projizierst; er projizierte; er hat die Dias an die Wand projiziert

die **Pro|kla|ma|ti|on** (Verkündung; Aufruf); **pro|kla|mie|ren;** du proklamierst; sie proklamierte; man hat ihn zum König proklamiert

der **Pro-Kopf-Ver|brauch**

die **Pro|ku|ra** (Handlungsvollmacht); die Pro|ku|ren; Prokura haben; jemandem Prokura erteilen; der **Pro|ku|rist** (Inhaber einer Prokura); des/dem/den Pro|ku|ris|ten; die Pro|ku|ris|ten; die **Pro|ku|ris|tin;** die Prokuristinnen

der **Pro|let** (ungebildeter, ungehobelter Mensch); des/dem/den Pro|le|ten; die Pro|le|ten; das **Pro|le|ta|ri|at** (Gesamtheit der Proletarier); des Proletariat[e]s; die Pro|le|ta|ri|a|te; der **Pro|le|ta|ri|er** (Angehöriger der wirtschaftlich unselbstständigen, besitzlosen Klasse); des Proletariers; die Proletarier; **pro|le|ta|risch**

der **Pro|log** (Einleitung; Vorwort); des Prolog[e]s; die Pro|lo|ge

die **Pro|me|na|de** (Spazierweg; Spaziergang); die Promenaden; die **Pro|me|na|den|mi|schung** (*umgangssprachlich scherzhaft für:* nicht reinrassiger Hund); **pro|me|nie|ren** (spazieren gehen); du promenierst; er promenierte; er ist durch die Straßen promeniert; promenier[e] woanders!

Pro|me|theus (griechische Sagengestalt); des Prometheus

pro mil|le (für tausend, für das Tausend; *Zeichen:* ‰); er hat 1,8 pro mille Alkohol im Blut; das **Pro|mil|le** (Tausendstel); des Promille[s]; die Promille; die Gebühr beträgt 7 Promille; die **Pro|mil|le|gren|ze** (Grenzwert des Alkoholgehalts im Blut bei Kraftfahrern)

pro|mi|nent (maßgebend, bedeutend); am pro|mi|nen|tes|ten; der **Pro|mi|nen|te** (bedeutende Persönlichkeit); die Prominenten; ein Prominenter; zwei Prominente; die **Pro|mi|nen|te;** eine Prominente; die **Pro|mi|nenz** (Gesamtheit der Prominenten)

der **Pro|mo|ter** (Veranstalter von Profiboxkämpfen); des Promoters; die Promoter; die **Pro|mo|ti|on** (Erreichen der Doktorwürde); die Pro|mo|ti|o|nen; die **Pro|mo|tion** [proˈmoːʃn̩] ([Verkaufs]förderung durch gezielte Werbung); **pro|mo|vie|ren** (die Doktorwürde erreichen, verleihen);

sie promovierte; sie hat [in Chemie] promoviert; sie ist [von der medizinischen Fakultät] promoviert worden

prompt (unverzüglich; pünktlich); prompte Lieferung

das **Pro|no|men** (Fürwort); die Pronomen *oder* Pro|no|mi|na; **pro|no|mi|nal**

die **Pro|pa|gan|da** (Werbung für politische Grundsätze, kulturelle Belange und wirtschaftliche Zwecke); das **Pro|pa|gan|da|ma|te|ri|al; pro|pa|gan|dis|tisch; pro|pa|gie|ren** (für etwas werben); du propagierst; er propagierte; er hat seine Idee propagiert

das **Pro|pan** (ein Brenngas); des Propans; das **Pro|pan|gas**

der **Pro|pel|ler** (Antriebsschraube bei Schiffen und Flugzeugen); des Propellers; die Propeller

pro|per (sauber, ordentlich); ein properes Zimmer

der **Pro|phet** (Weissager; Mahner); des/dem/den Pro|phe|ten; die Pro|phe|ten; **pro|phe|tisch;** prophetische Fähigkeiten; **pro|phe|zei|en;** du prophezeist; sie prophezeite; er hat das Unglück prophezeit; prophezei[e] lieber nichts!; die **Pro|phe|zei|ung**

pro|phy|lak|tisch (vorbeugend, verhütend); prophylaktische Maßnahmen; die **Pro|phy|la|xe**

die **Pro|por|ti|on** (Größenverhältnis); die Pro|por|ti|o|nen; **pro|por|ti|o|nal** (verhältnisgleich); die **Pro|por|ti|o|na|li|tät;** die **Pro|por|ti|ons|glei|chung** *(Mathematik);* der **Pro|porz** (Sitz- und Amtsverteilung nach dem Stimmenverhältnis); des Pro|por|zes; die Pro|por|ze

der **Propst** (höherer kirchlicher Amtsträger); des Propst[e]s; die Pröps|te

die **Pro|sa** (Rede und Schrift in ungebundener Form); **pro|sa|isch** (nüchtern); eine prosaische Sprache

pro|sit! *oder* **prost!;** das **Pro|sit** *oder* **Prost**

der **Pro|s|pekt** (Werbeschrift); des Prospekt[e]s; die Pro|s|pek|te

die **Pro|s|ta|ta** (Vorsteherdrüse); die Prostatae

pros|ten (ein Prost ausbringen); er prostete; er hat auf seinen Erfolg geprostet

die **Pro|s|ti|tu|ier|te** (Frau, die gewerbsmäßig sexuelle Handlungen ausübt); die Prostituierten; zwei Prostituierte; die **Pros|ti|tu|ti|on**

der **Pro|t|a|go|nist** (zentrale Gestalt; Vorkämpfer); des/dem/den Pro|t|a|go|nis|ten; die Pro|t|a|go|nis|ten; die **Pro|t|a|go|nis|tin;** die Protagonistinnen

das **Pro|te|in** (Eiweißart); des Proteins; die Pro|te|i|ne

die **Pro|tek|ti|on** (Förderung; Schutz); der **Pro|tek|tor** (Beschützer; Förderer; Schirmherr); des Protektors; die Pro|tek|to|ren; das **Pro|tek|to|rat** (Schirmherrschaft; Schutzherrschaft); des Protektorat[e]s; die Pro|tek|to|ra|te

der **Pro|test;** des Protest[e]s; die Pro|tes|te; die **Pro|test|ak|ti|on;** der **Pro|tes|tant** (Angehöriger des evangelischen Glaubens); des/dem/den Pro|tes|tan|ten; die Pro|tes|tan|ten; die **Pro|tes|tan|tin;** die Protestantinnen; **pro|tes|tan|tisch;** ein protestantischer Pfarrer; der **Pro|tes|tan|tis|mus** (Gesamtheit der evangelischen Kirchengemeinschaften); des Protestantismus; **pro|tes|tie|ren;** du protestierst; sie protestierte; sie hat protestiert; protestier[e] dagegen!

die **Pro|the|se** (Ersatzglied; Zahnersatz)

das **Pro|to|koll** (förmliche Niederschrift; Sitzungsbericht); des Protokolls; die Pro|to|kol|le; etwas zu Protokoll geben; der **Pro|to|kol|lant** (Schriftführer); des/dem/den Pro|to|kol|lan|ten; die Pro|to|kol|lan|ten; die **Pro|to|kol|lan|tin;** die Protokollantinnen; **pro|to|kol|la|risch** (im Protokoll); eine protokollarische Aussage; protokollarisch festhalten; der **Pro|to|koll|füh|rer;** die **Pro|to|koll|füh|re|rin; pro|to|kol|lie|ren;** du protokollierst; er protokollierte; er hat heute die Sitzung protokolliert; protokollier[e] die Unterrichtsstunde!

das **Pro|ton** (*Kernphysik:* ein Elementarteilchen); des Protons; die Pro|to|nen; der **Pro|to|nen|be|schleu|ni|ger**

der **Pro|to|typ** (Muster; Urbild); **pro|to|ty|pisch;** prototypische Popstars

der **Protz** (*umgangssprachlich für:* Angeber); des Prot|zes; die Prot|ze; **prot|zen;** du protzt; er protzte; er hat mit seiner Kraft geprotzt; protz[e] nicht so!; die **Prot|ze|rei; prot|zig** der **Pro|vi|ant** (Wegzehrung; Verpflegung); des Proviants; die Pro|vi|an|te

die **Pro|vinz** (Land[esteil]; das Land im Gegensatz zur Hauptstadt); die Pro|vin|zen; **pro|vin|zi|ell**

die **Pro|vi|si|on** (Vergütung)

pro|vi|so|risch (vorläufig); eine provisorische Unterkunft

pro|vo|kant (provozierend); provokantes Verhalten; der **Pro|vo|ka|teur** [provoka'tøːɐ̯] (jemand, der andere aufwiegelt); des Provokateurs; die Pro|vo|ka|teu|re; die **Pro|vo|ka|ti|on** (Herausforderung); **pro|vo|zie|ren** (herausfordern; bewirken; auslösen); du provozierst; er provozierte [mich]; der Vorfall hat eine Diskussion provoziert

die **Pro|ze|dur** ([schwieriges] Verfahren); die Pro|ze|du|ren

das **Pro|zent** ([Zinsen, Gewinn] vom Hundert; Hundertstel; *Zeichen:* %); des Prozent[e]s; die Pro|zen|te; 5 Prozent *oder* 5 %; die Fünfprozentklausel *oder* Fünf-Prozent-Klausel (bei Wahlen); die **Prozent|rech|nung;** der **Pro|zent|satz** (bestimmte Anzahl von Prozenten); **prozen|tu|al** (in Prozenten ausgedrückt); sein prozentualer Gewinnanteil

der **Pro|zess**; des Pro|zes|ses; die Pro|zes|se; **pro|zes|sie|ren** (einen Prozess führen); du prozessierst; er prozessierte; er hat [gegen ihn] prozessiert; prozessier[e] möglichst nicht!

die **Pro|zes|si|on** (kirchlicher Umzug)

prü|de (übertrieben schamhaft); am prüdes|ten; die **Prü|de|rie**

prü|fen; du prüfst; sie prüfte; sie hat ihn geprüft; prüf[e] ihn später!; der **Prü|fer;** des Prüfers; die Prüfer; die **Prü|fe|rin;** die Prüferinnen; der **Prüf|ling;** die **Prü|fung;** die **Prü|fungs|auf|ga|be**

der **Prü|gel** (Stock); des Prügels; die Prügel; die **Prü|gel** (*umgangssprachlich für:* Schläge) *Plural;* Prügel bekommen; die **Prü|ge|lei; prü|geln;** du prügelst; er prügelte; er hat ihn geprügelt; prüg[e]le ihn nicht!; sich prügeln; die beiden haben sich wieder geprügelt

der **Prunk** ([übertriebene] Pracht); des Prunk[e]s; **prun|ken;** du prunkst; sie prunkt; sie prunkte; sie hat mit ihrem Schmuck geprunkt; prunk[e] nicht mit deinem Reichtum!; die **Prunk|sit|zung** (im Karneval); die **Prunk|sucht** *(abwertend);* **prunk|voll**

prus|ten (stark schnauben); du prustest; das Pferd prustete; es hat geprustet

PS = Pferdestärke (veraltete Maßeinheit)

PS = Postskriptum (Nachschrift, Zusatz in einem Brief)

der **Psalm** (geistliches Lied); des Psalms; die Psal|men; der **Psal|ter** (das Buch der Psalmen im Alten Testament)

pseu|d|o|nym (unter einem Decknamen [verfasst]); das Buch ist pseudonym erschienen; das **Pseu|d|o|nym** (Deckname, Künstlername); des Pseudonyms; die Pseu|d|o|ny|me; das Buch wurde unter einem Pseudonym geschrieben

pst!

die **Psy|che** (Seele); der **Psy|ch|i|a|ter** (Facharzt für seelische Störungen und Geisteskrankheiten); des Psychiaters; die Psychiater; die **Psy|ch|i|a|te|rin;** die Psychiaterinnen; **psy|chisch** (seelisch); die **Psy|cho|a|na|ly|se** (Methode zur Untersuchung unbewusster seelischer Vorgänge); der **Psy|cho|lo|ge** (Seelenkundiger); des/dem/den Psychologen; die **Psycho|lo|gie** (Seelenkunde); die **Psy|cho|login;** die Psychologinnen; **psy|cho|lo|gisch** (seelenkundlich); der **Psy|cho|path** (Mensch mit abnormem Gefühls- und Gemütsleben); des/dem/den Psy|chopa|then; die Psy|cho|pa|then; die **Psycho|se** (krankhafte geistig-seelische Störung); die Psychosen; der **Psy|cho|the|rapeut** (Arzt oder Psychologe, der die Psychotherapie anwendet); die **Psy|cho|thera|peu|tin;** die **Psy|cho|the|ra|pie** (Heilbehandlung für psychische Störungen); der **Psy|cho|thril|ler** (Kriminalfilm oder -roman, der vor allem durch psychische Effekte spannend wirkt)

pu|ber|tär (mit der Geschlechtsreife zusammenhängend); pubertäre Gefühle; die **Pu|ber|tät** (Zeit der beginnenden Geschlechtsreife); **pu|ber|tie|ren** (in der Pubertät sein); du pubertierst; sie pubertierte; sie hat lange pubertiert

die **Pu|b|li|ci|ty** [pa'blɪsiti] (Reklame; [Bemühung um] öffentliches Aufsehen); **pub|li|ci|ty|scheu;** die **Pu|b|lic|re|la|tions** ['pablɪk ri'le:ʃn̩s], *auch:* **Pu|b|lic Re|la|tions** (Öffentlichkeitsarbeit; Kontaktpflege; *Abkürzung:* PR) *Plural;* **pu|b|lik** (öffentlich; allgemein bekannt); publik machen, werden; die **Pu|b|li|ka|ti|on** (Veröffentlichung); die Pu|b|li|ka|ti|o|nen; das **Pu|b|li|kum;** des Publikums; der **Pu|b|li|kums|er|folg; pu|b|li|kums|wirk|sam;** publikumswirksame Schlagzeilen; **pu|b|li|zie|ren** (veröffentlichen); du publizierst; sie publizierte; sie hat einen Aufsatz publiziert

der **Puck** (Hartgummischeibe beim Eishockey); des Pucks; die Pucks

der **Pud|ding;** die Pud|din|ge *oder* Puddings; das **Pud|ding|pul|ver**

der **Pu|del;** des Pudels; die Pudel; die **Pu|del|müt|ze; pu|del|nass; pu|del|wohl;** sich pudelwohl fühlen

der **Pu|der;** des Puders; die Puder; **pu|dern;** du puderst; er puderte; er hat die wunde Stelle gepudert; puder[e] diese Stelle!; sich pudern; sie hat sich stark gepudert; der **Pu|der|zu|cker**

der **Pu|er|to-Ri|ca|ner,** *auch:* **Pu|er|to Ri|ca|ner** (Bewohner von Puerto Rico); des Puerto-Ricaners, *auch:* Puerto Ricaners; die Puerto-Ricaner, *auch:* Puerto Ricaner; die **Pu|er|to-Ri|ca|ne|rin,** *auch:* **Pu|er|to Ri|ca|ne|rin;** die Puerto-Ricanerinnen, *auch:* Puerto Ricanerinnen; **pu|er|to-ri|ca|nisch; Pu|er|to Ri|co** (Insel der Großen Antillen)

der **Puff** (*umgangssprachlich für:* Stoß); des Puff[e]s; die Püf|fe, *seltener:* Puf|fe

der, *auch:* das **Puff** (*umgangssprachlich für:* Bordell); des Puffs; die Puffs

puf|fen (*umgangssprachlich für:* stoßen); du puffst; er puffte; er hat ihn in die Seite gepufft; der **Puf|fer** (Stoßdämpfer an Schienenfahrzeugen); des Puffers; die Puffer; die **Puf|fer|zo|ne**

der **Puff|mais;** der **Puff|reis**

puh!

pu|len (*landschaftlich für:* mit den Fingern entfernen); du pulst; sie pulte das Etikett von der Flasche; sie hat die Rosinen aus dem Kuchen gepult; pul[e] nicht an der Narbe!

der **Pulk** (Verband von [militärischen] Flugzeugen oder Kraftfahrzeugen); des Pulk[e]s; die Pulks, *selten:* Pul|ke

die **Pul|le** (*umgangssprachlich für:* Flasche); die Pullen

der **Pul|li;** des Pullis; die Pullis; der **Pul|l|o|ver;** des Pullovers; die Pullover; der **Pul|l|un|der** (kurzer, ärmelloser Pullover); des Pullunders; die Pullunder

der **Puls;** des Pul|ses; die Pul|se; die **Puls|a|der; pul|sie|ren;** das Leben pulsierte in den Straßen; es hat in den Straßen pulsiert; der **Puls|schlag**

das **Pult;** des Pult[e]s; die Pul|te

das **Pul|ver;** des Pulvers; die Pulver; **pul|ve|rig** *oder* **pulv|rig** (in Pulverform); pulv[e]rige Gewürze; **pul|ve|ri|sie|ren** (zu Pulver zerreiben); die Mühle hat das Getreide pulverisiert; pulverisierter Kaffee

der **Pu|ma** (eine Raubkatze); des Pumas; die Pumas

pum|me|lig *oder* **pumm|lig** (*umgangssprachlich für:* dicklich); pumm[e]lige Kinder

die **Pum|pe; pum|pen;** du pumpst; er pumpte; er hat kräftig gepumpt; pump[e] den Eimer voll Wasser!; sich etwas pumpen (*umgangssprachlich für:* sich etwas leihen); er hat sich bei mir etwas Geld gepumpt

der **Pum|per|ni|ckel** (ein Schwarzbrot); des Pumpernickels; die Pumpernickel

der **Pumps** [pœmps] (ausgeschnittener Damenschuh mit höherem Absatz); des Pumps; die Pumps

der **Punk** [paŋk] *oder* **Pun|ker** [paŋkɐ] (Jugendlicher, der durch sein auffälliges Äußeres betont antibürgerlich erscheinen will); des Punk[s] *oder* Punkers; die Punks *oder* Punker; die **Pun|ke|rin;** die Punkerinnen

der **Punkt;** es ist Punkt 8 Uhr; der Punkt auf dem i; **punk|ten** (Punkte sammeln; mit Punkten bewerten); du punktest; sie punktete mit ihrem Aufschlag; sie hat sehr streng gepunktet; **punkt|gleich;** punktgleiche Mannschaften; **punk|tie|ren** (durch Punkte darstellen, mit Punkten ausfüllen; *Medizin:* durch Einstechen mit einer Hohlnadel dem Körper Flüssigkeit oder Gewebe entnehmen); du punktierst; er punktierte eine Linie; er hat die Lunge punktiert

pünkt|lich; die **Pünkt|lich|keit**

punkt|schwei|ßen *(Technik);* er hat die

Karosserie punktgeschweißt; er versucht[,] die Teile punktzuschweißen; **punk|tu|ell** (einzelne Punkte betreffend); punktuelle Überlegungen; die **Punkt|zahl**

der **Punsch** (ein alkoholisches Getränk); des Punsch[e]s; die Pun|sche

der **Pup** *oder* **Pups** *oder* **Pup|ser** (*umgangssprachlich für:* abgehende Blähung); des Pup[e]s *oder* Pup|ses *oder* Pupsers; die Pu|pe *oder* Pup|se *oder* Pupser; **pu|pen** *oder* **pu|sen** (*umgangssprachlich für:* eine Blähung abgehen lassen); du pupst; er pupte *oder* pupste; er hat gepupt *oder* gepupst

die **Pu|pil|le;** die Pupillen

die **Pup|pe;** das **Pup|pen|the|a|ter;** der **Puppen|wa|gen**

pur (rein, unverfälscht); pures Gold

das **Pü|ree** (breiförmige Speise); des Pürees; die Pürees

der **Pu|ri|ta|ner** (sittenstrenger Mensch); des Puritaners; die Puritaner; **pu|ri|ta|nisch**

der **Pur|pur** (hochroter Farbstoff; purpurfarbenes Gewand); des Purpurs; **pur|purfar|ben** *oder* **pur|pur|far|big;** ein purpurfarbener *oder* purpurfarbiger Mantel; **pur|purn** (purpurfarben); die purpurne Abendsonne; **pur|pur|rot**

der **Pur|zel|baum;** die Pur|zel|bäu|me; **purzeln;** ich purz[e]le; du purzelst; er ist in den Graben gepurzelt

pu|shen [ˈpʊʃn̩], *auch:* **pu|schen** (*umgangssprachlich für:* Aufmerksamkeit auf jemanden oder etwas lenken; in Schwung bringen); du pushst, *auch:* puschst; er pushte, *auch:* puschte den Kandidaten; der Trainer hat seine Mannschaft gepusht, *auch:* gepuscht

die **Pus|te** (*umgangssprachlich für:* Atemluft) außer Puste (außer Atem) sein; ihm geht die Puste aus; die **Pus|te|blu|me** (*Kindersprache:* abgeblühter Löwenzahn)

die **Pus|tel** (Eiterbläschen); die Pusteln

pus|ten; du pustest; sie pustete; sie hat gepustet; puste kräftig!

die **Pusz|ta** (Grassteppe in Ungarn); die Puszten

die **Pu|te** (Truthenne); die Puten; der **Pu|ter** (Truthahn); des Puters; die Puter; **pu|terrot;** puterrot werden

der **Putsch** (politischer Umsturz[versuch]); des Putsch[e]s; die Put|sche; **put|schen;** du putschst; er putscht; er putschte; die Armee hat gegen die Regierung geputscht; putsche nicht!

der **Putz;** des Put|zes; **put|zen;** du putzt; er putzte; er hat geputzt; putz[e] die Fenster!; die **Putz|frau**

put|zig (*umgangssprachlich für:* drollig); putzige Tiere

die **Putz|sucht; putz|süch|tig**

das **Putz|tuch**

puz|zeln [ˈpazl̩n, *auch:* ˈpʊzl̩n] (ein Puzzle zusammensetzen); ich puzz[e]le; er puzzelte; er hat gepuzzelt; das **Puz|zle** [pazl̩, *auch:* pʊzl̩] (Geduldsspiel); des Puzzles; die Puzzles; das **Puz|zle|spiel**

das **PVC** = Polyvinylchlorid (ein Kunststoff)

der **Pyg|mäe** (Angehöriger einer kleinwüchsigen Bevölkerungsgruppe in Afrika); des/dem/den Pyg|mä|en; die Pyg|mä|en; **pyg|mä|en|haft**

der **Py|ja|ma** [pyˈdʒa:ma] (Schlafanzug); des Pyjamas; die Pyjamas; die **Py|ja|ma|ho|se**

der **Py|lon** (Brückenpfeiler; kegelförmige Absperrmarkierung auf Straßen); des/dem/den Py|lo|nen; die Py|lo|nen

die **Py|ra|mi|de** (ägyptischer Grabbau; ein geometrischer Körper)

die **Py|re|nä|en** (Gebirge zwischen Spanien und Frankreich) *Plural*

der **Py|ro|ma|ne** (Mensch mit dem krankhaften Trieb, Brände zu legen); des/dem/den Pyromanen; die Pyromanen; die **Pyro|tech|nik** (Herstellung und Gebrauch von Feuerwerkskörpern)

der **Py|thon** (eine Riesenschlange); des Pythons; die Pythons

Q Q

das **Q** (Buchstabe); des Q; die Q; ABER: das q in Aquarium

der **Quack|sal|ber** (Kurpfuscher); des Quacksalbers; die Quacksalber

die **Quad|del** (juckende Anschwellung); die Quaddeln

der *oder* die **Qua|der** (*Mathematik:* ein von

sechs Rechtecken begrenzter Körper); des Quaders *oder* der Quader; die Quader *oder* die Quadern

das **Qua|d|rat** (Viereck mit vier rechten Winkeln und vier gleichen Seiten; zweite Potenz einer Zahl); des Quadrat[e]s; die Qua|d|ra|te; **qua|d|ra|tisch;** quadratische Gleichungen; der *oder* das **Qua|d|rat|meter;** die **Qua|d|rat|zahl; qua|d|rie|ren** (in die zweite Potenz erheben); sie quadrierte die Zahl; sie hat die Zahl quadriert; quadriere die Zahl!

qua|ken; die Ente quakt; die Ente quakte; die Ente hat gequakt

der **Quä|ker** (Angehöriger einer Sekte); des Quäkers; die Quäker; die **Quä|ke|rin;** die Quäkerinnen

die **Qual;** die Qua|len; **quä|len;** du quälst ihn; er quälte ihn; er hat ihn gequält; quäle ihn nicht!; die **Quä|le|rei;** der **Quälgeist** *(umgangssprachlich);* die Quäl|geister

die **Qua|li|fi|ka|ti|on** (Befähigung; Befähigungsnachweis; Teilnahmeberechtigung für sportliche Wettbewerbe); sich **qua|li|fi|zie|ren** (sich als geeignet erweisen); du qualifizierst dich; sie hat sich qualifiziert; qualifiziere dich für die Wettkämpfe!

die **Qua|li|tät** (Beschaffenheit, Güte, Wert); **qua|li|ta|tiv** (dem Wert, der Beschaffenheit nach); das Material ist qualitativ ausreichend; **qua|li|täts|be|wusst;** die **Qua|li|täts|kon|t|rol|le**

die **Qual|le**

der **Qualm;** des Qualm[e]s; **qual|men;** es qualmte; der Kamin hat gequalmt

qual|voll; qualvolles Warten

das **Quänt|chen** (eine kleine Menge); des Quäntchens; die Quäntchen; du brauchst ein Quäntchen Glück

die **Quan|ti|tät** (Menge, Masse, Größe); **quan|ti|ta|tiv** (mengenmäßig); die Verpflegung ist quantitativ gut; das **Quantum** (Menge, Anzahl, Maß); des Quantums; die Quanten; das richtige Quantum nehmen

die **Qua|ran|tä|ne** [karanˈtɛːnə] (Absperrung zum Schutz gegen Ansteckung); die **Qua|ran|tä|ne|sta|ti|on**

der **Quark** (Nahrungsmittel aus saurer Milch); des Quark[e]s; red keinen Quark *(umgangssprachlich für:* red keinen Unsinn)

die **Quart** *oder* **Quar|te** (*Musik:* der vierte Ton vom Grundton an); die Quarten

die **Quar|ta** (dritte Klasse eines Gymnasiums); die Quarten

das **Quar|tal** (Vierteljahr); des Quartals; die Quar|ta|le

der **Quar|ta|ner;** des Quartaners; die Quartaner; die **Quar|ta|ne|rin;** die Quartanerinnen

das **Quar|tett** (ein Kartenspiel; Musikstück für vier Stimmen oder für vier Instrumente; *auch:* die ausführenden Musiker selbst); des Quartett[e]s; die Quar|tet|te

das **Quar|tier** (Unterkunft); des Quartiers; die Quar|tie|re; Quartier beziehen, machen; der **Quar|tier|ma|cher**

der **Quarz** (ein Mineral); des Quar|zes; die Quar|ze; **quarz|hal|tig;** quarzhaltiges Gestein; die **Quarz|uhr**

qua|si (gewissermaßen, sozusagen)

die **Quas|se|lei** (*umgangssprachlich für:* dauerndes schnelles Reden); **quas|seln;** ich quassele *oder* quassle; du quasselst; er quasselt; er quasselte; er hat gequasselt; quassele *oder* quassle nicht so lange!; die **Quas|sel|strip|pe**

die **Quas|te** (Troddel); die Quasten

der **Quatsch** *(umgangssprachlich);* des Quatsch[e]s; das ist doch Quatsch!; ach Quatsch!; **quat|schen;** du quatschst; er quatscht; er quatschte; er hat lange gequatscht; quatsche nicht immer!; der **Quatsch|kopf**

die **Que|cke** (eine Graspflanze)

das **Queck|sil|ber** (ein chemisches Element, Metall; *Zeichen:* Hg); **queck|sil|be|rig** *oder* **queck|silb|rig;** die **Queck|sil|ber|säu|le**

der **Quell** (*gehoben für:* Quelle); des Quells; die Quel|le; der **Quell|code** (*EDV:* Text eines grundlegenden Computerprogramms); die **Quel|le; quel|len** (mächtig herausdrängen; sprudeln); das Wasser quillt; das Wasser quoll; das Wasser ist aus dem Boden gequollen; **quel|len** (in Wasser weichen lassen); du quellst die Bohnen; er quellte die Bohnen; er hat sie gequellt; quelle sie!; die **Quel|len|an|gabe;** das **Quell|was|ser**

die **Quen|ge|lei** *(umgangssprachlich);* **quen-**

ge|lig *oder* **queng|lig;** ein queng[e]liges Kind; **quen|geln;** du quengelst; er quengelte; er hat den ganzen Tag gequengelt; queng[e]le nicht!

das **Quent|chen,** *alte Schreibung für:* **Quäntchen;** *vergleiche dort*

quer; kreuz und quer; quer [über die Straße] gehen; quer legen; ein Ast hatte sich quer gelegt; er hat sich nicht länger quer gelegt (*umgangssprachlich für:* sich nicht länger widersetzt); quer schießen (*umgangssprachlich für:* die Pläne anderer absichtlich stören); sie schießt quer; sie hat ständig quer geschossen; ein quer gestreifter Pullover; der Pullover ist quer gestreift; **quer|durch;** sie ist querdurch gelaufen; ABER: sie ist quer durch die Wiesen gelaufen; die **Que|re;** sie kommt mir in die Quere

die **Que|re|le** (Streiterei); die Querelen *meist Plural*

quer|feld|ein; querfeldein gehen, fahren; die **Quer|flö|te; quer ge|streift** *vergleiche:* **quer;** der **Quer|kopf** (*umgangssprachlich für:* jemand, der sich immer widersetzt); **quer|köp|fig;** ein querköpfiger Kerl; **quer schie|ßen** *vergleiche:* **quer;** das **Quer|schiff** (einer Kirche); der **Quer|schlä|ger** (abgepralltes Geschoss); der **Quer|schnitt; querschnitt[s]|ge|lähmt;** die **Quer|sum|me**

der **Que|ru|lant** (jemand, der durch kleinliche Beschwerden lästig fällt); des/dem/den Que|ru|lan|ten; die Que|ru|lan|ten

quet|schen; du quetschst; sie quetscht; sie quetschte das Badetuch in den Koffer; sie hat sich den Finger gequetscht; quetsche dir nicht den Finger!; die **Quetschung**

das, *auch:* der **Queue** [kø:] (Billardstock); des Queues; die Queues

quick (munter); **quick|le|ben|dig**

quie|ken; das Schwein quiekt; das Schwein hat gequiekt

quiet|schen; die Tür quietscht; die Tür quietschte; die Tür hat gequietscht; **quietsch|ver|gnügt** *(umgangssprachlich)*

die **Quin|ta** (zweite Klasse eines Gymnasiums); die Quinten; der **Quin|ta|ner;** des Quintaners; die Quintaner; die **Quin|ta|ne|rin;** die Quintanerinnen

die **Quin|te** *oder* **Quint** (der fünfte Ton vom Grundton an); die Quinten; der **Quin|ten|zir|kel** (Kreis der Dur- und Molltonarten mit Grundtönen im Quintabstand und zunehmenden Vorzeichen); die **Quint|es|senz** ([als Ergebnis] das Wesentliche einer Sache); die Quint|es|sen|zen; das **Quin|tett** (Musikstück für fünf Stimmen oder für fünf Instrumente; auch die ausführenden Musiker selbst); des Quintett[e]s; die Quin|tet|te

der **Quirl** (Rührgerät); des Quirl[e]s; die Quir|le; **quir|len;** du quirlst; er quirlte; er hat das Ei gequirlt; quirle diese Getränke!; **quir|lig** (*umgangssprachlich für:* lebhaft, unruhig); ein quirliger Junge

quitt (ausgeglichen; fertig) jetzt sind wir quitt

die **Quit|te** (ein Obstbaum; dessen Frucht); die Quitten; **quit|te|gelb** *oder* **quit|ten|gelb;** das, *auch:* der **Quit|ten|ge|lee**

quit|tie|ren (den Empfang bescheinigen); du quittierst; sie quittierte; sie hat den Empfang des Geldes quittiert; quittiere die Rechnung!; die **Quit|tung;** der **Quit|tungs|block**

das **Quiz** [kvɪs] (Frage-und-Antwort-Spiel); des Quiz; die Quiz; der **Quiz|mas|ter** ['kvɪsmastɐ] (Fragesteller beim Quiz); des Quizmasters; die Quizmaster; die **Quiz|sen|dung**

die **Quo|te** (Anteil, Teilbetrag; *kurz für:* Einschaltquote); die **Quo|ten|re|ge|lung** (Festlegung eines angemessenen Frauenanteils in bestimmten Funktionen); der **Quo|ti|ent** (Ergebnis der Divisionsrechnung, *auch:* der Bruch selbst); des/dem/den Quo|ti|en|ten; die Quo|ti|en|ten

R R

das **R** (Buchstabe); des R; die R; ABER: das r in fahren

Ra|bat [*auch:* ra'bat] (Hauptstadt Marokkos)

der **Ra|batt** (Preisnachlass); des Rabatt[e]s; die Ra|bat|te

die **Ra|bat|te** (Randbeet); die Rabatten

der **Ra|batz** (*umgangssprachlich für:* Krach); des Ra|bat|zes; Rabatz machen

der **Ra|bau|ke** (*umgangssprachlich für:* grober Kerl); des/dem/den Rabauken; die Rabauken

der **Rab|bi** (Rabbiner; Titel eines Rabbiners); des Rabbi[s]; die Rabbis *oder* Rabbinen; der **Rab|bi|ner** (jüdischer Geistlicher); des Rabbiners; die Rabbiner

der **Ra|be;** des/dem/den Raben; die Raben; **ra|ben|schwarz**

ra|bi|at (grob; wütend); am ra|bi|a|testen

die **Ra|che**

der **Ra|chen;** des Rachens; die Rachen

rä|chen; du rächst; er rächte; er hat die Tat gerächt; sich rächen; ihr Leichtsinn wird sich noch rächen; der **Rä|cher;** des Rächers; die Rächer; **rach|gie|rig;** die **Rach|gier**

die **Ra|chi|tis** (Krankheit, die durch Mangel an Vitamin D hervorgerufen wird); **rachi|tisch;** ein rachitisches Kind

der **Ra|cker** (*familiär für* Schlingel); des Rackers; die Racker; **ra|ckern** (sich abmühen); ich rackere; er rackerte; er hat gerackert

das **Ra|cket** ['rɛkət] *oder* **Ra|kett** ([Tennis]schläger); des Rackets, *auch:* Raketts; die Rackets, *auch:* Raketts

die, *auch:* das **Ra|c|lette** ['raklɛt, *auch:* ra'klɛt] (ein schweizerisches Käsegericht); der Raclette, *auch:* des Raclettes; die Raclettes

das **Rad;** des Rad[e]s; die Räder; Rad fahren; du fährst Rad; sie fährt Rad; sie fuhr Rad; sie ist Rad gefahren; fahre öfter Rad!; weil ich gern Rad fahre; um Rad zu fahren; Rad und Auto fahren; Auto und Rad fahren; Rad schlagen; du schlägst Rad; sie schlägt Rad; sie schlug Rad; sie hat Rad geschlagen; sie kann ein Rad schlagen; um Rad zu schlagen; ABER: sie hat sich beim Radschlagen verletzt

der *oder* das **Ra|dar** [*auch:* 'ra:da:ɐ̯] (Gerät und Verfahren zur Ortung von Gegenständen); des Radars; die **Ra|dar|kon|trol|le;** der **Ra|dar|schirm** (Leuchtschirm eines Radargeräts)

der **Ra|dau** (*umgangssprachlich für:* Lärm); des Radaus; Radau machen

ra|de|bre|chen (eine Sprache nur mangelhaft sprechen); du radebrechst; sie radebrechte; sie hat Deutsch nur geradebrecht

ra|deln; ich rad[e]le; du radelst; sie radelte; sie ist ins Dorf geradelt

der **Rä|dels|füh|rer**

das **Rad|fah|ren;** **Rad fah|ren** *vergleiche:* **Rad;** der **Rad|fah|rer;** die **Rad|fah|re|rin**

ra|di|al (im Radius laufend, strahlenförmig)

ra|die|ren; du radierst; sie radierte; sie hat radiert; radiere nicht im Diktatheft!; der **Ra|dier|gum|mi;** die **Ra|die|rung**

das **Ra|dies|chen**

ra|di|kal (extrem; gründlich; rücksichtslos); radikale Ansichten vertreten; die **Ra|di|ka|li|sie|rung** (Entwicklung zum Radikalen); der **Ra|di|ka|lis|mus** (rücksichtslos bis zum Äußersten gehende Einstellung); des Radikalismus; die Radikalismen

das **Ra|dio;** des Radios; die Radios; **ra|di|oak|tiv;** radioaktive Stoffe; die **Ra|di|o|akti|vi|tät** (Strahlung durch Kernzerfall); der **Ra|di|o|ap|pa|rat**

das **Ra|di|um** (ein radioaktives Element, Metall; *Zeichen:* Ra); des Radiums

der **Ra|di|us** (Halbmesser des Kreises); des Radius; die Ra|di|en

der **Rad|ler;** des Radlers; die Radler; das **Radren|nen;** **Rad schla|gen** *vergleiche:* **Rad;** der **Rad|weg**

raf|fen; du raffst; er raffte; er hat das Geld an sich gerafft; die **Raff|gier;** **raffgie|rig**

die **Raf|fi|na|de** (gereinigter Zucker); die **Raffi|ne|rie** (Anlage zum Reinigen von Zucker oder Rohöl); die Raf|fi|ne|ri|en

die **Raf|fi|nes|se** (Durchtriebenheit, Schläue); die Raffinessen; **raf|fi|niert;** am raf|fi|nier|tes|ten; ein raffinierter Betrüger

die **Ra|ge** ['ra:ʒə] (Wut, Raserei); in Rage sein, geraten; jemanden in Rage bringen

ra|gen; der Felsen ragte aus dem Wasser; er hat aus dem Wasser geragt

das **Ra|gout** [ra'gu:] (ein Mischgericht); des Ragouts; die Ragouts

die **Rah** *oder* **Ra|he** (Querstange am Mast für das Rahsegel); die Rahen

der **Rahm** (*landschaftlich für:* Sahne); des Rahm[e]s

rah|men; du rahmst; sie rahmte; sie hat das Bild gerahmt; rahme das Bild!; der **Rah|men;** des Rahmens; die Rahmen

rah|mig; eine rahmige Soße; der **Rahm-kä|se**

der **Rain** (die Ackergrenze); des Rain[e]s; die Rai|ne

sich **rä|keln** *vergleiche:* re|keln

die **Ra|ke|te;** der **Ra|ke|ten|an|trieb**

das **Ra|kett** *vergleiche:* **Ra|cket**

die **Ral|lye** ['rali *oder* 'rɛli] (Autosternfahrt); die Rallyes

das **RAM** = random access memory (*EDV:* Informationsspeicher mit wahlfreiem Zugriff); des RAM[s]; die RAM[s]

der **Ra|ma|dan** (Fastenmonat der Muslime); des Ramadan[s]; die Ra|ma|da|ne

die **Ram|me; ram|men;** du rammst; er rammte einen Pfahl in den Boden; er hat das parkende Auto gerammt

die **Ram|pe;** das **Ram|pen|licht**

ram|po|nie|ren (stark beschädigen); er hat den Wagen ramponiert

der **Ramsch** (*umgangssprachlich für:* zusammengewürfelte Warenreste, Schleuderware); **ram|schen** (*umgangssprachlich für:* Ramschware billig aufkaufen); du ramschst; sie ramschte; sie hat geramscht; der **Ramsch|la|den**

ran (*umgangssprachlich für:* heran)

die **Ranch** [rɛntʃ, *auch:* ra:ntʃ] (nordamerikanische Farm); die Ranch[e]s; der **Rancher** (Farmer); des Ranchers; die Rancher

der **Rand;** des Rand[e]s; die Rän|der; sie ist außer Rand und Band; sie wird damit zurande, *auch:* zu Rande kommen

die **Ran|da|le** (Lärm; lautstarker Protest); Randale machen; **ran|da|lie|ren;** du randalierst; sie randalierte; sie hat randaliert; der **Ran|da|lie|rer;** des Randalierers; die Randalierer

rand|voll; randvolle Gläser

der **Rang;** des Rang[e]s; die Rän|ge; der erste, zweite Rang; ein Schauspieler ersten Ranges (von außerordentlicher Bedeutung); eine Sängerin von Rang

die **Ran|ge|lei; ran|geln** (sich balgen; raufen); ich rang[e]le; du rangelst; sie rangelten; sie haben miteinander gerangelt

der **Ran|gier|bahn|hof** [rã:ʒi:r..., *auch:* raŋ-'ʒi:r...]; **ran|gie|ren;** du rangierst; er rangierte; der Lokführer hat den Zug rangiert

die **Rang|ord|nung**

Ran|gun (Hauptstadt Myanmars)

sich **ran|hal|ten** (*umgangssprachlich für:* sich beeilen); du hältst dich ran; sie hielt sich ran; sie hat sich rangehalten

rank (*gehoben für:* schlank); rank und schlank

die **Ran|ke**

die **Rän|ke** (*veraltend für:* Intrigen, Machenschaften) *Plural;* Ränke schmieden

sich **ran|ken;** die Rosen ranken sich; sie haben sich über die Mauer gerankt

ran|las|sen *(umgangssprachlich);* du lässt ihn ran; er ließ ihn ran; er hat ihn nicht rangelassen; sich **ran|ma|chen** *(umgangssprachlich);* du machst dich ran; sie machte sich ran; sie hat sich an ihn rangemacht

der **Ran|zen** (Schultasche); des Ranzens; die Ranzen

ran|zig (verdorben); ranzige Butter

der **Rap** [rɛp] (rhythmischer Sprechgesang in der Popmusik); des Rap[s]; die Raps

ra|pid *oder* **ra|pi|de** (sehr schnell); am rapi|des|ten

der **Rap|pe** (schwarzes Pferd); des/dem/den Rappen; die Rappen

der **Rap|pel** (*umgangssprachlich für:* Zorn, Verrücktheit); des Rappels; die Rappel; **rap|pe|lig** *oder* **rapp|lig;** ein rapp[e]liges Fahrrad; **rap|peln;** du rappelst; sie rappelte; sie hat gerappelt; rapp[e]le doch nicht so!

der **Rap|per** ['rɛpɐ] (Rapsänger); des Rappers; die Rapper; das **Rap|ping** (einen Rap singen, spielen); des Rappings

der **Raps** (eine Ölpflanze); des Rap|ses; die Rap|se

rar; sie hat sich rar gemacht; die **Ra|ri|tät** (Seltenheit); die Ra|ri|tä|ten

ra|sant (sehr schnell); am ra|san|tes|ten; eine rasante Fahrerin; die **Ra|sanz**

rasch; am ra|sches|ten

ra|scheln; die Mäuse rascheln; sie raschelten; sie haben im Stroh geraschelt; rasch[e]le nicht mit dem Papier!

ra|sen (sehr schnell fahren; wüten, toben); du rast; sie raste; sie ist mit ihrem Fahrrad um die Ecke gerast; sie hat vor Wut gerast; rase nicht so!

der **Ra|sen;** des Rasens; die Rasen
ra|send; in rasender Fahrt; der **Ra|ser;** des Rasers; die Raser; die **Ra|se|rei**
der **Ra|sier|ap|pa|rat; ra|sie|ren;** du rasierst; er rasierte; er hat ihn rasiert; rasiere ihn vorsichtig!; sich rasieren; er hat sich gut rasiert; die **Ra|sier|klin|ge**
die **Räson** [rɛˈzõː] (*veraltend für:* Vernunft, Einsicht); jemanden zur Räson bringen; **rä|so|nie|ren** (sich mit vielen Worten über etwas auslassen; ständig schimpfen); du räsonierst; sie räsonierte; sie hat den ganzen Tag räsoniert
die **Ras|pel** (ein Werkzeug); die Raspeln; **raspeln;** du raspelst; sie raspelte; sie hat geraspelt; rasp[e]le die Kanten rund!
die **Ras|se;** ein Pferd von edler Rasse
die **Ras|sel** (Knarre, Klapper); die Rasseln; die **Ras|sel|ban|de** *(scherzhaft);* **ras|seln;** du rasselst; sie rasselte; sie hat mit der Kette gerasselt; rassele *oder* rassle nicht mit dem Schlüsselbund!
ras|sig (temperamentvoll, feurig); ein rassiges Pferd; **ras|sisch** (die Rasse betreffend); rassische Merkmale; der **Ras|sis|mus** (ideologische Voreingenommenheit gegenüber [bestimmten] anderen Menschengruppen oder Völkern); des Rassismus
die **Rast;** Rast machen; ohne Rast und Ruh; **ras|ten;** ich raste; du rastest; sie rastete; sie hat gerastet
der **Ras|ter** (enges Liniennetz zum Zerlegen eines Bildes); des Rasters; die Raster
das **Ras|ter** (Gesamtheit der Lichtpunkte eines Fernsehbildschirms; System von gedanklichen Kategorien); des Rasters; die Raster
rast|los; am rast|lo|ses|ten; die **Rast|lo|sig|keit;** die **Rast|stät|te**
die **Ra|sur;** die Ra|su|ren
der **Rat** (Regierungsrat, Amtsrat); des Rat[e]s; die Rä|te
der **Rat** (Ratschlag); des Rat[e]s; sich [bei jemandem] Rat holen; bei jemandem Rat suchen; sich Rat suchend an jemanden wenden; einem Rat Suchenden, *auch:* Ratsuchenden helfen; jemanden um Rat fragen; jemanden zurate, *auch:* zu Rate ziehen; mit sich selbst zurate, *auch:* zu Rate gehen; jemandem mit Rat und Tat zur Seite stehen
die **Ra|te** (Teilzahlungsbetrag); die Raten
ra|ten; du rätst; sie rät; sie riet; sie hat ihm dazu geraten; rate ihm dazu!
ra|ten|wei|se; eine Rechnung ratenweise bezahlen; die **Ra|ten|zah|lung**
der **Rat|ge|ber;** des Ratgebers; die Ratgeber
das **Rat|haus**
die **Ra|ti|fi|ka|ti|on** (Anerkennung eines völkerrechtlichen Vertrags); **ra|ti|fi|zie|ren;** du ratifizierst; sie ratifizierte; die Regierung hat das Abkommen ratifiziert; die **Ra|ti|fi|zie|rung**
die **Ra|tio** (Vernunft; logischer Verstand); die Ultima Ratio (letztes Mittel); die **Ra|ti|on** (zugeteilte Menge); die Ra|ti|o|nen; **ra|ti|o|nal** (vernünftig, von der Vernunft bestimmt; begrifflich fassbar); rationales Handeln; rationale Zahlen (*Mathematik:* ganze Zahlen und Bruchzahlen); **ra|ti|o|na|li|sie|ren** (wirtschaftlicher gestalten, besonders durch Automatisierung und Einsparungen); du rationalisierst; der Betrieb rationalisierte; wir haben die Arbeitsabläufe rationalisiert; **ra|ti|o|nell** (zweckmäßig, wirtschaftlich); rationelle Methoden; **ra|ti|o|nie|ren** ([in relativ kleine Mengen] einteilen); du rationierst; sie rationierte; man hat das Wasser rationiert; die **Ra|ti|o|nie|rung**
rat|los; am rat|lo|ses|ten; **rat|sam;** der **Rat|schlag**
die **Rat|sche** (Rassel, Klapper); die Ratschen
das **Rät|sel;** des Rätsels; die Rätsel; Rätsel raten; ABER: das Rätselraten; **rät|sel|haft; rät|seln;** ich rätsele; du rätselst; er rätselte; er hat über die Ursache gerätselt
der **Rats|herr**
Rat suchend *vergleiche:* **Rat;** der *und* die **Rat Su|chen|de** *vergleiche:* **Rat**
die **Rat|te;** der **Rat|ten|fän|ger**
rat|tern; der Wagen ratterte; der Wagen hat laut gerattert; der Wagen ist über das holprige Pflaster gerattert
rau; am rau[e]sten; **rau|bei|nig** (grob); ein raubeiniger Kerl; der **Rau|reif**
der **Raub;** des Raub[e]s; die Rau|be; der **Raub|bau;** mit der Gesundheit Raubbau treiben; **rau|ben;** du raubst; sie raubte; sie hat die Handtasche geraubt; raube mir nicht die letzte Hoffnung!; der **Räuber;** des Räubers; die Räuber; **räu|be|risch; räu|bern;** du räuberst; sie räuber-

ten; sie haben alles geräubert; **raub|gie|rig;** die **Raub|ko|pie;** der **Raub|rit|ter;** das **Raub|tier;** der **Raub|über|fall;** der **Raub|vo|gel** (*älter für:* Greifvogel)

der **Rauch;** des Rauch[e]s; **rau|chen;** du rauchst; sie rauchte; sie hat geraucht; rauche nicht so viel!; der **Rau|cher;** des Rauchers; die Raucher; die **Rau|che|rin;** die Raucherinnen; **räu|chern;** du räucherst; sie räucherte; sie hat die Wurst geräuchert; räuchere sie!; **rau|chig** (voller Rauch); rauchige Kneipen; die **Rauch|säu|le;** die **Rauch|wol|ke**

die **Rauch|wa|ren** (Pelzwaren) *Plural*

die **Räu|de** (Krätze, Grind); **räu|dig;** ein räudiger Hund

rauf (*umgangssprachlich für:* herauf, hinauf)

der **Rauf|bold;** des Raufbold[e]s; die Raufbol|de; **rau|fen;** du raufst; er raufte; er hat mit ihm gerauft; raufe nicht mit ihm!; sich raufen; sie rauft sich die Haare; die **Rau|fe|rei; rauf|lus|tig**

rauh, *alte Schreibung für:* **rau;** *vergleiche dort;* der **Rau|haar|da|ckel** (eine Hunderasse); **rauh|bei|nig,** *alte Schreibung für:* **rau|bei|nig;** *vergleiche dort;* die **Rau|heit;** der **Rauh|reif,** *alte Schreibung für:* **Rau|reif**

der **Raum;** des Raum[e]s; die Räu|me; der **Raum|an|zug**

räu|men (etwas entfernen, frei machen); du räumst; sie räumte; sie hat die Wohnung geräumt; räume die Wohnung!

die **Raum|fäh|re;** die **Raum|fahrt;** der **Raum|in|halt;** die **Raum|kap|sel;** die **Raum|leh|re** (Geometrie); **räum|lich;** räumliche Ausdehnung; das **Raum|schiff;** die **Raum|sta|ti|on**

die **Räu|mung;** der **Räu|mungs|ver|kauf**

rau|nen (dumpf, leise sprechen); du raunst; sie raunte; sie hat mir etwas ins Ohr geraunt; das **Rau|nen;** es ging ein Raunen durch die Zuschauer

die **Rau|pe;** der **Rau|pen|schlep|per**

raus (*umgangssprachlich für:* heraus, hinaus)

der **Rau|reif;** des Raureif[e]s

der **Rausch;** die Räu|sche; **rau|schen;** das Wasser rauscht; es rauschte; es hat gerauscht; das **Rausch|gift; rausch|gift|süch|tig**

raus|flie|gen (*umgangssprachlich*); du fliegst raus; er flog raus; er ist rausgeflogen; **raus|kom|men;** sie kommt raus; sie kam raus; sie ist rausgekommen

sich **räus|pern;** du räusperst dich; sie räusperte sich; sie hat sich geräuspert; räuspere dich nicht so laut!

raus|wer|fen (*umgangssprachlich*); sie wirft ihn raus; sie warf den Schlüssel raus; sie hat den Lehrling rausgeworfen (entlassen); rausgeworfenes (unnütz ausgegebenes) Geld

die **Rau|te** (Rhombus); **rau|ten|för|mig**

der *oder* das **Rave** [reɪv] (größere Tanzveranstaltung zu Technomusik); des Rave[s]; die Raves; der **Ra|ver** (jemand, der häufig zu Raves geht); des Ravers; die Raver

die **Ra|vi|o|li** (gefüllte kleine Nudelteigtaschen) *Plural*

die **Raz|zia** (überraschende Fahndungsaktion der Polizei); die Raz|zi|en, *seltener:* Raz|zi|as

das **Re|a|genz|glas** (zylindrisches Röhrchen für Versuche); **re|a|gie|ren** (auf etwas eingehen; eine Wirkung zeigen); du reagierst; sie reagierte; sie hat gut reagiert; reagiere schnell!; die **Re|ak|ti|on** (Rückwirkung, Gegenwirkung; Rückschritt); **re|ak|ti|o|när** (nicht fortschrittlich); reaktionäre Politik; der **Re|ak|ti|o|när;** des Reaktionärs; die Reaktionäre; **re|ak|ti|ons|schnell;** das **Re|ak|ti|ons|ver|mö|gen;** **re|ak|ti|vie|ren** (wieder in Tätigkeit setzen; wieder anstellen); ich reaktiviere; du reaktivierst; er reaktivierte; er hat den Rentner reaktiviert

der **Re|ak|tor** (Atombrenner); des Reaktors; die Re|ak|to|ren

re|al (wirklich; dinglich; sachlich); reale Ziele; **re|a|li|sie|ren** (verwirklichen; erkennen, begreifen); du realisierst; sie realisierte das Vorhaben; sie hat das alles noch nicht realisiert; der **Re|a|lis|mus** (wirklichkeitsnahe Einstellung oder Darstellung); des Realismus; der **Re|a|list;** des/dem/den Re|a|lis|ten; die Re|a|lis|ten; **re|a|lis|tisch;** eine realistische Schilderung; die **Re|a|li|tät** (Wirklichkeit; Gegebenheit); das **Re|a|li|ty-TV** [riˈɛliti tiˈviː] (Fernsehprogramm, das tatsächlich Geschehendes [besonders nach Unglücksfällen] zeigt oder nachstellt); des Reality-TV[s]

die **Re|al|schu|le**
die **Re|be**
der **Re|bell** (Aufständischer); des/dem/den Re|bel|len; die Re|bel|len; **re|bel|lie|ren** (sich auflehnen, widersetzen); du rebellierst; das Volk rebellierte; die Gefangenen haben gegen ihre Behandlung rebelliert; die **Re|bel|li|on; re|bel|lisch**
das **Reb|huhn**
die **Reb|laus;** der **Reb|stock;** die Reb|stö|cke
der **Receiver** [riˈsiːvɐ] (Hochfrequenzteil für Satellitenempfang; Empfänger und Verstärker für Hi-Fi-Wiedergabe); des Receivers; die Receiver
re|chen (harken); du rechst; sie rechte; sie hat die Wiese gerecht; reche das Laub vom Rasen!; der **Re|chen** (Harke); des Rechens; die Rechen
die **Re|chen|auf|ga|be;** das **Re|chen|buch**
die **Re|chen|schaft;** [jemandem] Rechenschaft geben, ablegen
der **Re|chen|schie|ber; rech|nen;** du rechnest; sie rechnete; sie hat gut gerechnet; rechne alles schriftlich!; die **Rech|nung**

recht, das **Recht**

Kleinschreibung:
- ein rechter Winkel
- jetzt erst recht
- das ist mir durchaus recht
- das geschieht ihm recht
- das ist recht und billig
- ich kann ihm nichts recht machen
- ↑rechtens, zurechtfinden usw.

Großschreibung:
- das Recht
- nach Recht und Gewissen
- das besteht zu Recht
- sie ist im Recht
- sie hat ein Recht darauf
- von Rechts wegen
- Recht haben; sie hat Recht
- er wird Recht finden, sprechen
- sie wird Recht behalten, bekommen
- du musst ihr Recht geben
- du bist mir der Rechte
- er ist an den Rechten gekommen
- er will nach dem Rechten sehen
- etwas, nichts Rechtes können, wissen

die **Rech|te** (rechte Hand, rechte Seite); er hält einen Apfel in seiner Rechten; sie sitzt zu meiner Rechten; er traf ihn mit einer blitzschnellen Rechten (*Boxen:* mit der rechten Faust); er gehört der äußersten Rechten (der am weitesten rechts stehenden Partei) an; das **Recht|eck;** des Rechteck[e]s; die Recht|e|cke; **recht|e|ckig; rech|tens** (rechtmäßig, zu Recht); er ist rechtens verurteilt; ihre Kündigung war rechtens, wurde für [nicht] rechtens gehalten; **recht|fer|ti|gen;** er rechtfertigte sein Verhalten; der Erfolg hat den Aufwand gerechtfertigt; du brauchst dich nicht zu rechtfertigen; sich rechtfertigen; sie hat sich [vor ihm] nicht gerechtfertigt; die **Recht|fer|ti|gung; recht|ha|be|risch; recht|lich;** rechtliche Fragen; **recht|mä|ßig;** der rechtmäßige Besitzer; **rechts;** rechts von mir; von rechts nach links; nach rechts hin; sie weiß nicht, was rechts und was links ist; rechts um! (militärisches Kommando); ABER: rechtsum machen; rechts des Rheins
der **Rechts|an|walt;** die **Rechts|an|wäl|tin**
der **Rechts|au|ßen** *(Sport);* des Rechtsaußen; die Rechtsaußen; [als] Rechtsaußen spielen; ABER: der Stürmer spielt rechts außen; **rechts|bün|dig** (von einer gedachten senkrechten Linie rechts begrenzt)
recht|schaf|fen (*veraltend für:* ehrlich und anständig); ein rechtschaffener Kerl; die **Recht|schaf|fen|heit**
recht|schrei|ben; er kann nicht rechtschreiben (er beherrscht die Rechtschreibung nicht); ABER: er kann nicht recht schreiben (er schreibt unbeholfen); der **Recht|schreib|feh|ler;** die **Recht|schreib|re|form;** die **Recht|schrei|bung**
rechts|hän|dig; rechtshändig schreiben; die **Rechts|hän|dig|keit**
rechts|he|r|um; du musst die Schraube rechtsherum (in der rechten Richtung) drehen; ABER: du musst dich nach rechts herumdrehen; die **Rechts|kur|ve**
die **Recht|spre|chung**
rechts|ra|di|kal; eine rechtsradikale Partei; der **Rechts|ra|di|ka|lis|mus**
der **Rechts|staat;** der **Rechts|streit**
rechts|wid|rig; rechtswidriges Handeln
recht|win|ke|lig *oder* **recht|wink|lig;** ein rechtwink[e]liges Dreieck

recht|zei|tig

das **Reck** (ein Turngerät); des Reck[e]s; die Re|cke

der **Re|cke** (Held, Krieger); des/dem/den Recken; die Recken

sich **re|cken;** ich recke mich; sie reckte sich; sie hat sich gereckt

der **Re|cor|der** *vergleiche:* **Re|kor|der**

re|cy|cel|bar [ri'saikl̩...] *oder* **re|cy|c|le|bar** (sich recyceln lassend); recycelbares oder recyclebares Material; **re|cy|celn** *oder* **re|cy|c|len** (einem Recycling zuführen); du recycelst *oder* recyclest; sie recycelte *oder* recyclete; das Altglas wird recycelt *oder* recyclet; das **Re|cy|c|ling** (Aufbereitung und Wiederverwertung von bereits benutzten Rohstoffen); des Recyclings; das **Re|cy|c|ling|pa|pier**

der **Re|dak|teur** [redak'tøːɐ̯] (jemand, der im Verlagswesen, Rundfunk oder Fernsehen Texte zusammenstellt, schreibt, bearbeitet); des Redakteurs; die Re|dakteu|re; die **Re|dak|ti|on** (Tätigkeit des Redakteurs; Abteilung, in der Redakteure arbeiten); **re|dak|ti|o|nell;** die redaktionelle Bearbeitung; der **Re|dak|ti|onsschluss**

die **Re|de;** sie steht Rede und Antwort; ich werde ihn zur Rede stellen; **re|de|gewandt;** die **Re|de|kunst** (Rhetorik); **reden;** du redest; sie redete; sie hat geredet; sie hat gut reden; sie hat von sich reden gemacht (sie hat Aufmerksamkeit erregt); ABER: er brachte sie zum Reden; die **Re|dens|art; red|lich;** die **Red|lichkeit;** der **Red|ner;** des Redners; die Redner; die **Red|ne|rin;** die Rednerinnen; **red|se|lig;** die **Red|se|lig|keit**

die **Re|duk|ti|on** (das Reduzieren); **re|du|zieren** (herabsetzen, einschränken); du reduzierst; er reduzierte; er hat den Preis stark reduziert

die **Ree|de** (Ankerplatz vor dem Hafen); die Reeden; der **Ree|der** (Eigentümer eines Schiffes); des Reeders; die Reeder; die **Ree|de|rei** (Geschäft eines Reeders)

re|ell (anständig, ehrlich; wirklich) eine reelle Chance

das **Re|fe|rat** (Vortrag, Bericht); des Referat[e]s; die Re|fe|ra|te

der **Re|fe|ren|dar** (Anwärter auf die höhere Beamtenlaufbahn); des Referendars; die Re|fe|ren|da|re; die **Re|fe|ren|da|rin;** die Referendarinnen

der **Re|fe|rent** (Berichterstatter; Sachbearbeiter); des/dem/den Re|fe|ren|ten; die Re|fe|ren|ten; die **Re|fe|ren|tin;** die Referentinnen; die **Re|fe|renz** (Beziehung, Empfehlung); er hat gute Referenzen; ↑ABER: Reverenz; **re|fe|rie|ren** (berichten, vortragen); du referierst; sie referierte; sie hat über den Umweltschutz referiert

ref|fen (Segel durch Einrollen verkleinern); du reffst; sie reffte; wir haben die Segel gerefft

re|flek|tie|ren (zurückstrahlen, widerspiegeln; nachdenken, bedenken; interessiert sein an etwas); der Spiegel reflektiert; er hat die Strahlen reflektiert; sie reflektierte lange über diesen Einwand; reflektierst du immer noch auf mein Fahrrad?; der **Re|flek|tor** ([Hohl]spiegel; Rückstrahler); des Reflektors; die Re|flek|to|ren; der **Re|flex** (Rückstrahlung; das Ansprechen der Muskeln auf einen Reiz); des Re|fle|xes; die Re|fle|xe; die **Re|flex|be|we|gung;** die **Re|fle|xi|on** (Rückstrahlung; prüfendes Denken); **re|fle|xiv** (rückbezüglich); reflexive Verben; das **Re|fle|xiv|pro|no|men** (rückbezügliches Fürwort)

die **Re|form** (Umgestaltung; Neuordnung; Verbesserung); die **Re|for|ma|ti|on** (Umgestaltung im kirchlichen Bereich); der **Re|for|ma|ti|ons|tag** (31. Oktober); der **Re|for|ma|tor;** des Reformators; die Re|for|ma|to|ren; **re|form|be|dür|ftig;** das reformbedürftige Schulsystem; das **Re|form|haus** (Geschäft für besonders gesunde Kost); **re|for|mie|ren;** du reformierst; er reformierte; er hat das Gesundheitswesen reformiert

der **Re|f|rain** [re'frɛ̃ː] (Kehrreim); des Refrains; die Refrains

das **Re|fu|gi|um** (Zufluchtsort); des Refugiums; die Refugien

das **Re|gal** (ein Gestell); des Regals; die Re|ga|le

die **Re|gat|ta** (ein Bootswettkampf); die Regatten

Reg.-Bez. = Regierungsbezirk

re|ge; am regs|ten

die **Re|gel;** die Regeln; **re|gel|ge|mäß** (der

Regel entsprechend); **re|gel|los; re|gel|mä|ßig** (in gleichen Zeitabständen wiederkehrend); **re|geln;** du regelst; sie regelte; sie hat die Angelegenheit geregelt; reg[e]le diese Angelegenheit!; **re|gel|recht** (vorschriftsmäßig); die **Re|ge|lung** *oder* **Reg|lung; re|gel|wid|rig;** regelwidriges Überholen; die **Re|gel|wid|rig|keit**

sich **re|gen;** du regst dich; sie regte sich; sie hat sich geregt; rege dich endlich einmal!; sich regen bringt Segen

der **Re|gen;** des Regens; der **Re|gen|bo|gen;** die Regenbogen; das **Re|gen|cape**

die **Re|ge|ne|ra|ti|on** (Neubildung; Neubelebung; Wiederherstellung); die **Re|ge|ne|ra|ti|ons|zeit; re|ge|ne|rie|ren** (erneuern, wiederherstellen); er regenerierte seine Gesundheit; sich regenerieren; die Haut hat sich regeneriert

der **Re|gen|schirm**

der **Re|gent** (Herrscher; Staatsoberhaupt); des/dem/den Re|gen|ten; die Re|gen|ten; die **Re|gen|tin;** die Regentinnen

der **Re|gen|trop|fen;** der **Re|gen|wald;** der tropische Regenwald; der **Re|gen|wurm;** die **Re|gen|zeit**

der **Reg|gae** ['rege *oder* 'rɛgi] (auf Jamaika entstandene Stilrichtung der Popmusik); des Reggae[s]

die **Re|gie** [re'ʒi:] (Spielleitung beim Theater, Film oder Fernsehen)

re|gie|ren; du regierst; sie regierte; sie hat gerecht regiert; die **Re|gie|rung;** der **Re|gie|rungs|sitz;** das **Re|gie|rungs|sys|tem**

das **Re|gime** [re'ʒi:m] (*abwertend für:* [diktatorische] Regierung, Herrschaft); des Regimes; die Re|gi|me [re'ʒi:mə]

das **Re|gi|ment** (Leitung, Herrschaft); des Regiment[e]s; die Re|gi|men|te; ein strenges Regiment führen (streng sein); das **Re|gi|ment** (eine Truppeneinheit); des Regiment[e]s; die Re|gi|men|ter

die **Re|gi|on** (Gebiet, Gegend); **re|gi|o|nal;** regionale Zeitungen; die **Re|gi|o|nal|li|ga** *(Sport)*

der **Re|gis|seur** [reʒɪ'sø:ɐ̯] (Spielleiter beim Theater, Film oder Fernsehen); des Regisseurs; die Re|gis|seu|re; die **Re|gis|seu|rin;** die Regisseurinnen

das **Re|gis|ter** (ein Verzeichnis; Gruppe von Orgelpfeifen, die Töne einer bestimmten Klangfarbe erzeugen); **re|gis|t|rie|ren;** du registrierst; sie registrierte; sie hat die Namen registriert; registriere alle Namen!; die **Re|gis|t|rie|rung**

das **Re|g|le|ment** [reglə'mã:] ([Dienst]vorschrift; Satzung); des Reglements; die Reglements; **re|g|le|men|tie|ren** (durch Vorschriften regeln); du reglementierst; sie reglementierte; sie hat die Pausenzeiten reglementiert; die **Re|g|le|men|tie|rung**

der **Reg|ler;** des Reglers; die Regler

reg|los

die **Reg|lung** *oder* **Re|ge|lung**

reg|nen; es regnet; es regnete; es hat geregnet; **reg|ne|risch;** regnerisches Wetter

der **Re|gress** (Ersatzanspruch; Rückgriff); des Re|gres|ses; die Re|gres|se; die **Re|gres|si|on** (Rückbildung, -bewegung); **re|gres|siv** (zurückgehend; rückschrittlich); die **Re|gress|pflicht**

re|gu|lär (vorschriftsmäßig, üblich); **re|gu|lie|ren** (regeln, einstellen); du regulierst; er regulierte; er hat die Lautstärke reguliert; die **Re|gu|lie|rung**

die **Re|gung; re|gungs|los**

das **Reh;** des Reh[e]s; die Re|he

die **Re|ha** (*kurz für:* Rehabilitation[sklinik]) die Rehas; die **Re|ha|bi|li|ta|ti|on** (Wiedereingliederung einer behinderten Person in die Gesellschaft); das **Re|ha|bi|li|ta|ti|ons|zen|t|rum; re|ha|bi|li|tie|ren** (das soziale Ansehen wiederherstellen); ich rehabilitiere ihn; du rehabilitierst ihn; er rehabilitierte ihn; er hat ihn durch ein Geständnis rehabilitiert; er wurde durch die Aussage rehabilitiert; sich rehabilitieren; die Mannschaft hat sich durch ihren Sieg rehabilitiert; die **Re|ha|bi|li|tie|rung**

der **Reh|bock**

die **Rei|be;** das **Reib|ei|sen; rei|ben;** du reibst; er reibt; er rieb; er hat die Möhren gerieben; reibe die Möhren!; etwas blank reiben; die **Rei|be|rei** (kleine Streitigkeit) *meist Plural;* die **Rei|bung; rei|bungs|los;** am rei|bungs|lo|ses|ten

reich; ein reicher Mann; ABER: Arm und Reich (*veraltet für:* jedermann); Arme und Reiche; der Arme und der Reiche; der reich geschmückte, reich verzierte Altar; der Altar war reich geschmückt, reich verziert

A B C D E F G H I J K L M N O P Q R S T U V W X Y Z

das **Reich;** des Reich[e]s; die Rei|che; das Römische Reich; das Reich Gottes

rei|chen; du reichst; sie reichte; sie hat mir die Schüssel gereicht; reiche mir den Salat!

reich|hal|tig; reichhaltige Auswahl; **reich|lich**

der **Reichs|tag;** das **Reichs|tags|ge|bäu|de**

der **Reich|tum;** des Reichtums; die Reich|tümer

die **Reich|wei|te**

reif; reife Früchte

der **Reif** (gefrorener Tau); des Reif[e]s

der **Reif** (*gehoben für:* Ring; Spielzeug); des Reif[e]s; die Rei|fe

rei|fen; das Obst reift; das Obst reifte; das Obst ist gereift

rei|fen (Reif ansetzen); es reifte; es hat heute Nacht gereift

der **Rei|fen;** des Reifens; die Reifen; die **Rei-fen|pan|ne**

die **Rei|fe|prü|fung** (Abitur); das **Rei|fe|zeug-nis** (Abiturzeugnis)

reif|lich; nach reiflicher Überlegung

die **Reif|ung;** der **Rei|fungs|pro|zess**

der **Rei|gen** (Tanz); des Reigens; die Reigen

die **Rei|he;** etwas ist in der Reihe, außer der Reihe; an der Reihe sein; an die Reihe kommen; in Reih und Glied stehen; **rei-hen** (in einer Reihe ordnen); du reihst; sie reihte; sie hat die Perlen auf eine Schnur gereiht; **rei|hen** (mit großen Stichen provisorisch heften); sie reihte *oder (landschaftlich und in der Fachsprache)* sie rieh; sie hat den Saum gereiht *oder* geriehen; die **Rei|hen|fol|ge;** das **Rei|hen|haus; rei|hen|wei|se**

der **Rei|her** (ein Storchvogel); des Reihers; die Reiher

reih|um; die Büchse geht reihum

die **Rei|hung**

der **Reim;** des Reim[e]s; die Rei|me; **rei|men;** du reimst; sie reimte; sie hat gereimt; reime etwas!; sich reimen; die Wörter reimten sich

der **Re|im|port** (Wiedereinfuhr); **re|im|por-tie|ren;** die Firma reimportierte Medikamente; sie hat Medikamente reimportiert; das Auto wurde reimportiert

rein; reine Luft; die reine Wahrheit; ABER: etwas Reines anziehen; ins Reine bringen, kommen, schreiben; mit jemandem, mit etwas im Reinen sein; die Wäsche rein (sauber) waschen; ABER: sich reinwaschen (seine Unschuld beweisen); das Zimmer rein halten, rein machen; ABER: das große Rein[e]machen; ein rein goldener, *auch:* reingoldener Ring; ein rein seidener, *auch:* reinseidener Schal; die Mütze ist rein wollen, *auch:* reinwollen

rein (*umgangssprachlich für:* herein, hinein)

Rei|ne|ke Fuchs (Name des Fuchses in der Tierfabel)

der **Rein|fall; rein|fal|len** (*umgangssprachlich für:* hereinfallen); du fällst rein; er fiel [in das Loch] rein; er ist [auf sie] reingefallen

die **Rein|heit; rei|ni|gen;** du reinigst; er reinigte; er hat das Kleid gereinigt; reinige es!; die **Rei|ni|gung; rein|lich; rein|ras|sig;** reinrassige Hunde; die **Rein|schrift; rein-wa|schen** (von einer Schuld, einem Verdacht befreien); ihre Aussage hat ihn reingewaschen; ↑ABER: rein

das **Reis** (ein Zweiglein); des Rei|ses; die Reiser

der **Reis** (ein Getreide); des Rei|ses; der **Reis-brei**

die **Rei|se;** das **Rei|se|bü|ro; rei|se|fer|tig;** reisefertige Urlauber; **rei|se|lus|tig; rei|sen;** du reist; sie reiste; sie ist nach Italien gereist; reise doch mit der Bahn!; der **Rei-sen|de;** ein Reisender; die Reisenden; zwei Reisende; die **Rei|sen|de;** eine Reisende; der **Rei|se|pass;** die Rei|se|päs|se

das **Rei|sig;** des Reisigs; der **Rei|sig|be|sen;** das **Rei|sig|bün|del**

der **Reiß|aus;** *nur in:* Reißaus nehmen (*umgangssprachlich für:* davonlaufen)

das **Reiß|brett; rei|ßen;** du reißt; sie reißt; sie riss; sie hat es in Stücke gerissen; reiße nicht daran!; **rei|ßend;** der reißende Strom; reißende Schmerzen; der **Rei|ßer** (*umgangssprachlich für:* spannender Kriminalfilm oder -roman); des Reißers; die Reißer; der **Reiß|na|gel;** der **Reiß|ver-schluss;** das **Reiß|ver|schluss|sys|tem,** *auch:* **Reiß|ver|schluss-Sys|tem** (Einordnungsverfahren im Straßenverkehr); die **Reiß|zwe|cke**

rei|ten; du reitest; sie reitet; sie ritt; sie ist über die Wiesen geritten; sie hat dieses Pferd sehr gerne geritten; reite vorsichtig!; der **Rei|ter;** des Reiters; die Reiter; die **Rei|te|rin;** die Reiterinnen; das **Reit|pferd**

der **Reiz;** des Rei|zes; die Rei|ze; **reiz|bar;** die **Reiz|bar|keit; rei|zen;** du reizt sie; er reizt sie; er hat sie gereizt; reize sie nicht!; **reizend** (besonders hübsch, angenehm); ein reizendes Mädchen; **reiz|los; reizvoll;** reizvolle Landschaften

die **Re|ka|pi|tu|la|ti|on** (Wiederholung, Zusammenfassung); **re|ka|pi|tu|lie|ren;** du rekapitulierst; sie rekapitulierte; sie hat den Prüfungsstoff rekapituliert

sich **re|keln** *oder* sich **rä|keln** (sich mit Behagen dehnen und strecken); ich rek[e]le *oder* räk[e]le mich; du rekelst *oder* räkelst dich; sie rekelte *oder* räkelte sich; sie hat sich gerekelt *oder* geräkelt

die **Re|kla|ma|ti|on** (Beanstandung); die **Re|kla|me** (Werbung); **re|kla|mie|ren** (beanstanden); du reklamierst; sie reklamierte; sie hat den Schaden reklamiert; reklamiere die Rechnung!

re|kon|s|t|ru|ie|ren (in seiner ursprünglichen Form erschließen und darstellen oder wiederherstellen); du rekonstruierst; sie rekonstruierte den Unfall; sie hat den antiken Tempel rekonstruiert; die **Re|kon|s|t|ruk|ti|on** (Wiederherstellung, Nachbildung)

der **Re|kord** (Bestleistung); des Rekords; die Re|kor|de; der **Re|kor|der,** *auch:* **Re|corder** (Gerät zur Aufzeichnung und Wiedergabe von Bild- und Tonaufnahmen); des Rekorders, *auch:* Recorders; die Rekorder, *auch:* Recorder

der **Re|k|rut** (Soldat in der ersten Ausbildungszeit); des/dem/den Re|k|ru|ten; die Re|k|ru|ten; sich **re|k|ru|tie|ren** (zusammensetzen, zusammenstellen, beschaffen); du rekrutierst; er rekrutierte; er hat sein Team aus jungen Fachleuten rekrutiert

der **Rek|tor** (Leiter einer [Hoch]schule); des Rektors; die Rek|to|ren; das **Rek|to|rat** (Amt[szeit], Amtszimmer eines Rektors); des Rektorat[e]s; die Rek|to|ra|te; die **Rek|to|rin;** die Rektorinnen

das **Re|lais** [rəˈlɛː] (elektrische Schalteinrichtung); des Relais [rəˈlɛː *oder* rəˈlɛːs]; die Relais [rəˈlɛːs]

die **Re|la|ti|on** (Beziehung, Verhältnis); **re|la|tiv** (bezüglich; verhältnismäßig; vergleichsweise); sie ist relativ reich; die **Re|la|ti|vi|tät;** das **Re|la|tiv|pro|no|men** (bezügliches Fürwort); der **Re|la|tiv|satz** (Gliedsatz mit Relativpronomen)

re|la|xen [riˈlɛksn̩] (*umgangssprachlich für:* sich entspannen); du relaxt; er relaxte; er hat den ganzen Tag relaxt; eine relaxte Atmosphäre; das **Re|la|xing** (das Relaxen); des Relaxings

re|le|vant (bedeutsam, wichtig); die **Re|le|vanz;** dieses Thema ist von [großer] Relevanz

das **Re|li|ef** (über eine Fläche hervortretendes Bildwerk); die Reliefs *oder* Re|li|e|fe

die **Re|li|gi|on;** der **Re|li|gi|ons|un|ter|richt; re|li|gi|ös;** am re|li|gi|ö|ses|ten; die **Re|li|gi|o|si|tät**

Beachte: Während das häufig gebrauchte Adjektiv *religiös* mit *ö* geschrieben wird, schreibt man das dazugehörige Substantiv ohne Umlaut: *Religiosität.*

das **Re|likt** (Rest; Überbleibsel); des Relikt[e]s; die Re|lik|te

die **Re|ling** (Schiffsgeländer); die Relings

die **Re|li|quie** (Überrest, Gegenstand von Heiligen; kostbares Andenken); die Re|li|qui|en; der **Re|li|qui|en|schrein**

re|mis [rəˈmiː] (unentschieden); das Spiel endete remis; ABER: das **Re|mis** (unentschiedenes Spiel); des Remis [rəˈmiː *oder* rəˈmiːs]; die Remis [rəˈmiːs] *oder* Re|mi|sen

die **Re|mou|la|de** [remuˈlaːdə] (Kräutermajonäse); die Remouladen; die **Re|mou|la|den|so|ße,** *auch:* **Re|mou|la|den|sau|ce**

die **Rem|pe|lei; rem|peln;** du rempelst; sie rempelte; sie hat gerempelt

das **Ren** [reːn *oder* rɛn] (eine Hirschart); des Rens; die Re|ne *oder* Rens [rɛns]

die **Re|nais|sance** [rənɛˈsãːs] (Wiedergeburt; Erneuerung); der **Re|nais|sance|stil**

das **Ren|dez|vous** [rãdeˈvuː] (Verabredung, Begegnung); des Rendezvous [rãdeˈvuː *oder* rãdeˈvuːs]; die Rendezvous [rãdeˈvuːs]

die **Renn|bahn; ren|nen;** du rennst; sie rannte; sie ist gerannt; renne nach Hause!; das **Ren|nen;** des Rennens; die Rennen; der **Renn|fah|rer;** das **Renn|rad;** der **Renn|wa|gen** das **Re|nom|mee** ([guter] Ruf); des Renommees; die Renommees; **re|nom|mie|ren** (prahlen, angeben); du renommierst; er hat mit seinem Zeugnis renommiert; renommiere nicht so!

re|no|vie|ren (erneuern, instand setzen); du renovierst; sie renovierte; sie hat ihr Haus renoviert; renoviere das Zimmer!; die **Re|no|vie|rung**

ren|ta|bel (zinstragend; einträglich); ein ren|ta|b|les Geschäft; die **Ren|ta|bi|li|tät**

die **Ren|te;** sich **ren|tie|ren** (sich lohnen); es rentierte sich [nicht]; das Geschäft hat sich rentiert; der **Rent|ner;** des Rentners; die Rentner; die **Rent|ne|rin;** die Rentnerinnen

re|pa|ra|bel (sich reparieren lassend); repa|ra|b|le Schäden; die **Re|pa|ra|tur;** die Re|pa|ra|tu|ren; **re|pa|ra|tur|be|dürf|tig;** die **Re|pa|ra|tur|werk|statt; re|pa|rie|ren;** du reparierst; er reparierte; er hat das Auto repariert; repariere den Abfluss!

das **Re|per|toire** [repɛrˈto̯aːɐ̯] (Vorrat einstudierter Bühnenrollen, Kompositionen); des Repertoires; die Repertoires

re|pe|tie|ren (wiederholen); du repetierst; sie repetierte; sie hat das Kapitel repetiert; die **Re|pe|ti|ti|on**

die **Re|p|lik** (Erwiderung; Nachbildung)

der **Re|port** (Bericht); des Report[e]s; die Repor|te; die **Re|por|ta|ge** [repɔrˈtaːʒə] (Berichterstattung über ein aktuelles Ereignis); die Reportagen; der **Re|por|ter** (Berichterstatter); des Reporters; die Reporter; die **Re|por|te|rin;** die Reporterinnen

der **Re|prä|sen|tant** (Vertreter, Abgeordneter); des/dem/den Re|prä|sen|tan|ten; die Re|prä|sen|tan|ten; die **Re|prä|sen|ta|ti|on** (standesgemäßes Auftreten; gesellschaftlicher Aufwand); **re|prä|sen|ta|tiv** (vertretend; typisch; wirkungsvoll); eine repräsentative Demokratie; repräsentative Umfragen; **re|prä|sen|tie|ren** (vertreten; standesgemäß auftreten); du repräsentierst; sie repräsentierte; sie hat ihre Firma repräsentiert

die **Re|pres|sa|lie** (Druckmittel, Vergeltungsmaßnahme); die Re|pres|sa|li|en *meist Plural;* die **Re|pres|si|on** (Unterdrückung); die Re|pres|si|o|nen; **re|pres|siv;** repressive Maßnahmen

die **Re|pro|duk|ti|on** (Wiedergabe, Nachbildung; Vervielfältigung; Fortpflanzung); **re|pro|du|zie|ren;** du reproduzierst; er reproduzierte; er hat die Bilder reproduziert

das **Rep|til** (Kriechtier); des Reptils; die Rep|ti|li|en, *selten:* Rep|ti|le

die **Re|pu|b|lik** (eine Staatsform); die Re|pu|b|li|ken; die Berliner Republik; der **Re|pu|b|li|ka|ner;** des Republikaners; die Republikaner; **re|pu|b|li|ka|nisch;** die republikanische Staatsform; republikanische Parteien; ABER: die Republikanische Partei in den USA

die **Re|pu|ta|ti|on** ([guter] Ruf, Ansehen)

das **Re|qui|em** (Totenmesse); des Requiems; die Requiems

das **Re|qui|sit** (Zubehör, besonders bei Bühne und Film); des Requisit[e]s; die Re|qui|si|ten

das **Re|ser|vat** (Ureinwohnern zugewiesenes und vorbehaltenes Gebiet; eingegrenztes Gebiet zum Schutz bestimmter Tierarten); des Reservat[e]s; die Re|ser|va|te; die **Re|ser|ve** (Vorrat; Ersatz, Ersatzmannschaft; Zurückhaltung); sie hat etwas in Reserve; **re|ser|vie|ren** (aufbewahren; vormerken); du reservierst; sie reservierte; sie hat Plätze reserviert; reserviere mir einen Platz!; der **Re|ser|vist** (Soldat der Reserve); des/dem/den Re|ser|vis|ten; die Re|ser|vis|ten; das **Re|ser|voir** [rezɛrˈvo̯aːɐ̯] (Sammelbecken; Reservebestand); des Reservoirs; die Re|ser|voi|re

die **Re|si|denz** (Wohnsitz des Staatsoberhauptes, des Fürsten oder des Bischofs); die Re|si|den|zen; **re|si|die|ren** (seinen Wohnsitz haben); du residierst; sie residierte; sie hat in Berlin residiert

die **Re|si|g|na|ti|on** (Verzicht; Schicksalsergebenheit); **re|si|g|nie|ren** (entmutigt aufgeben); du resignierst; er resignierte; er hat längst resigniert; **re|si|g|niert** (mutlos, niedergeschlagen); mit resignierter Miene

re|sis|tent (widerstandsfähig); resistente Bakterien; die **Re|sis|tenz**

re|so|lut (entschlossen, tatkräftig); am re|so|lu|tes|ten; eine resolute Person; die **Re|so|lu|ti|on** (von einer Versammlung beschlossene öffentliche Erklärung, die bestimmte Forderungen enthält); die Re|so|lu|ti|o|nen

die **Re|so|nanz** (das Mitschwingen, Mittönen; Widerhall, Zustimmung)

der **Re|s|pekt** (Rücksicht, Achtung); des Respekt[e]s; **re|s|pek|ta|bel** (ansehnlich); eine re|s|pek|ta|b|le Größe; **re|s|pek|tie|ren;** du respektierst sie; er respektierte sie; er hat sie respektiert; respektiere ihn!; **re|s|pekt|los; re|s|pekt|voll**

das **Res|sort** [rɛˈsoːɐ̯] (Aufgabenbereich; Abteilung); des Ressorts; die Ressorts

die **Res|sour|ce** [rɛˈsʊrsə] (Rohstoffquelle; Geldmittel) *meist Plural;* knappe Ressourcen

der **Rest;** des Rest[e]s; die Res|te

das **Re|s|tau|rant** [rɛstoˈrãː] (Gaststätte); des Restaurants; die Restaurants; die **Re|s|tau|ra|ti|on** (Wiederherstellung); der **Re|s|tau|ra|tor** (Wiederhersteller [von Kunstwerken]); des Restaurators; die Re|s|tau|ra|to|ren; die **Re|s|tau|ra|to|rin;** die Restauratorinnen; **re|s|tau|rie|ren** (wiederherstellen); du restaurierst; er restaurierte; er hat das Bild restauriert; restaurier[e] es!

rest|lich; das restliche Geld; ABER: alles Restliche erledigen wir später; **rest|los**

die **Re|s|t|rik|ti|on** (Einschränkung); **re|s|t|rik|tiv;** restriktive Maßnahmen

das **Re|sul|tat** (Ergebnis); des Resultat[e]s; die Re|sul|ta|te; **re|sul|tie|ren** (sich [als Schlussfolgerung] ergeben; folgen); es resultierte; daraus hat ein Verlust resultiert

das **Re|sü|mee** (Zusammenfassung); des Resümees; die Resümees

die **Re|tor|te** (ein Laborgefäß); die Retorten; das **Re|tor|ten|ba|by** (durch künstliche Befruchtung außerhalb des Mutterleibes entstandenes Kind)

re|tour [reˈtuːɐ̯] (*landschaftlich für:* zurück); etwas retour schicken

re|t|ro|s|pek|tiv (rückschauend); die **Re|t|ro|s|pek|ti|ve**

ret|ten; du rettest; sie rettete; sie hat ihn gerettet; rette ihn!; sich retten; rette sich, wer kann!; der **Ret|ter;** des Retters; die Retter; die **Ret|tung;** das **Ret|tungs|boot; ret|tungs|los;** sie waren rettungslos verloren; das **Ret|tungs|schwim|men**

der **Ret|tich** (rübenförmige Pflanze und deren essbare Wurzel); des Rettichs; die Ret|ti|che

der **Re|turn** [riˈtøːɐ̯n] (nach dem Aufschlag des Gegners zurückgeschlagener Ball beim [Tisch]tennis); des Returns; die Returns

die **Re|tu|sche** (Nachbesserung [von Fotografien]); die Retuschen; **re|tu|schie|ren;** ich retuschier[e]; du retuschierst; er retuschierte; er hat das Foto retuschiert

die **Reue; reu|en;** es reut ihn; es reute ihn; seine Tat hat ihn gereut; **reu|e|voll; reu|ig;** reuige Sünder; **reu|mü|tig**

die **Reu|se** (ein Korb zum Fischfang)

die **Re|van|che** [reˈvãːʃ *oder* reˈvãːʃə] (Vergeltung, Rache); die Revanchen; das **Re|van|che|foul** *(Sport);* sich **re|van|chie|ren** [revãˈʃiːrən] (sich rächen; sich erkenntlich zeigen); du revanchierst dich; sie hat sich revanchiert; revanchier[e] dich dafür!

die **Re|ve|renz** (Hochachtung; Verbeugung); die Re|ve|ren|zen; jemandem [die, seine] Reverenz erweisen; ↑ABER: Referenz

das *oder* der **Re|vers** [reˈveːɐ̯] (Aufschlag an Mantel oder Jacke); des Revers [reˈveːɐ̯ *oder* reˈveːɐ̯s]; die Revers [reˈveːɐ̯s]

re|ver|si|bel (umkehrbar); re|ver|si|b|le Prozesse; die **Re|ver|si|bi|li|tät**

re|vi|die|ren (durchsehen, überprüfen; korrigieren); du revidierst; sie revidierte; sie hat das Gepäck revidiert; revidier[e] dein Urteil!; die **Re|vi|si|on** (Nachprüfung; Änderung)

das **Re|vier** (Bezirk, Gebiet); des Reviers; die Re|vie|re; der **Re|vier|förs|ter**

das **Re|vi|val** [riˈvaivl̩] (Erneuerung, Wiederbelebung); des Revivals; die Revivals

die **Re|vol|te** (Empörung, Aufruhr); **re|vol|tie|ren;** du revoltierst; die Gefangenen revoltierten; sie haben revoltiert; die **Re|vo|lu|ti|on** (Umsturz); **re|vo|lu|ti|o|när;** revolutionäre Ideen; der **Re|vo|lu|ti|o|när;** des Revolutionärs; die Re|vo|lu|ti|o|nä|re

der **Re|vol|ver;** des Revolvers; die Revolver

die **Re|vue** [reˈvyː] (Zeitschrift; musikalisches Bühnenstück); die Re|vu|en; etwas, jemanden Revue passieren (vor seinem inneren Auge vorbeiziehen) lassen

Reyk|ja|vik [ˈraikjaviːk, *auch:* ˈreikjaviːk] (Hauptstadt Islands)

der **Re|zen|sent** (Verfasser einer Rezension);

des/dem/den Re|zen|sen|ten; die Re|zen|sen|ten; die **Re|zen|sen|tin;** die Rezensentinnen; **re|zen|sie|ren;** du rezensierst; er rezensierte; er hat die Aufführung rezensiert; die **Re|zen|si|on** (kritische Besprechung von Büchern, Theateraufführungen und anderem)

das **Re|zept** (ärztliche Verordnung; Kochvorschrift); des Rezept[e]s; die Re|zep|te

die **Re|zep|ti|on** (das Erfassen, Aufnehmen und Übernehmen; Empfangsbüro in einem Hotel)

die **Re|zes|si|on** (Verminderung des wirtschaftlichen Wachstums)

re|zi|p|rok (wechselseitig; gegenseitig; aufeinander bezüglich); reziproker Wert (*Mathematik:* Kehrwert); die **Re|zi|p|ro|zi|tät**

die **Re|zi|ta|ti|on** (künstlerischer Vortrag einer Dichtung); der **Re|zi|ta|tor** (jemand, der rezitiert); des Rezitators; die Re|zi|ta|to|ren; **re|zi|tie|ren;** ich rezitier[e]; du rezitierst; er rezitierte; er hat Balladen rezitiert

der **Rha|bar|ber;** des Rhabarbers

die **Rhap|so|die** (erzählendes Gedicht; Heldenlied; ein Musikstück); die Rhap|so|di|en; die Ungarische Rhapsodie (Musikstück von Franz Liszt)

der **Rhein** (ein Strom); des Rhein[e]s; der **Rhein|fall** (bei Schaffhausen, Schweiz); **rhei|nisch;** rheinischer Frohsinn; die rheinische Tiefebene; ABER: Rheinischer Merkur (eine Wochenzeitung); das Rheinische Schiefergebirge; das **Rhein|land;** der **Rhein|län|der;** des Rheinländers; die Rheinländer; die **Rhein|län|de|rin;** die Rheinländerinnen; **Rhein|land-Pfalz; rhein|land-pfäl|zisch**

der **Rhe|sus|fak|tor** (*Medizin:* erbliches Merkmal der roten Blutkörperchen; *kurz:* Rh-Faktor; *Zeichen:* Rh = Rhesusfaktor positiv, rh = Rhesusfaktor negativ)

die **Rhe|to|rik** (Redekunst); **rhe|to|risch;** eine rhetorische Frage (Frage, auf die keine Antwort erwartet wird)

das **Rheu|ma** (*kurz für:* Rheumatismus); des Rheumas; **rheu|ma|tisch;** rheumatische Beschwerden; der **Rheu|ma|tis|mus** (eine schmerzhafte Erkrankung der Gelenke, Muskeln, Nerven und Sehnen); des Rheumatismus; die Rheumatismen

das **Rhi|no|ze|ros** (Nashorn); des Rhinozeros *oder* Rhinozerosses; die Rhinozerosse

der, *auch* das **Rho|do|den|d|ron** (eine Zierpflanze); des Rhododendrons; die Rhododendren

Rho|dos (Insel im Mittelmeer)

das **Rhom|bo|id** (*Mathematik:* Parallelogramm mit paarweise ungleichen Seiten); des Rhomboid[e]s; die Rhom|bo|i|de; der **Rhom|bus** (gleichseitiges Parallelogramm, Raute); des Rhombus; die Rhomben

die **Rho|ne** (französischer Fluss)

die **Rhyth|mik** (Art des Rhythmus; Lehre vom Rhythmus); **rhyth|misch** (den Rhythmus betreffend, gleichmäßig, taktmäßig); rhythmische Sportgymnastik; der **Rhyth|mus** (geregelter Wechsel; Zeit-, Ebenmaß; taktmäßige Gliederung); des Rhythmus; die Rhythmen

Ri|ad (Hauptstadt Saudi-Arabiens)

rich|ten; du richtest; er richtete; er hat die Antenne gerichtet; richt[e] die Antenne!; sich nach etwas richten; er hat sich nach euch zu richten!; der **Rich|ter;** des Richters; die Richter; die **Rich|te|rin;** die Richterinnen; das **Richt|fest**

rich|tig

Groß schreibt man die Substantivierung:
- es ist das Richtige (richtig)[,] zu gehen
- das ist genau das Richtige für mich
- wir halten es für das Richtige, dass du gehst
- er hat das Richtige getan
- du bist mir der Richtige

Vom folgenden Verb oder Partizip wird »richtig« in der Regel getrennt geschrieben:
- richtig gehen; eine Uhr, die richtig geht; eine richtig gehende Uhr; ↑ABER: richtiggehend
- richtig stellen; er will die Behauptung richtig stellen (berichtigen); sie hat den Irrtum richtig gestellt; er hat die Vase wieder richtig (an den richtigen Platz) gestellt

rich|tig|ge|hend; das war eine richtiggehende (durchaus so zu nennende) Blamage; ↑ABER: richtig; die **Rich|tig|keit;** damit hat es seine Richtigkeit (das ist richtig, das soll so sein); **rich|tig stel|len** *vergleiche:* **rich|tig;** die **Richt|li|nie;** die **Rich|tung; rich|tungs|wei|send** *oder* **rich|tung|wei|send;** eine richtung[s]weisende Entscheidung

die **Ri|cke** (weibliches Reh); die Ricken

rie|chen; du riechst; er riecht; er roch; er hat das Gas gerochen; riech[e] mal!

das **Ried** (Schilf, Röhricht); des Ried[e]s; die Rie|de

die **Rie|ge** (Turnerabteilung)

der **Rie|gel;** des Riegels; die Riegel

der **Rie|men;** des Riemens; die Riemen

der **Rie|se;** des/dem/den Riesen; die Riesen; **rie|sen|groß; rie|sig**

rie|seln; der Kalk rieselte; der Kalk ist von den Wänden gerieselt

der **Ries|ling** (eine Reb- und Weinsorte); des Rieslings; die Ries|lin|ge

das **Riff** (Felsenklippe; Sandbank); des Riff[e]s; die Rif|fe

rif|feln ([Flachs] kämmen; aufrauen); ich riff[e]le; du riffelst; sie riffelte; sie hat die Flachsstängel geriffelt

ri|gid *oder* **ri|gi|de** (streng; unnachgiebig); rigide Verbote; die **Ri|gi|di|tät**

ri|go|ros (streng, rücksichtslos); am ri|go|ro|ses|ten; die **Ri|go|ro|si|tät**

die **Rik|scha** (zweirädriger Wagen zur Personenbeförderung, der von einem Menschen gezogen wird); die Rikschas

die **Ril|le**

das **Rind;** des Rind[e]s; die Rin|der

die **Rin|de**

das **Rind|fleisch;** das **Rind|vieh**

der **Ring;** des Ring[e]s; die Rin|ge; das **Ring|buch;** der **Ring|fin|ger**

rin|geln; die Katze ringelte den Schwanz; die Katze hat den Schwanz geringelt; sich ringeln; die Schlange ringelte sich am Boden; die **Rin|gel|nat|ter**

rin|gen; du ringst; sie ringt; sie rang; sie hat um ihr Leben gerungen; ring[e] mit ihm!; das **Rin|gen;** der **Rin|ger;** des Ringers; die Ringer; **ring|för|mig;** ringförmige Mauern; der **Ring|kampf;** der **Ring|rich|ter** (beim Boxen)

rings; rings|he|r|um; rings|um; ringsum (ringsherum) läuft ein Geländer; ringsum (überall) stehen Sträucher; ABER: rings (in einem Kreis, Bogen) um den See standen Bäume

die **Rin|ne; rin|nen;** das Blut rinnt; das Blut rann; das Blut ist aus der Wunde geronnen; das **Rinn|sal** (kleiner Bach); des Rinnsal[e]s; die Rinn|sa|le; der **Rinn|stein** (Gosse)

Rio de Ja|nei|ro [ˈriːo deː ʒaˈneːro] (Stadt in Brasilien)

der **Rio de la Pla|ta** (Fluss in Südamerika)

die **Rip|pe;** der **Rip|pen|bruch**

das **Ri|si|ko** (Wagnis); des Risikos; die Risiken *oder* Risikos; **ri|si|ko|freu|dig; ri|si|ko|los;** risikolose Sportarten; **ris|kant** (gefährlich, gewagt); am ris|kan|tes|ten; **ris|kie|ren;** du riskierst es; er riskierte es; er hat es riskiert; riskier[e] es!

die **Ris|pe** (ein Blütenstand)

der **Riss;** des Ris|ses; die Ris|se; **riss|fest; ris|sig;** rissiges Mauerwerk

der **Rist** (Fußrücken, Spann; *Turnen:* Handrücken); des Ris|tes; die Ris|te

der **Ritt;** des Ritt[e]s; die Rit|te; der **Rit|ter;** des Ritters; die Ritter; die **Rit|ter|burg; rit|ter|lich;** der **Rit|ter|or|den; ritt|lings** (im Reitersitz); rittlings auf dem Stuhl sitzen

das **Ri|tu|al** ([religiöser] Brauch; Zeremoniell); des Rituals; die Ri|tu|a|le; **ri|tu|ell** (zum Ritus gehörend); rituelle Gebete; der **Ri|tus** (gottesdienstlicher [Fest]brauch; Zeremoniell); des Ritus; die Riten

der **Ritz** (Kerbe, Schramme); des Rit|zes; die Rit|ze; die **Rit|ze** (sehr schmale Spalte oder Vertiefung); die Ritzen; **rit|zen;** du ritzt; er ritzt; er ritzte; er hat seinen Namen in das Holz geritzt; ritz[e] deinen Namen in das Holz!; sich ritzen; ich habe mich an dem Nagel geritzt

der **Ri|va|le** (Nebenbuhler, Mitbewerber); des/dem/den Rivalen; die Rivalen; die **Ri|va|lin;** die Rivalinnen; **ri|va|li|sie|ren** (um den Vorrang kämpfen); ich rivalisiere; du rivalisierst; er rivalisierte mit seinem Bruder; sie haben ständig rivalisiert; die **Ri|va|li|tät**

die **Ri|vi|e|ra** (Küstengebiet am Mittelmeer)

das **Ri|zi|nus|öl**

das **Roast|beef** [ˈroːstbiːf] (Rostbraten); des Roastbeefs; die Roastbeefs

die **Rob|be** (ein Seesäugetier); **rob|ben** (wie eine Robbe kriechen); du robbst; er robbte; er ist durch das Gras gerobbt; robb[e] in Deckung!

die **Ro|be** (Amtstracht für Richter, Anwälte, Professoren und Geistliche); die Roben

der **Ro|bo|ter** (elektronisch gesteuerter Automat); des Roboters; die Roboter

ro|bust (stämmig; unempfindlich); am ro|bus|tes|ten; eine robuste Gesundheit; die **Ro|bust|heit**

die **Ro|cha|de** [rɔˈxa:də, *auch:* rɔˈʃa:də] (Doppelzug von König und Turm beim Schach); die Rochaden

rö|cheln; ich röch[e]le; du röchelst; er röchelte; er hat geröchelt

der **Ro|chen** (ein Seefisch); des Rochens; die Rochen

der **Rock;** des Rock[e]s; die Rö|cke

der **Rock** (*kurz für:* Rockmusik); des Rock[s]; der **Ro|cker** (Angehöriger einer [jugendlichen] Motorradbande); des Rockers; die Rocker; die **Ro|cker|ban|de;** die **Rock-mu|sik** (laute, stark rhythmische Unterhaltungsmusik)

die **Ro|del|bahn; ro|deln;** du rodelst; sie rodelte; sie hat den ganzen Nachmittag gerodelt; sie ist über den Abhang gerodelt; rod[e]le mit uns!; der **Ro|del|schlit|ten**

ro|den; du rodest; er rodete; er hat das Waldstück gerodet; rode dieses Waldstück!; die **Ro|dung**

der *oder* das **Ro|deo** (Reiterschau der Cowboys in den USA); des Rodeos; die Rodeos

der **Ro|gen** (die Fischeier); des Rogens; die Rogen

der **Rog|gen** (ein Getreide); des Roggens; das **Rog|gen|brot**

roh; ein roh behauener Stein; ein roh bearbeiteter Stein; ABER: die Arbeit ist im Rohen (in großen Zügen) fertig; der **Rohbau;** die Rohbauten; die **Roh|heit;** die **Roh|kost;** der **Roh|ling** (*abwertend für:* roher Mensch); des Rohlings; die Roh|linge; das **Roh|öl**

das **Rohr;** des Rohr[e]s; die Roh|re; *Verkleinerungsform:* das Röhrchen; die **Röh|re;** die Röhren; das **Röh|richt** (Schilfdickicht); des Röhrichts; die Röh|rich|te

röh|ren (*vom Hirsch:* brüllen); der Hirsch röhrte; er hat geröhrt

der **Rohr|zu|cker**

der **Roh|stoff;** die Roh|stof|fe

das **Ro|ko|ko** (ein Kunststil); des Rokoko[s]

die **Roll|bahn** (Start-und-Lande-Bahn); die **Rol|le; rol|len;** du rollst; er rollte; er hat das Fass in den Keller gerollt; roll[e] das Fass in den Keller!; der **Rol|ler;** des Rollers; die Roller; der **Rol|ler|blade** [...bleɪd] (*Markenbezeichnung:* ein Inlineskate); des Rollerblades; die Rollerblades *meist Plural;* der **Rol|ler|skate** [...skeɪt] (Rollschuh mit höhenverstellbarem Stopper und besonders breiten Rollen); des Rollerskates; die Rollerskates; der **Roll|kra|gen|pul|lo|ver;** der **Roll-la|den,** *auch:* **Roll-La|den;** die Rollläden, *auch:* Roll-Läden *oder* die Rollladen, *auch:* Roll-Laden; der **Roll|mops** (gerollter eingelegter Hering); das **Rol|lo** [*auch:* rɔˈlo:] (aufrollbarer Vorhang); des Rollos; die Rollos; der **Roll|schuh;** Rollschuh laufen; der **Roll|stuhl;** die **Roll|trep|pe**

Rom (Hauptstadt Italiens)

das **ROM** = read-only memory (*EDV:* Informationsspeicher, dessen Inhalt nur gelesen, aber nicht verändert werden kann); des ROM[s]; die ROM[s]

der **Ro|man** (eine längere Prosaerzählung); des Romans; die Ro|ma|ne; die **Ro|man-fi|gur; ro|man|haft;** eine romanhafte Darstellung

der **Ro|ma|ne** (Angehöriger eines Volkes mit romanischer Sprache); des/dem/den Romanen; die Romanen; die **Ro|ma|nik** (ein Kunststil vom 11. bis 13. Jahrhundert); **ro|ma|nisch;** der romanische Stil; romanische Sprachen

die **Ro|man|tik** (Kunst- und Literaturrichtung von etwa 1800 bis 1830); **ro|man-tisch** (die Romantik betreffend; abenteuerlich; träumerisch); romantische Musik; die **Ro|man|ze** (romantisches Liebeserlebnis)

der **Rö|mer;** des Römers; die Römer; die **Rö-me|rin;** die Römerinnen; **rö|misch;** römische Zahlen; die römischen Kaiser; ABER: das Römische Reich; **röm.-kath.** = römisch-katholisch

das **Rom|mee** [ˈrɔme:, *auch:* rɔˈme:], *auch:* **Rom|mé** (ein Kartenspiel); des Rommees, *auch:* Rommés; die Rommees, *auch:* Rommés

das **Ron|dell** *oder* **Run|dell** (Rundteil; Rundbeet); des Rondells *oder* Rundells; die Ron|del|le *oder* Run|del|le

rönt|gen (mit Röntgenstrahlen durchleuchten); du röntgst; er röntgt; er röntgte; der Arzt hat ihn geröntgt; röntge ihn!; die **Rönt|gen|auf|nah|me;** die **Rönt|gen|strah|len** *Plural;* die **Rönt|gen|un|ter|su|chung**

ro|sa; die rosa Kleider; ABER: ein Kleid in Rosa; ↑blau; **ro|sa|far|ben** *oder* **ro|sa|far|big; ro|sa|rot**

die **Ro|se;** *Verkleinerungsformen:* das Röschen *oder* Rös|lein; **ro|sé** (zartrosa); ein rosé Spitzenkleid; ABER: ein Kleid in Rosé; der **Ro|sen|kranz;** die **Ro|set|te** (Verzierung in Rosenform); **ro|sig;** rosige Haut; rosige (höchst erfreuliche) Aussichten; eine rosig weiße Blüte

der **Ros|ma|rin** (eine Gewürzpflanze); des Rosmarins

die **Ro|si|ne** (getrocknete Weinbeere)

das **Ross** (Pferd); des Ros|ses; die Ros|se; *landschaftlich:* Rös|ser

die **Ross|brei|ten** (subtropische Zone mit schwachen Winden) *Plural*

die **Ross|kas|ta|nie**

der **Rost** (ein Gitter); des Rost[e]s; die Ros|te

der **Rost** (Zersetzungsschicht auf Eisen); des Rost[e]s; **ros|ten;** das Blech rostete; es hat gerostet

rös|ten; du röstest; er röstete; er hat das Brot geröstet; röste das Brot!; die **Rös|te|rei**

rost|far|ben *oder* **rost|far|big; rost|frei;** rostfreier Stahl; **ros|tig**

rot; rö|ter, *seltener:* ro|ter; am rö|tes|ten, *seltener:* am ro|tes|ten; rote Grütze; rote Rüben; der rote Faden; die rote Karte; er wirkt auf sie wie ein rotes Tuch; er hat keinen roten Heller (Pfennig) mehr; ABER: die Rote Bete; das Rote Meer; das Rote Kreuz; die Rote Armee (der früheren Sowjetunion); die rot glühende Sonne; rot gestreifter Stoff; das **Rot** (die rote Farbe); bei Rot ist das Überqueren der Straße verboten; die Ampel steht auf Rot; ↑Blau

die **Ro|ta|ti|on** (Drehung um eine Achse); das **Ro|ta|ti|ons|prin|zip** *(Politik)*

rot|ba|ckig *oder* **rot|bä|ckig;** die **Rö|te;** die Röte stieg ihr ins Gesicht; die **Rö|teln** (eine Infektionskrankheit) *Plural;* **rö|ten;** die Haut rötete sich; sie hat sich gerötet; **rot gestreift, rot glühend** *vergleiche:* **rot;** **rot|grün,** *auch:* **rot-grün;** die rotgrüne, *auch:* rot-grüne Regierung (zwischen sozialdemokratischer und grüner Partei); ABER: wird Rotgrün, *auch:* Rot-Grün wieder gewählt?; **rot|haa|rig**

ro|tie|ren (sich drehen); die Scheibe rotierte; ihre Freundin hat im Geschäft rotiert *(umgangssprachlich für:* hat sich aufgeregt und ist hektisch geworden)

das **Rot|käpp|chen** (eine Märchengestalt); das **Rot|kehl|chen** (ein Singvogel); des Rotkehlchens; die Rotkehlchen; die **Rot|kreuz|schwes|ter** *oder* **Ro|te-Kreuz-Schwes|ter; röt|lich;** ein rötlich brauner Pullover; der **Rot|wein**

die **Rot|te** (ungeordnete Schar, Menschengruppe)

das **Rot|wild**

der **Rotz** *(derb für:* Nasenschleim); des Rotzes; die **Rotz|na|se** (triefende Nase; freches, naseweises Kind)

das **Rouge** [ruːʃ] (rote Schminke); des Rouges; die Rouges

die **Rou|la|de** [ruˈlaːdə] (gerollte und gebratene Fleischscheibe)

das **Rou|leau** [ruˈloː] *(ältere Bezeichnung für:* Rollo); des Rouleaus; die Rouleaus

das **Rou|lett[e]** [ruˈlɛt] (ein Glücksspiel); des Roulett[e]s; die Rou|let|te[s] *oder* Rouletts

die **Rou|te** [ˈruːtə] (Wegstrecke, Reiseweg)

die **Rou|ti|ne** [ruˈtiːnə] (Übung); **rou|ti|niert** (erfahren, gewandt); ein routinierter Geschäftsmann

der **Row|dy** [ˈraudi] (Raufbold); des Rowdys; die Rowdys

Ru|an|da (Staat in Zentralafrika); der **Ru|an|der;** des Ruanders; die Ruander; die **Ru|an|de|rin;** die Ruanderinnen; **ru|an|disch**

rub|beln (kräftig reiben); ich rubb[e]le; du rubbelst; er rubbelte; er hat gerubbelt

die **Rü|be**

der **Ru|bel** (Währungseinheit in Russland und anderen Staaten der früheren Sowjetunion); des Rubels; die Rubel

rü|ber *(umgangssprachlich für:* herüber, hinüber); **rü|ber|brin|gen;** du bringst den Schlüssel rüber; sie brachte ihn rüber; sie hat ihn rübergebracht

Rü|be|zahl (Berggeist des Riesengebirges)

der **Ru|bin** (ein Edelstein); des Rubins; die Ru|bi|ne; **ru|bin|rot**

die **Ru|b|rik** (Spalte für sachlich Zusammengehörendes); die Ru|b|ri|ken; **ru|b|ri|zie|ren** (einordnen, einstufen); du rubrizierst; er rubrizierte; er hat das Auto als schadstoffarm rubriziert

ruch|bar; das Verbrechen wurde ruchbar (durch ein Gerücht bekannt)

ruch|los (niedrig, gemein); am ruch|lo|ses|ten; eine ruchlose Tat

ruck!; hau ruck!; der **Ruck;** des Ruck[e]s; die Ru|cke; mit einem Ruck; **ruck|ar|tig;** ruckartige Bewegungen

rück|be|züg|lich; rückbezügliches Fürwort (Reflexivpronomen); der **Rück|blick**

rü|cken; du rückst; sie rückte; sie ist gerückt; sie hat den Schrank gerückt; rück[e] noch ein wenig!

der **Rü|cken;** des Rückens; die Rücken; das **Rü|cken|mark** (Nervenstrang in der Wirbelsäule); das **Rü|cken|schwim|men;** der **Rü|cken|wind**

die **Rück|fahr|kar|te;** die **Rück|fahrt**

rück|fäl|lig (erneut auftretend; erneut straffällig); rückfällige Straftäter; die **Rück|fäl|lig|keit**

die **Rück|ga|be;** das **Rück|ga|be|recht**

der **Rück|gang; rück|gän|gig;** wir haben den Kauf rückgängig gemacht

das **Rück|grat** (Wirbelsäule); des Rückgrat[e]s; die Rück|gra|te

der **Rück|griff**

der **Rück|halt; rück|halt|los** (ganz offen, ohne jeden Vorbehalt); rückhaltlose Kritik; jemandem rückhaltlos vertrauen

die **Rück|hand** (beim Tennis usw.)

die **Rück|kehr**

der **Rück|lauf; rück|läu|fig** (im Rückgang begriffen); eine rückläufige Entwicklung

das **Rück|licht**

rück|lings; er lehnte rücklings (mit dem Rücken) am Schrank

die **Rück|mel|dung;** die **Rück|nah|me;** der **Rückpass** *(Sport);* das **Rück|por|to**

der **Ruck|sack**

der **Rück|schluss**

die **Rück|seite**

die **Rück|sicht;** Rücksicht nehmen auf jemanden oder etwas; mit Rücksicht auf seinen Vater; die **Rück|sicht|nah|me; rück|sichts|los;** am rück|sichts|lo|ses|ten; die **Rück|sichts|lo|sig|keit; rück|sichts|voll;** er ist ihr gegenüber rücksichtsvoll *oder* er ist gegen sie rücksichtsvoll

der **Rück|sitz;** der **Rück|spie|gel**

der **Rück|stand;** in Rückstand geraten, sein; **rück|stän|dig;** die **Rück|stän|dig|keit**

der **Rück|stoß**

der **Rück|strah|ler**

der **Rück|tritt;** die **Rück|tritt|brem|se**

rück|wärts; rückwärts gehen, fahren; sie ist rückwärts gegangen; mit dem Umsatz ist es immer mehr rückwärts gegangen (er hat sich immer mehr verschlechtert); eine rückwärts gerichtete (an der Vergangenheit orientierte) Politik; der **Rück|wärts|gang** (beim Auto)

der **Rück|weg**

rück|wir|kend; eine rückwirkend geltende Lohnerhöhung

die **Rück|zah|lung**

ruck, zuck!

der **Rück|zug**

rü|de (roh, grob); rüdes Benehmen

der **Rü|de** (männlicher Hund, Hetzhund); des Rüden; die Rüden

das **Ru|del;** des Rudels; die Rudel; **ru|del|wei|se**

das **Ru|der;** des Ruders; die Ruder; ans Ruder kommen (in eine leitende Stellung kommen); aus dem Ruder laufen (außer Kontrolle geraten); das **Ru|der|boot;** der **Ru|de|rer** *oder* **Rud|rer;** des Rud[e]rers; die Rud[e]rer; **ru|dern;** du ruderst; sie ruderte; sie hat drei Stunden gerudert; sie ist über den See gerudert; rudere an das andere Ufer!

das **Ru|di|ment** (Überbleibsel); des Rudiment[e]s; die Ru|di|men|te; **ru|di|men|tär** (unvollständig; nur ansatzweise vorhanden); rudimentäre Kenntnisse haben

der **Ruf;** des Ruf[e]s; die Ru|fe; **ru|fen;** du rufst; sie ruft; sie rief ihn; sie hat den Arzt gerufen; rufe ihn!

der **Rüf|fel** *(umgangssprachlich für:* Verweis, Tadel); des Rüffels; die Rüffel

der **Ruf|na|me**

das **Rug|by** ['ragbi] (ein Ballspiel); des Rugby[s]

die **Rü|ge** (strenge Zurechtweisung); **rü|gen;** du rügst ihn; sie rügte ihn; sie hat ihn gerügt; rüge ihn dafür!

Rü|gen (Insel in der Ostsee)

die **Ru|he;** sich zur Ruhe setzen; **ru|he|los; ru|hen;** du ruhst; sie ruhte; sie hat zwei Stunden geruht; ruhe ein wenig!; ruhen lassen; sie wird uns etwas ruhen (ausruhen) lassen; sie hat diesen Fall zunächst ruhen lassen (nicht bearbeitet); die **Ru|he|pau|se;** der **Ru|he|stand;** die **Ru|he|stö|rung; ru|hig;** ein ruhiges Zimmer; ruhig Blut bewahren; es wird ruhig sein, bleiben, werden; ruhig stellen (*Medizin:* durch Medikamente beruhigen); der Patient wurde ruhig gestellt

der **Ruhm;** des Ruhm[e]s; **rüh|men;** du rühmst ihn; sie rühmte ihn; sie hat ihn wegen seines Fleißes gerühmt; rühme dich nicht selbst!; **rühm|lich;** eine rühmliche Tat; **ruhm|los;** am ruhm|lo|ses|ten; **ruhm|reich;** ruhmreiche Siege

die **Ruhr** (eine Infektionskrankheit)

die **Ruhr** (deutscher Fluss); das **Ruhr|ge|biet**

das **Rühr|ei; rüh|ren;** du rührst; er rührte; er hat den Teig gerührt; rühre den Teig!; ihr Brief hat mich gerührt (innerlich bewegt); sich rühren; das Opfer hat sich nicht mehr gerührt (lag leblos da); rührt euch! (militärisches Kommando); **rührend** (jemanden innerlich berührend); ein rührender Anblick; **rüh|rig** (besonders aktiv); rührige Vereine; **rühr|se|lig;** die **Rüh|rung**

der **Ru|in** (Zusammenbruch, Untergang; Verlust); des Ruins; die **Ru|i|ne** (zerfallenes Bauwerk); **ru|i|nie|ren** (zerstören, zugrunde richten); du ruinierst ihn; er ruinierte ihn; er hat ihn ruiniert; ruiniere ihn nicht!; sich ruinieren; du wirst dich damit ruinieren

rülp|sen *(umgangssprachlich);* du rülpst; sie rülpste; sie hat laut gerülpst; der **Rülp|ser;** des Rülpsers; die Rülpser

rum (*umgangssprachlich für:* herum)

der **Rum** (Branntwein aus Zuckerrohr); des Rums; die Rums

der **Ru|mä|ne;** des/dem/den Rumänen; die Rumänen; **Ru|mä|ni|en;** die **Ru|mä|nin;** die Rumäninnen; **ru|mä|nisch**

die **Rum|ba** (ein Tanz); die Rumbas

rum|krie|gen (*umgangssprachlich für:* zu etwas bewegen); du kriegst ihn rum; er kriegte ihn rum; er hat ihn schon wieder rumgekriegt

der **Rum|mel;** des Rummels; der **Rum|mel|platz**

ru|mo|ren; es rumorte; es hat in der Kammer rumort

die **Rum|pel|kam|mer; rum|peln;** es rumpelte; es hat gerumpelt; das **Rum|pel|stilz|chen** (eine Märchengestalt); des Rumpelstilzchens

der **Rumpf;** des Rumpf[e]s; die Rümp|fe

rümp|fen; du rümpfst die Nase; sie rümpfte die Nase; sie hat die Nase gerümpft; rümpf[e] nicht gleich die Nase!

das **Rump|steak** [ˈrʊmpste:k] (gebratene Scheibe Rindfleisch); des Rumpsteaks; die Rumpsteaks

der **Run** [ran] (Ansturm [auf die Kasse]); des Runs; die Runs

rund; run|der; am run|des|ten; rund um die Welt; ein Gespräch am runden Tisch; die **Run|de;** die Runde machen; das **Rundell** *vergleiche:* **Ron|dell; run|den;** du rundest; sie rundete; sie hat die Zahl gerundet; der **Rund|funk;** das **Rund|funk|ge|rät;** der **Rund|funk|sen|der;** der **Rund|gang; rund|ge|hen** (herumgehen); es geht rund (*umgangssprachlich für:* es ist so viel zu tun, dass man nicht zur Ruhe kommt); es ist gestern rundgegangen; **rund|he|r|aus** (direkt, offen); etwas rundheraus sagen, ablehnen; **rund|he|r|um; rund|lich; rund|um** (ringsum; rundherum); rundum standen Neugierige; ABER: die Reporter standen rund (im Kreise) um den Politiker; **rund|weg** (entschieden und vollständig); etwas rundweg leugnen

die **Ru|ne** (germanisches Schriftzeichen); das **Ru|nen|al|pha|bet**

die **Run|kel|rü|be**

run|ter (*umgangssprachlich für:* herunter, hinunter); **run|ter|fal|len;** du fällst runter; er fiel runter; er ist runtergefallen

die **Run|zel** (Hautfalte); die Runzeln; **run|ze|lig** *oder* **runz|lig;** runz[e]lige Hände; **runzeln;** du runzelst die Stirn; sie runzelte die Stirn; sie hat die Stirn gerunzelt; runz[e]le nicht immer die Stirn!

der **Rü|pel;** des Rüpels; die Rüpel; **rü|pel|haft;** rüpelhaftes Benehmen

rup|fen; du rupfst; er rupfte; er hat das Huhn gerupft; rupfe das Huhn!

rup|pig (grob, unhöflich); ein ruppiger Mensch

die **Rü|sche** (ein gefalteter Besatz)

die **Rush|hour** [ˈraʃ|aʊɐ] (Hauptverkehrszeit); der Rushhour; die Rushhours

der **Ruß;** des Ru|ßes

der **Rus|se;** des/dem/den Russen; die Russen; die **Rus|sin;** die Russinnen

der **Rüs|sel;** des Rüssels; die Rüssel; **rüs|sel-för|mig**

ru|ßen; der Ofen rußt; er rußte; er hat gerußt; **ru|ßig;** rußige Finger

rus|sisch; russische Eier; russisches Roulett[e]; ABER: die Russische Föderation (amtlicher deutscher Name von Russland); **Russ|land**

rüs|ten; die Staaten rüsten; sie rüsteten; sie haben um die Wette gerüstet; sich rüsten; wir sind für diesen Streit gerüstet (vorbereitet); die **Rüs|tung**

rüs|tig (frisch und leistungsfähig); eine rüstige alte Dame

rus|ti|kal (ländlich, bäuerlich); rustikale Möbel

die **Ru|te** (Gerte)

die **Rutsch|bahn;** die **Rut|sche; rut|schen;** du rutschst; sie rutscht; sie rutschte; sie ist von der Bank gerutscht; rutsche nicht durchs Zimmer!; **rutsch|fest;** rutschfeste Schuhsohlen; **rut|schig** (glatt)

rüt|teln; du rüttelst; sie rüttelte; sie hat an der Tür gerüttelt; rütt[e]le nicht daran!

S s

das **S** (Buchstabe); des S; die S; ABER: das s in Hase

s = Sekunde

S = Süd[en]; small (Kleidergröße: mittel)

der **Saal;** des Saal[e]s; die Sä|le; *Verkleinerungsform:* das Säl|chen

die **Saa|le** (linker Nebenfluss der Elbe)

die **Saar** (rechter Nebenfluss der Mosel)

Saar|brü|cken (Hauptstadt des Saarlandes); der **Saar|brü|cker;** des Saarbrückers; die Saarbrücker; die **Saar|brü|cke-rin;** die Saarbrückerinnen; das **Saar|ge-biet;** das **Saar|land;** der **Saar|län|der;** des Saarländers; die Saarländer; die **Saar-län|de|rin;** die Saarländerinnen; **saar|län-disch;** der saarländische Bergbau; ABER: der Saarländische Rundfunk

die **Saat;** die Saa|ten; das **Saat|korn**

der **Sab|bat** (der jüdische Ruhetag); des Sabbats; die Sab|ba|te

sab|bern *(umgangssprachlich);* du sabberst; das Baby sabberte; es hat gesabbert; sabber[e] nicht so!

der **Sä|bel;** des Säbels; die Säbel

die **Sa|bo|ta|ge** [zabo'ta:ʒə] (planmäßige Zerstörung von Einrichtungen); der **Sa-bo|teur** [...'tø:ɐ̯]; des Saboteurs; die Sabo|teu|re; **sa|bo|tie|ren** (etwas planmäßig behindern); du sabotierst; er sabotierte; er hat die Arbeit sabotiert; sabotier[e] bitte unsere Arbeit nicht!

das **Sa|cha|rin,** *fachsprachlich auch:* **Sac|cha-rin** (ein Süßstoff); des Sacharins, *fachsprachlich auch:* Saccharins

der **Sach|be|ar|bei|ter;** des Sachbearbeiters; die Sachbearbeiter; die **Sach|be|ar|bei-te|rin;** die Sachbearbeiterinnen; das **Sach|buch; sach|dien|lich;** sachdienliche Hinweise; die **Sa|che; sach|ge|mäß;** eine sachgemäße Behandlung; die **Sach-kennt|nis; sach|kun|dig; sach|lich; säch-lich;** sächliches Geschlecht; die **Sach-lich|keit;** der **Sach|scha|den**

der **Sach|se;** des/dem/den Sachsen; die Sachsen; **Sach|sen; Sach|sen-An|halt; sach|sen-an|hal|tisch;** die **Säch|sin;** die Sächsinnen; **säch|sisch;** die sächsische Mundart; ABER: die Sächsische Schweiz

sacht *oder* **sach|te** (leise, unmerklich)

der **Sach|ver|halt;** des Sachverhalt[e]s; die Sach|ver|hal|te; **sach|ver|stän|dig;** ein sachverständiges Urteil; der **Sach|ver-stän|di|ge;** ein Sachverständiger; die Sachverständigen; zwei Sachverständige; die **Sach|ver|stän|di|ge;** eine Sachverständige

der **Sack;** des Sack[e]s; die Sä|cke; ABER: 5 Sack Mehl; mit Sack und Pack; der **Sä-ckel** (der Geldbeutel); des Säckels; die Säckel; die **Sack|gas|se;** das **Sack|hüp-fen; sack|wei|se;** Zement wird sackweise verkauft

der **Sa|dis|mus** (Lust am Quälen, an Grausamkeit); der **Sa|dist;** des/dem/den Sadis|ten; die Sa|dis|ten; **sa|dis|tisch**

sä|en; du säst; er sät; er säte; er hat den Weizen gesät; säe den Weizen!

die **Sa|fa|ri** (Reise zum Jagen und Fotografieren [in Afrika]); die Safaris

der, *auch:* das **Safe** [ze:f] (Geldschrank); die Safes

der **Sa|fer|sex** ['ze:fɐ'zɛks], *auch:* **Sa|fer Sex** (Sexualverhalten, das die Gefahr einer Aidsinfektion mindert); des Sa|fer|sexes, *auch:* Sa|fer Se|xes

der **Sa|f|ran** (ein Gewürz); des Safrans; **sa|fran|gelb**

der **Saft;** des Saft[e]s; die Säf|te; **saf|tig**

die **Sa|ge;** griechische Sagen

die **Sä|ge; sä|gen;** du sägst; er sägte; er hat Holz gesägt; säg[e] dieses Holz!

sa|gen; du sagst; er sagte; er hat etwas gesagt; sag[e] doch etwas!; er hat mir dafür sage und schreibe (tatsächlich) zwanzig Euro abgenommen

sa|gen|haft (*umgangssprachlich auch für:* unvorstellbar, überaus); ein sagenhaftes Gedächtnis; die Musik war sagenhaft gut

die **Sä|ge|spä|ne** *Plural;* das **Sä|ge|werk**

der **Sa|go** (gekörntes Stärkemehl aus dem Mark der Palmen); des Sagos

die **Sa|ha|ra** (Wüste in Nordafrika)

die **Sah|ne;** das **Sah|ne|eis; sah|nig**

die **Sai|son** [zɛ'zõ:, *auch:* zɛ'zɔŋ] (die Hauptbetriebszeit, die Hauptreisezeit); die Saisons; die **Sai|son|ar|beit; sai|son|bedingt;** saisonbedingte Arbeitslosigkeit

die **Sai|te** (z. B. einer Geige, Gitarre usw.)

Nicht verwechseln: Obwohl beide Wörter gleich ausgesprochen werden, schreibt man die auf einem Musikinstrument gespannte Saite mit *ai*, die Buch-, Heft- oder Zeitungsseite hingegen mit *ei*.

das **Sai|ten|in|s|t|ru|ment**

der, *auch:* das **Sak|ko** (Herrenjackett); des Sakkos; die Sakkos

sa|k|ral (heilig; den Gottesdienst betreffend); sakrale Bauwerke; das **Sa|k|rament** (eine gottesdienstliche Handlung); des Sakramente[s]; die Sa|k|ra|men|te; die **Sa|k|ris|tei** (Raum für den Priester und die Gottesdienstgeräte); die Sakristeien; **sa|k|ro|sankt** (unverletzlich)

sä|ku|lar (alle hundert Jahre wiederkehrend; weltlich); säkulare Ereignisse; die **Sä|ku|la|ri|sa|ti|on** *oder* **Sä|ku|la|ri|sierung** (Verweltlichung)

der **Sa|la|man|der** (ein Schwanzlurch); des Salamanders; die Salamander

die **Sa|la|mi** (eine Dauerwurst); die Salami[s]

der **Sa|lat;** des Salat[e]s; die Sa|la|te; das **Salat|öl;** die **Sa|lat|so|ße,** *auch:* **Sa|lat|sau|ce**

sal|ba|dern (salbungsvoll-langweilig reden); du salbaderst; er salbaderte; er hat wieder salbadert; salbader[e] nicht!

die **Sal|be**

der, *auch:* die **Sal|bei** [*auch:* zal'bai] (eine Heil- und Gewürzpflanze); des Salbeis, *auch:* der Salbei; der **Sal|bei|tee**

sal|ben; du salbst; der Papst salbte ihn; der Papst hat ihn zum Kaiser gesalbt; die **Sal|bung; sal|bungs|voll**

das **Säl|chen** ↑Saal

der **Sal|do** (der Unterschiedsbetrag zwischen Soll- und Habenseite eines Kontos); des Saldos; die Saldos *oder* Salden *oder* Saldi

die **Sa|li|ne** (ein Salzwerk)

der **Salm** (ein Fisch); des Salm[e]s; die Sal|me

der, *auch:* das **Sal|mi|ak** [*auch:* 'zalmi̯ak] (eine Ammoniakverbindung); des Salmiaks; der **Sal|mi|ak|geist** (eine Ammoniaklösung)

die **Sal|mo|nel|len** (Bakterien, die Darmkrankheiten hervorrufen) *Plural*

Sa|lo|mo[n] (biblischer König, Sohn Davids); Salomo[n]s *oder* Sa|lo|mo|nis; **salo|mo|nisch;** ein salomonisches (weises) Urteil

der **Sa|lon** [za'lõ:, *auch:* za'lɔŋ]; des Salons; die Salons

sa|lopp (ungezwungen; nachlässig); saloppe Kleidung

der **Sal|pe|ter** (einige Salze der Salpetersäure); des Salpeters; die **Sal|pe|ter|säu|re**

der **Sal|to** (freier Überschlag); des Saltos; die Saltos *oder* Salti; der **Sal|to mor|ta|le** ([dreifacher] Salto in großer Höhe); des Salto mortale; die Salto mortale *oder* Salti mortali

der **Sa|lut** (Ehrengruß); des Salut[e]s; die Salu|te; **sa|lu|tie|ren** (militärisch grüßen); du salutierst; er salutierte; die Wachen haben salutiert

die **Sal|ve** (gleichzeitiges Schießen aus mehreren Waffen); die Salven

das **Salz;** des Sal|zes; die Sal|ze; **salz|arm;** salzarme Ernährung; **sal|zen;** du salzt; er salzte; er hat die Suppe gesalzen *oder* gesalzt; die Preise sind gesalzen (sehr hoch); **salz|hal|tig;** salzhaltiger Boden; **sal|zig;** die **Salz|säu|re;** das **Salz|was|ser** der **Sä|mann** (*dichterisch für:* jemand, der etwas sät); die Sä|män|ner

der **Sa|ma|ri|ter** ([freiwilliger] Krankenpfleger); des Samariters; die Samariter; der **Sa|ma|ri|ter|dienst**

die, *auch:* der **Sam|ba** (ein Tanz); der Samba, *auch:* des Sambas; die Sambas

der **Sam|be|si** (Fluss in Afrika)

Sam|bia (Staat in Afrika); der **Sam|bi|er;** die **Sam|bi|e|rin;** die Sambierinnen; **sambisch**

der **Sa|men;** des Samens; die Samen; das **Samen|korn;** die Samenkörner; die **Sä|merei|en** *Plural*

sä|mig (dickflüssig); eine sämige Suppe

der **Sam|mel|band; sam|meln;** du sammelst; sie sammelte; sie hat für das Rote Kreuz gesammelt; samm[e]le für diesen guten Zweck!; das **Sam|mel|su|ri|um** (*umgangssprachlich für:* Durcheinander); des Sammelsuriums; die Sam|mel|su|ri|en; der **Samm|ler;** des Sammlers; die Sammler; die **Samm|le|rin;** die Sammlerinnen; die **Samm|lung**

das **Sam|ple** ['zampl̩] (Stichprobe; repräsentative Gruppe; Muster); des Sample[s]; die Samples

der **Sams|tag** (Sonnabend); ↑ Dienstag; **samstags** ↑ dienstags

samt ([zusammen] mit); samt dem Geld; eine Blume samt Wurzeln; samt und sonders (alle[s] ohne Ausnahme)

der **Samt** (ein Gewebe); des Samt[e]s; die Sam|te; **samt|ar|tig** (wie Samt); **sam|ten** (aus Samt); samtene Jacken; **sam|tig;** ein samtiges Fell

sämt|lich; sie waren sämtlich (allesamt, vollzählig) gekommen; der Verlust sämtlicher vorhandenen Energie; mit sämtlichem gesammelten Material; sämtliche vortrefflichen, *seltener:* vortreffliche Einrichtungen; sämtlicher vortrefflicher, *seltener:* vortrefflichen Einrichtungen; sämtliche Stimmberechtigten, *auch:* Stimmberechtigte

der **Sa|mu|rai** (Angehöriger der Adelsschicht in der japanischen Feudalzeit); des Samurai[s]; die Samurai[s]

Sa|naa (Hauptstadt Jemens)

das **Sa|na|to|ri|um** (Erholungsheim); des Sanatoriums; die Sa|na|to|ri|en

der **Sand;** des Sand[e]s; die San|de

die **San|da|le;** die **San|da|let|te**

die **Sand|bank;** die Sand|bän|ke; der **Sanddorn** (eine Pflanzenart); des Sanddorn[e]s; die Sand|dor|ne; **sand|far|ben** *oder* **sand|far|big** (beige); **san|dig;** sandiger Boden; der **Sand|kas|ten;** der **Sandmann** *oder* das **Sand|männ|chen** (eine Märchenfigur); das **Sand|pa|pier;** der **Sand|stein;** der **Sand|sturm**

der *oder* das **Sand|wich** ['zɛntvɪtʃ] (belegte Weißbrotschnitte); des Sandwich[s]; die Sandwich[e]s, *auch:* Sand|wi|che

sanft; am sanf|tes|ten; sanfter Tourismus; die **Sänf|te** (ein Tragstuhl); die **Sanft|mut; sanft|mü|tig**

der **Sang** *(veraltet);* mit Sang und Klang (mit Gesang und Musik); der **Sän|ger;** des Sängers; die Sänger; die **Sän|ge|rin;** die Sängerinnen; **san|ges|freu|dig** *oder* **sanges|froh** *(veraltend);* sangesfreudige *oder* sangesfrohe Wanderer; **sang|los;** *nur in:* sang- und klanglos (unbemerkt; ruhmlos); sang- und klanglos verschwinden

sa|nie|ren (wieder in einen intakten Zustand versetzen); du sanierst; er sanierte; er hat die Firma saniert; die **Sa|nie|rung**

sa|ni|tär (gesundheitlich); sanitäre Anlagen; der **Sa|ni|tä|ter** (Krankenpfleger); des Sanitäters; die Sanitäter; die **Sa|ni|tä|te|rin;** die Sanitäterinnen; der **Sa|ni|täts|dienst**

Sankt

Abkürzung: St.

In Heiligennamen und auf Heiligennamen zurückgehenden Ortsnamen steht kein Bindestrich:

- Sankt Peter; Sankt Gallen
- St. Paulus; St. Pölten

In Ableitungen wird ein Bindestrich gesetzt, der bei Formen auf -er auch weggelassen werden kann:

- die sankt-gallischen Klosterschätze
- die Sankt-Galler, *auch:* Sankt Galler Einwohner
- die St.-Gallener, *auch:* St. Gallener Handschrift

Wenn »Sankt« Teil einer Aneinanderreihung ist, müssen Bindestriche stehen:

- die Sankt-Gotthard-Gruppe
- die St.-Marien-Kirche

die **Sank|ti|on** (Bestätigung; Erteilung der Gesetzeskraft); Sanktionen (Zwangsmaßnahmen) verhängen; **sank|ti|o|nie|ren;** du sanktionierst; sie sanktionierte; das Parlament hat den Gesetzentwurf sanktioniert

der **San-Ma|ri|ne|se** (Einwohner von San Marino); des San-Marinesen; die San-Marinesen; die **San-Ma|ri|ne|sin;** die San-Marinesinnen; **san-ma|ri|ne|sisch; San Ma|ri|no** (europäischer Staat; dessen Hauptstadt)

San Sal|va|dor (Hauptstadt von El Salvador)

das **Sans|k|rit** [*auch:* zans'krıt] (altindische Literatur- und Gelehrtensprache); des Sanskrits

San|t|i|a|go, *auch:* **San|t|i|a|go de Chi|le** [dɛ 'tsi:le] (Hauptstadt Chiles)

San|to Do|min|go (Hauptstadt der Dominikanischen Republik)

São Pau|lo ['zao 'paulo] (Stadt in Brasilien)

der **Sa|phir** [*auch:* za'fi:ɐ̯] (ein Edelstein); des Saphirs; die Sa|phi|re

die **Sar|del|le** (ein Fisch); die **Sar|di|ne** (ein Fisch)

Sar|di|ni|en (Insel im Mittelmeer)

der **Sarg;** des Sarg[e]s; die Sär|ge

der **Sar|kas|mus** (*nur Singular:* [beißender] Spott; sarkastische Äußerung); des Sarkasmus; die Sarkasmen; **sar|kas|tisch** (spöttisch, höhnisch)

der **Sar|ko|phag** (Steinsarg); des Sarkophags; die Sar|ko|pha|ge

der **Sa|tan** (der Teufel); des Satans; die Sa|ta|ne; **sa|ta|nisch** (teuflisch; boshaft); der **Sa|tans|bra|ten** (*umgangssprachlich scherzhaft für:* pfiffiger, durchtriebener Kerl)

der **Sa|tel|lit** (ein Mond; künstlicher Mond, Raumsonde); des/dem/den Sa|tel|li|ten; die Sa|tel|li|ten; die **Sa|tel|li|ten|schüs|sel;** die **Sa|tel|li|ten|stadt**

der **Sa|tin** [za'tɛ̃:] (ein Gewebe mit glänzender Oberfläche); des Satins; die Satins; die **Sa|tin|blu|se**

die **Sa|ti|re** (witzig-spöttische Darstellung menschlicher Schwächen); der **Sa|ti|ri|ker;** des Satirikers; die Satiriker; die **Sa|ti|ri|ke|rin;** die Satirikerinnen; **sa|ti|risch** (spöttisch, beißend)

die **Sa|tis|fak|ti|on** (Genugtuung); Satisfaktion fordern, erhalten

satt; sat|ter; am sat|tes|ten; ein sattes Blau; er wird sich satt essen; ich habe es satt (habe keine Lust mehr)

der **Sat|tel;** des Sattels; die Sättel; **sat|tel|fest; sat|teln;** du sattelst; sie sattelte; sie hat das Pferd gesattelt; satt[e]le das Pferd!; der **Sat|tel|schlep|per** (Zugfahrzeug)

sät|ti|gen (satt machen); du sättigst; er sättigte; die Suppe hat kaum gesättigt; sich sättigen; er hat sich gesättigt; die **Sät|ti|gung**

der **Satt|ler;** des Sattlers; die Sattler; die **Satt|le|rin;** die Sattlerinnen

satt|sam (hinlänglich, genug)

der **Sa|turn** (ein Planet); des Saturns

der **Sa|tyr** (Waldgeist in der griechischen Sage); des Satyrs *oder* Satyrn; die Satyrn; das **Sa|tyr|spiel**

der **Satz;** des Sat|zes; die Sät|ze; die **Satz|aus|sa|ge** (Prädikat); der **Satz|ge|gen|stand** (Subjekt); das **Satz|glied;** der **Satz|teil;** das **Satz|zei|chen**

die **Sat|zung** (schriftlich niedergelegte rechtliche Ordnung für einen Zusammenschluss von Personen); die Satzung des Vereins; **sat|zungs|ge|mäß;** eine satzungsgemäße Abstimmung

die **Sau;** die Säue *oder (besonders bei Wildschweinen:)* die Sau|en

sau|ber; saub[e]rer; am sau|bers|ten; sauber halten; er wird das Zimmer sauber halten; er hat es sauber gehalten; sauber machen; er ist dabei[,] sauber zu machen; ABER: er ist beim Saubermachen; die **Sau|ber|keit; säu|ber|lich; säu|bern;** du säuberst; er säubert; er säuberte; er hat den Boden gesäubert; säuber[e] den Boden!; die **Säu|be|rung**

die **Sau|ce** *vergleiche:* **So|ße**

der **Sau|di;** des Saudis; die Saudis; der **Sau|di-A|ra|ber;** des Saudi-Arabers; die Saudi-Araber; die **Sau|di-A|ra|be|rin;** die Saudi-Araberinnen; **Sau|di-A|ra|bi|en** (arabischer Staat); **sau|di-a|ra|bisch**

sau|er; sau|rer; am sau|ers|ten; saure Gurken; ein saurer Hering; der saure Regen (schweflige Säure enthaltendes Regenwasser); ABER: gib ihm Saures! (*umgangssprachlich für:* prüg[e]le ihn!); der

Sau|er|amp|fer; die **Sau|e|rei** *(umgangssprachlich);* das **Sau|er|kraut; säu|er|lich; säu|ern;** du säuerst; er säuerte; er hat das Brot gesäuert; säuer[e] das Brot!; der **Sau|er|stoff;** die **Sau|er|stoff|fla|sche,** *auch:* **Sau|er|stoff-Fla|sche;** der **Sau|er|teig**

sau|fen *(umgangssprachlich);* du säufst; er säuft; er soff; er hat den ganzen Tag gesoffen; sauf[e] nicht so viel!; der **Säu|fer;** die **Sau|fe|rei**

sau|gen; du saugst; sie saugt; sie sog *oder* saugte; sie hat das Blut aus der Wunde gesogen *oder* gesaugt; ABER NUR: sie saugte den Staub im Zimmer; sie hat Staub gesaugt

säu|gen; die Hündin säugt; sie säugte; sie hat ihre Jungen gesäugt; das **Säu|ge|tier;** der **Säug|ling;** die **Säug|lings|schwes|ter**

der **Saug|napf** (Haftorgan)

die **Säu|le; säu|len|för|mig;** die **Säu|len|hal|le**

der **Saum;** des Saum[e]s; die Säu|me

sau|mä|ßig *(umgangssprachlich);* er hatte saumäßiges (unheimliches) Glück

säu|men; du säumst; sie säumte; sie hat den Rock gesäumt; säume den Rock!

säu|men (zögern); säume nicht lange!; **säu|mig** (sich mit etwas [viel] Zeit lassend); säumige Schuldner; die **Säu|mig|keit; saum|se|lig** (langsam, nachlässig); er arbeitet sehr saumselig; die **Saum|se|lig|keit**

die **Sau|na** (Heißluftbad); die Saunas

die **Säu|re; säu|re|be|stän|dig;** säurebeständiges Material

der **Sau|ri|er** (urweltliche [Riesen]echse); des Sauriers; die Saurier

der **Saus;** *nur in der Redewendung:* in Saus und Braus (sorglos prassend) leben

säu|seln; es säuselt; es säuselte; der Wind hat gesäuselt

sau|sen; du saust; er saust; er sauste; der Aufzug ist in die Tiefe gesaust

die **Sa|van|ne** (Steppe mit Bäumen); die Savannen

das **Sa|xo|phon,** *auch:* **Sa|xo|fon** (ein Blasinstrument); die Sa|xo|pho|ne, *auch:* Sa|xo|fo|ne; der **Sa|xo|pho|nist,** *auch:* **Sa|xo|fo|nist;** des/dem/den Sa|xo|pho|nis|ten, *auch:* Sa|xo|fo|nis|ten; die Sa|xo|pho|nis|ten, *auch:* Sa|xo|fo|nis|ten; die **Sa|xo|pho|nis|tin,** *auch:* **Sa|xo|fo|nis|tin;** die Saxophonistinnen, *auch:* Saxofonistinnen

SB = Selbstbedienung (zum Beispiel in SB-Markt)

die **S-Bahn;** die S-Bah|nen; der **S-Bahn|hof;** der **S-Bahn-Wa|gen**

scan|nen ['skɛnən] (mit einem Scanner abtasten); du scannst; sie scannte; die Kassiererin hat den Artikel gescannt; der **Scan|ner** (ein elektronisches Erfassungsgerät); des Scanners; die Scanner; die **Scan|ner|kas|se**

die **Scha|be** (ein Insekt)

scha|ben; du schabst; er schabte; er hat geschabt; schab[e] die Möhren!

der **Scha|ber|nack** (Streich, Posse); des Schabernack[e]s; die Scha|ber|na|cke

schä|big; die **Schä|big|keit**

die **Scha|b|lo|ne** (ausgeschnittene Vorlage; Muster; herkömmliche Form); **scha|b|lo|nen|haft**

das **Schach;** des Schachs; die Schachs; Schach spielen; Schach bieten; jemanden im *oder* in Schach halten; das **Schach|brett;** die Schach|bret|ter; **schachern** *(abwertend für:* feilschen, handeln); ich schachere; du schacherst; er schacherte; er hat um den Preis geschachert; **schach|matt;** das **Schach|spiel**

der **Schacht;** des Schacht[e]s; die Schäch|te

die **Schach|tel;** die Schachteln

scha|de; es ist schade um dieses Bild; schade, dass ich wegfahren muss; dafür bin ich mir zu schade; das ist aber schade; um den ist es nicht schade; o wie schade!

der **Schä|del;** des Schädels; die Schädel; der **Schä|del|bruch**

scha|den; du schadest ihm; er schadete ihm; er hat ihm geschadet; schade ihm nicht!; der **Scha|den;** des Schadens; die Schäden; der **Scha|den|er|satz,** *fachsprachlich auch:* **Scha|dens|er|satz;** die **Scha|den|freu|de; scha|den|froh; schad|haft;** eine schadhafte Dichtung; **schä|di|gen;** du schädigst ihn; er schädigte ihn; er hat ihn geschädigt; schädige ihn nicht!; **schäd|lich;** der **Schäd|ling;** die **Schäd|lings|be|kämp|fung;** der **Schad|stoff; schad|stoff|arm;** schadstoffarme Autos

das **Schaf;** des Scha|fes; die Scha|fe; *Verklei-*

nerungsform: das Schäfchen; sein Schäfchen ins Trockene bringen (seinen Gewinn in Sicherheit bringen); die **Schäf|chen|wol|ke;** der **Schä|fer;** des Schäfers; die Schäfer; der **Schä|fer|hund;** die **Schaf|her|de**

schaf|fen (arbeiten); ich schaffe; du schaffst; er schafft; er schaffte; er hat den ganzen Tag geschafft; sie haben es geschafft (vollbracht); er hat die Kiste auf den Boden geschafft (gebracht); ich möchte mit dieser Sache nichts mehr zu schaffen (zu tun) haben; ich habe mir daran zu schaffen gemacht; **schaf|fen** (schöpferisch gestalten, hervorbringen); du schaffst; sie schafft; sie schuf; sie hat ein Werk geschaffen; Schiller hat »Wilhelm Tell« geschaffen; sie ist für diesen Beruf wie geschaffen (besonders geeignet); er steht da, wie ihn Gott geschaffen hat (er steht nackt da); sie schuf Ordnung; schaffe (sorge für) Abhilfe!

der **Schaff|ner;** des Schaffners; die Schaffner; die **Schaff|ne|rin;** die Schaffnerinnen

die **Schaf|gar|be** (eine Heilpflanze)

der **Schaf|kopf** *oder* **Schafs|kopf** (ein Kartenspiel; Dummkopf)

das **Scha|fott** (ein Gerüst zur Hinrichtung); des Schafott[e]s; die Scha|fot|te

der **Schaft;** des Schaft[e]s; die Schäf|te

der **Schah** (persischer Herrschertitel); des Schahs; die Schahs

der **Scha|kal** (ein hundeartiges Raubtier); des Schakals; die Scha|ka|le

schä|kern (scherzen; flirten); du schäkerst; er hat mit ihr geschäkert; schäker[e] nicht mit ihm!

schal; ein schales (abgestandenes) Bier; ein schaler (fader) Witz

der **Schal;** des Schals; die Schals, *auch:* Schale

die **Scha|le; schä|len;** du schälst; sie schälte; sie hat die Kartoffeln geschält; schäl[e] die Kartoffeln!

der **Schalk** (Schelm); des Schalk[e]s; die Schal|ke *oder* Schäl|ke; **schalk|haft;** ein schalkhafter Mensch

der **Schall;** des Schall[e]s; die Schal|le *oder* Schäl|le; der **Schall|dämp|fer; schall|dicht;** schalldichte Türen; **schal|len;** es schallt; es schallte; es hat mir in den Ohren geschallt; ein schallendes Gelächter; die **Schall|ge|schwin|dig|keit;** die **Schall|mau|er** (extremer Luftwiderstand beim Erreichen der Schallgeschwindigkeit); die **Schall|plat|te**

die **Schal|mei** (ein Holzblasinstrument); die Schalmeien

schal|ten; du schaltest; er schaltete; er hat schnell geschaltet (beim Autofahren den Gang gewechselt; *umgangssprachlich für:* begriffen); schalte doch endlich!; der **Schal|ter;** des Schalters; die Schalter; das **Schalt|jahr;** der **Schalt|tag;** die **Schal|tung**

die **Scha|lup|pe** (Küstenfahrzeug; Boot)

die **Scham;** sich **schä|men;** du schämst dich; er schämte sich; er hat sich geschämt; schäm[e] dich!; das **Scham|ge|fühl; scham|haft; scham|los;** am scham|lo|sesten; **scham|rot;** die **Scham|rö|te**

die **Schan|de;** zuschanden, *auch:* zu Schanden gehen, machen, werden; **schän|den;** du schändest; er schändete; er hat den Friedhof geschändet; der **Schand|fleck;** die Schand|fle|cke; **schänd|lich;** die **Schand|tat;** die **Schän|dung**

die **Schän|ke** *vergleiche:* **Schen|ke;** die **Schank|stu|be**

die **Schan|ze** (zur Verteidigung aufgeworfener Erdwall; *kurz für:* Sprungschanze); **schan|zen;** du schanzt; er schanzt; er schanzte; er hat eine Stellung geschanzt

die **Schar** (Menge); die Scha|ren

die **Schar** (Pflugschar); die Scha|ren *oder* *(fachsprachlich)* das **Schar;** die Scha|re

die **Scha|ra|de** (Rätsel, bei dem die Teile des Lösungswortes pantomimisch dargestellt werden); die Scharaden

die **Schä|re** (kleine Felsinsel, Küstenklippe an der skandinavischen und der finnischen Küste); die Schären

scha|ren|wei|se

scharf; schär|fer; am schärfs|ten; ein Messer scharf machen; den Hund scharf machen (*umgangssprachlich für:* aufhetzen); er machte ihn scharf; er hat ihn scharf gemacht; der **Scharf|blick;** die **Schär|fe; schär|fen;** du schärfst; er schärft; er schärfte; er hat das Messer geschärft; schärf[e] das Messer!; **scharf|kan|tig;** scharfkantige Möbel; der **Scharf|rich|ter** (Henker); der **Scharf|schüt|ze;** der **Scharf|sinn; scharf|sin|nig**

der, *auch:* das **Schar|lach** (lebhaftes Rot); des Scharlachs; die Schar|la|che; der **Scharlach** (eine Infektionskrankheit); des Scharlachs; **schar|lach|rot**

der **Schar|la|tan** (Schwätzer, Marktschreier; Kurpfuscher); des Scharlatans; die Schar|la|ta|ne

Scharm *vergleiche:* **Charme; schar|mant** *vergleiche:* **char|mant**

das **Schar|müt|zel** (kurzes, kleines Gefecht; Geplänkel); des Scharmützels; die Scharmützel

das **Schar|nier** (Drehgelenk [für Türen]); des Scharniers; die Schar|nie|re

die **Schär|pe** (breites Band, das um die Schulter oder Hüfte getragen wird)

schar|ren; du scharrst; das Pferd scharrte; es hat gescharrt; scharr[e] nicht mit den Füßen!

die **Schar|te** (Einschnitt); eine Scharte auswetzen (einen Fehler wieder gutmachen); **schar|tig;** eine schartige Klinge

schar|wen|zeln (sich dienernd hin und her bewegen); ich scharwenz[e]le; du scharwenzelst; er scharwenzelte; er hat vor ihm scharwenzelt

der *oder* das **Schasch|lik** (am Spieß gebratene Fleischstückchen); des Schaschliks; die Schaschliks

schas|sen (*umgangssprachlich für:* entlassen; wegjagen); du schasst; er schasste; er hat ihn geschasst

der **Schat|ten;** des Schattens; die Schatten; das **Schat|ten|spiel** (Schattentheater); **schat|tie|ren;** du schattierst; sie schattierte; sie hat das Bild schattiert; schattier[e] das Bild noch ein wenig!; die **Schat|tie|rung; schat|tig;** ein schattiges Plätzchen

die **Scha|tul|le** (Geldkästchen, Schmuckkästchen)

der **Schatz;** des Schat|zes; die Schät|ze; **schät|zen;** du schätzt; er schätzte; er hat die Entfernung geschätzt; schätz[e] den Wert dieses Ringes!; die **Schät|zung; schät|zungs|wei|se**

die **Schau;** die Schau|en; etwas zur Schau stellen, tragen; jemandem die Schau stehlen (ihn um die Anerkennung anderer bringen); das **Schau|bild**

der **Schau|der;** Schauder erregen; ein Schauder erregender, *auch:* schaudererregender Unfall; ABER NUR: ein heftigen Schauder erregender Unfall; ein äußerst schaudererregender, noch schaudererregenderer Unfall; **schau|der|haft; schaudern;** du schauderst; er schauderte; er hat vor Kälte geschaudert; mir *oder* mich schaudert bei dem Gedanken

schau|en; du schaust; er schaut; er schaute; er hat in die Ferne geschaut; schau einmal hierhin!

der **Schau|er;** des Schauers; die Schauer; ein Schauer lief mir über den Rücken; die **Schau|er|ge|schich|te; schau|er|lich;** schauerliches (*umgangssprachlich für:* sehr schlechtes) Wetter

der **Schau|er|mann** (Hafenarbeiter, Schiffsarbeiter); die Schauerleute

die **Schau|fel;** die Schaufeln; **schau|feln;** du schaufelst; er hat das Grab geschaufelt; schaufle den Sand auf den Wagen!

das **Schau|fens|ter;** die **Schau|fens|ter|de|ko|ra|ti|on**

die **Schau|kel;** die Schaukeln; **schau|keln;** du schaukelst; er schaukelt; er schaukelte; er hat geschaukelt; schauk[e]le nicht so wild!; das **Schau|kel|pferd;** der **Schau|kel|stuhl**

schau|lus|tig; der **Schau|lus|ti|ge;** die Schaulustigen; ein Schaulustiger; zwei Schaulustige

der **Schaum;** die Schäume; **schäu|men;** das Meer schäumt; das Meer schäumte; das Meer hat geschäumt; der **Schaum|gummi; schau|mig;** der **Schaum|schlä|ger** (ein Küchengerät; *umgangssprachlich auch für:* Angeber, Blender); der **Schaum|stoff**

der **Schau|platz**

schau|rig; schaurig-schön

das **Schau|spiel;** der **Schau|spie|ler;** die **Schau|spie|le|rin;** die Schauspielerinnen; **schau|spie|le|risch;** schauspielerische Begabung; der **Schau|stel|ler;** des Schaustellers; die Schausteller; die **Schau|stel|le|rin;** die Schaustellerinnen

der **Scheck,** *auch:* **Check** [ʃɛk] (Zahlungsanweisung); des Schecks, *auch:* Checks; die Schecks, *auch:* Checks

der **Scheck** *oder* **Sche|cke** (scheckiges Pferd); des Schecken; die Schecken; die **Sche|cke** (scheckige Stute oder scheckige Kuh); der Schecke; die Schecken; **sche|ckig;** das Pferd ist scheckig braun die **Scheck|kar|te**

scheel (*umgangssprachlich für:* neidisch; geringschätzig); jemanden scheel anblicken; ein scheel blickender Mensch

der **Schef|fel** (ein altes Hohlmaß); die Scheffel; **schef|feln** (geizig zusammenraffen); du scheffelst; er scheffelte; er hat viel Geld gescheffelt

die **Schei|be;** *Verkleinerungsform:* das Scheib|chen; **schei|ben|för|mig;** der **Schei|ben|wi|scher**

der **Scheich** ([Stammes]oberhaupt in arabischen Ländern); des Scheichs; die Scheiche *oder* Scheichs; das **Scheich|tum;** des Scheichtums; die Scheich|tü|mer

die **Schei|de; schei|den;** du scheidest; er scheidet; er schied; er hat die Streitenden geschieden; er ist von seiner Frau geschieden; der **Schei|de|weg;** die **Scheidung;** der **Schei|dungs|pro|zess**

der **Schein; schein|bar** (nur dem Scheine nach); er hört scheinbar aufmerksam zu

Nicht verwechseln: Das Adjektiv *scheinbar* sagt, dass etwas in Wirklichkeit nicht so ist, wie es sich darstellt. Mit *anscheinend* wird dagegen die Vermutung ausgedrückt, dass etwas auch so ist, wie es erscheint.

schei|nen; die Sonne scheint; die Sonne schien; die Sonne hat geschienen; **schein|hei|lig;** der **Schein|tod; schein|tot**

der **Scheiß** *(derb);* der **Scheiß|dreck;** die **Scheiße; scheiß|e|gal; schei|ßen;** du scheißt; du schissest; er schiss; er hat geschissen; scheiß[e] nicht so lange!; **scheiß|freundlich**

das **Scheit** (Holzstück); des Scheit[e]s; die Schei|te

der **Schei|tel;** des Scheitels; die Scheitel; **schei|teln;** du scheitelst das Haar; er scheitelte das Haar; er hat das Haar gescheitelt; scheit[e]le das Haar!

der **Schei|ter|hau|fen** (Holzstoß für die öffentliche Verbrennung von Menschen)

schei|tern; ich scheitere; du scheiterst; er scheiterte; er ist an dem Problem gescheitert; das **Schei|tern;** dieser Plan ist von vornherein zum Scheitern verurteilt

der *oder* das **Schelf** (*Geographie:* Festlandsockel; Flachmeer entlang der Küste); des Schelfs; die Schel|fe

die **Schel|le** (Glöckchen); **schel|len;** du schellst; er schellte; er hat geschellt; schell[e] nicht so lange!

der **Schell|fisch**

der **Schelm** (Spaßvogel); des Schelm[e]s; die Schel|me; der **Schel|men|streich; schelmisch;** ein schelmisches Lachen

die **Schel|te** (scharfer Tadel; ernster Vorwurf); **schel|ten;** du schiltst; er schilt; er schalt; er hat mich gescholten; schilt nicht mit ihm!

das **Sche|ma;** die Schemas *oder* die Schemata *oder* die Schemen; nach Schema F; **schema|tisch;** eine schematische Darstellung; **sche|ma|ti|sie|ren** (nach einem Schema behandeln; vereinfachen); ich schematisiere; du schematisierst; sie schematisierte; sie hat den Plan schematisiert

der **Sche|mel;** des Schemels; die Schemel

sche|men|haft (nur undeutlich erkennbar; schattenhaft); schemenhafte Gestalten

die **Schen|ke** *oder* **Schän|ke** (Gastwirtschaft)

der **Schen|kel;** des Schenkels; die Schenkel

schen|ken; du schenkst; sie schenkte; sie hat mir ein Buch geschenkt; schenk[e] ihm etwas!; die **Schen|kung**

schep|pern (klappern, klirren); es scheppert; es schepperte; es hat gescheppert

die **Scher|be** *oder* der **Scher|ben**

die **Sche|re; sche|ren;** du scherst; er schert; er schor das Schaf; er hat alle[s] über einen Kamm geschoren (gleich behandelt); schere das Schaf!

sich **sche|ren** (*umgangssprachlich für:* sich fortmachen; sich um etwas kümmern); du scherst dich jetzt weg; sie scherte sich nicht darum; sie hat sich nicht darum geschert; scher dich zum Teufel!

der **Sche|ren|schnitt** (aus Papier geschnittenes Umrissbild)

die **Sche|re|rei** (*umgangssprachlich für:* Ärger) *meist Plural;* Scherereien haben, bekommen

das **Scherf|lein** (*veraltend für:* kleine Geldsumme, Spende); des Scherfleins; die Scherflein; sein Scherflein zu etwas beitragen

der **Scher|ge** (Handlanger, Vollstrecker); des/dem/den Schergen; die Schergen

der **Scherz;** des Scher|zes; die Scher|ze;

schief

- die schiefe Ebene
- ein schiefer Winkel
- ABER: der Schiefe Turm von Pisa
- ein schiefes (missvergnügtes) Gesicht machen
- in ein schiefes Licht geraten (falsch beurteilt werden)

Man schreibt »schief« vom folgenden Verb oder Partizip getrennt, wenn es sinnvoll – wenigstens durch »sehr« oder »ganz« – erweitert oder gesteigert werden kann:

- schief sein; schief werden; schief stehen; schief halten; jemanden schief ansehen; schief denken
- schief gehen; die Sache ist [total] schief gegangen (*umgangssprachlich für:* misslungen); er ist schon immer schief (mit schlechter Haltung) gegangen
- wenn du das glaubst, bist du [ganz] schief gewickelt (*umgangssprachlich für:* sehr im Irrtum); er hat den Draht schief gewickelt
- schief laufen; sie wird sich die Absätze schief laufen; ich fürchte, die Sache wird [völlig] schief laufen (*umgangssprachlich für:* missglücken)
- schief liegen; in diesem Fall hat er [besonders] schief gelegen (*umgangssprachlich für:* einen falschen Standpunkt vertreten); die Bettdecke hat schief gelegen

Vergleiche aber: schieflachen

scher|zen; du scherzt; er scherzte; er hat gescherzt; scherze nicht darüber!; **scherz|haft**

scheu; scheu|er; am scheu[e]s|ten; der Vogel ist sehr scheu; du sollst das Pferd nicht scheu machen; die **Scheu** (Angst, banges Gefühl); ohne Scheu; keine Scheu haben

die **Scheu|che; scheu|chen;** du scheuchst; er scheuchte; er hat die Tauben gescheucht; scheuch[e] sie nicht so!

scheu|en; das Pferd scheut; es scheute; es hat gescheut; sich scheuen; er hat sich vor dieser Arbeit gescheut; scheue dich nicht davor!

scheu|ern; du scheuerst; sie scheuert; sie hat die Pfanne gescheuert; scheu[e]re den Fußboden!; das **Scheu|er|tuch**

die **Scheu|klap|pe;** das Pferd trägt Scheuklappen

die **Scheu|ne;** das **Scheu|nen|tor**

das **Scheu|sal;** des Scheusals; die Scheu|sa|le; **scheuß|lich;** die **Scheuß|lich|keit**

der **Schi** *vergleiche:* **Ski**

die **Schicht; schich|ten;** du schichtest; er schichtete; er hat die Bretter geschichtet; schichte sie übereinander!; **schicht|wei|se** *oder* **schich|ten|wei|se** (in einzelnen Schichten, Gruppen); schicht[en]weise arbeiten, essen

schick, *auch:* **chic** [ʃɪk] (fein; modisch, elegant); der Mantel ist besonders schick, *auch:* chic

In den gebeugten Formen wird nur die eingedeutschte Schreibung gebraucht: »Sie trägt ein schickes Kleid.«

der **Schick,** *auch:* **Chic** ([modische] Feinheit); diese Dame hat Schick, *auch:* Chic

schi|cken; du schickst; er schickt; er schickte; er hat ihm Bücher geschickt; schick[e] ihm die Bücher!; sich schicken; das schickt (gehört) sich nicht; er hat sich schnell in diese Verhältnisse geschickt (eingefügt); **schick|lich** (angemessen); in schicklichem Abstand

das **Schick|sal;** des Schicksals; die Schick|sale; **schick|sal|haft;** der **Schick|sals|schlag**

schie|ben; du schiebst; er schiebt; er schob; er hat den Wagen geschoben; schieb[e] den Wagen!; der **Schie|ber** (Riegel, Maschinenteil; *umgangssprachlich auch für:* Betrüger); des Schiebers; die Schieber; die **Schie|be|tür;** die **Schieb|leh|re** (*Technik:* ein Messwerkzeug); die **Schie|bung** (*umgangssprachlich für:* Betrug)

der **Schieds|rich|ter;** der **Schieds|spruch**

schief *siehe Kasten*

der **Schie|fer** (ein Gestein); des Schiefers; die Schiefer; die **Schie|fer|ta|fel**

schief ge|hen, schief ge|wi|ckelt *verglei-*

che: **schief**; sich **schief|la|chen** (*umgangssprachlich für:* heftig lachen); er hat sich darüber schiefgelacht; **schief lau|fen, schief lie|gen** *vergleiche:* **schief**

schie|len; du schielst; er schielte; er hat geschielt; schiel[e] nicht!

das **Schien|bein**; die **Schie|ne**; **schie|nen**; du schienst; er schiente; er hat den Arm geschient

schier (beinahe, fast); das ist schier unmöglich

schier (rein); schieres Gold; schieres Fleisch

der **Schier|ling** (eine Giftpflanze)

die **Schieß|bu|de**; **schie|ßen**; du schießt; sie schießt; sie schoss; sie hat geschossen; schieß[e] nicht auf ihn!; das **Schie|ßen**; das ist zum Schießen (*umgangssprachlich für:* zum Lachen); die **Schie|ße|rei**; die **Schieß|schar|te**; die **Schieß|schei|be**; der **Schieß|stand**

das **Schiff**; **schiff|bar** (für Schiffe befahrbar); ein schiffbarer Fluss; der **Schiff|bruch**; **schiff|brü|chig**; der **Schif|fer**; des Schiffers; die Schiffer; die **Schiff|fahrt**, *auch:* **Schiff-Fahrt**; die **Schiff|fahrts|li|nie**; die **Schiffs|rei|se**; die **Schiff[s]|schau|kel**

die **Schi|ka|ne** (böswillig bereitete Schwierigkeit); **schi|ka|nie|ren**; du schikanierst ihn; er schikanierte ihn; er hat ihn ständig schikaniert; schikanier[e] ihn nicht!; **schi|ka|nös**

der **Schi|ko|ree** *vergleiche:* **Chi|co|rée**

der **Schi|lauf** *vergleiche:* **Ski|lauf**

das **Schild** (Erkennungszeichen); des Schild[e]s; die Schil|der

der **Schild** (Schutzwaffe); des Schild[e]s; die Schil|de

der **Schild|bür|ger**; der **Schild|bür|ger|streich**

die **Schild|drü|se**

schil|dern; du schilderst; er hat den Vorgang geschildert; schildere den Vorgang genauer!; die **Schil|de|rung**

die **Schild|krö|te**; die **Schild|laus**; der **Schild|vul|kan**; die **Schild|wa|che**

das **Schilf**; des Schilf[e]s; die Schil|fe; das **Schilf|gras**

der **Schi|lift** *vergleiche:* **Ski|lift**

schil|lern (in wechselnden Farben glänzen); das Kleid schillert; es schillerte; es hat geschillert; schillernde Seifenblasen

die **Schi|mä|re**, *auch:* **Chi|mä|re** (Trugbild, Hirngespinst); die Schimären, *auch:* Chimären

der **Schim|mel** (weißlicher Pilzüberzug auf organischen Stoffen); des Schimmels

der **Schim|mel** (weißes Pferd); des Schimmels; die Schimmel

schim|me|lig *oder* **schimm|lig**; schimm[e]liger Käse; **schim|meln**; das Brot schimmelt; das Brot hat geschimmelt; der **Schim|mel|pilz**

der **Schim|mer**; des Schimmers; die Schimmer; keinen [blassen] Schimmer haben (*umgangssprachlich für:* von etwas überhaupt nichts verstehen); **schim|mern**; das Licht schimmert; es schimmerte; es hat geschimmert

der **Schim|pan|se** (ein Affe); des/dem/den Schimpansen; die Schimpansen

der **Schimpf**; des Schimpf[e]s; *meist in der Wendung:* mit Schimpf und Schande; **schimp|fen**; du schimpfst; er schimpft; er schimpfte; er hat geschimpft; schimpf[e] nicht darüber!; **schimpf|lich** (schändlich, entwürdigend); ein schimpfliches Ende; der **Schimpf|na|me**; das **Schimpf|wort**; die Schimpf|wor|te *oder* Schimpf|wör|ter

die **Schin|del**; die Schindeln; das **Schin|del|dach**

schin|den (quälen, grausam behandeln); du schindest ihn; du schindetest, *seltener:* schund[e]st ihn; er schindete, *seltener:* schund ihn; er hat ihn geschunden; schind[e] ihn nicht!; sich schinden (sich mit etwas sehr abmühen); du brauchst dich nicht so zu schinden; der **Schin|der**; des Schinders; die Schinder; die **Schinde|rei**; das **Schind|lu|der**; Schindluder mit jemandem treiben (*umgangssprachlich für:* jemanden schmählich behandeln)

der **Schin|ken**; des Schinkens; die Schinken; der **Schin|ken|speck**

die **Schip|pe** (Schaufel; unmutig aufgeworfene Unterlippe); **schip|pen**; du schippst; sie schippt; sie schippte; sie hat Sand geschippt; schipp[e] den Sand auf den Wagen!

der **Schirm**; des Schirm[e]s; die Schir|me; der **Schirm|herr**

der **Schi|rok|ko** (ein warmer Mittelmeerwind); des Schirokkos; die Schirokkos

schir|ren; du schirrst; er schirrt; er schirrte; er hat das Pferd an den Wagen geschirrt; der **Schirr|meis|ter**

das **Schi|sprin|gen** *vergleiche:* **Ski|sprin|gen**

der **Schiss** (*derb für:* Kot; Angst); des Schisses; Schiss haben

schi|zo|phren (an Schizophrenie leidend); die **Schi|zo|phre|nie** (Bewusstseinsspaltung)

schlab|be|rig *oder* **schlabb|rig;** eine schlabb[e]rige Suppe; **schlab|bern** *(umgangssprachlich);* du schlabberst; sie schlabbert; sie hat schon wieder geschlabbert; schlabbere nicht beim Essen!

die **Schlacht;** die Schlach|ten

schlach|ten; du schlachtest; er schlachtet; er schlachtete; er hat das Schwein geschlachtet; schlachte das Schwein!; der **Schlach|ter** (*norddeutsch für:* der Fleischer); des Schlachters; die Schlachter; die **Schlach|te|rei** (*norddeutsch für:* die Fleischerei); der **Schlacht|hof; schlachtreif;** schlachtreifes Vieh; das **Schlachtschiff**

die **Schla|cke** (Rückstand beim Verbrennen)

schla|ckern; seine Knie schlackerten; sie haben geschlackert; da schlackerst du mit den Ohren (*umgangssprachlich für:* da bist du überrascht, erstaunt)

der **Schlaf;** des Schlaf[e]s; der **Schlaf|an|zug**

die **Schlä|fe**

schla|fen; du schläfst; sie schlief; sie hat geschlafen; schlaf[e] jetzt!

schlaff; ein schlaffes Seil

das **Schla|fitt|chen;** *in Wendungen wie:* jemanden am/beim Schlafittchen fassen, nehmen, packen *(umgangssprachlich)*

schlaf|los; schlaflose Nächte; die **Schlaflo|sig|keit;** das **Schlaf|mit|tel;** die **Schlafmüt|ze; schläf|rig;** der **Schlaf|sack;** die Schlafsäcke; **schlaf|trun|ken** (noch nicht richtig wach); der **Schlaf|wa|gen; schlafwan|deln;** du schlafwandelst; er schlafwandelte; er hat, *auch:* ist heute Nacht wieder geschlafwandelt; zu schlafwandeln; der **Schlaf|wand|ler; schlaf|wand|lerisch;** mit schlafwandlerischer Sicherheit; das **Schlaf|zim|mer**

der **Schlag;** des Schlag[e]s; die Schlä|ge; Schlag 8 Uhr; Schlag auf Schlag; die **Schlag|a|der;** der **Schlag|an|fall; schlagar|tig** (plötzlich); der **Schlag|ball;** der **Schlag|ball|weit|wurf;** der **Schlag|baum;**

schla|gen; du schlägst; er schlägt; er schlug; er hat ihn geschlagen; schlag[e] ihn nicht!; der **Schla|ger;** des Schlagers; die Schlager; der **Schlä|ger;** des Schlägers; die Schläger; die **Schlä|ge|rei; schlag|fer|tig;** eine schlagfertige Antwort; die **Schlag|fer|tig|keit; schlag|kräftig;** schlagkräftige (überzeugende) Argumente; das **Schlag|loch;** die Schlag|löcher; die **Schlag|sah|ne;** die **Schlag|sei|te;** das Schiff hat Schlagseite; das **Schlagwort;** die Schlag|wor|te *oder* Schlag|wörter; die **Schlag|zei|le;** das **Schlag|zeug**

der **Schlaks** (*umgangssprachlich für:* lang aufgeschossener, ungeschickter Mensch); des Schlak|ses; die Schlak|se; **schlak|sig**

der, *auch:* das **Schla|mas|sel** (*umgangssprachlich für:* Unglück; Widerwärtiges); des Schlamassels

der **Schlamm;** des Schlamm[e]s; die Schlamme *oder* Schläm|me; **schläm|men** (entschlammen); du schlämmst; er schlämmte; er hat den Teich geschlämmt

Nicht verwechseln: Obwohl beide Wörter gleich ausgesprochen werden, schreibt man das Verb in der Bedeutung »von Schlamm befreien und reinigen« mit *ä*, in der Bedeutung von »gut und reichlich essen« dagegen mit *e*.

schlam|mig; schlammige Pfützen

schlampen (*umgangssprachlich für:* sehr nachlässig sein); du schlampst; sie schlampte; sie hat bei den Hausaufgaben geschlampt; die **Schlam|pe|rei; schlam|pig;** die **Schlam|pig|keit**

die **Schlan|ge;** sich **schlän|geln;** du schlängelst dich; er schlängelte sich; er hat sich durch die Menge geschlängelt; der **Schlan|gen|biss;** die **Schlan|gen|li|nie;** in Schlangenlinien fahren

schlank; die **Schlank|heit;** die **Schlankheits|kur**

schlapp (kraftlos, erschöpft); schlapp sein; sich schlapp fühlen; die Hitze hat uns schlapp gemacht; ↑ABER: schlappmachen; die **Schlap|pe** (Niederlage); die Schlappen; der **Schlapp|hut; schlapp|machen** (*umgangssprachlich für:* die Kraft

schlecht	
schlech|ter; am schlech|tes|ten	– schlecht bezahlt; eine schlecht bezahlte Arbeit – schlecht gelaunt; ein [ziemlich] schlecht gelaunter Verkäufer; der Verkäufer ist schlecht gelaunt – schlecht machen; sie hat ihn überall [total] schlecht gemacht (hat überall Nachteiliges über ihn erzählt); sie hat ihre Aufgaben schlecht gemacht; das kannst du aber schlecht (kaum) machen
– der schlechte Ruf – ein schlechtes Zeichen – schlechtes Wetter – mehr schlecht als recht *Groß schreibt man die Substantivierung:* – im Schlechten und im Guten – etwas, nichts, viel, wenig Schlechtes *Man schreibt »schlecht« vom folgenden Verb oder Partizip getrennt, wenn es sinnvoll – wenigstens durch »sehr« oder »ganz« – erweitert oder gesteigert werden kann:* – schlecht gehen; nach dem Unfall ist es ihm [besonders] schlecht gegangen (hat er sich in einer üblen Lage befunden); in diesen Schuhen ist er schon immer schlecht gegangen; das wird schlecht (kaum) gehen	

verlieren und nicht durchhalten); er hat schlappgemacht; schlappzumachen

das **Schla|raf|fen|land**

schlau; schlau|er; am schlau[e]s|ten; der **Schlau|ber|ger;** des Schlaubergers; die Schlauberger

der **Schlauch;** die Schläu|che; das **Schlauchboot**

schlau|chen (*umgangssprachlich für:* anstrengen, ermüden); die Arbeit schlaucht; die Hitze hat uns geschlaucht

schlauch|los; schlauchlose Reifen

die **Schläue**

die **Schlau|fe**

die **Schlau|heit;** der **Schlau|kopf;** der **Schlau|mei|er;** des Schlaumeiers; die Schlaumeier

der **Schla|wi|ner** (*umgangssprachlich für:* durchtriebener Mensch); des Schlawiners; die Schlawiner

schlecht *siehe Kasten*

schlecht be|zahlt *vergleiche:* **schlecht**

schlech|ter|dings (*veraltend für:* geradezu); das ist schlechterdings unmöglich; **schlecht ge|hen** *vergleiche:* **schlecht; schlecht ge|launt** *vergleiche:* **schlecht;** die **Schlecht|heit; schlecht|hin;** sie sagte schlechthin (ganz einfach) die Wahrheit; die **Schlech|tig|keit; schlecht machen** *vergleiche:* **schlecht; schlecht|weg** (ohne Umstände, einfach); sie hat das schlechtweg behauptet; ABER: sie kam dabei schlecht weg (hat weniger bekommen als erwartet)

schle|cken; ich schleck[e]; du schleckst; er schleckte; er hat an dem Eis geschleckt; die **Schle|cke|rei;** das **Schlecker|maul** (*umgangssprachlich*)

der **Schle|gel** (*landschaftlich für:* [Hinter]keule von Schlachttieren, Geflügel, Wild); des Schlegels; die Schlegel

der **Schleh|dorn** (ein Strauch); die Schlehdor|ne; die **Schle|he** (Schlehdorn; dessen Frucht)

schlei|chen; du schleichst; er schlich; er ist geschlichen; schleich[e] dich (verschwinde)!; der **Schlei|cher;** des Schleichers; die Schleicher; der **Schleich|weg;** auf Schleichwegen; die **Schleich|werbung**

die **Schleie** (ein Karpfenfisch); die Schlei|en, *auch:* der **Schlei;** des Schlei[e]s; die Schleie

der **Schlei|er;** die **Schlei|er|eu|le; schlei|er|haft;** das ist mir schleierhaft (*umgangssprachlich für:* das ist mir unerklärlich)

die **Schlei|fe** (Schlinge)

die **Schlei|fe** (*landschaftlich für:* Gleitbahn); **schlei|fen** (schärfen); du schleifst; er schleift; er schliff; er hat das Messer geschliffen; schleif[e] das Messer!; **schleifen** (über den Boden ziehen); du schleifst; er schleifte; er hat ihn durchs Zimmer geschleift; schleif[e] ihn doch nicht durchs Zimmer!

Beachte: Mit der Bedeutung »schärfen« wird das Verb *schleifen* in seinen Vergangenheitsformen anders gebeugt als mit der Bedeutung »über den Boden oder eine Fläche ziehen«:
- er schliff sein Taschenmesser
- die Fahrradkette hat am Schutzblech geschleift

der **Schleif|stein**

der **Schleim;** des Schleim[e]s; die Schlei|me; die **Schleim|haut** (Schleim absondernde innere Haut); **schlei|mig; schleim|lösend;** ein schleimlösendes Mittel

schlem|men; du schlemmst; er schlemmte; er hat geschlemmt; schlemme mal tüchtig!; ↑ABER: schlämmen; der **Schlem|mer;** des Schlemmers; die Schlemmer; die **Schlem|me|rei**

schlen|dern; du schlenderst; er schlenderte; er ist durch den Park geschlendert; schlendere nicht so!; der **Schlen|dri|an** (*umgangssprachlich für:* Schlamperei); des Schlendrians

der **Schlen|ker** (schlenkernde Bewegung); des Schlenkers; die Schlenker; **schlenkern;** du schlenkerst; sie schlenkert; sie schlenkerte; sie hat mit den Beinen geschlenkert; schlenkere nicht mit der Tasche!

schlen|zen; du schlenzt; er schlenzte; er hat den Ball ins Tor geschlenzt

die **Schlep|pe; schlep|pen;** du schleppst; er schleppt; er schleppte; er hat den Sack in den Keller geschleppt; schlepp[e] nicht so viel!; der **Schlep|per;** des Schleppers; die Schlepper; das **Schlepp|netz**

Schle|si|en; der **Schle|si|er;** des Schlesiers; die Schlesier; die **Schle|si|e|rin;** die Schlesierinnen; **schle|sisch;** der schlesische Dialekt; ABER: der Erste Schlesische Krieg

Schles|wig-Hol|stein; der **Schles|wig-Hol|stei|ner;** des Schleswig-Holsteiners; die Schleswig-Holsteiner; die **Schles|wig-Hol|stei|ne|rin;** die Schleswig-Holsteinerinnen; **schles|wig-hol|stei|nisch**

die **Schleu|der;** die Schleudern; der **Schleu|der|ball** (Lederball mit einer Schlaufe; ein Mannschaftsspiel); **schleu|dern;** du schleuderst; er schleuderte; er hat den Ball geschleudert; schleudere ihn!; der **Schleu|der|sitz**

schleu|nig (schnell); **schleu|nigst** (auf dem schnellsten Weg); komme schleunigst!

die **Schleu|se; schleu|sen;** du schleust; er schleust; er schleuste; er hat ihn über die Grenze geschleust; schleuse ihn über die Grenze!; das **Schleu|sen|tor**

der **Schlich** (Kniff, Trick); des Schlich[e]s; die Schli|che; sie ist dem Betrüger auf die Schliche gekommen (hat ihn ertappt, überführt)

schlicht; am schlich|tes|ten; ein schlichtes Kleid; **schlich|ten;** du schlichtest; er schlichtet; er schlichtete; er hat den Streit geschlichtet; schlichte den Streit!; der **Schlich|ter;** des Schlichters; die Schlichter; die **Schlich|tung**

der **Schlick** (Schlamm; Schwemmland); des Schlick[e]s; die Schli|cke

die **Schlie|re** (streifige Stelle in Glas, Luft usw.); die Schlieren

schlie|ßen; du schließt; er schließt; er schloss; er hat die Tür geschlossen; schließ[e] die Tür!; das **Schließ|fach; schließ|lich;** die **Schlie|ßung**

der **Schliff;** des Schliff[e]s; die Schlif|fe

schlimm; es ist schlimm; es steht schlimm um ihn; schlimme Zeiten; im schlimmsten Fall[e]; er ist am schlimmsten dran; ABER: etwas, nichts Schlimmes; es ist das Schlimmste, dass er nicht kommen kann; das ist noch lange nicht das Schlimmste; man muss das Schlimmste fürchten; er lässt es zum Schlimmsten kommen; ich bin auf das, aufs Schlimmste gefasst; sie wurde auf das Schlimmste, *auch:* schlimmste (in sehr schlimmer Weise) getäuscht; **schlimms|ten|falls**

die **Schlin|ge; schlin|gen;** du schlingst; er schlingt; er schlang; er hat die Arme um sie geschlungen; schling[e] dir ein Band ins Haar!

der **Schlin|gel;** des Schlingels; die Schlingel

schlin|gern; das Schiff schlingert; das Schiff schlingerte; das Schiff hat geschlingert

die **Schling|pflan|ze**

der **Schlips** (Krawatte); des Schlip|ses; die Schlip|se

der **Schlit|ten;** des Schlittens; die Schlitten; Schlitten fahren; ich bin Schlitten gefahren; ABER: das **Schlit|ten|fah|ren; schlittern** (auf dem Eis gleiten); du schlitterst; er schlittert; er schlitterte; er ist über das Eis geschlittert; der **Schlitt|schuh;** Schlittschuh laufen; ich bin Schlittschuh gelaufen; ABER: das **Schlitt|schuh|lau|fen**

der **Schlitz;** des Schlit|zes; die Schlit|ze; **schlitz|äu|gig;** das **Schlitz|ohr** (gerissener Bursche); **schlitz|oh|rig;** ein schlitzohriger Geschäftsmann

schloh|weiß; schlohweißes Haar

das **Schloss;** des Schlos|ses; die Schlös|ser; der **Schlos|ser;** des Schlossers; die Schlosser; die **Schlos|se|rei;** die **Schlos|se|rin;** die Schlosserinnen; der **Schloss|gar|ten**

die **Schlo|ße** (Hagelkorn)

der **Schlot** (Schornstein); des Schlot[e]s; die Schlo|te

schlot|te|rig *oder* **schlott|rig** (heftig zitternd); er hatte vor Aufregung schlott[e]rige Knie; **schlot|tern;** ich schlottere; du schlotterst; er schlotterte; er hat vor Kälte geschlottert

die **Schlucht;** die Schluch|ten

schluch|zen; du schluchzt; er schluchzt; er schluchzte; er hat jämmerlich geschluchzt; der **Schluch|zer;** des Schluchzers; die Schluchzer

der **Schluck;** des Schluck[e]s; die Schlu|cke, *seltener:* Schlü|cke; der **Schluck|auf; schlu|cken;** du schluckst; sie schluckte; sie hat die Tablette geschluckt; schluck[e] die Tablette!; der **Schlu|cker** (armer Kerl); des Schluckers; die Schlucker; die **Schluck|imp|fung; schluck|wei|se**

schlu|de|rig *oder* **schlud|rig** (nachlässig); ein schlud[e]riger Kerl; **schlu|dern** (nachlässig arbeiten); du schluderst; er hat bei dieser Arbeit geschludert; schludere nicht so!

der **Schlum|mer;** des Schlummers; **schlummern;** du schlummerst; er schlummerte; er hat selig geschlummert; schlummere noch ein wenig!

der **Schlumpf** (zwergenhafte Comicfigur); des Schlumpf[e]s; die Schlümp|fe

der **Schlund** ([hinterer] Rachen); des Schlund[e]s; die Schlün|de

schlup|fen (*landschaftlich für:* schlüpfen); **schlüp|fen;** du schlüpfst; er schlüpft; er schlüpfte; er ist in sein Bett geschlüpft; schlüpf[e] schnell in dein Bett!; der **Schlüp|fer;** des Schlüpfers; die Schlüpfer; **schlüpf|rig** (feucht und glatt; zweideutig, anstößig); schlüpfrige Straßen; die **Schlupf|wes|pe;** der **Schlupf|win|kel**

schlur|fen (schleppend gehen); du schlurfst; er schlurfte; er hat geschlurft; er ist über den Flur geschlurft; schlurf[e] nicht!

schlür|fen (hörbar trinken); du schlürfst; er hat geschlürft; schlürf[e] nicht!

der **Schluss;** des Schlus|ses; die Schlüs|se; seine Schlüsse aus etwas ziehen

der **Schlüs|sel;** des Schlüssels; die Schlüssel; das **Schlüs|sel|bein;** die **Schlüs|sel|blu|me;** der *oder* das **Schlüs|sel|bund;** die Schlüs|sel|bun|de; **schlüs|sel|fer|tig;** ein schlüsselfertiger Neubau; das **Schlüs|sel|loch**

schluss|fol|gern; ich schlussfolgere; du schlussfolgerst; sie schlussfolgerte; sie hat geschlussfolgert; um zu schlussfolgern; die **Schluss|fol|ge|rung; schlüs|sig** (folgerichtig; überzeugend); schlüssige Argumente; sich über etwas schlüssig werden (sich fest entschließen); das **Schluss|licht;** die Schluss|lich|ter; der **Schluss|pfiff** *(Sport);* der **Schluss|satz,** *auch:* **Schluss-Satz;** der **Schluss|ver|kauf**

die **Schmach** (Schande)

schmach|ten (Mangel leiden); ich schmachte; du schmachtest; sie schmachtete; sie hat in der Hitze geschmachtet; **schmäch|tig** (dünn); ein schmächtiges Kind

schmach|voll

schmack|haft; am schmack|haf|tes|ten

schmä|hen (beleidigen; schlecht machen); du schmähst ihn; er schmähte ihn; er hat ihn geschmäht; schmäh[e] ihn nicht!; **schmäh|lich;** die **Schmä|hung**

schmal; schma|ler *oder* schmä|ler; am schmals|ten *oder* schmäls|ten; **schmä|lern;** ich schmälere; du schmälerst; er schmälerte; er hat den Erfolg geschmälert; **schmal|spu|rig;** eine schmalspurige Bahn das **Schmalz;** des Schmal|zes; die Schmal|ze; **schmal|zig;** ein schmalziger (übertrieben gefühlvoller) Film

schma|rọt|zen (auf Kosten anderer leben); du schmarotzt; er schmarotzte; er hat schmarotzt; schmarotze nicht!; der **Schma|rọt|zer;** des Schmarotzers; die Schmarotzer

der **Schmar|ren** (eine Mehlspeise; *umgangssprachlich für:* etwas Wertloses); des Schmarrens; die Schmarren

der **Schmatz** (*umgangssprachlich für:* Kuss); des Schmat|zes; die Schmat|ze; **schmatzen;** du schmatzt; sie schmatzte; sie hat geschmatzt; schmatz[e] nicht!

der **Schmaus** (reichhaltiges, gutes Mahl); des Schmau|ses; die Schmäu|se; **schmausen;** du schmaust; er schmauste; er hat ausgiebig geschmaust

schme|cken; das Essen schmeckt; es schmeckte; es hat ihm geschmeckt

die **Schmei|che|lei; schmei|chel|haft;** am schmei|chel|haf|tes|ten; **schmei|cheln;** du schmeichelst; er schmeichelte; er hat ihm geschmeichelt; schmeich[e]le ihm nicht!; der **Schmeich|ler;** des Schmeichlers; die Schmeichler; **schmeich|le|risch;** schmeichlerische Worte

schmei|ßen *(umgangssprachlich);* du schmeißt; er schmeißt; er schmiss; er hat einen Stein nach ihm geschmissen; schmeiß[e] nicht mit Steinen!

die **Schmeiß|flie|ge**

der **Schmelz;** des Schmel|zes; die Schmel|ze; **schmel|zen** (flüssig werden); der Schnee schmilzt; der Schnee schmolz; der Schnee ist geschmolzen; **schmel|zen** (flüssig machen); du schmilzt; er schmilzt; er schmolz; er hat das Eisen geschmolzen; schmilz das Eisen!; der **Schmelz|o|fen;** der **Schmelz|punkt**

der **Schmer|bauch** (*umgangssprachlich für:* Fettbauch)

der **Schmerz;** des Schmer|zes; die Schmerzen; **schmerz|emp|find|lich;** schmerzempfindliches Zahnfleisch; **schmer|zen;** die Wunde schmerzt; die Wunde schmerzte; die Wunde hat geschmerzt; das **Schmer|zens|geld; schmerz|frei; schmerz|haft;** eine schmerzhafte Verletzung; **schmerz|lich;** ein schmerzlicher Verlust; **schmẹrz|lin|dernd** ↑schmerzstillend; **schmerz|los;** am schmerz|lo|sesten; **schmẹrz|stil|lend;** schmerzstillende Tabletten; ABER: einige den Schmerz stillende Mittel

der **Schmet|ter|ball** *(Tischtennis, Tennis usw.)*

der **Schmet|ter|ling;** die **Schmet|ter|lings|blü|te** *(Biologie);* der **Schmet|ter|lings|blüt|ler;** der **Schmet|ter|lings|stil** *(Schwimmen)*

schmet|tern; du schmetterst; er schmetterte; er hat den Ball über das Netz geschmettert; schmettere den Ball über das Netz!

der **Schmied;** des Schmied[e]s; die Schmiede; die **Schmie|de; schmie|de|ei|sern;** ein schmiedeeisernes Tor; **schmie|den;** du schmiedest; er schmiedete; er hat das Eisen geschmiedet; schmiede das Eisen!

sich **schmie|gen;** du schmiegst dich; er schmiegte sich; er hat sich eng an seine Mutter geschmiegt; schmieg[e] dich eng an mich!; **schmieg|sam**

die **Schmie|re** (*umgangssprachlich für:* Wache); Schmiere stehen; er hat Schmiere gestanden

die **Schmie|re** (Fett; *auch für:* schlechtes Theater); die Schmieren; **schmie|ren;** du schmierst; er schmierte; er hat Butter aufs Brot geschmiert; schmier[e] die Butter nicht so dick!; die **Schmie|re|rei;** der **Schmier|fink;** des/dem/den Schmierfin|ken; die Schmier|fin|ken; **schmie|rig;** das **Schmier|öl**

die **Schmin|ke; schmin|ken;** du schminkst ihn; er schminkte ihn; er hat ihn geschminkt; schmink[e] ihn!; sich schminken; schminke dich nicht so auffällig!

schmir|geln; du schmirgelst; er schmirgelte; er hat die Herdplatte geschmirgelt; schmirg[e]le die Herdplatte!; das **Schmir|gel|pa|pier**

der **Schmiss** (Schwung; Hiebnarbe); des Schmis|ses; die Schmis|se; **schmis|sig** (schwungvoll); schmissige Musik

der **Schmö|ker** (*umgangssprachlich für:* anspruchsloses, aber fesselndes Buch); **schmö|kern** (behaglich und viel lesen); du schmökerst; sie schmökerte in einem Krimi; sie hat viel geschmökert; schmökere nicht so viel!

schmol|len; du schmollst; er schmollte; er hat geschmollt; schmoll[e] nicht!; der

Schmoll|win|kel; sich in den Schmollwinkel zurückziehen (beleidigt sein)

der **Schmor|bra|ten; schmo|ren;** du schmorst; er schmorte das Fleisch; er hat in der Sonne geschmort *(umgangssprachlich);* schmor[e] das Fleisch!

der **Schmu** *(umgangssprachlich für:* leichter Betrug); Schmu machen

schmuck (nett aussehend); ein schmucker Junge; der **Schmuck;** des Schmuck[e]s; die Schmu|cke; **schmücken;** du schmückst; er schmückte; er hat den Saal geschmückt; schmück[e] den Saal!; der **Schmuck|kas|ten; schmucklos** (schlicht); das **Schmuck|stück**

der **Schmud|del** *(umgangssprachlich für:* Unsauberkeit); des Schmuddels; die **Schmud|de|lei; schmud|de|lig** *oder* **schmudd|lig;** schmudd[e]lige Kleidung; das **Schmud|del|wet|ter**

der **Schmug|gel;** des Schmuggels; die **Schmug|ge|lei; schmug|geln;** du schmuggelst; er schmuggelte; er hat Kaffee über die Grenze geschmuggelt; schmugg[e]le besser nicht!; der **Schmugg|ler;** des Schmugglers; die Schmuggler

schmun|zeln; du schmunzelst; sie schmunzelte; sie hat geschmunzelt; schmunzle nicht!

der **Schmus** *(umgangssprachlich für:* leeres Gerede, Schmeichelei); des Schmu|ses; **schmu|sen;** ich schmuse; du schmust; er schmust; er schmuste; er hat mit ihr geschmust; die **Schmu|se|rei**

der **Schmutz;** des Schmut|zes; Schmutz abweisen; ein Schmutz abweisendes, *auch:* schmutzabweisendes Material; ABER NUR: ein jeden Schmutz abweisendes, ein besonders schmutzabweisendes Material; **schmut|zen;** der Stoff schmutzte; er hat geschmutzt; der **Schmutz|fink;** des/dem/den Schmutz|fin|ken; die Schmutz|fin|ken; **schmut|zig;** schmutzig grau; ein schmutzig grauer Mantel

der **Schna|bel;** des Schnabels; die Schnäbel; **schnä|beln;** die Tauben schnäbeln; sie schnäbelten; sie haben geschnäbelt; das **Schna|bel|tier** (ein Eier legendes Säugetier); **schna|bu|lie|ren** *(umgangssprachlich für:* mit Genuss essen); du schnabulierst; er schnabulierte; er hat die Kirschen schnabuliert

der **Schnack** *(norddeutsch für:* Plauderei); des Schnack[e]s; die Schnacks *oder* Schnäcke; **schna|cken;** du schnackst; sie schnackte; sie hat lange mit ihr geschnackt; schnack[e] nicht so lange!

die **Schna|ke** (Stechmücke); der **Schna|ken|stich**

die **Schnal|le; schnal|len;** du schnallst; er schnallte; er hat den Gürtel enger geschnallt; schnall[e] deinen Gürtel fester!; etwas schnallen *(umgangssprachlich für:* verstehen)

schnal|zen (einen kurzen, knallenden Laut erzeugen); du schnalzt; er schnalzt; er schnalzte; er hat mit der Zunge geschnalzt

schnap|pen; du schnappst ihn; er schnappte ihn; der Hund hat die Wurst geschnappt; schnapp[e] sie!; das **Schnäpp|chen** *(umgangssprachlich für:* vorteilhafter Kauf); das **Schnapp|schloss;** der **Schnapp|schuss** (unvorbereitet gemachte Fotografie)

der **Schnaps;** des Schnap|ses; die Schnäp|se; die **Schnaps|i|dee** (verrückter Einfall); die **Schnaps|zahl** *(scherzhaft für:* Zahl aus gleichen Ziffern)

schnar|chen; du schnarchst; er hat geschnarcht; schnarch[e] nicht so laut!; der **Schnar|cher**

die **Schnar|re; schnar|ren;** seine Stimme schnarrt; sie schnarrte; sie hat laut geschnarrt

schnat|tern; die Gans schnattert; sie schnatterte; sie hat geschnattert

schnau|ben; das Pferd schnaubt; das Pferd schnaubte; es hat geschnaubt

schnau|fen; ich schnaufe; du schnaufst; er schnaufte; er hat geschnauft

der **Schnauz|bart; schnauz|bär|tig;** die **Schnauze;** halt die Schnauze! *(derb);* **schnau|zen** *(umgangssprachlich);* du schnauzt; er schnauzte; er hat geschnauzt; schnauz[e] nicht immer!; **schnäu|zen;** du schnäuzt; sie schnäuzte; sie hat die Nase geschnäuzt; sich schnäuzen; sie hat sich kräftig geschnäuzt; schnäuz[e] dich nicht so laut!; der **Schnau|zer** (eine Hunderasse; *kurz für:* Schnauzbart); des Schnauzers; die Schnauzer

die **Schne|cke;** das **Schne|cken|haus;** das **Schne|cken|tem|po**

A B C D E F G H I J K L M N O P Q R S T U V W X Y Z

der **Schnee;** des Schnees; der **Schnee|ball;** die **Schnee|ball|schlacht; schnee|be|deckt;** schneebedeckte Dächer; das **Schneebrett** (flach überhängende Schneemassen); die **Schnee|flo|cke;** das **Schnee|gestö|ber;** das **Schnee|glöck|chen;** die **Schnee|gren|ze; schnee|ig;** schneeige Berggipfel; die **Schnee|ket|te** *meist Plural;* der **Schnee|mann;** die Schneemänner; der **Schnee|pflug; schnee|si|cher;** ein schneesicheres Skigebiet; das **Schneetrei|ben; schnee|weiß;** schneeweißes Haar; das **Schnee|witt|chen**

der, *süddeutsch und österreichisch auch:* die **Schneid** (Mut)

der **Schneid|bren|ner** (Gerät zum Zerschneiden von Metall); die **Schnei|de; schneiden;** du schneidest; er schneidet; er schnitt; er hat das Fleisch geschnitten; schneide das Fleisch!; sich schneiden; ich habe mich geschnitten; ich habe mir, *auch:* mich in den Finger geschnitten; der **Schnei|der;** des Schneiders; die Schneider; die **Schnei|de|rin;** die Schneiderinnen; **schnei|dern;** ich schneidere; du schneiderst; sie schneiderte; sie hat das Kleid geschneidert; der **Schnei|dersitz;** der **Schnei|de|zahn**

schnei|dig (selbstbewusst; draufgängerisch); ein schneidiger Bursche

schnei|en; es schneit; es schneite; es hat geschneit

die **Schnei|se**

schnell; schnells|tens; ein schnelles Auto; auf die schnelle Tour *(umgangssprachlich);* ABER: auf die Schnelle *(umgangssprachlich für:* rasch, in kurzer Zeit); die **Schnel|le** (Geschwindigkeit); **schnel|len** (sich mit Schnellkraft bewegen); der Pfeil schnellte; der Pfeil ist durch die Luft geschnellt; die **Schnel|ligkeit;** der **Schnell|im|biss;** der **Schnell|läufer,** *auch:* **Schnell-Läu|fer; schnell|le|big** (kurzlebig); eine schnelllebige Mode; die **Schnell|le|big|keit;** die **Schnell|stra|ße;** der **Schnell|zug**

die **Schnep|fe** (ein Vogel)

schneu|zen, *alte Schreibung für:* **schnäuzen;** *vergleiche dort*

der **Schnick|schnack** *(umgangssprachlich für:* wertloses Zeug; Geschwätz); des Schnickschnack[e]s

schnie|geln *(umgangssprachlich für:* sich übertrieben sorgfältig zurechtmachen); ich schnieg[e]le; du schniegelst; er schniegelte; er hat sein Haar geschniegelt; er ist geschniegelt und gebügelt

das **Schnipp|chen;** jemandem ein Schnippchen schlagen *(umgangssprachlich für:* jemandem einen Streich spielen); **schnip|peln** *(umgangssprachlich);* du schnippelst; sie schnippelte; sie hat die Bohnen geschnippelt; schnipp[e]le die Bohnen!; **schnip|pen;** du schnippst mit den Fingern; er schnippte mit den Fingern; er hat mit den Fingern geschnippt; schnippe nicht immer mit den Fingern! **schnip|pisch** (kurz und respektlos); eine schnippische Antwort

der *oder* das **Schnip|sel** *(umgangssprachlich);* des Schnipsels; die Schnipsel; **schnip|sen** (schnippen); ich schnipse; du schnipst; er schnipst; er hat mit den Fingern geschnipst

der **Schnitt;** des Schnitt[e]s; die Schnit|te; die **Schnitt|blu|me;** die **Schnit|te** ([Brot]scheibe); **schnit|tig** *(auch für:* rassig); ein schnittiges Auto; der **Schnittlauch;** die **Schnitt|men|ge** *(Mathematik:* Menge der gemeinsamen Elemente mehrerer Mengen); das **Schnitt|mus|ter;** der **Schnitt|punkt**

das **Schnit|zel;** des Schnitzels; die Schnitzel; die **Schnit|zel|jagd; schnit|zeln;** du schnitzelst; er schnitzelte; er hat das Papier geschnitzelt

schnit|zen; du schnitzt; er schnitzt; er schnitzte; er hat ein Reh geschnitzt; schnitz[e] ein Reh!; der **Schnit|zer** *(umgangssprachlich auch für:* Fehler); des Schnitzers; die Schnitzer; das **Schnitzmes|ser**

schnöd *oder* **schnö|de** (erbärmlich; verachtenswert); am schnö|des|ten; ein schnöder Gewinn

schnod|de|rig *oder* **schnodd|rig** *(umgangssprachlich für:* vorlaut, respektlos); ihre schnodd[e]rige Art

der **Schnor|chel** (Luftrohr für das tauchende U-Boot; Teil eines Sporttauchgerätes); des Schnorchels; die Schnorchel; **schnorcheln;** ich schnorch[e]le; du schnorchelst; sie schnorchelte; sie hat im Urlaub geschnorchelt der **Schnör|kel;** des Schnörkels; die Schnörkel; **schnör|ke|lig** *oder* **schnörk|lig;** eine schnörkelige Schrift

schnor|ren (*umgangssprachlich für:* betteln); du schnorrst; er schnorrte; er hat geschnorrt; schnorre nicht schon wieder!; der **Schnor|rer;** des Schnorrers; die Schnorrer

der **Schnö|sel** (*umgangssprachlich für:* dummer und frecher junger Mann); des Schnösels; die Schnösel

schnu|cke|lig *oder* **schnuck|lig** (*umgangssprachlich für:* nett; lecker); ein schnuck[e]liges Baby

die **Schnüf|fe|lei; schnüf|feln;** du schnüffelst; er schnüffelte; er hat geschnüffelt; schnüff[e]le nicht in fremden Sachen!; der **Schnüff|ler;** des Schnüfflers; die Schnüffler

der **Schnul|ler;** des Schnullers; die Schnuller

die **Schnul|ze** (*umgangssprachlich für:* rührseliges Lied oder Theaterstück, rührseliger Film); **schnul|zig;** schnulzige Musik

der **Schnup|fen;** des Schnupfens; die Schnupfen; das **Schnup|fen|mit|tel;** der **Schnupf|ta|bak**

schnup|pe (*umgangssprachlich für:* gleichgültig); es ist mir schnuppe

schnup|pern; du schnupperst; er schnupperte; er hat an dem Essen geschnuppert; schnuppere nicht daran!

die **Schnur;** die Schnü|re; **schnü|ren;** ich schnür[e]; du schnürst; sie schnürte; sie hat die Schuhe geschnürt; **schnur|ge|ra|de** *oder* **schnur|gra|de**

der **Schnurr|bart; schnur|ren;** die Katze schnurrt; sie schnurrte; sie hat geschnurrt; **schnur|rig;** er ist ein schnurriger Kauz

der **Schnür|schuh;** der **Schnür|sen|kel**

schnur|stracks

schnurz (*umgangssprachlich für:* gleichgültig); das ist mir schnurz

die **Schnu|te** (*umgangssprachlich für:* Mund, Schmollmund)

der **Scho|ber** (*süddeutsch für:* geschichteter Getreidehaufen; kleine Scheune); des Schobers; die Schober

das **Schock** (ein altes Zählmaß = 60 Stück); 3 Schock Eier; **schock|wei|se**

der **Schock** (Nervenerschütterung; akutes Kreislaufversagen); des Schock[e]s; die Schocks, *selten:* Scho|cke; **scho|cken** (*umgangssprachlich);* du schockst mich; er schockte mich; er hat mich geschockt; schock[e] mich nicht immer!; **scho|ckie|ren;** ich schockiere ihn; du schockierst ihn; sie schockierte ihn; sie hat ihn schockiert

scho|fel (*umgangssprachlich für:* gemein, geizig); eine schofle Einstellung

der **Schöf|fe** (Laienrichter); des/dem/den Schöffen; die Schöffen; das **Schöf|fen|ge|richt**

der **Scho|ko|kuss** (mit Schokolade überzogenes Schaumgebäck); die **Scho|ko|la|de;** der **Scho|ko|la|de[n]|pud|ding;** der **Scho|ko|rie|gel**

die **Schol|le** (ein Seefisch)

die **Schol|le** (Erd-, Eisklumpen; Heimatboden)

schon; ich komm ja schon; schon wieder; schon lange; schon mal (*umgangssprachlich);* ABER: obschon, wennschon; wennschon – dennschon

schön; das schöne Wetter; die schöne Literatur; der Saal ist auf das *oder* aufs Schönste, *auch:* schönste geschmückt; sie ist die Schönste unter ihnen; das Schöne und [das] Gute; etwas Schönes; schön sein; schön singen; sich schön anziehen; die Eier schön färben; den Brief [besonders] schön schreiben; ↑ABER: schönfärben; schönschreiben; schöntun

scho|nen; du schonst ihn; er hat ihn geschont; schone ihn!; **schö|nen** (schöner erscheinen lassen); ich schöne; du schönst; sie schönte; sie hat das Ergebnis geschönt; der **Scho|ner** (Schutzdecke); des Schoners; die Schoner

der **Scho|ner** (ein mehrmastiges Segelschiff); des Schoners; die Schoner

schön|fär|ben (günstig darstellen); er färbte seinen Fehler schön; er hat seinen Fehler schöngefärbt; er versuchte[,] seinen Fehler schönzufärben; ↑ABER: schön; die **Schön|fär|be|rei**

die **Schon|frist**

die **Schön|heit; schön|schrei|ben** (Schönschrift schreiben); sie haben während des Unterrichts schöngeschrieben; ↑ABER: schön; das **Schön|schreib|heft;** die **Schön|schrift; schön|tun** (sich zieren;

schmeicheln); er hat in ihrer Anwesenheit immer schöngetan

die **Scho|nung; scho|nungs|los;** am schonungs|lo|ses|ten; die **Schon|zeit**

der **Schopf;** des Schopf[e]s; die Schöp|fe

schöp|fen; du schöpfst; sie schöpfte; sie hat Wasser geschöpft; schöpf[e] etwas Wasser!; der **Schöpf|löf|fel**

der **Schöp|fer** (Erschaffer; Urheber); des Schöpfers; die Schöpfer; **schöp|fe|risch;** schöpferische Begabung; die **Schöpfung;** die **Schöp|fungs|ge|schich|te** (im Alten Testament)

der **Schop|pen** (ein Flüssigkeitsmaß); des Schoppens; die Schoppen; 3 Schoppen Wein; **schop|pen|wei|se**

der **Schorf** (verkrustetes Hautgewebe); des Schorf[e]s; die Schor|fe; **schor|fig;** schorfige Kopfhaut

die **Schor|le** (Getränk aus Wein oder Fruchtsaft und Mineralwasser)

der **Schorn|stein;** der **Schorn|stein|fe|ger;** des Schornsteinfegers; die Schornsteinfeger; die **Schorn|stein|fe|ge|rin;** die Schornsteinfegerinnen

die **Scho|se** *vergleiche:* **Cho|se**

der **Schoß;** des Scho|ßes; die Schö|ße; der **Schoß|hund**

der **Schöss|ling** (Trieb einer Pflanze)

die **Scho|te** (längliche Kapselfrucht)

das **Schott** (wasserdichte [Quer]wand im Schiff); des Schott[e]s; die Schot|te *oder* Schot|ten

der **Schot|te** (Einwohner von Schottland); des/dem/den Schotten; die Schotten; der **Schot|ten|rock;** die **Schot|tin;** die Schottinnen; **schot|tisch;** schottischer Whisky; **Schott|land**

der **Schot|ter** (zerkleinerte Steine); des Schotters; die Schotter; die **Schot|ter|stra|ße**

schraf|fie|ren (mit feinen parallelen Strichen versehen); du schraffierst; er schraffierte; er hat die Zeichnung schraffiert; schraffier[e] die Zeichnung noch etwas!; die **Schraf|fur;** die Schraf|fu|ren

schräg; schräg halten; schräg stehen; schräg liegen; schräg laufende Linien; sie wohnt schräg gegenüber; die **Schräge;** der **Schräg|strich**

die **Schram|me; schram|men;** du schrammst; er schrammte; er hat den Wagen geschrammt; schramm[e] ihn nicht!

der **Schrank;** des Schrank[e]s; die Schrän|ke

die **Schran|ke; schran|ken|los;** schrankenlose Freiheit; der **Schran|ken|wär|ter**

die **Schrank|wand**

der **Schrat** *oder* **Schratt** (zottiger Waldgeist); des Schrat[e]s *oder* Schratt[e]s; die Schra|te *oder* Schrat|te

die **Schrau|be; schrau|ben;** du schraubst; er schraubte; er hat den Rekord höher geschraubt; sich schrauben; der Adler hat sich in die Höhe geschraubt; der **Schrauben|dre|her** (Schraubenzieher); der **Schrau|ben|schlüs|sel;** der **Schrau|ben|zie|her;** der **Schraub|stock**

der **Schre|ber|gar|ten**

der **Schreck;** des Schreck[e]s; die Schre|cke; einen [großen] Schreck bekommen; der **Schre|cken;** des Schreckens; die Schrecken; Angst und Schrecken verbreiten; Schrecken erregen; ein Schrecken erregender, *auch:* schreckenerregender Anblick; ABER NUR: ein großen Schrecken erregender Anblick; ein besonders schreckenerregender, ein noch schreckenerregenderer Anblick; **schre|cken;** du schreckst ihn; er schreckte; er hat ihn geschreckt; schreck[e] ihn nicht!; **schre|ckens|blass; schreck|haft;** am schreckhaf|tes|ten; **schreck|lich;** es war schrecklich; dort war es am schrecklichsten; ABER: etwas, nichts Schreckliches; es war das Schrecklichste, dass niemand half; ↑ *auch:* schlimm; die **Schreck|schuss|pis|to|le**

der **Schrei;** des Schrei[e]s; die Schreie

schrei|ben; du schreibst; er schreibt; er schrieb; er hat einen Brief geschrieben; schreib[e] einen Brief an deine Mutter!; das **Schrei|ben** (Schriftstück); des Schreibens; die Schreiben; der **Schrei|ber;** des Schreibers; die Schreiber; **schreib|faul;** der **Schreib|feh|ler;** die **Schreib|ma|schi|ne;** der **Schreib|tisch;** die **Schrei|bung;** das **Schreib|wa|ren|ge|schäft**

schrei|en; du schreist; er schreit; er schrie; er hat geschrien; schrei[e] nicht so laut!; der **Schrei|er;** des Schreiers; die Schreier; der **Schrei|hals**

der **Schrein** (Sarg; Reliquienbehälter); des Schrein[e]s; die Schrei|ne; der **Schrei|ner;**

des Schreiners; die Schreiner; die **Schrei|ne|rin;** die Schreinerinnen; **schrei|nern;** du schreinerst; sie hat einen Schrank geschreinert; schreinere mir ein Regal!

schrei|ten; du schreitest; er schreitet; er schritt; er ist würdevoll über den Marktplatz geschritten

die **Schrift;** die Schrif|ten; der **Schrift|ge|lehr|te; schrift|lich;** die schriftliche Prüfung; der **Schrift|set|zer;** die **Schrift|spra|che;** der **Schrift|stel|ler;** des Schriftstellers; die Schriftsteller; die **Schrift|stel|le|rin;** die Schriftstellerinnen; das **Schrift|stück;** das **Schrift|zei|chen;** die **Schrift|zü|ge** (Handschrift eines Menschen) *Plural*

schrill (hoch und grell klingend); schrille Töne; **schril|len;** das Telefon schrillt; das Telefon schrillte; das Telefon hat geschrillt

der **Schrimp** *oder* **Shrimp** [ʃrɪmp] (kleine Krabbe); des Schrimps *oder* Shrimps; die Schrimps *oder* Shrimps

der **Schritt;** des Schritt[e]s; die Schrit|te; ABER: 5 Schritt weit; er folgte ihr auf Schritt und Tritt; du sollst Schritt halten; hier musst du Schritt fahren; der **Schritt|ma|cher;** des Schrittmachers; die Schrittmacher; das **Schritt|tem|po**, *auch:* **Schritt-Tem|po; schritt|wei|se**

schroff (steil; abweisend, unhöflich); schroffe Felswände; eine schroffe Antwort; die **Schroff|heit**

schröp|fen; du schröpfst; er schröpfte; er hat ihn beim Kartenspiel kräftig geschröpft (*umgangssprachlich für:* er hat ihm mit List viel Geld abgenommen); schröpf[e] ihn nicht!

der *oder* das **Schrot** (grob gemahlene Getreidekörner; Bleikügelchen); des Schrot[e]s; die Schro|te; das **Schrot|brot; schro|ten** (grob zerkleinern); du schrotest; sie schrotete; sie hat den Weizen geschrotet; schrote das Getreide!; die **Schrot|flin|te**

der **Schrott** (Alteisen); des Schrott[e]s; die Schrot|te

schrub|ben; du schrubbst; er schrubbt; er hat die Treppe geschrubbt; schrubb[e] den Boden!; der **Schrub|ber;** des Schrubbers; die Schrubber

die **Schrul|le** (sonderbare Angewohnheit; sonderbarer Einfall); **schrul|lig**

schrum|pe|lig *oder* **schrump|lig** (viele Falten aufweisend); schrump[e]lige Haut; **schrump|fen;** das Gewebe schrumpft bei der Wäsche; der Vorrat ist geschrumpft; die **Schrump|fung**

der **Schub;** des Schub[e]s; die Schü|be; das **Schub|fach;** die **Schub|kar|re** *oder* der **Schub|kar|ren;** die **Schub|kraft;** die **Schub|la|de;** die Schubladen; die **Schub|leh|re** (*fachsprachlich für:* Schieblehre); der **Schubs** (*umgangssprachlich für:* Stoß); des Schub|ses; die Schub|se; **schub|sen;** du schubst; er schubste; er hat ihn geschubst; schubs[e] mich nicht!; **schub|wei|se;** die Krankheit verlief schubweise

schüch|tern; die **Schüch|tern|heit**

der **Schuft;** des Schuft[e]s; die Schuf|te

schuf|ten (*umgangssprachlich für:* hart arbeiten); du schuftest; er schuftet; er schuftete; er hat geschuftet; schufte nicht so viel!; die **Schuf|te|rei**

schuf|tig

der **Schuh;** die **Schuh|creme;** die **Schuh|grö|ße;** der **Schuh|ma|cher;** die **Schuh|num|mer;** der **Schuh|platt|ler** (ein Volkstanz); die **Schuh|soh|le**

der **Schul|ab|schluss;** die Schul|ab|schlüs|se; die **Schul|ar|beit** *meist Plural;* die **Schul|auf|ga|ben** *Plural;* die **Schul|bank;** die Schul|bän|ke; die **Schul|bil|dung;** das **Schul|buch;** der **Schul|bus;** des Schul|bus|ses; die Schul|bus|se

Schulbus wird im Nominativ Singular nur mit einem *s* geschrieben, obwohl Genitiv Singular und Pluralformen mit Doppel-*s* gebildet werden.

die **Schuld;** er trägt Schuld daran; es ist meine Schuld; er ist schuld; er hat Schuld; man kann ihm nicht Schuld geben; er ließ sich nichts zuschulden, *auch:* zu Schulden kommen; **schuld|be|la|den;** ABER: er ist mit großer Schuld beladen; **schuld|be|wusst;** ABER: er ist sich seiner Schuld bewusst; **schul|den;** du schuldest; er schuldet; er schuldete; er hat mir noch 5 Mark geschuldet; schulde niemandem etwas!; **schul|den|frei;** das Haus ist schuldenfrei; ABER: er ist von allen Schulden frei; **schul|dig;** er ist eines Verbrechens schuldig; er wurde schuldig gesprochen; **schuld|los;** der **Schuldner**

die **Schu|le; schu|len;** Auswendiglernen schult das Gedächtnis; es hat immer das Gedächtnis geschult; schul[e] dein Gedächtnis!; der **Schü|ler;** die **Schü|le|rin;** die Schülerinnen; der **Schü|ler|lot|se;** des/dem/den Schülerlotsen; die Schülerlotsen; die **Schü|ler|mit|ver|wal|tung** (*Abkürzung:* SMV); der **Schü|ler|ver|tre|ter;** die **Schü|ler|zei|tung;** das **Schul|fach;** die **Schul|fe|ri|en** *Plural;* **schul|frei;** der **Schul|funk;** das **Schul|heft;** der **Schul|hof;** das **Schul|jahr;** die **Schul|klas|se;** die **Schul|pflicht; schul|pflich|tig;** der **Schul|ran|zen;** der **Schul|spre|cher;** die **Schul|spre|che|rin;** die Schulsprecherinnen; die **Schul|stun|de;** der **Schul|tag;** die **Schul|ta|sche**

die **Schul|ter;** das **Schul|ter|blatt; schul|tern;** du schulterst; er hat das Gewehr geschultert; schultere das Gewehr!; der **Schul|ter|stand** *(Turnen)*

die **Schul|tü|te;** der **Schul|un|ter|richt;** der **Schul|weg;** das **Schul|zeug|nis**

schum|meln (*umgangssprachlich für:* [leicht] betrügen); du schummelst; er hat geschummelt; schumm[e]le nicht!

schum|me|rig *und* **schumm|rig** (*umgangssprachlich für:* dämmrig)

der **Schund** (Wertloses)

schun|keln; du schunkelst; er schunkelt; er schunkelte; er hat geschunkelt; schunk[e]le mit!

die **Schup|pe; schup|pen;** du schuppst; er hat den Karpfen geschuppt; **schup|pig**

der **Schup|pen**

die **Schur** (das Scheren [der Schafe]); die Schuren

schü|ren; du schürst; er hat das Feuer geschürt; schür[e] das Feuer!

schür|fen; du schürfst; er schürft; er schürfte; er hat Gold geschürft

der **Schur|ke;** des/dem/den Schurken; die Schurken; **schur|kisch**

der **Schurz;** die Schurze; die **Schür|ze;** die Schürzen; **schür|zen;** du schürzt; sie schürzt; sie schürzte; sie hat ihren Rock geschürzt; schürz[e] den Rock!

der **Schuss;** des Schus|ses; die Schüs|se; 2 Schuss *und* 2 Schüsse abgeben; er hält seine Sachen in Schuss (in Ordnung)

die **Schüs|sel;** die Schüsseln

schus|se|lig *oder* **schuss|lig** (gedankenlos)

die **Schuss|waf|fe**

der **Schus|ter**

der **Schutt;** der **Schutt|ab|la|de|platz**

der **Schüt|tel|frost; schüt|teln;** du schüttelst; er hat den Baum geschüttelt; schütt[e]le die Pflaumen!; sich schütteln; er hat sich vor Lachen geschüttelt

schüt|ten; du schüttest; er hat das Getreide auf die Tenne geschüttet; schütte das Getreide auf die Tenne!

schüt|ter (spärlich; schwach); schütteres Haar

der **Schutt|hau|fen**

der **Schutz;** jemandem Schutz gewähren; jemanden in Schutz nehmen; der **Schutz|an|zug;** die Schutz|an|zü|ge; das **Schutz|blech**

der **Schüt|ze**

schüt|zen; du schützt; er schützt; er hat ihn geschützt; schütz[e] ihn!

das **Schüt|zen|fest**

der **Schutz|en|gel**

die **Schüt|zen|hil|fe;** jemandem Schützenhilfe geben (jemandem helfen); der **Schüt|zen|ver|ein**

die **Schutz|ge|bühr;** das **Schutz|git|ter;** der **Schutz|helm;** die **Schutz|imp|fung;** der **Schütz|ling; schutz|los;** am schutz|lo|ses|ten; der **Schutz|mann;** die Schutz|män|ner *oder* Schutz|leu|te; die **Schutz|mas|ke;** der **Schutz|pa|t|ron;** der **Schutz|zoll**

der **Schwa|be;** die **Schwä|bin;** die Schwäbinnen; **schwä|bisch;** ABER: die Schwäbische Alb

schwach; schwä|cher; am schwächs|ten; er hat eine schwache Stunde; das ist eine schwache Hoffnung; die schwache Deklination; ABER: das Recht des Schwachen; schwach bevölkert; die schwach bevölkerte Gegend; die Gegend ist schwach bevölkert; schwach entwickelt; ein schwach entwickelter Wirtschaftszweig; dieser Wirtschaftszweig ist nur schwach entwickelt

die **Schwä|che; schwä|chen;** die Grippe schwächt; die Grippe schwächte; das Fieber hat ihn geschwächt; **schwäch|lich;** der **Schwäch|ling;** der **Schwach|sinn; schwach|sin|nig;** der **Schwach|strom;** des Schwachstrom[e]s

schwarz	
schwär|zer; am schwär|zes|ten	
1. Groß- und Kleinschreibung: *Kleinschreibung:* – der schwarze Kater – die schwarze Rasse – ein schwarzer Tag – etwas schwarz auf weiß besitzen – das schwarze Brett (Anschlagbrett) – der schwarze Peter (beim Kartenspiel) *Groß schreibt man das Farbadjektiv »schwarz«, wenn es substantiviert ist. Die Substantivierung erkennt man meist daran, dass dem Adjektiv »schwarz« ein Artikel oder eine Präposition vorangeht, ohne dass ein Substantiv folgt:* – das Schwarze – ins Schwarze treffen – aus Schwarz Weiß machen – die Farbe Schwarz *Auch in Namen wird »schwarz« großgeschrieben:* – das Schwarze Meer – der Schwarze Erdteil (Afrika)	**2. Getrennt- und Zusammenschreibung:** *Man schreibt »schwarz« vom folgenden Verb oder Partizip getrennt, wenn es sinnvoll (wenigstens durch »ganz« oder »sehr«) gesteigert oder erweitert werden kann:* – etwas schwarz färben – etwas schwarz anstreichen – schwarz malen (pessimistisch sein); sie hat die Entwicklung [sehr] schwarz gemalt – schwarz sehen (pessimistisch sein); er sieht immer schwarz; er hat immer schwarz gesehen; ↑ABER: schwarzsehen *Kann man »schwarz« weder erweitern noch steigern, schreibt man es mit dem folgenden Verb oder Partizip zusammen:* – ↑schwarzarbeiten – ↑schwarzfahren – ↑schwarzhören

der **Schwa|den** (Dampf, Dunst); die Schwaden

die **Schwa|fe|lei** (*umgangssprachlich für:* überflüssiges Gerede); **schwa|feln;** du schwafelst; er hat geschwafelt; schwaf[e]le nicht!

der **Schwa|ger;** die Schwäger; die **Schwä|ge|rin;** die Schwägerinnen

die **Schwal|be**

der **Schwall** (die Welle, der Guss); die Schwalle

der **Schwamm;** die Schwämme; **schwam|mig**

der **Schwan;** die Schwä|ne

schwa|nen; es schwant mir (ich ahne)

schwan|ger; die **Schwan|ger|schaft;** der **Schwan|ger|schafts|test**

der **Schwank;** die Schwän|ke; **schwan|ken;** du schwankst; sie hat geschwankt; schwank[e] nicht!; die **Schwan|kung**

der **Schwanz;** die Schwän|ze; **schwän|zeln;** der Hund schwänzelt; der Hund hat geschwänzelt

schwän|zen; du schwänzt; sie schwänzt den Unterricht; sie hat die letzte Stunde geschwänzt; schwänz[e] nicht!

die **Schwanz|flos|se**

schwap|pen; das Wasser hat geschwappt; das Wasser ist über den Rand geschwappt

der **Schwarm;** die Schwär|me; **schwär|men;** du schwärmst; er hat von ihr geschwärmt; schwärm[e] nicht dauernd!; der **Schwär|mer; schwär|me|risch**

die **Schwar|te** (dicke Haut; *umgangssprachlich für:* dickes Buch); der **Schwar|ten|ma|gen** (eine Wurstsorte)

schwarz *siehe Kasten*

das **Schwarz** (die schwarze Farbe); er spielt Schwarz aus *(Kartenspiel);* sie geht in Schwarz (in Trauerkleidung); ↑Blau; die **Schwarz|ar|beit; schwarz|ar|bei|ten;** du arbeitest schwarz; er arbeitet schwarz; er hat schwarzgearbeitet; **schwarz|braun,** *auch möglich:* **schwarz-braun;** das **Schwarze;** ins Schwarze treffen; der *und* die **Schwar|ze** (Mensch mit schwarzer Hautfarbe); ein Schwarzer; zwei Schwarze; die **Schwär|ze** (Farbe zum Schwarzmachen); **schwär|zen;** der Ruß der Lokomotiven schwärzt; er schwärzte; er hat die Mauern geschwärzt; **schwarz|fah|ren;** er ist von München nach Hamburg schwarzgefahren (ohne Fahrkarte gefahren); fahr[e] niemals schwarz!; der **Schwarz|han|del; schwarz|hö|ren** (*Rundfunk:* ohne Genehmigung mithören); er hört schwarz; er hat schwarzgehört; hör[e] niemals schwarz!; der **Schwarz|hö|rer; schwarz|ma|len** *vergleiche:* **schwarz;** der **Schwarz|markt** (illegaler Markt); **schwarz|rot|gol|den,** *auch:* **schwarz-rot-gol|den;** eine schwarzrotgoldene, *auch:* schwarz-rotgoldene Fahne; ABER: die Fahne Schwarz-Rot-Gold; **schwarz|se|hen** (*umgangssprachlich für:* ohne Anmeldung fernsehen); sie hat schwarzgesehen; ↑ ABER: schwarz; der **Schwarz|se|her;** der **Schwarz|wald; schwarz|weiß,** *auch:* **schwarz-weiß;** der **Schwarz-Weiß-Film,** *auch:* **Schwarz|weiß|film**

schwat|zen *oder* **schwät|zen;** du schwatzt *oder* du schwätzt; er hat geschwatzt *oder* er hat geschwätzt; der **Schwät|zer; schwatz|haft;** am schwatz|haf|tes|ten

die **Schwe|be;** alles ist in der Schwebe; die **Schwe|be|bahn;** der **Schwe|be|bal|ken** (ein Turngerät); **schwe|ben;** du schwebst; er schwebt; er schwebte; er hat in Lebensgefahr geschwebt

der **Schwe|de;** des Schweden; **Schwe|den;** die **Schwe|din;** die Schwedinnen; **schwe|disch;** hinter schwedischen Gardinen sitzen (im Gefängnis sein)

der **Schwe|fel; schwe|fe|lig** *und* **schwef|lig;** die **Schwe|fel|säu|re**

der **Schweif; schwei|fen;** du schweifst; er schweift; er schweifte; er ist durch den Wald geschweift

schwei|gen; du schweigst; sie schweigt; sie schwieg; sie hat geschwiegen; schweig[e]!; das **Schwei|gen;** die **Schwei|ge|pflicht; schweig|sam**

das **Schwein;** Schwein haben (*umgangssprachlich für:* Glück haben); das **Schwei|ne|fleisch;** die **Schwei|ne|rei;** der **Schwei|ne|stall**

der **Schweiß;** der **Schweiß|aus|bruch; schweiß|be|deckt;** ABER: von Schweiß bedeckt; **schweiß|trei|bend;** ein schweißtreibendes Arzneimittel; **schweiß|trie|fend;** ABER: von Schweiß triefend; der **Schweiß|trop|fen**

schwei|ßen (bei Weißglut verbinden); du schweißt; er schweißt; er schweißte; er hat die Bleche geschweißt; schweiß[e] die Bleche!; der **Schweiß|bren|ner** (Gerät zum Schweißen); der **Schwei|ßer**

schweiß|ge|ba|det

die **Schweiz;** der **Schwei|zer; schwei|zer|deutsch;** das **Schwei|zer|deutsch** (mundartliche Verkehrssprache in der deutschsprachigen Schweiz); des Schweizerdeutsch[s]; die **Schwei|ze|rin;** die Schweizerinnen; **schwei|ze|risch;** ABER: die Schweizerischen Bundesbahnen; der **Schwei|zer Kä|se**

Von geographischen Namen abgeleitete Wörter auf *-er* wie *Schweizer, Berliner, Hamburger* schreibt man groß.

schwe|len; das Feuer schwelt; es hat geschwelt; schwelender Hass

schwel|gen; du schwelgst; er schwelgt; er schwelgte; er hat in Erinnerungen geschwelgt; **schwel|ge|risch**

die **Schwel|le**

schwel|len; der Finger schwillt; der Finger schwoll; der Finger ist geschwollen; die **Schwel|lung**

die **Schwem|me;** sie führt die Pferde in die Schwemme; **schwem|men;** das Meer hat das Wrack an die Küste geschwemmt; das **Schwemm|land**

der **Schwen|gel;** die Schwengel

schwen|ken; du schwenkst; er schwenkt; er hat die Fahne geschwenkt; schwenk[e] sie!; die **Schwen|kung**

schwer *siehe Kasten Seite 289*

der **Schwer|ath|let; schwer|be|hin|dert** (durch gesundheitliche Schädigung nur bedingt erwerbsfähig); er ist schwerbehindert; ABER: sie ist schwer, schwerer, am schwersten behindert; der Verkehr wird durch den Unfall schwer behindert (gestört); **schwer be|la|den** *vergleiche:* **schwer**

schwer be|waff|net *vergleiche:* **schwer**

schwe|re|los

der **Schwe|re|nö|ter** (charmanter Draufgänger)

schwer er|zieh|bar *vergleiche:* **schwer**

schwer fal|len *vergleiche:* **schwer**

schwer|fäl|lig; das **Schwer|ge|wicht** (eine Körpergewichtsklasse); **schwer|hö|rig**

Schwe|rin (Hauptstadt von Mecklenburg-Vorpommern)

schwer

Kleinschreibung: – ein schwerer Junge (*umgangssprachlich für:* Gewaltverbrecher) – er sprach mit schwerer Zunge – der Tod seines Freundes war ein schwerer Schlag (großer Verlust) für ihn *Man schreibt »schwer« vom folgenden Verb, Partizip oder Adjektiv getrennt, wenn es – wenigstens durch »ganz« oder »sehr« – erweitert oder gesteigert werden kann:* – schwer beladen; schwerer beladen; am schwersten beladen; ein [besonders] schwer beladener Wagen – schwer bewaffnet; ein [sehr] schwer bewaffneter Soldat – schwer erziehbar; ein schwer erziehbares Kind; das Kind ist schwer erziehbar – schwer fallen; sie ist gestern auf der Treppe schwer gefallen; diese Arbeit wird ihm schwer fallen (Mühe verursachen); dies ist ihm schwer gefallen – schwer krank; ein [ganz] schwer krankes Kind – schwer machen; das lässt sich schwer machen; die Nässe hat den Sand schwer gemacht; er will ihr wohl das Leben schwer machen (ihr [unnötig] Schwierigkeiten machen)	– schwer nehmen; der Reiter konnte das Hindernis nur schwer nehmen; du müsstest diesen Streit eigentlich schwer nehmen (ernst nehmen) – sich schwer tun; er hat sich damit [sehr] schwer getan – schwer verletzt; ein schwer verletzter Radfahrer – schwer verständlich; eine schwer verständliche Sprache; diese Sprache ist nur schwer verständlich – schwer verwundet; ein schwer verwundeter Soldat; dieser Soldat ist schwer verwundet *Wenn die Verbindung als Ganze gesteigert werden kann, ist auch Zusammenschreibung möglich:* – schwer wiegend; schwerer wiegende Argumente; am schwersten wiegende Argumente; *auch:* schwerwiegend; schwerwiegender; am schwersten wiegend *Vergleiche auch:* – schwerbehindert – schwerreich

die **Schwer|kraft** (Anziehungskraft der Erde); **schwer krank** *vergleiche:* **schwer;** der **schwer Kran|ke,** *auch:* **Schwer|kranke;** ein schwer Kranker, *auch:* Schwerkranker; zwei schwer Kranke, *auch:* Schwerkranke; die **schwer Kran|ke,** *auch:* **Schwer|kran|ke;** eine schwer Kranke, *auch:* Schwerkranke; **schwer|lich; schwer ma|chen** *vergleiche:* **schwer;** das **Schwer|me|tall; schwer|mü|tig; schwer neh|men** *vergleiche:* **schwer;** der **Schwer|punkt; schwer|reich** (*umgangssprachlich für:* sehr reich); ein schwerreicher Mann; ABER: dieser Mann ist schwer reich

das **Schwert;** die Schwer|ter; der **Schwert|fisch;** die **Schwert|li|lie**

sich **schwer tun** *vergleiche:* **schwer;** der **Schwer|ver|bre|cher; schwer ver|letzt, schwer ver|ständ|lich, schwer ver|wun|det** *vergleiche:* **schwer; schwer|wie|gend** *oder* **schwer wie|gend;** schwerwiegendere *oder* schwerer wiegende Fehler; der schwerwiegendste *oder* am schwersten wiegende Fehler

die **Schwes|ter; schwes|ter|lich**

die **Schwie|ger|el|tern** *Plural;* die **Schwie|ger|mut|ter;** der **Schwie|ger|sohn;** die **Schwie|ger|toch|ter;** der **Schwie|ger|va|ter**

die **Schwie|le; schwie|lig**

schwie|rig; die **Schwie|rig|keit**

das **Schwimm|bad;** das **Schwimm|be|cken; schwim|men;** du schwimmst; er schwimmt; er schwamm; er ist über den See geschwommen; er hat zwei Stunden geschwommen; schwimm[e]!; der **Schwim|mer;** des Schwimmers; die Schwimmer; die **Schwim|me|rin;** die Schwimmerinnen; die **Schwimm|flos|se;** der **Schwimm|meis|ter,** *auch:* **Schwimm-Meis|ter;** der **Schwimm|sport;** der **Schwimm|vo|gel;** die **Schwimm|wes|te**

der **Schwin|del;** Schwindel erregen; in

Schwindel erregender, *auch:* schwindelerregender Höhe; *aber nur:* in äußerst schwindelerregender Höhe, in noch schwindelerregenderer Höhe; **schwin|del|frei; schwin|de|lig** *oder* **schwind|lig**

schwin|deln; du schwindelst; er hat geschwindelt; schwind[e]le nicht!; der **Schwind|ler**

schwin|den; etwas schwindet; etwas schwand; etwas ist geschwunden; die **Schwind|sucht; schwind|süch|tig**

die **Schwin|ge** (Flügel); die Schwingen; **schwin|gen;** du schwingst; er schwingt; er schwang; er hat die Fahne geschwungen; schwing[e] die Fahne!; der **Schwin|ger** (Boxhieb); die **Schwin|gung**

der **Schwips** (leichter Rausch); die Schwipse

schwir|ren; der Pfeil schwirrt; der Pfeil ist durch die Luft geschwirrt

schwit|zen; du schwitzt; er schwitzt; er hat bei der Arbeit geschwitzt

der **Schwof** (Tanzvergnügen); **schwo|fen;** du schwofst; er hat lange geschwoft

schwö|ren; du schwörst; er schwört; er schwor; er hat geschworen; schwör[e]!

schwul (*umgangssprachlich und Selbstbezeichnung für:* homosexuell)

schwül; die **Schwü|le**

der **Schwulst; schwüls|tig**

der **Schwund** (Verlust, Verringerung)

der **Schwung;** die Schwün|ge; die **Schwung|kraft; schwung|voll**

der **Schwur;** die Schwü|re; das **Schwur|ge|richt** (Gericht für besonders schwere Straftaten)

die **Sci|ence|fic|tion** [ˈsaiənsˈfɪkʃn̩], *auch:* **Sci|ence-Fic|tion** (wissenschaftlich-utopische Literatur); der **Sci|ence-Fic|tion-Film**

der **Scot|land Yard** [ˈskɔtlənd jaːɐ̯t] (die Londoner Kriminalpolizei)

das **Scrab|b|le** [skræbl] (ein Spiel)

das **Scrat|ching** [ˈskrɛtʃɪŋ] (das Hervorbringen bestimmter akustischer Effekte durch Manipulation der laufenden Schallplatte); des Scratchings

der **Screen|shot** [ˈskriːnʃɔt] (*EDV:* Abbildung einer Bildschirmanzeige); des Screenshots; die Screenshots

scrol|len [ˈskroʊlən] (eine Darstellung auf dem Bildschirm verschieben); du scrollst; sie scrollt; sie hat gescrollt; scrolle!

sec = Sekunde

sechs; wir sind zu sechsen *und* zu sechst; wir sind sechs; ↑acht; die **Sechs** (Zahl); die Sech|sen; er hat in Deutsch eine Sechs geschrieben; er hat eine Sechs gewürfelt; ↑Acht; der **Sechs|ach|tel|takt** ($^{6}/_{8}$-Takt); **sechs|fach; sechs|jäh|rig; sechs|mal** ↑achtmal; **sechs|te** ↑achte; das **Sechs|tel;** die Sechstel; ↑Achtel; **sechs|tens; sech|zehn** ↑acht; **sech|zig** ↑achtzig

der **Se|cond|hand|shop** [zɛkn̩tˈhɛntʃɔp] (Laden, in dem gebrauchte Kleidung und anderes verkauft wird); des Secondhandshops; die Secondhandshops

SED = Sozialistische Einheitspartei Deutschlands (Staatspartei in der DDR [1946–1989])

das **Se|di|ment** (Ablagerung, Schicht)

der **See** (Landsee); die Se|en; die **See** (Meer); die Se|en; der **See|ad|ler;** der **See|e|le|fant** *oder* **See-E|le|fant;** die **See|fahrt;** der **See|gang;** starker Seegang; der **See|hund; see|krank**

die **See|le; see|len|ru|hig; see|len|ver|gnügt; see|lisch;** die **Seel|sor|ge;** der **Seel|sor|ger**

der **See|mann;** die See|leu|te; die **See|not;** das **See|pferd|chen;** der **See|räu|ber;** die **See|rei|se;** die **See|ro|se;** der **See|stern** (ein Meerestier); **see|tüch|tig;** der **See|weg;** die **See|zun|ge** (ein Fisch)

das **Se|gel;** die Segel; das **Se|gel|boot;** der **Se|gel|flug;** das **Se|gel|flug|zeug;** die **Se|gel|jacht** *oder* **Se|gel|yacht; se|geln;** er hat drei Stunden gesegelt; er ist nach Schweden gesegelt; segle mit mir!; die **Se|gel|re|gat|ta;** die Teilnehmer der diesjährigen Segelregatta; die Segelregatten; das **Se|gel|schiff;** der **Seg|ler**

der **Se|gen; se|gens|reich**

das **Seg|ment** (Abschnitt); die Seg|men|te

seg|nen; du segnest; er segnet; er segnete; er hat ihn gesegnet; segne ihn!; die **Seg|nung**

se|hen; du siehst; er sieht; er sah; er hat den Mann gesehen; sieh!; **seh|be|hin|dert; se|hens|wert;** die **Se|hens|wür|dig|keit**

die **Seh|ne; seh|nig**

sich **seh|nen;** du sehnst dich; er sehnt sich; er sehnte sich; er hat sich nach ihr gesehnt; **sehn|lichst;** die **Sehn|sucht;** die Sehn|süch|te; **sehn|süch|tig**

das **Seh|ver|mö|gen**
sehr; zu sehr; so sehr; gar sehr; sehr viel; sehr vieles; er hat die Note »sehr gut« erhalten
seicht; am seich|tes|ten
die **Sei|de;** die Seiden; **sei|den** (aus Seide); **sei|den|weich; sei|dig** (wie Seide)
die **Sei|fe;** die **Sei|fen|bla|se; sei|fig**
sei|hen; du seihst; er seiht; er seihte; er hat die Milch geseiht; seih[e] die Milch!
das **Seil;** die **Seil|bahn;** der **Sei|ler;** die **Seilschaft** (Gruppe von Bergsteigern, die durch ein Seil verbunden sind; *übertragen für:* Gruppe von Personen, die [politisch] eng zusammenarbeiten); **seilsprin|gen** *(nur im Infinitiv und Partizip II gebräuchlich:)* wir sind seilgesprungen; das **Seil|sprin|gen; seil|tan|zen** *(nur im Infinitiv und Partizip II gebräuchlich:)* sie möchte gerne seiltanzen
der **Seim** (dicker, zäher Saft, z. B. Honig); **seimig**
sein; ich bin; du bist; er ist; wir sind; ihr seid; sie sind; er war; er ist dort gewesen; sei nicht dumm!; sein lassen; er ließ es sein; sie hat es sein lassen
sein; sein Heft; jedem das Seine, *auch:* seine; er muss das Seine, *auch:* seine *und* das Seinige, *auch:* seinige dazu tun; Seine Exzellenz; Seine Majestät; Seine Hoheit
die **Sei|ne** [zɛ:n *oder* ˈze:nə] (Fluss in Frankreich)
sei|ner|seits; sei|ner|zeit, ABER: alles zu seiner Zeit; **sei|nes|glei|chen; sei|net|wegen; sei|net|wil|len;** um seinetwillen; die **Sei|ni|gen,** *auch:* **sei|ni|gen** (seine Angehörigen) *Plural;* er sorgt für die Seinigen, *auch:* seinigen
sein las|sen *vergleiche:* **sein**
seit; seit alters; seit damals; seit gestern; seit heute; seit kurzem; seit langem

Nicht verwechseln: Obwohl beide Wörter gleich ausgesprochen werden, schreibt man die auf das Hilfsverb *sein* zurückgehende Form *seid* mit *d* (Ihr *seid* wohl neu hier? *Seid* pünktlich!), die Präposition und Konjunktion *seit* hingegen mit *t* (Ihr geht es besser, *seit* sie keinen Kaffee mehr trinkt).

seit|dem; seitdem er gesund ist
die **Sei|te;** von allen Seiten; von zuständiger Seite; jemandem zur Seite stehen; aufseiten, *auch:* auf Seiten; er stand aufseiten, *auch:* auf Seiten der Gegner; vonseiten, *auch:* von Seiten; er erhielt Hilfe vonseiten, *auch:* von Seiten seiner Verwandten; ↑ABER: Saite; der **Sei|ten|eingang;** die Sei|ten|ein|gän|ge; die **Sei|ten|hal|bie|ren|de** *(Geometrie);* eine Seitenhalbierende; **sei|ten|lang;** die Beschreibung war seitenlang; ABER: der Brief war vier Seiten lang; das **Sei|ten|stechen; sei|ten|ver|kehrt**
seit|her
seit|lich; seit|wärts; seitwärts gehen
die **Se|kan|te** (Gerade, die eine Kurve schneidet); die Sekanten
das **Se|k|ret** (Absonderung, Ausscheidung); die Se|k|re|te
der **Se|k|re|tär** (ein Beamter des mittleren Dienstes; Funktionär in einer Partei, Gewerkschaft o. Ä.; kaufmännischer Angestellter; Schreibschrank); die Se|k|re|täre; das **Se|k|re|ta|ri|at** (Geschäftsstelle); die Se|k|re|ta|ri|a|te; die **Se|k|re|tä|rin;** die Sekretärinnen
der **Sekt** (Schaumwein); die Sekte; die **Sektfla|sche**
die **Sek|te** (kleinere Glaubensgemeinschaft); die Sekten; das **Sek|ten|we|sen;** der **Sek|tie|rer** (Anhänger einer Sekte); **sek|tie|re|risch**
die **Sek|ti|on** (Abteilung, Gruppe)
der **Sek|tor** (Gebiet; Teil; Ausschnitt); die Sek|to|ren
se|kun|där (zweitrangig); die **Se|kun|darstu|fe** (vom 5. Schuljahr an)
die **Se|kun|de** (*Zeichen:* sec) **se|kun|den|lang;** ABER: vier Sekunden lang; die **Se|kunden|schnel|le;** in Sekundenschnelle; **sekund|lich** *oder* **se|künd|lich**
sel|ber; selbst; von selbst; selbst wenn
die **Selbst|ach|tung**
selb|stän|dig *oder* selbstständig; *vergleiche dort*
der **Selbst|aus|lö|ser;** die **Selbst|be|die|nung;** die **Selbst|be|frie|di|gung;** die **Selbst|beherr|schung**
selbst|be|wusst; das **Selbst|be|wusst|sein**
der **Selbst|er|hal|tungs|trieb;** der **Selbst|laut**

(Vokal); **selbst|los;** am selbst|lo|ses|ten; der **Selbst|mord**

selbst|stän|dig *oder* selb|stän|dig; sich selbstständig *oder* sich selbständig machen; der **Selbst|stän|di|ge** *oder* Selbständige; ein Selbstständiger *oder* Selbständiger; zwei Selbstständige *oder* Selbständige; die **Selbst|stän|di|ge** *oder* Selbständige; eine Selbstständige *oder* Selbständige; die **Selbst|stän|dig|keit** *oder* Selb|stän|dig|keit

selbst|tä|tig; selbst|ver|ständ|lich; das **Selbst|ver|trau|en**

se|lig; selig sein; selig machen; selig werden; selig preisen; er pries ihn selig; er hat ihn selig gepriesen; selig sprechen; man sprach ihn selig; man hat ihn selig gesprochen; die **Se|lig|keit;** die **Se|lig|prei|sung;** die **Se|lig|spre|chung**

der **Sel|le|rie;** die Sellerie *und* die Selleries *oder* die **Sel|le|rie;** die Sellerie *und* die Sel|le|ri|en

sel|ten; die **Sel|ten|heit**

das **Sel|ters|was|ser;** die Selterswässer

selt|sam

das **Se|mes|ter** (das Studienhalbjahr)

das **Se|mi|ko|lon** (der Strichpunkt); die Semikolons

das **Se|mi|nar** (katholische Priesterausbildungsanstalt; ein Hochschulinstitut; Übungskurs an der Hochschule); die Se|mi|na|re

die **Sem|mel;** die Semmeln

der **Se|nat** (eine Regierungs-, Verwaltungsbehörde); die Se|na|te; der **Se|na|tor;** die Se|na|to|ren; die **Se|na|to|rin;** die Senatorinnen

sen|den (übertragen); der Rundfunk sendet; der Rundfunk sendete; der Rundfunk hat Musik gesendet; **sen|den** (schicken); du sendest mir einen Brief; sie sendet mir einen Brief; sie sandte, *auch:* sendete mir einen Brief; sie hat mir einen Brief gesandt, *auch:* gesendet; der **Sen|der;** die **Sen|dung**

Se|ne|gal (Staat in Afrika); der **Se|ne|ga|le|se;** die **Se|ne|ga|le|sin;** die Senegalesinnen; **se|ne|ga|le|sisch**

der **Senf**

sen|gen (anbrennen); die brennende Zigarette sengte ein Loch in die Decke; sie hat ein Loch in die Decke gesengt

se|nil (greisenhaft); die **Se|ni|li|tät**

der **Se|ni|or** (Ältester); die Se|ni|o|ren; die **Se|ni|o|ren** (ältere Menschen) *Plural;* die **Se|ni|o|rin;** die Seniorinnen

das **Senk|blei;** die **Sen|ke**

der **Sen|kel** (Schnürband); die Senkel

sen|ken; du senkst; er senkt; er senkte; er hat den Kopf gesenkt; senk[e] die Preise!

senk|recht; die **Senk|rech|te;** der Senkrechten; die Senkrechten; zwei Senkrechte *und* zwei Senkrechten

der **Senn** (Almhirt); die Sen|nen; die **Sen|ne|rin;** die Sennerinnen

die **Sen|sa|ti|on** (Aufsehen erregendes Ereignis); **sen|sa|ti|o|nell**

die **Sen|se;** der **Sen|sen|mann** (*verhüllend für:* Tod)

sen|si|bel (empfindsam, feinfühlig); die **Sen|si|bi|li|tät**

der **Sen|sor** (Messfühler); die Sen|so|ren

sen|ti|men|tal (empfindsam; rührselig); die **Sen|ti|men|ta|li|tät** (Gefühlsseligkeit)

Se|oul [ze'u:l *oder* 'ze:ʊl] (Hauptstadt Südkoreas)

se|pa|rat (abgesondert; einzeln)

der **Sep|tem|ber;** die **Sep|ti|me** (der siebte Ton vom Grundton an); die Septimen

der **Ser|be** (Angehöriger eines südslawischen Volkes); des/dem/den Serben; **Ser|bi|en;** die **Ser|bin;** die Serbinnen; **ser|bisch**

die **Se|re|na|de** (Abendmusik, -ständchen)

die **Se|rie** (Reihe, Folge); die Se|ri|en; **se|ri|en|mä|ßig;** die **Se|ri|en|pro|duk|ti|on;** die **Se|ri|en|schal|tung** (Reihenschaltung); **se|ri|en|wei|se**

se|ri|ös (ernsthaft, gediegen, anständig); am se|ri|ö|ses|ten; ein seriöser Bewerber; die **Se|ri|o|si|tät**

die **Ser|pen|ti|ne** (Straßenwindung, Kehrschleife)

das **Se|rum** (wässriger Bestandteil des Blutes; Impfstoff); die Seren *und* die Sera

die **Ser|ve|lat|wurst** *vergleiche:* **Zer|ve|lat|wurst**

das **Ser|vice** [zɛr'vi:s] (Tafelgeschirr); des Services [zɛr'vi:səs] *oder* des Service [zɛr'vi:s]; die Ser|vi|ce [zɛr'vi:sə]

der **Ser|vice** ['zø:ɐ̯vɪs] (Kundendienst); die Ser|vi|ces ['zø:ɐ̯vɪsɪs]

ser|vie|ren; er hat serviert; servier[e] das Essen!; die **Ser|vie|re|rin;** die Serviererinnen; die **Ser|vi|et|te**

die **Ser|vo|len|kung** (vereinfachte Lenkung in Autos und Lkws)

der **Se|sam** (eine Pflanze mit ölhaltigem Samen); des Sesams; die Sesams

der **Ses|sel**; die Sessel; der **Ses|sel|lift**

sess|haft; die **Sess|haf|tig|keit**

das *und* der **Set** (zusammengehörige Gegenstände, Satz; Platzdeckchen); des Set[s]; die Sets

set|zen; du setzt; sie setzt; sie setzte; sie hat einen Baum gesetzt; setz[e] ihm eine Frist!; sich setzen; sie hat sich auf einen Stuhl gesetzt; der **Set|zer** (Schriftsetzer); die **Set|ze|rei**; der **Setz|ling**

die **Seu|che**

seuf|zen; du seufzt; er seufzt; er hat geseufzt; seufz[e] nicht!; der **Seuf|zer**

der **Sex** (*Kurzwort für*: Sexualität; Geschlechtsverkehr); des Sex[es]; mit jemandem Sex haben; der **Sex|film**; der **Se|xis|mus** ([Diskriminierung aufgrund der] Vorstellung, nach der eines der beiden Geschlechter dem anderen von Natur aus überlegen ist); **se|xis|tisch**; **Se|xu|al|er|zie|hung**; die **Se|xu|a|li|tät** (Geschlechtlichkeit); die **Se|xu|al|kun|de**; der **Se|xu|al|trieb**; **se|xu|ell**; **se|xy** (geschlechtlich attraktiv)

se|zie|ren (eine Leiche öffnen); der Arzt sezierte; er hat die Leiche seziert

das **Sham|poo** [ˈʃampu] (flüssiges Haarwaschmittel); des Shampoos; die Shampoos

der **She|riff** [ˈʃɛrɪf] (oberster Vollzugsbeamter einer amerikanischen Stadt); des Sheriffs; die Sheriffs

das **Shirt** [ʃøːɐ̯t] ([kurzärmliges] Baumwollhemd)

der *und* das **Shit** [ʃɪt] (*umgangssprachlich für:* Haschisch); des Shits

der **Shop** [ʃɔp] (Laden, Geschäft); des Shops; die Shops; das **Shop|ping|cen|ter** (Einkaufscenter); des Shoppingcenters; die Shoppingcenter

die **Shorts** [ʃɔrts] (kurze Hose) *Plural;* die **Short|sto|ry** [ʃɔrt ˈstɔri], *auch:* **Short Story** (Kurzgeschichte); der Shortstory, *auch:* Short Story; die Shortstorys, *auch:* Short Storys

die **Show** [ʃoː] (Schau; bunte, aufwändige Darbietung); die Shows; das **Show|business** [ˈʃoːbɪznɪs] (Vergnügungsindustrie); des Showbusiness; der **Show-down** [ʃoːˈdaʊ̯n], *auch:* **Show|down** (Entscheidungskampf [im Wildwestfilm]); des Show-downs, *auch:* Showdowns; die Show-downs, *auch:* Showdowns

das **Show|ge|schäft**; der **Show|mas|ter** (Unterhaltungskünstler, der eine Show präsentiert); des Showmasters; die Showmaster

der **Shrimp** *oder* **Schrimp**; *vergleiche dort*

der **Shut|tle** [ˈʃatl̩] ([Fahrzeug im] Pendelverkehr); des Shuttles; die Shuttles

Si|bi|ri|en; der **Si|bi|ri|er**; die **Si|bi|ri|e|rin**; die Sibirierinnen; **si|bi|risch**

sich

die **Si|chel**; die Sicheln; **si|chel|för|mig**

si|cher; er gab mir ein sicheres Geleit; hier wird er sicher sein; im Sicher[e]n (geborgen) sein; es ist das Sicherste (am sichersten), wenn du zu Hause bleibst; es ist das Sicherste, was du tun kannst; wir suchen etwas Sicheres; er ist auf Nummer Sicher, *auch:* sicher (im Gefängnis); er geht auf Nummer Sicher, *auch:* sicher (er wagt nichts); sicher sein, werden; ein sicher wirkendes Mittel

si|cher|ge|hen (Gewissheit haben); er geht sicher; er ist sichergegangen; **si|cher ge|hen** (ohne Gefahr, ohne Schwanken gehen); über diesen Stamm ist er sicher gegangen; die **Si|cher|heit**; **si|cher|lich**; **si|chern**; sie hat ihre Zukunft gesichert; sicher[e] deine Zukunft!; sich sichern; sie hat sich eine gute Ausgangslage gesichert; **si|cher|stel|len** (sichern; in behördliche Verwahrung nehmen); er stellt das Fahrrad sicher; er hat das Fahrrad sichergestellt; die **Si|che|rung**

die **Sicht**; auf lange Sicht; in Sicht kommen; in Sicht sein; **sicht|bar**; **sich|ten**; du sichtest; er hat ihn gesichtet; **sicht|lich**; die **Sicht|wei|te**; auf Sichtweite herankommen

die **Si|cker|gru|be**; **si|ckern**; das Blut ist aus der Wunde gesickert; das **Si|cker|was|ser**

sie; sie kommt; sie kommen; **Sie**; kommen Sie bitte!; Mode für Sie und Ihn

das **Sieb**; **sie|ben**; du siebst; er siebte; er hat das Mehl gesiebt; sieb[e] das Mehl!

sie|ben; wir sind sieben; wir sind zu sieben *und* zu siebt; die sieben Sakramente; die sieben Weltwunder; das ist mir ein Buch mit sieben Siegeln (das ist mir völlig unverständlich); die sieben fetten und die sieben mageren Jahre; sieben auf einen Streich; Schneewittchen und die sieben Zwerge; die sieben Raben (im Märchen); ↑acht; die **Sie|ben;** eine böse Sieben; ↑Acht; **sie|ben|fach; sie|ben|hun|dert; sie|ben|jäh|rig,** ABER: der Siebenjährige Krieg; **sie|ben|mal** ↑achtmal; der **Sie|ben|mei|len|stie|fel** *meist Plural;* der **Sie|ben|schlä|fer** (ein Nagetier); das **Sie|ben|tel** *oder* das **Sieb|tel;** die Siebentel *oder* die Siebtel; **sieb|te** ↑achte; **sieb|tens; sieb|zehn** ↑acht; **siebzig** ↑achtzig

siech; sieche Männer; das **Siech|tum**

sie|deln; du siedelst; er hat am Fluss gesiedelt; der **Sied|ler;** die **Sied|lung**

sie|den; du siedest; er siedet; er sott *und* er siedete; er hat die Eier gesotten *und* gesiedet; siede die Eier!; verwenden Sie stets siedend heißes Wasser; der **Sie|depunkt**

der **Sied|ler;** die **Sied|lung**

der **Sieg; sie|gen;** er siegte; er hat gesiegt; sieg[e]!; der **Sie|ger;** die **Sie|ge|rin;** die Siegerinnen; **sie|ges|ge|wiss**; der **Sie|gespreis; sieg|reich**

das **Sie|gel;** die Siegel; der **Sie|gel|lack; siegeln;** du siegelst; er hat den Brief gesiegelt; sieg[e]le den Brief!

> *Siegel* mit *ie* hat die Bedeutung *Stempel[abdruck], Briefverschluss.* Davon zu unterscheiden ist das Wort *Sigel* mit einfachem *i.* Es steht für ein Abkürzungszeichen.

sie|he; siehe oben

der *oder* das **Siel** (Deichschleuse; Abwasserkanal); des Siel[e]s; die Sie|le

das **Si|gel** (Abkürzungszeichen, z. B. in der Kurzschrift); die Sigel; ↑Siegel

die **Sight|see|ing|tour** ['zaitzi:ɪŋtu:ɐ̯], *auch:* **Sight|see|ing-Tour** (Besichtigungsfahrt)

das **Si|g|nal;** die Si|g|na|le; **si|g|na|li|sie|ren;** er hat seine Ankunft signalisiert; signalisier[e] seine Ankunft!; **si|g|nie|ren** (mit dem eigenen Namenszeichen versehen); er hat das Bild signiert

die **Sil|be;** das **Sil|ben|rät|sel;** die **Sil|bentren|nung**

das **Sil|ber;** die **Sil|ber|hoch|zeit; sil|bern**

die **Sil|hou|et|te** [zi:'lu̯ɛtə] (Schattenriss, Schattenbild); die Silhouetten

der *und* das **Si|lo** (Großspeicher); die Silos

das **Sil|ves|ter** (letzter Tag des Jahres)

Sim|bab|we (Staat in Afrika); der **Sim|bab|wer;** die **Sim|bab|we|rin;** die Simbabwerinnen; **sim|bab|wisch**

sim|pel (einfach; einfältig); sim|p|ler; am sim|pels|ten

das *oder* der **Sims** (Mauervorsprung, zum Beispiel unter einem Fenster); die Sim|se

der **Si|mu|lant** (der Krankheitsheuchler); des/dem/den Si|mu|lan|ten; die Si|mu|lan|ten; **si|mu|lie|ren** (sich verstellen; zur Übung nachahmen); du simulierst; sie simulierte; sie hat den Raumflug simuliert; simulier[e] nicht!

si|mul|tan (gemeinsam, gleichzeitig)

sin = Sinus

die **Sin|fo|nie** *oder* **Sym|pho|nie** (ein Musikwerk für Orchester); die Sin|fo|ni|en *oder* Sym|pho|ni|en; das **Sin|fo|nie|kon|zert** *oder* **Sym|pho|nie|kon|zert; sin|fo|nisch** *oder* **sym|pho|nisch;** eine sinfonische *oder* symphonische Kantate

Sing. = Singular

Sin|ga|pur [*auch:* ...'pu:ɐ̯] (Staat in Südostasien; dessen Hauptstadt); der **Sin|ga|pu|rer;** die **Sin|ga|pu|re|rin;** die Singapurerinnen; **sin|ga|pu|risch**

sin|gen; du singst; er singt; er sang; er hat gesungen; sing!; das **Sing|spiel;** die **Sing|stim|me**

der **Sin|g|le** ['zɪŋl̩] (allein stehender Mensch); des Single[s]; die Singles; die **Sin|g|le** ['zɪŋl̩] (kleine Schallplatte); die Singles

der **Sin|gu|lar** (Einzahl); die Sin|gu|la|re; **sin|gu|lär** (vereinzelt vorkommend)

der **Sing|vo|gel**

sin|ken; er sank; er ist gesunken

der **Sinn;** von Sinnen sein; das **Sinn|bild; sin|nen;** du sinnst; er sinnt; er sann; er hat auf Mittel und Wege gesonnen

das **Sin|nes|or|gan;** die **Sin|nes|täu|schung**

sinn|ge|mäß; sin|nig; sinn|lich; sinn|los; am sinn|lo|ses|ten; **sinn|ver|wandt; sinnvoll; sinn|wid|rig**

die **Sint|flut**

der **Si|nus** (eine Winkelfunktion; *Zeichen:* sin); des Sinus; die Si|nus|se

die **Sip|pe;** die **Sipp|schaft**

die **Si|re|ne;** das **Si|re|nen|ge|heul**
der **Si|rup;** die Si|ru|pe; das **Si|rup|glas**
der **Si|sal** (eine Blattfaser); des Sisals; der **Si|sal|hanf** (Sisal); der **Si|sal|tep|pich**
das **Sit-in** (Sitzstreik); des Sit-in[s]; die Sit-ins
die **Sit|te; sit|ten|los; sit|ten|wid|rig; sitt|lich; sitt|sam**
der **Sit|tich** (ein Papagei); des Sittichs; die Sit|ti|che
die **Si|tu|a|ti|on** (Lage, Zustand)
der **Sitz; sit|zen;** du sitzt; er sitzt; er saß; er hat (*süddeutsch und österreichisch:* ist) auf dem Stuhl gesessen; sitz gerade!; ich bin noch nicht zum Sitzen gekommen; du sollst auf diesem Stuhl sitzen bleiben; wenn das so weiter geht, wirst du noch sitzen bleiben (in der Schule nicht versetzt werden); er ist letztes Jahr sitzen geblieben; du sollst kleine Kinder nicht auf dem Boden sitzen lassen; ich kann ihn doch nicht sitzen lassen (*umgangssprachlich für:* im Stich lassen); du lässt ihn sitzen; er ließ sie sitzen; sie hat ihn sitzen lassen; sie hat den Vorwurf nicht auf sich sitzen lassen (sie hat dem Vorwurf widersprochen); der **Sitz|platz;** die **Sit|zung**
der **Si|zi|li|a|ner** *oder* **Si|zi|li|er;** die **Si|zi|li|a|ne|rin** *oder* **Si|zi|li|e|rin;** die Sizilianerinnen *oder* Sizilierinnen; **Si|zi|li|en** (Insel im Mittelmeer)
die **Ska|la** (Maßeinteilung; Stufenfolge); die Skalen
der **Skalp** (abgezogene Kopfhaut des Gegners, die früher bei den Indianern als Siegeszeichen galt); die Skal|pe
das **Skal|pell** (kleines chirurgisches Messer); des Skalpells; die Skal|pel|le
der **Skan|dal** (Ärgernis; Aufsehen); die Skan|da|le; **skan|da|lös**
Skan|di|na|vi|en; der **Skan|di|na|vi|er;** die **Skan|di|na|vi|e|rin;** die Skandinavierinnen; **skan|di|na|visch**
der **Skat** (ein Kartenspiel)
das **Skate|board** [ˈske:tbo:ɐ̯t] (Rollerbrett); des Skateboards; die Skateboards; **skaten** [ˈske:tn̩] (Skateboard fahren; auf Inlineskatern laufen)
das **Ske|lett** (Knochengerüst); die Ske|let|te
die **Skep|sis** (Zweifel, Bedenken); der **Skep|ti|ker; skep|tisch**

der **Sketsch,** *auch:* **Sketch** [skɛtʃ] (kurze, effektvolle Bühnenszene); des Sketsch[e]s, *auch:* Sketch[e]s; die Sket|sche, *auch:* Sketche[s] *oder* Sketchs
der **Ski** [ʃi:], *auch:* **Schi;** die Ski|er, *auch:* Schi|er *und* die Ski, *auch:* Schi; Ski, *auch:* Schi fahren, laufen; der **Ski|lauf,** *auch:* **Schi|lauf;** das **Ski|lau|fen,** *auch:* **Schi|lau|fen;** der **Ski|läu|fer,** *auch:* **Schi|läu|fer;** der **Ski|lift,** *auch:* **Schi|lift**
der **Skin|head** [ˈskɪnhɛt] ([zu Gewalttätigkeit neigender] Jugendlicher mit kahl geschorenem Kopf); des Skinheads; die Skinheads
der **Ski|pass,** *auch:* **Schi|pass;** das **Ski|sprin|gen,** *auch:* **Schi|sprin|gen**
die **Skiz|ze** (Entwurf; flüchtige Zeichnung); der **Skiz|zen|block;** die Skizzenblocks; **skiz|zie|ren;** du skizzierst; er hat die Landschaft skizziert; skizzier[e] sie!
der **Skla|ve** (unfreier, rechtloser Mensch); die **Skla|ve|rei; skla|visch**
der *und* das **Skon|to** (Preisnachlass); die Skontos, *selten:* die Skonti
der **Skor|pi|on** (ein Spinnentier); die Skor|pi|o|ne
der **Skru|pel** (Bedenken; Gewissensbiss); die Skrupel; er hat keine Skrupel; **skru|pel|los;** am skru|pel|lo|ses|ten
die **Skulp|tur** (Werk der Bildhauerkunst); die Skulpturen
skur|ril (verschroben, drollig)
der **Sla|lom** (Torlauf beim Skisport); die Slaloms
der **Slang** [slɛŋ] (lässige Umgangssprache); des Slangs; die Slangs
der **Sla|we** (Angehöriger einer Völkergruppe); die **Sla|win;** die Slawinnen; **sla|wisch**
der **Slip** (Unterhöschen); des Slips; die Slips; der **Slip|per** (Schlupfschuh mit niedrigem Absatz); des Slippers; die Slipper
der **Slo|gan** [ˈslo:gn̩] (Werbeschlagwort); des Slogans; die Slogans
der **Slo|wa|ke** (Einwohner der Slowakei); die **Slo|wa|kei** (mitteleuropäischer Staat); die **Slo|wa|kin;** die Slowakinnen; **slo|wa|kisch**
der **Slo|we|ne** (Einwohner von Slowenien); **Slo|we|ni|en** (mitteleuropäischer Staat); die **Slo|we|nin;** die Sloweninnen; **slo|we|nisch**

A B C D E F G H I J K L M N O P Q R S T U V W X Y Z

der **Slum** [slam] (Elendsviertel); die Slums *meist Plural*

der *oder* das **Small|talk** ['smo:l'to:k], *auch:* **Small Talk** (belangloses Gespräch); des Smalltalks, *auch:* Small Talks; die Smalltalks, *auch:* Small Talks

der **Sma|ragd** (ein Edelstein); die Sma|rag|de

der **Smog** (mit Abgasen, Rauch u. a. gemischter Dunst oder Nebel über Städten); des Smog[s]; die Smogs

der **Smo|king** (ein Gesellschaftsanzug); die Smokings

SMS = Short Message Service (Kurznachricht beim Mobilfunk); die **SMS-Nach|richt**

der **Snack** [snɛk] (Imbiss); des Snacks; die Snacks

das **Snow|board** ['sno:bo:ɐ̯t] (als Sportgerät dienendes Brett für das Gleiten auf Schnee); die Snowboards

so; so sein; so werden; so bleiben; so ein Mann; so einer; so eine; so etwas; so dass, *auch:* sodass; so schnell wie möglich; so wahr mir Gott helfe; so genannt; die so genannten besseren Leute; der fälschlich so genannte Mann; ↑sowenig, so wenig; ↑soviel, so viel

s. o. = siehe oben!

so|bald; sobald er kann; ABER: komme so bald wie möglich

die **So|cke,** *landschaftlich auch:* der **So|cken;** die Socken

der **So|ckel;** die Sockel

die *oder* das **So|da**

das **Sod|bren|nen**

so|e|ben (vor einem Augenblick); er kam soeben; ABER: so eben (gerade) noch; er ist so eben dem Unglück entgangen

das **So|fa;** des Sofas; die Sofas

so|fern (falls); sofern sie ihre Pflicht getan hat; ABER: die Sache liegt so fern, dass ich mich nicht mehr erinnere

So|fia (Hauptstadt Bulgariens)

so|fort; er soll sofort kommen!; ABER: mach nur so fort (so weiter)!

der **Soft|drink,** *auch:* **Soft Drink** (alkoholfreies Getränk); die Softdrinks, *auch:* Soft Drinks; das **Soft|eis** (sehr weiches Speiseeis); die **Soft|ware** ['zɔftvɛ:ɐ̯] (*EDV:* Programme, Anweisungen usw.); die Softwares; ↑Hardware

der **Sog;** die Soge

sog. = so genannt

so|gar; er kam sogar zu mir nach Hause; ABER: er hat so gar kein Vertrauen zu mir

so ge|nannt *vergleiche:* **so**

so|gleich; er soll sogleich kommen; **so gleich;** sie sind alle so gleich, dass man sie kaum unterscheiden kann

die **Soh|le; soh|len;** du sohlst; er hat die Schuhe gesohlt; sohle die Schuhe!

der **Sohn**

die **So|ja|boh|ne;** das **So|ja|mehl**

so|lan|ge; solange ich krank war, bist du bei mir geblieben; ABER: du hast mich so lange warten lassen; er blieb so lange wie möglich

so|lar; die **So|lar|e|ner|gie** (Sonnenenergie); das **So|la|ri|um;** die Solarien; das **So|lar|kraft|werk;** die **So|lar|zel|le** (Sonnenzelle)

solch; solcher; solches; solch einer; solch eine; solch feiner Stoff *oder* solcher feine Stoff; solch gute Menschen *oder* solche guten, *auch:* gute Menschen; das Leben solch frommer Leute *oder* solcher frommen, *auch:* frommer Leute; **sol|cher|art;** solcherart Dinge; ABER: Dinge solcher Art

der **Sold;** der **Sol|dat;** des/dem/den Sol|daten; die Sol|da|ten; die **Sol|da|tin;** die Soldatinnen; der **Söld|ner;** des Söldners; die Söldner

die **So|le** (ein kochsalzhaltiges Wasser); die Solen; das **Sol|ei**

so|li|da|risch (gemeinsam, eng verbunden); sich mit jemandem solidarisch erklären; die **So|li|da|ri|tät** (Zusammengehörigkeitsgefühl, Gemeinsinn)

so|lid *oder* **so|li|de** (zuverlässig; gediegen; haltbar); am so|li|des|ten

der **So|list** (Einzelsänger, -spieler); des/dem/den So|lis|ten; die So|lis|ten; die **So|lis|tin;** die Solistinnen

das **Soll;** des Soll[s]; die Soll[s]; Soll und Haben; der **Soll|be|stand,** *auch:* **Soll-Bestand;** der **Soll|be|trag,** *auch:* **Soll-Be|trag;** die Soll|be|trä|ge, *auch:* Soll-Be|trä|ge

sol|len; du sollst; er soll; er sollte; er hat gesollt; ABER: ich hätte das nicht tun sollen

so|lo (allein); das **So|lo** (Einzelvortrag); die Solos *oder* Soli

So|ma|lia (Staat in Afrika); der **So|ma|li|er;** die **So|ma|li|e|rin;** die Somalierinnen; **so|ma|lisch**
so|mit (also, folglich)
der **Som|mer;** der **Som|mer|an|fang;** die **Som|mer|fe|ri|en** *Plural;* **som|mer|lich;** der **Som|mer|schluss|ver|kauf;** die **Som|mer|spros|se;** die Sommersprossen *meist Plural;* die **Som|mer|zeit**
die **So|na|te**
die **Son|de** (Instrument zum Einführen in Körperhöhlen)
das **Son|der|an|ge|bot**
son|der|bar; son|der|glei|chen; son|der|lich
der **Son|der|ling;** der **Son|der|müll** (Müll, der gefährliche [Gift]stoffe enthält)
son|dern; du sonderst; er sondert; er hat die Spreu vom Weizen gesondert
son|dern; nicht nur der Bruder, sondern auch die Schwester
son|ders; samt und sonders
die **Son|der|schu|le**
son|die|ren (vorsichtig erkunden); er hat die Lage sondiert
das **So|nett** (eine Gedichtform); die So|net|te
der **Song** (Schlagerlied, politisches Lied); des Songs; die Songs
der **Sonn|a|bend** ↑Dienstag; **sonn|a|bends** ↑dienstags
die **Son|ne; sich son|nen;** du sonnst dich; sie sonnt sich; sie sonnte sich; sie hat sich gesonnt; sonne dich!
der **Son|nen|auf|gang;** die Son|nen|auf|gän|ge; das **Son|nen|bad;** die **Son|nen|blu|me;** der **Son|nen|brand;** die **Son|nen|bril|le**
die **Son|nen|e|ner|gie;** die **Son|nen|fins|ter|nis;** die **Son|nen|fle|cken** *Plural;* das **Son|nen|licht**
der **Son|nen|schein;** der **Son|nen|schirm;** der **Son|nen|stich** (eine Erkrankung); das **Son|nen|sys|tem** *(Astronomie)*
die **Son|nen|uhr;** der **Son|nen|un|ter|gang;** die Son|nen|un|ter|gän|ge; die **Son|nen|wen|de** (höchster oder niedrigster Stand der Sonne während ihres jährlichen Laufs); die **Son|nen|zel|le** (zur Erzeugung von elektrischer Energie aus Sonnenenergie); **son|nig**
der **Sonn|tag;** des Sonntags; ABER: sonntags; sonntags sind die Läden geschlossen; sonn- und feiertags; sonn- und werktags; ↑Dienstag; der **Sonn|tag|a|bend; sonn|täg|lich; sonn|tags**
sonst; sonst jemand; sonst etwas; sonst wie; sonst wo; **sons|tig;** die sonstigen Möglichkeiten; alles Sonstige (andere) besprechen wir morgen
so|oft; sooft du kommst; ABER: ich habe es dir so oft gesagt
der **So|p|ran** (höchste Frauenstimme; Sopransängerin); die So|p|ra|ne; die **So|p|ra|nis|tin;** die Sopranistinnen
die **Sor|ge; sor|gen;** du sorgst; sie sorgt; sie sorgte; sie hat für Nahrung gesorgt; sorg[e] dafür!; **sor|gen|frei; sor|gen|voll;** das **Sor|ge|recht;** die **Sorg|falt; sorg|fäl|tig; sorg|los;** am sorg|lo|ses|ten; **sorg|sam**
die **Sor|te; sor|tie|ren;** er sortierte; er hat die Äpfel sortiert; sortier[e] sie!; die **Sor|tier|ma|schi|ne;** das **Sor|ti|ment;** die Sor|ti|men|te
SOS (internationales Seenotzeichen); der **SOS-Ruf**
so|sehr; sosehr ich das auch billige; ABER: sie lief so sehr, dass sie außer Atem kam
die **So|ße,** *auch:* **Sau|ce;** der **So|ßen|löf|fel,** *auch:* **Sau|cen|löf|fel**
der **Souf|f|leur** [zuˈflœːɐ̯] (Vorsager beim Theater); die **Souf|f|leu|se** [zuˈflœːzə] (Vorsagerin beim Theater); **souf|f|lie|ren;** du soufflierst; sie souffliert; sie hat souffliert
der **Soul** [soːl] (stark ausdrucksbetonter Jazz oder Beat)
der **Sound** [saunt] (Klangwirkung in der Musik)
so|und|so (*umgangssprachlich für:* unbestimmt wie ...); soundso breit; der Paragraph soundso; ABER: man kann etwas so und so erzählen
der **Sound|track** [saunttrɛk] (Filmmusik); des Soundtracks
die **Sou|ta|ne** [zuˈtaːnə] *oder* **Su|ta|ne** (Gewand der katholischen Geistlichen); die Soutanen *oder* Sutanen
das **Sou|ter|rain** [zutɛˈrɛ̃ː *oder* ˈzuːtɛrɛ̃] (Kellergeschoss); des Souterrains; die Souterrains
das **Sou|ve|nir** [zuvəˈniːɐ̯] (das Erinnerungsstück); die Souvenirs; der **Sou|ve|nir|la|den**
sou|ve|rän [zuvəˈrɛːn] (unumschränkt;

selbstständig; überlegen); der **Sou|ve|rän** (Herrscher); die Sou|ve|rä|ne; die **Sou|ve|rä|ni|tät** (Unabhängigkeit; Landeshoheit)

soviel, so viel

Leitet »soviel« einen Nebensatz ein, ist es eine Konjunktion und wird zusammengeschrieben:
- soviel ich weiß, ist es umgekehrt
- sie ist gekommen, soviel ich weiß

In allen anderen Verbindungen schreibt man »so viel« getrennt:
- du weißt so viel, dass ich staunen muss
- er hat so viel Zeit wie ich
- er muss so viel leiden
- sein Wort bedeutet so viel (dasselbe) wie ein Eid
- so viel (dieses) für heute
- so viel wie *oder* als möglich
- er hat doppelt so viel wie *oder* als ich

so|weit; *Konjunktion:* soweit ich es beurteilen kann; ↑soviel, so viel; *aber in allen anderen Verbindungen:* so weit, so gut; er wirft den Ball so weit wie kein anderer; ich bin noch nicht so weit; so weit wie *oder* als möglich

so|we|nig; *Konjunktion:* sowenig ich einsehen kann, dass ...; ↑soviel, so viel; *aber in allen anderen Verbindungen:* so wenig wie *oder* als möglich; ich kann es so wenig wie du; ich habe so wenig Geld, dass ich mir dies nicht leisten kann; du hast so wenig gelernt, dass du die Prüfung nicht bestehen wirst

so|wie; sowie (sobald) er kommt, soll er anrufen; meine Hobbys sind Reiten und Lesen sowie (und) Tennisspielen; ABER: so, wie ich ihn kenne

so|wie|so

der **So|w|jet** (Form der Volksvertretung in der ehemaligen Sowjetunion); die Sowjets; **so|w|je|tisch;** die **So|w|jet|u|ni|on**

so|wohl; sowohl die Eltern als auch die Kinder machten mit; **so wohl;** du fühlst dich heute so wohl wie gestern

so|zi|al (die Gesellschaft, die Gemeinschaft betreffend; gemeinnützig; wohltätig); die **So|zi|al|de|mo|kra|tie; so|zi|al|de|mo|kra|tisch;** ABER: die Sozialdemokratische Partei Deutschlands; die **So|zi|a|li|sie|rung;** der **So|zi|a|lis|mus;** des Sozialismus; der **So|zi|a|list;** des/dem/den So|zi|a|lis|ten; die So|zi|a|lis|ten; die **So|zi|a|lis|tin;** die Sozialistinnen; **so|zi|a|lis|tisch;** die **So|zi|al|kun|de;** die **So|zi|al|po|li|tik;** die **So|zi|o|lo|gie** (Gesellschaftswissenschaft)

der **So|zi|us** (Genosse; Teilhaber; Beifahrersitz); des Sozius; die Soziusse

so|zu|sa|gen (gewissermaßen); ABER: sie versucht, es so zu sagen, dass es verständlich ist

das **Space|lab** ['spe:slɛp] (Weltraumlabor); des Spacelabs; die Spacelabs; der **Space|shut|tle** ['spe:sʃatl̩] ([wieder verwendbare] Raumfähre)

der **Spach|tel;** die Spachtel *oder* die **Spachtel;** die Spachteln; **spach|teln;** du spachtelst; er spachtelt; er hat die Fugen gespachtelt; spacht[e]le die Fugen!

der *oder* das **Spa|gat** (eine gymnastische Übung); die Spa|ga|te

die **Spa|ghet|ti,** *auch:* **Spa|get|ti** (lange, dünne, fadenartige Nudeln) *Plural*

spä|hen; du spähst; sie späht; sie hat über den Zaun gespäht; späh[e] nach ihm!; der **Spä|her;** die **Spä|he|rin;** die Späherinnen; der **Späh|trupp**

das **Spa|lier;** die Spa|lie|re; Spalier bilden; Spalier stehen; das **Spa|lier|obst**

der **Spalt;** die Spal|te; **spalt|breit;** eine spaltbreite Öffnung; ABER: der **Spalt|breit;** die Tür einen Spaltbreit öffnen; die **Spalte;** die Spalten; **spal|ten;** du spaltest; er spaltet; er spaltete; sie hat Holz gespalten *oder* gespaltet; ABER NUR: eine gespaltene Zunge; die **Spal|tung**

der **Span;** die Spä|ne

das **Span|fer|kel** (Ferkel, das noch gesäugt wird)

die **Span|ge**

Spa|ni|en; der **Spa|ni|er;** die **Spa|ni|e|rin;** die Spanierinnen; **spa|nisch;** das kommt mir spanisch vor (*umgangssprachlich für:* das kommt mir seltsam vor); ABER: der Spanische Erbfolgekrieg

der **Spann** (Fußrücken, Rist); des Spann[e]s; die Span|ne

die **Span|ne; span|nen;** du spannst; er spannte; er hat den Bogen gespannt; spann[e] ihn!

span|nend; die **Span|nung**

die **Span|plat|te** (aus zusammengepressten und verleimten Holzspänen)

das **Spar|buch;** die **Spar|büch|se; spa|ren;** du sparst; er spart; er sparte; er hat viel gespart; spar[e]!; der **Spa|rer;** die **Spa|rerin;** die Sparerinnen

der **Spar|gel;** des Spargels; die Spargel; die **Spar|gel|spit|ze**

die **Spar|kas|se**

spär|lich; spar|sam; die **Spar|sam|keit**

der **Spar|ren** (schräger Balken des Daches)

das **Spar|ring** (Boxtraining); des Sparrings; der **Spar|rings|part|ner**

das **Spar|schwein**

die **Spar|te** (Fachgebiet, Abteilung)

der **Spar|ver|trag**

der **Spaß;** die Spä|ße; **spa|ßen;** du spaßt; er spaßt; sie spaßte; sie hat gespaßt; spaß[e] nicht!; **spa|ßes|hal|ber; spa|ßig;** der **Spaß|ma|cher;** der **Spaß|vo|gel**

der **Spas|ti|ker** (an einer spasmischen Erkrankung Leidender); die **Spas|ti|ke|rin;** die Spastikerinnen; **spas|tisch** (krampfartig; mit erhöhter Muskelspannung, mit Muskellähmung verbunden)

spät; spä|ter; am spä|tes|ten; von [morgens] früh bis [abends] spät; spät sein; spät werden; zu spät kommen; **spät|a|bends**

der **Spa|tel** (Spachtel); die Spatel *oder* die **Spa|tel;** die Spateln

der **Spa|ten;** des Spatens; die Spaten; der **Spa|ten|stich**

spä|ter|hin; spä|tes|tens; der **Spät|herbst;** der **Spät|nach|mit|tag; spät|nach|mittags;** die **Spät|nach|rich|ten** *Plural*

der **Spatz;** des Spat|zen, *auch:* des Spat|zes; die Spat|zen; das **Spat|zen|nest**

spa|zie|ren; du spazierst; sie spazierte; sie ist durch die Straßen spaziert; spazieren fahren, gehen; sie fuhr, ging spazieren; sie ist spazieren gefahren, gegangen; fahr[e], geh[e] spazieren!; der **Spazier|gang;** die Spa|zier|gän|ge; der **Spazier|gän|ger;** die **Spa|zier|gän|ge|rin;** die Spaziergängerinnen

SPD = Sozialdemokratische Partei Deutschlands

der **Specht**

der **Speck; spe|ckig;** die **Speck|sei|te**

der **Spe|di|teur** [ʃpediˈtøːɐ̯]; die Spe|di|teu|re; die **Spe|di|ti|on;** die **Spe|di|ti|ons|fir|ma**

der **Speer;** das **Speer|wer|fen**

die **Spei|che**

der **Spei|chel;** die **Spei|chel|drü|se;** der **Speichel|le|cker** (*abwertend für:* Schmeichler); **spei|chel|le|cke|risch**

der **Spei|cher; spei|chern;** er speicherte; er hat Strom gespeichert; speichere!

spei|en; du speist; sie speit; er spie; sie hat Blut gespien; spei[e] nicht!

die **Spei|se;** Speis und Trank; das **Spei|se|eis;** das **Spei|se|fett;** die **Spei|se|kam|mer;** die **Spei|se|kar|te** *oder* die **Spei|sen|kar|te; spei|sen;** du speist; sie speist; sie speiste; sie hat gespeist; speis[e] mit mir!; die **Spei|se|röh|re;** der **Spei|se|wa|gen**

spei|ü|bel; mir ist speiübel

der **Spek|ta|kel** (*umgangssprachlich für:* Krach, Lärm)

spek|ta|ku|lär (Aufsehen erregend)

die **Spek|t|ral|far|be;** das **Spek|t|rum** (durch Lichtzerlegung entstehendes Farbband; Vielfalt); die Spektren *oder* Spektra

der **Spe|ku|lant** (jemand, der gewagte Geschäfte macht); des/dem/den Spe|ku|lan|ten; die Spe|ku|lan|ten; die **Spe|kula|ti|on; spe|ku|lie|ren;** du spekulierst; er spekuliert; er spekulierte; er hat an der Börse spekuliert; spekulier[e] nicht!

der **Spe|ku|la|ti|us** (ein Gebäck)

die **Spe|lun|ke** (verrufene Kneipe; unsauberer Wohnraum)

die **Spel|ze** (Hülse des Getreidekorns); die Spelzen

spen|da|bel (*umgangssprachlich für:* freigebig); spen|da|b|le Großeltern; die **Spen|de; spen|den;** du spendest; sie spendet; sie spendete; er hat gespendet; spende für die Notleidenden!; die **Spenden|ak|ti|on;** der **Spen|der;** die **Spen|derin;** die Spenderinnen; **spen|die|ren;** sie hat eine Runde Popcorn spendiert; spendier[e] uns doch ein Eis!

der **Speng|ler** (Klempner); die **Speng|le|rin;** die Spenglerinnen

der **Sper|ber**

die **Spe|renz|chen** *oder* die **Spe|ren|zi|en** (*umgangssprachlich für:* hindernde Umstände, Schwierigkeiten) *Plural;* Sperenzchen machen

der **Sper|ling**

das **Sper|ma** (Samenflüssigkeit mit männlichen Keimzellen); die Spermen

A B C D E F G H I J K L M N O P Q R S T U V W X Y Z

sperr|an|gel|weit (*umgangssprachlich für:* weit offen); das Fenster stand sperrangelweit offen; die **Sper|re; sper|ren;** die Polizei sperrte; sie hat den Weg gesperrt; sperr[e] ihn in die Zelle!; die Bank sperrte das Konto; das **Sperr|holz; sper|rig;** der **Sperr|müll;** die **Sperr|stun|de**

die **Spe|sen** (Auslagen) *Plural*

sich **spe|zi|a|li|sie|ren** (sich auf ein Teilgebiet beschränken); du spezialisierst dich; sie hat sich auf Flugzeugbau spezialisiert; spezialisier[e] dich!; der **Spe|zi|a|list** (Fachmann); des/dem/den Spe|zi|a|lis|ten; die Spe|zi|a|lis|ten; die **Spe|zi|a|lis|tin;** die Spezialistinnen; die **Spe|zi|a|li|tät** (Besonderheit); **spe|zi|ell** (besonders; eigens); im Speziellen (im Einzelnen); **spe|zi|fisch** (kennzeichnend, eigentümlich); spezifisches Gewicht

die **Sphä|re** (Himmelsgewölbe; Gesichtskreis, Wirkungskreis); die Sphären

die **Sphinx** (ein Fabelwesen mit Löwenleib und Menschenkopf); die Sphin|xe

spi|cken (Fleisch zum Braten mit Speckstreifen durchziehen); du spickst; er spickt; er spickte; er hat den Rehrücken gespickt; spick[e] den Braten!

spi|cken (abschreiben); sie spickte; sie hat gespickt; spick[e] nicht!; der **Spick|zet|tel**

der **Spie|gel;** die Spiegel; das **Spie|gel|bild;** das **Spie|gel|ei; spie|gel|glatt; spie|geln;** der See hat gespiegelt; sich spiegeln; die Bäume spiegelten sich im Wasser; die **Spie|gel|schrift;** die **Spie|ge|lung; spie|gel|ver|kehrt**

das **Spiel;** das **Spiel|bein** *(Sport);* **spie|len;** du spielst; sie spielte; sie hat gespielt; spiel[e]!; der **Spie|ler;** die **Spie|le|rin;** die Spielerinnen; **spie|le|risch;** das **Spiel|feld;** der **Spiel|film;** die **Spiel|kon|so|le;** der **Spiel|platz;** die **Spiel|re|gel;** die Spielregeln; die **Spiel|sa|chen** *Plural;* die **Spiel|stra|ße;** der **Spiel|ver|der|ber;** die **Spiel|ver|der|be|rin;** die Spielverderberinnen; das **Spiel|wa|ren|ge|schäft;** das **Spiel|zeug;** die **Spiel|zeug|ei|sen|bahn**

der **Spieß;** der **Spieß|bra|ten;** der **Spieß|bür|ger; spieß|bür|ger|lich; spie|ßen;** du spießt; er hat die Wurst auf die Gabel gespießt; der **Spie|ßer;** das **Spie|ßer|tum; spie|ßig;** die **Spie|ßig|keit**

der **Spike** [ʃpaik *oder* spaik] (Spezialstift für Rennschuhe oder Autoreifen); die Spikes; die **Spikes** (Rennschuhe; Autoreifen mit Spezialstiften) *Plural;* der **Spike[s]|rei|fen**

der **Spi|nat**

der *oder* das **Spind;** die Spin|de

die **Spin|del;** die Spindeln; **spin|del|dürr**

die **Spin|ne; spin|ne|feind;** *nur in:* jemandem spinnefeind sein; **spin|nen;** du spinnst; sie spinnt; sie spann; er hat das Garn gesponnen; spinn[e] das Garn!; das **Spin|nen|ge|we|be** *oder* das **Spinn|ge|we|be;** das **Spin|nen|netz;** der **Spin|ner;** die **Spin|ne|rei;** die **Spin|ne|rin;** das **Spinn|rad;** die **Spinn|we|be;** die Spinnweben

der **Spi|on;** die **Spi|o|na|ge** [ʃpio'na:ʒə]; der **Spi|o|na|ge|dienst;** der **Spi|o|na|ge|film; spi|o|nie|ren;** du spionierst; er spionierte; er hat spioniert; spionier[e] nicht!; die **Spi|o|nin;** die Spioninnen

die **Spi|ra|le;** die **Spi|ral|fe|der; spi|ral|för|mig; spi|ra|lig**

spi|ri|tis|tisch (die Geisterlehre betreffend; übersinnliche Erscheinungen betreffend); eine spiritistische Sitzung

das, *auch:* der **Spi|ri|tu|al** [spiritjuəl] (geistliches Lied der Schwarzen im Süden der USA); die Spirituals

die **Spi|ri|tu|o|sen** (alkoholische Getränke) *Plural;* der **Spi|ri|tus** (Weingeist; Alkohol); des Spiritus; die Spiritusse; der **Spi|ri|tus|ko|cher**

das **Spi|tal** (Krankenhaus); die Spi|tä|ler

spitz; spit|zer; am spit|zes|ten; eine spitze Zunge haben; ein spitzer Winkel; der **Spitz** (ein Hund); **spitz|be|kom|men** (*umgangssprachlich für:* erfahren, ausfindig machen); du bekommst spitz; sie bekam spitz; sie hat unsere Verabredung spitzbekommen; der **Spitz|bo|gen;** der **Spitz|bu|be; spit|ze** (*umgangssprachlich für:* hervorragend); ein spitze Fahrrad; die Mannschaft hat spitze gespielt; ABER: die **Spit|ze;** jemand oder etwas ist Spitze; das finde ich Spitze; der **Spit|zel;** die Spitzel; **spit|zen;** du spitzt; er spitzt; er hat den Bleistift gespitzt; spitz[e] ihn!; die **Spit|zen|klas|se;** die **Spit|zen|leis|tung;** der **Spit|zen|sport; spitz|fin|dig;** der **Spitz|na|me; spitz|wink|lig**

der **Splitt** (zerkleinertes Gestein); des

Splitt[e]s; die Split|te; der **Split|ter; splittern;** das Holz splittert; die Scheibe ist gesplittert; **spli̩t|ter|na̩ckt**

der **Spoi̲|ler** (Luftleitblech)

spo̩n|sern (als Sponsor jemanden oder etwas fördern); die Firma X hat den Rennfahrer Y gesponsert; der **Spon|sor** [ˈʃpɔnzoːɐ̯ *oder* ˈspɔnzɐ] (Förderer, Geldgeber); des Sponsors; die Spon|so̲|ren; die **Spon|so|rin;** die Sponsorinnen; das **Spon|so|ring;** des Sponsorings

spon|ta̲n (von selbst; aus innerem Antrieb); eine spontane Äußerung; die **Spon|ta|ne|i|tä̲t**

die **Spo|re** (Fortpflanzungszelle der Pflanze); die Sporen *meist Plural*

der **Spo̩rn;** die Spo|ren *meist Plural;* **spornstreichs** (sofort; geradewegs)

der **Sport;** die **Sport|art;** der **Sport|leh|rer;** die **Sport|leh|re|rin;** die Sportlehrerinnen; der **Sport|ler;** die **Sport|le|rin;** die Sportlerinnen; **sport|lich;** der **Sport|platz;** der **Sport|un|fall;** der **Sport|ver|ein**

der **Spot** [spɔt] (Werbekurzfilm); die Spots

der **Spott; spo̩tt|bi̩l|lig; spot|ten;** du spottest; sie spottete; sie hat gespottet; spotte nicht!; der **Spöt|ter;** die **Spöt|te|rin;** die Spötterinnen; **spöt|tisch;** der **Spott|na|me**

die **Spra|che;** der **Sprach|feh|ler;** der **Sprachge|brauch;** der **Sprach|kurs;** das **Sprachla|bor** (mit spezieller technischer Ausstattung für das Sprachenlernen); **sprach|lich; sprach|los;** der **Sprach|schatz;** der **Sprach|un|ter|richt**

der *oder* das **Spray** [ʃpreː] (Flüssigkeit zum Zerstäuben); die **Spray|do|se; spray|en;** du sprayst; sie sprayte; sie hat gesprayt; spraye nicht!; der **Spray|er;** die **Spray|erin;** die Sprayerinnen

die **Sprech|bla|se** (in Comics); **spre|chen;** du sprichst; er spricht; er sprach; er hat gesprochen; sprich ein Wort!; der **Sprecher;** die **Spre|che|rin;** die Sprecherinnen; der **Sprech|funk;** das **Sprech|funk|ge|rät;** die **Sprech|stun|de;** das **Sprech|zim|mer**

die **Spree** (ein Fluss)

spreiz|bei|nig; sprei|zen; du spreizt; sie hat die Finger gespreizt; spreiz[e] die Finger!; der **Spreiz|fuß**

spren|gen; du sprengst; er sprengte; er hat die Brücke gesprengt; spreng[e] die Fesseln!; die **Spreng|la|dung;** der **Sprengstoff;** der **Spreng|stoff|an|schlag;** die **Spren|gung**

die **Spreu**

das **Sprich|wort;** die Sprich|wör|ter; **sprichwört|lich**

sprie|ßen; das Korn sprießt; das Korn spross; das Korn ist gesprossen

der **Spring|brun|nen; sprin|gen;** du springst; er springt; er sprang; er ist gesprungen; spring[e]!; der **Sprin|ger;** die **Sprin|ge|rin;** die Springerinnen; die **Spring|flut; spring|le|ben|dig;** das **Spring|rei|ten**

der **Sprink|ler** (Berieselungsgerät); des Sprinklers; die Sprinkler; die **Sprink|leran|la|ge**

der **Sprint** (Kurzstreckenlauf; Spurt); des Sprints; die Sprints; **sprin|ten;** du sprintest; er ist über den Hof gesprintet; der **Sprin|ter** (Kurzstreckenläufer); die **Sprinte|rin;** die Sprinterinnen

der **Sprit** (*umgangssprachlich für:* Treibstoff); die Spri|te

die **Sprit|ze; sprit|zen;** du spritzt; er spritzte; er hat die Bäume gespritzt; spritz[e] die Bäume!; der **Sprit|zer; sprit|zig;** die **Spritz|tour** (*umgangssprachlich für:* kurzer Ausflug)

spröd *oder* **sprö|de;** am sprö|des|ten

der **Spross** (Nachkomme; Pflanzentrieb); des Spros|ses; die Spros|se; **spros|sen;** es sprosst; es sprosste; es hat gesprosst; der **Sprössl|ing**

die **Spros|se** (Querholz der Leiter); die Sprossen; die **Spros|sen|wand** (ein Turngerät)

die **Sprot|te;** Kieler Sprotten

der **Spruch;** die Sprü|che; **spruch|reif**

der **Spru|del;** die Sprudel; **spru|deln;** das Wasser sprudelt; das Wasser sprudelte; das Wasser hat gesprudelt

die **Sprüh|do|se; sprü|hen;** du sprühst; sie sprüht; sie sprühte; sie hat vor Lebenslust gesprüht; die Funken sind nach allen Seiten gesprüht; der **Sprüh|re|gen**

der **Sprung;** die Sprün|ge; das **Sprung|bein** (*Sport:* Bein, mit dem der Springer abspringt); **sprung|be|reit;** das **Sprungbrett;** die **Sprung|gru|be; sprung|haft;** die **Sprung|schan|ze;** das **Sprung|tuch** (ein Rettungsgerät); die Sprung|tü|cher; der **Sprung|turm**

die **Spu|cke; spu|cken;** du spuckst; er spuckte; sie hat auf den Boden gespuckt; spuck[e] nicht!; der **Spuck|napf**

der **Spuk** (Gespenst; geisterhaftes Treiben); des Spuks; **spu|ken;** in der Burg spukt es; in der Burg hat es gespukt; die **Spuk|ge-schich|te**

die **Spu|le; spu|len;** du spulst; er spulte; er hat das Garn gespult; spul[e] das Garn!

das **Spül|be|cken;** die **Spü|le; spü|len;** du spülst; er spült; er spülte; er hat das Geschirr gespült; spül[e]!; die **Spül|ma|schi-ne;** das **Spül|mit|tel;** die **Spü|lung;** das **Spül|was|ser**

der **Spund** (Fassverschluss); die Spün|de; der **Spund** (*umgangssprachlich für:* junger Kerl); die Spun|de; das **Spund|loch**

die **Spur; spu|ren** (*umgangssprachlich für:* sich fügen); du spurst; er spurte; er hat gespurt; spur[e] endlich!; die **Spu|ren|si-che|rung; spur|los;** spurlos verschwinden **spür|bar; spü|ren;** du spürst; sie spürte; sie hat den Schlag gespürt; der **Spür-hund;** der **Spür|sinn**

der **Spurt;** die Spurts; **spur|ten;** du spurtest; sie ist gespurtet; spurte!

sich **spu|ten;** du sputest dich; er sputete sich; er hat sich gesputet; spute dich!

der **Sput|nik** (erster russischer Erdsatellit); des Sputniks; die Sputniks

das **Squash** [skvɔʃ] (ein Ballspiel); des Squash

Sri Lan|ka (Inselstaat im Indischen Ozean); der **Sri-Lan|ker**, *auch:* **Sri Lan|ker**; die **Sri-Lan|ke|rin**, *auch:* **Sri Lan|ke|rin**; die Sri-Lankerinnen, *auch:* Sri Lankerinnen; **sri-lan|kisch**

St. = Sankt; Stück; Stunde

der **Staat;** von Staats wegen; Staat machen (prunken); **staa|tenlos; staat|lich;** die **Staats|an|ge|hö|rig|keit;** der **Staats|an-walt;** die **Staats|an|wäl|tin;** die Staatsanwältinnen; der **Staats|bür|ger;** die **Staats|bür|ge|rin;** die Staatsbürgerinnen; die **Staats|bür|ger|schaft;** der **Staats|dienst; staats|feind|lich;** der **Staats|mann;** die Staats|män|ner; der **Staats|prä|si|dent;** die **Staats|prä|si|den-tin**

der **Stab;** das **Stäb|chen;** der **Stab|hoch-sprung**

sta|bil (beständig; haltbar; fest); **sta|bi|li-sie|ren** (stabil machen; standfest machen); du stabilisierst; er stabilisierte; er hat die Währung stabilisiert; die **Sta|bi-li|tät** (Dauerhaftigkeit; Standfestigkeit)

der **Sta|chel;** die Stacheln; die **Sta|chel|bee-re;** der **Sta|chel|draht;** der **Sta|chel|draht-zaun; sta|che|lig** *oder* **stach|lig;** das **Sta-chel|schwein**

das **Sta|di|on** (Kampfbahn, Sportfeld); die Sta|di|en; die **Sta|di|on|an|sa|ge;** der **Sta-di|on|spre|cher**

das **Sta|di|um** (Abschnitt, Entwicklungsstufe); die Sta|di|en

die **Stadt; stadt|be|kannt;** die **Stadt|bi|b|li|o-thek;** der **Städ|ter;** die **Städ|te|rin;** die Städterinnen; **städ|tisch;** der **Stadt|plan;** der **Stadt|rand;** die **Stadt|rand|sied|lung;** der **Stadt|rat;** die **Stadt|rä|tin;** die Stadträtinnen; der **Stadt|teil;** das **Stadt|tor;** der **Stadt|ver|ord|ne|te;** ein Stadtverordneter; die Stadtverordneten; zwei Stadtverordnete; die **Stadt|ver|ord|ne|te;** eine Stadtverordnete; die **Stadt|ver|wal|tung;** die **Stadt|wer|ke** *Plural*

die **Sta|fet|te** (Staffellauf, auch die Läufer selbst); die Stafetten

die **Staf|fel;** die Staffeln; die **Staf|fe|lei;** der **Staf|fel|lauf; staf|feln;** du staffelst; er staffelte; er hat die Preise gestaffelt; staff[e]le die Abgaben!

die **Sta|g|na|ti|on** (Stockung, Stillstand); die Sta|g|na|ti|o|nen; **sta|g|nie|ren;** der Export stagniert; die Wirtschaft stagnierte seit einigen Jahren

der **Stahl;** die Stäh|le *oder (seltener:)* die Stahle; der **Stahl|be|ton; stäh|len;** du stählst; er stählte; er hat seinen Körper gestählt; stähl[e] deine Muskeln!; **stäh|lern; stahl-hart;** die **Stahl|plat|te**

stak|sen (mit steifen Schritten gehen); du stakst; sie stakste; sie ist durch das Laub gestakst; staks[e] nicht so!

der **Sta|lag|mit** (nach oben wachsender Tropfstein); des/dem/den Sta|lag|mi-ten; die Sta|lag|mi|ten; der **Sta|lak|tit** (nach unten wachsender Tropfstein); des/dem/den Sta|lak|ti|ten; die Sta|lak-ti|ten

der **Stall;** die Stäl|le; die **Stall|la|ter|ne**, *auch:* **Stall-La|ter|ne**; die **Stal|lung**

der **Stamm;** der **Stamm|baum;** das **Stamm-buch**

stam|meln; du stammelst; sie stammelte; sie hat eine Entschuldigung gestammelt; stamm[e]le nicht so!

stam|men; du stammst; sie stammt; sie stammte aus Frankfurt; die **Stamm|form; stäm|mig;** die **Stamm|kund|schaft;** die **Stamm|sil|be;** der **Stamm|tisch;** der **Stamm|va|ter**

stamp|fen; du stampfst; sie stampft; sie stampfte; sie hat zornig mit den Füßen gestampft; stampfe nicht mit den Füßen!; der **Stamp|fer**

der **Stand;** des Stand[e]s; die Stän|de; einen schweren Stand haben; jemanden in den Stand setzen[,] etwas zu tun. *In folgenden Fällen kann zusammen- oder auch getrennt geschrieben werden:* außerstande, *auch:* außer Stande sein; imstande, *auch:* im Stande sein; etwas instand, *auch:* in Stand halten; etwas instand, *auch:* in Stand setzen; etwas zustande, *auch:* zu Stande bringen; zustande, *auch:* zu Stande kommen

der **Stan|dard** (Maßstab, Richtschnur, Norm; Qualitäts- oder Leistungsniveau); die Standards; die **Stan|dard|aus|rüs|tung; stan|dar|di|sie|ren** (normen); du standardisierst; sie standardisierte; sie hat die Papierformate standardisiert; standardisiere die Formate!

die **Stan|dar|te** (Banner; Fahne)

das **Stand|bein** *(Sport);* das **Stand|bild**

das **Stand-by** [stɛnt'bai] (Form der [Flug]reise ohne feste Buchung; *EDV:* Bereitschaftsschaltung); des Stand-by[s]; die Stand-bys

das **Ständ|chen;** der **Stän|der;** das **Stan|des|amt; stan|des|amt|lich;** eine standesamtliche Trauung; der **Stan|des|be|am|te; stand|fest; stand|haft;** am stand|haf|testen; **stand|hal|ten;** du hältst stand; sie hielt stand; sie hat standgehalten; halte stand!; **stän|dig** (dauernd); der **Standort;** der **Stand|punkt**

die **Stan|ge;** der **Stän|gel** (Teil der Pflanze); die Stängel

stän|kern (*umgangssprachlich für:* dauernd nörgeln und damit für Unfrieden sorgen); du stänkerst; er stänkerte; er hat [gegen ihn] gestänkert; stänkere nicht!

das **Stan|ni|ol** (Zinn- oder Aluminiumfolie); die Stan|ni|ol|le; das **Stan|ni|ol|pa|pier**

stan|zen (mit einem Stempel ausschneiden); du stanzt; sie stanzte; sie hat das Blech gestanzt; die **Stanz|ma|schi|ne**

der **Sta|pel;** die Stapel; der **Sta|pel|lauf; stapeln;** du stapelst; sie stapelt; sie stapelte; sie hat die Bretter gestapelt; stap[e]le die Bretter!; **sta|pel|wei|se**

die **Stap|fe** *oder* der **Stap|fen** (Fußspur); die Stapfen; **stap|fen;** du stapfst; sie stapfte; sie ist durch den Schnee gestapft

der **Star** (Augenkrankheit); die Sta|re; der graue, grüne, schwarze Star

der **Star** (Vogel); die Sta|re

der **Star** (berühmter Künstler, berühmte Persönlichkeit); die Stars

stark; stär|ker; am stärks|ten; sie hat starke Nerven; stark erhitzt; er ist stark erkältet; das Auto wurde stark beschädigt; die **Stär|ke; stär|ken;** du stärkst; er stärkt; er stärkte; er hat seinen Glauben gestärkt; sich stärken; ich muss mich erst stärken; der **Stark|strom;** die **Stär|kung**

starr; die **Star|re; star|ren;** du starrst; sie starrt; sie starrte; sie hat aus dem Fenster gestarrt; starre nicht!; der **Starr|kopf;** der **Starr|sinn; starr|sin|nig**

der **Start;** die Starts *oder (selten:)* die Star|te; die **Start|bahn;** der **Start|block** *(Sport);* die Start|blö|cke; **star|ten;** du startest; sie startete; sie ist gestartet; starte sofort!; **start|klar;** das **Start|loch;** der **Start|schuss**

die, *selten:* der **Sta|si** (*umgangssprachlich kurz für:* Staatssicherheitsdienst in der DDR); die **Sta|si|ak|te**

die **Sta|tik** ([Lehre vom] Gleichgewicht der Kräfte bei ruhenden Körpern); der **Sta|ti|ker** (Fachmann für Statik)

die **Sta|ti|on; sta|ti|o|när** (an einen festen Ort, Aufenthalt gebunden); die stationäre Behandlung; er musste stationär behandelt werden (er musste im Krankenhaus bleiben); **sta|ti|o|nie|ren** (an einen bestimmten Ort bringen, stellen); du stationierst; er stationierte; man hat dort Raketen stationiert; der **Sta|ti|ons|arzt;** die **Sta|ti|ons|schwes|ter**

sta|tisch (ruhend, stillstehend)

der **Sta|tist** (stumme Person in einem Theaterstück); des/dem/den Sta|tis|ten; die Sta|tis|ten; die **Sta|tis|tin;** die Statistinnen

die **Sta|tis|tik** (zahlenmäßige Erfassung); die

Sta|tis|ti|ken; der **Sta|tis|ti|ker;** die **Sta|tis|ti|ke|rin;** die Statistikerinnen; **sta|tis|tisch;** statistische Erhebungen; ABER: das Statistische Bundesamt (in Wiesbaden)

das **Sta|tiv** (ein Ständer); die Sta|ti|ve

statt

Präposition mit Genitiv:
- statt meiner
- statt einer Erklärung
- sie konnte nicht kommen, stattdessen (dafür) schickte sie ihre Schwester

Konjunktion:
- statt mit Drohungen versucht er es mit Ermahnungen
- sie gab das Geld ihm statt mir

Vergleiche auch: statt

statt; an meiner statt; an Eides statt; an Kindes statt; **statt|des|sen** *vergleiche* **statt;** die **Stät|te; statt|fin|den;** es findet statt; es fand statt; es hat stattgefunden; **statt|haft;** der **Statt|hal|ter**

statt|lich

die **Sta|tue** (das Standbild); die Statuen

sta|tu|ie|ren (aufstellen; festsetzen; bestimmen); du statuierst; sie statuierte; die Regierung hat ein Exempel statuiert (hat ein warnendes Beispiel gegeben)

die **Sta|tur** (Gestalt, Wuchs); die Sta|tu|ren

der **Sta|tus** (Zustand; Vermögensstand); die Status ['ʃta:tu:s]

Der Plural von *Status* wird genauso geschrieben wie der Singular. Einen Unterschied gibt es lediglich in der Aussprache: Im Plural spricht man das *u* lang.

der **Sta|tus quo** (der gegenwärtige Zustand); des Status quo

das **Sta|tut** (Satzung); die Sta|tu|ten

der **Stau;** des Stau[e]s; die Staus, *auch:* Staue

der **Staub;** der **Staub|beu|tel; stau|ben;** es staubt; es staubte; es hat gestaubt; der **Staub|fa|den; staub|frei;** das **Staub|ge|fäß; stau|big; staub|sau|gen** *oder* **Staub sau|gen;** er staubsaugte *oder* er saugte Staub; er hat staubgesaugt *oder* er hat Staub gesaugt; der **Staub|sau|ger;** das **Staub|tuch**

die **Stau|chung**

der **Stau|damm**

die **Stau|de**

stau|en; sich stauen; der Verkehr staute sich; das Eis hat sich an der Brücke gestaut

stau|nen; du staunst; sie staunt; sie staunte; sie hat gestaunt; staune nur!; das **Stau|nen;** sie kommt aus dem Staunen nicht mehr heraus; **stau|nens|wert**

der **Stau|see;** die **Stau|stu|fe;** die **Stau|ung**

Std. = Stunde

das **Steak** [ste:k] (gebratene Fleischschnitte); des Steaks; die Steaks

das **Ste|a|rin** (Rohstoff für Kerzen)

ste|chen; du stichst; sie stach; sie hat ihn, *auch:* ihm ins Bein gestochen; stich ihn nicht!; die **Stech|mü|cke**

der **Steck|brief; steck|brief|lich**

die **Steck|do|se**

ste|cken

(sich irgendwo, in etwas befinden; dort festsitzen, befestigt sein)
- die Uhr steckte, *älter auch:* stak in der Tasche; sie hat in der Manteltasche gesteckt

Man schreibt »stecken« vom folgenden Verb immer getrennt:
- stecken bleiben; ich bleibe stecken; bleibe nicht stecken!
- der Nagel ist stecken geblieben; sie ist während des Vortrags mehrmals stecken geblieben
- stecken lassen; er ließ den Schlüssel stecken; er hat den Schlüssel stecken lassen, *seltener:* stecken gelassen

Vergleiche aber: stecken (etwas in etwas einfügen)

ste|cken (etwas in etwas einfügen; etwas festheften); du steckst; sie steckte; sie hat den Brief in den Kasten gesteckt; steck das Geld in die Tasche!

der **Ste|cken**

ste|cken blei|ben, ste|cken las|sen *vergleiche:* **ste|cken**

das **Ste|cken|pferd**

der **Ste|cker;** der **Steck|ling;** die **Steck|na|del**

der **Steg;** die Ste|ge

der **Steg|reif;** etwas aus dem Stegreif (unvorbereitet) hersagen

das **Steh|auf|männ|chen**

ste|hen
Beugung: – du stehst; sie steht; du stand[e]st; sie stand; sie hat (*süddeutsch und österreichisch:* ist) an der Tür gestanden – auf jemanden oder etwas stehen (*umgangssprachlich für:* eine besondere Vorliebe für jemanden oder etwas haben)
Groß schreibt man die Substantivierung: – er schläft im Stehen – sie brachte das Auto zum Stehen
Man schreibt »stehen« vom folgenden Verb immer getrennt: – stehen bleiben; du bleibst stehen; sie blieb stehen; die Uhr, der Fehler ist stehen geblieben; bleibe bei der Begrüßung stehen! – stehen lassen; du lässt ihn stehen; sie ließ ihn stehen; er hat ihn während des Vortrags stehen lassen; er den Schirm, die Suppe einfach stehen lassen

ste|hen blei|ben, ste|hen las|sen *vergleiche:* **ste|hen**

die **Steh|lam|pe;** die **Steh|lei|ter**

steh|len; du stiehlst; sie stiehlt; sie stahl; sie hat Geld gestohlen; stiehl nicht!

der **Steh|platz**

steif; ein steifer Hals; der Arm kann steif werden; die Sahne steif schlagen; sie hat die Ohren steif gehalten (*umgangssprachlich für:* sie hat sich nicht entmutigen lassen); du sollst das Bein steif halten; die **Steif|heit**

der **Steig;** die Stei|ge; der **Steig|bü|gel;** das **Steig|ei|sen; stei|gen;** du steigst; sie steigt; sie stieg; sie ist auf die Leiter gestiegen; steig[e] auf die Leiter!; die **Steigung**

stei|gern; du steigerst; sie steigert; sie steigerte; sie hat die Geschwindigkeit gesteigert; steigere deine Leistung!; die **Stei|ge|rung;** die **Stei|ge|rungs|stu|fe;** erste Steigerungsstufe (Komparativ); zweite Steigerungsstufe (Superlativ)

steil; der **Steil|hang;** die **Steil|küs|te**

der **Stein; stein|alt** (sehr alt); der **Stein|bock;** der **Stein|bruch;** die Stein|brü|che; **steinern** (aus Stein); das **Stein|gut; steinhart; stei|nig;** die **Stein|koh|le;** der **Steinmetz;** des/dem/den Stein|met|zen; die Stein|met|zen; die **Stein|met|zin;** die Steinmetzinnen; das **Stein|obst;** der **Stein|pilz; stein|reich;** der **Stein|schlag;** die **Stein|zeit;** der **Stein|zeit|mensch**

der **Steiß;** das **Steiß|bein**

die **Stel|le;** anstelle, *auch:* an Stelle von; zur Stelle sein; an erster, zweiter Stelle; **stellen;** du stellst; sie stellte; sie hat den Schrank in die Ecke gestellt; stelle die Milch in den Kühlschrank!; das **Stel|len|an|ge|bot;** das **Stel|len|ge|such; stel|len|wei|se;** der **Stel|len|wert;** die **Stel|lung;** zu etwas Stellung nehmen; die **Stel|lung|nah|me; stell|ver|tre|tend;** der **Stell|ver|tre|ter;** die **Stell|ver|tre|te|rin;** die Stellvertreterinnen; das **Stell|werk**

die **Stel|ze;** die Stelzen; **stel|zen;** du stelzt; sie stelzt; sie stelzte; sie ist durch den Garten gestelzt; die **Stelz|wur|zel**

das **Stemm|ei|sen; stem|men;** du stemmst; er stemmt; er stemmte; er hat gestemmt; stemme dieses Gewicht!; sich gegen etwas stemmen

der **Stem|pel;** die Stempel; **stem|peln;** du stempelst; sie stempelte; sie hat den Brief gestempelt; stemp[e]le den Brief!

der **Sten|gel,** *alte Schreibung für:* **Stän|gel;** *vergleiche dort*

die **Ste|no|gra|fie,** *auch:* **Ste|no|gra|phie; ste|no|gra|fie|ren,** *auch:* **ste|no|gra|phie|ren;** du stenografierst, *auch:* stenographierst; sie hat stenografiert, *auch:* stenographiert; die **Ste|no|ty|pis|tin;** die Stenotypistinnen

die **Stepp|de|cke; step|pen;** du steppst; sie steppt; sie steppte; sie hat den Rand gesteppt; steppe den Saum!

die **Step|pe** (baumlose, wasserarme Ebene)

ster|ben; du stirbst; sie starb; sie ist gestorben; **ster|bens|krank; sterb|lich**

die **Ste|re|o|an|la|ge; ste|re|o|phon,** *auch:* **ste|re|o|fon** (räumlich klingend); stereophone, *auch:* stereofone Tonwiedergabe

ste|re|o|typ (unveränderlich)

ste|ril (keimfrei; unfruchtbar); **ste|ri|li|sie|ren** (keimfrei machen); sie hat die Milch sterilisiert

der **Stern;** das **Stern|bild; stern|klar;** die **Stern|kun|de** (Astronomie); die **Stern|schnup|pe;** die **Stern|war|te;** das **Stern|zei|chen** (Tierkreiszeichen)

A B C D E F G H I J K L M N O P Q R S T U V W X Y Z

das **Ste|tho|s|kop** (Hörrohr des Arztes); des Stethoskops; die Ste|tho|s|ko|pe

ste|tig; die **Ste|tig|keit**; **stets**

die **Steu|er** (Abgabe); die Steuern; der **Steu|er|be|ra|ter**; die **Steu|er|be|ra|te|rin**; der **Steu|er|be|scheid**; die **Steu|er|er|hö|hung**; die **Steu|er|er|klä|rung**

das **Steu|er** (Lenkvorrichtung); die Steuer

das **Steu|er|bord** (die rechte Schiffsseite [von hinten gesehen]); die Steu|er|bor|de; der **Steu|er|knüp|pel** (im Flugzeug); der **Steu|er|mann**; die Steu|er|män|ner *oder* die Steu|er|leu|te; **steu|ern**; du steuerst; sie steuert; sie steuerte; sie hat falsch gesteuert; steuere das Schiff!

steu|er|pflich|tig; der **Steu|er|zah|ler**; die **Steu|er|zah|le|rin**; die Steuerzahlerinnen

das **Steu|er|rad**; das **Steu|er|ru|der**; die **Steu|e|rung**

der **Ste|ward** ['stju:ɐt] (Betreuer auf Schiffen und in Flugzeugen); die Stewards; die **Ste|war|dess** ['stju:ɐdɛs]; die Ste|war|des|sen

sti|bit|zen (*umgangssprachlich für:* entwenden); du stibitzt; sie hat drei Kekse stibitzt

der **Stich**; er hat ihn im Stich gelassen; der **Sti|chel** (ein Werkzeug); die Stichel; die **Sti|che|lei** (*auch für:* Neckerei; Boshaftigkeiten); **sti|cheln** (*auch für:* boshafte Bemerkungen machen); du stichelst; sie stichelt; sie stichelte; sie hat gestichelt; stich[e]le nicht!; die **Stich|flam|me**; **stich|hal|tig**; der **Stich|ling** (ein Fisch); die **Stich|pro|be**; die **Stich|wahl**; das **Stich|wort**; die Stich|wör|ter (Wörter, die in einem Nachschlagebuch behandelt werden) *oder* die Stich|wor|te (kurze Notizen; Einsatzwort für den Auftritt); ↑Wort; **stich|wort|ar|tig**

sti|cken; du stickst; sie stickt; sie stickte; sie hat eine Decke gestickt; sticke eine schöne Decke!; die **Sti|cke|rei**

der **Sti|cker** ['ʃtɪkɐ *oder* 'stɪkɐ] (Aufkleber); des Stickers; die Sticker; das **Sti|cker|al|bum**; die Stickeralben

sti|ckig; stickige Luft

der **Stick|stoff**; **stick|stoff|frei**; **stick|stoff|hal|tig**

der **Stief|bru|der**

der **Stie|fel**; die Stiefel; **stie|feln**; du stiefelst; sie ist nach Hause gestiefelt

die **Stief|el|tern** *Plural;* das **Stief|kind**; die **Stief|mut|ter**; das **Stief|müt|ter|chen** (eine Blume); **stief|müt|ter|lich**; jemanden oder etwas stiefmütterlich behandeln (schlecht behandeln); die **Stief|schwes|ter**; der **Stief|va|ter**

die **Stie|ge**

der **Stieg|litz** (ein Vogel)

der **Stiel**; die Stie|le; mit Stumpf und Stiel

Nicht verwechseln: Obwohl beide Wörter gleich ausgesprochen werden, schreibt man den Stiel zum Anfassen mit *ie* (Besen*stiel*, Rosen*stiel*), die charakteristische Ausdrucks- oder Gestaltungsweise hingegen nur mit *i* (flüssiger *Stil*, gotischer *Stil*).

der **Stier**; **stier|na|ckig**

der **Stift** (Nagel; Bleistift); die Stif|te; der **Stift** (*umgangssprachlich für:* halbwüchsiger Junge, Lehrling); die Stif|te

das **Stift** (eine Anstalt, ein Altersheim); die Stif|te; **stif|ten**; du stiftest; sie stiftete; sie hat Geld für die Unfallopfer gestiftet; stifte Frieden!; die **Stif|tung**

der **Stil** (Ausdrucksform; Bauart; Schreibart); die Sti|le; ↑ABER: Stiel; die **Stil|blü|te** (ungeschickte sprachliche Formulierung, die komisch wirkt); **sti|li|siert** (stark vereinfachend dargestellt); eine stilisierte Rose; **sti|lis|tisch**; **stil|los**

still

Kleinschreibung:
- das stille Örtchen (*umgangssprachlich für:* Toilette)
- eine stille Stunde

Großschreibung:
- im Stillen (unbemerkt)
- der Stille Ozean

Man schreibt »still« vom folgenden Verb getrennt, wenn es sinnvoll – wenigstens durch »sehr« oder »ganz« – erweitert oder gesteigert werden kann:
- still sein, still werden, still sitzen
- du sollst die Lampe [ganz] still halten
- das Kind hat still gelegen
- nun bleib doch endlich still stehen!

Vergleiche aber: stilllegen, stillliegen, stillhalten, stillschweigen, stillstehen

die **Stil|le;** in aller Stille; in der Stille; **stil|len;** du stillst; sie stillt; sie stillte; sie hat ihr Kind gestillt; still[e] das Kind!; **still|hal|ten** (erdulden, ertragen); du hältst still; er hält still; er hielt still; er hat stillgehalten; halt[e] still!; das **Still|le|ben,** *auch:* **Still-Le|ben** (*Malerei:* die Darstellung lebloser Gegenstände); **still|le|gen** (außer Betrieb setzen); du legst still; er legt still; er legte still; er hat die Fabrik stillgelegt; lege die Fabrik still!; **still|lie|gen** (außer Betrieb sein); die Fabrik liegt still; sie hat lange stillgelegen; **still|schwei|gen;** du schweigst still; sie schweigt still; sie schwieg still; sie hat stillgeschwiegen; schweig[e] still!; **still|schwei|gend;** der **Still|stand; still|ste|hen** (aufhören); sein Herz steht still; sein Herz stand still; sein Herz hat stillgestanden; **still|ver|gnügt**

stil|voll; eine stilvoll eingerichtete Wohnung

das **Stimm|band** (im Kehlkopf); die Stimmbän|der *meist Plural;* **stimm|be|rech|tigt;** der **Stimm|bruch;** die **Stim|me; stim|men;** diese Rechnung stimmt; er stimmte die Geige; das stimmte ihn fröhlich; sie hat für/gegen den Kandidaten gestimmt; die **Stimm|ga|bel;** die **Stimm|la|ge** (z. B. Sopran, Tenor); **stimm|lich; stimm|haft; stimm|los;** das **Stimm|recht;** die **Stimmung;** der **Stimm|zet|tel**

sti|mu|lie|ren (anregen); der Erfolg hat ihn stimuliert

stin|ken; du stinkst; der Käse stinkt; er stank; er hat gestunken; der **Stin|ke|finger** (*umgangssprachlich:* eine obszöne Geste); **stink|faul** (*umgangssprachlich für:* sehr faul); **stin|kig;** stinkige Abgase; warum bist du denn so stinkig (verärgert)?; **stink|lang|wei|lig** (*umgangssprachlich für:* sehr langweilig); das **Stink|tier**

der **Sti|pen|di|at** (jemand, der ein Stipendium erhält); die Sti|pen|di|a|ten; die **Sti|pen|di|a|tin;** die Stipendiatinnen; das **Sti|pen|di|um** (Stiftung, Geldbeihilfe); die Sti|pen|di|en

stip|pen (*umgangssprachlich für:* tupfen; tunken); du stippst; er stippte; er hat den Zwieback in die Milch gestippt

die **Stirn**

stö|bern (*umgangssprachlich für:* [wühlend herum]suchen); du stöberst; sie stöbert; er stöberte; sie hat auf dem Dachboden gestöbert; stöber[e] nicht in meiner Schublade!

sto|chern; du stocherst; er stocherte; er hat im Ofen gestochert

der **Stock;** über Stock und Stein

der **Stock** (das Stockwerk); das Haus hat zwei Stock; es ist zwei Stock hoch

stock|dun|kel

sto|cken; der Verkehr stockt; der Verkehr hat gestockt

stock|fins|ter

Stock|holm (Hauptstadt Schwedens)

die **Sto|ckung**

das **Stock|werk**

der **Stoff;** die **Stoff|far|be,** *auch:* **Stoff-Far|be;** der **Stoff|fet|zen,** *auch:* **Stoff-Fet|zen; stoff|lich;** der **Stoff|wech|sel;** die **Stoff|wech|sel|krank|heit**

stöh|nen; du stöhnst; der Verletzte stöhnt; er stöhnte; er hat laut gestöhnt; stöhn[e] nicht ständig!; sie hört ein leises Stöhnen

die **Sto|la** (ein Umhang); die Stolen

die **Stol|le** *oder* der **Stol|len** (ein Weihnachtsgebäck); die Stollen; der **Stol|len** (Zapfen an Hufeisen und an Schuhen; waagerechter Grubenbau); die Stollen

stol|pern; du stolperst; sie stolpert; sie stolperte; sie ist über die Türschwelle gestolpert; stolper[e] nicht!

stolz; stol|zer; am stol|zes|ten; der **Stolz; stol|zie|ren** (stolz einherschreiten); du stolzierst; sie ist über den Marktplatz stolziert; stolzier[e] nicht so daher!

stop! (*auf Verkehrsschildern:* halt!)

stop|fen; du stopfst; er stopft; er stopfte; er hat die Strümpfe gestopft; stopf[e] die Strümpfe!; der **Stop|fen** (Stöpsel); das **Stopf|garn**

stopp! (halt!); der **Stopp** (der Halt, die Unterbrechung); die Stopps

die **Stop|pel;** die Stoppeln; das **Stop|pel|feld; stop|pe|lig,** *auch:* **stopp|lig**

stop|pen; du stoppst; sie stoppte; sie hat plötzlich gestoppt; stopp[e] die Maschine!; das **Stopp|licht;** das **Stopp|schild;** die **Stopp|stra|ße;** die **Stopp|uhr**

der **Stöp|sel;** die Stöpsel

der **Storch;** die Stör|che; das **Stor|chen|nest,** *auch:* das **Storch|nest;** der **Storch|schna|bel** (eine Pflanze) der **Store** [ʃtoːɐ̯ *oder* stoːɐ̯] (Vorhang); die Stores

stö|ren; du störst; er stört; er störte; er hat den Unterricht gestört; stör[e] nicht!; **stö|rend;** störende Zwischenrufe; der **Stö|ren|fried;** der **Stör|fall** (in einem Kernkraftwerk)

stör|risch, *seltener auch:* **stör|rig**

die **Stö|rung; stö|rungs|frei**

die **Sto|ry** [ˈstɔri] ([Kurz]geschichte); die Storys

der **Stoß; sto|ßen;** du stößt; sie stößt; sie stieß; sie hat ihn gestoßen; stoß[e] ihn nicht!; **stoß|fest;** der **Stoß|seuf|zer; stoß|si|cher;** eine stoßsichere Uhr; die **Stoß|stan|ge;** der **Stoß|ver|kehr** (sehr starker Verkehr zu einer bestimmten Tageszeit); des Stoßverkehrs; **stoß|wei|se;** der **Stoß|zahn;** die **Stoß|zeit** (Zeit des Stoßverkehrs; Zeit des Stoßbetriebs)

der **Stot|te|rer; stot|tern;** du stotterst; er stottert; er stotterte; er hat in seiner Jugend gestottert; er geriet ins Stottern; er kaufte das Fahrrad auf Stottern (auf Ratenzahlung)

Str. = Straße

das **Strac|cia|tel|la** [stratʃaˈtɛla] (Speiseeissorte aus Milchspeiseeis mit Schokoladenstückchen); des Stracciatella[s]

stracks (geradeaus; sofort)

die **Straf|an|stalt;** die **Straf|an|zei|ge;** die **Straf|ar|beit; straf|bar;** die **Stra|fe; stra|fen;** du strafst; sie straft; sie strafte; sie hat ihn mit Verachtung gestraft; straf[e] ihn!; **straf|fäl|lig;** straffällig werden

straff; straf|fen; du straffst; er straffte; er hat die Leine gestrafft; straff[e] deine Erzählung!

straf|frei; der *und* die **Straf|ge|fan|ge|ne** ↑Gefangene; **sträf|lich;** sträflicher Leichtsinn; der **Sträf|ling;** der **Straf|pro|zess;** der **Straf|raum** *(Fußball);* der **Straf|stoß** *(Fußball, Hockey);* die **Straf|tat;** der **Straf|tä|ter;** die **Straf|tä|te|rin;** die Straftäterinnen; der **Straf|voll|zug**

der **Strahl;** die Strah|len; **strah|len;** du strahlst; er strahlt; er strahlte; seine Augen haben vor Begeisterung gestrahlt; die **Strah|lung**

die **Sträh|ne; sträh|nig**

stramm; ein Seil stramm ziehen; **stramm|ste|hen;** du stehst stramm; er steht stramm; er hat strammgestanden

stram|peln; du strampelst; sie hat gestrampelt; stramp[e]le nicht!

der **Strand;** die Strän|de; **stran|den;** das Schiff strandet; das Schiff strandete; das Schiff ist gestrandet

der **Strang;** die Strän|ge

die **Stra|pa|ze** ([große] Anstrengung); **stra|pa|zie|ren;** du strapazierst; sie strapazierte; sie hat unsere Geduld strapaziert; strapazier[e] unsere Geduld nicht länger!; sich strapazieren (sich abmühen); **stra|pa|zier|fä|hig**

die **Stra|ße;** die **Stra|ßen|bahn;** die **Stra|ßen|bahn|hal|te|stel|le;** das **Stra|ßen|fest;** der **Stra|ßen|lärm;** die **Stra|ßen|sei|te;** der **Stra|ßen|ver|kehr**

die **Stra|te|gie** (Art des Vorgehens, geplante Verfahrensweise); **stra|te|gisch**

sich **sträu|ben;** du sträubst dich; er hat sich gesträubt; da hilft kein Sträuben

der **Strauch;** die Sträucher

strau|cheln; du strauchelst; er strauchelte; er ist gestrauchelt

der **Strauß** (Blumengebinde); die Sträu|ße

der **Strauß** (ein Vogel); die Strau|ße; die Vogel-Strauß-Politik; die **Strau|ßen|feder**

die **Stre|be** (schräge Stütze); **stre|ben;** du strebst; sie strebt; sie strebte; sie hat nach Höherem gestrebt; strebe danach!; der **Stre|ber; stre|ber|haft;** die **Stre|be|rin;** die Streberinnen; **streb|sam**

die **Stre|cke;** Wild zur Strecke bringen; **stre|cken;** du streckst; er streckt; er streckte; er hat die Glieder gestreckt; sich strecken; er hat sich gestreckt; **stre|cken|wei|se;** der **Streck|mus|kel**

die **Street|work** [ˈstriːtvøːɐ̯k] (Hilfe für Drogenabhängige oder Straffällige innerhalb ihres Wohnbereiches); der Streetwork; der **Street|wor|ker** (jemand, der Streetwork durchführt); die **Street|wor|ke|rin;** die Streetworkerinnen

der **Streich**

strei|cheln; du streichelst den Hund; er streichelt ihn; er streichelte ihn; er hat ihn gestreichelt; streich[e]le ihn!

strei|chen; du streichst; sie strich; sie hat die Wände gestrichen; streich[e] die Wände!; das **Streich|holz;** die **Streich-**

holz|schach|tel; das **Streich|in|s|t|ru|ment;** das **Streich|quar|tett**

die **Strei|fe** (polizeilicher Kontrollgang); **strei|fen;** du streifst; er streift; er streifte; er ist durch Feld und Wald gestreift; die Kugel hat nur seinen Arm gestreift; der **Strei|fen;** der **Strei|fen|wa|gen** (für Polizeistreifen); der **Streif|schuss**

der **Streik** (Arbeitsniederlegung); die Streiks; **strei|ken;** du streikst; sie streikt; sie streikte; sie hat gestreikt; streike!

der **Streit;** die Strei|te; **strei|ten;** du streitest; er streitet; er stritt; er hat gestritten; streite nicht!; der **Streit|fall;** die **Streit|fra|ge; strei|tig;** die **Streit|kräf|te** *Plural;* die **Streit|sa|che; streit|süch|tig**

streng; auf das, aufs Strengste, *auch:* strengste; jemanden streng bestrafen, beurteilen; sie ist sehr streng; streng nehmen (genau nehmen); du nimmst es streng; er hat es streng genommen; streng genommen ist er ein Betrüger; die **Stren|ge; strengs|tens;** Abschreiben ist strengstens verboten

der **Stress** (starke körperliche und psychische Belastung, Überbeanspruchung); des Stres|ses; die Stres|se; **stressen;** die Arbeit stresst ihn; sie hat ihn gestresst; **stres|sig** (*umgangssprachlich für:* aufreibend, sehr anstrengend)

das **Stret|ching** [ˈstrɛtʃɪŋ] (aus Dehnungsübungen bestehende Form der Gymnastik); des Stretchings

streu|en; du streust; sie streut; sie streute; sie hat Sand gestreut; streu[e] Sand!

streu|nen; der Hund ist über die Felder gestreunt

der **Streu|sel|ku|chen**

der **Strich; stri|cheln;** ich strich[e]le; eine gestrichelte Linie; der **Strich|punkt; strichwei|se**

der **Strick; stri|cken;** du strickst; sie strickt; sie strickte; sie hat gestrickt; strick[e] einen Pullover!; die **Strick|ja|cke;** die **Strick|lei|ter;** die **Strick|na|del;** die Stricknadeln

der **Strie|gel;** die Striegel; **strie|geln;** du striegelst; er hat das Pferd gestriegelt

der **Strie|men**

strikt; ein striktes (strenges) Verbot

die **Strip|pe** (*landschaftlich für:* Schnur)

strit|tig

das **Stroh;** des Stroh[e]s; das **Stroh|dach; stroh|dumm** (sehr dumm); der **Strohhalm;** der **Stroh|hut; stro|hig;** strohiges Haar

der **Strolch;** des Strolch[e]s; die Strol|che; **strol|chen;** du strolchst; er strolchte; er ist durch die Straßen gestrolcht

der **Strom;** des Strom[e]s; die Strö|me; es regnet in Strömen; ein Strom führendes Kabel; **strom|ab|wärts;** das Schiff fährt stromabwärts; **strom|auf|wärts;** der **Strom|aus|fall; strö|men;** die Menge strömte; die Menge ist aus dem Kino geströmt

der **Stro|mer** (*umgangssprachlich für:* Landstreicher, Herumtreiber); des Stromers; die Stromer; **stro|mern;** du stromerst; er stromerte; er ist durch den Wald gestromert

strom|li|ni|en|för|mig; ein stromlinienförmiges Fahrzeug; die **Strom|schnel|le;** die **Strö|mung**

die **Stro|phe**

strot|zen; du strotzt; sie strotzte; sie hat vor Gesundheit gestrotzt

strub|be|lig *oder* **strubb|lig;** strubb[e]lige Haare

der **Stru|del;** des Strudels; die Strudel; **strudeln;** das Wasser strudelt; es hat gestrudelt

die **Struk|tur** ([Auf]bau; innere Gliederung); die Struk|tu|ren; **struk|tu|rell** (die Struktur betreffend); strukturelle Unterschiede; **struk|tu|rie|ren** (gliedern); ich strukturiere; du strukturierst; er strukturierte; er hat seine Rede neu strukturiert

der **Strumpf;** des Strumpf[e]s; die Strümp|fe; die **Strumpf|ho|se**

der **Strunk** (als Rest übrig gebliebener Pflanzenstiel oder Baumstumpf); des Strunk[e]s; die Strün|ke

strup|pig; ein struppiger Bart

der **Struw|wel|pe|ter** (Gestalt aus einem Kinderbuch); des Struwwelpeters

die **Stu|be;** der **Stu|ben|ar|rest;** die **Stu|ben|flie|ge;** der **Stu|ben|ho|cker; stu|ben|rein;** ein stubenreiner Hund

der **Stuck** (Wand-, Deckenornamente aus Gips); des Stuck[e]s; die **Stuck|de|cke**

das **Stück;** des Stück[e]s; die Stü|cke; *Verkleinerungsform:* das Stückchen; ABER: 5 Stück Zucker

der **Stu|cka|teur** [ʃtʊka'tøːɐ̯] (Stuckarbeiter; Stuckkünstler); des Stuckateurs; die Stu|cka|teu|re

das **Stück|chen** ↑Stück; **stü|ckeln** (aus kleinen Stücken zusammensetzen); ich stück[e]le; du stückelst; sie stückelte; sie hat das Mantelfutter gestückelt; **stück|wei|se;** die **Stück|zahl**

der **Stu|dent;** des/dem/den Stu|den|ten; die Stu|den|ten; die **Stu|den|tin;** die Studentinnen; die **Stu|die** (Entwurf, Vorarbeit; wissenschaftliche Einzeluntersuchung); die Stu|di|en; **stu|die|ren;** du studierst; er studierte; er hat Physik studiert; studier[e] in Bamberg!; Probieren, *auch:* probieren geht über Studieren, *auch:* studieren

das **Stu|dio** (Atelier; Aufnahmeraum beim Film und Rundfunk); des Studios; die Studios

das **Stu|di|um;** des Studiums; die Stu|di|en

die **Stu|fe;** der **Stu|fen|bar|ren** *(Turnen);* das **Stu|fen|heck; stu|fen|wei|se**

der **Stuhl;** des Stuhl[e]s; die Stüh|le; der elektrische Stuhl; ABER: der Heilige (Päpstliche) Stuhl; das **Stuhl|bein;** der **Stuhl|gang**

der **Stuk|ka|teur,** *alte Schreibung für:* **Stu|cka|teur;** *vergleiche dort*

die **Stul|le** (*norddeutsch für:* Brotschnitte)

stül|pen; ich stülpe; du stülpst; er stülpte; er hat den Kaffeewärmer über die Kanne gestülpt; der **Stul|pen|stie|fel**

stumm; stumm sein; stumm werden; der **Stum|me;** des/dem/den Stummen; die Stummen; die **Stum|me;** eine Stumme

der **Stum|mel;** des Stummels; die Stummel

der **Stüm|per** (*abwertend für:* Nichtskönner); des Stümpers; die Stümper; die **Stüm|pe|rei; stüm|per|haft;** stümperhafte Fehler

stumpf; ein stumpfes Messer; der **Stumpf;** des Stumpf[e]s; die Stümp|fe; etwas mit Stumpf und Stiel (restlos) ausrotten; der **Stumpf|sinn; stumpf|sin|nig; stumpf|win|ke|lig** *oder* **stumpf|wink|lig;** ein stumpfwink[e]liges Dreieck

die **Stun|de;** eine halbe Stunde; eine viertel Stunde *oder* eine Viertelstunde; in drei viertel Stunden *oder* in drei Viertelstunden; ABER NUR: in einer Dreiviertelstunde; in anderthalb Stunden; ich habe zwei Stunden lang telefoniert; ABER: ich habe stundenlang telefoniert; die Stunde null; der **Stun|den|ki|lo|me|ter** (Kilometer je Stunde; *Abkürzung:* km/h); **stun|den|lang;** stundenlang lesen; ABER: eine Stunde lang lesen; der **Stun|den|lohn;** der **Stun|den|plan; stünd|lich** (jede Stunde); der Zug fährt stündlich

der **Stunk** (*umgangssprachlich für:* Streit, Ärger; Nörgelei); des Stunks; Stunk machen

der **Stunt|man** ['stantmɛn] (Double für gefährliche akrobatische [Film]szenen); des Stuntmans; die Stuntmen

stu|pid *oder* **stu|pi|de** (dumm, stumpfsinnig); am stu|pi|des|ten

stup|sen; du stupst; er stupste; er hat ihn gestupst; stups[e] ihn nicht!; die **Stups|na|se**

stur; die **Stur|heit**

der **Sturm;** des Sturm[e]s; die Stür|me; **stür|men;** es stürmt; es stürmte; es hat kräftig gestürmt; die Zuschauer haben die Bühne gestürmt; die Kinder sind aus dem Haus gestürmt; der **Stür|mer** *(Sport);* des Stürmers; die Stürmer; die **Sturm|flut; stür|misch;** stürmisches Wetter

der **Sturz;** des Stur|zes; die Stür|ze; **stür|zen;** du stürzt; er stürzte; er ist auf der Treppe gestürzt; er hat den Präsidenten gestürzt ([gewaltsam] aus seinem Amt entfernt); der **Sturz|flug;** der **Sturz|helm**

der **Stuss** (*umgangssprachlich für:* Unsinn); des Stus|ses; Stuss reden

die **Stu|te**

der **Stu|ten** (*landschaftlich für:* längliches Weißbrot); des Stutens; die Stuten

Stutt|gart (Hauptstadt von Baden-Württemberg)

der **Stütz** *(Turnen);* des Stüt|zes; die Stüt|ze; die **Stüt|ze; stüt|zen;** du stützt; sie stützte; sie hat ihn gestützt; stütz[e] ihn!; sich stützen; sie hat sich auf ihn gestützt

stut|zen (plötzlich erstaunt innehalten); ich stutze; du stutzt; er stutzte; er hat einen Augenblick lang gestutzt; der **Stutzen** (Jagdgewehr; Rohrstück; Wadenstrumpf); des Stutzens; die Stutzen; **stut|zig;** stutzig (misstrauisch) werden; das hat mich stutzig gemacht (Verdacht schöpfen lassen)

der **Stütz|pfei|ler;** der **Stütz|punkt;** militärische Stützpunkte

der **Style** [stai̯l] (*englische Bezeichnung für:*

Stil); des Styles; die Styles; **sty|len** (modern formen, gestalten; zurechtmachen); sie hat sich für den Abend gestylt; das **Sty|ling;** des Stylings; die Stylings

das **Sty|ro|por** (*Markenbezeichnung:* ein Kunststoff); des Styropors

s. u. = sieh[e] unten!

das **Sub|jekt** (Satzgegenstand; *Philosophie:* ein denkendes Wesen); des Subjekt[e]s; die Sub|jek|te; **sub|jek|tiv** (persönlich; einseitig); subjektive Ansichten; die **Sub|jek|ti|vi|tät**

der **Sub|kon|ti|nent** (geographisch geschlossener, relativ eigenständiger Teil eines Kontinents); der indische Subkontinent

die **Sub|kul|tur** (Kulturgruppe innerhalb eines übergeordneten Kulturbereichs)

die **Sub|s|k|rip|ti|on** (Vorausbestellung von später erscheinenden Büchern)

das **Sub|s|tan|tiv** (Hauptwort); des Substantivs; die Sub|s|tan|ti|ve; **sub|s|tan|ti|viert** (hauptwörtlich gebraucht); substantivierte Verben; die **Sub|s|tan|ti|vie|rung**

die **Sub|s|tanz** (Stoff; Wesen); die Sub|s|tanzen; **sub|s|tan|zi|ell,** *auch:* **sub|s|tan|ti|ell** (wesentlich); substanzielle, *auch:* substantielle Verbesserungen

die **Sub|s|ti|tu|ti|on** (Stellvertretung, Ersetzung)

das **Sub|s|t|rat** ([materielle] Grundlage; Substanz)

sub|su|mie|ren (ein-, unterordnen); ich subsumiere; du subsumierst; sie subsumierte; sie hat diesen Begriff einem anderen subsumiert

sub|til (fein; spitzfindig); eine subtile Unterscheidung

der **Sub|tra|hend** (abzuziehende Zahl); des/dem/den Sub|tra|hen|den; die Sub|tra|hen|den; **sub|tra|hie|ren** (abziehen); du subtrahierst; er subtrahierte; er hat die Zahlen subtrahiert; subtrahier[e] sieben von zwölf!; die **Sub|trak|ti|on**

die **Sub|tro|pen** (Übergangsgebiet zwischen Tropen und gemäßigter Klimazone) *Plural*

die **Sub|ven|ti|on** (Unterstützung aus öffentlichen Mitteln); **sub|ven|ti|o|nie|ren;** ich subventioniere; du subventionierst; er subventionierte; die Regierung hat die Landwirtschaft subventioniert

die **Su|che;** auf der Suche sein; auf die Suche gehen; **su|chen;** du suchst; er suchte; er hat gesucht; such[e] ihn!; die **Su|che|rei;** die **Such|ma|schi|ne** (*EDV:* Programm, mit dem im Internet gezielt Informationen gesucht werden können)

die **Sucht;** die Süch|te; die **Sucht|ge|fahr; süch|tig**

der **Sud** (Flüssigkeit, in der etwas gekocht wurde); des Sud[e]s; die Su|de

Süd (Himmelsrichtung); Menschen aus Nord und Süd; der Wind weht aus, von Süd; **Süd|a|f|ri|ka** (Staat in Afrika); der **Süd|a|f|ri|ka|ner;** die **Süd|a|f|ri|ka|ne|rin; süd|a|f|ri|ka|nisch;** die südafrikanische Bevölkerung; ABER: die Südafrikanische Union (*frühere Bezeichnung für:* die Republik Südafrika)

der **Su|dan** (Staat in Afrika); des Sudan[s]; der **Su|da|ne|se** *oder* **Su|da|ner;** des Sudanesen *oder* des Sudaners; die Sudanesen *oder* Sudaner; die **Su|da|ne|sin** *oder* **Su|da|ne|rin;** die Sudanesinnen *oder* Sudanerinnen; **su|da|ne|sisch** *oder* **su|da|nisch**

die **Su|de|lei** (*umgangssprachlich für:* Schmiererei; Schlamperei); **su|deln;** du sudelst; sie sudelte; das Kind hat beim Essen gesudelt; sud[e]le nicht beim Essen!

der **Sü|den;** des Südens; das Gewitter kommt aus Süden; gen (nach) Süden ziehen; **Süd|ko|rea** ↑Korea; **süd|län|disch; süd|lich;** südlich des Meeres; südlich von Berlin, *selten:* südlich Berlins; südlicher Breite; der südliche Sternenhimmel; ABER: das Südliche Kreuz (ein Sternbild); **Süd|ost** (Himmelsrichtung); der **Süd|os|ten;** der **Süd|pol;** die **Süd|see; südwärts;** südwärts fahren; **Süd|west** (Himmelsrichtung); der **Süd|wes|ten**

süf|fig (*umgangssprachlich für:* gut trinkbar); süffiger Wein

süf|fi|sant (selbstgefällig; spöttisch); eine süffisante Bemerkung

das **Suf|fix** (Nachsilbe); des Suf|fi|xes; die Suf|fi|xe

sug|ge|rie|ren (seelisch beeinflussen; einreden); ich suggeriere; du suggerierst; er suggerierte; er hat ihr Vorurteile suggeriert; die **Sug|ges|ti|on; sug|ges|tiv;** eine suggestive Frage (eine Frage, die eine bestimmte Antwort nahe legt)

die **Suh|le** (Lache; feuchte Bodenstelle); sich

suh|len (*Jägersprache:* sich in einer Suhle wälzen); das Schwein hat sich im Dreck gesuhlt

die **Süh|ne** (Buße); **süh|nen;** du sühnst; er sühnte; er hat sein Verbrechen mit dem Leben gesühnt; sühn[e] deine Untat!

die **Sui|te** ['svi:tə] (*Musik:* eine Folge von Tanzsätzen); die Suiten

der, *auch:* das **Su|i|zid** (Selbstmord); des Suizids; die Su|i|zi|de

suk|zes|siv (allmählich); ein sukzessiver Aufschwung

das **Sul|fat** (Salz der Schwefelsäure); des Sulfat[e]s; die Sul|fa|te; das **Sul|fid** (Salz der Schwefelwasserstoffsäure); des Sulfid[e]s; die Sul|fi|de; das **Sul|fit** (Salz der schwefligen Säure); des Sulfits; die Sulfi|te

das **Sul|ky** ['zʊlki, *auch:* 'zalki] (zweirädriger Wagen für Trabrennen); des Sulkys; die Sulkys

der **Sul|tan** (Titel islamischer Herrscher); des Sultans; die Sul|ta|ne

die **Sul|ta|ni|ne** (große, kernlose Rosine)

die **Sül|ze; sül|zen** (*umgangssprachlich für:* [herum]reden); du sülzt; er sülzte; er hat die ganze Zeit nur gesülzt

Su|ma|t|ra [*auch:* 'zu:matra] (indonesische Insel)

der **Sum|mand** (hinzuzuzählende Zahl); des/dem/den Sum|man|den; die Sum|man|den; **sum|ma|risch** (kurz zusammengefasst); ein summarischer Bericht; die **Sum|me**

sum|men; du summst; sie hat gesummt; summ[e] nicht!; der **Sum|mer**

sich **sum|mie|ren** (anwachsen); die Fehler summierten sich; die Fehler haben sich summiert; die **Sum|mie|rung**

der **Sumpf;** des Sumpf[e]s; die Sümp|fe; das **Sumpf|fie|ber** (Malaria); **sump|fig;** sumpfige Wiesen

der **Sun|blo|cker** ['san...] (Sonnenschutzmittel mit hohem Lichtschutzfaktor); des Sunblockers; die Sunblocker

der **Sund** (Meerenge); des Sund[e]s; die Sunde

die **Sün|de;** der **Sün|den|bock;** der **Sün|den|fall;** der **Sün|der;** des Sünders; die Sünder; die **Sün|de|rin;** die Sünderinnen; **sünd|haft;** das ist sündhaft teuer *(umgangssprachlich);* **sün|di|gen;** du sündigst; er sündigte; er hat gesündigt; sündige nicht mehr!

su|per (*umgangssprachlich für:* hervorragend, großartig); das war super, eine super Sache; er hat super gespielt; **su|per|fein;** ein superfeines Kleid

der **Su|per-G** [...dʒi:] (Superriesenslalom); des Super-G[s]; die Super-G[s]

der **Su|per|la|tiv** (zweite Steigerungsstufe, Höchststufe des Adjektivs, zum Beispiel: am schönsten); des Superlativs; die Su|per|la|ti|ve

der **Su|per|markt;** die Su|per|märk|te

der **Su|per|rie|sen|sla|lom**

die **Sup|pe;** das **Sup|pen|fleisch;** der **Sup|pen|löf|fel**

das **Surf|brett** ['zø:ɐ̯fbrɛt] (zum Segeln oder zum Wellenreiten); **sur|fen** (mit dem Surfbrett segeln; im Internet nach Informationen oder Unterhaltung suchen); du surfst; er surfte bei starkem Wind; er ist zum anderen Ufer gesurft; er hat an ihrem Rechner gesurft; der **Sur|fer;** des Surfers; die Surfer; die **Sur|fe|rin;** die Surferinnen; das **Sur|fing**

der **Su|ri|nam** (Fluss in Südamerika); des Surinam[s]; **Su|ri|na|me** [syri'na:mə] (Staat in Südamerika); der **Su|ri|na|mer;** des Surinamers; die Surinamer; die **Su|ri|na|me|rin;** die Surinamerinnen; **su|ri|na|misch**

der **Sur|re|a|lis|mus** (eine Kunst- und Literaturrichtung); des Surrealismus; **sur|re|a|lis|tisch;** surrealistische Werke

sur|ren; das Rad surrt; das Rad surrte; das Rad hat gesurrt

das **Sur|ro|gat** (Ersatz, Behelf); des Surrogat[e]s; die Sur|ro|ga|te

su|s|pekt (verdächtig); das war mir suspekt

sus|pen|die|ren (zeitweilig entlassen, aufheben); ich suspendiere; du suspendierst; er suspendierte; er hat ihn vom Dienst suspendiert; die **Sus|pen|die|rung**

süß; am sü|ßes|ten; die **Sü|ße; sü|ßen;** du süßt; sie süßte; sie hat den Kaffee gesüßt; süß[e] besser mit Honig!; die **Sü|ßig|keit; süß|lich;** ein süßlicher Geschmack; **süß|sau|er,** *auch:* **süß-sau|er;** süßsaure, *auch:* süß-saure Bonbons; die **Süß|spei|se;** das **Süß|was|ser**

die **Su|ta|ne** *oder* **Sou|ta|ne;** *vergleiche dort*

SV = Schülervertretung

das **Sweat|shirt** ['svɛtʃøːɐ̯t] (weit geschnittener Pullover); des Sweatshirts; die Sweatshirts

der **Swim|ming|pool** ['svɪmɪŋpuːl], *auch:* **Swim|ming-Pool** (Schwimmbecken); des Swimmingpools; die Swimmingpools

der **Swing** (ein Jazzstil); des Swing[s]; **swingen** (Swingmusik machen; zum Swing tanzen); ich swinge; du swingst; sie swingte; sie hat geswingt

Syd|ney ['sɪdnɪ] (Stadt in Australien)

Sylt (Insel in der Nordsee)

die **Sym|bi|o|se** (Zusammenleben ungleicher Lebewesen zu gegenseitigem Nutzen); **sym|bi|o|tisch;** symbiotische Beziehungen

das **Sym|bol** (Wahrzeichen, Sinnbild); des Symbols; die Sym|bo|le; **sym|bol|haft;** die **Sym|bo|lik; sym|bo|lisch;** eine symbolische Bedeutung; **sym|bo|li|sie|ren** (als Symbol darstellen); die Taube symbolisierte den Frieden; sie hat den Frieden symbolisiert

die **Sym|me|t|rie** (spiegelbildliche Gleichheit); die Sym|me|t|ri|en; die **Sym|me|t|rie|ach|se** *(Mathematik);* **sym|me|t|risch;** eine symmetrische Funktion *(Mathematik)*

die **Sym|pa|thie** ([Zu]neigung); die Sym|pa|thi|en; **sym|pa|thisch** (Sympathie erweckend); ein sympathischer Junge; **sym|pa|thi|sie|ren;** du sympathisierst; er sympathisierte; er hat mit diesem Plan sympathisiert

die **Sym|pho|nie** *vergleiche:* **Sin|fo|nie; sym|pho|nisch** *vergleiche:* **sin|fo|nisch**

das **Sym|po|si|on** *oder* **Sym|po|si|um** (wissenschaftliche Tagung); des Symposions *oder* Symposiums; die Sym|po|si|en

das **Sym|p|tom** (Anzeichen; Merkmal; Krankheitszeichen); des Symptoms; die Sym|p|to|me

die **Sy|n|a|go|ge** (jüdisches Gotteshaus); die Synagogen

syn|chron [zʏn'kroːn] (gleichzeitig, zeitgleich; gleichlaufend); synchrone Bewegungen; **syn|chro|ni|sie|ren** (synchron machen; mit einer unterlegten synchronen Sprachwiedergabe versehen); ich synchronisiere; du synchronisierst; sie synchronisierte; sie hat die amerikanische Schauspielerin synchronisiert

das **Syn|di|kat** (*Wirtschaft:* Verkaufsgemeinschaft; Verbrecherorganisation); des Syndikat[e]s; die Syn|di|ka|te

das **Syn|drom** (*Medizin:* Krankheitsbild); des Syndroms; die Syn|dro|me; depressives Syndrom

die **Syn|ko|pe** (*Musik:* Verschiebung der Betonung); die Synkopen

die **Sy|n|o|de** (Kirchenversammlung); die Synoden

sy|n|o|nym (sinnverwandt; bedeutungsgleich); synonyme Wörter; das **Sy|n|o|nym** (sinnverwandtes Wort); des Synonyms; die Sy|n|o|ny|me, *auch:* Sy|n|o|ny|ma

die **Sy|n|op|se** *oder* **Sy|n|op|sis** (knappe Zusammenfassung; vergleichende Übersicht); die Synopsen; **sy|n|op|tisch;** eine synoptische Darstellung

syn|tak|tisch (die Syntax betreffend); syntaktische Fehler; die **Syn|tax** ([Lehre vom] Satzbau)

die **Syn|the|se** (Zusammenfügung [einzelner Teile zu einem Ganzen]); die Synthesen

der **Syn|the|si|zer** ['zʏntəsaizɐ, *auch:* 'sɪnθɪsaizɐ] (Gerät, mit dem Klänge und Geräusche elektronisch erzeugt werden können); des Synthesizers; die Synthesizer

die **Syn|the|tics** [zʏn'teːtɪks] (*Sammelbezeichnung für:* Kunstfasern und -textilien) *Plural;* **syn|the|tisch** (zusammensetzend; *Chemie:* künstlich hergestellt); synthetische Fasern

die **Sy|phi|lis** (eine Geschlechtskrankheit)

der **Sy|rer;** des Syrers; die Syrer; die **Sy|re|rin;** die Syrerinnen; **Sy|ri|en** (Staat im Vorderen Orient); **sy|risch**

das **Sys|tem** (Gliederung; Aufbau; Ordnungsprinzip); des Systems; die Sys|teme; die **Sys|te|ma|tik** (planmäßige Darstellung); **sys|te|ma|tisch;** systematisches Vorgehen; **sys|te|ma|ti|sie|ren** (in ein System bringen); ich systematisiere; du systematisierst; sie systematisierte; sie hat die Verbflexion systematisiert; **sys|tem|los**

die **Sze|ne** (Bühne, Schauplatz; Abschnitt eines Bühnenwerks; Vorgang; charakteristischer gesellschaftlicher Bereich); die Szenen; der **Sze|nen|wech|sel; Sze|ne|rie**

(Bühnen-, Landschaftsbild); die Sze|ne-ri|en; eine romantische Szenerie; **sze-nisch** (bühnenmäßig); szenische Darstellung

T T

das **T** (Buchstabe); des T; die T; ABER: das t in Rate

t = Tonne

der **Ta|bak** [*auch:* 'ta:bak *oder* ta'bak]; des Tabaks; die Ta|ba|ke; die **Ta|baks|pfei|fe**

ta|bel|la|risch (in der Anordnung einer Tabelle); eine tabellarische Übersicht; die **Ta|bel|le** (Aufstellung, Verzeichnis); die Tabellen

das, *auch:* der **Ta|ber|na|kel** (Schrein zur Aufbewahrung des Abendmahls in katholischen Kirchen); des Tabernakels; die Tabernakel

das **Ta|b|lett** (Servierbrett); die Tabletts, *auch:* Ta|b|let|te

die **Ta|b|let|te** (Arzneimittel); die Tabletten

ta|bu (verboten, unantastbar); das ist tabu; das **Ta|bu** (gesellschaftliches Verbot; etwas, wovon man nicht sprechen darf); des Tabus; die Tabus; sein Alter ist für ihn ein Tabu

der **Ta|cho** (*kurz für:* Tachometer); des Tachos; die Tachos; der, *auch:* das **Ta|cho-me|ter** (Drehzahl-, Geschwindigkeitsmesser); des Tachometers; die Tachometer

das **Tack|ling** ['tɛklɪŋ] (Verteidigungstechnik im Fußball); des Tacklings; die Tacklings

der **Ta|del;** des Tadels; die Tadel; **ta|del|los;** tadellose Manieren; **ta|deln;** du tadelst; sie tadelte; die Lehrerin hat ihn getadelt; tad[e]le ihn nicht immer!

das **Tae|k|won|do** [tɛ'kvɔndo] (koreanische Variante des Karate); des Taekwondo

die **Ta|fel;** die Tafeln; **ta|feln** (*gehoben für:* speisen); ich taf[e]le; du tafelst; er tafelte; sie haben bei Kerzenlicht getafelt; das **Ta|fel|was|ser;** die Tafelwässer

tä|feln (mit Holz verkleiden); du täfelst; er täfelte; er hat das Zimmer getäfelt

der **Tag;** des Tag[e]s; die Ta|ge; am, bei Tage; heute in acht Tagen; vor vierzehn Tagen; Tag für Tag; Tag und Nacht; von Tag zu Tag; eines [schönen] Tag[e]s; im Laufe des heutigen Tag[e]s; den ganzen Tag; unter Tags (den Tag über); über Tag, unter Tage *(Bergmannssprache);* wir wollen nur Guten, *auch:* guten Tag sagen; zutage, *auch:* zu Tage bringen, kommen; ABER NUR: tags; tags darauf; tags zuvor; tagsüber; tagtäglich; tagelang; heutzutage; **tag|aus, tag|ein** (immer); der **Ta|ge|bau** (Bergbau über Tage); die Tagebaue; das **Ta|ge|buch; ta|ge|lang;** er hat tagelang gefastet; ABER: er hat mehrere, fünf Tage lang gefastet; **ta|gen** (eine Tagung, Sitzung abhalten); das Parlament tagte; das Gericht hat getagt; das **Ta|ges|licht;** bei Tageslicht; der **Ta|ges-licht|pro|jek|tor;** die **Ta|ges|zeit;** die **Ta-ges|zei|tung; täg|lich;** unser tägliches Brot; **tags;** ↑Tag; **tags|über; tag|täg|lich;** die **Tag|und|nacht|glei|che,** *auch:* **Tag-und-Nacht-Gleiche;** die **Ta|gung**

der **Tai|fun** (Wirbelsturm); des Taifuns; die Tai|fu|ne

die **Tai|ga** (sibirischer Waldgürtel)

die **Tail|le** ['taljə] (schmalste Stelle des Rumpfes; Gürtelweite); die Taillen

Tai|wan [*auch:* tai'va:n] (Inselstaat in Ostasien); der **Tai|wa|ner;** des Taiwaners; die Taiwaner; die **Tai|wa|ne|rin;** die Taiwanerinnen; **tai|wa|nisch**

der *oder* das **Take** [teɪk] (*Film, Fernsehen:* ohne Unterbrechung gefilmter Teil einer Szene; Kameraeinstellung); des Takes; die Takes

die **Ta|ke|la|ge** [takə'la:ʒə] (Segelausrüstung eines Schiffes); die Takelagen

das *oder* der **Take-off** ['teɪk|ɔf], *auch:* **Take|off** (Start eines Flugzeugs; Beginn); des Take-offs, *auch:* Takeoffs; die Take-offs, *auch:* Takeoffs

der **Takt** (Zeit-, Tonmaß; *nur im Singular auch für:* Feingefühl); des Takt[e]s; die Tak|te; Takt halten; ein paar Takte eines Liedes singen; das **Takt|ge|fühl**

tak|tie|ren (taktisch vorgehen); du taktierst; sie taktierte; der General hat geschickt taktiert; taktiere nicht länger!;

die **Tak|tik** (kluges, berechnendes Vorgehen; planmäßiges Ausnutzen einer Lage; *Militär:* Truppenführung); die Tak|tiken; der **Tak|ti|ker;** des Taktikers; die Taktiker; **tak|tisch;** taktische Überlegungen
takt|los; am takt|lo|ses|ten; die **Takt|losig|keit;** der **Takt|stock;** die Takt|stö|cke; der **Takt|strich; takt|voll;** taktvolles Benehmen
das **Tal;** des Tal[e]s; die Tä|ler
der **Ta|lar** (langes Amtsgewand von Geistlichen und Richtern); des Talars; die Ta|la|re
das **Ta|lent** (Begabung, Fähigkeit); des Talent[e]s; die Ta|len|te; **ta|len|tiert;** ein talentierter Musiker
der **Ta|ler** (ehemalige Münze); des Talers; die Taler
der **Talg** ([Rinder-, Hammel]fett); des Talg[e]s; die Tal|ge; die **Talg|drü|se**
der **Ta|lis|man** (glücksbringender Gegenstand); des Talismans; die Ta|lis|ma|ne
der **Talk** [tɔ:k] (*umgangssprachlich für:* Plauderei, [öffentliches] Gespräch); des Talks; die Talks; der **Talk|mas|ter** (Moderator einer Talkshow); des Talkmasters; die Talkmaster; die **Talk|show,** *auch:* **Talk-Show** (Unterhaltungssendung, in der bekannte Persönlichkeiten interviewt werden); die Talkshows, *auch:* Talk-Shows
die **Tal|soh|le;** die **Tal|sper|re; tal|wärts;** talwärts fahren
der **Tam|bour** [tam'bu:ɐ̯] (*veraltend für:* Trommler); des Tambours; die Tambou|re; das **Tam|bu|rin** [*auch:* ...'ri:n] (kleine Hand-, Schellentrommel); des Tamburins; die Tam|bu|ri|ne
der **Tam|pon** (Watte-, Mullbausch); des Tampons; die Tampons
das **Tam|tam** (*umgangssprachlich für:* Lärm, aufdringliches Getue); des Tamtams
der **Tand** (wertloses Zeug); des Tand[e]s; die **Tän|de|lei** (das Tändeln); **tän|deln** (etwas nachlässig tun; trödeln); du tändelst; er tändelte; der Stürmer hat mit dem Ball getändelt; tänd[e]le nicht den ganzen Tag!
das **Tan|dem** (Fahrrad mit zwei Sitzen hintereinander); des Tandems; die Tandems
der **Tang** (Meeresalgen); des Tang[e]s; die Tan|ge
der **Tan|ga** (modischer Minibikini; sehr kurz geschnittene Unterhose); des Tangas; die Tangas
die **Tan|gen|te** (Gerade, die eine gekrümmte Linie in einem Punkt berührt); die Tangenten; **tan|gie|ren** ([innerlich] berühren; beeinflussen); das Problem tangierte mich nicht; die Gerade hat den Kreis tangiert
der **Tan|go** (ein Tanz); des Tangos; die Tangos
der **Tank;** des Tanks; die Tanks; **tan|ken;** du tankst; er tankte; er hat 10 Liter Benzin getankt; tanke für 20 Euro!; der **Tan|ker;** des Tankers; die Tanker; die **Tank|stel|le;** der **Tank|wa|gen;** der **Tank|wart;** des Tankwart[e]s; die Tank|war|te; die **Tankwar|tin;** die Tankwartinnen
die **Tan|ne;** der **Tan|nen|baum;** der **Tan|nenzap|fen**
Tan|sa|nia [*auch:* tan'za:ni̯a] (Staat in Afrika); der **Tan|sa|ni|er;** des Tansaniers; die Tansanier; die **Tan|sa|ni|e|rin;** die Tansanierinnen; **tan|sa|nisch**
die **Tan|te**
der **Tanz;** des Tan|zes; die Tän|ze; **tän|zeln;** ich tänz[e]le; du tänzelst; das Pferd tänzelte; das Pferd hat getänzelt; **tan|zen;** du tanzt; er tanzte; er hat einen Walzer getanzt; tanze auch einmal mit deiner Schwester!; der **Tän|zer;** des Tänzers; die Tänzer; die **Tän|ze|rin;** die Tänzerinnen
das, *auch:* der **Tape** [teɪp] (Magnet-, Tonband); des Tape; die Tapes; das **Tapedeck** (Kassettendeck [in einer Stereoanlage]); die Tapedecks
das **Ta|pet;** *nur noch in:* etwas aufs Tapet (*umgangssprachlich für:* zur Sprache) bringen
die **Ta|pe|te; ta|pe|zie|ren;** du tapezierst; sie tapezierte; sie hat das Zimmer tapeziert; tapeziere auch den Flur!; der **Ta|pe|zierer;** des Tapezierers; die Tapezierer; die **Ta|pe|zie|re|rin;** die Tapeziererinnen
tap|fer; das tapfere Schneiderlein (eine Märchenfigur); die **Tap|fer|keit**
das **Ta|pir** (Tier mit dichtem Fell und kurzem Rüssel); des Tapirs; die Ta|pi|re
tap|pen; du tappst; er tappte; er ist im Dunkeln durch das Zimmer getappt; er hat lange im Dunkeln getappt (er wusste lange nicht Bescheid); **täp|pisch** (unge-

schickt, unbeholfen); ein täppischer Bursche

die **Ta|ran|tel** (eine Spinne); die Taranteln

der **Ta|rif** (Lohn-, Preisstaffel; Gebührenordnung); des Tarifs; die Ta|ri|fe; **ta|rif|lich;** tarifliche Bestimmungen; der **Ta|rif|ver|trag**

tar|nen; du tarnst; er tarnte; er hat sein Versteck getarnt; tarne dich gut!; die **Tarn|kap|pe;** die **Tar|nung**

das *oder* der **Ta|rock** (ein Kartenspiel); des Tarocks; die Tarocks

die **Tar|tan|bahn** (Laufbahn mit wetterfestem Kunststoffbelag)

das **Tar|tu|fo** (mit Schokolade überzogene Halbkugel aus Speiseeis); des Tartufos; die Tartufos

[der] **Tar|zan** (Dschungelheld in Büchern, Filmen und Comics)

die **Ta|sche;** das **Ta|schen|buch;** der **Ta|schen|dieb;** das **Ta|schen|geld;** die **Ta|schen|lam|pe;** der **Ta|schen|rech|ner;** das **Ta|schen|tuch**

die **Tas|se**

die **Tas|ta|tur;** die Tas|ta|tu|ren; die **Tas|te;** **tas|ten;** du tastest; er tastete; er hat vorsichtig nach ihrer Hand getastet; sich tasten; er hat sich durch den dunklen Gang getastet; der **Tast|sinn**

die **Tat;** die Ta|ten; eine gute Tat; in der Tat; er wurde auf frischer Tat ertappt; der **Tat|be|stand;** der **Ta|ten|drang; ta|ten|los;** sie hat tatenlos zugesehen; der **Tä|ter;** des Täters; die Täter; die **Tä|te|rin;** die Täterinnen; **tä|tig** (beschäftigt; aktiv); [als Lehrer] tätig sein; die Polizei ist in dieser Sache tätig geworden; die **Tä|tig|keit; tät|lich** (handgreiflich; körperliche Gewalt anwendend); tätlich werden; ein tätlicher Angriff; die **Tät|lich|keit** *meist Plural;* der **Tat|ort;** die Tat|or|te

tä|to|wie|ren (eine Zeichnung mit Farbe in die Haut einritzen); du tätowierst; er tätowierte; er hat ihm ein Schiff auf den Unterarm tätowiert; tätowiere ihn!; die **Tä|to|wie|rung**

die **Tat|sa|che; tat|säch|lich**

tät|scheln; ich tätsch[e]le; du tätschelst; er tätschelte; er hat sie getätschelt

der **Tat|ter|greis** *(umgangssprachlich abwertend);* **tat|te|rig** *oder* **tatt|rig** (zitt[e]rig); mit tatt[e]rigen Händen

die **Tat|ze**

der **Tau** (Niederschlag); des Tau[e]s

das **Tau** (Schiffsseil); des Tau[e]s; die Taue

taub; taub sein; sich taub stellen; eine taube (leere) Nuss

die **Tau|be;** der **Tau|ben|schlag;** der **Täu|be|rich** (männliche Taube); des Täuberichs; die Täu|be|ri|che

die **Taub|heit;** die **Taub|nes|sel;** die Taubnesseln; **taub|stumm** *(veraltend; besonders von Gehörlosen oft als diskriminierend empfunden)*

tau|chen; du tauchst; sie tauchte; sie hat *oder* ist getaucht; ABER NUR: sie ist bis auf den Boden des Schwimmbeckens getaucht; sie hat den Pinsel in die Farbe getaucht; der **Tau|cher;** des Tauchers; die Taucher; der **Tau|cher|an|zug;** die **Tau|che|rin;** die Taucherinnen; der **Tauch|sie|der**

tau|en; es taut; es taute; es hat [gestern] getaut; ABER: das Eis ist [von den Scheiben] getaut

die **Tau|fe; tau|fen;** du taufst; er taufte; er hat mich getauft; taufe das Kind auf den Namen Maria!; der **Täu|fer;** des Täufers; die Täufer; der **Täuf|ling;** der **Tauf|pa|te;** die **Tauf|pa|tin**

tau|frisch; taufrische Wiesen

tau|gen (sich [für etwas] eignen; brauchbar sein); du taugst; er taugte; er hat nichts getaugt; der **Tau|ge|nichts;** des Taugenichts *oder* Tau|ge|nicht|ses; die Tau|ge|nicht|se; **taug|lich;** die **Taug|lich|keit**

der **Tau|mel** (Schwindel; Rausch); des Taumels; im Taumel der Begeisterung; **tau|meln** (schwanken); ich taum[e]le; du taumelst; er taumelte; er ist durch die Straßen getaumelt

der **Tau|nus** (Gebirge in Hessen)

der **Tausch;** des Tausch[e]s; die Tau|sche; **tau|schen;** du tauschst; er tauschte; er hat Briefmarken getauscht; tausche mit mir!; das **Tausch|ge|schäft**

täu|schen; du täuschst; er täuschte; er hat ihn getäuscht; täusche ihn nicht!; sich täuschen (irren); ich habe mich getäuscht; die **Täu|schung**

tau|send; [acht] von tausend; bis tausend zählen; tausend Dank; Land der tausend Seen (Finnland); ein paar tausend *oder* Tausend [Menschen, Bäume];

einige, mehrere, viele tausend *oder* Tausend [Büroklammern]; einige, mehrere, viele tausende *oder* Tausende [von Reisenden]; die Rechnung geht in die tausende *oder* Tausende; die Besucher kamen zu tausenden *oder* Tausenden; tausend und abertausend, *auch:* Tausend und Abertausend Sterne; tausende und abertausende, *auch:* Tausende und Abertausende bunter Laternen

---

Wenn es um unbestimmte Mengen geht – also um solche, die nicht in Ziffern angegeben werden können – , dann kann *tausend[e]* klein- oder großgeschrieben werden.

---

die **Tau|send** (die Zahl); die Tau|sen|den; **tau|send|ein** *oder* **tau|send|und|ein;** *vergleiche dort;* **tau|send|eins** *oder* **tau|send|und|eins;** der **Tau|sen|der;** des Tausenders; die Tausender; **tau|sen|der|lei; tau|send|fach;** der **Tau|send|fü|ßer** *oder* **Tau|send|füß|ler;** des Tausendfüßers *oder* Tausendfüßlers; die Tausendfüßer *oder* Tausendfüßler; **tau|send|jäh|rig;** ABER: das Tausendjährige Reich *(biblisch);* **tau|send|mal** ↑hundertmal; das **Tau|send|schön** (eine Pflanze); des Tausendschöns; die Tau|send|schö|ne; **tau|sends|te;** der tausendste Besucher; ABER: vom Hundertsten ins Tausendste kommen; ↑hundertste; das **Tau|sends|tel** ↑Achtel; **tau|send|und|ein** *oder* **tau|send|ein;** tausend[und]ein Weizenkorn; mit tausend[und]ein Weizenkörnern; ABER NUR: eine Geschichte aus Tausendundeiner Nacht (eine arabische Märchensammlung)

der **Tau|trop|fen;** das **Tau|wet|ter**

die **Ta|ve̩r|ne** (italienisches Wirtshaus); die Tavernen

die **Ta|xe** (Schätzpreis; Gebühr); die Taxen; die **Ta|xe** (Mietauto); die Taxen *oder* das **Ta|xi;** des Taxis; die Taxis; **ta|xie|ren** ([ab]schätzen); du taxierst; sie taxierte; sie hat die Entfernung [auf 200 Meter] taxiert; taxiere den Wert!; der **Ta|xi|fah|rer;** die **Ta|xi|fah|re|rin**

Tb *oder* **Tbc** = Tuberkulose

das **Teak** [ti:k] (*kurz für:* Teakholz); des Teaks; das **Teak|holz** (Holz des in den Tropen wachsenden Teakbaums)

das **Team** [ti:m] (Arbeitsgruppe; Mannschaft); des Teams; die Teams; das **Team|work** ['ti:mvø:ɐ̯k] (Gemeinschaftsarbeit); des Teamworks

die **Tech|nik;** die Tech|ni|ken; der **Tech|ni|ker;** des Technikers; die Techniker; die **Tech|ni|ke|rin;** die Technikerinnen; **tech|nisch;** technische Atmosphäre *(Physik);* technischer Zeichner; [eine] technische Hochschule; ABER: die Technische Hochschule (*Abkürzung:* TH) Aachen; Technisches Hilfswerk (Name einer Hilfsorganisation); Technischer Überwachungs-Verein (*Abkürzung:* TÜV)

das *oder* der **Tech|no** ['tɛkno] (elektronische, von besonders schnellem Rhythmus bestimmte Tanzmusik); des Techno[s]

die **Tech|no|lo|gi̲e** (Fertigungstechnik; Gesamtheit technischer Verfahren); die Tech|no|lo|gi|en

das **Tech|tel|me̩ch|tel** (*umgangssprachlich für:* Liebelei); des Techtelmechtels; die Techtelmechtel

der **Te|ckel** (Dackel); des Teckels; die Teckel

der **TED** [tɛt] (Computer, der telefonische Stimmabgaben annimmt und hochrechnet); des TEDs

der **Ted|dy|bär;** des/dem/den Ted|dy|bä|ren; die Ted|dy|bä|ren

der **Tee;** die Tees; schwarzer, grüner Tee; chinesischer Tee; Tee trinken; das **Tee|ei,** *auch:* **Tee-Ei;** die **Tee|ern|te,** *auch:* **Tee-Ern|te;** die **Tee|kan|ne;** der **Tee|löf|fel**

der **Teen** [ti:n] (*kurz für:* Teenager); des Teens; die Teens *meist Plural;* der **Tee|n|a|ger** ['ti:ne:tʃɐ] (Junge oder Mädchen im Alter von 13 bis 19 Jahren); des Teenagers; die Teenager; der **Tee|nie** *oder* **Tee|ny** [*beide:* 'ti:ni] (jüngerer [weiblicher] Teen); des Teenies *oder* Teenys; die Teenies *oder* Teenys

der **Teer;** des Teer[e]s; die Tee|re; **tee|ren;** du teerst; er teerte; er hat die Straße geteert; teere die Einfahrt!; **tee|rig** (teerhaltig); teeriges Isolierband

der **Te̲|gern|see** (See in Bayern)

Te̲|he|ran (Hauptstadt Irans)

der **Teich;** des Teich[e]s; die Tei|che

der **Teig;** des Teig[e]s; die Tei|ge; Teig rühren, kneten; **tei|gig;** eine teigige Masse; die **Teig|wa|ren** *Plural*

der *oder* das **Teil;** zum Teil; ein großer Teil des

A B C D E F G H I J K L M N O P Q R S T U V W X Y Z

Gebietes; er prüfte jedes Teil (Stück); ein gut Teil; sein[en] Teil dazu beitragen; ich für mein[en] Teil; ↑ABER: teils; einesteils; größtenteils; zuteil; teilhaben; teilnehmen; **teil|bar;** eine durch drei teilbare Zahl; **tei|len;** du teilst; er teilte; er hat mit seinem Bruder geteilt; teile mit ihm!; zehn geteilt durch fünf ist, macht, gibt zwei; der **Tei|ler** (Divisor); des Teilers; die Teiler; **teil|ha|ben** (beteiligt sein); ich habe teil; du hast teil; er hatte teil; er hat an meiner Freude teilgehabt; versuche doch[,] an meiner Freude teilzuhaben; ABER: er hat (besitzt) kein[en] Teil; **teil|haf|tig** *(gehoben);* einer Sache teilhaftig sein, werden; die **Teil|men|ge** (*Mathematik:* Menge, die in einer Menge als Teil enthalten ist); die **Teil|nah|me; teilnahmslos** (innerlich abwesend); ein teilnahmsloser Gesichtsausdruck; **teil|neh|men;** sie nimmt teil; sie nahm teil; sie hat an dieser Veranstaltung teilgenommen; nimm daran teil!; versuche[,] an der Besprechung teilzunehmen; der **Teil|nehmer;** des Teilnehmers; die Teilnehmer; die **Teil|neh|me|rin;** die Teilnehmerinnen; **teils;** teils gut, teils schlecht; die **Teilung; teil|wei|se;** die **Teil|zah|lung;** die **Teil|zeit;** [in] Teilzeit arbeiten; du arbeitest Teilzeit; er arbeitete Teilzeit; er hat Teilzeit gearbeitet; er hat vor[,] Teilzeit zu arbeiten; Teilzeit arbeitende Frauen

der **Teint** [tɛ̃ː] ([Farbe der] Gesichtshaut); des Teints; die Teints

Tel. = Telefon

die **Te|le|ar|beit** (Form der Heimarbeit, bei der Arbeitnehmer und Arbeitgeber über Datenleitungen verbunden sind)

das **Te|le|fax** (Fernkopie; Fernkopierer; Fernkopiersystem für Text- und Bildvorlagen); des Telefax; die Te|le|fa|xe; **te|le|fa|xen;** ich telefaxe; du telefaxt; sie telefaxte; sie hat getelefaxt

das **Te|le|fon;** des Telefons; die Te|le|fo|ne; das **Te|le|fon|buch; te|le|fo|nie|ren;** du telefonierst; er telefonierte; er hat telefoniert; telefonier[e] nicht so lange!; **te|le|fo|nisch;** er ist nur telefonisch erreichbar; die **Te|le|fo|nis|tin;** die Telefonistinnen; die **Te|le|fon|num|mer**

te|le|gen (für Fernsehaufnahmen geeignet); ein telegener Sportler

der **Te|le|graf,** *auch:* **Te|le|graph** (Apparat, mit dem Nachrichten durch vereinbarte Zeichen übermittelt werden können); des/dem/den Te|le|gra|fen, *auch:* Te|le|gra|phen; die Te|le|gra|fen, *auch:* Te|le|gra|phen; die **Te|le|gra|fie,** *auch:* **Te|le|gra|phie; te|le|gra|fie|ren,** *auch:* **te|le|gra|phie|ren;** du telegrafierst, *auch:* telegraphierst; er telegrafierte, *auch:* telegraphierte; er hat telegrafiert, *auch:* telegraphiert; telegrafier[e] mir!, *auch:* telegraphier[e] mir!; **te|le|gra|fisch,** *auch:* **te|le|gra|phisch;** das **Te|le|gramm;** des Telegramms; die Te|le|gram|me

das **Te|le|kol|leg** (unterrichtende Sendereihe im Fernsehen); des Telekollegs; die Telekollegs *oder* Te|le|kol|le|gi|en

die **Te|le|kom** (*kurz für:* Deutsche Telekom AG)

das **Te|le|lear|ning** [ˈteːlələːnɪŋ] (das Lernen mithilfe elektronischer Kommunikationssysteme); des Telelearnings

das **Te|le|ob|jek|tiv** (Objektiv, mit dem weit entfernte Objekte fotografiert werden können)

die **Te|le|pa|thie** (Gedankenübertragung); **te|le|pa|thisch;** telepathische Fähigkeiten

das **Te|le|phon** usw., *alte Schreibung für:* **Te|le|fon** usw.; *vergleiche dort*

das **Te|le|shop|ping** [ˈteːləʃɔpɪŋ] (Bestellung von Waren, die in elektronischen Medien angeboten werden); des Teleshoppings

das **Te|le|s|kop** (Fernrohr); des Teleskops; die Te|le|s|ko|pe

das **Te|le|spiel** (Spiel, das mit einem Zusatzgerät auf dem Bildschirm gespielt wird)

die **Te|le|vi|si|on** (Fernsehen; *Abkürzung:* TV)

das **Te|lex** (Fernschreiben, Fernschreiber); des Telex; die Te|le|xe

der **Tel|ler;** des Tellers; die Teller

der **Tem|pel;** des Tempels; die Tempel

das **Tem|pe|ra|ment** (Gemütsart; Lebhaftigkeit); des Temperament[e]s; die Tem|pe|ra|men|te; **tem|pe|ra|ment|voll;** ein temperamentvoller Mensch

die **Tem|pe|ra|tur** (Wärme[grad, -zustand]); die Tem|pe|ra|tu|ren; **tem|pe|rie|ren** (auf eine mäßig warme Temperatur bringen); ich temperiere; du temperierst; sie temperierte; sie hat das Zimmer temperiert das **Tem|po** (Geschwindigkeit; Zeitmaß); die Tempos *oder (Musik:)* die Tempi; der **Tem|po|ral|satz** (Umstandssatz der Zeit); **tem|po|rär** (zeitweilig, vorübergehend); temporäre Verkehrsstaus; das **Tem|pus** (Zeitform des Verbs); des Tempus; die Tem|po|ra

die **Ten|denz** (Hang, Neigung; Entwicklungsrichtung); die Ten|den|zen; **ten|den|zi|ell** (der Tendenz nach; entwicklungsmäßig); der Energieverbrauch nimmt tendenziell ab; **ten|den|zi|ös** (etwas bezweckend, beabsichtigend; parteilich zurechtgemacht); am ten|den|zi|ö|ses|ten; tendenziöse Presseberichte; **ten|die|ren** ([zu etwas] hinneigen, gerichtet sein); ich tendiere; du tendierst; die Partei tendierte nach rechts; er hat ursprünglich zu einer anderen Auffassung tendiert

der **Ten|der** (Vorratswagen der Dampflokomotive; Begleitschiff); des Tenders; die Tender

die **Ten|ne** (Dreschplatz [in der Scheune])

das **Ten|nis;** des Tennis; Tennis spielen; der **Ten|nis|ball;** der **Ten|nis|schlä|ger**

der **Te|nor** (hohe Männerstimme; Tenorsänger); des Tenors; die Te|nö|re; der **Te|nor** (Sinn, Inhalt); des Tenors; der Tenor seiner Rede

der **Tep|pich;** des Teppichs; die Tep|pi|che

der **Term** (*Mathematik:* Glied einer Formel); des Terms; die Ter|me; der **Ter|min** (festgesetzter Zeitpunkt); des Termins; die Ter|mi|ne; **ter|mi|nie|ren** (zeitlich festlegen); du terminierst; sie terminierte; sie hat die Veranstaltung [auf den 10. August] terminiert; terminiere die nächste Sitzung!; der **Ter|mi|nus** (Fachausdruck); des Terminus; die Termini; ein physikalischer Terminus

die **Ter|mi|te** (ein Insekt); die Termiten

das **Ter|pen|tin** (ein Harz); des Terpentins; die Ter|pen|ti|ne

das **Ter|rain** [tɛˈrɛ̃ː] (Gebiet); des Terrains; die Terrains; auf fremdem Terrain

das **Ter|ra|ri|um** (Behälter für die Haltung kleiner Lurche u. Ä.); des Terrariums; die Ter|ra|ri|en

die **Ter|ras|se;** die Terrassen

der **Ter|ri|er** (ein Hund); des Terriers; die Terrier

die **Ter|ri|ne** (Suppenschüssel); die Terrinen **ter|ri|to|ri|al** (zu einem Gebiet gehörend, ein Gebiet betreffend); territoriale Auseinandersetzungen; das **Ter|ri|to|ri|um** (Bezirk; Hoheitsgebiet); des Territoriums; die Ter|ri|to|ri|en

der **Ter|ror** (Verbreitung von Angst und Schrecken); des Terrors; **ter|ro|ri|sie|ren;** du terrorisierst; er terrorisierte; er hat seine Mitschüler terrorisiert; terrorisiere deine Kollegen nicht!; der **Ter|ro|ris|mus;** des Terrorismus; der **Ter|ro|rist;** des/dem/den Ter|ro|ris|ten; die Ter|ro|ris|ten; die **Ter|ro|ris|tin;** die Terroristinnen; **ter|ro|ris|tisch;** terroristische Vereinigungen

die **Terz** (*Musik:* der dritte Ton vom Grundton aus); die Ter|zen; das **Ter|zett** (dreistimmiges Gesangsstück; dreizeilige Strophe des Sonetts); des Terzett[e]s; die Ter|zet|te

der **Te|sa|film** (*Markenbezeichnung:* ein Klebeband); des Tesafilms

der **Test** (Probe, Prüfung); des Test[e]s; die Tests; **tes|ten;** du testest; sie testete; sie hat das Material getestet; teste das Material!

das **Tes|ta|ment** (letzter Wille; Bund Gottes mit den Menschen); des Testament[e]s; die Tes|ta|men|te; sein Testament machen; ein handgeschriebenes Testament; ABER: das Alte Testament (*Abkürzung:* A.T.); das Neue Testament (*Abkürzung:* N.T.); **tes|ta|men|ta|risch;** etwas testamentarisch bestimmen

der **Te|ta|nus** (Wundstarrkrampf); des Tetanus; die **Te|ta|nus|imp|fung**

teu|er; teu|rer; am teu|ers|ten; eine teure Hose; das kommt mir *oder* mich teuer zu stehen; die **Teu|e|rung**

der **Teu|fel;** des Teufels; die Teufel; **teuf|lisch**

Te|xas (Staat in den USA)

[das]**Tex|mex** (Richtung der populären Musik mit texanischen und mexikanischen Stilelementen); des Texmex

der **Text;** des Text[e]s; die Tex|te; **tex|ten** (einen [Werbe- oder Schlager]text verfassen); ich texte; du textest; sie textete; sie hat die Anzeige getextet

die **Tex|ti|li|en** *Plural;* die **Tex|til|in|dus|t|rie**

TH = technische Hochschule

Thai|land (Staat in Hinterindien); der

Thai|län|der; des Thailänders; die Thailänder; die **Thai|län|de|rin;** die Thailänderinnen; **thai|län|disch**

das **The|a|ter;** des Theaters; die Theater; die **The|a|ter|auf|füh|rung; the|a|t|ra|lisch** (bühnenmäßig; feierlich)

die **The|ke** (Schanktisch, Ladentisch); die Theken

das **The|ma** (Gegenstand; Gesprächsstoff; Leitgedanke); die Themen *oder* Themata; die **The|ma|tik** (Themenstellung); die The|ma|ti|ken; **the|ma|tisch** (dem Thema entsprechend); **the|ma|ti|sie|ren** (zum Thema machen); du thematisierst; er thematisierte; er hat das Problem thematisiert; thematisiere dieses Problem!

die **Them|se** (Fluss in England)

der **The|o|lo|ge;** des/dem/den Theologen; die Theologen; die **The|o|lo|gie** (Wissenschaft von Gott und seiner Offenbarung; Religions-, Glaubenslehre); die The|o|lo|gi|en; **the|o|lo|gisch**

der **The|o|re|ti|ker** (jemand, der sich [nur] theoretisch mit etwas beschäftigt); des Theoretikers; die Theoretiker; **the|o|re|tisch** (die Theorie von etwas betreffend; [nur] gedanklich); theoretische Kenntnisse; theoretische Chemie; die **The|o|rie** (Lehre; Erklärungsversuch); die The|o|ri|en

der **The|ra|peut** (jemand, der eine Krankheit behandelt); des/dem/den The|ra|peu|ten; die The|ra|peu|ten; die **The|ra|peu|tin;** die Therapeutinnen; **the|ra|peu|tisch;** therapeutische Maßnahmen; die **The|ra|pie** (Heilbehandlung); die The|ra|pi|en

das **Ther|mal|bad** (Warmquellbad)

die **Ther|me** (heiße Quelle); die Thermen; die **Ther|mik** (*Meteorologie:* aufwärts gerichtete Warmluftbewegung); **ther|misch** (die Wärme betreffend); thermische Energie

das **Ther|mo|me|ter** (Temperaturmessgerät); des Thermometers; die Thermometer

die **Ther|mos|fla|sche** (ein Warmhaltegefäß)

der **Ther|mo|s|tat** (Wärmeregler); des Thermostat[e]s *oder* Ther|mo|s|ta|ten; die Ther|mo|s|ta|te *oder* Ther|mo|s|ta|ten

die **The|se** (Lehrsatz; Behauptung); die Thesen

der **Thril|ler** ['θrɪlɐ] (reißerischer Film oder Roman); des Thrillers; die Thriller

die **Throm|bo|se** (*Medizin:* Verstopfung von Blutgefäßen durch Blutgerinnsel); die Thrombosen

der **Thron;** des Thron[e]s; die Thro|ne; der **Thron|fol|ger;** des Thronfolgers; die Thronfolger

der **Thun|fisch,** *auch:* **Tun|fisch** (ein Speisefisch)

Thü|rin|gen; der **Thü|rin|ger;** des Thüringers; die Thüringer; die **Thü|rin|ge|rin;** die Thüringerinnen; **thü|rin|gisch**

der **Thy|mi|an** (eine Gewürz- und Heilpflanze); des Thymians; die Thy|mi|a|ne

Ti|bet (Hochland in Zentralasien); der **Ti|be|ter,** *auch:* **Ti|be|ta|ner;** des Tibeters, *auch:* Tibetaners; die Tibeter, *auch:* Tibetaner; die **Ti|be|te|rin,** *auch:* **Ti|be|ta|ne|rin;** die Tibeterinnen, *auch:* Tibetanerinnen; **ti|be|tisch,** *auch:* **ti|be|ta|nisch**

der **Tick** (wunderliche Eigenart); des Ticks; die Ticks

ti|cken; die Uhr tickt; die Uhr tickte; die Uhr hat getickt

die **Ti|de** ([Ebbe und] Flut); die Tiden

der *oder* das **Tie|break** ['taibre:k], *auch:* **Tie-Break** (*Tennis:* Satzverkürzung [beim Stand von 6:6]); des Tiebreaks, *auch:* Tie-Breaks; die Tiebreaks, *auch:* Tie-Breaks

tief

Klein- und Großschreibung:
- etwas auf das, aufs Tiefste, *auch:* tiefste beklagen
- etwas Tiefes; alles Hohe und Tiefe

Man schreibt »tief« vom folgenden Verb, Partizip oder Adjektiv getrennt, wenn es sinnvoll – wenigstens durch »sehr« oder »ganz« – erweitert oder gesteigert werden kann:
- tief graben, tief pflügen
- ein tief ausgeschnittenes Kleid
- tief bewegt; der tief bewegte Mann; der Mann ist tief bewegt
- tief empfunden; ein tief empfundener Dank; sein Dank war tief empfunden
- tief erschüttert; die tief erschütterte Frau; die Frau ist tief erschüttert
- tief greifend; tief greifende Veränderungen

Vergleiche aber: tiefblau; tiefgekühlt; tiefgründig; tiefschwarz; tiefsinnig

das **Tief** (Tiefdruckgebiet); des Tiefs; die Tiefs; **tief be|wegt** *vergleiche:* **tief; tief|blau;** tiefblaue Augen; die **Tie|fe;** die **Tief|e|be|ne; tief emp|fun|den** *vergleiche:* **tief;** die **Tie|fen|mes|sung; tief er|schüt|tert** *vergleiche:* **tief;** der **Tief|gang; tief|ge|kühlt;** tiefgekühltes Gemüse; das Obst ist tiefgekühlt; **tief grei|fend** *vergleiche:* **tief; tief|grün|dig** (von gedanklicher Tiefe); tiefgründiger Humor; **tief|schwarz;** tiefschwarze Haare; die **Tief|see; tief|sin|nig** (mit hintergründiger Bedeutung); tiefsinnige Überlegungen

der **Tie|gel** (flacher Topf); des Tiegels; die Tiegel

das **Tier;** des Tier[e]s; die Tie|re; der **Tier|arzt;** die **Tier|ärz|tin; tie|risch** (*umgangssprachlich auch für:* sehr groß, stark); tierischen Hunger haben; der **Tier|park;** die **Tier|quä|le|rei;** die **Tier|welt**

der **Ti|ger;** des Tigers; die Tiger; **ti|gern** (streifig machen; *umgangssprachlich für:* irgendwohin gehen); ich tigere; du tigerst; sie tigerte; sie ist zu der Party getigert

der **Ti|g|ris** (Fluss in Vorderasien)

til|gen (zurückzahlen; *gehoben für:* beseitigen); du tilgst; sie tilgte; sie hat ihre Schulden getilgt; tilg[e] den Fehler!; die **Til|gung**

das **Time-out** [ˈtai̯mˈau̯t] (*Basketball, Volleyball:* Auszeit); des Time-out[s]; die Time-outs; der **Ti|mer** [ˈtai̯mɐ] (Zeitschaltuhr); des Timers; die Timer; das **Time|sha|ring** [ˈtai̯mʃɛːrɪŋ], *auch:* **Time-Sharing** (*EDV:* Verfahren, mit dem vielen Benutzern ermöglicht wird, Großrechner gleichzeitig zu nutzen); des Timesharings, *auch:* Time-Sharings; die Timesharings, *auch:* Time-Sharings; das **Ti|ming** [ˈtai̯mɪŋ] (zeitliche Abstimmung); des Timings; die Timings

Ti|mor (indonesische Insel)

tin|geln (an verschiedensten Orten bei Veranstaltungen auftreten; umherreisen); ich ting[e]le; du tingelst; er tingelte; er hat in Diskotheken getingelt; er ist durch Festzelte getingelt

die **Tink|tur** ([Arznei]auszug); die Tink|turen

der **Tin|nef** (*umgangssprachlich für:* Schund; dummes Zeug); des Tinnefs

die **Tin|te;** das **Tin|ten|fass;** der **Tin|ten|fisch;** der **Tin|ten|klecks;** der **Tin|ten|ku|li**

der **Tipp;** des Tipps; die Tipps; der **Tip|pel|bru|der** (*umgangssprachlich für:* Landstreicher); **tip|peln** (*umgangssprachlich für:* zu Fuß gehen; wandern); ich tipp[e]le; du tippelst; er tippelte; er ist getippelt; **tip|pen** (leicht stoßen; *umgangssprachlich für:* Maschine schreiben); du tippst; sie tippte; sie hat ihm, *auch:* ihn auf die Schulter getippt; tipp[e] den Brief!; **tip|pen** (wetten); ich tipp[e]; du tippst; er tippte; er hat richtig getippt; der **Tipp|feh|ler;** der **Tipp|schein**

tipp|topp (*umgangssprachlich für:* makellos, sehr gut); tipptopp aussehen

die **Ti|ra|de** (Wortschwall); die Tiraden

das **Ti|ra|mi|su** (italienische Süßspeise); des Tiramisus; die Tiramisus

Ti|ra|na (Hauptstadt Albaniens)

der **Tisch;** des Tisch[e]s; die Ti|sche; die **Tisch|de|cke;** das **Tisch|fuß|ball|spiel;** der **Tisch|ler;** des Tischlers; die Tischler; die **Tisch|le|rei;** die **Tisch|le|rin;** die Tischlerinnen; **tisch|lern;** ich tischlere; du tischlerst; er tischlerte; er hat in seiner Freizeit gerne getischlert; das **Tisch|ten|nis;** Tischtennis spielen

der **Ti|tan** (einer der Götter der griechischen Sage); des/dem/den Ti|ta|nen; die Ti|tanen; das **Ti|tan** (chemisches Element, Metall; *Zeichen:* Ti); des Titans; die **Ti|ta|nic** [tiˈtaːnɪk, *auch:* taɪˈtænɪk] (englisches Passagierschiff, das 1912 nach dem Zusammenstoß mit einem Eisberg unterging)

der **Ti|tel;** des Titels; die Titel; der **Ti|tel|ver|tei|di|ger** *(Sport)*

der **Toast** [toːst] (Trinkspruch; geröstete Weißbrotschnitte); des Toast[e]s; die Toas|te *oder* Toasts; der **Toas|ter;** des Toasters; die Toaster

to|ben; du tobst; er tobte; er hat vor Wut getobt; tobe nicht!; die **Tob|sucht; tob|süch|tig**

die **Toc|ca|ta** *vergleiche:* **Tok|ka|ta**

die **Toch|ter;** die Töchter

der **Tod;** des Tod[e]s; die To|de; jemanden zu Tode erschrecken; **tod|blass** *vergleiche:* **to|ten|blass; tod|brin|gend;** eine todbringende Seuche; ABER: eine den Tod bringende Seuche; **tod|e|lend; tod|ernst;** die

A B C D E F G H I J K L M N O P Q R S T U V W X Y Z

To|des|angst; to|des|mu|tig; ein todesmutiger Sprung; das **To|des|op|fer;** die **To|des|stra|fe;** das **To|des|ur|teil;** der **Todfeind;** jemandem Todfeind sein; **todkrank; töd|lich;** tödliche Verletzungen; **tod|mü|de; tod|si|cher; tod|still;** ↑totenstill; die **Tod|sün|de; tod|un|glück|lich**

Mit *d* schreibt man zusammengesetzte Wörter, in denen das Substantiv *Tod* der erste Bestandteil ist oder in denen *tod* die Bedeutung »sehr« oder »äußerst« hat: *todbringend, Todsünde; todernst, todsicher.* Mit *t* schreibt man dagegen Zusammensetzungen, die das Adjektiv *tot* als Bestimmungswort haben: *sich totlachen, totfahren, totschlagen, Totschlag.*

das **Tof|fee** ['tɔfi *oder* 'tɔfe] (eine Weichkaramelle); des Toffees; die Toffees

To|go (Staat in Westafrika); der **To|go|er;** des Togoers; die Togoer; die **To|go|e|rin;** die Togoerinnen; **to|go|isch**

das **To|hu|wa|bo|hu** (Durcheinander); des Tohuwabohu[s]; die Tohuwabohus

die **Toi|let|te** [to̯a'lɛtə]; die Toiletten

To|kio (Hauptstadt Japans)

die **Tok|ka|ta,** *auch:* **Toc|ca|ta** (ein Musikstück); die Tokkaten, *auch:* Toccaten

to|le|rant (duldsam; nachsichtig); am to|le|ran|tes|ten; die **To|le|ranz** (Duldung)

toll; eine tolle Leistung; **tol|len;** ich tolle; du tollst; sie tollte; sie hat im Garten getollt; die **Toll|heit;** die **Toll|kir|sche** (eine Pflanze mit sehr giftigen Beeren); **tollkühn;** tollkühne Helden; die **Toll|kühnheit**

der **Toll|patsch;** des Tollpatsch[e]s; die Toll|pat|sche; **toll|pat|schig;** ein tollpatschiger Kerl

die **Toll|wut; toll|wü|tig;** ein tollwütiger Hund

der **Töl|pel;** des Tölpels; die Tölpel; **töl|pelhaft;** tölpelhaftes Verhalten

die **To|ma|te**

die **Tom|bo|la** (Verlosung); die Tombolas, *selten:* Tombolen

der **Ton** (Bodenart); des Ton[e]s; die To|ne

der **Ton** (Laut; Farbton); des Ton[e]s; die Töne; die **Ton|art;** das **Ton|band;** die Ton|bän|der; das **Ton|band|ge|rät; tö|nen** (klingen; *umgangssprachlich für:* angeberisch reden); es tönt; es tönte gut; er hat mal wieder getönt; töne nicht so!; **tö|nen** (färben); du tönst; sie tönte; sie hat ihr Haar rötlich getönt

tö|nern (aus Ton); tönernes Geschirr

der **Ton|film**

das **Ton|ge|schlecht** (Dur oder Moll); die **Ton|hö|he;** die **To|ni|ka** (Grundton einer Tonart); die Toniken

das **To|ni|kum** (stärkendes Mittel); des Tonikums; die Tonika

die **Ton|lei|ter**

die **Ton|na|ge** [tɔ'na:ʒə] (Rauminhalt eines Schiffes; Frachtraum); die Tonnagen

die **Ton|ne; ton|nen|wei|se**

die **Ton|sur** (kahl geschorene Stelle auf dem Kopf von Mönchen); die Ton|su|ren

die **Tö|nung**

der **To|pas** (ein Schmuckstein); des To|pa|ses; die To|pa|se

der **Topf;** des Topf[e]s; die Töp|fe; *Verkleinerungsform:* das Töpfchen; die **Topf|blume;** der **Töp|fer;** des Töpfers; die Töpfer; die **Töp|fe|rei;** die **Töp|fe|rin;** die Töpferinnen; **töpfern** (Gegenstände aus Ton herstellen); ich töpfere; du töpferst; sie töpferte; sie hat in ihrer Freizeit gerne getöpfert

top|fit (in bester körperlicher Verfassung); topfit sein; sich topfit fühlen

die **To|po|gra|phie,** *auch:* **To|po|gra|fie** (Orts-, Lagebeschreibung); **to|po|gra|phisch,** *auch:* **to|po|gra|fisch;** topographische, *auch:* topografische Karten

der **To|pos** (oft gebrauchte Formulierung); des Topos; die Topoi

der **Top|star** (Spitzenstar); die **Top|ten,** *auch:* **Top Ten** *Plural*

das **Tor** (große Tür; *Sport:* Angriffsziel); des Tor[e]s; die To|re

der **Tor** (törichter Mensch); des/dem/den To|ren; die To|ren

der **To|re|ro** (Stierkämpfer); des Torero[s]; die Toreros

der **Torf;** des Torf[e]s; die Tor|fe; Torf stechen; das **Torf|moor**

die **Tor|heit; tö|richt**

der **Tor|hü|ter;** des Torhüters; die Torhüter

tor|keln (*umgangssprachlich für:* schwankend [an einen bestimmten Ort] gehen); ich tork[e]le; du torkelst; er ist *oder* hat getorkelt; ABER NUR: er ist über die Straße getorkelt

der **Tor|mann** (Torwart); die Tor|män|ner
der **Tor|na|do** (ein Wirbelsturm); des Tornados; die Tornados
der **Tor|nis|ter** (Ranzen); des Tornisters; die Tornister
tor|pe|die|ren (mit Torpedos beschießen; *auch für:* stören, verhindern); ich torpediere; du torpedierst; das U-Boot torpedierte ein Kriegsschiff; er hat meine Pläne torpediert; der **Tor|pe|do** (Unterwassergeschoss); des Torpedos; die Torpedos
der **Tor|so** (Rumpf einer Statue; Bruchstück, unvollendetes Werk); des Torsos; die Torsos *oder* Torsi
die **Tor|te;** der **Tor|ten|bo|den;** der **Tor|ten|heber**
die **Tor|tur** (Folter; Qual); die Tor|tu|ren
der **Tor|wart** *(Sport);* des Torwart[e]s; die Tor|war|te
to|sen; der Sturm toste; der Sturm hat getost; tosender (heftiger) Beifall
tot; der tote Punkt; totes Kapital; etwas auf ein totes Gleis schieben; ABER: das Tote Meer (zu Jordanien und Israel gehörend); tot sein; tot scheinen; sich tot stellen; das Opfer hat sich tot gestellt; ein tot geborenes Kind; das Kind wurde tot geboren
to|tal (gänzlich, völlig); eine totale Sonnenfinsternis; **to|ta|li|tär** (alles erfassend und kontrollierend); totalitäre Staaten; die **To|ta|li|tät** (Gesamtheit, Ganzheit)
sich **tot|ar|bei|ten** *(umgangssprachlich für:* sich verausgaben); er arbeitet sich tot; er hat sich totgearbeitet; er ist dabei[,] sich totzuarbeiten; der **To|te;** ein Toter; die Toten; zwei Tote; die **To|te;** eine Tote
das **To|tem** (Stammeszeichen bei den Indianern); des Totems; die Totems; der **To|tem|pfahl**
tö|ten; du tötest; er tötete; er hat ihn getötet; töte ihn nicht!; die **To|ten|bah|re;** **to|ten|blass** *oder* **tod|blass;** ein totenblasser *oder* todblasser Mann; der **To|ten|grä|ber;** der **To|ten|kopf;** die **To|ten|mes|se;** **to|ten|still** *oder* **tod|still;** es war plötzlich totenstill *oder* todstill; die **To|ten|stil|le;** **tot|fah|ren;** er fuhr ihn tot; er hat ihn totgefahren; **tot ge|bo|ren** *vergleiche:* **tot;** sich **tot|la|chen** *(umgangssprachlich);* sie lachte sich tot; sie hat sich totgelacht
das, *auch:* der **To|to** (ein Glücksspiel); des Totos; die Totos; der **To|to|schein**
der **Tot|schlag; tot|schla|gen;** er schlug ihn tot; er hat ihn totgeschlagen; sich **tot stel|len** *vergleiche:* **tot;** die **Tö|tung**
das **Tou|pet** [tu'pe:] (Perücke); des Toupets; die Toupets
die **Tour** [tu:ɐ̯] (Ausflug, Fahrt; Umlauf, Umdrehung); die Tou|ren; der **Tou|ren|zäh|ler** (Drehzahlmesser); der **Tou|ris|mus** (Fremdenverkehr); des Tourismus; der **Tou|rist** (Reisende); des/dem/den Tou|ris|ten; die Tou|ris|ten; die **Tou|ris|tik** (Gesamtheit der touristischen Einrichtungen und Veranstaltungen); die **Tou|ris|tin;** die Touristinnen; **tou|ris|tisch;** eine touristische Attraktion; die **Tour|nee** [tʊr'ne:] (Gastspielreise); die Tournees *oder* Tour|ne|en
der **To|wer** ['tau̯ə] (Kontrollturm an Flughäfen); des Towers; die Tower
to|xisch (giftig); toxische Stoffe
der **Trab** (mittelschnelle Gangart von Pferden); des Trab[e]s; Trab reiten, laufen; in Trab setzen; jemanden auf Trab bringen, in Trab halten *(umgangssprachlich)*
der **Tra|bant** (ein [künstlicher] Mond); des/dem/den Tra|ban|ten; die Tra|ban|ten
tra|ben; das Pferd trabt; es trabte; das Pferd ist über den Acker getrabt; ABER: das Pferd hat zwei Stunden [lang] getrabt; das **Trab|ren|nen**
die **Tracht** (Kleidung, die für eine bestimmte Volks- oder Berufsgruppe typisch ist); sie legte ihre Tracht an; eine Tracht Prügel bekommen *(umgangssprachlich)*
trach|ten *(gehoben für:* etwas Bestimmtes erreichen wollen); du trachtest; sie trachtete; sie hat mir nach dem Leben getrachtet; trachte ihr nicht nach dem Leben!
träch|tig (ein Junges, Junge tragend); eine trächtige Kuh
die **Tra|di|ti|on** (Überlieferung; Brauch); **tra|di|ti|o|nell** (überliefert, herkömmlich); traditionelle Berufe
der **Tra|fo** *(kurz für:* Transformator); des Trafo[s]; die Trafos
träg *oder* **trä|ge;** ein träger Mensch
die **Trag|bah|re; trag|bar;** die **Tra|ge; tra|gen;**

du trägst; er trägt; er trug; er hat den Koffer getragen; trag[e] ihr den Korb!; der **Trä|ger;** des Trägers; die Träger; die **Tra|ge|ta|sche; trag|fä|hig;** die **Trag|flä|che;** das **Trag|flü|gel|boot**

die **Träg|heit**

die **Tra|gik** (erschütterndes Leid); **tra|gisch;** ein tragisches Schicksal; die **Tra|gö|die** (Trauerspiel; Unglück); die Tra|gö|di|en

die **Trag|wei|te**

der **Trai|nee** [treɪˈniː] (jemand, der innerhalb eines Unternehmens auf eine bestimmte Aufgabe vorbereitet wird); des Trainees; die Trainees

der **Trai|ner** [ˈtrɛːnɐ] (jemand, der andere auf Wettkämpfe vorbereitet); des Trainers; der Trainer; die **Trai|ne|rin;** die Trainerinnen; **trai|nie|ren** [trɛˈniːrən]; du trainierst; sie trainierte; sie hat hart trainiert; trainier[e] öfter!; das **Trai|ning** [ˈtrɛːnɪŋ]; des Trainings; die Trainings; der **Trai|nings|an|zug**

der **Trakt** (Gebäudeteil); des Trakt[e]s; die Trak|te; **trak|tie|ren** (schlecht behandeln; quälen); du traktierst; er traktierte; er hat sie mit Vorwürfen traktiert; traktier[e] sie nicht dauernd damit!; der **Trak|tor** (Zugmaschine); des Traktors; die Trak|to|ren

träl|lern; ich trällere; du trällerst; er trällerte; er hat ein Lied geträllert

die **Tram** (*kurz für:* Trambahn); die Trams; die **Tram|bahn** (Straßenbahn)

tram|peln; du trampelst; er trampelte; er hat getrampelt; tramp[e]le nicht auf das frische Beet!; das **Tram|pel|tier** (zweihöckeriges Kamel; *umgangssprachlich für:* plumper Mensch)

tram|pen [ˈtrɛmpn̩] (per Anhalter fahren); ich trampe; du trampst; sie trampte; sie ist nach Italien getrampt; der **Tram|per;** des Trampers; die Tramper; die **Tram|pe|rin;** die Tramperinnen

das **Tram|po|lin** (ein Sprunggerät); des Trampolins; die Tram|po|li|ne

der **Tran** (flüssiges Fett von Seetieren); des Tran[e]s; die Tra|ne; **tra|nig;** traniges Öl; ein traniger (langweiliger, langsamer) Mensch

die **Trance** [ˈtrɑ̃ːs(ə)] (schlafähnlicher Zustand); in Trance fallen; jemanden in Trance versetzen

die **Trä|ne; trä|nen;** das Auge tränt; das Auge tränte; das Auge hat getränt; das **Trä|nen|gas**

der **Trank** (*gehoben für:* Getränk); des Trank[e]s; die Trän|ke; die **Trän|ke** (Tränkplatz für Tiere); die Tränken; **trän|ken;** du tränkst; er tränkte; er hat die Pferde getränkt; tränk[e] die Pferde!

die **Trans|ak|ti|on** (größere [finanzielle] Unternehmung)

der **Trans|fer** (*Wirtschaft:* Zahlung ins Ausland in fremder Währung; *Sport:* Vereinswechsel eines Berufsspielers; Weitertransport von Reisenden); des Transfers; die Transfers; **trans|fe|rie|ren;** ich transferiere; du transferierst; er transferierte; er hat sein Vermögen ins Ausland transferiert

der **Trans|for|ma|tor** (Umspanner elektrischer Ströme); des Transformators; die Trans|for|ma|to|ren

die **Trans|fu|si|on** ([Blut]übertragung)

der **Tran|sis|tor** (Teil eines elektrischen Verstärkers); des Transistors; die Tran|sis|to|ren

der **Tran|sit** (Durchfuhr von Waren; Durchreise); des Transits; die Tran|si|te; der **Tran|sit|ver|kehr; tran|si|tiv** (ein Akkusativobjekt fordernd; zielend); ein transitives Verb

trans|pa|rent (durchscheinend; durchsichtig; durchschaubar); transparente Vorhänge; das **Trans|pa|rent** (durchscheinendes Bild; Spruchband); des Transparent[e]s; die Trans|pa|ren|te; das **Trans|pa|rent|pa|pier**

die **Trans|plan|ta|ti|on** (Organ-, Gewebeverpflanzung); **trans|plan|tie|ren;** ich transplantiere; du transplantierst; sie transplantierte; die Ärztin hat dem Patienten eine fremde Niere transplantiert

der **Trans|port;** des Transport[e]s; die Transpor|te; **trans|por|ta|bel;** ein transportables Fernsehgerät; der **Trans|por|ter;** des Transporters; die Transporter; **trans|port|fä|hig;** der Verletzte war nicht transportfähig; **trans|por|tie|ren;** du transportierst; er transportierte; er hat die Säcke nach Hause transportiert; transportier[e] sie nach Hause!; die **Trans|port|kos|ten** *Plural* das **Tra|pe̱z** (geometrische Figur; Stange für akrobatische Übungen); des Tra|pe|zes; die Tra|pe|ze; **tra|pe̱z|för|mig**

der **Trap|per** (nordamerikanischer Pelztierjäger); des Trappers; die Trapper

der **Trash** [trɛʃ] (Schund, Ramsch); des Trashs

die **Tras|se** (Verlauf eines Verkehrsweges; Bahnkörper; Straßendamm); die Trassen

der **Tra̱tsch** (*umgangssprachlich für:* Geschwätz, Klatsch); des Tratsch[e]s; **tra̱tschen;** du tratschst; er tratschte; er hat getratscht; tratsch[e] nicht so viel!

die **Trau|be;** der **Trau|ben|zu|cker**

trau|en; du traust; er traute; er hat ihm getraut; trau[e] ihm nicht; ich traue mich, *seltener:* mir nicht, das zu tun; der Pfarrer hat das Paar getraut (ehelich verbunden)

die **Trau|er;** der **Trau|er|marsch; trau|ern;** du trauerst; er trauerte; er hat um sie getrauert; trauer[e] nicht mehr!; die **Trauer|wei|de**

die **Trau|fe** (untere Kante des geneigten Daches); **träu|feln;** ich träuf[e]le; du träufelst; er träufelte; er hat ihm Tropfen in die Augen geträufelt

der **Traum;** des Traum[e]s; die Träu|me

das **Trau̱|ma** (starke Verletzung, seelische Erschütterung); des Traumas; die Traumen *oder* Traumata; **trau|ma̱|tisch;** traumatische Erlebnisse

träu|men; du träumst; sie träumte; sie hat geträumt; träum[e] nicht!; der **Träumer;** des Träumers; die Träumer; die **Träu|me|rei;** die **Träu|me|rin;** die Träumerinnen; **träu|me|risch**

trau|rig; die **Trau|rig|keit**

der **Trau|ring;** der **Trau|schein**

traut (behaglich; vertraut); trautes Heim; ein trauter Freund

die **Trau|ung**

der **Tra|vel|ler|scheck** [ˈtrɛvəlɐ...] (Reisescheck)

die **Tra|ves|ti̱e** ([scherzhafte] Umgestaltung [eines Gedichtes]); die Tra|ves|ti|en

der **Treck** (Zug von Flüchtlingen, Auswanderern); des Trecks; die Trecks; der **Tre|cker** (Zugmaschine); des Treckers; die Trecker

das **Tre̩|cking** *vergleiche:* **Tre̩k|king**

der **Treff** (Treffen, Zusammenkunft); des Treffs; die Treffs; **tref|fen;** du triffst; er traf; er hat ihn getroffen; triff genauer!; das **Tref|fen;** des Treffens; die Treffen; der **Tref|fer;** des Treffers; die Treffer; **treff|lich** (sehr gut; ausgezeichnet); ein trefflicher Wein; der **Treff|punkt; treff|sicher**

das **Treib|eis; trei|ben;** du treibst; er trieb; er hat das Vieh auf die Weide getrieben; treib[e] das Vieh auf die Weide!; das **Treiben;** des Treibens; ein munteres Treiben; der **Trei|ber;** des Treibers; die Treiber; das **Treib|haus;** der **Treib|haus|ef|fekt** (Einfluss der Erdatmosphäre auf die von der Erde abgestrahlte Wärme); der **Treibstoff**

das **Tre̩k|king,** *auch:* **Tre̩|cking** (mehrtägige Wanderung oder Fahrt [durch unwegsames Gelände]); des Trekkings, *auch:* Treckings; die Trekkings, *auch:* Treckings

der **Trench|coat** [ˈtrɛntʃkoːt] (ein Wettermantel); des Trenchcoats; die Trenchcoats

der **Tre̩nd** (Richtung einer Entwicklung); des Trends; die Trends; der **Tre̩nd|scout** [...skaut] (jemand, der Trends nachspürt); des Trendscouts; die Trendscouts; der **Tre̩nd|set|ter** (jemand, der den Trend bestimmt); des Trendsetters; die Trendsetter; **tren|dy** (*umgangssprachlich für:* modisch); das ist [nicht] trendy

trenn|bar; tren|nen; du trennst; er trennte; er hat die Streithähne getrennt; trenn[e] die Verbindung nicht!; die **Trenn|kost** (Trenndiät); die **Tren|nung;** der **Tren|nungs|strich**

die **Tren|se** (leichter Pferdezaum); die Trensen

trepp|a̩b; trepp|au̱f; die **Trep|pe;** das **Trep|pen|haus**

der **Tre|sen** (Laden-, Schanktisch); des Tresens; die Tresen

der **Tre|so̱r** (Panzerschrank); des Tresors; die Tre|so|re

die **Tres|se** (Borte); die Tressen

tre|ten; du trittst; er tritt; er trat; er ist in die Pfütze getreten; er hat ihn getreten; tritt mich nicht!; der **Tret|rol|ler**

treu; treu|er; am treu[e]s|ten; ein [mir]

treu ergebener, treu gesinnter Freund; er ist ein treu sorgender Vater; die **Treue;** auf Treu und Glauben; der **Treu|hän|der** (jemand, der Rechte für einen anderen ausübt); des Treuhänders; die Treuhänder; **treu|her|zig** (gutgläubig); **treu|los;** am treu|lo|ses|ten

der, *auch:* das **Tri|an|gel** (*Musik:* ein Schlaggerät); des Triangels; die Triangel

das *oder* der **Tri|ath|lon** (sportlicher Dreikampf); des Triathlons; die Triathlons

der **Tri|bun** (Volksführer [im alten Rom]); des Tribuns *oder* Tri|bu|nen; die Tribune[n]; das **Tri|bu|nal** ([hoher] Gerichtshof); des Tribunals; die Tri|bu|na|le

die **Tri|bü|ne** (Redner-, Zuschauerbühne)

der **Tri|but** (Opfer, Zwangsabgabe); des Tribut[e]s; die Tri|bu|te; einen Tribut fordern, leisten

die **Tri|chi|ne** (ein schmarotzender Fadenwurm); die Trichinen; **tri|chi|nös;** trichinöses Fleisch

der **Trich|ter;** des Trichters; die Trichter

der **Trick;** des Tricks; die Tricks; der **Trickfilm; trick|reich;** ein trickreicher Politiker; **trick|sen** *(umgangssprachlich);* ich trickse; du trickst; sie trickste; sie hat unauffällig getrickst; die **Trick|serei**

der **Trieb;** des Trieb[e]s; die Trie|be; **triebhaft;** am trieb|haf|tes|ten; der **Trieb|täter;** der **Trieb|wa|gen;** das **Trieb|werk**

trie|fen (tropfend nass sein; in vielen Tropfen irgendwohin fließen); ich triefe; du triefst; seine Haare trieften, *selten:* troffen; seine Haare haben von/vor Nässe getrieft, *selten:* getroffen; ABER: aus ihrer Wunde ist Blut getrieft, *selten:* getroffen

trie|zen (*umgangssprachlich für:* quälen, plagen); du triezt; er triezte; er hat ihn getriezt; triez[e] mich nicht!

die **Trift** (Weideland; *auch für:* Meeresströmung, Drift); die Trif|ten

trif|tig (sehr überzeugend); ein triftiger Grund

die **Tri|go|no|me|t|rie** (Dreiecksmessung, -berechnung); **tri|go|no|me|t|risch;** der trigonometrische Punkt (*Zeichen:* TP)

die **Tri|ko|lo|re** (dreifarbige Fahne [Frankreichs]); die Trikoloren

das **Tri|kot** [triˈkoː, *auch:* ˈtrɪko] (eng anliegendes Kleidungsstück aus dehnbarem Gewebe); des Trikots; die Trikots; der, *selten:* das **Tri|kot** (eine Gewebeart); des Trikots; die Trikots

der **Tril|ler;** des Trillers; die Triller; **tril|lern;** du trillerst; er trillerte; er hat auf seiner Pfeife getrillert; triller[e] noch einmal!; die **Tril|ler|pfei|fe**

die **Tril|li|ar|de** (tausend Trillionen); die Trilliarden; die **Tril|li|on** (eine Million Billionen); die Tril|li|o|nen

die **Tri|lo|gie** (Folge von drei [zusammengehörenden] Dichtwerken oder Kompositionen); die Tri|lo|gi|en

der **Trimm-dich-Pfad; trim|men** (in einen gewünschten Zustand bringen); du trimmst; er trimmte; er hat den Pudel getrimmt (geschoren); er hat sich getrimmt (körperlich fit gemacht)

Tri|ni|dad und To|ba|go (Staat im Karibischen Meer)

die **Tri|ni|tät** (*christliche Religion:* Dreieinigkeit, Dreifaltigkeit)

trink|bar; trin|ken; du trinkst; er trinkt; er trank; er hat Milch getrunken; trink[e] viel Milch!; der **Trin|ker;** des Trinkers; die Trinker; die **Trin|ke|rin;** die Trinkerinnen; das **Trink|geld;** das **Trinkwas|ser**

das **Trio** (Musikstück für drei Instrumente; *auch für:* die drei ausführenden Personen); des Trios; die Trios; die **Tri|o|le** (*Musik:* 3 Noten statt 2); die Triolen

der **Trip** (Ausflug, Reise; Rauschzustand durch Drogeneinwirkung, *auch für:* die dafür benötigte Dosis); des Trips; die Trips

Tri|po|lis (Hauptstadt Libyens)

trip|peln; ich tripp[e]le; du trippelst; er trippelte; er ist nach Hause getrippelt; der **Trip|pel|schritt**

der **Trip|per** (eine Geschlechtskrankheit); des Trippers; die Tripper

trist (traurig, öde); am tris|tes|ten; ein trister Morgen; die **Tris|tesse** [trɪsˈtɛs] (Traurigkeit); die Tristessen

der **Tritt;** des Tritt[e]s; die Trit|te; das **Trittbrett; tritt|fest;** trittfeste Leitern

der **Tri|umph** (großer Sieg, Erfolg); des Triumph[e]s; die Tri|um|phe; **tri|um|phal;** ein triumphaler Empfang; **tri|um|phie-**

ren (siegen; jubeln); du triumphierst; sie triumphierte; sie hat bei den Wettkämpfen triumphiert; triumphier[e] nicht zu früh!

das **Tri|um|vi|rat** (Dreimännerherrschaft [im alten Rom]); des Triumvirat[e]s; die Trium|vi|ra|te

tri|vi|al (platt, abgedroschen); ein trivialer Roman; die **Tri|vi|a|li|tät;** die **Tri|vi|alli|te|ra|tur**

tro|cken; trockenes Brot; ein trockener Wein; auf dem Trockenen sitzen (in Verlegenheit sein); sein Schäfchen im Trockenen haben (sich seinen Vorteil gesichert haben); wieder im Trock[e]nen (auf trockenem Boden) sein; die Wäsche wird bald trocken sein, werden; wir wollen trocken (im Trockenen) sitzen; man ließ uns auf der Party [ganz] trocken sitzen (ohne Getränke sitzen); die Kartoffeln sollen [besonders] trocken (an einem trockenen Ort) liegen; das Hemd wird trocken (in trockenem Zustand) gebügelt; ↑ABER: trockenlegen; trockenreiben; trockenschleudern; die **Tro|cken|heit;** **tro|cken|le|gen** (mit frischen Windeln versehen; entwässern); die Mutter legte das Kind trocken; man hat das Moor trockengelegt; **tro|cken|rei|ben** (durch Reiben trocknen); er rieb das Geschirr trocken; das Kind wurde nach dem Bad trockengerieben; **tro|cken|schleudern** (durch Schleudern trocknen); sie schleuderte die Wäsche trocken; sie hat die Wäsche trockengeschleudert; die **Tro|cken|zeit;** **trock|nen;** du trocknest; sie trocknete; sie hat die Kleider getrocknet; trockne deine nassen Sachen!

die **Trod|del** (Quaste); die Troddeln

der **Trö|del** (*umgangssprachlich für:* alte, wertlose Gegenstände); des Trödels; **trödeln** (*umgangssprachlich für:* langsam sein, schlendern); du trödelst; er trödelte; er hat bei der Arbeit getrödelt; sie ist durch die Straßen getrödelt; tröd[e]le nicht!; der **Tröd|ler;** des Trödlers; die Trödler

der **Trog;** des Trog[e]s; die Trö|ge

Tro|ja (antike Stadt in Kleinasien); **tro|janisch;** die trojanischen Helden; ABER: der Trojanische Krieg; das Trojanische Pferd

sich **trol|len** (*umgangssprachlich für:* sich langsam [und beschämt] entfernen); du trollst dich jetzt besser; sie trollte sich; sie hat sich in ihr Zimmer getrollt; troll dich!

die **Trom|mel;** die Trommeln; das **Trom|melfell** (auf der Trommel; im Ohr); **trommeln;** ich tromm[e]le; du trommelst; er trommelte; er hat getrommelt; der **Trommel|re|vol|ver;** der **Tromm|ler;** des Trommlers; die Trommler

die **Trom|pe|te;** **trom|pe|ten;** ich trompete; du trompetest; er trompetete; er hat laut trompetet; der **Trom|pe|ter;** des Trompeters; die Trompeter

die **Tro|pen** (heiße Zone zwischen den Wendekreisen) *Plural;* das **Tro|pen|fieber**

der **Tropf** (bedauernswerter Mensch); des Tropf[e]s; die Tröp|fe; er ist ein armer Tropf; der **Tropf** (*Medizin:* Vorrichtung für die Tropfinfusion); des Tropf[e]s; die Trop|fe; **tröp|feln;** es tröpfelte; es hat getröpfelt; **trop|fen;** es tropfte; es hat getropft; der **Trop|fen;** des Tropfens; die Tropfen; **trop|fen|wei|se;** **tropf|nass;** tropfnasse Wäsche; der **Tropf|stein;** die **Tropf|stein|höh|le**

die **Tro|phäe** (Siegeszeichen; Jagdbeute); die Tro|phä|en

tro|pisch (zu den Tropen gehörend; südlich; heiß); tropisches Klima

die **Tro|po|s|phä|re** (*Meteorologie:* unterste Schicht der Erdatmosphäre)

der **Tross** (Wagenpark mit Nachschub für die Truppe; Gefolge); des Tros|ses; die Trosse

die **Tros|se** (starkes Tau; Drahtseil); die Trossen

der **Trost;** des Tros|tes; Trost suchen, spenden; Trost bringende Worte; **trös|ten;** du tröstest; er tröstete; er hat seinen Freund getröstet; tröste ihn!; der **Tröster;** des Trösters; die Tröster; **tröst|lich;** tröstliches Verständnis; **trost|los;** am trost|lo|ses|ten; eine trostlose Gegend; der **Trost|preis**

der **Trott;** des Trott[e]s; die Trot|te

der **Trot|tel;** des Trottels; die Trottel; **trot|telig;** trotteliges Verhalten

A B C D E F G H I J K L M N O P Q R S T U V W X Y Z

trot|ten (*umgangssprachlich für:* schwerfällig, langsam gehen); der Hund trottet; er trottete; er ist zu seiner Hütte getrottet
trotz

Nach *trotz* steht in der Schriftsprache der Genitiv: »Sie gingen trotz des Regens spazieren.« Die Verbindung von *trotz* mit dem Dativ (»trotz dem Regen«) ist umgangssprachlich. Wenn sich jedoch der Genitiv eines Substantivs im Plural nicht vom Nominativ unterscheidet, ist der Dativ auch im geschriebenen Deutsch korrekt: trotz Beweisen (statt »trotz Beweise«), trotz Büchern (statt »trotz Bücher«). Unverändert kann nur ein allein stehendes, stark gebeugtes Substantiv im Singular bleiben: »trotz Umbau[s] geöffnet«.

der **Trotz;** des Trot|zes; aus Trotz; dir zum Trotz; jemandem Trotz bieten; **trotzen;** du trotzt; er hat getrotzt; **trot|zig;** ein trotziges Kind; der **Trotz|kopf; trotzdem**
trüb *oder* **trü|be;** trübes Wetter; im Trüben fischen (aus einer unklaren Lage Vorteile ziehen)
der **Tru|bel;** des Trubels
trü|ben; der chemische Zusatz trübte das Wasser; diese Nachricht hat unsere Freude getrübt; sich trüben; der Himmel hat sich getrübt; die **Trüb|sal;** die Trübsalle; **trüb|se|lig;** der **Trüb|sinn; trüb|sinnig**
tru|deln (drehend niedergehen); das Flugzeug trudelte; es ist getrudelt
die, *auch:* der **Trüf|fel** (ein Pilz; eine kugelförmige Praline); die Trüffel[n]
der **Trug;** Lug und Trug; das **Trug|bild; trügen;** meine Erinnerung trügt mich; sie trog mich; sie hat mich getrogen; der Schein trügt; **trü|ge|risch;** der **Trugschluss;** des Trug|schlus|ses; die Trugschlüs|se
die **Tru|he**
die **Trüm|mer** *Plural;* der **Trüm|mer|haufen**
der **Trumpf;** die Trümp|fe
der **Trunk;** die Trün|ke; **trun|ken;** er ist trunken vor Freude; die **Trun|ken|heit; trunksüch|tig**
der **Trupp;** die Trupps; die **Trup|pe;** die **Truppen|ver|pfle|gung**
der **Trust** [trast] (Konzern); die Trus|te *und* die Trusts
der **Trut|hahn;** die **Trut|hen|ne**
der *oder* das **Tsa|t|si|ki** *vergleiche:* **Za|zi|ki**
Tschad (Staat in Afrika); der **Tscha|der;** des Tschaders; die Tschader; die **Tscha|de|rin;** die Tschaderinnen; **tscha|disch**
tschau! *oder* **ciao!** [tʃau] (*umgangssprachlich für:* Guten Tag! *oder* Auf Wiedersehen!)
der **Tsche|che;** des Tschechen; die Tschechen; **Tsche|chi|en** (*kurz für:* Tschechische Republik); die **Tsche|chin;** die Tschechinnen; **tsche|chisch;** die **Tsche|chi|sche Re|pu|b|lik** (Staat in Mitteleuropa)
tschüs!, *auch:* **tschüss!** (*umgangssprachlich für:* Auf Wiedersehen!)
Tsd. = Tausend
die **Tse|tse|flie|ge** (Stechfliege im tropischen Afrika)
das **T-Shirt** [ˈtiːʃøːɐ̯t] (Trikothemd mit kurzen Ärmeln); die T-Shirts
die **Tu|ba** (tiefes Blechblasinstrument); die Tuben
die **Tu|be;** die Tuben
die **Tu|ber|ku|lo|se** (eine Infektionskrankheit); *Abkürzungen:* Tb, Tbc, Tbk; **tu|berku|lo|se|krank**
das **Tuch** (Stoff); die Tu|che; das **Tuch** (z. B. das Handtuch); die Tü|cher; die **Tuch|fab|rik**
tüch|tig; die **Tüch|tig|keit**
die **Tü|cke; tü|ckisch;** eine tückische Krankheit
tu|ckern; das Motorboot tuckerte; es hat getuckert; das Boot ist über den See getuckert
der **Tuff** (ein poröses Gestein); des Tuffs; die Tuf|fe; der **Tuff|stein**
tüf|teln; ich tüft[e]le; du tüftelst; er tüftelte; er hat gern getüftelt; der **Tüft|ler;** des Tüftlers; die Tüftler; die **Tüft|le|rin;** die Tüftlerinnen
die **Tu|gend; tu|gend|haft**
der **Tüll** (ein netzartiges Gewebe); die Tül|le
die **Tul|pe**
sich **tum|meln;** du tummelst dich; er tummelte sich; er hat sich getummelt; tumm[e]le dich!; der **Tum|mel|platz**

der **Tümm|ler** (ein Delphin); des Tümmlers; die Tümmler

der **Tu|mor** (Geschwulst); die Tu|mo|ren *oder* Tu|mo|re

der **Tüm|pel;** des Tümpels; die Tümpel

der **Tu|mult** (Lärm; Unruhe; Auflauf); des Tumult[e]s; die Tu|mul|te

tun; du tust es; sie tut es; sie tat es; sie hat es getan; tu[e] es!; sie tut viel Gutes; sie hat ihm nichts getan; das **Tun;** des Tuns; das Tun und Lassen; das Tun und Treiben

die **Tün|che; tün|chen;** du tünchst; er tünchte; er hat die Wand getüncht; tünch[e] das Kinderzimmer!

die **Tun|d|ra** (arktische Kältesteppe); die Tundren

Tu|ne|si|en (Staat in Nordafrika); der **Tu|ne|si|er;** des Tunesiers; die Tunesier; die **Tu|ne|si|e|rin;** die Tunesierinnen; **tu|ne|sisch**

der **Tun|fisch** *vergleiche:* **Thun|fisch**

der **Tu|nicht|gut;** des Tunichtgut *oder* Tunichtgut[e]s; die Tu|nicht|gu|te

Tu|nis (Hauptstadt Tunesiens)

die **Tun|ke; tun|ken;** ich tunke; du tunkst; sie tunkte; sie hat das Brot in den Kaffee getunkt

tun|lich; tun|lichst; tunlichst bald

der **Tun|nel;** des Tunnels; die Tunnel *oder* Tunnels

das **Tüp|fel|chen;** das Tüpfelchen auf dem i; das i-Tüpfelchen

tup|fen; du tupfst; sie tupfte; sie hat getupft; tupf[e] die Salbe auf die Wunde!; der **Tup|fen** (runder Fleck); des Tupfens; die Tupfen

die **Tür;** von Tür zu Tür

> *Tür* ohne *-e* ist heute die in der Standardsprache übliche Form. Nur in wenigen Sprachgebieten und einzelnen dichterischen Werken kommt noch die Form *Türe* vor.

der **Tur|ban** (Kopfbedeckung besonders der Moslems und Hindus); des Turbans; die Tur|ba|ne

die **Tur|bi|ne** (eine Kraftmaschine); die Turbinen; der **Tur|bi|nen|an|trieb**

tur|bu|lent (stürmisch bewegt); am tur|bu|len|tes|ten; die **Tur|bu|lenz** (turbulentes Geschehen; allgemeine Erregung; Wirbel in einer Strömung); die Tur|bu|len|zen

der **Tür|ke;** des Türken; die Türken; die **Tür|kei; tür|kisch;** die **Tür|kin;** die Türkinnen

tür|kis (türkisfarben); ein türkis Kleid; das Kleid ist türkis; ABER: ein Kleid in Türkis; der **Tür|kis** (blauer, auch grüner Edelstein); des Tür|ki|ses; die Tür|ki|se

die **Tür|klin|ke**

der **Turm;** des Turm[e]s; die Tür|me; **tür|men** (aufschichten); ich türme; sie türmte; sie hat die Äpfel zu einer Pyramide getürmt; sich türmen; auf dem Schreibtisch haben sich die Akten getürmt (gestapelt)

tür|men (ausreißen); du türmst; er türmte; er ist [aus dem Gefängnis] getürmt; türme schnell!

das **Turm|sprin|gen** *(Wassersport)*

der **Turn|an|zug; tur|nen;** du turnst; sie turnte; sie hat geturnt; turn[e] öfter!; der **Turner;** des Turners; die Turner; die **Tur|ne|rin;** die Turnerinnen; die **Turn|hal|le;** die **Turn|ho|se**

das **Tur|nier** (ein Wettkampf); des Turniers; die Tur|nie|re

der **Turn|schuh;** die **Turn|stun|de;** die **Turn|ü|bung;** der **Turn|un|ter|richt;** der **Turn|ver|ein**

der **Tur|nus** (Wechsel, festgelegte regelmäßige Wiederkehr); des Turnus *oder* Turnusses; die Turnusse; **tur|nus|mä|ßig**

der **Tür|öff|ner** (elektrische Anlage); das **Türschloss**

die **Tur|tel|tau|be**

der **Tusch** (musikalisches Signal, das eine Ehrung ausdrückt); des Tusch[e]s; die Tu|sche; einen Tusch blasen

die **Tu|sche**

die **Tu|sche|lei; tu|scheln;** du tuschelst; sie tuschelte; sie haben getuschelt; tusch[e]le nicht mit ihr!

der **Tusch|kas|ten;** die **Tusch|zeich|nung**

die **Tü|te**

tu|ten; die Lokomotive tutet; sie tutete; sie hat getutet; ABER: er hat von Tuten und Blasen keine Ahnung (*umgangssprachlich für:* er versteht nichts von der Sache)

TÜV = Technischer Überwachungs-Verein; **TÜV-ge|prüft**

TV = Television

der **Twen** (Mann oder Frau in den Zwanzigern); des Twens; die Twens

der **Twist** (ein Stopfgarn); des Twis|tes; die Twis|te; der **Twist** (ein Tanz); des Twists; die Twists

der **Typ** (Urbild; Modell, Bauart; *umgangssprachlich auch für:* Mensch, Person); des Typs; die Ty|pen; die **Ty|pe** (gegossener Druckbuchstabe; komische Figur); die Typen

der **Ty|phus** (eine Infektionskrankheit); des Typhus

ty|pisch (bezeichnend); ein typischer Fall

die **Ty|po|gra|fie**, *auch:* **Ty|po|gra|phie** (Buchdruckkunst; typografische Gestaltung); **ty|po|gra|fisch**, *auch:* **ty|po|gra|phisch**

der **Ty|rann** (Gewaltherrscher; herrschsüchtiger Mensch); des/dem/den Ty|ran|nen; die Ty|ran|nen; die **Ty|ran|nei; ty|ran|nisch** (gewaltsam, willkürlich); **ty|ran|ni|sie|ren;** du tyrannisierst ihn; er tyrannisierte ihn; er hat ihn tyrannisiert; tyrannisiere ihn nicht!

der **Ty|ran|no|sau|rus** (ein Dinosaurier); des Tyrannosaurus; die Tyrannosaurier; der **Ty|ran|no|sau|rus Rex;** des Tyrannosaurus Rex

U U

das **U** (Buchstabe); des U; die U; ABER: das u in Mut

u. = und

u.a. = und andere[s]; unter anderem, unter anderen

u.ä. = und ähnliche; Hüte, Mützen u.ä. Kopfbedeckungen

u.Ä. = und Ähnliche[s]; Hüte, Mützen u.Ä.

u.a.m. = und andere[s] mehr

die **U-Bahn** (*kurz für:* Untergrundbahn); der **U-Bahn|hof;** das **U-Bahn-Netz;** die **U-Bahn-Sta|ti|on;** der **U-Bahn-Tun|nel;** der **U-Bahn-Wa|gen**

ü|bel
üb|ler; am ü|bels|ten
– ein übler Geruch – üble Nachrede, Laune – ein übler Ruf – ich habe nicht übel Lust[,] das zu tun (ich möchte es tun)
Groß schreibt man »übel«, wenn es substantiviert ist: – sie hat mir etwas, nichts Übles getan – es wäre das Übelste, wenn …
Man schreibt »übel« vom folgenden Verb oder Partizip immer getrennt: – übel sein; mir ist übel – sie wäre übel beraten, wenn sie sich darauf einließe – jemandem etwas [sehr] übel nehmen; sie nimmt immer alles übel – ein übel gelaunter Chef; sein Chef ist übel gelaunt – übel gesinnte Nachbarn; die Nachbarn sind uns übel gesinnt

das **Ü|bel;** des Übels; die Übel; **ü|bel ge|launt, ü|bel ge|sinnt** *vergleiche:* **ü|bel;** die **Ü|bel|keit; ü|bel neh|men** *vergleiche:* **ü|bel;** der **Ü|bel|tä|ter;** die **Ü|bel|tä|te|rin**

ü|ben; du übst; sie übte; sie hat den Handstand geübt; übe Vokabeln!

ü|ber; das Bild hängt über dem Sofa, ABER: er hängt das Bild über das Sofa; Kinder über 8 Jahre; Gemeinden über 10 000 Einwohner; über Nacht; über kurz oder lang; über und über (sehr, völlig); wir mussten über zwei Stunden warten; er ist mir über (überlegen)

ü|ber|all; ü|ber|aus

ü|ber|be|legt; der Raum war überbelegt

ü|ber|bie|ten; er überbot den Rekord; bis jetzt hat keiner diese Leistung überboten

das **Ü|ber|bleib|sel;** des Überbleibsels; die Überbleibsel

der **Ü|ber|blick; ü|ber|bli|cken;** sie überblickte die Lage; sie hat sie überblickt

ü|ber|brü|cken; sie überbrückte die Gegensätze; sie hat sie überbrückt

ü|ber|dies

ü|ber|di|men|si|o|nal (übergroß)

die **Ü|ber|do|sis**

der **Ü|ber|druss**; des Ü|ber|drus|ses; **ü|ber|drüs|sig** (Ablehnung empfindend); einer Sache überdrüssig sein; ich bin seiner überdrüssig

ü|ber|durch|schnitt|lich

ü|ber|ei|len; sie übereilte; sie hat nichts übereilt

ü|ber|ei|n|an|der; sie haben übereinander geredet, gesprochen; er legte die Decken übereinander; er hat sie übereinander gelegt; übereinander liegende Kissen; sie hat die Beine übereinander geschlagen; er begann[,] die Kartons übereinander zu schichten, zu stellen

das **Ü|ber|ein|kom|men** *oder* die **Ü|ber|ein|kunft** (Abmachung); die Übereinkommen *oder* die Ü|ber|ein|künf|te

ü|ber|ein|stim|men; wir stimmen überein; wir haben übereingestimmt

ü|ber|fah|ren (überrollen); er überfuhr den Hund; er hat ihn überfahren; **ü|ber|fah|ren** (über einen Fluss, See fahren); sie fährt über; sie ist übergefahren

der **Ü|ber|fall;** des Überfall[e]s; die Ü|ber|fäl|le; **ü|ber|fal|len;** sie überfiel ihn; sie hat ihn überfallen; **ü|ber|fäl|lig** (zur erwarteten Zeit noch nicht eingetroffen); die Handwerker sind überfällig

ü|ber|flie|ßen; das Wasser fließt über; es floss über; es ist übergeflossen; der **Ü|ber|fluss**; des Ü|ber|flus|ses; die **Ü|ber|fluss|ge|sell|schaft**; **ü|ber|flüs|sig**

ü|ber|for|dern; sie überforderte ihn; sie hat ihn überfordert; die **Ü|ber|for|de|rung**

ü|ber|fra|gen; er hat mich überfragt (seine Frage kann ich nicht beantworten); da bin ich überfragt (darüber weiß ich nicht genug)

ü|ber|füh|ren *oder* **ü|ber|füh|ren** (an einen anderen Ort bringen); sie überführte die Leiche; sie hat die Leiche übergeführt, *auch:* überführt; **ü|ber|füh|ren** (eine Schuld nachweisen); die Polizistin überführte ihn; sie hat ihn überführt

ü|ber|füllt; der Zug war überfüllt

der **Ü|ber|gang;** **ü|ber|gangs|los;** die **Ü|ber|gangs|zeit**

ü|ber|ge|ben; sie übergab ihr die Leitung; sie hat die Wohnung übergeben; sich übergeben (erbrechen); er hat sich übergeben

ü|ber|ge|hen; das Haus ging auf den Käufer über; sie ist zum Feind übergegangen; **ü|ber|ge|hen;** sie übergeht ihn (beachtet ihn nicht); sie hat ihn übergangen

ü|ber|ge|ord|net

das **Ü|ber|ge|wicht**

der **Ü|ber|griff;** des Übergriff[e]s; die Ü|ber|grif|fe

ü|ber|hand; *nur in:* überhand nehmen; etwas nimmt überhand; das Unkraut hat überhand genommen

ü|ber|haupt

ü|ber|heb|lich; die **Ü|ber|heb|lich|keit**

ü|ber|ho|len; sie überholt den Wagen; sie hat ihn überholt; das **Ü|ber|hol|ver|bot**

ü|ber|las|sen; sie überließ mir das Buch; sie hat die Entscheidung mir überlassen

ü|ber|las|tet

ü|ber|lau|fen; die Milch läuft über; der Topf ist übergelaufen; **ü|ber|lau|fen;** es überlief sie kalt; es hat sie kalt überlaufen; der Ort ist von Fremden überlaufen

ü|ber|le|ben; er überlebte den Krieg; er hat seine Frau überlebt; diese Vorstellungen sind überlebt

ü|ber|le|gen (nachdenken); sie überlegte; sie hat lange überlegt; **ü|ber|le|gen** (andere übertreffend); sie ist mir überlegen; ein überlegener (klarer) Sieg; die **Ü|ber|le|gen|heit**

die **Ü|ber|le|gung**

die **Ü|ber|lie|fe|rung**

ü|ber|lis|ten; sie überlistete mich; sie hat mich überlistet

die **Ü|ber|macht;** **ü|ber|mäch|tig;** übermächtige Gegner

ü|ber|mä|ßig

ü|ber|mit|teln; ich übermitt[e]le dir ihre Grüße; sie hat mir eine Nachricht übermittelt

ü|ber|mor|gen; übermorgen Abend

der **Ü|ber|mut;** **ü|ber|mü|tig**

ü|ber|nächs|te; am übernächsten Freitag; ABER: du bist der/die Übernächste

ü|ber|nach|ten; du übernachtest; er übernachtete; er hat bei uns übernachtet; die **Ü|ber|nach|tung**

ü|ber|neh|men; sie übernimmt die Aufgabe; sie hat sie übernommen; er hat sich übernommen (sich zu viel zugemutet); übernimm dich nicht!

ü|ber|que|ren; du überquerst; er hat den Platz überquert; überquere den Bach!

über|ra|schen; du überraschst ihn; sie hat ihn überrascht; überrasche ihn!; die **Ü|ber|ra|schung**

ü|ber|re|den; sie überredete ihn; sie hat ihn überredet; die **Ü|ber|re|dung;** die **Ü|ber|re|dungs|kunst**

ü|ber|reif

ü|ber|rum|peln; er überrumpelte uns; er hat den Feind überrumpelt

ü|ber|run|den; sie überrundet die letzten Läuferinnen; sie hat sie überrundet

ü|bers (über das); übers Jahr

das **Ü|ber|schall|flug|zeug;** die **Ü|ber|schall|ge|schwin|dig|keit**

ü|ber|schät|zen; du überschätzt dich; sie hat ihn überschätzt; überschätze deine Kraft nicht!

ü|ber|schau|bar; die Kosten sind noch überschaubar; **ü|ber|schau|en;** er überschaut das Land; er hat die Auswirkungen überschaut

der **Ü|ber|schlag;** **ü|ber|schla|gen;** sie überschlägt die Kosten (sie rechnet sie kurz durch); er hat drei Seiten überschlagen; sich überschlagen; das Auto hat sich überschlagen

sich **ü|ber|schnei|den;** ihre Arbeitsgebiete haben sich überschnitten

ü|ber|schrei|ten; sie hat die zulässige Geschwindigkeit überschritten

die **Ü|ber|schrift**

der **Ü|ber|schuss;** des Ü|ber|schus|ses; die Ü|ber|schüs|se; **ü|ber|schüs|sig;** überschüssiges Fett

ü|ber|schüt|ten; er schüttete die Milch über; er hat die Milch übergeschüttet; **ü|ber|schüt|ten;** sie überschüttet ihn; sie hat ihn mit Komplimenten überschüttet

der **Ü|ber|schwang;** des Überschwang[e]s; im Überschwang der Gefühle; **ü|ber|schwäng|lich;** sie begrüßte ihn überschwänglich; überschwängliche Freude; die **Ü|ber|schwäng|lich|keit**

ü|ber|schwem|men; der Fluss überschwemmte die Wiesen; der Fluss hat die Wiesen überschwemmt; die **Ü|ber|schwem|mung**

über|schweng|lich, *alte Schreibung für:* **ü|ber|schwäng|lich;** *vergleiche dort*

Ü|ber|see *ohne Artikel;* Waren von *oder* aus Übersee; **ü|ber|see|isch**

ü|ber|se|hen; er übersah den Fehler; er hat ihn übersehen

ü|ber|set|zen (in eine andere Sprache übertragen); er übersetzt den Satz; wir haben ins Lateinische übersetzt; **ü|ber|set|zen** (ans andere Ufer befördern); die Fähre setzt die Autos über; sie hat die Autos übergesetzt; wir haben *oder* wir sind [aufs Festland] übergesetzt; die **Ü|ber|set|zung**

die **Ü|ber|sicht;** **ü|ber|sicht|lich;** eine übersichtliche Darstellung

ü|ber|spitzt (übertrieben); überspitzt formuliert

ü|ber|ste|hen (etwas Mühseliges, Gefahrvolles hinter sich bringen); sie überstand ihre Krankheit; sie hat die Gefahr überstanden; **ü|ber|ste|hen** (über etwas hinausragen); das Brett steht über; es hat übergestanden

ü|ber|stim|men; sie überstimmten ihre Kollegen; sie haben sie überstimmt; die Gegner des Antrags wurden überstimmt

die **Ü|ber|stun|de;** Überstunden machen

ü|ber|stür|zen; er überstürzte die Entscheidung; die Ereignisse haben sich überstürzt; nur nichts überstürzen!

der **Ü|ber|trag;** des Übertrag[e]s; die Ü|berträ|ge; **ü|ber|tra|gen;** sie überträgt ihm ein Amt; sie hat die Zwischensumme übertragen; die **Ü|ber|tra|gung**

ü|ber|tref|fen; sie übertrifft sich selbst; sie hat alle übertroffen

ü|ber|trei|ben; er übertrieb gern; sie hat das Training übertrieben

ü|ber|tre|ten; er übertritt das Gesetz; er hat es übertreten; **ü|ber|tre|ten;** sie hat *oder* ist beim Weitsprung übergetreten

ü|ber|voll; ein übervoller Bus

ü|ber|wäl|ti|gen; du überwältigst ihn; sie überwältigte ihn; sie hat ihn überwältigt; **ü|ber|wäl|ti|gend;** ein überwältigender Ausblick

ü|ber|wei|sen; sie überweist das Geld; sie hat es überwiesen; die **Ü|ber|wei|sung;** der **Ü|ber|wei|sungs|auf|trag**

ü|ber|wie|gend [*auch:* ˈyːbɐviːgn̩t]

ü|ber|win|den; du überwindest; sie überwindet; sie überwand; sie hat ihre Bedenken überwunden; überwinde das Problem!; die **Ü|ber|win|dung**

ü|ber|zäh|lig (zu viel vorhanden); überzählige Löffel

ü|ber|zeu|gen; du überzeugst; sie überzeugte; sie hat ihn überzeugt; **ü|ber|zeu|gend;** überzeugende Gründe; die **Ü|ber|zeu|gung;** die **Ü|ber|zeu|gungs|kraft**

ü|ber|zie|hen; er zieht den Pullover über; er hat ihn übergezogen; **ü|ber|zie|hen;** sie überzieht das Kästchen mit Samt; sie hat ihr Konto überzogen (zu viel abgehoben); der **Ü|ber|zug;** des Überzug[e]s; die Ü|ber|zü|ge

üb|lich; die üblichen Ausreden

das **U-Boot** (*kurz für:* Unterseeboot); der **U-Boot-Krieg**

üb|rig

- übriges Verlorenes; übrige kostbare Gegenstände

Groß schreibt man »übrig«, wenn es substantiviert ist:

- ein Übriges tun (mehr tun, als nötig ist)
- im Übrigen (sonst)
- das, alles Übrige (alles andere)
- die, alle Übrigen (die anderen)

Man schreibt »übrig« immer vom folgenden Verb getrennt:

- übrig haben; ich habe noch Stoff übrig; er hat nichts für Fußball übrig (er mag Fußball nicht)
- übrig sein; es ist noch Kuchen, Suppe übrig
- übrig bleiben; das bleibt übrig; der Kuchen ist übrig geblieben; mir ist gar nichts anderes übrig geblieben
- übrig lassen; sie lässt übrig; sie hat nichts übrig gelassen; ihre Hausarbeiten haben nie etwas zu wünschen übrig gelassen

üb|ri|gens

die **Ü|bung**

u. dgl. [m.] = und dergleichen [mehr]

ü. d. M. = über dem Meeresspiegel

die **UdSSR** (*früher:* die Union der Sozialistischen Sowjetrepubliken)

das **U|fer;** des Ufers; die Ufer; das andere, rettende Ufer; **u|fer|los;** uferlose Ausgaben; ABER: das Uferlose (Endlose); ihre Pläne gingen ins Uferlose (allzu weit)

U|gan|da (Staat in Afrika); der **U|gan|der;** des Uganders; die Ugander; die **U|gan|de|rin;** die Uganderinnen; **u|gan|disch**

die **Uhr;** die Uh|ren; der **Uhr|ma|cher;** des Uhrmachers, die Uhrmacher; die **Uhr|ma|che|rin;** die Uhrmacherinnen; das **Uhr|werk;** der **Uhr|zei|ger|sinn;** im Uhrzeigersinn; entgegen dem Uhrzeigersinn

der **U|hu;** des Uhus; die Uhus

die **U|k|ra|i|ne** [*auch:* u'krainə] (Staat in Osteuropa); der **U|k|ra|i|ner;** des Ukrainers; die Ukrainer; die **U|k|ra|i|ne|rin;** die Ukrainerinnen; **u|k|ra|i|nisch**

UKW = Ultrakurzwelle

der **Ulk** (Spaß; Unfug); des Ulk[e]s; die Ul|ke; **ul|ken;** du ulkst; sie ulkte; sie hat geulkt; ulke nicht!; **ul|kig;** eine ulkige Verkleidung

die **Ul|me** (ein Baum); das **Ul|men|ster|ben**

das **Ul|ti|ma|tum** (letzte befristete Aufforderung); des Ultimatums; die Ultimaten

die **Ul|t|ra|kurz|wel|le** (*Physik:* eine elektromagnetische Welle; *Abkürzung:* UKW); der **Ul|t|ra|kurz|wel|len|sen|der** (*Abkürzung:* UKW-Sender); der **Ul|t|ra|schall** (für Menschen unhörbarer, sehr kurzwelliger Schall); die **Ul|t|ra|schall|be|hand|lung;** **ul|t|ra|vi|o|lett;** ultraviolette Strahlen

um; um vieles größer; um alles in der Welt; um Rat fragen; ich komme um 20 Uhr; um zu; um sein; die Zeit ist um, um gewesen; ↑umso

um|än|dern; er ändert um; er hat den Anzug umgeändert

um|ar|men; du umarmst ihn; sie umarmte ihn; sie hat ihn umarmt

der **Um|bau;** die Umbaue *oder* Um|bau|ten

um|brin|gen (töten); er brachte ihn um; er hat ihn umgebracht

um|dre|hen; er dreht um; er hat jeden Pfennig umgedreht; sich umdrehen; er hat sich umgedreht; die **Um|dre|hung**

um|ei|n|an|der; sich umeinander kümmern; ↑aneinander

um|fal|len; der Stuhl fällt um; der Stuhl ist umgefallen

der **Um|fang;** **um|fang|reich**

um|fas|send; umfassende Auskunft

A B C D E F G H I J K L M N O P Q R S T U V W X Y Z

um|for|men; er formte den Satz um; er hat die Gleichung umgeformt

die **Um|fra|ge**

der **Um|gang;** des Umgang[e]s; die Um|gän-ge; **um|gäng|lich** (freundlich); ein umgänglicher Mensch; die **Um|gangs|form** (das Benehmen) *meist Plural;* gute, schlechte Umgangsformen besitzen; die **Um|gangs|spra|che; um|gangs-sprach|lich;** umgangssprachliche Ausdrücke

um|ge|ben; sie ist von Kindern umgeben; die **Um|ge|bung**

um|ge|kehrt; in umgekehrter Reihenfolge

um|gra|ben; sie gräbt um; sie hat den Garten umgegraben

der **Um|hang;** des Umhang[e]s; die Um|hänge

um|her; um|her|ge|hen; er geht umher; er ist umhergegangen

um|hin; um|hin|kön|nen; sie kann nicht umhin; sie hat nicht umhingekonnt[,] dies zu tun

die **Um|kehr; um|keh|ren;** er kehrt um; er ist umgekehrt; das Verhältnis hat sich umgekehrt; die **Um|keh|rung**

um|kip|pen; er kippte den Eimer um; er hat die Kiste umgekippt; die Stimmung ist umgekippt (umgeschlagen)

sich **um|klei|den;** sie kleidet sich um; sie hat sich umgekleidet

um|kom|men; er ist bei einem Schiffbruch umgekommen

der **Um|kreis** (Umgebung; Kreis durch alle Ecken eines Vielecks); im Umkreis von 50 Kilometer[n]; **um|krei|sen;** die Möwen umkreisten das Boot; die Hyänen haben den Kadaver umkreist

das **Um|land**

um|le|gen; er legt ihr eine Decke um; man hat ihn umgelegt (*umgangssprachlich für:* erschossen)

um|lei|ten; die Polizei leitete den Verkehr um; sie hat den Verkehr umgeleitet; der Verkehr wird umgeleitet; die **Um|leitung**

um|rin|gen; die Kinder umringten den Besucher; sie haben ihn umringt

der **Um|riss** ; des Um|ris|ses; die Um|ris|se

ums (um das); sie geht ums Haus

um|sat|teln; er sattelte das Pferd um; der Student hat umgesattelt (ein anderes Fach gewählt)

der **Um|satz;** des Um|sat|zes; die Um|sät|ze

die **Um|schau;** Umschau halten; sich **um-schau|en;** sie schaute sich um; sie hat sich umgeschaut

der **Um|schlag;** des Umschlag[e]s; die Umschlä|ge

um|schrei|ben (neu, anders schreiben); er schrieb den Text um; er hat den Aufsatz umgeschrieben; **um|schrei|ben** (mit anderen Worten ausdrücken); er umschrieb den Begriff; er hat den Begriff umschrieben; die **Um|schrei|bung**

um|schu|len; der Schüler wurde umgeschult (kam auf eine andere Schule); der Maurer schulte auf Kaufmann um (machte eine Ausbildung zum Kaufmann); er hat umgeschult; der **Um|schü-ler;** die **Um|schü|le|rin;** die **Um|schu|lung**

Um|schwei|fe *Plural;* ohne Umschweife (geradeheraus)

sich **um|se|hen;** sie sieht sich um; sie hat sich umgesehen

um sein *vergleiche:* **um**

die **Um|sicht** (Klugheit; Besonnenheit); **um-sich|tig;** umsichtiges Handeln

um|sie|deln; er siedelte um; er ist umgesiedelt

um|so; umso besser; umso eher; umso mehr[,] als; umso weniger[,] als

um|sonst; das Buch gibt es umsonst (kostenlos); deine Mühe war umsonst (vergeblich)

der **Um|stand;** des Umstand[e]s; die Umstän|de; in anderen Umständen (schwanger) sein; unter Umständen (*Abkürzung:* u.U.); keine Umstände machen; **um|stän|de|hal|ber; um|ständ|lich;** das **Um|stands|wort** (Adverb); die Umstands|wör|ter

um|stei|gen; sie steigt um; sie ist am Paradeplatz umgestiegen

um|stel|len; sie stellt den Schrank um; sich umstellen; sie hat sich umgestellt (sich der neuen Lage angepasst); **um-stel|len;** die Polizei umstellte das Haus; sie hat das Haus umstellt

um|strit|ten; ein umstrittenes Gesetz; das Verbot ist umstritten

der **Um|sturz;** die Um|stür|ze

der **Um|tausch;** des Umtausch[e]s; die Umtau|sche; **ụm|tau|schen;** er tauscht um; er hat den Hut umgetauscht

die **U̲-Mu|sik** (*kurz für:* Unterhaltungsmusik)

die **Um|ver|pa|ckung** (für den Verkauf oder Transport einer Ware entbehrliche Verpackung)

ụm|wäl|zend; eine umwälzende Erfindung; die **Ụm|wäl|zung**

der **Ụm|weg**

die **Ụm|welt;** die **Ụm|welt|be|las|tung; ụm|welt|freund|lich; ụm|welt|scho|nend;** umweltschonende Produkte; der **Ụm|welt|schutz;** der **Ụm|welt|schüt|zer;** des Umweltschützers; die Umweltschützer; die **Ụm|welt|schüt|ze|rin;** die Umweltschützerinnen; die **Ụm|welt|ver|schmut|zung; ụm|welt|ver|träg|lich;** die **Ụm|welt|zer|stö|rung**

ụm|zie|hen; sie zieht um; sie ist umgezogen; sich umziehen; er hat sich umgezogen

um|zịn|geln; sie umzingelten ihn; sie haben den Feind umzingelt

der **Ụm|zug;** des Umzug[e]s; die Um|zü|ge

UN = United Nations (Vereinte Nationen) *Plural;* ↑*auch:* UNO

un|ab|än|der|lich

un|ab|hän|gig; die **Un|ab|hän|gig|keit**

un|ab|läs|sig (ohne Unterbrechung)

un|acht|sam; unachtsame Autofahrer; die **Un|acht|sam|keit**

un|an|ge|bracht

un|an|ge|foch|ten

un|an|ge|mes|sen; die **Un|an|ge|mes|sen|heit**

un|an|ge|nehm

un|an|ge|passt

Un|an|nehm|lich|keit *meist Plural*

un|an|stän|dig; die **Un|an|stän|dig|keit**

un|an|tast|bar

un|ap|pe|tit|lich

un|ar|tig; die **Un|ar|tig|keit**

ụn|äs|the|tisch (unschön)

un|auf|fäl|lig; die **Un|auf|fäl|lig|keit**

un|auf|hör|lich

un|auf|merk|sam; die **Un|auf|merk|sam|keit**

un|aus|steh|lich

un|bän|dig

un|barm|her|zig; die **Un|barm|her|zig|keit**

un|be|denk|lich

un|be|deu|tend

un|be|dingt

un|be|fan|gen

un|be|frie|di|gend

un|be|fugt (zu etwas nicht berechtigt); der **Un|be|fug|te;** ein Unbefugter; die Unbefugten; zwei Unbefugte; die **Un|be|fug|te;** eine Unbefugte

un|be|greif|lich

un|be|grenzt; unbegrenztes Vertrauen

un|be|grün|det; unbegründete Vorwürfe

un|be|hag|lich

un|be|hel|ligt

un|be|hol|fen

un|be|irrt

un|be|kannt; die **Un|be|kann|te** (Variable in Gleichungen); die Unbekannten; zwei Unbekannte; Gleichungen mit einer Unbekannten

un|be|küm|mert

un|be|lehr|bar

un|be|quem

un|be|schränkt; unbeschränkte Vollmachten

un|be|schreib|lich

un|be|sorgt

un|be|stimmt

un|be|strit|ten

un|be|weg|lich

un|be|wusst; das **Un|be|wuss|te;** des Unbewussten

und; und Ähnliche[s] (*Abkürzung:* u. Ä.); und so weiter (*Abkürzung:* usw.); und viele[s] andere [mehr]

der **Un|dank; un|dank|bar;** die **Un|dank|bar|keit**

der **Un|der|dog** [ˈandɐdɔk] ([sozial] Benachteiligter, Schwächerer); des Underdogs; die Underdogs

un|deut|lich

das **Un|ding;** das ist ein Unding

un|echt

un|ei|gen|nüt|zig

un|ein|ge|schränkt

un|ei|nig; die **Un|ei|nig|keit**

un|end|lich; von eins bis unendlich; ABER: er setzte die Diskussion bis ins Unendliche (unaufhörlich) fort; der Weg scheint bis ins Unendliche zu führen; die **Un|end|lich|keit**

un|ent|gelt|lich (kostenlos)

un|ent|schie|den; unentschieden spielen *(Sport);* die Mannschaften spielten,

trennten sich unentschieden; ABER: das **Un|ent|schie|den** *(Sport);* des Unentschiedens; die Unentschieden; die Elf schaffte nur ein Unentschieden
un|ent|wegt
un|er|bitt|lich
un|er|freu|lich
un|er|heb|lich (bedeutungslos)
un|er|hört; das ist ja unerhört!
un|er|klär|lich
un|er|läss|lich (unbedingt nötig)
un|er|mess|lich; unermesslicher Reichtum
un|er|müd|lich
un|er|sätt|lich
un|er|schöpf|lich
un|er|schro|cken
un|er|schüt|ter|lich
un|er|schwing|lich (nicht bezahlbar); ein unerschwingliches Auto
un|er|träg|lich
un|er|war|tet
un|fä|hig; die **Un|fä|hig|keit**
un|fair [ˈʊnfɛːɐ̯] (regelwidrig, unerlaubt; unfein); unfair spielen
der **Un|fall;** des Unfall[e]s; die Un|fäl|le; der **Un|fall|arzt;** die **Un|fall|flucht;** die **Un|fall-ver|si|che|rung;** der **Un|fall|wa|gen**
un|fass|bar; unfassbares Glück
un|fehl|bar; die **Un|fehl|bar|keit**
un|flä|tig (unanständig, unverschämt); unflätige Beschimpfungen
un|freund|lich; die **Un|freund|lich|keit**
der **Un|fug;** des Unfugs; Unfug treiben
der **Un|gar** (Einwohner Ungarns); des/dem/den Ungarn; die Ungarn; die **Un|ga|rin;** die Ungarinnen; **un|ga|risch;** die ungarische Küche; ABER: die Ungarische Rhapsodie (von Franz Liszt); **Un|garn**
un|ge|ach|tet; ungeachtet [dessen], dass
un|ge|bär|dig (widersetzlich)
un|ge|bühr|lich; ungebührliches Benehmen
die **Un|ge|duld; un|ge|dul|dig**
un|ge|eig|net
un|ge|fähr
un|ge|fähr|lich
un|ge|hal|ten (ärgerlich)
un|ge|heu|er; das **Un|ge|heu|er;** des Ungeheuers; die Ungeheuer; **un|ge|heu|er-lich;** ungeheuerliche Vorwürfe
un|ge|hö|rig
un|ge|hor|sam; der **Un|ge|hor|sam**
un|ge|lernt; ein ungelernter Arbeiter
un|ge|mein; sie ist ungemein (sehr) klug
un|ge|nau
un|ge|niert [ˈʊnʒeniːɐ̯t] (ohne Hemmungen)
un|ge|nieß|bar; ungenießbare Äpfel
un|ge|nü|gend; er hat die Note „ungenügend" erhalten
un|ge|ra|de; eine ungerade Zahl
un|ge|ra|ten; ein ungeratenes Kind
un|ge|recht; die **Un|ge|rech|tig|keit**
un|gern; ich komme nur ungern
das **Un|ge|schick; un|ge|schickt**
un|ge|schlecht|lich; ungeschlechtliche Vermehrung von Pflanzen
un|ge|scho|ren; ungeschoren (ohne Schaden) davonkommen
un|ge|stört
un|ge|stüm (*gehoben für:* stürmisch, wild); eine ungestüme Umarmung; ABER: das **Un|ge|stüm;** des Ungestüm[e]s; jugendliches Ungestüm
un|ge|sund
das **Un|ge|tüm;** des Ungetüm[e]s; die Un|ge-tü|me
un|ge|wiss; es ist ungewiss; ABER: im Ungewissen bleiben; eine Fahrt ins Ungewisse; die **Un|ge|wiss|heit**
das **Un|ge|wit|ter**
un|ge|wöhn|lich (selten vorkommend); ein ungewöhnlicher Vorfall; **un|ge-wohnt** (nicht gewohnt); zu ungewohnter Stunde
das **Un|ge|zie|fer;** des Ungeziefers
un|ge|zo|gen; die **Un|ge|zo|gen|heit**
un|gläu|big (zweifelnd); ein ungläubiges Gesicht; **un|glaub|lich;** eine unglaubliche (unwahrscheinliche) Geschichte; ein unglaubliches (*umgangssprachlich für:* enorm großes) Tempo
die **Un|glei|chung** (in der Mathematik)
das **Un|glück; un|glück|lich; un|glück|li|cher-wei|se;** der **Un|glücks|fall**
un|gül|tig
un|güns|tig
un|gut; nichts für ungut
das **Un|heil;** Unheil bringende Veränderungen; ein Unheil verkündendes, *auch:* unheilverkündendes Zeichen; **un|heil|bar;** sie ist unheilbar krank; **un|heil|voll**
un|heim|lich

der **Un|hold;** des Unhold[e]s; die Un|hol|de
un|hy|gi|e|nisch
u|ni ['ʏni] (einfarbig, nicht gemustert); ein uni Kleid; uni gefärbte Stoffe; ABER: ein Kleid in Uni
die **U|ni** (*kurz für:* Universität); die Unis
die **UNICEF** (Kinderhilfswerk der UNO)
die **U|ni|form** [*auch:* 'ʊnifɔrm]; **u|ni|for|miert**
das **U|ni|kum** (etwas in seiner Art Einziges; origineller Mensch); des Unikums; die Unika, *auch:* Unikums
die **U|ni|on** (der Bund, die Vereinigung); die U|ni|o|nen
u|ni|ver|sal (allgemein, umfassend); ein universales Wissen
die **U|ni|ver|si|tät;** die U|ni|ver|si|tä|ten
das **U|ni|ver|sum** (Weltall); des Universums
die **Un|ke** (Feuerkröte); **un|ken** (*umgangssprachlich für:* Unheil voraussagen); du unkst; er unkte; er hat geunkt; unke nicht dauernd!
un|klar; unklare Umrisse; ABER: sie hat ihn im Unklaren gelassen; die **Un|klar|heit**
die **Un|kos|ten** *Plural*
das **Un|kraut**
un|kri|tisch
un|lau|ter (nicht ehrlich); unlauterer Wettbewerb
die **Un|mas|se**
die **Un|men|ge**
der **Un|mensch; un|mensch|lich;** die **Unmensch|lich|keit**
un|miss|ver|ständ|lich
un|mit|tel|bar (direkt); unmittelbare Folgen
un|mög|lich; ein unmöglicher Plan; ABER: nichts Unmögliches verlangen; die **Un|mög|lich|keit**
un|mün|dig (noch nicht mündig)
un|nah|bar (sehr auf Abstand bedacht; abweisend); die **Un|nah|bar|keit**
un|nö|tig
un|nütz
die **UNO,** *auch:* **Uno** = United Nations Organization (Organisation der Vereinten Nationen); ↑*auch:* UN
un|or|dent|lich; die **Un|ord|nung**
un|par|tei|isch
un|pas|send; am un|pas|sends|ten
un|päss|lich (leicht krank; unwohl); die **Un|päss|lich|keit**
un|per|sön|lich
un|po|pu|lär
un|prak|tisch
un|pünkt|lich; die **Un|pünkt|lich|keit**
der **Un|rat** (*gehoben für:* Schmutz); des Unrat[e]s

un|recht, das **Un|recht**

Kleinschreibung:
- in unrechte Hände fallen
- am unrechten Platz sein
- unrecht tun; ABER:

Großschreibung:
- Unrecht bekommen, geben, haben
- du sollst ihm kein Unrecht tun
- etwas, nichts Unrechtes tun
- zu Unrecht
- es geschieht ihm Unrecht
- ein Unrecht begehen
- im Unrecht sein

un|recht|mä|ßig
un|re|gel|mä|ßig
un|reif; die **Un|rei|fe**
un|rein; ein unreiner Klang; ABER: ich habe den Aufsatz ins Unreine (in vorläufiger Form) geschrieben; **un|rein|lich**
un|rich|tig
die **Un|ru|he; un|ru|hig;** unruhig sein, werden
uns
un|sag|bar (außerordentlich); unsagbare Schmerzen; **un|säg|lich** (unsagbar)
un|schein|bar (unauffällig); unscheinbare Häuser
die **Un|schuld; un|schul|dig;** der **Un|schul|di|ge;** ein Unschuldiger; die Unschuldigen; zwei Unschuldige; die **Un|schul|di|ge;** eine Unschuldige
un|selbst|stän|dig *oder* **un|selb|stän|dig;** die **Un|selbst|stän|dig|keit** *oder* **Un|selbstän|dig|keit**
un|ser; unser Freund; unser von allen unterschriebener Brief; unser sind drei; erbarme dich unser; unseres Wissens; ABER: Unsere Liebe Frau (Maria, die Mutter Jesu); Unserer Lieben Frau[en] Kirche; **un|se|re, uns|re, uns|ri|ge;** die Unser[e]n, Unsren, Unsrigen *oder* unser[e]n, unsren, unsrigen; **un|ser|ei|ner, un|ser|eins; un|ser|seits, un|se|rer|seits,**

A B C D E F G H I J K L M N O P Q R S T U V W X Y Z

uns|rer|seits; un|sert|we|gen, uns|ret|we|gen
un|si|cher; die **Un|si|cher|heit**
un|sicht|bar
der **Un|sinn; un|sin|nig**
un|so|zi|al
un|sterb|lich; die **Un|sterb|lich|keit**
un|stet (ruhelos); unstetes Umherziehen
die **Un|sum|me**
un|sym|pa|thisch
un|ta|de|lig *oder* **un|tad|lig;** untad[e]liges Verhalten
un|teil|bar; unteilbare Zahlen
un|ten; sie ist, blieb unten; man wusste kaum noch, was unten und was oben war; es steht weiter unten; etwas nach unten transportieren; von unten her; von unten hinauf
un|ter; unter der Bedingung, dass er kommt; Kinder unter zwölf Jahren haben keinen Zutritt; unter anderem (*Abkürzung:* u. a.); unter Tage arbeiten; unter Umständen (*Abkürzung:* u. U.)
der **Un|ter|arm**
un|ter|be|wusst; das **Un|ter|be|wusst|sein;** im Unterbewusstsein
un|ter|blei|ben (nicht geschehen); der Versuch ist unterblieben
un|ter|bre|chen; du unterbrichst die Reise; sie hat mich mitten im Satz unterbrochen; die Verbindung wurde unterbrochen; die **Un|ter|bre|chung**
un|ter|brin|gen; sie brachte die alten Möbel im Keller unter; sie hat den Koffer im Wagen untergebracht
un|ter|des|sen
un|ter|drü|cken; er unterdrückte die Schwachen; er hat die Schwachen unterdrückt
un|ter|ei|n|an|der; untereinander stehen; die Zahlen stehen untereinander; sie haben untereinander gestanden; untereinander tauschen
un|ter|ent|wi|ckelt; ein körperlich unterentwickeltes Kind
un|ter|er|nährt; die **Un|ter|er|näh|rung**
die **Un|ter|füh|rung**
der **Un|ter|gang; un|ter|ge|hen;** die Sonne geht unter; sie ist untergegangen
un|ter|ge|ord|net; untergeordnete (abhängige) Sätze
der **Un|ter|grund;** in den Untergrund gehen; die **Un|ter|grund|be|we|gung** (verbotene politische Gruppe)
un|ter|halb; unterhalb des Dorfes
der **Un|ter|halt;** des Unterhalt[e]s; Unterhalt zahlen; seinen Unterhalt verdienen; **un|ter|hal|ten;** sie unterhält (unterstützt) ihre Mutter; sie haben gute Verbindungen unterhalten (gepflegt); sich **un|ter|hal|ten;** sie unterhält sich; sie hat sich gut unterhalten; die **Un|ter|hal|tung**
das **Un|ter|hemd**
das **Un|ter|holz** (Gebüsch im Wald)
die **Un|ter|ho|se**
un|ter|ir|disch; ein unterirdisches Lager
un|ter|kom|men; sie kam in einer Jugendherberge unter; sie ist bei einer Freundin untergekommen; die **Un|ter|kunft;** die Un|ter|künf|te
die **Un|ter|küh|lung**
die **Un|ter|la|ge**
un|ter|las|sen; sie unterlässt es; sie hat ihre Bemerkungen unterlassen; die **Un|ter|las|sung**
un|ter|le|gen; die unterlegene Mannschaft; er war ihm [körperlich] unterlegen; die **Un|ter|le|gen|heit**
der **Un|ter|leib**
die **Un|ter|lip|pe**
un|term (*umgangssprachlich für:* unter dem); unterm Baum sitzen
die **Un|ter|mie|te;** in, zur Untermiete wohnen; der **Un|ter|mie|ter;** die **Un|ter|mie|te|rin**
un|ter|neh|men; sie unternimmt etwas; sie hat noch nichts unternommen; das **Un|ter|neh|men** (größerer Betrieb); des Unternehmens; die Unternehmen; der **Un|ter|neh|mer;** des Unternehmers; die Unternehmer; die **Un|ter|neh|me|rin;** die Unternehmerinnen; **un|ter|neh|me|risch;** die **Un|ter|neh|mung;** der **Un|ter|neh|mungs|geist; un|ter|neh|mungs|lus|tig**
un|ter|ord|nen; er ist ihr untergeordnet; sich unterordnen; er hat sich ihr untergeordnet; die **Un|ter|ord|nung**
un|ter|pri|vi|le|giert (sozial benachteiligt); unterprivilegierte Schichten
die **Un|ter|re|dung** (wichtiges [offizielles] Gespräch)
der **Un|ter|richt;** des Unterricht[e]s; die Un|ter|rich|te *Plural selten*; **un|ter|rich|ten;** du unterrichtest; sie unterrichtete; sie

hat ihn von diesem Ereignis unterrichtet; **un|ter|richts|frei;** die **Un|ter|richts|stun|de**

der **Un|ter|rock**

un|ters (*umgangssprachlich für:* unter das); unters Auto kriechen

un|ter|sa|gen (verbieten); er untersagte ihr das Rauchen; er hat es ihr untersagt

der **Un|ter|satz;** des Un|ter|sat|zes; die Un|ter|sät|ze

un|ter|schei|den; er unterscheidet; er hat Mein und Dein nicht unterschieden; die **Un|ter|schei|dung;** der **Un|ter|schied**

der **Un|ter|schen|kel**

die **Un|ter|schicht**

un|ter|schla|gen; er unterschlug Geld; er hat Geld unterschlagen; die **Un|ter|schla|gung**

der **Un|ter|schlupf;** einen Unterschlupf finden

un|ter|schrei|ben; sie unterschreibt; sie hat den Vertrag unterschrieben; die **Un|ter|schrift**

un|ter|set|zen; ich habe den Eimer untergesetzt; der **Un|ter|set|zer;** des Untersetzers; die Untersetzer; **un|ter|setzt** (klein und kräftig gewachsen); ein untersetzter Mann

un|ter|stel|len; ich stelle mein Fahrrad hier unter; sie hat es im Schuppen untergestellt; **un|ter|stel|len;** ich unterstelle ihn deiner Aufsicht; er hat ihr eine Lüge unterstellt (fälschlich behauptet, sie lüge); die **Un|ter|stel|lung**

un|ter|strei|chen; sie unterstreicht den Satz; sie hat das Wort unterstrichen

die **Un|ter|stu|fe**

un|ter|stüt|zen; sie unterstützt mich; sie hat mich unterstützt; die **Un|ter|stüt|zung**

un|ter|su|chen; die Ärztin untersuchte den Patienten; die Polizei hat den Fall genau untersucht; die **Un|ter|su|chung**

der **Un|ter|ta|ge|bau** (Bergbau unter Tage)

un|ter|tan (*veraltend für:* untergeben); er ist ihm untertan; der **Un|ter|tan;** des Untertans; dem/den Un|ter|ta|nen; die Un|ter|ta|nen; **un|ter|tä|nig** (ergeben)

die **Un|ter|tas|se**

die **Un|ter|wä|sche**

un|ter|wegs; unterwegs sein

die **Un|ter|welt** (Totenreich; Verbrechermilieu)

un|ter|wer|fen (mit [militärischer] Gewalt besiegen); er unterwarf seine Gegner; er hat das Land unterworfen; die Gallier wurden von den Römern unterworfen; unterwirf dich dem Richterspruch!; sich unterwerfen (sich unter jemandes Herrschaft stellen); sie haben sich den Angreifern unterworfen; die **Un|ter|wer|fung; un|ter|wür|fig**

un|ter|zeich|nen; die Regierung unterzeichnete das Abkommen; sie hat den Vertrag unterzeichnet

die **Un|tie|fe** (seichte Stelle; *auch für:* abgrundartige Tiefe)

das **Un|tier** (Ungeheuer)

un|treu; die **Un|treue**

un|ü|ber|sicht|lich; die **Un|ü|ber|sicht|lich|keit**

un|un|ter|bro|chen

un|ver|ant|wort|lich; unverantwortliches Handeln

un|ver|bind|lich; eine unverbindliche Erklärung

un|ver|blümt (ganz offen)

un|ver|ein|bar; unvereinbare Standpunkte

un|ver|fälscht

un|ver|fro|ren (respektlos); die **Un|ver|fro|ren|heit**

un|ver|gess|lich; unvergessliche Erinnerungen

un|ver|hofft

un|ver|hoh|len (nicht verborgen)

un|ver|meid|lich

un|ver|nünf|tig

un|ver|schämt; die **Un|ver|schämt|heit**

un|ver|se|hens (plötzlich)

un|ver|sehrt (nicht verletzt, verwundet)

un|ver|söhn|lich

un|ver|stän|dig (unklug); **un|ver|ständ|lich** (undeutlich; unbegreiflich)

un|ver|wüst|lich

un|ver|zagt (zuversichtlich)

un|ver|zeih|lich

un|ver|züg|lich (ohne Verzögerung)

un|voll|stän|dig

un|vor|sich|tig

un|wahr; die **Un|wahr|heit**

un|wahr|schein|lich

A B C D E F G H I J K L M N O P Q R S T U V W X Y Z

un|weg|sam (kaum zu begehen oder zu befahren); unwegsames Gelände

un|wei|ger|lich

un|weit; unweit des Flusses *oder* unweit vom Fluss

un|we|sent|lich

das **Un|wet|ter**

un|wi|der|ruf|lich

un|wi|der|steh|lich

un|wie|der|bring|lich

un|wil|lig

un|will|kür|lich

un|wirk|sam

un|wirsch (unfreundlich)

un|wis|send; die **Un|wis|sen|heit; un|wis|sent|lich**

un|wohl; mir ist unwohl; unwohl sein; ABER: das **Un|wohl|sein;** des Unwohlseins; wegen Unwohlseins

un|wür|dig

die **Un|zahl** (sehr große Zahl); **un|zäh|lig;** unzählige Kranke; unzählige Male hatte sie ihm geholfen; ich habe es unzählige Mal versucht; ABER: es haben sich Unzählige an der Aktion beteiligt

die **Un|ze** (Gewichtseinheit); die Unzen

un|zeit|ge|mäß

un|zer|trenn|lich

die **Un|zucht** (unsittliche sexuelle Handlung); **un|züch|tig**

un|zu|frie|den; die **Un|zu|frie|den|heit**

un|zu|ver|läs|sig; die **Un|zu|ver|läs|sig|keit**

das **Up|date** ['apdeɪt] (*EDV:* Aktualisierung; aktualisierte Version eines Programms, einer Datei o. Ä.); des Updates; die Updates; **up|da|ten** ['apdeɪtn̩] (*EDV:* eine Datei, ein Programm o. Ä. aktualisieren); er updatet; ich habe die Software upgedatet

Die gebeugten Formen von *updaten* klingen für viele Menschen merkwürdig oder unschön, weil hier ein englisches Wort nach deutschem Muster gebeugt wird. Es ist deshalb meist besser, das bereits eingedeutschte Verb *aktualisieren* zu verwenden.

üp|pig; eine üppige Mahlzeit; die **Üp|pig|keit**

up to date ['ap tu 'deɪt] (zeitgemäß, auf dem neuesten Stand); up to date sein

die **Ur|ab|stim|mung** (Abstimmung aller Mitglieder einer Gewerkschaft)

der **Ur|ahn** (Urgroßvater); des Urahn[e]s *oder* Ur|ah|nen; dem/den Ur|ah|nen; die Ur|ah|nen; die **Ur|ah|ne** (Urgroßmutter); eine Urahne

der **U|ral** (Gebirge zwischen Asien und Europa; Fluss); des Urals

ur|alt

das **U|ran** (ein radioaktives chemisches Element, Metall; *Zeichen:* U); des Urans

die **Ur|auf|füh|rung**

ur|bar (fruchtbar; nutzbar); urbares Land; urbar machen

der **Ur|be|woh|ner** *oder* **Ur|ein|woh|ner**

der **Ur|en|kel;** die **Ur|en|ke|lin**

die **Ur|ge|mein|de** (urchristliche Gemeinde)

ur|ge|müt|lich

die **Ur|groß|el|tern** *Plural;* die **Ur|groß|mut|ter;** der **Ur|groß|va|ter**

der **Ur|he|ber;** des Urhebers; die Urheber; die **Ur|he|be|rin;** die Urheberinnen; das **Ur|he|ber|recht**

der **U|rin** (Harn); **u|ri|nie|ren;** du urinierst; er urinierte; er hat uriniert

die **Ur|kun|de; ur|kund|lich;** ein urkundlicher Nachweis

der **Ur|laub;** des Urlaub[e]s; die Ur|lau|be; der **Ur|lau|ber;** des Urlaubers; die Urlauber; die **Ur|lau|be|rin;** die Urlauberinnen; die **Ur|laubs|rei|se**

die **Ur|ne** (ein Gefäß, Behälter); die Urnen

der **U|ro|lo|ge** (Arzt für Erkrankungen der Harnorgane); des/dem/den Urologen; die Urologen; die **U|ro|lo|gie;** die **U|ro|lo|gin;** die Urologinnen

die **Ur|sa|che; ur|säch|lich**

die **Ur|schrift; ur|schrift|lich**

der **Ur|sprung; ur|sprüng|lich**

das **Ur|strom|tal**

das **Ur|teil;** des Urteils; die Ur|tei|le; **ur|tei|len;** sie urteilt; sie hat richtig geurteilt; urteile gerecht!

das **Ur|tier|chen** (mikroskopisch kleines, einzelliges Tierchen)

U|ru|gu|ay [*auch:* uru'guai] (Staat in Südamerika); der **U|ru|gu|a|yer;** des Uruguayers; die Uruguayer; die **U|ru|gu|a|ye|rin;** die Uruguayerinnen; **u|ru|gu|a|yisch**

der **Ur|wald**

ur|wüch|sig

die **Ur|zeit**

die **US[A]** = United States [of America] (die Vereinigten Staaten [von Amerika]) *Plural;* der **US-Dol|lar** ↑ Dollar

der **U|ser** [ˈju:zɐ] (jemand, der Drogen nimmt; *EDV:* Anwender eines Systems, Programms); des Users; die User; die **U|se|rin;** die Userinnen

usw. = und so weiter

das **U|ten|sil** (notwendiges Gerät, Gebrauchsgegenstand); des Utensils; die U|ten|si|li|en

der **U|te|rus** (Gebärmutter); des Uterus; die Uteri

die **U|to|pie** (Idee, die nicht zu verwirklichen ist; Wunschbild); die U|to|pi|en; **u|to|pisch;** utopische Literatur

UV = ultraviolett; die **UV-Strah|len** *Plural*

u|zen (*umgangssprachlich für:* necken); du uzt; sie hat ihn geuzt

V V

V = Volt

das **V**

[fau]
(Buchstabe); des V; die V; ABER: das v in brav
Die Aussprache von »v«:
In deutschen Wörtern und einigen häufig gebrauchten Fremdwörtern wird der Buchstabe »v« als [f] gesprochen: Vater, Vers, Vogel, viel; hieven, Nerven
In den meisten Fremdwörtern wird jedoch der w-Laut [v] gesprochen: nervös, Vase, Vokal, Malve

Va|duz [faˈdʊts, *auch:* vaˈdu:ts] (Hauptstadt Liechtensteins)

der **Va|ga|bund;** des/dem/den Va|ga|bunden; die Va|ga|bun|den

va|ge *oder* **vag** (unbestimmt, ungewiss)

die **Va|gi|na** [*auch:* ˈva:gina] (weibliche Scheide); der Vagina; die Vaginen

va|kant (leer, unbesetzt); das **Va|ku|um** (nahezu luftleerer Raum); die Va|kua *oder* Va|ku|en

Val|let|ta (Hauptstadt von Malta)

die **Va|lu|ta** (Wert; Geld in ausländischer Währung); die Va|lu|ten

der **Vamp** [vɛmp] (verführerische, kalt berechnende Frau); des Vamps; die Vamps; der **Vam|pir** [*auch:* ˈvampi:ɐ̯] (Blut saugendes Gespenst; Fledermausgattung); die Vam|pi|re

der **Van|da|lis|mus** *oder* **Wan|da|lis|mus** (Zerstörungswut); des Vandalismus *oder* Vandalismus

die **Va|nil|le** [*auch:* vaˈnɪljə]; das **Va|nil|le|eis**

va|ri|a|bel (veränderlich); variable Größen; die **Va|ri|a|b|le** (unbestimmte, veränderliche Größe); der Variablen; die Variablen; mehrere Variable[n]; die **Va|ri|an|te** (Abwandlung, Abweichung; Abart, Spielart); der Variante; die Varianten; die **Va|ri|a|ti|on** (Veränderung, [musikalische] Abwandlung); das **Va|ri|e|tee**, *auch:* **Va|ri|e|té** (Bühne mit buntem Unterhaltungsprogramm); die Varietees, *auch:* Varietés; **va|ri|ie|ren;** er hat das Thema variiert

der **Va|sall** (Lehnsmann); des/dem/den Va|sal|len; die Va|sal|len

die **Va|se;** die **Va|sen|ma|le|rei**

die **Va|se|li|ne** (mineralisches Fett; eine Salbe)

der **Va|ter;** der Heilige Vater (der Papst); das **Va|ter|haus;** das **Va|ter|land;** die Va|ter|län|der; **vä|ter|lich;** das **Va|ter|un|ser;** der **Va|ti;** des Vatis; die Vatis

der **Va|ti|kan** (Residenz des Papstes in Rom; oberste Behörde der katholischen Kirche); **va|ti|ka|nisch;** die **Va|ti|kan|stadt**

v. Chr. = vor Christus

VEB = volkseigener Betrieb (in der DDR)

der **Ve|ge|ta|ri|er** (Pflanzenkostesser); die **Ve|ge|ta|ri|e|rin;** die Vegetarierinnen; **ve|ge|ta|risch;** die **Ve|ge|ta|ti|on** (Pflanzenwuchs; Pflanzendecke); die **Ve|ge|ta|ti|ons|zo|ne;** **ve|ge|ta|tiv;** vegetatives (vom Bewusstsein unabhängiges) Nervensystem; **ve|ge|tie|ren** (kümmerlich leben); er hat in diesem Keller vegetiert

ve|he|ment (heftig); die **Ve|he|menz**

das **Ve|hi|kel** (altes, schlechtes Fahrzeug); die Vehikel

das **Veil|chen**

der **Vek|tor** (gerichtete Größe); des Vektors; die Vek|to|ren

die **Ve|ne** (Blutader); die **Ve|nen|ent|zün|dung**

der **Ve|ne|zo|la|ner** (Einwohner von Venezuela); die **Ve|ne|zo|la|ne|rin;** die Venezolanerinnen; **ve|ne|zo|la|nisch; Ve|ne|zu|e|la** (Staat in Südamerika)

das **Ven|til** (Absperrvorrichtung; Luft-, Dampfklappe); die Ven|ti|le; die **Ven|ti|la|ti|on** (Lüftung; Luftwechsel); der **Ven|ti|la|tor** (Lüfter); die Ven|ti|la|to|ren

Ve|nus (römische Liebesgöttin); die **Venus** (ein Planet)

ver|ab|re|den; du verabredest; sie verabredete; sie hat einen Treffpunkt verabredet; sich verabreden; wir haben uns für heute Abend verabredet; die **Ver|ab|re|dung**

ver|ab|scheu|en; du verabscheust; er verabscheut; er verabscheute; er hat jede Gewalttätigkeit verabscheut

ver|ab|schie|den; du verabschiedest ihn; sie verabschiedete ihn; sie hat ihn verabschiedet; sich verabschieden; ich muss mich noch verabschieden

ver|ach|ten; du verachtest; sie verachtet; sie verachtete; sie hat ihn verachtet; **verächt|lich;** die **Ver|ach|tung**

ver|all|ge|mei|nern; ich verallgemeinere; ich habe verallgemeinert

ver|al|ten; das Buch veraltete schnell; es ist schnell veraltet

die **Ve|ran|da;** die Veranden

ver|än|der|lich; ver|än|dern; du veränderst; er verändert; er veränderte; er hat alles verändert; veränder[e] nichts!; sich verändern; du hast dich sehr verändert; die **Ver|än|de|rung**

die **Ver|an|la|gung**

ver|an|las|sen; was hat dich dazu veranlasst?

ver|an|schau|li|chen; er hat uns das an einem Beispiel veranschaulicht (deutlich, anschaulich gemacht)

ver|an|stal|ten; du veranstaltest; sie veranstaltete; sie hat dieses Fest veranstaltet; die **Ver|an|stal|tung**

ver|ant|wor|ten; er muss sein Tun selbst verantworten (dafür einstehen); er hat sich vor Gericht verantwortet; **ver|ant|wort|lich;** die **Ver|ant|wor|tung;** das **Ver|ant|wor|tungs|be|wusst|sein**

ver|ar|bei|ten; Leder zu Schuhen verarbeiten; er hat die Enttäuschung verarbeitet; die **Ver|ar|bei|tung**

ver|är|gern; ich verärgere ihn noch; die Kritik hat ihn verärgert

das **Verb** (Zeitwort, Tätigkeitswort, z. B. arbeiten); die Ver|ben

der **Ver|band;** der **Ver|band|kas|ten** *oder* **Ver|bands|kas|ten**

ver|ban|nen; du verbannst ihn; sie verbannte ihn; er hat ihn verbannt; verbann[e] ihn!; die **Ver|ban|nung**

ver|ber|gen; du verbirgst; sie verbirgt; er verbarg; sie hat etwas verborgen; verbirg es schnell!

ver|bes|sern; du verbesserst; er verbessert; er verbesserte; er hat den Fehler verbessert; verbessere *und* verbessre ihn!; die **Ver|bes|se|rung**

sich **ver|beu|gen;** du verbeugst dich; er verbeugt sich; sie verbeugte sich vor dem König; er hat sich höflich verbeugt; verbeug[e] dich!; die **Ver|beu|gung**

ver|beu|len; ein verbeulter Kotflügel

ver|bie|gen; du verbiegst; er verbog; sie hat es verbogen; verbieg[e] es nicht!

ver|bie|ten; du verbietest; sie verbietet; er verbot; sie hat mir das Rauchen verboten; verbiete es ihm!

ver|bin|den; du verbindest; er verbindet; sie verband; er hat die Wunde verbunden; verbinde sie!; **ver|bind|lich** (höflich; verpflichtend); die **Ver|bin|dung**

ver|bis|sen

ver|bit|ten; du verbittest dir; sie verbittet sich; sie verbat sich; sie hat sich diese Frechheit verbeten

ver|bit|tert

ver|blas|sen; er/sie verblasst; die Erinnerung ist verblasst

ver|bläu|en (prügeln); er verbläute ihn; er hat ihn verbläut

ver|blüf|fen; du verblüffst; er verblüfft; sie verblüffte; er hat ihn mit dieser Antwort verblüfft; **ver|blüf|fend;** die **Ver|blüf|fung**

ver|blü|hen; die Blume verblüht; die Blume verblühte; sie ist verblüht

ver|blu|ten; er verblutete; der Verletzte ist verblutet

ver|bor|gen; im Verborgenen arbeiten
das **Ver|bot;** die Ver|bo|te; **ver|bo|ten;** das **Ver|bots|schild;** die Verbotsschilder
der **Ver|brauch; ver|brau|chen;** du verbrauchst; er verbraucht; er verbrauchte; er hat das Geld verbraucht; verbrauch[e] nicht so viel!; der **Ver|brau|cher**
das **Ver|bre|chen;** der **Ver|bre|cher**
ver|brei|ten; du verbreitest; er verbreitet; er verbreitete; er hat ein Gerücht verbreitet; verbreite keine Gerüchte!; die **Ver|brei|tung**
ver|bren|nen; du verbrennst; sie verbrennt; sie verbrannte; sie hat den Brief verbrannt; verbrenn[e] ihn!; die **Verbren|nung**
ver|brin|gen; er verbrachte seinen Urlaub an der See; der Kranke hat eine ruhige Nacht verbracht
ver|brü|hen; du hast dich verbrüht; ich habe mir den Arm mit kochendem Wasser verbrüht; die **Ver|brü|hung**
der **Ver|bund;** die Ver|bün|de; im Verbund arbeiten; der **Ver|bün|de|te;** ein Verbündeter; die Verbündeten; zwei Verbündete; die **Ver|bün|de|te;** eine Verbündete
der **Ver|dacht; ver|däch|tig; ver|däch|ti|gen;** du verdächtigst ihn; er verdächtigt ihn; er verdächtigte ihn; er hat ihn zu Unrecht verdächtigt; verdächtige ihn nicht!; die **Ver|däch|ti|gung**
ver|dam|men; du verdammst ihn; er verdammt ihn; sie verdammte ihn; er hat sie dazu verdammt; verdamm[e] ihn nicht dazu!; die **Ver|damm|nis**
ver|damp|fen; das Wasser ist verdampft
ver|dan|ken; wir haben dir viel zu verdanken
ver|dat|tert (*umgangssprachlich für:* verwirrt)
ver|dau|en; du verdaust; er verdaut; er verdaute; er hat das Essen verdaut; verdau[e] diesen Brocken!; die **Ver|dau|ung;** das **Ver|dau|ungs|or|gan**
das **Ver|deck;** die Verdecke; **ver|de|cken;** du verdeckst; er verdeckt; er verdeckte; er hat das Bild verdeckt; verdeck[e] es!
der **Ver|derb;** auf Gedeih und Verderb; **verder|ben** (zugrunde richten; verleiden); du verdirbst mir das Kleid; er verdarb mir den Tag; er hat mir den Tag verdorben; verdirb nicht das gute Kleid!; **verder|ben** (schlecht werden); das Obst verdirbt; das Obst verdarb; das Obst ist verdorben; das **Ver|der|ben;** jemanden ins Verderben stürzen; **ver|derb|lich**
ver|die|nen; du verdienst; sie verdient; sie verdiente; sie hat viel verdient; verdien[e] dir etwas!; der **Ver|dienst** (Lohn, Gewinn); das **Ver|dienst** (Anspruch auf Dank und Anerkennung); **ver|dienst|voll**
ver|dop|peln; du verdoppelst; er verdoppelt; er verdoppelte; er hat sein Vermögen verdoppelt; verdopp[e]le den Betrag!; die **Ver|dop|pe|lung** *oder* **Ver|dopplung**
ver|dor|ben; verdorbene Lebensmittel
ver|dor|ren; das Gras verdorrt; das Gras verdorrte; das Gras ist verdorrt
ver|drän|gen; du verdrängst; er verdrängte ihn von seinem Platz; er hat dieses Erlebnis verdrängt (die Erinnerung daran unterdrückt)
ver|drie|ßen; etwas verdrießt ihn; etwas verdross sie; etwas hat ihn arg verdrossen; ich lasse es mich nicht verdrießen;
ver|drieß|lich; der **Ver|druss;** des Verdrus|ses; die Ver|drus|se
ver|dün|nen; verdünnte Schwefelsäure; die **Ver|dün|nung**
ver|duns|ten; das Wasser verdunstet; es verdunstete; es ist verdunstet; das **Verduns|ten;** die **Ver|duns|tung;** die **Verduns|tungs|käl|te**
ver|durs|ten; er ist verdurstet
ver|dutzt; er war verdutzt
ver|eh|ren; du verehrst sie; er verehrt sie; er verehrte sie; er hat sie verehrt; verehr[e] sie!; die **Ver|eh|rung**
der **Ver|ein**
ver|ein|ba|ren; du vereinbarst ein Treffen mit ihm; ihr habt eine Zusammenkunft vereinbart; die **Ver|ein|ba|rung**
ver|ein|fa|chen; du vereinfachst; er vereinfachte; er hat das Modell vereinfacht; das vereinfacht (erleichtert) die Arbeit sehr
ver|ei|ni|gen; du vereinigst; sie vereinigt; sie vereinigte; sie hat alles in einer Hand vereinigt
das **Ver|ei|nig|te Kö|nig|reich Groß|bri|tan|nien und Nord|ir|land**
die **Ver|ei|nig|ten A|ra|bi|schen E|mi|ra|te** *Plural*

A B C D E F G H I J K L M N O P Q R S T U V W X Y Z

die **Ver|ei|nig|ten Staa|ten** *oder* die **Ver|ei|nig|ten Staa|ten von A|me|ri|ka** *Plural* (*Abkürzung:* US[A])

die **Ver|ei|ni|gung;** die Ver|ei|ni|gun|gen; die **Ver|ei|ni|gungs|men|ge** (Menge, in der die Elemente mehrerer Mengen zusammengefasst sind)

ver|eint; mit vereinten Kräften; die Vereinten Nationen (*Abkürzung:* VN, UN)

ver|ein|zelt

ver|ei|sen; eine vereiste Fahrbahn

ver|ei|teln (zunichte machen, verhindern); du vereitelst; er vereitelte; er hat unseren Plan vereitelt; die **Ver|ei|te|lung** *oder* **Ver|eit|lung**

ver|ei|tern; die Wunde ist vereitert

ver|en|den; das Wild verendete; es ist verendet

ver|er|ben; er vererbte mir sein Vermögen; diese Krankheit hat sich vererbt; die **Ver|er|bung**

Verf. = Verfasser

ver|fah|ren; du verfährst zu rücksichtslos mit ihm; das **Ver|fah|ren;** sich **ver|fah|ren;** er verfuhr sich; er hat sich unterwegs verfahren; die **Ver|fah|rens|wei|se**

der **Ver|fall; ver|fal|len;** das Haus verfällt (wird baufällig); die Eintrittskarten sind verfallen; sie verfiel in Nachdenken

ver|fäng|lich; eine verfängliche Frage

ver|fas|sen; du verfasst; sie verfasste ein Gedicht; sie hat es verfasst; der **Ver|fas|ser** (*Abkürzung:* Verf.); die **Ver|fas|se|rin;** die Verfasserinnen; die **Ver|fas|sung**

ver|feh|len; du verfehlst; er hat das Thema verfehlt; **verfehlt** (ungeeignet; falsch); sie hält diese Idee für verfehlt

ver|flüs|si|gen; verflüssigte Luft

ver|fol|gen; du verfolgst ihn; er verfolgt ihn; er verfolgte ihn; er hat ihn verfolgt; verfolg[e] ihn!; der **Ver|fol|ger;** der **Ver|folg|te;** ein Verfolgter; die Verfolgten; zwei Verfolgte; die **Ver|folg|te;** eine Verfolgte; die **Ver|fol|gung;** die **Ver|fol|gungs|jagd**

ver|füg|bar; ver|fü|gen; du verfügst; sie verfügt; er verfügte; sie hat darüber verfügt; verfüg[e] darüber!; die **Ver|fü|gung**

ver|füh|ren; er hat ihn verführt; der **Ver|füh|rer; ver|füh|re|risch;** die **Ver|füh|rung**

ver|gäl|len (verbittern; ungenießbar machen); du vergällst; er vergällt; er vergällte; er hat ihm die Freude vergällt; vergällter Alkohol

die **Ver|gan|gen|heit; ver|gäng|lich**

der **Ver|ga|ser**

ver|ge|ben; du vergibst; er vergibt; er vergab; sie hat dir vergeben; vergib ihm!; **ver|ge|bens; ver|geb|lich;** die **Ver|ge|bung**

ver|ge|hen; das Jahr vergeht; das Jahr verging; das Jahr ist vergangen

sich **ver|ge|hen;** du vergehst dich; sie hat sich gegen das Gesetz vergangen; das **Ver|ge|hen**

ver|gel|ten; du vergiltst; sie vergilt; sie vergalt; sie hat Böses mit Gutem vergolten; vergilt!; die **Ver|gel|tung**

ver|ges|sen; du vergisst; er vergisst; er vergaß; er hat alles vergessen; vergiss es!; **ver|gess|lich;** die **Ver|gess|lich|keit**

ver|geu|den; du vergeudest; er vergeudet; er hat sein Geld vergeudet; vergeude nichts!; die **Ver|geu|dung**

ver|ge|wal|ti|gen; er hat sie vergewaltigt; die **Ver|ge|wal|ti|gung**

sich **ver|ge|wis|sern;** ich habe mich vergewissert; vergewissere dich!; die **Ver|ge|wis|se|rung;** zur Vergewisserung habe ich nachgeschaut

ver|gif|ten; sie hat ihn vergiftet; vergiftete Speisen; die **Ver|gif|tung**

das **Ver|giss|mein|nicht;** die Vergissmeinnicht *oder* Ver|giss|mein|nich|te

der **Ver|gleich;** einen Vergleich anstellen; **ver|gleich|bar; ver|glei|chen;** du vergleichst; er vergleicht; sie verglich; er hat die beiden Aufsätze verglichen; vergleich[e]! (*Abkürzung:* vgl.); die **Ver|gleichs|form** (Komparativ oder Superlativ); **ver|gleichs|wei|se**

sich **ver|gnü|gen;** du vergnügst dich; er hat sich vergnügt; vergnüg[e] dich!; das **Ver|gnü|gen;** viel Vergnügen!; **ver|gnügt**

sich **ver|grei|fen;** er hat sich an ihm vergriffen; **ver|grif|fen;** das Buch ist vergriffen (nicht mehr lieferbar)

ver|grö|ßern; du vergrößerst das Foto; er hat seinen Betrieb vergrößert; die **Ver|grö|ße|rung**

die **Ver|güns|ti|gung**

die **Ver|gü|tung**

verh. = verheiratet

ver|haf|ten; du verhaftest ihn; er verhaftete ihn; er hat ihn verhaftet; verhafte ihn!; die **Ver|haf|tung**

sich **ver|hal|ten;** er hat sich ablehnend verhalten; **ver|hal|ten;** verhalten sprechen, fahren; das **Ver|hal|ten; ver|hal|tens|auf|fäl|lig;** die **Ver|hal|tens|for|schung;** die **Ver|hal|tens|wei|se;** das **Ver|hält|nis;** des Verhältnisses; die Verhältnisse; **ver|hält|nis|mä|ßig;** das **Ver|hält|nis|wort** (Präposition)

ver|han|deln; du verhandelst mit ihm; wir haben darüber verhandelt; verhand[e]le klug!; die **Ver|hand|lung**

ver|hän|gen; wir verhängten die Fenster; der Schiedsrichter hat einen Elfmeter verhängt; das **Ver|häng|nis;** des Verhängnisses; die Verhängnisse; **ver|häng|nis|voll**

ver|hasst; eine verhasste Pflicht

ver|hee|rend; das ist verheerend (entsetzlich, katastrophal)

ver|heim|li|chen; er hat mir seine Entdeckung verheimlicht

sich **ver|hei|ra|ten;** er hat sich verheiratet; **ver|hei|ra|tet** (*Abkürzung:* verh.)

ver|hei|ßen; du verheißt; er verheißt; er verhieß; er hat mir das verheißen; die **Ver|hei|ßung**

ver|hin|dern; du verhinderst; er verhindert; er verhinderte; er hat den Plan verhindert; verhindere ihn!

ver|höh|nen; du verhöhnst ihn; sie verhöhnt sie; er verhöhnte ihn; sie hat ihn verhöhnt; verhöhn[e] ihn nicht!; die **Ver|höh|nung**

ver|hol|zen; der Stängel verholzt; er ist verholzt

das **Ver|hör; ver|hö|ren;** man hat ihn eingehend verhört; er hat sich verhört (etwas falsch verstanden)

ver|hül|len; sie hat ihr Gesicht verhüllt

ver|hun|gern; du verhungerst; sie verhungerte; sie ist verhungert; das **Ver|hun|gern**

ver|hü|ten; du verhütest; er verhütet; sie verhütete; er hat einen Unfall verhütet; verhüte das Unheil!

ver|hüt|ten (zu Metall verarbeiten); hier werden Eisenerze verhüttet; die **Ver|hüt|tung**

sich **ver|ir|ren;** du verirrst dich; sie verirrt sich; er verirrte sich; sie hat sich im Wald verirrt; verirr[e] dich nicht!; die **Ver|ir|rung**

ver|jäh|ren; das Vergehen ist verjährt (kann nicht mehr bestraft werden); die **Ver|jäh|rung**

ver|ka|beln; die Haushalte wurden verkabelt (an das Netz des Kabelfernsehens angeschlossen); die **Ver|ka|be|lung**

ver|kal|ken; das Rohr ist verkalkt; die **Ver|kal|kung**

der **Ver|kauf; ver|kau|fen;** du verkaufst; er verkauft; sie verkaufte; er hat das Auto verkauft; verkauf[e] es!; der **Ver|käu|fer;** die **Ver|käu|fe|rin; ver|käuf|lich**

der **Ver|kehr**

ver|keh|ren; du verkehrst; er verkehrt; er verkehrte; er hat bei uns verkehrt; er hat diese Absicht ins Gegenteil verkehrt

die **Ver|kehrs|am|pel;** die Verkehrsampeln; das **Ver|kehrs|cha|os;** das **Ver|kehrs|mit|tel;** mit öffentlichen Verkehrsmitteln fahren; der **Ver|kehrs|po|li|zist;** die **Ver|kehrs|re|gel;** der **Ver|kehrs|teil|neh|mer;** der **Ver|kehrs|un|fall;** das **Ver|kehrs|zei|chen**

ver|kehrt; seine Antwort ist verkehrt

ver|klei|den; ich habe mich als trauriger Clown verkleidet; die **Ver|klei|dung**

die **Ver|klei|ne|rungs|form**

ver|knüp|fen; zwei durch „und" verknüpfte Sätze

ver|knu|sen; ich kann ihn nicht verknusen (*umgangssprachlich für:* nicht ausstehen)

ver|kom|men; sie verkommt hier; er ist ganz verkommen; ein verkommener Mensch

ver|krampft

sich **ver|krie|chen;** sie hat sich verkrochen

ver|küm|mern; der Baum ist verkümmert

ver|kün|den; der Richter hat das Urteil verkündet; **ver|kün|di|gen;** das Evangelium verkündigen; die **Ver|kün|di|gung**

der **Ver|lag;** die Ver|la|ge

ver|la|gern; er verlagerte das Gewicht auf das andere Bein; die Firma hat ihre Produktion ins Ausland verlagert

ver|lan|gen; du verlangst; sie verlangte; sie hat ein Bier verlangt; das **Ver|lan|gen**

ver|län|gern; du verlängerst das Kleid; sie hat es verlängert; der Vertrag wurde verlängert; die **Ver|län|ge|rung**

der **Ver|lass**; des Verlasses; es ist kein Verlass auf ihn; **ver|las|sen;** du verlässt uns; sie verlässt uns; er verließ uns; sie hat uns verlassen; verlasse *oder* verlass uns nicht!; sich verlassen; er verlässt sich auf ihn; **ver|läss|lich**

der **Ver|lauf** (Ablauf); **ver|lau|fen;** die Untersuchung verlief ergebnislos; er hat sich verlaufen (verirrt)

ver|le|gen; du verlegst; sie verlegte; er hat die Brille verlegt; verleg[e] sie nicht!; er verlegt eine Leitung (er legt sie); **ver|le|gen** (ein Buch herausbringen); sie hat viele Bücher verlegt; **ver|le|gen;** er war sehr verlegen; die **Ver|le|gen|heit;** der **Ver|le|ger** (Inhaber eines Buch- oder Zeitungsverlags); die **Ver|le|ge|rin;** die Verlegerinnen

ver|lei|den; er hat mir die Arbeit verleidet

der **Ver|leih;** des Verleih[e]s; die Verleihe; **ver|lei|hen;** du verleihst; sie verleiht; er verlieh; sie hat ihr Fahrrad verliehen; verleih[e] nichts!

ver|let|zen; du verletzt; er verletzt; sie verletzte; er hat ihn verletzt; verletz[e] ihn nicht!; sich verletzen; ich habe mich beim Spielen verletzt; der **Ver|letz|te;** ein Verletzter; die Verletzten; zwei Verletzte; die **Ver|letz|te;** eine Verletzte; die **Ver|let|zung;** die **Ver|let|zungs|ge|fahr**

ver|leug|nen; du verleugnest ihn; er hat ihn verleugnet; verleugne nicht dein Alter!; sie ließ sich verleugnen; die **Ver|leug|nung;** die Verleugnung der Tatsachen

ver|leum|den; du verleumdest ihn; er hat ihn verleumdet; verleumde ihn nicht!; der **Ver|leum|der;** die **Ver|leum|dung**

sich **ver|lie|ben;** er hat sich in sie verliebt; die **Ver|liebt|heit**

ver|lie|ren; du verlierst; sie verlor; sie hat Geld verloren; verlier[e] nichts!

das **Ver|lies** (Kerker); die Ver|lie|se

sich **ver|lo|ben;** sie haben sich verlobt; der **Ver|lob|te;** ein Verlobter; die Verlobten; zwei Verlobte; die **Ver|lob|te;** eine Verlobte; die **Ver|lo|bung**

ver|lo|ren; verloren gehen; der Ring ging verloren; er ist verloren gegangen

ver|lo|sen; wertvolle Preise werden verlost

der **Ver|lust**

ver|ma|chen; er hat ihm sein Haus vermacht; das **Ver|mächt|nis;** des Vermächtnisses; die Vermächtnisse

sich **ver|mäh|len;** du vermählst dich; er vermählte sich; er hat sich vermählt; die **Ver|mäh|lung**

ver|meh|ren; er vermehrte seinen Besitz; die Mäuse haben sich stark vermehrt; die **Ver|meh|rung**

ver|meid|bar; ver|mei|den; er vermied jede Begegnung; er hat sie vermieden; vermeide Fehler!; die **Ver|mei|dung**

ver|meint|lich

der **Ver|merk**

ver|mes|sen; du vermisst; sie vermisst; sie vermaß; sie hat das Haus vermessen

ver|mes|sen (auf anmaßender Selbstüberschätzung beruhend); ein vermessenes Unternehmen

die **Ver|mes|sung**

ver|mie|sen; du vermiest; du hast mir den Urlaub vermiest (*umgangssprachlich für:* verdorben)

ver|mie|ten; du vermietest; er vermietete; er hat das Zimmer vermietet; der **Ver|mie|ter;** die **Ver|mie|te|rin;** die Vermieterinnen; die **Ver|mie|tung**

ver|min|dern; er hat das Tempo vermindert; eine verminderte (um einen Halbton verkleinerte) Terz

ver|mis|sen; du vermisst; er vermisst; er vermisste; er hat Geld vermisst; der **Ver|miss|te;** ein Vermisster; die Vermissten; zwei Vermisste; die **Ver|miss|te;** eine Vermisste

ver|mit|teln; er hat mir Arbeit vermittelt; der **Ver|mitt|ler; Ver|mitt|le|rin;** die Vermittlerinnen; die **Ver|mitt|lung**

ver|mo|dert (verfault)

das **Ver|mö|gen;** das hat ihn ein Vermögen (*umgangssprachlich für:* sehr viel) gekostet; **ver|mö|gend**

ver|mum|men; ich habe mich vermummt; das **Ver|mum|mungs|ver|bot**

ver|mu|ten; du vermutest; er vermutet; er vermutete; er hat es vermutet; **ver|mut|lich;** die **Ver|mu|tung;** sie hatte die Vermutung angestellt, dass ...

ver|nach|läs|si|gen; du vernachlässigst; er vernachlässigte; sie hat ihre Arbeit vernachlässigt; die **Ver|nach|läs|si|gung**

ver|neh|men; du vernimmst; er vernahm; er hat das Geräusch vernommen (gehört); er hat den Angeklagten vernommen (verhört); das **Ver|neh|men;** dem Vernehmen nach; die **Ver|neh|mung**
ver|nei|nen; er hat die Frage verneint; ein verneinter Satz; die **Ver|nei|nung**
ver|nich|ten; du vernichtest; sie vernichtet; es vernichtete; er hat die Akten vernichtet; vernichte sie!; die **Ver|nich|tung**
die **Ver|nunft; ver|nünf|tig**
ver|öf|fent|li|chen; du veröffentlichst; er veröffentlicht; sie veröffentlichte; er hat seine Gedichte veröffentlicht; veröffentliche sie!; die **Ver|öf|fent|li|chung**
ver|ord|nen; der Arzt hat mir eine Medizin verordnet; die **Ver|ord|nung**
ver|pach|ten; er verpachtete mir das Land; er hat es an mich verpachtet; die **Ver|pach|tung**
ver|pa|cken; sie verpackte; sie hat das Geschenk verpackt; die **Ver|pa|ckung**
ver|pas|sen; du verpasst; er verpasste den Zug; er hat den Zug verpasst
ver|pet|zen (*umgangssprachlich für:* [beim Lehrer] anzeigen); du verpetzt ihn; er hat uns verpetzt; verpetz[e] ihn nicht!
ver|pfle|gen; du verpflegst; er verpflegt; er verpflegte; er hat die Schüler verpflegt; die **Ver|pfle|gung**
ver|pflich|ten; er hat ihn verpflichtet zu kommen; verpflichte dich dazu!; die **Ver|pflich|tung**
sich **ver|pup|pen;** die Raupe hat sich verpuppt
ver|put|zen; du verputzt die Wände; er hat die Fassade verputzt; das **Ver|put|zen;** das Verputzen der Wände
ver|qui|cken (vermischen); du verquickst; er verquickt; er verquickte; er hat die Dinge miteinander verquickt
der **Ver|rat; ver|ra|ten;** du verrätst; er verrät; er verriet; er hat den Plan verraten; verrat[e] ihn nicht!; der **Ver|rä|ter;** die **Ver|rä|te|rin;** die Verräterinnen
ver|rech|nen; du verrechnest; sie verrechnet; er verrechnete; sie hat den Betrag verrechnet; verrechne ihn!; sich verrechnen; er hat sich verrechnet
ver|re|cken (*derb für:* verenden; elend umkommen); die Kuh ist verreckt
ver|rei|sen; du verreist; sie verreist; sie verreiste; sie ist verreist; verreise!
ver|ren|ken; du verrenkst; er verrenkte; er hat mir den Arm verrenkt; ich habe mir die Schulter verrenkt
ver|rich|ten; er hat seine Arbeit verrichtet
ver|rin|gern; er verringerte den Abstand; die Aussichten auf Besserung haben sich verringert; die **Ver|rin|ge|rung**
ver|ros|ten; das Messer verrostet; es ist verrostet; das **Ver|ros|ten;** zum Schutz vor Verrosten
ver|rot|ten (verfaulen); das Laub verrottet; es ist verrottet
ver|rückt; am ver|rück|tes|ten; der **Ver|rück|te;** ein Verrückter; die Verrückten; zwei Verrückte; die **Ver|rück|te;** eine Verrückte; die **Ver|rückt|heit;** das **Ver|rückt|wer|den;** es ist zum Verrücktwerden
der **Ver|ruf;** jemanden in Verruf bringen; in Verruf kommen; **ver|ru|fen;** ein verrufenes Lokal
der **Vers** (Gedichtzeile); die Ver|se
ver|sa|gen; du versagst; er hat versagt; das **Ver|sa|gen;** der **Ver|sa|ger;** die **Ver|sa|ge|rin;** die Versagerinnen
ver|sal|zen; du versalzt die Suppe; er hat ihm die Freude versalzen
ver|sam|meln; du versammelst; er versammelt; sie versammelte; er hat die Schüler alle um sich versammelt; versamm[e]le sie um dich!; die **Ver|samm|lung;** das **Ver|samm|lungs|recht**
der **Ver|sand**
ver|sau|en (*umgangssprachlich für:* verschmutzen; verderben); du versaust deine Kleidung; du hast mir den Abend versaut
ver|sau|ern (*umgangssprachlich für:* die geistige Frische verlieren); du versauerst hier; er ist versauert
ver|säu|men; du versäumst; sie versäumt; er versäumte; sie hat den Termin versäumt; versäum[e] ihn nicht!; das **Ver|säum|nis;** des Versäumnisses; die Versäumnisse
ver|schaf|fen; ich habe mir Gewissheit verschafft

ver|scheu|chen; du verscheuchst; sie verscheuchte; er hat die Vögel verscheucht; verscheuch[e] sie nicht!; die **Ver|scheu|chung**

ver|schie|ben; ich verschiebe das Dreieck um 2 cm nach rechts; er verschob seinen Besuch; der Termin hat sich verschoben; die **Ver|schie|bung**

ver|schie|den; verschieden lang; Verschiedene (manche) sagen, es sei anders gewesen; Verschiedenes (manches) war mir unklar; Ähnliches und Verschiedenes; etwas Verschiedenes; **ver|schie|dent|lich**

ver|schla|fen; ich verschlief mich; ich habe verschlafen

der **Ver|schlag** (abgeteilter Raum mit Bretterwänden); die Ver|schlä|ge

ver|schla|gen (hinterlistig); die **Ver|schla|gen|heit**

ver|schlech|tern; du verschlechterst deine Lage nur; die Lage hat sich verschlechtert; die **Ver|schlech|te|rung**

der **Ver|schleiß; ver|schlei|ßen;** du verschleißt; er verschleißt; er verschliss; sie hat viele Kleider verschlissen; verschleiß[e] deine Kräfte nicht!; er hat sich in diesem Kampf verschlissen

ver|schlep|pen; man hat ihn in ein Lager verschleppt

ver|schlie|ßen; du verschließt; er verschließt; er verschloss; er hat den Keller verschlossen; verschließ[e] ihn!; sich verschließen; sie hat sich meinen Wünschen verschlossen

ver|schlim|mern; eine Erkältung verschlimmerte seine Krankheit; ihr Zustand hat sich verschlimmert; die **Ver|schlim|me|rung**

ver|schlin|gen; der Hund verschlang das Fleisch; der Bau hat Unsummen verschlungen

ver|schlu|cken; du verschluckst; sie hat den Bissen verschluckt; sich verschlucken; sie hat sich verschluckt; das **Ver|schlu|cken;** das Verschlucken von Kleinteilen kann für Kinder gefährlich werden

der **Ver|schluss;** des Ver|schlus|ses; die Ver|schlüs|se

ver|schmitzt (schlau)

ver|schmut|zen; du verschmutzt; sie verschmutzte; er hat den Boden verschmutzt; verschmutz[e] den Wald nicht!; die **Ver|schmut|zung**

ver|schol|len

ver|scho|nen; verschon[e] mich mit deinem Geschwätz!

ver|schrei|ben; der Arzt verschrieb (verordnete) ihm ein Medikament; ich habe mich verschrieben (ich habe beim Schreiben einen Fehler gemacht)

ver|schro|ben (seltsam, wunderlich); ein verschrobener Mensch

ver|schul|den; er hat den Unfall selbst verschuldet; das **Ver|schul|den;** ohne sein Verschulden

ver|schwei|gen; er verschwieg ihr sein Alter; sie hat ihre Vorstrafen verschwiegen

ver|schwen|den; du verschwendest; er verschwendet; sie verschwendete; er hat sein Geld verschwendet; verschwende nicht so viel Geld!; der **Ver|schwen|der;** die **Ver|schwen|de|rin;** die Verschwenderinnen; **ver|schwen|de|risch**

ver|schwin|den; du verschwindest; er verschwindet; sie verschwand; er ist verschwunden; verschwinde!

ver|schwit|zen (*umgangssprachlich für:* vergessen); er hat die Klavierstunde verschwitzt; **ver|schwitzt** (schweißnass); verschwitzte Kleider

ver|schwom|men

die **Ver|schwö|rung**

ver|se|hen; du versiehst; sie versieht; er versah; sie hat ihren Dienst treu versehen; sich versehen; ich habe mich bei der Abrechnung versehen (geirrt); das **Ver|se|hen; ver|se|hent|lich**

der **Ver|sehr|te;** ein Versehrter; die Versehrten; zwei Versehrte; die **Ver|sehr|te;** eine Versehrte

ver|sen|den; du versendest; sie versendet; sie versendete *und* sie versandte; sie hat die Post versendet *und* versandt; die **Ver|sen|dung**

ver|sen|gen; du versengst; er versengte; er hat sich das Haar versengt

ver|sen|ken; du versenkst; sie versenkte; er hat das Boot im Teich versenkt; die **Ver|sen|kung**

ver|ses|sen; auf Schokolade ist sie ganz versessen; die **Ver|ses|sen|heit**

ver|set|zen; du versetzt; er versetzte den Grenzstein; die Schülerin ist versetzt worden; versetz[e] ihn!; die **Ver|set|zung**
ver|seucht
ver|si|chern; du versicherst; er versichert; er versicherte; sie hat ihr Auto gegen Diebstahl versichert; sich versichern; er hat sich hoch versichert; die **Ver|si|che|rung**
ver|sie|gen; die Quelle versiegte; sie ist versiegt
ver|siert; in etwas versiert (erfahren) sein; ein versierter Fachmann
die **Ver|si|on** (Fassung, Formulierung; Ausführung); die Ver|si|o|nen
ver|söh|nen; du versöhnst; er versöhnt; sie versöhnte; er hat die beiden Kampfhähne versöhnt; sich versöhnen; versöhn[e] dich mit ihr!; die **Ver|söh|nung**
ver|sor|gen; er hat ihn mit Proviant versorgt; die **Ver|sor|gung**
ver|spach|teln; er hat die Ritzen verspachtelt; sie verspachtelte (*umgangssprachlich für:* verzehrte mit großem Appetit) zwei Portionen Pommes frites
sich **ver|spä|ten;** du verspätest dich; er verspätet sich; er verspätete sich; er hat sich verspätet; verspäte dich nicht!; die **Verspä|tung**
ver|spot|ten; sie haben ihn verspottet; die **Ver|spot|tung**
ver|spre|chen; du versprichst; er verspricht; sie versprach; er hat ihr die Heirat versprochen; versprich nicht zu viel!; sich versprechen; sie hat sich versprochen; das **Ver|spre|chen**
ver|staat|li|chen (in Staatseigentum übernehmen); der Bergbau wurde verstaatlicht; die **Ver|staat|li|chung**
der **Ver|stand; ver|stän|dig** (klug, einsichtig); sich **ver|stän|di|gen;** du verständigst dich mit ihm; er verständigte sich mit ihm; er hat sich mit ihm verständigt; die **Ver|stän|di|gung; ver|ständ|lich;** das **Verständ|nis;** des Verständnisses
ver|stär|ken; er hat die Mauer verstärkt; verstärk[e] den Ton!; der **Ver|stär|ker**
ver|stau|chen; du verstauchst; sie verstauchte sich den Fuß; sie hat sich den Fuß verstaucht; verstauch[e] dir nicht den Fuß!; die **Ver|stau|chung**
ver|stau|en; die Koffer im Kofferraum verstauen
das **Ver|steck;** die Ver|ste|cke; Versteck spielen; **ver|ste|cken;** du versteckst; er versteckt; er versteckte; er hat das Spielzeug versteckt; versteck[e] es!; sich verstecken; die Kinder haben sich versteckt; das **Ver|ste|cken;** Verstecken spielen
ver|ste|hen; du verstehst; sie versteht; sie verstand; sie hat verstanden; versteh[e] doch!; jemandem etwas zu verstehen geben; das **Ver|ste|hen**
ver|stei|gern; das Bild wurde versteigert; die **Ver|stei|ge|rung**
ver|stei|nern; die Pflanzen versteinern; sie stand wie versteinert (starr, unbeweglich); die **Ver|stei|ne|rung**
sich **ver|stel|len;** du verstellst dich; sie verstellt sich; sie verstellte sich; sie hat sich verstellt; verstell[e] dich nicht!
ver|stimmt
ver|stop|fen; er hat die Öffnung verstopft; der Abfluss ist verstopft; die **Ver|stop|fung;** er leidet unter Verstopfung
ver|stor|ben; der **Ver|stor|be|ne;** ein Verstorbener; die Verstorbenen; zwei Verstorbene; die **Ver|stor|be|ne;** eine Verstorbene
der **Ver|stoß;** die Ver|stö|ße; **ver|sto|ßen;** der König verstieß seine Gemahlin; er hat gegen die Vorschrift verstoßen
ver|strah|len (radioaktiv verseuchen); verstrahltes Gebiet; die **Ver|strah|lung**
ver|strei|chen; er verstrich die Farbe mit einem Pinsel; er hat die Farbe verstrichen; ABER: der Termin ist verstrichen (vorübergegangen)
ver|stüm|meln; eine verstümmelte Leiche; ein verstümmelter Text
der **Ver|such; ver|su|chen;** du versuchst; sie versucht; sie versuchte; sie hat alles versucht; versuch[e] es!; **ver|suchs|wei|se;** die **Ver|su|chung**
ver|ta|gen; die Sitzung wurde vertagt
ver|tau|schen; mit vertauschten Rollen
ver|tei|di|gen; du verteidigst; er verteidigt; er verteidigte die Festung; er hat den Angeklagten verteidigt; verteidige ihn!; sich verteidigen; er hat sich tapfer verteidigt; der **Ver|tei|di|ger;** die **Ver|tei-**

di|ge|rin; die Verteidigerinnen; die **Ver|tei|di|gung**

ver|tei|len; du verteilst; sie verteilt; er verteilte; sie hat die Geschenke verteilt; verteil[e] sie!

ver|tie|fen; du vertiefst dein Wissen; sie hat ihr Wissen vertieft; die **Ver|tie|fung**

ver|ti|kal (senkrecht); die **Ver|ti|ka|le** (Senkrechte); der Vertikalen; die Vertikalen; zwei Vertikale *oder* zwei Vertikalen

der **Ver|trag;** die Ver|trä|ge

ver|tra|gen; du verträgst; sie verträgt; sie vertrug; sie hat den Wein gut vertragen; sich vertragen; die Kinder haben sich gut vertragen; **ver|träg|lich**

ver|trau|en; du vertraust; er vertraut; er vertraute; er hat ihm vertraut; vertrau[e] ihm nicht!; das **Ver|trau|en;** der **Ver|trau|ens|be|weis;** der **Ver|trau|ens|leh|rer; ver|trau|ens|voll; ver|trau|lich; ver|traut;** am ver|trau|tes|ten; er hat sich damit vertraut gemacht

ver|trei|ben; du vertreibst; sie vertreibt; sie vertrieb; sie hat mehrere Zeitschriften vertrieben; vertreib[e] die Kinder nicht vom Spielplatz!; die **Ver|trei|bung;** die Ver|trei|bun|gen

ver|tre|ten; er hat seinen Bruder vertreten; sich die Füße vertreten; der **Ver|tre|ter;** die **Ver|tre|te|rin;** die Vertreterinnen; die **Ver|tre|tung;** die Ver|tre|tun|gen

der **Ver|trieb** (Verkauf); die Ver|trie|be

der **Ver|trie|be|ne;** ein Vertriebener; die Vertriebenen; zwei Vertriebene; die **Ver|trie|be|ne;** eine Vertriebene

ver|trock|nen; das Gras vertrocknet; es vertrocknete; das Gras ist vertrocknet

ver|trö|deln; du vertrödelst; sie vertrödelte; sie hat viel Zeit vertrödelt; vertröd[e]le nicht kostbare Zeit!

ver|tun; ich habe mich vertan; vertane Zeit

ver|tu|schen; du vertuschst; sie vertuscht; er vertuschte; er hat den Vorfall vertuscht; vertusch[e] nichts!; die **Ver|tu|schung;** die Ver|tu|schun|gen

ver|un|glimp|fen; er hat seinen Konkurrenten verunglimpft

ver|un|glü|cken; du verunglückst; er verunglückt; er verunglückte; er ist verunglückt; verunglück[e] nicht!

ver|un|rei|ni|gen; er hat den Brunnen verunreinigt; die **Ver|un|rei|ni|gung**

ver|un|stal|ten (entstellen); er hat das Bild verunstaltet; die **Ver|un|stal|tung**

ver|ur|sa|chen; du verursachst; sie verursachte; er hat einen Verkehrsunfall verursacht; der **Ver|ur|sa|cher**

ver|ur|tei|len; du verurteilst; sie verurteilte; er hat ihn verurteilt; verurteil[e] ihn nicht!; der **Ver|ur|teil|te;** ein Verurteilter; die Verurteilten; zwei Verurteilte; die **Ver|ur|teil|te;** eine Verurteilte

ver|viel|fa|chen; du vervielfachst; sie vervielfacht; er vervielfachte; sie hat sein Vermögen vervielfacht; vervielfache es!;

ver|viel|fäl|ti|gen; du vervielfältigst; er vervielfältigt; sie vervielfältigte; er hat den Text vervielfältigt; die **Ver|viel|fäl|ti|gung**

ver|wah|ren; du verwahrst; sie verwahrt; er verwahrte; sie hat die Akten verwahrt; verwahr[e] sie!

ver|wahr|lo|sen; du verwahrlost; sie verwahrlost; er verwahrloste; die Wohnung ist völlig verwahrlost

ver|waist

ver|wal|ten; du verwaltest; er verwaltete; sie hat die Kasse verwaltet; verwalte sie!; der **Ver|wal|ter;** die **Ver|wal|tung**

ver|wan|deln; du verwandelst; sie verwandelte; er hat das Kaninchen in Luft verwandelt; die **Ver|wand|lung**

ver|wandt; der **Ver|wand|te;** ein Verwandter; die Verwandten; zwei Verwandte; die **Ver|wand|te;** eine Verwandte; die **Ver|wandt|schaft; ver|wandt|schaft|lich**

ver|war|nen; der Schiedsrichter hat den Spieler verwarnt; die **Ver|war|nung**

ver|wech|seln; du verwechselst; er verwechselt; er verwechselte; sie hat die Namen verwechselt; verwechs[e]le sie nicht!; die **Ver|wech|se|lung** *oder* **Ver|wechs|lung**

ver|we|gen

ver|weh|ren; er hat mir den Zutritt verwehrt

ver|wei|gern; er hat die Annahme verweigert (abgelehnt)

der **Ver|weis; ver|wei|sen;** du verweist; sie verweist; er verwies; sie hat auf die frühere Stelle verwiesen; verweis[e] ihn an die höhere Dienststelle!; der Verbrecher wurde des Landes verwiesen

ver|wel|ken; die Blume verwelkt; die Blume verwelkte; sie ist verwelkt

ver|wen|den; du verwendest; sie verwendet; sie verwandte *und* sie verwendete; sie hat neues Material verwandt *und* verwendet; verwende neues Material!

ver|wer|fen; sein Plan wurde verworfen (abgelehnt); **ver|werf|lich** (moralisch abzulehnen)

ver|wer|ten; er hat alle Reste verwertet; die **Ver|wer|tung**

ver|we|sen; das tote Tier war bereits verwest; die **Ver|we|sung**

ver|wi|ckeln; er hat sich in Widersprüche verwickelt; verwick[e]le ihn in ein Gespräch!; **ver|wi|ckelt;** die **Ver|wi|cke|lung** *oder* **Ver|wick|lung**

ver|wirk|li|chen; du verwirklichst; er verwirklichte; sie hat ihren Plan verwirklicht; verwirkliche ihn!

ver|wir|ren; meine Frage verwirrte ihn; sie hat ihn verwirrt; die **Ver|wir|rung**

ver|wit|tern; das Holz ist verwittert; die **Ver|wit|te|rung**

ver|wöh|nen; du verwöhnst; er verwöhnte; sie hat ihn verwöhnt

ver|wor|ren; verworrenes Zeug reden

ver|wun|den; du verwundest; er verwundet; sie verwundete; er hat ihn verwundet; verwunde ihn nicht!; der **Ver|wun|de|te;** ein Verwundeter; die Verwundeten; zwei Verwundete; die **Ver|wun|de|te;** eine Verwundete; die **Ver|wun|dung**

ver|wun|dern; es verwundert mich; es verwunderte mich; es hat mich verwundert; die **Ver|wun|de|rung**

ver|wüs|ten; ein Sturm hat das Land verwüstet

ver|za|gen; sie ist *oder* hat nicht verzagt

ver|zeh|ren; du verzehrst; sie verzehrt; er verzehrte; sie hat in aller Ruhe ihr Brot verzehrt; verzehr[e] es!

ver|zeich|nen; in der Liste sind alle Namen verzeichnet; das **Ver|zeich|nis;** des Verzeichnisses; die Verzeichnisse

ver|zei|hen; du verzeihst; sie verzeiht; er verzieh; sie hat ihm alles verziehen; verzeih[e] mir!; **ver|zeih|lich;** die **Ver|zei|hung;** Verzeihung!

ver|zer|ren; Schmerz verzerrte sein Gesicht; eine verzerrte Darstellung; die **Ver|zer|rung;** die Ver|zer|run|gen

der **Ver|zicht; ver|zich|ten;** du verzichtest; er verzichtet; sie verzichtete; er hat auf das Erbe verzichtet; verzichte darauf!

ver|zie|hen; du verziehst; sie verzieht; sie verzog; er ist nach Frankfurt verzogen; sich verziehen; sie hat sich gestern Abend schnell verzogen

ver|zie|ren; sie hat den Pudding mit Nüssen verziert; die **Ver|zie|rung**

ver|zö|gern; die Fertigstellung hat sich verzögert; die **Ver|zö|ge|rung;** die Ver|zö|ge|run|gen

ver|zol|len; er hat den Wein verzollt

ver|zwei|feln; du verzweifelst; er verzweifelt; sie verzweifelte; er ist verzweifelt; verzweif[e]le nicht!; die **Ver|zweif|lung;** die **Ver|zweif|lungs|tat**

ver|zwickt; ver|zwick|ter; am ver|zwick|tes|ten; eine verzwickte Geschichte

die **Ves|per;** die Vespern; **ves|pern;** du vesperst; er vesperte; sie hat gevespert

der **Ve|suv** (Vulkan in Italien)

der **Ve|te|ran** (altgedienter Soldat; Oldtimer); des/dem/den Ve|te|ra|nen; die Ve|te|ra|nen

der **Ve|te|ri|när** (Tierarzt); die Ve|te|ri|nä|re; die **Ve|te|ri|nä|rin;** die Veterinärinnen

das **Ve|to** (Einspruch); die Vetos

der **Vet|ter;** die Vettern

vgl. = vergleiche!

v. H. = vom Hundert

der, *auch:* das **Vi|a|dukt** (Talbrücke, Straßen- oder Bahnüberführung); die Vi|a|duk|te

vi|b|rie|ren (beben, zittern); die Fensterscheiben haben vibriert

der **Vic|to|ri|a|see** (See in Afrika)

das **Vi|deo** (Videofilm, Videoband); des Vi|de|os; die Vi|de|os; das **Vi|de|o|band** (zur Aufzeichnung und Wiedergabe von Fernsehsendungen, Filmen usw.); die Vi|de|o|bän|der; der **Vi|de|o|clip** (kurzer Videofilm zu einem Thema); des Videoclips; die Videoclips; der **Vi|de|o|film** (Film zur Wiedergabe auf dem Bildschirm); die **Vi|de|o|ka|me|ra;** die **Vi|de|o|kas|set|te** (mit Videoband); der **Vi|de|o|re|kor|der,** *auch:* **Vi|de|o|re|cor|der** (Gerät zur Aufzeichnung von Fernsehsendungen)

das **Vieh; vie|hisch;** die **Vieh|zucht**

viel

1. Kleinschreibung:
Als unbestimmtes Zahlwort wird »viel« kleingeschrieben:
- in vielem; mit vielem
- um vieles
- ich habe viel[es] erlebt

Wenn »viel« nicht unbestimmtes Zahlwort ist, sondern qualifizierend verwendet wird, kann es auch großgeschrieben werden:
- das Lob der vielen, *auch:* Vielen (der breiten Masse)

2. Beugung:
- viel Gutes *oder* vieles Gute
- mit viel Gutem *oder* mit vielem Guten
- vieler schöner Schnee
- mit vielem kalten Wasser
- viel *oder* viele gute Nachbildungen
- viele Begabte

3. Getrenntschreibung:
Vom folgenden Partizip wird »viel« getrennt geschrieben:
- ein viel diskutiertes Buch
- eine viel gereiste Frau
- ein viel sagender Blick; ABER: ein [noch] vielsagenderer Blick
- ein viel versprechendes Angebot

Vergleiche auch: soviel, so viel; zu viel

vie|ler|lei; vie|ler|orts; viel|fach; das **Viel|fa|che;** um ein Vielfaches; um das Vielfache; das kleinste gemeinsame Vielfache; **viel|fäl|tig** (häufig, oft); **viel|leicht; viel|mals; viel|mehr;** er ist nicht dumm, er weiß vielmehr alles; ABER: er weiß viel mehr als du; **viel|sei|tig**

Vi|en|tiane [vjɛnˈtjan] (Hauptstadt von Laos)

vier; die vier Jahreszeiten; die vier Evangelisten; in seinen vier Wänden (*umgangssprachlich für:* zu Hause) bleiben; sich auf seine vier Buchstaben setzen (*umgangssprachlich für:* sich hinsetzen); etwas unter vier Augen besprechen; alle viere von sich strecken; auf allen vieren gehen; wir sind zu vieren *oder* zu viert; ↑*auch:* acht, die Acht

die **Vier** (Zahl); die Vieren; eine Vier würfeln; er hat in Deutsch eine Vier geschrieben; ↑Acht

das **Vier|eck; vier|e|ckig**

vier|fach ↑achtfach

vier|jäh|rig; vier|köp|fig ↑dreiköpfig

vier|mal ↑achtmal

vier|stel|lig

vier|te ↑achte

vier|tel ↑achtel; das **Vier|tel;** es ist [ein] Viertel vor *oder* nach eins; es hat [ein] Viertel eins geschlagen; es ist fünf Minuten vor drei Viertel; wir treffen uns um viertel acht; wir treffen uns um drei viertel acht; ↑Achtel

das **Vier|tel|jahr; vier|tel|jäh|rig** (ein Vierteljahr alt, dauernd); **vier|tel|jähr|lich** (alle Vierteljahre wiederkehrend)

der, *auch:* das **Vier|tel|li|ter** ↑achtel; die **Vier|tel|no|te** *(Musik);* die **Vier|tel|stun|de;** eine Viertelstunde, *auch:* eine viertel Stunde

vier|tens; vier|zehn ↑acht; **vier|zig** ↑achtzig

Vi|et|nam [*oder* vi̯ɛtˈnaːm] (Staat in Südostasien); der **Vi|et|na|me|se;** die **Vi|et|na|me|sin;** die Vietnamesinnen; **vi|et|na|me|sisch**

der **Vi|kar;** die Vi|ka|re

die **Vil|la;** die Villen

vi|o|lett ↑blau; das **Vi|o|lett** (die violette Farbe)

die **Vi|o|li|ne;** der **Vi|o|lin|schlüs|sel** (G-Schlüssel auf der zweiten Notenlinie)

VIP *oder* **V. I. P.** [vɪp] = very important person[s] (sehr wichtige Person[en], Persönlichkeit[en])

die **Vi|per** (Giftschlange); die Vipern

die **Vi|ren** ↑Virus

der **Vir|tu|o|se** (Meister einer [künstlerischen] Technik); des Virtuosen; die Virtuosen; die **Vir|tu|o|sin;** die Virtuosinnen

das, *auch:* der **Vi|rus** (kleinster Krankheitserreger); die Viren; die **Vi|rus|in|fek|ti|on**

die **Vi|sa|ge** [viˈzaːʒə] (*umgangssprachlich für:* Gesicht); die Visagen

das **Vi|sier** (Zielvorrichtung; Teil des Helms); die Vi|sie|re

die **Vi|si|on** (realistisches Vorstellungsbild von eindringlicher Wirkung)

die **Vi|si|te** (Krankenbesuch des Arztes); die Visiten

die **Vis|ko|se** (glänzende Chemiefaser aus Zellulose)

vi|su|ell (das Sehen betreffend); das **Vi|sum** (amtlich beurkundete Genehmi-

voll

1. Beugung:	
– voll *oder* voller Angst – ein Eimer voll *oder* voller Wasser – der Saal war voll *oder* voller Menschen – voll heiligem Ernst	– voll machen; um das Maß voll zu machen; er hat das Glas voll gemacht – den Mund recht voll nehmen (*umgangssprachlich für:* prahlen); er hat den Mund [zu] voll genommen – jemanden nicht für voll (*umgangssprachlich für:* nicht ernst) nehmen – jemandem die Hucke voll hauen (*umgangssprachlich für:* jemanden verprügeln) – etwas voll (ganz) begreifen oder erfassen *Kann man »voll« weder erweitern noch steigern, schreibt man es mit dem folgenden Verb oder Partizip zusammen:* – ein Werk ↑vollenden – das Urteil ↑vollstrecken – eine Trennung ↑vollziehen
2. Klein- und Großschreibung: *Kleinschreibung:* – ein Fass voll Salz – zehn Minuten nach voll (*umgangssprachlich für:* nach der vollen Stunde) *Großschreibung:* – aus dem Vollen schöpfen – in die Vollen gehen	
3. Getrennt- und Zusammenschreibung: *Vom vorangehenden Substantiv wird »voll« stets getrennt geschrieben:* – ein Arm voll; eine Hand voll *Vom folgenden Verb oder Partizip wird »voll« getrennt geschrieben, wenn es sinnvoll – wenigstens durch »sehr« oder »ganz« – erweitert oder gesteigert werden kann:* – voll laufen; die Wanne läuft voll; sie ist [ganz] voll gelaufen	

gung für den Grenzübertritt; Sichtvermerk im Pass); die Visa *und* die Visen

vi|tal (lebenswichtig; frisch)

das **Vi|ta|min** (ein lebenswichtiger Wirkstoff); die Vi|ta|mi|ne; Vitamin C; **Vi|ta|min-B-hal|tig;** der **Vi|ta|min-B-Man|gel; vi|ta|min|reich**

die **Vi|t|ri|ne** (Schaukasten; Glasschrank)

der **Vi|ze|kanz|ler** ['fiːtsə...] (Stellvertreter des Kanzlers/der Kanzlerin)

VN = Vereinte Nationen

der **Vo|gel;** die **Vo|gel|bee|re; vo|gel|frei** (*früher:* geächtet und daher rechtlos und schutzlos); das **Vo|gel|häus|chen;** das **Vo|gel|nest;** die **Vo|gel|scheu|che;** der **Vo|gel|schutz;** das **Vo|gel|schutz|ge|biet**

die **Vo|ge|sen** (Gebirge in Ostfrankreich) *Plural*

der **Vogt** (*früher:* Verwaltungsbeamter eines Landesherrn); des Vogts *oder* des Vogtes; die Vög|te

die **Vo|ka|bel** (einzelnes Wort eines Wortschatzes); die Vokabeln

der **Vo|kal** (Selbstlaut); die Vo|ka|le

das **Volk;** der **Völ|ker|ball** (ein Ballspiel); das **Völ|ker|recht;** die **Völ|ker|wan|de|rung;** die **Volks|ab|stim|mung;** die **Volks|hoch|schu|le;** das **Volks|lied;** die **Volks|mu|sik;** der **Volks|stamm;** der **Volks|tanz; volks|tüm|lich**

voll *siehe Kasten*

voll|auf

voll|au|to|ma|tisch; voll|au|to|ma|ti|siert

das **Voll|bad**

vol|l|en|den; du vollendest; sie vollendet; sie vollendete; sie hat sein Werk vollendet; vollende es!; **vol|l|ends;** die **Vol|l|en|dung**

vol|ler ↑voll

vol|ley ['vɔli] (aus der Luft, im Flug); den Ball volley nehmen; der **Vol|ley** (volley geschlagener Ball); des Volleys; die Volleys; der **Vol|ley|ball** (ein Ballspiel)

das **Voll|gas;** Vollgas geben

völ|lig

voll|jäh|rig (mündig); die **Voll|jäh|rig|keit**

voll|kom|men

das **Voll|korn|brot**

voll lau|fen *vergleiche:* **voll**

voll ma|chen *vergleiche:* **voll**

die **Voll|macht**
die **Voll|milch;** der **Voll|mond**
voll|stän|dig
voll|stre|cken; er vollstreckte den Beschluss; er hat das Urteil vollstreckt
der **Voll|tref|fer**
das **Voll|verb** (Verb, das allein das Prädikat bilden kann); die **Voll|ver|samm|lung**
voll|wer|tig; die **Voll|wert|kost**
voll|zäh|lig
voll|zie|hen; er vollzog die Trennung; er hat sie vollzogen; die vollziehende Gewalt (Exekutive); der **Voll|zug**
das **Volt** (Einheit der elektrischen Spannung); des Volt *und* des Volts *oder* des Vol|tes; die Volt; 220 Volt
das **Vo|lu|men** (Ausdehnung, Rauminhalt); die Volumen *und* die Vo|lu|mi|na
vom (von dem); **von;** von vorn; von mir aus; von weit her; von jeher; von wegen! (*umgangssprachlich für:* auf keinen Fall!)
von|ei|n|an|der; etwas voneinander haben; etwas voneinander wissen
von|stat|ten ge|hen
vor; vor allem; vor Zeiten
vo|r|an; vo|r|an|ge|hen; die Dinge gehen gut voran; sie sind gut vorangegangen; **vo|r|an|ge|hend;** die vorangehenden Ausführungen; ABER: Vorangehendes
der **Vor|ar|bei|ter**
vo|r|aus; er war allen voraus; im, zum Voraus; **vo|r|aus|ge|hen;** sie geht voraus; sie ist vorausgegangen; **vo|r|aus|ge|hend;** die vorausgehenden Verhandlungen; ABER: Vorausgehendes
vo|r|aus|sa|gen; sie hat ihm die Zukunft vorausgesagt; die **Vo|raus|sa|ge;** präzise Voraussagen machen
vo|r|aus|set|zen; sie setzt voraus; sie hat viel vorausgesetzt; vorausgesetzt[,] dass; die **Vo|raus|set|zung**
vo|r|aus|sicht|lich
der **Vor|be|halt;** die Vorbehalte; mit, unter, ohne Vorbehalt
vor|bei; vor|bei|fah|ren; vor|bei|ge|hen; er geht vorbei; als er vorbeiging; sie ist vorbeigegangen; **vor|bei|kom|men; vor|bei|re|den;** sie haben aneinander vorbeigeredet
vor|be|rei|ten; sie hat den Ausflug gut vorbereitet; die **Vor|be|rei|tung**
vor|be|straft
vor|beu|gen; du beugst vor; er beugt vor; er beugte vor; sie hat vorgebeugt; beug[e] vor!
das **Vor|bild;** die Vor|bil|der; **vor|bild|lich**
vor|de|re; der vordere Teil; an der vorders|ten Front; der **Vor|der|grund**
vor|der|hand (einstweilen)
der **Vor|der|mann;** das **Vor|der|rad**
vor|drän|gen; die Menge drängte vor; du hast dich vorgedrängt
vor|drin|gen; die Feuerwehr drang vor; sie ist bis zum Brandherd vorgedrungen; **vor|dring|lich** (sehr wichtig)
vor|ei|lig
vor|ei|n|an|der; sich voreinander fürchten; sich voreinander hinstellen
vor|ent|hal|ten; sie enthält vor; er hat uns einiges vorenthalten; enthalte uns nichts vor!
die **Vor|ent|schei|dung**
vor|erst
der **Vor|fahr** *oder* der **Vor|fah|re;** des/dem/den Vorfahren; die Vorfahren
die **Vor|fahrt;** [die] Vorfahrt haben; er hat die Vorfahrt nicht beachtet
der **Vor|fall;** die Vor|fäl|le
vor|füh|ren; er hat seine Dias vorgeführt; die **Vor|füh|rung**
der **Vor|gang;** die Vor|gän|ge; der **Vor|gän|ger;** die **Vor|gän|ge|rin;** die Vorgängerinnen; **vor|ge|hen;** sie ging schon vor (voraus); was ist hier vorgegangen (geschehen)?; das **Vor|ge|hen**
die **Vor|ge|schich|te**
der **Vor|ge|schmack**
der **Vor|ge|setz|te;** ein Vorgesetzter; die Vorgesetzten; zwei Vorgesetzte; die **Vor|ge|setz|te;** eine Vorgesetzte
vor|ges|tern; vorgestern Abend
vor|ha|ben; was hast du vor?; ich weiß nicht, was er vorgehabt hat; das **Vor|ha|ben**
die **Vor|hand** *(beim Tennis usw.)*
vor|han|den; vorhanden sein
der **Vor|hang**
vor|her; vorher gehen; vorher baden; **vor|her|ge|hen;** was ging vorher?; einiges ist vorhergegangen; im Vorhergehenden (weiter oben); die **Vor|her|sa|ge; vor|her|sa|gen;** er sagt vorher; sie hat den Misserfolg vorhergesagt; **vor|her|se|hen;** er sah es vorher; sie hat alles vorhergesehen

die **Vor|herr|schaft**
vor|hin
vo|rig; vorigen Jahres; der, die, das Vorige; im Vorigen (weiter oben); die Vorigen (die Personen des Theaterstücks); das Vorige (die vorigen Ausführungen)
vor|jäh|rig; die vorjährige Ernte
die **Vor|keh|rung** (sichernde Maßnahme); Vorkehrung[en] treffen
vor|kom|men; die Sache kam ihm seltsam vor; das ist alles schon vorgekommen; das **Vor|kom|men;** des Vorkommens; die Vorkommen; ergiebige Vorkommen von Erdöl
die **Vor|la|ge**
der **Vor|lauf** *(Sport);* die Vor|läu|fe; der **Vor|läu|fer** (Vorgänger); **vor|läu|fig**
vor|laut; am vor|lau|tes|ten
vor|le|sen; er liest vor; er hat den Text vorgelesen; die **Vor|le|sung**
vor|letz|te ↑letzte
die **Vor|lie|be**
vor|lie|gen; mir lag ein Gutachten vor; ein Verschulden hat nicht vorgelegen
vor|ma|chen; mir kannst du nichts vormachen; er hat mir jeden Handgriff vorgemacht
der **Vor|mit|tag;** heute Vormittag; **vor|mit|tags;** ABER: des, eines Vormittags; ↑Abend, abends
der **Vor|mund;** die Vor|mun|de *und* die Vor|mün|der; die **Vor|mund|schaft**
vorn, *auch:* **vor|ne;** von vorn beginnen
der **Vor|na|me;** des Vornamens; die Vornamen
vor|nehm; vornehm tun
vor|neh|men; du nimmst dir viel vor; du hast dir viel vorgenommen
vor|nehm|lich (besonders)
vorn|he|r|ein; von vornherein
der **Vor|ort;** die Vor|or|te
der **Vor|rang; vor|ran|gig**
der **Vor|rat; vor|rä|tig**
die **Vor|rich|tung**
der **Vor|satz;** die Vor|sät|ze; **vor|sätz|lich**
die **Vor|schau**
der **Vor|schein;** *(nur in:)* zum Vorschein kommen, bringen
der **Vor|schlag; vor|schla|gen;** er schlägt vor; er hat diesen Kandidaten vorgeschlagen
vor|schrei|ben; die Satzung schreibt geheime Wahl vor; das ist vorgeschrieben; die **Vor|schrift; vor|schrifts|mä|ßig**
der **Vor|schub;** Vorschub leisten
das **Vor|schul|al|ter;** die **Vor|schu|le**
der **Vor|schuss;** des Vor|schus|ses; die Vorschüs|se
sich **vor|se|hen;** du siehst dich vor; sie hat sich vorgesehen; die **Vor|sicht; vor|sich|tig; vor|sichts|hal|ber;** die **Vor|sichts|maß|nah|me**
die **Vor|sil|be** (Präfix)
der **Vor|sitz;** der **Vor|sit|zen|de;** ein Vorsitzender; die Vorsitzenden; zwei Vorsitzende; die **Vor|sit|zen|de;** eine Vorsitzende
die **Vor|sor|ge;** Vorsorge treffen; die **Vor|sor|ge|un|ter|su|chung; vor|sorg|lich**
der **Vor|spann** (eines Films); die Vor|span|ne
das **Vor|spiel**
der **Vor|sprung;** die Vor|sprün|ge
der **Vor|stand;** die Vor|stän|de; der **Vor|ste|her**
vor|stel|len; du stellst dir etwas vor; ich habe mich vorgestellt (meinen Namen genannt); die **Vor|stel|lung;** das **Vor|stel|lungs|ge|spräch;** die **Vor|stel|lungs|kraft**
der **Vor|stoß**
die **Vor|stra|fe;** die Vorstrafen
vor|täu|schen; er hat eine Krankheit vorgetäuscht
der **Vor|teil;** im Vorteil sein; **vor|teil|haft;** am vor|teil|haf|tes|ten
der **Vor|trag; vor|tra|gen;** du trägst vor; er trägt vor; sie hat das Gedicht vorgetragen; trag[e] es vor!; die **Vor|trags|be|zeich|nung** *(Musik)*
vor|treff|lich; die **Vor|treff|lich|keit**
vo|r|ü|ber; es ist alles vorüber; **vo|r|ü|ber|ge|hen;** er geht vorüber; er ist vorübergegangen; **vo|r|ü|ber|ge|hend** (für kurze Zeit)
das **Vor|ur|teil; vor|ur|teils|los;** die **Vor|ur|teils|lo|sig|keit**
die **Vor|ver|gan|gen|heit** (Plusquamperfekt)
der **Vor|wand**
vor|wärts; vor- und rückwärts; er ist immer vorwärts gegangen; mit dem Projekt muss es vorwärts gehen; es ist vorwärts gegangen (besser geworden)
vor|weg
vor|wer|fen; sie wirft ihm vor; sie hat ihm Feigheit vorgeworfen

vor|wie|gend (vor allem, meist)
vor|wit|zig
das **Vor|wort**
der **Vor|wurf; vor|wurfs|voll**
das **Vor|zei|chen**
vor|zei|gen; er hat seinen Ausweis vorgezeigt
die **Vor|zeit; vor|zei|tig** (verfrüht); **vor|zeit|lich** (der Vorzeit angehörend)
vor|zie|hen; er zieht ihn vor; er hat ihn vorgezogen; der **Vor|zug; vor|züg|lich; vor|zugs|wei|se**
v. T. = vom Tausend
vul|gär (gewöhnlich; gemein, niedrig)
der **Vul|kan** (Feuer speiender Berg); die Vulka|ne; **vul|ka|nisch; vul|ka|ni|sie|ren** (Kautschuk zu Gummi verarbeiten); du vulkanisierst; er hat den Reifen vulkanisiert

W W

das **W** (Buchstabe); des W; die W; ABER: das w in Löwe
W = Watt; West[en]
die **Waa|ge; waa|ge|recht** *oder* **waag|recht;** eine waag[e]rechte Linie; die **Waa|ge|rech|te** *oder* **Waag|rech|te;** der Waag[e]rechten; die Waag[e]rechten; zwei Waag[e]rechte *oder* Waag[e]rechten; die **Waag|scha|le**
wab|be|lig *oder* **wabb|lig** (unangenehm weich); ein wabb[e]liger Pudding
die **Wa|be**
wach; wach sein, bleiben, werden; sich [mühsam] wach halten, *auch:* wachhalten; die Erinnerung, das Interesse an etwas wachhalten, *auch:* wach halten; ↑ABER: wachrufen, wachrütteln; die **Wa|che; wa|chen;** du wachst; sie wachte; sie hat bei dem Kranken gewacht; der **Wach|hund;** der **Wach|mann;** die Wachmän|ner *oder* Wach|leu|te
der **Wa|chọl|der** (eine Pflanze; ein Branntwein); des Wacholders; die Wacholder; die **Wa|chọl|der|bee|re**
der **Wach|pos|ten; wach|ru|fen** (hervorrufen, wecken); das Bild rief Erinnerungen wach; das hat ihren Ehrgeiz wachgerufen; **wach|rüt|teln** (aufrütteln); er rüttelte uns wach; er hat unser Gewissen wachgerüttelt; sie muss uns jeden Morgen wachrütteln
das **Wachs;** des Wach|ses; die Wach|se; **wachsen** (mit Wachs glätten); du wachst; er wachste; er hat die Skier gewachst; wachse die Skier!; die **Wachs|ker|ze**
wach|sam; wachsam sein, bleiben
wach|sen (größer werden); ich wachse; du wächst; sie wächst; sie wuchs; sie ist gewachsen; das **Wachs|tum**
die **Wach|tel;** die Wachteln
der **Wäch|ter;** des Wächters; die Wächter; der **Wacht|meis|ter;** der **Wach|turm** *oder* **Wacht|turm**
wa|cke|lig *oder* **wack|lig;** der Stuhl steht wack[e]lig; der **Wa|ckel|kon|takt; wa|ckeln;** du wackelst; er wackelte; er hat gewackelt; wack[e]le nicht!
wa|cker (anständig; tüchtig; tapfer); wackere Handwerker
die **Wa|de**
die **Waf|fe;** der **Waf|fen|still|stand**
die **Waf|fel;** die Waffeln
wa|gen; du wagst; sie wagte; sie hat den Sprung gewagt; wag[e] nicht zu viel!; **wa|ge|mu|tig; wag|hal|sig**
der **Wa|gen;** des Wagens; die Wagen; der **Wa|gen|he|ber**
der **Wag|gon** [va'gõ: *oder* va'gɔŋ], *auch:* **Wagon** (Eisenbahnwagen); die Waggons, *auch:* Wagons
das **Wag|nis;** des Wagnisses; die Wagnisse
die **Wahl;** das **Wahl|al|ter; wahl|be|rech|tigt;** die **Wahl|be|tei|li|gung; wäh|len;** du wählst; er wählte; er hat gewählt; wähl[e] richtig!; der **Wäh|ler;** des Wählers; die Wähler; das **Wahl|er|geb|nis;** die **Wäh|le|rin;** die Wählerinnen; **wähle|risch;** das **Wahl|fach;** die Wahl|fächer; das **Wahl|ge|heim|nis;** der **Wahlkampf**
der **Wahn;** des Wahn[e]s; **wäh|nen** (fälschlich glauben); du wähnst; er wähnte, sie sei verreist; der **Wahn|sinn;** des Wahnsinn[e]s; **wahn|sin|nig;** das **Wahn|sin|nig|wer|den;** *in:* das ist zum Wahnsinnigwerden; die **Wahn|sinns|ar|beit** (*um-*

gangssprachlich für: schwierige Arbeit; sehr viel Arbeit)

wahr; nicht wahr?; sein wahres Gesicht zeigen; der wahre Jakob (*umgangssprachlich für:* der rechte Mann, das Rechte); wahr machen, werden, sein; ↑ABER: wahrhaben, wahrnehmen, wahrsagen

wah|ren; er wahrte das Geheimnis; sie hat ihre Rechte gewahrt

wäh|ren (dauern); was lange währt, wird endlich gut; die Feier hat nur kurz gewährt; **wäh|rend;** während des Unterrichts; **wäh|rend|dẹs|sen**

wahr|ha|ben; sie will es nicht wahrhaben; **wahr|haft; wahr|hạf|tig;** die **Wahrheit; wahr|lich; wahr|neh|men;** sie nimmt das Geräusch wahr; sie hat die Gelegenheit wahrgenommen (genutzt); **wahr|sagen;** du sagst wahr *oder* du wahrsagst; er sagte wahr *oder* er wahrsagte; er hat wahrgesagt *oder* gewahrsagt; der **Wahrsa|ger;** des Wahrsagers; die Wahrsager; die **Wahr|sa|ge|rin;** die Wahrsagerinnen; **wahr|schein|lich** [*auch:* ˈva:ɐ̯ʃai̯nlıç]; die **Wahr|schein|lich|keit;** die **Wahr|schein|lich|keits|rech|nung**

die **Wäh|rung;** die **Wäh|rungs|ein|heit**

das **Wahr|zei|chen**

der **Waid|mann** *vergleiche:* **Weid|mann**

die **Wai|se;** die Waisen; das **Wai|sen|kind**

der **Wal** (ein Meeressäugetier); die Wa|le

der **Wald;** des Wald[e]s; die Wäl|der; die **Wald|gren|ze;** das **Wald|horn** (ein Instrument); die Wald|hör|ner; der **Wald|lauf;** der **Wald|meis|ter** (eine Pflanze)

die **Wạl|dorf|schu|le** (eine Privatschule nach den Grundsätzen der anthroposophischen Pädagogik)

der **Wald|rand** *oder* **Wal|des|rand;** das **Waldster|ben**

Wales [weılz] (Teil von Großbritannien)

der **Wal|fang;** die Walfang treibenden Nationen; die **Wal|fang|flot|te**

das **Wal|kie-Tal|kie** [ˈvo:kiˈto:ki] (tragbares Funksprechgerät); des Walkie-Talkie[s]; die Walkie-Talkies; der **Walk|man** [ˈvo:kmɛn] (*Markenbezeichnung:* kleiner Kassettenrekorder mit Kopfhörern); des Walkmans; die Walkmen

der **Wall** (Erdaufschüttung); des Wall[e]s; die Wäl|le

der **Wạl|lach** (kastrierter Hengst); des Wallachs; die Wal|la|che

wal|len; das Wasser wallt; es wallte; es hat gewallt

wall|fah|ren; ich wallfahre; ich wallfahrte; ich bin nach Rom gewallfahrt; der **Wall|fah|rer;** die **Wall|fah|re|rin;** die **Wallfahrt;** der **Wall|fahrts|ort**

die **Wạl|nuss;** die Wal|nüs|se

das **Wạl|ross** (eine Robbe); des Wal|ros|ses; die Wal|ros|se

wal|ten; Gnade walten lassen; hier haben rohe Kräfte gewaltet (sind rohe Kräfte am Werk gewesen)

die **Wal|ze; wal|zen;** du walzt; er walzte; er hat die Straße gewalzt; walz[e] sie noch!; **wälzen;** du wälzt; sie wälzte; sie hat den Stein zur Seite gewälzt; wälz[e] ihn zur Seite!

der **Wal|zer;** des Walzers; die Walzer; Walzer tanzen; ein langsamer Walzer; ABER: ein Wiener Walzer

das **Wams** (Untergewand der Ritter; ein Kleidungsstück für Männer); des Wam|ses; die Wäm|ser

die **Wand;** die Wän|de

der **Wan|da|lịs|mus** *vergleiche:* **Van|da|lịs|mus**

der **Wan|del;** des Wandels; **wan|deln;** du wandelst; sie wandelte; sie ist auf und ab gewandelt; sich wandeln; die Mode hat sich schnell gewandelt

die **Wan|der|dü|ne;** der **Wan|de|rer** *oder* **Wand|rer;** des Wand[e]rers; die Wand[e]rer; die **Wan|de|rin** *oder* die **Wand|re|rin;** die Wand[r]erinnen; **wan|dern;** du wanderst; sie wanderte; sie ist drei Stunden [in den Bergen] gewandert; wandere viel!; die **Wan|der|schaft;** der **Wan|dertag;** die **Wan|de|rung;** der **Wan|der|weg**

die **Wand|lung**

die **Wand|ta|fel;** der **Wand|tep|pich;** die **Wand|zei|tung**

die **Wan|ge**

wan|kel|mü|tig (unbeständig); ein wankelmütiger Charakter; **wan|ken;** du wankst; sie wankte; er ist nach Hause gewankt

wann

die **Wan|ne;** das **Wan|nen|bad**

der **Wanst** (*umgangssprachlich abwertend für:* [dicker] Bauch); des Wans|tes; die Wäns|te; sich den Wanst vollschlagen

die **Wan|ze**

A B C D E F G H I J K L M N O P Q R S T U V W X Y Z

das **Wap|pen;** des Wappens; die Wappen; der *oder* das **Wap|pen|schild;** der **Wap|pen|spruch**

sich **wapp|nen** (sich auf etwas Unangenehmes einstellen); du wappnest dich; er wappnete sich; er hat sich gegen die Kälte gewappnet; wappne dich dagegen!

war ↑sein

die **Wa|re;** das **Wa|ren|zei|chen**

warm; wär|mer; am wärms|ten; warme Würstchen; das Essen warm stellen; den Tee warm halten; sich einen Geschäftsfreund [besonders] warmhalten, *auch:* warm halten (*umgangssprachlich für:* sich seine Gunst erhalten); sich warm laufen, *auch:* warmlaufen *(beim Sport);* den Motor warm laufen, *auch:* warmlaufen lassen; mit jemandem warm [vertraut] werden; die Zwillinge werden mit den neuen Klassenkameraden schnell warm; die **Wär|me;** die **Wär|me|e|ner|gie;** die **Wär|me|leh|re; wär|men;** du wärmst; er wärmte; er hat das Essen gewärmt; wärm[e] das Essen!; sich wärmen; ich habe mich am Ofen gewärmt; die **Wärm|fla|sche**

das **Warm-up** [ˈwɔːɐ̯m|ap] (das Aufwärmen); des Warm-ups; die Warm-ups

war|nen; du warnst; er warnte; er hat ihn gewarnt; warn[e] ihn!; das **Warn|drei|eck** (ein Warnzeichen bei Autounfällen und Pannen); das **Warn|schild;** die Warnschil|der; die **War|nung**

War|schau (Hauptstadt Polens)

die **War|te** (Wartturm); **war|ten;** du wartest; er wartete; sie hat auf ihn gewartet; sie hat die Maschine gewartet (gepflegt); warte auf ihn!; der **Wär|ter;** des Wärters; die Wärter; der **War|te|raum;** die **Wär|te|rin;** die Wärterinnen; der **War|te|saal;** die **War|te|schlan|ge;** das **War|te|zim|mer;** der **Wart|turm;** die **War|tung**

wa|r|um; warum nicht?

die **War|ze**

was; was ist los?; was für ein Mittel; was für einer; das ist das Schönste, was ich erlebt habe; ABER: das Werkzeug, das ich in der Hand habe

der **Wasch|bär;** das **Wasch|be|cken;** die **Wä|sche;** die **Wä|sche|klam|mer; wa|schen;** du wäschst; sie wäscht; er wusch; er hat das Auto gewaschen; wasch[e] das Auto!; sich waschen; du hast dich noch nicht gewaschen; die **Wä|sche|rei;** der **Wasch|lap|pen;** die **Wasch|ma|schi|ne;** das **Wasch|mit|tel;** das **Wasch|pul|ver**

Wa|shing|ton [ˈwɔʃɪŋtn̩] (Hauptstadt der USA)

das **Was|ser;** die Wasser *und (für Mineral-, Spül-, Speise- und Abwasser:)* die Wässer; der **Was|ser|ball;** der **Was|ser|dampf; was|ser|dicht;** eine wasserdichte Uhr; der **Was|ser|fall;** die Was|ser|fäl|le; die **Was|ser|far|be;** der **Was|ser|hahn;** das **Was|ser|klo|sett;** die **Was|ser|kraft;** das **Was|ser|kraft|werk;** die **Was|ser|lei|tung; was|ser|lös|lich;** wasserlösliche Farbe; **wäs|sern;** du wässerst; er wässerte; er hat die Heringe gewässert; die **Was|ser|schei|de** (zwischen den Einzugsgebieten von zwei Wasserläufen); **was|ser|scheu;** das **Was|ser|schutz|ge|biet;** der **Was|ser|ski,** *auch:* **Was|ser|schi;** Wasserski, *auch:* Wasserschi fahren; ↑Ski; der **Was|ser|spie|gel;** der **Was|ser|stand;** der **Was|ser|stoff;** die **Was|ser|stoff|bom|be;** die **Was|ser|stra|ße** (für den Schiffsverkehr); die **Was|ser|ver|schmut|zung;** die **Was|ser|waa|ge** (zum Prüfen waagerechter, senkrechter oder geneigter Lage); das **Was|ser|werk; wäss|rig** *oder* **wäs|se|rig;** eine wässerige *oder* wässrige Suppe

wa|ten; du watest; sie watete; sie ist durch den Fluss gewatet

die **Wat|sche** (*landschaftlich für:* Ohrfeige); die Watschen

wat|scheln; die Ente watschelt; sie watschelte; sie ist über den Hof gewatschelt

das **Watt** (Einheit der [elektrischen] Leistung); die Watt; 40 Watt; die 40-Watt-Lampe

das **Watt** (seichter Streifen an der Nordseeküste); die Wat|ten; das **Wat|ten|meer**

die **Wat|te; wat|tie|ren;** du wattierst; er wattierte; er hat die Schultern der Jacke wattiert; wattierte Schultern

der **Watz|mann** (Berg in den Alpen)

das **WC** (Wasserklosett, Toilette)

das **Web** (*kurz für:* World Wide Web); des Web[s]; die **Web|cam** [...kɛm] (*EDV:* Kamera, deren Aufnahmen ins Internet eingespeist werden); der Webcam; die Webcams

we|ben; du webst; sie webt; sie webte *oder* wob; sie hat das Tuch gewebt *oder* gewoben; der **We|ber;** des Webers; die Weber; die **We|be|rei;** die **We|be|rin;** die Weberinnen; der **Web|stuhl**

der **Wech|sel;** des Wechsels; die Wechsel; der **Wech|sel|kurs; wech|seln;** du wechselst; sie wechselte; sie hat das Geld gewechselt; wechs[e]le mir bitte 20 Euro!; **wech|sel|sei|tig;** eine wechselseitige Abhängigkeit; der **Wech|sel|strom;** die **Wech|sel|wir|kung**

der **Weck** *oder* **We|cken** (*landschaftlich für:* Weizenbrötchen; längliches Brot); des Weck[e]s *oder* Weckens; die Wecke *oder* Wecken

we|cken; du weckst; sie weckte; sie hat ihn geweckt; weck[e] ihn!; der **We|cker;** des Weckers; die Wecker

der **We|del;** des Wedels; die Wedel; **we|deln;** der Hund wedelte; er hat mit dem Schwanz gewedelt; wed[e]le nicht damit!

we|der; weder er noch sie

wẹg; weg da!; sie ist ganz weg (*umgangssprachlich für:* begeistert); frisch von der Leber weg; sie ist längst darüber weg; sie war schon weg, als ich kam

der **We̲g;** des Weg[e]s; die We|ge; jemandem im Weg[e] stehen; wohin des Weg[e]s?; gerade[n]wegs; halbwegs; keineswegs; allerwegen; unterwegs; etwas zuwege, *auch:* zu Wege bringen

we|gen; von wegen!; wegen Diebstahl[s]; wegen des Vaters *oder* des Vaters wegen; wegen der hohen Preise; wegen etwas anderem; von Amts wegen; von Rechts wegen; von Staats wegen; meinet-, deinet-, unsertwegen *oder* unsretwegen, euertwegen *oder* euretwegen

Nach *wegen* steht in der Schriftsprache der Genitiv: »Sie blieb wegen des schlechten Wetters zu Hause.« Die Verbindung von *wegen* mit dem Dativ (»wegen dem schlechten Wetter«) ist umgangssprachlich. Wenn sich jedoch der Genitiv eines Substantivs im Plural nicht vom Nominativ unterscheidet, ist der Dativ auch im geschriebenen Deutsch korrekt: wegen Mängeln (statt »wegen Mängel«), wegen Geschäften (statt »wegen Geschäfte«). Unverändert kann nur ein allein stehendes, stark gebeugtes Substantiv im Singular bleiben: »wegen Umbau[s] geschlossen«.

weg|fah|ren; er fuhr weg; er ist weggefahren

weg|fal|len; das Kapitel fiel weg; einige Abschnitte sind weggefallen

weg|ge|hen; du gehst weg; er ist weggegangen

weg|las|sen; er ließ mich nicht weg; du hast ein Wort weggelassen

weg|lau|fen; du läufst weg; sie lief weg; sie ist weggelaufen

weg|neh|men; du nimmst ihm den Schlüssel weg; er hat das Buch weggenommen

weg|räu|men; du räumst weg; sie räumte die Bücher weg; sie hat sie weggeräumt

der **We̲g|wei|ser;** des Wegweisers; die Wegweiser

weg|wer|fen; wirf hier kein Papier weg!; er hat den Stock weggeworfen; das **Weg|werf|hand|tuch**

weh *oder* **we|he;** sie hat einen wehen Finger; ihr war weh ums Herz; weh[e] dir!; o weh!; ↑wehtun; das **Weh;** des Weh[e]s; die We|he; mit Ach und Weh; Ach und Weh schreien; die **We|he** (schmerzhafte Zusammenziehung der Gebärmutter beim Geburtsvorgang); die Wehen *meist Plural*

we|hen; die Fahne weht; die Fahne wehte; die Fahne hat geweht

weh|lei|dig; weh|mü|tig

die **Wehr** (Befestigung; Abwehr); die Wehren; sich zur Wehr setzen; das **Wehr** (Stauwerk); die Weh|re; der **Wehr|dienst;** der **Wehr|dienst|ver|wei|ge|rer; weh|ren;** wehret den Anfängen!; sich wehren; ich habe mich gewehrt; **wehr|los;** am wehrlo|ses|ten; die **Wehr|macht** (Militär; die deutschen Streitkräfte 1921–1945); die **Wehr|pflicht;** die allgemeine Wehrpflicht; der **Wehr|pflich|ti|ge;** des Wehrpflichtigen; die Wehrpflichtigen

weh|tun; du tust dir weh; er tut ihr weh; sie hat sich wehgetan; tu[e] dir nicht weh!; das braucht nicht wehzutun

das **Weib;** des Weib[e]s; die Wei|ber; **weib|lich**

weich; wei|cher; am weichs|ten; weich sein, werden; etwas weich machen, klopfen; weich gedünstetes Gemüse; ein weich gekochtes Ei; das Ei ist weich gekocht; schließlich ist sie weich geworden (hat sie nachgegeben)

die **Wei|che** (Umstellvorrichtung bei Gleisen); der **Wei|chen|stel|ler**

wei|chen (weich machen); du weichst; er weichte; er hat die Erbsen geweicht

wei|chen (zurückgehen); du weichst; sie weicht; sie wich; sie ist der Übermacht gewichen; weiche!

weich ge|kocht *vergleiche:* **weich; weich-her|zig**

der **Weich|kä|se**

weich|lich; die **Weich|lich|keit**

die **Weich|sel** (Fluss in Polen)

die **Weich|tei|le** *Plural;* das **Weich|tier** *meist Plural*

die **Wei|de** (ein Baum)

die **Wei|de** (Weideland); **wei|den;** das Vieh weidete; es hat geweidet; **weid|lich** (gehörig, tüchtig); der **Weid|mann,** *auch:* **Waid|mann** (Jäger); die Weid|män|ner, *auch:* Waid|män|ner; **weid|män|nisch,** *auch:* **waid|män|nisch**

sich **wei|gern;** du weigerst dich; sie weigerte sich; sie hat sich geweigert; weiger[e] dich nicht!; die **Wei|ge|rung**

die **Wei|he** (ein Greifvogel); die Weihen

die **Wei|he** (das Weihen, Geweihtwerden, Geweihtsein); **wei|hen;** du weihst; er weihte; er hat ihn geweiht

der **Wei|her;** des Weihers; die Weiher

die **Weih|nacht;** das **Weih|nach|ten** (Weihnachtsfest); des Weihnachtens; die Weihnachten; Weihnachten ist bald; zu, an Weihnachten; frohe *oder* fröhliche Weihnachten!; ↑Ostern; **weih|nacht|lich;** der **Weih|nachts|a|bend;** der **Weih-nachts|baum;** die **Weih|nachts|fe|ri|en** *Plural;* das **Weih|nachts|fest;** der **Weih-nachts|mann;** die Weih|nachts|män|ner; der **Weih|nachts|tag;** am zweiten Weihnachtstag; die **Weih|nachts|zeit**

der **Weih|rauch;** das **Weih|was|ser**

weil; sie kam nicht, weil es regnete

die **Wei|le;** *Verkleinerungsform:* das Weilchen; eine kurze, kleine, lange Weile; ABER: die Lang[e]weile; Kurzweil; alleweil[e], bisweilen, zuweilen; einstweilen; mittlerweile

der **Wei|ler** (kleine ländliche Siedlung); des Weilers; die Weiler

der **Wein;** des Wein[e]s; die Wei|ne; der **Wein|bau;** die **Wein|bee|re;** der **Wein-berg;** die **Wein|berg|schne|cke;** der **Wein-brand** (ein Branntwein); die Wein|brände; die **Wein|re|be;** der **Wein|stock;** die Wein|stö|cke; die **Wein|trau|be**

wei|nen; du weinst; sie weinte; er hat geweint; wein[e] nicht!; **wei|ner|lich;** mit weinerlicher Stimme

die **Wei|se** (Art; einfache Melodie); auf diese Weise

wei|se (klug); der **Wei|se** (der kluge Mensch); des/dem/den Weisen; die Weisen; die **Weis|heit; weis|ma|chen** (jemandem etwas Falsches einreden); du machst mir nichts weis; das hat er dir weisgemacht?

weiß; wei|ßer; am wei|ßes|ten; die weiße Wand; etwas schwarz auf weiß (schriftlich) besitzen, nach Hause tragen; der weiße Tod (das Erfrieren); ein weißer Rabe (eine Seltenheit); eine weiße Weste haben (*umgangssprachlich für:* unschuldig sein); weiße Mäuse sehen (übertriebene Befürchtungen haben); ABER: die Farbe Weiß; aus Schwarz Weiß, aus Weiß Schwarz machen; das Weiße Haus (Amtssitz des Präsidenten der USA in Washington); der Weiße Sonntag (der Sonntag nach Ostern); die weiß glühende Sonne; eine weiß gekleidete Frau; die Frau ist weiß gekleidet; das **Weiß** (die weiße Farbe); ein Stoff in Weiß; in Weiß gekleidet

weis|sa|gen (vorhersagen); du weissagst; er hat ihr die Krankheit geweissagt; die **Weis|sa|ge|rin** (Wahrsagerin); die Weissagerinnen; die **Weis|sa|gung**

das **Weiß|blech;** das **Weiß|brot**

wei|ßen; du weißt; sie weißte; sie hat die Wand geweißt; weiße die Wand!; **weiß ge|klei|det, weiß glü|hend** *vergleiche:* **weiß; weiß|haa|rig**

der **Weiß|kohl**

der **Weiß|rus|se;** die **Weiß|rus|sin; Weiß|russ-land** (Staat in Osteuropa)

die **Wei|sung**

weit; wei|ter; am wei|tes|ten; ein weiter Weg; bei weitem; von weitem; ABER: das Weite suchen; weit und breit; so weit, so gut; weit fahren; sie hat es weit gebracht; du stellst Forderungen, die entschieden zu weit gehen; eine weit gereiste Forscherin; eine weit verbreitete, *seltener auch:* weitverbreitete Pflanze; ein weit

verzweigtes, *seltener auch:* weitverzweigtes Unternehmen; ↑weitgehend
weit|ab; weitab [vom Bahnhof] wohnen
weit|aus; er ist weitaus älter als du
die **Wei|te**
wei|ten; du weitest; er weitete; der Schuhmacher hat die Schuhe geweitet
wei|ter; ohne weiteres; bis auf weiteres; ABER: im Weiteren darlegen; des Weiteren berichten; das Weitere hierüber folgt später; Weiteres findet sich dort; alles Weitere demnächst; **wei|ter|ge|ben;** er gab die Arbeit an mich weiter; sie hat das Buch weitergegeben; **wei|ter|ge|hen** (vorangehen); die Arbeiten gehen gut weiter; sie sind gut weitergegangen; nach einer Pause sind wir weitergegangen; ABER: ich kann weiter gehen als du; **wei|ter|ma|chen;** sie machte nicht weiter; wir haben fleißig weitergemacht; **wei|ter|sa|gen;** er hat alles weitergesagt; **weit|gehend;** weiter gehend *oder* weitgehender; weitestgehend *oder* weitgehendst; er stellte weitgehende, weitgehendere, *auch:* weit gehende, weiter gehende Forderungen; ABER NUR: er stellte zu weit gehende Forderungen; der Fall ist weitgehend, *auch:* weit gehend gelöst; **weit ge|reist** *vergleiche:* **weit; weit|läu|fig;** weitläufige Grünanlagen; **weit|räu|mig; weit|schwei|fig;** ein weitschweifiger Vortrag; **weit|sich|tig;** der **Weit|sprung; weit ver|brei|tet, weit ver|zweigt** *vergleiche:* **weit;** das **Weit|win|kel|ob|jek|tiv**
der **Wei|zen;** des Weizens; die Weizen; das **Wei|zen|mehl**
welch; welch ein Held; welch Wunder; welch große Frauen; welches nette Kind; welche großen Frauen; welche Stimmberechtigten; welches sind die beliebtesten Ferienziele?; **wel|cher|art; wel|cherge|stalt; wel|cher|lei**
welk; welke Blätter; **wel|ken;** die Blume welkt; die Blume welkte; die Blume ist gewelkt
das **Well|blech;** die **Wel|le; wel|len;** die Tapete wellte sich; der Teppichboden hat sich gewellt; das **Wel|len|bad;** der **Wel|len|gang;** die **Wel|len|län|ge;** der **Wel|len|sit|tich** (ein Vogel); die Wellensittiche; **wel|lig**
der **Wel|pe** (das Junge von Hund, Fuchs, Wolf); des/dem/den Welpen; die Welpen
der **Wels** (Fisch); des Wel|ses; die Wel|se
die **Welt;** die Alte Welt (Europa); die Neue Welt (Amerika); die Dritte Welt (die Entwicklungsländer); das **Welt|all;** die **Welt|an|schau|ung;** das **Welt|bild; welt|fremd;** die **Welt|ge|schich|te;** der **Welt|krieg;** der Erste Weltkrieg (1914–1918); der Zweite Weltkrieg (1939–1945); **welt|lich;** die **Welt|macht;** das **Welt|meer** (Ozean)
der **Welt|meis|ter;** die **Welt|meis|te|rin;** die **Welt|meis|ter|schaft**
der **Welt|raum;** die **Welt|raum|fahrt;** die **Welt|raum|for|schung**
der **Welt|re|kord;** die **Welt|spra|che;** die **Welt|stadt;** der **Welt|un|ter|gang; welt|weit;** weltweite Verbreitung; die **Welt|wirt|schaft**
wem; wem glaubst du?; sag[e] mir, mit wem sie kommt; **wen;** wen meint er?
die **Wen|de;** der **Wen|de|kreis** (nördlichster bzw. südlichster Breitenkreis, über dem die Sonne zur Zeit der Sonnenwende den Zenit erreicht); die **Wen|del|trep|pe**
wen|den; du wendest; er wendet; er wandte *oder* wendete; er hat gewandt *oder* gewendet

Beachte: Die richtige Beugung des Verbs *wenden* hängt in einigen Fällen von seiner Bedeutung ab: Wenn »die Richtung ändern« oder »umkehren« gemeint ist, wird die schwache Beugung gebraucht: das Auto hat *gewendet;* sie *wendete* den Mantel (drehte die Innenseite nach außen). Die starke Beugung wird hingegen bevorzugt bei den zusammengesetzten Verben *anwenden, [sich] abwenden, aufwenden, einwenden, [sich] umwenden, [sich] zuwenden:* er hat die neue Technik erfolgreich *angewandt* (auch: *angewendet*); sie *wandten* (auch: *wendeten*) sich um und gingen.

der **Wen|de|punkt; wen|dig;** die **Wen|dung**
we|nig; we|ni|ger; am we|nigs|ten; ein wenig; ein weniges; ein klein wenig; einiges wenige; der, die, das wenige; weniges genügt; die wenigen; mit wenig[em] auskommen; in dem wenigen, was erhalten ist; nicht[s] mehr und nicht[s] weni-

ger; wie wenig gehört dazu!; wenige alte Leute; es ist das wenigste; das wenigste, was du tun kannst; die wenigsten glauben diese Geschichte; ABER: wenig Gutes *oder* weniges Gute[s]; wenig Neues; wenige Mutige; das **We|nig;** des Wenigs; die Wenig; viele Wenig machen ein Viel; **we|nigs|tens**

wenn; wenn auch; komm doch[,] wenn möglich[,] etwas früher; ABER: das **Wenn;** des Wenns; die Wenn; das Wenn und das Aber; die Wenn und die Aber; viele Wenn und Aber; **wenn|gleich; wenn|schon;** wennschon – dennschon

wer; wer ist da?; ist wer gekommen?; wer alles; Halt! Wer da?; irgendwer

die **Wer|be|a|gen|tur;** das **Wer|be|fern|sehen; wer|ben;** du wirbst; sie wirbt; sie warb; sie hat im Rundfunk geworben; wirb für unseren Verein!; der **Wer|be|slogan;** der **Wer|be|spot; wer|be|wirk|sam;** die **Wer|bung**

wer|den; du wirst; sie wird; sie wurde (*dichterisch auch:* sie ward); sie ist Ärztin geworden; aus ihr ist etwas geworden; sie ist groß geworden; sie ist gelobt worden; werde groß und stark!; ich werd verrückt! *(umgangssprachlich);* ABER: das ist noch im Werden

wer|fen; du wirfst; sie wirft; sie warf; sie hat den Stein geworfen; wirf!

die **Werft** (Anlage zum Bau und zur Reparatur von Schiffen); die Werf|ten; der **Werft|ar|bei|ter;** die **Werft|ar|bei|te|rin**

das **Werk;** des Werk[e]s; die Wer|ke; ans Werk!; ans Werk, zu Werke gehen; etwas ins Werk setzen; der Dichter und sein Werk, seine Werke; die **Werk|bank;** die Werk|bän|ke; **wer|ken** (tätig sein; [be]arbeiten); du werkst; sie werkt; sie werkte; sie hat von früh bis spät gewerkt; das **Werk|ge|län|de** *oder* **Werks|ge|län|de;** die **Werk|statt** *oder* **Werk|stät|te;** die Werkstätten; der **Werk|stoff;** die Werk|stof|fe; der **Werk|tag; werk|tags;** nur werktags geöffnet; **werk|tä|tig** (arbeitend); die werktätige Bevölkerung; ABER: die Werktätigen; der **Werk|un|ter|richt;** das **Werk|zeug**

der **Wer|mut** (eine Pflanze; ein Wein; etwas Bitteres, Bitterkeit); des Wermut[e]s; die Wer|mu|te

die **Wer|ra** (Quellfluss der Weser)

wert; wert sein; Berlin ist eine Reise wert; das ist nicht der Rede wert; der **Wert;** auf etwas Wert legen; **wer|ten;** du wertest; sie wertete; sie hat dies gering gewertet; werte dies nicht gering!; der **Wert|ge|gen|stand; wert|los;** am wert|loses|ten; die **Wert|sa|chen** *Plural;* der **Wert|stoff** (im Abfall enthaltener Rohstoff, der erneut verwendet werden kann, z. B. Holz, Glas, Papier); die **Wertstoff|ton|ne** (Tonne, in der Wertstoffe gesammelt werden); die **Wer|tung; wertvoll;** wertvoller Schmuck

wes (*ältere Form von:* wessen); wes das Herz voll ist, des geht der Mund über; wes Brot ich ess, des Lied ich sing

das **We|sen;** des Wesens; die Wesen; viel Wesen[s] um etwas machen; **we|sent|lich** (wichtig); wesentliche Verbesserungen; ABER: im Wesentlichen; das Wesentliche; etwas, nichts Wesentliches

die **We|ser** (deutscher Fluss)

wes|halb

die **Wes|pe;** das **Wes|pen|nest**

wes|sen

der **Wes|si** (*umgangssprachlich für:* Einwohner der alten Bundesländer; Westdeutscher); des Wessis; die Wessis

West (Himmelsrichtung); Ost und West; der Wind kommt aus West; der **Wes|ten;** des Westens; gen (nach) Westen ziehen; der Wilde Westen; der **Wes|tern** (Film, der im Wilden Westen spielt); des Western[s]; die Western

die **Wes|te;** die **Wes|ten|ta|sche**

west|lich; westlich des Waldes *oder* westlich vom Walde; **west|wärts;** westwärts fahren, ziehen

wes|we|gen

der **Wett|be|werb;** die **Wet|te;** der **Wett|eifer; wett|ei|fern;** du wetteiferst; sie wetteiferte; sie hat mit ihm gewetteifert; **wet|ten;** du wettest; sie wettete; sie hat um 10 Euro gewettet; wette nicht um hohe Beträge!

das **Wet|ter;** des Wetters; die Wetter; der **Wet|ter|be|richt; wet|ter|emp|find|lich; wet|ter|fest;** wetterfeste Kleidung; die **Wet|ter|kar|te;** das **Wet|ter|leuch|ten; wet|tern** (*umgangssprachlich für:* laut schimpfen); er wetterte; er hat gewettert; wettere nicht!; die **Wet|ter|vor|her|sa|ge; wet|ter|wen|disch** (zur plötzlichen Verhaltensänderung neigend); ein wetterwendischer Mensch

der **Wett|kampf;** der **Wett|kämp|fer;** die **Wett|kämp|fe|rin;** der **Wett|lauf; wett|ma|chen;** er machte seinen Verlust wett; er hat das Versäumte schnell wieder wettgemacht; das **Wett|ren|nen;** das **Wett|tur|nen,** *auch:* **Wett-Tur|nen**

wet|zen; du wetzt; sie wetzte; sie hat das Messer gewetzt; ABER: sie ist um die Ecke gewetzt (*umgangssprachlich für:* gerannt); wetze das Messer!; der **Wetz|stein**

der **Whirl|pool** ['vø̯ɐ̯lpu:l] (Becken mit sprudelndem Wasser); des Whirlpools; die Whirlpools

der **Whis|key** ['vɪski] (amerikanischer oder irischer Whisky); des Whiskeys, die Whiskeys; der **Whis|ky** ['vɪski] (ein Branntwein aus Getreide oder Mais); des Whiskys; die Whiskys

die **Wich|se; wich|sen;** du wichst; er wichste die Stiefel; er hat die Schuhe gewichst; wichse die Schuhe!

der **Wicht** ([kleines] Kind; Kobold); des Wicht[e]s; die Wich|te; das **Wich|tel|männ|chen**

wich|tig; eine wichtige Neuigkeit; ABER: alles Wichtige; etwas, nichts Wichtiges; Wichtigeres; wichtig tun; sich wichtig machen; die **Wich|tig|keit;** der **Wich|tig|tu|er;** des Wichtigtuers; die Wichtigtuer

die **Wi|cke** (eine Pflanze)

der **Wi|ckel;** des Wickels; die Wickel; **wi|ckeln;** du wickelst; die Mutter wickelte; sie hat den Säugling gewickelt; wick[e]le du ihn!

der **Wid|der** (männliches Zuchtschaf); des Widders; die Widder

wi|der (gegen; entgegen); das war wider seinen ausdrücklichen Wunsch; wider Erwarten; wider Willen; ABER: das Für und [das] Wider

Nicht verwechseln: Obwohl beide Wörter gleich ausgesprochen werden, schreibt man *wider* oder – in Zusammensetzungen – *wider-* mit einfachem *i,* das Wort *wieder[-]* mit der Bedeutung von »nochmals, erneut« hingegen mit *ie.*

der **Wi|der|ha|ken**

der **Wi|der|hall** (Echo); des Widerhall[e]s; die Wi|der|hal|le

wi|der|le|gen; sie widerlegte; sie hat die Behauptung widerlegt

wi|der|lich; ein widerlicher Anblick

wi|der|recht|lich (gegen das Recht verstoßend)

die **Wi|der|re|de**

wi|der|ru|fen; er widerruft; er widerrief; sie hat ihr Geständnis widerrufen

der **Wi|der|sa|cher** (Gegner); des Widersachers; die Widersacher; die **Wi|der|sa|che|rin;** die Widersacherinnen

der **Wi|der|schein;** im Widerschein der Laterne

sich **wi|der|set|zen;** ich widersetzte mich dem Beschluss; sie hat sich dieser Maßnahme widersetzt; **wi|der|setz|lich;** widersetzliche Gefangene

wi|der|spens|tig; ein widerspenstiges Pferd

wi|der|spie|geln; die Sonne spiegelt sich im Wasser wider; der Brief hat seine Verzweiflung widergespiegelt (erkennen lassen)

wi|der|spre|chen; du widersprichst; er widerspricht; sie widersprach; sie hat ihm widersprochen; widersprich mir nicht!; der **Wi|der|spruch; wi|der|sprüch|lich; wi|der|spruchs|los**

der **Wi|der|stand;** des Widerstand[e]s; die Wi|der|stän|de; **wi|der|stands|fä|hig;** der **Wi|der|stands|kämp|fer;** die **Wi|der|stands|kämp|fe|rin;** die **Wi|der|stands|kraft; wi|der|ste|hen;** sie widersteht; sie hat der Versuchung widerstanden

wi|der|stre|ben; es widerstrebt mir[,] so etwas zu tun; es hat mir widerstrebt; **wi|der|stre|bend** (ungern); sie übernimmt diese Aufgabe nur widerstrebend

wi|der|wär|tig; ein widerwärtiger Geruch

der **Wi|der|wil|le; wi|der|wil|lig**

wid|men; du widmest; sie widmete; sie hat ihm das Buch gewidmet; widme es ihm!; die **Wid|mung**

wid|rig (ungünstig, behindernd); widrige Umstände; **wid|ri|gen|falls**

wie; sie ist so beliebt wie ihre Freundin; ABER: sie ist beliebter als ihre Freundin; wie sehr; wie lange; wie oft; wie [auch] immer; ABER: es kommt auf das Wie an;

wie|der

(nochmals, erneut; zurück)
- um, für nichts und wieder nichts
- hin und wieder

Vergleiche aber: wider

1. Zusammenschreibung:
Man schreibt »wieder« mit dem folgenden Verb oder Adjektiv vor allem dann zusammen, wenn »wieder« im Sinne von »zurück« verstanden wird:
- wiedergeben; ich kann dir das Geld erst morgen wiedergeben; sie gab ihm das Geld wieder
- wiederbringen; sie bringt das Buch wieder; sie hat es wiedergebracht

Auch in folgenden Fällen gilt Zusammenschreibung:
- wiedergeben (berichten, darstellen); sie gab den Vorgang richtig wieder; sie hat meine Worte falsch wiedergegeben
- wiederherstellen; sie stellte die Ordnung wieder her; die Ärzte haben ihn wiederhergestellt (geheilt)
- wiederholen; würden Sie den letzten Satz bitte wiederholen; er hat die Lektion wiederholt; dieses Experiment war nicht wiederholbar
- wiederkehren; diese Gelegenheit kehrt nicht wieder; die Gelegenheit ist nicht wiedergekehrt

2. Getrenntschreibung:
Man schreibt »wieder« vom folgenden Verb oder Adjektiv vor allem dann getrennt, wenn »wieder« im Sinne von »nochmals, erneut« verstanden wird:
- wieder aufnehmen; wir nahmen die Verhandlungen wieder auf; wir haben sie wieder aufgenommen
- wieder einfallen; es ist mir alles wieder eingefallen
- wieder gutmachen; er machte den Schaden wieder gut; er hat ihn wieder gutgemacht

3. Getrennt- oder Zusammenschreibung:
In vielen Fällen ist sowohl die Getrennt- als auch die Zusammenschreibung möglich:
- die Firma wieder aufbauen, *auch:* wiederaufbauen
- den Täter wieder erkennen, *auch:* wiedererkennen
- die Eltern wieder sehen, *auch:* wiedersehen; wir haben uns in den Ferien wiedergesehen (haben ein Wiedersehen gefeiert); wir haben uns am Nachmittag wieder gesehen (sind uns erneut begegnet); *aber nur:* nach der Operation konnte der blinde Patient wieder sehen

es handelt sich um das Was, nicht um das Wie

der **Wie|de|hopf** (ein Vogel); des Wiedehopf[e]s; die Wie|de|hop|fe

wie|der *siehe Kasten*

der **Wie|der|auf|bau; wie|der|auf|bau|en** *vergleiche:* **wie|der**

die **Wie|der|auf|be|rei|tungs|an|la|ge**

wie|der auf|neh|men *vergleiche:* **wie|der**

die **Wie|der|be|le|bung**

wie|der|brin|gen, wie|der|er|ken|nen *vergleiche:* **wie|der**

wie|der ein|fal|len *vergleiche:* **wie|der**

die **Wie|der|ga|be; wie|der|ge|ben** *vergleiche:* **wie|der**

wie|der gut|ma|chen, wie|der|her|stel|len, wie|der|ho|len *vergleiche:* **wie|der;** die **Wie|der|ho|lung**

der **Wie|der|käu|er** (Tier, das seine Nahrung wiederkäut); des Wiederkäuers; die Wiederkäuer

die **Wie|der|kehr** (Rückkehr); **wie|der|keh|ren, wie|der|kom|men, wie|der|se|hen** *vergleiche:* **wie|der;** ABER: das **Wie|der|se|hen;** auf Wiedersehen!; auf, *auch:* Auf Wiedersehen sagen

wie|de|rum (erneut; ein weiteres Mal); er hatte wiederum kein Geld

die **Wie|der|ver|ei|ni|gung**

die **Wie|ge; wie|gen** (sanft hin und her bewegen); er wiegte das Kind; sie hat sich im Takt gewiegt

wie|gen; wie viel wiegst du?; sie wiegt; sie wog; sie hat den Brief gewogen; wiege ihn!

das **Wie|gen|lied**

wie|hern; das Pferd wieherte; es hat gewiehert

Wien (Hauptstadt Österreichs); der **Wie-**

ner; des Wieners; die Wiener; die **Wie|ne|rin;** die Wienerinnen; **wie|ne|risch**
Wies|ba|den (Hauptstadt Hessens)
die **Wie|se**
das **Wie|sel** (ein Marder); des Wiesels; die Wiesel; **wie|sel|flink**
wie|so
wie viel; wie viel Personen; wie viele Personen; ich weiß nicht, wie viel Geld er hat; **wie|viel|mal;** wievielmal warst du schon in Berlin?; ABER: wie viele Male bist du schon dort gewesen?; **wie|viel|te;** das wievielte Mal ist das jetzt?; ABER: der Wievielte ist heute?
wie|weit (inwieweit); ich bin im Zweifel, wieweit ich mich darauf verlassen kann; ABER: wie weit ist es von hier bis dort?
der **Wi|kin|ger** (Normanne); die Wikinger
wild; wil|der; am wil|des|ten; wilder Streik; wilder Wein; ein wildes Tier; er spielt den wilden Mann; wild wachsen; die wild wachsenden Pflanzen; die wild lebenden Tiere; ABER: der Wilde Westen; die Wilde Jagd (ein Geisterheer); der Wilde Jäger (eine Geistergestalt); sich wie ein Wilder gebärden; das **Wild;** des Wild[e]s; das **Wild|bret** (*gehoben und fachsprachlich für:* Fleisch vom Wild); des Wildbrets; der **Wild|dieb;** die **Wild|en|te;** der **Wil|de|rer;** des Wilderers; die Wilderer; **wil|dern;** du wilderst; er wilderte; er hat gewildert; wildere nie!; **wild|fremd;** ein wildfremder Mann; die **Wild|gans;** die **Wild|kat|ze;** die **Wild|nis;** die Wildnisse; das **Wild|schwein;** der **Wild|wech|sel;** der **Wild|west|film**
der **Wil|le;** des Willens; der letzte Wille (Testament); wider Willen; jemandem zu Willen sein; ABER: willens sein; **wil|len;** um Gottes willen; um seiner selbst willen; um meinet-, deinet-, euretwillen; **wil|lens|schwach; wil|lens|stark; wil|lig;** willige Zuhörer
will|kom|men; willkommen heißen, sein; ABER: das **Will|kom|men;** des Willkommens; die Willkommen; ein fröhliches Willkommen!
die **Will|kür** (selbstherrliches Handeln); **will|kür|lich;** eine willkürliche Entscheidung
wim|meln; es wimmelt; es wimmelte; es hat von Ameisen gewimmelt
wim|mern; ich wimmere; du wimmerst; sie wimmerte; sie hat gewimmert; ABER: das ist zum Wimmern; man hört ein leises Wimmern
der **Wim|pel;** des Wimpels; die Wimpel
die **Wim|per;** die Wimpern
der **Wind;** des Wind[e]s; die Win|de
die **Win|de** (Hebevorrichtung); **win|den;** du windest; sie windet; sie wand; sie hat Blumen in einen Kranz gewunden; winde es!; sich winden (sich schlängeln); sie hat sich durch die Menge gewunden
die **Win|del;** die Windeln
der **Wind|fang;** des Windfang[e]s; die Windfän|ge; der **Wind|hund; win|dig;** die **Wind|ja|cke;** die **Wind|müh|le;** die **Wind|po|cken** *Plural;* die **Wind|ro|se** (Darstellung der Himmelsrichtungen, besonders auf einem Kompass); der **Wind|schat|ten** (windgeschützte Seite); **wind|schief;** windschiefe Rollos; die **Wind|schutz|schei|be;** die **Wind|stär|ke;** die **Wind|stil|le;** das **Wind|sur|fen** [ˈvɪntzøːɐ̯fn̩]
die **Win|dung**
der **Wink;** des Wink[e]s; die Win|ke; **win|ken;** du winkst; er winkte; sie hat ihm gewinkt; winke den Eltern!; der **Win|ker;** des Winkers; die Winker
der **Win|kel;** des Winkels; die Winkel; die **Win|kel|hal|bie|ren|de** *(Mathematik);* der Winkelhalbierenden; die Winkelhalbierenden; eine Winkelhalbierende; **win|ke|lig** *oder* **wink|lig;** wink[e]lige Häuser; der **Win|kel|mes|ser**
win|seln; du winselst; der Hund winselte; der Verurteilte hat um Gnade gewinselt
der **Win|ter;** des Winters; die Winter; **win|ter|hart;** winterhartes Getreide; **win|ter|lich;** der **Win|ter|schlaf;** der **Win|ter|schluss|ver|kauf;** der **Win|ter|sport**
der **Win|zer** (jemand, der Wein anbaut, herstellt und verkauft); des Winzers; die Winzer; die **Win|zer|ge|nos|sen|schaft;** die **Win|ze|rin;** die Winzerinnen
win|zig
der **Wip|fel;** des Wipfels; die Wipfel
die **Wip|pe; wip|pen;** du wippst; sie wippte; sie hat auf dem Balken gewippt; wippe nicht!
wir; wir alle; wir beide; wir bescheidenen Leute; wir Armen; wir Deutschen, *auch:* wir Deutsche
der **Wir|bel;** des Wirbels; die Wirbel; **wir-**

beln; du wirbelst; sie wirbelte; sie hat ihn durch die Luft gewirbelt; die **Wir|bel|säu|le;** der **Wir|bel|sturm;** das **Wir|bel|tier** (Tier mit Wirbelsäule); der **Wir|bel|wind**
wir|ken; du wirkst; sie wirkte; sie hat als Anwältin gewirkt; ABER: ihr segensreiches Wirken; **wirk|lich;** die **Wirk|lich|keit; wirk|sam;** wirksame Medizin; die **Wirk|sam|keit;** die **Wir|kung;** der **Wir|kungs|grad** (einer Maschine); **wir|kungs|voll;** die **Wir|kungs|wei|se**
wirr (ungeordnet; verworren); wirre Gedanken; der **Wirr|kopf;** der **Wirr|warr** (Durcheinander); des Wirrwarrs
der **Wir|sing;** des Wirsings; der **Wir|sing|kohl**
der **Wirt;** des Wirt[e]s; die Wir|te; die **Wir|tin;** die Wirtinnen; die **Wirt|schaft; wirt|schaf|ten;** du wirtschaftest; sie wirtschaftete; sie hat gut gewirtschaftet; **wirt|schaft|lich;** wirtschaftliche Fragen; eine wirtschaftliche Notlage; der **Wirt|schafts|auf|schwung;** die **Wirt|schafts|kri|se;** das **Wirts|haus**
der **Wisch** (wertloses Schriftstück); des Wisch[e]s; die Wi|sche; **wi|schen;** du wischst; er wischte; er hat Staub gewischt
der **Wi|sent** (ein Wildrind); des Wisents; die Wi|sen|te
wis|pern; du wisperst; sie wisperte; sie hat mir etwas ins Ohr gewispert
die **Wiss|be|gier** *oder* **Wiss|be|gier|de; wiss|be|gie|rig; wis|sen;** du weißt; sie weiß; sie wusste; sie hat alles gewusst; das **Wis|sen;** des Wissens; meines Wissens; ohne mein Wissen; sie hat das wider besseres Wissen (obwohl sie es besser wusste) getan; die **Wis|sen|schaft;** der **Wis|sen|schaft|ler;** des Wissenschaftlers; die Wissenschaftler; die **Wis|sen|schaft|le|rin;** die Wissenschaftlerinnen; **wis|sen|schaft|lich;** wissenschaftliches Arbeiten; das **Wis|sens|ge|biet; wis|sens|wert; wis|sent|lich** (in vollem Bewusstsein); er hat mich wissentlich beleidigt
wit|tern (ahnen; *Jägersprache:* durch den Geruchssinn wahrnehmen); ich wittere; du witterst; der Hund witterte eine Spur; sie hat Gefahr gewittert; die **Wit|te|rung**
die **Wit|te|rung** (Wetterlage)
die **Wit|we;** die Witwen; der **Wit|wer;** des Witwers; die Witwer

der **Witz;** des Wit|zes; die Wit|ze; der **Witz|bold;** des Witzbold[e]s; die Witz|bol|de; **wit|zeln;** du witzelst; sie witzelte; sie hat nur gewitzelt; witz[e]le nicht dauernd!; **wit|zig; witz|los;** am witz|lo|ses|ten
WM = Weltmeisterschaft
wo; wo ist sie?; ich finde ihn, wo immer er auch sein mag; sie geht wieder dahin, wo sie hergekommen ist; ABER: das Wo spielt keine Rolle; ↑ *auch:* woanders; woher; wohin; womöglich; **wo|an|ders;** ich werde ihn woanders suchen; ABER: wo anders (wo sonst) als hier sollte ich ihn suchen?; **wo|bei**
die **Wo|che;** das **Wo|chen|bett** (Zeitraum von 6 bis 8 Wochen nach der Entbindung); das **Wo|chen|en|de;** das **Wo|chen|end|haus;** die **Wo|chen|kar|te; wo|chen|lang;** er war wochenlang krank; ABER: er war drei, viele Wochen lang krank; der **Wo|chen|tag; wo|chen|tags; wö|chent|lich** (jede Woche); sie hat ihre Mutter wöchentlich besucht; **wo|chen|wei|se;** die **Wöch|ne|rin** (Frau während des Wochenbetts); die Wöchnerinnen
Wo|dan, *auch:* **Wo|tan** (höchster germanischer Gott, Odin)
der **Wod|ka** (ein Branntwein); des Wodkas; die Wodkas
wo|durch; wo|für; wo|ge|gen
die **Wo|ge**
wo|her; sie geht dahin zurück, woher sie gekommen ist; ABER: sie geht wieder dahin, wo sie hergekommen ist; **wo|hin;** beobachte, wohin sie geht!; ABER: beobachte, wo sie hingeht!
wohl; bes|ser; am bes|ten *oder* wohl|ler; am wohls|ten; wohl ihr!; wohl oder übel (ob sie wollte oder nicht) musste sie dableiben; das ist wohl das Beste; leben Sie wohl!; wohl bekomms!, *auch:* wohl bekomm's!; sich wohl fühlen; dort wird es ihm wohl ergehen; ↑ ABER: das Wohlergehen; die Wärme wird dir wohl tun (gut tun); sie wird es wohl (wahrscheinlich) tun; der wohl bekannte Schriftsteller; der besser bekannte, am besten bekannte, bestbekannte Schriftsteller; ein [sehr] wohl behütetes Geheimnis; [besonders] wohl erzogene, *auch:* wohlerzogene Kinder; ABER NUR: noch wohlerzogenere Kinder; ↑ ABER: wohlbehalten;

wohlgemerkt; wohlhabend; wohltätig; wohltuend; wohlwollend

Beachte: Weil das Adjektiv *wohl* in verschiedenen Bedeutungen gebraucht wird, unterscheiden sich die Vergleichsformen. Wenn man *wohl* im Sinne von »gut« verwendet, lauten sie »besser« und »am besten«: Dieses Bild hat mir besser/am besten gefallen. Meint *wohl* dagegen »gesund« oder »behaglich«, wird es mit »wohler« und »am wohlsten« gesteigert: Nach der Behandlung habe ich mich wohler/am wohlsten gefühlt.

das **Wohl;** des Wohls; auf dein Wohl!; zum Wohl!; **wohl|auf** (gesund); sie ist wieder wohlauf; **wohl|be|hal|ten** (ohne Schaden zu nehmen; unverletzt); sie kam wohlbehalten an; das **Wohl|er|ge|hen;** des Wohlergehens; sie erkundigte sich nach seinem Wohlergehen; die **Wohl|fahrt; wohl|ge|merkt** (damit kein Missverständnis entsteht); er hat das, wohlgemerkt, freiwillig getan; **wohl|ha|bend** (reich); wohlhabende Kaufleute; **woh|lig** (behaglich); ein wohliges Gefühl; der **Wohl|stand;** die **Wohl|stands|ge|sell|schaft;** die **Wohl|tat; wohl|tä|tig;** für wohltätige Zwecke sammeln; **wohl|tu|end** (angenehm); wohltuende Ruhe; **wohl|weis|lich;** das **Wohl|wol|len** (freundliche Gesinnung); des Wohlwollens; **wohl|wol|lend;** eine wohlwollende Beurteilung

der **Wohn|block;** die Wohnblocks *oder* Wohn|blö|cke; **woh|nen;** ich wohne; du wohnst; sie wohnte; sie hat lange Zeit hier gewohnt; die **Wohn|ge|mein|schaft;** das **Wohn|haus; wohn|lich;** ein wohnliches Zimmer; der **Wohn|ort;** die **Wohnung;** der **Wohn|wa|gen;** das **Wohn|zimmer**

wöl|ben; die Decke wölbte sich; sich wölben; die Brücke hat sich über den Fluss gewölbt; die **Wöl|bung**

der **Wolf;** des Wolf[e]s; die Wöl|fe; die **Wölfin;** die Wölfinnen; der **Wolfs|hun|ger;** die **Wolfs|milch** (eine Pflanze)

die **Wol|ga** (Strom in Osteuropa)

die **Wol|ke;** der **Wol|ken|bruch;** die Wol|ken|brü|che; der **Wol|ken|krat|zer;** des Wolkenkratzers; die Wolkenkratzer; **wol|ken|los;** ein wolkenloser Himmel; **wol|kig;** die **Woll|de|cke;** die **Wol|le; wol|len** (aus Wolle); ein wollener Pullover

wol|len; du willst; sie will; sie wollte; sie hat gewollt; ich habe das nicht gewollt; ABER: ich habe [ihm] helfen wollen

wol|lig (aus Wolle); wollige Decken

der **Woll|lap|pen,** *auch:* **Woll-Lap|pen**

die **Wol|lust** (*gehoben für:* sinnliche Begierde); die Wol|lüs|te; **wol|lüs|tig**

wo|mit; wo|mög|lich (möglicherweise); sie kommt womöglich schon heute; **wonach**

die **Won|ne** (große Freude); **won|nig;** ein wonniges Baby

wo|r|an; wo|r|auf; wo|r|aus; wo|r|in

der **Wor|k|a|ho|lic** [vøːɐ̯kəˈhɔlɪk] (jemand, der zwanghaft ständig arbeitet); des Workaholics; die Workaholics; der **Work|shop** [ˈvøːɐ̯kʃɔp] (Arbeitsgruppe); des Workshops; die Workshops

der **Worldcup** [ˈvøːɐ̯ltkap] (Weltmeisterschaft [in verschiedenen Sportdisziplinen]; Siegestrophäe bei einer Weltmeisterschaft); des Worldcups; die Worldcups

das **World Wide Web** [ˈvøːɐ̯lt ˈvai̯t vɛp] (*EDV:* weltweites Informationssystem im Internet; *Abkürzung:* WWW); des World Wide Web[s]

das **Wort;** die Wör|ter *oder* Wor|te; mit anderen Worten; dies waren seine letzten Worte; ich will nicht viele Worte machen; aufs Wort; Wort für Wort; Wort halten; jemanden beim Wort nehmen; er ließ mich nicht zu Wort[e] kommen

Beachte: Es hängt von der Bedeutung ab, welche Pluralform des Substantivs *Wort* die richtige ist: Wenn einzelne Wörter ohne Rücksicht auf deren Sinnzusammenhang gemeint sind, heißt es *Wörter:* Das Diktat besteht aus 150 Wörtern; diese Liste enthält zahlreiche (Fremd)wörter. Im Sinne von »zusammenhängende Äußerung; Erklärung, Begriff« lautet die Mehrzahl dagegen *Worte:* Er fand in seiner Rede viele feierliche Worte; sie verabschiedete sich mit bewegten Worten.

die **Wort|art;** die Wort|ar|ten; die **Wort|bil|dung; wort|brü|chig** (sein gegebenes Versprechen brechend); das **Wör|ter|buch;** die **Wort|fa|mi|lie; wort|ge|wandt;** am wort|ge|wand|tes|ten; **wort|karg** (wenig

redend): ein wortkarger Außenseiter; der **Wort|laut; wört|lich;** die wörtliche Rede; **wort|los;** der **Wort|schatz;** der **Wort|wech|sel; wort|wört|lich** (Wort für Wort); etwas wortwörtlich wiedergeben
wo|r|ü|ber; wo|r|um; wo|r|un|ter
Wo|tan *vergleiche:* **Wo|dan**
wo|von; wo|vor; wo|zu
das **Wrack;** des Wrack[e]s; die Wracks, *selten:* Wra|cke
wrin|gen; du wringst; er wringt; er wrang; er hat die Wäsche gewrungen; wringe die Wäsche!
der **Wu|cher;** des Wuchers; der **Wu|che|rer;** des Wucherers; die Wucherer; **wu|chern;** du wucherst; er wucherte; er hat gewuchert (Wucher getrieben); ABER: das Unkraut ist *oder* hat gewuchert (hat sich übermäßig ausgebreitet); der **Wu|cher|preis;** die **Wu|che|rung**
der **Wuchs;** des Wuch|ses; die Wüch|se; die Bäume stehen in vollem Wuchs
die **Wucht;** mit voller Wucht; **wuch|tig;** wuchtige Schläge
wüh|len; du wühlst; sie wühlte; sie hat in der Kiste gewühlt; wühle nicht in meinen Sachen!; die **Wühl|maus**
der *oder* die **Wulst** (längliche, gerundete Verdickung); des Wuls|tes *oder* der Wulst; die Wüls|te; **wuls|tig;** eine wulstige Narbe
wund; wund sein, werden; sich die Füße wund laufen, reiben; sich den Mund wund reden; sich wund liegen; die Kranke hat sich wund gelegen; die **Wun|de**
das **Wun|der;** des Wunders; die Wunder; Wunder tun; das ist doch kein Wunder; du wirst dein blaues Wunder erleben; er glaubt[,] Wunder was getan zu haben *(umgangssprachlich);* er glaubt, Wunder *oder* wunders wie geschickt er sei *(umgangssprachlich);* **wun|der|bar;** die **Wun|der|ker|ze;** das **Wun|der|kind; wun|der|lich** (sonderbar); wunderliche Einfälle; sich **wun|dern;** du wunderst dich; sie wunderte sich; sie hat sich gewundert; wundere dich nicht!; **wun|der|schön; wun|der|voll**
wund lie|gen *vergleiche:* **wund;** die **Wund|sal|be;** der **Wund|starr|krampf** (eine Infektionskrankheit)
der **Wunsch;** des Wunsch[e]s; die Wün|sche; die **Wün|schel|ru|te** (zum Aufspüren von Wasser- oder Erzadern); **wün|schen;** du wünschst; sie wünschte; wünsche ihm alles Gute!; sich wünschen; ich habe mir ein Fahrrad gewünscht; **wün|schens|wert; wunsch|los;** wunschlos glücklich sein; der **Wunsch|satz;** der **Wunsch|traum**
die **Wür|de; wür|de|los;** der **Wür|den|trä|ger; wür|de|voll; wür|dig;** ein würdiger Nachfolger; **wür|di|gen;** du würdigst; sie würdigte; sie hat ihre Leistung gewürdigt; würdige sie!; die **Wür|di|gung**
der **Wurf;** des Wurf[e]s; die Wür|fe
der **Wür|fel;** des Würfels; die Würfel; **würfeln;** du würfelst; sie würfelte; sie hat eine Sechs gewürfelt; würf[e]le noch einmal!
der **Wurf|speer;** der **Wurf|spieß**
der **Wür|ge|griff; wür|gen;** du würgst; sie würgte; sie hat ihn gewürgt; würge ihn nicht!; ABER: mit Hängen und Würgen *(umgangssprachlich für:* mit knapper Not); der **Wür|ger** (jemand, der einen anderen würgt; ein Singvogel); des Würgers; die Würger
der **Wurm;** des Wurm[e]s; die Wür|mer; *Verkleinerungsform:* das Würmchen
wur|men *(umgangssprachlich für:* ärgern); das wurmt mich; es wurmte ihn; die Niederlage hat ihn gewurmt; der **Wurm|fort|satz** (am Blinddarm); **wur|mig; wurm|sti|chig;** wurmstichige Äpfel
die **Wurst;** die Würs|te; es geht um die Wurst *(umgangssprachlich für:* um die Entscheidung); ABER: das ist mir wurst, *auch:* wurscht *(umgangssprachlich für:* das ist mir völlig gleichgültig)
wurs|teln *(umgangssprachlich für:* ohne Ziel arbeiten); ich wurst[e]le; du wurstelst; er wurstelte; er hat immer nur gewurstelt; **wurs|tig;** die **Wurs|tig|keit**
die **Wür|ze; wür|zen;** du würzt; er würzte; er hat die Soße gut gewürzt; würze die Suppe!; **wür|zig;** würzige Speisen
die **Wur|zel;** die Wurzeln; **wur|zeln;** der Baum wurzelt; er wurzelte; er hat tief gewurzelt; das **Wur|zel|werk**
das **Wu|schel|haar** (lockiges oder unordentliches Haar); **wu|sche|lig;** eine wuschelige Mähne
wu|seln *(umgangssprachlich für:* sich schnell und unruhig bewegen; hektisch

arbeiten); ich wus[e]le; du wuselst; sie wuselte; sie ist um die Ecke gewuselt; ABER: sie hat lange im Keller gewuselt
wüst; am wüs|tes|ten; der **Wüst|ling**
der **Wust** (Durcheinander, ungeordnete Menge); des Wust[e]s
die **Wüs|te**
die **Wut;** der **Wut|an|fall; wü|ten** (toben, rasen); du wütest; sie wütete; sie hat gewütet; wüte nicht mehr!; **wü|tend; wut|ent|brannt;** der **Wü|te|rich;** des Wüterich[e]s; die Wü|te|ri|che; **wut|schäu|mend;** ABER: vor Wut schäumend
WWW = World Wide Web

X X

das **X** [ɪks] (Buchstabe); des X; die X; jemandem ein X für ein U vormachen; ABER: das x in Hexe
die **x-Ach|se** *(Mathematik)*
die **Xan|thip|pe** (*umgangssprachlich für:* zänkische Frau, nach der Ehefrau des Philosophen Sokrates)
die **X-Bei|ne** *Plural;* **x-bei|nig**, *auch:* **X-bei|nig**
x-be|lie|big *(umgangssprachlich);* ein x-beliebiges Buch; ABER: jeder x-Beliebige; etwas x-Beliebiges
das **X-Chro|mo|som** (*Biologie:* eines der beiden Geschlechtschromosomen)
x-fach *(umgangssprachlich);* ein x-fach erprobtes Mittel; das **x-fa|che**; des x-fachen
x-för|mig, *auch:* **X-för|mig**
XL = extra large (Kleidergröße: sehr groß)
x-mal *(umgangssprachlich);* das habe ich dir schon x-mal gesagt
XS = extra small (Kleidergröße: sehr klein)
x-te; die x-te Potenz; zum x-ten Mal; zum x-ten Male
XXL = extra extra large (Kleidergröße: extrem groß)
XXS = extra extra small (Kleidergröße: extrem klein)

das **Xy|lo|phon**, *auch:* **Xy|lo|fon** (ein Musikinstrument); des Xylophons, *auch:* Xylofons; die Xy|lo|pho|ne, *auch:* Xy|lo|fo|ne

Y Y

das **Y** [ˈʏpsilɔn] (Buchstabe); des Y; die Y; ABER: das y in Rhythmus
die **y-Ach|se** *(Mathematik)*
die **Yacht** *vergleiche:* **Jacht**
der **Yan|kee** [ˈjɛŋki] (Spitzname für den US-Amerikaner); des Yankees; die Yankees
das **Yard** (englisches und amerikanisches Längenmaß); des Yards; die Yards; 5 Yard[s]
das **Y-Chro|mo|som** (*Biologie:* eines der beiden Geschlechtschromosomen)
der **Ye|ti** (legendärer Schneemensch im Himalajagebiet); des Yetis; die Yetis
der *oder* das **Yo|ga** *vergleiche:* **Jo|ga**
der **Youngs|ter** [ˈjʌŋstə] (junger Nachwuchssportler); des Youngsters; die Youngster[s]
das **Yp|si|lon** [ˈʏpsilɔn] (der Buchstabe Y); des Ypsilon[s]; die Ypsilons
die **Yuc|ca** (Palmlilie); die Yuccas
der **Yup|pie** [ˈjʊpi, *auch:* ˈjapi] (junger, karrierebewusster, in einer Großstadt lebender Mensch); des Yuppies; die Yuppies

Z Z

das **Z;** des Z; die Z; ABER: das z in Gazelle
die **Za|cke** *oder* der **Za|cken;** der Zacke *oder* des Zackens; die Zacken; **za|ckig;** zackige Felsbrocken; ein zackiger (*umgangssprachlich für:* schneidiger) Soldat
zag|haft; am zag|haf|tes|ten
Za|g|reb (Hauptstadt Kroatiens)

A B C D E F G H I J K L M N O P Q R S T U V W X Y Z

zäh; am zäh[e]s|ten; ein zäher Bursche; **zäh|flüs|sig;** zähflüssiger Verkehr; die **Zäh|flüs|sig|keit;** die **Zäh|heit;** die **Zä|hig|keit**

die **Zahl;** das **Zahl|ad|jek|tiv; zahl|bar** (zu [be]zahlen); zahlbar in drei Monatsraten; **zähl|bar** (sich zählen lassend, als Zahl angebbar); zählbare Gewinne; **zahlen;** du zahlst; sie zahlte; sie hat den Beitrag gezahlt; zahl[e] bitte pünktlich!; **zäh|len;** du zählst; er zählte; er hat das Geld gezählt; zähl[e] es!; der **Zäh|ler;** des Zählers; die Zähler; die **Zahl|kar|te; zahllos;** zahllose Anrufer; **zahl|reich;** der **Zahl|tag;** die **Zah|lung;** die **Zäh|lung;** der **Zah|lungs|ver|kehr;** das **Zahl|wort;** die Zahl|wör|ter

zahm; ein zahmes Tier; **zäh|men;** du zähmst; er zähmte; er hat den Löwen gezähmt; zähm[e] ihn!; die **Zäh|mung**

der **Zahn;** des Zahn[e]s; die Zäh|ne; *Verkleinerungsform:* das Zähnchen; der **Zahnarzt;** die **Zahn|ärz|tin;** die **Zahn|bürs|te;** die **Zahn|creme,** *auch:* **Zahn|krem** *oder* **Zahn|kre|me; zäh|ne|knir|schend;** das **Zahn|fleisch; zahn|los;** die **Zahn|lü|cke;** die **Zahn|pas|ta;** das **Zahn|rad;** der **Zahnschmerz** *meist Plural;* der **Zahn|sto|cher;** des Zahnstochers; die Zahnstocher; das **Zahn|weh**

Za|i|re [*auch:* zaˈiːɐ̯] (Staat in Afrika); der **Za|i|rer;** des Zairers; die Zairer; die **Za|i|re|rin;** die Zairerinnen; **za|i|risch**

der **Zan|der** (ein Raubfisch); des Zanders; die Zander

die **Zan|ge**

der **Zank;** des Zank[e]s; **zan|ken;** du zankst; er zankte; er hat mit ihm gezankt; sich zanken; sie haben sich gezankt; **zänkisch** (streitlustig); zänkische Kinder

das **Zäpf|chen; zap|fen;** du zapfst; er zapfte Bier; er hat Bier gezapft; zapf[e] mir ein Bier!; der **Zap|fen;** des Zapfens; die Zapfen; der **Zap|fen|streich** (*Militär:* Ende der Ausgehzeit); der Große Zapfenstreich; die **Zapf|säu|le**

zap|pe|lig *oder* **zapp|lig;** ein zapp[e]liger Junge; **zap|peln;** du zappelst; sie zappelte; sie hat auf dem Stuhl gezappelt; zapp[e]le nicht immer!

zap|pen [*auch:* ˈzɛpn̩] (*umgangssprachlich für:* mit der Fernbedienung das Fernsehprogramm wechseln); ich zappe; du zappst; sie zappt; sie zappte; sie hat ständig gezappt

der **Zar** (ehemaliger russischer Herrschertitel); des/dem/den Za|ren; die Za|ren

die **Zar|ge** (*fachsprachlich für:* Seitenwand; Tür-, Fenstereinfassung); die Zargen

zart; am zar|tes|ten; die **Zart|heit; zärtlich**

der **Zas|ter** (*umgangssprachlich für:* Geld); des Zasters

die **Zä|sur** (Einschnitt innerhalb einer [geschichtlichen] Entwicklung, eines Verses oder eines Musikstücks); die Zä|suren

der **Zau|ber;** des Zaubers; der **Zau|be|rer;** des Zauberers; die Zauberer; **zau|ber|haft;** die **Zau|be|rin;** die Zauberinnen; der **Zauber|künst|ler;** die **Zau|ber|künst|le|rin; zau|bern;** ich zaubere; du zauberst; er zauberte; er hat eine Taube aus dem Hut gezaubert; der **Zau|ber|stab;** der **Zau|ber|wür|fel**

zau|dern (zögern); du zauderst; er zauderte; er hat lange gezaudert; zauder[e] nicht länger!

der **Zaum** (über den Kopf und ins Maul von Pferden gelegte Vorrichtung aus Riemen und Metall [zum Lenken und Führen]); des Zaum[e]s; die Zäu|me; ein Pferd im Zaum halten; **zäu|men** (einem Pferd den Zaum anlegen); du zäumst; sie zäumte; sie hat das Pferd gezäumt; zäume das Pferd!; das **Zaum|zeug**

der **Zaun;** des Zaun[e]s; die Zäu|ne; der **Zaun|kö|nig** (ein Vogel); der **Zaun|pfahl**

zau|sen; der Wind zauste; der Wind hat die Haare gezaust

der *oder* das **Za|zi|ki,** *auch:* **Tsa|t|si|ki** (Joghurt mit Knoblauch und Gurkenstückchen); des Zazikis, *auch:* Tsatsikis; die Zazikis, *auch:* Tsatsikis

z. B. = zum Beispiel

ZDF = Zweites Deutsches Fernsehen

das **Ze|b|ra;** des Zebras; die Zebras; der **Ze|b|ra|strei|fen**

die **Ze|che** (Rechnung für Speisen und Getränke); seine Zeche bezahlen; **ze|chen** (große Mengen Alkohol trinken); ich zeche; du zechst; er zechte; er hat bis zum frühen Morgen gezecht; der **Ze|cher;** des Zechers; die Zecher; der **Zech|prel|ler** (jemand, der ein Gasthaus verlässt, ohne zu bezahlen); des Zechprellers; die Zechpreller; die **Zech|prel|le|rei**

die **Ze|cke** (eine blutsaugende Milbe)

die **Ze|der** (ein immergrüner Nadelbaum); die Zedern; das **Ze|dern|holz**

die **Ze|he,** *auch:* der **Zeh;** der Zehe, *auch:* des Zehs; die Zehen; die kleine, große Zehe, *auch:* der kleine, große Zeh; die **Ze|hen|spit|ze;** auf Zehenspitzen gehen

zehn; wir sind zu zehnen *oder* zu zehnt; alle zehn Finger; ABER: die Zehn Gebote; ↑*auch:* acht; die **Zehn** (Zahl); die Zehnen; ↑*auch:* Acht; der **Zeh|ner;** des Zehners; die Zehner; **zehn|fach;** die zehnfache Menge; das **Zehn|fa|che;** das **Zehn|fin|ger|sys|tem** (Methode, schnell auf einer Schreibmaschine oder Computertastatur zu schreiben); der **Zehn|kampf; zehn|mal** ↑achtmal; das **Zehn|me|ter|brett** (*mit Ziffern:* 10-Meter-Brett *oder* 10-m-Brett); **zehn|te** ↑achte; das **Zehn|tel** ↑Achtel; **zehn|tens**

zeh|ren (etwas Vorhandenes aufbrauchen, um davon zu leben); ich zehre; du zehrst; er zehrte; er hat von seinen Ersparnissen gezehrt

das **Zei|chen;** des Zeichens; die Zeichen; der **Zei|chen|block;** die Zeichenblocks *oder* Zei|chen|blö|cke; die **Zei|chen|set|zung;** der **Zei|chen|trick|film; zeich|nen;** du zeichnest; er zeichnete; er hat den Entwurf gezeichnet; zeichne ein Bild!; der **Zeich|ner;** des Zeichners; die Zeichner; die **Zeich|ne|rin;** die Zeichnerinnen; **zeich|ne|risch;** eine zeichnerische Darstellung; die **Zeich|nung**

der **Zei|ge|fin|ger; zei|gen;** du zeigst; sie zeigte; sie hat ihm das Haus gezeigt; zeig[e] es ihm!; der **Zei|ger;** des Zeigers; die Zeiger; der **Zei|ge|stock;** die Zei|ge|stö|cke

die **Zei|le; zei|len|wei|se**

der **Zei|sig** (ein Vogel); des Zeisigs; die Zei|si|ge

die **Zeit;** zu meiner Zeit; zu jeder Zeit; auf Zeit; es ist an der Zeit; von Zeit zu Zeit; zu der Zeit, zu Zeiten Karls des Großen; alles zu seiner Zeit; zu aller Zeit; ABER: all[e]zeit; zu jeder Zeit; ABER: jederzeit; eine Zeit lang; eine kurze Zeit lang; Zeit haben; Zeit sparen; Zeit sparend, *auch:* zeitsparend; Zeit sparende, *auch:* zeitsparende Methoden; ABER NUR: viel Zeit sparende Methoden; [noch] zeitsparendere, besonders zeitsparende Methoden; das **Zeit|al|ter;** des Zeitalters; die Zeitalter; die **Zeit|form** (*für:* Tempus); **zeit|ge|mäß;** am zeit|ge|mä|ßes|ten; der **Zeit|ge|nos|se; zeit|ge|nös|sisch** (gegenwärtig); zeitgenössische Malerei; **zei|tig;** zeitiges Aufstehen; die **Zeit|kar|te** (für beliebig viele Fahrten in einem Zeitabschnitt); **zeit|le|bens;** er hat zeitlebens hart gearbeitet; ABER: er hat zeit seines Lebens hart gearbeitet; **zeit|los;** die **Zeit|lu|pe;** der **Zeit|punkt;** der **Zeit|raf|fer** *(Film);* des Zeitraffers; die Zeitraffer; der **Zeit|raum;** die Zeit|räu|me; die **Zeit|rech|nung;** vor unserer Zeitrechnung; die **Zeit|schrift; zeit|spa|rend** *vergleiche:* **Zeit;** die **Zei|tung;** der **Zeit|ver|treib; zeit|wei|lig; zeit|wei|se;** das **Zeit|wort** (Verb); die Zeit|wör|ter; die **Zeit|zo|ne** (in der überall die gleiche Uhrzeit gilt)

ze|le|b|rie|ren (feierlich ausführen, feiern); ich zelebriere; du zelebrierst; er zelebrierte; der Priester hat eine Messe zelebriert (gelesen)

die **Zel|le;** der **Zell|kern**

das **Zel|lo|phan,** *fachsprachlich und als Markenbezeichnung:* **Cel|lo|phan** (glasklare Folie); des Zellophans, *auch:* Cellophans

der **Zell|stoff;** die **Zell|tei|lung**

das **Zel|lu|loid,** *fachsprachlich:* **Cel|lu|loid** (ein Kunststoff); des Zelluloid[e]s, *fachsprachlich:* Celluloid[e]s; die **Zel|lu|lo|se,** *fachsprachlich:* **Cel|lu|lo|se** (ein Zellstoff); die Zellulosen, *fachsprachlich:* Cellulosen

das **Zelt;** des Zelt[e]s; die Zel|te; die **Zelt|bahn; zel|ten;** du zeltest; sie zeltete; sie hat am Bodensee gezeltet; zelte hier!; das **Zelt|la|ger;** die **Zelt|pla|ne**

der **Ze|ment** (Baustoff); des Zement[e]s; die Ze|men|te; **ze|men|tie|ren** (mit Zement ausfüllen, verputzen); du zementierst; er zementierte; er hat den Weg zementiert; er hat seine Macht zementiert (gefestigt); zementier[e] das Loch!

der **Ze|nit** (Scheitelpunkt); des Zenit[e]s; der Zenit (Höhepunkt) seiner Karriere

zen|sie|ren (benoten; prüfen); ich zensiere; du zensierst; sie zensierte; die Lehrerin hat die Aufsätze zensiert; die **Zen|sur** ([Schul]note); die Zen|su|ren

der, *auch:* das **Zen|ti|me|ter** (*Zeichen:* cm); das **Zen|ti|me|ter|maß**

der **Zent|ner** (50 kg); des Zentners; die Zentner; **zent|ner|wei|se**

zen|t|ral (in der Mitte liegend); in zentraler Lage

der **Zen|t|ral|a|f|ri|ka|ner** (Einwohner der Zentralafrikanischen Republik); die **Zen|t|ral|a|f|ri|ka|ne|rin; zen|t|ral|a|f|ri|ka|nisch;** ABER: die Zentralafrikanische Republik

die **Zen|t|ra|le;** die **Zen|t|ral|hei|zung;** der **Zen|t|ra|lis|mus** (Konzentration der Entscheidungsgewalt in einer Stelle); des Zentralismus; das **Zen|t|ral|ner|ven|sys|tem** (im Gehirn und Rückenmark); **zen|t|rie|ren** (auf die Mitte einstellen); ich zentriere; du zentrierst; er zentrierte; sie hat das Rad zentriert; die **Zen|t|ri|fu|gal|kraft** (Fliehkraft bei krummliniger Bewegung); die **Zen|t|ri|fu|ge** (Schleudergerät zur Trennung von Flüssigkeiten); die Zentrifugen; die **Zen|t|ri|pe|tal|kraft** (zum Mittelpunkt einer krummlinigen Bewegung hin gerichtete Kraft); das **Zen|t|rum** (Mittelpunkt; Innenstadt); die Zentren

der **Zep|pe|lin** (ein Luftschiff); des Zeppelins; die Zep|pe|li|ne

das, *seltener:* der **Zep|ter** (Herrscherstab); des Zepters; die Zepter

zer|bre|chen; du zerbrichst; er zerbricht; er zerbrach; er hat das Glas zerbrochen; er ist an seinem Kummer zerbrochen; zerbrich nichts!; sich den Kopf zerbrechen; **zer|brech|lich**

die **Ze|re|mo|nie** [*auch:* tsere'mo:ni̯ə] (feierliche Handlung; Förmlichkeit); die Ze|re|mo|ni|en *oder* Ze|re|mo|ni|en; **ze|re|mo|ni|ell;** ein zeremonieller Empfang; das **Ze|re|mo|ni|ell** ([Regeln und Verhaltensweisen für] feierliche Handlungen); des Zeremoniells; die Ze|re|mo|ni|el|le

zer|fah|ren (verwirrt, gedankenlos)

der **Zer|fall;** des Zerfall[e]s; die Zer|fäl|le; **zer|fal|len;** die Mauer zerfällt; sie zerfiel; sie ist zerfallen

zer|fet|zen; ich zerfetze; du zerfetzt; er zerfetzte den Brief; eine Granate hat sein Bein zerfetzt

zer|fled|dern (*umgangssprachlich für:* durch häufigen Gebrauch abnutzen; zerfetzen); du zerfledderst; sie zerfledderte; sie hat ihr Heft zerfleddert; zerfledder[e] dein Heft nicht!; ein zerfleddertes Buch

zer|flei|schen; der Tiger zerfleischte seine Beute; er hat seine Beute zerfleischt

zer|klei|nern; du zerkleinerst; er zerkleinerte; er hat das Holz zerkleinert; zerkleiner[e] das Holz!

zer|klüf|tet; zerklüftetes Gestein

zer|knirscht (schuldbewusst); ein zerknirschtes Gesicht machen

zer|knit|tern; du zerknitterst; sie zerknitterte; sie hat ihr Heft zerknittert; zerknitter[e] dein Heft nicht!

zer|knül|len; ich zerknülle; du zerknüllst; sie zerknüllte; sie hat den Zettel zerknüllt

zer|krat|zen; ich zerkratze; du zerkratzt; sie zerkratzte den Spiegel; die Dornen haben ihre Beine zerkratzt

zer|le|gen; du zerlegst; er zerlegte; er hat den Motor in seine Bestandteile zerlegt; zerleg[e] den Satz in seine Glieder!

zer|mal|men (zerquetschen); die Maschine zermalmte den Sperrmüll; eine Geröllawine hat den Bergsteiger zermalmt

zer|mür|ben (mürbe machen); ich zermürbe; du zermürbst; das Warten zermürbte mich; es hat mich zermürbt

zer|quet|schen; ich zerquetsche; du zerquetschst; er zerquetschte; er hat die Kartoffeln zerquetscht

das **Zerr|bild**

zer|rei|ßen; du zerreißt; sie zerreißt; sie zerriss; sie hat den Stoff zerrissen; zerreiß[e] den Fahrschein nicht!; die **Zer|reiß|pro|be**

zer|ren; ich zerre; du zerrst; er zerrte; der Hund hat an der Leine gezerrt; die **Zer|rung** (Überdehnung von Muskeln, Sehnen oder Bändern)

zer|rin|nen (langsam zerfließen; sich auflösen); der Schnee zerrann; ihre Hoffnung ist zerronnen

zer|rüt|tet (völlig erschöpft; zerstört); zerrüttete Nerven

zer|schel|len; das Flugzeug zerschellte; es ist an der Felswand zerschellt
zer|schla|gen; er zerschlug einen Teller; die Polizei hat einen Verbrecherring zerschlagen
zer|schmet|tern; ein Geschoss zerschmetterte sein Bein; die Bombe hat das Haus zerschmettert
zer|set|zen (auflösen); der elektrische Strom zersetzte die Säure; die Fäulnis hat den Körper zersetzt
zer|split|tern; die Scheibe zersplitterte; die Flasche ist zersplittert; zersplittertes Holz
zer|stäu|ben; ich zerstäube; du zerstäubst; sie zerstäubte; sie hat Parfüm zerstäubt
zer|stö|ren; du zerstörst; er zerstörte; er hat das Bild zerstört; zerstör[e] es nicht!; die **Zer|stö|rung**
zer|streu|en; du zerstreust; die Polizei zerstreute die Demonstranten; er hat alle Bedenken zerstreut; zerstreu[e] sie!; **zer|streut;** ein zerstreuter Professor; die **Zer|streut|heit;** die **Zer|streu|ung**
zer|stü|ckeln; sie zerstückelte; sie hat den Apfel zerstückelt
das **Zer|ti|fi|kat** (Bescheinigung, Zeugnis); des Zertifikat[e]s; die Zer|ti|fi|ka|te
zer|trüm|mern; du zertrümmerst; er zertrümmerte; er hat die Fensterscheiben zertrümmert; zertrümmer[e] nichts!
die **Zer|ve|lat|wurst,** *auch:* **Ser|ve|lat|wurst** (eine Dauerwurst)
das **Zer|würf|nis;** des Zerwürfnisses; die Zerwürfnisse
zer|zausen; der Wind zerzauste ihr Haar; er hat ihr Haar zerzaust; zerzauste Haare
ze|tern (wehklagend schreien); du zeterst; sie zeterte; sie hat gezetert; zeter[e] nicht so!
der **Zet|tel;** des Zettels; die Zettel
das **Zeug;** des Zeug[e]s; die Zeu|ge; jemandem etwas am Zeug flicken
der **Zeu|ge;** des/dem/den Zeugen; die Zeugen; **zeu|gen;** ich zeuge; du zeugst; er zeugte vor Gericht (sagte als Zeuge aus); er hat ein Kind gezeugt; die Arbeit zeugt von Fleiß (lässt Fleiß erkennen); die **Zeugen|aus|sa|ge;** die **Zeu|gin;** die Zeuginnen

das **Zeug|nis;** des Zeugnisses; die Zeugnisse

Substantive auf *-nis* werden im Nominativ Singular nur mit einem *s* geschrieben, obwohl der Genitiv Singular und die Pluralformen mit Doppel-s gebildet werden.

die **Zeu|gung** (Befruchtung beim Geschlechtsakt); **zeu|gungs|fä|hig**
Zeus (höchster griechischer Gott)
z. H. = zu Händen
die **Zi|cke** (weibliche Ziege); die Zicken; *Verkleinerungsform:* das Zick|lein; die **Zicken** (*umgangssprachlich für:* Dummheiten) *Plural;* mach keine Zicken!
der **Zick|zack;** des Zickzack[e]s; die Zick|zacke; im Zickzack laufen; ABER: zickzack laufen
die **Zie|ge**
der **Zie|gel;** des Ziegels; die Ziegel; die **Ziege|lei; zie|gel|rot;** der **Zie|gel|stein**
der **Zie|gen|bock;** der **Zie|gen|pe|ter** (eine Infektionskrankheit)
zie|hen; du ziehst; sie zieht; sie zog; sie hat den Wagen gezogen; zieh[e] ihn!; die **Zie|hung**
die **Zieh|har|mo|ni|ka;** die Ziehharmonikas *oder* Ziehharmoniken
das **Ziel;** des Ziel[e]s; die Zie|le; **ziel|bewusst;** zielbewusstes Vorgehen; **zie|len;** du zielst; er zielte; er hat schlecht gezielt; ziel[e] genau!; die **Ziel|ge|ra|de** (einer Lauf-, Rennbahn); die **Ziel|li|nie; ziel|los;** die **Ziel|schei|be; ziel|si|cher;** ein zielsicherer Schütze; **ziel|stre|big**
zie|men (angemessen sein; sich gehören); es ziemt mir; dieser Empfang hat mir geziemt; sich ziemen; es hat sich geziemt[,] ihm zu gratulieren
ziem|lich
die **Zier;** die **Zier|de; zie|ren;** das Bild zierte; es hat das Zimmer geziert; sich zieren (sich bescheiden stellen); er hat sich geziert; zier[e] dich nicht so!; **zier|lich;** die **Zier|pflan|ze;** der **Zier|rat;** des Zierrat[e]s; die Zier|ra|te
die **Zif|fer;** die Ziffern; die arabischen, römischen Ziffern; das **Zif|fer|blatt**
zig *(umgangssprachlich);* zig Euro; er fuhr mit zig Sachen in die Kurve; ABER: zigfach; ein Zigfaches; sie hat ihm das zigmal gesagt; zighundert, *auch:* Zighun-

dert Menschen; zigtausende, *auch:* Zigtausende Menschen

die **Zi|ga|ret|te;** die **Zi|ga|ret|ten|kip|pe;** der, *auch:* das **Zi|ga|ril|lo** (kleine Zigarre); des Zigarillos; die Zigarillos; die **Zi|gar|re**

der **Zi|geu|ner;** des Zigeuners; die Zigeuner; die **Zi|geu|ne|rin;** die Zigeunerinnen

Viele Menschen empfinden die Benennungen *Zigeuner* und *Zigeunerin* inzwischen als diskriminierend. Deshalb sollte man diese Wörter besser vermeiden und die Menschengruppe als *Sinti und Roma* bezeichnen.

zig|fach, zig|hun|dert, zig|mal, zig|tau|send ↑zig

die **Zi|ka|de** (grillenähnliches Insekt)

das **Zim|mer;** des Zimmers; die Zimmer; der **Zim|me|rer;** des Zimmerers; die Zimmerer; der **Zim|mer|mann;** die Zim|mer|leu|te; **zim|mern;** ich zimmere; du zimmerst; er zimmerte; er hat den Schrank gezimmert

zim|per|lich ([über]empfindlich); die **Zim|per|lie|se** (*umgangssprachlich für:* zimperliches Mädchen)

der **Zimt** (ein Gewürz); des Zimt[e]s; die Zim|te

das **Zink** (chemisches Element, Metall; *Zeichen:* Zn); des Zink[e]s; das **Zink|blech**

die **Zin|ke** (Zacke); die Zinken; **zin|ken** (mit Zinken, Zeichen versehen); du zinkst; er zinkte; er hat die Karten gezinkt; zinke die Karten nicht!; der **Zin|ken** ([Gauner]zeichen; *umgangssprachlich für:* große Nase); des Zinkens; die Zinken

das **Zinn** (chemisches Element, Metall; *Zeichen:* Sn); des Zinn[e]s; der **Zinn|be|cher**

die **Zin|ne** (zahnartiger Mauerabschluss); die Zinnen

der **Zin|no|ber** (eine rote Farbe; *auch umgangssprachlich für:* Blödsinn, wertloses Zeug); des Zinnobers; **zin|no|ber|rot** (ein Farbton); ABER: das **Zin|no|ber|rot**

der **Zins;** des Zin|ses; die Zin|sen; der **Zin|ses|zins;** der **Zins|fuß;** die Zins|fü|ße; **zins|los;** ein zinsloser Kredit; die **Zins|rech|nung;** der **Zins|satz**

der **Zi|o|nis|mus** (Bewegung zur Gründung und Sicherung eines nationalen jüdischen Staates); der **Zi|o|nist** (Anhänger des Zionismus); des/dem/den Zi|o|nis|ten; die Zi|o|nis|ten; die **Zi|o|nis|tin;** die Zionistinnen

der **Zip|fel;** des Zipfels; die Zipfel; die **Zip|fel|müt|ze**

zir|ka, *auch:* **cir|ca** (ungefähr); zirka, *auch:* circa 15 Euro

der **Zir|kel;** des Zirkels; die Zirkel; der **Zir|kel|kas|ten; zir|keln** (einen Kreis ziehen; [ab]messen; *umgangssprachlich für:* genau ausprobieren, an eine bestimmte Stelle befördern); ich zirk[e]le; du zirkelst; er zirkelte; der Spieler hat den Ball um die Mauer gezirkelt; die **Zir|ku|la|ti|on** (Umlauf, Kreislauf); **zir|ku|lie|ren;** das Blut zirkulierte in den Adern; Luft ist, *seltener:* hat im Raum zirkuliert

der **Zir|kus,** *auch:* **Cir|cus;** des Zirkus, *auch:* Circus; die Zirkusse, *auch:* Circusse; das **Zir|kus|pferd,** *auch:* **Cir|cus|pferd**

zir|pen; die Grille zirpte; sie hat gezirpt

die **Zir|rho|se** (*Medizin:* Wucherung im Bindegewebe eines Organs); die Zirrhosen

die **Zir|rus|wol|ke** (Federwolke)

zi|schen; du zischst; er zischte; er hat gezischt; zisch[e] nicht!; der **Zisch|laut**

die **Zis|ter|ne** (unterirdischer Behälter für Regenwasser); die Zisternen

die **Zi|ta|del|le** (Festung; Kern einer Festung); die Zitadellen

das **Zi|tat** (wörtlich angeführte Belegstelle; bekannter Ausspruch); des Zitat[e]s; die Zi|ta|te

die **Zi|ther** (ein Saiteninstrument); die Zithern

zi|tie|ren (wörtlich anführen); du zitierst; sie zitierte; sie hat ihn zitiert; zitier[e] den Text richtig!

das **Zi|t|ro|nat** (kandierte Zitronenschale); des Zitronat[e]s; die Zi|t|ro|na|te; die **Zi|t|ro|ne;** der **Zi|t|ro|nen|fal|ter; zi|t|ro|nen|gelb;** die **Zi|t|ro|nen|säu|re;** die **Zi|t|rus|frucht** (Zitrone, Apfelsine usw.)

zit|te|rig *oder* **zitt|rig;** zitt[e]rige Hände; **zit|tern;** ich zittere; du zitterst; er zitterte; er hat am ganzen Körper gezittert; zitternde Knie

die **Zit|ze** (Säugeorgan); die Zitzen

der **Zi|vi** (*umgangssprachlich kurz für:* jemand, der Zivildienst leistet); des Zivis; die Zivis; **zi|vil** (bürgerlich; nicht militärisch); die zivile Luftfahrt; zivile (niedrige) Preise; das **Zi|vil** (Zivilkleidung); des

Zivils; er kommt in Zivil; die **Zi|vil|be|völ|ke|rung;** die **Zi|vil|cou|ra|ge** (Mut im bürgerlichen Leben); der **Zi|vil|dienst** (anstelle des Wehrdienstes); der **Zi|vil|dienst Leis|ten|de**, *auch:* **Zi|vil|dienst|leis|ten|de;** des Zivildienst Leistenden, *auch:* Zivildienstleistenden; die Zivildienst Leistenden, *auch:* Zivildienstleistenden; die **Zi|vi|li|sa|ti|on** (die durch den Fortschritt verbesserten Lebensbedingungen); **zi|vi|li|sie|ren;** er zivilisierte; er hat die Ureinwohner zivilisiert; zivilisierte Menschen; der **Zi|vi|list** (Bürger; Nichtsoldat); des/dem/den Zi|vi|lis|ten; die Zi|vi|lis|ten; die **Zi|vi|lis|tin;** die Zivilistinnen; der **Zi|vil|schutz** (Schutz der Zivilbevölkerung im Kriegs- und Katastrophenfall)

der **Zo|bel** (ein Marder; sein Pelz); des Zobels; die Zobel

die **Zo|fe;** die Zofen

der **Zoff** (*umgangssprachlich für:* Streit, Ärger); des Zoffs

zö|gern; du zögerst; er zögerte; er hat gezögert; zögere nicht länger!; ohne zu zögern; ABER: ohne Zögern

der **Zög|ling**

das, *fachsprachlich:* der **Zö|li|bat** (Ehelosigkeit aus religiösen Gründen); des Zölibat[e]s

der **Zoll** (ein Längenmaß); des Zoll[e]s; die Zoll; 3 Zoll breit; der **Zoll|stock;** die Zollstö|cke

der **Zoll** (Abgabe); des Zoll[e]s; die Zöl|le; Zoll [be]zahlen; der **Zoll|be|am|te;** die **Zoll|be|am|tin**

zol|len (*gehoben für:* erweisen, entgegenbringen); du zollst; er zollte; er hat ihr Dank gezollt; zolle ihr mehr Respekt!

zoll|frei; zollfreie Waren; die **Zoll|kon|t|rol|le;** der **Zöll|ner** (*veraltend für:* Zollbeamter); des Zöllners; die Zöllner

der **Zom|bie** (wieder erweckter Toter); des Zombie[s]; die Zombies

die **Zo|ne** (Gebietsstreifen); die **Zo|nen|gren|ze**

der **Zoo;** des Zoos; die Zoos; die **Zo|o|lo|gie** (Tierkunde); **zo|o|lo|gisch;** das **Zoo|or|ches|ter**, *auch:* **Zoo-Or|ches|ter**

das **Zoom** [zu:m] (Kameraobjektiv mit veränderlicher Brennweite); des Zooms; die Zooms; **zoo|men** (das Objekt, das fotografiert werden soll, im Bild näher heranholen oder weiter wegrücken); ich zoome; du zoomst; er zoomte; er hat den Vogel gezoomt

der **Zopf;** des Zopf[e]s; die Zöp|fe

der **Zorn;** des Zorn[e]s; **zor|nig**

die **Zo|te** (unanständiger Witz); die Zoten; **zo|tig;** zotige Anspielungen; **zot|te|lig** *oder* **zott|lig;** ein zott[e]liges Fell; **zot|tig**

z. T. = zum Teil

Ztr. = Zentner

zu; zu dem Punkt; zu zwei[e]n, zu zweit; vier zu eins (4:1); ↑zu viel, zu wenig; **zu|al|ler|erst; zu|al|ler|letzt; zu|al|ler|meist**

das, *seltener:* der **Zu|be|hör;** des Zubehör[e]s; die Zu|be|hö|re

der **Zu|ber** ([Holz]bottich); des Zubers; die Zuber

zu|be|rei|ten; er bereitete das Essen zu; er hat die Speisen zubereitet; die **Zu|be|rei|tung**

zu|brin|gen; sie brachte viel Zeit auf Reisen zu; sie hat eine Nacht im Freien zugebracht; der **Zu|brin|ger;** des Zubringers; die Zubringer; die **Zu|brin|ger|stra|ße**

die **Zuc|chi|ni,** *seltener:* der **Zuc|chi|no** [tsʊˈki:ni, tsʊˈki:no] (ein gurkenähnliches Gemüse); die Zucchini *meist Plural*

die **Zucht; züch|ten;** ich züchte; du züchtest; er züchtete; er hat Rosen gezüchtet; der **Züch|ter;** des Züchters; die Züchter; die **Züch|te|rin;** die Züchterinnen; das **Zucht|tier**

züch|ti|gen (durch Schlagen bestrafen); du züchtigst; er züchtigte; er hat ihn mit einem Stock gezüchtigt; züchtige ihn nicht!; die **Züch|ti|gung**

zu|ckeln (*umgangssprachlich für:* langsam gehen oder fahren); ich zuck[e]le; du zuckelst; er zuckelte; er ist gemütlich nach Hause gezuckelt

zu|cken; du zuckst; sie zuckte; sie hat mit den Schultern gezuckt; zuck[e] nicht dauernd!

zü|cken (schnell herausholen); du zückst; er zückte Papier und Bleistift; er hat ein Messer gezückt; zück[e] den Geldbeutel!

der **Zu|cker;** des Zuckers; die Zucker; **zu|cker|frei;** zuckerfreie Bonbons; **zu|cker|krank;** die **Zu|cker|krank|heit** (dauerhaft erhöhter Zuckergehalt des Blutes); **zu|ckern;** ich zuckere; du zuckerst; er zuckerte den Nachtisch; er hat das Obst gezuckert; die **Zu|cker|rü|be; zu|cker|süß**

zu|de|cken; er deckte das Loch zu; er hat das Kind zugedeckt; sich zudecken; er hat sich schnell zugedeckt

zu|dem (außerdem); es war kalt und zudem regnete es; ABER: er kam zu dem Haus

zu|dring|lich; die **Zu|dring|lich|keit**

zu|ei|n|an|der; zueinander sprechen, passen; zueinander finden (zusammenfinden); sie haben endlich zueinander gefunden

zu|erst; zuerst einmal; der zuerst genannte Name; ABER: der zuerst Genannte

die **Zu|fahrt;** die **Zu|fahrts|stra|ße**

der **Zu|fall;** des Zufall[e]s; die Zu|fäl|le; **zu|fäl|lig**

zu|fal|len; die Tür fiel zu; sie ist [mir] zugefallen

zu|fas|sen; ich fasse zu; du fasst zu; er fasste zu; die Polizei hat blitzschnell zugefasst

die **Zu|flucht;** der **Zu|fluchts|ort**

der **Zufluss;** des Zu|flus|ses; die Zu|flüs|se

zu|fol|ge; dem Befehl zufolge; ABER: zufolge des Befehls

zu|frie|den; zufrieden machen, sein, werden; zufrieden geben (sich begnügen); er hat sich damit zufrieden gegeben; zufrieden lassen (in Ruhe lassen); sie ließen ihn nicht zufrieden; zufrieden stellen; wir haben alle Kunden zufrieden gestellt; ein zufrieden stellendes Ergebnis; ABER: ein (noch) zufriedenstellenderes Ergebnis; die **Zu|frie|den|heit**

zu|fü|gen; er fügte ihm Schaden zu; er hat mir [ein] Unrecht zugefügt

der **Zug;** des Zug[e]s; die Zü|ge; im Zuge des Wiederaufbaus; Zug um Zug; der 10-Uhr-Zug

die **Zu|ga|be**

der **Zu|gang;** des Zugang[e]s; die Zu|gän|ge; **zu|gäng|lich;** eine schwer zugängliche Stelle

zu|ge|ben (gestehen); sie gab ihren Irrtum zu; sie hat vor Gericht alles zugegeben; **zu|ge|ge|be|ner|ma|ßen**

zu|ge|gen (anwesend, dabei); zugegen bleiben, sein

zu|ge|hen; er geht auf das Haus zu; es ging sehr fröhlich zu; die Rechnung ist noch nicht zugegangen

zu|ge|hö|rig; ein Auto mit den zugehörigen Papieren

der **Zü|gel;** des Zügels; die Zügel; **zü|gel|los;** am zü|gel|lo|ses|ten; **zü|geln;** du zügelst; er zügelte; er hat sein Temperament gezügelt; züg[e]le deine Neugier!

das **Zu|ge|ständ|nis;** des Zugeständnisses; die Zugeständnisse; **zu|ge|ste|hen;** sie gestand es ihm zu; sie hat dem Kunden einen Preisnachlass zugestanden

zu|gig (windig); ein zugiger Hausflur

zü|gig (rasch, ohne Stockung); ein zügiges Tempo

die **Zug|kraft** (Anziehungskraft); **zug|kräf|tig;** ein zugkräftiger (viel Publikum anziehender) Film

zu|gleich

zu|grei|fen; er griff zu; er hat zugegriffen; der **Zu|griff**

zu|grun|de, *auch:* **zu Grun|de;** zugrunde, *auch:* zu Grunde gehen, legen; er ist dabei [,] sich zugrunde, *auch:* zu Grunde zu richten; der zugrunde liegende, *auch:* zu Grunde liegende Vertrag

die **Zug|spit|ze** (höchster Berg Deutschlands)

zu|guns|ten, *auch:* **zu Guns|ten;** zugunsten, *auch:* zu Gunsten bedürftiger Kinder; ABER: dem Freund zugunsten, *auch:* zu Gunsten

zu|gu|te; zugute halten, kommen, tun

der **Zug|vo|gel**

zu Haus *oder* **zu Hau|se;** sich wie zu Haus[e] fühlen; sie freut sich auf zu Haus[e]; ABER: das **Zu|hau|se;** sie freut sich auf ihr [schönes] Zuhause; er hat kein Zuhause mehr; ABER: ich bin zu Hause

> *mein Zuhause / sein Zuhause / das Zuhause:* Groß und in einem Wort schreibt man *Zuhause* nur, wenn ein Artikel oder ein Pronomen vorangeht. In allen anderen Fällen ist die Schreibung *zu Hause* (in Österreich und der Schweiz auch *zuhause*) richtig.

zu|hin|terst; er stand zuhinterst in der Schlange

zu|hö|ren; du hörst zu; sie hörte zu; sie hat mir kaum zugehört; hör[e] gut zu!;

der **Zu|hö|rer;** die **Zu|hö|re|rin;** die **Zu|hö|rer|schaft**

zu|kom|men; er kam auf mich zu; ihm ist dabei eine besondere Rolle zugekommen; sie hat mir eine Nachricht zukommen lassen

die **Zu|kunft; zu|künf|tig;** die **Zu|kunfts|aus|sich|ten** *Plural*

die **Zu|la|ge**

zu Lan|de; zu Lande und zu Wasser; bei uns zu Lande; ABER: hierzulande, *auch:* hier zu Lande

zu|lan|gen *(umgangssprachlich);* du langst zu; er langte zu; er hat beim Essen kräftig zugelangt; lang[e] ordentlich zu!; **zu|läng|lich** (*gehoben für:* genügend, ausreichend); zulängliche Erfahrungen

zu|las|sen; du lässt die Tür zu; der Richter ließ die Frage zu; er hat die Demonstration zugelassen; sein Motorrad ist [noch] nicht zugelassen; **zu|läs|sig;** eine zulässige Frage; die **Zu|las|sung;** die Zulassung zur Prüfung

zu|las|ten, *auch:* **zu Las|ten;** zulasten, *auch:* zu Lasten des Angeklagten; ABER: die Kosten gehen zu ihren Lasten

der **Zu|lauf;** des Zulauf[e]s; die Zu|läu|fe; **zu|lau|fen;** die Katze lief ihnen zu; sie ist ihnen zugelaufen

zu|leid *oder* **zu|lei|de,** *auch:* **zu Leid** *oder* **zu Lei|de;** jemandem etwas zuleid[e], *auch:* zu Leid[e] tun

die **Zu|lei|tung**

zu|letzt; sie kam zuletzt; ABER: sie kam zu guter Letzt

zu|lie|be; er hat es ihr zuliebe getan

zum (zu dem); er ging zum Haus

zu|ma|chen; er machte die Tür zu; er hat sie fest zugemacht; er versuchte[,] die Tür zuzumachen

zu|mal (vor allem; besonders weil); alle, zumal die Anfänger, waren begeistert

zu|meist

zu|min|dest; ich erwarte zumindest Respekt; ABER: zum Mindesten

zu|mül|len *(umgangssprachlich);* sie müllte mich mit Papieren zu; sie hat mich mit E-Mails zugemüllt

zu|mut|bar; zumutbare Belastungen; **zu|mu|te,** *auch:* **zu Mu|te;** mir ist gut, schlecht zumute, *auch:* zu Mute

zu|mu|ten; sie mutete ihm zu viel zu; sich zumuten; sie hat sich zu viel zugemutet; die **Zu|mu|tung**

zu|nächst; zunächst ging er nach Hause; zunächst dem Hause *oder* dem Hause zunächst

die **Zu|nah|me; zu|neh|men;** er nahm kräftig zu; er hat an Gewicht zugenommen

der **Zu|na|me** (Familienname)

das **Zünd|blätt|chen; zün|deln** (*landschaftlich für:* mit Feuer spielen); du zündelst; die Kinder zündelten; sie haben gezündelt; zünd[e]le nicht!; **zün|den;** du zündest; er zündete; er hat den Motor gezündet; zünde die Bombe!; zündende (begeisternde) Ideen; der **Zün|der;** des Zünders; die Zünder; das **Zünd|holz;** die **Zünd|kerze;** der **Zünd|schlüs|sel;** die **Zün|dung**

die **Zu|nei|gung**

die **Zunft** (ein Berufsverband); die Zünf|te; **zünf|tig;** ein zünftiges (ordentliches) Frühstück

die **Zun|ge; zün|geln;** die Flamme züngelte; die Schlange hat gezüngelt; der **Zun|gen|schlag**

zu|nich|te; zunichte machen, werden

zu|nut|ze, *auch:* **zu Nut|ze;** sich etwas zunutze, *auch:* zu Nutze machen

zu|o|berst; die Hemden lagen im Koffer zuoberst

zu|ord|nen; du ordnest zu; er hat die Namen den Adressen zugeordnet; jedem X ist genau ein Y zugeordnet

zu|pa|cken; er packte zu; jeder hat zugepackt

zup|fen; ich zupf[e]; du zupfst; er zupfte; er hat ihn am Haar gezupft; das **Zupf|in|s|t|ru|ment**

zur (zu der); zur Schule gehen

zu|ran|de, *auch:* **zu Ran|de;** er ist mit der Aufgabe nicht zurande, *auch:* zu Rande gekommen (er hat sie nicht bewältigt)

zu|ra|te, *auch:* **zu Ra|te;** sie hat ihn zurate, *auch:* zu Rate gezogen (um Rat gefragt)

zu|rech|nungs|fä|hig (bei klarem Verstand); bist du eigentlich noch zurechnungsfähig?; die **Zu|rech|nungs|fä|hig|keit**

sich **zu|recht|fin|den;** er fand sich zurecht; er hat sich gut zurechtgefunden

zu|recht|kom|men; sie kam zurecht; sie ist mit der Maschine zurechtgekommen

zu|rẹcht|le|gen; er legte sich das Werkzeug zurecht; er hat ihm alles zurechtgelegt; sich zurechtlegen; er hat sich die Sachen zurechtgelegt

zu|rẹcht|wei|sen (streng ermahnen); sie wies ihn zurecht; sie hat ihn deswegen zurechtgewiesen; die **Zu|rẹcht|wei|sung**

zu̲|re|den; er redete ihm zu; er hat ihm gut zugeredet

Zü̲|rich [*schweizerisch:* ˈt͜sʏrɪç] (Stadt in der Schweiz)

zụ̈r|nen (*gehoben für:* zornig sein); du zürnst; sie zürnte; sie hat ihm, *auch:* mit ihm tagelang gezürnt; zürne nicht!

zu|rụ̈ck; wieder zurück sein; ABER: es gibt kein Zurück mehr

zu|rück|be|hal|ten; er behielt etwas zurück; er hat den Betrag zurückbehalten

zu|rück|füh|ren; es führte kein Weg zurück; sie hat die Gruppe zum Hotel zurückgeführt; das Unglück ist auf menschliches Versagen zurückzuführen

zu|rück|ge|ben; sie gab das Buch zurück; sie hat mir den Schlüssel zurückgegeben; gib mir das sofort zurück!

zu|rück|ge|hen; er ging zurück; die Produktion ist zurückgegangen; geh[e] nach Hause zurück!; diese Redensart geht auf Luther zurück

zu|rück|hal|ten; sie hielt mich zurück; sie hat die Nachricht zurückgehalten; halt[e] dich gefälligst zurück!; **zu|rück|hal|tend** (bescheiden); ein zurückhaltender Mensch

zu|rück|keh|ren; er kehrte zurück; er ist in seine Heimat zurückgekehrt

zu|rück|kom|men; der Brief kam zurück; er ist endlich zurückgekommen; komm schnell zurück!

zu|rück|le|gen; sie legte den Kopf zurück; sie hat die Strecke zu Fuß zurückgelegt; leg[e] dir etwas Geld zurück!

zu|rück|neh|men; der Verkäufer nahm das Gerät zurück; er hat seine Behauptung zurückgenommen

zu|rück|schre|cken; er schreckte vor nichts zurück; er ist davor zurückgeschreckt

zu|rück|set|zen; der Fahrer setzte [den Wagen] zurück; man hat ihn immer zurückgesetzt (kränkend benachteiligt)

zu|rück|tre|ten; der Minister trat gestern zurück; er ist einen Schritt zurückgetreten; er hat seinen Gegner zurückgetreten (ihn seinerseits getreten)

zu|rück|zie|hen; sie zog ihre Hand zurück; sie hat den Antrag zurückgezogen; sich zurückziehen (entfernen); sie hat sich in ihr Zimmer zurückgezogen

der **Zu̲|ruf;** des Zuruf[e]s; die Zu|ru|fe; der Hund gehorchte auf Zuruf; **zu̲|ru|fen;** er rief mir etwas zu; er hat mir etwas zugerufen

zur|zeit (jetzt); sie ist zurzeit krank; ABER: sie lebte zur Zeit Karls des Großen

die **Zu̲|sa|ge; zu̲|sa|gen;** das Zimmer sagte mir zu (gefällt mir); sie hat mir Hilfe zugesagt (versprochen)

zu|sạm|men; zusammen mit seinen Mitarbeitern; zusammen sein; wir sind lange zusammen gewesen; solange wir zusammen sind, zusammen waren; ABER: das Zusammensein

die **Zu|sam|men|ar|beit; zu|sam|men|ar|bei|ten** (Hand in Hand arbeiten); sie arbeiteten zusạmmen; sie haben zusạmmengearbeitet; ABER: sie können nicht mehr zusạmmen (gemeinsam, in einem Raum) ạrbeiten

zu|sam|men|bre|chen; die Brücke brach zusammen; die Frau ist plötzlich zusammengebrochen; der **Zu|sam|men|bruch**

zu|sam|men|fah|ren (vor Schreck zusammenzucken); bei dem Knall fuhr er zusammen; die Autos sind zusạmmengefahren (zusammengestoßen); ABER: nach München sind sie zusạmmen (gemeinsam) fa̲hren

zu|sam|men|fas|sen; die Reporterin fasste die Ereignisse zusammen; sie hat den Inhalt zusammengefasst; die **Zu|sam|men|fas|sung**

zu|sam|men|ge|setzt; ein zusammengesetztes Wort

der **Zu|sam|men|halt;** des Zusammenhalt[e]s; **zu|sam|men|hal|ten;** wir hielten zusammen; wir haben immer fest zusammengehalten

der **Zu|sam|men|hang;** des Zusammenhang[e]s; die Zu|sam|men|hän|ge; die beiden Punkte stehen im *oder* in Zusammenhang; **zu|sam|men|hän|gen;** er hängte die beiden Bilder zusammen;

ABER: die beiden Bilder hingen zusammen; die Krankheit hat mit dem Alter zusammengehangen; ↑*auch:* hängen; **zu|sam|men|hang|los;** zusammenhanglose Sätze

die **Zu|sam|men|kunft** (Treffen, Versammlung); die Zu|sam|men|künf|te

zu|sam|men|le|ben; sie lebten viele Jahre zusammen; sie haben lange Zeit zusammengelebt; sich zusammenleben; sie haben sich gut zusammengelebt (aufeinander eingestellt); ABER: das **Zu|sam|men|le|ben;** des Zusammenlebens

zu|sam|men|neh|men; er nahm alle seine Kraft zusammen; er hat seinen ganzen Mut zusammengenommen; sich zusammennehmen (beherrschen); nimm dich gefälligst zusammen!; alles zusammengenommen macht es 50 Euro

zu|sam|men|pas|sen; die Farben passten gut zusammen; die beiden haben nicht zusammengepasst

der **Zu|sam|men|prall; zu|sam|men|pral|len;** die Autos prallten zusammen; sie sind mitten auf der Kreuzung zusammengeprallt

zu|sam|men|schrei|ben (in einem Wort schreiben); diese beiden Wörter werden zusammengeschrieben; ABER: das nächste Buch werden wir wieder zusammen (gemeinsam) schreiben

das **Zu|sam|men|sein;** des Zusammenseins; ein gemütliches Zusammensein; **zu|sam|men sein** *vergleiche:* **zu|sam|men**

zu|sam|men|set|zen; er setzte das Puzzle zusammen; er hat die Teile zusammengesetzt; sich zusammensetzen; sie haben sich gestern zusammengesetzt; die **Zu|sam|men|set|zung**

das **Zu|sam|men|spiel; zu|sam|men|spie|len;** die Stürmer spielten gut zusammen; die Mannschaft hat gut zusammengespielt; ABER: die Kinder haben schön zusammen (gemeinsam) gespielt

zu|sam|men|stel|len; die Gruppe stellte sich zusammen; die Köchin hat das Menü zusammengestellt; die **Zu|sammen|stel|lung**

der **Zu|sam|men|stoß; zu|sam|men|sto|ßen;** sie stießen zusammen; sie sind zusammengestoßen

zu|sam|men|tref|fen (begegnen); sie trafen vor dem Kino zusammen; sie sind gestern mit Freunden zusammengetroffen; ABER: das **Zu|sam|men|tref|fen;** des Zusammentreffens; die Zusammentreffen

zu|sam|men|zäh|len; sie zählte alles im Kopf zusammen; sie hat die Stimmen zusammengezählt; ABER: sie haben die Stimmen zusammen (gemeinsam) gezählt

zu|sam|men|zu|cken; er zuckte zusammen; er ist vor Schreck zusammengezuckt

der **Zu|satz;** des Zu|sat|zes; die Zu|sät|ze; **zu|sätz|lich;** zusätzliche Kosten

zu|schan|den, *auch:* **zu Schan|den;** zuschanden, *auch:* zu Schanden machen, werden

zu|schau|en; sie schaute zu; sie hat mir dabei zugeschaut; der **Zu|schau|er;** des Zuschauers; die Zuschauer; die **Zu|schau|e|rin;** die Zuschauerinnen

der **Zu|schlag; zu|schla|gen;** er schlug das Buch zu; er hat die Tür zugeschlagen; die Tür ist zugeschlagen; ABER: sie haben unser Kind nicht zu schlagen

zu|schlie|ßen; sie schloss die Tür zu; sie hat zugeschlossen; schließ[e] endlich zu!; ABER: ich habe vor[,] die Tür zu schließen

zu|schnei|den; sie schnitt den Stoff für ein Kleid zu; sie hat den Stoff zugeschnitten; ABER: sie hat vergessen[,] das Brot zu schneiden; der **Zu|schnitt;** des Zuschnitt[e]s; die Zu|schnit|te

die **Zu|schrift;** die Zu|schrif|ten

zu|schul|den, *auch:* **zu Schul|den;** sich etwas zuschulden, *auch:* zu Schulden kommen lassen

der **Zu|schuss;** des Zu|schus|ses; die Zuschüs|se

zu|se|hen; sie sah zu; sie hat dem Feuerwerk zugesehen; **zu|se|hends** (so schnell, dass man fast dabei zusehen kann); er hat sich zusehends erholt

zu|sper|ren; er sperrte das Fenster zu; er hat es zugesperrt; sperr[e] die Tür zu!

das **Zu|spiel** *(Sport);* des Zuspiel[e]s; die Zuspie|le; **zu|spie|len;** er spielte ihm den Ball steil zu; er hat ihm den Ball genau zugespielt

der **Zu|spruch** (Trost; Zulauf); des Zuspruch[e]s; Zuspruch brauchen, suchen

der **Zu|stand;** des Zustand[e]s; die Zu|stände; **zu|stan|de,** *auch:* **zu Stan|de;** zustande, *auch:* zu Stande bringen, kommen; **zu|stän|dig;** die **Zu|stän|dig|keit**

zu|stat|ten; zustatten kommen (hilfreich, nützlich sein)

zu|ste|hen; dieses Recht stand ihm zu; es hat ihm rechtmäßig zugestanden

zu|stei|gen ([als Mitfahrer] einsteigen); sie stieg am Rathaus zu; ist noch jemand zugestiegen?

zu|stel|len; die Post stellte den Brief zu; sie hat ihr das Paket zugestellt; die **Zu|stell|ge|bühr;** die **Zu|stel|lung**

zu|stim|men; sie stimmte mir zu; sie hat dem Plan zugestimmt; die **Zu|stim|mung**

zu|sto|ßen; er stieß mit dem Messer zu; er hat die Tür zugestoßen; es ist ihm etwas zugestoßen (passiert)

zu|ta|ge, *auch:* **zu Ta|ge;** zutage, *auch:* zu Tage (zum Vorschein) bringen, fördern, treten

die **Zu|tat;** die Zu|ta|ten (beim Kochen) *meist Plural*

zu|teil; zuteil (gewährt) werden; ihm ist eine hohe Ehre zuteil geworden; **zu|teilen;** sie teilte ihm eine neue Aufgabe zu; man hat ihm seine Portion zugeteilt; die **Zu|tei|lung**

zu|tiefst; sie war zutiefst beleidigt

zu|tra|gen; er trug ihr die Neuigkeit zu; er hat es ihr zugetragen; sich zutragen (ereignen); das hat sich damals so zugetragen; ABER: wir haben schwer zu tragen; **zu|träg|lich** (günstig, hilfreich); das Rauchen ist der Gesundheit nicht zuträglich

zu|trau|en; er traute mir das zu; er hat es mir nicht zugetraut; das **Zu|trau|en;** des Zutrauens; **zu|trau|lich;** eine zutrauliche Katze

zu|tref|fend (richtig); zutreffende Aussagen; das **Zu|tref|fen|de;** des Zutreffenden; Zutreffendes ankreuzen

der **Zu|tritt;** des Zutritt[e]s; Zutritt verboten!

zu|tun (*umgangssprachlich für:* hinzufügen; [ver]schließen); sie tat noch etwas Wasser zu; sie hat die ganze Nacht kein Auge zugetan; tu den Mund zu!; sich zutun; die Tür hat sich hinter ihm zugetan; das **Zu|tun** (Mitwirkung, Hilfe); ohne mein Zutun

zu|un|guns|ten, *auch:* **zu Un|guns|ten** ↑zugunsten

zu|un|terst; etwas zuunterst in die Tasche packen

zu|ver|läs|sig; die **Zu|ver|läs|sig|keit**

die **Zu|ver|sicht; zu|ver|sicht|lich**

zu viel; zu viel des Guten; er weiß zu viel; du hast [viel] zu viel gesagt; besser zu viel als zu wenig; im Saal waren zu viele Menschen

zu|vor; zu|vor|kom|men (schneller sein); er kam mir zuvor; er ist mir zuvorgekommen; **zu|vor|kom|mend** (höflich); ein zuvorkommender Verkäufer

der **Zu|wachs** (Vermehrung, Erhöhung); des Zu|wach|ses; die Zu|wäch|se

zu|we|ge, *auch:* **zu We|ge;** etwas zuwege, *auch:* zu Wege (zustande) bringen

zu|wei|len (manchmal)

zu|wen|den; er wandte *oder* wendete sich seinem Nachbarn zu; er hat sich einem neuen Thema zugewandt *oder* zugewendet; ↑*auch:* wenden; die **Zu|wen|dung** (Geldspende; freundliche Aufmerksamkeit)

zu we|nig; du weißt [viel] zu wenig; hier gibt es zu wenige Parkplätze

zuwi|der; zuwider sein; **zu|wi|der|handeln** (Verbotenes tun); er handelt dem Befehl zuwider; er hat der Vorschrift zuwidergehandelt

zu|zei|ten (bisweilen); zuzeiten hat sie schlechte Laune; ABER: sie lebte zu Zeiten Karls des Großen

zu|zie|hen; sie zieht den Vorhang zu; sie hat ihn zugezogen; sich etwas zuziehen; sie hat sich einen Schnupfen zugezogen; sie ist neu zugezogen; ABER: versuche[,] daran zu ziehen

zu|züg|lich (unter Hinzurechnung); zuzüglich der, aller Transportkosten

Wenn der Präposition *zuzüglich* ein allein stehendes, stark gebeugtes Substantiv im Singular folgt, bleibt es unverändert: *zuzüglich Porto.*

der **Zwang;** des Zwang[e]s; die Zwän|ge **zwän|gen;** er zwängte das Buch in die Tasche; ich habe mich ins Abteil gezwängt;

zwang|los; am zwang|lo|ses|ten; die **Zwangs|ar|beit; zwangs|läu|fig** (nicht anders möglich; automatisch); eine zwangsläufige Entwicklung

zwan|zig ↑achtzig; der **Zwan|zig|eu|ro-schein** (*mit Ziffern:* 20-Euro-Schein); **zwan|zigs|te** ↑achte; das **Zwan|zigs|tel** ↑Achtel

zwar; er ist zwar alt, aber noch sehr rüstig; er hat viel Obst, und zwar Äpfel, Birnen, Pflaumen

der **Zweck** (Sinn, Absicht); des Zweck[e]s; die Zwe|cke; **zweck|ent|spre|chend;** zweckentsprechende Kleidung; ABER: eine dem Zweck entsprechende Kleidung; **zweck|los; zweck|mä|ßig;** eine zweckmäßige Entscheidung; die **Zweck-mä|ßig|keit; zwecks** (*Amtssprache:* zum Zwecke des); sie nahmen ihn zwecks einer Überprüfung mit

zwei; wir sind zu zweien *oder* zu zweit; herzliche Grüße von uns zweien; die Meinung zweier Gutachter; ↑acht; **zwei-deu|tig; zwei|di|men|si|o|nal; zwei|ei|ig;** zweieiige Zwillinge; **zwei|ein|halb;** in zweieinhalb Stunden; der **Zwei|er|bob** *(Sport);* **zwei|er|lei;** das **Zwei|eu|ro|stück** (*mit Ziffer:* 2-Euro-Stück); **zwei|fach** ↑achtfach

der **Zwei|fel;** des Zweifels; die Zweifel; **zwei-fel|haft;** ein zweifelhaftes Vergnügen; **zwei|fel|los; zwei|feln;** du zweifelst; er zweifelte; er hat gezweifelt; zweif[e]le nicht an meinen Worten!

der **Zweig;** des Zweig[e]s; die Zwei|ge; die **Zweig|stel|le**

zwei|glei|sig; zweigleisige Bahnstrecken; **zwei|glie|de|rig** *oder* **zwei|glie|drig;** ein zweiglied[e]riges Wort; **zwei|häu|sig** (*Botanik:* nur mit männlichen oder nur mit weiblichen Blüten); eine zweihäusige Pflanze; **zwei|jäh|rig** (zwei Jahre dauernd); eine zweijährige (*mit Ziffer:* 2-jährige) Ausbildung; **zwei|jähr|lich** (alle zwei Jahre); die Wettkämpfe finden zweijährlich (*mit Ziffer:* 2-jährlich) statt

der **Zwei|kampf**

zwei|mal (*mit Ziffer:* 2-mal); ein- bis zweimal (*mit Ziffern:* 1- bis 2-mal); ↑achtmal

das **Zwei|rad**

zwei|spra|chig (zwei Sprachen sprechend; in zwei Sprachen); er ist zweisprachig aufgewachsen; ein zweisprachiges Wörterbuch; **zwei|spu|rig;** zweispurige Autobahnen; **zwei|stel|lig;** eine zweistellige Zahl; **zwei|stim|mig;** zweistimmig singen; **zwei|stö|ckig;** zweistöckige Häuser; **zwei|tä|gig** ↑zweijährig; **zwei|täg|lich** ↑zweijährlich

zweit|bes|te; sie ist die zweitbeste Schülerin; ABER: sie ist die Zweitbeste in der Klasse

zwei|te; er ist zweiter Geiger; sie singt die zweite Stimme; in zweiter Reihe stehen; etwas aus zweiter Hand kaufen; im zweiten Stock; der zweite Bildungsweg; ABER: er hat wie kein Zweiter gearbeitet; jeder Zweite ist kurzsichtig; es ist noch ein Zweites zu erwähnen; zum Ersten, zum Zweiten, zum Dritten; die Zweite Bundesliga; das Zweite Programm (Zweites Deutsches Fernsehen); der Zweite Weltkrieg; ↑*auch:* achte; **zwei|tens; zweit|klas|sig;** ein zweitklassiger Verein; die **Zwei|zim|mer|woh|nung** (*mit Ziffer:* 2-Zimmer-Wohnung)

das **Zwerch|fell**

der **Zwerg;** des Zwerg[e]s; die Zwer|ge; **zwer-gen|haft;** zwergenhafte Figuren

die **Zwet|sche,** *auch (meist landschaftlich):* **Zwetsch|ge** *und* **Zwetsch|ke** (eine pflaumenähnliche Frucht); die Zwetschen, *auch:* Zwetschgen *und* Zwetschken

der **Zwi|ckel** (keilförmiger Einsatz); des Zwickels; die Zwickel

zwi|cken; du zwickst; sie zwickte; sie hat mich gezwickt; zwick[e] mich nicht!

die **Zwick|müh|le** (Stellung im Mühlespiel)

der **Zwie|back;** die Zwie|bä|cke *oder* Zwieba|cke

die **Zwie|bel;** die Zwiebeln; **zwie|beln** (*umgangssprachlich für:* schikanieren); ich zwieb[e]le; du zwiebelst; er zwiebelte mich; er hat mich dauernd gezwiebelt

das **Zwie|ge|spräch**

das **Zwie|licht** (Dämmerlicht); **zwie|lich|tig** (verdächtig); zwielichtige Gestalten

der **Zwie|spalt** (innere Zerrissenheit); die Zwie|spal|te *oder* Zwie|späl|te; **zwie-späl|tig;** zwiespältige Gefühle

die **Zwie|tracht** (Streit)

der **Zwil|ling;** des Zwillings; die Zwil|lin|ge; siamesische (miteinander verwachsene) Zwillinge; das **Zwil|lings|paar**

die **Zwin|ge** (ein Werkzeug)
zwin|gen; du zwingst; sie zwingt; sie zwang; sie hat uns dazu gezwungen; zwing[e] uns nicht!; **zwin|gend;** zwingende Gründe; der **Zwin|ger** (fester Turm; Gehege, Käfig); des Zwingers; die Zwinger
zwin|kern (blinzeln); du zwinkerst; er zwinkerte; er hat mit den Augen gezwinkert
zwir|beln; du zwirbelst; er zwirbelte; er hat seinen Bart gezwirbelt; zwirb[e]le den Faden!
der **Zwirn** (ein Garn); des Zwirn[e]s; die Zwir|ne; der **Zwirns|fa|den**
zwi|schen; zwi|schen|durch *(umgangssprachlich);* der **Zwi|schen|fall;** die **Zwi|schen|lan|dung; zwi|schen|mensch|lich;** zwischenmenschliche Beziehungen; der **Zwi|schen|raum;** die **Zwi|schen|zeit** (Zeit dazwischen; *Sport:* für eine Teilstrecke gemessene Zeit)
der **Zwist** (Streit); des Zwist[e]s; die Zwis|te; die **Zwis|tig|keit**
zwit|schern; der Vogel zwitscherte; die Amsel hat gezwitschert
der **Zwit|ter** (Wesen mit weiblichen und männlichen Geschlechtsmerkmalen); des Zwitters; die Zwitter
zwölf; wir sind zu zwölfen *oder* zu zwölft; es ist fünf [Minuten] vor zwölf; die zwölf Apostel; ↑acht; die **Zwölf** (Zahl); die Zwöl|fen; ↑Acht; **zwölf|jäh|rig; zwölf|mal** ↑achtmal; **zwölf|te** ↑achte; das **Zwölf|tel;** des Zwölftels; die Zwölftel; ↑Achtel; **zwölf|tens**
das **Zy|an|ka|li** (ein stark giftiges Salz); des Zyankalis
zy|k|lisch (kreisförmig; regelmäßig wiederkehrend); zyklische Bewegungen
der **Zy|k|lon** (ein Wirbelsturm); des Zyklons; die Zy|k|lo|ne
der **Zy|k|lop** (einäugiger Riese der griechischen Sage); des/dem/den Zy|k|lo|pen
der **Zy|k|lus** (Kreis[lauf]; Reihe); des Zyklus; die Zyklen
der **Zy|lin|der** (geometrischer Körper; hoher Herrenhut); des Zylinders; die Zylinder; der **Zy|lin|der|hut; zy|lin|d|risch;** ein zylindrisches Glas
der **Zy|ni|ker** (ein zynischer Mensch); des Zynikers; die Zyniker; **zy|nisch** (auf grausame Weise spöttisch); zynischer Humor; der **Zy|nis|mus** (zynische Einstellung; zynische Äußerung); des Zynismus; die Zynismen
Zy|pern (Insel und Staat im Mittelmeer); der **Zy|p|rer** *oder* **Zy|p|ri|o|te;** des Zyprers *oder* Zypriten; die Zyprer *oder* Zyprioten; die **Zy|p|re|rin** *oder* **Zy|p|ri|o|tin;** die Zyprerinnen *oder* Zypriotinnen; **zy|p|ri|o|tisch** *oder* **zy|p|risch**
die **Zy|p|res|se** (ein Nadelbaum); die Zypressen
die **Zys|te** (krankhafter, mit Flüssigkeit gefüllter Hohlraum im Gewebe); die Zysten
z. Z. = zur Zeit

Regeln zur deutschen Rechtschreibung

A Buchstabenregeln

Bei den Buchstabenregeln geht es um die Wortschreibung im engeren Sinn. Die Buchstabenregeln sagen dir beispielsweise, ob du *Beume* oder *Bäume, Wurtzel* oder *Wurzel, du sitzst* oder *du sitzt* schreiben sollst. Nicht zu den Buchstabenregeln gehören die Regeln der Groß- und Kleinschreibung, der Getrennt- und Zusammenschreibung sowie der Schreibung mit Bindestrich. Diese Gebiete der Rechtschreibung behandeln wir in eigenen Abschnitten.

Es gibt viele Buchstabenregeln und viele Ausnahmen dazu. Wir wollen uns im Folgenden auf die **sicheren Regeln** beschränken, also auf die Regeln, zu denen es gar keine oder wenigstens nicht allzu viele Ausnahmen gibt. Bei diesen Regeln lohnt es sich, wenn du sie dir einprägst.

Wenn diese Regeln bei einem Zweifelsfall nicht weiterhelfen, musst du im Wörterbuchteil dieses Schülerdudens nachschlagen.

1 Die Wortstammregeln

1.1 **die Fart** oder **die Fahrt?**
du stelst oder **du stellst?**

Bei Unsicherheiten dieser Art ist es oft hilfreich, nach dem **Wortstamm** zu fragen. Der Wortstamm ist der Kern der Wörter, an den Präfixe (Vorsilben) und Suffixe (Endungen) gefügt werden können.

Für die Schreibung des Wortstammes gilt die folgende Regel:

A 1 Ein **Wortstamm** wird in allen Wörtern, in denen er vorkommt, **gleich geschrieben:**

fahr…
fahren, ich fahre, du fährst, er/sie fährt, wir sind gefahren
Fahrt, Vorfahrt, Schifffahrt, Fahrbahn, Autofahrerin

stell…
stellen, ich stelle, du stellst, er/sie stellt, ich stellte, ich habe gestellt
Stellung, Gestell, Stellwand

1.2 **Rat** oder **Rad?**

Oft ist nicht recht klar, mit welchem Konsonanten (Mitlaut) ein Wortstamm endet: mit *d* oder *t,* mit *b* oder *p,* mit *s* oder *ß?* In solchen und ähnlichen Fällen hilft dir die folgende Probe:

A 2 Vergleiche mit einer verwandten Wortform, die auf eine Endung ausgeht wie: ***-e, -en, -er, -es, -in, -ung.*** Wenn du dir die Wortform deutlich vorsprichst, hörst du, auf welchen Laut der Wortstamm endet:

der Dieb (wegen: des Diebes, die Diebin)
sei lieb (wegen: lieben, die Liebe)

das Los (wegen: des Loses, die Lose, verlosen, die Verlosung)
bloß (wegen: ein bloßer Zufall, entblößen)

das Rad (wegen: des Rades, die Räder)
der Rat (wegen: des Rates, raten)

billig (wegen: ein billiges Buch)
bläulich (wegen: ein bläuliches Licht)

der Käfig (wegen: die Käfige)
der Rettich (wegen: die Rettiche)

1.3 **Felle** oder **Fälle?** **Leute** oder **Läute?**

Oft ist unklar, ob man ein Wort mit *e* oder *ä,* mit *eu* oder *äu* schreiben soll. Hier merkst du dir am besten, wann *ä* oder *äu* zu verwenden ist.

A3 Ein Wort wird mit *ä* oder *äu* geschrieben, wenn es ein **verwandtes Wort** mit ***a*** oder ***au*** gibt:

die Hände (wegen: die Hand)
die Fälle (wegen: der Fall)
fällen, das Gefälle (wegen: fallen)
fälschen, der Geldfälscher (wegen: falsch)
die Stärke (wegen: stark)

läuten (wegen: laut)
die Bäume, das Bäumchen (wegen: der Baum)
bläulich (wegen: blau)
wiederkäuen (wegen: kauen)

Wenn es kein verwandtes Wort mit *a* oder *au* gibt, schreibt man *e* oder *eu:*

die Felle (wie: das Fell)
die Werke (wie: das Werk, werken)

die Leute
neulich (wie: neu)

Einige wenige Wörter haben *ä* oder *äu,* obwohl es im Deutschen keine verwandten Wörter mit *a* oder *au* gibt:

ätzen, dämmern, Geländer, Lärm, März, Schärpe, -wärts
(zum Beispiel: abwärts, aufwärts)

Knäuel, Räude, sich räuspern, Säule, sich sträuben, täuschen

1.4 **Schiffahrt** oder **Schifffahrt** oder **Schiff-Fahrt?** **Seelefant** oder **Seeelefant** oder **See-Elefant?**

A4 Wenn in einem zusammengesetzten Wort **drei gleiche Buchstaben** zusammentreffen, bleiben alle drei stehen:

Schifffahrt, Schifffracht
Schritttempo, Schutttrümmer
Flusssand, Flussstrecke
Seeelefant, Hawaiiinseln

Wenn schwer lesbare Schriftbilder entstehen, kannst du einen Bindestrich setzen:

Betttuch (besser lesbar: Bett-Tuch)
Seeelefant (besser lesbar: See-Elefant)

2 Ergänzende Regeln für die Schreibung der Konsonanten (Mitlaute)

2.1 **Geheimnis** oder **Geheimniss?** **Freundinen** oder **Freundinnen?**

A5 Bei den Endungen ***-in*** und ***-nis*** wird der letzte Konsonant (Mitlaut) nur dann verdoppelt, wenn eine weitere Endung angefügt wird:

-in: die Ärztin → die Ärztinnen
die Königin → die Königinnen

-nis: das Geheimnis → des Geheimnisses, die Geheimnisse
die Kenntnis → die Kenntnisse

Diese Regel gilt auch für viele Wörter auf *-as, -is, -os* und *-us:*

-as: die Ananas → die Ananasse
der Atlas → des Atlasses, die Atlasse (neben: die Atlanten)

-is: der Iltis → die Iltisse
der Kürbis → des Kürbisses, die Kürbisse

-os: der Albatros → die Albatrosse
das Rhinozeros → die Rhinozerosse

-us: der Diskus → die Diskusse
der Globus → die Globusse (neben: die Globen)

2.2 **Haken** oder **Hacken?** **Wurzel** oder **Wurtzel?**

Hier merkst du dir am besten, wann du *ck* und *tz* schreiben musst.

A6 In deutschen Wörtern steht nach einem **kurzen betonten** Vokal (Selbstlaut) ***ck*** statt ***kk*** und ***tz*** statt ***zz:***

hacken, ich hacke, er/sie hackt; erschrecken, du erschrickst; Fackel; dick; Schnecke
ritzen, er/sie ritzt; Dutzend; Platz, platzieren; Katze

In allen übrigen Fällen schreibst du einfaches *k* oder *z.*
Du schreibst einfaches *k* oder *z,* wenn ein **langer** oder ein **doppelter Vokal** (Selbstlaut) vorangeht:

Haken, Schnake, wir erschraken, Pauke, heikel
(jemanden) duzen, Schnauze, reizen

Du schreibst einfaches *k* oder *z*, wenn ein **Konsonant** (Mitlaut) vorangeht:

merken, winken, Balken
Wurzel, stanzen, Walze

2.3 **Strasse** oder **Straße?** **Gasse** oder **Gaße?**

A7 Wenn in einem Wortstamm auf einen **langen** oder einen **doppelten Vokal** (Selbstlaut) ein einfacher, scharfer s-Laut folgt, schreibt man **Eszett (ß):**

Straße, Sträßchen; groß, Größe; grüßen, er/sie grüßt
draußen; heiß, heißer, am heißesten; schweißen, er/sie schweißt

Wenn der Vokal (Selbstlaut) **kurz** ist, schreibt man **Doppel-s (ss):**

Gasse, Gässchen; Kuss, küssen, er/sie küsst; vermissen, er/sie vermisst, misslich

Das Eszett (ß) gibt es nur als Kleinbuchstaben. Wenn du ein Wort ganz in Großbuchstaben schreiben willst, musst du das Eszett durch Doppel-s ersetzen:

STRASSE, GROSS, GRÜSSEN

Bei den unregelmäßigen Verben (Tätigkeitswörtern, Zeitwörtern) musst du genau darauf achten, wie du den Vokal (Selbstlaut) vor dem s-Laut aussprichst:

vergessen, er/sie vergisst, ich habe vergessen; *aber:* ich vergaß, wir vergaßen
schließen, er/sie schließt; *aber:* ich schloss, wir schlossen, sie haben geschlossen

2.4 **Hexe** oder **Hechse?** **Axe** oder **Achse?**

A8 Für die Lautverbindung [ks] schreibt man im Allgemeinen den Buchstaben ***x:***

Axt, boxen, Hexerei, mixen, Taxi, verflixt, Xylophon

Beachte: In den folgenden Wörtern wird entgegen der Grundregel *chs* geschrieben:

Achse (aber: axial), Achsel, Büchse, Dachs, drechseln, Echse, Flachs, Fuchs, Hachse (auch: Haxe), Lachs, Luchs, Ochse, sechs, Wachs, wachsen, Wechsel, Weichsel(kirsche), wichsen

Beachte: Manchmal ist das *s* an einen Wortstamm angefügt, der auf *-g*, *-k* oder *-ck* ausgeht! Beispiele:

flugs (wegen: der Flug)
die Streiks (wegen: der Streik)
der Knicks (wegen: knicken)

2.5 **du sitzt** oder **du sitzst?** **du reißt** oder **du reißst?**

> **A 9** Wenn der Stamm eines Verbs (Tätigkeitsworts, Zeitworts) auf einen s-Laut ausgeht, wird die Endung ***-st*** zu ***-t*** verkürzt:

reisen (Stamm: reis...) → du reist
hassen (Stamm: hass...) → du hasst
reißen (Stamm: reiß...) → du reißt
mixen (Stamm: mix...) → du mixt
scherzen (Stamm: scherz...) → du scherzt
sitzen (Stamm: sitz...) → du sitzt

2.6 **das reizenste** oder **das reizendste Kleid?** **die trockenste** oder **die trockendste Wüste?**

Manchmal weiß man nicht, ob vor dem **Superlativ,** der höchsten Steigerungs- oder Vergleichsstufe von Adjektiven (Eigenschaftswörtern), ein *d* oder ein *t* steht.

> **A 10** Die Schreibung des Superlativs leitet sich vom Positiv (von der Grundstufe) ab:

trocken:	die trockene Wüste → die trockenste Wüste
entlegen:	die entlegene Insel → die entlegenste Insel
reizend:	das reizende Kleid → das reizendste Kleid
bedeutend:	das bedeutende Werk → das bedeutendste Werk
erbittert:	die erbitterten Feinde → die erbittertsten Feinde
gemäßigt:	die gemäßigte Ansicht → die gemäßigtste Ansicht

3 Ergänzende Regeln für die Schreibung der Vokale (Selbstlaute)

3.1 Sib oder Sieb? Tiger oder Tieger?

Als Faustregel kannst du dir merken:

> **A 11** Für den **lang gesprochenen i-Laut** schreibt man in **deutschen** Wörtern ***ie,*** in **Fremdwörtern *i.***

Deutsche Wörter:

Knie, sie, wie, Sieb, Miete, Tier, frieren, Diele, ziemlich, Biest, gießen

Fremdwörter (Wörter aus anderen Sprachen):

Krise, Ventil, stabil, Maschine, Turbine

Wenn du Regel A 11 beherrschst, musst du dir nur noch die folgenden Ausnahmen einprägen.

Beachte: In einigen deutschen Wörtern schreibt man für den lang gesprochenen i-Laut einfaches *i:*

dir, mir, wir; gib, du gibst, er gibt (aber: ergiebig); Bibel, Biber, Brise, Fibel, Igel, Nische, Primel, Tiger, Wisent

Unterscheiden musst du zwischen gleich lautenden, aber unterschiedlich geschriebenen Wörtern wie:

Lid (am Auge)	Lied (Gesangsstück)
Stil (Bau-, Schreibart usw.)	Stiel (z. B. am Hammer)
wider (gegen)	wieder (erneut)

Beachte: Man schreibt *ie,* wenn fremde Wörter auf *-ie, -ier, -ieren* enden:

Industrie, Magie, Batterie
Manier, Scharnier, Offizier
regieren, er/sie regiert, die Regierung

Einzelfälle wie die folgenden musst du auswendig lernen:

Geysir, Saphir, Souvenir, Vampir, Wesir

Zur Buchstabengruppe *ieh* vergleiche die Regel A 12.

Beachte: Die Buchstabengruppe *ih* steht nur bei den folgenden Pronomen (Fürwörtern):

ihm, ihn, ihnen, ihr (→ *ihre, ihren, ihrem …*)

Zur Buchstabengruppe *ieh* vergleiche die Regel A 12.

3.2 **es gefiel mir** oder **es gefiehl mir?**

> A 12 Die Buchstabengruppe ***ieh*** steht nur in Formen von Verben (Tätigkeitswörtern, Zeitwörtern), deren Grundform (Infinitiv) die Buchstabenverbindung ***eh*** oder ***eih*** aufweist:

sehen → du siehst, er/sie sieht
befehlen → du befiehlst, er/sie befiehlt
leihen → ich lieh, ich habe geliehen

Aber:

fallen → ich fiel
gefallen → es gefiel mir
schreien → ich schrie, ich habe geschrien

Beachte: Die Buchstabengruppe *ieh* steht außerdem in den folgenden vier Wörtern:

fliehen, ziehen, Vieh, wiehern

3.3 **Kloster** oder **Klohster?** **Wut** oder **Wuht?**

In vielen Wortstämmen schreibt man nach einem lang gesprochenen Vokal (Selbstlaut) noch ein *h*. Es wird Dehnungs-h genannt. Beispiele:

Stahl, zahm, kühn, sehr

Solche Schreibungen verführen manche dazu, fälschlich nach allen lang gesprochenen Vokalen ein *h* zu setzen. Wenn du auch dazu neigst, zu viele *h* zu schreiben, helfen dir die folgenden Regeln. Sie sagen dir, wann im Deutschen ganz sicher kein **Dehnungs-h** steht.

> A 13 Wenn im Wortstamm auf den langen Vokal (Selbstlaut) noch **zwei oder mehr Konsonanten** (Mitlaute) folgen, steht **kein Dehnungs-h:**

Kloster, Wüste, Trost, Mond

Beachte die folgenden zwei Ausnahmen:

ahnden, fahnden

A 14 Wenn im Wortstamm auf den langen Vokal (Selbstlaut) noch ein **Verschlusslaut** oder ein **Reibelaut** folgt, steht **kein Dehnungs-h.**

Verschlusslaute sind: *p, b, t, d, k, g.* Man schreibt also ohne *h:*

Stapel, loben, Wut, Not, Planet, laden, fad, Haken, Luke, Regen, Weg

Ausnahmen:

Fehde; Draht (gehörte ursprünglich zu: drehen)

Reibelaute sind: *f, v, w, s, ß, sch, ch.* Man schreibt also ohne *h:*

Ofen, Ufer, Frevel, Möwe, Rose, grüßen, suchen

3.4 **Härchen** oder **Häärchen?**

A 15 Die Umlaute ***ä*** und ***ö*** werden **nie verdoppelt.**

Diese Regel gilt auch für Wörter, die zu Wörtern mit *aa* und *oo* gehören:

das Härchen (trotz: das Haar); das Pärchen (trotz: das Paar); die Säle (Mehrzahl von: der Saal); das Bötchen (trotz: das Boot)

3.5 **Weier** oder **Weiher?** **Keiser** oder **Kaiser?**

A 16 Die Schreibung mit ***ei*** ist der **Normalfall.** Du musst dir also nur die Wörter mit ***eih*** und ***ai*** merken.

Beispiele für den Normalfall:

Blei, drei, schreien, Kleie, schneien, Feier

In den folgenden Wörtern wird *eih* geschrieben:

gedeihen, Geweih, leihen (≠ Laien), Reihe, Reiher, seihen, verzeihen, weihen, Weiher

In einigen Wörtern wird *ai* geschrieben. Beispiele:

Kaiser, Hai, Mai

Unterscheiden musst du zwischen gleich lautenden, aber unterschiedlich geschriebenen Wortstämmen wie:

Laib (zum Beispiel Brotlaib)	Leib (Körper)
Laich (zum Beispiel Froschlaich)	Leiche (toter Mensch)
Saite (zum Beispiel bei der Geige)	Seite (im Buch)
Waise (elternloses Kind)	Weise (Art)

B Regeln zur Getrennt- und Zusammenschreibung

Ob ein Wort getrennt oder zusammengeschrieben wird, lässt sich nicht immer in Regeln festlegen. Wir zeigen deshalb nur eine Auswahl derjenigen Fälle, die einigermaßen sicher geregelt sind.

Wenn du beim Schreiben Zweifel hast, ob eine Regel zutrifft oder nicht, schlägst du am besten im Wörterbuchteil dieses Schülerdudens nach.

1 Verbindungen mit Verben (Tätigkeitswörtern, Zeitwörtern)

1.1 **sitzen bleiben** oder **sitzenbleiben?** **fallen lassen** oder **fallenlassen?**

B 1 Die **Grundform** des Verbs (Infinitiv) steht immer **getrennt** von einer folgenden Verbform:

sitzen bleiben → Sie ist während der Pause *sitzen geblieben.* Er ist wegen seiner schlechten Mathekenntnisse *sitzen geblieben.* Hoffentlich kann ich noch eine Zeit lang auf diesem Platz *sitzen bleiben.* Wenn Erika nur nicht in diesem Schuljahr *sitzen bleibt!*

Ebenso: fallen lassen, sitzen lassen, stehen bleiben, stehen lassen, spazieren gehen, kennen lernen

1.2 **radfahren** oder **Rad fahren?** **anteilnehmen** oder **Anteil nehmen?**

B 2 Man schreibt Verbindungen aus Substantiv (Nomen, Hauptwort) und Verb (Tätigkeitswort, Zeitwort) meistens getrennt:

Acht geben, Anteil nehmen, Auto fahren, Eis laufen, Fuß fassen, Gefahr laufen, Kegel schieben, Klavier spielen, Kopf stehen, Maß halten, Maschine schreiben, Not tun, Posten stehen, Rad fahren, Schlange stehen, Schritt halten, Ski laufen

Nur wenn die folgenden (zum Teil kaum noch als solche erkennbaren) Substantive mit einem Verb verbunden sind, wird zusammengeschrieben:

heim-	heimbringen, heimfahren, heimführen, heimgehen, heimkehren, heimleuchten, heimreisen, heimsuchen, heimzahlen (und weitere)
irre-	irreführen, irreleiten; (außerdem:) irrewerden
preis-	preisgeben
stand-	standhalten
statt-	stattfinden, stattgeben, statthaben
teil-	teilhaben, teilnehmen
wett-	wettmachen
wunder-	wundernehmen

Diese Bestandteile schreibst du übrigens auch dann klein, wenn sie allein am Satzende stehen (Regel D 8):

teilnehmen → Ich nehme am Rennen teil.
preisgeben → Gib dieses Geheimnis nicht preis!

1.3 **aufsein** oder **auf sein?**

B 3 Verbindungen mit dem Verb (Tätigkeitswort, Zeitwort) ***sein*** schreibt man immer **getrennt:**

auf sein → Ich melde mich, sobald ich *auf bin.* Gegen neun Uhr wird sie wohl *auf sein.* Ohne Wecker wäre ich um elf Uhr noch nicht *auf gewesen.*

Ebenso: beisammen sein, vorbei sein, dabei sein, da sein; schade sein, pleite sein; los sein, fertig sein

1.4 **aufwärtsgehen** oder **aufwärts gehen?**
auseinanderfallen oder **auseinander fallen?**

B 4 Wörter auf ***-wärts*** und ***-einander*** stehen **getrennt** von einem folgenden Verb (Tätigkeitswort, Zeitwort):

aufwärts gehen → Ich freute mich, als es mit meinem kranken Bruder endlich wieder *aufwärts ging.* Es ist endlich wieder *aufwärts gegangen.* Wir sind den Weg *aufwärts gegangen.*

aufeinander legen → Es ist nötig, dass du die Tücher sorgfältig *aufeinander legst.* Ich habe die Tücher *aufeinander gelegt.*

Ebenso: abwärts gehen, rückwärts fahren, seitwärts rollen, einwärts biegen, durcheinander bringen, aneinander ketten, zueinander finden

1.5 **nahekommen** oder **nahe kommen?**

B 5 **Adjektive** (Eigenschaftswörter) stehen **getrennt** von einem folgenden Verb (Tätigkeitswort, Zeitwort), wenn sie sinnvoll **gesteigert** oder – wenigstens durch „sehr" oder „ganz" – **erweitert** werden können:

nahe kommen → Das Unwetter wird schnell *näher kommen.* Wir sind uns auf der Reise (sehr) *nahe gekommen.*

gut gehen → Dem Kranken wird es hoffentlich bald *besser gehen.* Trotz seines Unfalls vor einer Woche kann er schon wieder (ganz) *gut gehen.* Es ist ihr im Ausland (recht) *gut gegangen.*

1.6 **lästigfallen** oder **lästig fallen?**

B 6 Adjektive (Eigenschaftswörter) auf ***-ig, -isch, -lich*** stehen **getrennt** von einem folgenden Verb (Tätigkeitswort, Zeitwort):

lästig fallen → Es wäre mir unangenehm, wenn ich euch *lästig fiele.* Hoffentlich bin ich euch nicht *lästig gefallen.*

Ebenso: übrig bleiben; kritisch denken, spöttisch reden; freundlich grüßen, gründlich säubern

1.7 **verlorengehen** oder **verloren gehen?**

B 7 Ursprüngliche **Partizipien** (Mittelwörter) stehen **getrennt** von einem folgenden Verb (Tätigkeitswort, Zeitwort):

Diesen Ring habe ich *geschenkt bekommen.* Ich hoffe, dass er mir nie *verloren geht.* Der Gauner wurde *gefangen genommen.*

2 Verbindungen mit Adjektiven (Eigenschaftswörtern) und Partizipien (Mittelwörtern)

2.1 **jahrelang** oder **Jahre lang?**

B 8 Man schreibt **zusammen,** wenn der **erste Bestandteil** aus einer **Wortgruppe verkürzt** worden ist:

jahrelang (= *mehrere* Jahre lang), fingerbreit (= *einen* Finger breit), herzerquickend (= *das* Herz erquickend), butterweich (= weich *wie* Butter), angsterfüllt (= *von* Angst erfüllt), freudestrahlend (= *vor* Freude strahlend), nikotinabhängig (= *vom* Nikotin abhängig)

Getrennt schreibt man dagegen, wenn sich die Verbindung auf eine getrennt zu schreibende Wortgruppe mit einem Verb zurückführen lässt:

der Aufsicht führende Lehrer (wegen: Aufsicht führen)
Hilfe suchende Wanderer (wegen: Hilfe suchen)

2.2 **winzigklein** oder **winzig klein?**

B 9 Adjektive (Eigenschaftswörter) auf ***-ig, -isch, -lich*** stehen **getrennt** von einem folgenden Adjektiv:

riesig groß, mikroskopisch klein, schrecklich nervös

2.3 **kochendheiß** oder **kochend heiß?**

B 10 Ursprüngliche **Partizipien** (Mittelwörter) stehen **getrennt** von einem folgenden Adjektiv (Eigenschaftswort):

abschreckend hässlich, blendend weiß, gestochen scharf, kochend heiß, leuchtend rot, strahlend hell

2.4 **schwererverdaulich** oder **schwerer verdaulich?**

B 11 **Komparative** (Steigerungsformen auf *-er*) stehen **getrennt** von einem folgenden Adjektiv (Eigenschaftswort) oder Partizip (Mittelwort):

eine schwerer verdauliche Speise, noch etwas dünner besiedelte Landstriche

3 Zusammensetzungen mit Substantiven (Nomen, Hauptwörtern)

3.1 Stein Treppe oder Steintreppe?

B 12 Zusammengesetzte Substantive (Nomen, Hauptwörter) schreibt man **zusammen:**

Steintreppe, Wochenlohn, Altbau, Schwerindustrie, Fünfkampf, Ichsucht, Rastplatz, Rechenmaschine, Außenpolitik, Nebeneingang

3.2 Neunzigerjahre oder neunziger Jahre?

B 13 Ableitungen von **Grundzahlen** (Kardinalzahlen) auf ***-er*** schreibt man mit einem folgenden Substantiv (Nomen, Hauptwort) **zusammen:**

die Achterbahn, die Zehnergruppe

In Verbindung mit *Jahr* kannst du auch getrennt schreiben (die Ableitung auf *-er* ist dann klein):

in den Neunzigerjahren *oder* in den neunziger Jahren

3.3 ein viertel Kilo oder ein Viertelkilo?

B 14 Wenn **Bruchzahlen auf *-tel*** und ***-stel*** vor einer Maßangabe stehen, schreibt man sie entweder getrennt und klein oder zusammen und groß:

ein viertel Kilogramm *oder* ein Viertelkilogramm
ein zehntel Millimeter *oder* ein Zehntelmillimeter
eine tausendstel Sekunde *oder* eine Tausendstelsekunde

Zur Großschreibung vergleiche auch die Regel D 12.

3.4 die Schweizer Berge oder die Schweizerberge?

B 15 **Ableitungen von geographischen Eigennamen auf *-er*** schreibt man nur dann mit dem folgenden Substantiv (Nomen, Hauptwort) **zusammen,** wenn sich die Ableitung auf **Personen** bezieht:

die Schweizergarde (= die Garde des Papstes, die aus Schweizern besteht)
der Römerbrief (= Brief des Apostels Paulus an die Römer)

Als **Normalfall** kannst du dir also die **Getrenntschreibung** merken; die Ableitung bezieht sich dann unmittelbar auf das betreffende Gebiet oder die betreffende Ortschaft. Beispiele:

die Schweizer Berge (= die Berge der Schweiz)
das Ulmer Münster (= das Münster von Ulm)
das Genfer Abkommen (= das Abkommen, das in Genf getroffen wurde)

3.5 **beim Feuer anfachen** oder **beim Feueranfachen?**

B 16 Wortgruppen mit einer **Grundform** des Verbs (Infinitiv) kann man in Substantive (Nomen, Hauptwörter) umwandeln. Es entsteht dann jeweils ein einziges Substantiv aus mehreren Teilen; man schreibt zusammen:

Feuer anfachen → beim Feueranfachen
Schlange stehen → während des Schlangestehens
abhanden kommen → das Abhandenkommen
auseinander gehen → beim Auseinandergehen
sauber machen → beim Saubermachen
sitzen bleiben → das Sitzenbleiben

Wenn du umfangreichere Fügungen mit einer Grundform in ein Substantiv umwandelst, musst du den Bindestrich verwenden (vergleiche die Regel C 5):

Kastanien aus dem Feuer holen → das Kastanien-aus-dem-Feuer-Holen

3.6 **das klein Gedruckte** oder **das Kleingedruckte?**

B 17 Wenn eine Wortgruppe mit einem **Adjektiv** (Eigenschaftswort) oder einem **Partizip** (Mittelwort) wie ein Substantiv (Nomen, Hauptwort) gebraucht wird, behalten die vorangehenden Wörter ihre Selbstständigkeit:

auf der Wiese liegend → die auf der Wiese Liegenden
vom Blitz überrascht → die vom Blitz Überraschten
vom Nikotin abhängig → ein vom Nikotin Abhängiger

Aber nach Regel B 8:

nikotinabhängig → ein Nikotinabhängiger

Bei besonders häufig gebrauchten Wortverbindungen ist auch Zusammenschreibung möglich; Getrenntschreibung ist aber nie falsch:

klein gedruckt → das klein Gedruckte *oder* das Kleingedruckte
nicht zutreffend → das nicht Zutreffende *oder* das Nichtzutreffende

C Regeln zur Schreibung mit Bindestrich

Bei den Regeln für den Bindestrich kannst du dir drei Anwendungsbereiche merken:

1. Man setzt einen Bindestrich bei Zusammensetzungen und Ableitungen mit **Ziffern, Einzelbuchstaben** und **Abkürzungen.**
2. Mit dem Bindestrich kannst du **unübersichtliche Zusammensetzungen** so gliedern, dass sie leichter zu verstehen sind.
3. Mit dem Bindestrich kannst du **Eigennamen** von den übrigen Teilen einer Zusammensetzung abtrennen.

1 Der Bindestrich bei Ziffern, Einzelbuchstaben und Abkürzungen

1.1 **17jährig** oder **17-jährig?** **Fußball WM** oder **Fußball-WM?**

C 1 Der Bindestrich steht bei Zusammensetzungen und Ableitungen mit Ziffern, Einzelbuchstaben und Abkürzungen:

3-Tonner, 8-Zylinder; 5-mal, 100-prozentig, 1-zeilig, 17-jährig, der 17-Jährige

A-Dur, b-Moll, i-Punkt, S-Kurve, s-Laut, T-Shirt, x-beliebig, etwas x-Beliebiges, x-mal, y-Achse; Dativ-e; (außerdem:) der x-te Versuch, zum x-ten Mal, die n-te Potenz

km-Bereich, S-Bahn, Fußball-WM; H_2O-gesättigt, DB-eigen, Na-haltig, UV-bestrahlt

Abt.-Leiter, Abt.-Ltr. (= Abteilungsleiter), Tgb.-Nr. (= Tagebuchnummer)

Beachte: Bei Abkürzungen und Ziffern, auf die nur eine **Endung** folgt, darfst du keinen Bindestrich setzen:

SPDler, der 68er, ein 32stel, 100%ig, 25fach, das 25fache

Nach Einzelbuchstaben dagegen steht ein Bindestrich:

der x-te Versuch, zum x-ten Mal

Bildet eine Verbindung aus Ziffern und Endung den vorderen Teil einer Zusammensetzung, so setzt du nur nach der Endung einen Bindestrich:

ein 100stel-Millimeter, die 61er-Bildröhre, eine 5er-Gruppe

1.2 **800-Jahrfeier** oder **800-Jahr-Feier?** **S-Bahn Wagen** oder **S-Bahn-Wagen?**

> **C 2** Bei mehrgliedrigen Zusammensetzungen mit Ziffern, Abkürzungen und Einzelbuchstaben musst du zwischen allen Bestandteilen einen Bindestrich setzen:

800-Jahr-Feier, 2-Euro-Stück, 35-Stunden-Woche, 50-Cent-Briefmarke, 8-Zylinder-Motor, 400-m-Lauf, 2-kg-Büchse, 3-Zimmer-Wohnung, $^1/_2$-kg-Packung

S-Bahn-Wagen, A-Dur-Tonleiter, S-Kurven-reich (*aber:* kurvenreich), Vitamin-B-haltig (*aber:* vitaminhaltig), UV-Strahlen-gefährdet (*aber:* strahlengefährdet), Dipl.-Ing.-Ök.

Vergleiche auch die Regel C 3.

2 Der Bindestrich bei unübersichtlichen Zusammensetzungen

2.1 **das Kopf an Kopf-Rennen** oder **das Kopf-an-Kopf-Rennen?**

> **C 3** Zusammensetzungen können Bestandteile enthalten, die auf eine Wortgruppe oder auf eine Zusammensetzung mit Bindestrich zurückzuführen sind. Solche Zusammensetzungen musst du als Ganzes „durchkoppeln":

sie rannten *Kopf an Kopf* → das *Kopf-an-Kopf*-Rennen
die Gespräche zwischen *Nord* und *Süd* → die *Nord-Süd*-Gespräche
etwas *ad hoc* bilden → die *Ad-hoc*-Bildung
ein Laden für diejenigen, die nach dem Motto *„Do it yourself"* werken → der *Do-it-yourself*-Laden
das *Make-up* für den Abend → das Abend-*Make-up*

Die folgenden Beispiele enthalten Ziffern, Abkürzungen und Einzelbuchstaben:

der Lauf über eine Strecke von *400 Metern* → der *400-Meter*-Lauf
der Lauf über eine Strecke von *400 m* → der *400-m*-Lauf
eine Wohnung mit *3 Zimmern* → die *3-Zimmer*-Wohnung

ein Wagen der *S-Bahn* → der *S-Bahn*-Wagen
reich an *S-Kurven* → *S-Kurven*-reich
die Anreicherung mit *Vitamin B* → die *Vitamin-B*-Anreicherung
Vitamin B enthaltend → *Vitamin-B*-haltig

Vergleiche hierzu auch die Regel C 2.

Die folgenden Beispiele enthalten Eigennamen:

das Denkmal für *Karl May* → das *Karl-May*-Denkmal
der Kanal zwischen *Elbe* und *Havel* → der *Elbe-Havel*-Kanal

Vergleiche hierzu auch die Regel C 7.

2.2 **Haushaltmehrzweckküchenmaschine** oder **Haushalt-Mehrzweckküchenmaschine?**

C 4 Zur **Gliederung** unübersichtlicher Zusammensetzungen oder zur **Hervorhebung** einzelner Bestandteile einer Zusammensetzung kannst du einen Bindestrich setzen.

Beispiele für die Gliederung mit Bindestrich:

Arbeiter-Unfallversicherungsgesetz, Lotto-Annahmestelle, Haushalt-Mehrzweckküchenmaschine

der wissenschaftlich-technische Fortschritt, ein lateinisch-deutsches Wörterbuch, physikalisch-chemisch-biologische Prozesse

Beispiele für die Hervorhebung durch einen Bindestrich:

der dass-Satz, die Ich-Erzählung, das Ist-Aufkommen, die Kann-Bestimmung; die Hoch-Zeit, das Nach-Denken, etwas be-greifen

Vergleiche hierzu auch die Regel A 4.

2.3 **das Löcher in den Himmel starren** oder **das Löcher-in-den-Himmel-Starren?**

C 5 Verbindungen mit einem Verb (Tätigkeitswort, Zeitwort) können als Ganzes zu einem Substantiv (Nomen, Hauptwort) gemacht werden. Wenn eine solche Verbindung aus drei oder mehr Wörtern besteht, musst du sie mit dem Bindestrich gliedern:

Löcher in den Himmel starren → Dein ständiges Löcher-in-den-Himmel-Starren macht mich nervös.

auf die lange Bank schieben → Mit diesem ewigen Auf-die-lange-Bank-Schieben kommen wir nicht weiter.

Vergleiche hierzu auch die Regeln B 16 und D 14.

3 Der Bindestrich bei Zusammensetzungen mit Eigennamen

3.1 die Goetheausgabe oder die Goethe-Ausgabe?

C 6 Wenn in einer Zusammensetzung ein einfacher Eigenname an erster Stelle steht, kannst du einen Bindestrich setzen, um den Namen hervorzuheben:

die Goethe-Ausgabe *oder* die Goetheausgabe
die Beethoven-Halle *oder* die Beethovenhalle

die Ganges-Ebene *oder* die Gangesebene
das Mekong-Delta *oder* das Mekongdelta
Moskau-freundlich *oder* moskaufreundlich

Beachte: Bei Zusammensetzungen mit einem Eigennamen als zweitem Bestandteil und bei Zusammensetzungen aus zwei Namen *musst* du einen Bindestrich setzen:

Frau Müller-Weber; die Bäcker-Anna, der Schneider-Karl; Blumen-Richter, Foto-Müller; Annaberg-Buchholz, Baden-Württemberg

3.2 die Albrecht Dürerallee oder die Albrecht-Dürer-Allee?

C 7 Zusammensetzungen mit mehrteiligen Eigennamen oder mit mehreren Eigennamen werden „durchgekoppelt". Du musst also zwischen allen Bestandteilen der Zusammensetzung einen Bindestrich setzen:

die Albrecht-Dürer-Allee, der Kaiser-Karl-Ring, die Ernst-Ludwig-Kirchner-Straße, das Goethe-Schiller-Archiv

der Elbe-Havel-Kanal, die Oder-Neiße-Grenze

Vergleiche hierzu auch die Regel C 3.

D Regeln zur Groß- und Kleinschreibung

Großschreibung triffst du im Deutschen in vier Bereichen an:

1. am **Satzanfang** sowie bei Überschriften (Titeln)
2. bei **Substantiven** (Nomen, Hauptwörtern) sowie bei Wörtern, die wie Substantive gebraucht sind
3. bei **Eigennamen**
4. bei der höflichen **Anrede** *(Sie, Ihnen, Ihr…)*

Wir gehen auf diese Bereiche der Reihe nach ein.

1 Satzanfänge und Überschriften

1.1 Grundregel

D 1 **Satzanfänge** schreibt man **groß:**

Gestern hat es geregnet.
Vor dem Öffnen bitte Stecker ziehen.
Hat sie das wirklich gesagt?
Komm doch auch mit!
Guten Morgen!

1.2 Die Großschreibung nach Doppelpunkt

D 2 Nach einem **Doppelpunkt** schreibst du **groß,**
1. wenn eine direkte Rede folgt;
2. wenn ein selbstständiger Satz folgt.

Beispiele:

Sie fragte: „*Kommt* er heute?"
Er sagte: „*Wir* wissen es nicht."
Alle baten: „*Bleibt* doch noch bis zum Abendessen!"

Beachten Sie bitte folgenden Hinweis: *Alle* Bänke sind frisch gestrichen.
Es ist nicht zu bestreiten: *Die* Arbeitslosigkeit nimmt weiter zu.

Aufgabe: Setze die richtigen Buchstaben ein!

Die Regel gilt auch für Ausdrücke, die einem Satz nahe kommen, aber nicht die Form eines ausgebildeten Satzes haben:

Sie rief: „*Ja!*“
In der Anleitung steht: *Vor* dem Öffnen des Deckels bitte Stecker ziehen.

Beachte: Wo die in Regel D2 genannten Bedingungen nicht zutreffen, schreibst du klein.
So musst du kleinschreiben, wenn auf den Doppelpunkt eine Aufzählung folgt:

Die Packung enthält: *eine* Montageanleitung, zwanzig Schrauben sowie einen Schraubenzieher.

1.3 Überschriften (Titel)

D3 Überschriften (Titel) schreibt man **groß:**

Mein Lieblingstier (Überschrift eines Aufsatzes)
Schweres Erdbeben in Marokko (Titel einer Zeitungsnachricht)

Die Regel gilt auch, wenn Überschriften und Titel im laufenden Text genannt werden. Meist setzt man sie dann in Anführungszeichen (Regel E 15):

Mir hat „*Das* kleine Gespenst“ gut gefallen.
Im Artikel „*Schweres* Erdbeben in Marokko“ ist von vielen Toten und Verletzten die Rede.

1.4 Sehr geehrte Frau Beer, ... Liebe Anna!

D4 Die **Anrede in Briefen** wird meist als frei stehende Zeile angeordnet. Das erste Wort musst du daher wie in Überschriften **großschreiben.**

Am Schluss der Anrede kannst du ein Komma oder ein Ausrufezeichen setzen. Für den Absatz nach der Anrede gilt dann:

D 5 Wenn du nach der Anrede ein **Komma** setzt, beginnt der folgende Absatz **klein.**
Wenn du nach der Anrede ein **Ausrufezeichen** setzt, beginnt der folgende Absatz mit einem **großen** Buchstaben.

Sehr geehrte Frau Beer,

entsprechend unserer telefonischen Vereinbarung schicken wir ihnen hiermit …

Mit freundlichen Grüßen

Oskar Schneider

Liebe Anna!

Wie am Telefon versprochen, schicke ich dir zusammen mit diesem Brief …

Mit herzlichen Grüßen

Oskar

2 Die Großschreibung der Substantive (Nomen, Hauptwörter)

Großschreibung gilt im Deutschen nicht nur für eigentliche **Substantive** (Nomen, Hauptwörter), sondern auch für **Substantivierungen** (Nominalisierungen). Substantivierungen sind Wörter, die von ihrer Wortart her keine Substantive darstellen, aber wie Substantive gebraucht sind. Sie werden beim substantivischen Gebrauch wie Substantive großgeschrieben.

2.1 Eigentliche Substantive

D 6 **Substantive** (Nomen, Hauptwörter) schreibt man **groß:**

Die *Katze* sprang auf den *Baum.*
In der *Küche* roch es nach *Zimt.*
Im *Sommer* genießen wir die *Wärme* und die frische *Luft.*
Sie zeigte *Verständnis* für meine *Lage.*
Ich komme heute *Abend* bei dir vorbei.

Achte auf Substantive (Nomen, Hauptwörter), die Teil fester Wortverbindungen sind. Sie werden ebenfalls großgeschrieben:

in Bälde; in Bezug (auf eine Sache); (auf etwas) Bezug nehmen; Auto fahren; Rad fahren; Schlange stehen; etwas außer Acht lassen; jemandem zu Hilfe kommen; etwas in Kauf nehmen; Recht haben; Angst haben; (auf etwas) Wert legen

2.2 Aus Substantiven (Nomen, Hauptwörtern) entstandene andere Wörter

In einigen Verwendungsweisen werden ursprüngliche Substantive (Nomen, Hauptwörter) wie Wörter anderer Wortarten gebraucht. Du musst sie dann kleinschreiben.

Die Regeln D 7 bis D 12 zeigen dir die wichtigsten Fälle.

2.2.1 an etwas Schuld sein oder an etwas schuld sein?

D 7 In Verbindung mit den Verben (Tätigkeitswörtern, Zeitwörtern) ***sein*** und ***werden*** schreibst du folgende Wörter **klein:**
angst (und bange), gram, leid, pleite, schuld.

Beispiele:

Sie bleibt ihm gram. Sie ist diese Geschichte leid. Er ist pleite. Er ist schuld daran. (*Aber:* Es ist seine Schuld.)

In Verbindung mit anderen Verben schreibst du nach der Grundregel für Substantive (Regel D 6) groß:

Die Firma machte Pleite (ging Pleite). Ich habe Angst. Du hast mir Angst gemacht. Sie hat keine Schuld. Sie trägt keine Schuld.

2.2.2 ich nehme Teil oder ich nehme teil?

D 8 Aus Substantiven (Nomen, Hauptwörtern) entstandene **Verbzusätze** schreibt man **klein:**

teilnehmen → Ich nehme daran teil.
preisgeben → Wir geben unser Ziel nicht preis.
wundernehmen → Es nimmt mich wunder.

2.2.3 abends oder Abends?

D 9 Aus Substantiven (Nomen, Hauptwörtern) entstandene **Wörter** auf ***-s*** und ***-ens*** schreibt man **klein:**

abends, morgens, nachts, dienstags, sonntags, anfangs, hungers (hungers sterben), willens (willens sein), rechtens (rechtens sein, etwas rechtens machen); abseits, angesichts, mangels, mittels, namens, seitens; falls, teils … teils

Wenn einem Wort der bestimmte/unbestimmte Artikel vorangeht, handelt es sich um ein Substantiv (Nomen, Hauptwort), das man großschreibt:

eines Abends, des Nachts

2.2.4 **kraft ihres Amtes** oder **Kraft ihres Amtes?**

D 10 Die folgenden aus Substantiven (Nomen, Hauptwörtern) entstandenen **Präpositionen** (Verhältniswörter) schreibt man **klein:** ***dank, kraft, laut, statt, an … statt, trotz, wegen, von … wegen, um … willen, zeit.***

Beispiele:

kraft ihres Amtes, laut seiner Behauptung, an Kindes statt, an seiner statt, von Amts wegen, zeit seines Lebens

2.2.5 **ein bisschen** oder **ein Bisschen?**

D 11 Die folgenden Wörter sind **Indefinitpronomen** (unbestimmte Fürwörter, unbestimmte Zahlwörter). Du musst sie daher **kleinschreiben:** ***(ein) bisschen, (ein) paar***

Beispiele:

Da hast du wohl ein *bisschen* übertrieben. Mit ein klein *bisschen* Geduld wird es dir gelingen! Mit diesem *bisschen* Sand kannst du keine Burg bauen. Es kamen nur *ein paar* Leute. Mit diesen *paar* Leuten wird der Saal nicht voll.

Aber: Zum Glück hatte ich *ein Paar* (= zwei) Handschuhe bei mir.

2.2.6 **ein viertel Liter** oder **ein Viertelliter?**

D 12 Wenn **Bruchzahlen** auf ***-tel*** und ***-stel*** vor einer Maßangabe stehen, schreibt man sie entweder getrennt und klein oder zusammen und groß:

ein viertel Liter *oder* ein Viertelliter
ein zehntel Millimeter *oder* ein Zehntelmillimeter
eine tausendstel Sekunde *oder* eine Tausendstelsekunde

Sonst schreibst du Bruchzahlen auf *-tel* und *-stel* nach der Grundregel für Substantive (Nomen, Hauptwörter) groß (Regel D 6):

ein Drittel, das erste Fünftel, neun Zehntel des Umsatzes, um drei Viertel größer

Vergleiche hierzu auch die Regel B 14.

2.3 Wie Substantive (Nomen, Hauptwörter) gebrauchte Verben (Tätigkeitswörter, Zeitwörter)

2.3.1 das warten oder das Warten?

D 13 Verben (Tätigkeitswörter, Zeitwörter), die wie Substantive (Nomen, Hauptwörter) gebraucht sind, werden großgeschrieben.

Dass ein Verb (Tätigkeitswort, Zeitwort) wie ein Substantiv (Nomen, Hauptwort) gebraucht ist, kannst du meist an einem der folgenden Merkmale erkennen:

a) Es geht ihm ein Wort wie *das, dem, dieses, ein, etwas* voran (= Begleiter).
b) Es geht ihm ein Wort wie *mit, für, am, im, ins, beim, zum* voran (= Präpositionen/Verhältniswörter).
c) Man kann im fraglichen Satz ohne weiteres ein Wort wie *das, dem, dieses, ein, etwas* (= Begleiter) vor das Wort setzen.

Beispiele:

Das Warten fällt mir schwer.
Susanne ist *beim Spielen* ein Missgeschick passiert.
Ich schenkte *dem* lauten *Knistern* keine Beachtung.
Die Sache kam *ins Stocken.*
Ich verbrachte viel Zeit *mit Nachdenken.*
Sie verabscheut *Rennen* und *Rasen* (= *das Rennen* und *das Rasen*).

2.3.2 beim Feuer anfachen oder beim Feueranfachen?

D 14 Verbindungen mit einem Verb (Tätigkeitswort, Zeitwort) können als Ganzes zu einem Substantiv (Nomen, Hauptwort) gemacht werden. Wenn eine solche Verbindung aus drei oder mehr Wörtern besteht, musst du sie mit dem Bindestrich gliedern:

Feuer anfachen → beim Feueranfachen
sauber machen → das Saubermachen
Fenster putzen → das Fensterputzen

Gliederung mit Bindestrich und Großschreibung der substantivischen Bestandteile:

Kastanien aus dem Feuer holen → das Kastanien-aus-dem-Feuer-Holen

Vergleiche hierzu auch die Regeln B 16 und C 5.

2.4 Wie Substantive (Nomen, Hauptwörter) gebrauchte Adjektive (Eigenschaftswörter)

2.4.1 **ein unbekannter** oder **ein Unbekannter?** **etwas neues** oder **etwas Neues?**

D 15 Adjektive (Eigenschaftswörter), die wie Substantive (Nomen, Hauptwörter) gebraucht sind, werden großgeschrieben:

Vor der Tür stand ein *Unbekannter.*
Die *Großen* fressen die *Kleinen.*
Das nie *Erwartete* trat ein.
Sie ist die *Beste.*
Die Arbeiten sind im *Allgemeinen* nicht schlecht geraten.
Die Kommissarin war auf dem *Laufenden.*
Sie hat dies des *Langen* und *Breiten* erklärt.
Er hat den *Kürzern* gezogen.

Häufig gehen solchen Adjektiven Wörter wie *etwas, nichts, viel, wenig, alles* voraus:

Ich kann dir *etwas (nichts, viel, wenig, allerlei …) Neues* erzählen.
In der Zeitung stand *viel (nichts, allerlei …) Interessantes.*
Es gab für mich *nichts Aufregenderes.*
Zum Knabbern gab es *Süßes* und *Salziges* (→ … *etwas Süßes* und *etwas Salziges*).

Beachte aber auch die Regel D 18:

Sie suchte etwas *anderes.*

Zu den Adjektiven (Eigenschaftswörtern) gehören auch die **Ordnungszahlen** (Ordinalzahlen) sowie die verwandten Wörter *nächste* und *letzte;* diese Wörter können daher ebenfalls wie Substantive (Nomen, Hauptwörter) gebraucht werden:

Er kam als *Dritter* an die Reihe.
Trotz ihrer Verletzung wurde sie noch *Viertletzte.*
Jeder *Fünfte* lehnte das Projekt ab.
Der *Nächste,* bitte!
Liebe deinen *Nächsten* wie dich selbst!
Als *Letztes* muss der Deckel angeschraubt werden.

Die Grundregel D 15 kennt fünf Ausnahmen. Wir behandeln sie in den Regeln D 16 bis D 20.

2.4.2 Die großen Fische fressen die Kleinen oder Die großen Fische fressen die kleinen?

D 16 Manchmal wird nach einem Adjektiv (Eigenschaftswort) ein Substantiv (Nomen, Hauptwort) **eingespart,** das im selben Satz (oder in einem vorangehenden Satz) schon an anderer Stelle auftritt. Du kannst dir das betreffende Substantiv aber immer noch zu dem Adjektiv hinzudenken. Das Adjektiv wird deshalb kleingeschrieben:

Die großen Fische fressen die *kleinen* (= die *kleinen* Fische).
Alte Schuhe sind meist bequemer als *neue* (= als *neue* Schuhe).
Der Verkäufer zeigte mir seine Auswahl an Socken. Die *gestreiften* und *gepunkteten* (= die *gestreiften* und die *gepunkteten* Socken) gefielen mir am besten.

2.4.3 am Schnellsten oder am schnellsten? aufs Herzlichste oder aufs herzlichste?

D 17 **Superlative** (Steigerungsformen auf ***-ste***) mit ***am*** schreibt man **klein,** wenn man mit ***Wie?*** danach fragen kann:

Dieser Weg ist *am steilsten.* (Frage: *Wie* ist der Weg?)
Dieser Stift schreibt *am feinsten.* (Frage: *Wie* schreibt dieser Stift?)

Superlative mit *aufs* (= *auf das*) kannst du groß- oder kleinschreiben, wenn sie sich mit *Wie?* erfragen lassen:

Sie hat uns *aufs Herzlichste* (oder: *aufs herzlichste*) gedankt. (Frage: *Wie* hat sie uns gedankt?)

Beachte: Superlative mit *am* und *aufs,* die sich **nicht** mit *Wie?* erfragen lassen, schreibt man nach der Grundregel D 15 groß:

Es fehlt ihnen *am/an dem Nötigsten.* (Frage: *Woran* fehlt es ihnen?) Wir sind *aufs/auf das Beste* angewiesen. (Frage: *Worauf* sind wir angewiesen?)

2.4.4 **die vielen** oder **die Vielen?** **etwas anderes** oder **etwas Anderes?**

D 18 Die vier Wörter ***viel, wenig, ein, andere*** werden in allen Formen **kleingeschrieben:**

Das haben schon *viele* (die meisten; wenige, die wenigsten) erlebt.
Sie hat das *wenige,* was noch da war, in einer Kiste verstaut.
Die *einen* kommen, die *anderen* gehen.
Sie hatte etwas *anderes* erwartet.

2.4.5 **von klein auf** oder **von Klein auf?** **seit langem** oder **seit Langem?**

D 19 Im Deutschen gibt es feste **Wendungen,** die aus einer **bloßen Präposition** (einem Verhältniswort, Vorwort) und einem **Adjektiv** (Eigenschaftswort) bestehen. Solche Wortgruppen schreibt man **klein.**

in bar, gegen bar (bezahlen); auf ewig; von fern; von früh auf, von früher her; von klein auf; von nah; (eine Anzeige) gegen unbekannt, nach unbekannt (verreisen)

Paarformeln:

durch dick und dünn; von nah und fern; von früh bis spät; jenseits von gut und böse; über kurz oder lang

Paarformeln mit Farbbezeichnungen:

schwarz auf weiß (etwas schwarz auf weiß beweisen); blau in blau, grau in grau

Feste Wendungen mit Adjektiven (Eigenschaftswörtern), die auf *-em, -es* enden:

binnen kurzem, vor kurzem, seit kurzem; seit langem, vor langem, seit längerem, vor längerem; von nahem; von neuem, seit neuestem; von weitem, bei weitem, bis auf weiteres, ohne weiteres

2.4.6 **die ersten zehn** oder **die ersten Zehn?** **die böse dreizehn** oder **die böse Dreizehn?**

> **D 20** Die **Grundzahlen** (Kardinalzahlen) von 0 bis 999 999 schreibt man **klein:**

Sie kam schließlich doch noch unter die ersten *zehn.* Was *drei* wissen, wissen bald *dreißig.* Diese *drei* kommen mir bekannt vor. Sie rief um *fünf* an. Wir waren an die *zwanzig.* Er sollte die Summe durch *acht* teilen.

Beachte: Man schreibt Grundzahlen (Kardinalzahlen) von 0 bis 999 999 nur dann groß, wenn sie die Ziffer oder den Zahlwert als solchen bezeichnen:

Sie fürchtete sich vor der bösen *Dreizehn.* Der Zeiger nähert sich der *Elf.*
Sie hat lauter *Einsen* im Zeugnis. Er würfelt eine *Sechs.*

Zahlen wie *Million, Milliarde* usw. sind Substantive (Nomen, Hauptwörter); du musst sie daher immer großschreiben:

Diese Maschine kostet mehr als eine *Million* Mark.
Auf der Erde leben über sechs *Milliarden* Menschen.

2.5 Wie Substantive (Nomen, Hauptwörter) gebrauchte andere Wörter

2.5.1 **das gewisse etwas** oder **das gewisse Etwas?**

> **D 21** Pronomen (Fürwörter), die wie Substantive (Nomen, Hauptwörter) gebraucht sind, werden großgeschrieben:

Sie hatte das gewisse *Etwas.*
Er bot ihr das *Du* an.
Dieser Hund ist eine *Sie* und kein *Er.*
Jetzt stehen wir vor dem *Nichts.*

Beachte aber: Pronomen (Fürwörter), die als **Stellvertreter** gebraucht werden, schreibt man klein:

Kann mir *jemand* helfen?
In diesem Wald hat sich schon *mancher* verirrt.
So *etwas* kann *jedem* passieren.
Sie hat *alles* aufgeschrieben.
Ich hatte noch *einiges* vor.

2.5.2 **ein durcheinander** oder **ein Durcheinander?** **im nachhinein** oder **im Nachhinein?**

D 22 Unveränderliche (unflektierbare) Wörter, die wie Substantive (Nomen, Hauptwörter) gebraucht sind, werden großgeschrieben:

Es herrschte ein großes *Durcheinander.*
Sie bekam im *Nachhinein* doch noch Recht.
Uns stört dieses ewige *Hin* und *Her.*
Der Ball flog ins *Aus.*
Er bestand die Prüfung mit *Ach* und *Krach.*

3 Die Großschreibung der Eigennamen

3.1 Grundregel

D 23 **Eigennamen** schreibt man **groß.**

Einfache Eigennamen sind immer Substantive (Nomen, Hauptwörter). Deshalb schreibt man sie auch nach Regel D 6 groß:

Da kommt *Anna.*
Sie reist nach *Genf.*

Beachte, dass es daneben auch mehrteilige Eigennamen gibt (vergleiche die Regel D 24).

3.2 **das rote Kreuz** oder **das Rote Kreuz?** **die rote Karte** oder **die Rote Karte?**

D 24 In mehrteiligen Eigennamen kommen außer Substantiven (Nomen, Hauptwörtern) oft auch **Adjektive** (Eigenschaftswörter) vor. Man schreibt sie ebenfalls groß, damit man die ganze Fügung als Eigenname erkennt:

der *Alte* Fritz, Holbein der *Jüngere*
die *Vereinigten* Staaten [von Amerika], die *Schwäbische* Alb, der *Indische* Ozean
das *Rote* Kreuz, die *Deutsche* Bahn, die *Schweizerischen* Bundesbahnen

Von den mehrteiligen Eigennamen musst du die so genannten festen Begriffe unterscheiden, die keine einzigartigen Gegebenheiten bezeichnen, sondern Gattungen von Personen, Dingen oder Handlungen. Für feste Begriffe gilt die folgende Regel:

D 25 In **festen Begriffen** schreibt man die **Adjektive** (Eigenschaftswörter) **klein:**

die rote Karte, die erste Hilfe, der erste Spatenstich, das schwarze Brett, die schwarze Magie, das schwarze Schaf, der goldene Schnitt, die schwedischen Gardinen, die höhere Mathematik, der italienische Salat

Zu dieser Regel gibt es Ausnahmen:

Beachte: Vier Fallgruppen von festen Begriffen werden **großgeschrieben:**

1. **Titel und Ehrenbezeichnungen:**

   der Heilige Vater, der Regierende Bürgermeister, der Technische Direktor

2. **klassifizierende Benennungen** in der Biologie (Botanik, Zoologie):

   die Schwarze Witwe (eine Spinnenart), das Fleißige Lieschen (eine Zimmerpflanzenart), der Rote Milan (eine Vogelart)

3. **besondere Kalendertage:**

   der Heilige Abend, der Internationale Frauentag, der Erste Mai

4. bestimmte **historische Ereignisse und Epochen:**

   der Westfälische Friede[n], der Deutsch-Französische Krieg 1870/71, der Zweite Weltkrieg, die Goldenen Zwanziger, die Jüngere Steinzeit

3.3 **die schweizerischen Berge** oder **die Schweizerischen Berge?** **die schweizer Berge** oder **die Schweizer Berge?**

D 26 Von Eigennamen abgeleitete Adjektive (Eigenschaftswörter) schreibt man klein:

die darwinsche Evolutionstheorie, eine kafkaeske Situation, eulenspiegelhafte Possen
die schweizerischen Berge, die österreichischen Alpen, die deutschen Städte

Beachte, dass das Adjektiv (Eigenschaftswort) nach Regel D 24 großgeschrieben wird, wenn die ganze Fügung aus Adjektiv und Substantiv einen mehrteiligen Eigennamen bildet:

die Schweizerischen Bundesbahnen, die Deutsche Bahn

Außerdem gibt es zu Regel D 26 eine Ausnahme:

Beachte: Ableitungen von geographischen Eigennamen auf **-er** werden großgeschrieben:

die Salzburger Festspiele, die Schweizer Berge, die Berliner Kunstszene

Beachte auch die Getrennt- und Zusammenschreibung, Regel B 15.

4 Die höfliche Anrede *Sie*

D 27 Die Pronomen (Fürwörter) für die höfliche Anrede schreibt man groß: ***Sie, Ihnen, Ihr*** *(→ Ihre, Ihren, Ihrem . . .):*

Bitte rufen *Sie* mich bald an.
Ich danke *Ihnen* für *Ihren* Brief.
Die Nachbarin fragte: „Haben Sie *Ihre* Schlüssel wieder gefunden?"

Alle übrigen Anredepronomen (Anredefürwörter) schreibt man klein:

Ich danke *dir* für *deinen* Brief.
Ich danke *euch* für *euren* Brief.
Die Nachbarin fragte: „Hast *du deine* Schlüssel wieder gefunden?"

Beachte: Das Reflexivpronomen (rückbezügliche Fürwort) **sich** wird immer kleingeschrieben:

Bitte melden Sie *sich* im Sekretariat.

E Regeln zur Zeichensetzung

In diesem Abschnitt gehen wir auf die folgenden Satzzeichen ein:

1. Satzschlusszeichen: Punkt, Fragezeichen, Ausrufezeichen
2. Doppelpunkt
3. Strichpunkt (Semikolon)
4. Komma (Beistrich)
5. Gedankenstrich
6. Klammern
7. Anführungszeichen
8. Auslassungspunkte

Im Anschluss an diese Zeichen behandeln wir drei weitere Zeichen. Sie gehören nicht zu den Satzzeichen im engeren Sinn. Es sind dies:

9. Apostroph (Auslassungszeichen)
10. Ergänzungsstrich
11. Abkürzungspunkt
12. Punkt bei Ordnungszahlen

1 Die Satzschlusszeichen

E 1 Den **Schluss eines Satzes** kannst du mit einem Punkt, einem Fragezeichen oder einem Ausrufezeichen kennzeichnen.
Normalerweise setzt du einen **Punkt.**
Nach Fragen setzt du ein **Fragezeichen.**
Nach Ausrufen und Aufforderungen setzt du ein **Ausrufezeichen.**

Beispiele:

Sie singt.
Sie ist fröhlich.

Wann kommst du zurück?
Habt ihr Durst?
Ihr habt wirklich keinen Durst?
Fertig?

Komm mit!
Du kommst jetzt mit!
Hurra!

Beachte: Indirekte Fragesätze (Fragenebensätze) stehen ohne Fragezeichen:

Er erkundigte sich, wann sie kommen könne.
Sie fragte uns, ob wir wirklich keinen Durst hätten.

Zur **Anrede im Brief** vergleiche die Regel D 4.
Zum **Abkürzungspunkt** vergleiche die Regel E 21.
Zum **Punkt bei Ordnungszahlen** vergleiche die Regel E 22.

E 2 Der Punkt wird in bestimmten Fällen weggelassen.

Am Ende von Überschriften:

Allmähliche Normalisierung im Erdbebengebiet
Schneeverwehungen behindern Autoverkehr

Bei Sätzen, die in einen anderen Satz eingebettet sind:

Eines Tages – es war mitten im Sommer – hagelte es.
„Dieses Gerät kann man sicher reparieren“, meinte sie.
„Aller Anfang ist schwer“ ist ein banaler Spruch.

Zur Kombination von Anführungszeichen und anderen Satzzeichen bei der direkten Rede vergleiche die Regel E 14.

2 Der Doppelpunkt

E 3 Der Doppelpunkt zeigt an, dass etwas Weiterführendes folgt. Er steht darum unter anderem vor Aufzählungen und vor der direkten Rede:

Sie hat viele Hobbys: Briefeschreiben, Fußballspielen, Wandern, Musikhören.
Er sagte: „Bring mir das Buch bitte bis morgen zurück!“

Bei der Groß- und Kleinschreibung nach einem Doppelpunkt hilft dir die Regel D 2 weiter.

3 Der Strichpunkt (das Semikolon)

E 4 Zwischen Teilsätzen steht manchmal ein **Strichpunkt** (Semikolon). Er trennt stärker als das Komma, aber schwächer als der Punkt:

Im Hausflur war es still; ich drückte erwartungsvoll auf die Klingel. Sie wohnt in einem Haus mit einem großen Garten; daher gehen wir sie gerne besuchen. Wir müssen uns überlegen, mit welchem Zug wir fahren wollen; wenn wir den früheren Zug nehmen wollen, müssen wir uns beeilen.

Du kannst den Strichpunkt außerdem zur Gliederung zusammengehörender Wortgruppen innerhalb längerer Aufzählungen verwenden:

In dieser fruchtbaren Gegend wachsen Roggen, Gerste, Weizen; Kirschen, Pflaumen, Äpfel; ferner Tabak und Hopfen.

4 Das Komma

Kommas stehen in drei Fällen:

1. bei **Reihungen** (Aufzählungen)
2. zwischen **Teilsätzen**
3. bei **Zusätzen**

4.1 Das Komma in Reihungen (Aufzählungen)

4.1.1 Grundregel

E 5 Die einzelnen Glieder einer **Reihung** (Aufzählung) werden mit **Komma** voneinander abgetrennt:

Die Packung enthält eine Montageanleitung, eine Garantiekarte, zwanzig Schrauben, einen Schraubenzieher.

Zu Reihungen mit Teilsätzen vergleiche die Regel E 7.

Beachte: Zwischen *Adjektiven* (Eigenschaftswörtern), die einem *Substantiv* (Nomen, Hauptwort) *vorangehen,* darfst du nur dann ein Komma setzen, wenn sie *gleichrangig* sind, das heißt mit dem gleichen Gewicht vor dem Substantiv stehen. Du kannst dir dann oft ein „und" zwischen den Adjektiven denken oder die Adjektive umstellen:

ein süßes, klebriges Getränk (= ein süßes *und* klebriges Getränk); ein großer, verdienter Erfolg; ein älterer, freundlicher Herr (= ein freundlicher, älterer Herr)

Du darfst aber **kein Komma** setzen, wenn das dem Substantiv (Nomen, Hauptwort) näher stehende Adjektiv (Eigenschaftswort) mit diesem schon eine engere Verbindung eingegangen ist, die als Ganzes durch das erste Adjektiv näher bestimmt wird:

ein gut gehendes *italienisches Geschäft;* eine lange *hölzerne Tafel;* aus einer sicheren *inneren Haltung* heraus; alte *gotische Bauwerke*

Beachte, dass du mit der Kommasetzung den Sinn eines Satzteils verändern kannst. Lies die folgenden Fügungen zur Probe laut vor! Ein Komma ist zu setzen, wenn du stattdessen auch „und zwar“ oder „diesmal“ einsetzen könntest:

die *früheren erfolgreichen* Versuche (der neue Versuch ist ebenfalls gelungen)
die *früheren, erfolgreichen* Versuche (der neue Versuch ist gescheitert)

am *nächsten für ihn günstigen Tag* (am nächsten von mehreren günstigen Tagen)
am *nächsten, für ihn günstigen Tag* (der vorangehende Tag war nicht günstig)

4.1.2 Reihungen (Aufzählungen) mit „und“, „oder“

E 6 Es steht **kein Komma,** wenn die Teile der Reihung (Aufzählung) mit einem der folgenden Wörter (Konjunktionen, Bindewörter) verbunden sind:
und, *sowie, wie, sowohl ... als auch, weder ... noch*
oder, *entweder ... oder, beziehungsweise* (abgekürzt: *bzw.*)

Beispiele:

Sie kaufte *rote, grüne* **und** *gelbe* Paprika.
Sie kaufte *rote* **sowie** *grüne* **und** *gelbe* Paprika.
Er kaufte **weder** *rote Äpfel* **noch** *grüne Birnen* **oder** *Orangen.*

Zu Reihungen von Teilsätzen vergleiche die Regel E 8.

Beachte: Nicht zu den oben stehenden Wörtern (Konjunktionen, Bindewörtern) gehören Wörter mit entgegensetzender Bedeutung wie: *aber, sondern, doch, jedoch.* Wenn diese Wörter in Reihungen (Aufzählungen) auftreten, darfst du das Komma nicht weglassen:

Sie las ein *dickes,* **aber** *spannendes* Buch.
Er hat mir ein *süßes,* **jedoch** *wohlschmeckendes* Getränk eingeschenkt.
Sie reist *nicht nach Bonn,* **sondern** *nach Köln.*

4.2 Das Komma bei Teilsätzen

4.2.1 Grundregel

E 7 **Teilsätze** trennt man mit **Komma** voneinander ab. Wenn die Teilsätze **eingeschoben** sind, musst du am **Anfang** und am **Schluss** ein Komma setzen!

Beispiele:

Die Musik wird leiser, der Vorhang hebt sich, das Spiel beginnt.

Sobald die Dämmerung eintritt, jagen die Fledermäuse nach Insekten.

Die Fledermäuse jagen, *sobald die Dämmerung eintritt*, nach Insekten.

Die Fledermäuse jagen nach Insekten, *sobald die Dämmerung eintritt*.

Sie sah, *dass es regnete*, und spannte ihren Regenschirm auf.

Anreden und Ausrufewörter zählen für die Zeichensetzung wie Teilsätze:

Anna, kauf bitte gelbe Birnen! – *Ja,* ich werde dir gelbe Birnen bringen.

Beachte: Teilsätze enthalten immer mindestens ein Verb (Tätigkeitswort, Zeitwort). Fügungen mit ***als*** oder ***wie*** darfst du daher nur dann mit **Komma** abtrennen, wenn sie ein **Verb** (Tätigkeitswort, Zeitwort) enthalten, also als Teilsätze anzusehen sind:

Gisela rannte noch schneller, *als Sarah letzte Woche gerannt war.*
Sarah rannte fast so schnell, *wie Gisela eine Woche vorher gerannt war.*
Er kam früher, *als er dies sonst zu tun pflegte,* von der Arbeit nach Hause.
Er gab das Geld aus, *als wäre er ein Millionär.*

Aber ohne Komma:

Gisela rannte noch schneller *als Sarah.*
Sarah rannte fast so schnell *wie Gisela.*
Er kam früher *als gewöhnlich* von der Arbeit nach Hause.
Er gab das Geld aus *wie ein Millionär.*

4.2.2 Teilsätze mit „und“, „oder“

E8 Es steht kein Komma, wenn die Teilsätze mit einem der folgenden Wörter (Konjunktionen, Bindewörter) verbunden sind:
und, *sowie, wie, sowohl … als auch, weder … noch*
oder, *entweder … oder, beziehungsweise* (abgekürzt: *bzw.*)

Beispiele:

Anna liest ein Buch ***und*** *Felix löst ein Kreuzworträtsel*.

Er erkundigte sich, *was es Neues gebe* ***und*** *ob die Post gekommen sei*.

Beachte: Zwischen Teilsätzen kannst du aber ein Komma setzen, wenn du die Gliederung des Satzes deutlich machen willst:

Ich habe sie oft besucht[,] und wir saßen bis spät in die Nacht zusammen, wenn sie in guter Stimmung war.

Auf diese Weise können auch Fehllesungen vermieden werden in Sätzen wie:

Wir warten auf euch, oder die Kinder gehen schon voraus.
Ich fotografierte die Berge, und meine Frau lag in der Sonne.

4.2.3 Fügungen mit Infinitiven (Grundformen) und Partizipien (Mittelwörtern)

E 9 Fügungen mit einem **Infinitiv** (einer Grundform) oder einem **Partizip** (Mittelwort) können Teilsätzen nahe kommen. Du kannst sie dann mit Komma vom Rest des Satzes abgrenzen.
Wenn die Fügungen **eingeschoben** sind, setzt du entweder am **Anfang** und am **Schluss** ein Komma oder überhaupt keins.

Beispiele für Fügungen mit einem Infinitiv (einer Grundform):

Er *zögerte[,]* den Schalter *zu drehen.*
Sie *versuchte[,]* das Gerät *zu flicken.*
Solche Flächen zu berechnen[,] ist nicht einfach.
Um auf diesem Bild etwas zu erkennen[,] brauchst du viel Fantasie.

Je nachdem mit zwei Kommas oder gar keinem Komma:

Den Plan *heimlich abzureisen* hatte sie schon lange gefasst.
Den Plan, *heimlich abzureisen,* hatte sie schon lange gefasst.
Sie hat *ohne ein bisschen zu zögern* die richtige Antwort gegeben.
Sie hat, *ohne ein bisschen zu zögern,* die richtige Antwort gegeben.

Beispiele für Fügungen mit einem Partizip (Mittelwort):

Durch eine Tasse Kaffee gestärkt[,] werden wir die Arbeit fortsetzen.
Er sah sich[,] *ihn laut und wütend beschimpfend[,]* nach einem Fluchtweg um.

Vergleiche hierzu auch die Regel E 10.

Beachte: Kommas müssen aber stehen, wenn Fügungen mit einem Infinitiv oder Partizip durch ein hinweisendes Wort angekündigt oder wieder aufgenommen werden:

Erinnere mich *daran,* dir das Buch zurückzugeben.
Mit Reisetaschen bepackt, *so* warteten wir auf den Bus.

Manchmal kannst du mit dem Setzen des Kommas die Satzgliederung deutlich machen oder Fehllesungen und Missverständnisse vermeiden. Je nachdem, wie du das Komma im folgenden Beispiel setzt, drückst du einen anderen Sinn aus:

Ich hoffe, jeden Tag in die Stadt gehen zu können.
Ich hoffe jeden Tag, in die Stadt gehen zu können.

Das folgende Beispiel ist ohne Komma schwer lesbar:

Darauf aufmerksam gemacht haben wir den Fehler beseitigt.
Darauf aufmerksam gemacht, haben wir den Fehler beseitigt.

4.3 Das Komma bei Zusätzen

E 10 **Zusätze** trennt man mit **Komma** ab.
Wenn der Zusatz **eingeschoben** ist, musst du am **Anfang** und am **Schluss** des Zusatzes ein Komma setzen:

Sie isst gern Obst, *besonders Bananen.*
Obst, *besonders Bananen,* isst sie gern.

Durch den Sumpf watete ein Saurier, *ein Triceratops.*
Durch den Sumpf watete ein Saurier, *ein Triceratops,* und fraß Schachtelhalme.

Der Patient rief nach einem Arzt, *ganz bleich im Gesicht.*
Der Patient, *ganz bleich im Gesicht,* rief nach einem Arzt.

Das Reh blieb stehen, *vom Scheinwerferlicht geblendet.*
Das Reh, *vom Scheinwerferlicht geblendet,* blieb stehen.
Das erste Training findet nächste Woche statt, *und zwar am Dienstag.*
Nächste Woche, *und zwar am Dienstag,* findet das erste Training statt.

Zusätze kann man oft statt mit Kommas auch mit Gedankenstrichen oder Klammern abgrenzen (vergleiche auch die Regeln E 12 und E 13):

Seine Kopfbedeckung, *ein breitkrempiger Hut,* lag auf dem Tisch.
Seine Kopfbedeckung – *ein breitkrempiger Hut* – lag auf dem Tisch.
Seine Kopfbedeckung *(ein breitkrempiger Hut)* lag auf dem Tisch.

5 Der Gedankenstrich

E 11 Mit dem Gedankenstrich kündigst du an, dass etwas Weiterführendes folgt oder dass du das Folgende als etwas Unerwartetes ansiehst:

Sie trat in das Zimmer und sah – ihren Mann. Im Hausflur war es still – ich drückte erwartungsvoll auf die Klingel. Plötzlich – ein lauter Freudenruf!

E 12 Mit dem Gedankenstrich grenzt man **Zusätze** ab.
Wenn der Zusatz **eingeschoben** ist, musst du am **Anfang** und am **Schluss** des Zusatzes einen Gedankenstrich setzen:

Eines Tages – es war mitten im Sommer – hagelte es. Eines Tages – erinnerst du dich? – hagelte es. Wir gingen in die Hütte – einen kalten Raum mit kleinen Fenstern – und zündeten ein Feuer an. Sie isst gern Obst – besonders Apfelsinen und Bananen.

Oft kannst du statt Gedankenstrichen auch Kommas oder Klammern wählen (vergleiche die Regel E 10).

Beachte: Kommas, die zum Satz gehören, der den Zusatz einschließt, dürfen nicht fehlen. Du findest solche Kommas am einfachsten heraus, indem du den Zusatz probehalber streichst:

Sie betonte – *ich weiß es noch ganz genau* –, dass sie für einen Erfolg nicht garantieren könne.
→ Sie betonte, dass sie für einen Erfolg nicht garantieren könne.

6 Die Klammern

E 13 Mit Klammern schließt man Zusätze ein:

Dieses Bild (es ist das letzte und bekannteste des Künstlers) wurde nach Amerika verkauft. Mein Onkel (ein großer Tierfreund) und seine Katzen leben in einer alten Mühle. Sie isst gern Obst (besonders Apfelsinen und Bananen).

Oft kannst du statt Klammern auch Kommas oder Gedankenstriche wählen (vergleiche die Regel E 10).

Beachte: Kommas, die zum Text außerhalb des Eingeklammerten gehören, dürfen nicht fehlen. Du findest solche Kommas am einfachsten heraus, indem du den Zusatz probehalber streichst:

Sie betonte (ich weiß es noch ganz genau), dass sie für einen Erfolg nicht garantieren könne.
→ Sie betonte, dass sie für einen Erfolg nicht garantieren könne.

7 Die Anführungszeichen

7.1 Direkte Rede

E 14 Mit Anführungszeichen schließt man etwas **wörtlich Wiedergegebenes** ein. Dies gilt insbesondere für die **direkte Rede:**

Sie sagte: „Geht nach Hause!“
„Geh nach Hause!“, rief seine Mutter.
„Kommst du auch?“, fragte Anna ihren Freund.
„Wenn ich nach Hause gehen muss“, antwortete er, „dann komme ich morgen nicht.“

Für die Kombination von Anführungszeichen und anderen Satzzeichen kannst du dich an die folgenden Muster halten:

1. Der Begleitsatz geht voran:

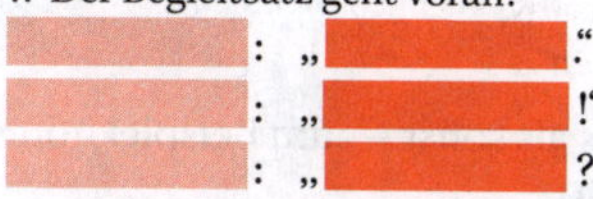

2. Der Begleitsatz ist eingeschoben:

3. Der Begleitsatz steht am Ende:

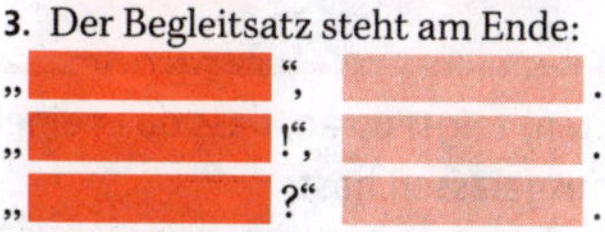

4. Mischung aus 1 und 3: Ein Teil des Begleitsatzes geht voran, der Rest steht am Ende:

7.2 Anführungszeichen zur Hervorhebung

E 15 **Mit Anführungszeichen kannst du Wörter oder Teile innerhalb eines Textes hervorheben und in bestimmten Fällen deutlich machen, dass du zu ihrer Verwendung Stellung nimmst, dich auf sie beziehst. Das betrifft zum Beispiel:**

Überschriften, Werktitel, Namen von Zeitungen und dergleichen:

Sie las den Artikel „Chance für eine diplomatische Lösung" in der „Wochenpost".
Sie liest Karl Mays Roman „Durch die Wüste".

Äußerungen, Wortgruppen oder Wörter, über die du eine Aussage machen willst:

Das Sprichwort „Eile mit Weile" hört man oft.
Sein kritisches „Der Wein schmeckt nach Essig" ärgerte den Kellner.
Die Präposition „ohne" verlangt den Akkusativ.
Alle seine Freunde nannten ihn „Dickerchen".

Wörter oder Wortgruppen, die du anders als sonst – zum Beispiel ironisch oder übertragen – verstanden haben willst:

Und du willst ein „treuer Freund" sein? Er bekam wieder einmal seine „Grippe".
Sie sprang diesmal „nur" 6,60 Meter.

8 Die Auslassungspunkte

E 16 **Mit drei Punkten (Auslassungspunkten) zeigst du an, dass du in einem Wort, einem Satz oder einem Text Teile ausgelassen hast:**

Du bist ein E…!
Scher dich zum …!
„… ihm nicht weitersagen", hörte er ihn gerade noch sagen.
Der Horcher an der Wand …

9 Der Apostroph (das Auslassungszeichen)

9.1 **Iris Vorschlag** oder **Iris' Vorschlag?** **Annas neue Pläne** oder **Anna's neue Pläne?**

E 17 Der **Apostroph** (das Auslassungszeichen) steht im Genitiv (Wesfall) von Eigennamen, an die man die Endung **-s** aus lautlichen Gründen nicht anfügen kann:

Iris → *Iris*' Vorschlag
Felix → *Felix*' Mappe

Beachte: Bei Eigennamen, an die du die Endung *-s* anfügen kannst, setzt du besser keinen Apostroph:

Anna → *Annas* neue Pläne
Michael → *Michaels* Mappe

9.2 **Mir gehts gut** oder **Mir geht's gut?**

E 18 Wenn sich die Kurzform des Pronomens (Fürwortes) ***es*** an ein vorangehendes Wort anlehnt, muss **kein Apostroph** (Auslassungszeichen) gesetzt werden:

Mir gehts gut. Sie hat Angst, wenns donnert. Nimms mit! Brings mir zurück!

Du kannst aber mit dem Apostroph deutlich machen, dass eine umgangssprachliche oder sonst schwer verständliche Verbindung vorliegt:

Mir geht's gut.
Nimm's mit!
Wann hast du's verraten?
Auf vereisten Straßen fährt sich's schlecht.

9.3 **aufs Dach** oder **auf's Dach?**

E 19 Wenn ***das*** mit einem vorangehenden Wort verschmolzen ist, steht in allgemein gebräuchlichen Verbindungen **kein Apostroph** (Auslassungszeichen):

auf das Dach → *aufs* Dach
in das Zimmer → *ins* Zimmer

um das Haus herum → *ums* Haus herum
hinter das Licht führen → *hinters* Licht führen

Ein Apostroph ist aber empfehlenswert, wenn du Wörter, die in der gesprochenen (Umgangs)sprache Auslassungen enthalten, schriftlich wiedergibst:

So 'n Quatsch!
Er saß auf'm Tisch.

10 Der Ergänzungsstrich

E 20 Mit dem Ergänzungsstrich zeigst du an, dass du in einer Zusammensetzung oder einer Ableitung einen Bestandteil ausgelassen hast, der vom Leser sinngemäß zu ergänzen ist.

Der letzte Bestandteil ist zu ergänzen:

Haupt- und Nebeneingang (= Haupt*eingang* und Nebeneingang); Eisenbahn-, Straßen-, Luft- und Schiffsverkehr; saft- und kraftlos; ein- und ausladen; Natur- und synthetische Gewebe

Der erste Bestandteil ist zu ergänzen:

Verkehrslenkung und -überwachung (= Verkehrslenkung und *Verkehrs*überwachung); Schulbücher, -hefte, -mappen und andere -utensilien; herbeitragen oder -schleppen; bergauf und -ab

Der erste und der letzte Bestandteil sind zu ergänzen:

Textilgroß- und -einzelhandel (= Textilgroß*handel* und *Textil*einzelhandel); Werkzeugmaschinen-Import- und -Exportgeschäfte

11 Der Abkürzungspunkt

E 21 Abkürzungen werden meist mit einem Punkt gekennzeichnet:

Bd. (= Band), Bde. (= Bände), Bsp. (= Beispiel), d. h. (= das heißt), Jh. (= Jahrhundert), des Jh.s (= des Jahrhunderts), Tel. (= Telefon), usw. (= und so weiter), v. (= von), v. a. (= vor allem), z. B. (= zum Beispiel)

Für bestimmte Abkürzungen bestehen zum Teil auch andere Regelungen. Schlage im Zweifelsfall im Wörterbuchteil dieses Schülerdudens nach!

Am Ende eines Satzes ist der Abkürzungspunkt zugleich Satzschlusspunkt. Du darfst also nur *einen* Punkt setzen. Beispiel:

Sie brachte Obst: Äpfel, Birnen, Kiwis usw.

Beachte: Ohne Punkt stehen Abkürzungen von international festgelegten Maßen und von Himmelsrichtungen:

m (= Meter)
g (= Gramm)
km/h (= Kilometer je Stunde)
A (= Ampere)
Hz (= Hertz)
NO (= Nordost)
SSW (= Südsüdwest)

Beachte: Ohne Punkt stehen außerdem die so genannten Initial- oder Buchstabenwörter. Das sind Abkürzungen, die man beim Lesen buchstabiert:

das Kfz (gesprochen: ka-ef-zet)
der IQ (gesprochen: i-ku = Intelligenzquotient)
die GmbH (gesprochen: ge-em-be-ha = Gesellschaft mit beschränkter Haftung)

12 Der Punkt bei Ordnungszahlen

E 22 Nach Ordnungszahlen, die in Ziffern geschrieben sind, steht ein Punkt:

die 20. Auflage, der 65. Geburtstag, zum 5. Mal, Heinrich VIII.
(= Heinrich der Achte)

Am Ende eines Satzes ist der Punkt bei der Ordnungszahl zugleich Satzschlusspunkt. Du darfst also nur *einen* Punkt setzen. Beispiel:

An der Wand hing ein Bild von Papst Johannes Paul II.

F Regeln zur Silbentrennung (Worttrennung am Zeilenende)

1 Einfache und abgeleitete Wörter

1.1 **dro-hen** oder **droh-en?** **Schü-le-rin** oder **Schül-er-in?**

F 1 Einfache Wörter trennt man am Zeilenende so, wie sie sich bei langsamem Sprechen in **Silben** zerlegen lassen:

Mau-er, Stu-be, frie-ren, Krä-he, Pa-ra-dies, Fre-quenz

Beachte: Diese Regel gilt auch für Wörter, die Suffixe (Endungen) aufweisen. Endungen, die mit einem Vokal (Selbstlaut) anfangen, nehmen daher den vorangehenden Konsonanten (Mitlaut) auf die neue Zeile mit:

Schü-ler, Schü-le-rin, Schü-le-rin-nen
dro-hen, Dro-hung, Dro-hun-gen
Än-de-rung, Än-de-run-gen
nach-tei-lig

1.2 **stam-pfen** oder **stamp-fen?** **Schwe-ster** oder **Schwes-ter?**

F 2 Von zwei oder mehr **Konsonanten** (Mitlauten) kommt nur der **letzte** auf die neue Zeile:

Was-ser, stamp-fen, schlüpf-rig, nied-rig, wack-lig, ei-gent-lich, Geg-ner, Schwes-ter, Kas-ten, fins-ter, Wes-pe, sit-zen, Sit-zung, Ach-sel, Quad-rat, möb-liert, Mag-net

Manche Fremdwörter können auch anders getrennt werden. Die Trennung nach Regel F 2 ist aber immer korrekt.

1.3 **Zuc-ker** oder **Zu-cker?**
kat-ho-lisch oder **ka-tho-lisch?**

F 3 Die **Buchstabengruppen** ***ck, ch, sch*** bleiben immer zusammen, in Fremdwörtern auch ***ph, rh, sh, th,*** sofern sie für einen einzelnen Laut stehen:

Zu-cker, ste-cken, dre-ckig
ste-chen, Kno-chen, Kö-chin
Fla-schen, zwi-schen, klat-schen, Fäl-schung
Stro-phe, Pyr-rhus, Ca-shew-nuss, ka-tho-lisch

2 Zusammensetzungen und Wörter mit Präfixen (Vorsilben)

2.1 **Arm-ban-duhr** oder **Arm-band-uhr?**
Besch-luss oder **Be-schluss?**

F 4 **Zusammengesetzte Wörter** und Wörter mit **Präfixen (Vorsilben)** werden bei der Silbentrennung in ihre Bestandteile aufgelöst.

Zusammengesetzte Wörter:

Arm-band-uhr, Zimmer-pflanzen, Fenster-scheibe, Week-end

Wörter mit Präfixen (Vorsilben):

Be-schluss, ver-stehen, miss-achten, Pro-gramm, at-traktiv, Kon-struktion

Die einzelnen Bestandteile können weiter nach den Regeln F 1 bis F 3 getrennt werden:

Zimmer-pflanzen → Zim-mer-pflan-zen
ver-stehen → ver-ste-hen
Kon-struktion → Kon-struk-ti-on

2.2 **wor-auf** oder **wo-rauf?** **in-ter-es-sant** oder **in-te-res-sant?**

F 5 Im Deutschen gibt es Wörter, die von der Sprachgeschichte oder von der Herkunftssprache her gesehen Zusammensetzungen sind, aber oft nicht (mehr) als solche empfunden oder erkannt werden. Solche Wörter kannst du auch nach den Regeln F 1 bis F 3 trennen:

da-rum *oder* dar-um, wa-rum *oder* war-um, wo-rauf *oder* wor-auf, he-rüber *oder* her-über, ei-nan-der *oder* ein-an-der

in-te-res-sant *oder* in-ter-es-sant, Chry-san-the-me *oder* Chrys-an-the-me, Hek-tar *oder* Hekt-ar, He-li-kop-ter *oder* He-li-ko-pter, Pä-da-go-gik *oder* Päd-ago-gik

Grammatische Fachbegriffe

Ableitung: Wort, das mit einem nicht selbstständig vorkommendem Wortteil (↑Präfix; Suffix) zu einem neuen Wort geworden ist, z. B. *ver*ändern; Dumm*heit*.

Adjektiv: Wort, das eine Eigenschaft oder ein Merkmal bezeichnet, das ausdrückt, wie jemand oder etwas ist, wie etwas vor sich geht oder geschieht; Eigenschaftswort, z. B. ein *großes* Haus; das Haus ist *groß;* er läuft *schnell.* Die meisten Adjektive können ↑Vergleichsformen bilden.

Adverb: Wort, das den Umstand des Ortes, der Zeit, der Art und Weise oder des Grundes näher bezeichnet, die räumlichen, zeitlichen usw. Beziehungen kennzeichnet; Umstandswort, z. B. ich komme *bald;* er läuft *sehr* schnell; das Buch *dort; hoffentlich* geht alles gut.

Akkusativ: der vierte Fall; Wenfall, z. B. ich grüße *den Lehrer;* ich lese *ein Buch.*

Apostroph: Auslassungszeichen, mit dem angezeigt wird, dass man in einem Wort einen oder mehrere Buchstaben weggelassen hat, z. B. *bist du's?* (für: bist du es?); *D'dorf* (für: Düsseldorf).

Artikel: Wort, das Geschlecht, Fall und Zahl eines Substantivs angibt; **bestimmter Artikel** (der, die, das), **unbestimmter Artikel** (ein, eine).

Begleiter: Wort, das vor dem Substantiv steht und sich auf das Substantiv bezieht, z. B. ein Artikel, ein Adjektiv, ein Pronomen oder ein Zahlwort (*das* Hemd; die *großen* Ferien; *ihre* Schuhe; die *erste* Klasse).

Dativ: der dritte Fall; Wemfall, z. B. das Buch gehört *mir.*

Demonstrativpronomen: Pronomen, das auf etwas Bekanntes [nachdrücklich] hinweist; hinweisendes Fürwort, z. B. *dieses* Buch gefällt mir besser.

Eigenname: Ein- oder mehrteiliges Wort, das ein ganz bestimmtes, einmalig vorkommendes Lebewesen oder Ding bezeichnet, z. B. eine Person *(Alexander Schmidt),* ein Land *(Italien),* ein Gebäude *(der Schiefe Turm von Pisa),* eine Organisation *(das Rote Kreuz).*

Genitiv: der zweite Fall; Wesfall, z. B. das Haus *des Vaters.*

Indefinitpronomen: Pronomen, das eine Person, Sache oder Zahl in ganz allgemeiner und unbestimmter Weise bezeichnet; unbestimmtes Fürwort, z. B. *alle* waren gekommen; er hat *etwas* mitgebracht.

Indirekter Fragesatz: Nebensatz, der mit einem Fragewort eingeleitet wird; Fragenebensatz, z. B.: Weißt du, *wann* er kommt? Erkläre mir bitte, *wie* das geht.

Infinitiv: Form des Verbs, die ein Sein oder Geschehen ohne Verbindung mit Person, Zahl usw. angibt; Nennform, z. B. *kommen, laufen.*

Initialwort: Abkürzungswort, das sich aus den Anfangsbuchstaben der vollen Wortformen zusammensetzt und beim Sprechen oder Lesen buchstabiert wird; Buchstabenwort, z. B. *ICE* = *I*nter*c*ity*e*xpress, *PLZ* = *P*ost*l*eit*z*ahl.

Interrogativpronomen: Pronomen, das eine Frage kennzeichnet; Fragefürwort, z. B. *was* hast du gesagt?

Kardinalzahl: Zahlwort, das eine bestimmte Anzahl oder Menge bezeichnet; Grundzahl (↑Ordinalzahl), z. B. die Hand hat *fünf* Finger.

Komparativ: Vergleichsform des Adjektivs, die die Ungleichheit zweier (oder mehrerer) Wesen oder Dinge feststellt; 1. Steigerungsstufe, z. B. Tim ist *größer* als Karen.

Konjunktion: Wort, das zwischen Wörtern, Wortgruppen oder Sätzen eine (räumliche, zeitliche, ursächliche o. ä.) Beziehung kennzeichnet; Bindewort, z. B. er *und* sie; ich hoffe, *dass* es gelingt.

Konsonant: Mitlaut (b, c, d, f, g, h, j, k, l, m, n, p, q, r, s, t, v, w, x, y, z).

Nomen: ↑Substantiv

Nominativ: der erste Fall; Werfall, z. B. *der Vater* kommt nach Hause.

Ordinalzahl: Zahlwort, das angibt, an welchem Punkt einer Reihenfolge oder Rangordnung eine Person oder Sache steht; Ordnungszahl (↑Kardinalzahl), z. B. er wohnt im *zweiten* Stock.

Partikel: Wortart, die in ihrer Form nicht veränderbar ist, z. B. Adverb, Konjunktion, Präposition.

Partizip: Form des Verbs, die eine Mittelstellung zwischen Verb und Adjektiv einnimmt; Mittelwort; **1. Partizip** (Partizip Präsens, Mittelwort der Gegenwart, z. B. der *lobende* Lehrer), **2. Partizip** (Partizip Perfekt, Mittelwort der Vergangenheit, z. B. der *gelobte* Schüler).

Personalpronomen: Pronomen, das angibt, von welcher Person oder Sache die Rede ist: von der Person, die spricht (ich, wir), von der Person, die angesprochen wird (du, ihr) oder von der Person oder Sache, über die gesprochen wird (er, sie, es; sie [Plural]); persönliches Fürwort, z. B. *ich* lese *es* (das Buch) *dir* vor.

Positiv: Vergleichsform des Adjektivs, die eine Eigenschaft nennt oder die Gleichheit zweier (oder mehrerer) Wesen oder Dinge feststellt; Grundstufe, z. B. Tim ist *groß;* Tim ist genauso *groß* wie Karin.

Possessivpronomen: Pronomen, das ein Besitz- oder Zugehörigkeitsverhältnis ausdrückt; besitzanzeigendes Fürwort, z. B. *mein* Buch; *unser* Vater.

Präfix: sowohl nicht trennbarer Wortteil als auch trennbares Wort, das vor ein Wort gesetzt wird, wodurch ein neues Wort entsteht, z. B. be- (*be*werten), er- (*er*freuen), durch- (*durch*kriechen), herein- (*herein*tragen).

Präposition: Wort, das in Verbindung mit einem anderen Wort, meist einem Substantiv, ein (räumliches, zeitliches, ursächliches o. ä.) Verhältnis kennzeichnet; Verhältniswort, z. B. sie geht *in* das Zimmer; er tut es *aus* Liebe; das Kind spielte *mit* dem Hammer.

Pronomen: Wort, das in einem Satz statt eines Substantivs stehen kann; Fürwort, z. B. der Vater kam nach Hause; *er* brachte mir ein Buch mit.

Reibelaut: Laut, der entsteht, wenn die Luft beim Ausströmen aus dem Mund so eingeengt wird, dass ein Reibegeräusch entsteht, z. B. *f, s*.

Substantiv: Wort, das ein Lebewesen, Ding oder einen Begriff u. Ä. benennt; Nomen, Hauptwort, Dingwort, Namenwort, Nennwort, z. B. *Vater, Stuhl, Schönheit, Freude, Drehung.*

Substantivierung: zu einem Substantiv gewordenes Wort einer anderen Wortart, z. B. substantivierter Infinitiv (das *Spielen,* zum *Spielen*), substantiviertes Adjektiv (das *Schöne*).

Suffix: Wortteil, der an ein Wort (Besitz-*tum*) oder einen ↑ Wortstamm (vernachlässig-*bar*) angehängt werden kann, wodurch ein neues Wort gebildet wird, z. B. -chen (Tür*chen*), -in (Verkäufer*in*), -lich (pflanz*lich*).

Superlativ: Vergleichsform des Adjektivs, die den höchsten Grad feststellt, der überhaupt oder innerhalb einer getroffenen Auswahl von zwei (oder mehreren) Wesen oder Dingen zu erreichen ist, z. B. Tim ist der *größte* unter den Schülern; der Betrieb arbeitet mit *modernsten* Maschinen.

Verb: Wort, das ein Geschehen, einen Vorgang, einen Zustand oder eine Tätigkeit bezeichnet; Zeitwort, Tätigkeitswort, z. B. *gehen, liegen, sich verändern.* Bei den **regelmäßigen („schwachen") Verben** bleibt der Stammvokal in allen gebeugten Formen gleich: *schenken – schenkte – geschenkt.* Die **unregelmäßigen („starken") Verben** ändern dagegen in den Vergangenheitsformen ihren Stammvokal: *sprechen – sprach – gesprochen.*

Verbzusatz: Bestandteil eines Verbs, der entweder immer fest mit dem Verb verbunden bleibt oder der sich in bestimmten Formen vom Verb abtrennen lässt (↑ Zusammensetzung).

Vergleichsform: Form (↑Positiv, ↑Komparativ oder ↑Superlativ) des Adjektivs – manchmal auch des Adverbs – durch die Beziehungen und Verhältnisse bestimmter Art zwischen mindestens zwei Wesen oder Dingen gekennzeichnet werden.

Verschlusslaut: Laut, der entsteht, wenn die Lippen zunächst geschlossen sind (sodass die Luft für kurze Zeit nicht aus dem Mund austreten kann) und sich dann schnell öffnen, z. B. *b, p*.

Vokal: Selbstlaut (a, e, i, o, u).

Wortstamm: Kernbestandteil eines Wortes, der die Bedeutung trägt und mit dem ↑Präfixe und ↑Suffixe verbunden werden, z. B. Ver*kauf*, *schenk*te.

Zahlwort: Wort, das eine Zahl bezeichnet, etwas zahlenmäßig näher bestimmt; Numerale; **bestimmte Zahlwörter** (z. B. *eins, hundert*), **unbestimmte Zahlwörter** (z. B. *manche, mehrere, viele*).

Zusammensetzung: Wort, das aus zwei oder mehreren Wörtern zusammengesetzt ist, z. B. *Glückwunsch, Kaufhaus, jähzornig, kleinstädtisch, umbiegen, untergehen.* Bei den Verben unterscheidet man **feste Zusammensetzungen** (= untrennbare Zusammensetzungen aus einem Verb und einer Partikel, bei der die Teile der Zusammensetzung in allen Verbformen zusammenbleiben, z. B. überbringen, sie überbringt/überbrachte/hat überbracht, um zu überbringen) und **unfeste Zusammensetzungen** (= trennbare Zusammensetzungen aus einem Verb und einer Partikel, bei der das Verb und die Partikel nur in bestimmten Formen – im Infinitiv und im 1. und 2. Partizip sowie im Nebensatz mit Einleitewort – zusammenbleiben, in allen anderen Formen jedoch voneinander getrennt sind, z. B. anführen, um anzuführen, anführend, er hat angeführt, wenn ich anführe/anführte, aber: er führt an/führte an).

Wortkunde

A Die Wortbildung
B Wörter mit mehreren Bedeutungen und gleich lautende Wörter
C Sinnverwandte Wörter – Wortfelder

Auf den folgenden Seiten findest du einiges über den Aufbau des Wortschatzes. Dies kann dir bei der Rechtschreibung nützlich sein, aber auch dann, wenn du etwas über Ableitungen, Zusammensetzungen, Wortfamilien oder Wortfelder wissen willst. Die Zusammenstellung sinnverwandter Wörter kann dir helfen, wenn du das passende Wort suchst oder Wiederholungen vermeiden willst.

Die einzelnen Abschnitte sind so aufgebaut:

- Anhand vieler Beispiele wird zunächst gezeigt, worum es in dem Abschnitt geht.
- Es folgen dann Regeln oder Baumuster, die man entdecken kann.
- Zum Schluss kannst du die neuen Kenntnisse anwenden, z. B. in lustigen Sprachspielen.

A Die Wortbildung

Ein Junge, der gerade fünf Jahre alt geworden ist, hat die folgenden Sätze gebildet. Lies sie dir bitte durch! Verstehst du sie?

1. Du benimmst dich so *babyrich.*
2. Du willst immer der *Bestimmer* sein.
3. So eine *Pfuierei* mach ich nicht.
4. Das ist ja *baby,* das kann jeder.
5. Die Uhr hat *geweckert.*
6. Die Männer sind in einem *Safariauto* durch die Wüste gefahren.
7. Ich will mir mal die *Wegschickkarte* ansehen.
8. Der Papa hat einen *Polizeischein* bekommen, weil er falsch geparkt hat.
9. Das ist eine *Gutschmecktablette.*

Du hast die Sätze ganz bestimmt verstanden. Und das erstaunt dich vielleicht; denn die Wörter in schräger Schrift hat das Kind sich selbst ausgedacht. Sie stehen in keinem Wörterbuch, es sind **Neubildungen.**

Fragen:
Warum bildet das Kind neue Wörter?
Wie kommt es, dass du die Wörter so leicht verstehst?
Wie sind die Wörter gebildet?
Gibt es auch Bereiche, in denen die Erwachsenen neue Wörter bilden?

Wie könnte man dieses Tier nennen?
Suche verschiedene Namen!

Du hast leicht erkannt, dass der Junge die neuen Wörter aus anderen Wörtern und anderen Bestandteilen gebaut hat:

1. Baby + rich
2. bestimm(en) + er
3. pfui + erei
4. Baby (Substantiv wird Adjektiv)
5. Wecker (Substantiv wird Verb)
6. Safari + Auto
7. wegschick(en) + Karte
8. Polizei + Schein
9. gut + schmeck(en) + Tablette

Wenn du die neuen Wörter des Kindes betrachtest, so siehst du, dass es gar nichts Besonderes gemacht hat. Es gibt in unserer Sprache viele umfangreiche Wörter, die aus kleineren zusammengebaut sind. Man kann dabei z. B. unterscheiden:

I. Ableitungen

Zu einem Wort tritt eine **Vorsilbe** (= Präfix) oder **Nachsilbe** (= Suffix):

Vorsilbe: laufen → ver + laufen = verlaufen
alt → ur + alt = uralt
Sinn → Un + Sinn = Unsinn

Nachsilbe: Haus → Haus + chen = Häuschen
laufen → lauf(en) + er = Läufer
gelb → gelb + lich = gelblich
dumm → dumm + heit = Dummheit

Manchmal kommt auch beides zusammen vor:

Leid → be + Leid + ig(en) = beleidigen
Gnade → be + Gnad(e) + ig(en) = begnadigen

II. Zusammensetzungen

Wörter werden aneinander gefügt:

Haus + Tür → Haustür
Schüler + Duden → Schülerduden
Stachel + Beere → Stachelbeere
Nase + Horn → Nashorn
Kind(er) + Garten → Kindergarten

III. a) Zusammenbildung

Dies ist eine Verbindung aus Ableitung und Zusammensetzung:

Raupe + schlepp(en) + er = Raupenschlepper
frei + Hand + ig = freihändig

III. b) Zusammenrückung

Hier werden die Wörter, wie sie in einem Satz oder Satzteil vorkommen, aneinander gefügt:

Vergiss mein nicht! → Vergissmeinnicht
(der) hohe Priester → (der) Hohepriester

Wörter, die nicht abgeleitet, zusammengesetzt, zusammengebildet oder zusammengerückt sind, nennen wir **Kernwörter.** Sie bilden mit den Vorsilben und Nachsilben die Bausteine, aus denen der Wortschatz aufgebaut ist. Die umfangreichen (= komplexen) Wörter sind nach bestimmten **Baumustern** aufgebaut, die man teilweise auch bei Neubildungen verwenden kann.

Wenn man alle Wörter zusammenstellt, an denen ein Kernwort beteiligt ist, erhält man die **Wortfamilie** (vergleiche S. 448 ff.).

I. Ableitungen

Wie kann man (neue) Ableitungen bilden?

Das kann am Beispiel leicht klar werden.

Ein Häuschen ist ein kleines Haus.
Ein Löffelchen ist ein kleiner Löffel.
Ein Rädchen ist ein kleines Rad.

Versuche selbst einmal, Wörter nach diesem Muster zu bilden!

Ein kleines Bild ist ein ...?
Ein kleines Gartentor ist ein ...?

Wenn wir für das Kernwort X schreiben, dann kann man als allgemeine Regel hinschreiben:

Ein kleines X ist ein X-chen.

Fragen:

1. Kannst du die Verkleinerungsformen bilden zu:
   Korn, Wald, Knopf, Lied, Ball, Schaufel, Bauer, Holz?
2. Was fällt dir auf bei: *Brot-Brötchen, Teil-Teilchen, Plätzchen, Kaninchen, Mädchen, Männchen (machen), Freundchen, Märchen?*
3. Eine andere Verkleinerungsform ist *-lein (Tischlein, Bettlein).*
   Empfindest du einen Unterschied zwischen *-lein* und *-chen?*
4. Verändert sich der Selbstlaut des Wortes bei der Ableitung mit *-chen* regelmäßig?

Zu anderen Ableitungen lassen sich ebenfalls Baumuster finden, nach denen man vorhandene Wörter erklären und neue bilden kann.

Ein Fahrer ist jemand, der fährt.
Ein Fischer ist jemand, der fischt.
Wer tanzt, ist ein Tänzer.
Wer liest, ist ein Leser.
Wer x-t, ist ein X-er.

„Los, folgen Sie mir! Laut Vorschrift muss ich jeden Einbrecher verhaften."

Frage:

Kannst du zu *rudern, reiten, schwimmen, kochen* (Achtung!), *stehlen* (Achtung!), *schießen* (Achtung!) Ableitungen mit *-er* bilden?

Andere Ableitungsmuster sind:

Was zerlegt werden kann, ist zerleg**bar.**
Was völlig schwindet, **ver**schwindet.
Was dem Rot ähnlich ist, ist röt**lich.**
Was beachtet wird, verdient Beacht**ung.**
Besonders blondes Haar ist **super**blond.
Der ehemalige Minister ist der **Ex**minister.

Zu manchen Wörtern gibt es auch Ableitungen durch eine lautliche Veränderung:

binden → Band, Bund
reißen → Riss
gießen → Guss, Gosse
voll → füllen
drei → dritte
Gold → gülden

Wetter → Gewitter
trinken → tränken
biegen → beugen

Nach diesem Muster kann man heute keine neuen Ableitungen mehr bilden, aber wir durchschauen noch den Zusammenhang.

Fragen:

1. Wie lauten die Kernwörter in folgenden Ableitungen?
   gelblich, tragbar, versickern, Rechnung, Tritt, Schrift, Mühle, Gedächtnis, Gefieder

2. Wie lauten die Baumuster zu folgenden Ableitungen?

-erei:	Raserei, Faulenzerei, Marschiererei, Rechnerei
-haft:	sündhaft, frühlingshaft, laienhaft, märchenhaft
be-:	bedachen, bekränzen, bekleiden, belichten
-in:	Ärztin, Läuferin, Botin, Chinesin

3. Manche Wörter kann man heute noch zerlegen in Kernwort und Vor- und Nachsilben, aber diese Ableitungen sind nicht mehr produktiv (= ausbaufähig). Wozu gehören *Fahrt, Blüte, Glut, Jagd, Freude, Zierde, faulenzen, Gespinst, Dienst?*

Wie oft kann man ableiten?

Aus vielen Beispielen oben geht schon hervor, dass man ein abgeleitetes Wort oft wieder ableiten kann:

Schwamm → schwammig → Schwammigkeit

Man kann diese Ableitungen dann durchzählen als Ableitungen 1., 2., 3., 4. oder 5. Grades.

Kernwort	Ableitungen				
	1. Grades	**2. Grades**	**3. Grades**	**4. Grades**	**5. Grades**
1. Schwan Schlamm schreien	Schwänchen verschlam- men Schreierei				
2. sorgen treu biegen	Sorge betreuen verbiegen	sorglos Betreuung Verbiegung			
3. Schaden frei verhalten	schädigen Freiheit Verhältnis	Schädiger freiheitlich verhältnislos	Schädigerin Freiheitlich- keit Verhältnis- losigkeit		
4. treiben Scham dürfen	betreiben schämen bedürfen	Betrieb verschämt Bedürfnis	betriebsam unverschämt bedürfnislos	Betriebsam- keit Unver- schämtheit Bedürfnis- losigkeit	
5. klar	klären	erklären	erklärlich	unerklärlich	Unerklär- lichkeit

Fragen:

1. Kannst du den Grad der Ableitung feststellen? *Bitterkeit, bläulich, Tischlerei, Erblindung, Blockierung, Verträglichkeit*
2. „*Unfreundlichkeit*" – führen zwei Ableitungswege zu diesem Wort?
3. Wenn wir für Kernwort K, Vorsilbe V, Nachsilbe N schreiben, dann hat *Freiheitlichkeit* das Baumuster K + 1. N + 2. N + 3. N, *Betreuung* das Baumuster 1. V + K + 1. N. Wie lauten die Baumuster von *Vereinheitlichung, nachdenklich, Unritterlichkeit?*

Tabellen für Vorsilben und Nachsilben

In der folgenden Tabelle sind wichtige deutsche Nachsilben und danach einige Nachsilben aus fremden Sprachen zusammengestellt. Die meisten Nachsilben geben auch gleichzeitig die Wortart an:

A. Substantive (Nomen)

-chen	Häuschen, Löffelchen, Tellerchen
-e	Reise, Schwäche, Tiefe
-el	Hebel, Würfel, Deckel
-er	Berliner, Schreiner, Läufer
-(er)ei	Näherei, Rösterei, Wäscherei, Schweinerei, Kinderei, Raserei
-heit	Dummheit, Klugheit, Menschheit
-in	Freundin, Ärztin, Schneiderin
-keit	Freundlichkeit, Betriebsamkeit, Fruchtbarkeit
-lein	Kindlein, Häuslein, Tüchlein
-ler	Sportler, Tischler, Dörfler
-ling	Keimling, Rundling, Schwächling
-ner	Rentner, Pförtner, Amerikaner
-nis	Wildnis, Finsternis, Kenntnis
-schaft	Freundschaft, Erbschaft, Bürgerschaft
-tum	Heiligtum, Reichtum, Irrtum
-ung	Erzählung, Achtung, Verteidigung
-ant	Lieferant, Informant, Musikant
-ent	Student, Präsident, Korrespondent
-enz	Konsequenz, Frequenz, Intelligenz
-eur	Friseur, Masseur, Dompteur
-euse	Friseuse, Masseuse, Dompteuse
-ie	Apathie, Aristokratie, Autonomie
-ier	Hotelier, Kanonier, Vegetarier
-ion	Organisation, Demonstration, Perfektion
-ist	Hornist, Lagerist, Komponist

B. Adjektive

-bar	tragbar, brauchbar, machbar
-(e)(r)n	seiden, golden, metallen, hölzern, blechern, gläsern
-haft	feenhaft, zweifelhaft, fehlerhaft
-ig	haarig, freudig, dortig
-isch	modisch, bäuerisch, biblisch
-lich	hinderlich, polizeilich, mütterlich
-sam	gemeinsam, bedeutsam, ratsam
-abel	praktikabel, akzeptabel, transportabel
-ant/-ent	interessant, riskant, intelligent, kongruent
-al/-ell	prozentual, tangential, maschinell, rationell
-iv	attributiv, informativ, instinktiv

C. Verben

-el(n)	lächeln, säuseln, kränkeln
-er(n)	einäschern, verwildern
-ig(en)	ängstigen, sättigen, steinigen
-z(en)	duzen, siezen, ächzen
-ier(en)	spionieren, musizieren, telefonieren
-isier(en)	motorisieren, magnetisieren, terrorisieren

In der folgenden Tabelle sind wichtige deutsche Vorsilben und danach einige Vorsilben aus fremden Sprachen zusammengestellt:

be-	beschreiben, benennen, befestigen
ent-	entdecken, enthalten, entsaften
er-	erkennen, erweisen, erröten
ge-	Gezappel, Getier, getreu, gebrauchen
un-	unartig, unbekannt, Unglück
ur-	Urahne, Urschrift, uralt
ver-	versickern, verreisen, versorgen
zer-	zerkleinern, zersägen, zerfließen
a(n)-	amoralisch, asozial, anorganisch
anti-	Antialkoholiker, Antikörper, antidemokratisch
dis-	Disharmonie, diskontinuierlich, disqualifizieren
ex-	Exminister, Exkanzler, Expräsident
inter-	Interkontinentalrakete, international, interpunktieren
re-	reagieren, rekonstruieren, reproduzieren
sub-	Subtropen, Subkultur, subarktisch

II. Zusammensetzungen

Wie kann man Zusammensetzungen bilden?

Haustür, Eierkorb, Postauto, Rasierapparat, Tageszeitung, Frauenzeitschrift, Wörterbuch, Lederhose, Fingerhut

Man kann alle diese Zusammensetzungen auflösen und einen kleinen Satz oder den Teil eines Satzes bilden, in dem die Kernwörter vorkommen.

Haustür	Tür, die in das Haus führt
Eierkorb	Korb für Eier
Rasierapparat	Apparat zum Rasieren
Frauenzeitschrift	...?
Mondgesicht	...?
Wörterbuch	...?

Eine Zeitung, die jeden Tag erscheint, ist eine ...?
Eine Hose aus Leder ist eine ...?

Allgemein lässt sich also sagen, dass der erste Teil der Zusammensetzung, das **Bestimmungswort,** in der Regel den 2. Teil, das **Grundwort,** näher beschreibt und eingrenzt, z. B. was für ein Wagen: Personen-, Last-, Kranken-, Kinder-, Leiter-, Pferde-, Heu-...

Bestimmungswort **Grundwort**

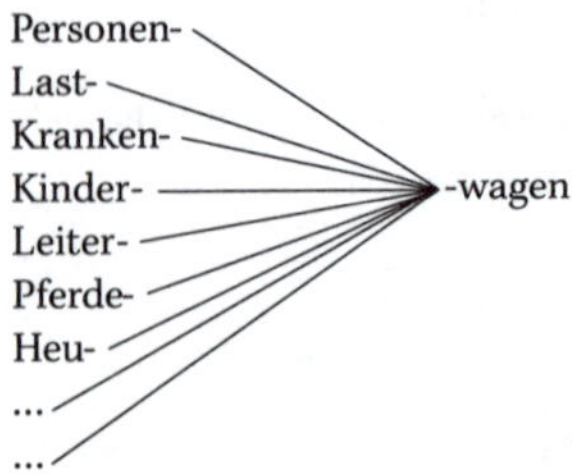

Bestimmungswort **Grundwort**

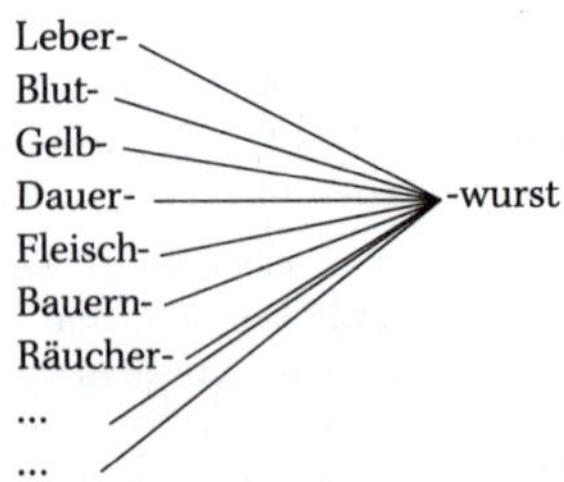

Dabei ist aber in der Zusammensetzung nicht immer erkennbar, in welcher Weise der erste Teil den zweiten eingrenzt. Obwohl alle Würste weitgehend Fleisch enthalten, heißt nur eine Sorte *Fleischwurst,* die *Leberwurst* enthält einen Zusatz von Leber, aber die *Bauernwurst* ist eine Wurst nach Art der Bauern, und die *Dauerwurst* hält lange. Manchmal kann ein Wort auch als Bestimmungs- oder Grundwort seine eigentliche Bedeutung verlieren. Es ist auf dem Wege, eine Ableitungssilbe zu werden, z. B.:

Mords-	-kerl, -krach, -lärm, -spaß, -gaudi	
Riesen-	-erfolg, -glück, -spaß, -pech	
sau-	-doof, -blöd, -dumm, -wohl	
	Flug-, Werk-, Näh-, Strick-, Mal-, Schuh-	**-zeug**
	Blatt-, Lehr-, Läut-, Mach-, Tag-, Lebens-	**-werk**
	verhältnis-, gewohnheits-, mittel-, sau-	**-mäßig**

Fragen:

1. Kannst du folgende Zusammensetzungen durch einen Satz oder den Teil eines Satzes erklären? *Hühnerei, Modenschau, Zollstock* (!), *vielleicht* (!), *anfangen* (!)
2. Ein Wortspiel: Nimm den ersten Teil einer Zusammensetzung weg und setze hinten ein Wort an, sodass eine neue Zusammensetzung entsteht usw., z. B. *Handtuch – Tuchfabrik – Fabrikgelände – Geländesport – Sportplatz – Platzregen ...*

3. Welche Zusammensetzungen ergeben umgedreht eine neue Zusammensetzung, z. B. *Baumstamm – Stammbaum, Witzwort – Wortwitz?* Im Folgenden findest du einige Wörter, die, richtig verbunden, solche Zusammensetzungen ergeben, z. B.: *Ballspiel – Spielball:* Ball, Bier, Brett, Fass, Haus, hoch/Hoch, Kuh, Milch, Schrank, Spiel, Wand.

Graf-Bobby-Witz

Graf Bobby trifft in Wien einen alten Bekannten
und fragt ihn: „Na, was machst denn du?"
„Ich bin Straßenhändler." „Aha! Und was kostet so ein Kilometer Straße?"

Wie werden die Zusammensetzungen verbunden?

Bei vielen Zusammensetzungen stehen das erste und das zweite Wort unmittelbar hintereinander, z. B.: *Haustür, Waldameise, blaugrün, Fertigteil, Laufrichtung, Strickwaren.*

Manchmal tritt zwischen die beiden Wörter ein **Fugenzeichen** als Bindeglied:

Auge + n + arzt
Ort + s + verzeichnis
Kind + er + garten
Maus + e + falle

Über die Anwendung dieses Fugenzeichens brauchst du dir bei Neubildungen keine Gedanken zu machen, da man, ohne es zu wissen, die richtige Regel anwendet. Aber wenn du Lust hast, kannst du die Verteilung untersuchen, bevor du dir die folgende Tabelle anschaust. Um dir einen Hinweis zu geben: Beachte das Wortende, z. B. die Nachsilbe des ersten Wortes *-ung, -heit, -keit, -el, -er, -e!* Beachte die Beugung der Wörter! Beachte die Wortart (Substantiv, Verb, Adjektiv)!

Manche Bestimmungswörter können in Zusammensetzungen auf verschiedene Weise erscheinen:

Augenarzt	– Augapfel	
Aschenbahn	– Aschermittwoch	– Ascheimer
Buchladen	– Bücherkiste	
Storchennest	– Storchschnabel	

Tabelle der Fugenzeichen

-s-, -es-	besonders bei Bestimmungswörtern auf -heit, -keit, -schaft, -ung, -ion, -ität: Gebirgsjäger, Gotteshaus, Wahrheitsliebe, Geschwindigkeitsbegrenzung, Mannschaftskampf, Erweiterungsbau, Informationsbüro, Universitätsstadt
-n-, -en-	besonders bei weiblichen Substantiven und bei männlichen und sächlichen auf -e: Frauenhaar, Rosenblatt, Knabenchor, Augenarzt
-e-	bei einigen Verben und Substantiven: Lesebuch, Siedepunkt, Mausefalle, Gänsefeder
-er-	(auch mit Umlaut) bei Substantiven mit der Pluralendung -er: Hühnerei, Eierkuchen, kinderlieb

Wie oft kann man Wörter zusammensetzen?

Die meisten Zusammensetzungen bestehen aus zwei Wörtern. Diese Wörter können Kernwörter oder auch abgeleitete Wörter sein:

Postkarte, Wörterbuch, Bleistift, Mengenlehre, Waldlauf, Werkkunde, Windei, Gesangbuch, Schneiderschere, Krankheitsursache, Gefängnisaufseher, Wörterverzeichnis, Zigarettenautomat

Solche Zusammensetzungen können dann aber wieder mit anderen Wörtern zusammengesetzt werden. Dabei kann die Zusammensetzung ein anderes Wort näher erläutern, also (1. W. + 2. W.) + 3. W. oder aber durch ein anderes Wort näher erläutert werden, also 3. W. + (1. W. + 2. W.), z. B.:

(1. W. + 2. W.) + 3. W.	Postkartenformat, Wörterbuchseite, Bleistiftspitzer, Gesangbuchvers, Geburtstagsfeier, Armbanduhr, Weißbrotscheibe
3. W. + (1. W. + 2. W.)	Postleitzahl, Kindergottesdienst, Bedarfshaltestelle, Künstlerstammtisch, Jugendfreizeit

Die beiden Arten der Zusammensetzung kann man auch bildlich darstellen:

(1. W. + 2. W.) + 3. W. Geburtstagsfeier

3. W. + (1. W. + 2. W.) Kindergottesdienst

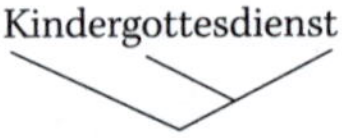

Es gibt natürlich auch Zusammensetzungen mit mehr als drei Wörtern, aber sie sind doch recht selten:

4 Wörter: Haustürschlüsseletui, Wortfamilienwörterbuch, Eisenbahnfahrplan
5 Wörter: Landessparkassenzweiganstalt, Treibstoffstandschauzeichen, Amateurfußballnationalmannschaft

Natürlich wäre es möglich, noch mehr Wörter zu einer Zusammensetzung zu verbinden, aber bei alltäglichen Bildungen erreicht man damit oft kein Verständnis und daher gibt es absichtlich übertreibende Scherzbildungen:

Sonntagnachmittagskaffeeklatsch
Straßenbasaltsplittereinstreudeckenbauverfahren
Donaudampfschifffahrtsgesellschaftskapitänswitwenrenten ...

Fragen und Spiele:

1. Kannst du die vierteilige Zusammensetzung *Eisenbahnfahrplan* bildlich darstellen?
2. Manche Zusammensetzungen werden auch übertragen gebraucht. Das verlockt dich vielleicht dazu, sie zum Spaß zeichnerisch wortwörtlich zu nehmen. Hier einige Beispiele: *Handschuh, Fingerhut, Löwenzahn, Fuchsschwanz, Notenkopf, Schlüsselbart, Hühnerauge, Pudelmütze, Pechvogel, Eselsohr, Löwenanteil, Gänsefüßchen, Steckenpferd*
3. Wie sind die Bandwurmzusammensetzungen gebaut? Versuche dies durch eine bildliche Darstellung des Baumusters herauszubekommen!
4. Ein Gedächtnisspiel: Der erste Mitspieler sagt ein Wort, der zweite wiederholt das Wort und fügt ein Wort hinzu, sodass eine Zusammensetzung entsteht, der dritte wiederholt die Zusammensetzung und fügt wieder ein Wort hinzu, der vierte wiederholt die Zusammensetzung des dritten usw. Wer sich nicht mehr richtig erinnert, hat die erste Runde verloren.

III. a) Zusammenbildung

Es gibt bei der Wortbildung noch einige Besonderheiten, die kurz erwähnt werden sollen:
In vielen Fällen bildet man ein umfangreiches Wort, indem man zugleich ableitet und zusammensetzt. Man nennt diese Wörter **Zusammenbildungen:**

Wer blaue Augen hat, ist blauäugig.
Wer tausend Füße hat, ist ein Tausendfüßler.
Die Maschine, die zugleich mäht und drischt, ist ein Mähdrescher.
Wer beruflich Dächer deckt, ist ein Dachdecker.
Wer den Schornstein/Kamin fegt, ist ein ...?
Eine Veranstaltung, die drei Tage dauert, ist eine ... (Veranstaltung)?

Diese Art der Wortbildung ist heute sehr gebräuchlich:

Anrufbeantworter, Alleswisser, Langschläfer, Weißmacher, Wortverdreher, Pfadfinder, Buchbinder, Wichtigtuer; langflüglig, kurzatmig, breitkrempig, zweiteilig, vierblättrig

Frage:

Durch Zusammenbildung mit der Endung -er werden viele Bezeichnungen für Geräte und andere Dinge gebildet. Du kannst solche Bezeichnungen auch bewusst missverstehen. Was tun folgende „Leute?" Vielleicht fällt dir eine Zeichnung ein: *Korkenzieher, Sockenhalter, Raupenschlepper …*

III. b) Zusammenrückung

Manchmal rückt man einfach Wörter zusammen, wie sie im Satz vorkommen. Man nennt diesen Vorgang **Zusammenrückung:**

Vergissmeinnicht, Jungferrührmichnichtan, Tunichtgut, Gottseibeiuns, heutzutage, demzufolge, Einmaleins, Geratewohl

Diese Art der Wortbildung ist heute recht selten. Manchmal findet sich auch eine Mischung aus Zusammenrückung und Zusammensetzung:

Gutenachtgeschichte, Dummerjungenstreich, Stehaufmännchen

IV. Wortfamilien (= Wortfächer)

Wenn man alle Wörter zusammenstellt, an denen dasselbe Kernwort beteiligt ist (durch Ableitung, Zusammensetzung, Zusammenrückung, Zusammenbildung), so ergibt sich damit die **Wortfamilie** dieses Kernwortes. Es gibt kleine und große Wortfamilien von deutschen und fremden Kernwörtern. Im Folgenden findest du einige Beispiele. Zuvor soll aber noch an einem Fall gezeigt werden, dass nur die Wörter heute zu einer Wortfamilie gehören, die man als dazugehörig empfindet. Manchmal durchschaut man die Beziehung nicht mehr. Ehe du weiter unten nachliest, überlege einmal, welche Wörter du zu einer Wortfamilie zusammenstellen würdest (die Zusammensetzungen sind weggelassen):

Weg, weg, wegen, Wagen, Wiege, wägen, wiegen, gewogen, verwegen, Gewicht, Wucht, Waage, wagen, Woge, bewegen, wackeln, aufwiegeln

Diese Wörter gehörten früher einmal zur gleichen Wortfamilie, heute begründen sie weitgehend als Kernwörter eigene Wortfamilien. Nach dem

Sprachempfinden des einen oder anderen gehören *wiegen – Waage – Gewicht – wägen – gewogen* noch zusammen zu einer Wortfamilie. Aber vielleicht stellst du *wägen* nicht zu *wiegen,* ebenso findest du vielleicht keinen Zusammenhang mehr zwischen *Gewicht* und *wiegen.* Deshalb wirst du möglicherweise auch bei den folgenden Wortfamilien bei einzelnen Wörtern sagen: „Dieses Wort gehört für mein Empfinden nicht mehr dazu!"

Hinweis: Bei den folgenden Beispielen ist der Grad der Ableitung durch 1, 2, 3, 4 gekennzeichnet. Hinter dem Kernwort und den Ableitungen usw. stehen einige Zusammensetzungen, in denen das Wort als Bestimmungswort oder Grundwort auftreten kann.

Automat

Automat	Automat-en-mensch, -restaurant, -knacker; Kaffee-
1 Automat**ion**	
1 automat**isier**en	
2 Automatisier**ung**	
1 automat**isch**	
1 Automat**ik**	-gurte; Start-
1 Automat**ismus**	
1 automaten**haft**	

---

elektr-

1 elektr**isch**	
2 Elektrische	
1 elektr**isier**en	
2 elektrisier**bar**	
2 Elektrisier**ung**	
1 Elektr**ik**	
2 Elektrik**er**	Starkstrom-, Schwachstrom-; -ausbildung
1 elektr**ifizier**en	
2 Elektrifizier**ung**	
1 Elektr**izität**	Elektrizität-s-werk, -gesellschaft, -lehre, -versorgung, -wirtschaft, -zähler
1 Elektr**o-**	in Zusammensetzungen: -technik, -fahrzeug, -herd, -ingenieur, -motor usw.

1 Elektro**n**	Elektron-en-beschleuniger, -gehirn, -mikro-skop
2 Elektroni**k**	-industrie
2 elektron**isch**	

Frage:
Empfindest du *elektrifizieren* als Ableitung? (Geschichtlich kommt zu *Elektro-* ein lateinisches Kernwort in der Bedeutung ‚machen', *elektrifizieren* bedeutet also eigentlich ‚elektrisch machen'.)

---

erfahren („hören, Kenntnis erhalten")

erfahren	(erfuhr, erfahren)
1 Erfahr**ung**	Erfahrung-s-bericht, -austausch; Studien-, Ehe-
1 erfahren	(Partizip Präteritum als Adjektiv)
2 **un**erfahren	
3 Unerfahren**heit**	

Frage:
Geschichtlich gehört *erfahren* zu *fahren* im Sinne von ‚reisend erkunden`. Empfindest du noch den Zusammenhang? Wenn ja, musst du *erfahren* zur Wortfamilie *fahren* stellen.

---

fahren

fahren	(fuhr, gefahren, zusammen-, dazwischen-, drein-, fest-, fort-, heim-, schwarz-, tot-; Fahr-ausweis, -bahn, -damm, -dienstleiter, -gast, -geld, -karte, -plan, -rad, -schule, -wasser, -zeit, -zeug; fahrlässig
1 **be**fahren	
2 befahr**bar**	
3 Befahrbar**keit**	
3 **un**befahrbar	
4 Unbefahrbar**keit**	
1 **ent**fahren	
1 **durch**fahren	
1 **über**fahren	
1 **um**fahren	
1 **unter**fahren	

1 **ver**fahren	(a) ‚falsch fahren'; b) ‚in bestimmter Weise vorgehen')
2 Verfahren	Gerichts-; Verfahren-s-regel, -weise
1 **wider**fahren	
1 **zer**fahren	(Partizip Präteritum als Adjektiv)
2 Zerfahren**heit**	
1 fahr**bar**	
2 Fahrbar**keit**	
1 Fähre	Fähr-schiff, -mann; Auto-, Eisenbahn-
1 hochfahr**end**	(‚anmaßend', Partizip Präsens als Adjektiv)
1 Fahr**er**	Auto-, Rad-, Renn-, See-; Fahrer-flucht
2 Fahrer**in**	Auto-, Rad-, Renn-
1 Fahrer**ei**	
1 fahr**ig**	
2 Fahrig**keit**	
1 willfähr**ig**	
2 Willfährig**keit**	
1 **Vor-**, **Nach**fahre	
2 Vorfahr**in**, Nachfahr**in**	
1 Fahrt	Auto-, Bahn-, Ballon-, Frei-, Gelände-, Heim-, Himmel-, Hin-, Irr-, Kreuz-, Luft-, Pilger-, Probe-, Rück-, Rund-, Schiff-, Schwarz-, See-, Sonder-, Spazier-, Stern-, Vor-, Wall-, Wohl-; Fahrt-signal, Fahrt-en-buch, Fahrt-dauer, -richtung, -wind
2 **Ge**fährt**e**	Lebens-, Leidens-, Reise-, Spiel-
3 Gefährt**in**	Lebens-, Leidens-, Reise-, Spiel-
2 **Ge**fährt	
1 Fuhre	Fuhr-lohn, -mann, -park
1 führig	

1 führen	fort-, her-, herab-, herauf-, herbei-, herum-, mit-, umher-, vor-, weg-
2 **ent**führen	
3 Entführ**ung**	Entführung-s-fall
3 Entführ**er**	
2 **über**führen	
3 Überführ**ung**	Überführung-s-kosten
2 **unter**führen	
3 Unterführ**ung**	
2 **ver**führen	
3 Verführ**ung**	
3 Verführ**er**	
4 verführer**isch**	
2 Führ**er**	Restaurant-, Hunde-; Führer-schein, -stand
3 Führer**in**	
3 führer**los**	
3 Führer**schaft**	
2 Führ**ung**	Führung-s-stab, -tor, -zeugnis; Museums-, Betriebs-
2 Führe	(‚Bergtour‘)

Fragen:
Wozu gehören nach deinem Sprachempfinden *Fährte* (eines Tieres), *Furt?* Was heißt: *Er handelt fahrlässig?* Würdest du *fahrlässig* zu *fahren + lassen* stellen? Das Wort *erfahren* gehört historisch eigentlich hierher.

Form

Form	Kuchen-, Back-; Form-en-lehre; Form-guss, -eisen
1 -förm**ig**:	beeren-, ein-, ei-, gleich-
2 -förmig**keit**:	Ein-, Gleich-
1 förm**lich**	
2 **un**förmlich	
2 Förmlich**keit**	
3 **Un**förmlichkeit	
1 form**los**	
2 Formlos**igkeit**	

1 formen
 2 **ver**formen
  3 Verform**ung**
 2 Form**ung**
 2 form**bar**
  3 Formbar**keit**
 2 Form**er**

Fragen:
Hängen *Form* und *Reform, Reformation, reformieren* nach deinem Empfinden noch zusammen?

---

laut

laut	(Adjektiv)	laut-hals, Laut-sprecher; über-, vor-
1 Laut	(Substantiv)	Ab-, Aus-, In-, Mit-, Selbst-, Um-, Wort-; Laut-bildung, -lehre, -malerei, -schrift, -stärke; laut-getreu, -malend, -stark
2 laut	(Präposition)	
2 laut**ieren**		
2 laut**lich**		
2 laut**los**		
3 Lautlos**igkeit**		
1 lauten	(Verb)	
2 **ver**lauten		
2 l**äu**ten		
3 **Ge**läut**e**		
3 **Ge**läut		
2 laut**bar**		
3 **ver**lautbaren		
4 Verlautbar**ung**		
2 lautend	(Partizip Präsens als Adjektiv)	aus-, in-, wohl-
2 Laut**ung**		

Norm

	Norm	Schreib-, Sprech-; -abweichung
1	norm**al**	Normal-größe, -preis, -spur, -verbraucher, -zeit
2	**a**normal	
2	normal**isier**en	
3	Normalisier**ung**	
2	Normal**ität**	
1	norm**ier**en	
2	Normier**ung**	
1	normen	
2	Norm**ung**	

wiegen/wägen

	wiegen	(wog, gewogen) Wieg-e-meister
1	**über**wiegen	
1	**ver**wiegen	
	wägen	(wog, gewogen)
1	**er**wägen	erwägen-s-wert
2	Erwäg**ung**	
1	wäg**bar**	
2	**un**wägbar	
2	Wägbar**keit**	
3	**Un**wägbarkeit	
1	gewogen	(Partizip Präteritum als Adjektiv)
2	**aus**gewogen	
3	Ausgewogen**heit**	
1	Waage	Waage-meister, Waage-n-fabrik, Waag-schale; Brief-, Vieh-
1	Gewicht	Über-, Unter-; Gewicht-heber, Gewicht-s-an-gabe
2	gewicht**ig**	
3	Gewichtig**keit**	
2	gewichts**los**	
2	wicht**ig**	Wichtig-tuer, -tuerei
3	**un**wichtig	
4	Unwichtig**keit**	

Fragen:

1. Kannst du Wortfamilien zu einem oder einigen der folgenden Wörter bilden: *denken, informieren, kommunizieren, Nummer, sprechen?*
2. Die deutsche Sprache hat ungefähr 5000 deutsche Kernwörter und ungefähr 4000 fremde Kernwörter. Woher kommt es, dass niemand den Gesamtumfang des deutschen Wortschatzes angeben kann? Die Schätzungen schwanken zwischen 300000 und 500000 Wörtern.
3. Folgende Heiratsanzeige stand vor einiger Zeit in der Wochenzeitung DIE ZEIT. Wie findest du das?

MENSCH
sensibel
kreativ
frei
sucht
MENSCHIN
sensibel
kreativ
frei

B Wörter mit mehreren Bedeutungen und gleich lautende Wörter

Wenn wir uns für einen kurzen Augenblick 200 Jahre zurückversetzen, sehen wir, dass damals vieles fehlte, was für uns heute selbstverständlich ist: Auto, Eisenbahn, Flugzeug, elektrischer Strom und damit auch Kühlschrank, Radio, Fernsehgerät usw. Alle diese neuen Dinge und das, was man damit tun kann, mussten aber auch Bezeichnungen bekommen. Dazu zwei Beispiele:

Wenn man den *Schalter einschaltet,* schließt sich der Stromkreis. Der *Strom fließt* durch die *Leitung* in die *Birne.* Dort muss er den *Widerstand* fein gewickelter Wolfram*fäden überwinden,* die in den Glas*kolben* ragen. Die hauchdünnen Fäden in der Leucht*wendel* kommen dabei zum Glühen. Dadurch *brennt* die Birne.

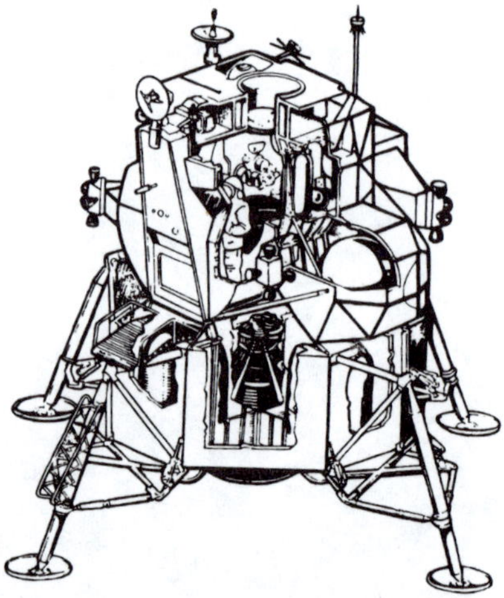

Die Mondfähre

Ein ganz neues Element in der Erforschung des Mondes war die Mond*landung* mithilfe der Mond*fähre.* Die Mondfähre besteht aus zwei Teilen, der Lande*stufe* und der Aufstiegs*stufe.* Die Lande*stufe,* die auf 4 Lande*beinen* steht, die in *Tellern* münden, bleibt auf dem Mond zurück. Haben die Astronauten ihre Forschungen auf dem Mond beendet, dann fliegen sie zur Kommando*kapsel* zurück. *Kapsel* und *Fähre* verwenden besondere Radarsignale, um aufeinander zu stoßen. Mithilfe der Steuer*düse* steuern sie aufeinander zu. Die Astronauten steigen in die *Kapsel* um.

Schon im vorigen Jahrhundert hat Heinrich Goebel die Glühbirne erfunden, aber erst 1969 betraten die Menschen zum ersten Mal den Mond. In beiden Fällen musste man jedoch alles das, was an Geräten (und deren Teilen) eine Rolle spielte, benennen. Dazu dienten nicht nur neue Zusammensetzungen und Ableitungen, manche schon vorhandene Wörter wurden einfach auf das Neue übertragen, vgl. z. B.

	ursprüngliche Bedeutung	neue Bedeutung
		in der Elektrotechnik
Schalter	Riegel	Kipphebel zum Schließen des Stromkreises
schalten	stoßen, schieben, verfahren	einen Stromkreis verändern
Strom	großer Fluss	Elektrizität
fließen	(von Flüssigkeit)	(von elektrischem Strom)
Widerstand	Gegenwehr im Kampf	Hindernis für den elektrischen Strom
		in der Weltraumfahrt:
Fähre	großes, flaches Schiff, das von Ufer zu Ufer fährt	Landefahrzeug im Weltraum
Teller	Essschale, flache Scheibe am Ende des Skistocks	tellerförmig gebogene Scheiben an den Landebeinen der Mondfähre
Stufe	Teil der Treppe, regelmäßig aufeinander folgende Teile (z. B. Schulstufe)	Raketenstufe, Landestufe
Kapsel	Gehäuse, Behältnis aus einer festen Schicht	(Kommando)kapsel: abgeschlossener Raum des Raumschiffs

Fragen:

1. Hast du schon bei *(Glüh)birne* an die *(Ess)birne* gedacht?
2. Warum hat man damals für die *(Glüh)birne* diese Bezeichnung gewählt?
3. Welche Beziehung besteht zwischen einer *(Fluss)fähre* und einer *(Mondlande)fähre?*
4. Kennst du weitere technische Geräte, die ihre Namen aus anderen Gebieten haben?

Die Übertragung von Wörtern auf neue Gegenstände bringt uns darauf, dass fast alle Wörter mehreres bedeuten können, dazu drei Beispiele:

1. Die Uhr *steht.* Der Schrank *steht* im Zimmer. Es *steht* 3 : 3. Das *steht* in der Zeitung.
2. Großvater nahm zum Wandern den *Stock* mit. Der Junge wohnte im dritten *Stock.* Die Bienen flogen in den *Stock.* Er warf ein Geldstück in den (Opfer)*stock.* Der Gärtner bedeckte den (Blumen)*stock* mit Erde.
3. Das Messer ist *scharf.* Er fuhr in eine *scharfe* Kurve. Die Suppe war ihm zu *scharf.* Achtung, *scharfer* Hund! Er erhielt eine *scharfe* Zurechtweisung.

Die Tatsache, dass ein Wort mehr als eine Bedeutung haben kann, wird beim Teekesselchenspiel ausgenützt.

Das Teekesselchenspiel:
Zwei Spieler gehen hinaus und suchen ein Wort mit zwei verschiedenen Bedeutungen, z. B. *Raupe.* Ein Spieler übernimmt das Wort in der Bedeutung von Tier, der andere in der Bedeutung von Baufahrzeug. Dann treten sie vor die anderen und der eine sagt z. B.:
„Mein Teekesselchen kriecht auf einem Blatt."
Und der andere:
„Mein Teekesselchen schiebt Erde."
Die Übrigen versuchen das Wort zu erraten. Nach einigen falschen Antworten können die zwei Spieler weiterhelfen: „Mein Teekesselchen ernährt sich von Blättern." – „Mein Teekesselchen hat keine Räder, es hat Ketten." Wenn ein Mitspieler das Wort mit den zwei Bedeutungen erraten hat, darf er sich einen anderen Spieler aussuchen, damit sie sich ein neues Wort ausdenken.

I. Wörter mit mehreren Bedeutungen

Wenn ein Wort mehrere Bedeutungen hat, so können diese auf zweierlei Weise zusammenhängen:

1. Einmal kann ein tatsächlicher Zusammenhang zwischen den bezeichneten Dingen bestehen. So ist die *Post* eine Einrichtung, die in der *Post* (einem Gebäude) die *Post* (= Briefe, Pakete, Telegramme) bearbeitet.

Hier findest du einige weitere Beispiele. (Wie gehören die bezeichneten Dinge oder Sachverhalte zusammen?)

Schule	Unterricht	Gebäude, in dem der Unterricht stattfindet
Tor	Art Gehäuse bei manchen Ballspielen	Treffer beim Ballspiel
Papier(e)	Schreibmaterial	Ausweis u. Ä.
Glas	durchsichtiges Material	Art Becher
Tonne	Gefäß	Gewichtseinheit
Erde	Boden	Planet, ganze Welt
grün	eine Farbe	unreif (Obst)
fertig	zu Ende, vollendet	am Ende mit den Kräften
gehen	sich fortbewegen	aufgehen (Teig)
treffen	ein Ziel erreichen	(ein Tier) verletzen, töten; jmdm. begegnen
drücken	einen Druck ausüben	jmdn. liebkosen
verlieren	den Schlüssel, Geld usw. verlieren	eine Niederlage (im Spiel) hinnehmen müssen

2. Es kann aber auch sein, dass zwischen den beiden Dingen kein tatsächlicher Zusammenhang besteht, sondern nur eine Ähnlichkeit. So ist die Form der *(Glüh)birne* der Anlass gewesen, sie nach der *(Ess)birne* zu nennen. Die *Raupe* im Garten hat einiges gemeinsam mit der *Raupe* als Baufahrzeug. Wenn jemand den Kopf mit *Rübe*, die Nase mit *Gurke*, den Mund mit *Scheunentor*, die Zunge mit *Waschlappen* bezeichnet, so liegt immer irgendein bildlicher Vergleichspunkt vor; aber gerade weil alle wissen, dass in Wirklichkeit der Kopf keine Rübe, die Nase keine Gurke usw. ist, ist es so lustig oder auch (manchmal) beleidigend.

- Hier findest du einige weitere Beispiele:

Drache(n)	Vorzeit- u. Fabelwesen	Fluggerät
Fliege	kleines Tier	Kleidungsstück
Kamm	zum Kämmen	Hautlappen auf dem Kopf des Hahns
Löffel	Essgerät	Ohr des Hasen (Jägerspr.)
Pony	kleines Pferd	Haarfrisur
Zylinder	Art Hut	Teil des Motors
grün	unreif (Obst)	unerfahren
hölzern	aus Holz	steif im Benehmen
mager	(z. B. Fleisch)	(z. B. Ergebnis)
mild	(z. B. Wetter)	(z. B. Richter)
einfach	nicht doppelt	unkompliziert
lösen	(eine Kette)	(z. B. einen Vertrag, ein Problem)

Oft wird ein Wort auch durch mehrere Wörter bildlich umschrieben, sei es, um das Gemeinte nicht auszusprechen oder um es kraftwortartig zu steigern. Die Umschreibungen für das Wort *sterben* können dir das verdeutlichen:

> den/seinen Geist aufgeben/aushauchen, die Augen für immer schließen, vom Schauplatz/von der Bühne abtreten, sein Leben/Dasein vollenden, in die Ewigkeit abberufen werden, für immer von jemandem gehen, verscheiden, entschlafen, ins Gras beißen, den Löffel abgeben/wegschmeißen, in die ewigen Jagdgründe eingehen, sich die Radieschen von unten ansehen, abkratzen

Bei vielen Wörtern, die mehrere Bedeutungen haben, kann der Zusammenhang nicht so deutlich erkannt werden wie bei den obigen Beispielen. Worin liegt bei dem folgenden Wort nach deiner Meinung der Zusammenhang der verschiedenen Bedeutungen?

> Note: a) Schulnote, b) Musiknote, c) Banknote, d) Fußnote,
> e) Mitteilung einer Regierung an eine andere

II. Gleich lautende Wörter

Besteht überhaupt kein Zusammenhang zwischen zwei Bedeutungen, so handelt es sich **nicht** um **ein** Wort. Es sind **zwei** Wörter mit je einer Bedeutung, die nichts miteinander zu tun haben. So hat das *[Königs]schloss* (heute) nichts (mehr) mit dem *[Tür]schloss* zu tun. Wenn etwas 5 DM *kosten* soll, so hat das nichts mit dem *Kosten* einer Speise zu tun. Manchmal schreiben wir diese zufällig gleich lautenden Wörter auch verschieden, um den Unterschied deutlich zu machen, z. B. *Lärche* ‚Baum' – *Lerche* ‚Vogel', *malen (mit Pinsel)* – *mahlen (in der Mühle).* Die Sprachwissenschaft bezeichnet diese Erscheinung als Homonymie, solche Wörter nennt man Homonyme.

- Hier findest du einige weitere Beispiele:

Akkord	Gleichklang	Bezahlung nach Leistung
Bremse	(am Auto)	ein Tier
Flur	Teil des Hauses	Wiese und Feld
Feder	(am Vogel)	(im Stoßdämpfer)
Hahn	(ein Vogel)	Absperrvorrichtung
Kapelle	Gotteshaus	Musikgruppe
Mutter	(eines Kindes)	(zur Schraube)
Nagel	(am Finger)	(zum Nageln)
Pflaster	(auf der Straße)	(zur Wundabdeckung)
Ton	Werkstoff	Klang
lecken	(mit der Zunge)	leck, undicht sein

locken	(die Haare)	(ein Tier)
löschen	(das Feuer)	die Ladung aus einem Schiff heben
mangeln	(die Wäsche)	fehlen
säumen	mit einem Saum versehen	zögern

Sprachspiele und Fragen:

1. Viele Sprachspiele (z. B. Rätsel, Witze) beruhen auf der Tatsache, dass ein Wort mehr als eine Bedeutung haben kann, z. B.:

   Was ist das?
   Es hat einen Rücken und kann nicht liegen.
   Es hat zwei Flügel und kann nicht fliegen.
   Es hat ein Bein und kann nicht stehen.
   Es kann nur laufen, aber nicht gehen.

   Auflösung: die Nase

   Ein Witz
   „Papa, was sind das für Früchte?"
   „Das sind Blaubeeren!"
   „Und warum sind die dann rot?"
   „Weil die noch grün sind!"

   Kennst du andere Witze oder Rätsel, die auf einem Wortspiel beruhen?

2. Kannst du heute noch einen Zusammenhang erkennen zwischen *[Matratzen]feder* und *[Schreib]feder, Mutter [eines Kindes]* und *[Schrauben]mutter, [Straßen]pflaster und [Heft]pflaster?*

3. Viele Tiere müssen dazu herhalten, Dummheit, Schlauheit, Feigheit oder andere menschliche Eigenschaften zu verkörpern: z. B. *Kamel, Fuchs, Hase.* Kannst du andere Tiere und die von ihnen verkörperten Eigenschaften nennen?

Hinweis: Falls du dich für diesen Sachverhalt des Bedeutungsfeldes interessierst, dann kannst du im Schülerduden „Bedeutungswörterbuch" nachschlagen.

C Sinnverwandte Wörter – Wortfelder

In den vorigen Teilen hast du bemerkt, dass wir nicht immer einem Wort eine neue Bedeutung geben, weil wir einen neuen Gegenstand oder Sachverhalt bezeichnen wollen, der bisher noch keinen Namen hat. Ein Gegenstand oder Sachverhalt hat oft schon einen üblichen Namen (= eine übliche Bezeichnung), aber es gibt daneben noch weitere Bezeichnungen für diesen Gegenstand oder Sachverhalt. In der Sprachwissenschaft nennt man Wörter, die dasselbe oder fast dasselbe bezeichnen, Synonyme. Das Nebeneinander solcher Wörter heißt Synonymie.

Im folgenden Abschnitt wollen wir uns damit beschäftigen, wie es kommt, dass ein Gegenstand mehrere Bezeichnungen haben kann, und ob das ein Vorteil oder ein Nachteil ist.

I. Stilistische Unterschiede

Beginnen wir mit einem Beispiel. Der *Kopf* kann auch heißen: *Haupt; Birne, Dez, Rübe, Ballon, Kürbis, Nischel; Schädel.*
Aber bedeuten z. B. *Haupt* und *Birne* wirklich dasselbe wie *Kopf?*

1. Der ehrwürdige Greis neigte { sein Haupt / seinen Kopf / seine Birne }
2. Die Mutter wusch dem Kind { das Haupt / den Kopf / die Birne } mit Seife.
3. „Ich hau dir einen vor { das Haupt“, / den Kopf!“, / die Birne“, } rief er wutentbrannt.

Alle Wörter für *Kopf* bezeichnen zwar denselben Gegenstand, aber indem man ein bestimmtes Wort auswählt, gibt man als zusätzliche Information eine bestimmte Einstufung und (stilistische) Bewertung zu erkennen:

1. Haupt: gewählt, feierlich, vornehm, erhaben, dichterisch, beschönigend, manchmal ironisch
2. Kopf: Normalwort
3. Birne u. a.: umgangssprachlich, abwertend, gefühlsgeladen, oft auch scherzhaft, ironisch, ordinär

In der folgenden Übersicht sind einige Gegenstände oder Sachverhalte mit gewählten, normalen und abwertenden Bezeichnungen aufgeführt:

gewählt	normal	abwertend
Antlitz	Gesicht	Fresse, Visage
entschlafen, heimgehen	sterben	abkratzen, sich die Radieschen von unten ansehen
umnachtet	verrückt	bekloppt, bescheuert, beknackt
dinieren, speisen, tafeln	essen	fressen, mampfen
–	Fernseher	Glotze, Flimmerkiste
Gewand	Kleid	Fähnchen, Fummel
Ordnungshüter	Polizist	Bulle, Polyp

Manchmal sagt der Ausdruck „gewählt“ auch, dass es sich um ein veraltendes, aussterbendes Wort handelt: z. B. *weiland/einst, gedenken/denken an, Aar/Adler, Leu/Löwe, sintemal/da, weil, Feinsliebchen/Geliebte, Hain/kleiner, lichter Wald.*

Frage:

Kennst du zu *frech, dick, Klosett, Auto, laufen, schimpfen* gewählte oder abwertende sinnverwandte Wörter?

II. Landschaftliche Unterschiede

Oft werden sinnverwandte Wörter je nach Gegend unterschiedlich gebraucht. Im Süden sagt man so, im Norden anders. Durch das Fernsehen, das Radio, die Zeitung, durch große Umsiedlungen (insbesondere durch Flüchtlinge, Aussiedler) sind viele Ausdrücke im ganzen deutschen Sprachgebiet bekannt geworden, sodass man sie zumindest versteht.
Zu den folgenden Beispielen kannst du überlegen:

1. Welches der genannten sinnverwandten, bezeichnungsgleichen Wörter gebrauchst du oder gebraucht man in deiner Umgebung?
2. Welche Wörter kannst du zumindest verstehen?
3. Kannst du einige Wörter einer Sprachlandschaft zuordnen?

Samstag/Sonnabend
Semmel/Brötchen/Weck
Murmel/Klicker/Schusser

Tomate/Paradiesapfel
Fleischer/Schlachter/Metzger/Fleischhauer
Junge/Bub
Ohrfeige/Backpfeife/Backs
Harke/Rechen
Schornstein/Kamin/Esse/Rauchfang/Schlot
Dachboden/Boden/Speicher/Bühne
Klingel/Schelle/Glocke/Lüti
Bürgersteig/Fuß(gänger)weg/Trottoir
Kaffeetrinken/Vesper/Jause
dieses Jahr/heuer
Fasching/Karneval/Fas(t)nacht/Fasnet
Jahrmarkt/Kirmes/Messe/Kirchweih/Kerb/Dult
Weihnachtsbaum/Christbaum
tschüs/adieu/ade/servus/tschau
fegen/kehren/wischen
klingeln/schellen/läuten
rutschen/schlittern/schlickern/schlindern
kneifen/zwicken/klemmen

Fragen:

1. Ist dir auch schon einmal aufgefallen, dass man in anderen Gegenden manche Gegenstände und Sachverhalte anders benennt? Führe Beispiele an!
2. Ist es ein Nachteil oder ein Vorteil, dass es für manche Dinge und Sachverhalte verschiedene Bezeichnungen im deutschen Sprachraum gibt?
3. Warum verwenden manche Lokal- und Heimatzeitungen gerne die Bezeichnungen der Umgebung und nicht die allgemein üblichen (z. B. im Süden: *Jänner, heuer*)?

III. Deutsche Wörter – Fremdwörter

Eine große Fülle sinnverwandter Wörter ergibt sich auch dadurch, dass oft neben dem deutschen Wort ein Fremdwort steht. Dabei ist das Fremdwort oft das gewähltere und meist auch das Fachwort für den entsprechenden Gegenstand oder Sachverhalt. (In manchen Fällen haben Sprachpfleger die Fremdwörter eingedeutscht, um die Zahl der Fremdwörter zu verringern, oft mit dem Erfolg, dass nun Fremdwort und deutsches Wort nebeneinander stehen.)

Adresse/Anschrift
Appartement/kleine Wohnung
Baby/Kleinkind
Bandit/Räuber
Bibliothek/Bücherei
Cousin/Vetter
Demokratie/Volksherrschaft
Dialekt/Mundart
Hobby/Steckenpferd
Idee/Gedanke
Inflation/Geldentwertung
Inserat/Anzeige
Match/Spiel
Moment/Augenblick
Orthographie/Rechtschreibung
Reportage/Bericht
Tendenz/Entwicklungsrichtung
Trikot/Sporthemd
Verb/Tätigkeitswort
Volumen/Rauminhalt
Zentrum/Mittelpunkt

bongen/eintippen
charmant/reizend, anmutig
diagonal/schräg, quer
elegant/vornehm
enorm/gewaltig
exzellent/ausgezeichnet
flektieren/beugen
grazil/zart
konsterniert/bestürzt
liiert/(eng) verbunden
naiv/einfältig, arglos
nonstop/pausenlos
progressiv/fortschrittlich
nominieren/benennen
parieren/gehorchen
passieren/sich ereignen
reduzieren/vermindern
reservieren/freihalten
salutieren/(militärisch) grüßen
traktieren/plagen, quälen
zeremoniell/feierlich, förmlich

Fragen:

1. Eine Wochenzeitung bezeichnete eine Künstlerin als *Klavierspielerin.* Wie wirkt diese Bezeichnung im Vergleich zu der sonst üblichen *Pianistin?*
2. Vor Jahren hat ein Verkehrsminister ein Preisausschreiben veranstaltet. Es ging darum, ein deutsches Wort für *Aquaplaning* zu finden. Als Lösungen gingen u. a. ein: *Wasserglätte, Wassergleiten, Schleuderwasser, Rutschwasser, Rutschnässe, Regenglätte, Gleitwasser, Wasserrutschgefahr.* Welche Verdeutschung hätte dir am ehesten zugesagt? Hältst du es für richtig, dass man sich bemüht hat, das Wort einzudeutschen?
3. Wie lauten die deutschen Entsprechungen zu: Laboratorium, Labyrinth, Lakai, Lametta, Lava, lavieren, Lazarett, Legende, legieren, legitim, Lektion, Lexikon, liberal, Literatur, Lithographie, Liturgie, Livree, Logik, lokal, luxuriös? Alle diese Fremdwörter findest du in diesem Schülerduden.

4. Wie könnte man *Apotheke, Fotograf, Instrument* verdeutschen?

Werbung auf einem Antialkoholplakat

Alkohol macht
diszipliniert
dlizspiiniert
dzilisnipriet
szidinilritpe

Hinweis: Wenn du mehr über die Fremdwörter, ihre Bedeutung und ihre Herkunft wissen möchtest, dann greife zum Schülerduden „Fremdwörterbuch".

IV. Allgemeine und fachsprachliche Wörter

Eine ganze Reihe sinnverwandter Wörter ergibt sich auch dadurch, dass manche Berufs- und Personengruppen eigene Bezeichnungen neben den umgangssprachlich üblichen haben. Es kann sich hier um Fachsprachen handeln, z. B. die Jägersprache oder die Fachsprache der Medizin, oder um Gruppensprachen, z. B. die Schülersprache. Da aber oft ein großes Interesse besteht, zumindest zu verstehen, was dieses oder jenes fachsprachliche Wort meint, z. B. beim Arzt, sind sehr viele fachsprachliche und gruppensprachliche Wörter auch in der Alltagssprache bekannt, sodass auch hier sinnverwandte Wörter nebeneinander stehen.

Hier nur einige Beispiele:

Jägersprache:	Löffel/Ohr, Schweiß/Blut, Blume/Schwanz des Hasen, Lunte/Schwanz bei Fuchs und Marder, Äser/Maul, Lichter/Augen
Medizin:	Katarrh/Schnupfen, Karzinom/Krebs, Influenza/Grippe, Rheuma/Gelenkentzündung, Leukämie/Blutkrebs
Schülersprache:	Pauker/Lehrer, Ratzefummel/Radiergummi, ratzeln/radieren, schwänzen/absichtlich versäumen, Penne/Schule, Erdkäs/Erdkunde, Giftblatt/Zeugnis

Werden Ausdrücke und Wörter aus der Jägersprache oder Schülersprache in der alltäglichen Sprache gebraucht, so verbindet sich damit meist auch ein Stilunterschied (vgl. I); in der medizinischen Terminologie (= ärztliche Fachausdrücke) stehen Fremdwort und deutsches Wort oft nebeneinander.

Fragen:

1. Kannst du andere fach- oder gruppensprachliche Wörter zusammenstellen, z. B. aus dem Bereich des Sports, der EDV und der Teenagersprache?
2. Warum legen sich Schüler, Studenten und Teenager teilweise eigene Wörter zu?

V. Wortfelder

Bisher ging es uns um verschiedene Wörter für den gleichen Gegenstand oder Sachverhalt. Man kann aber auch Wörter zusammenstellen, die nur etwas Ähnliches bezeichnen. Vgl. z. B.:

Urlaub	– Ferien	– Feierabend:	arbeitsfreie Zeit
verhungern	– verdursten	– ersticken:	Todesursache
Student	– Schüler	– Lehrling:	Lehr-/Lernverhältnis
Arbeiter	– Angestellter	– Beamter:	Beschäftigungsverhältnis

Alle diese Wörter meinen etwas Verschiedenes, und trotzdem hängen sie zusammen, weil man einen Oberbegriff angeben kann, dem sie sich unterordnen. Die so zusammengestellten Wörter ergeben ein Wortfeld. Man kann auch kleinere Gruppen wieder zu größeren zusammenfassen, z. B.:

Aufhören des Lebens

1. Tod verschiedener Lebewesen: sterben (Mensch), eingehen (Pflanze), verenden (Tier)
2. Todesursache: verhungern, verdursten, ersticken, ertrinken, erfrieren, verbrennen, verbluten, fallen (Soldat), erliegen (einer Krankheit)

Verhältnis von Rollen

1. Ausbildungsverhältnis: (Lehrer–)Schüler, (Professor–)Student, (Meister–) Lehrling
2. Rollenverhältnis bei Berufen: (Rechtsanwalt–)Klient/Mandant, (Verkäufer–)Kunde, (Arzt–)Patient, (Gastwirt–)Gast, (Ankläger–)Angeklagter, (Arbeitgeber–)Arbeitnehmer, (Herr–)Diener/Bediensteter
3. familiäres Verhältnis: (Eltern–)Kind, (Vormund–)Mündel, (Pate–)Patenkind

Eine Zusammenstellung sinnverwandter Wörter soll uns nun zeigen, dass es nicht immer leicht ist, die Unterschiede so systematisch zu ordnen wie in den obigen Beispielen. Betrachte z. B. folgende Gruppe: *fleißig, arbeitsam, strebsam, eifrig, emsig; rührig, tätig, geschäftig, betriebsam; rastlos, unermüdlich, nimmermüde.* In einem Wörterbuch sinnverwandter Ausdrücke könnte man unter dem Stichwort *fleißig* folgende Erklärungen zu den zuerst genannten Wörtern finden:

fleißig:	(Gegensatz: faul) mit Ausdauer und einem gewissen Eifer tätig
arbeitsam:	viel und eifrig arbeitend
strebsam:	mit Energie und Ausdauer auf ein [Berufs]ziel hinarbeitend
eifrig:	mit Lust, Interesse und Hingabe tätig
emsig:	mit großem Fleiß und Eifer unermüdlich arbeitend; mit diesem Wort verbindet sich die Vorstellung, dass etwas schnell und in kleineren Arbeitsgängen getan wird

Ebenso kann man vielleicht einerseits *rührig, tätig, geschäftig, betriebsam* und andererseits *rastlos, unermüdlich, nimmermüde* näher zusammenordnen. Du kannst das durch Austauschproben ermitteln, z. B.:

Die Bienen flogen ... von Blüte zu Blüte.
Die Maurer arbeiteten ... auf der Baustelle.
Die Kinder spielten ... mit den Puppen.
Der Verkäufer rannte ... von Kunde zu Kunde.

Es gibt also deutliche Unterschiede, wie zwischen *Schüler* und *Student,* aber auch ganz feine Unterschiede, wie zwischen *rastlos* und *unermüdlich.* Bei den folgenden Beispielen für Wortfelder ist jeder Artikel so aufgebaut, dass zunächst in jeder Untergruppe das normalsprachliche Wort aufgeführt ist, dann folgen die sinnverwandten Ausdrücke, welche sich in der Stilschicht und in der Bedeutung vom Normalwort unterscheiden.

Zu jedem (fett gedruckten) Stichwort findest du zunächst die Stilschicht angegeben, soweit dies erforderlich ist, dann wird die Besonderheit der Bedeutung im Vergleich zum Normalwort beschrieben. In den meisten Fällen folgt dann noch ein Beispiel. Auf weitere Sinnbereiche, in denen das gleiche Wort vorkommt, wird mit einem Pfeil (↑) verwiesen. Diese Verweise geben dir einen Ausblick auf die Vielfalt unseres Wortschatzes, wenn auch die zugehörigen Artikel hier nicht mehr abgedruckt werden können.

Folgende Abkürzungen werden verwendet:

bildungsspr.	bildungssprachlich, z. B. *opulent* für *reichhaltig*
dichter.	dichterisch, z. B. *Lenz* für *Frühling*
fam.	familiär, z. B. *einnicken* für *einschlafen*
geh.	gehoben, z. B. *sich mühen* für *sich anstrengen*
Ggs.	Gegensatz, z. B. *laut – leise*
i. S. v.	im Sinne von
landsch.	landschaftlich, z. B. *fisseln* für *leicht regnen*
scherzh.	scherzhaft, z. B. *Drahtesel* für *Fahrrad*
ugs.	umgangssprachlich, z. B. *motzen* für *nörgeln*

Beispiel: arbeiten

[1]**arbeiten:** (in diesem Sinnbereich) Arbeit leisten, d. h., eine berufliche oder selbst gestellte Aufgabe unter Anspannung seiner Kräfte erfüllen: *fleißig a.; Berlin S arbeitet, Berlin N jeht uff Arbeet, Berlin O schuftet, Berlin W hat zu tun* (Tucholsky); vgl. Arbeit ↑ Tätigkeit; ↑ [2]arbeiten. **schaffen** (landsch.): i. S. v. arbeiten: *den ganzen Tag auf dem Feld s.;* vgl. schaffen ↑ [2]arbeiten. **tätig sein** (geh.) (Ggs. untätig sein ↑ [1]untätig): (in diesem Sinnbereich) nicht ruhen, sondern sich irgendwelchen Aufgaben, Vorhaben, Arbeiten widmen; steht im Allgemeinen mit einer näheren Bestimmung: *unermüdlich tätig sein;* vgl. tätig sein ↑ [2]arbeiten. **schuften** (salopp): unter Druck sehr hart, schnell und angestrengt [für andere] unter Aufbietung körperlicher Kräfte arbeiten; ist stark emotional gefärbt: *den ganzen Tag s.* **malochen** (ugs.): schwer arbeiten. **betätigen,** sich: (in diesem Sinnbereich) nicht müßig sein; etwas tun, um seine Kräfte zu gebrauchen: *er betätigt sich gern draußen im Garten;* vgl. betätigen ↑ [2]arbeiten. **fleißig sein** (fam.): i. S. v. arbeiten; wird hauptsächlich bei Aufforderungen oder Anerkennung gebraucht: *Sie sind ja schon wieder fleißig!* **tun,** etwas (fam.): (in diesem Sinnbereich) ein gewisses Quantum seiner Arbeit hinter sich bringen; steht hier immer mit Objekten wie „etwas, nichts, viel, wenig“: *ich habe heute nichts getan.* **regen,** sich (geh.); **rühren,** sich (fam.): (in diesem Sinnbereich) sich intensiv um die Erledigung seiner Pflichten und Geschäfte bemühen: *wer hier vorankommen will, muss sich tüchtig regen/rühren.*

[2]**arbeiten** (+ Angabe des Ortes): (in diesem Sinnbereich) in einer bestimmten Firma, einem bestimmten Wirtschaftszweig oder in einer bestimmten Funktion berufstätig, als Arbeiter oder Angestellter beschäftigt sein: *in einem Warenhaus a.;* ↑ [1]arbeiten. **schaffen** (+ Angabe des Ortes; landsch.): i. S. v. arbeiten: *er schafft bei der Straßenbahn;* vgl. schaffen ↑ [1]arbeiten. **tätig sein als …** (geh.): (in diesem Sinnbereich) auf einem bestimmten Arbeitsgebiet oder in einer bestimmten Funktion beruflich arbeiten, wirken: *im Katastrophenfall als Krankenschwester tätig sein;* vgl. tätig sein ↑ [1]arbeiten. **betätigen,** sich als …: (in diesem Sinnbereich) auf einem bestimmten, selbst gewählten Wirkungsfeld arbeiten oder tätig sein; wird oft von Liebhabereien oder Gelegenheitsbeschäftigungen gesagt: *sich nebenberuflich als Schriftsteller b.;* vgl. betätigen ↑ [1]arbeiten.

Fragen:

1. Arbeit ist oft mit Mühe und Plage verbunden. Es folgen einige Wörter, die dies ausdrücken: *sich abrackern, sich [ab]plagen, sich schinden, sich [ab]quälen, sich abmühen, sich abarbeiten.* Ordne die einzelnen Wörter den verschiedenen Erklärungen zu:
   - unter stetigen Anstrengungen versuchen, etwas zu erreichen
   - mühselige und nicht sehr lohnende Arbeiten verrichten
   - beim Arbeiten so viel Mühe haben, dass die Arbeit zur Qual wird

- arbeiten, ohne die Gesundheit zu schonen
- so hart arbeiten, dass die Gesundheit darunter leidet
- ununterbrochen, aber meist erfolglos arbeiten

2. Kannst du in ähnlicher Weise Wörter und Ausdrücke für *sich ausruhen* zusammenstellen?

Beispiel: dumm

[1]**dumm** (Ggs. intelligent ↑klug): (in diesem Sinnbereich) von schwacher, nicht zureichender Intelligenz; mangelnde Begabung auf intellektuellem Gebiet aufweisend; nicht fähig, schwierigeren Gedankengängen zu folgen oder Zusammenhänge zu erfassen; wird von Personen, seltener von ihrem Verhalten oder ihren Äußerungen gesagt: *seine Antworten wirken erschreckend d.;* ↑[2]dumm, ↑gutgläubig. **strohdumm** (emotional verstärkend); **dumm wie Bohnenstroh** (emotional verstärkend): i. S. v. [1]dumm; spricht dem Betreffenden nicht eigentlich wirkliche Intelligenz ab, sondern drückt den Unmut, den Ärger des Sprechers/Schreibers darüber aus, dass es jmdm. an Kenntnissen oder an Begriffsvermögen mangelt; im Allgemeinen auf Personen bezogen: *weil sie den Text nicht übersetzen konnte, sagte der Lehrer, sie sei dumm wie Bohnenstroh.* **unintelligent** (bildungsspr.): nicht die Fähigkeit besitzend, abstrakt und vernünftig zu denken [und daraus zweckvolles Handeln abzuleiten]; wirkt im Unterschied zu „dumm" weniger direkt; drückt in der Negation ein zurückhaltendes Lob aus: *er sieht nicht u. aus.* **dümmlich:** durch sein Aussehen, seine Miene einen leicht dummen, wenig intelligenten Eindruck machend: *er grinste d.*

[2]**dumm** (Ggs. ↑ schlau): (in diesem Sinnbereich) (in Bezug auf jmds. Handeln usw.) von wenig bzw. gar keiner Klugheit, von Mangel an praktischem Verstand zeugend, ihn nicht besitzend; wie auch die übrigen Wörter dieser Gruppe enthält das Wort ein meist ärgerlich-emotional gefärbtes Werturteil über jmdn. oder jmds. unkluges, ungeschicktes Verhalten usw. (im Unterschied zu ↑[1]dumm); zahlreiche Wörter dieser Gruppe sind inhaltlich so gut wie identisch, sind variierende Möglichkeiten, weichen jedoch in Stillage und im Anwendungsbereich verschiedentlich ab und lassen sich manchmal in festen Verbindungen nicht austauschen (z. B. in dumm wie Bohnenstroh, sich nicht für dumm verkaufen lassen): *sich d. anstellen; das war sehr d. von dir; er war d. genug, das mitzumachen; sie ist schön d., wenn sie nicht dagegen protestiert; der dumme Kerl hat mir die Vorfahrt genommen; dieser dumme Apparat, er ist andauernd kaputt; ein dummer Einfall; eine dumme Frage, Angewohnheit; sein dummes Gehabe geht mir auf die Nerven; er hat sich d. benommen; er macht ein dummes Gesicht; das war das Dümmste, was uns passieren konnte; das ist wirklich zu d.; diese dumme Gans; er lässt sich nicht für d. verkaufen; d. wie Bohnenstroh.* **dämlich** (salopp): i. S. v. dumm, aber in der Emotionalität stärker abwertend. **doof** (salopp): i. S. v. dumm; wirkt in der Ablehnung, Abwertung weniger aggressiv, eher gutmütig; drückt mehr noch das persönliche Enttäuschtsein, Genervtsein aus: *dieser doofe Pudel hat mich stolpern lassen.* **dusslig**/(seltener:) **dusselig** (salopp): i. S. v. dumm; von derb-vorwurfsvoller Emotionalität. **blöd:** i. S. v. dumm; **blödsinnig** (salopp): (im emotio-

nalen Urteil des Sprechers/Schreibers) ohne jeden vernünftigen Sinn; charakterisiert ärgerlich-abwertend etwas Abstraktes: *eine blödsinnige Frage, Anordnung; ein blödsinniger Einfall; blödsinniges Gerede, Gehabe.* **sinnlos:** ohne jeden Sinn und Nutzen; charakterisiert etwas Abstraktes: *ein sinnloser Versuch; ein sinnloser Streit; eine sinnlose Handlung, Frage.* **schwachsinnig** (salopp): erkennen lassend, dass die nötigen geistigen Voraussetzungen fehlen; während „blödsinnig" ärgerlichen Tadel enthält, der sich auf die Sache selbst bezieht, wird bei „schwachsinnig" mehr der Urheber in die Kritik mit einbezogen: *eine schwachsinnige Anordnung; s. daherreden; dieser schwachsinnige Trottel.* **stumpfsinnig:** Stumpfsinn – Langeweile, Eintönigkeit, Geistlosigkeit – ausdrückend und dumm: *ein stumpfsinniger Gesichtsausdruck; stumpfsinnige Arbeit; ein stumpfsinniger Mensch.* **stupide** (bildungsspr.): i. S. v. stumpfsinnig. **geistlos:** ohne besonderen gedanklichen Gehalt und davon zeugend: *eine geistlose Frage; ein geistloser Mensch; eine geistlose Tätigkeit; ein geistloser Nachahmer.* **saudumm** (derb; abwertend; emotional verstärkend): i. S. v. dumm; ist im Verhältnis zu „dumm" insofern eingeschränkt, als es nicht durch Adverbien gesteigert werden kann (sehr dumm, zu dumm, ziemlich dumm, aber nicht: sehr saudumm, zu saudumm, ziemlich saudumm) und nicht in festen Verbindungen austauschbar ist (nicht: er war saudumm genug, das zu machen). **saublöd** (derb; abwertend; emotional verstärkend): i. S. v. saudumm. **idiotisch** (salopp; abwertend): völlig unsinnig, keinerlei Sinn ergebend; drückt emotional die Verärgerung des Sprechers/Schreibers über jmds. Verhalten, Äußerung u. Ä. aus, die ihm sehr ungereimt vorkommen: *eine idiotische Frage; ich finde es i., wenn man jede Kritik von vornherein unterbindet;* ↑ albern, ↑ beschränkt, ↑ [1]dumm, ↑ gutgläubig, ↑ naiv, ↑ töricht, ↑ unklug.

Redewendungen

Er hat Stroh im Kopf; sie hat eine lange Leitung; er hat ein Brett vor dem Kopf; es geht über ihren Horizont; er hat einen beschränkten Horizont; sie kann nicht bis drei zählen; er hat das Pulver nicht erfunden; sie hat die Weisheit nicht mit Löffeln gefressen; er ist kein Kirchenlicht; sie stinkt vor Dummheit; er hat nicht alle Tassen im Schrank; sie ist mit Dummheit geschlagen; ihr ist nicht zu helfen; da helfen keine Pillen; er ist dümmer, als die Polizei erlaubt; sie ist dumm wie Bohnenstroh; er ist von der Natur stiefmütterlich behandelt worden; sie ist schwer von Begriff.

Fragen:

1. Kennst du umgangssprachliche Wörter für jemanden, den man für dumm oder doof hält, z. B. *Hohlkopf, Dummerjan?*
2. Welche Redewendungen sprechen jemandem Klugheit zu, z. B.: *Er hat Grütze im Kopf?*

Beispiel: interessant

instruktiv (bildungsspr.): unterrichtend und belehrend; bezieht sich auf mündliche oder schriftliche Ausführungen über einen Gegenstand, der jmdn. lebhaft interessiert; wird wie die übrigen Wörter der Gruppe im Allgemeinen attributiv und subjektbezogen gebraucht: *sein Vortrag, seine Ausführungen waren sehr i. für uns; ein instruktiver Aufsatz.* **lehrreich:** so beschaffen, dass man daraus viel lernen, viel an Erfahrung und Wissen gewinnen kann; [durch anschauliche, sinnfällige Darstellung] Belehrung über einen bestimmten Gegenstand vermittelnd: *eine lehrreiche Abhandlung über die einheimische Fauna.* **aufschlussreich:** Einblick gewährend im Hinblick auf bestimmte, jmdm. bis dahin gar nicht oder nur unzureichend bekannte Sachzusammenhänge: *ein aufschlussreiches Gespräch.* **interessant:** die Aufmerksamkeit, das Interesse auf sich ziehend.

Frage:

Kannst du in den folgenden Sätzen das Wort *interessant* ersetzen? Als Auswahlwörter stehen zur Verfügung: *aufschlussreich, außergewöhnlich, spannend, fesselnd, anregend, unterhaltend, eigenartig, beachtenswert, auffällig.* Das Fernsehgespräch zwischen den Politikern war interessant (1). Es wurden interessante (2) Fakten aufgedeckt, die interessante (3) Entwicklungen vermuten lassen. Das interessante (4) Schauspiel war so interessant (5), dass jede andere interessante (6) Sendung daneben verblasste. Die interessante (7) Zusammensetzung der Gesprächsrunde war so interessant (8), dass die Zuschauer sich ständig telefonisch einzuschalten versuchten. Es war interessant (9), dass insbesondere Jugendliche sehr starken Anteil daran nahmen.

Mögliche Lösung in der Reihenfolge der angegebenen Ziffern:

(1) aufschlussreich, (2) beachtenswerte, (3) außergewöhnliche, (4) spannende, (5) fesselnd, (6) unterhaltende, (7) eigenartige, (8) anregend, (9) auffällig

Beispiel: Kamerad

Kamerad, der: jmd., mit dem man durch die Gemeinsamkeit der Arbeit, des Schulbesuches, des Spieles verbunden ist, besonders auch jmd., mit dem man zusammen beim Militär dient; setzt nicht unbedingt ein Gefühl der Zuneigung oder der freundschaftlichen Verbundenheit voraus.

Freund, der: jmd., der sich (gesehen im Zusammenhang mit dem dazugehörigen Partner) zu einem anderen aufgrund großer Gemeinsamkeiten, meist in Übereinstimmung der Gefühle und Gesinnungen, hingezogen fühlt, ihm durch geistig-seelische Gemeinschaft und herzliche Zuneigung (in wechselseitiger Beziehung) verbunden ist, sodass dieser auch in schwierigen Lebenslagen auf ihn zählen kann; vgl. Freund ↑Liebhaber. **Gefährte,** der (geh.): jmd., mit dem man gemeinsam etwas unternimmt, der einen bei irgendwelchen Unternehmungen, meist von längerer Dauer, begleitet oder mit dem man sich gemeinsam auf einer [längeren] Reise befindet; kann eine gefühlsmäßige Bindung einschließen. **Genosse,** der: **a)** (veraltend) jmd., der mit einem oder mehreren anderen gemeinsam an irgendwelchen Taten und Unternehmungen teilnimmt: *er blieb im Leben sein treuer G.;* **b)** Anhänger der gleichen linksgerichteten politischen Weltanschauung; besonders als Anrede für einen Parteifreund. **Parteifreund,** der: jmd., der in derselben Partei ist. **Kumpan,** der (salopp): jmd., der sich gemeinsam mit einem oder mehreren anderen an etwas – oft an Unternehmungen zweifelhafter Art – beteiligt, wodurch eine gewisse kameradschaftliche Verbundenheit entsteht; wird öfter scherzhaft gebraucht. **Kumpel,** der (salopp): jmd., mit dem man gemeinsam an der gleichen Arbeitsstelle beschäftigt ist oder mit dem man gemeinsam etwas unternimmt und mit dem man sich auf diese Weise irgendwie verbunden fühlt; wird häufig in Arbeiterkreisen oder unter Jugendlichen gesagt. **Duzbruder,** der; **Duzfreund,** der: guter, befreundeter Bekannter, mit dem man sich duzt.

Fragen:

1. In der Sammlung fehlt das Wort *Kollege*. Wie könnte man seine Bedeutung von den genannten abgrenzen? Suche Beispiele!
2. Kannst du Wörter zusammenstellen, welche den Gegner/Feind bezeichnen?

Beispiel: sprechen

[1]**sprechen:** (in diesem Sinnbereich) durch das Mittel der Stimme zu Wörtern gebildete Laute hervorbringen; Wörter, Sätze klar artikulieren: *er spricht sehr stockend und leise; der Papagei kann sprechen, aber nichts sagen;* vgl. sagen ↑ mitteilen. **stottern:** mit Anstrengung, stockend, unter häufiger Wiederholung einzelner Silben sprechen; kann auf einer krankhaften Störung beruhen oder vorübergehend infolge eines Erregungszustandes, durch Unsicherheit oder Ängstlichkeit zustande kommen. **lispeln:** (in diesem Sinnbereich) beim Sprechen der s-Laute mit der Zunge anstoßen; vgl. lispeln ↑ flüstern. **stammeln:** bestimmte Laute oder Lautverbindungen nicht richtig hervorbringen und daher stockend, stoßweise sprechen; kann auf einer krankhaften Störung beruhen oder vorübergehend durch Unsicherheit oder Erregung hervorgerufen werden. **lallen:** mit versagender Zunge, undeutlich artikulierend sprechen oder zu sprechen versuchen [ohne verständliche Worte hervorzubringen]; wird sowohl von Kindern gesagt, die die allerersten Sprechversuche machen, als von erwachsenen Menschen, denen beim Sprechen die Zunge versagt (z. B. von Betrunkenen).

[2]**sprechen:** (in diesem Sinnbereich) sich als Redner in der Öffentlichkeit, vor einem Kreis von Zuhörern zu einem bestimmten Thema äußern, seine Gedanken, Erkenntnisse über eine bestimmte Sache vortragen; kann durch die Angabe des Themas, der Zuhörerschaft oder des Ortes, an dem der Vortrag stattfindet, ergänzt werden: *morgen spricht Professor X. über die Zukunft der Raumfahrt.* **eine Rede halten:** [aus einem bestimmten Anlass] vor einem Publikum

über eine bestimmte Sache im Zusammenhang sprechen; im Allgemeinen geht es in der Rede um die Entwicklung und Darlegung eigener Gedanken, Überzeugungen, um Stellungnahme oder Bekenntnis in irgendeiner Sache; während „sprechen" den Vorgang ganz allgemein ausdrückt, tritt sowohl bei „eine Rede halten" als auch bei folgendem „einen Vortrag halten" die persönliche Aktivität der handelnden Person stärker in den Vordergrund: *er hielt eine kleine Rede;* ↑Rede; vgl. halten ↑veranstalten. **reden:** (in diesem Sinnbereich) sich mündlich [zu einem Thema, über ein Thema] äußern; dabei kann es sich um etwas mehr oder weniger Offizielles handeln wie bei „eine Rede halten"; es kann aber auch zwanglos aus einer Situation heraus sein: *wer redet denn heute Abend?; jetzt redet gerade jemand aus dem Publikum.* **einen Vortrag halten:** vor einem interessierten Publikum zusammenhängend über ein bestimmtes Thema, ein Wissensgebiet sprechen: *er hielt einen Vortrag über ein sehr aktuelles Thema;* vgl. Vortrag ↑Rede. **predigen:** im Verlauf des Gottesdienstes eine geistliche Ansprache halten, in deren Mittelpunkt im Allgemeinen die Auslegung eines Bibeltextes steht. **die Predigt halten:** i. S. v. predigen; hebt mehr die Predigt in ihrer Bedeutsamkeit [innerhalb des Gottesdienstes] hervor. **eine Ansprache halten:** bei einer Veranstaltung, einem besonderen feierlichen Anlass eine [kürzere] Rede halten, die im Allgemeinen dem Zweck dient, die Zuhörer unmittelbar anzusprechen, sie zu begrüßen, einzuführen, sich ganz allgemein – nicht eingehend oder ausführlich – über einen bestimmten Gegenstand, den Anlass des Zusammenkommens zu verbreiten; vgl. Ansprache ↑Rede. **ein Referat halten:** über ein bestimmtes Thema, ein bestimmtes Wissensgebiet besonders vor Fachleuten sprechen: *er wird heute ein Referat über die jüngsten Forschungen auf seinem Spezialgebiet halten;* vgl. Referat ↑Rede; vgl. halten ↑veranstalten.

erzählen [von/über etwas]: (in diesem Sinnbereich) etwas wirklich Geschehenes (Vorgänge, Ereignisse, Begebenheiten) oder etwas, was man sich ausgedacht, erfunden hat, anschaulich, meist ausführlich und auf angenehme, unterhaltsame Art in Worten wiedergeben: *er erzählte uns einiges über seinen Aufenthalt in Paris;* vgl. erzählen ↑mitteilen. **schildern,** etwas: einen Vorgang, ein Ereignis, einen Tatbestand, einen Zustand ausführlich, meist sehr genau in Worten wiedergeben und dadurch jmdm. ein anschauliches, lebendiges Bild von etwas, was man selbst genau kennt, vermitteln; leitet sich her von dem früheren Wort „schildern" in der Bedeutung „malen, abmalen", ursprünglich „den Schild mit dem Wappen bemalen": *er schilderte den Vorfall.* **darstellen,** etwas: (in diesem Sinnbereich) Tatsachen, Ereignisse, bestimmte Gegebenheiten mit Worten veranschaulichen in der Absicht, die Vorstellungen des Zuhörenden mithilfe des oft plastisch und ausführlich Dargebotenen in eine bestimmte Richtung zu lenken oder ihm ein deutliches Bild davon zu geben: *er stellte die ganze Sache reichlich verzerrt dar;* vgl. darstellen ↑abhandeln. **beschreiben,** etwas: (in diesem Sinnbereich) Ereignisse und Vorgänge, Sachverhalte oder Zustände, die man selbst genau kennt, im Einzelnen durch anschauliches Erzählen deutlich machen, besonders indem man durch Aufzählen, Nennen von Kennzeichen und Besonderheiten jmdm. eine genaue, klare Vorstellung oder wenigstens einen Eindruck von etwas zu geben sucht: *er beschrieb uns den Hergang des Unfalls.* **eine**

Beschreibung geben [von etwas] (nachdrücklich): (in diesem Sinnbereich) jmdm. in Worten eine ausführliche, [sachlich] genaue Darstellung von etwas selbst Erlebtem geben. **berichten,** [von/über] etwas: jmdm. einen Sachverhalt, ein Geschehnis, von dem man selbst genaue Kenntnis hat, sachlich und nüchtern, meist ohne weitere Ausschmückung in den Hauptzügen mitteilen und dadurch jmdm. etwas [offiziell] zur Kenntnis bringen: *berichten Sie uns über Ihre Erfahrungen!* **Bericht erstatten** [von/über etwas] (nachdrücklich): i. S. v. berichten; wird meist angewandt, wenn von jmdm. [amtlicherseits] erwartet wird, dass er über etwas berichtet, oder wenn man jmdn. dazu auffordert, wobei der Gegenstand des Berichtes meist sachlichen Charakter hat. **einen Bericht geben** [über/von etwas] (nachdrücklich): jmdn. über ein bestimmtes Geschehnis, einen bestimmten Sachverhalt, der einem selbst genau bekannt ist, in sachlich nüchternen Worten [die man sich vorher zurechtgelegt hat] unterrichten, wobei man auf Vollständigkeit und Übersichtlichkeit bedacht ist: *sie gab einen sehr ausführlichen Bericht von ihrer Reise.* **auspacken** [etwas/über jmdn. oder über etwas] (salopp): etwas, nachdem man lange an sich gehalten oder darüber geschwiegen hat, schließlich doch erzählen, berichten: *er hat über die großen Gangster von St. Pauli ausgepackt;* vgl. singen ↑ verraten. **referieren** [über etwas]: einen Sachverhalt sachlich [begutachtend] nach bestimmten [vorher festgelegten] Gesichtspunkten vortragen; jmdm., oft einem bestimmten Zuhörerkreis, etwas in übersichtlichem Zusammenhang [zusammenfassend] berichten, um ihn über bestimmte Geschehnisse zu informieren: *er referierte über ein aktuelles Thema;* ↑ informieren, ↑ mitteilen.

antworten [etwas] (Ggs. ↑ fragen): etwas als Gegenrede, Erwiderung auf die mündliche oder schriftliche Frage, Aufforderung oder Erklärung eines anderen hin sagen oder schreiben; steht, wie die übrigen Wörter dieser Gruppe, im Allgemeinen mit Inhaltssatz der direkten oder indirekten Rede und wird oft durch eine prädikatbezogene Artangabe näher bestimmt; vgl. antworten, auf ↑ beantworten. **die**/(auch:) **zur Antwort geben** (nachdrücklich): auf eine Frage mit einer [kurzen, prägnanten] Gegenrede antworten; vgl. [eine] Antwort geben ↑ beantworten. **entgegnen** [etwas]: im Gespräch auf eine vorgebrachte Meinung oder eine Frage seine [gegenteilige oder abweichende] Ansicht äußern. **erwidern** [etwas]: i. S. v. entgegnen; wird meist durch eine prädikatbezogene Artangabe näher bestimmt: *was hat er denn auf deine Frage erwidert?* **versetzen** (veraltend): in einer Wechselrede antworten, das Wort des anderen aufgreifen; kann im Unterschied zu den übrigen Wörtern nicht mit dem Dativ der Person stehen: *„Vorteile", versetzte er, „auf die du stolz zu sein scheinst."* **zurückgeben:** auf eine Behauptung oder Frage sofort [schlagfertig] eine Antwort geben: *„Liebst du mich? Unwirsch gab sie zurück: „Bedaure, nicht die Spur!"* **replizieren** (bildungsspr.): im Gespräch auf etwas antworten, etwas einwenden: *er replizierte grundsätzlich, wir kamen vom Hundertsten ins Tausendste;* ↑ widersprechen.

Fragen:

1. Kannst du Wörter zusammenstellen, die das Schweigen oder Verschweigen bezeichnen?
2. Kannst du die Wörter *wispern, flüstern, leise sprechen, rufen, schreien, brüllen, tuscheln* nach dem Grad der Lautstärke ordnen?

Beispiel: fleißig

fleißig (Ggs. ↑faul): mit Ausdauer und einem gewissen Eifer tätig: *sie ist ein zuverlässiger und fleißiger Mensch.* **arbeitsam:** viel und eifrig arbeitend. **strebsam:** mit Energie und Ausdauer auf ein [Berufs]ziel hinarbeitend: *ein strebsamer junger Mann.* **eifrig:** mit Lust, Interesse und Hingabe tätig. **emsig:** mit großem Fleiß und Eifer unermüdlich arbeitend; mit diesem Wort verbindet sich die Vorstellung, dass etwas schnell und in kleineren Arbeitsgängen getan wird.

rastlos (geh.): nicht zur Ruhe kommend, ohne Unterbrechung tätig und in Bewegung, immer weiterarbeitend; von großem Bewegungs- und Schaffensdrang zeugend; kennzeichnet vor allem die Art des Tuns und Handelns und wird, wie die anderen Wörter dieser Gruppe, im Allgemeinen nicht subjektbezogen gebraucht. **unermüdlich:** unablässig, unentwegt, mit nicht erlahmender Willenskraft in seinen Bemühungen fortfahrend; von großer Ausdauer und Unbeirrbarkeit, oft auch Hingabe zeugend; betont weniger das Eilige, Hastige, das bei „rastlos" häufig mitschwingt; bezieht sich vor allem auf Tätigkeiten und Handlungen, oft auf solche, die sich aus stets sich wiederholenden Einzelakten zusammensetzen. **nimmermüde** (geh.): von bewunderungswürdiger Ausdauer; ohne Unterlass [und voller Hingabe] tätig, sich keine Ruhe gönnend; bezieht sich meist auf einen Menschen, der erfüllt ist von einer Aufgabe, und kennzeichnet oft Handlungen und Tätigkeiten, die aus der Fürsorge für jmdn. erwachsen; drückt meist eine gewisse Anerkennung aus; wird im Allgemeinen attributiv verwendet und dabei öfter auch auf etwas bezogen, was als Teil für den ganzen Menschen steht: *ihr nimmermüdes Hirn.*

geschäftig: unentwegt tätig; sich mit viel Aufwand an Bewegung unausgesetzt mehr oder weniger sinnvoll beschäftigend. **betriebsam:** durch auffallend hastiges, lautes oder geschäftiges Gebaren den Anschein von großer Arbeitsamkeit erweckend; enthält meist eine leichte Kritik des Sprechers/Schreibers: *ein betriebsamer junger Mann.*

Wenn es dir Spaß macht, Wortfelder zusammenzustellen, dann versuche das einmal bei den Begriffen *Lärm/Schall* oder auch bei solchen wie *Wind, regnen, Kälte.*

Zur Wortgeschichte

Am Beispiel einiger Wortfamilien und Wortfelder hast du einen Einblick in den Aufbau des deutschen Wortschatzes unserer Zeit bekommen. Aber dieser Wortschatz hat auch eine Geschichte. Er hat sich mit der deutschen Sprache in über 1200 Jahren zu seinem heutigen Bestand entwickelt.

Viele Wörter im Deutschen, Englischen und in den skandinavischen Sprachen stammen aus der gemeinsamen germanischen Urzeit, wir finden sie auch in der längst ausgestorbenen Sprache der Goten wieder, z. B. deutsch *Winter,* englisch *winter,* schwedisch *vinter,* gotisch *wintrus;* deutsch *Schiff,* englisch *ship,* schwedisch *skepp,* gotisch *skip;* deutsch *Heu,* englisch *hay,* schwedisch *hö,* gotisch *hawi;* deutsch *neu,* englisch *new,* schwedisch *ny,* gotisch *niujis.*

Das Adjektiv *neu* haben auch andere europäische Sprachen: lateinisch *novus,* griechisch *néos,* russisch *novyj.* Sie gehören zusammen mit dem Altindischen zu der großen Familie der indogermanischen Sprachen.

Aus dem Duden, Band 7, „Herkunftswörterbuch" kannst du mehr über solche indogermanischen Erbwörter erfahren, z. B. über *Vater, Mutter, Bruder* und andere Verwandtschaftsnamen.

Es gibt aber in einer Sprache auch Wörter, die aus anderen Sprachen übernommen wurden. Wo Völker aufeinander treffen, sei es durch Eroberung oder im friedlichen Handelsverkehr, da wandern auch Kulturgüter vom einen zum anderen und zugleich die zugehörigen Ausdrücke.

Sieh dir einmal diese deutschen Wörter an: *Mauer, Ziegel, Kalk, Mörtel, Keller, Pfeiler, Fenster.* Sie gehören ebenso zu unserer Sprache wie etwa *Wand, Balken, Brett, Zimmer, Tür.* Aber sie stammen aus dem Lateinischen. Sie haben alle mit dem Steinbau zu tun, und den haben unsere germanischen Vorfahren von den Römern gelernt. So kamen die lateinischen Wörter *murus, tegula, calx, mortarium, cellarium, pilarium, fenestra* in unsere Sprache. Diese lateinischen Fachwörter sind **Lehnwörter** geworden. Lehnwörter sind aus einer fremden Sprache entlehnte Wörter, die sich in ihren Lauten und Formen wie einheimische Wörter weiterentwickelt haben.

Im altgermanischen Hausbau wurden Holz und Flechtwerk verwendet. Das Wort *Wand* ist mit *winden* verwandt, es bedeutet eigentlich „das Gewundene, Geflochtene". Und *Zimmer* bedeutete ursprünglich „Bauholz,

Gebäude aus Holz". (Noch heute errichtet der *Zimmermann* Fachwerk und Dachgerüste aus Holz, er *zimmert* sie!)

Lehnwörter aus dem Lateinischen gibt es auch in anderen Bereichen. Zum Beispiel wurden viele Gemüse- und Obstarten durch die Klostergärten des Mittelalters bei uns heimisch: der *Kohl* (lateinisch *caulis*), der *Kürbis (cucurbita),* die *Zwiebel (cepula),* die *Kirsche (ceresia),* der *Pfirsich* (*malum persicum,* d.h. „persischer Apfel").

Gerade am „persischen Apfel" siehst du, dass auch die Römer oft nur Vermittler waren. Sie haben Kirschen, Pfirsiche, Pflaumen und andere Früchte selbst erst im Orient kennen gelernt und die Bezeichnungen dafür meist aus dem Griechischen entlehnt. Überlege einmal, welche Obst- und Gemüsearten du kennst, und schlage ihre Bezeichnungen im Herkunftswörterbuch nach!

Sehr groß war der Einfluss des Lateinischen im Bereich von Christentum und Kirche, aber auch hier hat es oft nur griechische Wörter vermittelt: *Kloster* (lateinisch *claustrum* zu *claudere* „verschließen"), *Abt* (lateinisch-griechisch *abbas,* eigentlich „Vater"), *Mönch* (lateinisch *monachus,* griechisch *monachós*). Einige Wörter sind durch gotische Missionare direkt aus dem Griechischen ins Deutsche gelangt, z.B. *Engel* (griechisch *ángelos,* eigentlich „Bote") und *Teufel* (griechisch *diábolos,* eigentlich „Verleumder"), aber auch der Wochentagsname *Samstag* (griechisch *sámbaton, sábbaton* aus hebräisch *schabbāt* „Sabbat").

Neben den Lehnwörtern gibt es seit alter Zeit **Fremdwörter** im Deutschen. Wir erkennen sie meist daran, dass sie sich nicht völlig angepasst haben, sondern in Schreibung, Betonung und Aussprache von deutschen Wörtern abweichen. Manche haben auch fremde Vor- und Nachsilben wie *ex-, kon-, pro-; -ion, -ismus, -ieren.* Solche Wörter können ihren fremden Charakter durch Jahrhunderte bewahren. Die Fremdwörter *Natur, Fundament, Apostel* sind z.B. schon im 9. Jahrhundert entlehnt worden, das Wort *Bibliothek* immerhin um 1500.

Wir haben bisher vor allem auf die ältere Zeit der deutschen Sprachgeschichte geschaut, auf das so genannte Althochdeutsche. In dieser Zeit, die etwa von Kaiser Karl dem Großen bis zum Beginn der Kreuzzüge reicht (8.–11. Jahrhundert), wurde der Grund gelegt zur Entwicklung des Deutschen im Kreise der anderen Sprachen Europas. Ihr folgte die mittelhochdeutsche Periode (12.–15. Jahrhundert), die vor allem vom Rittertum und später von den Kaufleuten und Handwerkern in den aufstrebenden Städten bestimmt war, und schließlich begann um 1500 mit dem Humanismus und der Reformation (Luthers Übersetzung der Bibel) die neuhochdeutsche Zeit, in der wir heute noch leben.

Der deutsche Wortschatz hat sich natürlich nicht nur durch Lehn- und Fremdwörter erweitert, sondern vor allem durch die Bildung von Ableitungen und Zusammensetzungen. Die Regeln, nach denen das geschehen ist und immer noch geschieht, sind im Teil A, Die Wortbildung, behandelt worden (oben S. 435 ff.).

Manche Wörter sind auf diese Weise nach fremdsprachlichen Vorbildern geschaffen worden, so althochdeutsch *wolatāt (Wohltat)* nach lateinisch *beneficium* (zu *bene* „gut" und *facere* „machen, tun") oder althochdeutsch *gifatero* (*Gevatter,* Taufpate, eigentlich „Mitvater") nach lateinisch *compater* (zu *con-* „zusammen, mit" und *pater* „Vater"). Man nennt solche Wörter **Lehnübersetzungen,** weil sie die Bestandteile der fremden Wörter einzeln auf Deutsch wiedergeben. Jüngere Bildungen dieser Art sind etwa *Großmutter* (um 1400 nach französisch *grandmère*), *Blumenkohl* (16. Jahrhundert, nach italienisch *cavolfiore* „Kohlblume") und *Fußball* (18. Jahrhundert, nach englisch *football*).

In großer Zahl sind Ableitungen und Zusammensetzungen in den verschiedenen Fachsprachen entstanden. Manche von ihnen gehen in die älteste Zeit der deutschen Sprache zurück, so die Rechtssprache *(Richter, Gericht, Schöffe, Räuber, Diebstahl, Vormund)* und die Sprache des Schmiedes *(Amboss, Blasebalg, Esse, schweißen),* andere haben sich erst später entwickelt, so die Bergmannssprache *(Bergwerk, Bergbau, Steiger, Flöz, Fundgrube, Kobalt)* im 14. bis 16. Jahrhundert und die Seemannssprache *(Ballast, Bugspriet, Fallreep)* in der niederdeutschen Sprache des 14. bis 17. Jahrhunderts (älter sind z. B. *Backbord* und *Steuerbord*).

Auch Lehn- und Fremdwörter sind weiterhin fast immer über den Sprachgebrauch bestimmter Berufe oder Gesellschaftsschichten ins Deutsche gelangt. So hat das Rittertum der mittelhochdeutschen Zeit aus dem Französischen Wörter wie *Abenteuer, Turnier, Lanze, Visier* (am Helm) entlehnt, und später sind Wörter des Gesellschaftslebens wie *Dame, Kavalier, Perücke, Mode* oder des Kriegswesens wie *Armee, Artillerie, Offizier, Bataillon* hinzugekommen. Auch die feine Küche benutzt viele französische Fremdwörter: *Ragout, Sauce, Omelett, Biskuit, Fondue, Bouillon.*

Das Italienische hat besonders im 17. und 18. Jahrhundert die Sprache der Musik befruchtet: *Kantate, Sonate, Sopran, Klarinette, Fagott, Violine, Adagio.* Schon im Mittelalter hat aber das italienische Bankwesen großen Einfluss gehabt: *Kasse, Konto, Bilanz, Kredit, Kapital, Firma, brutto* und *netto* gehören hierher. Auch *Bank* selbst, ein ursprünglich germanisches Wort für die Sitzbank, das ins Italienische entlehnt worden war, kam mit der Bedeutung „langer Tisch des Geldwechslers" und danach „Geldinstitut" ins Deutsche zurück.

Das Englische hat erst in neuerer Zeit auf das Deutsche eingewirkt, so im Seewesen *(Flagge, Paddel, Shanty)*, in der Küche *(Beefsteak, Pudding, Punsch, Drink)* und vor allem im Sport *(Tennis, Hockey, Derby, boxen, fair, knock-out)*. In großer Zahl sind englische und amerikanische Wörter nach dem Zweiten Weltkrieg bei uns üblich geworden, wie z. B. *Bluejeans, Doping, Job, Matchball, Party, Recycling, Sponsor, Teenager, T-Shirt* und in jüngster Zeit aus dem Bereich der EDV: *Browser, Cyberspace, Internet, online, Update.*

In diesem kurzen Überblick konnten nur die wichtigsten Sprachen genannt werden, die auf den deutschen Wortschatz eingewirkt haben. Entlehnungen aus anderen Sprachen kommen nur vereinzelt vor, z. B. stammen *Peitsche, Tornister, Pistole* aus dem Polnischen oder Tschechischen, *Siesta, Silo, Zigarre* aus dem Spanischen, *Ski* aus dem Norwegischen und *Sauna* aus dem Finnischen. Eine große Rolle spielen nach wie vor das Lateinische und das Griechische, und zwar vor allem im Wortschatz der Wissenschaften und der Technik. Mit Wortelementen aus den beiden alten Sprachen können jederzeit Fachwörter neu gebildet werden, die dann oft internationale Geltung haben. Solche internationalen Wörter sind z. B. (aus griechischen Bestandteilen:) *Automat, Telefon, Biologie, Elektron, Thermostat,* (aus lateinischen Bestandteilen:) *Transformator, Kompressor, Aggregat, Koordinaten.* Eine griechisch-lateinische Mischbildung ist z. B. *Automobil.* Gerade diese modernen Wörter zeigen uns – neben vielen anderen – die starke Verflechtung der deutschen Sprache mit den anderen Kultursprachen. Obwohl jede Sprache ihre Eigenart bewahrt und sich in der Lautung und Schreibung, in den grammatischen Formen und im Satzbau von den anderen unterscheidet, bestehen viele Übereinstimmungen, die auf der gemeinsamen Kultur und Zivilisation der Völker beruhen.